Testagem e Avaliação Psicológica

C678t   Cohen, Ronald Jay.
            Testagem e avaliação psicológica : introdução a testes e medidas / Ronald Jay Cohen, Mark E. Swerdlik, Edward D. Sturman ; tradução: Maria Cristina G. Monteiro ; revisão técnica: Claudio Simon Hutz, Ana Claudia Vazquez, Juliana Cerentini Pacico. – 8. ed. – Porto Alegre : AMGH, 2014.
            xxviii, 724 p. : il. ; 28 cm.

            ISBN 978-85-8055-409-0

            1. Avaliação psicológica. 2. Psicopatologia. I. Swerdlik, Mark E. II. Sturman, Edward D . III. Título.

            CDU 159.97

Catalogação na publicação: Poliana Sanchez de Araujo – CRB 10/2094

Ronald Jay **COHEN** | Mark E. **SWERDLIK** | Edward D. **STURMAN**

Testagem e Avaliação Psicológica

INTRODUÇÃO A TESTES E MEDIDAS

8ª EDIÇÃO

Tradução:
Maria Cristina G. Monteiro

Revisão técnica desta edição:
Claudio Simon Hutz (coordenador)
Psicólogo. Mestre e Ph.D. pela University of Iowa (Estados Unidos).
Professor titular da Universidade Federal do Rio Grande do Sul (UFRGS).
Coordenador do Laboratório de Mensuração e do Núcleo de Psicologia Positiva da UFRGS e
Presidente da Associação Brasileira de Psicologia Positiva.

Ana Claudia Vazquez
Psicóloga. Mestre em Saúde Coletiva pela Universidade do Estado do Rio de Janeiro (UERJ).
Professora da Universidade Federal de Ciências da Saúde de Porto Alegre (UFCSPA).

Juliana Cerentini Pacico
Psicóloga. Especialista em Psicologia Organizacional pela UFRGS.
Mestre em Psicologia pela UFRGS.

AMGH Editora Ltda.
2014

Obra originalmente publicada sob o título *Psychological Testing and Assessment: An Introduction to Tests and Measurement*, 8th Edition
ISBN 0078035309 / 9780078035302

Original edition copyright © 2012, The McGraw-Hill Companies, Inc., New York, New York 10020.
All rights reserved.

Portuguese language translation copyright © 2014, AMGH Editora Ltda., a Grupo A Educação S.A. company. All rights reserved.

Gerente editorial – Biociências: *Letícia Bispo de Lima*

Colaboraram nesta edição:

Coordenadora editorial: *Cláudia Bittencourt*

Capa: *Márcio Monticelli*

Imagens da capa: ©*thinkstockphotos.com* / *Anagramm, Vintage empty frame on white wall* e ©*thinkstockphotos.com* / *Digital Vision., Futuristic Abstract*

Preparação de originais: *Jucá Neves da Silva*

Leitura final: *André Luís Lima*

Editoração: *Techbooks*

Reservados todos os direitos de publicação, em língua portuguesa, à
AMGH EDITORA LTDA., uma parceria entre GRUPO A EDUCAÇÃO S.A.
e McGRAW-HILL EDUCATION
Av. Jerônimo de Ornelas, 670 – Santana
90040-340 – Porto Alegre – RS
Fone: (51) 3027-7000   Fax: (51) 3027-7070

É proibida a duplicação ou reprodução deste volume, no todo ou em parte, sob quaisquer formas ou por quaisquer meios (eletrônico, mecânico, gravação, fotocópia, distribuição na Web e outros), sem permissão expressa da Editora.

Unidade São Paulo
Av. Embaixador Macedo Soares, 10.735 – Pavilhão 5 – Cond. Espace Center
Vila Anastácio – 05095-035 – São Paulo – SP
Fone: (11) 3665-1100   Fax: (11) 3667-1333

SAC 0800 703-3444 – www.grupoa.com.br

IMPRESSO NO BRASIL
PRINTED IN BRAZIL

Este livro é dedicado com amor à
memória de *Edith* e *Harold Cohen*.

Prefácio

No final da década de 1970, quando o trabalho em nosso texto introdutório sobre mensuração tinha começado, havia apenas alguns poucos livros disponíveis sobre mensuração em psicologia. Todos esses livros davam aos estudantes os fundamentos básicos em psicometria, mas, na nossa opinião, nenhum deles o fazia de forma satisfatória. Mais especificamente, todos eles tinham uma variedade de deficiências que realmente precisavam ser tratadas.

Problemas com os manuais de mensuração disponíveis

Do nosso ponto de vista, os livros sobre medidas psicológicas disponíveis tinham muitos problemas:

- *Ler aqueles livros era um desafio.* Os livros nos pareciam ter sido escritos para que os professores os utilizassem como base para ensinar. Mas nós acreditávamos que esses livros deveriam ser escritos para serem uma fonte de aprendizagem para os estudantes.
- *Os autores de livros concorrentes tinham pouca ou nenhuma experiência real na administração e na interpretação de testes.* Os textos nos livros existentes eram bastante acadêmicos. Entretanto, a escrita traía uma falta total de conhecimento prático sobre a matéria. Podia-se ler o texto inteiro, de capa a capa, e nunca encontrar um fragmento de evidência de que o autor algum dia tivesse administrado um teste psicológico, interpretado pessoalmente os achados de um teste ou ficado frente a frente com um avaliando (ou com qualquer outra parte interessada).
- *A cobertura de certas matérias fundamentais era inexistente.* Hoje é comum abordar temas como questões legais/éticas na avaliação, avaliação forense, avaliação neuropsicológica e avaliação psicológica nas empresas. Mas, naqueles dias, qualquer cobertura desses temas nos livros sobre medidas existentes era mais a exceção do que a regra. Cohen e colaboradores foram pioneiros nessa abordagem e continuaram a liderar o caminho no estabelecimento de normas em outras áreas, como as questões relacionadas à cultura na avaliação. Ainda na edição anterior (sétima) deste livro, introduzimos um capítulo sobre a utilidade do teste – isso em uma época em que a maioria dos livros nem mesmo tinha listado os termos *utilidade* ou *utilidade do teste* em seu índice de assuntos.
- *Os outros livros continham descrição demais dos testes.* Admite-se que um livro sobre testagem deva conter a descrição de alguns testes. Entretanto, naquela época, partes dos textos existentes eram repletas de descrições de testes como *Testes no prelo.*
- *O projeto gráfico naqueles livros não apoiava adequadamente o que estava escrito.* O que passava por um projeto gráfico nos livros que existiam na época eram alguns gráficos e tabelas cheios de números, bem como algumas fotos de materiais de teste. As fotos pareciam ser inseridas mais para fragmentar o texto do que para complementá-lo. Em vez disso, acreditamos que a arte suplementar poderia ser usada de maneira eficaz para reforçar a aprendizagem. Mais especificamente, poderia ser usada para

estimular a imaginação do leitor e para ajudar a solidificar associações visuais significativas ao texto.

- *A cobertura da herança e da história do empreendimento da avaliação era limitada.* Nos livros que existiam antes da publicação do nosso, pouco ou nenhum esforço era feito para transmitir um senso de como todos os fatos apresentados se encaixavam no grande esquema ou contexto do assunto. Os testes de inteligência eram apresentados com pouca ou nenhuma discussão do que era entendido por *inteligência*. Os de personalidade eram apresentados com pouca ou nenhuma discussão do que era entendido por *personalidade*. Em contrapartida, faríamos esforço para colocar tal material não apenas em um contexto histórico, mas também lógico. Nosso apreço pela importância da história e do contexto é enfatizado no fato de que o primeiro conteúdo com que os leitores são saudados quando abrem nosso livro – bem como o último que podem ver antes de fechá-lo – é uma listagem de marcos históricos notáveis apresentados na parte interna da capa e da contracapa desta obra.
- *Os livros existentes na época faziam suposições implícitas – não verdadeiras em todos os casos – sobre o nível de preparação com que os estudantes chegavam a um curso de mensuração.* Todos os livros sobre mensuração que vieram antes deste foram escritos com base na suposição de que todo estudante que fazia o curso estava totalmente informado sobre todos os conceitos estatísticos que seriam necessários para fundamentar a aprendizagem sobre psicometria. Em teoria, pelo menos, não havia razão para não fazer tal suposição; estatística era pré-requisito para cursar a disciplina. Na prática, um quadro diferente se revelava. Simplesmente não era verdade que todos os estudantes apresentavam preparação adequada e semelhante para começar a aprender os conceitos de mensuração baseados em estatística. Nossa solução para esse problema foi incluir um capítulo "Atualização da Estatística" logo no início, pouco antes de construir o conhecimento de estatística dos estudantes.

Nossa visão para uma nova geração de estudantes

Imaginamos algo melhor para aqueles que usariam nosso livro e para as gerações sucessivas de estudantes. No mínimo, ele daria uma base sólida em psicometria básica, bem como em tudo o que fosse necessário para que alcançassem um entendimento conceitual claro do empreendimento da avaliação. Dedicamo-nos para apresentar o material em contextos significativos – até familiares, quando possível. Isso significava que um esforço sem precedentes seria feito para "insuflar vida" em todos os números, equações, modelos e outros materiais relacionados à estatística. Realces como *A psicometria no cotidiano* e *Em foco* ajudaram nesse objetivo, do mesmo modo que os recursos pedagógicos subsequentes como *Conheça um profissional da avaliação*. Além disso, imaginamos:

- *um livro que os estudantes pudessem ler facilmente e aprender.* Não seria apenas um livro fácil para os professores ensinarem, mas um livro que os estudantes pudessem ler (e, por que não dizer, até *gostar* de ler). Tentamos atingir essa meta mais desafiadora nos empenhando para tornar o conteúdo e a escrita o mais envolventes possível. Introduzimos conceitos e terminologia de uma forma organizada, reforçando assunto já apresentado. Do começo ao fim, tentamos manter um nível de escrita que fosse acadêmica, atraente e facilmente dominada pela maioria dos estudantes.
- *um livro que transmitisse aos estudantes o "sentido" de realmente trabalhar com instrumentos de avaliação.* Era importante para nós que este livro transmitisse alguma coisa do "sentido prático" de realmente usar testes psicológicos. Em comparação com muitas das pessoas que estavam escrevendo livros sobre testagem e avaliação quando nosso livro foi publicado pela primeira vez – e isso ainda é verdade hoje –, nossa equipe de autoria tem muita experiência na administração, pontuação e inter-

pretação de testes em contextos clínicos, de aconselhamento, escolares, de pesquisa e relacionados a empresas. Pensávamos que os estudantes poderiam tirar proveito se partilhássemos dessa experiência. Em edições recentes, essa visão também foi apoiada pela apresentação aos estudantes de outros aplicadores de testes da "vida real" no destaque *Conheça um profissional da avaliação* de cada capítulo.

- *um livro que fornecesse aos estudantes uma visão geral prática de questões legais e éticas relevantes na testagem e avaliação psicológica.* Os estudantes que fazem um curso geral sobre mensuração devem ter uma base sólida nas questões legais/éticas pertinentes ao empreendimento da avaliação. Consequentemente, a discussão de questões legais/éticas, que estabelece um contexto para tudo o que segue, foi colocada no início (Cap. 2), em vez de no final do livro (onde estava, e ainda está, na organização de alguns livros concorrentes).
- *um livro que fornecesse aos estudantes uma visão geral de áreas em que instrumentos de avaliação são empregados.* Existia uma necessidade clara de cobrir várias áreas aplicadas do uso de testes (tais como aplicações neuropsicológicas e forenses); esse tipo de material abriu novos caminhos em nossa primeira edição e continuou a evoluir com as mudanças nas aplicações de avaliações desde então.
- *um livro que contivesse ilustrações significativas e úteis.* Nossa opinião é, e sempre foi, a de que as ilustrações precisam suplementar a aprendizagem, fortalecer as associações, divertir e ajudar a "humanizar" o material que está sendo apresentado.

Mais sobre a herança deste livro

Nosso livro foi publicado por um pequeno editor independente. Para dar ao leitor uma ideia do quanto o editor era pequeno, a companhia tinha uma equipe de vendas de cerca de cinco pessoas (o que incluía o presidente da companhia e o editor de aquisições que contratou o livro). Em comparação, os livros existentes eram publicados por editores com equipes de venda de mais de cem vendedores dedicados. O *"marketing"* da primeira edição de nosso livro consistiu em o editor comprar uma lista com nomes de professores que ministravam cursos sobre mensuração e então enviar uma cópia do livro para todos eles.

Não foi necessário uma enorme campanha de *marketing* por parte desse pequeno editor para tornar este livro uma sensação entre os professores e seus alunos. Um após outro, em uma carta não solicitada após outra, os professores manifestavam admiração pela perspectiva sobre a disciplina, pela organização dos tópicos, pela seleção de assuntos a serem abordados e pela apresentação lúcida do material. Na época em que começamos a trabalhar na segunda edição, nosso livro estava sendo copiado por todos os outros. E ainda está.

Hoje, a abordagem de muitos dos tópicos que fomos os primeiros a considerar essenciais em um texto sobre mensuração é "padrão" nos manuais da área. Asseguramos que tal material – uma atualização da estatística, a cobertura da avaliação comportamental, a cobertura de questões legais e éticas e assim por diante – não era de modo algum o padrão quando a primeira edição de nosso livro foi publicada.

A organização deste livro e variáveis relacionadas

Os autores de livros – passados e presentes – são confrontados com muitas escolhas, sobretudo no que diz respeito às variáveis relacionadas com a apresentação do material, tal como *organização* dos tópicos, *conteúdo* selecionado, *arte* usada para complementar o texto, *recursos pedagógicos* para reforçar a aprendizagem e o *estilo de escrita* ou *voz* usada para "falar com" os leitores. Acreditamos que essas variáveis são todas de fundamental importância em relação a quanto os estudantes, em última análise, aproveitam do livro que lhes é designado. Consideremos brevemente cada uma dessas áreas e as escolhas que os autores de livros têm de fazer a respeito delas.

Organização

A partir da primeira edição de nosso livro, organizamos as informações a serem apresentadas em cinco seções importantes. Não temos ilusões de que essa organização alcance a posição icônica de outro "cinco grandes", mas ela funcionou bem, de forma comprovada, tanto para os estudantes quanto para os professores. A Parte I, *Visão Geral*, contém dois capítulos que fazem exatamente isso. O Capítulo 1 fornece uma visão abrangente do campo, incluindo algumas questões de definição importantes, uma descrição geral dos instrumentos de avaliação e informações importantes expressas como respostas a perguntas relativas a *quem, o que, por que, como* e *onde* do empreendimento.

A base para esse material continua a ser assentada no segundo capítulo, que trata das questões históricas, culturais e legais/éticas. O conteúdo apresentado no Capítulo 2 estabelece com clareza um contexto para tudo o que virá a seguir. Relegar esse material para o final do livro (como um tipo de tópico eletivo, muito parecido com a forma como as questões legais/éticas são tratadas em alguns livros) ou ignorá-lo completamente (como a maioria dos outros livros tem feito com relação a questões culturais na avaliação) é, em nossa estimativa, um erro grave. "Infrequência posterior" (*"back page infrequency"*, tomando emprestado um termo do MMPI-2) costuma ser a norma, e relegar essa informação de suma importância às páginas finais de um livro com frequência se traduz em uma potencial enganação dos estudantes em relação à informação cultural, histórica e legal/ética fundamental.

A Parte II, *A Ciência das Medidas Psicológicas*, contém os Capítulos de 3 a 8. Esses seis capítulos foram concebidos para aumentar – lógica e sequencialmente – o conhecimento dos princípios psicométricos do estudante. A Parte II começa com um capítulo revendo os princípios estatísticos básicos e termina com outro sobre construção de testes. Entre eles, há uma discussão extensiva das suposições inerentes ao empreendimento, os elementos da boa construção de um teste, bem como os conceitos de normas, correlação, inferência, confiabilidade e validade. No Capítulo 7, intitulado "Utilidade", os leitores encontrarão as informações que necessitam sobre esse importante conceito, incluindo os muitos fatores que podem afetar a utilidade de um teste. A seção *Em foco* do Capítulo 7 fornece uma ilustração informativa, passo a passo, de uma análise de utilidade hipotética. Os estudantes sairão desse capítulo com um conhecimento prático não apenas do que é utilidade, mas de como um índice de utilidade é deduzido.

Vamos observar, aqui, que tópicos como utilidade e análise de utilidade podem se tornar extremamente complicados. Entretanto, nunca nos esquivamos da apresentação de assuntos complicados. Por exemplo, fomos o primeiro manual introdutório a apresentar informação detalhada relacionada à análise fatorial. À medida que editores mais comerciais e outros aplicadores de testes adotaram o uso da teoria de resposta ao item (TRI) na construção de testes, nossa cobertura da TRI manteve o ritmo. À proporção que mais revisões de testes passaram a avaliá-los não apenas em termos de variáveis como confiabilidade e validade, mas em termos de *utilidade*, vimos uma necessidade de incluir um capítulo sobre esse tema. A propósito, não pudemos encontrar uma cobertura comparável – nem referência alguma, aliás, a *utilidade* ou *utilidade do teste* – em qualquer livro concorrente quando decidimos dedicar um capítulo ao assunto.

Naturalmente, não importa o quanto sejam "difíceis" os conceitos que apresentamos, nem por um momento perdemos o foco do nível adequado de apresentação ou de quem são os estudantes aos quais nosso livro tem sido indicado. Esta obra visa aqueles que estão fazendo seu primeiro curso em testagem e avaliação psicológica. Nosso objetivo ao apresentar material sobre métodos como a TRI e a análise de utilidade é apenas familiarizar o estudante iniciante com essas técnicas. A profundidade da apresentação nessas e em outras áreas sempre foi guiada e informada por revisões extensivas de uma amostragem geograficamente diversa de professores que ministram cursos de mensuração. Para os leitores deste livro, o que hoje tende a ser requerido é um entendimento conceitual de métodos de TRI geralmente usados. Acreditamos que nossa apresentação deste material transmita de fato tal entendimento. Além disso, o fazemos sem sobrecarregar desnecessariamente os estudantes com fórmulas e cálculos inadequados ao nível.

A Parte III, *A Avaliação da Inteligência*, contém três capítulos, dois que tratam do conceito de inteligência e de testes de inteligência e um terceiro que aborda de forma mais geral as avaliações relacionadas à escola. Os leitores irão perceber que o Capítulo 11 apresenta uma discussão atualizada, mais informativa da abordagem de resposta à intervenção (RtI) ao diagnóstico das capacidades de aprendizagem.

A Parte IV, *A Avaliação da Personalidade*, inclui dois capítulos, que, respectivamente, contêm uma visão global de como as avaliações da personalidade são conduzidas e os vários métodos usados.

A Parte V, *Testagem e Avaliação em Ação*, visa transmitir aos estudantes um sentido de como os testes e outros instrumentos de avaliação são realmente usados em contextos clínicos, de aconselhamento, de organizações e outros. Os professores que ensinam com base no Capítulo 15 (Avaliação Neuropsicológica) terão a satisfação de encontrar um material atualizado sobre IRMf como instrumento de avaliação.

Ocasionalmente, reconhecemos a necessidade de reorganizar o material. Se tal reorganização for no melhor interesse de uma apresentação lógica do conteúdo, nós a implementaremos sem hesitação. Nesta edição, por exemplo, os professores que usaram edições anteriores perceberão que a cobertura da correlação, antes no Capítulo 4, foi transferida para o Capítulo 3. Essa mudança foi induzida por uma sugestão persuasiva feita por um professor que leciona uma disciplina de mensuração para estudantes de graduação.

Conteúdo

Além de uma organização lógica que fundamentasse sequencialmente a aprendizagem do aluno, consideramos a seleção do *conteúdo* outro elemento-chave de nosso apelo. A natureza multifacetada e a complexidade da disciplina oferecem aos autores do livro ampla liberdade em termos de sobre qual material trabalhar, o que ignorar e o que ressaltar, exemplificar ou ilustrar. Tiramos partido total da ampla variedade de escolhas disponíveis e incluímos não apenas o que os estudantes *devem* saber, mas o que eles (e os professores) poderiam *gostar* de saber também. Sendo assim, apimentamos o texto com fatos e perspectivas às vezes inesperados e curiosos. Nosso objetivo sempre foi aumentar o poder de memorização do material e, ao mesmo tempo, fortalecer a admiração dos estudantes por ele.

Portanto, por exemplo, no contexto da discussão das técnicas projetivas, os estudantes são apresentados a um (surpreendente) pioneiro na testagem projetiva, B. F. Skinner (sim, *aquele* B. F Skinner!). No Capítulo 12, têm acesso a uma "visão de dentro" do centro de detenção da Baía de Guantánamo, Cuba, pelos olhos de um psicólogo consultor. Na seção *Em foco* do Capítulo 2, apresentamos a biografia fascinante, mas controversa, de Henry Herbert Goddard. Quantos de nós sabiam (ou poderiam imaginar) que o primeiro técnico do time de futebol da University of Southern Carolina (USC) foi ninguém menos que H. H. Goddard?

E falando de *Em focos* – o recurso pedagógico empregado em cada capítulo, desde a primeira edição, para focalizar e complementar o conhecimento sobre determinado tópico relacionado à avaliação –, acreditamos que os estudantes encontrarão uma quantidade de informações úteis na ampla série de tópicos abordados nesta oitava edição nas seções *Em foco*. Por exemplo, a seção *Em foco* no Capítulo 1 trata da crescente controvérsia em relação à questão da presença de terceiros durante a administração do teste. A seção *Em foco* do

Capítulo 5 apresenta aos estudantes a teoria de resposta ao item (TRI). No Capítulo 12, ela mostra material oportuno sobre medidas de aculturação.

O projeto gráfico

Complementando uma seleção criteriosa do conteúdo do manuscrito está uma seleção de ilustrações igualmente séria (e instigante). Veja, por exemplo, a série de fotos usadas para ilustrar um método de quantificar tensão nas costas assistido por computador (Cap. 1), a foto da virada do século passado dos imigrantes sendo testados na Ilha de Ellis (Cap. 2) e a foto dramática capturando a violência do hóquei no contexto da discussão do traço de agressividade e de um questionário criado para medir esse traço (Cap. 12). No mundo dos livros, essas fotos podem não parecer muito revolucionárias. E talvez não sejam. Entretanto, no mundo dos manuais de *mensuração*, nosso projeto gráfico inovador foi de fato revolucionário (e, tudo indica, ainda é). Em alguns casos, as figuras foram usadas para homenagear alguns colaboradores do campo bem conhecidos (e outros não tanto) (como L. L. Thurstone e Lev Vygotsky), bem como psicólogos mais contemporâneos (como John L. Holland e John E. Exner) que recentemente nos deixaram.

Recursos pedagógicos

O objetivo de incorporar ilustrações oportunas, relevantes e curiosas relacionadas à avaliação ao material é reforçado por diversos *recursos pedagógicos* integrados ao texto. Já fizemos referência a nosso uso estratégico das seções *Em foco*. Outro recurso pedagógico no qual inovamos sete edições atrás é *A psicometria no cotidiano*. Em cada capítulo, exemplos relevantes, práticos e "cotidianos" do conteúdo que está sendo discutido são destacados em um quadro *A psicometria no cotidiano*. Por exemplo, no quadro apresentado no Capítulo 1 ("Acomodações diárias"), os estudantes serão introduzidos a acomodações feitas na testagem de pessoas com condições incapacitantes. No Capítulo 4, o destaque *A psicometria no cotidiano* ("Colocando os testes à prova") equipa os estudantes com uma visão prática das variáveis que precisam ter em mente ao ler sobre um teste e ao avaliar o quanto ele é realmente satisfatório para um propósito em particular. No Capítulo 5, o objeto do quadro é a confiabilidade da instrumentação usada por autoridades policiais para medir a intoxicação alcoólica.

Um recurso pedagógico chamado *Conheça um profissional da avaliação* foi incluído na edição anterior (sétima). Esse realce fornece um foro por meio do qual os aplicadores cotidianos de testes psicológicos de vários campos podem compartilhar *insights*, experiências e conselhos com os estudantes. O resultado é que, em cada capítulo de nosso livro, os estudantes são apresentados a um aplicador de testes diferente, e lhes é fornecida uma visão fascinante da vida profissional deles – isso na forma de um trecho de seus ensaios em *Conheça um profissional da avaliação* (no *site*: Meet an Assessment Professional – MAP). Os ensaios do *MAP*, em sua totalidade, são apresentados em nossa página na internet (em inglês): www.mhhe.com/cohentesting8, que, aliás, também contém uma série de outras informações para os estudantes relacionadas à avaliação e muito úteis para o curso.

Além de apresentar aos estudantes aplicadores de testes talentosos e realizados que estão ganhando a vida fazendo um trabalho relacionado à avaliação, cada ensaio do *MAP* serve para ressaltar o valor prático de aprender sobre testes psicológicos. Por exemplo, no Capítulo 4, os estudantes conhecerão uma equipe de aplicadores de testes, os drs. Steve Julius e Howard Atlas, que têm aplicado o conhecimento psicométrico a serviço dos esportes profissionais. Eles fazem um relato único e fascinante de como a aplicação de seu conhecimento foi usada para melhorar o desempenho do Chicago Bulls nas quadras. Novos nesta edição são os ensaios do *MAP* de Stephen Finn, o conhecido proponente da avaliação terapêutica (Cap. 1); Nathaniel Mohatt, um contribuinte valioso na área das questões culturais na avaliação (Cap. 2); Benoît Verdon, psicólogo clínico francês (Cap. 3);

Eliane Hack, psicóloga escolar (Cap. 11); Anthony Bram, profissional independente que também é instrutor clínico na Harvard Medical School (Cap. 13); Joel Goldberg, profissional independente que é diretor de treinamento clínico no Departamento de Psicologia da York University (Cap. 14); Jeanne Ryan, neuropsicóloga e diretora clínica na Clínica de Neuropsicologia da State University of New York, em Plattsburgh (Cap. 15); e Chris Gee, psicólogo corporativo e diretor de serviços de pesquisa do Self Management Group (Cap. 16).

Há outros recursos pedagógicos aos quais os leitores (bem como outros autores de livros) podem não dar o merecido valor – mas isso não acontece conosco. Considere, nesse contexto, as várias tabelas e figuras encontradas em cada capítulo. Além de seu uso mais tradicional, vemos as tabelas como dispositivos de economia de espaço nos quais uma série de informações pode ser apresentada. Por exemplo, no primeiro capítulo, as tabelas são usadas para fornecer comparações sucintas, mas significativas, entre *testagem* e *avaliação*, os *prós* e os *contras* da avaliação psicológica assistida por computador e os *prós* e os *contras* de usar várias fontes de informação sobre testes.

Pensamento crítico pode ser definido como "o emprego ativo de capacidades de julgamento e de habilidades avaliativas no processo de pensamento" (Cohen, 1994, p. 12). *Pensamento generativo* pode ser definido como "a produção intelectual orientada ao objetivo de ideias novas ou criativas" (Cohen, 1994, p. 13). O exercício de ambos os processos, acreditamos, ajuda a otimizar as chances de sucesso da pessoa no mundo acadêmico, bem como em atividades mais aplicadas. Nas primeiras edições deste manual, questões visando estimular o pensamento crítico e o pensamento generativo foram levantadas "à moda antiga". Ou seja, elas estavam no texto e geralmente eram parte do parágrafo. Agindo por conselho dos revisores, tornamos esse aspecto especial de nossa escrita ainda mais especial na sexta edição deste livro; destacamos essas questões de pensamento crítico nas margens com o título *Reflita*. Talvez, com algum encorajamento de seus professores, estudantes motivados terão, de fato, a devida consideração com essas questões críticas e generativas instigantes.

Além das questões de pensamento crítico e de pensamento generativo abordadas no texto, outros auxílios pedagógicos apresentados neste livro incluem caricaturas originais, ilustrações originais (incluindo o modelo de memória no Cap. 15) e acrônimos originais, todos criados pelos autores.[1] Cada capítulo termina com uma *Autoavaliação* que os estudantes podem usar para se testarem a respeito dos termos e conceitos-chave apresentados no texto.

Estilo de escrita

Que tipo de *estilo de escrita* ou *voz* do autor funciona melhor com estudantes que estão sendo apresentados ao campo da testagem e da avaliação psicológica? Os professores familiarizados com os muitos livros de mensuração que aparecem (e desaparecem) podem concordar conosco que a "voz" de muitos autores nessa área poderia ser mais bem caracterizada como sem graça e acadêmica ao ponto de arrogância e imponência. Os estudantes não tendem a responder bem a manuais escritos nesses estilos, e seu entusiasmo e disposição em gastar tempo de estudo com esses autores (e mesmo sua satisfação com o curso em geral) podem facilmente ser prejudicados como consequência.

Em um estilo de escrita que poderia ser descrito como um pouco informal e – na medida do possível, dado o meio e a matéria que está sendo tratada – "conversacional",

---

[1] A propósito, nosso uso da palavra francesa para preto/negro (*noir*) como um acrônimo para os níveis de mensuração (nominal, ordinal, intervalar e de razão) aparece agora em outros manuais. Portanto, se, como dizem, "a imitação é a forma mais sincera de lisonja", vamos aproveitar esta ocasião para expressar nossa gratidão aos colegas autores por nos fazerem seus mais altos elogios.

fizemos todo o esforço para transmitir o material a ser apresentado de forma tão clara quanto humanamente possível. Na prática, isso significa:

- manter o vocabulário da apresentação adequado (nunca "emudecer" ou banalizar o material);
- apresentar material dito difícil de forma gradual, quando apropriado, e sempre preparar os estudantes para sua apresentação, colocando-o em um contexto compreensível;
- grafar em itálico o primeiro uso de uma palavra ou frase-chave e em negrito quando uma definição formal é dada; fornecer um glossário de termos relativamente grande ao qual os estudantes possam recorrer;
- complementar o material, quando apropriado, com recursos visuais, tabelas ou outras ilustrações;
- incorporar ao texto ilustrações oportunas, relevantes e interessantes sobre o tema relacionado à avaliação, bem como aos materiais da internet.

Além disso, intercalamos alguns elementos de humor em várias formas (caricaturas originais, ilustrações e vinhetas) ao longo do texto. O uso criterioso de humor para envolver e manter o estudante interessado é uma novidade entre os manuais de mensuração. Onde mais se consultaria uma pedagogia que empregue um exemplo sobre uma distribuição bimodal de pontuações de teste de uma nova escola de comércio chamada de *The Home Study School of Elvis Presley Impersonators (Escola de Educação em Casa dos Imitadores de Elvis Presley)*? À medida que aprendem sobre validade aparente, os leitores descobrem por que ela não "recebe respeito algum" e como ela foi caracterizada como "a Rodney Dangerfield das variáveis psicométricas".* Inúmeras outras ilustrações poderiam ser citadas aqui, mas vamos reservar os sorrisos por uma agradável surpresa para quando os leitores se depararem com elas.

Também, visando envolver e manter o interesse do estudante, não hesitamos em nos basearmos em exemplos da cultura popular. *The X Factor, Top Chef, O Aprendiz, South Park* e *No Limite* são programas de televisão a que muitos estudantes assistem e uma referência-surpresa a um deles para ilustrar uma questão relacionada à avaliação pode associar sentimentos agradáveis de reconhecimento com a aprendizagem – talvez envolvendo-os mais solidamente. No decorrer da aprendizagem de como escrever um bom item do tipo correspondência, por exemplo, eles são desafiados a identificar o que os atores Pierce Brosnan, Sean Connery, Daniel Craig, Timothy Dalton, George Lazenby, David Niven e Roger Moore têm em comum.

A "humanização" do material

Talvez nosso tratamento da disciplina – e o quanto esse tratamento é radicalmente diferente dos relatados em outros livros sobre o assunto – seja mais bem caracterizado por nossos esforços dedicados e persistentes de *humanizar* a apresentação. Embora outros autores nesta disciplina nos impressionem por sua decisão cega de ver o campo como letras gregas a serem entendidas e fórmulas a serem memorizadas, consideramos uma introdução ao campo como versando sobre *pessoas* tanto quanto qualquer outra coisa. Os estudantes são mais motivados a aprender esse material quando o colocam em um contexto humano. Muitos alunos de psicologia simplesmente não respondem bem a intermináveis apresentações de conceitos e fórmulas psicométricas. Em nossa opinião, *não* dar um rosto humano ao campo da testagem e da avaliação psicológica é arriscar a perpetuação de todos aqueles rumores desagradáveis (e agora injustos) sobre o curso que começaram a circular muito antes da época em que o próprio autor mais velho era um estudante de graduação.

---

* N. de T.: Rodney Dangerfield, nascido Jacob Cohen, foi um comediante, ator e músico norte-americano.

Nosso empenho em humanizar o material é evidente nas várias maneiras pelas quais tentamos dar um rosto (se não uma voz de ajuda) ao material. A inclusão de *Conheça um profissional da avaliação* (muito parecido com o *Perfil do desenvolvedor de testes* nas edições passadas) é um meio para esse fim, uma vez que literalmente "dá um rosto" ao empreendimento. Nossa inclusão de fatos biográficos interessantes sobre figuras históricas na avaliação também é representativo dos esforços para humanizar o conteúdo. Considere, nesse contexto, a foto e a breve declaração biográfica do autor mais velho do MMPI-2, James Butcher, no Capítulo 12 (p. 428). Seja por meio dessas imagens de personagens históricos ou por outros meios, nosso objetivo é de fato envolver os estudantes por meio de ilustrações fascinantes, da vida real, do material que está sendo discutido. Veja, por exemplo:

- a discussão da avaliação psicológica de vida-ou-morte e as questões éticas envolvidas (p. 69-71)
- as hipóteses curiosas que foram propostas sobre a relação entre cortes categóricos e emoção humana (p. 8)
- as "confissões" sinceras de um avaliador de comportamento na seção *A psicometria no cotidiano* do Capítulo 12 (p. 477-478)
- a pesquisa que foi conduzida ligando desfechos de vida e personalidade a avaliações de fotos de anuários escolares (p. 485)
- a discussão da utilidade dos testes para medir agressividade (p. 396) e periculosidade (p. 513-514)
- o material sobre o uso de testes pelos militares para selecionar pilotos e pela NASA para selecionar astronautas (p. 585-587)

Acreditamos que a avaliação seja, afinal de contas, um empreendimento de solução de problema exclusivamente humano, no qual dados de uma variedade de instrumentos (os testes entre eles) são obtidos, assimilados com habilidade e interpretados de modo profissional. O processo de avaliação pode ser diferenciado da administração de testes e comparado com ela. A administração de testes, conhecida também como *testagem*, é um processo que pode resultar apenas em um escore; ela pode ser, e costuma ser, bastante mecanicista e destituída de quaisquer esforços de solucionar problemas. Em uma época passada, não eram feitas distinções entre os termos *testagem* e *avaliação*. Consequentemente, os livros poderiam ser intitulados *Testagem psicológica* mesmo se, em essência, fossem na verdade de abrangência muito mais ampla (tratando do uso de vários instrumentos de avaliação e da aplicação de princípios de mensuração). Hoje, equiparar *testagem* com *avaliação* nos parece anacrônico. Além disso, tal equiparação confunde um processo de resolução de problemas que requer habilidade profissional, conhecimento da teoria das medidas e conhecimento das questões legais, éticas e culturais aplicáveis, com um processo mais parecido com somar o número de respostas corretas em uma folha de resposta.

Portanto, como nossa "humanização" do material nesta disciplina foi recebida por alguns de seus profissionais mais "inflexíveis" e "da velha guarda"? Muito bem, obrigado – pelo menos com base em tudo o que temos ouvido e nas dezenas de comentários que lemos ao longo dos anos. O que sobressai em minha própria mente foi a reação de um psicometrista em particular a quem encontrei em uma convenção da American Psychological Association (APA) não muito depois da primeira edição deste livro ter sido publicada. Lee J. Cronbach estava bastante animado enquanto compartilhava comigo seu encanto pelo livro e o quanto o achava revigorantemente diferente de qualquer outra coisa comparável já publicada. Fiquei muito grato a Lee por seu encorajamento e me senti tão animado por aquele encontro que em seguida lhe solicitei uma fotografia para usar na segunda edição. A fotografia que ele enviou foi mesmo publicada na segunda edição deste livro – apesar de, naquela época, Lee ter um livro sobre mensuração que podia ser considerado um competidor direto do nosso. Independentemente disso, achei que era importante não apenas reconhecer seu lugar de honra na história da mensuração, mas expressar minha sincera gratidão, dessa forma, por suas amáveis palavras e pelo que considerei seu mais valioso "selo de aprovação".

O que mudou: novidades nesta edição

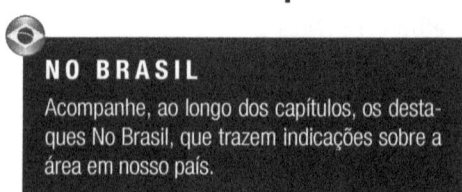

NO BRASIL
Acompanhe, ao longo dos capítulos, os destaques No Brasil, que trazem indicações sobre a área em nosso país.

Naturalmente, esta oitava edição de *Testagem e avaliação psicológica* foi toda atualizada. Seus conteúdos sobre discussões de quaisquer instrumentos destacados, bem como informações sobre a nova legislação relacionada a testes, decisões judiciais e regulamentos administrativos são atuais. Além disso, uma nova e moderna cobertura também é apresentada a respeito de uma ampla variedade de tópicos relacionados à avaliação. Uma pequena amostra incluiria a apresentação de novos materiais sobre a recente quinta edição do *Manual diagnóstico e estatístico de transtornos mentais* (DSM-5); novos instrumentos neuropsicológicos como a IRMf; resposta à intervenção (RtI) como uma medida para deficiências de aprendizagem; o conceito de Robert Sternberg de *inteligência bem-sucedida*; o conceito de Maria Kozhevnikov de *inteligência visual de objetos*; uma nova medida para avaliar a consistência interna de um teste chamado de *distância proporcional média* (desenvolvido pelo próprio Eddy Sturman); informação histórica sobre avaliação no Egito Antigo; condições que poderiam induzir uma avaliação neuropsicológica; e a utilidade da distinção nominal entre avaliação *objetiva versus projetiva*.

Ampliamos nossas discussões do efeito Flynn, do MMPI-2, do método de cronograma de seguimento pregresso (*timeline followback*) (TLFB) na avaliação comportamental, da competência para ser julgado, do erro sistemático *versus* aleatório na mensuração, de estratégias de validação, da teoria clássica dos testes comparada com a teoria de resposta ao item, da natureza *versus* educação como fatores na medida de inteligência e do propósito da avaliação educacional no contexto da atual legislação. Além disso, os professores que usaram edições anteriores encontrarão muito mais questões "Reflita" para envolver os estudantes, bem como mais termos no glossário (e os termos da "Autoavaliação" correspondentes) adicionados como recursos pedagógicos.

O que não mudou

Temos escrito longamente sobre como este livro foi concebido e como mudou ao longo do tempo. O que *não* mudou e o que nunca mudará é nossa determinação de fornecer um manual de mensuração vanguardista, muito imitado mas nunca reproduzido que:

- "fale" aos estudantes com uma voz de autor que humanize a disciplina, tornando tudo mais compreensível;
- apresente aos estudantes o empreendimento da avaliação e uma visão geral da ampla variedade de instrumentos e procedimentos que podem encontrar;
- familiarize os estudantes com o raciocínio por trás da construção de testes e a lógica das várias abordagens à avaliação;
- deixe os estudantes com um sentido do que constitui os usos adequados e inadequados dos testes;
- estimule os estudantes a pensar crítica, generativa e ativamente sobre questões relacionadas à testagem e à avaliação; e
- forneça aos professores um livro que traga oportunamente novos elementos em cada edição e um pacote de acessórios comprovados em sala de aula (incluindo uma nova oitava edição do *Manual do instrutor,* completa, com um *Banco de itens de testes* novo e revisado), bem como material complementar interessante em nosso centro de aprendizagem na internet (em inglês), www.mhhe.com/cohentesting8.

Demorou cerca de 12 anos da concepção inicial deste livro até a publicação de nossa primeira edição. A história (na forma de revisões do usuário) registra que, na maior parte das vezes, estávamos no caminho certo. Consequentemente, não é agora que vamos nos desviar desse caminho.

Conheça os autores

Uma novidade nesta edição é Edward Sturman, Ph.D., professor-associado de psicologia na State University of New York, Plattsburgh. O dr. Sturman é coordenador-associado do programa de psicologia no *campus* de Queensbury, onde tem ministrado muitos cursos, incluindo um seminário sobre avaliação psicológica. O dr. Sturman desenvolveu vários testes psicológicos, incluindo a Escala de Percepção de Transtornos do Humor (Mood Disorder Insight Scale – MDIS) e o Questionário de Subordinação Involuntária (Involuntary Subordination Questionnaire – ISQ), que foram associados com o curso e o desfecho de transtornos do humor. Também conduziu uma pesquisa sobre a avaliação da competência e desenvolveu um novo método de avaliar a confiabilidade dos testes. Os resultados de sua pesquisa foram publicados em revistas de psicologia conceituadas e apresentados em conferências psicológicas importantes. Antes de sua atual posição de professor, o dr. Sturman trabalhou como consultor no Self-Management Group, investigando a ligação entre personalidade e desempenho em ambientes competitivos, incluindo posições de vendas e gestão em grandes corporações. Sua pesquisa atual está primariamente concentrada na vulnerabilidade de vários estilos de personalidade a transtorno mental, bem como nos fundamentos evolucionários do transtorno mental. O dr. Sturman agradece a seus alunos, em particular, a Michelle Mann-Saumier, Kylie McKeighan, Joyalina David, Jeff Merrigan e Jennifer Burch Dean por seu trabalho em contribuição a este livro.

Mark E. Swerdlik, Ph.D., ABPP, é professor de psicologia na Illinois State University, onde tem ministrado o curso de graduação de medidas psicológicas, conduzido seminários profissionais tratando de questões legais/éticas na avaliação e supervisionando estudantes na prática de avaliações. Atuou como membro do conselho editorial de diversas publicações, escreveu revisões de testes para diversas publicações, revisou programas de pontuação para um importante editor de testes e atuou como revisor para o *Mental Measurements Yearbook*. Em várias qualificações profissionais, participou da padronização de muitos testes psicológicos, incluindo, por exemplo, o WISC-R, o WISC-III, a Bateria de Avaliação de Kaufman para Crianças (K-ABC), o Stanford-Binet IV, o Teste de Vocabulário em Imagens de Peabody (PPVT), o Teste de Kaufman da Realização Educacional, a Escala de Comportamento Adaptativo de Vineland, a Lista de Verificação do Processamento Psicológico (PPC) e a Lista de Verificação do Processamento Psicológico – Revisada (PPC-R). Como psicólogo clínico licenciado, psicólogo escolar com certificação nacional, consultor e clínico independente, o Dr. Swerdlik administra e interpreta testes psicológicos e conduz seminários para treinar colegas nos procedimentos adequados de administração, pontuação e interpretação de testes. Também atuou como avaliador para muitos programas, uma listagem parcial dos quais incluiria o Heart of Illinois Low Incidence Association (HILA), o Autism/Pervasive Developmental Delays Training and Technical Assistance Project e o Illinois National Guard Statewide Reintegration Program for Combat Veterans (para veteranos que serviram no Iraque e no Afeganistão, de 2006 até o presente).

Ronald Jay Cohen, Ph.D., ABPP, é diplomado pelo American Board of Professional Psychology em psicologia clínica e também pelo American Board of Assessment Psychology (ABAP). Ele é psicólogo licenciado pelo estado de Nova York e "cientista-praticante" e "acadêmico profissional" nas melhores tradições de cada um desses termos. Durante uma longa e gratificante carreira profissional na qual publicou inúmeros artigos e livros, o dr. Cohen teve o privilégio de trabalhar pessoalmente ao lado de alguns dos mais renomados psicólogos no campo da avaliação psicológica, incluindo David Wechsler (quando Cohen era estagiário em psicologia clínica no Bellevue Psychiatric Hospital em Nova York) e Doug Bray (quando trabalhava como assessor para a AT&T em seu Study Management Progress [Progresso na Gestão]). Após concluir seu estágio em psicologia clínica no Bellevue, foi nomeado psicólogo sênior nesse hospital, e suas funções clínicas incluíam não apenas a avaliação psicológica, mas a supervisão e o treinamento de outros nesse empreendimento. Subsequentemente, como clínico independente na cidade de Nova York, ministrou vários cursos em universidades locais como adjunto, incluindo os de graduação e pós-graduação em avaliação psicológica. Convidado por um colega para conduzir um estudo de pesquisa qualitativa para uma agência de publicidade, ele logo se tornaria um requisitado consultor de pesquisa qualitativa, com uma lista de clientes das maiores empresas e organizações – entre eles, Paramount Pictures, Columbia Pictures, NBC Television, Campbell Soup Company, Educational Testing Service e o College Board* (Conselho das Faculdades). Sua abordagem à pesquisa qualitativa, referida por ele como *pesquisa qualitativa dimensional*, foi copiada e descrita por pesquisadores qualitativos em todo o mundo. Trabalhando como consultor para uma importante companhia que desejava saber mais sobre sua cultura corporativa, desenvolveu a Discussão da Cultura Organizacional (um instrumento de pesquisa qualitativa discutido no Cap. 16). Foi seu trabalho na área da avaliação qualitativa que o levou a fundar a publicação acadêmica *Psychology & Marketing*, que, em 2012, celebrou 30 anos de publicação consecutiva tendo o dr. Cohen como editor-chefe.

Agradecimentos

Os autores têm sido focados e diligentes em seus esforços para oferecer um manual de mensuração de vanguarda que envolva os estudantes na matéria e transmita uma fartura de informações acadêmicas e aplicadas essenciais para o entendimento da testagem e da avaliação psicológica. Naturalmente, há uma série de pessoas a quem devemos agradecer por ajudar a tornar esta oitava edição a revisão estimulante e nova que ela é. A professora Jennifer Kisamore, da University of Oklahoma, escreveu os primeiros esboços do capítulo sobre utilidade do teste, bem como os primeiros esboços do capítulo correspondente no manual do instrutor para a edição anterior deste livro. O dr. Bryce Reeve, do National Institutes of Health (Instituto Nacional de Saúde – NIH), escreveu o ensaio *Conheça um profissional da avaliação* para o Capítulo 5. Ficamos tão fascinados por seu relato do uso que faz "na vida real" da teoria de resposta ao item (TRI) que lhe pedimos para ampliar sua contribuição na forma da seção *Em foco* que também é apresentada no capítulo. Aproveitamos esta oportunidade para agradecer a cada um dos 17 profissionais que escreveram os fascinantes, frequentemente inspiradores, ensaios *Conheça um profissional da avaliação*, um para cada capítulo deste livro.[2] Devemos agradecer também a Susan Cohen, esposa do autor sênior, que ajudou na criação das palavras cruzadas de cada capítulo apresentadas na página da internet (em inglês) que acompanha o livro, e a Ramya Thirumavalavan por sua competente produção editorial. Agradecemos também a todos os revisores que forneceram informações proveitosas:

Wendy Dunn, *Coe College*
Jameson Hirsch, *East Tennessee State University*
Sharon Rae Jenkins, *University of North Texas*
Jeff Maney, *Midwestern University*

---

[2] Há 16 capítulos no livro, mas 17 pessoas contribuíram para o *Conheça um profissional da avaliação*. Como isso aconteceu? Dois psicólogos do esporte do Chicago Bulls que colaboraram no ensaio para o Capítulo 4 "formaram um time".

* N. de T.: Entidade responsável pelos exames de admissão (SAT) nos Estados Unidos.

Kerry Schwanz, *Coastal Carolina University*
Noam Shpancer, *Otterbein College*
Brian Carey Sims, *North Carolina A&T State University*
Randi Smith, *Metropolitan State College of Denver*

Naturalmente, a presente equipe de autoria tem a exclusiva responsabilidade por todo o material nesta oitava edição, sendo assim responsável por quaisquer possíveis erros que lhe possam ter sido de alguma forma incorporados.

E a título pessoal...

Recordo-me de quando estávamos encerrando o trabalho na sexta edição deste livro. Naquela época, recebi a mais dolorosa e inesperada notícia de que minha mãe tinha sofrido um AVC massivo e fatal. É impossível expressar o sentimento de tristeza e perda experimentado por mim, meu irmão e minha irmã, bem como pelas incontáveis outras pessoas que conheceram essa pessoa gentil, amorosa e muito amada. Até hoje, continuo a sentir falta de seus conselhos, de seu senso de humor e de simplesmente saber que ela estava lá para nós. Continuamos a sentir falta de sua alegria genuína, que por sua vez nos alegrava, e a imagem de seus braços acolhedores estendidos sempre que íamos visitá-la. Seus filhos eram sua vida, e a memória de seu rosto sorridente, fazendo cada um de nós se sentir tão especial, sobrevive como uma fonte particular de paz e conforto para todos nós. Ela sempre mantinha uma cópia deste livro exibido com orgulho sobre a mesa de sua sala, e sinto muitíssimo que uma cópia das edições mais recentes não estejam mais naquele lugar especial. Minha dedicatória deste livro é uma pequena forma de poder significativamente reconhecer sua contribuição, bem como a de meu amado pai, já falecido, para meu crescimento pessoal. Como na sexta edição, estou usando a fotografia de casamento de meus pais na dedicatória. Eles eram tão felizes juntos em vida. E assim são eles lá, reunidos. Agora, isso é algo que iria fazê-la muito feliz.

Conforme o leitor poderia imaginar, dada a profundidade e a amplitude do material abordado neste livro, é necessário grande diligência e esforço para criar e periodicamente recriar um instrumento instrutivo, como este, que seja oportuno, informativo e de leitura agradável. Obrigado, mais uma vez, a todas as pessoas que ajudaram ao longo dos anos. Naturalmente, eu não poderia tê-lo feito não fosse pelo fato de que, mesmo ao longo de oito edições, este empreendimento verdadeiramente hercúleo continua sendo um trabalho de amor.

Ronald Jay Cohen, Ph.D., ABPP
Diplomado, American Board of Professional Psychology (Clínica)
Diplomado, American Board of Assessment Psychology

Sumário

PARTE I Visão geral

1 Testagem e Avaliação Psicológica 1

Testagem e avaliação 1
   Definição de testagem e avaliação psicológica 1

Os instrumentos de avaliação psicológica 6
   O teste 6
   A entrevista 9
   O portfólio 10
   Dados da história de caso 10
   Observação comportamental 11
   Testes de dramatização 13
   Os computadores como instrumentos 14
   Outros instrumentos 17

Quem, o que, o porquê, o como e o onde? 18
   Quem são as partes? 18
   Em que tipos de contextos as avaliações são conduzidas, e por quê? 22
   Como as avaliações são conduzidas? 27
   Onde buscar informações oficiais: fontes de referência 33

CONHEÇA UM PROFISSIONAL DA AVALIAÇÃO Conheça o dr. Stephen Finn 5
EM FOCO Os observadores devem ser parte do processo de avaliação? 20
A PSICOMETRIA NO COTIDIANO Acomodações diárias 32
AUTOAVALIAÇÃO 36

2 Considerações Históricas, Culturais e Legais/Éticas 38

Uma perspectiva histórica 38
   Da Antiguidade ao século XIX 38
   O século XX 43

Cultura e avaliação 45
   Aumento do interesse em questões relacionadas à cultura 45
   Algumas questões relativas a cultura e avaliação 51

Considerações legais e éticas 58
   As preocupações do público 58
   As preocupações da profissão 66
   Os direitos dos testandos 71

EM FOCO A carreira controversa de Henry Herbert Goddard 48
CONHEÇA UM PROFISSIONAL DA AVALIAÇÃO Os testes e os membros do grupo 55
A PSICOMETRIA NO COTIDIANO Avaliação psicológica de vida-ou-morte 69
AUTOAVALIAÇÃO 76

PARTE II A Ciência das Medidas Psicológicas

3 Atualização da Estatística 77

Escalas de mensuração 78
  Escalas nominais 79
  Escalas ordinais 80
  Escalas intervalares 81
  Escalas de razão 81
  Escalas de medidas em psicologia 82

Descrição dos dados 83
  Distribuição de frequência 83
  Medidas de tendência central 89
  Medidas de variabilidade 92
  Enviesamento 96
  Curtose 97

A curva normal 98
  A área sob a curva normal 98

Escores-padrão 101
  Escores z 101
  Escores T 102
  Outros escores-padrão 103

Correlação e inferência 105
  O conceito de correlação 105
  O r de Pearson 107
  O rho de Spearman 109
  Representações gráficas da correlação 110
  Metanálise 111

A PSICOMETRIA NO COTIDIANO   Consumidor (de dados em gráfico), cuidado! 88
EM FOCO   A curva normal e os testes psicológicos 100
CONHEÇA UM PROFISSIONAL DA AVALIAÇÃO   Conheça o dr. Benoît Verdon 115
AUTOAVALIAÇÃO 116

4 Sobre Testes e Testagem 117

Alguns pressupostos sobre testagem e avaliação psicológica 117
  Pressuposto 1: Existem traços e estados psicológicos 117
  Pressuposto 2: Traços e estados psicológicos podem ser quantificados e medidos 120
  Pressuposto 3: Comportamento relacionado ao teste prediz comportamento não relacionado ao teste 121
  Pressuposto 4: Testes e outras técnicas de mensuração têm pontos fortes e pontos fracos 121
  Pressuposto 5: Várias fontes de erro são parte do processo de avaliação 122
  Pressuposto 6: A testagem e a avaliação podem ser conduzidas de maneira justa e imparcial 122
  Pressuposto 7: A testagem e a avaliação beneficiam a sociedade 123

O que é um "bom teste"? 123
  Fidedignidade 123
  Validade 124
  Outras considerações 125

Normas 125
  Amostragem para desenvolver normas 128
  Tipos de normas 134
  Sistemas de escore do grupo fixo de referência 138
  Avaliação referenciada à norma *versus* referenciada ao critério 138
  Cultura e inferência 141

A PSICOMETRIA NO COTIDIANO   Colocando os testes à prova   126
EM FOCO   Como o "padrão" é *padrão* na mensuração?   130
CONHEÇA UM PROFISSIONAL DA AVALIAÇÃO   Conheça o dr. Steve Julius e o dr. Howard W. Atlas   141
AUTOAVALIAÇÃO   142

5 Confiabilidade   144

O conceito de confiabilidade   144
    Fontes de variância do erro   146

Estimativas de confiabilidade   149
    Estimativas de confiabilidade teste-reteste   149
    Estimativas de confiabilidade de formas paralelas e de formas alternadas   150
    Estimativas de confiabilidade do teste das metades   152
    Outros métodos de estimar a consistência interna   154
    Medidas de confiabilidade entre avaliadores   158

Usando e interpretando um coeficiente de confiabilidade   159
    O propósito do coeficiente de confiabilidade   160
    A natureza do teste   160
    O modelo de mensuração de pontuação verdadeira e alternativas a ele   165

Confiabilidade e escores individuais   173
    O erro-padrão de mensuração   173
    O erro-padrão da diferença entre dois escores   177

A PSICOMETRIA NO COTIDIANO   A defesa da confiabilidade e o teste do bafômetro   164
EM FOCO   A teoria da resposta ao item (TRI)   170
CONHEÇA UM PROFISSIONAL DA AVALIAÇÃO   Conheça o dr. Bryce B. Reeve   174
AUTOAVALIAÇÃO   180

6 Validade   181

O conceito de validade   181
    Validade de face ou aparente   183
    Validade de conteúdo   184

Validade relacionada ao critério   190
    O que é um critério   190
    Validade concorrente   191
    Validade preditiva   192

Validade de construto   198
    Evidência de validade de construto   199

Validade, viés e imparcialidade   204
    Viés de teste   204
    Imparcialidade do teste   206

CONHEÇA UM PROFISSIONAL DA AVALIAÇÃO   Conheça o dr. Adam Schoemaker   185
EM FOCO   Taxas de base e validade preditiva   194
A PSICOMETRIA NO COTIDIANO   Ajuste dos escores do teste por grupos: imparcialidade na testagem ou jogo sujo?   208
AUTOAVALIAÇÃO   210

7 Utilidade   211

O que é utilidade?   211
    Fatores que afetam a utilidade de um teste   212

Análise de utilidade   218
   O que é uma análise de utilidade   218
   Como é conduzida uma análise de utilidade?   219
   Algumas considerações práticas   231

Métodos para estabelecer pontos de corte   235
   O método Angoff   235
   O método de grupos conhecidos   236
   Métodos baseados na TRI   237
   Outros métodos   238

A PSICOMETRIA NO COTIDIANO   Repensando os "custos" de testar e de não testar   214
CONHEÇA UM PROFISSIONAL DA AVALIAÇÃO   Conheça o dr. Erik Viirre   216
EM FOCO   Análise de utilidade: uma ilustração   220
AUTOAVALIAÇÃO   239

8 Desenvolvimento de Testes   240

Conceitualização do teste   241
   Algumas questões preliminares   241
   Trabalho-piloto   243

Construção do teste   244
   Escalonamento   244
   Redação dos itens   251
   Pontuação dos itens   260

Experimentação   261
   O que é um bom item?   262

Análise do item   262
   O índice de dificuldade do item   263
   O índice de confiabilidade do item   264
   O índice de validade do item   265
   O índice de discriminação do item   265
   Curvas características do item   268
   Outras considerações na análise do item   269
   Análise qualitativa do item   273

Revisão dos testes   275
   A revisão de testes como um estágio no desenvolvimento de novos testes   275
   Revisão de testes no ciclo de vida de um teste existente   276
   O uso da TRI na construção e revisão de testes   281

A PSICOMETRIA NO COTIDIANO   A psicometria na sala de aula   246
EM FOCO   Criando um banco de itens   258
CONHEÇA UM PROFISSIONAL DA AVALIAÇÃO   Conheça o dr. Scott Birkeland   269
AUTOAVALIAÇÃO   284

PARTE III   A Avaliação da Inteligência

9 A Inteligência e Sua Mensuração   285

O que é inteligência?   285
   Definição de inteligência: visões do público leigo   286
   Definição de inteligência: visões de acadêmicos e de profissionais de teste   287

Teorias fatoriais da inteligência 291
A visão do processamento de informação 295

Mensurando a inteligência 297

Tipos de tarefas usadas nos testes de inteligência 297
A teoria no desenvolvimento e na interpretação de testes de inteligência 299

Inteligência: algumas questões 301

Natureza *versus* educação 301
A estabilidade da inteligência 304
A validade de construto dos testes de inteligência 308
Outras questões 308

Uma perspectiva 318

CONHEÇA UM PROFISSIONAL DA AVALIAÇÃO Conheça a dra. Barbara C. Pavlo 298
A PSICOMETRIA NO COTIDIANO Ser superdotado 306
EM FOCO Imparcialidade cultural, carga cultural 316
AUTOAVALIAÇÃO 319

10 Testes de Inteligência 320

Escalas de Inteligência de Stanford-Binet 323

Escalas de Inteligência de Stanford-Binet – quinta edição 324

Escalas Wechsler 330

Escala de Inteligência Wechsler para Adultos – quarta edição (WAIS-IV) 332
Escala de Inteligência Wechsler para Crianças – quarta edição (WISC-IV) 336
Escala de Inteligência Wechsler para Idade Pré-escolar e Primária – terceira edição (WPPSI-III) 338
Formas abreviadas 341
Escalas Wechsler em perspectiva 342

Outras medidas de inteligência 343

Testes destinados para administração individual 343
Testes destinados para a administração em grupo 343
Medidas de estilo cognitivo e capacidades intelectuais específicas 353

EM FOCO Análise fatorial 344
A PSICOMETRIA NO COTIDIANO A Bateria de Aptidão Profissional das Forças Armadas (ASVAB): Um teste que você pode fazer 350
CONHEÇA UM PROFISSIONAL DA AVALIAÇÃO Conheça a dra. Rebecca Anderson 353
AUTOAVALIAÇÃO 356

11 Avaliação para a Educação 357

O papel da testagem e da avaliação na educação 357

Resposta à intervenção (RtI) 358
Avaliação dinâmica 361

Testes de realização 363

Medidas de realização geral 363
Medidas de realização em áreas de matéria específicas 364

Testes de aptidão 368

O nível da educação infantil 370
O nível do ensino fundamental 376
O nível do ensino médio 376
O nível universitário e além 378

Testes diagnósticos 380
   Testes de leitura 382
   Testes de matemática 382

Baterias de testes psicoeducacionais 383
   Bateria de Kaufman para Avaliação de Crianças (K-ABC) e Bateria de Kaufman para Avaliação de Crianças, segunda edição (KABC-II) 383
   O Woodcock-Johnson III (WJ III) 386

Outros instrumentos de avaliação em contextos educacionais 387
   Avaliação de desempenho, de portfólio e autêntica 387
   Técnicas de avaliação pelos pares 390
   Mensuração de hábitos, interesses e atitudes de estudo 391

CONHEÇA UM PROFISSIONAL DA AVALIAÇÃO   Conheça Eliane Hack, M.A.   360
EM FOCO   Testes de competência mínima   366
A PSICOMETRIA NO COTIDIANO   Primeiras impressões   372
AUTOAVALIAÇÃO   392

PARTE IV   A Avaliação da Personalidade

12 Avaliação da Personalidade: Visão Geral   393

Personalidade e avaliação da personalidade 393
   Personalidade 393
   Avaliação da personalidade 394
   Traços, tipos e estados 394

Avaliação da personalidade: Algumas questões básicas 398
   Quem? 399
   O quê? 405
   Onde? 406
   Como? 407

Desenvolvendo instrumentos para avaliar a personalidade 417
   Lógica e razão 417
   Teoria 418
   Métodos de redução de dados 418
   Grupos critério 421

Avaliação da personalidade e da cultura 434
   Aculturação e considerações relacionadas 435

CONHEÇA UM PROFISSIONAL DA AVALIAÇÃO   Conheça o dr. Eric A. Zillmer   407
A PSICOMETRIA NO COTIDIANO   Alguns formatos de itens comuns   412
EM FOCO   Avaliando a aculturação e variáveis relacionadas   436
AUTOAVALIAÇÃO   439

13 Métodos de Avaliação da Personalidade   440

Métodos objetivos 440
   O quanto são objetivos os métodos objetivos de avaliação da personalidade? 441

Métodos projetivos 442
   Manchas de tinta como estímulos projetivos 443
   Figuras como estímulos projetivos 449
   Palavras como estímulos projetivos 457

Sons como estímulos projetivos   460
A produção de desenhos de figuras   461
Os métodos projetivos em perspectiva   464

Métodos de avaliação comportamental   470

O quem, o quê, o quando, o onde, o porque e o como da avaliação comportamental   472
Variedades de avaliação comportamental   476
Questões na avaliação comportamental   484

Uma perspectiva   487

CONHEÇA UM PROFISSIONAL DA AVALIAÇÃO   Conheça o dr. Anthony Bram   469
A PSICOMETRIA NO COTIDIANO   Confissões de um avaliador do comportamento   477
EM FOCO   Personalidade, desfechos de vida e fotos do anuário da faculdade   485
AUTOAVALIAÇÃO   488

PARTE V   Testagem e Avaliação em Ação

14   Avaliação Clínica e de Aconselhamento   489

Uma visão geral   489

O diagnóstico de transtornos mentais   491
A entrevista na avaliação clínica   495
Dados da história de caso   501
Testes psicológicos   501

Avaliação psicológica culturalmente informada   504

Aspectos culturais da entrevista   506
Considerações culturais e tratamento gerenciado   507

Aplicações especiais de medidas clínicas   508

A avaliação de adição e de abuso de substância   509
Avaliação psicológica forense   510
Diagnóstico e avaliação de dano emocional   517
Análise do perfil   517
Avaliações de custódia   518

Abuso e negligência infantil   521

O relatório psicológico   524

O efeito Barnum   525
Previsão clínica *versus* mecânica   527

CONHEÇA UM PROFISSIONAL DA AVALIAÇÃO   Conheça o dr. Joel Goldberg   503
EM FOCO   Avaliação de periculosidade e o serviço secreto   513
A PSICOMETRIA NO COTIDIANO   Os elementos de um relatório típico de avaliação psicológica   526
AUTOAVALIAÇÃO   529

15   Avaliação Neuropsicológica   530

O sistema nervoso e o comportamento   530

Dano neurológico e o conceito de organicidade   531

A avaliação neuropsicológica   535

Quando uma avaliação neuropsicológica é indicada   535
Elementos gerais de uma avaliação neuropsicológica   536
O exame físico   540

Testes neuropsicológicos   541

Testes de capacidade intelectual geral 541
Testes para medir a capacidade de abstrair 544
Teste da função executiva 545
Testes da função perceptual, motora e perceptomotora 549
Testes de funcionamento verbal 553
Testes de memória 553
Baterias de testes neuropsicológicos 556

Outros instrumentos de avaliação neuropsicológica 561

CONHEÇA UM PROFISSIONAL DA AVALIAÇÃO   Conheça a dra. Jeanne P. Ryan   543
EM FOCO   Baterias de testes neuropsicológicos fixas *versus* flexíveis e a Lei   558
A PSICOMETRIA NO COTIDIANO   Auxílios ao diagnóstico médico e avaliação neuropsicológica   562
AUTOAVALIAÇÃO   564

16 Avaliação, Carreiras e Organizações   565

Escolha da carreira e transição de carreira 565
Medidas de interesse 566
Medidas de habilidades e aptidão 568
Medidas de personalidade 575
Outras medidas 579

Triagem, seleção, classificação e alocação 581
O currículo e a carta de apresentação 582
O formulário de requerimento 582
Cartas de recomendação 583
Entrevistas 584
Avaliação do portfólio 584
Testes de desempenho 584
Testes físicos 588

Medidas de capacidade cognitiva, produtividade e motivação 591
Medidas da capacidade cognitiva 591
Produtividade 592
Motivação 594

Satisfação no trabalho, compromisso organizacional e cultura organizacional 598
Satisfação no trabalho 598
Compromisso organizacional 599
Cultura organizacional 599

Outros instrumentos de avaliação para aplicações organizacionais e do trabalho 602
Psicologia do consumidor 602
A medida de atitudes 602
Pesquisas 604
Métodos de pesquisa de motivação 607

EM FOCO   Generalização da validade e a BTAG   572
CONHEÇA UM PROFISSIONAL DA AVALIAÇÃO   Conheça o dr. Chris Gee   599
A PSICOMETRIA NO COTIDIANO   Avaliação da cultura corporativa e organizacional   601
AUTOAVALIAÇÃO   612

Referências   613

Créditos   683

Índice Onomástico   685

Glossário/Índice   695

CAPÍTULO 1

Testagem e Avaliação Psicológica

Todos os campos de empreendimento humano usam medidas de alguma forma, e cada um tem seu próprio conjunto de instrumentos de mensuração e unidades de medida. Por exemplo, se você noivou recentemente ou está pensando em noivar, pode ter ouvido falar sobre uma unidade de medida chamada quilate. Se você comprou um computador, pode ter ouvido alguma coisa sobre uma unidade de medida chamada *byte*. Como aluno de medidas psicológicas, você necessita de familiaridade operacional com algumas das unidades de medida que costumam ser usadas em psicologia, bem como de conhecimento sobre alguns dos muitos instrumentos de mensuração empregados. Nas páginas a seguir, você obterá esse conhecimento e também familiaridade com a história da medida em psicologia e entendimento de sua base teórica.

Testagem e avaliação

As raízes da testagem e da avaliação psicológicas contemporâneas podem ser encontradas na França do início do século XX. Em 1905, Alfred Binet e um colega publicaram um teste concebido para ajudar a colocar as crianças das escolas de Paris em classes apropriadas. O teste de Binet teria consequências bem além do distrito escolar de Paris. No período de uma década, uma versão para a língua inglesa do teste de Binet foi preparada para ser usada em escolas nos Estados Unidos. Quando os Estados Unidos declararam guerra à Alemanha e entraram na Primeira Guerra Mundial, em 1917, os militares precisavam de uma maneira de avaliar rapidamente grandes números de recrutas em relação a problemas intelectuais e emocionais. A testagem psicológica forneceu essa metodologia. Durante a Segunda Guerra Mundial, os militares dependiam ainda mais dos testes psicológicos na avaliação de recrutas para o serviço. Depois da guerra, cada vez mais testes com o propósito de medir uma série crescente de variáveis psicológicas foram desenvolvidos e usados. Havia testes para medir não apenas a inteligência, mas também a personalidade, o funcionamento do cérebro, o desempenho no trabalho e muitos outros aspectos do funcionamento psicológico e social.

Definição de testagem e avaliação psicológica

A receptividade mundial ao teste de Binet no início do século XX produziu não apenas mais testes, mas mais desenvolvedores de testes, mais editores de testes, mais aplicadores de testes, e propiciou o surgimento do que, logicamente, se tornou conhecido como um empreendimento de testagem. "Testagem" era o termo usado para referir-se a tudo, da administração de um teste (como em "Testagem em andamento") à interpretação de seu escore ("A testagem indicou que...").

Durante a Primeira Guerra Mundial, o termo "testagem" descrevia a avaliação em grupo de milhares de recrutas militares. Suspeitamos que foi então que o termo ganhou uma posição poderosa no vocabulário dos profissionais e das pessoas leigas. O uso de "testagem" para denotar tudo desde a administração até a interpretação do teste pode ser encontrado em manuais do pós-guerra (tais como Chapman, 1921; Hull, 1922; Spearman, 1927), bem como em vários escritos relacionados a testes por décadas subsequentes. Entretanto, na Segunda Guerra Mundial uma distinção semântica entre testagem e um termo mais inclusivo, "avaliação", começou a surgir.

Ao longo dessa guerra, o U. S. Office of Etrategic Services (OSS) dos Estados Unidos, um antecessor da atual Central Intelligence Agency (CIA), usou uma variedade de procedimentos e instrumentos de medida – os testes psicológicos entre eles – na seleção de pessoal militar para posições altamente especializadas envolvendo espionagem, coleta de informações, etc. Por exemplo, um dos instrumentos empregados era uma técnica de entrevista muito desconfortável, de uma pessoa por um grupo, para avaliar quão bem os candidatos poderiam responder a um interrogatório ao estilo da Gestapo. Com uma luz cruelmente apontada para seus rostos, os entrevistados tinham que apelar para sua própria criatividade, capacidade de persuasão e outros recursos para se defender e explicar de forma satisfatória um determinado cenário para um grupo de entrevistadores cada vez mais hostis. Os candidatos poderiam ter de explicar por que estavam em um determinado edifício que era fora dos seus limites e fazendo algo que não estavam autorizados a fazer, como, por exemplo, procurando ou removendo arquivos confidenciais. Eles eram avaliados em uma série de variáveis, tal como sua capacidade de manter respostas não contraditórias. Hoje, esse método de avaliação, ou qualquer método de avaliação que tenha o potencial de causar dano às pessoas que estão sendo avaliadas, provavelmente suscitaria sérias preocupações éticas.

Conforme resumido em *Assessment of Men* (OSS Assessment Staff, 1948) e em outras fontes (Murray e MacKinnon, 1946), os dados da avaliação gerados eram submetidos a integração e estimação criteriosas por pessoal altamente treinado do centro de avaliação. O modelo do OSS – usar uma variedade inovadora de instrumentos de avaliação junto com dados das avaliações realizadas por indivíduos bem-treinados – inspiraria mais tarde o que agora é referido como abordagem do centro de avaliação à avaliação de pessoal (Bray, 1982).

Os ambientes militar, clínico, educacional e comercial são apenas alguns dos muitos contextos que implicam a observação comportamental e a integração ativa por avaliadores de pontuações de testes e outros dados. Nessas situações, o termo *avaliação* pode ser preferível a *testagem*. Em comparação com a testagem, a avaliação reconhece que os testes são apenas um tipo de instrumento usado por avaliadores profissionais (junto com outros instrumentos, como a entrevista) e que o valor de um teste, ou de qualquer outro instrumento de avaliação, está intimamente ligado ao conhecimento, à habilidade e à experiência do avaliador.

A distinção semântica entre testagem psicológica e avaliação psicológica é nebulosa na conversação diária. É um pouco surpreendente que a distinção entre os dois termos ainda permaneça nebulosa em alguns manuais de "testagem psicológica" publicados. Contudo, a distinção é importante. É mais positivo para a sociedade em geral que exista uma definição clara desses dois termos e uma diferenciação entre eles, bem como de termos relacionados, como *aplicador de teste psicológico* e *avaliador psicológico*. Distinções claras entre esses termos também podem ajudar a evitar as guerras territoriais que agora fermentam entre profissionais da psicologia e membros de outras profissões que procuram usar vários testes psicológicos. Em muitos contextos de análise psicológica, conduzir uma avaliação re-

◆ **REFLITA...**
Descreva uma situação na qual a testagem seja mais apropriada do que a avaliação. Em contrapartida, descreva uma situação na qual a avaliação seja mais adequada do que a testagem.

quer maior educação, treinamento e habilidade do que simplesmente administrar um teste.

Definimos **avaliação psicológica** como a coleta e a integração de dados relacionados à psicologia com a finalidade de fazer uma estimação psicológica, que é realizada por meio de instrumentos como testes, entrevistas, estudos de caso, observação comportamental e aparatos e procedimentos de medida especialmente projetados. Definimos **testagem psicológica** como o processo de medir variáveis relacionadas à psicologia por meio de instrumentos ou procedimentos projetados para obter uma amostra do comportamento. Algumas das diferenças entre esses dois processos são apresentadas na Tabela 1.1.[1]

Tabela 1.1 Testagem comparada a avaliação

Em comparação com o processo de administrar, pontuar e interpretar testes psicológicos (testagem psicológica), a avaliação psicológica pode ser concebida como um processo de resolução de problema que pode assumir muitas formas diferentes. Como a avaliação psicológica se processa depende de muitos fatores, especialmente a própria razão da avaliação ser feita. Diferentes instrumentos de avaliação – entre eles os testes psicológicos – poderiam ser mobilizados no processo de avaliação, dependendo dos objetivos, das pessoas e das circunstâncias particulares envolvidos, bem como de outras variáveis únicas à situação em particular.

Reconhecidamente, a linha divisória entre o que constitui testagem e o que constitui avaliação nem sempre é clara como gostaríamos que fosse. Entretanto, reconhecendo que existe tal ambiguidade, podemos trabalhar para apurar nossa definição e o uso desses termos. Parece útil perceber as diferenças entre testagem e avaliação em termos do objetivo, do processo e do desfecho de uma avaliação e também em termos do papel e da habilidade do avaliador. Lembre que, embora essas sejam distinções úteis a considerar, exceções sempre podem ser encontradas.

Testagem	Avaliação
Objetivo Normalmente, obter alguma medida, em geral de natureza numérica, com relação a uma capacidade ou um atributo.	Normalmente, responder a uma questão de encaminhamento, resolver um problema ou tomar uma decisão por meio do uso de instrumentos de avaliação.
Processo A testagem pode ser de natureza individual ou grupal. Após a administração do teste, o testador normalmente soma "o número de respostas corretas ou o número de certos tipos de respostas [...] com pouca ou nenhuma consideração pelo como ou a mecânica de tal conteúdo" (Maloney e Ward, 1976, p. 39).	A avaliação costuma ser individualizada. Em comparação com a testagem, a avaliação em geral se concentra mais em como um indivíduo processa do que simplesmente nos resultados desse processamento.
Papel do avaliador O testador não é fundamental para o processo; em termos práticos, um testador pode ser substituído por outro sem afetar consideravelmente o resultado.	O avaliador é fundamental ao processo de seleção dos testes e/ou de outros instrumentos de avaliação, bem como para tirar conclusões a partir de toda a avaliação.
Habilidade do avaliador A testagem normalmente requer habilidades técnicas em termos de administrar e pontuar um teste, bem como para interpretar o seu resultado.	A avaliação normalmente requer uma seleção especializada dos instrumentos de avaliação, habilidade na avaliação e organização e integração criteriosas dos dados.
Resultados Normalmente, a testagem produz um escore ou uma série de escores no teste.	Normalmente, a avaliação envolve uma abordagem de resolução de problemas que mobiliza muitas fontes de dados visando esclarecer o motivo do encaminhamento.

---

[1] Especialmente quando se discutem os princípios gerais relativos à criação de procedimentos de medida, bem como a criação, manipulação ou interpretação de dados gerados a partir desses procedimentos, a palavra *teste* (e termos relacionados, como *escore de teste*) pode ser usada no sentido mais amplo e mais genérico; ou seja, "teste" pode ser usado na forma abreviada para aplicar-se a quase todos os procedimentos que implicam mensuração (incluindo, por exemplo, medidas de desempenho situacional). Por isso, quando falamos de "desenvolvimento de teste" no Capítulo 8, muitos dos princípios estabelecidos se aplicarão ao desenvolvimento de outras medidas que não são, estritamente falando, "testes" (tal como as medidas de desempenho situacional, e outros instrumentos de avaliação). Dito isso, enfatizamos que existe uma distinção real e importante entre os termos *testagem psicológica* e *avaliação psicológica* e que se deve fazer o possível para não confundir o significado de ambos.

O processo de avaliação. Em geral, o processo de avaliação começa com um encaminhamento para avaliação a partir de uma fonte como um professor, psicólogo da escola, conselheiro, juiz, médico ou especialista de recursos humanos corporativo. Normalmente, uma ou mais questões de encaminhamento são colocadas para o avaliador sobre o avaliando. Alguns exemplos de questões de encaminhamento são: "Esta criança pode funcionar em uma sala de aula regular?", "Este réu é competente para ser julgado?" e "O quanto se pode esperar que este empregado se saia bem se for promovido para uma posição executiva?".

O avaliador pode se encontrar com o avaliando ou com outras pessoas antes da avaliação formal a fim de esclarecer aspectos da razão para o encaminhamento. O avaliador prepara-se para a avaliação selecionando os instrumentos a serem usados. Por exemplo, se a avaliação ocorrer em um contexto corporativo ou militar e a questão de encaminhamento disser respeito à capacidade de liderança do avaliando, o avaliador pode desejar empregar uma medida (ou duas) de liderança. Normalmente, a própria experiência pregressa, a educação e o treinamento do avaliador desempenham um papel fundamental nos testes específicos ou em outros instrumentos a serem empregados na avaliação. Às vezes, uma instituição na qual a avaliação está acontecendo prescreveu diretrizes relativas a quais instrumentos podem e quais não podem ser usados. Na maioria das situações, sobretudo aquelas que são relativamente novas para o avaliador, o processo de seleção do instrumento pode ser inspirado por alguma pesquisa em preparação para a avaliação. Por exemplo, na avaliação de liderança, o procedimento de seleção do instrumento poderia ser inspirado por publicações que tratem de estudos comportamentais de liderança (Derue et al., 2011), estudos psicológicos de líderes (Kouzes e Posner, 2007), questões culturais na liderança (Byrne e Bradley, 2007) ou quaisquer aspectos da liderança em que a avaliação será focalizada (p. ex., Carnevale et al., 2011; Elliott, 2011; Kalshoven et al., 2011).

> **REFLITA...**
> Que qualidades fazem um bom líder? Como essas qualidades poderiam ser medidas?

Subsequente à seleção dos instrumentos ou procedimentos a serem empregados, a avaliação formal começará. Após ser realizada, o avaliador escreve um relatório dos achados visando responder à questão de encaminhamento. Sessões adicionais para *feedback* com o avaliando e/ou terceiras pessoas interessadas (tais como os pais do avaliando e o profissional que o encaminhou) também podem ser marcadas.

Avaliadores diferentes podem abordar a tarefa da avaliação de formas distintas. Alguns a abordam com participação mínima dos próprios avaliandos. Outros consideram o processo de avaliação mais uma colaboração entre o avaliador e o avaliando. Por exemplo, em uma abordagem à avaliação, referida (logicamente) como **avaliação psicológica colaborativa**, o avaliador e o avaliando podem trabalhar como "parceiros" do contato inicial ao *feedback* final (Finello, 2011; Fischer, 1978, 2004, 2006). Uma variedade da avaliação colaborativa inclui um elemento de terapia como parte do processo. Stephen Finn e colaboradores (Finn, 2003, 2011; Finn e Martin, 1997; Finn e Tonsager, 2002) descreveram uma abordagem colaborativa à avaliação chamada de **avaliação psicológica terapêutica.** Aqui, a autodescoberta terapêutica e novos entendimentos são encorajados durante todo o processo de avaliação. Saiba mais sobre essa abordagem, e "diga olá" ao próprio dr. Stephen Finn, na seção *Conheça um profissional da avaliação* deste capítulo. Essa seção foi concebida para ajudar os leitores a adquirir um conhecimento em primeira mão com o uso do teste "na vida real". Em cada capítulo deste livro, você será apresentado a um diferente aplicador de teste e a uma perspectiva única sobre o processo de avaliação. A todos os profissionais da avaliação apresentados foi solicitado que escrevessem um ensaio compartilhando seus próprios pensamentos e experiências. Um trecho breve de cada ensaio é apresentado em cada capítulo, e a versão completa de cada ensaio está disponível (em inglês) em *www.mhhe.com/cohentesting8*.

Outra abordagem à avaliação que parece ter ganho impulso nos últimos anos, sobretudo em contextos educacionais, é denominada *avaliação dinâmica* (Poehner e van Com-

CONHEÇA UM PROFISSIONAL DA AVALIAÇÃO

Conheça o dr. Stephen Finn

Em avaliação terapêutica, usamos uma variedade de instrumentos psicológicos, incluindo testes de funcionamento cognitivo (p.ex., WAIS-IV) e de autorrelato de personalidade e sintomatologia (p.ex., o Rorschach). Nós os selecionamos com base em nossa sessão inicial com um cliente. Nesse encontro, ajudamos os clientes a formularem "questões de avaliação" pessoais que desejam ver respondidas, tais como "Por que é tão difícil para mim fazer contato visual?" ou "Por que nunca fui capaz de ter um relacionamento íntimo?". Então selecionamos testes que ajudarão a responder às perguntas dos clientes, bem como àquelas que nos são feitas por quaisquer profissionais responsáveis pelo encaminhamento. Por exemplo, com as perguntas há pouco mencionadas, poderíamos propor a um cliente o MMPI-2-RF e o Rorschach, porque nossa experiência é que a combinação de um autorrelato e de um teste de personalidade baseado no desempenho é útil para nos ajudar a entender esses tipos de problemas. Na primeira sessão, também coletamos informação básica abrangente sobre as preocupações refletidas nas perguntas do cliente. Por exemplo, perguntamos sobre quando é mais difícil ou mais fácil para ele fazer contato visual, quando esse problema começou e o que ele já tentou para tratá-lo. Também questionamos sobre tentativas anteriores de ter relacionamentos íntimos.

Acreditamos que, na melhor das hipóteses, os testes psicológicos servem como "amplificadores de empatia" – ajudando a "nos colocarmos no lugar dos clientes" e a entender quebra-cabeças, dilemas ou pontos emperrados em suas vidas que não foram capazes de tratar de outras maneiras. Administramos os testes de uma forma padronizada no início de nossas avaliações e achamos que as informações fornecem hipóteses muito úteis sobre por que os clientes têm os problemas que têm. Com frequência, por meio desses testes, somos capazes de ajudar as pessoas a entenderem comportamentos confusos, mesmo autodestrutivos ou perturbadores, que outros profissionais da saúde mental não foram capazes de entender ou melhorar. E usamos os testes conscientemente para identificar tanto os pontos fortes quanto as dificuldades das pessoas.

Envolvemos os clientes como colaboradores e "coexperimentadores" durante as sessões de testagem. Por exemplo, com o cliente supramencionado, poderíamos discutir itens reais do MMPI-2 que sugerissem sensação de inutilidade e vergonha. Ou poderíamos pedir-lhe para pensar conosco sobre as seguintes respostas do Rorschach: "Um morcego que está voando com asas terrivelmente danificadas – não sei como ele continua a voar" e "Um cão sarnento – do tipo que ninguém tiraria do canil e levaria para casa". Poderíamos mesmo pedir-lhe para experimentar fazer, na sessão, mais contato visual com o avaliador e prestar atenção ao que ele sente. Todas essas interações poderiam levar a discussões sobre o sentimento de inadequação e vergonha do cliente, como esse sentimento surgiu, e como isso tudo está relacionado às suas questões de avaliação sobre fazer contato visual e ter relacionamentos íntimos.

Stephen Finn, PhD, fundador do Center for Therapeutic Assessment, Austin, Texas.

No final da avaliação, mostramos e conversamos com o cliente a respeito das pontuações reais do teste e discutimos os "próximos passos" que ele poderia dar para tratar os problemas existenciais que foram o foco da avaliação. Frequentemente uma avaliação terapêutica é uma boa porta de entrada para o tratamento psicológico...

Leia mais sobre o que o dr. Finn tinha a dizer – seu ensaio completo (em inglês) – em www.mhhe.com/cohentesting8.

pernolle, 2011). O termo *dinâmica* pode sugerir que uma abordagem psicodinâmica ou psicanalítica à avaliação esteja sendo aplicada. Entretanto, esse não é o caso. No presente contexto, o termo *dinâmica* é usado para descrever a natureza interativa e variável da avaliação. Em geral, **avaliação dinâmica** refere-se a uma abordagem interativa à avaliação psicológica que geralmente segue um modelo de (1) avaliação, (2) intervenção de algum tipo e (3) avaliação. A avaliação dinâmica costuma ser mais empregada em contextos educacionais, embora possa ser utilizada também em ambientes correcionais, corporativos, neuropsicológicos, clínico e em muitos outros.

A intervenção entre as avaliações, às vezes mesmo entre as questões individuais colocadas ou as tarefas dadas, poderiam assumir diferentes formas, dependendo do propósito da avaliação dinâmica (Haywood e Lidz, 2007). Por exemplo, um avaliador pode intervir no curso de uma avaliação das capacidades de um avaliando com *feedback* ou sugestões cada vez mais explícitas. O propósito da intervenção pode ser o fornecimento de assistência com o domínio da tarefa em questão. O progresso no domínio da mesma tarefa ou de tarefas semelhantes é então medido. Basicamente, a avaliação dinâmica proporciona um meio para avaliar como o avaliando processa ou se beneficia de algum tipo de intervenção (*feedback*, sugestões, instrução, terapia e assim por diante) durante o curso da avaliação. Em alguns contextos educacionais, a avaliação dinâmica pode ser vista como uma forma de medir não apenas a aprendizagem, mas o "potencial de aprendizagem" ou as habilidades de "aprender a aprender". Os computadores são um instrumento usado para ajudar na obtenção dos objetivos da avaliação dinâmica (Wang, 2011). Existem outros...

Os instrumentos de avaliação psicológica

O teste

Um **teste** pode ser definido simplesmente como um dispositivo ou procedimento de medida. Quando é precedida de um modificador, a palavra *teste* se refere a um dispositivo ou procedimento que visa medir uma variável relacionada àquele modificador. Considere, por exemplo, o termo *exame (teste) médico*, que faz referência a um dispositivo ou procedimento para medir alguma variável relacionada à prática da medicina (incluindo uma ampla variedade de instrumentos e procedimentos, como raios X, exames de sangue e teste dos reflexos). De forma semelhante, o termo **teste psicológico** refere-se a um dispositivo ou procedimento visando medir variáveis relacionadas à psicologia (p. ex., inteligência, personalidade, aptidão, interesses, atitudes ou valores). Embora um exame médico possa envolver a análise de uma amostra de sangue, tecido ou similar, um teste psicológico quase sempre envolve a análise de uma amostra de comportamento. A amostra de comportamento poderia variar de respostas a um questionário escrito a respostas orais a perguntas relacionadas ao desempenho de alguma tarefa. A amostra de comportamento poderia ser extraída pelo estímulo do próprio teste ou poderia ser um comportamento ocorrendo de modo natural (observado pelo avaliador, em tempo real enquanto ocorre, ou gravado).

Os testes psicológicos e outros instrumentos de avaliação podem diferir com respeito a uma série de variáveis, como conteúdo, formato, procedimentos de administração, procedimentos de pontuação e interpretação e qualidade técnica. O *conteúdo* (assunto) naturalmente irá variar de acordo com o foco do teste em particular. Mas, mesmo dois testes psicológicos que se proponham a medir a mesma coisa – por exemplo, a personalidade – podem diferir bastante no conteúdo dos itens. Isso acontece porque dois desenvolvedores do teste poderiam ter visões inteiramente diferentes em relação ao que é importante na medida da "personalidade"; diferentes desenvolvedores de testes empregam definições diferentes de "personalidade". Além disso, diferentes desenvolvedores chegam ao processo de desenvolvimento com diferentes orientações teóricas. Por exemplo, os itens em um teste de personalidade de orientação psicanalítica podem ter pouca semelhança com os de outro com orientação comportamental, contudo ambos são testes de personalidade. Um teste de personalidade de orientação psicanalítica poderia ser selecionado por um avaliador de orientação psicanalítica, e um teste de personalidade de orientação existencial poderia ser escolhido por um avaliador dessa orientação.

O termo **formato** diz respeito à forma, ao plano, à estrutura, ao arranjo e ao leiaute dos itens do teste e, ainda, às considerações relacionadas, como limites de tempo. *Formato* também é usado em referência à forma como um teste é administrado: computadorizado, escrito ou alguma outra forma. Quando se faz menção específica a um teste computadorizado, o formato também pode envolver a forma do programa: compatível com PC ou Mac. O termo *formato* não se restringe aos testes. *Formato* também é usado para denotar a forma ou a estrutura de outros instrumentos e processos avaliativos, tais como as diretrizes para criar um portfólio de trabalho.

> **REFLITA...**
> Imagine que quisesse desenvolver um teste para um traço de personalidade que você chamou de "gótico". Como definiria esse traço? Que tipos de itens incluiria no teste? Por que você incluiria esses tipos de itens?

Os testes diferem em seus *procedimentos de administração*. Alguns, particularmente aqueles destinados à administração em uma base de um-para-um, podem requerer um administrador de teste ativo e bem informado. A aplicação pode envolver a demonstração de vários tipos de tarefas exigidas do avaliando, bem como a observação treinada de seu desempenho. De forma alternativa, alguns testes, sobretudo aqueles designados para administração a grupos, podem nem mesmo requerer que o administrador esteja presente enquanto os testandos completam independentemente as tarefas requeridas.

Os testes diferem em seus *procedimentos de pontuação e interpretação*. Para entender melhor como e por que, vamos definir o que seja *pontuação* e *pontuar*. Os aficionados por esportes estão familiarizados com esses termos. Para eles, esses termos referem-se ao número de pontos acumulados pelos competidores e ao processo de acumulação desses pontos. Em testagem e avaliação, podemos definir **pontuação** de modo formal como um código ou uma súmula, em geral, mas não necessariamente de natureza numérica, que reflete uma avaliação do desempenho em um teste, uma tarefa, uma entrevista ou alguma outra amostra de comportamento. **Pontuar** é o processo de atribuir esses códigos avaliativos ou súmulas ao desempenho em testes, tarefas, entrevistas ou outras amostras de comportamento. No mundo da avaliação psicológica, existem muitos tipos diferentes de pontuação. Algumas resultam da simples soma das respostas (tal como a soma de respostas dos tipos correta/incorreta ou concordo/discordo) e algumas são derivadas de procedimentos mais elaborados.

As próprias pontuações podem ser descritas e categorizadas de muitas formas diferentes. Por exemplo, um tipo de pontuação é o *ponto de corte*. Um **ponto de corte** (também referido apenas como *corte*) é um ponto de referência, geralmente numérico, derivado por julgamento e usado para dividir um conjunto de dados em duas ou mais classificações. Alguma medida será tomada ou alguma inferência será feita com base nessas classificações. Os pontos de corte nos testes, via de regra em combinação com outros dados, são usados nas escolas em muitos contextos. Por exemplo, eles podem ser usados para dar notas e para tomar decisões sobre a classe ou o programa ao qual as crianças serão encaminhadas. Eles também são utilizados por empregadores como auxiliares na tomada de decisão sobre contratação, colocação e promoção de pessoal. Os órgãos estaduais usam pontos de corte como auxiliares em decisões de licenças. Há provavelmente mais de uma dúzia de métodos diferentes que podem ser empregados para derivar formalmente os pontos de corte (Dwyer, 1996). Se você está curioso sobre quais são alguns desses diferentes métodos, fique atento; abordamos o assunto em um capítulo próximo.

Às vezes, nenhum método formal é usado para chegar a um ponto de corte. Alguns professores utilizam o método informal do "olhômetro" para declarar, por exemplo, que uma pontuação de 65 ou mais em um teste significa "passar" e uma pontuação de 64 ou abaixo significa "rodar". Sejam derivadas formal ou informalmente, os pontos de corte costumam levar em consideração, pelo menos em alguma medida, os valores daqueles que os estabelecem. Considere, por exemplo, dois professores que ensinam a mesma matéria na mesma faculdade. Um poderia estabelecer uma nota de corte para passar bem mais alta (e mais difícil para os estudantes alcançarem) do que o outro professor. Também há um outro lado na equação humana em relação aos pontos de corte, que é raramente mencionado nos textos sobre mensuração. Esse fenômeno diz respeito às consequências emocionais de "não alcançar a nota" e de "passar raspando" (ver Fig. 1.1).

Os testes apresentam ampla diferença em termos de suas diretrizes para pontuação e interpretação. Alguns são autopontuados pelos próprios testandos, outros são pontuados por computador e outros requerem contagem por examinadores treinados. Alguns, como a maioria dos testes de inteligência, vêm com manuais que são explícitos não apenas sobre os critérios de pontuação, mas também sobre a natureza das interpretações que podem ser feitas das pontuações. Outros, como o Teste da Mancha de Tinta de Rorschach, são vendidos sem qualquer manual. O comprador (presumivelmente qualificado) compra os materiais de estímulo e então seleciona e usa um dos muitos roteiros disponíveis para administração, pontuação e interpretação.

Os testes diferem com relação a sua **solidez psicométrica** ou qualidade técnica. **Psicometria** pode ser definida como a ciência da mensuração psicológica. Variantes desse

Figura 1.1 Emoção produzida pelos pontos de corte (limiares) da variável categórica.
Pessoas que mal alcançam o ponto de corte (limiar) da variável categórica podem se sentir melhor acerca de suas realizações do que aquelas que alcançam o ponto de corte (limiar) por uma margem substancial. Mas as que quase alcançaram o ponto de corte (limiar) podem se sentir pior do que aqueles que o perderam por uma margem substancial. Uma evidência consistente com essa visão foi apresentada na pesquisa com atletas olímpicos (Medvec et al., 1995; Medvec e Savitsky, 1997). Os medalhistas de bronze ficaram – um pouco paradoxalmente – mais felizes com o resultado do que os medalhistas de prata. Os que receberam o bronze podiam dizer para si mesmos "Pelo menos eu ganhei uma medalha" e ficar felizes com isso. Em contrapartida, os que ganharam a prata poderiam se sentir frustrados porque tentaram a medalha de ouro e deixaram de ganhá-la.

termo incluem o adjetivo *psicométrico* (que se refere à mensuração de natureza psicológica) e o substantivo **psicometrista** (referindo-se a um profissional que usa, analisa e interpreta dados de testes psicológicos). Falamos de solidez psicométrica de um teste quando nos referimos ao grau de consistência e precisão com que um teste psicológico mede o que se propõe a medir. Os profissionais da avaliação também falam da *utilidade* psicométrica de um determinado teste ou método de avaliação. Neste contexto, **utilidade** diz respeito ao valor prático que um teste ou outro instrumento de avaliação tem para um determinado propósito. Esses conceitos são abordados com mais detalhes em capítulos subsequentes. Agora, voltando a nossa discussão dos instrumentos de avaliação, apresentamos um instrumento bem conhecido que, como dizem, "dispensa apresentação".

> **REFLITA...**
> Como um teste de inteligência poderia ter mais utilidade do que outro teste de inteligência no mesmo contexto escolar?

A entrevista

Na conversação diária, a palavra *entrevista* invoca imagens de conversa face a face. Mas a entrevista como um instrumento de avaliação psicológica em geral envolve mais do que conversa. Se for conduzida face a face, então é provável que o entrevistador esteja tomando nota não apenas do conteúdo do que é dito, mas também da forma como está sendo dito. Mais especificamente, estará anotando comportamento verbal e não verbal. O comportamento não verbal pode incluir a "linguagem corporal", os movimentos e a expressão facial do entrevistado em resposta ao entrevistador, o grau de contato visual, a aparente disposição em cooperar e a reação geral às demandas da entrevista. O entrevistador também pode anotar a forma como o entrevistado está vestido. Aqui, variáveis como arrumado *versus* desleixado e adequado *versus* inadequado podem ser anotadas.

Devido a uma possível abundância de informação não verbal a ser obtida, idealmente as entrevistas são conduzidas face a face. Entretanto, esse tipo de contato nem sempre é possível, e as entrevistas podem ser conduzidas em outros formatos. Em uma entrevista conduzida por telefone, por exemplo, o entrevistador ainda pode ser capaz de obter informações além das respostas às perguntas sendo sensível a variáveis como mudanças no tom de voz do entrevistado ou o quanto determinadas perguntas precipitam longas pausas ou sinais de emoção na resposta. Naturalmente, as entrevistas não precisam envolver fala verbalizada, como quando são conduzidas na linguagem de sinais. Elas também podem ser conduzidas por vários meios eletrônicos, como seria o caso de entrevistas pela internet, por *e-mail*, e as conduzidas por meio de mensagens de texto. Em seu sentido mais amplo, então, podemos definir uma **entrevista** como um método de obter informação por intermédio da comunicação direta envolvendo troca recíproca.

> **REFLITA...**
> Que tipo de situação de entrevista você consideraria ideal para ser realizada inteiramente por meio de mensagem de texto?

As entrevistas diferem com relação a muitas variáveis, tais como propósito, duração e natureza. Elas podem ser usadas pelos psicólogos em várias áreas de especialidade para ajudar na realização de diagnóstico, tratamento, seleção e em outras decisões. Assim, por exemplo, psicólogos de escola podem usar uma entrevista para tomar uma decisão sobre a adequação de várias intervenções educacionais ou arranjos de classes. Um psicólogo nomeado pelo tribunal pode usá-la para auxiliar a orientar o tribunal a determinar se um réu estava em seu juízo perfeito no momento em que cometeu um crime. Um especialista em traumatismo craniano pode utilizar uma entrevista para ajudar no esclarecimento de questões relacionadas à extensão do dano ao cérebro causado pelo ferimento. Um psicólogo estudando o comportamento dos consumidores pode usá-la a fim de conhecer o mercado para vários produtos e serviços, bem como a melhor maneira de anunciar e promovê-los.

Uma entrevista pode ser usada para ajudar os profissionais de recursos humanos a fazerem recomendações mais informadas sobre contratação, demissão e promoção de pessoal. Em alguns casos, é empregado o que é chamado de **entrevista em painel** (também denominada *banca de entrevista*). Aqui, mais de um entrevistador participa na avaliação. Uma suposta vantagem dessa técnica de avaliação de pessoal é que quaisquer vieses idiossincrásicos de um entrevistador isolado serão minimizados (Dipboye, 1992). Uma desvantagem da entrevista em painel diz respeito a sua utilidade; o custo de usar múltiplos entrevistadores pode não ser justificado (Dixon et al., 2002).

A popularidade da entrevista como um método de obter informação vai muito além da psicologia. Tente pensar em um dia em que você não esteve exposto a uma entrevista na televisão, no rádio ou na internet! Independentemente do meio pelo qual ela é conduzida, uma entrevista é uma coisa recíproca na medida em que o entrevistado reage ao entrevistador e vice-versa. A qualidade, se não a quantidade, de informação útil produzida por uma entrevista depende em grande parte das habilidades do entrevistador. Os entrevistadores diferem em muitos aspectos: seu ritmo de entrevistas, seu *rapport* com os entrevistados e sua capacidade de transmitir autenticidade, empatia e humor. Levando firmemente em conta essas diferenças, considere a Figura 1.2. Como os atributos de personalidade característicos dessas duas celebridades poderiam afetar as respostas dos entrevistados? Quais desses dois entrevistadores você acha que entrevista melhor? Por quê?

> **REFLITA...**
> Que tipos de habilidades o apresentador de um programa de entrevista deve ter para ser considerado um entrevistador eficiente? Essas habilidades diferem daquelas necessárias a um profissional no campo da avaliação psicológica? Nesse caso, como?

O portfólio

Estudantes e profissionais em muitos campos de atividade diferentes, variando de arte a arquitetura, mantêm arquivos de suas produções. Essas produções – sejam conservadas em papel, tela, filme, vídeo, áudio ou algum outro meio – constituem o que é chamado de um **portfólio**. Como amostras da capacidade e das realizações da pessoa, um portfólio pode ser usado como um instrumento de avaliação. Empregadores de artistas comerciais, por exemplo, tomarão decisões de contratação baseados, em parte, na impressão passada pelo portfólio de amostras de desenhos de um candidato. Como outro exemplo, considere os empregadores de pessoas com talento para programas de rádio ao vivo. Eles também tomarão decisões de contratação em parte com base em seus julgamentos de amostras de áudio de trabalhos anteriores do candidato.

O apelo da avaliação do portfólio como instrumento de apreciação se estende a muitos outros campos, incluindo a educação. Alguns têm afirmado, por exemplo, que a melhor avaliação das habilidades de escrita de um estudante pode ser realizada não pela administração de um teste, mas pedindo-lhe que reúna uma seleção de amostras de composições. Também no campo da educação, a avaliação do portfólio tem sido empregada como um instrumento na contratação de professores. O portfólio de um professor pode consistir em vários documentos, como planos de aula, escritos publicados e auxílios visuais desenvolvidos expressamente para o ensino de certas matérias. Todos esses materiais podem ser de extrema utilidade para aqueles que devem tomar decisões de contratação.

> **REFLITA...**
> Se você tivesse que preparar um portfólio representando "quem você é" em termos de sua carreira educacional, seus passatempos e seus valores, o que incluiria?

Dados da história de caso

Dados da história de caso refere-se a gravações, transcrições e outros relatos na forma escrita, pictórica ou outra que preserve informações de arquivo, os relatos oficiais e informais e outros dados e itens relevantes a respeito de um avaliando. Os dados da história de caso incluem arquivos ou trechos de arquivos mantidos em instituições e órgãos como escolas, hospitais, empregadores, instituições religiosas e órgãos da justiça criminal. Ou-

Figura 1.2 Sobre entrevistar e ser entrevistado.
Diferentes entrevistadores têm diferentes estilos de entrevista. Como você caracterizaria o estilo de entrevista de Jay Leno comparado ao de Nancy Grace?

tros exemplos de dados da história de caso são cartas e correspondências escritas, fotos e álbuns de família, recortes de jornais e revistas e vídeos, filmes e gravações caseiros. Amostras de trabalho, arte, rabiscos e relatos e figuras relacionadas a interesses e passatempos são outros exemplos.

A reunião de dados da história de caso, bem como de dados relacionados, em uma narrativa ilustrativa é referida por termos como *estudo de caso* ou *história de caso*. Podemos definir formalmente um **estudo de caso** (ou **história de caso**) como um relatório ou uma narrativa ilustrativa a respeito de uma pessoa ou um evento que foram compilados com base nos dados da história de caso. Um estudo de caso poderia, por exemplo, esclarecer como a personalidade de um indivíduo e um conjunto particular de condições ambientais se combinaram para produzir um líder mundial de sucesso. Um estudo de caso de um indivíduo que tentou assassinar uma figura política importante poderia esclarecer que tipos de indivíduos e condições levariam a tentativas semelhantes no futuro. O trabalho sobre um fenômeno psicológico social denominado *pensamento grupal (groupthink)* contém material de história de caso rico sobre tomadas de decisão coletivas que nem sempre resultaram nas melhores decisões (Janis, 1972; ver Fig. 1.3).

> **REFLITA...**
> Quais são os prós e os contras de usar dados de histórias de caso como instrumento de avaliação?

Observação comportamental

Se você deseja saber como alguém se comporta em uma determinada situação, observe seu comportamento nessa situação. Essa sabedoria "caseira" está por trás de pelo menos uma abordagem à avaliação. A **observação comportamental**, como é empregada por profissionais da avaliação, pode ser definida como a monitoração das ações dos outros ou de si mesmo por meios visuais e eletrônicos ao mesmo tempo em que se registram as infor-

Figura 1.3 Estudo de caso do fenômeno de "pensamento grupal".

De acordo com *Victims of Groupthinking*, uma obra clássica do psicólogo social Irving Janis (1972), decisões tomadas por comitês ou grupos podem, em alguns casos, não ser tão sólidas quanto as tomadas por indivíduos. Esse fenômeno, conhecido como **pensamento grupal**, surge como resultado de forças variadas que podem levar os responsáveis pela decisão a chegar a um consenso (tal como a motivação para se comprometer e para minimizar visões conflitantes). Embora possam resultar em acordos, essas forças não resultam necessariamente no curso de ação ideal. Essa edição da revista *Life*, datada de 10 de maio de 1963, narrou uma invasão fracassada da Cuba de Fidel Castro na entrada sul daquela ilha, chamada de Baía dos Porcos. O "erro de cálculo" referido na capa da revista foi, de acordo com Janis, um estudo de caso de pensamento grupal.

mações quantitativas e/ou qualitativas relativas a essas ações. A observação comportamental é utilizada frequentemente como um auxílio diagnóstico em vários contextos, como unidades de pacientes internados, laboratórios de pesquisa comportamental e salas de aula. Ela pode ser usada para fins de seleção ou colocação em contextos corporativos ou organizacionais. Nesses casos, pode ser realizada como um auxílio para identificar as pessoas que melhor demonstrem as capacidades requeridas para uma determinada tarefa ou um trabalho. Às vezes, os pesquisadores se aventuram fora das fronteiras das clínicas, das salas de aula, dos locais de trabalho e dos laboratórios de pesquisa a fim de observar o comportamento de seres humanos em um ambiente natural – ou seja, o ambiente no qual normalmente se esperaria que o comportamento ocorresse. Essa variedade de observação comportamental é denominada **observação naturalista**. Assim, por exemplo, para estudar o comportamento socializante de crianças autistas com pares da mesma idade, uma equipe de pesquisa optou por ambientes naturais em vez de um ambiente laboratorial controlado (Bellini et al., 2007).

A observação comportamental como um auxílio para planejar a intervenção terapêutica provou ser extremamente útil em ambientes institucionais como escolas, hospitais, prisões e residências coletivas. Usando listas de comportamentos-alvo publicadas ou construídas por ela própria, a equipe pode observar em primeira mão o comportamento dos indivíduos e planejar intervenções de acordo. Em uma situação escolar, por exemplo, a observação natu-

◆ **REFLITA...**
Quais são os prós e os contras de usar a observação naturalista como instrumento de avaliação?

ralista, no recreio, de uma criança de cultura diferente suspeita de ter problemas linguísticos poderia revelar que ela tem habilidades para falar a língua oficial, mas reluta – por razões de timidez, educação ou o que seja – em demonstrar essas habilidades para os adultos.

Na prática, a observação comportamental, e em especial a naturalista, tende a ser usada com mais frequência pelos pesquisadores em ambientes como salas de aula, clínicas, prisões e outros tipos de contextos nos quais os observadores tenham acesso fácil aos avaliandos. Para profissionais privados, em geral não é prático ou economicamente viável passar horas fora do consultório observando clientes enquanto eles seguem suas vidas diárias. Contudo, há alguns profissionais da saúde mental, como aqueles no campo da vida assistida, que encontram um grande valor na observação comportamental de pacientes fora de seu ambiente institucional. Para eles, pode ser necessário acompanhar um paciente fora dos muros da instituição para descobrir se ele é capaz de realizar atividades da vida diária de maneira independente. Nesse contexto, um instrumento de avaliação que se baseia muito na observação comportamental, como o Teste das Habilidades para Fazer Compras no Supermercado (Test of Grocery Shopping Skills) (ver Fig. 1.4), pode ser extremamente útil.

Testes de dramatização

Dramatização pode ser definida como a encenação de um papel improvisado ou parcialmente improvisado em uma situação simulada. Um **teste de dramatização** é um instru-

Figura 1.4 Verificação do preço (e julgamento) no corredor 5.
Criado primariamente para ser usado com pessoas com transtornos psiquiátricos, o Teste das Habilidades para Fazer Compras no Supermercado (Hamera e Brown, 2000) pode ser muito útil na avaliação de uma habilidade necessária para a vida independente.

mento de avaliação no qual os avaliandos são dirigidos a agir como se estivessem em uma determinada situação. Os indivíduos podem então ser avaliados com relação a seus pensamentos expressados, comportamentos, capacidades e outras variáveis.

A dramatização é útil para avaliar diversas habilidades. Assim, por exemplo, as habilidades de fazer compras no supermercado (Fig. 1.4) compreensivelmente poderiam ser avaliadas por meio da dramatização. Dependendo de como a tarefa é estabelecida, uma ida real ao supermercado poderia ou não ser necessária. Sem dúvida, a dramatização pode não ser tão útil quanto "a coisa real" em todas as situações. Contudo, é usada de forma bastante extensiva, sobretudo em condições nas quais seja muito demorado, muito caro ou muito inconveniente avaliar em uma situação real. Assim, por exemplo, astronautas em treinamento podem precisar dramatizar muitas situações "como se" estivessem no espaço. Tais cenários "como se" para fins de treinamento resultam em uma economia verdadeiramente "astronômica".

> **REFLITA...**
> Quais são os prós e os contras da dramatização como um instrumento de avaliação? Em sua opinião, que tipo de problema apresentado seria ideal para a avaliação por dramatização?

Indivíduos que estão sendo avaliados em um contexto corporativo, industrial, organizacional ou militar para capacidade gerencial ou de liderança podem ser colocados como rotina em situações de dramatização. Pode ser solicitado, por exemplo, que sejam mediadores em uma disputa hipotética entre os funcionários em um local de trabalho. O formato da dramatização pode variar de "cenários ao vivo", com atores vivos, a simulações geradas no computador. As medidas de desfecho para esse tipo de avaliação poderiam incluir estimativas relacionadas a vários aspectos da capacidade do indivíduo de resolver o conflito, tal como eficácia da abordagem, qualidade da resolução e tempo até a resolução.

A dramatização como um instrumento de avaliação pode ser utilizada em vários contextos clínicos. Por exemplo, ela é empregada rotineiramente em muitas intervenções com viciados em drogas. Os clínicos podem tentar obter uma medida basal de abuso, fissura ou habilidades de enfrentamento administrando um teste de dramatização antes da intervenção terapêutica. O mesmo teste volta a ser administrado após o final do tratamento. A dramatização pode, portanto, ser usada como um instrumento de avaliação e também como uma medida de desfecho.

Os computadores como instrumentos

Já fizemos referência ao papel que os computadores desempenham na avaliação contemporânea no contexto de gerar simulações. Eles também podem ajudar na mensuração de variáveis que no passado eram muito difíceis de quantificar (ver Fig. 1.5). Mas talvez o papel mais óbvio como instrumento de avaliação seja na administração, na pontuação e na interpretação de teste.

Como administradores de testes, os computadores fazem mais do que substituir o "equipamento" que era tão amplamente utilizado no passado (um lápis número 2). Eles podem atuar como administradores de testes (*online* e *offline*) e como pontuadores de testes de alta eficiência. Em segundos, podem obter não apenas as pontuações do teste, mas padrões de pontuações. A pontuação pode ser feita no local (**processamento local**) ou conduzida em algum local central (**processamento central**). Se o processamento ocorrer em um local central, os dados relativos aos testes podem ser enviados e devolvidos dessa instalação central por meio de linhas telefônicas (**teleprocessamento**), correio ou mensageiro. Seja processado local ou centralmente, um relato do desempenho de um testando pode variar de uma mera listagem de uma pontuação ou pontuações (um **relatório de pontuação simples**) ao **relatório de pontuação estendido**, que inclui análises estatísticas do desempenho do testando. Um avanço dos relatórios de pontuação é o **relatório interpretativo**, que é diferenciado por nele estarem incluídas declarações interpretativas numéricas ou narrativas. Alguns relatórios interpretativos contêm relativamente pouca in-

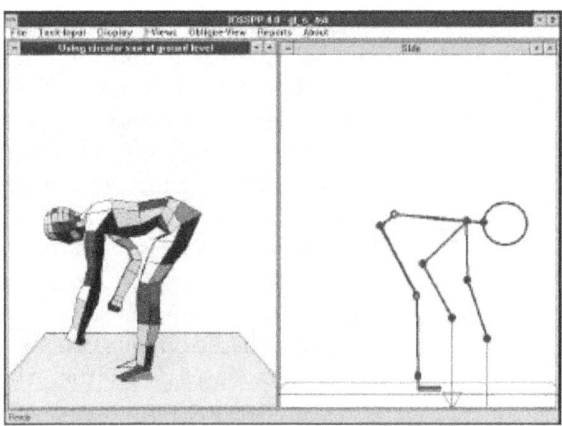

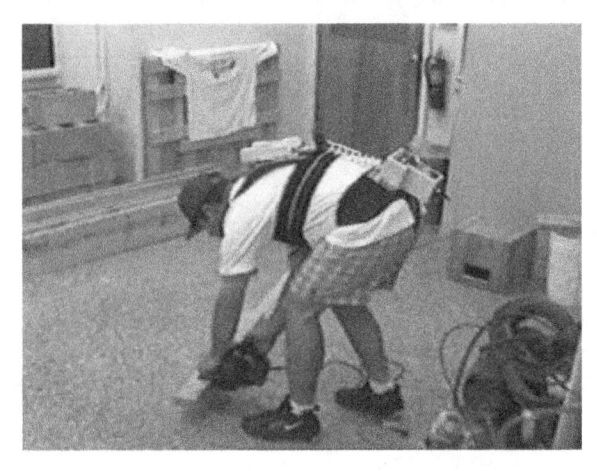

Figura 1.5   Um método de quantificar a tensão nas costas.
A aplicação inovadora da tecnologia dos computadores facilitou a mensuração de traços ou capacidades por técnicas que poderiam não ser medidas por métodos mais tradicionais. Uma dessas metodologias de avaliação combina as tecnologias de vídeo e computador para obter uma avaliação contínua da tensão nas costas (Mirka et al., 2000). Uma imagem (neste caso, de uma pessoa serrando) é capturada por uma câmera de vídeo e então convertida em uma representação mensurável por computador.

terpretação e apenas chamam atenção para certas pontuações altas, baixas ou incomuns que precisam ser focalizadas. No patamar superior desses relatórios está o que é às vezes referido como um **relatório consultivo.** Esse tipo de relatório, costuma ser escrito em linguagem apropriada para a comunicação entre profissionais da avaliação, pode fornecer uma opinião especializada relativa à análise dos dados. Um outro tipo de relatório de pontuação computadorizado visa integrar os dados de outras fontes, além do próprio teste, no relatório interpretativo. Esse **relatório integrativo** empregará dados coletados previamente (como registros de medicamentos ou dados de observação comportamental) no relatório do teste.

O acrônimo **CAPA** refere-se ao termo *avaliação psicológica assistida por computador (computer assisted psychological assessment)*. A propósito, aqui a palavra *assistida* faz referência normalmente à assistência que o computador fornece ao aplicador do teste, não ao testando. Outro acrônimo com que você pode se deparar é **CAT**, este para *teste adptado por computador (computer adaptive testing)*. O *adaptado* nesse termo é uma alusão à capacidade do computador de adaptar o teste à capacidade do testando ou ao padrão de testagem. Assim, por exemplo, em um teste computadorizado de habi-

> **REFLITA...**
> Descreva um teste que seria ideal para ser administrado por computador. Então descreva outro que não seria ideal para ser administrado por computador.

lidades acadêmicas, o computador poderia ser programado para mudar de matemática para habilidades de português após três erros consecutivos nos itens de matemática.

A CAPA abriu um mundo de possibilidades para os desenvolvedores de testes, permitindo-lhes criar testes psicometricamente sólidos usando procedimentos e cálculos matemáticos tão complicados que levariam semanas ou meses para serem usados em uma época passada. Ela abriu um novo mundo também para os aplicadores de testes, permitindo a construção de testes sob medida com capacidades de pontuação e interpretação incorporadas antes impensáveis. Para muitos aplicadores, a CAPA foi um grande avanço em relação ao passado, quando tinham eles próprios de administrar os testes e talvez até colocar as respostas em alguma outra forma anterior à análise (p. ex., usando manualmente um gabarito de pontuação ou outro dispositivo). E mesmo após fazer tudo isso, começavam então as tarefas trabalhosas de pontuar e interpretar os dados resultantes. Entretanto, toda rosa tem seus espinhos; alguns dos prós e contras da CAPA são resumidos na Tabela 1.2.

Nos últimos anos, a perspectiva da aplicadores via internet parece ter ganhado a simpatia de clínicos, pesquisadores e outros aplicadores de testes (Bartram e Hambleton, 2006; Bersoff et al., 2012; Terzis e Economides, 2011). Estudos publicados empregaram a internet como um meio para a avaliação do risco para doença de Alzheimer (Brandt e

Tabela 1.2 CAPA: alguns prós e contras

Prós	Contras
A CAPA economiza tempo do profissional na administração, pontuação e interpretação do teste.	Os profissionais ainda devem gastar tempo considerável lendo a documentação do programa e do equipamento e até livros auxiliares sobre o teste e sua interpretação.
A CAPA resulta em erros de pontuação mínimos resultantes de erro humano ou lapsos de atenção ou julgamento.	Com a CAPA, a possibilidade de erro de programa ou equipamento, de fontes difíceis de localizar, está sempre presente, como falhas do programa ou defeito de funcionamento do equipamento.
A CAPA garante a aplicação padronizada do teste a todos os testandos, com pouca ou nenhuma variação nos procedimentos de administração.	A CAPA deixa em desvantagem aqueles testandos que são incapazes de empregar estratégias familiares de realização de testes (pré-visualizar o teste, saltar perguntas, voltar à pergunta anterior, etc.).
A CAPA produz interpretação padronizada dos achados devido à eliminação de insegurança rastreável a diferentes pontos de vista no julgamento profissional.	A interpretação padronizada de achados da CAPA baseada em uma perspectiva unitária, estabelecida, pode não ser a ideal; a interpretação poderia aproveitar pontos de vista alternativos.
A capacidade dos computadores de combinar dados de acordo com regras é mais precisa do que a dos seres humanos.	Os computadores não têm a flexibilidade dos seres humanos para reconhecer a exceção a uma regra no contexto do "quadro completo".
Assistentes não profissionais podem ser usados no processo de administração do teste, e este normalmente pode ser administrado a grupos de testandos em um contexto.	O uso de não profissionais deixa pouca, ou nenhuma, oportunidade para o profissional observar o comportamento do avaliando durante o teste e notar quaisquer condições extrateste incomuns que possam ter afetado as respostas.
Grupos de profissionais, como a APA, desenvolvem diretrizes e padrões para uso dos produtos CAPA.	Não profissionais movidos pelo lucro também podem criar e distribuir testes com pouca consideração pelas diretrizes e padrões profissionais.
Os testes escritos podem ser convertidos para produtos CAPA com consequentes vantagens, tais como um tempo mais curto entre a administração e sua pontuação e interpretação.	O uso de testes escritos que foram convertidos para a administração por computador levanta dúvidas sobre a equivalência do teste original e sua forma convertida.
A segurança dos produtos CAPA pode ser mantida não apenas por meios tradicionais (tal como cabines de preenchimento trancadas) mas por produtos eletrônicos de alta tecnologia (tal como *firewalls*).	A segurança dos produtos CAPA pode ser violada por *hackers*, e a integridade dos dados pode ser alterada ou destruída por eventos inconvenientes, como a introdução de vírus de computador.
Os computadores podem adaptar automaticamente o conteúdo e a duração do teste com base nas respostas dos testandos.	Nem todos os testandos fazem o mesmo teste ou têm a mesma experiência na realização de testes.

Rogerson, 2011), abuso de álcool e drogas (Sinadinovic et al., 2011) e, mesmo, adicção de internet (Young, 2011). Metodologias *online* foram usadas para avaliar interesses (Tracey, 2010), habilidades de resolução de problemas (Mayotte, 2010) e traços de personalidade (Migliore, 2011), entre outros atributos e condições.

A Comissão da APA sobre Testes e Avaliações Psicológicas foi convocada para considerar os prós e os contras da avaliação assistida por computador e avaliação usando a internet (Naglieri et al., 2004). Entre as vantagens citadas sobre os testes escritos estavam (1) os administradores do teste têm maior acesso a potenciais aplicadores devido ao alcance global da internet, (2) a pontuação e a interpretação dos dados do teste tendem a ser mais rápidas do que para os escritos, (3) os custos associados com a testagem via internet tendem a ser mais baixos do que os associados com os testes escritos e (4) a internet facilita a testagem de populações de outro modo isoladas, bem como de pessoas com deficiências para as quais chegar a um centro de testes poderia se revelar uma dificuldade. Poderíamos acrescentar que a testagem pela internet tende a ser "mais ecológica", no sentido de que pode poupar papel, material de transporte, e assim por diante. Além disso, há provavelmente menos chance de erros de pontuação com os testes baseados na internet, comparados aos escritos.

Embora pareça ter muitas vantagens, a testagem via internet não está livre de possíveis armadilhas, problemas e questões. Uma questão básica tem a ver com o que Naglieri e colaboradores (2008) denominaram "integridade teste-cliente". Em parte, isso se refere à verificação da identidade do testando quando um teste é administrado dessa maneira. Também diz respeito, em termos mais gerais, aos interesses às vezes variáveis do testando *versus* os do administrador do teste. Dependendo das condições da administração, os testandos podem ter acesso irrestrito a anotações, a outras fontes *online*, e a outros auxílios na realização do teste – isso apesar das diretrizes para a administração. Pelo menos com relação aos testes de desempenho, há alguma evidência de que a testagem via internet não supervisionada leva a "inflação da pontuação", comparado com os testes aplicados de forma mais tradicional (Carstairs e Myors, 2009).

Um aspecto relativo à integridade teste-cliente tem a ver com o procedimento adequado para garantir que a segurança do teste administrado via internet não seja comprometida. O que impedirá que outros testandos visualizem cópias passadas – ou mesmo antecipadas – do teste?

Naglieri e colaboradores (2008) lembraram seus leitores da diferença entre testagem e avaliação e da importância de reconhecer que a testagem pela internet é apenas isso – *testagem*, não avaliação. Como tal, os aplicadores desses testes devem estar cientes de todas as possíveis limitações da fonte de pontuação do teste.

Outros instrumentos

A próxima vez que você tiver a oportunidade de assistir a um DVD, pare um pouco para considerar o papel que o vídeo pode desempenhar na avaliação. De fato, vídeos especialmente criados têm ampla utilização em contextos de treinamento e avaliação. Por exemplo, os funcionários de uma empresa podem ser solicitados

> **REFLITA...**
> Que cuidados os aplicadores de teste pela internet deveriam ter em mente em relação à fonte de dados de seus testes?

a responder a uma variedade de incidentes de assédio sexual no local de trabalho apresentados em vídeo. Policiais podem ser questionados sobre como responderiam a vários tipos de emergências, que são apresentadas como encenações ou como gravações em vídeo de ocorrências reais. Os psicoterapeutas podem ser solicitados a responder com um diagnóstico e um plano de tratamento para cada um de diversos clientes apresentados a eles em videoteipe. A lista das possíveis aplicações do vídeo para a avaliação é infinita.

Além do vídeo, muitos outros itens comuns que você pode não associar prontamente com avaliação psicológica podem ser mobilizados apenas para esse propósito. Por exemplo, os psicólogos podem usar muitos dos instrumentos que costumam ser associados com a saúde médica, como termômetros para medir a temperatura corporal e manômetros para medir a pressão arterial. O equipamento de *biofeedback* é usado, às vezes, para obter medidas de reações corporais (tais como tensão muscular) a vários tipos de estímulos. Também há alguns instrumentos menos comuns, como o pletismógrafo peniano. Esse instrumento, concebido para medir a excitação sexual masculina, pode ser útil no diagnóstico e tratamento de predadores sexuais. A capacidade prejudicada de identificar odores é comum em muitos transtornos nos quais haja envolvimento do sistema nervoso central, e testes de olfato simples podem ser administrados para ajudar a determinar se tal prejuízo está presente. Em geral, não houve falta de inovação por parte dos psicólogos para criar instrumentos de medida ou adaptar instrumentos existentes, para uso na avaliação psicológica.

> **REFLITA...**
> Quando a avaliação por vídeo é uma abordagem melhor do que usar um teste escrito? Quais são as armadilhas, se houver, de usar o vídeo na avaliação?

Até o momento, nossa introdução se concentrou em algumas definições básicas, bem como no exame de alguns dos "instrumentos envolvidos (na avaliação)". Levantamos agora algumas questões fundamentais relativas a quem, o que, por que, como e onde da testagem e da avaliação.

Quem, o que, o porquê, o como e o onde?

Quem são as partes no empreendimento da avaliação? Em que tipos de contextos as avaliações são conduzidas? Por que a avaliação é conduzida? Como as avaliações são conduzidas? Onde buscar informações oficiais sobre os testes? Pense sobre a resposta para cada uma dessas perguntas importantes antes de continuar a leitura. Então compare suas próprias ideias com aquelas que se seguem.

Quem são as partes?

As partes no empreendimento da avaliação incluem os desenvolvedores e os editores dos testes, seus aplicadores e as pessoas que são avaliadas por meio deles. Além disso, podemos considerar a sociedade como um todo como uma parte no empreendimento da avaliação.

O desenvolvedor do teste. Os desenvolvedores e editores criam testes ou outros métodos de avaliação. A American Psychological Association (APA) estimou que mais de 20 mil novos testes psicológicos são desenvolvidos a cada ano. Entre eles estão alguns que foram criados para um estudo de pesquisa específico, alguns que foram criados na esperança de que seriam publicados e alguns que representam refinamentos ou modificações de testes existentes. Os criadores de testes trazem uma ampla série de conhecimentos e interesses para o processo de desenvolvimento de testes.[2]

> **NO BRASIL**
> Para informações sobre testes disponíveis, consultar o Sistema de Avaliação de Testes Psicológicos (SATEPSI) do Conselho Federal de Psicologia (CFP): http://satepsi.cfp.org.br.

Os desenvolvedores e editores de testes avaliam o impacto significativo que os resultados do teste podem ter sobre as vidas das pessoas. Consequentemente, inúmeras organizações profissionais publicaram padrões de comportamento ético que tratam de forma específica de aspectos do desenvolvimento e do uso responsável dos testes. Talvez o documento mais detalhado a tratar dessas questões seja o escrito em conjunto pela American Educational Research Association, a

---

[2] Para uma perspectiva fascinante na informação biográfica sobre uma amostragem de desenvolvedores de testes, navegue até a seção "Test Developers Profiles" (Perfil dos Desenvolvedores de Testes) de nossa página: *www.mhhe.com/cohentesting8* (em inglês).

American Psychological Association e o National Council on Measurement in Education (NCME). Referido por muitos psicólogos simplesmente como "os Standards", o livro *Standards for Education and Psycological Testing* abrange questões relativas à construção e à avaliação do teste, sua administração e uso, e suas aplicações especiais, tais como considerações especiais quando testando minorias linguísticas. Publicado inicialmente em 1954, revisões dos *Padrões* foram publicadas em 1966, 1974, 1985 e 1999. Esse livro é um trabalho de referência indispensável não apenas para os desenvolvedores de testes, mas também para seus aplicadores.

O aplicador do teste. Testes psicológicos e metodologias de avaliação são usados por uma ampla variedade de profissionais, incluindo clínicos, conselheiros, psicólogos escolares, pessoal de recursos humanos, psicólogos do consumidor, psicólogos experimentais e psicólogos sociais. Entretanto, a questão de quem está qualificado para aplicar os testes psicológicos tem gerado muita discussão.

Os *Standards* e outras diretrizes publicadas de organizações de profissionais especializados tiveram muito a dizer em termos de identificar quem é um aplicador de teste qualificado e quem deve ter acesso a (e permissão para comprar) testes psicológicos e instrumentos de avaliação psicológica relacionados. Contudo, existe controvérsia sobre quais profissionais com que tipo de treinamento devem ter acesso a quais testes. Membros de várias profissões, com pouco ou nenhum treinamento psicológico, têm buscado o direito de obter e usar testes psicológicos. Em muitos países, não existe uma regulação ética ou legal de uso de testes psicológicos (Leach e Oakland, 2007).

> **NO BRASIL**
> Apenas psicólogos registrados nos Conselhos Regionais de Psicologia (CRPs) podem adquirir e usar testes psicológicos.

Portanto, quem são (ou devem ser) os aplicadores de testes? Terapeutas ocupacionais, por exemplo, devem ter permissão para administrar testes psicológicos? E quanto a empregadores e executivos de recursos humanos sem treinamento formal em psicologia? E quanto à questão de terceiras pessoas na sala quando a avaliação está acontecendo? Essa última questão é o assunto da discussão na seção *Em foco* deste capítulo.

> **REFLITA...**
> Além dos psicólogos, quem deve ter acesso permitido a, bem como o privilégio de usar, testes psicológicos?

Até agora, listamos uma série de questões controversas a respeito de *Quem?* que profissionais da avaliação especializados ainda discutem. Felizmente, há pelo menos uma questão a respeito de *Quem?* sobre a qual há bem pouca discussão: a relativa a quem é o testando ou avaliando.

O testando. Todos nós já fomos testados. Entretanto, nem todos abordamos os testes da mesma forma. No dia em que um teste deve ser administrado, os testandos podem diferir com respeito a inúmeras variáveis, incluindo estas:

- O grau de ansiedade que estão vivenciando e o quanto essa ansiedade poderia afetar significativamente os resultados de seu teste.
- O quanto entendem e concordam com a razão para a avaliação.
- Sua capacidade e disposição para cooperar com o examinador ou compreender as instruções escritas do teste.
- O grau de dor física ou sofrimento emocional que estão experimentando.
- O grau de desconforto físico provocado por não ter comido o suficiente, por ter comido demais ou por outras condições físicas.
- O quanto estão alertas e bem acordados, em oposição a desligados.
- O quanto estão predispostos a concordar ou discordar quando frente a afirmações de estímulo.
- A extensão do treinamento prévio que receberam.
- A importância que podem atribuir ao fato de se descreverem de forma positiva (ou negativa).

EM FOCO

Os observadores devem ser parte do processo de avaliação?

O avaliador e o avaliando são duas partes em qualquer avaliação. A terceira parte pode ser um observador que esteja lá por inúmeras razões. A terceira pessoa pode ser um supervisor do avaliador, um amigo ou parente do avaliando, um representante da instituição na qual a avaliação está sendo conduzida, um tradutor, um advogado ou outra pessoa. Mas terceiras pessoas têm um lugar legítimo na sala durante uma avaliação por alguma razão? De acordo com Robert J. McCaffrey (2007), a resposta a essa pergunta é clara e inequívoca: "Não deve ser permitido que terceiros estejam presentes durante uma avaliação".

McCaffrey e outros citam a pesquisa para apoiar a visão de que um processo de influência social ocorre por meio da simples presença de uma terceira pessoa (Gavett e McCaffrey, 2007; Vanderhoff et al., 2011; Yantz e McCaffrey, 2005, 2009). Essa influência social pode ser suficiente para afetar o desempenho do avaliando, de modo particular em tarefas envolvendo memória, atenção e outras funções cognitivas (Gavett et al., 2005). A terceira pessoa nem mesmo precisa estar fisicamente presente para afetar o desempenho de um avaliando – a observação por meio de uma câmera de vídeo, um espelho unidirecional ou um dispositivo semelhante também podem afetar seu desempenho (Constantinou et al., 2005).

O efeito de influência social que ocorre foi referido na literatura sobre testagem e avaliação como **facilitação social**, provavelmente porque a presença de terceiros era a princípio associada com aumentos no desempenho (Aiello e Douthitt, 2001). Entretanto, à luz de outras pesquisas sugerindo que uma plateia também possa ter o efeito de inibir o desempenho, um termo mais inclusivo – tal como *facilitação e inibição social* – poderia seria o mais correto (McCaffrey et al., 2005).

Os proponentes do acesso de terceiros à avaliação psicológica argumentam que ela é necessária para propósitos como treinamento clínico; não há substituto para a presença de um supervisor ali, na sala, para corrigir quaisquer erros de administração do teste que um avaliador em treinamento pudesse cometer durante o curso de uma avaliação. Outros argumentos a favor do acesso de terceiros podem citar a necessidade de tradutores ou de um advogado para garantir que os direitos de um avaliando sejam respeitados. Alguns estatutos estaduais preveem especificamente a presença de terceiros observadores sob certas condições, embora a maioria dos estados ainda não tenha tratado essa questão por meio de legislação ou ação judicial (Duff e Fisher, 2005). Uma sondagem de uma amostra pequena ($n = 27$) de peritos forenses concluiu que a maioria ($n = 14$) era a favor de permitir a observação por terceiros; os restantes foram contra ou não tinham uma opinião formada sobre o assunto (Witt, 2003).

Os defensores da aplicação rigorosa de uma política que proíba a observação por terceiros durante a avaliação psicológica argumentam que alternativas a esse tipo de observação existem ou devem ser desenvolvidas. Por exemplo, em vez de permitir supervisores na sala durante uma avaliação, devem ser instituídos procedimentos de treinamento melhores – incluindo maior confiança na dramatização antes das administrações reais dos testes. McCaffrey (2005) alertou que certos dados de avaliação obtidos na presença de uma terceira pessoa podem ser considerados duvidosos em um tribunal e, portanto, são inadmissíveis. Ele alertou também que, sempre que houver uma terceira parte a uma avaliação, esse fato deve ser anotado claramente no respectivo relatório junto às possíveis consequências da presença da terceira parte.

- O quanto são, na falta de um termo melhor, "sortudos" e podem "superar as expectativas" em um teste de desempenho (ainda que possam não ter aprendido a matéria).

No sentido amplo no qual estamos usando o termo "testando", qualquer um que seja objeto de uma avaliação ou apreciação pode ser um testando ou um avaliando. Por mais incrível que isso soe, significa que mesmo um indivíduo falecido pode ser considerado um avaliando. É verdade, esta é a exceção à regra, mas existe uma coisa chamada *autópsia psicológica*.

Uma **autópsia psicológica** pode ser definida como uma reconstrução do perfil psicológico de um indivíduo falecido com base em registros de arquivo, artefatos e entrevistas conduzidas previamente com o avaliando falecido ou com pessoas que o conheceram. Por exemplo, usando autópsias psicológicas, Towsend (2007) explorou a questão sobre se terroristas suicidas eram na verdade suicidas de um ponto de vista psicológico clássico. Ela concluiu que não eram. Outros pesquisadores forneceram avaliações psicológicas pós-morte fascinantes de pessoas de várias esferas da vida em muitas culturas diferentes (Bhatia et al., 2006; Chan et al., 2007; Dattilio, 2006; Fortune et al., 2007; Foster, 2011; Giner et al., 2007; Goldstein et al., 2008; Heller et al., 2007; McGirr et al., 2007; Owens et al., 2008; Palacio et al., 2007; Phillips et al., 2007; Pouliot e DeLeo, 2006; Sanchez, 2006; Thoresen et al., 2006; Vento et al., 2011; Zonda, 2006).

> **REFLITA...**
> Sobre que figura pública recentemente falecida você gostaria de ver uma autópsia psicológica? Por quê? Que resultados você poderia esperar?

A sociedade em geral

> A singularidade dos indivíduos é um dos fatos característicos da vida mais fundamentais [...] Em todos os períodos da história da humanidade, os homens observaram e descreveram diferenças entre os indivíduos [...] Porém, os educadores, os políticos e os administradores sentiram, de alguma forma, a necessidade de organizar ou sistematizar a complexidade multifacetada das diferenças individuais. (Tyler, 1965, p. 3)

A necessidade social por "organizar" e "sistematizar" tem se manifestado historicamente em questões variadas como "Quem é feiticeira?", "Quem é esquizofrênico?" e "Quem é qualificado?". As perguntas específicas feitas mudaram com as preocupações sociais. Os métodos usados para determinar as respostas têm variado ao longo da história em razão de fatores como sofisticação intelectual e preocupação religiosa. Os proponentes da quiromancia, podoscopia, astrologia e frenologia, entre outras buscas, afirmaram que a melhor maneira de entender e prever o comportamento humano era pelo estudo das palmas das mãos, das plantas dos pés, das estrelas, de protuberâncias na cabeça, de folhas de chá, e assim por diante. Ao contrário dessas buscas, o empreendimento da avaliação tem raízes na ciência. Por meio de métodos sistemáticos e reproduzíveis que podem fornecer evidências convincentes, o empreendimento da avaliação responde ao que Tyler (1965, p. 3) descreve como demanda da sociedade por "alguma forma de organizar ou sistematizar a complexidade multifacetada das diferenças individuais".

A sociedade em seu conjunto exerce de muitas formas sua influência como uma parte do empreendimento da avaliação. À medida que a sociedade evolui e surge a necessidade de medir diferentes variáveis psicológicas, os desenvolvedores respondem criando novos testes. Por intermédio de representantes eleitos para a legislatura, são promulgadas leis que governam os aspectos de desenvolvimento, administração e interpretação de testes. De modo similar, mediante decisões judiciais, a sociedade como um todo exerce sua influência sobre vários aspectos do empreendimento de testagem e avaliação.

Outras partes Além das quatro partes principais que focalizamos aqui, vamos considerar brevemente outras que podem participar de diversas formas no empreendimento de testagem e avaliação. Organizações, companhias e órgãos governamentais patrocinam o desenvolvimento de testes por várias razões, tais como certificar pessoas. As companhias e os departamentos oferecem serviços de pontuação ou interpretação de testes. Em alguns casos, ambos são apenas extensões de editores de testes; em outros, podem ser independentes. Há pessoas cujas únicas responsabilidades são divulgação e venda de testes. Às vezes, essas pessoas são empregadas pelo editor do teste; às vezes, não. Há acadêmicos que revisam testes e avaliam sua solidez psicométrica. Todas essas pessoas, bem como muitas outras, são partes em maior ou menor grau do empreendimento da avaliação.

Tendo lhes apresentado a algumas das partes envolvidas no *Quem?* da testagem e da avaliação psicológica, vamos seguir em frente para tratar de algumas das questões de *O quê?* e *Por quê?*.

Em que tipos de contextos as avaliações são conduzidas, e por quê?

Contextos educacionais. Você provavelmente está familiarizado com os muitos tipos de testes aplicados na sala de aula. Como exigido por lei nos Estados Unidos, eles são administrados no início da vida escolar para ajudar a identificar crianças que possam ter necessidades especiais. Além dos testes de capacidade escolar, outro tipo em geral administrado é o **teste de realização**, que avalia o desempenho ou o grau de aprendizagem que ocorreu. Alguns dos testes de realização que você fez na escola foram idealizados por seu professor. Outros foram idealizados para uso mais difundido por educadores que trabalham com profissionais de mensuração. Nessa última categoria, acrônimos como SAT e GRE podem não ser estranhos.

Você sabe por experiência própria que um **diagnóstico** pode ser definido como uma descrição ou conclusão alcançadas com base em evidência ou opinião. Normalmente essa conclusão é alcançada por meio de um processo de diferenciação da natureza de alguma coisa e exclusão de conclusões alternativas. Da mesma forma, o termo **teste diagnóstico** se refere a um instrumento de avaliação usado para ajudar a restringir e identificar áreas de déficit a serem visadas para intervenção. Em contextos educacionais, testes diagnósticos de leitura, de matemática e de outras matérias acadêmicas podem ser administrados para avaliar a necessidade de intervenção educacional, bem como para estabelecer ou excluir a elegibilidade para programas de educação especial.

◆ **REFLITA...**
Que instrumentos de avaliação poderiam ser usados para abordar a capacidade de leitura de um estudante?

Os alunos recebem notas em seus boletins que não têm base em qualquer avaliação formal. Por exemplo, a nota no item "Trabalha e se dá bem com os outros" provavelmente seja baseada mais na *avaliação informal* da professora na sala de aula do que em pontuações em alguma medida de interação social publicada. Podemos definir **avaliação informal** como uma avaliação em geral não sistemática que leva à formação de uma opinião ou de uma atitude.

A avaliação informal não se limita, naturalmente, aos contextos educacionais; ela faz parte da vida diária. De fato, muitos dos instrumentos de avaliação que discutimos no contexto do ambiente educacional (tais como testes de realização, testes diagnósticos e avaliações informais) também são administrados em vários outros contextos. E alguns dos tipos de testes que discutimos no contexto dos ambientes descritos a seguir também são administrados em ambientes educacionais. Portanto, não esqueça de que os instrumentos de avaliação e as técnicas de mensuração que discutimos em um contexto podem muito bem ser usados em outros. Nosso objetivo nesse estágio inicial em nosso levantamento de campo é simplesmente apresentar uma amostra (não uma lista abrangente) dos tipos de testes usados em diferentes situações.

Ambientes clínicos Testes e muitos outros instrumentos de avaliação são amplamente usados em ambientes clínicos, como hospitais públicos, privados e militares, clínicas de internação e ambulatoriais, consultórios privados, escolas e outras instituições. Esses instrumentos são usados para ajudar a selecionar ou diagnosticar problemas de comportamento. Que tipos de situações poderiam induzir o emprego desses instrumentos? Aqui está uma pequena amostra.

- Um cliente de psicoterapia particular deseja ser avaliado para ver se a avaliação pode fornecer alguns indícios não óbvios em relação a seu desajustamento.
- Uma psicóloga escolar avalia clinicamente uma criança que está experimentando dificuldades de aprendizagem para determinar que fatores são os principais responsáveis por elas.
- Um pesquisador de psicoterapia usa procedimentos de avaliação para definir se um determinado método de psicoterapia é eficaz para tratar um problema específico.
- Um psicólogo-consultor contratado por uma companhia de seguros é chamado para dar uma opinião quanto à realidade dos problemas psicológicos de um cliente; o cliente está realmente vivenciando tais problemas ou está apenas simulando?
- Um psicólogo indicado pelo tribunal é chamado para dar uma opinião acerca do grau de reabilitação de um prisioneiro violento condenado.

Os testes empregados em ambientes clínicos podem ser de inteligência, de personalidade, neuropsicológicos ou outros instrumentos especializados, dependendo da área de problema apresentada ou suspeitada. A marca registrada da testagem em ambientes clínicos é que o teste ou a técnica de mensuração são empregados com apenas um indivíduo de cada vez. A testagem grupal é usada principalmente para fins de triagem – ou seja, para identificar aqueles indivíduos que requerem uma nova avaliação diagnóstica.

> **REFLITA...**
> Que tipos de questões os psicólogos têm de considerar ao avaliar prisioneiros, comparando com a avaliação de executivos no local de trabalho?

Ambientes de orientação A avaliação em um contexto de orientação pode ocorrer em ambientes tão distintos quanto escolas, prisões e instituições governamentais ou privadas. Independentemente dos instrumentos específicos usados, o objetivo final de muitas dessas avaliações é a melhora do avaliando em termos de ajustamento, produtividade ou alguma variável relacionada. Medidas de habilidades sociais e acadêmicas e medidas de personalidade, interesse, atitudes e valores estão entre os muitos tipos de testes que um conselheiro poderia administrar a um cliente. As questões de encaminhamento a serem respondidas variam de "Como esta criança pode se concentrar melhor nas tarefas?" e "Para que carreira o cliente é mais adequado?" a "Que atividades são recomendadas para a aposentadoria?". Tendo mencionado a aposentadoria, vamos apressar a introdução de outro tipo de ambiente no qual os testes psicológicos são muito usados.

Ambientes geriátricos Nos Estados Unidos, mais de 12 milhões de adultos estão atualmente na faixa etária de 75 a 84 anos; isso é cerca de 16 vezes mais pessoas nessa faixa etária do que havia em 1900. Quatro milhões de adultos no país têm hoje 85 anos ou são mais velhos, o que constitui um aumento de 33 vezes no número de pessoas dessa idade desde 1900. As pessoas nos Estados Unidos estão vivendo mais, e a população como um todo está envelhecendo.

Os norte-americanos mais velhos podem viver em casa, em residências especiais projetadas para a vida independente, em residências projetadas para vida assistida ou em instituições de cuidados de longo prazo, como hospitais e asilos. Onde quer que residam, os indivíduos mais velhos podem, em algum ponto, requerer avaliação psicológica para estimar o funcionamento cognitivo, psicológico, adaptativo ou outro. Uma questão em muitas dessas avaliações é o quanto os avaliandos estão desfrutando da melhor *qualidade de vida* possível. A definição de qualidade de vida tem variado, dependendo do ponto de vista, em diferentes estudos. Em algumas pesquisas, por exemplo, qualidade de vida é definida do ponto de vista de um observador; em outra, é definida da perspectiva dos próprios avaliandos e refere-se a um autorrelato sobre variáveis relacionadas ao estilo de vida. Qualquer que seja a definição, o que é normalmente avaliado nas estimativas de **qualidade de vida** são variáveis relativas a estresse percebido, solidão, fontes de satisfação, valores pessoais, qualidade das condições de vida e qualidade das amizades e de outros apoios especiais.

Falando de modo geral, de um ponto de vista clínico, a avaliação de adultos mais velhos tem mais probabilidade de incluir a triagem para declínio cognitivo e *demência* do que a de adultos mais jovens (Gallo e Bogner, 2006; Gallo e Wittink, 2006). **Demência** é uma perda do funcionamento cognitivo (que pode afetar a memória, o pensamento, o raciocínio, a velocidade psicomotora, a atenção e as capacidades relacionadas, bem como a personalidade) que ocorre como resultado de dano a, ou perda, de células cerebrais. Talvez a mais conhecida das muitas formas de demência seja a doença de Alzheimer. O caminho até o diagnóstico pelo clínico é complicado pelo fato de que a depressão grave no idoso pode contribuir para o funcionamento cognitivo que imita demência, uma condição conhecida como **pseudodemência** (Madden et al., 1952). Também é verdade que a maioria dos indivíduos que sofrem de demência exibe sintomas depressivos (Strober e Arnett, 2009). Os clínicos contam com vários instrumentos de avaliação para fazer um diagnóstico de demência ou de pseudodemência.

> **REFLITA...**
> Os testes são usados em ambientes geriátricos, de orientação e outros para ajudar a melhorar a qualidade de vida. Mas há alguns aspectos da qualidade de vida que um teste psicológico simplesmente não pode medir?

Ambientes empresariais e militares Nas empresas, como nas Forças Armadas, vários instrumentos de avaliação são usados de diversas formas, talvez mais notavelmente na tomada de decisão sobre as carreiras do pessoal. Uma ampla variedade de testes de realização, aptidão, interesse, motivação e outros pode ser empregada na decisão de contratar, bem como nas decisões relativas a promoções, transferências, satisfação no trabalho e necessidade de treinamento adicional. Para um futuro controlador de tráfego aéreo, o desempenho bem-sucedido em um teste de atenção constante a detalhes pode ser um requisito de emprego. Visando à promoção para o posto de oficial nas Forças Armadas, o desempenho bem-sucedido em uma série de tarefas de liderança pode ser fundamental.

Outra aplicação dos testes psicológicos envolve a engenharia e o *design* de produtos e ambientes. Os psicólogos da engenharia empregam inúmeros testes existentes e especialmente concebidos na pesquisa, destinados a ajudar pessoas em casa, no local de trabalho e nas Forças Armadas. Produtos variando de computadores domésticos a mobília de escritório e painéis de controle de aviões beneficiam-se do trabalho desses esforços de pesquisa.

Usando testes, entrevistas e outros instrumentos de avaliação, psicólogos que se especializam em divulgação e venda de produtos estão empenhados em sentir o pulso do consumidor. Eles ajudam as corporações a prever a receptividade do público a um novo produto, a uma nova marca ou a uma nova propaganda ou campanha publicitária. Psicólogos que trabalham na área de *marketing* ajudam a "diagnosticar" o que está errado (ou certo) em relação a marcas, produtos e campanhas. Com base nessas avaliações, esses psicólogos poderiam fazer recomendações relativas a como novas marcas e novos produtos poderiam se tornar mais atraentes aos consumidores e quando é hora de marcas e produtos mais antigos serem retirados ou revitalizados.

> **REFLITA...**
> Assuma o papel de um psicólogo de *marketing*. Que campanha publicitária você considera particularmente eficaz em termos de estimular o consumidor a "comprar" botões? Que campanha publicitária considera particularmente ineficaz nesse sentido? Por quê?

> **NO BRASIL**
> Não há um exame desse tipo para psicólogos. Basta a apresentação do diploma para o registro em um Conselho Regional de Psicologia (CRP).

Credenciamento governamental e organizacional Uma das muitas aplicações de determinadas medidas é no licenciamento governamental, na certificação ou no credenciamento geral de profissionais. Antes de serem legalmente habilitados a praticar a medicina, os médicos devem passar em um exame. Os graduados em direito não podem se apresentar ao público como advogados até terem passado no exame da ordem. Os psicólogos, da mesma forma, devem passar em um exame antes de adotar o título oficial de "psicólogo".

Os membros de algumas profissões formaram organizações com requisitos para afiliação que vão além dos de licenciamento ou certificação. Por exemplo, médicos podem fazer treinamento especializado adicional e um exame de especialidade para obter a distinção de serem "certificados pelo conselho" em uma determinada área da medicina. Psicólogos que se especializam em certas áreas podem ser avaliados para receber um diploma do American Board of Professional Psychology (ABPP) reconhecendo a excelência na prática da psicologia. Outra organização, a American Board of Assessment Psychology (ABAP), concede seu diploma com base em um exame para aplicadores de testes, desenvolvedores de testes e outros que se distinguiram no campo da testagem e da avaliação.

Ambientes de pesquisa acadêmica Conduzir qualquer tipo de pesquisa em geral implica algum tipo de mensuração, e qualquer acadêmico que espere um dia publicar uma pesquisa deve ter, idealmente, um conhecimento sólido dos princípios de mensuração e dos instrumentos de avaliação. Para enfatizar esse simples fato da vida de pesquisa, considere a Tabela 1.3. Ela contém uma amostra (muito) aleatória de alguns estudos recém-publicados, com informação relativa às questões de pesquisa respondidas e aos instrumentos de avaliação usados para pesquisar a resposta àquela questão.

Outros contextos Muitos tipos diferentes de procedimentos de mensuração encontram aplicação em uma ampla variedade de contextos. Por exemplo, os tribunais baseiam-se em dados de testes psicológicos e testemunho pericial relacionado como uma fonte de informação para ajudar na resposta a perguntas importantes como "O réu é passível de ser submetido a julgamento?" e "Este réu sabia diferenciar o certo do errado no momento em que o ato criminoso foi cometido?".

> **REFLITA...**
> Qual é a questão de pesquisa que você acha que precisa ser tratada? Que instrumentos de avaliação seriam usados em um estudo para tratar essa questão?

A mensuração pode desempenhar um papel importante na avaliação de programas, seja um programa governamental de larga escala ou um de financiamento privado de pequena escala. O programa está funcionando? Como ele pode ser melhorado? Os recursos estão sendo gastos nas áreas em que deveriam ser? Qual é a solidez da teoria na qual o programa é baseado? Esses são tipos de questões gerais a que os testes e os procedimentos de mensuração usados na avaliação do programa devem responder.

O uso dos instrumentos de avaliação pode ser observado na pesquisa e na prática em toda área de especialidade no campo da psicologia. Por exemplo, considere a **psicologia da saúde**, uma disciplina focalizada no entendimento do papel das variáveis psicológicas no início, no curso, no tratamento e na prevenção de doenças e deficiências (Cohen, 1994). Os psicólogos da saúde estão envolvidos no ensino, na pesquisa ou nas atividades de serviços diretos que visam promover a boa saúde. Entrevistas individuais, levantamentos e testes escritos são alguns dos instrumentos que podem ser empregados para ajudar a avaliar o estado atual com relação a alguma doença ou condição, calcular o progresso do tratamento e analisar o desfecho da intervenção. Uma linha geral de pesquisa na psicologia da saúde focaliza-se em aspectos da personalidade, do comportamento ou do estilo de vida relacionados com a saúde física. A metodologia empregada pode incluir relato sobre variáveis do respondente mensuráveis à medida que mudam em resposta a alguma intervenção, como educação, terapia, orientação, mudança na dieta ou mudança nos hábitos. Os instrumentos de mensuração podem ser usados para comparar um grupo de indivíduos de pesquisa de ocorrência natural a outro grupo (como fumantes comparados com não fumantes) a respeito de alguma outra variável relacionada à saúde (tal como longevidade). Muitas das questões levantadas na pesquisa relacionada à saúde têm consequências reais, de vida e morte. Todos esses questionamentos importantes, também os relativos a outras áreas da psicologia, requerem emprego de técnicas de avaliação sólidas.

Tabela 1.3 Instrumentos de avaliação usados em uma amostra (aleatória) de estudos de pesquisa

A questão da pesquisa	Instrumento(s) de avaliação empregado(s)
Qual é o papel da inspiração no processo de escrita? (Thrash et al., 2010).	(1) Questionários especialmente idealizados, tal como um que comprove a ocorrência de ideias criativas durante a semana anterior, pontuado em uma escala de 1 (nunca) a 7 (muito frequentemente); (2) um ensaio de quatro páginas escrito pelos participantes do estudo; e (3) vários testes escritos, incluindo parte de um teste publicado chamado de Escala da Inspiração.
O quanto as medidas de relacionamento com os pares e as medidas comportamentais da infância predizem o comportamento de comunicação do adulto jovem nas redes sociais da internet? (Mikami et al., 2010)	Nomeações dos pares; (2) observação comportamental e avaliação da interação entre pares; (3) todos ou parte de testes publicados; e (4) número de amigos no *Twitter* ou no *Facebook* dos participantes classificado por número de amigos e postagens de amigos, bem como informações relacionadas, tais como fotos de si mesmo (classificadas por adequação) e descrição escrita de si mesmo (classificada por agressão, hostilidade ou negatividade percebidas).
Os pombos são mais inteligentes do que os matemáticos? (Herbranson e Schroeder, 2010)	Para os pombos, os dispositivos de mensuração usados foram três câmaras operantes contendo um alimentador com três chaves para serem abertas com o bico, por meio do qual os pássaros podiam ter acesso ao alimento. Cada uma dessas unidades era ligada a um computador que controlava os eventos experimentais, registrava os dados e calculava as estatísticas. Para os seres humanos, o dispositivo de mensuração era um monitor de painel plano de 40 cm equipado com um quadro de toque infravermelho que permitia aos participantes responderem a itens de estímulo tocando a tela. Esse dispositivo era ligado a um computador que controlava os eventos experimentais, registrava os dados e calculava as estatísticas.
O que podemos aprender sobre o risco de acidentes de motoristas adolescentes iniciantes observando seu comportamento na direção? (Lee, Simons-Morton et al., 2011)	Análise dos dados do sistema eletrônico de aquisição de dados instalado nos veículos de motoristas de 16 anos recentemente habilitados. O sistema consistia em câmeras, sensores e um computador com disco rígido removível.
Como a avaliação dos portfólios de professores pode contribuir para a educação docente eficiente? (Fox et al., 2011)	Avaliação qualitativa de dados do portfólio do professor.
O que pode ser aprendido a partir da observação das deliberações de um júri simulado com relação à apresentação de certos tipos de evidência? (Finkelstein e Bastounis, 2010)	Observação comportamental das respostas de júris simulados para manipulações experimentais.
Como as crianças que rodaram na primeira série se comparam a seus colegas que passaram para a segunda série com relação aos desfechos psicossociais de longo e de curto prazos? (Wu et al., 2010)	(1) Dados da história de caso obtidos da escola, incluindo registros de realização acadêmica; (2) vários testes escritos publicados e especialmente produzidos; (3) avaliação do comportamento social pelos pares.
Em pacientes com esclerose múltipla, qual é a relação entre sua fadiga cognitiva autorrelatada e seu desempenho em uma medida de tempo de resposta? (Bruce et al., 2010)	Uma série de testes, administrados oralmente, por computador ou por escrito, incluindo tudo ou parte de (1) Avaliação Computadorizada do Viés de Resposta, (2) o Teste de Atenção Diária e (3) a Escala de Impacto da Fadiga.
Um nível de capacidade hipnótica prediz uma resposta a sugestões visando diminuir a experiência de dor? (Milling et al., 2010)	(1) Escala de Responsividade a Sugestão da Carleton University (uma medida da capacidade hipnótica); (2) um aparelho usado para induzir dor mensurável por pressão do dedo; e (3) a medida da intensidade da dor por meio de uma escala de 11 pontos.
Comparados com caucasianos não hispânicos, os caucasianos hispânicos relatam mais sintomas de transtorno de estresse pós-traumático (TEPT)? (Marshall et al., 2009)	(1) Entrevista para verificar a etnia dos participantes; e (2) Lista de Verificação de Transtorno de Estresse Pós-traumático (usada para medir a gravidade do sintoma de TEPT).

(Continua)

Tabela 1.3 Instrumentos de avaliação usados em uma amostra (aleatória) de estudos de pesquisa *(Continuação)*

A questão da pesquisa	Instrumento(s) de avaliação empregado(s)
A terapia cognitivo-comportamental de grupo para cessação do tabagismo é eficaz com fumantes afro-americanos? (Webb et al., 2010)	(1) Questionário da história de tabagismo; (2) medida de prontidão para parar de fumar; (3) Teste para Dependência de Nicotina de Fagerstrom; e (4) instrumento para medir o hálito de monóxido de carbono.
Como as últimas declarações de condenados no corredor da morte podem ser categorizadas? (Gerhart et al., 2010)	Estudo de caso de registros públicos pelo estado do Texas.
Qual o valor de um procedimento de dramatização virtual para avaliar as respostas de mulheres a ameaça sexual? (Jouriles et al., 2011)	Respostas observadas de mulheres na dramatização face a face ou dramatização virtual, envolvendo uma situação sexualmente ameaçadora.
Como podemos entender melhor os aspectos emocionais do relacionamento treinador-atleta? (Huguet e Philippe, 2011)	Análise de estudo de caso de quatro entrevistas com um atleta, incluindo análise de relacionamentos passados com treinadores.
O potencial para violência de um grupo ideológico pode ser avaliado pelo estudo da página do grupo na internet? (Angie et al., 2011)	Avaliação do material postado nas caixas de mensagens com o objetivo de estimar processos particulares à filiação do grupo ideológico.
Como podemos entender melhor o estresse da guerra e seu papel na síndrome de estresse pós-traumático em soldados? (Lee, Goudarzi et al, 2011)	Sistema de avaliação pela internet para registrar e avaliar vários aspectos da experiência de estresse de guerra dos soldados.

Como as avaliações são conduzidas?

Se existe a necessidade de medir uma determinada variável, uma forma de medi-la será criada. Conforme a Figura 1.6 apenas começa a ilustrar, as formas pelas quais as mensurações podem ser feitas são limitadas apenas pela imaginação. Lembre que essa figura ilustra apenas uma pequena amostra dos muitos métodos usados na testagem e na avaliação psicológicas. As fotos não visam ilustrar os tipos mais típicos de procedimentos de avaliação. Antes, seu propósito é chamar atenção para a ampla variedade de instrumentos de mensuração que foram criados para usos variados.

Os aplicadores de testes responsáveis têm obrigações antes, durante e após um teste ou qualquer procedimento de mensuração ser administrado. Para fins de ilustração, considere a administração de um teste escrito. Antes do teste, as diretrizes éticas prescrevem que, quando os aplicadores têm reservas a respeito dos testes, devem selecionar e usar apenas o teste ou os testes que são mais apropriados para o indivíduo que está sendo testado. Antes de ser administrado, um teste deve ser armazenado com razoável garantia de que seu conteúdo específico não será dado a conhecer ao testando antecipadamente. Outra obrigação do aplicador antes da administração do teste é assegurar que uma pessoa preparada e treinada de maneira adequada o administre com correção.

O administrador do teste (ou examinador) deve estar familiarizado com os materiais e procedimentos relacionados com ele e deve ter no local da aplicação todos os materiais necessários para administrá-lo de forma apropriada. Esses materiais poderiam incluir um cronômetro, um suprimento de lápis e um número suficiente de *protocolos* do teste. A propósito, na conversação diária não relacionada a testes, *protocolo* se refere à etiqueta diplomática. Um uso menos comum da palavra é um sinônimo para a primeira cópia ou o rascunho de um tratado ou outro documento oficial antes de sua ratificação. Com referência à testagem e à avaliação, **protocolo** normalmente significa o formulário ou a folha ou o folheto no qual as respostas de um testando são inseridas. O termo também pode ser usado para descrever um conjunto de procedimentos relacionados a teste ou avaliação, como na frase "O examinador seguiu precisamente o protocolo completo para a entrevista de estresse".

Pelo menos desde o início do século XIX, unidades militares ao redor do mundo se basearam em testes psicológicos e outros testes para seleção de pessoal, validação de programas e razões relacionadas (Hartmann et al., 2003). Em algumas culturas em que o serviço militar é altamente valorizado, estudantes fazem cursos preparatórios na esperança de serem aceitos nas unidades militares de elite. Esse é o caso em Israel, onde o treinamento rigoroso, como o retratado aqui, prepara estudantes do ensino médio para testes físicos e outros relacionados nos quais apenas um em 60 recrutas militares será aprovado.

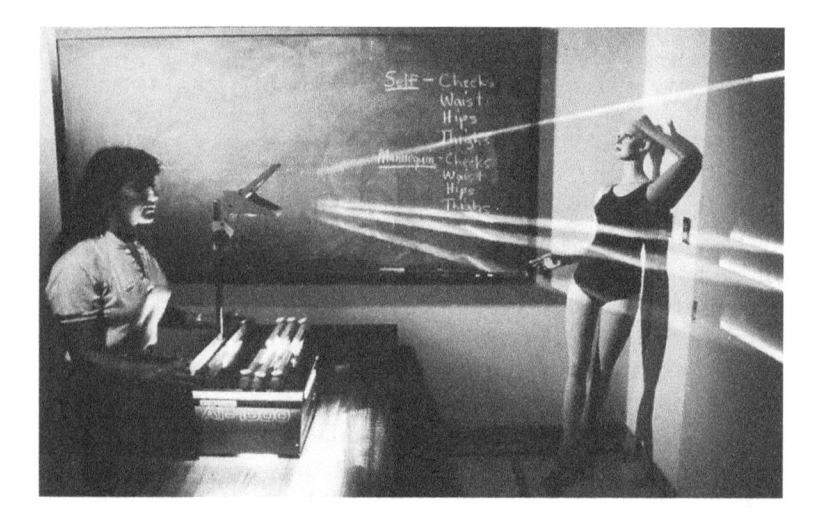

A evidência sugere que algumas pessoas com transtornos alimentares possam na verdade ter um transtorno da autopercepção; ou seja, elas se veem como mais pesadas do que realmente são (Thompson e Smolak, 2001). J. Kevin Thompson e colaboradores criaram o aparelho de feixe de luz ajustável para medir distorções da imagem corporal. Os avaliandos ajustam quatro feixes de luz para indicar o que acreditam ser a largura de suas bochechas, seus quadris, sua cintura e suas coxas. Uma medida da precisão dessas estimativas é então obtida.

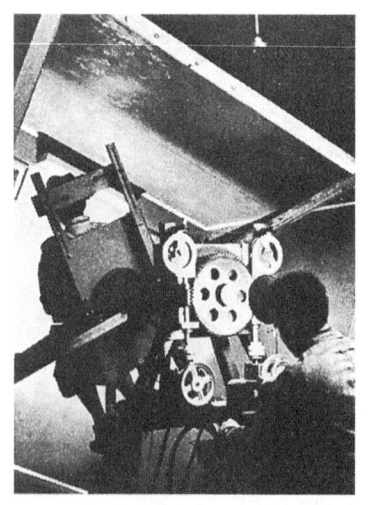

Herman Witkin e colaboradores (Witkin e Goodenough, 1977) estudaram variáveis relacionadas à personalidade de algumas formas inovadoras. Por exemplo, identificaram pessoas dependentes do campo (ou contexto) e independentes do campo por meio deste dispositivo "sala inclinada-cadeira inclinada". Perguntas eram feitas aos avaliandos visando avaliar sua dependência ou independência de sugestões visuais.

Figura 1.6   O extenso mundo da mensuração.

Figuras como estes exemplos do Teste de Julgamento Artístico de Meier podiam ser usadas para avaliar a percepção estética das pessoas. Qual destas duas interpretações você considera esteticamente mais agradável? A diferença entre as duas figuras envolve o posicionamento dos objetos sobre a estante.

O prejuízo de certas funções sensoriais pode indicar déficit neurológico. Para fins de diagnóstico, bem como para medir o progresso do tratamento, a bola de treinamento do desenvolvimento neurológico pode ser útil na avaliação do senso de equilíbrio da pessoa.

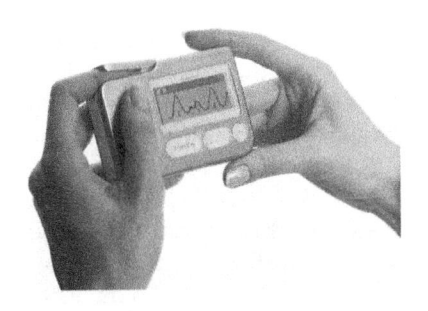

O Stresseraser é um dispositivo de *biofeedback* portátil e autoadministrado que visa facilitar a mudança no relaxamento corporal. O funcionamento do nervo vago é monitorado pela pulsação do dedo indicador e apresentado ao usuário por meio de imagens em uma tela. Os usuários podem então alterar a respiração e o foco mental para afetar o funcionamento simpático-parassimpático a fim de obter benefícios terapêuticos. A unidade tem a vantagem da portabilidade; ela pode ser usada para facilitar o relaxamento em uma variedade de situações.

Figura 1.7 Condições de testagem abaixo do ideal.
Em 1917, novos recrutas do exército sentavam-se no chão enquanto era administrado o primeiro teste de inteligência em grupo – condições de testagem não ideais pelos padrões atuais.

Os aplicadores de testes têm a responsabilidade de assegurar que a sala na qual o teste será conduzido seja adequada e propícia à testagem. À medida do possível, distrações como ruído excessivo, calor, frio, interrupções, luz solar ofuscante, aglomeração, ventilação inadequada, e assim por diante, devem ser evitadas. Naturalmente, criar um ambiente de testagem ideal nem sempre é possível (ver Fig. 1.7).

Durante a administração do teste, e sobretudo na testagem individual ou de grupo pequeno, o *rapport* entre o examinador e o examinando pode ser de fundamental importância. Nesse contexto, **rapport** pode ser definido como um relacionamento de trabalho entre o examinador e o examinando. Tal relacionamento às vezes pode ser alcançado com algumas palavras trocadas quando ambos são apresentados. Se apropriado, algumas palavras sobre a natureza do teste e por que é importante que os examinandos façam o melhor possível também pode ser útil. Em outros casos – por exemplo, com uma criança assustada – a obtenção do *rapport* poderia abranger técnicas mais elaboradas, como envolver a criança no brinquedo ou em alguma outra atividade até que ela se adapte ao examinador e ao ambiente. É importante que as tentativas de estabelecer o *rapport* com o testando não comprometam qualquer regra das instruções de administração do teste.

Após um teste ter sido aplicado, os aplicadores também têm muitas obrigações. Estas variam de salvaguardar os protocolos do teste a transmitir seus resultados de forma claramente compreensível. Se outras pessoas estiveram presentes durante a testagem ou se aconteceu qualquer outra coisa que pudesse ser considerada fora do comum nessa ocasião, é responsabilidade do aplicador do teste anotar esses eventos no relatório da testagem. Os responsáveis pela contagem dos pontos do teste também têm obrigações. Por exemplo, se um teste deve ser pontuado por pessoas, a pontuação precisa estar de acordo com critérios preestabelecidos. Os aplicadores que têm a responsabilidade de interpretar as pontuações ou outros resultados do teste devem fazê-lo de acordo com procedimentos e diretrizes éticos estabelecidos.

Avaliação de pessoas com deficiências Pessoas com deficiências são avaliadas exatamente pelas mesmas razões que o são aquelas sem deficiências: para obter emprego, ganhar uma credencial profissional, ser avaliado para psicopatologia, e assim por diante. Inúmeras leis foram promulgadas que afetam as condições sob as quais os testes são administrados a pessoas com condições incapacitantes. Por exemplo, uma lei obriga o desenvolvimento e a implementação de programas de "avaliação alternativa" para crianças que, como resultado de uma deficiência, não poderiam de outro modo participar das avaliações estaduais e distritais gerais. A definição do exato significado de "avaliação alternativa" ficou a cargo de cada estado ou de seus distritos escolares locais. Essas autoridades definem quem requer avaliação alternativa, como essas avaliações devem ser conduzidas e como inferências significativas devem ser feitas a partir dos dados da avaliação.

> **REFLITA...**
> Que incidentes inesperados poderiam ocorrer durante uma sessão de teste? Tais incidentes devem ser anotados no relatório da sessão?

> **NO BRASIL**
> Aqui é abordada a legislação dos Estados Unidos. No Brasil, as diretrizes são fixadas pelo Conselho Federal de Psicologia (CPF, www.cfp.org.br) ou por legislação federal.

Em geral, a avaliação alternativa é normalmente realizada por meio de alguma *acomodação* feita para o avaliando. O verbo *acomodar* pode ser definido como "adaptar, ajustar ou tornar adequado". No contexto da testagem e da avaliação psicológica, **acomodação** pode ser definida como a adaptação de um teste, um procedimento ou uma situação, ou a substituição de um teste por outro, para tornar a avaliação mais apropriada a um avaliado com necessidades excepcionais.

À primeira vista, o processo de acomodar estudantes, empregados ou outros testandos com necessidades especiais poderia parecer claro e direto. Por exemplo, o indivíduo que tem dificuldade para ler as letras pequenas de um determinado teste pode ser acomodado com uma versão de letras grandes do mesmo teste ou com um ambiente de teste especialmente iluminado. Um estudante com um prejuízo auditivo pode responder ao teste na linguagem de sinais. Indivíduos com TDAH poderiam ter um tempo de avaliação estendido, com intervalos frequentes durante os períodos de avaliação. Embora tudo possa parecer simples a princípio, na verdade essa situação pode se tornar bastante complicada. Considere, por exemplo, o caso de um estudante com um prejuízo de visão que esteja programado para receber um teste escrito de múltipla escolha. Há diversos procedimentos alternativos possíveis para administrá-lo. Por exemplo, o teste poderia ser traduzido para Braille e aplicado nesse formato, ou poderia ser administrado por meio de fitas de áudio. Entretanto, alguns estudantes podem se sair melhor com uma administração em Braille e outros com fitas de áudio. Estudantes com habilidades de atenção e memória de curto prazo superiores para estímulos auditivos parecem ter uma vantagem com a administração em fitas de áudio. Estudantes com habilidades hápticas (sentido do tato) e perceptomotoras superiores poderiam ter uma vantagem com a administração em Braille. E portanto, mesmo nesse exemplo bastante simples, pode ser facilmente percebido que o desempenho (e a pontuação) de um testando pode ser afetado pela maneira da administração alternativa do teste. Essa realidade da avaliação alternativa levanta questões importantes sobre o quanto esses métodos são realmente equivalentes. De fato, visto que os procedimentos alternativos foram adaptados ao indivíduo, existem raras pesquisas convincentes apoiando a equivalência. As diretrizes governamentais para a avaliação alternativa evoluirão para incluir as formas de traduzir os procedimentos de mensuração de um formato para outro. Outras diretrizes podem sugerir a substituição de um instrumento de avaliação por outro. Atualmente, há muitas formas de acomodar pessoas com deficiências em uma situação de avaliação (ver a seção *A psicometria no cotidiano* neste capítulo) e muitas definições diferentes de *avaliação alternativa*. Só para registro, oferecemos nossa própria definição geral desse termo evasivo. **Avaliação alternativa** é *um procedimento, ou processo*

A PSICOMETRIA NO COTIDIANO

Acomodações diárias

Foi estimado que um sétimo dos norte-americanos tem uma deficiência que interfere nas atividades da vida diária. Nos últimos anos, a sociedade tem reconhecido mais do que nunca as necessidades especiais dos cidadãos desafiados por deficiências físicas e/ou mentais. Os efeitos desse crescente reconhecimento são visíveis: rampas de acesso especiais ao lado de lances de escadas, programação de televisão legendada para deficientes auditivos e jornais, livros e revistas com letras grandes para os deficientes visuais. Em geral, tem havido uma tendência no sentido de alterar os ambientes para que os indivíduos com condições de desvantagem se sintam menos desafiados.

Dependendo da natureza da deficiência de um testando e de outros fatores, modificações – referidas como acomodações – podem ser necessárias em um teste psicológico (ou procedimento de mensuração) a fim de que a avaliação seja possível. A acomodação pode assumir diferentes formas. Um tipo de acomodação geral envolve a forma como o teste é apresentado ao testando, tal como ocorre quando um teste escrito é definido em um tipo maior para apresentação a um testando com deficiência visual. Outro tipo diz respeito à forma como as respostas ao testes são obtidas. Por exemplo, poderia ser permitido que um indivíduo com deficiência de fala escrevesse as respostas em um exame que, de outro modo, seria administrado oralmente. Estudantes com deficiências de aprendizagem podem ser acomodados sendo permitido que leiam as perguntas do teste em voz alta (Fuchs et al., 2000).

A modificação do ambiente físico no qual um teste é conduzido é outro tipo de acomodação geral. Por exemplo, um teste que costuma ser administrado a grupos em um local central pode ocasionalmente ser aplicado de forma individual a uma pessoa deficiente em sua casa. As modificações do ambiente interpessoal no qual um teste é conduzido é outra possibilidade (ver Fig. 1).

Quais dos muitos tipos diferentes de acomodação devem ser empregados? Uma resposta a essa pergunta é em geral abordada pela consideração de pelo menos quatro variáveis:

1. as capacidades do avaliando;
2. o propósito da avaliação;
3. o significado atribuído às pontuações do teste; e
4. as capacidades do avaliador.

As capacidades do avaliando

Qual dos vários meios alternativos de avaliação é mais apropriado às necessidades e capacidades do avaliando? Dados da história de caso, registros de avaliações anteriores e entrevistas com amigos, família, professores e outros que conhecem o avaliando podem, todos, fornecer uma riqueza de informações úteis relativas a qual dos diversos meios de avaliação alternativos é o mais adequado.

O propósito da avaliação

A acomodação é adequada sob algumas circunstâncias e inadequada sob outras. Em geral se examina o propósito da avaliação

Figura 1 Modificação do ambiente interpessoal.

Um testando individual que necessita da ajuda de um auxiliar ou cão guia pode requerer a presença de uma terceira pessoa (ou animal) se um teste em particular for administrado. Em alguns casos, devido à natureza da deficiência do testando e das demandas de um determinado teste, um teste mais adequado poderia substituir o habitual se uma avaliação significativa tiver que ser conduzida.

e as consequências da acomodação a fim de julgar a adequação de modificar um teste para acomodar uma pessoa com uma deficiência. Por exemplo, modificar um teste de direção escrito – ou um exame de direção prático – para que uma pessoa cega pudesse ser testada para tirar a carteira de motorista é evidentemente inadequado. Para sua própria segurança, bem como a do público, os cegos são proibidos de dirigir automóveis. Entretanto, mudar a forma da maioria dos outros testes escritos a fim de que uma pessoa cega pudesse fazê-los é uma coisa bem diferente. Em geral, a acomodação é apenas uma forma de ser fiel a uma política social que promove e garante oportunidades e tratamento iguais para todos os cidadãos.

O significado atribuído às pontuações do teste

O que acontece ao significado de uma pontuação em um teste quando ele não foi administrado da maneira que deveria ter sido? Com muita frequência, quando as instruções de administração do teste são modificadas (alguns diriam "comprometidas"), o significado de suas pontuações se torna no mínimo questionável. Os aplicadores de testes são deixados à própria sorte para interpretar esses dados. O julgamento profissional, a perícia e, francamente, as suposições podem, todos, entrar no processo de fazer inferências a partir das pontuações nos testes modificados. De fato, um registro preciso de como exatamente um teste foi modificado para fins de acomodação deve ser feito no relatório do teste.

As capacidades do avaliador

Embora a maioria das pessoas encarregadas da responsabilidade de avaliar gostem de pensar que podem administrar uma avaliação profissional a qualquer pessoa, esse não é de fato o caso. É importante reconhecer que alguns avaliadores podem experimentar um nível de desconforto na presença de pessoas com determinadas deficiências, e esse desconforto pode afetar sua avaliação. Também é importante reconhecer que outros podem necessitar de treinamento adicional antes de conduzirem certas avaliações, incluindo experiência supervisionada com membros de determinadas populações. Como alternativa, o avaliador pode encaminhar essas avaliações a outro avaliador que teve treinamento e experiência com membros dessas populações.

Uma literatura acadêmica florescente tem se focalizado em vários aspectos da acomodação, incluindo questões relacionadas a políticas gerais (Burns, 1998; Nehring, 2007; Shriner, 2000; Simpson et al., 1999), método de administração do teste (Calhoon et al., 2000; Danford e Steinfeld, 1999), compatibilidade da pontuação (Elliott et al., 2001; Johnson, 2000; Pomplun e Omar, 2000, 2001), documentação (Schulte et al., 2000) e a motivação dos testandos para requerer acomodação (Baldridge e Veiga, 2006). Antes que uma decisão sobre acomodação seja tomada para qualquer testando individual, deve ser dada a devida consideração a questões relativas ao significado das pontuações derivadas de instrumentos modificados e à validade das inferências que podem ser feitas a partir dos dados derivados.

avaliativo ou diagnóstico, que varia da forma habitual, costumeira ou padronizada da qual uma medida é derivada, ou em virtude de alguma acomodação especial feita para o avaliando ou por meio de métodos alternativos destinados a medir a(s) mesma(s) variável(s). Tendo considerado alguns dos *quem, o que, como* e *por que* da avaliação, vamos agora considerar as fontes para mais informações com relação a todos os aspectos do empreendimento da avaliação.

Onde buscar informações oficiais: fontes de referência

Existem muitas fontes de referência para conhecer mais sobre os testes publicados e as questões relacionadas à avaliação. Essas fontes variam com respeito ao detalhe. Algumas meramente fornecem descrições de testes, outras, informações detalhadas sobre aspectos técnicos, e outras, ainda, revisões críticas completas com discussão dos prós e contras do uso.

> **REFLITA...**
> Existe algum tipo de avaliação para a qual nenhum procedimento alternativo deva ser desenvolvido?

> **NO BRASIL**
> Consultar o SATEPSI: http://www.satepsi.cfp.org.br.

Catálogos de testes Talvez uma das fontes de informação mais facilmente acessível seja um catálogo distribuído pelo editor do teste. Visto que a maioria dos editores de testes disponibilizam catálogos de suas ofertas, essa fonte de informação pode ser obtida por um simples telefonema, *e-mail* ou bilhete. Como se poderia esperar, entretanto, esses catálogos em geral contêm apenas uma breve descrição do teste e raras vezes contêm o tipo de informação técnica detalhada que um futuro aplicador poderia necessitar. Além disso, o objetivo do catálogo é vender o teste. Por essa razão, revisões com altas críticas de um teste raramente, ou nunca, são encontradas no catálogo de um editor.

Manuais do teste Informações detalhadas relativas ao desenvolvimento de um determinado teste e informações técnicas sobre ele devem ser encontradas no manual, que geralmente pode ser comprado do editor do teste. Porém, para fins de segurança, o editor costuma solicitar a documentação de treinamento profissional antes de preencher um pedido para um manual de teste. São boas as chances de que sua universidade mantenha uma coleção de manuais de testes populares, talvez na biblioteca ou no centro de orientação. Se o manual do teste que você procura não está disponível lá, pergunte a seu professor a melhor maneira de obter uma cópia de referência. Ao examinar os vários manuais, é provável que você veja que variam não apenas nos detalhes de como os testes foram desenvolvidos e julgados psicometricamente sólidos, mas também na franqueza com que eles descrevem as limitações de seus próprios testes.

Livros de referência O Buros Institute of Mental Measurements fornece um "balcão único" (*one-stop shopping*) para uma grande quantidade de informação relacionada aos testes. A versão inicial do que viria a ser o *Mental Measurements Yearbook* foi compilada por Oscar Buros (Fig. 1.8) em 1933. Até o momento, a edição mais atual dessa compilação oficial de revisões de testes é o *18º Annual Mental Measurements Yearbook*, publicado em 2010 (embora o décimo nono possa não estar muito longe). O Buros Institute também distribui *Tests in Print*, que lista todos os testes de língua inglesa disponíveis comercialmente que estão sendo editados. Esse livro, que também recebe atualizações periódicas, fornece informações detalhadas de cada teste listado, incluindo o editor, o autor, o propósito, a população visada e o tempo de administração.

Artigos de jornais Os artigos nos jornais atuais podem conter revisões do teste, estudos atualizados ou independentes de sua solidez psicométrica ou exemplos de como o instrumento foi usado na pesquisa ou em um contexto aplicado. Esses artigos podem aparecer em uma ampla série de revistas de ciência do comportamento, como *Psychological Bulletin, Psychological Review, Professional Psychology: Research and Practice, Journal of Personality and Social Psychology, Psychology & Marketing, Psychology in the Schools, School Psychology Quarterly* e *School Psychology Review*. Há publicações que se concentram especificamente em questões relativas à testagem e à avaliação. Por exemplo, dê uma olhada em publicações como *Journal of Psychoeducational Assessment, Psychological Assessment, Educational and Psychological Measurement, Applied Measurement in Education* e *Journal of*

Figura 1.8 Oscar Krisen Buros (1906-1978).

Buros é mais lembrado como criador do *Anuário de medidas mentais* (MMY), um tipo de *Relatórios do consumidor* para testes e uma fonte muito necessária de "policiamento psicométrico" (Peterson, 1997, p. 718). Sua obra sobrevive no Buros Institute of Mental Measurements (Instituto Buros de Medidas Mentais), localizado na University of Nebraska, em Lincoln. Além do MMY, que é atualizado periodicamente, o instituto publica uma variedade de outros materiais de teste.

Personality Assessment. Publicações como *Psychology, Public Policy, and Law* e *Law and Human Behavior* com frequência contêm artigos bastante informativos sobre questões legais e éticas e sobre controvérsias relacionadas à testagem e à avaliação psicológica. Publicações como *Computers & Education, Computers in Human Behavior* e *Cyberpsychology, Behavior, and Social Networking* frequentemente trazem artigos perspicazes sobre medidas relacionadas a computadores e a internet.

> **NO BRASIL**
> Para revisões de testes brasileiros, a principal revista é a *Avaliação Psicológica*, disponível *on-line* (www.pepsic.bvsalud.org).

Banco de dados da internet Um dos bancos de dados bibliográficos mais amplamente usado para publicações relacionadas a testes é mantido pelo Educational Resources Information Center (ERIC). Patrocinado pelo U.S. Departament of Education e operado da University of Maryland, a página do ERIC em *www.eric.ed.gov* contém fartos recursos e novidades sobre testes, testagem e avaliação. Há trechos de artigos, artigos originais e *links* para outras páginas úteis. O ERIC tenta fornecer informação equilibrada relativa à avaliação educacional e a recursos que encoragem o uso responsável dos testes.

A American Psychological Association (APA) mantém uma série de bancos de dados úteis para localizar informações relacionadas à psicologia em artigos de revistas, capítulos de livros e dissertações de doutorado. O PsycINFO é um banco de dados de artigos completos a partir de 1887. O ClinPSYC é umbanco de dados derivado do PsycINFO que focaliza artigos de natureza clínica. PsycSCAN: Psychopharmacology contém artigos a respeito de psicofarmacologia. O PsycARTICLES é um banco de dados de artigos completos a partir de 1894. O Health and Psychosocial Instruments (HAPI) contém uma listagem de medidas criadas ou modificadas por estudos de pesquisa específicos, mas não disponíveis comercialmente; ele está disponível em muitas bibliotecas de universidades por meio da BRS Information Technologies e também em CD-ROM (atualizado duas vezes por ano). O PsycLAW é um banco de dados livre, acessível a qualquer pessoa, que contém discussões de temas selecionados envolvendo psicologia e lei. Ele pode ser acessado em *www.apa.org/psyclaw*. Para mais informação sobre qualquer um desses bancos de dados, visite a página da APA na internet em *www.apa.org*.

A maior instituição privada de mensuração do mundo é o Educational Testing Service (ETS). Essa companhia, com sede em Princeton, Nova Jersey, mantém uma equipe de cerca de 2.500 pessoas, incluindo aproximadamente mil profissionais da mensuração e especialistas em educação. Essas são as pessoas que oferecem o Teste de Aptidão Escolar (SAT) e o Graduate Record Exam (GRE) entre muitos outros testes. As descrições desses e de muitos outros testes desenvolvidos por essa companhia podem ser encontradas em sua página da internet, *www.ets.org*.

Outras fontes A biblioteca de sua escola contém inúmeras outras fontes que podem ser usadas para obter informações sobre testes e assuntos relacionados. Por exemplo, duas fontes para explorar o mundo dos testes e medidas não publicados são o *Directory of Unpublished Experimental Mental Measures* (Goldman e Mitchell, 2007) e o Tests in Microfiche, administrado pelo ETS. Alguns dos prós e contras das várias fontes de informação que listamos estão resumidos na Tabela 1.4.

Bibliotecas de muitas universidades também proporcionam o acesso a bancos de dados da internet, como o PsycINFO e revistas eletrônicas. A maioria dos ensaios científicos pode ser baixada direto para o computador de qualquer pessoa usando um serviço de internet. Esse é um recurso extremamente valioso para os estudantes, uma vez que os não assinantes desses bancos de dados podem ter de pagar taxas pesadas para esse acesso.

Munidos de fartas informações práticas sobre testes e outros instrumentos de avaliação, vamos explorar os aspectos históricos, culturais e legais/éticos do empreendimento da avaliação no próximo capítulo.

Tabela 1.4 Fontes de informação sobre testes: alguns prós e contras

Fonte de informação	Prós	Contras
Catálogo de testes disponíveis do editor do teste bem como de distribuidores associados	Contém a descrição geral do teste, incluindo para o que se destina e com quem deve ser usado. Facilmente disponível para a maioria das pessoas que solicitam um catálogo.	Concebidos a princípio para vender o teste a seus aplicadores e raramente contêm alguma revisão crítica. A informação não é detalhada o suficiente para embasar uma decisão de usar o teste.
Manual do teste	Em geral a fonte mais detalhada disponível para informação relativa à amostra de padronização e instruções de administração do teste. Também pode conter informação útil sobre no que se baseia a teoria do teste, se for o caso. Normalmente contém pelo menos alguma informação relativa à solidez psicométrica do teste.	Detalhes relativos à solidez psicométrica do teste geralmente são oportunistas e escritos com base em estudos conduzidos por seu autor e/ou por seu editor. Pode ser difícil para os estudantes obterem o próprio manual do teste, já que sua distribuição pode ser restrita a profissionais qualificados.
Livros de referência, como o *Annual Mental Measurements Yearbook*, disponíveis na forma de livro ou na internet	Semelhante a um *Relatório do consumidor* para testes, contém descrições e revisões críticas de um teste escrito por terceiros que presumivelmente não têm nada a ganhar ou a perder elogiando ou criticando o instrumento, sua amostra de padronização e sua solidez psicométrica.	Poucas desvantagens se o revisor estiver genuinamente tentando ser objetivo e for competente, mas, como qualquer revisão, pode fornecer um quadro enganador se este não for o caso. Além disso, para relatos muito detalhados da amostra de padronização e questões relacionadas, é melhor consultar o próprio manual do teste.
Artigos de revistas	Fonte atualizada de revisões e estudos de solidez psicométrica. Pode fornecer exemplos práticos de como um instrumento é usado na pesquisa ou em contextos aplicados.	Da mesma forma que os livros de referência, as revisões são valiosas na medida em que são informativas e, tanto quanto possível, imparciais. O leitor deve pesquisar o máximo de artigos possível ao tentar aprender como o instrumento é realmente usado; qualquer artigo isolado pode fornecer um quadro atípico.
Bancos de dados da internet	Os bancos de dados da internet amplamente conhecidos e respeitados, como o ERIC, são "minas de ouro" virtuais de informações úteis, contendo quantidades variáveis de detalhes. Embora alguns testes psicológicos legítimos possam estar disponíveis para autoadministração e pontuação pela internet, a grande maioria não está.	Consumidor, cuidado! Alguns *sites* disfarçados de bancos de dados para testes psicológicos visam mais entreter ou vender alguma coisa do que informar. Esses *sites* com frequência oferecem testes que você pode fazer pela internet. À medida que aprender mais sobre testes, provavelmente você se tornará mais crítico quanto valor desses "testes psicológicos" autoadministrados e autopontuados.

Autoavaliação

Teste seu entendimento dos elementos deste capítulo vendo se você pode explicar cada um dos seguintes termos, expressões e abreviações:

acomodação
aplicador do teste
autópsia psicológica
avaliação alternativa
avaliação dinâmica
avaliação informal
avaliação psicológica
avaliação psicológica
  colaborativa

avaliação psicológica
  terapêutica
CAPA
católogo de testes
dados da história de caso
demência
desenvolvedor de testes
diagnóstico
dramatização

entrevista
entrevista em painel
estudo de caso
facilitação social
formato
história de caso
manual do teste
observação comportamental
observação naturalista

outras pessoas envolvidas na avaliação psicológica
pensamento grupal
pontos de corte
pontuação
pontuar
portfólio
processamento central
processamento local
protocolo
pseudodemência
psicologia da saúde
psicometria
psicometrista
qualidade de vida
rapport
relatório consultivo
relatório de pontuação estendido
relatório de pontuação simples
relatório integrativo
relatório interpretativo
solidez psicométrica
teleprocessamento
testagem psicológica
testando
teste
teste de dramatização
teste de realização
teste diagnóstico
teste psicológico
utilidade

CAPÍTULO 2

Considerações Históricas, Culturais e Legais/Éticas

Continuamos nossa ampla panorâmica do campo da testagem e da avaliação psicológica com uma retrospectiva, o melhor para apreciar o contexto histórico desse empreendimento. Também apresentamos o "alimento para o pensamento" em relação a questões culturais e legais/éticas. Considere esse "alimento" apenas como um aperitivo; o material sobre as considerações históricas, culturais e legais/éticas está entrelaçado eventualmente ao longo deste livro.

Uma perspectiva histórica

Da Antiguidade ao século XIX

Acredita-se que os testes e os programas de testagem tenham surgido primeiro na China, em torno de 2200 a.C. (DuBois, 1966, 1970). A testagem foi instituída como um meio de selecionar quem, entre muitos candidatos, obteria empregos no governo. Em uma cultura com uma longa tradição em a posição social da pessoa ser determinada somente pela família na qual ela nasceu, o fato de que se poderia aumentar a sorte na vida tendo pontuações altas em um exame foi um passo significativo. Na verdade, passar nos exames requeria um conhecimento que em geral vinha de longas horas de estudo ou de trabalho com um professor particular. Dados esses fatos da vida, era provável que apenas os filhos de aristocratas fundiários pudessem se dar o luxo de ter o tempo necessário para se prepararem para os testes. Contudo, surgiram histórias sobre algumas pessoas que foram capazes de melhorar imensamente sua sorte na vida passando nos exames patrocinados pelo Estado. O entusiasmo dos testandos quando "a lista era liberada" (ver Fig. 2.1) tem hoje um dia semelhante nos corredores das universidades ao redor do mundo; basta escutar os aplausos ou outras expressões de satisfação dos aprovados quando as notas de um exame importante são publicadas.

    Em que os candidatos a empregos na China antiga eram testados? Como se poderia esperar, o conteúdo dos exames mudava ao longo do tempo e de acordo com as expectativas culturais do dia – e também com os valores da dinastia governante. Em geral, os testes examinavam a proficiência em matérias como música, arco-e-flecha, equitação, escrita e aritmética, bem como agricultura, geografia, direito civil e estratégia militar. O conhecimento e a habilidade nos ritos e nas cerimônias da vida pública e social também

Figura 2.1 Liberação da lista.
Por um período de aproximadamente 3 mil anos, existiram na China formas de testar a proficiência. Algum tempo após fazer um exame, os homens – os exames eram abertos apenas aos homens, com exceção de um breve período na década de 1800 – se reuniam para ver quem tinha sido aprovado quando os resultados eram afixados a uma parede. (Soa familiar?) Essa postagem dos resultados dos exames era denominada "liberação da lista".

eram avaliados. Durante a dinastia Song (ou Sung), que governou de 960 a 1279 d.C.; os testes enfatizavam o conhecimento da literatura clássica. Os testandos que demonstravam seu domínio dos clássicos eram vistos como possuidores da sabedoria do passado e, portanto, qualificados para um cargo no governo. Durante algumas dinastias, a testagem foi praticamente suspensa, e os cargos no governo eram dados a membros ou amigos da família ou então vendidos.

Nas dinastias com exames patrocinados pelo governo para cargos oficiais (denominados *exame imperial*), os privilégios de alcançar a nota variavam. Durante alguns períodos, aqueles que eram aprovados não apenas eram qualificados para um emprego no governo, mas também para usar trajes diferenciados; isso os qualificava a receber cortesias especiais de qualquer pessoa que encontrassem. Em algumas dinastias, ser aprovado nos exames poderia resultar em isenção de impostos. A aprovação poderia até isentar a pessoa de interrogatórios por tortura realizados pelo governo se fosse suspeita de ter cometido um crime. Evidentemente, custava muito se sair bem nesses exames difíceis.

REFLITA...
Que paralelos em termos de privilégios e benefícios você pode traçar entre sair bem nos exames na China antiga e sair bem em exames para o serviço público nos dias de hoje?

Sabemos por registros históricos como o Papiro de Edwin Smyth, um documento que data de 1600 a.C.; que os médicos do Egito antigo tinham um conhecimento desenvolvido da anatomia humana e uma perícia florescente em procedimentos médicos e cirúrgicos. Entretanto, a avaliação psicológica (no sentido mais amplo do termo), bem como o aconselhamento e a psicoterapia, eram provavelmente mais da competência dos sacerdotes do que dos médicos. Os sacerdotes egípcios eram treinados em muito mais do que religião. Costumavam ter conhecimento das artes da cura, bem como de filosofia, arquitetura, matemática e astronomia (Erman, 1971; White, 1963; Wilson, 1951). Eram chamados para responder a perguntas relacionadas ao significado dos sonhos, assim como muitas outras questões relacionadas à vida – e à vida após a morte. O Papiro de Ebers (1550 a.C., outro documento do Egito antigo, listava os feitiços usados na tentativa de afastar demônios que supostamente causavam dano à saúde física e mental da pessoa.

Também são fascinantes de um ponto de vista histórico os escritos greco-romanos que indicam tentativas de categorizar as pessoas em termos de tipos de personalidade. Essas categorizações, em geral, incluíam referências a excesso ou deficiência de alguns fluidos corporais (tais como sangue ou fleuma) como um fator capaz de influenciar a personalidade. Durante a Idade Média, um questionamento de importância crítica era "Quem está em aliança com o Diabo?", e vários procedimentos de mensuração foram criados para tratar essa questão. Apenas na Renascença é que a avaliação psicológica no sentido moderno começaria a surgir. Por volta do século XVIII, Christian von Wolff (1732, 1734) havia antecipado a psicologia como uma ciência e a mensuração psicológica como uma especialidade dessa ciência.

REFLITA...
Entre as questões "diagnósticas" mais críticas durante a Idade Média estava "Quem está em aliança com o Diabo?". Qual é uma das questões diagnósticas mais críticas hoje?

Em 1859, o livro *A Origem das espécies,* de Charles Darwin (1809-1882), foi publicado. Nessa obra importante e de grande projeção, Darwin afirmava que a variação casual nas espécies seria selecionada ou rejeitada pela natureza de acordo com a adaptabilidade e o valor de sobrevivência. Ele afirmava ainda que os seres humanos descendiam dos macacos como resultado de tais variações genéticas casuais. Essa noção revolucionária despertou interesse, admiração e uma boa dose de inimizade. Esta vinha principalmente de religiosos que interpretaram as ideias de Darwin como uma afronta ao relato bíblico da criação no Gênesis. Contudo, a noção de uma ligação evolucionária entre seres humanos e animais conferiu uma nova respeitabilidade científica à experimentação com animais. Também suscitou questões sobre como animais e humanos se comparam em relação aos estados de consciência – questões que pediriam respostas nos laboratórios de futuros cientistas comportamentais.[1]

A história registra que Darwin foi quem estimulou o interesse científico nas diferenças individuais. Darwin (1859) escreveu:

> As muitas pequenas diferenças que aparecem nos descendentes de um mesmo conjunto de pais podem ser definidas como diferenças individuais [...] Essas diferenças individuais são da maior importância [...] [pois elas] fornecem os materiais sobre os quais age a seleção natural (p. 125)

De fato, os escritos de Darwin sobre as diferenças individuais despertaram o interesse na pesquisa sobre hereditariedade em seu meio-primo, Francis Galton. No curso de suas tentativas de explorar e quantificar as diferenças individuais entre as pessoas, Galton tornou-se um colaborador influente para o campo da mensuração (Forrest, 1974). Galton (1869) aspirava a classificar as pessoas "de acordo com seus dotes naturais" (p. 1) e a determinar seus "desvios a partir de uma média" (p. 11). Ao longo de sua trajetória,

---

[1] A influência do pensamento de Darwin também é evidente na teoria da personalidade formulada por Sigmund Freud. Nesse contexto, a noção de Freud da importância primária dos impulsos sexuais e agressivos instintivos pode ser mais bem compreendida.

lhe seriam creditadas a elaboração ou a contribuição para o desenvolvimento de muitos instrumentos de avaliação psicológica contemporâneos, incluindo questionários, escalas de avaliação e inventários de autorrelato.

O trabalho inicial de Galton sobre hereditariedade foi realizado com ervilhas, em parte porque tendia a haver menos variações entre as ervilhas em uma única vagem. Nesse trabalho, ele foi pioneiro no uso de um conceito estatístico central à experimentação e à testagem psicológica: o coeficiente de correlação. Embora Karl Pearson (1857-1936) tenha desenvolvido a técnica de correlação produto-momento, suas raízes podem remontar diretamente ao trabalho de Galton (Magnello e Spies, 1984). Da hereditariedade nas ervilhas, o interesse de Galton voltou-se para a hereditariedade em seres humanos e para as várias formas de medir as características das pessoas e suas capacidades.

Em uma exposição em Londres, no ano de 1884, Galton exibiu seu Laboratório Antropométrico, onde, por alguns centavos, você podia ser medido em variáveis como altura (em pé), altura (sentado), envergadura dos braços, peso, capacidade respiratória, força de tração, força de preensão, rapidez do golpe, agudeza da visão, memória de forma, discriminação de cor e firmeza da mão. Por meio de seus próprios esforços e de sua insistência para que as instituições educacionais mantivessem registros antropométricos de seus alunos, Galton provocou um interesse disseminado na mensuração de variáveis relacionadas à psicologia.

A avaliação também era uma atividade importante no primeiro laboratório de psicologia experimental, fundado na University of Leipzig, na Alemanha, por Wilhelm Max Wundt (1832-1920), um médico cujo título na universidade era de professor de filosofia. Wundt e seus alunos tentaram formular uma descrição geral das capacidades humanas em relação a variáveis como tempo de reação, percepção e período/intervalo de atenção. Ao contrário de Galton, Wundt se concentrou em como as pessoas eram semelhantes, não diferentes. Na verdade, Wundt via as diferenças individuais como uma fonte frustrante de erro na experimentação, e tentou controlar todas as variáveis estranhas na tentativa de reduzir o erro a um mínimo. Como veremos, essas tentativas são razoavelmente rotineiras na avaliação contemporânea. O objetivo é assegurar que quaisquer diferenças observadas no desempenho sejam de fato devidas a diferenças entre as pessoas que estão sendo medidas, e não a quaisquer variáveis estranhas. Os manuais para a administração de muitos testes fornecem instruções visando manter constantes ou "padronizar" as condições sob as quais o teste é administrado. Isso para que quaisquer diferenças em seus escores sejam devidas a diferenças nos testandos, e não a diferenças nas condições sob as quais o teste é administrado. No Capítulo 4, vamos refletir sobre o significado de termos como *padronizado* e *padronização* quando aplicados a testes.

> **REFLITA...**
> Que orientação na pesquisa sobre avaliação mais lhe agrada, a orientação galtoniana (pesquisando como os indivíduos diferem) ou a wundtiana (pesquisando como os indivíduos se parecem)? Por quê? Você acha que os pesquisadores chegam a conclusões semelhantes apesar dessas duas orientações contrastantes?

Apesar do foco predominante da pesquisa sobre as semelhanças das pessoas, um dos alunos de Wundt em Leipzig, um norte-americano chamado James McKeen Cattell (Fig. 2.2), concluiu o doutorado com uma dissertação que tratava das diferenças individuais – especificamente, das diferenças individuais no tempo de reação. Após receber seu diploma de doutorado de Leipzig, Cattell retornou aos Estados Unidos, lecionando na Bryn Mawr e então na University of Pennsylvania, antes de ir para a Europa lecionar em Cambridge. Lá, entrou em contato com Galton, a quem mais tarde descreveu como "o maior homem que conheci" (Roback, 1961, p. 96).

Inspirado por sua interação com Galton, Cattell retornou à University of Pennsylvania em 1888 e cunhou o termo *teste mental* em uma publicação de 1890. Boring (1950, p. 283) observou que "Cattell, mais do que qualquer outra pessoa, foi dessa forma o responsável por iniciar a testagem mental na América, e é evidente que sua motivação era semelhante à de Galton e que ele foi influenciado, ou pelo menos fortalecido, por Galton". Cattell veio a se tornar professor e presidente do departamento de psicologia da Colum-

Figura 2.2 Os Cattells – James McKeen e Psyche.
O psicólogo que cunhou o termo *teste mental*, James McKeen Cattell (1860-1944), sempre teve erroneamente creditada (junto com outro psicólogo, Raymond B. Cattell, sem parentesco) a autoria de uma medida de inteligência infantil chamada de Escala de Inteligência Infantil de Cattell (CIIS). Na verdade, foi Psyche (1893-1989), a terceira dos sete filhos de Cattell com sua esposa, Josephine Owen, quem criou a CIIS. De 1919 a 1921, Psyche foi assistente de seu famoso pai nas análises estatísticas para a terceira edição de *American Man of Science*. Em 1927, ela obteve um diploma de doutora em educação em Harvard. Em 1931, adotou um filho, tornando-se uma das primeiras mulheres solteiras a fazê-lo (Sokal, 1991). Naquela mesma década, adotou uma filha. Seu livro *The Measurement of Intelligence in Infants and Young Children*, publicado em 1940, apresentou a CIIS. Posteriormente na carreira, ela escreveria um guia para a criação de filhos, *Raising Children with Love and Limits*. Esse livro contestava a permissividade defendida por autoridades como Benjamin Spock.

bia University. Ao longo dos 26 anos seguintes, ele não apenas treinou muitos psicólogos mas também fundou inúmeras publicações (tais como *Psychological Review*, *Science* e *American Men of Science*). Em 1921, Cattell foi fundamental na fundação da Psychological Corporation, que teve entre seus diretores 20 dos mais importantes psicólogos dos Estados Unidos. O objetivo da corporação era o "avanço da psicologia e a promoção das aplicações úteis da psicologia".[2]

Outros alunos de Wundt em Leipzig incluíam Charles Spearman, Victor Henri, Emil Kraepelin, E. B. Titchener, G. Stanley Hall e Lightner Witmer. A Spearman é creditada a criação do conceito de fidedignidade do teste, bem como a construção da estrutura matemática para a técnica estatística de análise fatorial. Victor Henri é o francês que colaboraria com Alfred Binet em ensaios sugerindo como os testes mentais poderiam ser usados para medir processos mentais superiores (p. ex., Binet e Henri, 1895a, 1895b, 1895c). O psiquiatra Emil Kraepelin foi um dos primeiros a experimentar a técnica de associação de palavras como um teste formal (Kraepelin, 1892, 1895). Lightner Witmer recebeu seu Ph. D. de Leipzig e sucedeu Cattell como diretor do laboratório de psicologia na University of Pennsylvania. Witmer tem sido citado como o "pouco conhecido fundador da psicologia clínica" (McReynolds, 1987) devido, pelo menos em parte, a ter sido desafiado a tratar um "mau soletrador crônico" em março de 1896 (Brotemarkle, 1947). Naquele mesmo ano, Witmer fundou a primeira clínica psicológica nos Estados Unidos, na University of Pennsylvania. Em 1907, fundou a revista *Psychological Clinic*. O primeiro artigo naquela revista foi intitulado "*Clinical Psychology*" (Witmer, 1907).

---

[2] Hoje, muitos dos produtos e serviços do que já foi conhecido como Psychological Corporation foram absorvidos sob a marca "PsychCorp", de uma empresa controladora, a Pearson Assessment, Inc.

O século XX

Grande parte da testagem do século XIX que poderia ser descrita como de natureza psicológica envolveu a mensuração de capacidades sensoriais, tempo de reação, etc. Em geral o público ficava fascinado com essas testagens. Entretanto, não havia uma crença disseminada de que a testagem para variáveis como o tempo de reação tivesse algum valor prático. Mas tudo isso mudaria no início dos anos de 1900 com o surgimento dos primeiros testes formais de inteligência. Havia testes que eram úteis por razões de fácil compreensão para qualquer pessoa que tivesse filhos em idade escolar. A receptividade do público aos testes psicológicos seria transformada de simples curiosidade em absoluto entusiasmo, à medida que mais e mais instrumentos, que supostamente quantificavam a capacidade mental, foram introduzidos. Logo havia testes para medir características mentais variadas, como personalidade, interesses, atitudes, valores e as mais diversas capacidades mentais. Tudo isso começou com um único teste projetado para uso com os jovens alunos de Paris.

A mensuração da inteligência. Em 1895, Alfred Binet (1857-1911) e seu colega Victor Henri publicaram diversos artigos nos quais defendiam a mensuração de capacidades como memória e compreensão social. Dez anos mais tarde, Binet e o colaborador Theodore Simon publicaram uma "escala de medida da inteligência" de 30 itens, projetada para ajudar na identificação de alunos mentalmente retardados das escolas de Paris (Binet e Simon, 1905). O teste de Binet a seguir passaria por muitas revisões e traduções – e, no processo, lançaria o movimento de testagem da inteligência e o movimento de testagem clínica. Em pouco tempo, os testes psicológicos estavam sendo usados com regularidade em contextos tão diversos quanto escolas, hospitais, clínicas, tribunas, reformatórios e prisões (Pintner, 1931).

> **REFLITA...**
> No início dos anos de 1900, o teste de Binet estava sendo usado no mundo todo para vários propósitos, muito além de identificar os alunos excepcionais das escolas de Paris. Quais eram alguns dos outros usos do teste? O quanto você acha que era apropriado usar esse teste para esses outros propósitos?

Em 1939, David Wechsler, um psicólogo clínico do Hospital Bellevue, na cidade de Nova York, introduziu um teste destinado a medir a inteligência adulta. Para Wechsler, inteligência era "a capacidade agregada ou global para agir intencionalmente, para pensar racionalmente e para lidar de modo eficaz com o meio ambiente" (Wechsler, 1939, p. 3). Batizada a princípio de Escala de Inteligência de Wechsler-Bellevue, o teste foi revisado e renomeado de Escala de Inteligência Wechsler para Adultos (WAIS). O WAIS foi revisado diversas vezes desde então, e versões do teste foram publicadas ampliando a variação etária dos testandos, da primeira infância até a terceira idade. Esses testes serão discutidos com mais detalhes nos capítulos que tratam da avaliação da inteligência.

Um desenvolvimento natural do teste de inteligência projetado por Binet administrado individualmente foi o teste de inteligência *grupal*. Os testes de inteligência grupais surgiram nos Estados Unidos em resposta à necessidade dos militares de um método eficiente de avaliar a capacidade intelectual de recrutas da Primeira Guerra Mundial. Essa mesma necessidade novamente se tornou urgente quando os Estados Unidos se preparavam para entrar na Segunda Guerra Mundial. Psicólogos voltariam a ser chamados pelo governo para desenvolver testes grupais, administrá-los aos recrutas e interpretar os dados obtidos.

> **REFLITA...**
> A definição de *inteligência* deve mudar à medida que a pessoa passa da infância para a adolescência, para a idade adulta e para a terceira idade?

Após a guerra, os psicólogos que retornaram do serviço militar trouxeram uma riqueza de habilidades na prática da testagem que seriam úteis em aplicações civis e governamentais. Os testes psicológicos foram sendo usados cada vez mais em diferentes contextos, incluindo grandes corporações e organizações privadas. Novos testes estavam sendo desenvolvidos em ritmo acelerado para medir várias capacidades e interesses, bem como a personalidade.

A mensuração da personalidade. A receptividade do público aos testes da capacidade intelectual estimulou o desenvolvimento de muitos outros tipos de testes (Garrett e Schneck, 1933; Pintner, 1931). Apenas oito anos após a publicação da escala de Binet, o campo da psicologia estava sendo criticado por ser excessivamente orientado aos testes (Sylvester, 1913). No final da década de 1930, cerca de 4 mil diferentes testes psicológicos estavam no prelo (Buros, 1938), e "psicologia clínica" era sinônimo de "testagem mental" (Institute for Juvenile Research, 1937; Tulchin, 1939).

A Primeira Guerra Mundial trouxe com ela não apenas a necessidade de avaliar o funcionamento intelectual dos recrutas, mas também seu ajustamento geral. Ao Committee on Emotional Fitness governamental, presidido pelo psicólogo Robert S. Woodworth, foi atribuída a tarefa de desenvolver uma medida de ajustamento e estabilidade emocional que pudesse ser administrada de maneira rápida e eficiente a grupos de recrutas. O comitê desenvolveu diversas versões experimentais do que eram, basicamente, entrevistas psiquiátricas com lápis e papel. Para disfarçar o verdadeiro propósito de um desses testes, o questionário tinha o título de "Folha de Dados Pessoais". Os recrutas e os voluntários tinham que indicar *sim* ou *não* a uma série de perguntas que sondavam a existência de vários tipos de psicopatologia. Por exemplo, uma das perguntas do teste era: "Você se incomoda com a ideia de que as pessoas estejam observando você na rua?".

A Folha de Dados Pessoais desenvolvida por Woodworth e colaboradores nunca foi além dos estágios experimentais, pois o tratado de paz tornou menos urgente o desenvolvimento desse e de outros testes. Depois da guerra, Woodworth desenvolveu um teste de personalidade para uso civil que era baseado na Folha de Dados Pessoais. Ele o chamou de Inventário Psiconeurótico de Woodworth. Esse instrumento foi a primeira medida de personalidade usada amplamente. Em geral, **autorrelato** refere-se a um processo pelo qual os próprios avaliandos fornecem informações relativas à avaliação respondendo a perguntas, mantendo um diário ou automonitorando pensamentos ou comportamentos.

◆ **REFLITA...**
Descreva uma situação ideal para obter informações relativas à personalidade por meio de autorrelato. Em que tipo de situação poderia ser desaconselhável contar somente com o autorrelato de um avaliando?

Os testes de personalidade que empregam metodologias de autorrelato têm vantagens e desvantagens. Por um lado, os respondentes são indiscutivelmente os mais bem qualificados para fornecer respostas sobre si mesmos. Entretanto, há também argumentos convincentes *contra* eles suprirem tais informações. Por exemplo, os respondentes podem ter uma visão pobre de si próprios. Pessoas poderiam acreditar com honestidade em algumas coisas sobre si mesmas que na realidade não são verdadeiras. E independentemente da qualidade de seu discernimento, alguns não estão dispostos a revelar qualquer coisa sobre si mesmos que seja muito pessoal ou que possa colocá-los sob uma luz negativa. Dadas essas deficiências do método de avaliação da personalidade por autorrelato, havia uma necessidade de tipos alternativos de testes da personalidade.

Vários métodos foram desenvolvidos para fornecer medidas da personalidade que não fossem baseadas em autorrelato. Um desses métodos, ou abordagens à avaliação da personalidade, veio a ser descrito como de natureza *projetiva*. Um **teste projetivo** é aquele no qual um indivíduo supostamente "projeta" em algum estímulo ambíguo suas próprias necessidades, seus medos, suas esperanças e sua motivação. O estímulo ambíguo poderia ser uma mancha de tinta, um desenho, uma fotografia ou outra coisa. Talvez o mais conhecido de todos os testes projetivos seja o Rorschach, uma série de manchas de tinta desenvolvida pelo psiquiatra suíço Hermann Rorschach. O uso de figuras como estímulos projetivos foi popularizado no final da década de 1930 por Henry A. Murray, Christiana D. Morgan e colaboradores da Harvard Psychological Clinic. Quando figuras ou fotos são usadas como estímulos projetivos, os respondentes em geral são solicitados a contar uma história sobre a figura que está sendo mostrada. As histórias contadas são então analisadas em termos de quais necessidades e motivações eles podem estar projetando nas figuras ambíguas. Os testes projetivos e muitos outros tipos de instrumentos usados na avaliação da personalidade serão discutidos no Capítulo 13.

As tradições acadêmicas e aplicadas. Assim como o desenvolvimento de seu campo principal, a psicologia, o desenvolvimento de medidas psicológicas pode ser traçado ao longo de duas linhas distintas: a acadêmica e a aplicada. Na tradição de Galton, Wundt e outros estudiosos, pesquisadores em universidades em todo o mundo usam os instrumentos de avaliação para ajudar a desenvolver o conhecimento e o entendimento dos comportamentos humano e animal. Contudo, há também uma tradição aplicada, que remonta pelo menos à China antiga e aos exames lá desenvolvidos, para ajudar a selecionar candidatos a vários cargos com base no mérito. Hoje, a sociedade conta com instrumentos de avaliação psicológica para ajudar a responder a questões importantes. Quem é melhor para este emprego? Em que classe esta criança deveria ser colocada? Quem é competente para ser julgado? Os testes e outros instrumentos de avaliação, quando usados de maneira competente, podem ajudar a fornecer as respostas.

> **REFLITA...**
> Que possíveis problemas você acha que poderiam acompanhar o uso de métodos projetivos para avaliar a personalidade?

Hoje, talvez mais do que nunca, há um grande apreço pelo papel da cultura na experiência humana. Portanto, seja em contextos acadêmicos ou aplicados, os profissionais da avaliação reconhecem a necessidade de sensibilidade cultural no desenvolvimento e no uso dos instrumentos de avaliação psicológica. A seguir, fazemos um breve resumo de alguns dos questionamentos que resultam de tal sensibilidade cultural.

Cultura e avaliação

Cultura pode ser definida como "os padrões de comportamento, as crenças e os produtos do trabalho, socialmente transmitidos, de uma população, uma comunidade ou um grupo de pessoas em particular" (Cohen, 1994, p. 5). Conforme nos ensinaram nossos pais, amigos e instituições sociais como a escola, a cultura determina muitos comportamentos e formas de pensar. A língua falada, as atitudes para com os mais velhos e as técnicas de criação de filhos são apenas algumas manifestações críticas da cultura. A cultura ensina rituais específicos a serem realizados no nascimento, no casamento, na morte e em outras ocasiões importantes. Ela transmite muito sobre o que deve ser valorizado ou recompensado, bem como o que deve ser rejeitado ou desprezado. Ensina um ponto de vista sobre o que significa nascer sendo de um ou outro gênero, raça, ou origem étnica. Ensina-nos alguma coisa sobre o que podemos esperar de outras pessoas e o que podemos esperar de nós mesmos. Na verdade, a influência da cultura sobre os pensamentos e o comportamento de um indivíduo pode ser muito mais forte do que a maioria de nós reconheceria à primeira vista.

> **REFLITA...**
> Você consegue pensar de que forma você é um produto de sua cultura? E sobre como esse fato poderia aparecer em um teste psicológico?

Os profissionais envolvidos no empreendimento da avaliação têm demonstrado cada vez mais sensibilidade ao papel da cultura em muitos aspectos diferentes da mensuração. Essa sensibilidade é manifestada na maior consideração por questões culturais em relação a cada aspecto do desenvolvimento e do uso de testes, incluindo tomada de decisão sobre a base de dados do teste. Infelizmente, nem sempre foi assim.

Aumento do interesse em questões relacionadas à cultura

Logo depois de Alfred Binet ter introduzido a testagem da inteligência na França, o U.S. Public Health Service começou a usar esses testes para medir a inteligência de pessoas que desejavam imigrar para os Estados Unidos (Fig. 2.3). Henry H. Goddard, que tinha sido altamente instrumental para conseguir que o teste de Binet fosse adotado para uso em vários contextos nos Estados Unidos, foi o pesquisador-chefe designado para o projeto. Logo, Goddard levantou dúvidas sobre o quanto esses testes eram significativos quando usados com pessoas de várias culturas e idiomas. Goddard (1913) usava intérpretes na administração do teste, empregava um psicólogo bilíngue e administrava testes mentais a imigrantes selecionados que parecessem mentalmente retardados a observadores treinados. Embora parecendo sensível a questões culturais na avaliação, o legado de Goddard em relação a tal sensibilidade é, na melhor das hipóteses, controverso. O pesquisador constatou que a maioria dos imigrantes de várias nacionalidades era mentalmente deficiente quando esses indivíduos eram testados. Em um relatório bastante citado, 35 judeus, 22 húngaros, 50 italianos e 45 russos foram selecionados para testagem entre as massas de imigrantes em processo de triagem para entrar nos Estados Unidos, na Ilha de Ellis. Relatando seus achados em um ensaio intitulado *"Mental Tests and the Immigrant"* (Testes mentais e o imigrante), Goddard (1917) concluiu que, nessa amostra, 83% dos judeus, 80% dos húngaros, 79% dos italianos e 87% dos russos eram débeis mentais. Embora tenha escrito de forma extensiva sobre a natureza genética da deficiência mental, ele tem a seu favor o fato de não ter concluído sumariamente que esses achados de teste eram resultado de hereditariedade. Antes, Goddard (1917) se perguntava em voz alta se os achados se deviam a "defeito hereditário" ou "defeito aparente devido a privação" (p. 243). Na realidade, os achados eram em grande parte resultado de usar um teste de Binet traduzido que superestimava a deficiência mental em populações nativas de língua inglesa, sem falar nas populações imigrantes (Terman, 1916).

Figura 2.3 Testagem psicológica na Ilha Ellis.
Os imigrantes chegando na América via Ilha Ellis eram saudados não apenas pela Estátua da Liberdade, mas também por oficiais da imigração prontos para avaliá-los com relação a variáveis físicas, mentais e outras. Aqui, um teste de blocos, uma medida de inteligência, é administrado a uma candidata a cidadã norte-americana. Os imigrantes que fracassavam nos testes físicos, mentais ou em outros eram devolvidos a seus países de origem à custa da companhia marítima que os tinha trazido. Os críticos, mais tarde, cobrariam que pelo menos alguns dos imigrantes malsucedidos nos testes mentais eram enviados para longe não porque fossem de fato mentalmente deficientes, mas apenas porque não entendiam inglês o suficiente para seguir as instruções. Os críticos também questionavam os critérios pelos quais esses imigrantes de muitos lugares estavam sendo avaliados.

A pesquisa de Goddard, embora deixando muito a desejar de uma perspectiva metodológica, alimentou o fogo de um debate natureza-educação contínuo sobre o que os testes de inteligência realmente medem. De um lado estavam aqueles que viam os resultados dos testes de inteligência como indicativo de alguma capacidade nativa subjacente. Do outro, aqueles que consideravam tais dados indicativos do grau em que o conhecimento e as habilidades tinham sido adquiridos. Mais detalhes sobre o altamente influente Henry Goddard e sua controversa carreira são apresentados na seção *Em foco* deste capítulo.

> **REFLITA...**
> De um ponto de vista cultural, quais são os prós e os contras de testar a inteligência de imigrantes potenciais?

Se a língua e a cultura de fato tinham um efeito sobre os escores de testes de capacidade mental, então como uma medida de inteligência sem confundidores ou "pura" poderia ser obtida? Uma forma como os primeiros desenvolvedores de testes tentaram lidar com o impacto da língua e da cultura sobre os testes de capacidade mental foi basicamente "isolar" a variável cultural. Os chamados **testes específicos da cultura**, ou testes projetados para uso com pessoas de uma cultura mas não de outra, logo começaram a aparecer em cena. Os representantes da abordagem de desenvolvimento de testes específicos da cultura foram as primeiras versões de alguns dos testes de inteligência mais conhecidos. Por exemplo, a revisão de 1937 da Escala de Inteligência de Stanford-Binet, que teve uso generalizado até ser revisada em 1960, não incluiu crianças da minoria na pesquisa que entrou em sua formulação. De maneira similar, a Escala de Inteligência de Wechsler-Bellevue, precursora de uma medida de inteligência adulta amplamente utilizada, não continha membros da minoria nas amostras de testandos usadas em seu desenvolvimento. Embora "um grande número" de negros tivesse, de fato, sido testado (Wechsler, 1944), aqueles dados foram omitidos do manual do teste final porque os desenvolvedores do teste "não acreditavam que normas derivadas pela mistura de populações pudessem ser interpretadas sem cláusulas e restrições especiais". Consequentemente, Wechsler (1944) disse, no início, que as normas do Wechsler-Bellevue não podiam ser usadas pelas "populações de cor dos Estados Unidos". Da mesma forma, a edição inaugural da Escala de Inteligência Wechsler para Crianças (WISC), publicada pela primeira vez em 1949 e revisada somente em 1974, não incluiu crianças da minoria em seu desenvolvimento.

Ainda que muitos testes publicados fossem intencionalmente projetados para serem específicos da cultura, logo se tornou evidente que estavam sendo administrados – de forma imprópria – a pessoas de diferentes culturas. Talvez não surpreendendo, os testandos de culturas de minoria tendiam a ter pontuações mais baixas como grupo do que pessoas do grupo para o qual o teste foi desenvolvido. Ilustrativo do tipo de problemas encontrados pelos aplicadores de testes era este item da WISC de 1949: "Se sua mãe o manda até o armazém para comprar uma broa e não há, o que você faz?". Muitas crianças hispânicas eram rotineiramente mandadas ao armazém para comprar *tortillas* e portanto não estavam familiarizadas com o termo "broa".

> **REFLITA...**
> Experimente criar um item de teste específico da cultura sobre qualquer assunto. Os testandos de que cultura provavelmente conseguiriam responder de forma correta ao item? Os testandos de que cultura não conseguiriam?

Hoje, os desenvolvedores de testes costumam tomar várias medidas para assegurar que um teste importante desenvolvido para uso nacional seja de fato adequado para tal uso. Tais medidas poderiam envolver a aplicação de uma versão preliminar do teste a uma amostra experimental de testandos de várias origens culturais, sobretudo daquelas a cujos membros provavelmente será administrada a versão final do teste. Os examinadores que aplicam o teste podem ser convidados a descrever suas impressões com relação a vários aspectos das respostas dos testandos. Por exemplo, impressões subjetivas relativas a reações aos materiais do teste ou opiniões sobre a clareza das instruções serão anotadas. Todas as pontuações acumuladas da amostra experimental serão analisadas para determinar se algum item individual parece tendencioso em relação a raça, gênero ou cultura. Além disso, um painel de revisores independentes pode ser convidado a percorrer os itens do teste e avaliá-los para possível viés. Uma versão revisada do teste

EM FOCO

A carreira controversa de Henry Herbert Goddard

Nascido em uma família *quaker* devota no Maine, Henry Herbert Goddard (1866-1957) era o quinto e o mais jovem dos filhos do fazendeiro Henry Clay Goddard e Sarah Winslow Goddard. O velho Goddard foi chifrado por um touro e sucumbiu aos ferimentos que sofreu quando Henry tinha 9 anos. Sarah subsequentemente se casou com um missionário e viajou com seu novo marido pelos Estados Unidos e o exterior pregando. O jovem Henry frequentou um internato no Oak Grove Seminary, no Maine, e a Friends School, em Providence, Rhode Island. Após se formar bacharel pelo Haverford College, uma faculdade fundada pelos *quaker* fora da Filadélfia, ele partiu para a Califórnia a fim de visitar uma irmã mais velha. Enquanto estava lá, aceitou um cargo de professor temporário na University of Southern California (USC), que incluía treinar o time de futebol americano da faculdade. E aconteceu que, entre as muitas realizações de sua vida, Henry H. Goddard, podia citar a distinção de ter sido o primeiro técnico de futebol americano da USC (junto com um técnico auxiliar; ver Pierson, 1974).

Goddard retornou ao Haverford, em 1889, para obter um diploma de mestrado em matemática, e então assumiu um cargo de professor, diretor e condutor de serviços de orações em uma pequena escola *quaker* em Ohio. Em agosto daquele ano, casou com Emma Florence Robbins; o casal nunca teve filhos. Goddard matriculou-se na Clark University para estudar psicologia e, em 1899, obteve um doutorado sob orientação de G. Stanley Hall. Sua dissertação de doutorado, uma mistura de seus interesses na fé e na ciência, foi intitulada "*The Effects of Mind and Body as Evidenced in Faith Cures*" (*Os efeitos na mente e no corpo evidenciados nas curas pela fé*).

Goddard tornou-se professor na State Normal School em West Chester, Pensilvânia, uma faculdade de pedagogia, onde cultivava um interesse no crescente movimento de bem-estar da criança. Como resultado de seu interesse no estudo de crianças, teve a oportunidade de conhecer Edward Johnstone, superintendente do New Jersey Home for Feeble-Minded Children (Lar para Crianças Débeis Mentais de Nova Jersey) em Vineland, Nova Jersey. Em 1902, Goddard e Johnstone, junto com o educador Earl Barnes, fundaram um "Clube dos Débeis Mentais", que – apesar de seu nome enganador para os padrões atuais – serviu como um foro interdisciplinar para a troca de ideias referentes à educação especial. Em 1906, Goddard sentia-se frustrado como professor. Seu amigo Johnstone criou o cargo de Diretor de Pesquisas Psicológicas na instituição de Vineland, e assim Goddard mudou-se para Nova Jersey.

Em 1908, com um novo interesse no estudo da "debilidade mental" (deficiência mental), Goddard excursionou por laboratórios de psicologia na Europa. É um assunto de interesse histórico que, nessa excursão, ele *não* tenha visitado Binet na Sorbonne, em Paris. Em vez disso, um psicólogo belga (Ovide Decroly) informou-o do trabalho de Binet e lhe deu uma cópia da Escala Binet-Simon. Poucas pessoas na época poderiam avaliar simplesmente o quanto o encontro Decroly-Goddard seria importante nem o quanto Goddard se tornaria influente em termos do lançamento do movimento de testagem. De volta a Nova Jersey, Goddard supervisionou a tradução do teste de Binet e distribuiu milhares de cópias dele a profissionais de várias áreas. Logo, o teste de Binet seria usado em escolas, hospitais e clínicas para ajudar nas decisões de diagnóstico e tratamento. Os militares usavam o teste, bem como outros testes de inteligência recém-criados, para avaliar os recrutas. Os tribunais começaram a exigir o uso de testes de inteligência para auxiliar em determinações quanto à inteligência de réus criminais. Esses usos dos testes psicológicos eram muito "inovadores" na época.

Na instituição de Vineland, Goddard verificou que o teste de Binet parecia funcionar muito bem em termos de quantificar os graus de deficiência mental. Ele criou um sistema de classificação dos avaliados por seu desempenho no teste, cunhando o termo *moron (idiota)* e usando outros termos tais que hoje são desaprovados e não mais usados. Goddard acreditava fervorosamente que a posição da pessoa no teste era reveladora em termos das muitas facetas de sua vida. Acreditava que os testes de inteligência detinham a chave para as respostas a perguntas sobre tudo, desde em que emprego a pessoa deveria estar trabalhando a que atividades poderiam torná-la feliz. Além disso, associou inteligência baixa com muitos dos problemas sociais mais urgentes da época, variando de crime a desemprego e pobreza. Segundo ele, tratar o problema de inteligência baixa era um pré-requisito para tratar os problemas sociais existentes.

Embora antes inclinado a acreditar que a deficiência mental era sobretudo o resultado de fatores ambientais, a perspectiva de Goddard foi modificada de modo radical pela exposição às visões do biólogo Charles Davenport. Este acreditava fortemente que a hereditariedade tinha um papel na deficiência mental e era defensor convicto da **eugenia**, a ciência de melhorar as qualidades de uma raça (nesse caso, os seres humanos) por meio da intervenção em fatores relacionados à hereditariedade. Davenport colaborou com Goddard na coleta de informações hereditárias sobre crianças na escola de Vineland. Por insistência de Davenport, a pesquisa incluiu um componente pelo qual um "pesquisador do campo da eugenia", treinado para identificar indivíduos mentalmente deficientes, seria enviado para pesquisar as capacidades mentais de parentes dos residentes da instituição de Vineland.

Os dados que Goddard e Davenport coletaram foram usados como argumento de que a deficiência mental era causada por um gene recessivo e podia ser herdada, assim como a cor dos olhos é herdada. Sendo assim, Goddard acreditava que – no interesse do bem maior da sociedade em geral – indivíduos mentalmente deficientes deveriam ser segregados ou institucionalizados (em locais como Vineland) e impedidos de reproduzir. Ao defender essa visão em público, Goddard, junto com Edward Johnstone, "transformaram sua pequena e obscura instituição na zona rural de Nova Jersey em um centro de influência internacional – uma escola-modelo famosa por sua defesa da educação especial, da pesquisa científica e da reforma social" (Zenderland, 1998, p. 233).

Em seu primeiro (e mais famoso) livro, *The Kallikak Family: A Study in the Heredity of Feeble-Mindedness* (A família Kallikak: estudo sobre a hereditariedade da debilidade mental) (1912), Goddard rastreou a linhagem de uma de suas alunas na escola de Vineland em cinco gerações passadas. Nesse livro, tentava provar como a "ameaça hereditária da debilidade mental" se manifestou em uma família de Nova Jersey. "Kallikak" era o sobrenome fictício dado à aluna de Vineland, Deborah, cujas gerações anteriores de parentes eram de herança genética distintamente "boa" (do grego *kalos*) ou "ruim" (do grego *kakos*). O livro rastreou as linhagens familiares resultantes das uniões legítimas e ilegítimas de um soldado da Guerra da Independência que recebeu o pseudônimo de "Martin Kallikak". Martin tinha tido filhos com uma garçonete mentalmente defeituosa e com a mulher com quem se casara – esta sendo uma *quaker* socialmente proeminente e declaradamente normal (intelectualmente). Goddard determinou que a debilidade mental ocorria na linha de descendentes da união ilegítima com a garçonete. Deborah Kallikak era a última descendente naquela linha a manifestar aquele traço. Em contrapartida, a linha de descendentes de Martin com sua esposa continha sobretudo cidadãos bons. Mas como ele chegou a essa conclusão?

Uma coisa que Goddard *não* fez foi administrar o Binet a todos os descendentes, tanto do lado "bom" quanto do "ruim" da linhagem de Martin Kallikak ao longo de cerca de 100 anos. Em vez disso, empregou uma abordagem de estudo de caso grosseira, variando de análise de registros e documentos oficiais (que tendiam a ser escassos) a relatos de vizinhos (mais tarde caracterizados pelos críticos como fofocas não confiáveis). As conclusões relativas à debilidade mental dos descendentes tendiam a ser associadas com qualquer evidência de alcoolismo, delinquência, vadiagem, criminalidade, prostituição, ilegitimidade ou dependência econômica. Alguns dos descendentes de Martin Kallikak, vivos na época em que a pesquisa estava sendo conduzida, eram classificados como débeis mentais somente com base em sua aparência física. Goddard (1912) escreveu, por exemplo:

> A menina de 12 deveria estar na escola, de acordo com a lei, mas quando se viu o rosto dela, se percebeu que não fazia diferença. Ela era bonita, com tez verde-oliva e olhos negros e lânguidos, mas não havia uma mente ali. (p. 72–73)

Embora bem recebido pelo público, a falta de sofisticação na metodologia de pesquisa do livro causou preocupação a muitos profissionais. Em particular, o psiquiatra Abraham Myerson (1925) atacou o estudo Kallikak, e o movimento de eugenia em geral, como pseudociência (ver também Trent, 2001). Myerson reanalisou os dados dos estudos que supostamente apoiavam a ideia de que várias condições físicas e mentais podiam ser herdadas e os criticou por razões estatísticas. Ele criticou Goddard em especial por fazer generalizações radicais e infundadas a partir de dados questionáveis. O livro de Goddard tornou-se uma causa crescente de preocupação porque passou a ser usado (junto com textos relacionados sobre a ameaça da debilidade mental) para apoiar argumentos radicais em favor da eugenia, da esterilização forçada, da restrição da imigração e de outras causas sociais. Goddard classificou muitas pessoas como débeis mentais baseado em posição social indesejável, ilegitimidade ou atividade "pecaminosa". Esse fato levou alguns estudiosos a questionarem o quanto a própria criação religiosa de Goddard – associada aos ensinos bíblicos relacionando problemas das crianças com pecados dos pais – pode ter sido enfatizada de forma inadequada no que deveriam ser escritos estritamente científicos.

Após 12 anos em Vineland, Goddard sai sob condições que foram objeto de muita especulação (Wehmeyer e Smith, 2006). De 1918 a 1922, ele foi diretor do Ohio Bureau of Juvenile Research. De 1922 até sua aposentadoria, em 1938, foi professor de psicologia na Ohio State University. Em 1947, mudou-se para Santa Bárbara, Califórnia, onde viveu até sua morte, aos 90 anos. Seus restos mortais foram cremados e enterrados na escola de Vineland, junto com os de sua esposa, que tinha falecido antes dele, em 1936.

Foram muitas as realizações de Goddard. Foi em grande parte por meio de seus esforços que mandados estaduais requerendo serviços de educação especial se tornaram lei. Essas leis resultaram em benefícios para muitos deficientes mentais, bem como para muitos estudantes superdotados. Sua introdução do teste de Binet na sociedade norte-americana atraiu outros pesquisadores, tais como Lewis Terman, a ver o que poderiam fazer em termos de melhorar o teste para várias aplicações. Os escritos de Goddard certamente tiveram um impacto heurístico importante sobre a questão natureza-educação. Seus livros e ensaios estimularam muitos outros a pesquisar e escrever, mesmo que para contestar suas conclusões. Goddard advogou em favor da aceitação, pelo tribunal, de dados de testes de inteligência como prova e da limitação da responsabilidade criminal no caso de réus com deficiência mental, em especial os relacionados a crimes capitais. Ele contribuiu pessoalmente para com os esforços de avaliação militar durante a Primeira Guerra Mundial. De distinção mais duvidosa, seguramente, foi o programa de testagem da inteligência da Ilha Ellis, que ele criou para avaliar imigrantes. Embora parecendo bem intencionado, esse esforço resultou na classificação equivocada e consequente repatriação de incontáveis futuros norte-americanos.

Apesar de uma lista impressionante de realizações na carreira, a luz da história não brilhou de modo favorável sobre Henry Goddard. Sua recomendação (1912) para a segregação dos deficientes mentais e sua defesa da esterilização tendia a ser vista como, na melhor das hipóteses, mal informada. A baixa estima com que é em geral lembrado hoje talvez seja agravada pelo fato de seu trabalho ter sido tradicionalmente levado em *alta* conta por alguns grupos com visões radicalmente ofensivas, como o Partido Nazista. Durante os últimos anos da década de 1930 e início da década de 1940, mais de 40 mil pessoas sofreram eutanásia por médicos nazistas apenas porque eram considerados mentalmente deficientes. Essa ação precedeu o horrendo e sistemático assassinato em massa de mais de 6 milhões de civis inocentes pelos militares desse regime. O alegado "defeito genético" da maioria dessas vítimas era o fato de serem judeus. Evidentemente, a propaganda eugenicista alimentada pelo povo alemão estava sendo usada pelo Partido Nazista para fins políticos. O objetivo pretendido era "purificar o sangue germânico" limitando ou eliminando por completo a capacidade de pessoas de vários grupos de se reproduzirem.

Não é uma questão controversa o uso por Goddard de métodos de pesquisa imprudentes para chegar a muitas de suas conclusões; ele próprio reconheceu esse triste fato no final da vida. No mínimo, ele podia ser criticado por ser influenciado com muita facilidade pelas (más) ideias dos outros, por ser um pouco ingênuo em termos de como seus escritos estavam sendo usados e por não ter sido capaz de realizar uma pesquisa metodologicamente sólida. Goddard concentrou-se no lado da natureza na controvérsia natureza-educação não porque no fundo fosse um eugenicista ardoroso, mas, antes, porque o lado natureza da moeda era aquele em que os pesquisadores da época tendiam todos a se concentrar. Respondendo a uma crítica alguns anos mais tarde, Goddard (em carta a Nicolas Pastore datada de 3 de abril de 1948, citada em J. D. Smith, 1985) escreveu, em parte, que não tinha "qualquer inclinação a desvalorizar o ambiente... [mas] naqueles dias o ambiente não estava sendo considerado".

A conclusão da biografia bastante simpática de Goddard, feita por Leila Zenderland, nos deixa a impressão de ele ter sido basicamente um homem decente e agradável que era produto de sua época. Ele não nutria nem más intenções nem preconceitos de direita. Para ela, uma revisão da vida de Henry Herbert Goddard deveria servir como um alerta para não se chegar reflexivamente à conclusão de que "a má ciência é em geral o produto de maus motivos ou, de forma mais ampla, de mau caráter" (1998, p. 358).

pode então ser administrada a uma grande amostra de testandos que seja representativa das variáveis-chave dos dados do censo mais recente (p. ex., idade, gênero, origem étnica e condição socioeconômica). As informações dessa administração também serão usadas em larga escala para rastrear quaisquer fontes de viés identificáveis. Mais detalhes em relação ao processo contemporâneo de desenvolvimento de testes serão apresentados no Capítulo 8.

Algumas questões relativas a cultura e avaliação

A comunicação entre avaliador e avaliando é a parte mais básica da avaliação. Os avaliadores devem ser sensíveis a quaisquer diferenças entre o idioma ou o dialeto familiar aos avaliandos e o idioma no qual a avaliação é conduzida. Também devem ser sensíveis a quanto os avaliandos foram expostos à cultura dominante e o quanto fizeram uma escolha consciente para se tornarem assimilados. A seguir, consideramos brevemente as questões de comunicação relacionadas à avaliação, tanto verbal quanto não verbal, em um contexto cultural.

Comunicação verbal O idioma, o meio pelo qual a informação é comunicada, é uma variável-chave às vezes negligenciada no processo de avaliação. De forma mais óbvia, o examinador e o examinando devem falar o mesmo idioma. Isso é necessário não apenas para a avaliação prosseguir, mas também para as conclusões do avaliador em relação à avaliação serem razoavelmente precisas. Se um teste for realizado na forma escrita e incluir instruções escritas, então o testando deve ser capaz de ler e compreender o que está escrito. Quando o idioma no qual a avaliação é conduzida não é o idioma primário do avaliando, ele pode não compreender totalmente as instruções ou os itens do teste. O risco de mal-entendidos como esses pode aumentar quando um vocabulário pouco usado ou idiomas incomuns são empregados na avaliação. Todo o exposto presume que o avaliando esteja fazendo um esforço sincero e bem-intencionado de responder às demandas da avaliação. Embora isso seja com frequência presumido, nem sempre é o caso. Em algumas circunstâncias, os avaliandos podem intencionalmente tentar usar um déficit de linguagem para frustrar as tentativas de avaliação (Stephens, 1992).

> **REFLITA...**
> O que um avaliador poderia fazer para garantir que a competência de um futuro avaliando na língua em que um teste é escrito seja suficiente para que este lhe seja administrado?

Quando uma avaliação é conduzida com o auxílio de um tradutor, diferentes tipos de problemas podem surgir. Dependendo da habilidade e do profissionalismo do tradutor, nuances sutis de significado podem ser perdidas na tradução ou sugestões involuntárias da resposta correta ou mais desejável podem ser transmitidas. Sejam traduzidos "ao vivo" por um tradutor ou por escrito, os itens traduzidos podem ser mais fáceis ou mais difíceis que o original. Algumas palavras de vocabulário podem mudar o significado ou ter significados duplos quando traduzidas.

Os intérpretes podem ter compreensão limitada das questões de saúde mental. Por sua vez, um avaliador pode ter pouca experiência em trabalhar com um tradutor. Portanto, em alguns casos, quando possível, pode ser preferível ter algum pré-treinamento para os intérpretes sobre as questões relevantes e algum pré-treinamento para os avaliadores em relação ao trabalho com tradutores (Searight e Searight, 2009).

Em entrevistas ou em outras situações nas quais uma avaliação é feita com base em uma troca oral entre duas partes, um examinador treinado pode detectar por meios verbais ou não verbais que a compreensão do examinando de um idioma ou um dialeto é muito deficiente para prosseguir. Um examinador treinado poderia não ser capaz de detectar isso quando o teste é realizado na forma escrita. No caso de testes escritos, é evidentemente essencial que o examinando seja capaz de ler e de compreender o que está escrito. De outro modo, a avaliação pode ser mais sobre a competência no idioma ou no dialeto do que sobre o que o teste se propõe a medir. Mesmo quando examinador e examinando falam o mesmo idioma, pode haver falta de comunicação e consequentes efeitos sobre os resultados do teste devido a diferenças no dialeto (Wolfram, 1971).

Na avaliação de um indivíduo cuja proficiência no idioma oficial seja limitada ou inexistente, algumas questões básicas podem precisar ser levantadas: Que nível de proficiência no idioma oficial o testando deve ter, e ele tem essa proficiência? Uma avaliação significativa pode ocorrer por meio de um intérprete treinado? Um procedimento de avaliação alternativo e mais adequado pode ser concebido para satisfazer os objetivos da avaliação? Além das barreiras linguísticas, os conteúdos dos testes de uma determinada cultura são em geral carregados com itens e materiais – alguns óbvios, alguns muito sutis – que se baseiam fortemente nessa cultura. O desempenho no teste pode, pelo menos em parte, refletir não apenas qualquer que seja a variável que o teste se propõe a medir mas também uma variável adicional: o quanto o testando assimilou a cultura.

Comunicação não verbal e comportamento Os seres humanos comunicam-se não apenas por meios verbais, mas também pelos não verbais. Expressões faciais, sinais dos dedos ou das mãos e mudanças na posição da pessoa no espaço podem todos transmitir mensagens. Naturalmente, as mensagens transmitidas por tal linguagem corporal podem ser diferentes de uma cultura para outra. Na cultura norte-americana, por exemplo, alguém que não olha a outra pessoa nos olhos quando fala pode ser visto como falso ou tendo alguma coisa para esconder. Entretanto, em outras culturas, não fazer contato visual enquanto se fala pode ser um sinal de respeito.

Se você já passou por uma entrevista de emprego ou a conduziu, pode ter desenvolvido uma apreciação em primeira mão do valor da comunicação não verbal em um contexto avaliativo. Entrevistandos que mostram entusiasmo e interesse têm vantagem sobre aqueles que parecem sonolentos ou entediados. Em contextos clínicos, um avaliador experiente pode desenvolver hipóteses a serem testadas pelo comportamento não verbal do entrevistando. Por exemplo, uma pessoa encurvada, que se move lentamente e exibe uma expressão facial triste pode estar deprimida. Então, tal indivíduo pode estar experimentando desconforto físico de inúmeras fontes, tais como um espasmo muscular ou um ataque de artrite. Cabe ao avaliador determinar que hipótese melhor explica o comportamento observado.

Certas teorias e determinados sistemas no campo da saúde mental vão além das interpretações mais tradicionais da linguagem corporal. Por exemplo, em **psicanálise**, uma teoria da personalidade e um tratamento psicológico desenvolvido por Sigmund Freud, um significado simbólico é atribuído a muitos atos não verbais. De um ponto de vista psicanalítico, o fato de um entrevistando remexer uma aliança de casamento durante uma entrevista pode ser interpretado como uma mensagem relativa a um casamento instável. Conforme evidenciado por seus pensamentos sobre "as primeiras ações fortuitas" de um paciente durante uma sessão de terapia, Freud acreditava que podia dizer muito sobre a motivação pelo comportamento não verbal:

> As primeiras [...] ações fortuitas do paciente [...] podem revelar um complexo que dirige sua neurose [...] Uma moça [...] apressadamente puxará a barra da saia sobre os tornozelos expostos; ela está revelando a essência do que sua análise mais tarde demonstrará: um orgulho narcísico de sua beleza física e inclinações ao exibicionismo (Freud, 1913/1959, p. 359) *

Essa citação de Freud também é útil para ilustrar a influência da cultura nas visões diagnósticas e terapêuticas. Freud vivia na Viena vitoriana. Naquela época e naquele lugar, o sexo não era um assunto para discussão pública. Em muitos aspectos, suas opiniões sobre uma base sexual para vários pensamentos e comportamentos eram um produto da cultura sexualmente reprimida na qual vivia.

---

* N. de T.: Trecho traduzido extraído da *Edição standard brasileira das obras psicológicas completas de Sigmund Freud*, Volume XII, p. 181.

Um exemplo de comportamento não verbal no qual as pessoas diferem é a velocidade com que caracteristicamente se movimentam para completar tarefas. O ritmo de vida global em uma área geográfica, por exemplo, pode tender a ser mais rápido do que em outra. Na mesma linha, as diferenças no ritmo de vida entre culturas podem aumentar ou diminuir nas pontuações em testes envolvendo itens cronometrados (Gopaul-McNicol, 1993). Em um sentido mais geral, Hoffman (1962) questionou o valor dos testes de capacidade cronometrados, em particular aqueles que empregam itens de múltipla escolha. Ele acreditava que esses testes se baseiam muito na rapidez de resposta dos testandos e, como tal, discriminam o indivíduo que tem como característica ser um "pensador profundo, meditativo".

> **REFLITA...**
> Faça o papel de um terapeuta na tradição freudiana e cite um exemplo de comportamento público de um estudante ou de um professor que você acredite possa estar revelando a motivação privada desse indivíduo. Sem citar nomes!

A cultura exerce efeitos sobre muitos aspectos do comportamento não verbal. Por exemplo, uma criança pode se apresentar como não comunicativa e tendo habilidades de linguagem mínimas quando examinada verbalmente. Esse achado pode se dever ao fato de a criança ser de uma cultura em que os mais velhos são reverenciados e as crianças falam com os adultos apenas quando eles falam com elas – e então apenas com frases o mais curtas possível. É evidente que cabe aos aplicadores de testes ter conhecimento sobre os aspectos da cultura de um avaliando que sejam relevantes à avaliação. O dr. Nathaniel V. Mohatt abordou essas questões em sua discussão dos aspectos culturalmente sensíveis que foram considerados no desenvolvimento de um novo teste destinado, a princípio, para uso com nativos do Alasca (ver a seção *Conheça um profissional da avaliação* neste capítulo).

> **REFLITA...**
> Que tipo de teste é mais adequado para administrar a pessoas que sejam "pensadores profundos, meditativos"? O quanto esses testes seriam práticos para administração em grupo?

Padrões de avaliação Suponha que chefes de cozinha famosos representando nações ao redor do globo entrassem em uma competição para coroar "a melhor canja de galinha do mundo". Quem você acha que venceria? A resposta a essa pergunta depende do padrão de avaliação a ser empregado. Se o único juiz da competição fosse o dono de uma loja de especialidades *kosher* no Lower East Side de Manhattan, é concebível que a sopa que chegasse mais perto da variedade "feita em casa pela mãe judia" pudesse ser declarada a vencedora. Entretanto, outros juízes poderiam ter outros padrões e preferências. Por exemplo, os *connaisseurs* de sopa de culturas arábicas poderiam preferir uma canja de galinha com suco de limão fresco na receita. Juízes da Índia poderiam estar inclinados a dar seu voto para uma canja de galinha aromatizada com *curry* e outros temperos asiáticos. Para juízes japoneses e chineses, o molho de soja poderia ser considerado um ingrediente indispensável. Por fim, o julgamento de qual sopa é a melhor provavelmente seria muito mais uma questão de preferência pessoal e do padrão de avaliação empregado.

Um pouco parecido com os julgamentos a respeito da melhor receita de canja de galinha, aqueles relacionados a certos traços psicológicos também podem ser culturalmente relativos. Por exemplo, se padrões de comportamento específicos são considerados adequados para homens ou para mulheres dependerá dos padrões sociais predominantes em relação à masculinidade e à feminilidade. Em algumas sociedades, por exemplo, é adequado que mulheres lutem em guerras e sustentem a família enquanto os homens estão ocupados com atividades domésticas. Se os padrões de comportamento específicos são considerados psicopatológicos também depende dos padrões sociais predominantes. No Sudão, por exemplo, há tribos que vivem no meio do gado porque consideram os animais sagrados. Os julgamentos quanto a quem poderia ser o melhor empregado, gerente ou líder podem diferir em razão da cultura, como também poderiam aqueles em relação a inteligência, sabedoria, coragem e outras variáveis psicológicas.

As culturas diferem umas das outras no grau em que são *individualistas* ou *coletivistas* (Markus e Kitayama, 1991). Em termos gerais, uma **cultura individualista** (característica

CONHEÇA UM PROFISSIONAL DA AVALIAÇÃO

Conheça o dr. Nathaniel V. Mohatt

Um bom exemplo de minha abordagem à testagem e à avaliação psicológica é o desenvolvimento da Escala da Consciência da Conexão (Awareness of Connectedness Scale) (ACS) (N. V. Mohatt et al., 2011). Ao desenvolvermos a ACS, começamos com a premissa de que os instrumentos científicos de medidas para avaliar risco, resiliência e mudança podem e devem ser baseados em noções culturais de transtorno, bem-estar e cura. Sem examinar a cultura local e incorporar entendimentos culturais em nossa pesquisa, corremos o risco de a ciência psicológica se tornar um instrumento de colonialismo intelectual e cultural, por meio do qual sobrepomos nossas próprias noções de cultura à do outro sem consideração pelas percepções e pelo poder explanatório de seu ponto de vista. É de particular importância que prestemos atenção a esse problema ao trabalharmos com indígenas e outros povos colonizados, pois qualquer promoção de práticas coloniais pode causar mais dano, independentemente do quanto nossas intenções possam ser boas.

A ACS surgiu de um relacionamento de pesquisa de longo prazo entre comunidades nativas do Alasca e pesquisadores da University of Alaska Fairbanks. A semente de pesquisa que inspirou o desenvolvimento da ACS foi o projeto People Awakening, um estudo de pesquisa participativo baseado na comunidade examinando os caminhos para a sobriedade entre o povo nativo do Alasca (G. V. Mohat et al., 2004). Dessa pesquisa qualitativa surgiu um modelo de fatores protetores que promovem a resiliência e a sobriedade, um dos quais era a noção da interconexão recíproca de uma pessoa com sua família, sua comunidade e seu ambiente natural. Essa variável é também discutida em toda a literatura descrevendo as visões de mundo de indígenas norte-americanos e nativos do Alasca, mas não tinha equivalente no campo da mensuração

Nathaniel V. Mohatt, PhD, Yale University School of Medicine, Department of Psychiatry, Divisão de Prevenção e Pesquisa Comunitária.

psicológica. Além disso, o Center for Alaska Native Health Research (Centro para Pesquisa sobre a Saúde de Nativos do Alasca) e comunidades em todo o Alasca têm desenvolvido ativamente programas de prevenção há alguns anos com base nos achados do projeto original People Awakening. A mensuração da consciência da conexão foi necessária para testar a teoria de fatores protetores do People Awakening e para avaliar a eficácia dos programas de prevenção de abuso de substância e de suicídio que buscam desenvolver essa consciência como um fator protetor baseado na cultura.

Leia mais sobre o que o dr. Mohatt tinha a dizer – seu ensaio completo (em inglês) – em www.mhhe.com/cohentesting8.

frequentemente associada com a cultura dominante em países como Estados Unidos e Grã-Bretanha) é caracterizada pelo valor dado a traços como autoconfiança, autonomia, independência, originalidade e competitividade. Em uma **cultura coletivista** (em geral associada com a cultura dominante em muitos países da Ásia, América Latina e África), traços como submissão, cooperação, interdependência e esforços para o objetivo do grupo são valorizados. Como consequência de ser criado em um ou outro desses tipos de cultura, as pessoas podem desenvolver certos aspectos característicos de seu sentido de *self*.

Markus e Kitayama (1991) acreditam que pessoas criadas na cultura ocidental tendem a se ver como tendo uma constelação única de traços que são estáveis ao longo do tempo e das situações. A pessoa criada em uma cultura individualista exibe comportamento "organizado e fundamentado sobretudo por referência a seu próprio repertório interno de pensamentos, sentimentos e ações do que por referência aos pensamentos, sentimentos e ações dos outros" (Markus e Kitayama, 1991, p. 226). Em contrapartida, pessoas criadas em uma cultura coletivista se consideram parte de um todo maior, com muito mais conexão com os outros. E, em vez de verem seus próprios traços como estáveis ao longo do tempo e das situações, acreditam que "o comportamento é determinado, dependente e, em grande medida, organizado pelo que o indivíduo percebe como sendo os pensamentos, sentimentos e ações dos *outros* no relacionamento" (Markus e Kitayama, 1991, p. 227, ênfase no original).

> **REFLITA...**
> Ao considerar os instrumentos de avaliação que se propõem a medir o traço de assertividade, quais são algumas considerações culturais que não devem ser esquecidas?

Considere, em um contexto clínico, por exemplo, um diagnóstico psiquiátrico de transtorno da personalidade dependente. Em alguma medida, a descrição desse transtorno reflete os valores de uma cultura individualista ao considerar patológica a dependência excessiva nos outros. Contudo, o clínico que faz tal diagnóstico deveria, idealmente, estar ciente de que o fundamento de tal crença é contraditório a uma filosofia orientadora para muitas pessoas de uma cultura coletivista na qual a dependência e a submissão podem estar integradas ao cumprimento das obrigações do papel (Chen et al., 2009). No local de trabalho, indivíduos de culturas coletivistas podem ser penalizados em algumas avaliações de desempenho porque têm menos probabilidade de atribuir o sucesso no trabalho a si próprios. Antes, é mais provável que sejam modestos e autocríticos (Newman et al., 2004). A questão é clara: as diferenças culturais trazem com elas importantes implicações para a avaliação.

Um desafio inerente ao empreendimento da avaliação diz respeito a equilibrar os resultados do teste e os relacionados à avaliação com um bom julgamento sobre a relatividade cultural desses resultados. Na prática, isso significa levantar questões sobre a aplicabilidade de achados relacionados à avaliação a indivíduos específicos. Portanto, parece prudente suplementar perguntas como: "O quanto esta pessoa é inteligente?" ou "O quanto este indivíduo é assertivo?" com outras, como: "O quanto são adequadas as normas ou outros padrões que serão usados para fazer esta avaliação?", "Em que medida o avaliando foi assimilado pela cultura na qual o teste é baseado, e que influência tal assimilação (ou a falta dela) poderia ter sobre os resultados do teste?", "Que pesquisa foi feita sobre o teste para apoiar a aplicabilidade dos achados na avaliação deste avaliando em particular?". Esses são os tipos de questionamentos que estão sendo levantados não apenas por aplicadores de testes responsáveis, mas também por tribunais de justiça.

Os testes e os membros do grupo

Os testes e outras medidas de avaliação administrados em contextos vocacionais, educacionais, de aconselhamento e outros deixam pouca dúvida de que as pessoas diferem umas das outras individualmente e também, de um grupo para outro, coletivamente. O que acontece quando os grupos diferem de forma sistemática em termos de pontuações em um determinado teste? A resposta é, em uma palavra, *conflito*.

Diante disso, questões como "Que estudante é mais qualificado para ser admitido nesta escola?" ou "Qual candidato deve obter o emprego?" são bastante diretas. Entretanto, as preocupações sociais sobre justiça tanto para indivíduos como para grupos de indivíduos têm feito das respostas a essas perguntas objetos de debates calorosos, se não de ações judiciais e desobediência civil. Considere o caso de uma pessoa que seja membro de um determinado grupo – cultural ou outro – e não consiga obter um resultado desejado (tal como a obtenção de um emprego ou a admissão a uma universidade). Suponha que também seja observado que a maioria das outras pessoas desse mesmo grupo da mesma forma não consiga obter esse mesmo resultado almejado. O que pode muito bem acontecer é que os critérios que estão sendo usados para julgar a obtenção do resultado valorizado se tornem objeto de intensa investigação, às vezes por um tribunal ou uma legislatura.

Na avaliação vocacional, os aplicadores de testes são sensíveis a determinações legais e éticas com respeito ao uso de testes para contratar, demitir e tomar decisões relacionadas. Se um teste for usado para avaliar a capacidade de um candidato para um emprego, um ponto de vista é que o teste deva fazer apenas isso – independentemente do grupo ao qual pertença o testando. De acordo com essa visão, as pontuações em um teste de capacidade para um emprego devem ser influenciadas apenas por variáveis relacionadas ao emprego. Ou seja, não devem ser afetadas por variáveis como afiliação a um grupo, comprimento do cabelo, cor dos olhos ou qualquer outra variável estranha à capacidade de realizar o trabalho. Embora possa parecer compatível com os princípios da oportunidade igual, essa visão bastante direta do papel dos testes na seleção de pessoal tem atraído acusações de injustiça e reclamações de discriminação. Por quê?

As reclamações de discriminação relacionadas a testes feitas contra seus principais editores podem ser entendidas mais como evidência da grande complexidade do empreendimento da avaliação do que como uma conspiração para usar os testes para discriminar indivíduos de certos grupos. Na avaliação vocacional, por exemplo, podem surgir conflitos por discordâncias sobre os critérios para realizar um determinado trabalho. O potencial para controvérsia paira sobre quase todos os critérios de seleção estabelecidos por um empregador, independentemente de se eles são físicos, educacionais, psicológicos ou experienciais.

A questão fundamental sobre contratação, promoção e outras decisões de seleção em quase todos os locais de trabalho é: "Quais os critérios que devem ser atendidos para este trabalho?". Um departamento de polícia estadual pode requerer que todos os candidatos para o cargo de policial satisfaçam certos requisitos físicos, incluindo uma altura mínima de 1,63 m. Uma pessoa que tenha 1,60 m de altura é, portanto, barrada da seleção. Visto que essas políticas de avaliação da força policial têm o efeito de excluir de maneira sistemática membros de grupos culturais nos quais a altura média dos adultos seja menos de 1,63 m, o resultado pode ser uma ação judicial de classe cobrando a discriminação. Se o requisito de altura do departamento de polícia é razoável e está relacionado ao trabalho, ou se realmente ocorreu discriminação, são questões complexas que em geral cabe aos tribunais resolver. Argumentos convincentes podem ser apresentados por ambos os lados, uma vez que pessoas benevolentes, justas, bem informadas e bem intencionadas podem ter diferenças honestas sobre a necessidade do requisito de altura para o cargo de policial.

◆ **REFLITA...**
Qual poderia ser uma forma justa e equitativa de determinar a altura mínima requerida, se houver, para os policiais em sua comunidade?

Além da variável de altura, parece que variáveis como aparência e religião devem ter pouca coisa a ver com o trabalho que a pessoa está qualificada a realizar. Entretanto, são precisamente esses fatores que impedem os membros de alguns grupos de ingressar em muitos empregos e carreiras. Considere, nesse contexto, os judeus observantes. A aparência e o vestuário deles não são de uso corrente. A comida que comem deve ser *kosher*. Eles não podem trabalhar ou viajar nos fins de semana. Dados os critérios de seleção estabelecidos para muitos cargos nas empresas norte-americanas, os candidatos que forem membros do grupo conhecido como judeus observantes são efetivamente excluídos, sem interferência de sua capacidade de realizar o trabalho (Korman, 1988; Mael, 1991; Zweigenhaft, 1984).

Diferenças individuais entre grupos de pessoas também se estendem a atributos psicológicos como a inteligência medida. Infelizmente, a mera sugestão de que tais diferenças existem nas variáveis psicológicas desperta ceticismo, se não acusações de discriminação, preconceito ou pior. Isso é verdadeiro em especial quando as diferenças de grupo observadas são consideradas responsáveis por bloquear a um ou outro grupo oportunidades de emprego ou educação.

> **REFLITA...**
> O que deve ser feito se um teste avalia adequadamente as habilidades necessárias para um determinado emprego, porém é discriminatório?

Se for verificado que existem diferenças sistemáticas relacionadas a afiliações a grupos nas pontuações de testes de capacidade de trabalho, então o que, se possível, deve ser feito? Uma opinião é a de que nada precisa ser feito. De acordo com essa visão, o teste foi projetado para medir a capacidade de trabalho, e faz o que se propõe a fazer. Em apoio, está a evidência sugerindo que as diferenças de grupo nas pontuações em testes desenvolvidos profissionalmente refletem diferenças no desempenho do mundo real (Gottfredson, 2000; Halpern, 2000; Hartigan e Wigdor, 1989; Kybiszyn et al., 2000; Neisser et al., 1996; Schmidt, 1988; Schmidt e Hunter, 1992).

Uma opinião contrastante é que devem ser feitos esforços para "nivelar o campo de jogo" entre grupos de pessoas. O termo **ação afirmativa** refere-se a esforços voluntários e compulsórios empreendidos por governos federais, estaduais e locais, empregadores privados e escolas para combater a discriminação e promover oportunidades iguais para todos em educação e emprego (American Psychological Association, 1996a, p.2). A ação afirmativa busca criar oportunidades iguais de maneira ativa, e não passiva. Um impulso à ação afirmativa é a visão de que "políticas que parecem ser neutras com relação à etnia ou ao gênero podem operar de formas que favoreçam indivíduos de um grupo sobre indivíduos de outro grupo" (Crosbty et al., 2003; p. 95).

Na avaliação, um modo de implementar a ação afirmativa é alterar os procedimentos de acordo com as diretrizes estabelecidas. Por exemplo, a pontuação de um indivíduo em um teste poderia ser revista de acordo com sua afiliação a um grupo (McNemar, 1975). Enquanto os proponentes dessa abordagem consideram essas soluções necessárias para tratar desigualdades passadas, outros condenam a manipulação das pontuações porque creem que introduziria "desigualdade na igualdade" (Benbow e Stanley, 1996).

> **REFLITA...**
> Qual é sua opinião sobre a manipulação de pontuações de testes em razão da afiliação a um grupo para alcançar certas metas sociais? A afiliação a um grupo cultural em particular deve ativar um aumento (ou diminuição) automático nas pontuações do teste?

Comprometidos tão sinceramente quanto podem ser com os princípios do igualitarismo e do jogo limpo, os desenvolvedores e os aplicadores de teses devem por fim buscar na sociedade como um todo – e, de forma mais específica, nas leis, nas normas administrativas e em outras regras e outros códigos de conduta profissional – a orientação para o uso e as pontuações dos testes.

Psicologia, testes e política pública Poucas pessoas seriam contra usar testes psicológicos em contextos acadêmicos e aplicados que propiciem óbvio benefício ao bem-estar humano. Assim, poucas pessoas têm conhecimento do uso cotidiano de testes psicológicos para esses fins. É mais comum os membros da população em geral se familiarizarem com o uso de testes psicológicos em contextos de alto perfil, tal como quando um indivíduo ou um grupo têm muito a ganhar ou a perder como resultado da pontuação em um teste. Nessas situações, os testes e outros instrumentos de avaliação são retratados como instrumentos que podem ter um impacto importante e imediato na vida da pessoa. Nesses casos, testes podem ser percebidos como instrumentos usados para negar-lhes coisas que querem ou necessitam muito. Negação de avanço educacional, demissão de um emprego, negação de liberdade condicional e negação de custódia de filhos são algumas das consequências mais ameaçadoras que o público pode associar com testes psicológicos e procedimentos de avaliação.

Os membros do público recorrem aos legisladores para protegê-los de ameaças percebidas. Os legisladores aprovam as leis, os órgãos administrativos criam regulamentações, os juízes proferem decisões e os cidadãos convocam referendos relativos às políticas públicas vigentes. Na próxima seção, estendemos nossa visão do empreendimento da avaliação para além das preocupações da profissão. As considerações legais e éticas em relação à avaliação são motivo de preocupação para a população em geral.

Considerações legais e éticas

Leis são regras que os indivíduos devem obedecer para o bem da sociedade como um todo – ou regras são pensadas para o bem da sociedade como um todo. Algumas leis são e foram relativamente incontroversas. Por exemplo, a lei que obriga a dirigir do lado direito da estrada não foi objeto de debate, uma fonte de exame de consciência emocional ou um estímulo à desobediência civil. Pela segurança e o bem comum, a maioria das pessoas está disposta a abrir mão de dirigir em qualquer lado da estrada. Mesmo os visitantes de países nos quais é comum dirigir do outro lado da estrada prontamente obedecerão a essa lei quando estiverem dirigindo nos Estados Unidos.

Embora as regras relativas à estrada possam ser um tanto incontroversas, há leis que são muito polêmicas. Considere, nesse contexto, leis relativas a aborto, pena capital, eutanásia, ação afirmativa, transporte coletivo... a lista é longa. O modo como as leis que regulamentam questões desse tipo deve ser escrito e interpretado são tema de intensas controvérsias. Assim também é a questão da testagem e da avaliação psicológica.

Enquanto um conjunto de leis é um conjunto de regras, um conjunto de **ética** é um conjunto de princípios de conduta correta, adequada ou boa. Portanto, por exemplo, uma ética do Velho Oeste era "Nunca atirar pelas costas". Dois princípios bem conhecidos aceitos pelos marinheiros são "As mulheres e as crianças saem primeiro em uma emergência" e "Um capitão afunda com seu navio".[3] A ética do jornalismo prescreve que os repórteres apresentem todos os lados de uma questão controversa. Um princípio da ética da pesquisa é que o pesquisador nunca deve falsificar dados; todos os dados devem ser relatados corretamente.

Uma vez sendo reconhecido e aceito pelos membros de uma profissão, um **código de ética profissional** define o *padrão de cuidados* esperado dos membros dessa profissão. Nesse contexto, podemos definir **padrão de cuidados** como o nível em que o profissional médio, razoável e prudente forneceria serviços diagnósticos e terapêuticos sob as mesmas condições ou sob condições semelhantes.

> **REFLITA...**
> Cite cinco diretrizes éticas que, em sua opinião, devem nortear o comportamento profissional de psicólogos envolvidos na testagem e na avaliação psicológica.

Os membros do público e os membros da profissão nem sempre têm estado "do mesmo lado da cerca" em relação a questões de ética e lei. Revisemos como e por que este tem sido o caso.

As preocupações do público

O empreendimento da avaliação nunca foi muito bem compreendido pelo público, e mesmo hoje podemos ouvir críticas baseadas em uma má interpretação da testagem (p.ex., "A única coisa que os testes medem é a capacidade de fazer testes"). As possíveis consequências da má interpretação do público incluem medo, raiva, legislação, litígio e normas administrativas.

A preocupação sobre o uso de testes psicológicos tornou-se difundida após a Primeira Guerra Mundial, quando vários profissionais (bem como não profissionais) buscaram adaptar testes grupais desenvolvidos pelos militares para uso civil nas escolas e na indústria. Refletindo o crescente desconforto do público com a florescente indústria da avaliação estavam artigos de revista apresentando histórias com títulos como "O Abuso dos Testes" (ver Haney, 1981). Menos conhecidas eram as vozes da razão que ofereciam formas construtivas de corrigir o que estava errado com práticas de avaliação.

A testagem militar difundida durante a Segunda Guerra Mundial, na década de 1940, não atrai tanta atenção popular quanto a testagem empreendida durante a Primeira Guerra. Antes, um evento que ocorreu do outro lado do globo teve um efeito muito mais

---
[3] Deixamos a questão do que fazer quando o capitão do navio é uma mulher para um livro dedicado a uma exploração profunda da ética dos marinheiros.

importante sobre a testagem nos Estados Unidos: o lançamento de um satélite ao espaço (ver Fig. 2.4). Cerca de um ano após o lançamento do *Sputnik* pela União Soviética, o congresso norte-americano aprovou a Lei de Educação para a Defesa Nacional, que repassou dinheiro federal às escolas locais com o propósito de testar a capacidade e a aptidão para identificar estudantes superdotados e academicamente talentosos. Esse evento desencadeou uma proliferação de programas de testagem em larga escala nas escolas. Ao mesmo tempo, o uso de testes de capacidade e de personalidade para seleção de pessoal aumentou no governo, nas Forças Armadas e nas empresas. O uso amplo e crescente de testes levou a uma renovada preocupação do público, refletida em artigos de revista como "Testagem: todos podem ser estereotipados?" (*Newsweek*, 20 de julho de 1959) e "O que os testes não testam?" (*New York Times Magazine*, 2 de outubro de 1960). O resultado dessa preocupação foram audiências no congresso sobre o assunto de testagem (Amrine, 1965).

As chamas da preocupação do público em relação à testagem voltaram a ser inflamadas em 1969, quando a atenção da mídia em geral se voltou para a publicação de um artigo na prestigiada *Harvard Educational Review*, intitulado "O quanto podemos estimular o QI e a realização acadêmica?". Seu autor, Arthur Jensen, afirmava que "fatores genéticos estão fortemente implicados na diferença de inteligência média entre negros e brancos" (1969, p. 82). O que se seguiu foi um aumento da atenção do público e dos profissionais às questões de natureza *versus* educação, além de um ceticismo difundido sobre o que os testes de inteligência estavam de fato medindo. Em 1972, o U.S. Select Committe on Equal Education Opportunity (Comitê Seleto sobre Oportunidades Educacionais Iguais dos Estados Unidos) estava preparando audiências sobre o assunto. Entre-

Figura 2.4 O lançamento de um satélite... e o interesse renovado na testagem.

Em 4 de outubro de 1957, os cientistas no país conhecido então como União das Repúblicas Socialistas Soviéticas lançaram um satélite (que eles chamaram de *Sputnik*) ao espaço. O evento foi saudado com surpresa, se não choque, pela maioria dos norte-americanos. A perspectiva de um inimigo da guerra-fria ter um satélite na órbita da Terra 24 horas por dia era muito inquietante. O lançamento causou preocupação difundida sobre a capacidade dos Estados Unidos de competir em uma nova fronteira do espaço. Mais ênfase seria colocada na educação, particularmente em matérias como matemática, ciências, engenharia e física. E maiores esforços teriam que ser feitos para identificar as crianças dotadas que um dia aplicariam tal conhecimento na corrida ao espaço.

tanto, de acordo com Haney (1981), as audiências "foram canceladas porque prometiam ser muito controversas" (p. 1026).

O grau de preocupação do público sobre a avaliação psicológica é refletido no envolvimento extensivo do governo em muitos aspectos do processo de avaliação nas últimas décadas. A avaliação foi afetada de inúmeras e importantes formas por atividades dos ramos legislativo, executivo e judiciário dos governos federal e estadual. Uma amostragem de algumas legislações e processos referenciais é apresentada na Tabela 2.1.

Legislação Embora a legislação resumida na Tabela 2.1 fosse promulgada ao nível federal dos Estados Unidos, os estados também aprovaram legislação que afeta o empreendimento da avaliação. Na década de 1970, inúmeros estados determinaram **programas de testagem de competência mínima:** programas de testagem formal concebidos para serem usados em decisões relativas a vários aspectos da educação dos estudantes. Os dados desses programas foram usados na tomada de decisão sobre promoções de série, concessão de diplomas e identificação de áreas para ensino corretivo. Essas leis surgidas do apoio popular para a ideia de que estudantes concluindo o ensino médio devem ter, pelo menos, "competências mínimas" em áreas como leitura, escrita e aritmética.

Tabela 2.1 Algumas legislações e processos significativos

Legislação	Significado
Lei dos Norte-americanos Portadores de Deficiências de 1990	Os materiais e procedimentos de testes de emprego devem ser essenciais ao trabalho e não devem discriminar pessoas com deficiências.
Lei de Direitos Civis (com emenda em 1991), também conhecida como Lei de Oportunidades Iguais de Emprego	É prática ilegal ajustar as pontuações, usar pontos de corte diferentes ou alterar os resultados de testes relacionados a emprego ou, de outro modo, alterar os resultados de testes relacionados a emprego com base em raça, religião, sexo ou nacionalidade.
Lei dos Direitos Educacionais e Privacidade da Família (1974)	Os pais e os estudantes elegíveis devem ter acesso aos arquivos escolares e ter o direito de contestar os achados nos registros por uma audiência.
Lei de Portabilidade e Responsabilidade de Seguros de Saúde de (1996 (HIPAA)	Novos padrões federais de privacidade limitam as formas de uso de informações pessoais dos pacientes por médicos e outros.
Lei de Educação para Todas as Crianças com Deficiências (PL-94-142) (1975 e então com várias emendas depois disso, incluindo IDEA de 1997 e 2004)	Uma triagem é obrigatória para crianças suspeitas de terem deficiências mentais ou físicas. Uma vez identificada individualmente, uma criança deve ser avaliada por uma equipe de profissionais qualificada para determinar qual educação especial ela necessita. A criança deve passar por reavaliações periódicas. Recebeu emenda em 1986 para ampliar para bebês e crianças pequenas as proteções relacionadas à deficiência.
Lei de Educação para Indivíduos com Deficiências (IDEA) Emendas de 1997 (PL 105-17)	As crianças não devem ser colocadas inadequadamente em programas de educação especial devido a diferenças culturais. As escolas devem acomodar os instrumentos de teste existentes e outros meios de avaliação alternativos com o objetivo de calcular o progresso dos alunos de educação especial medido por avaliações estaduais e distritais.
Lei Nenhuma Criança Deixada para Trás (NCLB) de 2001	Esta renovação da Lei de Educação Fundamental e Secundária de 2001 visou "preencher as lacunas de realização entre estudantes da minoria e não da minoria e entre crianças desfavorecidas e seus pares mais favorecidos", entre outras coisas, pelo estabelecimento de padrões rigorosos para responsabilização da escola e estabelecimento de avaliações periódicas para calcular o progresso dos distritos escolares na melhoria da realização acadêmica. O "grito de guerra" orientando essa legislação era "Demografia não é destino!" (*Demographics are not destiny!*). Entretanto, em 2012, ficou claro que muitos, talvez a maioria dos estados, buscou ou buscarão renúncias de autoexclusão da NCLB e do que tem sido considerado sua estrutura burocrática exigente e metas excessivamente ambiciosas.
Hobson vs. Hansen (1967)	A suprema corte dos Estados Unidos determinou que os testes de capacidade desenvolvidos sobre brancos não podiam legalmente ser usados para seguir estudantes negros no sistema escolar. Fazê-lo resultaria em ressegregação de escolas dessegregadas.

(Continua)

Tabela 2.1 Algumas legislações e processos significativos *(Continuação)*

Legislação	Significado
Tarasoff vs. Regentes da University of California (1974)	Os terapeutas (e presumivelmente os avaliadores psicológicos) devem revelar informações privilegiadas se uma terceira pessoa estiver em perigo. Nas palavras do Tribunal, "O privilégio de proteção termina onde a ameaça pública começa".
Larry P. vs. Riles (1979 e reafirmado pelo mesmo juiz em 1986)	Um juiz da Califórnia determinou que o uso de testes de inteligência para colocar crianças negras em classes especiais tinha um impacto discriminatório porque os testes eram "racial e culturalmente tendenciosos".
Debra P. vs. Turlington (1981)	O tribunal federal determinou que a testagem de competência mínima na Flórida era inconstitucional porque perpetuava os efeitos de discriminação passada.
Griggs vs. Duke Power Company (1971)	Empregados negros abriram processo contra uma companhia privada por práticas de contratação discriminatórias. A suprema corte dos Estados Unidos encontrou problemas com "dispositivos de testagem amplos e gerais" e determinou que os testes devem "medir de modo justo o conhecimento ou as habilidades requeridos por um determinado trabalho".
Albemarle Paper Company vs. Moody (1976)	Um psicólogo industrial de uma fábrica de papel verificou que as pontuações em um teste de capacidade geral previa medidas de desempenho no trabalho. Entretanto, como grupo, os brancos tinham pontuações melhores que os negros no teste. O tribunal distrital considerou o uso do teste suficientemente relacionado ao trabalho. Um tribunal de apelações não considerou e determinou que a discriminação tinha ocorrido, embora não de forma intencional.
Regentes da University of California vs. Bakke (1978)	Quando Alan Bakke, que teve admissão negada, soube que a pontuação de seu teste era mais alta do que uma minoria de estudantes que tinham conseguido admissão à University of California na faculdade de medicina Davis, entrou com um processo. A suprema corte dos Estados Unidos, altamente dividida, concordou que Bakke devia ser admitido, mas não impediu o uso de considerações de diversidade nas decisões de admissão.
Allen vs. Distrito de Columbia (1993)	Os negros tiveram pontuações mais baixas do que os brancos em um teste de promoção do departamento de bombeiros da cidade baseado em aspectos específicos do combate a incêndio. O tribunal julgou a favor do departamento de bombeiros, determinando que "o exame de promoção... era uma medida válida das capacidades e do provável sucesso futuro daqueles indivíduos que faziam o teste".
Adarand Constructors, Inc. vs. Pena e colaboradores (1995)	Uma empresa de construção concorrendo por um contrato federal abriu processo contra o governo após perder um lance para um concorrente controlado pela minoria, que o governo tinha mantido no interesse da ação afirmativa. A suprema corte dos Estados Unidos, em uma decisão fechada (5-4), julgou a favor do queixoso, determinando que a política de ação afirmativa do governo violava a cláusula de igual proteção da 14ª Emenda. O tribunal determinou que "O governo pode tratar as pessoas diferentemente devido a sua raça apenas pelas razões mais convincentes".
Jaffee vs. Redmond (1996)	A comunicação entre um psicoterapeuta e um paciente (e presumivelmente um avaliador psicológico e um cliente) é privilegiada em tribunais federais.
Grutter vs. Bollinger (2003)	Em uma decisão altamente dividida, a suprema corte dos Estados Unidos aprovou o uso da raça em decisões de admissões por tempo limitado para promover os benefícios educacionais que fluem de um corpo estudantil diverso.
Mitchell vs. State, 192 P.3d 721 (Nev. 2008)	Uma ordem do tribunal para um exame psiquiátrico compulsório do réu, em uma ação criminal, viola o direito desse réu de evitar autoincriminação com base na Quinta Emenda? Dadas as circunstâncias particulares do caso (ver Leahy et al., 2010), a suprema corte de Nevada determinou que o direito do réu de evitar autoincriminação não foi violado pela ordem do tribunal para submetê-lo a uma avaliação psiquiátrica.

A legislação **verdade-na-testagem** também foi aprovada ao nível estadual a partir da década de 1980. O objetivo primário dessas leis era dar aos testandos uma forma de informarem-se dos critérios pelos quais estavam sendo julgados. Para alcançar esse objetivo, algumas leis ordenam a revelação de respostas a testes de admissões escolares pós-secundárias e profissionais no período de 30 dias da publicação das pontuações do teste. Algumas requerem que a informação relevante ao desenvolvimento de um teste e a solidez técnica seja mantida em arquivo. Certas leis de verdade-na-testagem exigem o fornecimento de descrições (1) do propósito do teste e seu assunto, (2) do conhecimento e das habilidades que ele se propõe a medir, (3) dos procedimentos para garantir a correção na pontuação, (4) dos procedimentos para notificar os testandos a respeito de erros na pontuação e (5) dos procedimentos para assegurar o sigilo do testando. As leis de verdade-na-testagem criam dificuldades especiais para os desenvolvedores e editores de testes, os quais argumentam ser fundamental para eles manter os itens dos testes secretos. Eles observam que pode haver uma reunião de itens limitada para alguns testes e que o custo de desenvolver um conjunto de itens inteiramente novo para cada administração sucessiva de um teste é demasiado elevado.

> **REFLITA...**
> Como as leis de verdade-na-testagem poderiam ser modificadas para proteger melhor tanto o interesse dos testados quanto o dos desenvolvedores de testes?

Algumas leis autorizam o envolvimento do poder executivo do governo em sua aplicação. Por exemplo, o Título VII da Lei de Direitos Civis de 1964 criou a Equal Employment Opportunity Commission (EEOC) para fazer cumprir a lei. A EEOC publicou conjuntos de diretrizes relativas aos padrões a serem satisfeitos na construção e no uso de testes de emprego. Em 1978, a EEOC, a Civil Service Commission, o Departament of Labor e a Justice Departament publicaram em conjunto as *Uniform Guidelines on Employee Selection Procedures* (Diretrizes Uniformes sobre Procedimentos de Seleção de Funcionários). Eis um exemplo de diretriz:

> O uso de qualquer teste que afete adversamente a contratação, promoção, transferência ou qualquer outra oportunidade de emprego ou afiliação das classes protegidas pelo Título VII constitui discriminação a menos que (a) o teste tenha sido validado e evidencie um alto grau de utilidade conforme descrito doravante, e (b) a pessoa que fornece ou influencia os resultados do teste em particular possa demonstrar que existem alternativas aos procedimentos de contratação, transferência ou promoção apropriadas para [...] uso.

Note que, aqui, a definição de discriminação como excludente coexiste com a cláusula de que um teste válido evidenciando "um alto grau de utilidade" (entre outros critérios) não será considerado discriminatório. Em geral, entretanto, o público tem sido rápido em rotular um teste como injusto e discriminatório independentemente de sua utilidade. Como consequência, uma grande demanda pública por proporcionalidade proveniente de membros de grupos na contratação e em admissões a universidades coexiste agora com uma grande falta de proporcionalidade nas habilidades entre os grupos. Gottfredson (2000) observou que, embora os padrões de seleção com frequência possam ser melhorados, a manipulação desses padrões "produzirá apenas frustração persistente, não soluções permanentes". Ela recomendou que soluções permanentes sejam buscadas tratando-se os problemas relacionados a disparidades nas habilidades entre grupos. Argumentou contra tratar o problema baixando os padrões de contratação e admissão ou por legislação visando tornar as decisões sobre esse assunto uma questão de quotas para grupos.

> **REFLITA...**
> Como o governo e o setor privado podem lidar com problemas relacionados à disparidade de habilidades entre os grupos?

No Texas, uma lei estadual foi promulgada exigindo que os 10% de melhores alunos que se formam no ensino médio sejam admitidos a uma universidade estadual, independentemente das pontuações no SAT. Isso significa que, sem interferência da qualidade da educação em qualquer escola de ensino médio particular do Texas, um formando nos 10% melhores da classe tem garantida a admissão à universidade, seja qual for a pontuação em uma medida administrada em âmbito nacional. Na Califórnia, o uso de testes de habilidades no setor público diminuiu após a aprovação da Proposição 209, que baniu as preferências raciais (Rosen, 1998). Uma consequência foi a diminuição da ênfase na Lei do Teste de Admissão Escolar (Law School Admission Test) (LSAT) como critério para ser aceito pela University of California na faculdade de direito de Berkeley. Além disso, essa faculdade parou de ponderar as médias das notas das faculdades de graduação em seus critérios de admissão, de modo que um 4,0 de qualquer faculdade estadual da Califórnia "agora vale tanto quanto um 4,0 de Harvard" (Rosen, 1998, p. 62).

Gottfredson (2000) salienta os que defensores da inversão dos padrões de realização "nada obtêm em termos de valores duradouros ao eliminarem os testes válidos". Para ela, baixar os padrões equivale a impedir o progresso "enquanto proporciona apenas a ilusão de progresso". Em vez de inverter os padrões de realização, a sociedade se beneficiaria mais por ações para inverter outras tendências com efeitos danosos (tal como as tendências na estrutura familiar). Diante de disparidades consistentes entre membros de vários grupos, Gottfredson enfatizou a necessidade do treinamento de habilidades, não de uma diminuição dos padrões de realização ou de um ataque infundado aos testes.

Legislaturas estaduais e federais, órgãos executivos e tribunais estão envolvidos em muitos aspectos da testagem e da avaliação. Tem havido pouco consenso sobre se os testes válidos nos quais haja diferenças raciais podem ser usados para auxiliar nas decisões relacionadas a emprego. Os tribunais também têm debatido o papel da diversidade nos critérios de admissão a faculdades, universidades, e escolas técnicas. Por exemplo, em 2003 a questão perante a suprema corte dos Estados Unidos no caso de *Grutter* vs. *Bollinger* era "se a diversidade é um interesse compulsório que pode justificar o uso estritamente confinado da raça na seleção de candidatos a admissão a universidades públicas". Uma das questões a ser decidida naquele caso era se a faculdade de direito da University of Michigan estava ou não usando um **sistema de quotas**, um procedimento de seleção pelo qual um número ou uma porcentagem fixa de candidatos de certas origens eram selecionados.[4]

Litígio As regras que regem o comportamento dos cidadãos derivam não apenas de legislaturas, mas também de interpretações da lei existentes na forma de decisões proferidas pelos tribunais. Por essa razão é que a lei resultante de **litígio** (a resolução mediada pelo tribunal de questões legais de natureza civil, criminal ou administrativa) pode ter um impacto sobre nossas vidas diárias. Exemplos de alguns processos judiciais que afetaram o empreendimento da avaliação foram apresentados na Tabela 2.1 sob o título de "Litígio". Também é verdade que litígio pode resultar em trazer uma questão importante e oportuna à atenção dos legisladores, desse modo servindo como um estímulo para a criação de nova legislação. Isso é exatamente o que aconteceu nos casos de *PARC* vs. *Comunidade da Pensilvânia* (1971) e de *Mills* vs. *Conselho de Educação do Distrito de Columbia* (1972). No caso PARC, a Pennsylvania Association for Retarded Children entrou com uma ação porque as crianças com retardo mental naquele estado tinham acesso negado à educação pública. Em *Mills*, uma ação judicial semelhante foi apresentada em nome de crianças com prejuízos comportamentais, emocionais e de aprendizagem. Juntos, esses dois casos tiveram o efeito de estimular ações semelhantes em diversas outras jurisdições e de alertar o congresso dos Estados Unidos para a necessidade de uma lei federal garantindo oportunidades educacionais apropriadas para crianças com incapacidades.

O litígio tem sido referido, às vezes, como "lei feita por juízes", porque ele costuma vir na forma de uma decisão por um tribunal. E, embora os juízes basicamente criem leis por suas decisões, essas decisões raras vezes são tomadas no vácuo. Antes, eles em geral se baseiam em decisões anteriores e contam com outras pessoas – em especial, testemunhas periciais – para auxiliar em seus julgamentos. Um psicólogo que atue como testemunha pericial em processos criminais pode testemunhar sobre questões como a competência de um réu para ser julgado, a competência de uma testemunha para dar depoimento ou a sanidade de um réu que alegue "inocência por razão de insanidade". Um psicólogo atuando como testemunha pericial em uma questão civil poderia concebivelmente oferecer opiniões sobre muitos tipos diferentes de assuntos, variando das capacidades de um dos genitores em um caso de divórcio às capacidades do funcionário de uma fábrica antes de sofrer um traumatismo craniano no trabalho. Em um caso de negligência/imperícia, uma testemunha pericial poderia testemunhar sobre o quanto as medidas tomadas por

---

[4] Um relato detalhado de Grutter vs. Bollinger é apresentado na página da internet (em inglês) que acompanha este livro em *www.mhhe.com/cohentesting8*.

um colega psicólogo foram razoáveis e profissionais e se qualquer profissional razoável e prudente teria tomado as mesmas medidas ou outras semelhantes (Cohen, 1979).

Os assuntos sobre os quais as testemunhas periciais podem ser chamadas para prestar depoimento são tão variados quanto as questões que chegam aos tribunais para serem resolvidas. E, portanto, algumas questões importantes surgem com respeito às testemunhas periciais. Por exemplo: Quem é qualificado para ser testemunha pericial? Que peso deve ser dado ao depoimento de uma testemunha pericial? Questionamentos como esses têm sido eles próprios objeto de litígio.

Um caso referencial examinado pela suprema corte dos Estados Unidos em junho de 1993 tem implicações para a admissibilidade de testemunho pericial no tribunal. O caso foi *Daubert* vs. *Merrell Dow Pharmaceuticals*. As origens desse caso podem ser traçadas ao uso pela sra. Daubert do medicamento prescrito Bendectin para aliviar a náusea durante a gravidez. Os queixosos processaram o fabricante desse medicamento, o laboratório Merrell Dow, quando seus filhos nasceram com defeitos congênitos.

Os advogados dos Dauberts foram armados com uma pesquisa que, alegavam, comprovava que o Bendectin causa defeitos congênitos. Entretanto, o juiz decidiu que a pesquisa não satisfazia os critérios para admissibilidade. Em parte porque a prova que os Dauberts desejavam apresentar não foi considerada admissível, o juiz decidiu contra eles.

Os Dauberts apelaram a um tribunal superior. Este, também, decidiu contra eles e em favor do Merrell Dow. Mais uma vez os queixosos apelaram, desta vez, à suprema corte dos Estados Unidos. Uma questão perante o tribunal era se o juiz na corte original tinha agido de maneira adequada não permitindo que a pesquisa dos queixosos fosse admitida como prova. Para entender se agiu com correção, é importante entender (1) uma decisão tomada no caso de 1923 de *Frye* vs. *os Estados Unidos* e (2) uma lei subsequentemente aprovada pelo congresso dos Estados Unidos, a Regra 702 da *Federal Rules of Evidence* (1975).

Em *Frye*, o tribunal manteve que a pesquisa científica é admissível como prova quando o estudo ou método de pesquisa tem aceitação geral. A aceitação geral costumava ser estabelecida pelo testemunho de peritos e por referência a publicações em revistas revisadas por pares. Em resumo, se uma testemunha pericial alegasse alguma coisa que a maioria dos outros peritos no mesmo campo concordassem então, de acordo com *Frye*, o testemunho podia ser admitido como prova. A Regra 702 permitia que mais peritos testemunhassem acerca da admissibilidade do testemunho pericial original. Além do testemunho pericial indicando que um método ou uma técnica de pesquisa tinham aceitação geral no campo, era permitido agora que outros peritos testemunhassem e apresentassem suas opiniões acerca da admissibilidade da prova. Portanto, um perito poderia oferecer uma opinião a um júri com relação à aceitabilidade de um estudo ou método de pesquisa independentemente de se essa opinião representava as opiniões de outros peritos. A Regra 702 foi promulgada para auxiliar os jurados em suas averiguações ajudando-os a entender as questões envolvidas.

Apresentando sua causa perante a suprema corte, os advogados dos Dauberts argumentaram que a Regra 702 tinham sido erroneamente ignorada pelo juiz original. Os advogados do réu, o laboratório Merrell Dow, contestaram que o juiz original tinha decidido de maneira correta. O réu argumentou que altos padrões de admissibilidade da prova eram necessários para proteger os jurados dos "xamãs científicos que, sob o disfarce de uma suposta experiência, estão dispostos a atestar quase qualquer conclusão para atender às necessidades do litigante com recursos suficientes para pagar sua caução".

A suprema corte decidiu que o caso *Daubert* fosse julgado novamente e que fosse concedido ao juiz amplo poder discricionário para decidir o que se qualifica e não se qualifica como prova científica. Na realidade, os juízes federais foram incumbidos de uma função de *seleção (gatekeeping)* com respeito a qual testemunho pericial seria ou não admitido como prova. A decisão de *Daubert* substituiu a política de longa data, estabelecida em *Frye*, de admitir como prova apenas o testemunho científico que tivesse obtido aceitação

...os antigos mediam a beleza facial pelo *millihelen*, uma unidade igual àquela necessária para se lançar um navio...

geral nessa comunidade. O testemunho pericial oposto, tivesse ou não tal testemunho obtido aceitação geral na comunidade científica, seria admissível.

Em *Daubert*, a suprema corte considerou fatores como a aceitação geral na comunidade científica ou a publicação em uma revista revisada por pares como apenas alguns dos possíveis fatores para os juízes considerarem. Outros que os juízes poderiam considerar incluíam o grau em que uma teoria ou uma técnica tinham sido testadas e o quanto elas poderiam estar sujeitas a erro. Na verdade, a decisão da suprema corte em *Daubert* deu aos juízes uma ampla margem de manobra para decidir o que os jurados seriam autorizados a ouvir.

Subsequente a *Daubert*, a suprema corte decidiu sobre vários outros casos que, de uma forma ou de outra, esclarecem ou modificam ligeiramente sua posição nesse caso. Por exemplo, no caso de *General Electric Co.* vs. *Joiner* (1997), a corte enfatizou que o tribunal tinha o dever de excluir testemunho pericial duvidoso como prova. No caso de *Kumho Tire Company Ltd.* vs. *Carmichael* (1999), a suprema corte ampliou os princípios expostos em *Daubert* para incluir o testemunho de *todos* os peritos, quer eles reivindicassem ou não a pesquisa científica como base para seu testemunho. Assim, por exemplo, o testemunho de um psicólogo baseado na experiência pessoal e na prática independente (em vez de em achados de um estudo de pesquisa formal) podia ser admitido como prova a critério do juiz do caso (Mark, 1999).

Se *Frye* ou *Daubert* serão invocados ou não pelo tribunal depende da jurisdição individual na qual um processo local ocorra. Algumas jurisdições ainda se baseiam no padrão de *Frye* quando se trata de admitir o testemunho pericial, e algumas concordam com *Daubert*. Como exemplo, considere o caso ocorrido em Missouri, *Zink* vs. *Estado* (2009). Após colidir na traseira do carro de uma mulher no trânsito, David Zink a sequestrou, e então a estuprou, mutilou e assassinou. Zink foi subsequentemente preso, julgado, condenado e sentenciado à morte. Em um processo de apelação, ele argumentou que a pena de morte deveria ser anulada devido a sua doença mental. Sua posição era a de que não tinha sido representado de forma adequada por seu advogado de defesa porque, durante o julgamento, ele não tinha apresentado evidências "fortes" de um transtorno mental conforme indicado por uma tomografia por emissão de pósitron (PET) (um tipo de instrumento de neuroimagem que será discutido no Cap. 16). O tribunal de apelações negou a alegação de Zink, observando que a tomografia não satisfazia o padrão de *Frye* para comprovar transtorno mental (Haque e Guyer, 2010).

As implicações de *Daubert* para os psicólogos e para outros que poderiam ter a oportunidade de fornecer testemunho pericial em um julgamento são vastas (Ewing e McCann, 2006). Mais especificamente, discussões das implicações de *Daubert* para os peritos psicológicos podem ser encontradas em casos envolvendo capacidade mental (Frolik, 1999; Poythress, 2004; Bumann, 2010), alegações de sofrimento emocional (McLearen et al., 2004), decisões de pessoal (Landy, 2007), custódia de filhos e término de direitos parentais (Bogacki e Weiss, 2007; Gould, 2006; Krauss e Sales, 1999) e em inúmeras outras questões (Grove e Barden, 1999; Lipton, 1999; Mossman, 2003; Posthuma et al., 2002; Saldanha, 2005; Saxe e Ben-Shakhar, 1999; Slobogin, 1999; Stern, 2001; Tenopyr, 1999). Uma preocupação é que *Daubert* não tenha sido aplicada consistentemente entre as jurisdições e dentro das jurisdições (Sanders, 2010).

As preocupações da profissão

Em 1895, a American Psychological Association (APA), em sua fase inicial, formou seu primeiro comitê sobre mensuração mental. O comitê foi encarregado de investigar vários aspectos da prática relativamente nova da testagem. Outro comitê da APA sobre mensuração foi formado em 1906 para um estudo mais aprofundado das várias questões e dos problemas relacionados com a testagem. Em 1916 e novamente em 1921, simpósios tratando de várias questões em torno da expansão do uso de testes foram patrocinados (*Mentality Tests*, 1916; *Intelligence and Its Measurement*, 1921). Em 1954, a APA publicou suas *Technical Recommendations for Psychological Tests and Diagnostic Tests* (*Recomendações técnicas para testes psicológicos e técnicas diagnósticas*), um documento que estabelecia padrões de testagem e recomendações técnicas. No ano seguinte, outra organização profissional, a National Educational Association (trabalhando em colaboração com o National Council on Measurements Used in Education – agora conhecido como National Council on Measurement) publicou suas *Technical Recommendations for Achievement Tests* (*Recomendações técnicas para testes de realização*). A colaboração entre essas organizações profissionais levou ao desenvolvimento de padrões e diretrizes de testagem bastante detalhados que seriam periodicamente atualizados em anos futuros.

Expressões de preocupação sobre a qualidade dos testes que estavam sendo administrados também podiam ser encontradas na obra de diversos profissionais, atuando de forma independente. Antecipando os atuais *Padrões (Standards)*, Ruch (1925), um especialista em mensuração, propôs uma série de padrões para testes e diretrizes para o desenvolvimento de testes. Ele também escreveu sobre "a necessidade urgente de uma organização de averiguação que realizará avaliações imparciais, experimentais e estatísticas dos testes" (Ruch, 1933). A história registra que uma equipe de especialistas em mensuração até assumiu a tarefa (excessivamente) ambiciosa de tentar classificar todos os testes publicados concebidos para uso em contextos educacionais. O resultado foi um livro pioneiro (Kelley, 1927) que fornecia aos aplicadores de testes as informações necessárias para comparar os méritos de testes publicados. Entretanto, dado o ritmo com que os instrumentos de testes estavam sendo publicados, esse recurso requeria atualização regular. E, assim, Oscar Buros não foi o primeiro profissional da mensuração a realizar uma testagem abrangente dos testes. Ele foi, porém, o mais persistente na atualização e revisão das informações.

A APA e organizações profissionais relacionadas nos Estados Unidos disponibilizaram inúmeros trabalhos e publicações de referência visando delinear a prática ética sólida no campo da testagem e da avaliação psicológica.[5] Ao longo do caminho, essas

---

[5] Infelizmente, embora organizações em muitos outros países tenham verbalizado preocupações com a ética e os padrões na testagem e na avaliação, bem poucas tomaram atitudes significativas e efetivas nesse sentido (Leach e Oakland, 2007).

organizações profissionais abordaram uma variedade de questões espinhosas, tais como as citadas no próximo *Reflita*.

Qualificações do aplicador de teste Qualquer pessoa está autorizada a comprar e usar materiais de testes psicológicos? Se não, então quem deve ter permissão para usá-los? Em 1950, um Comitê sobre Padrões Éticos na Psicologia, da APA, publicou um relatório chamado *Ethical Standards for the Distribution of Psychological Tests and Diagnostic Aids (Padrões éticos para a distribuição de testes psicológicos e auxiliares de diagnóstico)*. Esse relatório definiu três níveis de testes em termos de o quanto o uso do teste requeria conhecimento de testagem e de psicologia.

> **REFLITA...**
> Quem deve ter acesso aos dados do teste? Quem pode comprar materiais de testes psicológicos? Quem é qualificado para administrar, pontuar e interpretar testes psicológicos? Que nível de prática em psicometria qualifica alguém para administrar quais tipos de testes?

> **NO BRASIL**
> É necessário registro no Conselho Regional de Psicologia (CRP) para a compra e o uso de testes psicológicos.

Nível A: Testes ou auxiliares que podem ser adequadamente administrados, pontuados e interpretados com a ajuda do manual e de uma orientação geral ao tipo de instituição ou organização na qual a pessoa está trabalhando (p. ex., testes de realização ou proficiência).

Nível B: Testes ou auxiliares que requerem algum conhecimento técnico de construção e uso de testes e de campos psicológicos e educacionais de apoio, como estatística, diferenças individuais, psicologia do ajustamento, psicologia organizacional e orientação (p.ex., testes de aptidão e inventários de ajustamento aplicáveis a populações normais).

Nível C: Testes e auxiliares que requerem entendimento substancial de testagem e de campos psicológicos de apoio junto com experiência supervisionada no uso desses dispositivos (p. ex., testes projetivos, testes mentais individuais).

O relatório incluiu descrições dos níveis gerais de treinamento correspondendo a cada um dos três níveis de testes. Embora muitos editores de teste continuem a usar essa classificação de três níveis, alguns não a utilizam. Em geral, os padrões profissionais promulgados por organizações profissionais estabelecem que os testes psicológicos devem ser usados apenas por pessoas qualificadas. Além disso, há uma determinação ética para tomar as medidas cabíveis para prevenir o mau uso dos testes e da informação que eles fornecem. As obrigações dos profissionais para com os testandos são estabelecidas em um documento chamado de *Code of Fair Testing Practices in Education (Código das boas práticas de testagem em educação)*. De autoria conjunta e/ou patrocinado pelo Joint Committee of Testing Practices (Comitê Conjunto de Práticas de Testagem) (uma coalisão de APA, AERA, NCME, da Americam Association for Measurement and Evaluation in Counseling and Development [Associação Americana para Mensuração e Avaliação no Aconselhamento e Desenvolvimento] e da American Speech-Language Hearing Association [Associação Americana de Audição, Fala e Linguagem]), esse documento apresenta os padrões para os desenvolvedores de testes educacionais em quatro áreas: (1) desenvolver/selecionar testes, (2) interpretar a pontuação, (3) esforçar-se por justiça e (4) informar os testandos.

Além de promover altos padrões na testagem e na avaliação entre os profissionais, a APA iniciou ou auxiliou em processos para limitar o uso de testes psicológicos a pessoal qualificado. Os céticos rotulam tais ações legais relacionadas à mensuração como um tipo de disputa por território, feitas somente para ganho financeiro. Uma visão mais indulgente, e talvez mais realista, é que tais ações beneficiam a sociedade em geral. É essencial para a sobrevivência do empreendimento da avaliação que certas avaliações sejam conduzidas por pessoas qualificadas em virtude de sua educação, seu treinamento e sua experiência.

Uma lei de licenciamento de psicólogos projetada para servir como modelo para legislaturas estaduais está disponível da APA desde 1987. A lei não contém uma definição de testagem psicológica. No interesse do público, da profissão da psicologia e de outras profissões que empregam testes psicológicos, agora pode ser o momento para essa legislação-modelo ser reescrita – com termos como *testagem psicológica* e *avaliação psicológica* claramente definidos e diferenciados. Termos como *qualificação do aplicador de testes* e *qualificações do avaliador psicológico* também devem ser definidos e diferenciados com clareza. Parece que conflitos legais relativos ao uso de testes psicológicos derivam em parte da confusão dos termos *testagem psicológica* e *avaliação psicológica*. Pessoas que não são consideradas profissionais pela sociedade podem ser qualificadas para usar testes psicológicos (testadores psicológicos). Entretanto, essas mesmas pessoas podem não ser qualificadas para realizar uma avaliação psicológica. Como afirmamos no Capítulo 1, a avaliação psicológica requer certas habilidades, talentos, prática e treinamento em psicologia e mensuração muito além daqueles exigidos para realizar uma testagem psicológica. No passado, os psicólogos foram negligentes na diferenciação entre testagem psicológica e avaliação psicológica. Todavia, a negligência continuada pode se revelar uma indulgência dispendiosa, dadas as atuais tendências legislativas e judiciárias.

> **REFLITA...**
> É essencial que os termos *testagem psicológica* e *avaliação psicológica* sejam definidos e diferenciados nas leis de licenciamento estaduais?

Testando pessoas com deficiências Desafios análogos àqueles relativos aos testandos de minorias linguísticas e culturais apresentam-se quando é necessária a testagem de pessoas com condições incapacitantes. Especificamente, esses desafios podem incluir (1) transformar o teste de uma forma que possa ser feito pelos testandos, (2) transformar as respostas dos testandos de modo que possam ser pontuadas e (3) interpretar os dados do teste de maneira significativa.

A natureza da transformação do teste para uma forma fácil de administrar ao indivíduo com condições incapacitantes dependerá, é óbvio, da natureza da deficiência. Então, também, alguns estímulos de teste não se traduzem com facilidade. Por exemplo, se um aspecto crítico do item de um teste contém a análise de uma obra de arte, pode não haver uma forma significativa de traduzir esse item para usar com testandos cegos. Com relação a qualquer teste convertido para uso com uma população para a qual ele não foi a princípio planejado, devem ser feitas inevitáveis escolhas sobre exatamente como os materiais de teste serão modificados, que padrões de avaliação serão aplicados e como os resultados serão interpretados. Os avaliadores profissionais nem sempre concordam com as respostas a tais questões.

> **REFLITA...**
> Se a forma de um teste for mudada ou adaptada para um tipo específico de administração a um determinado indivíduo ou grupo, as pontuações obtidas pelo indivíduo ou grupo podem ser interpretadas "da maneira habitual"?

Outra questão complexa – esta, do ponto de vista ético – tem a ver com um pedido de um indivíduo com uma doença terminal por assistência para acelerar o processo de morte. No estado de Oregon, o primeiro a promulgar uma lei de "Morte com Dignidade", um pedido de ajuda para morrer pode ser concedido apenas dependendo dos resultados de uma avaliação psicológica; vida ou morte literalmente estão na balança dessas avaliações. Algumas questões éticas e relacionadas em torno desse fenômeno são discutidas em mais detalhes na seção *A psicometria no cotidiano* deste capítulo.

Administração, pontuação e interpretação computadorizadas de testes A avaliação psicológica assistida por computador (CAPA) tem se tornado mais a regra do que a exceção. Um número cada vez maior de testes psicológicos podem ser comprados em disco ou administrados e pontuados na internet. Em muitos aspectos, a relativa simplicidade, a conveniência e a variedade de possíveis atividades de testagem que a tecnologia da computação traz para a indústria de testagem foram um grande benefício. Naturalmente, toda rosa tem seus espinhos.

Para os profissionais da avaliação, algumas questões importantes com relação à CAPA são como segue.

- *Acesso a programa de administração, pontuação e interpretação de testes.* Apesar das restrições de compra de programas e de garantias tecnológicas para proteger contra cópia não autorizada, o programa ainda pode ser copiado. Ao contrário dos *kits* de testes,

A PSICOMETRIA NO COTIDIANO

Avaliação psicológica de vida-ou-morte

O estado do Oregon tem a distinção – duvidosa para algumas pessoas, dependendo de seus valores – de ter promulgado a primeira lei de ajuda para morrer dos Estados Unidos. A Lei da Morte com Dignidade do Oregon (ODDA) provê que um paciente acometido de uma condição médica que irremediavelmente o levará à morte em 6 meses ou menos pode terminar de forma voluntária com a própria vida solicitando uma dose letal de medicamento. Essa lei requer que dois médicos comprovem o diagnóstico terminal e estipula que pode ser requerida uma avaliação psicológica do paciente por um psicólogo ou psiquiatra certificados pelo estado, a fim de assegurar que o paciente é competente para tomar a decisão de acabar com a vida e para excluir julgamento prejudicado devido a transtorno psiquiátrico. A ajuda para morrer será negada a pessoas "sofrendo de um transtorno psiquiátrico ou psicológico ou de depressão causando prejuízo do julgamento" (ODDA, 1997).

A ODDA foi calorosamente debatida antes de sua aprovação por plebiscito e permanece controversa até hoje. Seus críticos questionam se o suicídio é alguma vez uma escolha racional sob quaisquer circunstâncias e temem que a ajuda para morrer tolerada pelo estado sirva para desestigmatizar o suicídio em geral (Callahan, 1994; ver também Richman, 1988). Argumenta-se que o primeiro dever dos profissionais da saúde e da saúde mental é não causar danos (Jennings, 1991). Alguns temem que profissionais dispostos a testemunhar sobre quase qualquer coisa (os chamados **pistoleiros**) corrompam o processo fornecendo qualquer opinião profissional desejada por aqueles que pagarão seus honorários. Os críticos também enfatizam com preocupação a experiência da lei de morte-com-dignidade holandesa. Na Holanda, relativamente poucos indivíduos requerendo suicídio assistido por médico são encaminhados para avaliação psicológica. Além disso, a mais alta corte daquele país determinou que, "em casos raros, o suicídio assistido por médico é possível mesmo para indivíduos sofrendo apenas de problemas mentais em vez de doenças físicas" (Abeles e Barlev, 1999, p. 233). No campo moral e religioso, tem sido argumentado que a morte deve ser vista como somente da competência de Deus, não dos homens.

Os apoiadores da legislação de morte com dignidade argumentam que os equipamentos e métodos de sustentação da vida podem prolongá-la além de um tempo em que esta seja significativa e que a obrigação primeira dos profissionais da saúde e da saúde mental é aliviar o sofrimento (Latimer, 1991; Quill et al., 1992; Weir, 1992). Além disso, eles podem mencionar a determinação obstinada das pessoas que têm a intenção de morrer e histórias de quantos indivíduos com doenças terminais tentaram acabar com suas vidas usando todos os tipos de métodos menos seguros, suportando até maior sofrimento no processo. Em contraste marcante com essas histórias de horror, conta-se que o primeiro paciente a morrer sob a proteção da ODDA descreveu como (a família) "pudemos relaxar e falar sobre a vida maravilhosa que tivemos. Pudemos recordar todas as coisas lindas porque

Sigmund Freud (1856–1939)

Foi dito que Sigmund Freud tomou uma "decisão racional" no fim de sua vida. Sofrendo de câncer de garganta em estágio terminal, tendo grande dificuldade para falar e crescente dificuldade para respirar, o criador da psicanálise solicitou ao seu médico uma dose letal de morfina. Por anos vem sido debatido como a decisão de morrer, mesmo que tomada por um paciente doente em estado terminal, pode ser realmente "racional". Hoje, em acordo com a legislação de morte com dignidade, a responsabilidade de estimar quão racional tal escolha é recai sobre os profissionais da saúde mental.

sabíamos que finalmente tínhamos uma resposta" (citado em Farrenkopf e Bryan, 1999, p. 246).

As associações profissionais como a American Psychological Association e a American Psychiatric Association há muito tempo estabeleceram códigos de ética requerendo a prevenção do suicídio. A promulgação da lei no Oregon colocou os médicos daquele estado em uma posição excepcionalmente incômoda. Os médicos que por anos dedicaram seus esforços à prevenção do suicídio foram arrastados para uma posição de ser uma parte potencial, se não um facilitador, do suicídio assistido por médico – independentemente de como o processo de ajuda para morrer é referido na legislação. Note que a lei do Oregon nega de forma escrupulosa que seu objetivo seja a legalização do suicídio assistido por médico. De fato, a linguagem da lei determina que a ação tomada sob seu abrigo "não deve, por propósito algum, constituir suicídio, suicídio assistido, golpe de misericórdia ou homicídio, sob as penas da lei". Os autores da legislação a percebem como um meio pelo qual um indivíduo com uma doença terminal poderia exercer algum controle sobre o processo da morte. Expresso nesses termos, o dever lúcido do médico arrastado para o processo pode se tornar mais agradável ou mesmo enobrecido.

A ODDA determina que vários registros sejam mantidos sobre os pacientes que morrem sob o abrigo de suas disposições. A cada ano, desde que a lei foi efetivada, os dados coletados são publicados em um relatório anual. Assim, por exemplo, no relatório de 2010 tomamos conhecimento de que as razões citadas mais frequentemente para buscar o término da própria vida foram perda de autonomia, declínio da capacidade de participar de atividades que tornavam a vida prazerosa, perda de dignidade e perda de controle das funções corporais. Em 2010, 96 receitas para medicamentos letais foram prescritas, e 59 pessoas tinham optado por terminar sua vida ingerindo-os.

Psicólogos e psiquiatras chamados para fazer avaliações de competência para a morte com dignidade podem aceitar ou recusar a responsabilidade (Haley e Lee, 1998). Julgando a partir de um levantamento de 423 psicólogos em prática clínica no Oregon (Fenn e Ganzini, 1999), muitos daqueles que poderiam ser chamados para fazer tal avaliação poderiam se recusar a fazê-lo. Cerca de um terço da amostra respondeu que uma avaliação da ODDA estaria fora do âmbito de sua prática. Outros 53% disseram que ou se recusariam a realizar a avaliação e não tomariam qualquer outra medida ou se recusariam a realizar a avaliação e encaminhariam o paciente a um colega.

As diretrizes para o processo de avaliação da ODDA foram fornecidas por Farrenkopf e Bryan (1999), e são as seguintes.

O processo de avaliação da ODDA

1. Revisão de registros e história de caso

Com o consentimento do paciente, o avaliador obterá os registros de todas as fontes relevantes, incluindo registros médicos e de saúde mental. Um dos objetivos é entender o funcionamento atual do paciente no contexto de muitos fatores, variando da condição médica e dos prognósticos atuais aos efeitos de medicamentos e de uso de substância.

2. Consulta com os médicos do paciente

Com o consentimento do paciente, o avaliador pode consultar o médico dele e outros profissionais envolvidos no caso para entender melhor o funcionamento e a condição atuais do paciente.

3. Entrevistas com o paciente

Entrevistas sensíveis, mas completas, com o paciente irão explorar as razões para o pedido de ajuda para morrer, incluindo as pressões e os valores motivando o pedido. Outras áreas a explorar incluem: (a) a compreensão do paciente de sua condição médica, do prognóstico, e as alternativas de tratamento; (b) experiência de dor física, limitações das funções e mudanças ao longo do tempo nas funções cognitiva, emocional e perceptual; (c) caracterização de sua qualidade de vida, incluindo exploração de fatores relacionados, o que abrange identidade pessoal, funcionamento do papel e autoestima; e (d) pressões externas sobre o paciente, tal como incapacidade financeira pessoal ou familiar de continuar pagando o tratamento.

4. Entrevistas com membros da família e pessoas significativas

Com a permissão do paciente, entrevistas separadas devem ser conduzidas com a família e pessoas que lhe são significativas. Um dos objetivos é explorar, do ponto de vista deles, como o paciente se ajustou no passado à adversidade e como mudou e se adaptou a sua situação atual.

5. Avaliação da competência

Assim como os outros elementos deste resumo geral, este aspecto da avaliação é complicado, e apenas uma porção limitada das diretrizes pode ser apresentada aqui. Em geral, o avaliador busca entender o raciocínio e o processo de tomada de decisão do paciente, incluindo todas as informações relevantes para a decisão e suas consequências. Alguns testes de competência formais estão disponíveis (Appelbaum e Grisso, 1995a, 1995b; Lavin, 1992), mas a aplicabilidade clínica e legal desses testes para uma avaliação de ODDA ainda precisa ser estabelecida.

6. Avaliação de psicopatologia

Em que grau a decisão de acabar com a própria vida é devido a depressão patológica, ansiedade, demência, delírio, psicose ou alguma outra condição patológica? Essa é uma questão que o avaliador trata usando não apenas entrevistas mas testes formais. Exemplos dos muitos possíveis instrumentos que ele poderia empregar incluem testes de inteligência, teste de personalidade, testes neuropsicológicos, listas de verificação de sintomas e escalas de depressão e ansiedade; consulte o apêndice em Farrenkopf e Bryan (1999) para uma lista completa desses testes.

7. Relatório de resultados e recomendações

Os resultados, incluindo aqueles relacionados a estado mental e competência do paciente, apoio e pressões da família e qualquer outro fato relevante ao pedido de ajuda para morrer, devem ser relatados. Se forem encontradas condições tratáveis, recomendações de tratamento relevantes a essas condições podem ser feitas. Os tipos de recomendações não relacionadas a tratamento podem incluir as de aconselhamento legal, planejamento da herança ou outros recursos. No estado do Oregon, um Formulário de Conformidade do Consultor Psiquiátrico/Psicológico deve ser preenchido e enviado para a Divisão de Saúde de Oregon.

que podem conter objetos manipuláveis, manuais e outros itens palpáveis, um teste administrado por computador pode ser facilmente copiado e duplicado.
- *Comparação das versões de testes de lápis e papel e computadorizados.* Muitos testes no passado disponíveis apenas no formato lápis e papel estão agora disponíveis também no formato computadorizado. Em muitos casos, a comparação das formas tradicional e computadorizada do teste não foi objeto de pesquisa ou foi apenas insuficientemente pesquisada.
- *O valor das interpretações de testes computadorizados.* Muitos testes disponíveis para administraçãoo por computador também vêm com procedimentos de pontuação e interpretação computadorizados. Milhares de palavras são despejadas todos os dias na forma de resultados de interpretação de testes, mas o valor dessas palavras em muitos casos é questionável.
- *"Testagem psicológica" amadora, não regulamentada pela internet.* Um número cada vez maior de páginas da internet se propõem a fornecer, geralmente por uma taxa, testes psicológicos *online*. Contudo, a vasta maioria dos testes oferecidos não alcançam os padrões de um psicólogo. Os profissionais da avaliação perguntam-se sobre o efeito de longo prazo dessas páginas de "testagem psicológica" em sua maioria amadoras e não regulamentadas. Poderiam elas, por exemplo, contribuir para mais ceticismo do público em relação aos testes psicológicos?

Imagine-se sendo submetido ao que lhe foi apresentado como um "teste psicológico", apenas para descobrir que o teste não é idôneo. A disponibilidade na internet de inúmeros testes de qualidade duvidosa que se propõem a medir variáveis psicológicas aumenta a possibilidade de isso acontecer. Para ajudar a remediar esses problemas potenciais, uma organização da Flórida denominada International Test Commission desenvolveu as "International Guidelines on Computer-Based and Internet-Delivered Testing" (Coyne e Bartram, 2006). Essas diretrizes tratam de questões técnicas, de qualidade, segurança e relacionadas. Embora tenham suas limitações (Sale, 2006), essas diretrizes são evidentemente um passo para a regulamentação não governamental.

> **REFLITA...**
> Que diferenças nos resultados dos testes podem existir quando o mesmo teste é administrado oralmente, pela internet ou por meio de exame de lápis e papel?
> Que diferenças na experiência dos testandos pode existir em razão do método de administração do teste?

Vamos agora considerar alguns outros direitos dos testandos.

Os direitos dos testandos

Conforme prescrito pelos *Padrões* e, em alguns casos, pela lei, alguns dos direitos que os aplicadores de testes concedem aos testandos são o direito de consentimento informado, o direito de ser informado dos resultados do teste, o direito à privacidade e à confidencialidade e o direito ao rótulo menos estigmatizante.

O direito de consentimento informado Os testandos têm o direito de saber por que estão sendo avaliados, como os dados do teste serão usados e quais (se houver) informações serão liberadas e para quem. Com total conhecimento disso, eles dão seu **consentimento informado** para ser testado. É evidente que a divulgação da informação necessária para o consentimento deve ser em linguagem que o testando possa entender. Portanto, para um testando de apenas 2 ou 3 anos de idade ou um indivíduo mentalmente retardado com capacidade de linguagem limitada, uma divulgaçãoo antes da testagem poderia ser formulada como segue: "Eu vou pedir para você tentar fazer algumas coisas a fim de que eu possa ver o que sabe fazer e que coisas poderia usar para facilitar" (APA, 1985, p. 85).

A competência para fornecer consentimento informado foi dividida em diversos componentes: (1) ser capaz de manifestar uma escolha quanto a se deseja participar; (2) demonstrar uma compreensão factual das questões; (3) ser capaz de raciocinar sobre os fatos de um estudo, tratamento ou para o que for que o consentimento seja buscado e (4) estimar a natureza da situação (Appelbaum e Roth, 1982; Roth et al., 1977).

A avalição dessa competência pode ser informal e, na verdade, muitos médicos fazem isso. Marson e colaboradores (1997) advertiram que a avaliação informal da competência pode ser idiossincrásica e duvidosa. Como alternativa, existem muitos instrumentos padronizados (Sturman, 2005). Um desses instrumentos é o Instrumento de Avaliação da Competência-Tratamento de MacArthur (Grisso e Appelbaum, 1998). Também conhecido como MacCAT-T, consiste em entrevistas estruturadas baseadas nos quatro componentes da competência supralistados (Grisso et al., 1997). Foram desenvolvidos outros instrumentos que têm por base o desempenho e geram informação sobre competência para tomar decisões (Finucane e Gullion, 2010).

Outra consideração relacionada à competência é o grau em que as pessoas diagnosticadas com psicopatologia podem ser incompetentes para fornecer consentimento informado (Sturman, 2005). Assim, por exemplo, indivíduos diagnosticados com demência, transtorno bipolar e esquizofrenia tendem a prejuízos de competência que podem afetar sua capacidade de fornecer consentimento informado. Em contrapartida, indivíduos com depressão maior podem reter a competência para dar consentimento verdadeiramente informado (Grisso e Appelbaum, 1995; Palmer et al., 2007; Vollman et al., 2003). A competência para fornecer esse consentimento pode ser melhorada por treinamento (Carpenter et al., 2000; Dunn et al., 2002; Palmer et al., 2007). Portanto, os clínicos não devem supor em definitivo que os pacientes não sejam capazes de dar consentimento embasados apenas em seu diagnóstico.

Se um testando é incapaz de fornecer um consentimento informado para a testagem, este pode ser obtido de um dos genitores ou de um representante legal. O consentimento deve ser na forma escrita e não oral. O formulário deve especificar (1) o propósito geral da testagem, (2) a razão específica de ele estar sendo realizado no presente caso e (3) o tipo geral de instrumentos a serem administrados. Muitos distritos escolares agora enviam esses formulários de forma rotineira para a casa das crianças antes da testagem. Estes, em geral, incluem a opção de a criança ser avaliada privadamente se os pais assim desejarem. Em casos em que a testagem é ordenada por lei (p. ex., por ordem judicial), a obtenção do consentimento informado para o teste pode ser considerada mais uma cortesia (em parte por razões de estabelecimento de um bom *rapport*) do que uma necessidade.

Uma área cinzenta em relação ao direito do testando do consentimento informado antes da testagem envolve situações de pesquisa nas quais a divulgação completa de todos os fatos pertinentes à testagem (incluindo a hipótese do experimentador e assim por diante) pelo examinador poderia contaminar irrevogavelmente os dados do teste. Em alguns casos, uma simulação é usada para criar situações que ocorrem com relativa raridade. Por exemplo, uma simulação poderia ser criada para avaliar como um trabalhador do setor de emergência poderia reagir sob condições de emergência. Às vezes, a simulação envolve o uso de comparsas para simular condições sociais que podem ocorrer durante um evento de algum tipo.

◆
REFLITA...
Descreva um cenário em que o conhecimento das hipóteses do experimentador provavelmente invalidariam os dados obtidos.

Para situações nas quais se considera aconselhável não obter consentimento totalmente informado para a avaliação, o critério profissional é recomendado. Os testandos poderiam receber uma quantidade mínima de informação antes da testagem. Por exemplo, "Esta testagem está sendo realizada como parte de um experimento sobre obediência a autoridade". Uma divulgação e um balanço completos poderiam ser feitos após a testagem. Várias organizações profissionais criaram políticas e diretrizes relativas à simulação na pesquisa. Por exemplo, o *Ethical Principles of Psychologists and Code of Conduct (Princípios Éticos e Código de Conduta dos Psicólogos)* (2002) da APA estabelece que os psicólogos (a) não usem simulações a menos que seja absolutamente necessário, (b) não usem simulação de forma alguma se for ela causar sofrimento emocional aos participantes e (c) prestem informações completas aos participantes.[6]

O direito de ser informado dos resultados do teste Em uma época passada, a inclinação de muitos avaliadores psicológicos, particularmente de muitos clínicos, era informar aos testandos o mínimo possível sobre a natureza de seu desempenho em um determinado teste ou em uma bateria de testes. Em caso algum divulgavam conclusões diagnósticas que pudessem despertar ansiedade ou precipitar uma crise. Essa orientação foi refletida em pelo menos um texto oficial que aconselhava os testadores a manterem as informações sobre os resultados dos testes em um nível superficial e a se concentrarem apenas nos achados "positivos". Isso era feito de modo que o examinando saísse da sessão de teste se sentindo "contente e satisfeito" (Klopfer et al., 1954, p. 15). Mas tudo isso mudou, e dar informações realistas sobre o desempenho no teste aos examinandos é não apenas ética e legalmente imprescindível mas pode ser útil de um ponto de vista terapêutico também. Os testandos têm o direito de ser informados, em linguagem que possam entender, da natureza dos achados referentes ao teste que realizaram. Também têm o direito de saber que recomendações estão sendo feitas como consequência dos dados obtidos. Se os resultados, os achados ou as recomendações feitas com base nas informação do teste forem anuladas por qualquer razão (tais como irregularidades na administração do teste), os testandos têm o direito de ser informados também.

Devido à possibilidade de consequências desagradáveis de fornecer aos indivíduos informações sobre eles mesmos – capacidade, falta de capacidade, personalidade, valores – a comunicação dos resultados de um teste psicológico é uma parte importante do processo de avaliação. Com sensibilidade à situação, o aplicador informará o testando (e um dos pais ou o representante legal ou ambos) do propósito do teste, do significado da pontuação em relação a de outros testados e das possíveis limitações e margens de erro do teste. E independentemente de se tal relatório é feito pessoalmente ou por escrito, um profissional qualificado deve estar disponível para responder a quaisquer outras dúvidas que os testandos (ou seus pais ou representantes legais) tenham sobre as pontuações do teste. De maneira ideal, recursos de aconselhamento estarão disponíveis para aqueles que reagem de modo adverso à informação apresentada.

O direito à privacidade e à confidencialidade O conceito do **direito à privacidade** "reconhece a liberdade do indivíduo de escolher por si mesmo o momento, as circunstâncias e, particularmente, a extensão em que deseja compartilhar ou preservar dos outros suas atitudes, crenças, comportamentos e opiniões" (Shah, 1969, p. 57). Quando as pessoas, em processos judiciais, "apelam para a Quinta" e se recusam a responder a uma pergunta com base em que a resposta poderia ser autoincriminadora, elas estão afirmando um direito à privacidade prevista pela Quinta Emenda da Constituição. A informação retida dessa maneira é denominada *privilegiada*; é a informação que é protegida por lei de divulgação em um processo legal. Os estatutos estaduais ampliaram o conceito de **informação privilegiada** às partes que se comunicam entre si no contexto de certos relacionamentos, incluindo os relacionamentos advogado-cliente, médico-paciente, padre-penitente, e marido-esposa. Na maioria dos estados, o privilégio também é concedido ao relacionamento psicólogo-cliente.

O privilégio é estendido às partes em vários relacionamentos porque tem sido considerado que o direito das partes à privacidade atende a um maior interesse público do que atenderia se suas comunicações fossem vulneráveis à revelação durante processos legais. Dito de outra forma, é para o bem comum se as pessoas se sentem confiantes de que po-

---

[6] Uma apresentação detalhada de exatamente como os *Princípios Éticos dos Psicólogos* da APA afetam a conduta profissional dos aplicadores de testes e mensuração pode ser encontrada na página da internet (em inglês) que acompanha este livro, em *www.mhhe.com/cohentesting8*.

dem falar livremente com seus advogados, sacerdotes, médicos, psicólogos e cônjuges. Profissionais, como os psicólogos, que são partes nesses relacionamentos especiais têm um dever legal e ético de manter confidenciais as comunicações de seus clientes.

Confidencialidade pode ser diferenciada de *privilégio* na medida em que, embora "confidencialidade diga respeito a questões de comunicação fora da sala do tribunal, o privilégio protege os clientes de divulgação em processos judiciais" (Jagim et al., 1978, p. 459). O privilégio não é absoluto. Há ocasiões em que um tribunal pode considerar necessária a divulgação de certas informações e ordená-la. Caso se recusem, o psicólogo ou outro profissional assim obrigado, o fazem sob a ameaça de irem para a cadeia, de serem multados, e de outras consequências legais.

O privilégio no relacionamento psicólogo-cliente pertence ao cliente, não ao psicólogo. O cliente competente pode orientar o psicólogo a divulgar informações a um terceiro (tal como um advogado ou um corretor de seguros), e o psicólogo é obrigado a fazer a divulgação. Em alguns casos raros, ele pode ser eticamente (se não legalmente) obrigado a divulgar informações se estas impedirem dano ou ao cliente ou a alguma terceira pessoa em risco. Um caso ilustrativo seria a situação em que um cliente detalha um plano para cometer suicídio ou homicídio. Nesse caso, o psicólogo seria legal e eticamente obrigado a tomar uma medida razoável para prevenir a ocorrência do desfecho pretendido pelo cliente. Aqui, a preservação da vida seria considerada um objetivo mais importante do que a não revelação de informação privilegiada.

Um julgamento errado por parte do clínico relativo à revelação de uma comunicação confidencial pode levar a uma ação judicial ou pior. Um caso referencial da suprema corte dos Estados Unidos nessa área foi o que ocorreu em 1974, de *Tarasoff* vs. *Regentes da University of California*. Nesse caso, um paciente de terapia deu a conhecer a seu psicólogo sua intenção de matar uma moça, anônima, mas facilmente identificável, dois meses antes do crime. O tribunal considerou que "o privilégio de proteção termina onde o perigo público começa", e, portanto, o terapeuta tinha o dever de advertir a moça ameaçada do perigo que corria. Os clínicos podem ter o dever de advertir terceiras pessoas ameaçadas não apenas de possível violência mas de possível infecção de aids por um cliente HIV-positivo (Buckner e Firestone, 2000; Melchert e Patterson, 1999), bem como de outras ameaças ao bem-estar físico.

Outra obrigação ética com relação à confidencialidade envolve a proteção de dados de testes. Os aplicadores devem tomar precauções razoáveis para salvaguardar os registros do teste. Se esses dados forem armazenados em um fichário, então este deve ser trancado e de preferência feito de aço. Se forem armazenados em um computador, medidas de proteção eletrônicas devem ser tomadas para garantir apenas acesso autorizado. O indivíduo ou a instituição devem ter uma política razoável sobre o período de tempo em que os registros ficam armazenados e quando, ou nunca, serão considerados desatualizados, inválidos ou úteis apenas de um ponto de vista acadêmico. Em geral, não é uma boa política manter todos os registros perpetuamente. Políticas em conformidade com as leis de privacidade também devem existir em relação às condições sob as quais pedidos de liberação de registros a uma terceira pessoa serão honrados. Alguns estados promulgaram leis que descrevem, em detalhes, os procedimentos para armazenar e descartar registros de pacientes.

REFLITA...
Descreva os aspectos fundamentais de um modelo de lei visando orientar os psicólogos sobre a armazenagem e o descarte de registros de pacientes.

Relevante à liberação de informações relacionadas à avaliação é o Health Insurance Portability and Accountability Act (Lei de Portabilidade e Responsabilidade de Seguros de Saúde) de 1996 (HIPAA), que entrou em vigor em abril de 2003. Esses padrões de privacidade federais limitam as formas como médicos, planos de saúde, farmácias e hospitais podem usar informações médicas pessoais dos pacientes. Por exemplo, a informação de saúde pessoal não pode ser usada para fins não relacionados a tratamento de saúde.

Em parte devido à decisão da suprema corte dos Estados Unidos no caso de *Jaffee* vs. *Redmond* (1996), a HIPAA destacou as "anotações de psicoterapia" como requerendo proteção ainda mais rigorosa do que outros registros. A decisão em *Jaffee* afirmou que as comunicações entre um psicoterapeuta e um paciente são privilegiadas nas cortes federais. A regra de privacidade da HIPAA citou *Jaffee* e definiu anotações de privacidade como "anotações registradas (em qualquer meio) por um profissional da saúde mental documentando ou analisando os conteúdos de conversas durante uma sessão de aconselhamento privado ou uma sessão de aconselhamento de grupo, conjunto ou familiar e que estejam separados do resto dos registros médicos do indivíduo". Embora "resultados de exames clínicos" fossem especificamente *excluídos* dessa definição, advertiríamos os profissionais da avaliação para obterem consentimento específico dos avaliandos antes de liberar informações relacionadas à avaliação. Isso é sobretudo essencial em relação aos dados obtidos usando instrumentos de avaliação como a entrevista, a observação comportamental e a dramatização.

O direito ao rótulo menos estigmatizante Os *Padrões* aconselham que devem sempre ser atribuídos os rótulos menos estigmatizantes no relatório dos resultados de testes. Para avaliar melhor a necessidade desse padrão, considere o caso de Jo Ann Iverson.[7] Jo Ann tinha 9 anos e sofria de claustrofobia quando sua mãe a levou a um hospital estadual em Blackfoot, Idaho, para uma avaliação psicológica. Arden Frandsen, um psicólogo empregado do hospital em regime de meio-período, conduziu uma avaliação de Jo Ann, durante a qual administrou um Teste de Inteligência de Stanford-Binet. Em seu relatório, Frandsen classificou-a como "débil mental, com alto grau de idiotia ao nível de capacidade mental geral". Após uma solicitação do orientador da escola de Jo Ann, uma cópia do relatório psicológico foi enviado para a escola – e rumores embaraçosos com relação à condição mental da menina começaram a circular.

A mãe de Jo Ann, Carmel Iverson, abriu um processo por difamação contra Frandsen em nome de sua filha.[8] A sra. Iverson perdeu a ação. O tribunal decidiu que, em parte, a avaliação do psicólogo "foi um relatório profissional feito por um servidor público em boa fé, representando seu melhor julgamento". Mas, embora a sra. Iverson não tenha vencido sua ação judicial, podemos sem dúvida simpatizar com sua angústia pelo pensamento de sua filha atravessando a vida com um rótulo como "alto grau de idiotia" – isso apesar de que o psicólogo provavelmente tenha apenas copiado aquela designação do manual do teste. Também acrescentaríamos que os Iversons poderiam ter vencido sua ação judicial se a causa da ação tivesse sido quebra de confidencialidade e o réu tivesse sido o orientador da escola; havia testemunho incontestável de que foi do escritório do orientador, e não do consultório do psicólogo, que os rumores com relação a Jo Ann vazaram primeiro.

Ainda sobre o tema dos direitos dos testandos, não vamos esquecer dos direitos – de todos os tipos – dos estudantes de testagem e avaliação. Tendo sido apresentados aos vários aspectos do empreendimento da avaliação, você tem o direito de aprender mais sobre os aspectos técnicos da mensuração. Exerça esse direito nos próximos capítulos.

---

[7] Ver *Iverson* vs. *Frandsen*, 237 F. 2d 898 (Idaho, 1956) ou Cohen (1979), p. 149-150.

[8] Um aspecto interessante, embora irrelevante, desse caso foi que Iverson tinha levado sua filha para consultar por um problema de claustrofobia. A queixosa questionou se a administração de um teste de inteligência sob essas circunstâncias era autorizada e se não estaria além do âmbito da consulta. Entretanto, o réu psicólogo provou de forma satisfatória ao tribunal que a administração do Stanford-Binet era necessária para determinar se Jo Ann tinha a capacidade mental de responder à psicoterapia.

Autoavaliação

Teste sua compreensão dos elementos deste capítulo vendo se pode explicar cada palavra, expressão, abreviação, evento ou nome a seguir em termos de seus significados no contexto da testagem e da avaliação psicológica:

ação afirmativa
Albemarle Paper Company vs. *Moody*
Alfred Binet
autorrelato
Charles Darwin
Christiana D. Morgan
Code of Fair Testing Practices in Education (Código das Boas Práticas de Testagem em Educação)
código de ética profissional
confidencialidade
consentimento informado
cultura
cultura coletivista
cultura individualista
David Wechsler
Debra P. vs. *Turlington*
direito à privacidade
ética
eugenia
Francis Galton
Griggs vs. *Duke Power Company*
Henry A. Murray
Henry H. Goddard
Hermann Rorschach
HIPAA
Hobson vs. *Hansen*
informação privilegiada
Jaffee vs. *Redmond*
James McKeen Cattell
Karl Pearson
Larry P. vs. *Riles*
legislação
Lei Pública 105-17
leis
Lightner Witmer
litígio
ODDA
padrão de cuidados
pistoleiro
programas de testagem da competência mínima
psicanálise
Robert S. Woodworth
sistema de quotas
Sputnik
Tarasoff vs. *Regentes da University of California*
teste específico da cultura
teste projetivo
verdade-na-testagem
Wilhelm Max Wundt

CAPÍTULO 3

Atualização da Estatística

Do número circulado com lápis vermelho no alto da página de sua primeira prova de ortografia à cópia impressa do computador de suas pontuações no vestibular para ingresso na universidade, os testes e as pontuações dos testes fazem parte de sua vida. Eles parecem sair do papel e apertar sua mão quando você se sai bem e lhe dar um soco na cara quando você se sai mal. Podem apontar a direção ou afastá-lo de uma determinada escola ou de um currículo. Podem ajudá-lo a identificar forças e fraquezas em suas habilidades físicas e mentais. Podem acompanhá-lo em entrevistas de emprego e influenciar uma escolha de trabalho ou carreira.

Em seu papel de estudante, é provável que você já tenha descoberto que essa relação foi, sobretudo, a de um testando. Mas como psicólogo, professor, pesquisador ou empregador, você pode descobrir que essa relação com os testes é principalmente a de um aplicador de testes – a pessoa que dá vida e sentido às pontuações do teste ao aplicar o conhecimento e a habilidade necessários para interpretá-los de maneira adequada. Você pode algum dia criar um teste, seja em um contexto acadêmico seja empresarial, e então ter a responsabilidade de pontuá-lo e interpretá-lo. Nessa situação, ou mesmo do ponto de vista de alguém que faria o teste, é fundamental entender a teoria subjacente a seu uso e os princípios de sua interpretação da pontuação.

> **REFLITA...**
> Para a maioria das pessoas, as pontuações de um teste são um fato importante da vida. Mas o que torna esses números tão significativos? Em termos gerais, que informação idealmente deve ser transmitida pela pontuação de um teste?

As pontuações dos testes são, com frequência, expressas em números, e instrumentos estatísticos são usados para descrever, fazer inferências e tirar conclusões sobre os números.[1] Nesta atualização da estatística, abordamos as escalas de medidas, as apresentações de dados em tabelas e gráficos, as medidas de tendência central, as medidas de variabilidade, os aspectos da curva normal e as pontuações padronizadas. Se esses termos relacionados à estatística lhe parecem dolorosamente familiares, pedimos clemência e lembramos que a sobreaprendizagem é a chave para a retenção. Sem dúvida, se qualquer desses termos parecer estranho, aconselhamos que se informe mais sobre eles. Sinta-se livre para suplementar a discussão aqui com uma revisão desses e de termos relacionados em qualquer bom texto de estatística elementar. A breve revisão dos conceitos estatísticos a seguir de forma alguma pode substituir uma base sólida em estatística básica obtida por meio de um curso introdutório nessa matéria.

---

[1] Naturalmente, a pontuação de um teste pode ser expressa de outras formas, tais como uma nota de conceito ou um critério de aprovação-reprovação. A menos que indicado em contrário, termos como *pontuação do teste*, *dados do teste*, *resultados do teste* e *pontuações do teste* são usados ao longo deste livro em referência a descrições numéricas de desempenho no teste.

Escalas de mensuração

Podemos definir formalmente **mensuração** como o ato de atribuir números ou símbolos a características de coisas (pessoas, eventos, seja o que for) de acordo com regras. As regras usadas para atribuir números são diretrizes para representar a magnitude (ou alguma outra característica) do objeto que está sendo medido. Aqui está um exemplo de uma regra de mensuração: *Atribua o número 30 a todos os comprimentos que tenham exatamente o mesmo comprimento de uma régua de 30 cm*. Uma **escala** é um conjunto de números (ou outros símbolos) cujas propriedades modelam as propriedades empíricas dos objetos aos quais os números são atribuídos.[2]

Há várias formas pelas quais uma escala pode ser categorizada. Uma delas é de acordo com o tipo de variável que está sendo medida. Portanto, poderíamos nos referir a uma escala usada para medir uma variável contínua como uma *escala contínua*, enquanto uma usada para medir uma variável discreta poderia ser denominada *escala discreta*. Se, por exemplo, os indivíduos da pesquisa tivessem que ser categorizados como femininos ou masculinos, diríamos que a escala de categorização é discreta porque não seria significativo categorizar um indivíduo como algo além de feminino ou masculino.[3] Em contrapartida, uma escala contínua existe quando é teoricamente possível dividir qualquer de seus valores. Entretanto, deve ser feita uma diferenciação entre o que, em teoria, é possível e o que é desejável em termos práticos. As unidades nas quais uma escala contínua será dividida de forma efetiva pode depender de fatores como o propósito da mensuração e a praticabilidade. Na mensuração para instalar venezianas, por exemplo, é teoricamente possível medir em milímetros ou mesmo em micrômetros. Mas tal precisão é necessária? A maioria dos instaladores se sai muito bem medindo por centímetros.

> **REFLITA...**
> Dê outro exemplo de uma regra de mensuração.

A mensuração sempre envolve *erro*. Na linguagem da avaliação, erro refere-se à influência coletiva de todos os fatores sobre uma pontuação ou uma medida do teste além daqueles especificamente medidos pelo teste ou pela medida. Como você verá, há muitas fontes diferentes de erro na mensuração. Considere, por exemplo, a nota que alguém recebeu em uma prova de história. Poderíamos conceber parte da nota como refletindo o conhecimento de história do testando e parte como refletindo erro. A parte de erro da nota da prova pode ser devida a muitos fatores diferentes. Uma fonte de erro poderia ter sido uma tempestade que estava caindo lá fora na hora da prova e que distraiu o testando. Outra seria a seleção particular de itens que o professor escolheu para usar nessa prova. Tivessem sido usados um ou dois itens diferentes, a nota do testando poderia ter sido mais alta ou mais baixa. O erro é um elemento de todas as medições, e é um elemento que qualquer teoria de mensuração deve certamente levar em conta.

> **REFLITA...**
> Uma *escala* com a qual todos nós talvez estejamos acostumados é a popular balança. Como um teste psicológico e uma balança se assemelham? E como se diferem? Sua resposta pode mudar no decorrer da leitura.

---

[2] David L. Streiner refletiu, "Muitos termos têm sido usados para descrever uma coleção de itens ou questões – *escala, teste, questionário, índice, inventário* e uma série de outros – sem uma consistência de um autor para outro" (2003a, p. 217, ênfase no original). Streiner propôs referir-se a questionários de itens iguais, em teoria ou relacionados como escalas e aqueles de itens teoricamente não relacionados como *índices*. Ele reconhecia que, conforme é agora, contraexemplos de cada termo podiam ser encontrados com facilidade.

[3] Talvez uma retratação seja necessária aqui. Os autores reconhecem que, se todas as mulheres fossem rotuladas como "1" e todos os homens como "2", então algumas pessoas – por exemplo, indivíduos nascidos com uma anormalidade genética relacionada ao sexo e pessoas no meio de uma transformação transexual – poderiam intuitivamente parecer estarem qualificados como "1,5". Mas tais exceções à parte, todos os casos em uma escala discreta devem se localizar em um ponto na escala, e, em teoria, é impossível que um caso se localize *entre* dois pontos na escala.

A mensuração usando escalas contínuas sempre envolve erro. Para ilustrar por que, voltemos ao cenário envolvendo as venezianas. O comprimento da janela medida para ser 90 cm poderia, na verdade, ser 90,5 cm. A escala de medidas é convenientemente dividida em gradações de medidas mais grosseiras. A maioria das escalas usadas na avaliação psicológica e educacional é contínua e, portanto, é possível esperar que contenham esse tipo de erro. O número ou pontuação usados para caracterizar o traço que está sendo medido em uma escala contínua devem ser pensados como uma aproximação do número "real". Então, por exemplo, uma pontuação de 25 em algum teste de ansiedade não deve ser considerada uma medida precisa de ansiedade. Antes, ela deve ser pensada como uma aproximação do nível de ansiedade real se o instrumento de mensuração tivesse sido calibrado para gerar essa pontuação. Nesse caso, talvez a pontuação de 25 seja uma aproximação de uma pontuação real de, digamos, 24,7 ou 25,44.

> **REFLITA...**
> Assuma o papel de um criador de testes. Agora, escreva algumas instruções aos aplicadores de seu teste que visem reduzir a um mínimo absoluto qualquer erro associado com as pontuações do teste. Certifique-se de incluir instruções relativas à preparação do local onde ele será administrado.

Em geral se concorda que existem quatro níveis ou escalas de medida diferentes. Neles, os números atribuídos transmitem tipos distintos de informação. Consequentemente, certas manipulações estatísticas podem ou não ser adequadas, dependendo do nível ou da escala de medida.[4]

A palavra francesa para negro é *noir* (pronunciada "noár"). Levantamos esse assunto aqui apenas para chamar atenção para o fato de que essa palavra é um acrônimo útil para lembrar os quatro níveis ou escalas de medidas. Cada letra em *noir* é a primeira letra dos níveis sucessivamente mais rigorosos: N para escala *nominal*, o para escala *ordinal*, i para escala intervalar e r para escala de *razão*.

> **REFLITA...**
> Acrônimos como *noir* são auxílios de memória úteis. À medida que você for avançando em seu estudo de testagem e avaliação psicológica, crie seus próprios acrônimos para lembrar grupos de informação relacionados. Ei, você pode até aprender francês no processo!

Escalas nominais

As **escalas nominais** são a forma mais simples de mensuração. Essas escalas envolvem a classificação ou a categorização com base em uma ou mais características distintivas, nas quais todas as coisas medidas devem ser colocadas em categorias mutuamente exclusivas e completas. Por exemplo, na área de especialidade de psicologia clínica, uma escala nominal em uso durante muitos anos foi o *Manual diagnóstico e estatístico de transtornos mentais* DSM-IV-TR (American Psychiatric Association, 2000). A cada transtorno listado nesse manual foi atribuído um número próprio. Assim, por exemplo, o número 303.00 identificava intoxicação alcoólica, e o número 307.00, tartamudez. Mas esses números eram usados exclusivamente para fins de classificação, não podendo ser somados, subtraídos, classificados ou ponderados. Em consequência, o número médio entre esses dois códigos de diagnóstico, 305.00, *não* identificava um gago embriagado.

Itens de teste individuais também podem empregar escalamento nominal, incluindo respostas de *sim/não*. Por exemplo, considere os seguintes itens de teste:

Instruções: Responda *sim* ou *não*.

Você está ativamente cogitando o suicídio? _____

Atualmente você está em tratamento para um transtorno psiquiátrico? _____

Você já foi condenado por um crime? _____

---

[4] Para os propósitos de nossa atualização da estatística, apresentamos o que Nunnally (1978) chamou de visão "fundamentalista" das escalas de medidas, a qual "afirma que (1) há tipos distintos de escalas de medidas em que todas as medidas possíveis de atributos podem ser classificadas; (2) cada medida tem algumas características reais que permitem sua classificação adequada; e (3) uma vez que a medida seja classificada, a classificação especifica os tipos de análises matemáticas que podem ser empregadas com a medida" (p. 24). Nunnally e outros reconheceram que alternativas à visão "fundamentalista" também podem ser viáveis.

> **REFLITA...**
> Quais são alguns outros exemplos de escalas nominais?

Em cada caso, uma resposta *sim* ou *não* resulta na colocação em um de um conjunto de grupos mutuamente exclusivos: suicida ou não, em tratamento para transtorno psiquiátrico ou não, e criminoso ou não. As operações aritméticas que podem ser realizadas com legitimidade usando dados nominais incluem contagem para determinar quantos casos se enquadram em cada categoria e uma determinação resultante de proporção ou porcentagens.[5]

Escalas ordinais

Assim como as escalas nominais, as **escalas ordinais** permitem classificação. Entretanto, além da classificação, a ordenação sob alguma característica também é admissível com essas escalas. Em contextos empresariais e organizacionais, os candidatos a empregos podem ser classificados de acordo com sua conveniência para uma posição. Em contextos clínicos, as pessoas em uma lista de espera para psicoterapia podem ser ordenadas de acordo com sua necessidade de tratamento. Nesses exemplos, os indivíduos são comparados com outros e é atribuída uma posição (talvez 1 para o melhor candidato ou o cliente da lista de espera mais necessitado, 2 para o seguinte, e assim por diante).

Embora possa nunca ter usado o termo *escala ordinal*, Alfred Binet, um desenvolvedor do teste de inteligência que hoje leva seu nome, acreditava fortemente que os dados derivados de um teste de inteligência são de natureza ordinal. Ele enfatizou que não foi *medir* as pessoas (como se poderia medir a altura de alguém) o que tentou fazer com seu teste, mas apenas *classificá-las* (e ordenar) com base em seu desempenho nas tarefas. Ele escreveu:

> Eu não procurei [...] esboçar um método de mensuração, no sentido físico da palavra, mas apenas um método de classificação de indivíduos. Os procedimentos que indiquei, se aperfeiçoados, virão a classificar uma pessoa acima ou abaixo dessa outra pessoa, ou dessa outra série de pessoas; mas não acredito que se possa medir uma das aptidões intelectuais do mesmo modo que se mede um comprimento ou uma capacidade. Portanto, quando uma pessoa estudada consegue reter sete figuras após uma única apresentação, é possível classificá-la, do ponto de vista de sua memória para figuras, abaixo do indivíduo que retém oito figuras sob as mesmas condições, e acima daquele que retém seis. É uma classificação, não uma mensuração [...] nós não medimos, nós classificamos. (Binet, citado em Varon, 1936, p. 41).

Os instrumentos de avaliação aplicados ao sujeito individual também podem usar uma forma de mensuração ordinal. O Inventário de Valores de Rokeach (Rokeach Value Survey) usa esse tipo de abordagem. Nesse teste, uma lista de valores pessoais – como liberdade, felicidade e discernimento – são colocadas em ordem de acordo com a percepção de sua importância para o testando (Rokeach, 1973). Se um conjunto de 10 valores fosse ordenado, então o testando atribuiria um valor de "1" para o mais importante e "10" para o menos importante.

As escalas ordinais não indicam coisa alguma sobre o quanto uma posição é maior que outra. Ainda que essas escalas possam empregar números ou "pontuações" para representar a ordem de classificação, os números não indicam unidades de medida. Assim, por exemplo, a diferença de desempenho entre o candidato ao emprego na primeira posição e o na segunda pode ser pequena, enquanto a diferença entre os candidatos na segunda e terceira posições pode ser grande. No Inventário de Valores de Rokeach, o valor na posição "1" pode ser facilmente o mais importante na mente do testando. Entretanto, a ordenação dos valores que se seguem pode ser difícil a ponto de ser quase arbitrária.

As escalas ordinais não têm um ponto zero absoluto. No caso de um teste de capacidade de desempenho do trabalho, presume-se que cada testando, independentemente da posição no teste, tenha *alguma* capacidade. Não se supõe que algum testando tenha capa-

---

[5] É importante acrescentar que há outras formas de analisar dados nominais (Gokhale e Kullback, 1978; Kranzler e Moursund, 1999). Entretanto, esses métodos de análise avançados estão além do escopo deste livro.

cidade zero. O zero não tem significado nesse tipo de teste porque o número de unidades que separam a pontuação de um testando da de outro simplesmente não é conhecido. As pontuações são ordenadas, mas o número real de unidades separando uma pontuação da seguinte pode ser muitas, poucas ou praticamente nenhuma. Uma vez que não há ponto zero em uma escala ordinal, as formas nas quais os dados dessas escalas podem ser analisados são limitadas na perpectiva estatística. Não se pode calcular a média das qualificações dos candidatos a emprego na primeira e terceira posições, por exemplo, e esperar saber as qualificações do candidato na segunda posição.

> **REFLITA...**
> Quais são alguns outros exemplos de escalas ordinais?

Escalas intervalares

Além dos aspectos das escalas nominais e ordinais, as **escalas intervalares** contêm intervalos iguais entre os números. Cada unidade na escala é exatamente igual a qualquer outra unidade na escala. Mas, como as escalas ordinais, as intervalares não contêm um ponto zero absoluto. Com essas escalas, alcançamos um nível de mensuração no qual é possível calcular a média de um conjunto de medidas e obter um resultado significativo.

As pontuações em muitos testes, como os de inteligência, são analisadas estatisticamente de formas adequadas para os dados ao nível do intervalo de mensuração. Considera-se que a diferença na capacidade intelectual representada por QIs de 80 e 100, por exemplo, seja semelhante à existente entre os QIs de 100 e 120. Porém, se um indivíduo obtivesse um QI de 0 (algo que nem mesmo é possível, dada a forma em que a maioria dos testes de inteligência é estruturada), não seria uma indicação de (total ausência de) inteligência zero. Visto que as escalas intervalares não contêm um ponto zero absoluto, uma presunção inerente a sua utilização é que nenhum testando apresente a capacidade ou o traço (ou o que for) que estão sendo medidos.

> **REFLITA...**
> Quais são alguns outros exemplos de escalas intervalares?

Escalas de razão

Além de todas as propriedades das medidas nominal, ordinal e intervalar, uma **escala de razão** tem um ponto zero verdadeiro. Todas as operações matemáticas podem ser efetivamente realizadas porque existem intervalos iguais entre os números na escala, bem como um ponto zero verdadeiro e absoluto.

Em psicologia, a mensuração no nível de razão é empregada em alguns tipos de testes e itens de teste, talvez em especial naqueles envolvendo a avaliação do funcionamento neurológico. Um exemplo é um teste de preensão manual, na qual a variável medida é a quantidade de pressão que uma pessoa pode exercer com uma mão (ver Fig. 3.1). Outro exemplo é um teste cronometrado de capacidade perceptomotora que requer a montagem de um quebra-cabeças pelos testando. Nesse caso, o tempo gasto para completar de forma correta o quebra-cabeças é a medida a ser registrada. Visto que há um ponto zero verdadeiro nessa escala (ou seja, 0 segundos), é significativo dizer que um testando que complete a montagem em 30 segundos levou metade do tempo de um testando que a completou em 60 segundos. Nesse exemplo, é relevante falar de um ponto zero verdadeiro na escala – mas apenas teoricamente. Por quê? *Reflita...*

Nenhum testando poderia obter uma pontuação de zero nessa tarefa de montagem. Dito de outra maneira, nenhum testando, nem mesmo o Flash (um super-herói dos quadrinhos cujo poder é a capacidade de se mover a velocidade sobre-humana), poderia montar um quebra-cabeças em zero segundos.

> **REFLITA...**
> Quais são alguns exemplos de escalas de razão?

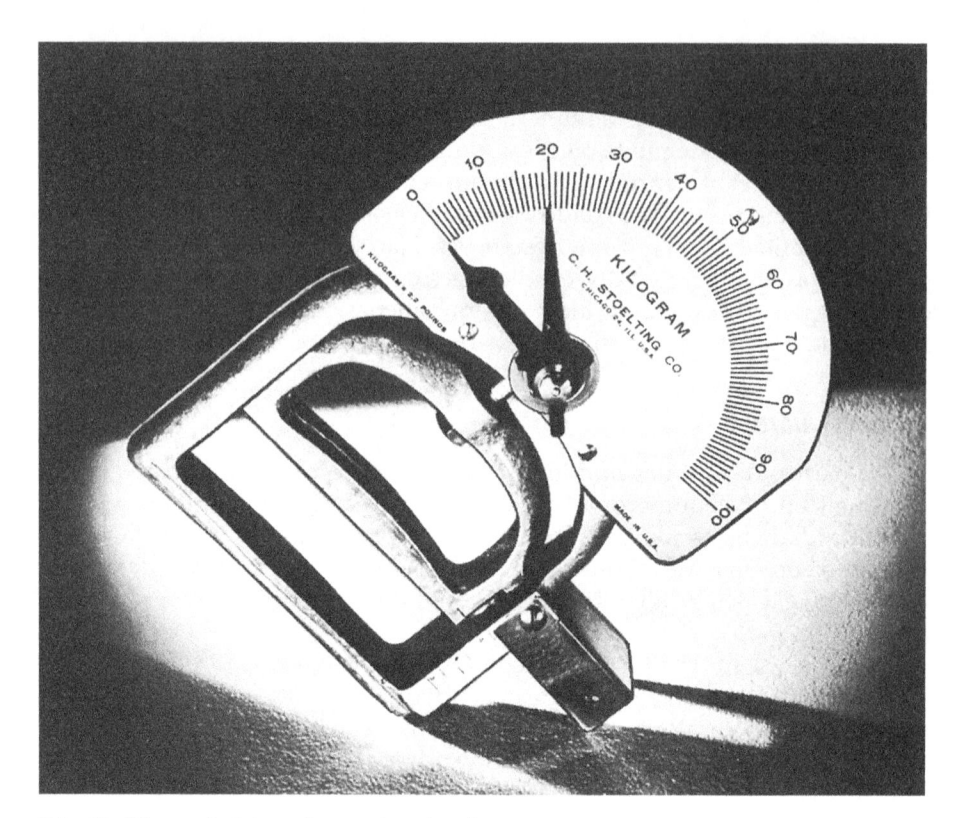

Figura 3.1 Medida em nível de razão na palma da mão.

O instrumento mostrado na figura é um **dinamômetro**, usado para medir a força de preensão manual. O examinando é instruído a apertar o punho o mais forte possível. Esse aperto do punho faz a agulha de calibragem se mover e refletir o número de libras (gramas) de pressão exercida. O ponto mais alto alcançado pela agulha é a pontuação. Esse é um exemplo de mensuração em nível de razão. Alguém que possa exercer 10 libras (4,5 kg) de pressão (e obtém uma pontuação de 10) exerce duas vezes mais pressão que uma pessoa que alcance 5 libras (2,3 kg) de pressão (e obtém uma pontuação de 5). Nesse teste é possível obter uma pontuação de 0, indicando uma completa falta de pressão exercida. Embora seja importante falar dessa pontuação de 0, temos que pensar a respeito de seu significado. Como poderia uma pontuação de 0 resultar? Uma forma seria se o testando genuinamente tivesse paralisia da mão. Outra seria se ele não cooperasse e não estivesse disposto a cumprir as exigências da tarefa. Outra ainda seria se o testando estivesse tentando fingir ou "falsificar" o teste. As escalas de razão podem nos fornecer números "sólidos" com que trabalhar, mas alguma interpretação dos dados do teste gerados ainda pode ser necessária antes de se tirar qualquer conclusão "sólida".

Escalas de medidas em psicologia

O nível de mensuração ordinal é usado com mais frequência em psicologia. Como Kerlinger (1973, p. 439) colocou: "As pontuações dos testes de inteligência, aptidão e personalidade são *básica e estritamente falando,* ordinais. Esses testes indicam, com mais ou menos precisão, não a quantidade de inteligência, aptidão e traços de personalidade dos indivíduos, mas, antes, as posições de classificação dos indivíduos". Kerlinger admitia que "a maioria das escalas psicológicas e educacionais aproxima o intervalo de igualdade bastante bem", embora advertisse que, se as medidas ordinais forem tratadas como se fossem intervalares, então o aplicador do teste deve "estar constantemente alerta para a possibilidade de *grande* desigualdade dos intervalos" (p. 440-441).

Por que os psicólogos desejariam tratar seus dados de avaliação como intervalares quando esses dados seriam mais bem descritos como ordinais? Por que não dizer apenas que eles são ordinais? A atração da mensuração intervalar para os aplicadores de testes psicológicos é a flexibilidade com que esses dados podem ser manipulados estatisticamente. Que tipos de manipulação estatística? você pode perguntar.

Neste capítulo discutimos as várias formas que podem descrever ou converter os dados de testes para torná-los mais controláveis e compreensíveis. Algumas das técnicas que descreveremos, como o cálculo de uma média, podem ser usadas se for presumido que os dados são de natureza intervalar ou de nível de razão, mas não se eles forem de nível ordinal ou nominal. Outras técnicas, como aquelas envolvendo a criação de gráficos ou de tabelas, podem ser usadas com dados de nível ordinal ou mesmo nominal.

Descrição dos dados

Suponha que você, em um passe de mágica, mudasse de lugar com o professor que leciona este curso e que você acabou de administrar uma prova que consiste em 100 itens de múltipla escolha (na qual é atribuído um ponto para cada resposta correta). A distribuição das pontuações para os 25 alunos matriculados em sua classe poderia teoricamente variar de 0 (nenhuma correta) a 100 (todas corretas). Uma **distribuição** pode ser definida como um conjunto de escores de teste alinhados para registro ou estudo. Os 25 escores nessa distribuição são denominados *escores brutos*. Como seu nome sugere, um **escore bruto** é uma contagem direta, inalterada do desempenho que, em geral, é numérico. Um escore bruto pode refletir uma contagem simples, como em *número de itens respondidos corretamente em um teste de realização*. Conforme veremos mais adiante neste capítulo, os escores brutos podem ser convertidos em outros tipos de escores. Por enquanto, suponhamos que hoje seja o dia depois da prova e que você está sentado em seu escritório olhando os escores brutos listados na Tabela 3.1. O que você faz em seguida?

Uma tarefa concreta é comunicar os resultados da prova para sua classe. Você quer fazer isso de uma forma que ajude os alunos a entenderem como seu desempenho na prova se compara com o desempenho de outros alunos. Talvez o primeiro passo seja organizar os dados transformando-os de uma listagem aleatória de escores brutos em algo que transmita imediatamente um pouco mais de informação. Mais tarde, como veremos, você pode querer transformar os dados de outras maneiras.

> **REFLITA...**
> De que forma a maioria de seus professores transmite informações relacionadas a provas aos alunos? Haveria uma forma melhor de fazer isso?

Distribuição de frequência

Os dados da prova poderiam ser organizados em uma distribuição de escores brutos. Uma forma como os escores poderiam ser distribuídos é pela frequência com que ocorrem. Em uma **distribuição de frequência**, todos os escores são listados ao lado das vezes que cada um ocorreu. Os escores poderiam ser listados de forma tabular ou gráfica. A Tabela 3.2 lista a frequência de ocorrência de cada escore em uma coluna e o escore em si na outra coluna.

Muitas vezes, nos referimos a uma distribuição de frequência como uma *distribuição de frequência simples* para indicar que os escores individuais foram usados e os dados não foram agrupados. Outro tipo usado para resumir os dados é uma *distribuição de frequência agrupada*. Em uma **distribuição de frequência agrupada**, os intervalos de pontos do teste, também chamados de *intervalos de classe*, substituem seus escores reais. O número de intervalos de classe usados e o tamanho ou a *amplitude* de cada (i.e., a variação dos escores do teste contidos em cada intervalo de classe) ficam a critério do aplicador do teste. Mas como?

Na maioria dos casos, uma decisão sobre o tamanho de um intervalo de classe em uma distribuição de frequência agrupada é tomada com base na conveniência. É evidente que praticamente qualquer decisão representará uma compensação de tipos. Um resumo conveniente e de fácil leitura dos dados é a compensação por perda de detalhe. Em que

Tabela 3.1 Dados de sua prova do curso de mensuração

Aluno	Pontuação (número correto)
Judy	78
Joe	67
Lee-Wu	69
Miriam	63
Valerie	85
Diane	72
Henry	92
Esperanza	67
Paula	94
Martha	62
Bill	61
Homer	44
Robert	66
Michael	87
Jorge	76
Mary	83
"Mousey"	42
Barbara	82
John	84
Donna	51
Uriah	69
Leroy	61
Ronald	96
Vinnie	73
Bianca	79

medida os dados devem ser resumidos? Qual a importância do detalhe? Esses tipos de questões devem ser considerados. Na distribuição de frequência agrupada na Tabela 3.3, os escores do teste foram agrupados em 12 intervalos de classe, sendo cada um igual a 5 pontos.[6] O intervalo de classe mais alto (95 a 99) e o mais baixo (40 a 44) são referidos, respectivamente, como os limites superior e inferior da distribuição. Aqui, a necessidade de conveniência para a leitura dos dados supera a necessidade por grandes detalhes, portanto esses agrupamentos de dados parecem lógicos.

As distribuições de frequência de pontuações de testes também podem ser ilustradas de forma gráfica. Um **gráfico** é um diagrama ou mapa composto de linhas, pontos, barras ou outros símbolos para descrever e ilustrar os dados. Com um bom gráfico, o lugar de uma pontuação simples em relação a uma distribuição de pontuações do teste pode ser entendido com facilidade. Três tipos de gráficos usados para ilustrar as distribuições de frequência são o histograma, o gráfico de barras e o polígono de frequência (Fig. 3.2). Um **histograma** é um gráfico com linhas verticais traçadas nos limites verdadeiros de cada escore do teste (ou intervalo de classe), formando uma série de retângulos contíguos. É costume que os escores dos testes (ou os escores únicos ou os pontos médios dos intervalos de classe) sejam colocadas ao longo do eixo horizontal do gráfico (também referido como *abscissa* ou eixo-X) e os números indicativos da frequência da ocorrência sejam colocados ao longo do eixo vertical do gráfico (também referido como *ordenada* ou eixo-Y). Em um

---

[6] Tecnicamente, cada número nesse tipo de escala seria visto como variando de até 0,5 abaixo dele para até 0,5 acima dele. Por exemplo, a amplitude "real", mas hipotética, do intervalo de classe variando de 95 a 99 seria a diferença entre 99,5 e 94,5, ou 5. Os limites superior e inferior verdadeiros dos intervalos de classe apresentados na tabela seriam 99,5 e 39,5, respectivamente.

Tabela 3.2 Distribuição de frequência dos escores de sua prova

Escores	f (frequência)
96	1
94	1
92	1
87	1
85	1
84	1
83	1
82	1
79	1
78	1
76	1
73	1
72	1
69	2
67	2
66	1
63	1
62	1
61	2
51	1
44	1
42	1

gráfico de barras, os números indicativos da frequência também aparecem no eixo-Y, e a referência a alguma categorização (p. ex., sim/não/talvez, homem/mulher) aparecem no eixo-X. Aqui as barras retangulares normalmente não são contíguas. Os dados ilustrados em um **polígono de frequência** são expressos por uma linha contínua ligando os pontos em que as pontuações do teste ou os intervalos de classe (como indicado no eixo-X) encontram as frequências (como indicado no eixo-Y).

As representações gráficas das distribuições de frequência podem assumir qualquer um de uma série de formatos diferentes (Fig. 3.3). Independentemente do formato dos dados representados de forma gráfica, é uma boa ideia que o consumidor da informação

Tabela 3.3 Distribuição de frequência agrupada

Intervalo de classe	f (frequência)
95–99	1
90–94	2
85–89	2
80–84	3
75–79	3
70–74	2
65–69	5
60–64	4
55–59	0
50–54	1
45–49	0
40–44	2

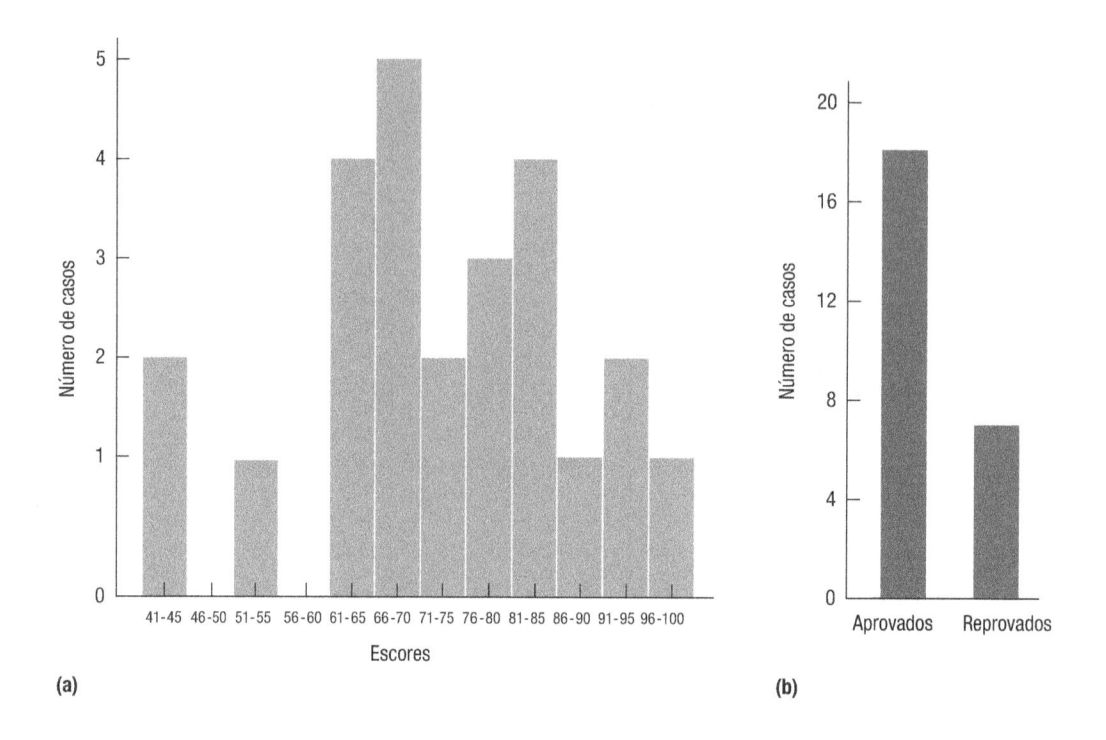

Figura 3.2 Ilustrações gráficas dos dados da Tabela 3.3

Um histograma (a), um gráfico de barras (b) e um polígono de frequência (c) podem ser todos usados para transmitir graficamente informações sobre o desempenho no teste. Sem dúvida, a rotulagem do gráfico de barras e a natureza específica dos dados transmitidos por ele dependem das variáveis de interesse. Em (b), a variável de interesse é o número de alunos que passaram na prova (supondo, para o propósito desta ilustração, que um escore bruto de 65 ou mais alto foi designado de forma antecipada e arbitrária como uma nota de aprovação).

Voltando à questão antes colocada – aquela na qual você desempenhou o papel de professor e deve comunicar os resultados da prova a seus alunos – que tipo de gráfico serviria melhor a seus propósitos? Por quê?

Continuando nossa revisão da estatística descritiva, você pode querer retornar a seu papel de professor e formular sua resposta a questionamentos desafiadores relacionados, tais como "Que medida(s) de tendência central devo utilizar para transmitir esta informação?" e "Que medida(s) de variabilidade transmitiria melhor a informação?".

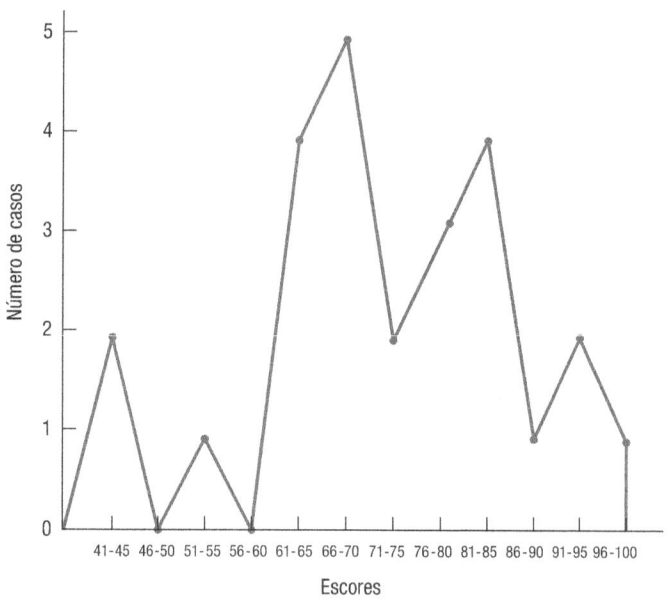

(a) Curva normal (em forma de sino)

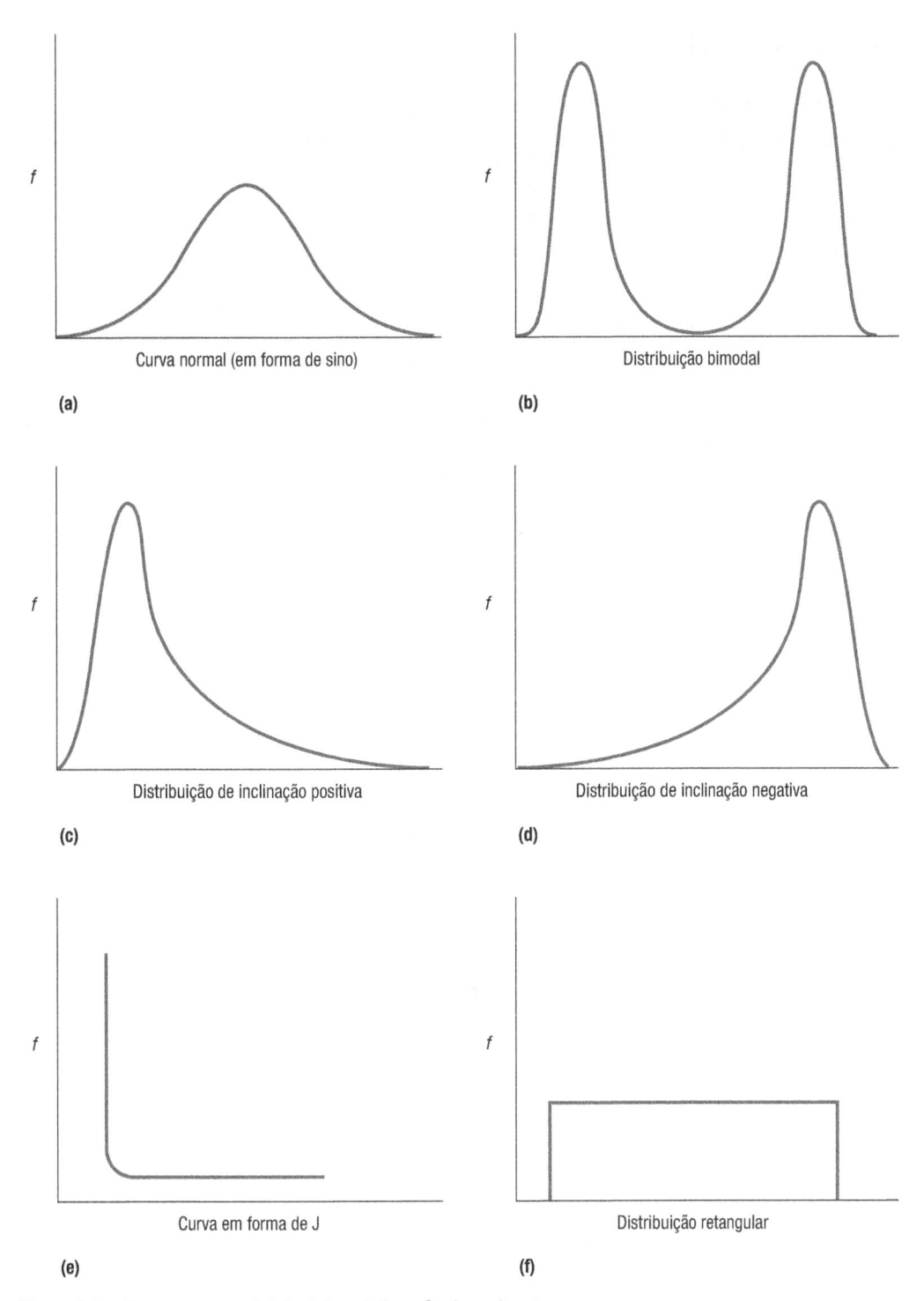

(b) Distribuição bimodal

(c) Distribuição de inclinação positiva

(d) Distribuição de inclinação negativa

(e) Curva em forma de J

(f) Distribuição retangular

Figura 3.3 Formas que as distribuições de frequência podem tomar.

A PSICOMETRIA NO COTIDIANO

Consumidor (de dados em gráfico), cuidado!

Uma imagem vale mais que mil palavras, e um dos propósitos de representar dados na forma de gráfico é transmitir a informação em uma olhada. Entretanto, embora dois gráficos possam estar corretos com respeito aos dados que representam, suas figuras – e o que elas transmitem ao serem olhadas – podem ser imensamente diferentes. Como exemplo, considere o seguinte cenário hipotético envolvendo uma cadeia de lanchonetes que chamaremos de "Casa dos Grelhados".

A cadeia Casa dos Grelhados serve hambúrgueres microscopicamente finos, muito tostados na forma de casinhas triangulares. No período de 10 anos desde sua fundação, em 1993, a companhia vendeu, em média, 100 milhões de hambúrgueres por ano. No décimo aniversário da cadeia, a Casa dos Grelhados distribui um comunicado na imprensa anunciando "Mais de um bilhão servidos".

Os jornalistas de duas publicações econômicas partem para pesquisar e escrever um artigo sobre essa cadeia de lanchonetes. Trabalhando somente a partir dos números de vendas compilados de relatórios anuais para os acionistas, o Jornalista 1 concentra sua história nas diferenças nas vendas anuais. Seu artigo é intitulado "Um bilhão servidos – mas as vendas da Casa dos Grelhados oscilam ano a ano", e sua ilustração gráfica é reimpressa aqui.

Uma figura bastante diferente da companhia surge da história do Jornalista 2, intitulada "Um bilhão servidos – e as vendas da Casa dos Grelhados estão firmes como sempre", e seu gráfico acompanhante. A última história é baseada em uma análise diligente de dados comparáveis para o mesmo número de cadeias de hambúrgueres nas mesmas áreas do país ao longo do mesmo período de tempo. Enquanto pesquisava a história, o Jornalista 2 ficou sabendo que oscilações anuais nas vendas são comuns a toda a indústria e que as oscilações anuais observadas nos números da Casa dos Grelhados eram – em relação a outras cadeias – insignificantes.

Compare os gráficos que acompanharam cada história. Embora ambos sejam precisos na medida em que são embasados em números corretos, as impressões que tendem a deixar são bastante diferentes.

A propósito, o costume determina que a intersecção dos dois eixos de um gráfico seja em 0 e que todos os pontos no eixo--Y sejam em intervalos iguais e proporcionais a partir de 0. Esse costume é seguido na história do Jornalista 2, na qual o primeiro ponto sobre a ordenada é 10 unidades a mais que 0, e cada ponto subsequente também é 10 unidades a mais de distância de 0. Entretanto, o costume é violado na história do Jornalista 1, na qual o primeiro ponto sobre a ordenada é 95 unidades a mais que 0, e cada ponto subsequente aumenta apenas em 1. A violação do costume na história do Jornalista 1 deve servir como uma advertência para se avaliarem as representações pictóricas dos dados de modo ainda mais crítico.

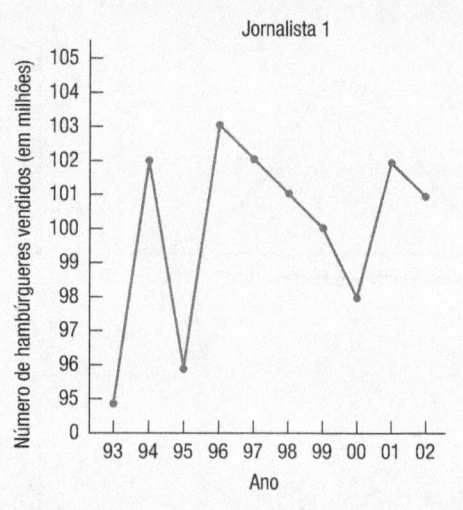

(a) As vendas da Casa dos Grelhados durante um período de 10 anos

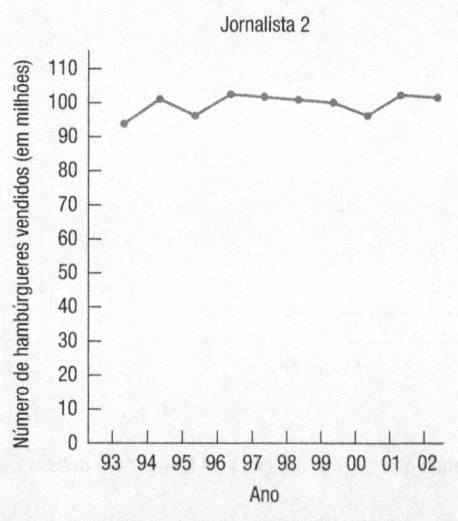

(b) As vendas da Casa dos Grelhados durante um período de 10 anos

contida no gráfico a examine com cuidado – e, se necessário, de modo crítico. Considere, nesse contexto, a seção *A psicometria no cotidiano* deste capítulo.

Como discutiremos em detalhes mais adiante neste capítulo, uma representação gráfica de dados de particular interesse aos profissionais da mensuração é a *curva normal* ou *em forma de sino*. Antes de chegarmos lá, entretanto, vamos voltar ao tema das distribuições e como podemos descrevê-las e caracterizá-las. Uma maneira de descrever uma distribuição de pontuações de teste é por meio de uma medida de tendência central.

Medidas de tendência central

Uma **medida de tendência central** é uma estatística que indica a média ou a pontuação mais central entre as pontuações extremas em uma distribuição. O centro de uma distribuição pode ser definido de diferentes formas. Talvez a medida de tendência central mais comumente usada seja a *média aritmética*, que é referida na linguagem cotidiana como **média**. A média leva em conta o valor numérico real de cada pontuação. Em casos especiais, como quando há apenas poucas pontuações e uma ou duas delas são extremas em relação às restantes, uma medida de tendência central que não a média pode ser conveniente. Outras medidas de tendência central que revisamos incluem a *mediana* e a *moda*. Note que, nas fórmulas a seguir, a abreviação estatística-padrão denominada "notação de somatório" (*somatório* significando "a soma de") é usada. A letra grega sigma maiúscula, Σ, é o símbolo usado para expressar "soma"; se X representa uma pontuação de teste, então a expressão ΣX significa "adicionar todos os escores do teste".

A média aritmética A **média aritmética**, indicada pelo símbolo $\bar{X}$ (e pronunciado "X barra"), é igual à soma das observações (ou escores do teste, neste caso) dividida pelo número de observações. Escrita simbolicamente, a fórmula para a média aritmética é $\bar{X} = \Sigma (X/n)$, em que *n* é igual ao número de observações ou escores do teste. A média aritmética costuma ser a medida mais apropriada de tendência central para dados de intervalo ou razão quando se acredita que as distribuições sejam quase normais. Uma média aritmética também pode ser calculada a partir de uma distribuição de frequência. A fórmula para se fazer isso é

$$\bar{X} = \frac{\Sigma (fX)}{n}$$

em que $\Sigma(fX)$ significa "multiplicar a frequência de cada escore por seu escore correspondente e então somar". Uma estimativa da média aritmética também pode ser obtida a partir de uma distribuição de frequência agrupada usando a mesma fórmula, na qual X é igual ao ponto médio do intervalo de classe. A Tabela 3.4 ilustra um cálculo da média a partir de uma distribuição de frequência agrupada. Após fazer a conta, você vai descobrir que, usando os dados agrupados, uma média de 71,8 (que pode ser arredondada para 72) é calculada. Usando os escores brutos, uma média de 72,12 (que também pode ser arredondada para 72) é calculada. Frequentemente, a escolha da estatística dependerá do grau de precisão requerido na mensuração.

> **REFLITA...**
> Imagine que mil ou mais engenheiros estejam fazendo um teste de seleção para um emprego extremamente difícil. Um grupo pequeno de candidatos obteve pontuações muito altas, mas a imensa maioria se saiu mal, obtendo pontuações baixíssimas. Dado esse cenário, quais são os prós e os contras de usar a média como uma medida de tendência central para esse teste?

A mediana A **mediana**, definida como o escore médio em uma distribuição, é outra medida de tendência central comumente usada. Determinamos a mediana de uma distribuição de escores ordenando os escores em uma lista por magnitude, em ordem ascendente ou descendente. Se o número total de escores ordenados for um número ímpar, então a mediana será o escore que está exatamente no meio, com metade dos escores restantes

Tabela 3.4 Cálculo da média aritmética a partir de uma distribuição de frequência agrupada

Intervalo de classe	f	X (ponto médio do intervalo de classse)	fX
95–99	1	97	97
90–94	2	92	184
85–89	2	87	174
80–84	3	82	246
75–79	3	77	231
70–74	2	72	144
65–69	5	67	335
60–64	4	62	248
55–59	0	57	000
50–54	1	52	52
45–49	0	47	000
40–44	2	42	84
	$\Sigma f = 25$		$\Sigma (fX) = 1.795$

Para estimar a média aritmética desta distribuição de frequência agrupada,

$$\overline{X} = \frac{\Sigma (fX)}{n} = \frac{1795}{25} = 71,80$$

Para calcular a média desta distribuição usando escores brutos,

$$\overline{X} = \frac{\Sigma X}{n} = \frac{1803}{25} = 72,12$$

localizada acima dele e a outra metade localizada abaixo dele. Quando o número total de escores ordenados é par, então a mediana pode ser calculada pela determinação da média aritmética dos dois escores do meio. Por exemplo, suponha que 10 pessoas estejam fazendo um teste de processamento de texto de seleção para um emprego na Corporação Rochester Wrenchworks (TRW). Eles obtiveram os seguintes escores, apresentados aqui em ordem decrescente:

66
65
61
59
53
52
41
36
35
32

A mediana desses dados seria calculada obtendo-se a média (ou seja, a média aritmética) dos dois escores do meio, 53 e 52 (que seria igual a 52,5). A mediana é uma medida apropriada de tendência central para dados ordinais, intervalares e de razão. Ela pode ser uma medida de tendência central particularmente útil em casos em que existam poucos escores nas extremidades superior e inferior da distribuição.

Suponha que não 10, mas, em vez disso, dezenas de milhares de pessoas tivessem se candidatado a empregos na Rochester Wrenchworks. Seria impraticável encontrar a mediana apenas ordenando os dados e encontrando os escores mais centrais; portanto, como a pontuação mediana seria identificada? Para nossos propósitos, a resposta é simplesmente que há métodos avançados para fazê-lo. Também há técnicas para identificar a mediana em outros tipos de distribuições, tais como uma distribuição de frequência agrupada e uma distribuição na qual vários escores sejam idênticos. Entretanto, em vez de nos aprofundarmos nesse território novo e complexo, vamos resumir nossa discussão da tendência central e considerar outra medida.

A moda O escore que ocorre com mais frequência em uma distribuição de escores é a moda.[7] Como exemplo, determine a moda para os seguintes escores obtidos por outro candidato a emprego na TRW, Bruce. Os escores refletem o número de palavras que Bruce digitou em sete tentativas de 1 minuto:

$$43 \quad 34 \quad 45 \quad 51 \quad 42 \quad 31 \quad 51$$

É política da TRW que os novos contratados sejam capazes de digitar pelo menos 50 palavras por minuto. Agora, se coloque no papel do administrador de pessoal da empresa. Você contrataria Bruce? O escore ocorrendo com mais frequência nessa distribuição é 51. Se as diretrizes de contratação lhe deram a liberdade de usar qualquer medida de tendência central em sua tomada de decisão, então seria sua escolha se Bruce seria ou não contratado. Você poderia contratá-lo e justificar essa decisão com base no escore modal dele (51). Você também poderia *não* contratá-lo e justificar com base no escore médio dele (abaixo das 50 palavras por minuto requeridas). Por fim, se a Rochester Wrenchworks será o novo lar de Bruce dependerá de outros fatores relacionados ao trabalho, tais como a natureza do mercado de trabalho em Rochester e as qualificações dos candidatos concorrentes. Naturalmente, se as diretrizes da empresa determinarem que apenas a pontuação média seja usada nas decisões de contratação, então uma carreira na TRW não está no futuro imediato de Bruce.

Distribuições que contenham uma subordinação à designação "escores ocorrendo com mais frequência" podem ter mais de uma moda. Considere os seguintes escores – arranjados sem uma ordem em particular – obtidos por 20 estudantes no exame final de um nova escola de comércio chamada The Home Study School of Elvis Presley Impersonators (Escola de Educação em Casa dos Imitadores de Elvis Presley):

$$51 \quad 49 \quad 51 \quad 50 \quad 66 \quad 52 \quad 53 \quad 38 \quad 17 \quad 66$$
$$33 \quad 44 \quad 73 \quad 13 \quad 21 \quad 91 \quad 87 \quad 92 \quad 47 \quad 3$$

Diz-se que esses escores têm uma **distribuição bimodal** porque há dois escores (51 e 66) que ocorrem com a frequência mais alta (de dois). Exceto com os dados nominais, a moda tende a não ser uma medida de tendência central usada muito comumente. Ao contrário da média aritmética, que tem de ser calculada, o valor do escore modal não é calculado; apenas se conta e se determina qual escore é o mais frequente. Visto que a moda é obtida dessa maneira, o escore modal pode ser totalmente atípico – por exemplo, no extremo da distribuição – que apesar disso ocorre com a maior frequência. De fato, em teoria é possível que uma distribuição bimodal tenha duas modas, cada uma localizada na extremidade alta ou baixa da distribuição – desse modo traindo a expectativa de que uma medida de tendência central deva ser... bem, central (ou indicativa de um ponto no meio da distribuição).

Ainda que a moda não seja calculada no sentido em que a média é calculada, e ainda que não seja necessariamente um ponto único em uma distribuição (uma distribuição pode ter dois, três ou mesmo mais modas), a moda ainda pode ser útil para transmitir certos tipos de informação. Ela é útil em análises de natureza qualitativa ou verbal. Por

---

[7] Se escores adjacentes ocorrem com igual frequência e com mais frequência do que outros escores, o costume determina que seja referida a moda como a média.

exemplo, ao avaliar a lembrança dos consumidores de um comercial por meio de entrevistas, um pesquisador poderia estar interessado em qual palavra ou palavras foram mais mencionadas pelos entrevistados.

A moda pode transmitir uma abundância de informação *em acréscimo à* média. Como exemplo, suponha que você quisesse uma estimativa do número de artigos publicados em revistas por psicólogos clínicos nos Estados Unidos no ano passado. Para chegar a esse número, você poderia somar o número de artigos de revistas aceitos para publicação escritos por cada psicólogo clínico nesse país, dividir pelo número de psicólogos e chegar à média aritmética. Esse cálculo produziria uma indicação do número médio de artigos publicados em revistas. Qualquer que fosse o número, podemos dizer com certeza que ele seria maior do que a moda. É fato bem conhecido que a maioria dos psicólogos clínicos não escreve artigos para revistas. A moda para publicações por esses psicólogos em um determinado ano é zero. Nesse exemplo, a média aritmética nos daria uma medida precisa do número médio de artigos publicados por clínicos. Entretanto, o que poderia se perder nessa medida de tendência central é que, de modo proporcional, muito poucos de todos os clínicos são os autores da maioria das publicações. A moda (nesse caso, uma moda de zero) nos forneceria uma grande quantidade de informação em um piscar de olhos. Ela nos diria que, independentemente da média, a maioria dos clínicos não publica.

Visto que não é calculada em um sentido verdadeiro, a moda é uma estatística nominal e não pode ter uso legítimo em outros cálculos. A mediana é uma estatística que leva em consideração a ordem das pontuações, sendo ela própria de natureza ordinal. A média, uma estatística de nível intervalar, é em geral a medida de tendência central mais estável e útil.

REFLITA...
Crie seu próprio exemplo para ilustrar como a moda, e não a média, pode ser a medida de tendência central mais útil.

Medidas de variabilidade

Variabilidade é uma indicação de como os escores em uma distribuição são difusos ou dispersos. Como ilustra a Figura 3.4, duas ou mais distribuições de escores de testes podem ter a mesma média ainda que as diferenças na dispersão dos escores em torno dela possam ser amplas. Em ambas as distribuições A e B, os escores do teste poderiam variar de 0 a 100. Na A, vemos que o escore médio era 50, e os escores restantes eram amplamente distribuídos em torno da média. Na B, a média também era 50, mas poucas pessoas tiveram pontuação acima de 60 ou abaixo de 40.

A estatística que descreve a quantidade de variação em uma distribuição é denominada **medidas de variabibilidade**. Algumas delas incluem o intervalo, o intervalo interquartil, o intervalo semi-interquartil, o desvio médio, o desvio-padrão e a variância.

O intervalo O **intervalo** de uma distribuição é igual à diferença entre os escores mais altos e os mais baixos. Poderíamos descrever a distribuição B da Figura 3.4, por exemplo, como

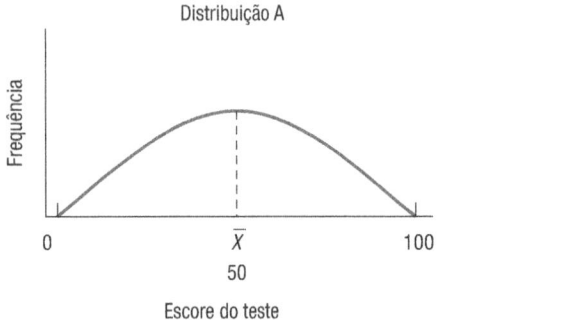

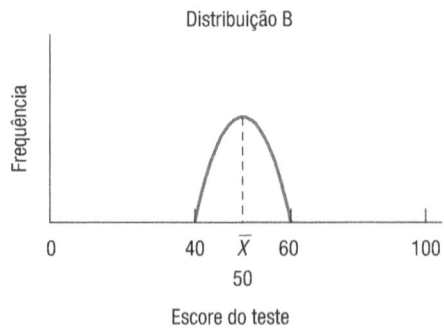

Figura 3.4 Duas distribuições com diferenças na variabilidade.

tendo um intervalo de 20 se soubéssemos que o escore mais alto nessa distribuição era 60 e o mais baixo era 40 (60 − 40 = 20). Com relação à distribuição A, se soubéssemos que o escore mais baixo era 0 e o mais alto era 100, o intervalo seria igual a 100 − 0 = 100. O intervalo é a medida de variabilidade mais simples de calcular, mas seu potencial de uso é limitado. Visto que o intervalo é baseado inteiramente nos valores dos escores mais altos e mais baixos, um escore extremo (se for o mais baixo ou o mais alto) pode alterar de

> **REFLITA...**
> Crie duas distribuições de pontuações de teste para ilustrar como a variação pode exagerar ou minimizar o grau de variabilidade nas pontuações.

modo radical o valor do intervalo. Por exemplo, suponha que a distribuição B incluísse um escore de 90. A variação dessa distribuição seria agora igual a 90 − 40, ou 50. Contudo, olhando os dados no gráfico da distribuição B, fica claro que a imensa maioria dos escores tendem a estar entre 40 e 60.

Como estatística descritiva de âmbito, o intervalo fornece uma descrição rápida, mas bruta da dispersão dos escores. Quando seu valor é baseado em escores extremos em uma distribuição, a descrição do intervalo resultante pode ser minimizada ou exagerada. Medidas de intervalo melhores incluem os intervalos interquartil e semi-interquartil.

Os intervalos interquartil e semi-interquartil A distribuição de escores de teste (ou de quaisquer outros dados, na verdade) pode ser dividida em quatro partes, de modo que 25% dos escores ocorrem em cada quarto. Conforme ilustrado na Figura 3.5, os pontos de divisão entre os quatro quartos na distribuição são os **quartis**. Existem três deles, respectivamente denominados Q_1, Q_2 e Q_3. Note que *quartil* se refere a um ponto específico, enquanto *quarto* indica um intervalo. Um escore individual pode, por exemplo, cair *no* terceiro quartil ou *dentro do* terceiro quarto (mas *não* "dentro do" terceiro quartil ou "no" terceiro quarto). Não deve ser uma surpresa para você que Q_2 e a mediana sejam exatamente o mesmo. E, assim como a mediana é o ponto médio em uma distribuição de pontuações, da mesma forma os quartis Q_1 e Q_3 são os *quartos* em uma distribuição de pontuações. Fórmulas podem ser empregadas para determinar o valor exato desses pontos.

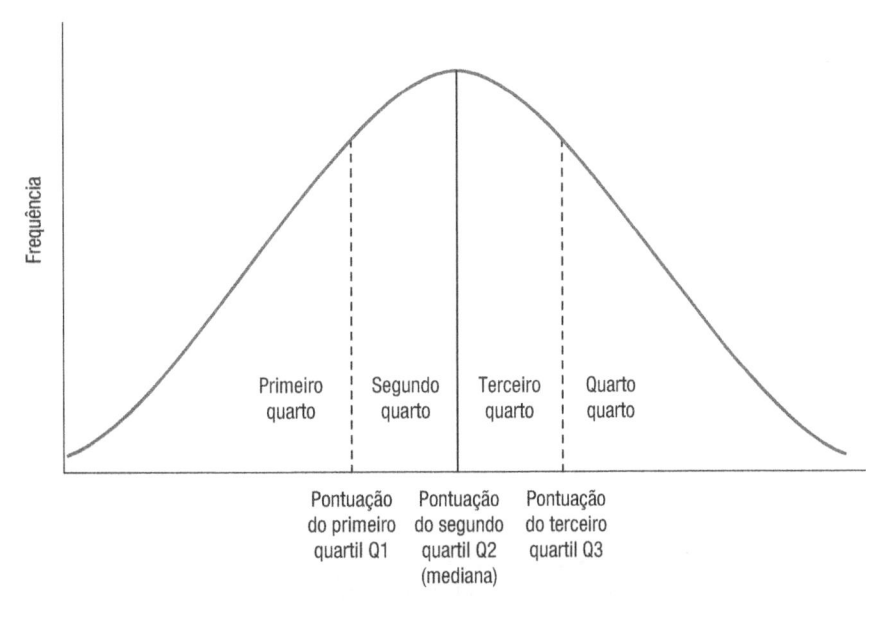

Figura 3.5 Uma distribuição em quartos.

O **intervalo interquartil** é uma medida de variabilidade igual à diferença entre Q_3 e Q_1. Como a mediana, ela é uma estatística ordinal. Uma medida de variabilidade relacionada é o **intervalo semi-interquartil**, que é igual ao intervalo interquartil dividido por 2. O conhecimento das distâncias relativas de Q_1 e Q_3 de Q_2 (a mediana) fornece ao interpretador de teste experiente a informação imediata quanto ao formato da distribuição dos escores. Em uma distribuição de simetria perfeita, Q_1 e Q_3 estarão exatamente à mesma distância da mediana. Se essas distâncias forem desiguais, então há uma falta de simetria. Essa falta de simetria é chamada de *enviesamento*, e logo teremos mais a dizer sobre isso.

O desvio médio Outro instrumento que poderia ser usado para descrever a quantidade de variabilidade em uma distribuição é o desvio médio, ou, abreviado, DM. Sua fórmula é

$$DM = \frac{\sum |x|}{n}$$

O x minúsculo em itálico na fórmula significa o desvio da média de um escore. O valor de x é obtido subtraindo a média da pontuação (X – média = x). As barras em cada lado do x indicam que ele é o valor absoluto da pontuação de desvio (ignorando o sinal positivo ou negativo e tratando todas os escores de desvio como positivos). Todos os escores de desvio são então somados e divididos pelo número total de escores (n) para chegar ao desvio médio.

85 100 90 95 80

> **REFLITA...**
> Após ler sobre o desvio-padrão, explique com suas próprias palavras como um entendimento do desvio médio pode ser um "trampolim" para entender melhor o conceito de um desvio-padrão.

Comece calculando a média aritmética. Em seguida, obtenha o valor absoluto de cada um dos escores de desvio e some-os. Quando você os soma, note o que aconteceria se não ignorasse os sinais de mais ou de menos: a soma de todos os escores de desvio então totalizaria zero. Divida a soma dos escores de desvio pelo número de mensurações (5). Você obtém um DM de 6? O DM nos diz que os cinco escores nessa distribuição variaram, em média, 6 pontos da média.

O desvio médio raramente é usado. Talvez isso aconteça porque a deleção de sinais algébricos o torna uma medida sem valor para fins de quaisquer outras operações. Por que, então, discuti-lo aqui? A razão é que um entendimento claro do que um desvio médio mede fornece um embasamento sólido para entender a base conceitual de outra medida, mais amplamente usada: o desvio-padrão. Tendo em mente o que é um desvio médio, o que ele nos diz e como ele é obtido, consideremos seu "primo" usado mais frequência, o desvio-padrão.

O desvio-padrão Lembre que, quando calculamos o desvio médio, o problema da soma de todos os escores de desvio em torno da média se igualando a zero foi resolvido com utilização de apenas o valor absoluto das pontuações de desvio. No cálculo do desvio-padrão, deve-se lidar com o mesmo problema, mas o fazemos de uma forma diferente. Em vez de usar o valor absoluto de cada escore de desvio, usamos o quadrado de cada escore. Dessa forma, o sinal de qualquer desvio negativo torna-se positivo. Visto que todos os escores de desvio estão ao quadrado, sabemos que nosso cálculos não estarão completos até voltarmos e extrairmos a raiz quadrada de qualquer valor obtido.

Podemos definir o **desvio-padrão** como uma medida de variabilidade igual à raiz quadrada dos desvios quadrados médios referentes à média. Mais sucintamente, é igual à raiz quadrada da *variância*. A **variância** é igual à média aritmética dos quadrados das diferenças entre os escores em uma distribuição e sua média. A fórmula usada para calcular a variância (s^2) usando escores de desvio é

$$s^2 = \frac{\sum x^2}{n}$$

Simplificando, a variância é calculada elevando ao quadrado e somando todos os escores de desvio e então dividindo pelo número total de escores. Ela também pode ser calculada de outras formas. Por exemplo: a partir de escores brutos, primeiro deve-se calcular a soma desses escores ao quadrado, dividir pelo número de escores, e então subtrair a média quadrática. O resultado é

$$s^2 = \frac{\sum X^2}{n} - \overline{X}^2$$

A variância é uma medida amplamente usada na pesquisa psicológica. Para fazer interpretações significativas, a distribuição de pontuação do teste deve ser quase normal. Teremos mais a dizer sobre distribuições "normais" mais adiante neste capítulo. Neste ponto, pense em uma distribuição normal como uma distribuição com a maior frequência de escores ocorrendo próximo da média aritmética. Correspondentemente, cada vez menos pontuações relativas à média ocorrem em ambos os lados dela.

Para alguma experiência prática com os conceitos de variância e de desvio-padrão – e para desenvolver um senso de domínio deles – por que não dedicar os próximos 10 ou 15 minutos para calcular o desvio-padrão para os escores de teste mostrados na Tabela 3.1? Use ambas as fórmulas para verificar que eles produzem os mesmos resultados. Usando escores de desvio, seus cálculos devem ser semelhantes a estes:

$$s^2 = \frac{\sum x^2}{n}$$

$$s^2 = \frac{\sum (X - \text{média})^2}{n}$$

$$s^2 = \frac{[(78 - 72{,}12)^2 + (67 - 72{,}12)^2 + \cdots + (79 - 72{,}12)^2]}{25}$$

$$s^2 = \frac{4972{,}64}{25}$$

$$s^2 = 198{,}91$$

Usando a fórmula de escores brutos, seus cálculos devem se parecer com estes:

$$s^2 = \frac{\sum X^2}{n} - \overline{X}^2$$

$$s^2 = \frac{[(78)^2 + (67)^2 + \cdots + (79)^2]}{25} - 5201{,}29$$

$$s^2 = \frac{135005}{25} - 5201{,}29$$

$$s^2 = 5400{,}20 - 5201{,}29$$

$$s^2 = 198{,}91$$

Em ambos os casos, o desvio-padrão é a raiz quadrada da variância (s^2). De acordo com nossos cálculos, o desvio-padrão dos escores do teste é 14,10. Se $s = 14{,}10$, então uma unidade de desvio-padrão é aproximadamente igual a 14 unidades de medida ou (com referência a nosso exemplo e arredondando para um número inteiro) a 14 pontos do teste. Os dados deste não forneceram uma boa aproximação da curva normal. Os profissionais do teste descreveriam esses dados como "positivamente enviesados". O *enviesamento*, assim como termos relacionados, como *negativamente enviesado* e *positivamente enviesado*, são tratados na próxima seção. Uma vez que esteja "positivamente familiarizado" com termos como *positivamente enviesado*, você vai apreciar ainda mais a seção neste capítulo intitulada "A área sob a curva normal". Você encontrará uma riqueza de informação sobre interpretação de escores de testes no caso em que os escores *não* sejam enviesados – ou seja, quando os escores são quase normais na distribuição.

O símbolo para o desvio-padrão tem sido representado de diversas maneiras como *s*, *S*, DP e como a letra grega sigma (δ). Um costume (ao qual aderimos) é que *s* se refira ao desvio-padrão da amostra e δ, ao desvio-padrão da população. O número de observações na amostra é *n*, e o denominador *n* – 1 é às vezes usado para calcular o que é chamado de uma "estimativa imparcial" do valor da população (embora ela seja, na verdade, apenas *menos* tendenciosa; ver Hopkins e Glass, 1978). A menos que *n* seja 10 ou menos, o uso de *n* ou *n* – 1 tende a não fazer uma diferença significativa.

Se o denominador mais adequado é *n* ou *n* – 1 é objeto de discussão. Lindgren (1983) tem defendido o uso de *n* – 1 em parte porque esse denominador tende a simplificar as fórmulas de correlação. Em contrapartida, a maioria dos textos recomendam o uso de *n* – 1 apenas quando os dados constituem uma amostra; quando constituem uma população, *n* é preferível. Para Lindgren (1983), não importa se os dados são de uma amostra ou de uma população. Talvez a convenção mais razoável seja usar *n* quando a população inteira foi avaliada ou quando não se pretende uma inferência para a população. Portanto, se forem consideradas as notas das provas de uma classe de alunos – incluindo todas as pessoas sobre as quais vamos fazer inferências – parece apropriado usar *n*.

Tendo declarado nossa posição em relação à controvérsia *n* versus *n* – 1, apresentamos nossa fórmula para o desvio-padrão da população. Nessa fórmula $\bar{X}$ representa uma média da amostra e *M* uma média da população:

$$\sqrt{\frac{\sum (X - M)^2}{n}}$$

O desvio-padrão é uma medida de variação muito útil porque a distância da média de cada escore individual da distribuição é levada em conta em seu cálculo. Você vai encontrar com frequência essa medida de variação no estudo e na prática da mensuração na psicologia.

Enviesamento

As distribuições podem ser caracterizadas por seu **enviesamento** ou pela natureza e grau de ausência de simetria. O enviesamento é uma indicação de como as medidas em uma distribuição são distribuídas. Uma distribuição tem um **enviesamento positivo** quando poucos escores caem na extremidade superior da distribuição. Resultados de exames positivamente enviesados podem indicar que o teste foi muito difícil. Uma quantidade maior de itens que fossem mais fáceis teria sido desejável a fim de discriminar melhor na extremidade inferior da distribuição dos escores do teste. Uma distribuição tem um **enviesamento negativo** quando poucos escores caem na extremidade baixa da distribuição. Resultados de exames negativamente enviesados podem indicar que o teste foi muito fácil. Nesse caso, mais itens de um nível de dificuldade mais alto teriam possibilitado discriminar melhor entre os escores na extremidade superior da distribuição. (Consulte a Fig. 3.3 para exemplos gráficos de distribuições enviesadas).

O termo *enviesado* encobre implicações negativas para muitos estudantes. Suspeitamos que *enviesado* esteja associado com *anormal* talvez porque a distribuição enviesada se desvia da chamada simétrica ou normal. Entretanto, a presença ou a ausência de simetria em uma distribuição (enviesamento) é apenas uma característica que pode ser usada para descrever uma distribuição. Considere, nesse contexto, um Teste de Avaliação de Capacidade e Resistência do Corpo de Fuzileiros Navais administrado a todos os civis que buscam se alistar na marinha dos Estados Unidos. Agora, olhe novamente os gráficos na Figura 3.3. Qual você acha que descreveria melhor a distribuição resultante dos escores de teste? (Não espie o próximo parágrafo antes de responder.)

Ninguém pode dizer com certeza, mas, se tivéssemos que adivinhar, então diríamos que os dados desse teste se pareceriam com o gráfico C, a distribuição positivamente enviesada na Figura 3.3. Dizemos isso supondo que um nível de dificuldade teria sido introduzido no teste para garantir que poucos avaliandos pontuassem na extremidade alta da distribuição. A maioria dos candidatos provavelmente pontuaria na extremidade baixa. Tudo isso é bastante consistente com o objetivo anunciado dos Fuzileiros Navais, que estão apenas procurando *poucos* bons homens. Você sabe: *os poucos, os orgulhosos.** Agora, uma questão relativa a essa distribuição positivamente enviesada: O enviesamento é uma coisa boa? Um coisa ruim? Uma coisa anormal? Na verdade, é provável que não seja qualquer dessas coisas – apenas *é*. A propósito, embora possam não anunciar muito, os Fuzileiros Navais estão procurando (uma quantidade desconhecida de) boas mulheres. Mas aqui estamos nos desviando um pouco demais do enviesamento.

Existem várias fórmulas para medir o enviesamento. Uma forma de calculá-lo é por meio do exame das distâncias relativas dos quartis da mediana. Em uma distribuição positivamente enviesada, $Q_3 - Q_2$ será maior do que a distância de $Q_2 - Q_1$. Em uma negativamente enviesada, $Q_3 - Q_2$ será menor do que a distância de $Q_2 - Q_1$. Em uma simétrica, as distâncias de Q_1 e Q_3 em relação à mediana são as mesmas.

Curtose

O termo que os profissionais da testagem usam para referir a declividade de uma distribuição em seu centro é **curtose**. Ao radical *curtic* é acrescentado um dos prefixos *plati-*, *lepto-*, ou *meso-* para descrever o achatamento de três tipos gerais de curvas (Fig. 3.6). As distribuições são em geral descritas como **platicúrticas** (relativamente planas), **leptocúrticas** (relativamente pontiagudas), ou – em algum lugar no meio – **mesocúrticas**. As que têm curtose alta são caracterizadas por um pico alto e caudas mais grossas, comparadas com uma distribuição normal. Em contrapartida, valores de curtose mais baixos indicam uma distribuição com um pico arredondado e caudas mais finas. Existem muitos métodos para medir a curtose. De acordo com a definição original, a curva normal em forma de sino (ver gráfico A da Fig. 3.3) teria um valor de curtose de 3. Em outros métodos de cálculo, uma distribuição normal teria uma curtose de zero, com valores positivos indicando curtose mais alta e valores negativos indicando curtose mais baixa. É importante ter em mente as diferentes técnicas de calcular a curtose ao examinar os valores relatados por pesquisadores ou programas de computador. Portanto, visto que isso pode facilmente se tornar um tópico de nível avançado e que este livro é de natureza mais introdutória, vamos adiante. É hora de nos concentrarmos em um tipo de distribuição que é o padrão em relação ao qual todas as outras (incluindo todas as distribuições cúrticas) são comparadas: a distribuição normal.

> **REFLITA...**
> Como o enviesamento, a referência à curtose de uma distribuição, pode fornecer um tipo de descrição "abreviada" de uma distribuição de escores de teste. Imagine e descreva o tipo de teste que poderia produzir uma distribuição de escores que forme uma curva platicúrtica.

---

* N. de T.: Um dos lemas dos Fuzileiros Navais nos Estados Unidos, o outro sendo "Sempre fiel".

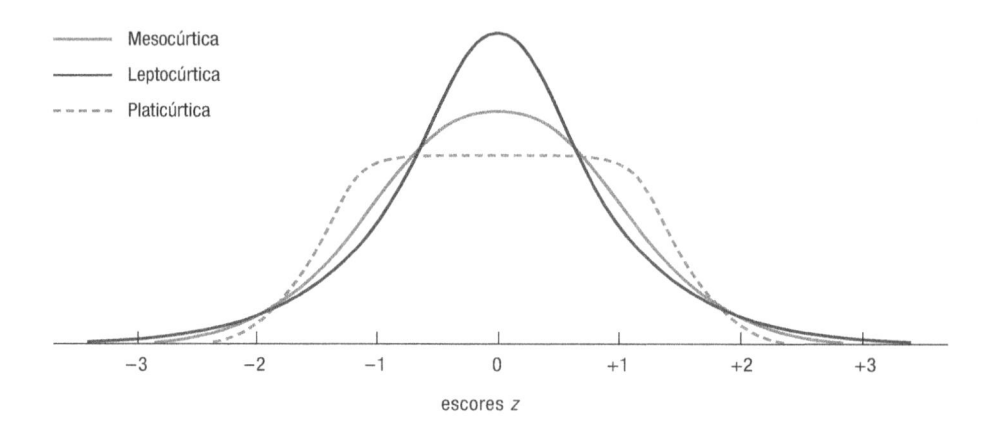

Figura 3.6 A curtose das curvas.

A curva normal

Antes de nos aprofundarmos na estatística, um pouco do histórico é necessário. O desenvolvimento do conceito de uma curva normal começou na metade do século XVIII com o trabalho de Abraham DeMoivre e, mais tarde, do Marquês de Laplace. No início do século XIX, Karl Friedrich Gauss deu algumas contribuições substanciais. Ao longo dos primeiros anos desse século, os cientistas se referiam a ela como a "curva de Laplace-Gauss". Credita-se a Karl Pearson a primeira referência à curva como a *curva normal*, talvez em uma tentativa de ser diplomático com todas as pessoas que ajudaram a desenvolvê-la. De algum modo, o termo *curva normal* pegou – mas não se surpreenda um dia se você estiver sentado em alguma reunião científica e ouvir essa distribuição, ou curva, ser referida como *gaussiana*.

Em teoria, a **curva normal** é uma curva em forma de sino, regular, definida matematicamente e que é mais alta em seu centro. A partir do centro, ela se afila em ambos os lados aproximando-se do eixo-X de assintomaticamente (significando que se aproxima do eixo, mas nunca o toca). Do ponto de vista teórico, a distribuição da curva normal varia do infinito negativo ao infinito positivo. A curva é perfeitamente simétrica, sem enviesamento. Se você a dobrasse ao meio na metade, um lado incidiria de forma exata em cima do outro. Por ser simétrica, a média, a mediana e a moda têm todas exatamente o mesmo valor.

Por que a curva normal é importante para entender as características dos testes psicológicos? A seção *Em foco* dá algumas respostas.

A área sob a curva normal

A curva normal pode ser convenientemente dividida em áreas definidas em unidades de desvio-padrão. Uma distribuição hipotética dos escores do Teste Nacional de Soletração, com uma média de 50 e um desvio-padrão de 15, é ilustrada na Figura 3.7. Nesse exemplo, um escore igual a 1 desvio-padrão acima da média seria igual a 65 ($\bar{X} + 1s = 50 + 15 = 65$).

Antes de seguir lendo, tire um ou dois minutos para calcular o que seria um escore exatamente 3 desvios-padrão abaixo da média? E quanto seria um escore de exatamente 3 desvios-padrão acima da média? Suas respostas foram 5 e 95, na respectiva ordem? O gráfico nos diz que 99,74% de todos os escores nesses dados do teste de soletração distribuídos de forma normal estão entre ± 3 desvios-padrão. Dito de outra forma, 99,74% de todos os escores do teste de soletração estão entre 5 e 95. Esse gráfico também ilustra as seguintes características de todas as distribuições normais.

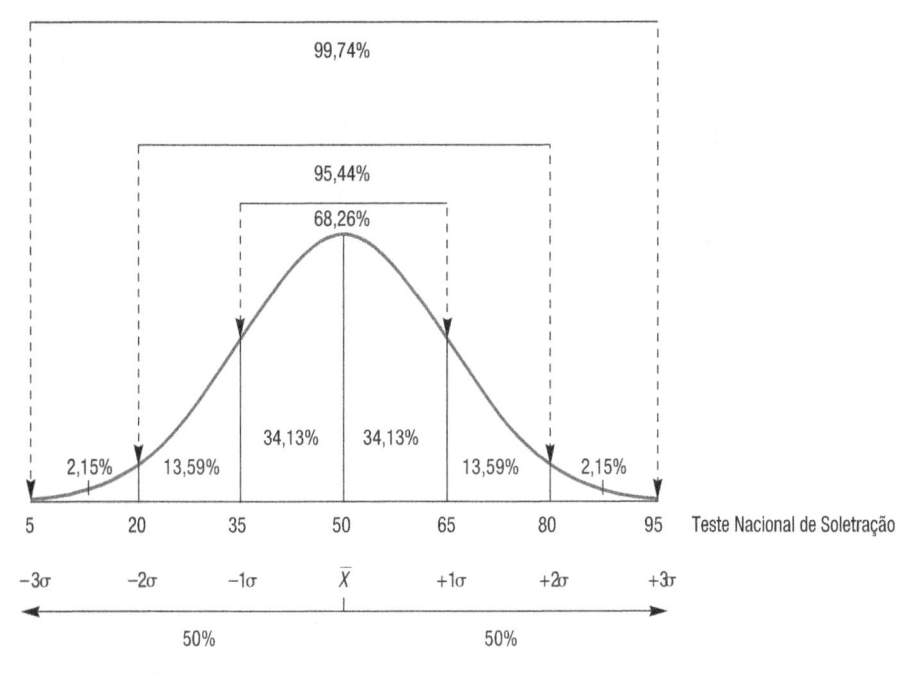

Figura 3.7 A área sob a curva normal.

- 50% dos escores ocorrem acima da média e 50% abaixo da média.
- Aproximadamente 34% de todos os escores ocorrem entre a média e 1 desvio-padrão acima da média.
- Aproximadamente 34% de todos os escores ocorrem entre a média e 1 desvio-padrão abaixo da média.
- Aproximadamente 68% de todos os escores ocorrem entre a média e ± 1 desvio-padrão.
- Aproximadamente 95% de todos os escores ocorrem entre a média e ± 2 desvios-padrão.

Uma curva normal tem duas *caudas*. A área na curva normal entre 2 e 3 desvios-padrão acima da média é referida como uma **cauda.** A área entre –2 e –3 desvios-padrão abaixo da média também é referida como uma cauda. Permita-nos aqui uma breve digressão para considerar um conto das caudas "da vida real" junto com nossa discussão bastante abstrata de conceitos estatísticos.

Conforme observado em um artigo instigante intitulado "As duas caudas da curva normal", um escore de teste de inteligência que se enquadra nos limites de ambas as caudas pode ter consequências significativas em termos da história de vida de uma pessoa:

> Indivíduos com retardo mental ou superdotados compartilham a carga do desvio da norma, tanto no sentido desenvolvimental como estatístico. Em termos da capacidade mental operacionalizada por testes de inteligência, o desempenho de cerca de 2 desvios-padrão da média (i.e., QI de 70-75 ou mais baixo ou QI de 125-130 ou mais alto) é um elemento fundamental na identificação. O sucesso nas tarefas da vida, ou sua ausência, também desempenha um papel definidor, mas o principal aspecto de classificação tanto do grupo superdotado quanto do retardado é o desvio intelectual. Esses indivíduos estão fora de sincronia com pessoas mais médias, simplesmente por sua diferença naquilo que é esperado para sua idade e circunstância. Essa assincronia resulta em consequências bastante significativas para eles e para aqueles que compartilham de suas vidas. Nenhuma das normas familiares se aplica, e ajustamentos substanciais são necessários nas expectativas dos pais, nos ambientes educacionais e nas atividades sociais e de lazer. (Robinson et al., 2000, p. 1413)

EM FOCO

A curva normal e os testes psicológicos

Os escores em muitos testes psicológicos são, com frequência, de distribuição quase normal, em particular quando eles são administrados a grandes números de indivíduos. Poucos testes psicológicos, se houver, produzem distribuições precisamente normais de escores de teste (Micceri, 1989). De forma geral (com amplas exceções), quanto maior o tamanho da amostra e mais ampla a variação das habilidades medidas por um determinado teste, mais o gráfico de seus escores se aproximarão da curva normal. Uma ilustração clássica disso foi fornecida por E. L. Thorndike e colaboradores (1927). Eles compilaram escores de testes de inteligência de diversas amostras grandes de estudantes. Como você pode ver na Figura 1, a distribuição de escores quase se aproximou da curva normal.

A seguir, uma amostra de exemplos mais variados da ampla diversidade de características que os psicólogos consideraram terem distribuição aproximadamente normal.

- A força da lateralidade em indivíduos destros, medida pelo Questionário de Lateralidade de Waterloo (Tan, 1993).
- Os escores no Questionário da Saúde da Mulher, uma escala medindo uma variedade de problemas de saúde em mulheres ao longo de uma ampla faixa etária (Hunter, 1992).
- As respostas de estudantes universitários e de trabalhadores a uma medida de motivações profissionais intrínseca e extrínseca (Amabile et al., 1994).
- Os escores em escalas de inteligência de meninas e mulheres com transtornos da alimentação, medidas pela Escala de Inteligência Wechsler para Adultos-Revisada e pela Escala de Inteligência Wechsler para Crianças-Revisada (Ranseen e Humphries, 1992).
- O funcionamento intelectual de crianças e adolescentes com fibrose cística (Thompson et al., 1992).
- O declínio nas atividades cognitivas ao longo de um ano em pessoas com doença de Alzheimer (Burns et al., 1991).
- A taxa de desenvolvimento das habilidades motoras em crianças em idade pré-escolar com atraso no desenvolvimento, medida pela Escala de Comportamento Adaptativo de Vineland (Davies e Gavin, 1994).
- Os escores na tradução sueca da Escala de Síndrome Positiva e Negativa, que avalia a presença de sintomas positivos e negativos em pessoas com esquizofrenia (von Knorring e Lindstrom, 1992).
- Os escores dos psiquiatras na Escala para Integração do Tratamento de Diagnósticos Duplos (pessoas com um problema de drogas e com outro transtorno mental); a escala examina as opiniões sobre o tratamento medicamentoso para esse grupo de pacientes (Adelman et al., 1991).
- As respostas ao Questionário Tridimensional da Personaldiade, uma medida de três características distintas da personalidade (Cloninger et al., 1991).

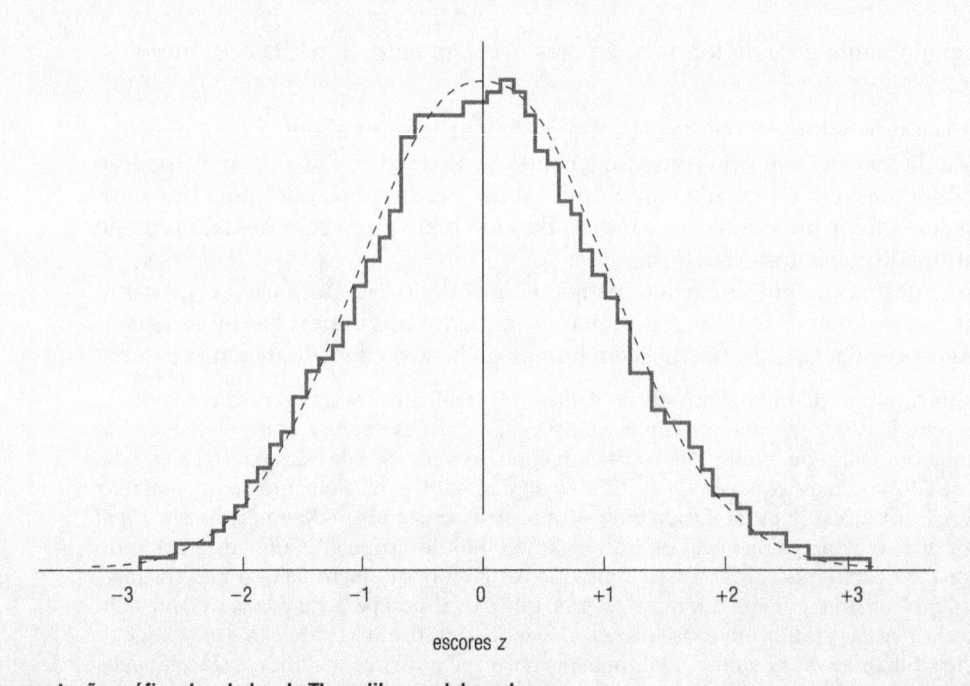

Figura 1   Representação gráfica dos dados de Thorndike e colaboradores.
A linha sólida representa a distribuição de escores de teste de inteligência de estudantes da sexta série (N = 15.138). A linha tracejada é a teórica curva normal (Thorndike et al., 1927).

- Os escores em uma medida de autoestima entre estudantes universitários (Addeo et al., 1994).

Em cada caso, os pesquisadores salientaram, em especial, que a escala sob investigação produziu algo próximo a uma distribuição normal de escores. Por quê? Um dos benefícios de uma distribuição normal de escores é que ela simplifica a interpretação de escores individuais no teste. Em uma distribuição normal, a média, a mediana e a moda assumem o mesmo valor. Por exemplo, se sabemos que o escore médio para capacidade intelectual de crianças com fibrose cística é um determinado valor e que os escores são distribuídos normalmente, então sabemos um pouco mais. Sabemos que a média é o escore mais comum e o escore abaixo e acima do qual metade de todos os escores se enquadra. Conhecer a média e o desvio-padrão de uma escala e saber que ela tem uma distribuição quase normal nos informa que (1) cerca de dois terços dos escores de todos os testandos estão inseridos em um desvio-padrão da média e (2) em torno de 95% de todos os escores se enquadram em 2 desvios-padrão da média.

As características da curva normal fornecem um modelo pronto para a interpretação dos escores que pode ser aplicado a uma ampla variedade de resultados de testes.

Robinson e colaboradores (2000) demonstraram de maneira convincente que o conhecimento das áreas sob a curva normal pode ser bastante útil para a pessoa que interpreta dados de testes. Esse conhecimento pode nos dizer não apenas alguma coisa sobre onde o escore se enquadra em uma distribuição de escores, mas também sobre uma *pessoa* e, talvez, mesmo sobre aqueles que compartilham da vida dessa pessoa. Esse conhecimento poderia também transmitir algo sobre o quanto o indivíduo é surpreendente, mediano ou medíocre no que diz respeito a uma disciplina ou capacidade em particular. Por exemplo, considere um estudante do ensino médio cujo escore em um teste nacional de soletração bem conceituado seja próximo a 3 desvios-padrão acima da média. É uma boa aposta que esse estudante saberia como soletrar palavras como *assintótico* e *leptocúrtico*.

Assim como o conhecimento das áreas sob a curva normal podem transmitir instantaneamente informações úteis sobre o escore de um teste em relação a outros escores de teste, da mesma forma, o conhecimento dos escores-padrão pode fazê-lo.

Escores-padrão

Dito simplesmente, um **escore-padrão** é um escore bruto que foi convertido de uma escala para outra, em que a última escala tem uma média e um desvio-padrão estabelecidos de forma um pouco arbitrária. Por que converter escores brutos em escores-padrão?

Os escores brutos podem ser convertidos em escores-padrão porque estes são mais facilmente interpretáveis do que os brutos. Com um escore-padrão, a posição do desempenho de um testando relativa a outros testandos é logo aparente.

Existem diferentes sistemas para os escores-padrão, cada um sendo único em termos de sua respectiva média e desvios-padrão. Descreveremos brevemente os escores z, os escores T, os estaninos e alguns outros escores-padrão. A primeira para consideração é o tipo de escala de escore-padrão que pode ser pensado como a *escala zero mais ou menos um*. Isso porque ela tem uma média estabelecida em 0 e um desvio-padrão estabelecido em 1. Os escores brutos convertidos em escores-padrão, nessa escala, são referidos mais popularmente como escores z.

Escores z

Um **escore z** resulta da conversão de um escore bruto em um número indicando quantas unidades de desvio-padrão o escore bruto está abaixo ou acima da média da distribuição. Vamos usar um exemplo dos dados do Teste Nacional de Soletração com distribuição normal da Figura 3.7 para demonstrar como um escore bruto é convertido em um escore z. Converteremos um escore bruto de 65 em um escore z usando a fórmula

$$z = \frac{X - \overline{X}}{s} = \frac{65 - 50}{15} = \frac{15}{15} = 1$$

Basicamente, um escore z é igual à diferença entre um determinado escore bruto e a média dividida pelo desvio-padrão. No exemplo anterior, verificou-se que um escore bruto de 65 é igual a um escore z de +1. Saber que alguém obteve um escore z de 1 em um teste de soletração confere contexto e significado ao escore. Com base em nosso conhecimento das áreas sob a curva normal, por exemplo, saberíamos que apenas cerca de 16% dos outros testandos obtiveram escores mais altos. Em contrapartida, saber apenas que alguém obteve um escore bruto de 65 em um teste de soletração não tem quase utilidade alguma porque falta a informação sobre o contexto desse escore.

Além de fornecer um contexto conveniente para comparar escores no mesmo teste, os escores-padrão fornecem um contexto conveniente para comparar escores em diferentes testes. Como exemplo, considere que o escore bruto de Cristal no hipotético Teste de Leitura da Rua Principal (Main Street) foi 24 e que seu escore bruto no (igualmente hipotético) Teste de Aritmética da Rua Principal (Main Street) foi 42. Sem saber coisa alguma além desses escores brutos, se poderia concluir que Cristal se saiu melhor no teste de aritmética do que no de leitura. Contudo, mais informativo do que os dois escores brutos seriam os dois escores z.

Convertendo os escores brutos de Cristal em escores z com base no desempenho de outros alunos em sua classe, suponha que descobrimos que seu escore z no teste de leitura foi de 1,32 e no de aritmética foi de 0,75. Portanto, embora seu escore bruto em aritmética fosse mais alto do que em leitura, os escores z pintam um quadro diferente. Elas nos dizem que, em relação aos outros alunos em sua classe (e supondo que a distribuição de escores tenha sido bastante normal), Cristal teve um desempenho acima da média no teste de leitura e abaixo da média no teste de aritmética. Uma interpretação de exatamente o quanto seu desempenho foi melhor poderia ser obtida por referência a tabelas detalhando as distâncias sob a curva normal, bem como a resultante porcentagem de casos com possibilidade de ficarem acima ou abaixo de um determinado ponto de desvio-padrão (ou escore z).

Escores T

Se a escala usada no cálculo dos escores z fosse chamada de uma *escala zero mais ou menos um*, então a usada no cálculo dos **escores T** pode ser chamada de uma *escala cinquenta mais ou menos dez*; ou seja, uma escala com uma média estabelecida em 50 e um desvio-padrão estabelecido em 10. Criada por W. A. McCall (1922, 1939) e nomeada escore *T* em homenagem a seu professor E. L. Thorndike, esse sistema de escore-padrão é composto de uma escala que varia de 5 desvios-padrão abaixo da média a 5 desvios-padrão acima da média. Portanto, por exemplo, um escore bruto que caísse exatamente em 5 desvios-padrão abaixo da média seria igual a um escore *T* de 0; um escore bruto que caísse na média seria igual a um *T* de 50; e um escore bruto 5 desvios-padrão acima da média seria igual a um *T* de 100. Uma vantagem de usar os escores *T* é que nenhum dos escores é negativo. Em contrapartida, em uma distribuição de escores z, os escores podem ser positivos e negativos; isso pode tornar o cálculo incômodo em alguns casos.

Outros escores-padrão

Existem inúmeros outros sistemas de escore-padrão. Pesquisadores, durante a Segunda Guerra Mundial, desenvolveram um escore-padrão com uma média de 5 e um desvio-padrão de aproximadamente 2. Dividida em nove unidades, a escala foi batizada de **estanino (*stanine*)**, um termo que era a contração das palavras *padrão (standard)* e *nove (nine)*.

O escore estanino pode ser familiar a muitos estudantes devido a testes de realização administrados nos ensinos fundamental e médio, nos quais os escores são com frequência representadas como estaninos. Estes são diferentes de outros escores-padrão na medida em que consideram todos os valores de 1 a 9, que representam uma variação de desempenho que é metade de um desvio-padrão em largura (Fig. 3.8). O quinto estanino indica desempenho na variação média, de um quarto de desvio-padrão abaixo da média a um quarto acima da média, e captura os 20% intermediários dos escores em uma distribuição normal. Os quarto e sexto estaninos também são de meio desvio-padrão de largura e capturam os 17% de casos abaixo e acima (respectivamente) do quinto estanino.

Outro tipo de escore padrão é empregado em testes como o SAT (Teste de Aptidão Escolar) e o GRE (Graduate Record Examination). Os escores brutos nesses testes são convertidos em escores-padrão de modo que a distribuição resultante tenha uma média de 500 e um desvio-padrão de 100. Se a letra A for usada para representar um escore-padrão de um teste de admissão a uma universidade cuja distribuição tenha uma média de 500 e um desvio-padrão de 100, então o seguinte é verdadeiro:

$$(A = 600) = (z = 1) = (T = 60)$$

Alguma vez você ouviu o termo QI ser usado como sinônimo para o escore de alguém em um teste de inteligência? É evidente que ouviu. O que pode não saber é que o que é referido diversamente como QI, QI de desvio ou quociente de inteligência de desvio é outro tipo de escore-padrão. Para a maioria dos testes de QI, a distribuição de escores brutos é convertida em escores de QI, cuja distribuição, em geral, tem uma média estabelecida em 100 e um desvio-padrão estabelecido em 15. Vamos enfatizar o *em geral* porque há alguma variação nos sistemas de escore-padrão, dependendo do teste usado. A média e o desvio-padrão típicos para os testes de QI resultam em aproximadamente 95% dos QIs de desvio variando de 70 a 130, que são 2 desvios-padrão abaixo e acima da média. No contexto de uma distribuição normal, a relação dos escores do

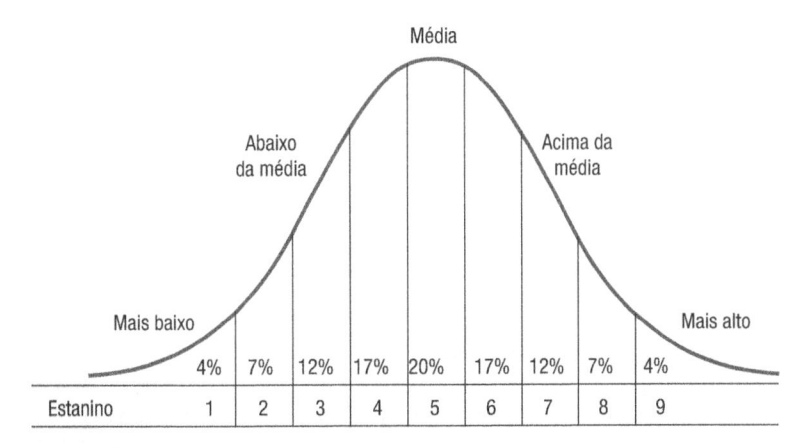

Figura 3.8 Estaninos e a curva normal.

QI de desvio para outros escores-padrão que discutimos até agora (z, T e escores A) é ilustrada na Figura 3.9.

Os escores-padrão convertidos a partir de escores brutos podem envolver transformações lineares ou não lineares. Um escore-padrão obtido por uma **transformação linear** mantém uma relação numérica direta com o escore bruto original. A magnitude das diferenças entre esses escores-padrão é exatamente paralela às diferenças entre os escores brutos correspondentes. Às vezes, os escores podem sofrer mais de uma transformação. Por exemplo, os criadores do SAT fizeram uma segunda transformação linear em seus dados para converter escores z em uma nova escala que tem uma média de 500 e um desvio-padrão de 100.

Uma **transformação não linear** pode ser necessária quando os dados sob consideração não são distribuídos de maneira normal contudo comparações com distribuições normais precisem ser feitas. Em uma transformação não linear, o escore-padrão resultante não tem, necessariamente, uma relação numérica com o escore bruto, original. Como resultado de uma transformação não linear, diz-se que a distribuição original foi *normalizada*.

Escores-padrão normalizados Muitos desenvolvedores de testes esperam que o teste em que estão trabalhando produza uma distribuição de escores normal. Porém mesmo após amostras muito grandes terem sido testadas com o instrumento em desenvolvimento, resultam distribuições enviesadas. O que deve ser feito?

Uma alternativa disponível ao desenvolvedor do teste é normalizar a distribuição. Em uma perspectiva conceitual, **normalizar uma distribuição** envolve "esticar" a curva enviesada para a forma de uma curva normal e criar uma escala correspondente de esco-

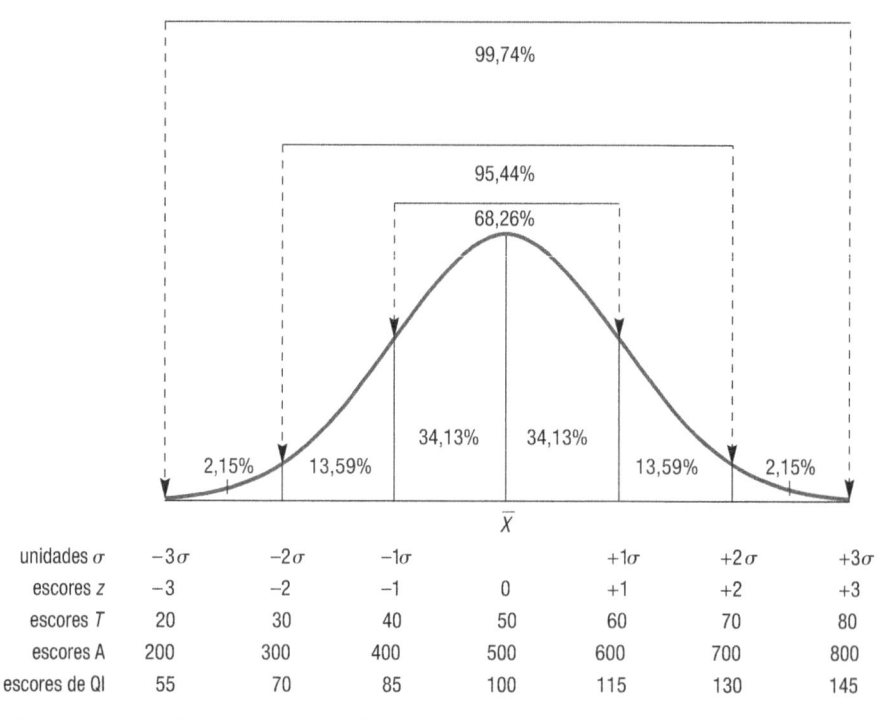

unidades σ	−3σ	−2σ	−1σ		+1σ	+2σ	+3σ
escores z	−3	−2	−1	0	+1	+2	+3
escores T	20	30	40	50	60	70	80
escores A	200	300	400	500	600	700	800
escores de QI	55	70	85	100	115	130	145

Figura 3.9 Alguns equivalentes do escore-padrão.

Note que os valores apresentados aqui para os escores de QI supõem que os escores do teste de inteligência tenham uma média de 100 e um desvio-padrão de 15. Isso é verdadeiro para muitos testes de inteligência, mas não para todos. Se um determinado teste de inteligência produziu escores com uma outra média que não 100 e/ou um outro desvio-padrão que não 15, então os valores apresentados para os escores de QI teriam que ser ajustados de acordo.

res-padrão, uma escala que é tecnicamente referida como uma **escala de escore-padrão normalizada.**

A normalização de uma distribuição de escores enviesada também pode ser desejável para fins de comparação. Uma das principais vantagens de um escore-padrão em um teste é que ele pode ser comparado com facilidade a um escore-padrão em outro teste. Entretanto, essas comparações são apropriadas apenas quando as distribuições das quais derivam são as mesmas. Na maioria dos casos, elas são as mesmas porque as duas distribuições são quase normais. Mas se, por exemplo, a distribuição A fosse normal e a B fosse bastante enviesada, então os escores z nessas respectivas distribuições representariam quantidades de área diferentes agrupadas sob a curva. Um escore z de –1, com relação a dados de distribuição normal, nos diz, entre outras coisas, que cerca de 84% dos escores nessa distribuição eram mais altos do que esse escore. Um escore z de –1 com relação a dados muito positivamente enviesados poderia significar, por exemplo, que apenas 62% das pontuações eram mais altas.

Para os desenvolvedores de testes com intenção de criar testes que produzam medidas de distribuição normal, costuma ser preferível ajustar o teste de acordo com variáveis de dificuldade ou outras variáveis relevantes de modo que a distribuição resultante se aproxime da curva normal. Isso em geral é melhor do que tentar normalizar distribuições enviesadas, porque há precauções técnicas a serem tomadas antes de tentar a normalização. Por exemplo, transformações devem ser feitas apenas quando há boas razões para acreditar que a amostra do teste era suficientemente grande e representativa e que o fracasso em obter escores de distribuição normal se deveu ao instrumento de mensuração.

> **REFLITA...**
>
> Aplique o que você aprendeu sobre distribuições de frequência, gráfico de distribuições de frequência, medidas de tendência central, medidas de variabilidade e a curva normal e escores-padrão à questão dos dados listados na Tabela 3.1. Como você comunicaria os dados dessa tabela à classe? Que tipo de distribuição de frequência poderia usar? Que tipo de gráfico? Que medida de tendência central? Que medida de variabilidade? A referência a uma curva normal ou a escores-padrão poderia ser útil? Por que ou por que não?

Correlação e inferência

Centrais à testagem e à avaliação psicológicas são as inferências (conclusões deduzidas) sobre como algumas coisas (como traços, capacidades ou interesses) estão relacionadas a outras (como comportamento). Um **coeficiente de correlação** é um número que nos fornece um índice da força da relação entre duas coisas. Um entendimento do conceito de correlação e uma capacidade de calcular um coeficiente de correlação é, portanto, fundamental ao estudo de testes e medidas.

O conceito de correlação

Dito simplesmente, **correlação** é uma expressão do grau e da direção da correspondência entre duas coisas. Um coeficiente de correlação (r) expressa uma relação linear entre duas (e apenas duas) variáveis, em geral de natureza contínua. Ele reflete o grau de variação concomitante entre a variável X e a variável Y. O *coeficiente de correlação* é o índice numérico que expressa essa relação: ele nos informa o grau em que X e Y são "correlacionados".

O significado de um coeficiente de correlação é interpretado por seu sinal e magnitude. Se um coeficiente de correlação fosse um indivíduo a quem se perguntasse "Qual é seu signo?", ele não responderia algo como "Leão" ou "Peixes". Responderia "mais" (para uma correlação positiva), "menos" (para uma correlação negativa) ou "nenhum" (no caso raro de o coeficiente de correlação ser exatamente igual a zero). Se solicitado a fornecer informações sobre sua magnitude, ele responderia com qualquer número entre –1 e +1. E aqui está um fato bastante curioso sobre a magnitude de um coeficiente de correlação: ele é julgado por seu valor absoluto. Isso significa que, na extensão em que ficamos impressionados pelos coeficientes de correlação, uma de −0,99 é tão impressionante quanto uma de +0,99. Para entender por que, você precisa saber um pouco mais sobre o assunto.

"Ahh... uma correlação perfeita! Deixe-me contar as maneiras". Bem, na verdade há apenas *duas* maneiras de descrever uma correlação perfeita entre duas variáveis. Essas maneiras são +1 ou −1. Se um coeficiente de correlação tem um valor de +1 ou −1, então a relação entre as duas variáveis que estão sendo correlacionadas é perfeita – sem erro no sentido estatístico. E assim como a perfeição em quase qualquer coisa é difícil de encontrar, o mesmo ocorre com as correlações perfeitas. É desafiador tentar pensar em quaisquer duas variáveis no trabalho psicológico que sejam perfeitamente correlacionadas. Talvez porque, se olhar na margem, você seja convidado a "refletir" sobre isso.

> **REFLITA...**
> Você consegue citar duas variáveis que sejam perfeitamente correlacionadas? E quanto a duas variáveis *psicológicas* que sejam perfeitamente correlacionadas?

Se duas variáveis aumentam ou diminuem de forma simultânea, então se diz que ambas são *positivamente* (ou diretamente) correlacionadas. A altura e o peso de crianças normais e saudáveis com idades variando do nascimento aos 10 anos tendem a ser positiva ou diretamente correlacionadas. À medida que as crianças crescem, sua altura e seu peso em geral aumentam de modo concomitante. Uma correlação positiva também existe quando duas variáveis diminuem. Por exemplo, quanto menos um estudante se prepara para uma prova, mais baixa será sua nota. Uma correlação *negativa* (inversa) ocorre quando uma variável aumenta enquanto a outra diminui. Por exemplo, tende a haver uma relação inversa entre o número de quilômetros no odômetro de seu carro (indicador de quilometragem) e o número de reais que um vendedor de carros está disposto a lhe oferecer de desconto em uma negociação de troca; todas as outras coisas sendo iguais, à medida que a quilometragem aumenta, o número de reais oferecidos na troca diminui.

Se uma correlação é zero, então não existe de forma alguma qualquer relação entre as duas variáveis. E alguns poderiam considerar "perfeitamente nenhuma correlação" como uma terceira variedade de correlação perfeita; ou seja, uma não correlação perfeita. Afinal, assim como é quase impossível no trabalho psicológico identificar duas variáveis que tenham uma correlação perfeita, também é quase impossível identificar duas variáveis que tenham uma correlação zero. Na maioria das vezes, duas variáveis serão relacionadas de modo fracional. A correlação fracional pode ser muitíssimo pequena mas raras vezes "perfeitamente" zero.

> **REFLITA...**
> Uma correlação de zero entre duas variáveis também poderia ser considerada uma correlação "perfeita"? Você é capaz de citar duas variáveis que tenham uma correlação que seja exatamente zero?

Conforme afirmamos em nossa introdução a este tópico, correlação é com frequência confundida com causação. Deve-se enfatizar que um coeficiente de correlação é um índice da relação entre duas variáveis, *não* um índice da relação causal entre duas variáveis. Se lhe dissessem, por exemplo, que do nascimento aos 9 anos há uma correlação positiva alta entre tamanho do chapéu e competência em ortografia, seria apropriado concluir que o tamanho do chapéu causa a competência em ortografia? Claro que não. O período do nascimento aos 9 anos é um tempo de amadurecimento em *todas* as áreas, incluindo tamanho físico e capacidades cognitivas como escrever e soletrar. O desenvolvimento intelectual compara-se ao desenvolvimento físico durante esses anos, e existe uma clara relação entre crescimento físico e crescimento mental. Contudo, isso não significa que a relação entre tamanho do chapéu e competência em ortografia seja causal.

Embora correlação não signifique causação, *há* uma implicação de previsão. Dito de outra forma, se sabemos que há uma alta correlação entre X e Y, então devemos ser capazes de prever – com vários graus de precisão, dependendo de outros fatores – o valor de uma dessas variáveis se soubermos o valor da outra.

O r de Pearson

Muitas técnicas foram criadas para medir a correlação. A mais amplamente usada de todas é o **r de Pearson**, também conhecido como *coeficiente de correlação de Pearson* e *coeficiente de correlação produto-momento de Pearson*. Formulado por Karl Pearson (Fig. 3.10), o r pode ser o instrumento estatístico de escolha quando a relação entre as variáveis é linear e quando as duas variáveis que estão sendo correlacionadas são contínuas (i.e., em teoria podem assumir qualquer valor). Outras técnicas correlacionais podem ser empregadas com dados que sejam descontínuos e nas quais a relação seja não linear. A fórmula para o r de Pearson leva em consideração a posição relativa de cada escore de teste ou mensuração com respeito à média da distribuição.

Uma série de fórmulas podem ser usadas para calcular o r de Pearson. Uma delas requer que se converta cada escore bruto em um escore-padrão e então se multiplique cada par de escores-padrão. Uma média para a soma dos produtos é calculada, e essa média é o valor do r de Pearson. Mesmo por essa simples conceituação verbal do r de Pearson, é possível ver que o sinal do r resultante seria devido ao sinal e à magnitude dos escores-padrão utilizados. Se, por exemplo, valores de escores-padrão negativos para as medidas de X sempre correspondessem a valores de escores-padrão negativos para as medidas de Y, o r resultante seria positivo (porque o produto de dois valores negativos é positivo). Similarmente, se valores de escores-padrão positivos em X sempre correspondessem a valores de escores-padrão positivos em Y, a correlação resultante também seria positiva. Entretanto, se os valores de escores-padrão positivos para X correspondessem a valores de escores-padrão negativos para Y e vice-versa, então existiria uma relação inversa e,

Figura 3.10 Karl Pearson (1857-1936).

Aqui retratado com sua filha está Karl Pearson, cujo nome se tornou sinônimo de correlação. A história registra que, na verdade, é a Sir Francis Galton que deve ser creditado o desenvolvimento do conceito de correlação (Magnello e Spies, 1984). Galton experimentou muitas fórmulas para medir a correlação, incluindo uma a que chamou de r. Pearson, um contemporâneo de Galton, modificou o r de Galton, e o resto, como dizem, é história. O r de Pearson tornou-se, por acaso, a medida de correlação mais amplamente usada.

portanto, uma correlação negativa resultaria. Uma correlação de zero ou quase zero poderia ocorrer quando alguns produtos fossem positivos e alguns negativos.

A fórmula utilizada para calcular um r de Pearson a partir de escores brutos é

$$r = \frac{\Sigma(X - \overline{X})(Y - \overline{Y})}{\sqrt{[\Sigma(X - \overline{X})^2][\Sigma(Y - \overline{Y})^2]}}$$

Essa fórmula foi simplificada para que se pudesse atalhar. Um desses atalhos é uma fórmula de desvio empregando o "x minúsculo", ou x em lugar de $X - \overline{X}$, e "y minúsculo", ou y em lugar de $Y - \overline{Y}$:

$$r = \frac{\Sigma xy}{\sqrt{(\Sigma x^2)(\Sigma y^2)}}$$

Outra fórmula para calcular um r de Pearson é

$$r = \frac{N\Sigma XY - (\Sigma X)(\Sigma Y)}{\sqrt{N\Sigma X^2 - (\Sigma X)^2} \sqrt{N\Sigma Y^2 - (\Sigma Y)^2}}$$

Embora pareça mais complicada do que a fórmula de desvio anterior, essa fórmula é mais fácil de usar. Aqui N representa o número de escores pareados; Σ XY é a soma do produto dos escores X e Y pareados; Σ X é a soma dos escores X; Σ Y é a soma dos escores; Σ X^2 é a soma dos escores X ao quadrado; e Σ Y^2 é a soma dos escores Y ao quadrado. Resultados semelhantes são obtidos com o uso de cada fórmula.

A próxima pergunta lógica diz respeito ao que fazer com o número obtido para o valor de r. A resposta é que você faz até mais perguntas, como: "O número obtido é estatisticamente significativo, dado o tamanho e a natureza da amostra?" ou "Este resultado poderia ter ocorrido por acaso?". Neste ponto, você precisará consultar tabelas de significância para o r de Pearson – tabelas que provavelmente estão nas costas de seu velho livro de estatística. Nelas você verificará, por exemplo, que um r de Pearson de 0,899 com um $N = 10$ é significativo ao nível 0,01 (usando um teste bicaudal). Você recordará, de seu curso de estatística, que um nível de significância de 0,01 nos diz, com referência a esses dados, que se poderia esperar que uma correlação como essa ocorresse por acaso apenas uma vez ou menos em 100 se X e Y não fossem correlacionados na população. Você também recordará que um nível de significância de 0,01 ou um nível (um pouco menos rigoroso) de 0,05 nos dá uma base para concluir que uma correlação de fato existe. Um nível de significância de 0,05 quer dizer que se poderia esperar que o resultado ocorresse por acaso cinco vezes ou menos em 100.

O valor obtido para o coeficiente de correlação pode ser interpretado, ainda, deduzindo dele o que é chamado de um **coeficiente de determinação,** ou r^2. O coeficiente de determinação é uma indicação de quanta variância é compartilhada pelas variáveis X e Y. O cálculo de r^2 é bastante direto. Apenas eleve ao quadrado o coeficiente de correlação e multiplique por 100; o resultado é igual à porcentagem de variância contabilizada. Se, por exemplo, você calculou que r é 0,9, então r^2 seria igual a 0,81. O número 0,81 nos diz que 81% da variância é explicada pelas variáveis X e Y. A variância restante, igual a $100(1 - r^2)$, ou 19%, poderia presumivelmente ser explicada por acaso, erro ou por fatores não medidos ou inexplicáveis.[8]

---

[8] Em uma nota técnica, Ozer (1985) advertiu que a estimativa real de um coeficiente de determinação deve ser feita com atenta consideração às suposições operantes no caso em particular. Avaliar um coeficiente de determinação somente em termos da variância contabilizada pode levar a interpretações que subestimam a magnitude de uma relação.

Seus escores-padrão são um monte de dispersões em torno de uma média de zero!

Antes de passarmos à consideração de outro índice de correlação, vamos tratar de uma questão lógica levantada pelos estudantes quando ouvem o *r* de Pearson ser referido como o *coeficiente de correlação produto-momento*. Por que ele é chamado assim? A resposta é um pouco complicada, mas aqui vai.

Na linguagem da psicometria, um *momento* descreve um desvio em torno da média de uma distribuição. Desvios individuais em torno da média de uma distribuição são chamados de *dispersões*. As dispersões são referidas como os *primeiros momentos* da distribuição. Os *segundos* são os momentos ao quadrado. Os *terceiros* são os momentos ao cubo, e assim por diante. O cálculo do *r* de Pearson em uma de suas muitas fórmulas envolve a multiplicação de escores-padrão correspondentes em duas medidas. Uma forma de conceituar os escores é como os primeiros momentos de uma distribuição. Isso porque os escores-padrão são dispersões em torno de uma média de zero. Uma fórmula que envolve a multiplicação de dois escores-padrão correspondentes pode portanto ser conceituada como envolvendo o cálculo do *produto* dos *momentos* correspondentes. E aí está a razão de o *r* ser chamado de *correlação produto-momento*. É provavelmente muito mais uma questão de retórica psicométrica do que qualquer outra coisa, mas achamos que é legal saber. Além disso, você pode agora entender o humor bastante "sofisticado" contido na caricatura.

O rho *de Spearman*

O *r* de Pearson tem um uso e uma aceitação tão difundidos como índice de correlação que, se por alguma razão ele não é usado para calcular um coeficiente de correlação, é feita menção da estatística que foi usada. Há muitas formas alternativas de obter um coeficiente de correlação. Uma estatística alternativa que costuma ser usada é chamada diversamente de **coeficiente de correlação por ordem de postos, coeficiente de correlação por ordem das diferenças** ou apenas *rho* **de Spearman**. Desenvolvido por Charles Spearman, um psicólogo britânico (Fig. 3.11), esse coeficiente de correlação é usado de modo frequente quando o tamanho da amostra é pequeno (menos de 30 pares de mensurações) e especialmente quando ambos os conjuntos de mensurações são na forma ordinal (ordem de postos). Tabelas especiais são usadas para determinar se um coeficiente *rho* obtido é ou não significativo.

Representações gráficas da correlação

Um tipo de representação gráfica da correlação é referido por muitos nomes, incluindo **distribuição bivariada, diagrama de dispersão**, ou – nosso favorito – **gráfico de dispersão.** Um *gráfico de dispersão* é um gráfico simples de pontos da coordenada para valores da variável X (colocados ao longo do eixo horizontal do gráfico) e da variável Y (colocados ao longo do eixo vertical). Os gráficos de dispersão são úteis porque fornecem uma indicação rápida da direção e magnitude da relação, se houver, entre as duas variáveis. As Figuras 3.12 e 3.13 oferecem uma visão rápida da natureza e do grau de correlação por meio de gráficos de dispersão. Para diferenciar correlações positivas de negativas, observe a direção da curva. E para estimar a força da magnitude da correlação, observe o grau em que os pontos formam uma linha reta.

Gráficos de dispersão são úteis para revelar a presença de *curvilinearidade* em uma relação. Como você pode ter adivinhado, **curvilinearidade**, nesse contexto, se refere a uma estimativa visual da curvatura de um gráfico. Lembre-se de que um *r* de Pearson deve ser usado apenas se a relação entre as variáveis for linear. Se o gráfico não parece tomar a forma de uma linha reta, são boas as chances de que a relação não seja linear (Fig. 3.14). Quando isso acontece, outros instrumentos e técnicas estatísticas podem ser empregados.[9]

Um gráfico também torna bem fácil a detecção de valores atípicos. Um **valor atípico** é um ponto discrepante ao extremo localizado a uma distância relativamente longa – uma distância afastada – do resto dos pontos da coordenada em um gráfico de dispersão (Fig. 3.15). Os valores atípicos estimulam os interpretadores de dados de testes a especular sobre a razão para a pontuação discrepante. Por exemplo, considere um valor atípico em um gráfico de dispersão que reflita uma correlação entre as horas que cada membro de uma classe de 5ª série passou estudando e suas notas em uma prova de ortografia de 20 itens. E digamos que um aluno tenha estudado durante 10 horas e recebeu uma nota de reprovação. Esse dado discrepante no gráfico de dispersão poderia alertar o aplicador do teste e levá-lo a levantar algumas questões importantes, tais como "O quanto as habilidades e os hábitos de estudo deste aluno são eficientes?" ou "Qual era o estado de espírito deste aluno durante a prova?".

Em alguns casos, os valores atípicos são apenas o resultado da administração de um teste a uma amostra de testandos muito pequena. No exemplo que acabamos de citar, se o teste fosse aplicado em nível estadual a alunos da 5ª série e o tamanho da amostra fosse muito maior, talvez muito mais alunos com escores baixos que tinham grandes quantidades de tempo de estudo fossem identificados.

Como ocorre com escores brutos muito baixas ou escores brutos de zero, os valores atípicos às vezes podem ajudar a identificar um testando que não entendeu as instruções, não foi capaz de acompanhá-las ou era simplesmente resistente e não seguiu as instruções. Em outros casos, um valor atípico pode ser uma indicação de alguma deficiência na testagem ou nos procedimentos de pontuação.

Pessoas que têm a oportunidade de usar ou de fazer interpretações de dados em gráfico precisam saber se a variação de escores foi restringida de alguma forma. Para entender por que é tão necessário saber disso, considere a Figura 3.16. Digamos que o gráfico A descreva a relação entre as notas do exame de ingresso à universidade pública para 600

---

[9] A estatística específica a ser empregada dependerá, pelo menos em parte, da razão suspeitada para a ausência de linearidade. Por exemplo, caso se acredite que a ausência de linearidade se deva a uma distribuição muito enviesada por conta de um instrumento de mensuração deficiente, então essa distribuição pode ser estatisticamente normalizada, e o resultado pode ser uma correção da curvilinearidade. Se – mesmo após representar os dados de forma gráfica – permanecer uma dúvida em relação à linearidade da correlação, uma estatística chamada de "eta quadrado" (η^2) pode ser usada para calcular o grau exato de curvilinearidade.

Figura 3.11 Charles Spearman (1863-1945).
Charles Spearman é mais conhecido como o desenvolvedor da estatística *rho* de Spearman e da fórmula de profecia de Spearman-Brown, que é usada para "profetizar" a precisão de testes de diferentes tamanhos. Também é creditado a Spearman a criação de um método estatístico chamado de análise fatorial, discutido posteriormente neste texto.

candidatos (todos os quais foram posteriormente admitidos) e as médias de suas notas no final do primeiro semestre. O gráfico de dispersão indica que a relação entre as notas do exame de ingresso e a média das notas finais é linear e positiva. Mas, e se a universidade tivesse aceitado apenas as inscrições dos estudantes que tivessem pontuado na metade superior no exame de ingresso? Para um olho treinado, esse gráfico (gráfico B) parece indicar uma correlação mais fraca do que é indicado no gráfico A – um efeito atribuível exclusivamente à restrição da variação. O gráfico B é uma linha menos reta do que o A, e sua direção não é tão óbvia.

Metanálise

Geralmente, a melhor estimativa da correlação entre duas variáveis tem mais probabilidade de vir não de um único estudo isolado, mas da análise dos dados de diversos estudos. Uma opção para facilitar a compreensão da pesquisa entre uma série de estudos é apresentar a variação de valores estatísticos calculados a partir de uma série de diferentes estudos do mesmo fenômeno. A observação de todos os dados a partir de uma série de estudos que tentou determinar a correlação entre a variável X e a variável Y, por exemplo, poderia levar o pesquisador a concluir que "A correlação entre a variável X e a variável Y oscila de 0,73 a 0,91". Outra opção poderia ser combinar de maneira estatística as informações entre os vários estudos; é isso que é feito quando se usa uma técnica estatística chamada de *metanálise*. Utilizando-a, os pesquisadores levantam (e tentam responder) à questão: "Combinados, o que todos esses estudos nos dizem sobre a questão em estudo?". **Metanálise** pode ser definida como uma família de técnicas usadas para combinar estatisticamente informações entre estudos a fim de produzir uma única estimativa dos dados sob estudo. As estimativas obtidas, denominadas **tamanho do efeito**, podem assumir diversas formas. Na maioria dos estudos metanalíticos, o tamanho do efeito costuma

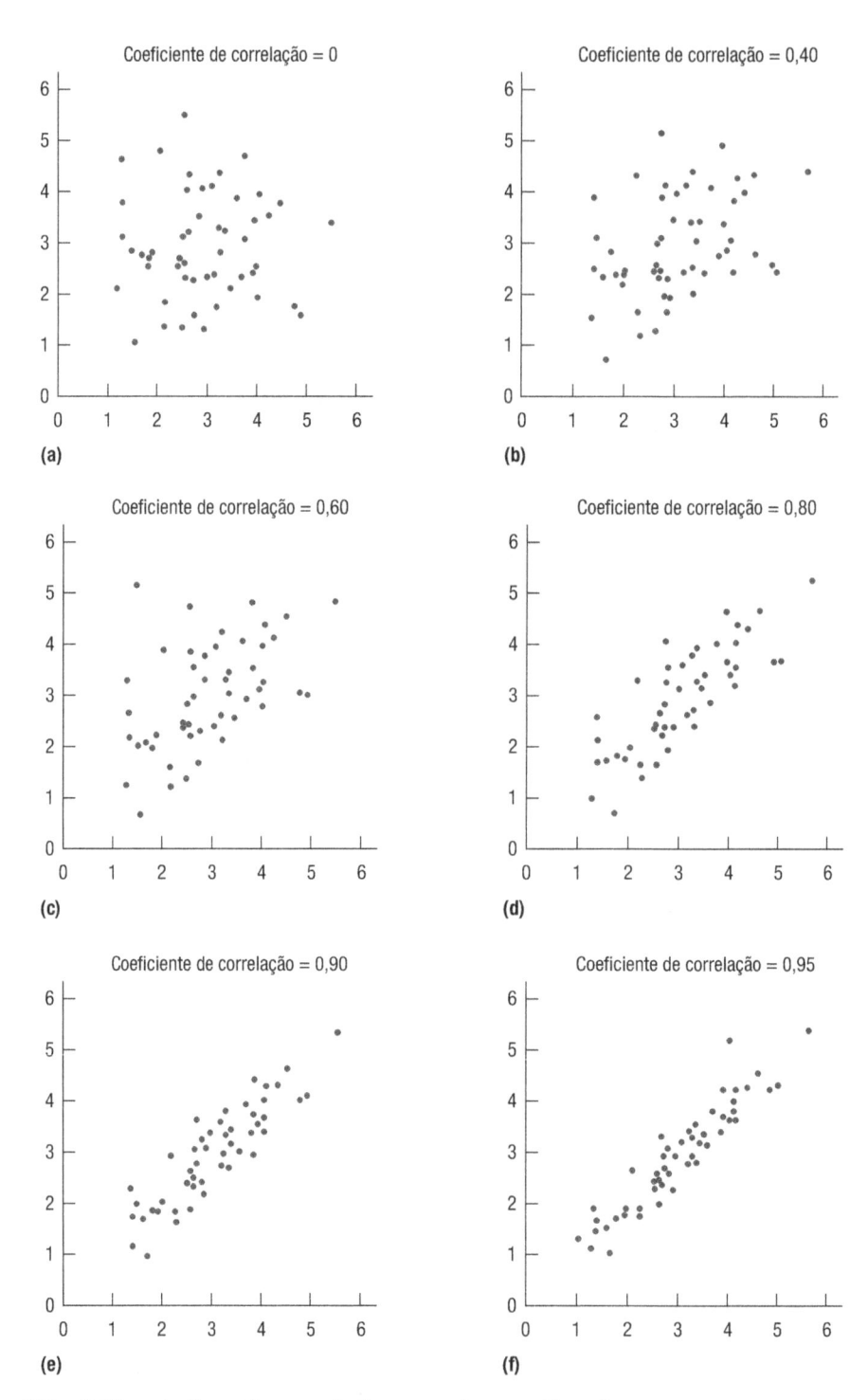

Figura 3.12 Gráficos de dispersão e correlações para valores positivos de *r*.

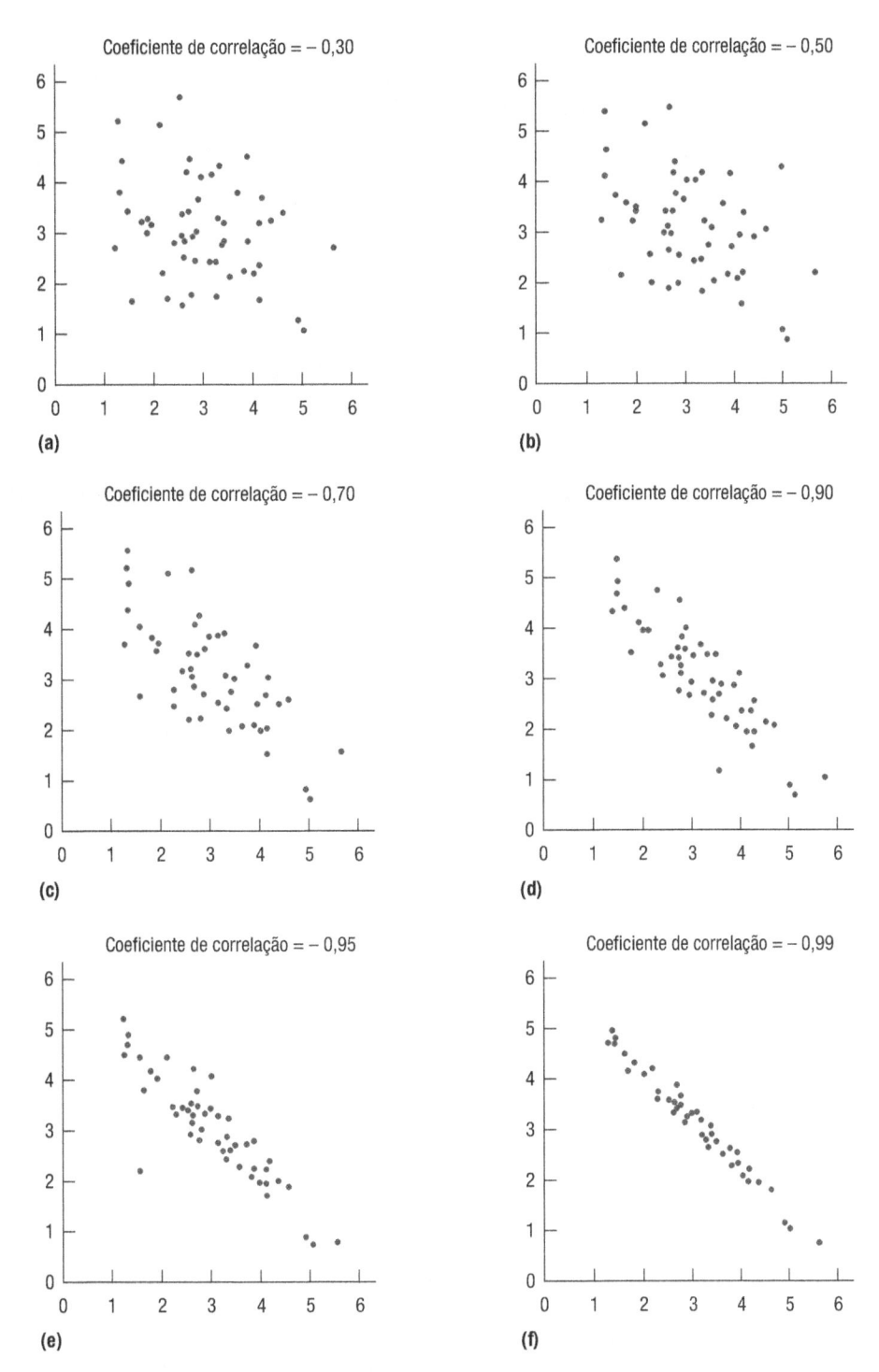

Figura 3.13 Gráficos de dispersão e correlações para valores negativos de *r*.

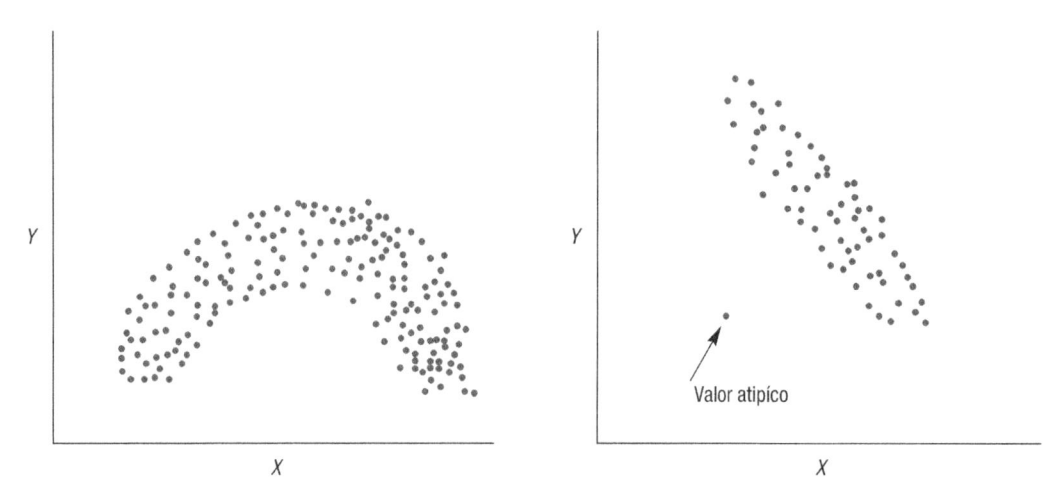

Figura 3.14 Gráfico de dispersão mostrando uma correlação não linear.

Figura 3.15 Gráfico de dispersão mostrando um valor atípico.

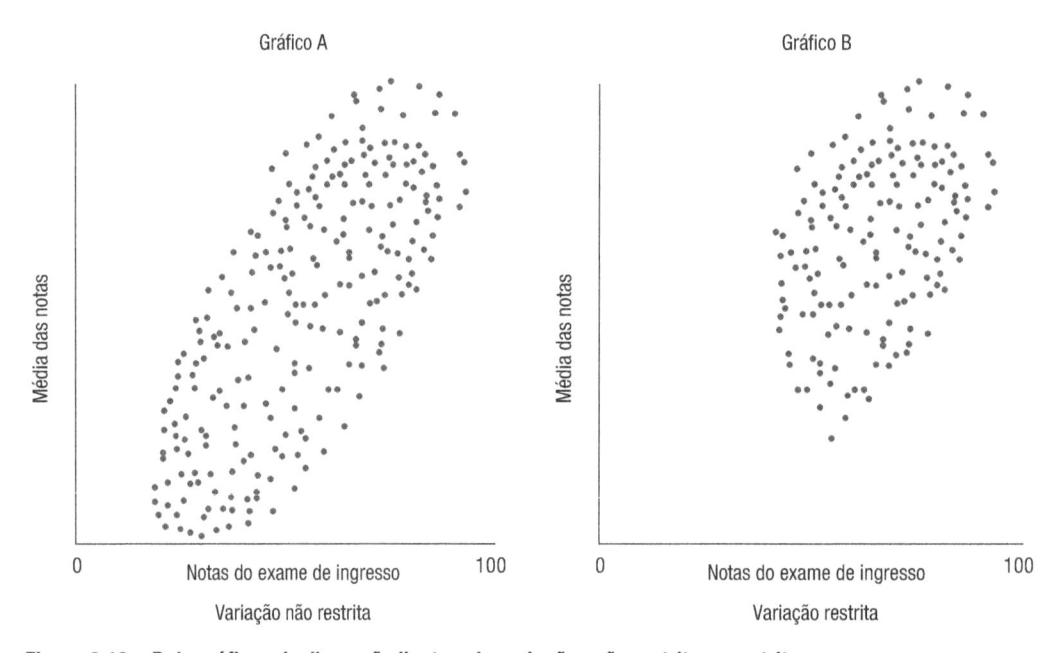

Figura 3.16 Dois gráficos de dispersão ilustrando variações não restritas e restritas.

ser expresso como um coeficiente de correlação.[10] A metanálise facilita tirar conclusões e fazer afirmações como, "o cliente de terapia típico está melhor do que 75% dos indivíduos não tratados" (Smith e Glass, 1977, p. 752), há "aproximadamente 10% a mais de risco para comportamento antissocial entre filhos de pais presidiários, comparado com seus pares" (Murray et al., 2012) e "GRE e UGPA (*undergraduate grade point average* [média das

---

[10] Com mais frequência, *tamanho do efeito* se refere a uma estimativa da força da relação (ou o tamanho das diferenças) entre grupos. Em um estudo típico usando dois grupos (um experimental e um grupo-controle) o tamanho do efeito, idealmente relatado com intervalos de confiança, é útil para determinar a eficácia de algum tipo de intervenção (tal como uma nova forma de terapia, um medicamento, uma nova abordagem de gestão, e assim por diante). Na prática, muitos procedimentos diferentes podem ser usados para determinar o tamanho do efeito, e o procedimento selecionado será baseado na situação de pesquisa em particular.

notas de graduação]), em termos generalizáveis, são preditores válidos das notas médias da pós-graduação, das notas médias do primeiro ano de pós-graduação, das pontuações de exames abrangentes, de contagens de citações em publicações e das avaliações dos professores" (Kuncel et al., 2001, p. 162).

Uma vantagem fundamental da metanálise em relação a simplesmente relatar uma variedade de achados é que, nela, pode ser dado mais peso aos estudos que têm números maiores de indivíduos. Esse processo de ponderação resulta em estimativas mais precisas (Hunter e Schmidt, 1990). Algumas vantagens da metanálise são: (1) a metanálise pode ser reproduzida; (2) as conclusões de metanálises tendem a ser mais confiáveis e precisas do que as de estudos individuais; (3) há mais foco no tamanho do efeito do que apenas na significância estatística; e (4) a metanálise promove a **prática baseada em evidência**, que pode ser definida como a prática profissional que é embasada em achados clínicos e de pesquisa (Sánchez-Meca e Marin-Martinez, 2010). Apesar dessas e de outras vantagens, a metanálise é, pelo menos em algum grau, arte, bem como ciência (Hall e Rosenthal, 1995). O valor de qualquer investigação metanalítica é muito mais uma questão de habilidade e capacidade do metanalista (Kavale, 1995); e o uso de um método metanalítico inadequado pode levar a conclusões enganadoras (Kisamore e Brannick, 2008).

Pode ser útil neste momento revisar essa atualização da estatística para ter certeza de que você de fato se sente "atualizado" e pronto para continuar. Nos próximos capítulos iremos desenvolver seu conhecimento dos princípios estatísticos básicos, e é fundamental construir uma base sólida. Naturalmente, como nosso profissional da avaliação convidado, o psicólogo e psicanalista Benoît Verdon nos lembra, às vezes é importante, sobretudo

CONHEÇA UM PROFISSIONAL DA AVALIAÇÃO

Conheça o dr. Benoît Verdon

O que aprendemos sobre um indivíduo por meio de testes deve sempre ser interpretado no contexto da própria história de vida desse indivíduo. Nosso entendimento dos pontos fortes e dos pontos fracos psicológicos de um avaliando refletido pelos testes nos fornece apenas um instantâneo imperfeito; cabe ao clínico considerar as possíveis fontes de mudança....

Os avaliadores devem ter um domínio não apenas das técnicas de administração, mas também das habilidades de pontuar e interpretar seus instrumentos. Sobretudo em um contexto clínico, também é desejável que os clínicos sejam capazes de manter distância do que pode ser chamado de "coisificação estatística" dos dados e de compreendê-los no que diz respeito, especificamente, aos avaliandos. Os dados de diferentes testes podem às vezes parecer contraditórios. Nesses casos, uma análise dinâmica e coerente de todos eles, junto com um entendimento dos limites dos dados, é fundamental...

Benoît Verdon, Ph.D., profissional independente e professor, Université Paris Descartes, França.

Leia mais sobre o que o dr. Verdon tinha a dizer – seu ensaio completo (em inglês) – em www.mhhe.com/cohentesting8.

em um contexto clínico, "olhar para além dos números". Em especial na área clínica, na qual os dados às vezes podem parecer contraditórios, o julgamento de um clínico qualificado em avaliação pode ajudar a lançar uma nova luz sobre o significado das pontuações do teste e trazer nova compreensão e clareza ao quadro clínico.

Autoavaliação

Teste seu entendimento dos elementos deste capítulo vendo se você consegue explicar cada um dos seguintes termos, expressões e abreviações:

cauda
coeficiente de correlação
coeficiente de correlação por ordem de postos/por ordem das diferenças
coeficiente de determinação
correlação
curtose
curva normal
curvilinearidade
desvio-padrão
desvio médio
diagrama de dispersão
dinamômetro
distribuição
distribuição bimodal
distribuição bivariada
distribuição de frequência
distribuição de frequência agrupada
enviesamento
enviesamento negativo

enviesamento positivo
erro
escala
escala de escore-padrão normalizada
escala de intervalo
escala de razão
escala nominal
escala ordinal
escore-padrão
escore bruto
escore T
escore z
estanino
gráfico
gráfico de barras
gráfico de dispersão
histograma
intervalo interquartil
leptocúrtico
mediana
medida de tendência central

medida de variabilidade
mensuração
mesocúrtico
metanálise
moda
média
média aritmética
normalizar uma distribuição
platicúrtico
polígono de frequência
prática baseada em evidência
quartil
r de Pearson
rho de Spearman
tamanho do efeito
transformação linear
transformação não linear
valores atípicos
variabilidade
variação
variação semi-interquartil
variância

CAPÍTULO 4

Sobre Testes e Testagem

Esta pessoa é competente para ser julgada?
Quem deve ser contratado, transferido, promovido ou demitido?
Quem deve ter acesso a este programa especial ou receber uma bolsa
de estudos?
Qual dos genitores deve ter a custódia dos filhos?

Todos os dias, em todo o mundo, questões de importância crítica como essas são tratadas por meio da utilização de testes. As respostas a esses tipos de perguntas tendem a ter um impacto significativo sobre muitas vidas.

Se quiserem dormir confortavelmente à noite, os profissionais da avaliação devem ter confiança nos testes e em outros instrumentos de avaliação que empregam. Precisam saber, por exemplo, o que constitui e o que não constitui um "bom teste".

Nosso objetivo neste capítulo é oferecer uma visão geral dos elementos de um bom teste. Como pano de fundo, começamos listando alguns pressupostos básicos sobre a avaliação. Aspectos desses pressupostos fundamentais serão elaborados mais adiante neste capítulo, bem como em capítulos subsequentes.

REFLITA...
O que é um "bom teste"? Destaque alguns elementos ou aspectos que você acredita que sejam fundamentais para um bom teste antes de continuar a leitura.

Alguns pressupostos sobre testagem e avaliação psicológica

Pressuposto 1: Existem traços e estados psicológicos

Um **traço** foi definido como "qualquer forma distinguível, relativamente estável em que um indivíduo varia em relação a outro" (Guilford, 1959, p. 6). Os **estados** também diferenciam uma pessoa de outra, mas são um pouco menos duradouros (Chaplin et al., 1988). O termo de traço que um observador aplica, bem como a força ou a magnitude do traço supostamente presente, tem por base a observação de uma amostra de comportamento. Amostras de comportamento podem ser obtidas de inúmeras formas, variando de observação direta à análise de afirmações de autorrelato ou de respostas de testes de lápis e papel.

O termo *traço psicológico*, da mesma forma que o termo *traço* usado sozinho, abrange uma ampla variedade de possíveis características. Existem milhares de termos para traços psicológicos (Allport e Odbert, 1936). Entre eles estão traços psicológicos que dizem respeito a inteligência, capacidades intelectuais específicas, estilo cognitivo, ajustamento, interesses, atitudes, orientação e preferências sexuais, psicopatologia, personalidade em geral e traços de personalidade específicos. Novos conceitos e descobertas na pesquisa podem introduzir novos termos de traços. Por exemplo, um termo de traço visto na literatura profissional sobre sexualidade humana é *andrógino* (referindo-se a uma ausência de primazia de características masculinas ou femininas). A evolução cultural pode trazer ao uso comum novos termos de traço, como ocorreu na década de 1960 quando as pessoas começaram a falar do grau em que as mulheres estavam *liberadas* (ou livres das restrições das expectativas sociais dependentes do gênero). Um exemplo mais recente é o termo *Nova Era*, usado na cultura popular para referir-se a uma determinada orientação não tradicional à espiritualidade e à saúde.

Poucas pessoas negam que existam traços psicológicos. Contudo, tem havido bastante controvérsia em relação a *como* eles existem. Por exemplo, os traços têm uma existência física, talvez como um circuito no cérebro? Embora alguns tenham argumentado em favor de tal concepção de traços psicológicos (Allport, 1937; Holt, 1971), uma evidência convincente em apoio a tal visão tem sido difícil de obter. Para nossos propósitos, um traço psicológico existe apenas como um **construto** – um conceito informado, científico desenvolvido ou *construído* para descrever ou explicar um comportamento. Não podemos ver, ouvir ou tocar em construtos, mas podemos deduzir sua existência a partir de um

Figura 4.1 Medindo a busca de sensações.

O traço psicológico de busca de sensações foi definido como "a necessidade de sensações e experiências variadas, novas e complexas, e a disposição a assumir riscos físicos e sociais em nome de tais experiências" (Zuckerman, 1979, p. 10). Uma Escala de Busca de Sensações (SSS) de 22 itens busca identificar pessoas que tenham um grau alto ou baixo desse traço. Supondo que a SSS realmente meça o que se propõe a medir, como você esperaria que uma amostra aleatória de pessoas alinhadas para saltar de *bungee jump* pontuaria no teste, comparadas com outra amostra de pessoas da mesma idade fazendo compras no *shopping center* local? Quais são as vantagens comparativas de usar medidas de lápis e papel, como a SSS, e usar medidas mais baseadas no desempenho, tal como a retratada aqui?

comportamento manifesto. Nesse contexto, **comportamento manifesto** refere-se a uma ação observável ou ao produto de uma ação observável, incluindo respostas relacionadas a um teste ou a uma avaliação. Um desafio que os desenvolvedores enfrentam é construir testes que sejam pelo menos tão reveladores quanto o comportamento observável, tal como o ilustrado na Figura 4.1.

A frase *relativamente estável* em nossa definição de *traço* é um lembrete de que não é esperado que um traço seja manifestado no comportamento 100% das vezes. Portanto, por exemplo, podemos nos tornar mais agradáveis e meticulosos à medida que envelhecemos e talvez nos tornarmos menos propensos a "não fazer tempestade em copo d'água" (Lüdtke et al., 2009; Roberts et al., 2003; Roberts et al., 2006). Contudo, também parece haver estabilidade por ordem de postos (*rank-order*) nos traços de personalidade. Isso é evidenciado pelas correlações um tanto altas entre escores de traço em diferentes pontos do tempo (Lüdtke et al., 2009; Roberts e Del Vecchio, 2000).

Se um traço se manifesta em comportamento observável e em que grau ele se manifesta, se presume que dependa não apenas da força do traço no indivíduo, mas também da natureza da situação. Dito de outra forma, exatamente como um determinado traço se manifesta é, pelo menos em algum grau, dependente da situação. Por exemplo, uma pessoa em liberdade condicional pode ser propensa a comportar-se de uma forma bastante controlada com seu oficial da condicional e muito mais violenta na presença de sua família e de amigos. John pode ser considerado estúpido e chato por sua esposa, mas sedutor e extravagante por seus parceiros de negócios, a quem deseja avidamente impressionar.

O contexto no qual o comportamento ocorre também desempenha um papel para ajudar a selecionar termos de traço adequados para o comportamento observado. Considere como poderíamos rotular o comportamento de alguém que está de joelhos e rezando em voz alta. Tal comportamento poderia ser visto como religioso ou desviante, dependendo do contexto no qual ocorre. Uma pessoa que esteja fazendo isso dentro de uma igreja ou sobre um tapete de orações pode ser descrita como *religiosa*, enquanto outra envolvida nesse mesmo comportamento em um local como um evento esportivo ou um cinema poderia ser vista como desviante ou *paranoide*.

As definições de *traço* e *estado* que estamos usando também se referem *à forma como um indivíduo varia em relação a outro*. As atribuições de um termo de traço ou estado são relativas. Por exemplo, ao descrever uma pessoa como *tímida* ou mesmo ao usar termos como *muito tímida* ou *não tímida*, a maioria das pessoas está fazendo uma comparação não declarada com o grau de timidez que poderiam razoavelmente esperar que a média das pessoas exibisse sob a mesma circunstância ou sob circunstâncias semelhantes. Na avaliação psicológica, os avaliadores também podem fazer tais comparações a respeito da pessoa média hipotética. De maneira alternativa, os avaliadores podem fazer comparações entre pessoas que, devido a sua participação em algum grupo ou por inúmeras outras razões, decididamente não são a média.

Como você poderia esperar, o grupo de referência com o qual as comparações são feitas pode influenciar de modo extraordinário nossas conclusões ou julgamentos. Por exemplo, suponha que um psicólogo administre um teste de timidez a um homem de 22 anos que ganha a vida como dançarino exótico. É quase certo que a interpretação dos dados do teste diferirão em razão do grupo de referência com o qual o testando é comparado – ou seja, outros homens de sua faixa etária ou outros dançarinos exóticos de sua faixa etária.

> **REFLITA...**
> Dê outro exemplo de como o mesmo comportamento em dois contextos diferentes pode ser visto em termos de dois traços diferentes.

> **REFLITA...**
> A força de um determinado traço psicológico é a mesma entre todos os ambientes ou situações? Quais são as implicações da resposta de alguém a essa pergunta para a avaliação?

Pressuposto 2: Traços e estados psicológicos podem ser quantificados e medidos

Uma vez que seja reconhecida a existência de traços e estados psicológicos, os traços e estados específicos a serem medidos e quantificados precisam ser cuidadosamente definidos. Os desenvolvedores de testes e os pesquisadores, muito semelhante às pessoas em geral, têm muitas formas diferentes de considerar e definir o mesmo fenômeno. Reflita, por exemplo, sobre as diferentes formas que um termo como *agressivo* é usado. Falamos de um vendedor agressivo, um assassino agressivo e um garçom agressivo, para citar apenas alguns contextos. Em cada um desses diferentes contextos, *agressivo* carrega consigo um significado diferente. Se um teste de personalidade produz um escore pretendendo fornecer informações sobre o quanto um testando é agressivo, um primeiro passo para entender o significado desse escore é entender como *agressivo* foi definido pelo desenvolvedor do teste. De forma mais específica, que tipos de comportamentos se presume sejam indicativos de alguém que é agressivo conforme definido pelo teste? Um desenvolvedor de teste pode definir comportamento agressivo como "o número de atos autorrelatados de dano físico a outras pessoas". Outro poderia defini-lo como o número de atos de agressão observados, como empurrar, bater ou chutar, que ocorrem no contexto de uma pracinha. Outros, ainda, poderiam definir "comportamento agressivo" de formas muito diferentes. Idealmente, o desenvolvedor do teste forneceu aos aplicadores uma definição operacional clara do construto sob estudo.

Uma vez tendo sido definido o traço, o estado ou outro construto a ser medido, o desenvolvedor de um teste considera os tipos de conteúdo de itens que proporcionariam uma compreensão dele. De um universo de comportamentos que se presume sejam indicativos do traço visado, ele tem um mundo de possíveis itens que podem ser escritos para calcular a força daquele traço nos testandos.[1] Por exemplo, se o desenvolvedor do teste julgar o conhecimento da história norte-americana um componente de inteligência em adultos norte-americanos, então o item *Quem foi o segundo presidente dos Estados Unidos?* pode aparecer no teste. De modo similar, se o julgamento social for considerado indicativo de inteligência adulta, então poderia ser razoável incluir o item *Por que as armas em casa devem sempre ser inacessíveis às crianças?*

Suponha que concordemos que um item explorando o conhecimento de história norte-americana e um item explorando o julgamento social sejam ambos adequados para um teste de inteligência para adultos. Uma questão que surge é: Deve ser dado peso igual a ambos os itens? Ou seja, devemos dar mais importância a – e conceder mais pontos para – uma resposta determinada como "correta" para um ou o outro desses dois itens? Talvez uma resposta correta à questão de julgamento social devesse receber mais crédito do que uma resposta correta à questão de história norte-americana. A ponderação do valor comparativo dos itens de um teste ocorre como resultado de uma interação complexa entre muitos fatores, incluindo considerações técnicas, a forma que um construto foi definido para os propósitos do teste e o valor que a sociedade (e o desenvolvedor do teste) atribui aos comportamentos avaliados.

◆ **REFLITA...**
Em um teste de inteligência para adultos, a que tipo de item deve ser dado maior peso? A que tipo de item deve ser dado menor peso?

Medir traços e estados por meio de um teste implica desenvolver não apenas itens de teste apropriados mas também formas apropriadas de pontuar o teste e interpretar os resultados. Para muitas variedades de testes psicológicos, algum número representando o escore do teste é derivado das respostas do examinando. Presume-se que o escore do teste represente a força da habilidade ou do traço ou do estado visado e com frequência se baseie no **escore**

---

[1] Na linguagem da testagem e da avaliação psicológica, a palavra *domínio* substitui *mundo* nesse contexto. Os profissionais da avaliação falam, por exemplo, de **amostragem de domínio**, que pode se referir a (1) uma amostra de comportamentos que, de todos os possíveis comportamentos, poderiam concebivelmente ser indicativos de um determinado construto ou a (2) uma amostra de itens de teste que, de todos os possíveis itens, poderiam concebivelmente ser usados para medir um determinado construto.

cumulativo.[2] Inerente ao escore cumulativo é a suposição de que, quanto mais o testando responder em uma direção determinada pelo manual de teste como correta ou consistente com um traço em particular, mais alto se presume que seja o nível desse testando na habilidade ou no traço visados. Você provavelmente foi apresentado pela primeira vez ao escore cumulativo no início do ensino fundamental quando observou que sua nota em uma prova semanal de ortografia tinha tudo a ver com quanto palavras escreveu correta ou incorretamente. A nota refletia o grau em que você tinha dominado com sucesso a tarefa de ortografia para a semana. Com base nessa nota, poderíamos prever que você soletraria de maneira correta aquelas palavras se fosse chamado a fazê-lo. No contexto dessa previsão, considere o próximo pressuposto.

Pressuposto 3: Comportamento relacionado ao teste prediz comportamento não relacionado ao teste

Muitos testes envolvem tarefas como preencher pequenas grades com um lápis número 2 ou simplesmente pressionar teclas em um teclado de computador. O objetivo desses testes, em geral, tem pouco a ver com previsão de comportamento futuro em relação a preenchimento de grades ou teclas pressionadas. Antes, o objetivo do teste é fornecer alguma indicação de outros aspectos do comportamento do examinando. Por exemplo, os padrões de respostas a perguntas de verdadeiro-falso em um teste de personalidade muito utilizado são usados na tomada de decisão em relação a transtornos mentais.

As tarefas em alguns testes imitam os comportamentos reais que o aplicador está tentando entender. Por sua natureza, entretanto, esses testes produzem apenas uma amostra do comportamento que se pode esperar seja emitido sob condições reais. A amostra de comportamento obtida costuma ser usada para fazer previsões sobre comportamento futuro, tal como desempenho no trabalho de um candidato a emprego. Em algumas questões forenses (legais), os testes psicológicos podem ser usados não para prever, mas para *pós-ver* o comportamento – ou seja, para auxiliar no entendimento do comportamento que já ocorreu. Por exemplo, pode haver uma necessidade de entender o estado mental de um réu criminoso no momento do cometimento de um crime. Está além da capacidade de qualquer procedimento de testagem ou avaliação conhecido reconstruir o estado mental de alguém. Contudo, amostras de comportamento podem esclarecer, sob certas circunstâncias, o estado mental de alguém no passado. Além disso, outros instrumentos de avaliação – como os dados da história de caso ou o diário pessoal do réu durante o período em questão – poderiam ser de grande valor nesse tipo de avaliação.

> **REFLITA...**
> Na prática, os testes comprovaram ser bons preditores de alguns tipos de comportamentos e não tão bons preditores de outros. Por exemplo, os testes *não* comprovaram ser tão bons em prever violência como tinha sido esperado. Por que você acha ser tão difícil prever violência por meio de um teste?

Pressuposto 4: Testes e outras técnicas de mensuração têm pontos fortes e pontos fracos

Os aplicadores de testes competentes entendem muito sobre os testes que utilizam. Entendem, entre outras coisas, como um teste foi desenvolvido, as circunstâncias sob as quais é apropriado aplicá-lo, como deve ser aplicado e a quem e como seus resultados devem ser interpretados. Eles entendem e reconhecem as limitações dos testes que usam, bem como a forma como essas limitações poderiam ser compensadas por dados de outras fontes. Tudo isso pode soar bastante prático, e é provável que seja. Contudo, esse pressuposto enganosamente simples – de que os aplicadores de testes conhecem os testes que usam

---
[2] Outros modelos de pontuação são discutidos no Capítulo 8.

e estão cientes de suas limitações – é enfatizado repetidas vezes nos códigos de ética das associações de profissionais da avaliação.

Pressuposto 5: Várias fontes de erro são parte do processo de avaliação

Na conversação diária, usamos a palavra *erro* para nos referirmos a enganos, equívocos, etc. No contexto da avaliação, erro não precisa se referir a um desvio, uma distração ou alguma coisa que de outro modo viole as expectativas. Ao contrário, *erro* tradicionalmente se refere a alguma coisa que é mais do que esperada; ele é na verdade um componente do processo de mensuração. De modo mais específico, *erro* diz respeito a uma suposição de longa data de que outros fatores além do que um teste tenta medir influenciarão o desempenho no teste. Os escores dos testes estão sempre sujeitos a dúvidas em relação ao grau em que o processo de mensuração inclui o erro. Por exemplo, um escore de um teste de inteligência poderia estar sujeito a discussão sobre o grau em que o escore obtido verdadeiramente reflete a inteligência do examinando e o grau em que ele se deveu a outros fatores além da inteligência. Visto que o erro é uma variável que deve ser levada em conta em qualquer avaliação, com frequência falamos de **variância do erro**, ou seja, o componente do escore de um teste atribuível a outras fontes além do traço ou da capacidade medida.

Há muitas possíveis fontes de variância do erro. Se um avaliando está ou não gripado quando realiza um teste é uma fonte de variância do erro. Em um sentido mais geral, então, os próprios avaliandos são fontes de variância do erro. Os avaliadores, também, são fontes de variância do erro. Por exemplo, alguns avaliadores são mais profissionais que outros na medida em que seguem as instruções que ditam como e sob que condições um teste deve ser administrado. Além dos avaliadores e dos avaliandos, os próprios instrumentos de mensuração são outra fonte de variância do erro. Alguns testes são simplesmente melhores do que outros para medir o que se propõem a medir.

Professores que lecionam o curso de mensuração a estudantes universitários algumas vezes ouvirão um aluno fazer referência ao erro como "se insinuando" ou "contaminando" o processo de mensuração. Porém, os profissionais da mensuração tendem a ver o erro apenas como um elemento no processo, o qual qualquer teoria de mensuração sem dúvida deve levar em conta. No que é citado como **teoria clássica dos testes** (**TCT**; também referida como **teoria dos escores verdadeiros**), se pressupõe que cada testando tenha um escore *verdadeiro* em um teste, o qual seria obtido se não existisse a ação do erro de mensuração. Existem alternativas à TCT, como o modelo de mensuração baseado na teoria de resposta ao item (TRI, a ser discutido posteriormente). Entretanto, se TCT, TRI ou algum outro modelo de mensuração for utilizado, ele deve ter uma forma de explicar o erro de mensuração. Falamos mais sobre TCT e suas alternativas no Capítulo 5.

Pressuposto 6: A testagem e a avaliação podem ser conduzidas de maneira justa e imparcial

Se tivéssemos que escolher aquele, entre esses sete pressupostos, que é mais controverso do que os seis restantes, seria este. Décadas de desafios jurídicos aos vários testes e programas de testagem sensibilizaram os desenvolvedores e os aplicadores de testes à demanda social por testes justos usados de uma maneira justa. Hoje, todos os principais editores se esforçam para desenvolver instrumentos que sejam justos quando usados de estrito acordo com as diretrizes no manual do teste. No entanto, apesar dos melhores esforços de muitos profissionais, questões e problemas relativos à imparcialidade surgem de modo ocasional. Uma fonte de problemas relacionados à imparcialidade é o aplicador que tenta usar um determinado teste com pessoas cujo conhecimento e experiência são diferentes do conhecimento e experiência das pessoas às quais o teste visava. Alguns pos-

síveis problemas relacionados à imparcialidade dos testes são mais políticos do que psicométricos. Por exemplo, discussões calorosas sobre seleção, contratação e acesso ou negação de acesso a várias oportunidades frequentemente cercam os programas de ação afirmativa. Em muitos casos, a questão real para a discussão não é "Este teste ou procedimento de avaliação é justo?", mas, antes, "O que nós, como sociedade, desejamos realizar por meio da utilização deste teste ou procedimento de avaliação?".
Em todos os questionamentos relacionados à imparcialidade em testes, é importante ter em mente que os testes são instrumentos. E, assim como outros instrumentos mais familiares (martelos, picadores de gelo, alicates, etc.), eles podem ser usados correta ou incorretamente.

> **REFLITA...**
> Você acredita que a testagem possa ser conduzida de uma maneira justa e imparcial?

Pressuposto 7: A testagem e a avaliação beneficiam a sociedade

À primeira vista, a perspectiva de um mundo desprovido de testagens e avaliações poderia parecer atraente, em especial do ponto de vista de um estudante atormentado preparando-se para uma semana de provas finais. Contudo, é provável que um mundo sem testes fosse mais um pesadelo do que um sonho. Nesse mundo, as pessoas poderiam se apresentar como cirurgiões, construtores de pontes ou pilotos de avião independentemente de seu conhecimento, sua habilidade ou suas credenciais profissionais. Em um mundo sem testes ou outros procedimentos de avaliação, as pessoas poderiam ser contratadas com base em nepotismo em vez de mérito documentado. Em um mundo sem testes, professores e administradores de escolas poderiam colocar as crianças de forma arbitrária em diferentes tipos de classes especiais simplesmente porque acreditavam ser esse o lugar delas. Em um mundo sem testes, haveria uma grande necessidade de instrumentos para diagnosticar dificuldades educacionais em leitura e matemática e apontar o caminho para a reabilitação. Em um mundo sem testes, não haveria uma forma prática de os militares avaliarem milhares de recrutas em relação a muitas variáveis fundamentais.

> **REFLITA...**
> De que outro modo um mundo sem testes ou outros procedimentos de avaliação poderia ser diferente do mundo de hoje?

Considerando as várias decisões críticas que são baseadas em procedimentos de testagem e avaliação, podemos facilmente avaliar a necessidade de testes, sobretudo de bons testes. E isso, sem dúvida, levanta uma questão de importância fundamental...

O que é um "bom teste"?

Logicamente, os critérios para um bom teste incluiriam instruções claras para aplicação, pontuação e interpretação. Também pareceria ser uma vantagem se um teste oferecesse economia no tempo e no dinheiro necessários para sua aplicação, pontuação e interpretação. Acima de tudo, um bom teste seria aquele que medisse o que se propõe a medir.

Além da simples lógica, há critérios técnicos que os profissionais da avaliação usam para avaliar a qualidade dos testes e de outros procedimentos de mensuração. Os aplicadores de testes frequentemente falam da *solidez psicométrica* dos testes, da qual dois aspectos fundamentais são a *fidedignidade* e a *validade*.

Fidedignidade

Um bom teste ou, com mais frequência, um bom instrumento ou procedimento de mensuração são *fidedignos*. Conforme explicaremos no Capítulo 5, o critério de fidedignidade envolve a *consistência* do instrumento de mensuração. Em teoria, o instrumento de mensuração perfeitamente fidedigno mede da mesma maneira com consistência.

Para exemplificar a fidedignidade, visualize três balanças digitais rotuladas como A, B e C. Para determinar se elas são instrumentos de mensuração confiáveis, usaremos uma barra de ouro padrão de 1 kg que foi certificada por especialistas como pesando de fato 1 kg e nenhuma fração a mais ou a menos. Agora, que o teste se inicie.

Pesagens repetidas da barra de 1 kg na balança A registram uma leitura de 1 kg todas as vezes. Sem dúvida alguma, a balança A é um instrumento de mensuração confiável. Na balança B, pesagens repetidas da barra produzem uma leitura de 1,3 kg. Essa balança é confiável? É claro! Ela pode ser consistentemente imprecisa por três décimos de quilograma, mas não há como negar o fato de que é confiável. Por fim, a balança C. Pesagens repetidas da barra nessa balança registram um peso diferente todas as vezes. Em uma pesagem, a barra de ouro pesa 1,7 kg. Na próxima pesagem, o peso registrado é 0,9 kg. Em resumo, os pesos registrados são todos desconexos. Essa balança é confiável? Dificilmente. Ela não é nem confiável nem precisa. Compare-a com a balança B, que também não registrou o peso da barra padrão de forma correta. Embora imprecisa, a balança B foi consistente em termos de quanto o peso registrado se desviou do peso verdadeiro. Em contrapartida, o peso registrado pela balança C desviou-se do peso verdadeiro da barra de modo aparentemente aleatório.

Quer estejamos medindo barras de ouro, comportamento ou qualquer outra coisa, medições inconsistentes devem ser evitadas. Queremos ter razoável certeza de que o instrumento de mensuração ou o teste que estamos usando é consistente. Ou seja, queremos que produza a mesma medida numérica todas as vezes em que meça a mesma coisa sob as mesmas condições. Os testes psicológicos, como outros testes e instrumentos, são confiáveis em graus variados. Conforme se poderia esperar, entretanto, a fidedignidade é um elemento necessário mas não suficiente de um bom teste. Além de serem fidedignos, os testes devem ser razoavelmente precisos. Na linguagem da psicometria, os testes devem ser *válidos*.

Validade

Um teste é considerado válido para um propósito em particular se de fato medir o que se propõe a medir. No exemplo da barra de ouro antes citado, a balança que consistentemente indicou que a barra de ouro de 1 kg pesava 1 kg é uma balança válida. Da mesma forma, um teste de tempo de reação é válido se medir com precisão o tempo de reação. Um teste de inteligência é válido se verdadeiramente medir a inteligência. Bem, sim, mas...

Embora haja pouca controvérsia sobre a definição de um termo como *tempo de reação*, existe muita controvérsia sobre a definição de inteligência. Visto que há controvérsia em torno da definição de inteligência, a validade de qualquer teste que se proponha a medir essa variável na certa será rigorosamente investigado pelos críticos. Se a definição de inteligência na qual o teste é baseado for diferente o suficiente da definição de inteligência em outros testes aceitos, então o teste pode ser rejeitado por não medir o que se propõe a medir.

As questões relativas à validade do teste podem se concentrar nos itens que coletivamente compõem o teste. Os itens representam de forma adequada a variação de áreas que devem ser testadas para medir com propriedade o construto? Itens individuais também estarão sob escrutínio em uma investigação da validade de um teste. Como itens individuais aumentam ou diminuem a validade do teste? A validade de um teste também pode ser questionada com base na interpretação dos escores resultantes do teste. O que esses os escores realmente nos dizem sobre o construto visado? Como os escores altos estão relacionados ao comportamento dos testandos? Como os escores baixos estão relacionados ao comportamento dos testandos? Como os escores neste teste se relacionam aos escores em outros testes que se propõem a medir o mesmo construto? Como os escores neste teste se relacionam aos escores em outros testes que se propõem a medir tipos opostos de construtos?

Poderíamos esperar que o escore de uma pessoa em um teste válido de introversão estivesse inversamente relacionada ao escore daquela mesma pessoa em um teste válido de extroversão; ou seja, quanto mais alta o escore do teste de introversão, mais baixo o escore do teste de extroversão e vice-versa. Conforme veremos quando discutirmos a validade de forma mais detalhada no Capítulo 6, dúvidas relativas à validade podem ser levantados em cada estágio da vida de um teste. Desde o seu desenvolvimento inicial e ao longo de sua vida útil com membros de diferentes populações, os profissionais da avaliação podem levantar dúvidas em relação ao grau em que um teste está medindo o que se propõe a medir.

> **REFLITA...**
> Por que um teste que demonstrou ser válido para um determinado propósito com membros de uma população poderia não ser válido para aquele mesmo propósito com membros de outra população?

Outras considerações

Um bom teste é aquele que os examinadores treinados podem aplicar, levantar escores e interpretar com um mínimo de dificuldade. Ele é um teste útil e produz resultados contestáveis que, em última análise, beneficiarão testados individuais ou a sociedade em geral. "Colocando-se um teste à prova", há inúmeras formas de avaliar com exatidão o quanto ele é realmente bom (ver a seção *A psicometria no cotidiano* deste capítulo).

Se o propósito de um teste for comparar o desempenho do testando com o desempenho de outros testandos, um bom teste será o que contiver *normas* adequadas. Também chamadas de *dados normativos*, as normas fornecem um padrão com o qual os resultados da mensuração podem ser comparados. Vamos explorar o importante assunto das normas de maneira um pouco mais detalhada.

Normas

Podemos definir **testagem e avaliação de referência normativa** como um método de avaliação e uma forma de extrair significado dos escores de teste pela avaliação do escore de um testando individual e a comparação desta com os escores de um grupo de testandos. Nessa abordagem, o significado de um escore individual é entendido em relação a outros escores no mesmo teste. Uma meta comum dos testes de referência normativa é produzir informações sobre a posição ou classificação de um testando em relação a um grupo de testandos de comparação.

Norma, no singular, é uma expressão usada na literatura acadêmica para referir-se a comportamento que é comum, médio, normal, padrão, esperado ou típico. A referência a uma variedade particular de norma pode ser especificada por meio de modificadores como a *idade*, como no termo *norma de idade*. *Normas* é a forma plural de norma, como no termo *normas de gênero*. Em um contexto psicométrico, **normas** são os dados de desempenho do teste de um grupo de testandos em particular que são designados para uso como referência na ocasião da avaliação ou interpretação de escores de testes individuais. Como é usado nessa definição, o "grupo de testandos em particular" pode ser definido de forma ampla (p. ex., "uma amostra representativa da população adulta dos Estados Unidos") ou estrita (p. ex., "pacientes do sexo feminino internadas no Bronx Community Hospital com um diagnóstico primário de depressão"). Uma **amostra normativa** é aquele grupo de pessoas cujo desempenho em um determinado teste é analisado para referência na avaliação do desempenho de testandos individuais.

Sejam de âmbito amplo ou estrito, os membros da amostra normativa serão todos típicos com relação a alguma(s) característica(s) das pessoas para as quais o teste foi par-

A PSICOMETRIA NO COTIDIANO

Colocando os testes à prova

Para os especialistas no campo da testagem e da avaliação, certas questões ocorrem quase reflexivamente na avaliação de um teste ou de uma técnica de mensuração. Como aluno do curso de avaliação, você pode não ser ainda um especialista, mas considere as questões que surgem quando você se depara com a menção de qualquer teste ou outra técnica de mensuração psicológica.

Por que usar particularmente este instrumento ou método?

De modo habitual, haverá uma escolha de instrumentos de mensuração quando se trata de medir uma determinada variável psicológica ou educacional, e o aplicador do teste deve portanto escolher um de muitos instrumentos disponíveis. Por que usar um e não outro? A resposta a essa pergunta em geral implica levantar outras questões, tais como: Qual o objetivo de usar um teste e o quanto o teste sob consideração alcança esse objetivo? Para quem esse teste foi concebido (idade dos testandos? nível de leitura? etc.) e o quanto ele é apropriado para os testandos-alvo? Como é definido o que o teste mede? Por exemplo, se o aplicador busca um teste de "liderança", como "liderança" é definida pelo desenvolvedor do teste (e o quanto essa definição é próxima da definição de liderança do aplicador do teste para os propósitos da avaliação)? Que tipo de dados serão gerados pelo uso deste teste, e que outros tipos de dados serão necessários gerar se este teste for usado? Existem formas alternativas deste teste? As respostas às perguntas sobre instrumentos específicos podem ser encontradas em fontes de informação publicadas (tais como catálogos de testes manuais de testes e revisões de testes publicadas) bem como em fontes não publicadas (correspondência com os desenvolvedores e editores do teste e com colegas que usaram o mesmo teste ou testes semelhantes). As respostas às questões relacionadas sobre o uso de um instrumento em particular podem ser encontradas em outro lugar – por exemplo, em diretrizes publicadas. Isso nos leva a outra questão para "pôr à prova".

Existem diretrizes publicadas para o uso deste teste?

Cabe aos profissionais da mensuração tomar conhecimento de diretrizes publicadas de associações profissionais e organizações relacionadas para o uso de testes e de técnicas de mensuração. Às vezes, uma diretriz publicada para o uso de um determinado teste listará outros instrumentos de mensuração que também devem ser usados junto com ele. Por exemplo, considere o caso de psicólogos chamados para fornecer subsídios a um tribunal em uma decisão de custódia de filhos. Mais especificamente, o tribunal pediu ao psicólogo uma opinião de especialista em relação à capacidade de um dos genitores. Muitos psicólogos que realizam esse tipo de avaliação usam um teste psicológico como parte do processo. Entretanto, o psicólogo que realiza tal avaliação tem – ou deveria ter – conhecimento das diretrizes promulgadas pelo Committee on Professional Pratice and Standards da American Psychological Association. Essas diretrizes descrevem três tipos de avaliações relevantes a uma decisão de custódia de filhos: (1) a avaliação da capacidade de parentagem, (2) a avaliação das necessidades psicológicas e desenvolvimentais da criança e (3) a avaliação da qualidade do ajuste entre a capacidade dos pais e as necessidades da criança. De acordo com essas diretrizes, uma avaliação de um dos genitores – ou mesmo dos dois – não é suficiente para chegar a uma opinião em relação à custódia. Antes, apenas é possível chegar a uma opinião instruída sobre a quem deve ser concedida a custódia após avaliar (1) os pais (ou outros que buscam a custódia), (2) a criança e (3) a qualidade do ajuste entre as necessidades e a capacidade de cada uma das partes.

Nesse exemplo, diretrizes publicadas informam-nos que qualquer instrumento que o avaliador selecione para obter informações sobre a capacidade dos pais deve ser suplementado com outros instrumentos ou procedimentos projetados para apoiar quaisquer opinião, conclusões ou recomendações expressas. Na prática diária, essas outras fontes de dados serão obtidas usando outros instrumentos de avaliação psicológica, como entrevistas, observação comportamental e história de caso ou análise de documentos. As diretrizes e a pesquisa publicadas também podem fornecer informações úteis relativas à probabilidade de o uso de um determinado teste ou de uma técnica de mensuração satisfazer os padrões de *Daubert* ou outros estabelecidos por tribunais (p. ex., ver Yañez e Fremouw, 2004).

O instrumento é fidedigno?

Anteriormente, introduzimos o conceito psicométrico de fidedignidade e observamos que ela dizia respeito à consistência da mensuração. A pesquisa para determinar se um determinado instrumento é fidedigno começa com uma leitura cuidadosa do manual do teste e da pesquisa publicada sobre ele, de revisões e de fontes relacionadas. Entretanto, não termina necessariamente com essa pesquisa.

Medir a fidedignidade nem sempre é uma questão simples. Como exemplo, considere um dos testes que poderiam ser usados na avaliação da capacidade de parentagem, as Escalas Perceptuais de Bricklin (BPS; Bricklin, 1984). A BPS foi concebida para explorar a percepção de uma criança sobre o pai e a mãe. Uma medida de um tipo de fidedignidade, chamada de *fidedignidade teste-reteste*, indicaria o quanto a percepção de uma criança em relação ao pai e à mãe é consistente ao longo do tempo. Entretanto, o manual da BPS não contém dados de fidedignidade porque, como Bricklin (1984, p. 42) sugeriu, "Não há razões para esperar que as mensurações aqui relatadas exibam qualquer grau particular de estabilidade, uma vez que elas devem variar de acordo com mudanças nas percepções da criança". Essa afirmação não impediu que outros (Gilch-Pesantez, 2001; Speth, 1992) e mesmo o próprio Bricklin muitos anos mais tarde (Bricklin e Halbert, 2004) explorassem a fidedignidade teste-reteste da BPS. Quer se aceite ou não a opinião de Bricklin encontrada no manual original, tais opiniões ilustram a grande complexidade das questões de fidedignidade. Elas também enfatizam a necessidade de múltiplas fontes de dados para fortalecer os argumentos em relação a confirmação ou rejeição de uma hipótese.

Este instrumento é válido

Validade, como você já aprendeu, refere-se ao grau em que um teste mede o que se propõe a medir. E, como foi o caso com as questões relativas à fidedignidade de um instrumento em particular, a pesquisa para determinar se um determinado instrumento é válido começa com uma leitura cuidadosa do manual do teste, bem como da pesquisa publicada sobre ele, de revisões e de fontes relacionadas. Mais uma vez, como você pode ter antecipado, não haverá necessariamente uma resposta simples ao final desta pesquisa preliminar.

Assim como foi o caso sobre a confiabilidade, as questões relacionadas à validade de um teste podem ser complexas e coloridas mais em tons de cinza do que preto ou branco. Por exemplo, mesmo se os dados de um teste como a BPS forem válidos para o propósito de estimar as percepções das crianças a respeito de seus pais, os dados seriam inválidos como a única fonte na qual basear uma opinião relativa à custódia da criança (Brodzinsky, 1993; Heinze e Grisso, 1996). A necessidade de múltiplas fontes de dados na qual embasar uma opinião se origina não apenas das recomendações éticas publicadas na forma de diretrizes de associações profissionais mas também das exigências práticas de apresentar provas convincentes no tribunal. Em resumo, o que começa como pesquisa para determinar a validade de um instrumento individual para um objetivo em particular pode terminar com uma pesquisa sobre qual *combinação* de instrumentos alcançará melhor esse objetivo.

Qual é o custo-benefício deste instrumento?

Durante a Primeira e a Segunda Guerras Mundiais, os militares necessitavam avaliar com rapidez a inteligência de centenas de milhares de recrutas. Poderia ter sido conveniente aplicar individualmente um teste de inteligência de Binet a cada recruta, mas teria levado muito tempo – tempo demais, dadas as demandas da guerra – e não teria sido viável em termos de custo-benefício. Em vez disso, as Forças Armadas desenvolveram medidas grupais de inteligência que podiam ser aplicadas rapidamente e que satisfaziam a suas necessidades de maneira mais eficiente do que um teste administrado de forma individual. Nesse caso, pode-se dizer que os testes grupais tinham mais *utilidade* do que os individuais. O conceito de *utilidade do teste* é discutido com mais profundidade no Capítulo 7.

Que deduções podem ser feitas razoavelmente a partir do escore deste teste, e o quanto os achados podem ser generalizados?

Ao avaliar um teste, é fundamental considerar as deduções que podem ser feitas razoavelmente como resultado da aplicação desse teste. Saberemos alguma coisa sobre se uma criança está pronta para começar a primeira série? sobre se uma pessoa é nociva para si mesma ou para os outros? sobre se um empregado tem potencial para ser promovido? Estas representam apenas uma pequena amostragem das questões críticas para as quais as respostas devem ser deduzidas com base nos escores do teste e em outros dados derivados de vários instrumentos de avaliação.

Intimamente relacionadas às considerações com relação às inferências que podem ser feitas são aquelas relacionadas à generalização dos achados. Na medida em que aprender mais sobre as normas dos testes, por exemplo, você descobrirá que a população de pessoas usadas para ajudar a desenvolver um teste tem um grande efeito sobre a generalização dos achados a partir de uma aplicação do teste. Muitos outros fatores podem afetar a generalização desses achados. Por exemplo, se os itens em um teste são expressos de tal forma que sejam menos compreensíveis para membros de um grupo específico, então o uso desse teste com membros desse grupo poderia ser questionável. Outra questão relativa à generalização dos achados diz respeito a como um teste foi aplicado. A maioria dos testes publicados incluem orientações explícitas para as condições de testagem e os procedimentos de aplicação do teste que devem ser seguidas ao pé da letra. Se a aplicação de um teste se desvia de alguma forma dessas orientações, a generalização dos achados pode ser comprometida. A cultura é uma variável que deve ser levada em consideração no desenvolvimento de novos testes, bem como na aplicação, levantamento de escores e interpretação de qualquer teste. O papel da cultura, muito frequentemente negligenciado na testagem e na avaliação, será enfatizado e elaborado em vários pontos ao longo deste livro.

Embora você possa não ser ainda um especialista em mensuração, tem agora conhecimento dos tipos de perguntas que os especialistas fazem ao avaliarem testes. Espera-se que você possa agora entender que perguntas simples como "O que é um bom teste?" não têm necessariamente respostas simples.

ticularmente concebido. A administração de um teste a essa amostra representativa de testandos produz uma distribuição (ou distribuições) de escores. Esses dados constituem as *normas* para o teste e em geral são usados como uma fonte de referência para avaliar e contextualizar os escores de teste obtidos por testandos individuais. Os dados podem ser na forma de escores brutos ou escores convertidos.

O verbo *normatizar*, bem como termos relacionados como **normatização**, referem-se ao processo de estabelecer normas. *Normatização* pode ser modificada para descrever um tipo particular de imposição de normas. Por exemplo, **normatização racial** é a prática controversa de impor normas com base na raça ou na etnia. No passado, alguns órgãos governamentais e organizações privadas se engajaram na questão da normatização da raça e a prática resultou no estabelecimento de diferentes escores de corte para contratação por grupo cultural. Os membros de um grupo cultural teriam de alcançar um escore para ser contratados, enquanto os membros de outro grupo cultural teriam de alcançar um escore diferente. Embora inicialmente instituída no interesse dos objetivos da ação afirmativa (Greenlaw e Jensen, 1996), a prática foi banida pela Lei dos Direitos Civis de 1991. Entretanto, a Lei não esclarecia uma série de questões, incluindo "se, ou sob quais circunstâncias, no desenvolvimento de um procedimento de avaliação, é lícito ajustar o conteúdo do item para minimizar diferenças de grupo" (Kehoe e Tenopyr, 1994, p. 291).

Normatizar um teste, sobretudo com a participação de uma amostra normativa nacionalmente representativa, pode ser uma proposição muito dispendiosa. Por essa razão, alguns manuais de teste fornecem o que é conhecido como **normas do aplicador** ou **normas do programa**, que "consistem antes em estatísticas descritivas baseadas em um grupo de testandos, em um dado período de tempo, em vez de normas obtidas por métodos de amostragem formal" (Nelson, 1994, p. 283). Para entender como as normas são estabelecidas por meio de "métodos de amostragem formal", é necessário alguma discussão do processo de amostragem.

Amostragem para desenvolver normas

O processo de administrar um teste a uma amostra representativa de testandos com o propósito de estabelecer normas é referido como **padronização** ou **padronização do teste**. Como ficará claro na seção *Em foco* deste capítulo, se diz que um teste é *padronizado* quando tem procedimentos claramente especificados para aplicação e levantamento de escores, em geral incluindo dados normativos. Para entender como as normas são estabelecidas, é necessário um entendimento da amostragem.

Amostragem No processo de desenvolvimento de um teste, seu desenvolvedor visou a algum grupo definido como a população para a qual o teste é designado. Essa população é o universo completo ou o conjunto de indivíduos com pelo menos uma característica comum e observável. A(s) característica(s) comum observável poderia ser sobre qualquer coisa. Por exemplo, poderia ser *alunos do último ano do ensino médio que aspiram ir para a universidade; ou os 16 meninos e meninas da creche da sra. Perez; ou todas as donas de casa com responsabilidade principal pelas compras da família que compraram remédios para dor de cabeça sem receita médica nos últimos dois meses.*

Para obter uma distribuição de escores, o desenvolvedor do teste poderia administrá-lo a cada uma das pessoas da população-alvo. Se essa população total consistir em algo como os 16 meninos e meninas da creche da sra. Perez, pode muito bem existir a possibilidade de aplicar o teste a cada membro da população-alvo. Entretanto, para testes desenvolvidos para serem usados com populações grandes ou variadas, costuma ser impossível, impraticável ou apenas muito caro administrar o teste a todos, e nem é necessário.

O desenvolvedor do teste pode obter uma distribuição de respostas ao teste aplicando-o a uma **amostra** da população – uma porção do universo de pessoas consideradas representativas de toda a população. O tamanho da amostra poderia ser tão pequeno como uma pessoa, embora as amostras que se aproximam do tamanho da população reduzem as possíveis fontes de erro devido a tamanho insuficiente da amostra. O processo de selecionar a porção do universo considerada representativa de toda a população é referido como **amostragem.**

Os subgrupos em uma população definida podem diferir a respeito de algumas características, e às vezes é essencial ter essas diferenças representadas proporcionalmente na amostra. Portanto, por exemplo, se você criasse um teste de opinião pública e quisesse amostrar as opiniões dos residentes de Manhattan com esse instrumento, seria desejável incluir em sua amostra pessoas representando diferentes subgrupos (ou estratos) da população, como negros, brancos, asiáticos, outros não brancos, homens, mulheres, pobres, classe média, ricos, profissionais liberais, executivos, escriturários, trabalhadores qualificados e não qualificados, desempregados, donas de casa, católicos, judeus, membros de outras religiões, e assim por diante – todos em proporção à atual ocorrência desses estratos na população que reside na ilha de Manhattan. Tal amostragem, denominada **amostragem estratificada,** ajudaria a prevenir o viés de amostragem e, em última análise, auxiliaria na interpretação dos achados. Se tal amostragem fosse *aleatória* (ou seja, se cada membro da população tivesse a mesma chance de ser incluído na amostra), então o procedimento seria denominado **amostragem estratificada aleatória**.

> **REFLITA...**
> A amostragem aleatória de fato é relativamente rara. Por que você acha que é assim?

Os outros tipos de procedimentos de amostragem são a *amostragem intencional* e a *amostragem incidental*. Se selecionarmos arbitrariamente alguma amostra por acreditarmos que seja representativa da população, então selecionamos o que é referido como uma **amostra intencional**. Os fabricantes de produtos com frequência usam amostragem intencional quando testam o apelo de um novo produto em uma cidade ou um mercado e então fazem suposições sobre como venderia em âmbito nacional. Por exemplo, o fabricante poderia testar um produto em um mercado como Cleveland porque, com base na experiência com esse produto em particular, "o que pega em Cleveland, pega em todo o país". O perigo de usar tal amostragem intencional é que a amostra, nesse caso os residentes de Cleveland, podem não ser mais representativos do país. Alternativamente, essa amostra pode apenas não ser representativa das preferências nacionais com relação a esse produto em particular que está tendo a comercialização testada.

É frequente as decisões do aplicador de um teste em relação à amostragem acabarem colocando o que é ideal contra o que é prático. Pode ser ideal, por exemplo, usar 50 diretores executivos de qualquer uma das empresas da *Fortune 500* (ou seja, as 500 maiores empresas em termos de receita) como amostra em um experimento. Entretanto, as condições podem determinar que seja prático para o experimentador usar apenas 50 voluntários recrutados da câmara de comércio local. Essa diferença importante entre o que é *ideal* e o que é *prático* na amostragem nos leva a uma discussão do que tem sido referido como uma *amostra incidental* ou uma *amostra de conveniência.*

Você já ouviu a velha piada sobre um bêbado procurando o dinheiro que perdeu sob um poste de luz? Ele pode não ter perdido seu dinheiro lá, mas é lá que tem luz. Como o bêbado que procura o dinheiro sob um poste de luz, um pesquisador pode às vezes empregar uma amostra que não seja necessariamente a mais adequada mas seja a mais conveniente. Ao contrário do bêbado, o pesquisador empregando esse tipo de amostra o faz não como resultado de mau julgamento, mas devido a limitações de orçamento ou de outras restrições. Uma **amostra incidental** ou **amostra de conveniência** é aquela conveniente ou disponível. Você pode ter feito parte de uma amostragem incidental se algum dia foi colocado em um grupo de estudo para experimentação com estudantes de introdução à psicologia. Não existe garantia de que os estudantes nesses grupos de estudo sejam

EM FOCO

Como o "padrão" é *padrão* na mensuração?

O pé, uma unidade de medida de distância nos Estados Unidos, provavelmente tenha sua origem no tamanho do pé de um rei britânico usado como padrão – um pé que media cerca de 30 centímetros, mais ou menos. Não foi há muito tempo que diferentes localidades pelo mundo tinham "pés" diferentes para usar como medida. Percorremos um longo caminho desde então, em especial com relação aos padrões e à padronização nas medidas... Percorremos?

Talvez. Entretanto, no campo da testagem e da avaliação psicológica, ainda há mais do que uma pequena confusão quando se trata do significado de termos como *padrão* e *padronização*. Também existem dúvidas sobre o que é e o que não é *padronizado*. Para tratar dessas e de questões relacionadas, um exame mais detalhado da palavra *padrão* e seus derivativos parece muito adequado.

A palavra *padrão* pode ser um substantivo ou um adjetivo, e em qualquer caso pode ter múltiplas (e bastante diferentes) definições. Como substantivo, *padrão* pode ser definido como *aquilo em relação ao qual os outros são comparados ou avaliados*. Pode-se falar, por exemplo, de um teste com propriedades psicométricas excepcionais como "o padrão em relação ao qual todos os testes semelhantes são julgados". Um livro excepcional sobre o assunto de testagem e avaliação psicológica – pegue o que você está lendo, por exemplo – pode ser considerado "o padrão em relação ao qual todos os livros semelhantes serão julgados". Talvez o uso mais comum do termo *padrão* como substantivo no contexto da testagem e da avaliação seja no título daquele manual bem conhecido que estabelece os ideais de comportamento profissional em relação aos quais o comportamento de qualquer profissional pode ser julgado: *The Standards for Educational and Psychological Testing* (*Os padrões para testagem educacional e psicológica*), em geral referido apenas como *the Standards* (*os Padrões*).

Como adjetivo, *padrão* com frequência se refere ao *que é habitual, geralmente aceito, ou comumente empregado*. Pode-se falar, por exemplo, da forma-*padrão* de conduzir um determinado procedimento de mensuração, sobretudo como um meio de compará-lo com algum procedimento de mensuração mais novo ou experimental. Por exemplo, um pesquisador experimentando uma nova abordagem multimídia para conduzir um exame do estado mental poderia conduzir um estudo para comparar os valores dessa abordagem com a entrevista para exame do estado mental-*padrão*.

Em algumas áreas da psicologia, houve uma necessidade de criar uma nova *unidade-padrão de mensuração* no interesse do melhor entendimento ou da quantificação de fenômenos particulares. Por exemplo, ao estudar o alcoolismo e problemas associados, muitos pesquisadores adotaram o conceito de uma *dose-padrão*. A noção de "dose-padrão" visa facilitar a comunicação e aumentar o entendimento em relação a padrões de consumo de álcool (Aros et al., 2006; Gill et al., 2007), estratégias de intervenção (Hwang, 2006; Podymow et al., 2006) e custos associados com o consumo de álcool (Farrell, 1998). Independentemente de se é cerveja, vinho, destilado ou qualquer outra bebida alcoólica, a referência a uma "dose-padrão" logo transmite a informação ao pesquisador bem informado sobre a quantidade de álcool na bebida.

O verbo "padronizar" refere-se a *transformar alguma coisa em alguma coisa que possa servir como base de comparação ou julgamento*. Pode-se falar, por exemplo, dos esforços dos pesquisadores para *padronizar* uma bebida alcoólica que contenha 15 mililitros de álcool como uma "dose-padrão". Para muitas das variáveis em geral usadas em estudos de avaliação, há uma tentati-

Figura 1   O teste de preferência de frios (TPF) de Ben.

Ben é dono de uma pequena "butique de frios" que vende 10 variedades de frios de marcas selecionadas. Ele leu em algum lugar que, se um teste especificou claramente métodos para administração e pontuação, então deve ser considerado "padronizado". Então resolveu criar seu próprio "teste padronizado" – o Teste de Preferência de Frios (TPF). O TPF consiste em apenas duas perguntas: "O que você vai querer hoje?", e uma pergunta de seguimento, "Quanto você vai querer?". Ben treina com cuidado sua única funcionária (sua esposa – é literalmente um negócio "familiar") na "administração" e na "pontuação" do TPF. Portanto, reflita: O TPF de fato se qualifica como um "teste padronizado"?

va de *padronizar* uma definição. Como exemplo, Anderson (2007) buscou padronizar exatamente o que se entende por "pensamento criativo". Bem conhecida de qualquer estudante que alguma vez tenha feito um teste de realização ou um exame vestibular aplicado em todo o país é a padronização dos testes. Mas o que significa dizer que um teste é "padronizado"? Alguma reflexão em relação a uma resposta a essa pergunta aparentemente simples pode ser encontrada na Figura 1.

Os desenvolvedores de testes os *padronizam* desenvolvendo procedimentos replicáveis para administrar, pontuar e interpretar o teste. Também é parte da *padronização* de um teste o desenvolvimento de normas para ele. Bem, não necessariamente... se normas para o testes devem ou não ser desenvolvidas a fim de que ele seja considerado "padronizado" é discutível. É verdade que quase todos os "testes" que têm procedimentos especificados com clareza para administração, pontuação e interpretação podem ser considerados "padronizados" Então, mesmo o TPF de Ben, o dono da mercearia (descrito na Fig. 1), poderia ser considerado um "teste padronizado" na opinião de alguns. Isso porque o teste é "padronizado" quando os "itens do teste" são claramente especificados (presume-se que junto com "regras" para "administrá-los" e regras para "pontuar e interpretar"). Contudo, muitos profissionais da avaliação hesitariam em se referir ao TPF de Ben como um teste "padronizado". Por quê?

Tradicionalmente, os profissionais da avaliação reservaram o termo **teste padronizado** para aqueles testes que especificaram com precisão os procedimentos para administração, pontuação e interpretação além das normas. Esses testes também vêm com manuais que são tão parte do pacote de teste quanto os itens do teste. Em uma situação ideal, o manual do teste, que pode ser publicado em um ou mais livretos, fornecerá aos potenciais aplicadores toda a informação necessária para a utilização do teste de forma responsável. O manual do teste permite ao aplicador administrá-lo da maneira "padronizada" na qual foi concebido para ser administrado; todos os aplicadores devem ser capazes de reproduzir a administração do teste conforme prescrito por seu desenvolvedor. Idealmente, haverá pouco desvio de um examinador para outro na forma como o teste padronizado é aplicado, devido à rigorosa preparação e ao treinamento a que todos os potenciais aplicadores foram submetidos antes da administração do teste aos testandos.

Se um teste padronizado é concebido para ser pontuado pelo aplicador (em comparação com a pontuação computadorizada), o manual adequado deverá conter diretrizes de pontuação detalhadas. Se for um teste de capacidade que tem respostas corretas e incorretas, o manual deverá conter um amplo número de exemplos de respostas corretas, incorretas ou parcialmente corretas, com as diretrizes de pontuação. Da mesma forma, se for um teste que mede personalidade, interesse ou qualquer outra variável que *não* seja pontuada como correta ou incorreta, então vários exemplos de possíveis respostas serão fornecidos junto com as diretrizes de pontuação. Também se espera que o manual do teste contenha diretrizes detalhadas para a interpretação dos resultados, incluindo amostras de generalização adequada e inadequada dos achados.

Também de um ponto de vista tradicional, pensamos nos testes padronizados como tendo passado por um processo de *padronização*. Possivelmente, o termo *padronização* poderia ser aplicado ao processo de "padronizar" todos os elementos de um teste padronizado que precisam ser padronizados. Portanto, para um teste de liderança padronizado, poderíamos falar sobre padronizar a definição de liderança, padronizar as instruções de administração do teste, padronizar sua pontuação, padronizar sua interpretação e assim por diante. De fato, uma definição de padronização aplicada a testes é "o processo empregado para introduzir objetividade e uniformidade à administração, pontuação e interpretação do teste" (Robertson, 1990, p. 75). Outro uso, e talvez mais típico, da *padronização*, porém, é reservado para aquela parte do processo de desenvolvimento do teste durante a qual as normas são desenvolvidas. É exatamente por essa razão que os termos *padronização do teste* e *normatização do teste* têm sido usados de forma indistinta por muitos profissionais da testagem.

Os profissionais da avaliação desenvolvem e usam testes padronizados para beneficiar os testandos, os aplicadores do teste e/ou a sociedade em geral. Embora seja possível haver algum benefício para Ben em obter dados sobre a frequência de pedidos por 500 g ou 1 kg de salsicha alemã, esse tipo de coleta de dados não requer um "teste padronizado". Logo, voltando ao TPF de Ben... embora alguns autores defendessem de modo ferrenho o TPF como um "teste padronizado" (apenas porque quaisquer duas perguntas com diretrizes claramente especificadas para administração e pontuação constituiriam o "corte"), em termos práticos esse apenas não é o caso do ponto de vista da maioria dos profissionais da avaliação.

Há uma série de outras ambiguidades em testagem e avaliação psicológica quando se trata do uso da palavra *padrão* e seus derivativos. Considere, por exemplo, o termo *escore padrão*. Alguns manuais e livros de testes reservam esse termo para uso com referência a pontuações z. Os escores brutos (bem como as z) literalmente transformadas em qualquer outro tipo de sistema de escore padrão – ou seja, transformadas para uma escala com uma média e um desvio-padrão estabelecidos de maneira arbitrária – são diferenciados dos escores z pelo termo *padronizado*. Para esses autores, um escore z ainda seria referido como um "escore padrão", enquanto um escore T, por exemplo, seria referido como um "escore padronizado".

A fim de abordar outro uso "não padrão" da palavra *padrão*, vamos divagar um pouco para imagens do grande passatempo dos norte-americanos, o beisebol. Imagine, por um momento, todas as diferentes formas que os jogadores podem ser culpados por um erro. Na verdade, não há um tipo de erro que pudesse ser caracterizado como *padrão* no jogo de beisebol. Agora, de volta à testagem e à avaliação psicológica – nas quais também não há apenas uma variedade de erro que pudesse ser caracterizado como "padrão". Não, não há um... há muitos deles! Fala-se, por exemplo, do *erro-padrão de mensuração* (também conhecido como o *erro-padrão de uma pontuação*) o *erro-padrão de estimativa* (também conhecido como o *erro-padrão de previsão*), o *erro-*

-*padrão da média* e o *erro-padrão da diferença*. Uma tabela que resume brevemente as principais diferenças entre esses termos é apresentada aqui, embora elas sejam discutidas mais detalhadamente em outra parte deste livro.

Tipo de "erro-padrão"	O que é?
Erro-padrão de mensuração	Uma estatística usada para estimar o grau em que um escore observado se desvia de um escore verdadeiro
Erro-padrão de estimativa	Em regressão, uma estimativa do grau de erro envolvido na previsão do valor de uma variável a partir de outra
Erro-padrão da média	Uma medida de erro de amostragem
Erro-padrão da diferença	Uma estatística usada para estimar qual deve ser a diferença entre dois escores antes que a diferença seja considerada estatisticamente significativa

Concluímos encorajando o exercício do pensamento crítico ao encontrar a palavra *padrão*. Na próxima vez que você encontrá-la em qualquer contexto, pense um pouco sobre o quanto esse "padrão" é de fato padrão. Certamente, em relação ao uso da palavra no contexto da testagem e da avaliação psicológica, o que é apresentado como "padrão" em geral acaba não sendo tão padrão quanto poderíamos esperar.

os indivíduos mais adequados para os experimentos, simplesmente eles são os mais disponíveis. A generalização dos achados de amostras incidentais deve ser feita com cautela.

Se fossem clubes, as amostras incidentais ou de conveniência não seriam consideradas clubes muito exclusivos. Em contrapartida, há muitas amostras que são exclusivas, de certo modo, porque contêm muitos critérios excludentes. Considere, por exemplo, o grupo de crianças e adolescentes que serviram como amostra normativa para um teste de inteligência bem conhecido para crianças nessa faixa etária. A amostra foi selecionada para refletir variáveis demográficas-chave representativas da população dos Estados Unidos de acordo como os dados disponíveis do último censo. Contudo, alguns grupos foram deliberadamente excluídos da participação. Quem?

- Pessoas testadas em qualquer medida de inteligência nos seis meses anteriores à testagem.
- Pessoas não fluentes no idioma ou que são primariamente não verbais.
- Pessoas com prejuízo visual ou perda auditiva não corrigidos.
- Pessoas com incapacidade dos membros superiores que afete o desempenho motor.
- Pessoas atualmente internadas em um hospital ou instituição mental ou psiquiátrica.
- Pessoas atualmente usando medicamento que poderia prejudicar o desempenho do teste.
- Pessoas previamente diagnosticadas com qualquer condição ou doença física que poderia prejudicar o desempenho do teste (tal como AVC, epilepsia ou meningite).

REFLITA...
Por que você acha que cada um desses grupos de pessoas foram excluídos da amostra de padronização de um teste de inteligência nacionalmente padronizado?

Nossa descrição geral do processo de normatização para um teste padronizado continua a seguir e, em diferentes graus, nos capítulos subsequentes. Uma forma muito recomendada de suplementar esse estudo e obter uma grande quantidade de conhecimento em primeira mão sobre as normas para testes de inteligência, de personalidade e outros é consultar os manuais técnicos dos principais instrumentos padronizados. Indo à biblioteca e consultando alguns desses manuais, você descobrirá não apenas a forma "real" como as amostras normativas são descritas, mas as muitas formas variadas como os dados normativos podem ser apresentados.

Desenvolvendo normas para um teste padronizado Tendo obtido uma amostra, o desenvolvedor do teste administra-o de acordo com o conjunto de instruções-padrão que serão usadas com ele. O desenvolvedor do teste também descreve o contexto recomendado para aplicar o teste. Isso pode ser tão simples quanto garantir que a sala seja silenciosa e bem iluminada ou tão complexo como fornecer um conjunto específico de brinquedos para testar as habilidades cognitivas de bebês. O estabelecimento de um conjunto de instruções e condições-padrão sob as quais o teste é aplicado torna os escores da amostra normativa mais comparáveis com os escores de futuros testandos. Por exemplo, se um teste de capacidade de concentração é aplicado a uma amostra normativa no verão, com as janelas abertas perto de pessoas aparando a grama e discutindo sobre se as cercas-vivas precisam ser podadas, então a amostra normativa provavelmente não se concentrará bem. Se um testando, então, completar o teste de concentração sob condições confortáveis e silenciosas, essa pessoa pode se sair muito melhor do que o grupo normativo, resultando em um escore-padrão alto. Este não seria muito útil para entender as capacidades de concentração do testando porque refletiria as condições diferentes sob as quais os testes foram feitos. Esse exemplo ilustra o quanto é importante que a amostra normativa faça o teste sob um conjunto de condições padrão, que são então reproduzidas (na medida do possível) em cada ocasião que o teste for aplicado.

Após todos os dados do teste terem sido coletados e analisados, seu desenvolvedor resumirá as informações usando estatística descritiva, incluindo medidas de tendência central e variabilidade. Além disso, cabe a ele fornecer uma descrição precisa da própria amostra de padronização. A boa prática determina que as normas sejam desenvolvidas com dados derivados de um grupo de pessoas que sejam presumidamente representativas das pessoas que farão o teste no futuro. Afinal de contas, se o grupo normativo for muito diferente dos futuros testandos, a base para comparação se torna no mínimo questionável. A fim de melhor ajudar os futuros aplicadores do teste, seus desenvolvedores são encorajados a "fornecer informações recomendadas para apoiar as interpretações dos resultados, incluindo a natureza do conteúdo, as normas ou os grupos de comparação e outras evidências técnicas" *(Code of Fair Testing Practices in Education [Código de práticas de testagem justa em educação]*, 2004, p. 4).

Na prática, os detalhes das descrições das amostras normativas apresentam ampla variação. Os autores de testes desejam apresentá-los sob a luz mais favorável possível. Deficiências no procedimento de padronização ou em outra parte no processo de desenvolvimento do teste, portanto, podem receber pouca atenção ou serem totalmente negligenciadas em seu manual. Às vezes, embora a amostra seja definida com cuidado, a generalização das normas para um determinado grupo ou indivíduo é questionável. Por exemplo, um teste cuidadosamente normatizado sobre crianças de idade escolar que residem no distrito escolar de Los Angeles pode ser relevante apenas em um grau menor para crianças de idade escolar que residem no distrito escolar de Dubuque, Iowa. Quantas crianças na amostra de padronização falavam inglês? Quantas eram de origem hispânica? Em que aspecto o currículo do ensino fundamental em Los Angeles difere do currículo em Dubuque? Esses são os tipos de perguntas que devem ser feitas antes que as normas de Los Angeles sejam julgadas generalizáveis para as crianças de Dubuque. Os manuais de testes às vezes fornecem a futuros aplicadores diretrizes para estabelecer *normas locais* (discutido em breve), uma de muitas formas diferentes como as normas podem ser categorizadas.

Uma observação sobre a terminologia se faz necessária antes de prosseguirmos. Quando as pessoas na amostra normativa são as mesmas sobre as quais o teste foi padronizado, as frases *amostra normativa* e *amostra de padronização* são com frequência usadas indistintamente. Cada vez mais, entretanto, novas normas para testes padronizados destinados a grupos específicos de testandos são desenvolvidas algum tempo depois da padronização original. Ou seja, o teste permanece padronizado com base nos dados da amostra de padronização original; apenas que novos dados normativos são desenvolvidos com base em uma aplicação do teste a uma nova amostra normativa. Incluídos nessa nova amostra podem estar grupos de pessoas que foram sub-representadas nos dados da amostra de padronização original. Por exemplo, com a demografia variável de um estado como a Califórnia, e os números crescentes de pessoas identificadas como "hispânicas" nesse Estado, uma amostra normativa atualizada para um teste destinado a toda a Califórnia poderia muito bem incluir uma proporção maior de indivíduos de origem hispânica. Em tal cenário, a amostra normativa para as novas normas evidentemente não seria idêntica à amostra de padronização, portanto seria incorreto usar os termos *amostra de padronização* e *amostra normativa* de forma indiscriminada.

Tipos de normas

Algumas das muitas formas diferentes como podemos classificar as normas são as seguintes: *normas de idade, normas de série, normas nacionais, normas nacionais de ancoragem, normas locais, normas do grupo de referência fixo, normas de subgrupo* e *normas percentílicas*. As *normas percentílicas* são os dados brutos da amostra de padronização de um teste convertidos para a forma de percentil. Para entender melhor, vamos retroceder por um momento e rever o que se entende por *percentis*.

Percentis Em nossa discussão da mediana, vimos que uma distribuição poderia ser dividida em quartis, nos quais a mediana era o segundo quartil (Q_2), o ponto no ou abaixo do qual caem 50% dos escores e acima do qual caem os 50% restantes. Em vez de dividir uma distribuição de escores em quartis, poderíamos desejar dividi-lo em *decis (décimos)*, ou 10 partes iguais. Alternativamente, poderíamos dividir uma distribuição em 100 partes iguais – 100 *percentis*. Em tal distribuição, o x^o percentil é igual ao escore no ou abaixo do qual caem x% dos escores. Portanto, o décimo quinto percentil é o escore no ou abaixo do qual 15% dos escores na distribuição caem. O nonagésimo nono percentil é o escore no ou abaixo do qual caem 99% dos escores na distribuição. Se 99% de uma determinada amostra de padronização respondeu menos de 47 questões de uma prova de forma correta, então diríamos que um escore bruto de 47 corresponde ao nonagésimo nono percentil nessa prova. Pode-se ver que um percentil é uma classificação que transmite informação sobre a posição relativa de um escore em uma distribuição de escores. Mais formalmente definido, um **percentil** é uma expressão da porcentagem de pessoas cujo escore em um teste ou um medida fica abaixo de uma determinado escore bruto.

O conceito de *porcentagem correta* tem íntima relação com o conceito de um percentil como descrição de desempenho em um teste. Note que *percentil* e porcentagem correta *não* são sinônimos. Um percentil é um escore convertido que se refere a uma porcentagem de testandos. **Porcentagem correta** refere-se à distribuição de escores brutos – mais de modo específico, ao número de itens que foram respondidos corretamente multiplicado por 100 e dividido pelo número total de itens.

Visto que são fáceis de calcular, os percentis são uma forma popular de organizar todos os dados relacionados a testes, incluindo aqueles da amostra de padronização. Além disso, eles se prestam para uso com uma ampla variedade de testes. É óbvio que toda rosa tem seus espinhos. Em geral, um problema em usar percentis com escores distribuídos é que as diferenças reais entre os escores brutos podem ser minimizadas próximo das extremidades da distribuição e exageradas no meio da distribuição. Essa distorção pode até ser pior com dados altamente enviesados. Na distribuição normal, a frequência mais alta de escores brutos ocorre no meio. Sendo esse o caso, as diferenças entre todos aqueles escores que se agrupam no meio poderiam ser bastante pequenas; contudo, mesmo as menores diferenças aparecerão como diferenças nos percentis. O inverso é verdadeiro nos extremos das distribuições, onde as diferenças entre os escores brutos podem ser grandes, embora não tenhamos como saber disso pelas diferenças relativamente pequenas nos percentis.

Normas de idade Também conhecidas como **escores equivalentes à idade, as normas de idade** indicam o desempenho médio de diferentes amostras de testandos que estavam em diversas faixas etárias na época em que o teste foi aplicado. Se a medida sob consideração for a altura em centímetros, por exemplo, então sabemos que os escores (alturas) para as crianças aumentarão gradualmente a taxas variadas em razão da idade até próximo do final da adolescência. Com o envelhecimento dos norte-americanos, tem havido grande interesse no desempenho em vários tipos de testes psicológicos, em particular nos testes neuropsicológicos, devido ao avanço da idade.

Tabelas de normas de idade construídas com cuidado para características físicas como altura têm ampla aceitação e são praticamente isentas de controvérsia. Esse não é o caso, entretanto, em relação a tabelas de normas de idade para características psicológicas como a inteligência. Desde a introdução do Stanford-Binet nos Estados Unidos no início do século XX, a ideia de identificar a "idade mental" de um testando tem tido um grande apelo intuitivo. Dizia-se que a criança de qualquer idade cronológica, cujo desempenho em um teste válido de capacidade intelectual indicasse que ela tinha capacidade intelectual semelhante ao da criança média de alguma outra idade, tinha a idade mental do grupo no qual seu escore de teste caísse. O raciocínio aqui era que, independentemente da idade cronológica, podia ser esperado que crianças com a mesma idade mental lessem o mesmo nível de material, resolvessem os mesmos tipos de problemas matemáticos, raciocinassem com um nível de julgamento semelhante e assim por diante.

A crescente sofisticação sobre as limitações do conceito de idade mental levou os profissionais da avaliação a hesitarem em descrever resultados em termos de idade mental. O problema é que "idade mental" como uma forma de relatar resultados de testes é muito ampla e muito generalizada de forma inadequada. Para entender por que, considere o caso de uma criança de 6 anos que, de acordo com as tarefas amostradas em um teste de inteligência, tem um desempenho intelectual de uma criança de 12 anos. Apesar disso, é provável que a criança de 6 anos não tivesse qualquer semelhança com a de 12 anos do ponto de vista social, psicológico e em muitos outros aspectos fundamentais. Além dessas falhas óbvias nas analogias de idade mental, o conceito de idade mental também tem sido criticado por razões técnicas.[3]

Normas de série Destinadas a indicar o desempenho médio dos testandos em uma determinada série escolar, as **normas de série** são desenvolvidas pela aplicação do teste para amostras representativas de crianças em uma variedade de níveis de séries consecutivas (tal como de 1ª a 6ª séries). Em seguida, o escore médio ou mediano para as crianças em cada nível de série é calculado. Visto que o ano escolar em geral tem 10 meses, as frações na média ou mediana são expressas com facilidade como decimais. Portanto, por exemplo, um aluno de 6ª série com desempenho exatamente na média em um teste normativo de série aplicado durante o quarto mês do ano escolar alcançaria um escore equivalente à série de 6,4. Como as normas de idade, as normas de série têm grande apelo intuitivo. As crianças aprendem e desenvolvem-se em taxas variadas mas de formas que são em alguns aspectos previsíveis. Talvez devido a esse fato, as normas de série têm aplicação ampla, sobretudo para crianças com idade de ensino fundamental.

Considere agora o caso de uma aluna no último ano do ensino médio que obtém um escore de "6" em um teste de ortografia normatizado para a série. Isso significa que ela tem as mesmas habilidades de ortografia que o aluno médio de 6ª série? A resposta é não.

---

[3] Durante muitos anos, os escores de QI (quociente de inteligência) em testes como o Stanford-Binet foram calculados dividindo a idade mental (indicada pelo teste) pela idade cronológica. O quociente seria então multiplicado por 100 para eliminar a fração. A distribuição dos escores de QI tinha uma média estabelecida em 100 e um desvio-padrão de aproximadamente 16. Uma criança de 12 anos com idade mental de 12 anos tinha um QI de 100 (12/12 × 100 = 100). O problema técnico aqui é que os desvios-padrão do QI não eram constantes com a idade. Em uma idade, um QI de 116 poderia ser indicativo de desempenho em 1 desvio-padrão acima da média, enquanto em outra, um QI de 121 poderia ser indicativo de desempenho em 1 desvio-padrão acima da média.

O que esse achado indica é que essa aluna e um aluno hipotético de 6ª série responderam à mesma fração de itens corretamente nesse teste. As normas de série não fornecem informação quanto ao conteúdo ou tipo de itens que um aluno poderia ou não responder de forma correta. Talvez a utilidade principal das normas de série seja como uma estimativa conveniente, facilmente compreensível, de como o desempenho de um aluno se compara com o de outros na mesma série.

◆ **REFLITA...**
Alguns especialistas em testagem têm pedido a suspensão do uso de escores equivalentes à série, bem como equivalentes à idade, porque tais escores podem ser mal-interpretados com muita facilidade. Qual é a sua opinião sobre essa questão?

Uma desvantagem das normas de série é que são úteis apenas em relação aos anos e meses de escolaridade completada. Elas têm pouca ou nenhuma aplicabilidade a crianças que ainda não estão na escola ou àquelas que estão fora da escola. Além disso, não são normalmente concebidas para uso com adultos que retornaram à escola. Tanto as normas de série quanto as de idade são referidas com mais frequência como **normas do desenvolvimento**, um termo aplicado amplamente a normas desenvolvidas com base em quaisquer traço, capacidade, habilidade ou outra característica que se presume se desenvolva, se deteriore ou de outro modo seja afetada pela idade cronológica, pela série escolar ou pelo estágio de vida.

Normas nacionais Como o nome sugere, as **normas nacionais** são derivadas de uma amostra normativa que era nacionalmente representativa da população na época em que o estudo normativo foi conduzido. Nos campos da psicologia e da educação, por exemplo, as normas nacionais podem ser obtidas pela testagem de grandes números de pessoas representativas de diferentes variáveis de interesse, como idade, gênero, origem racial/étnica, classe socioeconômica, localização geográfica (como Norte, Sul, Leste, Oeste, Meio-oeste) e diferentes tipos de comunidades nas várias partes do país (como rurais, urbanas, suburbanas).

Se o teste fosse destinado ao uso nas escolas, as normas poderiam ser obtidas para os alunos de todas as séries para as quais foi concebido. Fatores relacionados à representatividade da escola da qual os membros da amostra normativa foram retirados também poderiam ser critérios para inclusão ou exclusão da amostra. Por exemplo, a escola que o aluno frequenta é pública, particular, de orientação religiosa, militar ou de qualquer outro tipo? Qual a representatividade das proporções aluno/professor na escola sob consideração? A escola tem uma biblioteca, e, nesse caso, quantos livros há nela? Estes são apenas uma amostra dos tipos de questões que poderiam ser levantadas na montagem de uma amostra normativa para ser usada no estabelecimento de normas nacionais. A natureza exata das questões levantadas durante o desenvolvimento de normas nacionais dependerá de para quem o teste é destinado e o que ele se propõe a fazer.

As normas de muitos testes diferentes podem alegar ter amostras representativas em âmbito nacional. Contudo, um exame cuidadoso da descrição da amostra empregada pode revelar que ela difere em muitos aspectos importantes de testes semelhantes que também alegam ser baseados em uma amostra nacionalmente representativa. Por essa razão, sempre é uma boa ideia checar o manual dos testes sob consideração para ver com precisão como são comparáveis. Duas questões importantes que os aplicadores devem levantar como consumidores de informação relacionada ao teste são: "Quais são as diferenças entre os testes que estou considerando usar em termos de suas amostras normativas?" e "O quanto essas amostras normativas são comparáveis à amostra de testandos com os quais estarei utilizando o teste?".

Normas nacionais de ancoragem Mesmo o levantamento mais casual de catálogos de vários editores de testes revelarão que, com respeito a quase qualquer característica ou capacidade humanas, existem muitos testes diferentes se propondo a medí-las. Dezenas de testes, por exemplo, se propõem a medir a leitura. Suponha que selecionemos um teste de leitura destinado para uso da 3ª à 6ª séries, que, para os propósitos deste exemplo hipotético, chamamos de Teste da Melhor Leitura (TML). Suponha ainda que queremos comparar os achados obtidos em outro teste de leitura nacional destinado para o uso com alunos de 3ª à 6ª séries, o hipotético Teste de Leitura XYZ, com o TML. Uma tabela equivalente para escores nos dois testes, ou **normas nacionais de ancoragem**, poderia fornecer o instrumento para tal comparação. Assim como uma âncora proporciona alguma estabilidade a um navio, as normas nacionais de ancoragem proporcionam alguma estabilidade aos escores dos testes ancorando-os aos escores de outros testes.

O método pelo qual essas tabelas de equivalência ou normas nacionais de ancoragem são estabelecidas costuma começar com o cálculo das normas porcentuais para cada um dos testes a serem comparados. Usando o **método equipercentil**, a equivalência dos escores em diferentes testes é calculada com referência aos escores porcentuais correspondentes. Portanto, se o nonagésimo sexto percentil corresponder a um escore de 69 no TML e se esse percentil for equivalente a um escore de 14 no XYZ, então podemos dizer que um escore de 69 no TML é equivalente a um escore de 14 no XYZ. Devemos observar que as normas nacionais de ancoragem para nossos testes hipotéticos TML e XYZ devem ter sido obtidas na mesma amostra – cada membro da amostra realizou ambos os testes, e as tabelas de equivalência foram então calculadas com base nesses dados.[4] Embora as normas nacionais de ancoragem forneçam uma indicação da equivalência de escores em vários testes, as considerações técnicas impõem que seria um erro tratar essas equivalências como igualdades precisas (Angoff, 1964, 1966, 1971).

Normas de subgrupo Uma amostra normativa pode ser segmentada por qualquer dos critérios usados inicialmente na seleção de indivíduos para a amostra. O que resulta dessa segmentação são **normas de subgrupo** definidas de forma mais estrita. Assim, por exemplo, suponha que os critérios usados na seleção de crianças para inclusão na amostra normativa do Teste de Leitura XYZ fossem idade, nível educacional, nível socioeconômico, região geográfica, tipo de comunidade e lateralidade (se a criança era destra ou canhota). O manual do teste ou um suplemento dele poderia conter informação normativa para cada um desses subgrupos. Um membro do conselho de uma escola pública poderia achar as normas regionais muito úteis, enquanto um psicólogo fazendo uma pesquisa exploratória na área de lateralização cerebral e escores de leitura poderia encontrar mais utilidade nas normas de lateralidade.

Normas locais Em geral desenvolvidas pelos próprios aplicadores de testes, as **normas locais** fornecem informações normativas sobre o desempenho da população local em algum teste. Um diretor de pessoal de uma empresa local poderia considerar algum teste nacionalmente padronizado útil para tomar decisões de seleção, mas poderia julgar as normas publicadas no manual do teste muito distantes das distribuições de escores dos candidatos a emprego locais. Escolas de ensino médio individuais podem querer desenvolver suas próprias normas escolares (normas locais) para os escores dos alunos em um exame aplicado em todo o estado. Um centro de orientação pedagógica pode considerar que as normas obtidas localmente para um determinado teste – digamos, um levantamento de valores pessoais – são mais úteis no aconselhamento de alunos do que as normas nacionais incluídas no manual. Alguns aplicadores usam formas abreviadas de testes existentes, as quais exigem novas normas. Outros substituem um subteste por outro inserido em um teste maior, desse modo criando a necessidade de novas normas. Há muitos cenários diferentes que levariam o aplicador de teste prudente a desenvolver normas locais.

---

[4] Quando dois testes são normatizados da mesma amostra, o processo de normatização é chamado de *conormatização*.

Sistemas de escore do grupo fixo de referência

As normas fornecem um contexto para interpretar o significado do escore de um teste. Outro tipo de auxílio para fornecer um contexto para a interpretação é denominado **sistema de escore do grupo fixo de referência**. Aqui, a distribuição dos escores obtidos por um grupo de testandos – referidos como o *grupo fixo de referência* – é usada como base de cálculo dos escores para futuras administrações do teste. Talvez o teste mais familiar a estudantes universitários que exemplifica o uso de um sistema de escore do grupo fixo de referência seja, nos Estados Unidos, o SAT. Esse teste foi aplicado pela primeira vez em 1926. Suas normas eram então baseadas na média e no desvio-padrão das pessoas que faziam o teste na época. Com o passar dos anos, mais faculdades se tornaram membros do College Board, a organização patrocinadora do teste. Logo se tornou evidente que os escores do SAT tendiam a variar um pouco em razão da época do ano em que o teste era aplicado. Na tentativa de assegurar comparabilidade e continuidade perpétuas dos escores, um sistema de escores do grupo fixo de referência foi posto em prática em 1941. A distribuição de escores das 11 mil pessoas que fizeram o SAT em 1941 foi imortalizada como um padrão a ser usado na conversão dos escores brutos em futuras aplicações do teste.[5] Um novo grupo fixo de referência, que consistiu em mais de 2 milhões de testandos que completaram o SAT em 1990, passou a ser usado em 1995. Um escore de 500 no SAT corresponde à média obtida pela amostra de 1990; um de 400 corresponde a um escore que está 1 desvio-padrão abaixo da média de 1990, e assim por diante. Como exemplo, suponha que João fez o SAT em 1995 e respondeu com correção a 50 itens em uma determinada escala. E digamos que Maria fez o teste em 2008 e, assim como João, respondeu a 50 itens de modo correto. Embora possam ter alcançado o mesmo escore bruto, João e Maria não necessariamente alcançariam o mesmo escore representado na escala. Se, por exemplo, a versão de 2008 do teste fosse julgada um pouco mais fácil do que a versão de 1995, então os escores representados na escala para os testandos de 2008 seriam calibrados para baixo. Isso seria feito de modo a tornar os escores obtidos em 2008 comparáveis aos obtidos em 1995.

Os itens do teste comuns a cada nova versão do SAT e a cada versão anterior dele são empregados em um procedimento (denominado *ancoragem*) que permite a conversão de escores brutos na nova versão do teste em *escores do grupo fixo de referência*. Assim como outros escores de grupo fixo de referência, incluindo as do Graduate Record Examination, os escores do SAT em geral são interpretados por grupos de tomada de decisão locais respeitando as normas locais. Portanto, por exemplo, os avaliadores das universidades costumam contar com suas próprias normas coletadas de maneira independente para tomar decisões de seleção. Eles normalmente compararão os escores do SAT dos candidatos com os escores do SAT de estudantes em suas escolas que completaram ou não conseguiram completar seu programa. É evidente que as tomadas de decisão raras vezes são feitas com base apenas no SAT (ou em qualquer outro teste individual). Via de regra, vários critérios são avaliados nas decisões de admissões.

Avaliação referenciada à norma versus referenciada ao critério

Uma forma de analisar o significado do escore de um teste é avaliá-lo em relação a outros escores no mesmo teste. Como temos salientado, essa abordagem à avaliação é denominada *referenciada à norma*. Outra forma de analisar o significado do escore de um teste é avaliá-lo com base em se algum critério foi ou não satisfeito. Podemos definir um **critério** como um padrão no qual um julgamento ou uma decisão podem ser baseados. A **testagem e a avaliação referenciadas ao critério** podem ser definidas

---

[5] Conceitualmente, a ideia de um *grupo fixo de referência* é análoga à ideia de um *pé de referência fixo*, o pé do rei inglês que também foi imortalizado como uma medida-padrão (Angoff, 1962).

como um método de avaliação e uma forma de analisar o significado de escores de testes pela avaliação do escore de um indivíduo com referência a um padrão estabelecido. Alguns exemplos:

- Para qualificar-se para um diploma do ensino médio, os alunos devem demonstrar pelo menos um nível de leitura de 6ª série.
- Para obter o privilégio de dirigir um automóvel, os futuros motoristas devem fazer um teste de estrada e demonstrar habilidade na direção que satisfaçam um examinador indicado pelo estado em questão.
- Para ter uma licença de psicólogo, o candidato deve alcançar um escore que satisfaça ou exceda o escore exigido pelo estado no teste de licenciamento.
- Para conduzir uma pesquisa usando seres humanos, muitas universidades e outras organizações requerem que os pesquisadores completem com sucesso um curso pela internet que fornece aos testandos informações sobre ética em uma série de módulos, seguido por um conjunto de questões de escolha forçada.

O critério nas avaliações referenciadas ao critério normalmente deriva dos valores ou padrões de um indivíduo ou uma organização. Por exemplo, a fim de ganhar a faixa preta no caratê, os alunos devem demonstrar um nível de proficiência da faixa preta no caratê e satisfazer critérios relacionados, como autodisciplina e foco. Cada aluno é avaliado de modo individual para ver se todos esses critérios são satisfeitos. Independentemente do nível de desempenho de todos os testandos, apenas os alunos que satisfaçam a todos os critérios deixam o *dojo* (sala de treinamento) com uma faixa preta na cintura.

> **REFLITA...**
> Cite outros exemplos de um critério que deva ser satisfeito a fim de obter privilégios ou acesso de algum tipo.

A testagem e a avaliação referenciadas ao critério recebem outros nomes. Visto que o foco da abordagem referenciada ao critério é como os escores se relacionam a uma determinada área ou a um domínio de conteúdo, a abordagem também tem sido referida como **testagem e avaliação referenciadas ao domínio ou ao conteúdo.**[6] Uma forma de conceituar a diferença entre abordagens à avaliação referenciadas à norma e referenciadas ao critério tem a ver com a área de foco relativa aos resultados do teste. Nas interpretações de dados referenciadas à norma, uma área de foco habitual é o desempenho do indivíduo em relação a outras pessoas que fizeram o teste. Nas interpretações de dados referenciadas ao critério, uma área comum de foco é o desempenho do testando: o que o testando pode ou não fazer; o que o testando aprendeu ou não aprendeu; se o testando satisfaz ou não satisfaz a critérios específicos para inclusão em algum grupo, acesso a certos privilégios, e assim por diante. Visto que são com frequência usados para estimar realização ou conhecimento, os testes referenciados ao critério são às vezes referidos como *testes de domínio (conhecimento)*. A abordagem referenciada ao critério tem ampla aceitação no campo de programas educativos assistidos por computador. Nesses programas, o domínio de segmentos do material é avaliado antes de o usuário do programa poder prosseguir para o próximo nível.

"Esta estagiária de voo dominou o material que necessita para ser piloto de avião?" Esse é o tipo de pergunta que o departamento de pessoal de uma companhia aérea poderia tentar responder com um teste de domínio em um simulador de voo. Se um padrão, ou

---

[6] Embora reconhecendo que as interpretações referenciadas ao conteúdo podem ser chamadas de interpretações referenciadas ao critério, a edição de 1974 do *Standards for Educational and Psychological Testing (Padrões para a testagem educacional e psicológica)* também observou uma distinção técnica entre as interpretações assim concebidas: "Interpretações *referenciadas ao conteúdo* são aquelas em que o escore é interpretado diretamente em termos de desempenho em cada ponto no *continuum* que está sendo medido. As interpretações *referenciadas ao critério* são aquelas nas quais o escore é diretamente interpretado em termos de desempenho em qualquer ponto no *continuum* de uma variável *externa*. Uma variável de critério externa poderia ser a média das notas ou os níveis de desempenho no trabalho" (p. 19; nota de rodapé no original omitida).

critério, para passar em um hipotético "Teste de Piloto de Avião" (TPA) foi estabelecido em 85% correto, então os estagiários que pontuarem 84% correto ou menos não passarão. Não importa se eles pontuaram 84 ou 42%. No entanto, estagiários que pontuam 85% ou mais passarão se pontuarem 85 ou 100%. Diz-se que todos os que pontuam 85% ou mais dominaram as habilidades e o conhecimento necessários para ser um piloto de avião. Indo um pouco mais longe com esse exemplo, outra companhia aérea poderia achar útil estabelecer três categorias de resultados baseados na interpretação dos escores do teste referenciada ao critério:

85% correto ou melhor = aprovado
75 a 84% correto = reteste após um curso de atualização de dois meses
74% ou menos = reprovado

Como os escores de corte na testagem do domínio devem ser determinados? Quantos e que tipos de itens de teste são necessários para demonstrar domínio em um determinado campo? As respostas a estas e a questões relacionadas foram tratadas de diversas formas (Cizek e Bunch, 2007; Ferguson e Novick, 1973; Geisenger e McCormick, 2010; Glaser e Nitko, 1971; Panell e Laabs, 1979).

Os críticos da abordagem referenciada ao critério argumentam que, se ela for seguida com rigor, informações potencialmente importantes sobre o desempenho de um indivíduo em relação a outros testandos são perdidas. Outra crítica é que, embora possa ter valor com respeito à avaliação do domínio de conhecimento básico, habilidades ou ambos, essa abordagem tem pouca ou nenhuma aplicação significativa na extremidade superior do *continuum* de conhecimento/habilidade. Portanto, ela é claramente significativa em avaliar se os alunos dominaram leitura, escrita e aritmética básica. Mas o quanto é útil para avaliar escrita ou matemática em nível de doutorado? Identificar originalidade ou capacidade analítica brilhante individuais *não* é o "negócio" dos testes orientados ao critério. Em contrapartida, brilhantismo e capacidades superiores são reconhecíveis em testes que empregam interpretações referenciadas à norma. Elas são os escores que percorrem até o fim à direita na curva normal, passado o terceiro desvio-padrão.

◆ **REFLITA...**
Para o licenciamento de clínicos, psicólogos, engenheiros e outros profissionais, você defenderia que seu estado usasse avaliação referenciada ao critério ou referenciada à norma? Por quê?

Referenciados à norma e referenciados ao critério são duas das muitas formas como os dados dos testes podem ser vistos e interpretados. Entretanto, esses termos *não* são mutuamente exclusivos e o uso de uma abordagem com um conjunto de dados de teste pode não impedir o uso da outra abordagem para outra aplicação. De certo modo, toda testagem é, em última análise, normativa, mesmo se os escores parecerem tão referenciados ao critério como aprovado-reprovado. Isso porque, mesmo em um escore de aprovação-reprovação, há um reconhecimento inerente de um *continuum* de capacidades. Em algum ponto nesse *continuum*, um ponto de corte dicotomizante foi aplicado. Também devemos ponderar que algumas avaliações supostamente referenciadas à norma são feitas com amostras de indivíduos nas quais "a norma dificilmente é a norma". No mesmo teor, quando lidamos com populações especiais ou extraordinárias, o nível de critério estabelecido pelo teste também pode estar "longe da norma" no sentido de ser médio com relação à população em geral. Para entender o que queremos dizer com tais afirmações, reflita sobre a norma para as habilidades diárias relacionadas a jogar basquete, e então imagine como essas normas poderiam ser com uma amostra de indivíduos limitada exclusivamente aos jogadores de times da NBA. Agora, conheça dois psicólogos do esporte que trabalharam em um programa de avaliação da capacidade profissional com o Chicago Bulls na seção *Conheça um profissional da avaliação* deste capítulo.

CONHEÇA UM PROFISSIONAL DA AVALIAÇÃO

Conheça o dr. Steve Julius e o dr. Howard W. Atlas

O time Chicago Bulls da década de 1990 é considerado uma das grandes dinastias nos esportes, conforme testemunhado por seus seis campeonatos mundiais naquela década [...]

A grandeza desse time foi favorecida por grandes colaboradores individuais. Mas, como todas as organizações de sucesso, o Bulls sempre esteve à procura de formas de manter uma margem de competitividade. O Bulls [...] foi uma das primeiras franquias da NBA a aplicar testagem da personalidade e entrevistas comportamentais para ajudar na seleção de jogadores universitários durante o alistamento anual, bem como na avaliação da qualidade do ajuste ao considerar a contratação de agentes livres. O propósito desse esforço não era excluir psicopatologia, mas, antes, avaliar uma série de competências (p.ex., resiliência, relação com autoridade, orientação de equipe) que eram consideradas necessárias para o sucesso na liga, em geral, e no Chicago Bulls, em particular.

[O time utilizava] instrumentos de avaliação da personalidade comumente usados e bem validados e técnicas do mundo dos negócios (p.ex., 16PF [Questionário Fatorial de Personalidade]-quinta edição) [...] De modo eventual, dados suficientes eram coletados para permitir a validação de uma fórmula de regressão, útil como instrumento de previsão por si próprio. Além da seleção, as informações coletadas sobre os atletas com frequência são usadas para auxiliar a equipe de treinamento em seus esforços para motivar e instruir os jogadores, bem como para criar uma atmosfera de colaboração.

Leia mais sobre o que o dr. Atlas e o dr. Julius tinham a dizer – seu ensaio completo (em inglês) – em www.mhhe.com/cohentesting8.

Steve Julius, Ph.D., psicólogo do esporte, Chicago Bulls

Howard W. Atlas, Ed.D., psicólogo do esporte, Chicago Bulls

Cultura e inferência

Junto com instrumentos estatísticos concebidos para ajudar a garantir que a previsão e as inferências das mensurações sejam razoáveis, há outras considerações. Cabe aos aplicadores de testes responsáveis não esquecer da cultura como um fator na aplicação, levantamento de escores e interpretação do teste. Portanto, ao selecionar um teste, o aplicador responsável faz alguma pesquisa antecipada sobre as normas disponíveis do teste para verificar o quanto elas são adequadas para uso com a população de testandos visada. Ao interpretar os dados de testes psicológicos, muitas vezes é útil saber sobre a cultura do

Tabela 4.1 Avaliação culturalmente informada: alguns sins e nãos

Sim	Não
Esteja a par dos pressupostos culturais sobre os quais o teste é baseado	**Não** Tome como certo que um teste seja baseado em pressupostos que influenciam todos os grupos praticamente da mesma maneira
Considere consultar membros de comunidades culturais, em particular, a respeito da adequação de determinadas técnicas de avaliação, testes ou itens de teste	**Não** Tome como certo que os membros de todas as comunidades culturais considerarão automaticamente determinadas técnicas, testes ou itens de testes adequados para uso
Esforce-se para incorporar métodos de avaliação que complementem a visão de mundo e o estilo de vida dos avaliandos originários de uma população cultural e linguística específica	**Não** Adote uma visão "tamanho único" da avaliação quando se trata de avaliar pessoas de várias populações culturais e linguísticas
Tenha conhecimento sobre os muitos testes ou procedimentos de mensuração alternativos que podem ser usados para cumprir os objetivos da avaliação	**Não** Selecione testes ou outros instrumentos de avaliação com pouca ou nenhuma consideração pelo grau em que esses instrumentos são adequados para uso com um avaliando em particular
Esteja a par de questões de equivalência entre culturas, incluindo equivalência da linguagem usada e os construtos medidos	**Não** Suponha simplesmente que um teste que foi traduzido para outro idioma seja automaticamente equivalente em todos os aspectos ao original
Pontue, interprete e analise os dados da avaliação em seu contexto cultural com a devida consideração de hipóteses culturais como possíveis explicações para os achados	**Não** Pontue, interprete e analise a avaliação em um vácuo cultural

testando, incluindo alguma coisa sobre a época ou os "tempos" que o testando vivenciou. Nesse sentido, reflita sobre as palavras da famosa antropóloga Margaret Mead (1978, p. 71), que, ao recordar sua juventude, escreveu: "Crescemos sob céus sem o brilho de satélites". Ao interpretar os dados de análise de avaliados de diferentes gerações, pareceria útil ter em mente se "havia ou não brilhos de satélites no céu". Em outras palavras, o contexto histórico não deve ser esquecido na avaliação (Rogler, 2002).

Parece apropriado concluir um capítulo intitulado "Sobre testes e testagem" com a introdução do termo *avaliação culturalmente informada* e com algumas diretrizes para realizá-la (Tab. 4.1). Pense nessas diretrizes como uma lista de temas que podem ser repetidos de diferentes maneiras à medida que você continua a aprender sobre o empreendimento da avaliação. Para suplementar essa lista, veja as diretrizes publicadas pela American Psychological Association (2003). Por enquanto, vamos continuar construindo uma base sólida na testagem e na avaliação com uma discussão do conceito psicométrico de *confiabilidade* no Capítulo 5.

◆ **REFLITA...**
Que evento na história recente pode ter relevância na interpretação de dados de um avaliação psicológica?

Autoavaliação

Teste sua compreensão dos elementos deste capítulo vendo se você é capaz de explicar cada um dos seguintes termos, expressões e abreviações:

amostra	amostragem intencional	norma
amostra de conveniência	amostragem normativa	normas de idade
amostra incidental	comportamento manifesto	normas de série
amostragem	construto	normas de subgrupo
amostragem de domínio	critério	normas do aplicador
amostragem estratificada	escores equivalentes à idade	normas do desenvolvimento
amostragem estratificada aleatória	estado	normas do programa
	método de equipercentil	normas locais

- normas nacionais
- normas nacionais de ancoragem
- normatização
- normatização da raça
- padronização
- padronização do teste
- percentil
- pontuação cumulativa
- porcentagem correta
- sistema de pontuação do grupo fixo de referência
- teoria clássica dos testes (TCT)
- teoria dos escores verdadeiros
- testagem e avaliação referenciadas à norma
- testagem e avaliação referenciadas ao conteúdo
- testagem e avaliação referenciadas ao critério
- testagem e avaliação referenciadas ao domínio
- teste padronizado
- traço
- variância do erro

CAPÍTULO 5

Confiabilidade

Na conversação diária, *confiabilidade* é sinônimo de *segurança* ou *consistência*. Falamos do trem que é tão confiável que você pode acertar seu relógio por ele. Se tivermos sorte, temos um amigo confiável que está sempre pronto a nos ajudar em um momento de necessidade.

Amplamente falando, na linguagem da psicometria *confiabilidade* se refere à consistência na mensuração. E, embora na conversação diária confiabilidade sempre denote alguma coisa positiva, no sentido psicométrico ela na verdade indica apenas alguma coisa consistente – não considerando se essa consistência é boa ou má, é simplesmente consistente.

É importante para nós, como usuários e consumidores de informação sobre testes, saber o quanto os testes e outros procedimentos de mensuração são confiáveis. Mas confiabilidade não é uma questão de tudo ou nada. Um teste pode ser confiável em um contexto e duvidoso em outro. Há diferentes tipos e graus de confiabilidade. Um **coeficiente de confiabilidade** é um índice de fidedignidade, uma proporção que indica a razão entre a variância do escore verdadeiro em um teste e a variância total. Neste capítulo, exploramos diferentes tipos de coeficientes de confiabilidade, incluindo aqueles usados para medir confiabilidade teste-reteste, confiabilidade de formas alternadas, confiabilidade de testes das metades e (*split-half*) confiabilidade entre avaliadores.

O conceito de confiabilidade

Recorde nossa discussão sobre a teoria clássica dos testes, na qual se presume que o escore em um teste de habilidade reflete não apenas o escore verdadeiro do testando na área que está sendo medida, mas também erro.[1] Em seu sentido mais amplo, erro faz referência ao componente do escore do teste observado que não tem a ver com a capacidade do testando. Se usarmos X para representar um escore observado, T para um verdadeiro e E para representar o erro, então o fato de um escore observado ser igual ao escore verdadeiro mais o erro pode ser expresso como segue:

$$X = T + E$$

---

[1] A capacidade é frequentemente usada para fins ilustrativos como um traço que está sendo medido. Entretanto, a menos que indicado o contrário, os princípios aos quais nos referimos com respeito a testes de habilidade também se aplicam em relação a outros tipos de testes, como os de personalidade. Portanto, de acordo com o modelo de escore verdadeiro, também é verdade que a magnitude da presença de um determinado traço psicológico (como extroversão) medido por um teste de extroversão se deverá (1) à quantidade "verdadeira" de extroversão e (2) a outros fatores.

Uma estatística útil para descrever as fontes de variabilidade dos escores de testes é a variância (δ^2) – o desvio-padrão ao quadrado. Tal estatística é útil porque pode ser dividida em componentes. A variância de diferenças verdadeiras é a **variância verdadeira**, e a de fontes irrelevantes, aleatórias, é a **variância do erro.** Se δ^2 representa a variância total, a variância verdadeira e a variância do erro, então a relação das variâncias pode ser expressa como

$$\sigma^2 = \sigma^2_{th} + \sigma^2_e$$

Nessa equação, a variância total em uma distribuição de escores de teste observada (δ^2) é igual à soma da variância verdadeira σ^2_{th} com a variância do erro (σ^2_e). O termo **confiabilidade** refere-se à proporção da variância total atribuída à variância verdadeira. Quanto maior essa proporção, mais confiável o teste. Visto a suposição sobre a estabilidade das diferenças verdadeiras, se presume que elas produzem escores consistentes em aplicações repetidas do mesmo teste, bem como em formas equivalentes do teste. Uma vez que a variância do erro pode aumentar ou diminuir o escore de um teste em quantidades variáveis, a consistência do escore – e, portanto a confiabilidade – pode ser afetada.

Em geral, o termo **erro de mensuração** faz referência, coletivamente, a todos os fatores associados ao processo de medir alguma variável, exceto a variável que está sendo medida. Para ilustrar, considere uma prova sobre a matéria de álgebra do 3º ano do ensino médio sendo aplicado, em inglês, a uma amostra de estudantes do 3º ano do ensino médio, recém-chegados aos Estados Unidos, vindos da China. Também se sabe que os estudantes na amostra são "gênios" em álgebra. Contudo, por alguma razão, todos eles são reprovados na prova. Esses fracassos indicam que, na verdade, eles não são "gênios" de modo algum? É possível. Mas um pesquisador procurando respostas em relação a esse resultado faria bem em avaliar as habilidades em inglês dos estudantes. Talvez esse grupo não tenha se saído bem na prova de álgebra porque não conseguia ler nem entender o que era exigido. Nesse caso, o fato de a prova ser escrita e aplicada em inglês poderia ter contribuído em grande parte para o erro de mensuração nessa avaliação. Dito de outra forma, embora o teste fosse projetado para avaliar uma variável (conhecimento de álgebra), os escores podem ter refletido mais outra variável (conhecimento e proficiência no idioma inglês). Essa fonte de erro de mensuração (o fato de que a prova era escrita e aplicada em inglês) poderia ter sido eliminada com a tradução da prova e sua aplicação no idioma dos testandos.

O erro de mensuração, muito semelhante ao erro em geral, pode ser categorizado como *sistemático* ou *aleatório*. O **erro aleatório** é uma fonte de erro na mensuração de uma variável-alvo causada por oscilações e inconsistências imprevisíveis de outras variáveis no processo de mensuração. Às vezes referida como "ruído", essa fonte de erro oscila de uma situação de testagem para outra sem um padrão perceptível que sistematicamente aumentaria ou diminuiria os escores. Exemplos de erro aleatório que poderiam afetar os escores de testes variam de eventos imprevistos acontecendo na vizinhança imediata do ambiente de teste (tal como a queda de raios ou uma manifestação espontânea de protesto), a eventos físicos imprevistos acontecendo no testando (tal como uma alteração inesperada no açúcar sanguíneo ou em sua pressão arterial).

> **REFLITA...**
> O que poderia ser uma fonte de erro aleatório inerente a todos os testes que um avaliador administra em seu consultório particular?

Em contrapartida ao erro aleatório, o **erro sistemático** refere-se a uma fonte de erro na mensuração de uma variável que em geral é constante ou proporcional ao que se presume seja o valor verdadeiro da variável que está sendo medida. Por exemplo, pode-se constatar que uma régua de 30 cm é, na verdade, um décimo de um centímetro (um milímetro) maior do que 30 cm. Todas as mensurações de 30 cm feitas antes com a régua eram sistematicamente um décimo de centímetro (um milímetro) maior; ou seja, tudo o que media exatos 30 cm, com aquela régua tinha, na verdade, 30 cm e um décimo de centímetro (um milímetro). Nesse exemplo, o próprio instrumento de mensuração revelou-se uma fonte de erro sistemático. Quando se torna conhecido, um erro sistemático passa a ser previsível – bem como corrigível. Note também que uma fonte de erro sistemático não afeta a consistência do escore. Assim, por exemplo, suponha um instrumento de mensuração como uma balança oficial usada no programa de televisão *Perder para Ganhar* marcando de modo consistente 2 kg a menos toda vez que alguém subisse nela. Independentemente desse erro (sistemático), as posições relativas de todos os competidores pesados naquela balança permaneceriam inalteradas. Uma balança pesando a menos todos os competidores em 2 kg apenas equivale a uma constante sendo subtraída de cada "escore". Embora a pesagem dos competidores nessa balança não produzisse um peso verdadeiro (ou válido), tal fonte de erro sistemático não alteraria a variabilidade da distribuição ou a confiabilidade do instrumento. No final, o indivíduo coroado "o maior perdedor" de fato seria o competidor que perdeu mais peso – afora o fato de que ele ou ela na verdade pesaria 2 kg a mais do que o peso medido pela balança oficial do programa. Agora, saindo do campo dos "*reality shows*" da televisão e voltando para o campo da testagem e da avaliação psicológica, vamos examinar mais detalhadamente a fonte de alguma variância de erro que costuma ser encontrada durante a testagem e a avaliação.

◆ **REFLITA...**
O que poderia ser uma fonte de erro sistemático inerente em todos os testes que um avaliador aplica em seu consultório particular?

Fontes de variância do erro

As fontes de variância do erro incluem construção, administração, pontuação e/ou interpretação do teste.

Construção do teste   Uma fonte de variância durante a construção do teste é a **amostragem de item** ou **amostragem de conteúdo,** termos que se referem à variação interitens em um teste, bem como à variação interitens entre testes. Considere dois ou mais testes projetados para medir uma habilidade específica, um atributo de personalidade ou um conjunto de conhecimentos. Diferenças sem dúvida são encontradas na forma como os itens são formulados e no conteúdo exato amostrado. Cada um de nós provavelmente entrou em uma sala para realizar uma prova pensando "Espero que eles façam essa pergunta" ou "Espero que eles não façam aquela pergunta". Se as únicas perguntas no exame fossem aquelas que esperávamos que fossem feitas, poderíamos tirar uma nota mais alta naquela prova do que em outra que se propusesse a medir a mesma coisa. A nota mais alta seria devida ao conteúdo específico amostrado, à forma como os itens foram formulados e assim por diante. Em que grau o escore de um testado é afetado pelo conteúdo amostrado em um teste e pela forma como o conteúdo é amostrado (ou seja, a forma como o item é construído) é uma fonte de variância do erro.

Administração do teste   As fontes de variância do erro que ocorrem durante a administração do teste podem influenciar a atenção ou a motivação do testado. As reações do testado àquelas influências são a fonte de um tipo de variância do erro. Exemplos de influências desfavoráveis durante a administração de um teste incluem fatores relacionados ao *ambiente do teste*: temperatura da sala, nível de iluminação e quantidade de ventilação e de ruído, por exemplo. Uma mosca persistente pode desenvolver uma atração irresistível pelo rosto do examinado. Um pedaço de chiclete colado no assento da cadeira pode ser percebido apenas após o testado se sentar. Outras variáveis relacionadas ao ambiente incluem o instrumento usado para inserir as respostas e mesmo a superfície de escrita sobre a qual as respostas são marcadas. Um lápis com uma ponta chata ou quebrada pode dificultar o preenchimento das grades pequenas. A superfície de escrita sobre uma carteira escolar pode estar crivada de corações entalhados, o legado de alunos de anos anteriores que se sentiram compelidos a expressar sua devoção eterna a alguém já há muito esquecido.

Outras possíveis fontes de variância do erro durante a administração do teste são as *variáveis do testando*. Problemas emocionais prementes, desconforto físico, falta de sono e os efeitos de drogas ou medicamentos podem ser fontes de variância do erro. Um testando pode, por qualquer razão, cometer um erro ao inserir uma resposta do teste. Por exemplo, ele pode preencher uma grade "b" quando pretendia preencher a grade "d". Ou pode simplesmente ler errado um item do teste. Por exemplo, poderia ler a pergunta "Qual não é uma fonte de variância do erro?" como "Qual é uma fonte de variância do erro?". Outros equívocos simples podem ter consequências de diminuição do escore. Ao responder o quinto item em um teste de múltipla escolha, por exemplo, o testando poderia preencher a grade para o sexto item. Apenas uma pergunta saltada resultará em cada resposta subsequente ficando fora de sincronia. Experiências de aprendizagem formais, experiências de vida casuais, terapia, doença e mudanças no humor ou no estado mental são outras possíveis fontes de variância do erro relacionadas ao testando.

As *variáveis relacionadas ao examinador* são fontes potenciais de variância do erro. A aparência física e a conduta do examinador – mesmo a presença ou ausência de um examinador – são alguns fatores a considerar aqui. Alguns examinadores em certas situações de testagem poderiam consciente ou inconscientemente se afastar do procedimento prescrito para um determinado teste. Em um exame oral, alguns examinadores podem fornecer sugestões, de forma involuntária, enfatizando palavras-chave enquanto fazem as perguntas. Eles poderiam transmitir informação sobre a correção de uma resposta por meio de afirmações com a cabeça, movimentos oculares ou outros gestos não verbais. É evidente que o nível de profissionalismo exibido pelos examinadores é uma fonte de variância do erro.

Pontuação e interpretação do teste Em muitos testes, o advento da pontuação computadorizada e um apoio cada vez maior em itens objetivos, pontuados por computador, praticamente eliminaram a variância do erro causada por diferenças de avaliadores. Entretanto, nem todos os testes podem ser pontuados a partir de grades preenchidas por lápis n° 2. Testes de inteligência administrados de modo individual, alguns testes de personalidade, testes de criatividade, várias medidas comportamentais, provas de redação, avaliações de portfólio, testes de comportamento situacional e incontáveis outros instrumentos de avaliação ainda requerem pontuação por pessoal treinado. Os manuais para testes de inteligência individuais tendem a ser muito explícitos sobre os critérios de pontuação, a fim de que a inteligência medida dos examinandos não varie em razão de quem está fazendo a testagem e a pontuação. Em alguns testes de personalidade, os examinados são instruídos a dar respostas abertas a estímulos como figuras, palavras, frases e manchas de tinta, e é o examinador quem deve então quantificar ou avaliar qualitativamente as respostas. Em um teste de criatividade, os examinandos poderiam receber a tarefa de criar o máximo de coisas possíveis de um conjunto de blocos. Aqui, é tarefa do examinador determinar quais construções de blocos receberão crédito e quais não receberão. Para uma medida comportamental de habilidades sociais em um serviço psiquiátrico de pacientes internados, os avaliadores ou pontuadores poderiam ser instruídos a avaliar pacientes com respeito à variável "relacionamento social". Tal medida comportamental poderia requerer que o avaliador marcasse *sim* ou *não* em itens como *O paciente diz "bom dia" para pelo menos dois membros da equipe*.

Os avaliadores e os sistemas de pontuação são fontes potenciais de variância do erro. Um teste pode empregar itens do tipo objetivo passíveis de pontuação computadorizada de confiabilidade bem documentada. Contudo, mesmo então, uma falha técnica poderia contaminar os dados. Se houver subjetividade envolvida na pontuação, então o pontuador (ou avaliador) pode ser uma fonte de variância do erro. De fato, apesar de critérios de pontuação rigorosos estabelecidos em muitos dos testes de inteligência mais bem co-

> **REFLITA...**
> Você é capaz de conceber um item de teste em uma escala de avaliação que requeira julgamento humano em que todos os avaliadores pontuarão igual 100% das vezes?

nhecidos, os examinadores/pontuadores ocasionalmente ainda se defrontam com situações em que a resposta do examinado se encontra em uma área cinzenta.

O elemento de subjetividade na pontuação pode ser muito maior na administração de certos testes de personalidade do tipo não objetivo, em testes de criatividade (como o teste de blocos supra descrito) e de certos testes acadêmicos (como as provas de redação). A subjetividade na pontuação pode mesmo chegar à avaliação comportamental. Considere o caso de dois observadores de comportamento que recebem a tarefa de avaliar um paciente psiquiátrico internado na variável de "relacionamento social". Em um item que pergunta simplesmente se dois membros da equipe foram cumprimentados pela manhã, um avaliador poderia julgar que o contato visual e o balbucio de alguma coisa a dois membros da equipe se qualifica como uma resposta *sim*. O outro poderia ter forte sensação de que uma resposta *não* ao item é apropriada. Esses problemas na concordância sobre a pontuação podem ser tratados por meio de treinamento rigoroso visando tornar a consistência – ou a confiabilidade – de vários pontuadores ou avaliadores o mais perfeita possível.

> **REFLITA...**
> Recorde o escore no teste mais recente que você fez. Que porcentagem desse escore acha que representou sua "verdadeira" capacidade e que porcentagem foi representada por erro? Agora, arrisque um palpite quanto a que tipo(s) de erro estava(m) envolvido(s).

Outras fontes de erro Pesquisas e sondagens são dois instrumentos de avaliação comumente usados por pesquisadores que estudam a opinião pública. Na arena política, por exemplo, pesquisadores que tentam prever quem vencerá uma eleição podem colher opiniões de eleitores representativos e então tirar conclusões com base em seus dados. Entretanto, nas "letras miúdas" dessas conclusões está geralmente uma retratação de que as conclusões podem divergir em mais ou menos uma certa porcentagem. Essa letra miúda é uma referência à margem de erro que os pesquisadores estimam que exista em seu estudo. O erro em tais pesquisas pode ser um resultado de erro de amostragem – em que grau a população de eleitores no estudo realmente era representativa dos eleitores na eleição.

Figura 5.1 Um caso clássico de erro de mensuração (e de mau julgamento jornalístico).
A eleição presidencial de 1948 nos Estados Unidos destacava o democrata Harry Truman (o vice-presidente de Franklin Roosevelt que se tornou presidente quando Roosevelt morreu no escritório) contra o governador de Nova York, o republicano, combatente do crime, Thomas Dewey. Uma famosa companhia de pesquisa de opinião (Gallup), sem mencionar publicações como o *New York Times* e a revista *Life*, consideravam Truman o perdedor na eleição. Um jornal, o *Chicago Daily Tribune*, foi até mais longe publicando a notícia da morte eleitoral de Truman. Esta foto, agora clássica, retrata um presidente Truman exultante segurando uma cópia do jornal com uma manchete errônea.

Os pesquisadores podem ter errado em relação a demografia, afiliação a partido político ou a outros fatores associados à população de eleitores. De maneira alternativa, os pesquisadores podem ter obtido esses fatores com correção mas apenas não incluíram pessoas suficientes em sua amostra para tirar as conclusões que tiraram. Isso nos leva a outro tipo de erro, chamado de erro metodológico. Assim, por exemplo, os entrevistadores podem não ter sido treinados de forma adequada, o enunciado no questionário pode ter sido ambíguo ou os itens podem ter sido de algum modo polarizados para favorecer um ou outro dos candidatos. Essas fontes de erro podem ser suficientemente sérias para afetar o resultado de uma pesquisa de opinião? Para responder a essa pergunta, considere a pesquisa que levou à publicação da imagem apresentada na Figura 5.1. Os pesquisadores de opinião raras vezes fornecem detalhes metodológicos suficientes para determinar que tipo de erro de mensuração pode ter afetado sua pesquisa.

Certos tipos de situações de avaliação se prestam a variedades particulares de erros sistemáticos e não sistemáticos. Por exemplo, considere a avaliação do grau de concordância entre parceiros em relação a qualidade e quantidade de abuso físico e psicológico em seu relacionamento. Como Moffitt e colaboradores (1997) observaram, "Visto que o abuso do parceiro em geral ocorre privadamente, há apenas duas pessoas que 'realmente' sabem o que se passa entre quatro paredes: os dois membros do casal" (p. 47). As possíveis fontes de erro não sistemático nesse tipo de situação de avaliação incluem esquecimento, falha em notificar comportamento abusivo e má interpretação das instruções relativas à denúncia. Uma série de estudos (O'Leary e Arias, 1988; Riggs et al., 1989; Straus, 1979) sugeriram que não denunciar ou denunciar excessivamente a perpetração de abuso também pode contribuir para erro sistemático. As mulheres, por exemplo, podem não denunciar o abuso por medo, vergonha ou fatores de conveniência social e denunciar excessivamente o abuso se estão buscando ajuda. Os homens podem não denunciar o abuso devido a constrangimento e a fatores de conveniência social e denunciar em excesso se estão tentando justificar a denúncia.

Assim como a quantidade de abuso que um parceiro sofre nas mãos do outro pode nunca ser conhecida, também a quantidade de variância do teste que é verdadeira em relação a erro pode nunca ser conhecida. Uma chamada pontuação verdadeira, como Stanley (1971, p. 361) coloca, "não é o fato final no livro dos *anjos do destino*. Além disso, a utilidade dos métodos usados para estimar a variância verdadeira *versus* a variância do erro é uma questão muito debatida (ver Collins, 1996; Humphreys, 1996; Williams e Zimmerman, 1996a, 1996b). Vamos examinar mais de perto essas estimativas e como elas são derivadas.

Estimativas de confiabilidade

Estimativas de confiabilidade teste-reteste

Uma régua feita do aço da mais alta qualidade pode ser um instrumento de mensuração muito confiável. Toda vez que você mede alguma coisa que tenha 30 cm de comprimento, por exemplo, sua régua lhe dirá que o que você está medindo tem exatamente isso. Pode-se dizer também que a confiabilidade desse instrumento de mensuração também é estável ao longo do tempo. Se você medir 30 cm hoje, amanhã ou no próximo ano, a régua ainda vai medir 30 cm como 30 cm. Em contrapartida, uma régua construída de massa de vidraceiro poderia ser um instrumento de mensuração muito duvidoso. Em um minuto ela poderia medir um padrão conhecido de 30 cm como 30 cm, no minuto seguinte poderia medi-lo como 35 cm e, uma semana depois, como 45 cm. Uma forma de estimar a confiabilidade de um instrumento de mensuração é usando o mesmo instrumento para medir a mesma coisa em dois pontos no tempo. Na linguagem psicométrica, essa abordagem à avaliação da confiabilidade é denominada *método de teste-reteste*, e o resultado dessa avaliação é uma estimativa de *confiabilidade teste-reteste.*

A **confiabilidade teste-reteste** é uma estimativa de confiabilidade obtida pela correlação de pares de escores da mesma pessoa em duas administrações diferentes do mesmo teste. A medida de teste-reteste é adequada quando se avalia a confiabilidade de um teste que se propõe a medir alguma coisa que seja relativamente estável ao longo do tempo, como um traço de personalidade. Se existir a suposição de que a característica a medir oscila ao longo do tempo, então haveria pouco sentido em avaliar a confiabilidade do teste usando esse método.

Com o passar do tempo, as pessoas mudam. Por exemplo, podem aprender coisas novas, esquecer algumas coisas e adquirir novas habilidades. Em geral é o caso (embora haja exceções) que, à medida que o intervalo de tempo entre as administrações do mesmo teste aumenta, a correlação entre os escores obtidos em cada testagem diminui. O passar do tempo pode ser uma fonte de variância do erro. Quanto mais tempo passa, maior a probabilidade de que o coeficiente de confiabilidade seja mais baixo. Quando o intervalo entre as testagens é maior que seis meses, a estimativa da confiabilidade teste-reteste é frequentemente denominada **coeficiente de estabilidade.**

Uma estimativa da confiabilidade teste-reteste de uma prova de matemática poderia ser baixa se os testandos tivessem uma aula particular de matemática antes da segunda prova ser administrada. Uma estimativa da confiabilidade teste-reteste de um perfil de personalidade poderia ser baixa se o testando sofresse algum trauma emocional ou recebesse aconselhamento durante o período intermediário. Uma estimativa baixa da confiabilidade teste-reteste poderia ser encontrada mesmo quando o intervalo entre as testagens é relativamente breve. Esse pode muito bem ser o caso quando as testagens ocorrem durante uma época de grande mudança desenvolvimental em relação às variáveis que se propõem a avaliar. Uma avaliação de um coeficiente de confiabilidade teste-reteste deve, portanto, ir além da magnitude do coeficiente obtido. Se quisermos chegar a conclusões adequadas sobre a confiabilidade do instrumento de mensuração, a avaliação de uma estimativa de confiabilidade teste-reteste deve se estender para a consideração de possíveis fatores intervenientes entre as administrações do teste.

Uma estimativa de confiabilidade teste-reteste pode ser mais adequada para avaliar a confiabilidade de testes que empreguem medidas de resultado, como tempo de reação ou julgamentos perceptuais (incluindo discriminações de brilho, sonoridade ou paladar). Entretanto, mesmo ao medir variáveis como essas, e mesmo quando o período de tempo entre as duas administrações do teste é pequeno, vários fatores (como experiência, prática, memória, fadiga e motivação) podem interferir e confundir uma medida de confiabilidade obtida.[2]

Estimativas de confiabilidade de formas paralelas e de formas alternadas

Se algum dia você fez uma prova de recuperação (segunda época) na qual as perguntas não eram todas as mesmas que na prova inicialmente dada, você experimentou diferentes formas de um teste. E caso tenha se perguntado se as duas formas do teste eram de fato equivalentes, você se perguntou sobre a confiabilidade *de formas alternadas* ou *de formas paralelas* do teste. O grau da relação entre as várias formas de um teste pode ser avaliado por meio de um coeficiente de confiabilidade de formas alternadas ou de formas paralelas, que é com frequência denominado **coeficiente de equivalência.**

---

[2] Embora possamos nos referir a um número como a síntese da confiabilidade de instrumentos de mensuração individuais, qualquer índice de confiabilidade pode ser significativamente interpretado no contexto do processo de mensuração – as únicas circunstâncias em torno do uso da régua, do teste ou de algum outro instrumento de mensuração em uma determinada aplicação ou situação.

Embora muitas vezes usado de forma indistinta, há uma diferença entre os termos *formas alternadas* e *formas paralelas*. **Formas paralelas** de um teste existem quando, para cada forma do teste, as médias e as variâncias dos escores observados são iguais. Em teoria, a média dos escores obtidos nas formas paralelas se correlacionam igualmente com a pontuação verdadeira. Em termos mais práticos, os escores obtidos em testes paralelos se correlacionam de modo similar com outras medidas. O termo **confiabilidade de formas paralelas** refere-se a uma estimativa do grau em que a amostragem de itens e outros erros afetaram os escores em versões do mesmo teste quando, para cada forma do teste, as médias e as variâncias dos escores observados são iguais.

Formas alternadas são apenas versões diferentes de um teste que foram construídas de modo a serem paralelas. Embora não satisfaçam os requisitos para a designação legítima de "paralelo", as formas alternadas de um teste são normalmente concebidas para serem equivalentes em relação às variáveis como conteúdo e nível de dificuldade. O termo **confiabilidade de formas alternadas** refere-s e a uma estimativa do grau em que essas diferentes formas do mesmo teste foram afetadas por erro de amostragem de itens ou por outros erros.

> **REFLITA...**
> Você perdeu a prova final do semestre e teve que fazer uma prova de recuperação. Seus colegas lhe dizem que acharam a primeira prova muito difícil. Seu professor diz que você fará uma forma alternada, não uma forma paralela, da prova original. Como você se sente em relação a isso?

Obter estimativas de confiabilidade de formas alternadas e de formas paralelas é semelhante em dois aspectos a obter uma estimativa de confiabilidade teste-reteste: (1) duas administrações do teste com o mesmo grupo são necessárias e (2) os escores do teste podem ser afetados por fatores como motivação, fadiga, ou eventos intervenientes, como prática, aprendizagem ou terapia (embora não tanto como quando o mesmo teste é administrado duas vezes). Uma outra fonte de variância do erro, a amostragem do item, é inerente ao cálculo de um coeficiente de confiabilidade de formas alternadas ou de formas paralelas. Os testandos podem se sair melhor ou pior em uma forma específica do teste não devido a sua verdadeira capacidade, mas simplesmente devido, sobretudo, aos itens que foram selecionados para inclusão no teste.[3]

Desenvolver formas alternadas de testes pode ser demorado e caro. Imagine o que poderia estar envolvido na tentativa de criar conjuntos de itens equivalentes e então conseguir que as mesmas pessoas sejam submetidas a administrações repetidas de um teste experimental! No entanto, uma vez desenvolvida, uma forma alternada ou paralela de um teste é vantajosa para o aplicador em vários aspectos. Por exemplo, ela minimiza o efeito de memória do conteúdo de uma forma do teste anteriormente aplicada.

Presume-se que certos traços sejam bastante estáveis nas pessoas ao longo do tempo, e esperaríamos que os testes medissem esses traços – formas alternadas, formas paralelas ou de outro modo – para refletir essa estabilidade. Como exemplo, esperamos que haja, e de fato há, um grau razoável de estabilidade nos escores dos testes de inteligência. De modo inverso, poderíamos esperar bem pouca estabilidade nos escores obtidos em uma medida de estado de ansiedade (ansiedade sentida no momento).

> **REFLITA...**
> Do ponto de vista do aplicador de teste, quais são as outras possíveis vantagens de ter formas alternadas ou paralelas do mesmo teste?

Uma estimativa da confiabilidade de um teste pode ser obtida sem desenvolver uma forma alternada do teste e sem ter de administrá-lo duas vezes para a mesma pessoa. Obter esse tipo de estimativa implica uma avaliação da consistência interna dos itens do teste. Muito logicamente, ela é referida como uma **estimativa da confiabilidade da consistência interna** ou como uma **estimativa da consistência interitens**. Há diferentes

---

[3] De acordo com a teoria clássica dos testes, presume-se que na verdade o efeito desses fatores sobre os escores do teste é o erro de mensuração. Há modelos alternativos nos quais o efeito desses fatores sobre a oscilação dos escores do teste não seria considerado erro. Atkinson (1981), por exemplo, discutiu essas alternativas no contexto da avaliação da personalidade.

métodos para obter estimativas de confiabilidade de consistência interna. Um deles é a *estimativa das metades partidas*.

Estimativas de confiabilidade do teste das metades

Uma estimativa de **confiabilidade do teste das metades (*split-half*)** é obtida correlacionando-se dois pares de escores obtidos de metades equivalentes de um único teste administrado uma vez. Ela é uma medida útil quando é impraticável ou inconveniente avaliar a confiabilidade com dois testes ou administrar um teste duas vezes (devido a fatores como tempo ou despesa). O cálculo de um coeficiente de confiabilidade do teste das metades geralmente envolve três passos:

Passo 1. Dividir o teste em metades equivalentes.
Passo 2. Calcular um r de Pearson entre os escores nas duas metades do teste.
Passo 3. Ajustar a confiabilidade da metade do teste usando a fórmula de Spearman-Brown (discutida em breve).

Quando se trata de calcular esses coeficientes, há mais de uma forma de dividir um teste – mas há algumas formas que você nunca deve utilizar. Apenas dividir o teste ao meio não é recomendado porque é provável que esse procedimento aumente ou diminua falsamente o coeficiente de confiabilidade. Diferentes quantidades de fadiga para a primeira em oposição à segunda parte do teste, diferentes quantidades de ansiedade pelo teste e diferenças na dificuldade do item em razão da colocação no teste são todos fatores a considerar.

Uma forma aceitável de dividir um teste é distribuir os itens aleatoriamente para uma ou para a outra metade. Outra, é designar itens de número ímpar para uma metade e itens de número par para a outra. Esse método produz uma estimativa de confiabilidade das metades partidas, que também é referida como **confiabilidade par-ímpar**.[4] Ainda outra forma aceitável é fazê-lo por conteúdo, de modo que cada metade contenha itens equivalentes com relação a conteúdo e dificuldade. Em geral, um dos objetivos principais de dividir um teste em metades com o propósito de obter uma estimativa de confiabilidade de metades partidas é criar o que poderia ser chamado de "formas miniparalelas", com cada metade igual à outra – ou tão iguais quanto humanamente possível – em formato, estilística, estatística e aspectos relacionados.

O passo 2 no procedimento implica o cálculo de um r de Pearson, que requer pouca explicação neste ponto. Entretanto, o terceiro passo requer o uso da fórmula de Spearman-Brown.

A fórmula de Spearman-Brown A **fórmula de Spearman-Brown** permite que o desenvolvedor ou o aplicador de um teste estimem a confiabilidade da consistência interna pela correlação de duas metades de um teste. É uma aplicação específica de uma fórmula mais geral para estimar a confiabilidade de um teste que é aumentado ou diminuído em qualquer quantidade de itens. Visto que a confiabilidade de um teste é afetada por seu tamanho, uma fórmula é necessária para estimar a confiabilidade de um que foi aumentado ou diminuído. A fórmula geral de Spearman-Brown (r_{SB}) é

$$r_{SB} = \frac{nr_{xy}}{1 + (n-1)r_{xy}}$$

---

[4] Uma precaução aqui: Com respeito a um grupo de itens em um teste de desempenho que trate de um único problema, em geral é desejável atribuir todo o grupo de itens a uma metade do teste. Do contrário – se parte do grupo estivesse em uma metade e outra parte na outra metade – a similaridade dos meios escores seria falsamente inflacionada. Nesse caso, um único erro na compreensão, por exemplo, poderia afetar itens em ambas as metades do teste.

na qual r_{SB} é igual à confiabilidade ajustada pela fórmula de Spearman-Brown, r_{xy} é igual ao r de Pearson no teste de tamanho original e n é igual ao número de itens na versão revisada dividido pelo número de itens na versão original.

Determinando a confiabilidade de uma metade de um teste, seu desenvolvedor pode usar a fórmula de Spearman-Brown para estimar a confiabilidade de um teste inteiro. Visto que um teste inteiro é duas vezes mais longo que a metade de um teste, *n se* torna 2 na fórmula de Spearman-Brown para o ajustamento da confiabilidade das metades partidas. O símbolo r_{hh} corresponde ao r de Pearson das pontuações nas duas metades dos testes:

$$r_{SB} = \frac{2r_{hh}}{1 + r_{hh}}$$

Geralmente, mas nem sempre, a confiabilidade aumenta à medida que o tamanho do teste aumenta. De maneira ideal, os itens do teste adicionais são equivalentes em relação ao conteúdo e à variação da dificuldade dos itens originais. Portanto, as estimativas de confiabilidade baseadas na consideração do teste inteiro tendem a ser mais altas do que aquelas baseadas na metade de um teste. A Tabela 5.1 mostra correlações da metade do teste apresentadas ao lado de estimativas de confiabilidade ajustadas para o teste inteiro. Você pode ver que todas as correlações ajustadas são mais altas do que as não ajustadas. Isso porque as estimativas de Sperman-Brown são embasadas em um teste que é duas vezes mais longo que a metade do teste original. Para os dados dos alunos do jardim de infância, por exemplo, a confiabilidade da metade de um teste de 0,718 é estimada como equivalente a uma confiabilidade de 0,836 do teste inteiro.

Se os desenvolvedores ou os aplicadores do teste desejam encurtá-lo, a fórmula de Spearman-Brown pode ser usada para estimar o efeito da diminuição sobre seja confiabilidade. A redução no tamanho do teste com o propósito de reduzir seu tempo de administração é uma prática comum em certas situações. Por exemplo, o administrador pode ter apenas um tempo limitado com um determinado testando ou grupo de testandos. A redução no tamanho do teste pode ser indicada em situações nas quais tédio ou fadiga poderiam produzir respostas de significância questionável.

Uma fórmula de Spearman-Brown poderia ser usada a fim de determinar o número de itens necessários para alcançar um nível de confiabilidade desejado. Ao adicionar itens com objetivo de aumentar a confiabilidade do teste para um nível desejado, a regra é que os novos itens devem ser equivalentes em conteúdo e dificuldade de modo que o teste mais longo ainda meça o que o teste original mediu. Se a confiabilidade do teste original for relativamente baixa, então pode ser impraticável aumentar o número de itens para alcançar um nível de confiabilidade aceitável. Outra alternativa seria abandonar esse instrumento um tanto duvidoso e encontrar – ou desenvolver – uma alternativa adequada. A confiabilidade do instrumento também poderia ser aumentada de algum modo. Por exemplo, da criação de novos itens, do esclarecimento das instruções do teste ou da simplificação das regras de pontuação.

> **REFLITA...**
>
> Quais são as outras situações nas quais uma redução no tamanho ou do tempo que leva para administrá-lo poderia ser desejável? Quais são os argumentos contra reduzir o tamanho do teste?

Tabela 5.1 Coeficientes de confiabilidade par-ímpar antes e depois do ajustamento de Spearman-Brown*

Série	Correlação da metade do teste (r não ajustado)	Estimativa do teste inteiro (r_{SB})
K	0,718	0,836
1	0,807	0,893
2	0,777	0,875

*Para pontuações em um teste de capacidade mental

As estimativas de confiabilidade de consistência interna, como a obtida pelo uso da fórmula de Spearman-Brown, são inadequadas para medir a confiabilidade de testes heterogêneos e de testes de velocidade. O impacto das características do teste sobre a confiabilidade é discutido em detalhes posteriormente neste capítulo.

Outros métodos de estimar a consistência interna

Além da fórmula de Spearman-Brown, outros métodos usados para obter estimativas de confiabilidade de consistência interna incluem fórmulas desenvolvidas por Kuder e Richardson (1937) e Cronbach (1951). **Consistência interitens (interitem)** refere-se ao grau de correlação entre todos os itens em uma escala. Uma medida de consistência interitens é calculada por uma única administração de uma única forma de um teste. Um índice de consistência interitens, por sua vez, é útil para avaliar a **homogeneidade** do teste. Diz-se que os testes são homogêneos se contiverem itens que meçam um único traço. Como adjetivo usado para descrever itens de um teste, *homogeneidade* (derivado das palavras gregas *homos*, significando "mesmo", e *genos*, significando "tipo") é o grau em que um teste mede um único fator. Em outras palavras, homogeneidade é o grau em que os itens em uma escala são unifatoriais.

Em contrapartida à homogeneidade do teste, a **heterogeneidade** descreve o grau em que um teste mede diferentes fatores. Um teste *heterogêneo* (ou não homogêneo) é composto de itens que medem mais de um traço. Poderia se esperar que um teste que avalia o conhecimento apenas das habilidades de consertar uma televisão 3-D fosse mais homogêneo no conteúdo do que um teste de conserto de equipamentos eletrônicos em geral. O primeiro teste avalia apenas uma área, enquanto o último avalia várias, como o conhecimento não apenas de televisões 3-D, mas também de gravadores de vídeo digitais, tocadores de Blue-Ray, tocadores de MP3, receptores de rádio por satélite e assim por diante.

Quanto mais homogêneo é o teste, mais consistência interitens se pode esperar que ele tenha. Visto que um teste homogêneo amostra uma área de conteúdo relativamente limitada, se espera que ele contenha mais consistência interitens do que um teste heterogêneo. A homogeneidade do teste é desejável porque permite a interpretação bastante direta do escore do teste. É provável que os testandos com o mesmo escore em um teste homogêneo tenham capacidades semelhantes na área testada. Os testandos com o mesmo escore em um teste mais heterogêneo podem ter capacidades bastante diferentes.

Embora seja desejável por se prestar tão facilmente a interpretação clara, um teste homogêneo com frequência é um instrumento insuficiente para medir variáveis psicológicas multifacetadas como inteligência ou personalidade. Uma forma de contornar essa fonte potencial de dificuldade tem sido aplicar uma série de testes homogêneos, cada um projetado para medir algum componente de uma variável heterogênea.[5]

As fórmulas de Kuder-Richardson A insatisfação com os testes das metades de estimativa da confiabilidade levou G. Frederic Kuder e M. W. Richardson (1937; Richardson e Kuder, 1939) a desenvolverem suas próprias medidas para estimar a confiabilidade. A mais amplamente conhecida das muitas fórmulas que criaram é a **fórmula de Kuder-Richardson 20,** ou KR-20, assim chamada porque foi a vigésima fórmula desenvolvida em uma série. Onde os itens do teste são muito homogêneos, a KR-20 e as estimativas de confiabilidade das metades serão similares. Entretanto, a KR-20 é a estatística de escolha para determinar a consistência interitens de itens dicotômicos, sobretudo aqueles que podem ser pontuados como certo ou errado (como os itens de múltipla escolha). Se os itens do teste são mais heterogêneos, a KR-20 produzirá estimativas de confiabilidade mais baixas do que o teste

---

[5] Conforme veremos em outros lugares ao longo deste livro, decisões importantes raramente são tomadas com base em apenas um teste. Os psicólogos costumam contar com uma **bateria de testes** – uma variedade selecionada de testes e procedimentos de avaliação – no processo de avaliação. Uma bateria de testes em geral é composta de testes projetados para medir diferentes variáveis.

das metades. A Tabela 5.2 resume os itens em um exemplo de teste heterogêneo (o Teste Hipotético de Conserto de Eletrônicos [HERT]), e a Tabela 5.3 resume o desempenho no HERT para 20 testandos. Supondo que o nível de dificuldade de todos os itens no teste seja quase o mesmo, você esperaria que uma estimativa de confiabilidade de metades (par-ímpar) fosse relativamente alta ou baixa?

Poderíamos supor que, uma vez que as áreas de conteúdo amostradas para os 18 itens desse teste hipotético (o HERT) são organizadas de uma maneira pela qual itens pares e ímpares exploram a mesma área de conteúdo, a estimativa de confiabilidade par-ímpar provavelmente seja bastante alta. Devido à grande heterogeneidade das áreas de conteúdo quando consideradas como um todo, seria possível prever razoavelmente que a estimativa de confiabilidade da KR-20 será mais baixa do que a estimativa de confiabilidade par-ímpar. Como a KR-20 é calculada? A seguinte fórmula pode ser usada:

$$r_{KR20} = \left(\frac{k}{k-1}\right)\left(1 - \frac{\sum pq}{\sigma^2}\right)$$

na qual r_{KR20} corresponde ao coeficiente de confiabilidade da fórmula de Kuder-Richardson 20, k é o número de itens do teste, σ^2 é a variância dos escores totais do teste, p é a proporção de testandos que acertaram o item, q é a proporção de pessoas que erraram o item e $\Sigma\,pq$ é a soma dos produtos de pq sobre todos os itens. Para esse exemplo em particular, k é igual a 18. Com base nos dados da Tabela 5.3, $\Sigma\,pq$ pode ser calculado como 3,975. A variância dos escores totais do teste é 5,26. Portanto, $r_{KR20} = 0{,}259$.

Uma aproximação de KR-20 pode ser obtida pelo uso da vigésima primeira fórmula na série desenvolvida por Kuder e Richardson, uma fórmula conhecida como – você adivinhou – KR-21. A fórmula KR-21 pode ser usada se houver razão para supor que todos os itens do teste tenham quase o mesmo grau de dificuldade. Devemos acrescentar que esse pressuposto é raramente justificado. A fórmula KR-21 tornou-se obsoleta em uma era de calculadoras e computadores. Em uma certa época, a KR-21 era às vezes usada para estimar a KR-20 apenas porque requeria muito menos cálculos.

Tabela 5.2 Áreas de conteúdo amostradas para 18 itens do teste hipotético de conserto de eletrônicos (HERT)

Número do item	Área de conteúdo
1	Televisão 3-D
2	Televisão 3-D
3	Gravador de vídeo digital (DVR)
4	Gravador de vídeo digital (DVR)
5	Tocador de Blue-Ray
6	Tocador de Blue-Ray
7	Telefone celular
8	Telefone celular
9	Computador
10	Computador
11	Tocador de CD
12	Tocador de CD
13	Receptor de rádio por satélite
14	Receptor de rádio por satélite
15	Câmera de vídeo
16	Câmera de vídeo
17	Tocador de MP3
18	Tocador de MP3

Tabela 5.3 Desempenho no HERT de 18 itens por item para 20 testados

Número do item	Número de testados corretos
1	14
2	12
3	9
4	18
5	8
6	5
7	6
8	9
9	10
10	10
11	8
12	6
13	15
14	9
15	12
16	12
17	14
18	7

Inúmeras modificações das fórmulas de Kuder-Richardson foram propostas ao longo dos anos. A única variante da KR-20 que recebeu a maior aceitação e é ainda hoje amplamente usada é uma estatística chamada de coeficiente alfa. Você pode até ouvir alguém se referir a ele como *coeficiente α – 20*. Essa expressão incorpora tanto a letra grega alfa (α) como o número 20, fazendo referência à KR-20.

Coeficiente alfa Desenvolvido por Cronbach (1951) e subsequentemente elaborado por outros autores (como Kaiser e Michael, 1975; Novick e Lewis, 1967), o **coeficiente alfa** pode ser concebido como a média de todas as correlações do teste das metades possíveis, corrigida pela fórmula de Spearman-Brown. Em contrapartida à KR-20, que é usada com adequação apenas em testes com itens dicotômicos, esse coeficiente é adequado para uso em testes contendo itens não dicotômicos. A fórmula para o coeficiente alfa é

$$r_\alpha = \left(\frac{k}{k-1}\right)\left(1 - \frac{\sum \sigma_i^2}{\sigma^2}\right)$$

na qual r_α é o coeficiente alfa, k é o número de itens, σ_i^2 é a variância de um item, Σ é a soma das variâncias de cada item e σ^2 é a variância dos escores totais do teste.

O coeficiente alfa é a estatística preferida para obter uma estimativa da confiabilidade da consistência interna. Uma variação da fórmula foi desenvolvida para obter uma estimativa da confiabilidade teste-reteste (Green, 2003). Basicamente, essa fórmula produz uma estimativa da média de todos os coeficientes possíveis de teste-reteste e de teste das metades. O coeficiente alfa tem ampla utilização como uma medida de confiabilidade, em parte porque requer apenas uma administração do teste.

Ao contrário de um r de Pearson, cujo valor pode variar de –1 a +1, o valor do coeficiente alfa em geral varia de 0 a 1. A razão disso é que, conceitualmente, esse coeficiente (muito como outros coeficientes de confiabilidade) é calculado para ajudar nas respostas a perguntas sobre o quanto os conjuntos de dados são *semelhantes*. Aqui, a similaridade é calculada, em uma escala de 0 (absolutamente nenhuma semelhança) a 1 (perfeitamente idêntico). É possível, entretanto, imaginar os conjuntos de dados que produziriam um valor de alfa negativo (Streiner, 2003b). Contudo, visto que valores negativos de alfa em teoria são impossíveis, é recomendado sob essas raras circunstâncias que o coeficiente alfa seja relatado como zero (Henson, 2001). Além disso, um mito sobre o alfa é que "maior é sempre melhor". Conforme Streiner (2003b) salientou, um valor de alfa acima de 0,90 pode ser "muito alto" e indicar redundância nos itens.

Em contrapartida ao coeficiente alfa, pode-se pensar em um r de Pearson como tratando, do ponto de vista conceitual, tanto a dessemelhança quanto a semelhança. Portanto, é possível pensar em um valor de r de –1 como indicando "dessemelhança perfeita". Na prática, os valores da maioria dos coeficientes de confiabilidade – independentemente do tipo específico de confiabilidade que estão medindo – variam de 0 a 1. Isso é, em geral, verdadeiro, embora seja possível imaginar casos excepcionais nos quais os conjuntos de dados produzam um r com um valor negativo.

Distância proporcional média (DPM) Uma medida relativamente nova para avaliar a consistência interna de um teste é o método de *distância proporcional média* (DPM) (Sturman et al., 2009). Em vez de focalizar na semelhança entre os escores em itens de um teste (como fazem os métodos teste das metades e o alfa de Cronbach), a DPM é uma medida que focaliza o grau de *diferença* existente entre os escores dos itens. Portanto, definimos o **método da distância proporcional média** como uma medida usada para avaliar a consistência interna de um teste que se concentra no grau de diferença que existe entre os escores dos itens.

Para ilustrar como a DPM é calculada, considere o (hipotético) "Teste de Extroversão de 3 Itens" (3-ITE). Conforme indicado pelo título, o 3-ITE é um teste com apenas três itens. Cada um deles é uma frase que de algum modo se relaciona com extroversão. Os testandos são instruídos a responder a cada item com referência à seguinte escala de 7 pontos: 1 = Discordo muito fortemente 2 = Discordo fortemente, 3 = Discordo, 4 = Não Concordo nem Discordo, 5 = Concordo, 6 = Concordo fortemente e 7 = Concordo muito fortemente.

De modo geral, a fim de avaliar a consistência entre itens de uma escala, o cálculo da DPM seria realizado para um grupo de testandos. Entretanto, para fins de ilustração dos cálculos dessa medida, vamos ver como seria calculada para um testando. Yolanda faz 4 pontos no item 1, 5 no 2 e 6 no 3. Com base nos escores de Yolanda, a DPM seria calculada como segue:

Passo 1: Calcule a diferença absoluta entre os escores de todo os itens.
Passo 2: Calcule a média da diferença entre os escores.
Passo 3: Obtenha a DPM dividindo a diferença média entre os escores pelo número de opções de resposta no teste, menos um.

Portanto, para o 3-ITE, estes seriam os cálculos usando os escores do teste de Yolanda:

Passo 1: Diferença absoluta entre os itens 1 e 2 = 1
  Diferença absoluta entre os itens 1 e 3 = 2
  Diferença absoluta entre os itens 2 e 3 = 1
Passo 2: A fim de obter a diferença média (DM), some as diferenças absolutas no Passo 1 e divida pelo número de itens como segue:

$$AD = \frac{1 + 2 + 1}{3} = \frac{4}{3} = 1,33$$

Passo 3: Para obter a distância proporcional média (DPM), divida a diferença média por 6 (as 7 opções de resposta em nossa escala ITE menos 1). Usando os dados de Yolanda, dividiríamos 1,33 por 6 para obter 0,22. Portanto, a DPM para o ITE é 0,22. Mas o que isso significa?

A "regra de ouro" geral para interpretar uma APD é que um valor obtido de 0,2 ou mais baixo é indicativo de consistência interna excelente e que um valor de 0,25 a 0,2 está na variação aceitável. Uma DPM calculada de 0,25 é sugestiva de problemas com a consistência interna do teste. Essas diretrizes são baseadas no pressuposto de que os itens medindo um único construto, como extroversão, devem de maneira ideal estar correlacionados entre si na variação de 0,6 a 0,7. Acrescentamos que a correlação entre itens esperada pode variar dependendo das variáveis que estão sendo medidas; portanto, os valores de correlação ideais não são rígidos. No caso do 3-ITE, os dados para o nosso único sujeito indica que a escala tem consistência interna aceitável. Naturalmente, a fim de tornar quaisquer conclusões significativas sobre a consistência interna do 3-ITE, o instrumento teria que ser testado com uma grande amostra de sujeitos.

Uma possível vantagem do método DPM sobre o uso do alfa de Cronbach é que o índice da DPM não está conectado ao número de itens em uma medida. O alfa de Cronbach será mais alto quando uma medida tiver mais de 25 itens (Cortina, 1993). Talvez o melhor curso de ação ao avaliar a consistência interna de uma determinada medida seja analisar e integrar a informação usando diversos índices, incluindo o alfa de Cronbach, a média das correlações entre itens e a DPM.

Antes de prosseguir, vamos enfatizar que todos os índices de confiabilidade fornecem um índice que é uma característica de um determinado grupo de escores de teste, não do teste em si (Caruso, 2000); Yin e Fan, 2000). Medidas de confiabilidade são estimativas, e estimativas estão sujeitas a erro. A quantidade exata de erro inerente em uma estimativa de confiabilidade irá variar de acordo com vários fatores, como a amostra de testandos dos quais os dados foram obtidos. Um índice de confiabilidade publicado em um manual de teste poderia ser muito impressionante. Entretanto, tenha em mente que a confiabilidade relatada foi alcançada com um grupo de testados em particular. Se um novo grupo de testandos é suficientemente diferente do grupo de testandos nos quais os estudos de confiabilidade foram feitos, o coeficiente de confiabilidade pode não ser tão impressionante – e podem mesmo ser inaceitáveis.

Medidas de confiabilidade entre avaliadores

Ao sermos avaliados, geralmente gostaríamos de acreditar que os resultados seriam os mesmos não importa quem estivesse fazendo a avaliação.[6] Por exemplo, se fizer um exame de direção para tirar a carteira de motorista, você gostaria de acreditar que, se for aprovado ou reprovado, será apenas uma questão de seu desempenho atrás do volante, e não em função de quem está sentado no banco do passageiro. Infelizmente, em alguns tipos de testes sob algumas condições, o escore pode estar mais relacionada ao avaliador do que a qualquer outra coisa. Isso foi demonstrado em 1912, quando pesquisadores apresentaram a composição de inglês de um aluno para uma convenção de professores e voluntários darem notas. As notas variaram de um mínimo de 50% a um máximo de 98% (Starch e Elliott, 1912). Com esse pano de fundo, pode-se entender que certos testes se prestam à avaliação de uma forma mais consistente do que outros. É significativo, portanto, levantar questões sobre o grau de consistência, ou confiabilidade, que existe entre avaliadores de um determinado teste.

Referido de forma variada como *confiabilidade do avaliador confiabilidade do juiz, confiabilidade do observador* e *confiabilidade entre examinadores*, a **confiabilidade entre avaliadores** é o grau de concordância ou consistência entre dois ou mais avaliadores (ou juízes ou exa-

---

[6] Dizemos "geralmente" porque existem exceções. Portanto, por exemplo, se você vai a uma entrevista de emprego e o empregador/entrevistador é um pai ou outro parente amoroso, você poderia ter esperança razoável de que a avaliação recebida não seria a mesma se o avaliador fosse outra pessoa. No entanto, se o empregador/entrevistador for alguém com quem você teve uma discussão desagradável, pode ser o momento de revisitar o Monster.com, os "anúncios de procura-se" ou qualquer outra fonte possível de oferta de empregos.

minadores) com relação a uma medida em particular. A referência a níveis de confiabilidade entre avaliadores para um determinado teste pode ser publicada no manual do teste ou em outro lugar. Se o coeficiente de confiabilidade for alto, o futuro aplicador do teste sabe que seus escores podem ser derivados em uma forma sistemática e consistente de vários avaliadores com treinamento suficiente. Um desenvolvedor de teste responsável que seja incapaz de criar um teste que possa ser pontuado com um grau razoável de consistência por avaliadores treinados voltará à prancheta para descobrir a razão desse problema. Se, por exemplo, o problema for uma falta de clareza nos critérios de pontuação, então o remédio poderia ser reescrever a seção desses critérios do manual e incluir regras de pontuação escritas com clareza. A consistência entre avaliadores pode ser promovida proporcionando-lhes a oportunidade para discussão de grupo junto com exercícios práticos e informações sobre a precisão do avaliador (Smith, 1986).

A confiabilidade entre avaliadores é usada com frequência quando se codifica comportamento não verbal. Por exemplo, um pesquisador que deseje quantificar algum aspecto do comportamento não verbal, como humor deprimido, começaria compondo uma lista de verificação de comportamentos que constituem humor deprimido (como olhar para baixo e se mover lentamente). Então, cada indivíduo receberia um escore de humor deprimido por um avaliador. Os pesquisadores tentam evitar que tais avaliações sejam produtos de vieses individuais ou idiossincrasias no julgamento do avaliador. Isso pode ser feito tendo pelo menos um outro indivíduo observando e avaliando os mesmos comportamentos. Se puder ser demonstrado um consenso nas avaliações, os pesquisadores podem ter mais certeza sobre a precisão das avaliações e sua conformidade com o sistema de avaliação estabelecido.

> **REFLITA...**
> Você é capaz de pensar em uma medida na qual poderia ser desejável que diferentes juízes, avaliadores ou examinadores tivessem visões diferentes sobre o que está sendo julgado, avaliado ou examinado?

Talvez a forma mais simples de determinar o grau de consistência entre os avaliadores no escore de um teste seja calcular um coeficiente de correlação. Este é denominado **coeficiente de confiabilidade entre avaliadores.**

Usando e interpretando um coeficiente de confiabilidade

Vimos que, com relação ao teste em si, há basicamente três abordagens à estimativa da confiabilidade: (1) teste-reteste, (2) formas alternadas ou paralelas e (3) consistência interna ou interitens. O método ou os métodos empregados dependerá de uma série de fatores, tais como o objetivo de obter uma medida de confiabilidade.

Outra questão que está ligada de forma significativa ao propósito do teste é "Quão alto deve ser o coeficiente de confiabilidade?". Talvez a melhor "resposta curta" a essa pergunta seja: "Em um *continuum* relativo ao propósito e à importância das decisões a serem tomadas com base nos escores do teste". A confiabilidade é um atributo obrigatório em todos os testes que usamos. Entretanto, precisamos mais dela em alguns testes, e confessamente permitiremos menos dela em outros. Se o escore de um teste trouxer com ele implicações de vida-ou-morte, então precisamos manter esse teste em um padrão elevado – incluindo padrões bastante altos a respeito de coeficientes de confiabilidade. Se o escore de um teste for usado rotineiramente em combinação com os escores de muitos outros testes e normalmente explicar apenas uma pequena parte do processo de decisão, aquele teste não será mantido nos padrões mais altos de confiabilidade. Como regra de ouro, pode ser útil pensar em coeficientes de confiabilidade de uma forma que se compare a muitos sistemas de avaliação: nas notas na faixa de 90, uma nota A (com um valor de 95 mais alto para os tipos de decisões mais importantes), na faixa de 80, um B (com abaixo de 85 sendo um B–, claro) e, em algum ponto de 65 a 70, uma nota fraca, "mal dando para passar" na fronteira da reprovação (e inaceitável). Agora, vamos ser um pouco mais técnicos com relação ao propósito do coeficiente de confiabilidade.

O propósito do coeficiente de confiabilidade

Se um teste específico de desempenho no emprego for projetado para uso em vários momentos ao longo do período de emprego, seria razoável esperar que o teste demonstre confiabilidade através do tempo. Portanto seria desejável ter uma estimativa da confiabilidade teste-reteste do instrumento. Para um teste projetado para apenas uma única aplicação, uma estimativa da consistência interna seria a medida da confiabilidade de escolha. Se o propósito de determinar a confiabilidade for dividir a variância do erro em suas partes, como mostrado na Figura 5.2, então uma série de coeficientes de confiabilidade teriam que ser calculados.

Note que os vários coeficientes de confiabilidade não refletem todos as mesmas fontes de variância do erro. Logo, um coeficiente de confiabilidade individual pode fornecer um índice de erro decorrente da construção, da administração, ou da pontuação e interpretação do teste. Um coeficiente de confiabilidade entre avaliadores, por exemplo, fornece informação sobre erro como resultado da pontuação do teste. De maneira específica, ele pode ser usado para responder a perguntas sobre o quanto dois avaliadores pontuam consistentemente os mesmos itens do teste. A Tabela 5.4 resume os diferentes tipos de variância do erro que são refletidos em diferentes coeficientes de confiabilidade.

A natureza do teste

Estreitamente associadas às considerações relativas ao propósito e ao uso de um coeficiente de confiabilidade são aquelas relativas à natureza do próprio teste. Incluídas aqui estão considerações como (1) os itens do teste são de natureza homogênea ou heterogênea; (2) presume-se que a característica, a confiabilidade ou o traço que estão sendo medidos sejam dinâmicos ou estáticos; (3) a variação dos escores do teste é ou não é restringida; (4) trata-se de um teste de velocidade ou de potência; e (5) o teste é ou não é referenciado ao critério.

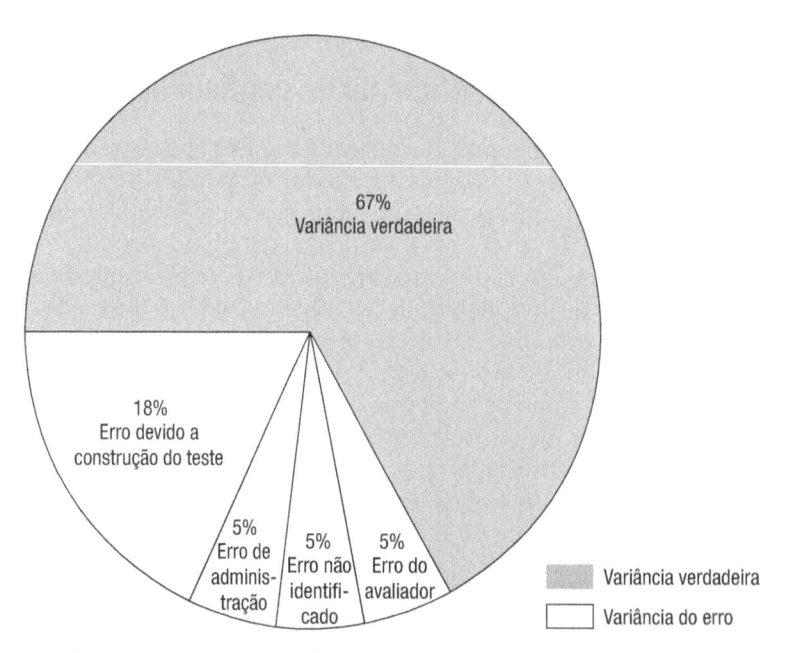

Figura 5.2 Fontes de variância em um teste hipotético.

Nesta situação hipotética, 5% da variância não foi identificada pelo aplicador do teste. É possível, por exemplo, que essa porção da variância pudesse ser explicada por **erro transitório**, uma fonte de erro atribuível a variações nos sentimentos, nos humores ou no estado mental do testando ao longo do tempo. Então, novamente, esses 5% do erro pode se dever a outros fatores que ainda precisam ser identificados.

Alguns testes apresentam problemas especiais em relação à mensuração de sua confiabilidade. Por exemplo, uma série de testes psicológicos foram desenvolvidos para uso com bebês a fim de ajudar a identificar crianças que estão se desenvolvendo de forma lenta ou que podem se beneficiar de intervenção precoce de algum tipo. A mensuração da confiabilidade de consistência interna ou da confiabilidade entre avaliadores desses testes é realizada praticamente da mesma forma que com outros testes. Entretanto, a mensuração da confiabilidade teste-reteste apresenta um problema singular. As capacidades das crianças muito pequenas que estão sendo testadas mudam com rapidez. É do conhecimento comum que o desenvolvimento cognitivo durante os primeiros meses e anos de vida é ao mesmo tempo rápido e desigual. As crianças costumam crescer em estirões, às vezes mudando drasticamente em questão de dias (Hetherington e Parke, 1993). A criança testada pouco antes e novamente pouco depois de um avanço do desenvolvimento pode ter um desempenho muito diferente nas duas testagens. Nesses casos, uma mudança marcante na pontuação do teste poderia ser atribuída a erro quando na realidade reflete uma mudança genuína nas habilidades do testado. O desafio na avaliação da confiabilidade teste-reteste desses testes é fazê-la de tal modo que não seja falsamente reduzida pelas mudanças do desenvolvimento reais do testado entre as testagens. Para isso, os desenvolvedores desses testes podem projetar estudos de confiabilidade teste-reteste com intervalos muito curtos entre as testagens, às vezes de apenas quatro dias.

Homogeneidade *versus* heterogeneidade dos itens do teste Não esqueça de que um teste é *homogêneo* nos itens se for funcionalmente uniforme do começo ao fim. Espera-se que os testes projetados para medir um fator, tal como uma capacidade ou um traço, sejam homogêneos nos itens. Para esses testes, é razoável esperar um alto grau de consistência interna. Em contrapartida, se o teste for *heterogêneo* nos itens, uma estimativa de consistência interna poderia ser baixa em relação a uma estimativa mais apropriada de confiabilidade teste-reteste.

Tabela 5.4 Resumo de tipos de confiabilidade

Tipo de confiabilidade	Propósito	Usos típicos	Número de sessões de testagem	Fontes de variância do erro	Procedimento estatístico
Teste-reteste	Avaliar a estabilidade da medida	Na avaliação da estabilidade de vários traços de personalidade	2	Administração	*r* de Pearson ou *rho* de Spearman
Formas alternadas	Avaliar a relação entre diferentes formas de uma medida	Quando há necessidade de diferentes formas de um teste (p.ex., prova de recuperação [segunda época])	1 ou 2	Construção ou administração do teste	*r* de Pearson ou *rho* de Spearman
Consistência interna	Avaliar em que grau os itens em uma escala estão relacionados entre si	Na avaliação da homogeneidade de uma medida (i.e., todos os itens estão explorando um único construto)	1	Construção do teste	*r* de Pearson entre metades equivalentes do teste com correção de Spearman-Brown ou de Kuder-Richardson para itens dicotômicos, ou coeficiente alfa para itens de múltiplos pontos ou DPM
Entre avaliadores	Avaliar o nível de concordância entre avaliadores em uma medida	Entrevistas ou codificação de comportamento. Usadas quando os pesquisadores precisam mostrar que há consenso na forma como diferentes avaliadores veem um determinado padrão de comportamento (e consequentemente não há viés de observador)	1	Pontuação e interpretação	*kappa* de Cohen, *r* de Pearson ou *rho* de Spearman

Características dinâmicas *versus* estáticas Se o que está sendo medido pelo teste é *dinâmico* ou *estático* também é uma consideração no processo de obter uma estimativa de confiabilidade. Uma **característica dinâmica** é um traço, um estado ou uma capacidade que se presume esteja em constante mudança devido a experiências situacionais e cognitivas. Se, por exemplo, uma pessoa quisesse fazer mensurações por hora da característica dinâmica de ansiedade manifestada por um corretor da bolsa ao longo de um dia de negócios, poderia verificar que o nível medido dessa característica muda de hora em hora. Essas mudanças poderiam mesmo estar relacionadas à magnitude do índice Dow Jones. Visto que a quantidade verdadeira de ansiedade presumida variaria com cada avaliação, uma medida de teste-reteste seria de pouca ajuda na estimativa de confiabilidade do instrumento de mensuração. Portanto, a melhor estimativa de confiabilidade seria obtida de uma medida de consistência interna. Compare essa situação com uma na qual as avaliações por hora desse mesmo corretor da bolsa sejam feitas sobre um traço, um estado ou uma capacidade que se supõe que seja relativamente imutável (uma **característica estática**), tal como a inteligência. Nesse caso, não seria esperado que a mensuração obtida variasse significativamente em razão do tempo, e os métodos de teste-reteste ou de formas alternadas seriam apropriados.

> **REFLITA...**
> Forneça outro exemplo tanto de uma característica dinâmica quanto de uma estática que um teste psicológico poderia medir.

Restrição ou inflação da variação Ao usar e interpretar um coeficiente de confiabilidade, o problema referido diversamente como **restrição da variação** ou **restrição da variância** (ou, de modo inverso, **inflação da variação** ou **inflação da variância**) é importante. Se a variância de qualquer variável em uma análise correlacional for restringida pelo procedimento de amostragem usado, então o coeficiente de correlação resultante tenderá a ser mais baixo. Se a variância de qualquer variável em uma análise correlacional for inflacionada pelo procedimento de amostragem, então o coeficiente de correlação resultante tenderá a ser mais alto. Consulte a Figura 3.16, na página 114 (Dois gráficos de dispersão ilustrando variações não restritas e restritas) para uma ilustração gráfica.

Também de importância fundamental é se o âmbito das variâncias empregadas é adequado ao objetivo da análise correlacional. Considere, por exemplo, um teste educacional publicado projetado para uso com crianças de 1^a a 6ª série. Idealmente, o manual para esse teste deve conter não um valor de confiabilidade incluindo todos os testandos da 1^a a 6ª série mas, antes, valores de confiabilidade para testados em cada nível de série. Aqui está outro exemplo: um diretor de pessoal corporativo emprega um certo teste de triagem no processo de contratação. Para os propósitos futuros de testagem e contratação, ele mantém dados de confiabilidade com relação aos escores alcançados pelos candidatos a emprego – em oposição aos empregados contratados – a fim de evitar efeitos de restrição da variação nos dados. Isso porque as pessoas que foram contratadas em geral tiveram escores mais altos no teste do que qualquer grupo de candidatos comparável.

Testes de velocidade (ou rapidez) *versus* testes de potência (ou nível) Quando um limite de tempo é suficientemente longo para permitir que os testandos tentem todos os itens, e se alguns itens forem tão difíceis que nenhum testando é capaz de obter um escore perfeito, então temos um **teste de potência (ou nível)**. Em contrapartida, um **teste de velocidade (ou rapidez)** em regra contém itens de nível de dificuldade uniforme (em geral, uniformemente baixo) de modo que, quando são estabelecidos limites de tempo generosos, todos os testandos devem ser capazes de completar todos os itens do teste de maneira correta. Na prática, entretanto, o limite de tempo em um teste de velocidade é estabelecido de modo que poucos ou nenhum dos testandos será capaz de completá-lo inteiro. As diferenças de escore nesse teste de velocidade são portanto baseadas na velocidade do desempenho porque os itens tentados tendem a estar corretos.

Uma estimativa de confiabilidade de um teste de velocidade deve se basear no desempenho de dois períodos de testagem independentes usando um dos seguintes: (1) confiabilidade teste-reteste, (2) confiabilidade de formas alternadas ou (3) confiabilidade do teste das metades de *duas metades do teste cronometradas separadamente*. Se um procedimento do teste das metades for usado, então o coeficiente de confiabilidade obtido será para uma metade do teste e deverá ser ajustado usando a fórmula de Spearman-Brown.

Visto que uma medida da confiabilidade de um teste de velocidade deve refletir a consistência da velocidade de resposta, essa confiabilidade não deve ser calculada a partir de uma única aplicação do teste com um único limite de tempo. Se um teste de velocidade for aplicado uma vez e alguma medida de consistência interna, como a correlação de Kuder-Richardson ou uma correlação do teste das metades for calculada, o resultado será um coeficiente de confiabilidade falsamente alto. Para entender por que a KR-20 ou o coeficiente de confiabilidade do teste das metades serão falsamente altos, considere o seguinte exemplo.

Quando um grupo de testandos completa um teste de velocidade, quase todos os itens completados estarão corretos. Se a confiabilidade for examinada usando uma divisão par-ímpar, e se os testandos completaram os itens em ordem, então eles terão quase a mesma quantidade de itens pares e ímpares corretos. Pode-se esperar que um testando que complete 82 itens tenha aproximadamente 41 itens pares e 41 itens ímpares corretos. Um testando que complete 61 itens pode ter 31 itens ímpares e 30 itens pares corretos. Quando a quantidade de itens ímpares e pares corretos é correlacionada entre um grupo de testandos, a correlação será próxima de 1,00. Contudo, esse coeficiente de correlação impressionante na verdade não nos diz coisa alguma sobre a consistência da resposta.

Sob o mesmo cenário, um coeficiente de confiabilidade de Kuder-Richardson produziria um coeficiente semelhante que seria da mesma forma inútil. Recorde que a confiabilidade KR-20 é baseada na proporção de testandos corretos (p) e na proporção de testandos incorretos (q) em cada item. No caso de um teste de velocidade, é concebível que p fosse igual a 1,0 e q fosse igual a 0 para muitos dos itens. Na parte final do teste – quando muitos itens nem mesmo seriam tentados devido ao limite de tempo – p poderia ser igual a 0 e q poderia ser igual a 1,0. Para muitos, se não a maioria, dos itens, então, o produto pq seria igual ou próximo de 0. Quando 0 é substituído na fórmula KR-20 por Σpq, o coeficiente de confiabilidade é 1,0 (um coeficiente insignificante nesse caso).

Testes referenciados ao critério Um **teste referenciado ao critério** visa fornecer uma indicação de onde um testando se encontra em relação a alguma variável ou critério, tal como um objetivo educacional ou vocacional. Ao contrário dos testes referenciados à norma, os referenciados ao critério tendem a conter material que foi dominado de forma hierárquica. Por exemplo, os futuros pilotos dominam habilidades no solo antes de tentar dominar habilidades no ar. Os escores em testes referenciados ao critério tendem a ser interpretados em termos de aprovação-reprovação (ou, talvez mais corretamente, de "o comandante não conseguiu comandar"), e qualquer exame detalhado do desempenho em itens individuais tende a ser para fins de diagnóstico e correção.

As técnicas tradicionais de estimar a confiabilidade empregam medidas que levam em conta os escores no teste inteiro. Lembre que uma estimativa de confiabilidade teste-reteste é baseada na correlação entre os escores totais em duas administrações do mesmo teste. Na confiabilidade de formas alternadas, essa estimativa tem base na correlação entre os dois escores totais nas duas formas. Na confiabilidade do teste das metades, seu embasamento está na correlação entre os escores nas duas metades do teste, sendo então ajustada por meio da fórmula de Spearman-Brown para obter uma estimativa de confiabilidade do teste inteiro. Embora haja exceções, esses procedimentos tradicionais de estimar a confiabilidade geralmente não são adequados para uso com testes referenciados ao critério. Para entender por que, lembre que a confiabilidade é definida como a proporção da

A PSICOMETRIA NO COTIDIANO

A defesa da confiabilidade e o teste do bafômetro

Bafômetro é o nome genérico para uma série de diferentes instrumentos usados por órgãos policiais para determinar se um suspeito, em geral o operador de um veículo a motor, está embriagado nos termos da lei. O condutor é obrigado a soprar em um tubo ligado ao bafômetro. A amostra de ar então se mistura com uma substância química que é adicionada à máquina para cada novo teste. A mistura resultante é analisada automaticamente para o conteúdo de álcool no ar expirado. O valor desse conteúdo é então convertido em um valor para o nível de álcool sanguíneo. Se o testando está embriagado ou não nos termos da lei, irá variar de um estado para outro em dependendo das leis estaduais que determinam o nível de álcool sanguíneo necessário para uma pessoa ser declarada intoxicada.

Em Nova Jersey, esse nível é um décimo de 1%(0,10%). Os motoristas desse estado considerados culpados de um primeiro delito de dirigir embriagado sofrem multas e sobretaxas de aproximadamente 3.500 dólares, detenção obrigatória em um Centro de Recursos para Motoristas Intoxicados, suspensão da carteira de motorista por no mínimo seis meses e prisão de no máximo 30 dias. Dois modelos de bafômetro (Modelos 900 e 900A fabricados por National Draeger, Inc.) têm sido usados em Nova Jersey desde a década de 1950. Confiabilidade teste-reteste bem documentada em relação aos bafômetros 900 e 900A indicam que o instrumento tem uma margem de erro de cerca de um centésimo de um ponto percentual. Isso significa que a administração de um teste a um testando que na realidade tem um nível alcoólico sanguíneo de 0,10% (uma "pontuação verdadeira", se você prefere) poderia produzir uma pontuação em qualquer lugar de 0,09 a 0,11%.

Um motorista em Nova Jersey que foi condenado por dirigir embriagado apelou da decisão com base na confiabilidade teste-reteste do bafômetro. O instrumento tinha indicado que o nível alcoólico sanguíneo do motorista era de 0,10%. Ele argumentou que a lei não levou em consideração a margem de erro inerente ao instrumento de mensuração. Entretanto, a suprema corte estadual decidiu contra o motorista, julgando que o poder legislativo deve ter levado em consideração tal erro quando redigiu a lei.

Outra questão relacionada ao uso de bafômetros diz respeito a onde e quando eles são administrados. Em alguns estados, o teste costuma ser aplicado nas delegacias de polícia, não no ato da prisão. Testemunhas periciais eram mantidas em nome dos réus para calcular qual era o nível alcoólico sanguíneo do réu no momento da prisão. Retrocedendo ao momento em que o teste foi aplicado e deduzindo valores para variáveis como o tipo de bebida que o réu havia consumido e quando, bem como o peso do réu, eles podiam calcular um nível alcoólico sanguíneo no momento

Um teste do bafômetro sendo administrado a um suspeito.

da prisão. Se esse nível fosse mais baixo do que o requerido para uma pessoa ser declarada embriagada nos termos da lei, o caso poderia ser arquivado. Porém, em alguns estados, como Nova Jersey, essa defesa não seria acolhida. Nesses estados, as cortes superiores determinaram que, visto o poder legislativo estar ciente de que os testes do bafômetro não seriam aplicados no ato da prisão, a intenção era que fosse considerado o nível alcoólico sanguíneo medido na delegacia de polícia.

Uma questão final relacionada à confiabilidade em relação aos bafômetros envolve a confiabilidade entre avaliadores. Ao usar os modelos 900 e 900A, o policial que faz a prisão também registra o nível alcoólico sanguíneo medido. Embora a grande maioria dos policiais seja honesta quando se trata desse registro, há possibilidade de abuso. Um policial que desejasse manter sua reputação na prisão de um motorista embriagado, ou mesmo um policial que simplesmente quisesse aumentar seu registro de prisões por embriaguez ao volante, poderia registrar um valor do bafômetro incorreto para garantir uma condenação. Em 1993, um policial no município de Camden, Nova Jersey, foi condenado e enviado à prisão por registrar leituras do bafômetro incorretas (Romano, 1994). Tal incidente é representativo de "erro" extremamente atípico no processo de avaliação.

variância total (σ^2) atribuível à variância verdadeira (σ^2_{th}). A variância total na distribuição de escore de um teste é igual à soma da variância verdadeira com a variância do erro (σ^2_e)

$$\sigma^2 = \sigma^2_{th} + \sigma^2_e$$

Uma medida de confiabilidade, portanto, depende da variabilidade dos escores do teste: o quanto os escores são diferentes uns dos outros. Na testagem referenciada ao critério, e de modo particular na testagem do domínio, o quanto os escores são diferentes uns dos outros é raramente o foco de interesse. Na verdade, as diferenças individuais entre os examinandos nos escores totais do teste podem ser mínimas. A questão crítica para o aplicador de um teste de domínio é se o escore de um determinado critério foi alcançado ou não.

À medida que as diferenças individuais (e a variabilidade) diminuem, uma medida tradicional de confiabilidade também diminuiria independentemente da estabilidade do desempenho do indivíduo. Logo, as formas tradicionais de estimar a confiabilidade nem sempre são adequadas para os testes referenciados ao critério, embora possa haver casos nos quais as estimativas tradicionais possam ser adotadas. Um exemplo poderia ser uma situação na qual o mesmo teste está sendo usado em diferentes estágios em algum programa – treinamento, terapia ou algo semelhante – e, portanto, uma variabilidade nos escores poderia ser razoavelmente esperada. As técnicas estatísticas úteis para determinar a confiabilidade de testes referenciados ao critério são discutidas com mais detalhes em muitas fontes dedicadas ao assunto (p. ex., Hambleton e Jurgensen, 1990).

Há outros modelos de mensuração além do modelo de escore verdadeiro? Como veremos no que segue, a resposta a essa pergunta é sim. Antes de prosseguir, entretanto, detenha-se um momento para rever uma aplicação "na vida real" da confiabilidade na mensuração na seção *A psicometria no cotidiano* deste capítulo.

O modelo de mensuração de pontuação verdadeira e alternativas a ele

Até agora – e ao longo de todo este livro, a menos que especificamente indicado de outra forma – o modelo que assumimos como operativo é a **teoria clássica dos testes (TCT)**, também referido como o modelo de mensuração de escore verdadeiro (ou clássica). A TCT é o modelo mais usado e aceito na literatura psicométrica hoje – rumores de sua extinção foram muito exagerados (Zickar e Broadfoot, 2009). Uma das razões de ele ter permanecido o modelo utilizado de forma mais ampla tem a ver com sua simplicidade, em especial quando se considera a complexidade de outros modelos de mensuração propostos. Comparando a TCT com a TRI, por exemplo, Streiner (2010) lembrou, "a TCT é muito mais simples de entender do que a TRI; não há equações de aparência terrível com exponenciações, letras gregas e outros símbolos misteriosos" (p. 185). Além disso, a noção da TCT de que todo mundo tem um "escore verdadeiro" em um teste teve, e continua a ter, grande apelo intuitivo. Naturalmente, a maneira exata como definir esse *escore verdadeiro* tem sido uma questão de debate por vezes controverso. Para nossos propósitos, definiremos **escore verdadeiro** como um valor que, de acordo com a teoria clássica dos testes, reflete de modo genuíno o nível de capacidade (ou traço) de um indivíduo medido por um determinado teste. Vamos enfatizar aqui que esse valor de fato é muito dependente do teste. O "escore verdadeiro" de uma pessoa em um teste de inteligência, por exemplo, pode variar muito "do escore verdadeiro" dessa mesma pessoa em outro teste de inteligência. Da mesma forma, se o "Formulário D" de um teste de habilidade contiver itens que o testando considera muito mais difícil do que os do "Formulário E" desse teste, então há uma boa chance de que o escore verdadeiro do testando no Formulário D seja mais baixo do que no Formulário E. O mesmo se aplica aos escores verdadeiros obtidos em diferentes testes de personalidade. O escore verdadeiro de uma pessoa em um teste de extroversão, por exemplo, pode não ter muita semelhança com seu escore verdadeiro em outro teste de extroversão. Comparar os escores de um testado em dois testes diferentes que se propõem a medir a mesma coisa requer um conhecimento sofisticado das propriedades de cada teste, bem como de alguns procedimentos estatísticos bastante complicados projetados para equiparar os escores.

Outro aspecto do apelo da TCT é que seus pressupostos permitem sua aplicação na maioria das situações (Hambleton e Swaminathan, 1985). O fato de que esses pressupostos são satisfeitos com muita facilidade e por isso se aplicam a tantas situações de mensuração pode ser vantajoso, sobretudo para o desenvolvedor de testes em busca de um modelo adequado de mensuração para uma determinada aplicação. Contudo, na linguagem psicométrica, os pressupostos da TCT são caracterizados como "fracos"— isso precisamente porque são satisfeitos de forma tão prontamente. Em contrapartida, os pressupostos em outro modelo de mensuração, a teoria de resposta ao item (TRI), são mais difíceis de satisfazer. Como consequência, você pode ler sobre pressupostos da TRI sendo caracterizados em termos como "fortes", "difíceis", "rigorosos" e "robustos". Uma vantagem final da TCT sobre qualquer outro modelo de mensuração tem a ver com sua compatibilidade e facilidade de uso com técnicas estatísticas de ampla utilização (bem como com a maioria dos programas de análise de dados disponíveis). As técnicas de análise fatorial, sejam exploratórias ou confirmatórias, são todas "baseadas nos fundamentos de mensuração da TCT" (Zickar e Broadfoot, 2009, p. 52).

Por todo seu apelo, os especialistas em mensuração também listaram muitos problemas com a TCT. Para os iniciantes, um problema com essa teoria diz respeito a seu pressuposto relativo à equivalência de todos os itens em um teste; ou seja, todos os itens presumivelmente contribuem de igual modo para o escore total. Esse pressuposto é questionável em muitos casos, e em particular quando existe dúvida sobre se a escala do instrumento em questão é genuinamente de natureza intervalar. Outro problema está relacionado ao tamanho dos testes que são desenvolvidos usando um modelo de TCT. Embora os desenvolvedores prefiram testes mais curtos aos mais longos (assim como a maioria dos testandos), os pressupostos inerentes à TCT favorecem o desenvolvimento de testes mais longos. Por essas razões, bem como por outras, modelos de mensuração alternativos foram desenvolvidos. A seguir descrevemos resumidamente a teoria da amostragem de domínio e a teoria da generalizabilidade. Então explicaremos com mais detalhes a teoria de resposta ao item (TRI), um modelo de mensuração que alguns acreditam ser um digno sucessor da TCT (Borsbroom, 2005; Harvey e Hammer, 1999).

Teoria da amostragem do domínio e teoria da generalizabilidade A década de 1950 viu o desenvolvimento de uma alternativa viável à TCT. Ela foi originalmente chamada de *teoria da amostragem do domínio* e hoje é mais conhecida em uma de suas muitas formas modificadas, como *teoria da generalizabilidade*. Conforme estabelecida por Tryon (1957), a teoria da amostragem do domínio se rebela contra o conceito da existência de uma pontuação verdadeira com respeito à mensuração de construtos psicológicos. Enquanto aqueles que defendem a TCT buscam estimar a porção da pontuação de um teste que é atribuível a erro, os proponentes da **teoria da amostragem do domínio** buscam estimar em que grau fontes específicas de variação sob condições definidas estão contribuindo para a pontuação do teste. Nessa teoria, a confiabilidade de um teste é concebida como uma medida objetiva da precisão com que a pontuação do teste avalia o domínio do qual o teste retira uma amostra (Thorndike, 1985). Um *domínio* de comportamento, ou o universo de itens que poderiam concebivelmente medir esse comportamento, pode ser entendido como um construto hipotético: um construto que compartilha certas características com a amostra de itens que compõem o teste e é medido por ela. Em teoria, pensa-se que os itens no domínio têm as mesmas médias e variâncias que aqueles no teste que são amostras do domínio. Dos três tipos de estimativas de confiabilidade, as medidas de consistência interna talvez sejam as mais compatíveis com a teoria da amostragem do domínio.

Em uma modificação da teoria da amostragem do domínio denominada *teoria da generalizabilidade*, um "escore de universo" substitui o "escore verdadeiro" (Shavelson et al.,

1989). Desenvolvida por Lee J. Cronbach (1970) e colaboradores (Cronbach et al., 1972), a **teoria da generalizabilidade** é baseada na ideia de que os escores do teste de uma pessoa variam de uma testagem para outra devido a variáveis na situação de testagem. Em vez de considerar toda a variabilidade nos escores de uma pessoa como erro, Cronbach encorajou os desenvolvedores e os pesquisadores de testes a descreverem os detalhes de uma situação de teste em particular ou **universo** levando a um escore de teste específico. Esse universo é descrito em termos de suas **facetas**, que incluem coisas como o número de itens no teste, a quantidade de treinamento que os avaliadores tiveram e o propósito da administração do teste. De acordo com a teoria da generalizabilidade, dadas exatamente as mesmas condições de todas as facetas no universo, exatamente o mesmo escore do teste deve ser obtido. Esse escore é o **escore de universo**, e é, como Cronbach observou, análogo a um escore verdadeiro no modelo de escore verdadeiro. Cronbach (1970) explicou como segue:

> Qual é a capacidade de digitação de Mary? Isso deve ser interpretado como "Qual seria o escore de processamento de texto de Mary se um grande número de mensurações no teste fosse coletado e a média fosse calculada?". O escore particular do teste que Mary obteve é apenas uma de um universo de observações possíveis. Se um desses escores for tão aceitável quanto o seguinte, então a média, chamada de escore de universo e simbolizada aqui por Mp (média por pessoa p), seria a afirmação mais apropriada do desempenho de Mary no tipo de situação que o teste representa.
>
> O universo é um conjunto de medidas possíveis "do mesmo tipo", mas os limites do conjunto são determinados pelo propósito do investigador. Se ele precisa conhecer a capacidade de digitação de Mary no dia 5 de maio (p. ex., de modo que ele possa traçar uma curva de aprendizagem que inclua um ponto para aquele dia), o universo incluiria observações naquele dia e apenas naquele dia. Ele provavelmente quer generalizar para trechos, avaliadores e pontuadores – quer dizer, ele gostaria de conhecer a capacidade de Mary no dia 5 de maio sem referência a qualquer trecho avaliador, ou pontuador [...]
>
> A pessoa em geral terá um escore de universo diferente para cada universo. O escore de universo de Mary abrangendo os testes de 5 de maio não concordarão perfeitamente com o escore de universo para todo o mês de maio [...] Alguns analistas chamam a média ao longo de um grande número de observações comparáveis de um "escore verdadeiro"; por exemplo, "A taxa de digitação verdadeira de Mary em testes de 3 minutos". Em vez disso, falamos de um "escore de universo" para enfatizar que o escore desejado depende do universo que está sendo considerado. Para qualquer medido há muitos "escores verdadeiros", cada um correspondendo a um universo diferente.
>
> Quando usamos uma única observação como se ela representasse o universo, estamos generalizando. Generalizamos sobre avaliadores, sobre seleções digitadas, talvez sobre dias. Se os escores observados de um procedimento concordam estreitamente com o escore de universo, podemos dizer que a observação é "precisa" ou "confiável", ou "generalizável". E visto que as observações, então, também estão de acordo umas com as outras, dizemos que são "consistentes" e "têm pouca variância do erro". Ter tantos termos é confuso mas não tão sério. O termo usado com mais frequência na literatura é "confiabilidade". O autor prefere "generalizabilidade" porque aquele termo implica imediatamente "generalização para o quê?"[...] Há um grau diferente de generalizabilidade para cada universo. Os métodos de análise mais antigos não separam as fontes de variação. Eles lidam com uma única fonte de variância, ou deixam duas ou mais fontes emaranhadas. (Cronbach, 1970, p. 153–154)

Como essas ideias podem ser aplicadas? Cronbach e colaboradores sugeriram que os testes fossem desenvolvidos com a ajuda de um estudo de generalizabilidade seguido por um estudo de decisão. Um **estudo de generalizabilidade** examina o quanto os escores de um determinado teste são generalizáveis se o teste for aplicado em diferentes situações. Exposto na linguagem da teoria da generalizabilidade, um estudo de generalizabilidade examina o quanto de impacto diferentes facetas do universo têm sobre o escore do teste. O escore do teste é afetado pela aplicação em grupo em oposição à aplicação individual? A influência de determinadas facetas sobre o escore do teste é representada por **coeficientes de generalizabilidade**. Estes são semelhantes aos coeficientes de confiabilidade no modelo de escore verdadeiro.

Após o estudo de generalizabilidade ser feito, Cronbach e colaboradores (1972) recomendaram que os desenvolvedores de testes fizessem um estudo de decisão. No **estudo de decisão**, os desenvolvedores examinam a utilidade dos escores do teste para ajudar o aplicador a tomar decisões. Na prática, os escores são usados para orientar uma variedade de decisões, de colocar uma criança em educação especial a contratar novos empregados e a dar alta a pacientes mentais. O estudo de decisão visa informar o aplicador sobre como os escores do teste devem ser usados e o quanto esses escores são confiáveis como uma base para decisões, dependendo do contexto em que são usados. Por que isto é tão importante? Cronbach (1970) observou:

> A decisão de que um estudante completou um curso ou que um paciente está pronto para terminar a terapia não deve ser seriamente influenciada pela possibilidade de erros, por variações temporárias no desempenho ou pela escolha de perguntas do avaliador. Uma decisão errônea favorável pode ser irreversível, uma decisão errônea desfavorável é injusta, destrói a moral da pessoa e talvez retarde seu desenvolvimento. A pesquisa, da mesma forma, requer mensuração confiável. Um experimento não é muito informativo se uma diferença observada puder ser explicada por uma possibilidade de variação. A grande variância do erro tende a mascarar um desfecho cientificamente importante. Escolher uma medida melhor aumenta a sensibilidade de um experimento da mesma maneira que aumenta o número de tópicos (p. 152).

A generalizabilidade não substituiu a TCT. Talvez uma de suas principais contribuições tenha sido sua ênfase no fato de que a confiabilidade de um teste não reside no teste em si. Do ponto de vista da teoria da generalizabilidade, a confiabilidade de um teste é devida em maior parte às circunstâncias sob as quais ele é desenvolvido, administrado e interpretado.

Teoria da resposta ao item (TRI)   Outra alternativa ao modelo de escore verdadeiro é a **teoria da resposta ao item (TRI;** Lord e Novick, 1968; Lord, 1980). Os procedimentos dessa teoria fornecem uma forma de modelar a probabilidade de que uma pessoa com uma capacidade X seja capaz de um desempenho em um nível de Y. Em termos da avaliação da personalidade, ela modela a probabilidade de que uma pessoa com uma quantidade X de um determinado traço de personalidade exibir uma quantidade Y desse traço em um teste de personalidade destinado a medi-lo. Visto que com frequência o construto psicológico ou educacional que está sendo medido não pode ser observado fisicamente (em outras palavras, é *latente*) e visto que esse construto pode ser um *traço* (poderia também ser alguma outra coisa, como uma capacidade), um sinônimo para a TRI na literatura acadêmica é **teoria do traço latente**. Vamos afirmar desde o início, entretanto, que TRI não é um termo usado para referir uma única teoria ou um só método. Antes, ele se refere a uma família de teorias e métodos – e uma família bem grande – com muitos outros nomes usados para distinguir abordagens específicas. Há bem mais de uma centena de variedades de modelos da TRI. Cada modelo é projetado para lidar com dados apresentando certos pressupostos e com características de dados.

Exemplos de duas características de itens em uma estrutura de TRI são o nível de *dificuldade* de um item e o nível de *discriminação* do item; os itens podem ser vistos como variando em termos dessas, bem como de outras, características. "Dificuldade" nesse sentido refere-se ao atributo de não ser facilmente realizado, resolvido ou compreendido. Em uma prova de matemática, por exemplo, o item explorando a capacidade de soma básica terá uma dificuldade mais baixa do que aquele que explora as habilidades básicas de álgebra. A característica de *dificuldade* aplicada ao item de um teste também pode se referir à dificuldade *física* – ou seja, o quanto é difícil ou fácil para uma pessoa realizar uma determinada atividade. Considere nesse contexto três itens em um hipotético "Questionário de Atividades da Vida Diária" (QAVD), um questionário de questões de verdadeiro-falso visando explorar em que grau os respondentes são fisicamente capazes de participar em atividades da vida diária. O item 1 desse teste é *Eu sou capaz de andar de uma peça para outra em minha casa*. O item 2 é *Eu necessito de ajuda para sentar, ficar em pé e caminhar*. O item 3 é *Eu sou capaz de correr 1,5 km por dia, sete dias por semana*. Sobre a dificuldade relativa à mobilidade, pode-se supor que quem responde *verdadeiro* ao item 1 e *falso* ao item 2 tem mais mobilidade do que quem responde *falso* ao item 1 e *verdadeiro* ao item 2. Na teoria clássica dos testes, cada um desses itens poderia receber 1 ponto para as respostas indicativas de mobilidade e zero pontos para as respostas indicativas de falta de mobilidade. Na TRI, entretanto, as respostas indicativas de mobilidade (em oposição à falta de mobilidade ou à mobilidade prejudicada) podem ter pesos diferentes. Uma resposta *verdadeiro* ao item 1 pode, portanto, receber mais pontos do que uma resposta *falso* ao item 2, e uma resposta *verdadeiro* ao item 3 pode receber mais pontos do que uma resposta *verdadeiro* ao item 1.

No contexto da TRI, **discriminação** significa o grau em que um item diferencia pessoas com níveis mais altos ou mais baixos do traço, da capacidade ou do que for que esteja sendo medido. Considere mais dois itens do QAVD: o item 4, *Meu humor geralmente é bom*; e o item 5, *Sou capaz de caminhar uma quadra em terreno plano*. Qual desses dois itens você acha que seria mais discriminador em termos das capacidades físicas do respondente? Se respondeu "item 5", então você está correto. E, se estivesse desenvolvendo esse questionário em uma estrutura da TRI, você provavelmente atribuiria peso diferente ao valor desses dois itens. O item 5 teria mais peso para o propósito de estimar o nível de atividade física de uma pessoa do que o item 4. Voltando ao contexto da teoria clássica dos testes, todos os itens do teste poderiam ter peso igual e receber 1 ponto, por exemplo, se fosse indicativo da capacidade que está sendo medida e zero pontos se não fosse indicativo dessa capacidade.

Existe uma série de diferentes modelos da TRI para lidar com dados resultantes da administração de testes com várias características e em vários formatos. Por exemplo, há modelos projetados para lidar com dados resultantes da administração de testes com **itens dicotômicos** (itens ou questões que podem ser respondidos com apenas uma de duas respostas alternativas, como *verdadeiro-falso*, *sim-não* ou *correto-incorreto*). Há modelos para lidar com dados resultantes da administração de testes com **itens politômicos** (itens ou questões com três ou mais respostas alternativas, das quais apenas uma é considerada correta ou compatível com um traço ou outro construto visado). Existem outros modelos da TRI para lidar com outros tipos de dados.

Em geral, modelos de traço latente diferem em alguns aspectos importantes da TCT. Por exemplo, na TCT, não são feitas suposições sobre a distribuição de frequência dos escores do teste. Em contrapartida, essas suposições são inerentes aos modelos de traço latente. Como Allen e Yen (1979, p. 240) salientaram, "As teorias do traço latente propõem modelos que descrevem como esse traço influencia o desempenho em cada item do teste. Ao contrário dos escores do teste ou dos escores verdadeiros, os traços latentes teoricamente podem assumir valor de $-\infty$ a $+\infty$ [infinito negativo a infinito positivo]". Alguns modelos da TRI têm pressupostos muito específicos e rigorosos sobre a distribuição subjacente. Em um grupo de modelos da TRI desenvolvido pelo matemático dinamarquês Georg Rasch, supõe-se que cada item no teste tenha uma relação equivalente com o construto que está sendo medido pelo teste. Uma referência abreviada a esses tipos de modelos é "Rasch"; portanto, uma menção ao **modelo Rasch** é uma alusão a um modelo da TRI com pressupostos muito específicos sobre a distribuição subjacente.

As vantagens psicométricas da TRI tornaram esse modelo atraente, especialmente para desenvolvedores de testes comerciais e acadêmicos e para editores de teste em larga escala. Ele é um modelo que, nos últimos anos, tem encontrado cada vez mais aplicação em testes padronizados em exames de licenciamento profissional e em questionários usados nas ciências comportamentais e sociais (De Champlain, 2010). Entretanto, a sofisticação matemática da abordagem a deixou fora do alcance de muitos aplicadores de testes cotidianos, como professores e empresas familiares (Reise e Henson, 2003). Para saber mais sobre a abordagem que encorajou "novas regras de mensuração" para os testes de capacidade (Roid, 2006), leia a seção *Em foco* deste capítulo. Além disso, em nossa seção *Conheça um profissional da avaliação*, você conhecerá um aplicador da TRI da "vida real", o dr. Bryce B. Reeve.

EM FOCO

A teoria da resposta ao item (TRI)

Construtos psicológicos e educacionais como inteligência, liderança, depressão, autoestima, capacidade matemática e compreensão da leitura não podem ser observados ou tocados ou medidos no mesmo sentido físico que (digamos) um pedaço de pano pode ser observado, tocado e medido. Como então os construtos psicológicos e educacionais são medidos pelos testes? Diferentes modelos e métodos foram propostos em resposta a essa pergunta importante. Uma abordagem concentra-se na relação entre a resposta de um testando a um item de teste individual e a posição desse testando, em termos probabilísticos, no construto que está sendo medido. Essa abordagem é a *teoria da resposta ao item*. Seu uso efetivo requer que certos pressupostos sejam satisfeitos.

Pressupostos no uso da TRI

Para a maioria das aplicações na testagem educacional e psicológica, há três pressupostos formulados em relação aos dados a serem analisados na estrutura de uma TRI. Esses são os pressupostos de (1) *unidimensionalidade,* (2) *independência local* e (3) *monotonicidade.*

Unidimensionalidade

O **pressuposto da unidimensionalidade** considera que o conjunto de itens mede um único construto latente contínuo. Esse construto é referido pela letra grega *teta* (θ). Em outras palavras, é o *nível teta* de uma pessoa que dá origem a uma resposta ao item na escala. Aqui, o **nível teta** (às vezes referido simplesmente como "teta") é uma referência ao grau da capacidade ou do traço subjacentes que se supõe o testando traga para o teste. Por exemplo, a resposta de uma pessoa à pergunta "Em que grau você está se sentindo cansado neste momento?" deve depender apenas do nível de fadiga dessa pessoa (ou do nível teta de fadiga) e não de qualquer outro fator. O pressuposto da unidimensionalidade não impede que o conjunto de itens possa ter um certo número de dimensões menores (que, por sua vez, poderiam ser medidas por subescalas). Entretanto, ele pressupõe que uma dimensão dominante explique a estrutura subjacente.

Independência local

Antes de explicar o que significa *independência local*, poderia ser útil explicar o que queremos dizer por *dependência* local. Quando dizemos que os itens em um teste são "localmente dependentes", significa que esses itens são todos dependentes de algum fator que é diferente do que o teste como um todo está medindo. Por exemplo, um teste de compreensão da leitura poderia conter diversos trechos de tópicos diferentes. Um testado poderia achar todos os itens que tratam de um determinado trecho da leitura muito mais fáceis (ou muito mais difíceis) do que todos os outros trechos de leitura no teste. Descreveríamos os itens associados com o trecho como *localmente dependentes* porque eles estão mais relacionados entre si do que aos outros itens no teste.

Do ponto de vista da mensuração, os itens localmente dependentes em tal teste podem estar medindo algum outro fator além do construto de "compreensão da leitura", visto que esse construto é medido pelos outros itens no teste. Essa situação poderia surgir no caso em que o testando apresente particular proficiência (ou deficiência) em qualquer que seja o assunto daquele trecho. Por exemplo, se o trecho de leitura é sobre pescaria e acontece de o testando ser um pescador profissional, então o trecho poderia na verdade estar medindo alguma outra coisa além da compreensão da leitura. Os itens localmente dependentes têm altas correlações interitem. Na tentativa de controlar para tal dependência local, os desenvolvedores de testes às vezes podem combinar as respostas a um conjunto de itens localmente dependentes em uma subescala separada inserida no teste.

Com esse conhecimento sobre o que significa quando os itens do teste são *localmente dependentes,* você pode ser capaz de prever que *independência* local seja o oposto. A suposição de que **independência local** significa que (a) há uma relação sistemática entre todos os itens do teste e (b) essa relação tem a ver com o nível teta do testando. Quando o pressuposto de independência local é satisfeito, significa que as diferenças nas respostas aos itens refletem as diferenças no traço ou na capacidade subjacentes.

Monotonicidade

O **pressuposto de monotonicidade** significa que a probabilidade de endossar ou selecionar uma resposta ao item indicativa de níveis mais altos de teta deve aumentar à medida que o nível de teta subjacente aumenta. Assim, por exemplo, esperaríamos que um respondente extrovertido, ao contrário de um introvertido, fosse mais propenso a responder *verdadeiro* a um item como *Eu adoro ir para a balada com meus amigos nos fins de semana.*

Os modelos de TRI tendem a ser robustos; ou seja, eles tendem a ser resistentes às mínimas violações desses três pressupostos. No "mundo real" é de fato difícil, se não impossível, encontrar dados que se ajustem rigorosamente a esses pressupostos. Contudo, quanto melhor os dados satisfazem a esses três pressupostos, melhor o modelo da TRI se ajustará aos dados e esclarecerá o construto que está sendo medido. Com o entendimento dos pressupostos aplicáveis em mente, vamos prosseguir ilustrando como a TRI pode funcionar na prática.

A TRI na prática

A relação probabilística entre a resposta de um testando a um item do teste e o nível desse testando no construto latente que está sendo medido pelo teste é expressa na forma de gráfico pelo que tem sido variadamente referido como **curva característica do item (CCI)**, uma *curva de resposta ao item*, uma *curva de categoria de resposta* ou uma *linha de traçado do item*. Um exemplo desse gráfico – vamos nos referir a ele aqui como uma CCI – é apresentado na Figura 1, a CCI para um item de verdadeiro-falso ("Eu sou infeliz parte do tempo") em uma medida clínica de sintomas depressivos. O "traço latente" que está sendo medido é a sintomatologia depressiva, portanto teta (θ) é usado para identificar o eixo horizontal. Para os propósitos dessa ilustração, digamos que o nível médio de depressão da população em estudo seja estabelecido em zero e, o desvio-padrão, em 1. Os números ao longo do eixo-θ são expressos em unidades de desvio-padrão variando de 3 desvios-padrão abaixo da média a 3 desvios-padrão acima da média. Essa escala é análoga aos escores *z*, e teoricamente os escores teta poderiam variar de infinito negativo a infinito positivo. Um escore de 2 no item retratado na Figura 1 indicaria que o nível de sintomas depressivos de um testando incide em 2 desvios-padrão acima da média da população, apontando que o testando está experimentando sintomas depressivos graves.

O eixo vertical na Figura 1 sinaliza a probabilidade, delimitada entre 0 e 1, de uma pessoa selecionar uma das categorias de resposta ao item. Portanto, as duas curvas de resposta na Figura 1 indicam que a probabilidade de responder *falso* ou *verdadeiro* ao item "Eu sou infeliz parte do tempo" depende do nível da sintomatologia depressiva do respondente. Como seria esperado, os testandos que são de fato deprimidos teriam uma alta probabilidade de selecionar *verdadeiro* para esse item, enquanto aqueles com sintomatologia depressiva mais baixa seriam mais propensos a selecionar *falso*.

Outro aspecto útil da TRI é que ela permite aos aplicadores de testes entenderem melhor a variação ao longo de teta para a qual um item é mais eficaz para discriminar entre grupos de testandos. O instrumento da TRI usado para fazer essas determinações é a **função de informação** (ou *curva de informação*), que é ilustrada na Figura 2. Os gráficos dessa função fornecem informação sobre quais itens funcionam melhor com os testandos em um determinado nível de teta, comparados com outros itens no teste. É comum, nesses gráficos, teta ser estabelecido no eixo horizontal e, a magnitude da informação (ou seja, a precisão), no eixo vertical.

A Figura 2 fornece um visão rápida do que é referido na linguagem da TRI como *informação* (a precisão da mensuração) de três itens de teste para avaliar testandos em diferentes níveis de teta. Presumivelmente, quanto mais informação, melhor é a previsão feita. Conforme pode ser observado pelo gráfico, o item "Eu pareço não me importar com o que acontece comigo" é informativo para medir *altos níveis* de sintomatologia depressiva. O item "Eu sou infeliz parte do tempo" é informativo para medir sintomatologia depressiva *moderada*. O item "Eu choro com facilidade" não é informativo para medir qualquer nível relativo aos outros itens.

Uma curva de informação do item pode ser um instrumento muito útil para desenvolvedores de testes. Ela é usada, por exemplo, para reduzir o número total de itens em uma "forma longa" de um teste e assim criar uma "forma curta" nova e eficaz. Versões mais curtas dos testes são criadas por meio da seleção do conjunto de itens (questões) mais informativo que seja relevante para a população em estudo. Por exemplo, um pesquisador trabalhando com uma população clinicamente deprimida poderia selecionar apenas itens com curvas de informação que atingiram o pico nos níveis altos dos sintomas depressivos.

Uma curva de informação também pode ser útil em termos de "sinalizar" itens do teste que são particularmente baixos em informação; ou seja, itens que demonstram pouca capacidade de discriminar entre testandos de vários grupos. Itens com informação baixa (i.e., pouca capacidade discriminatória) levam o desenvolvedor de testes a considerar a possibilidade de que (1) o conteúdo do item não combine com o construto medido pelos outros itens na escala, (2) o item é mal enunciado e precisa ser reescrito, (3) o item é muito complexo para o nível educacional da

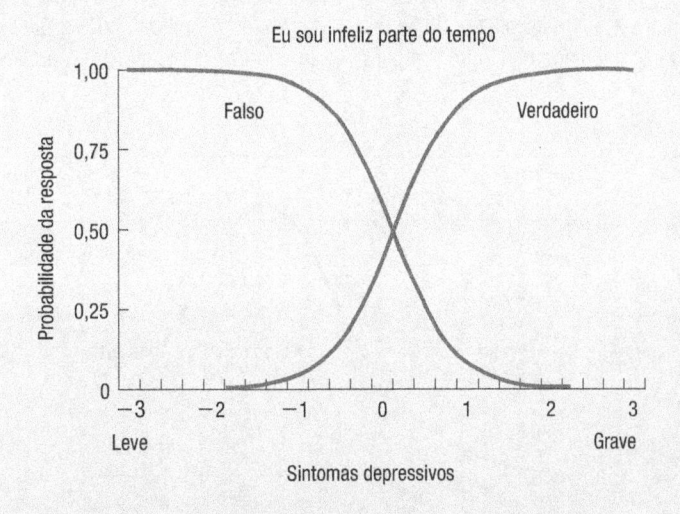

Figura 1 CCI para um item verdadeiro-falso em uma medida de sintomatologia depressiva.

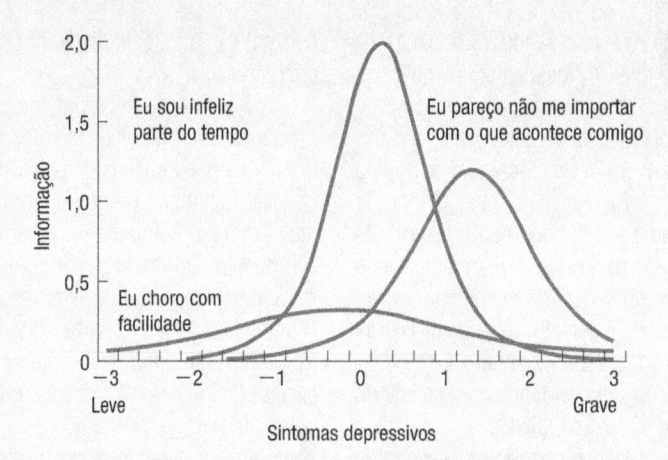

Figura 2 Função de informação para três itens do teste em uma medida de sintomatologia depressiva.

população, (4) a colocação do item no teste está fora de contexto ou (5) fatores culturais podem estar operando para enfraquecer a capacidade do teste de discriminar entre grupos.

Para refletir sobre esse último ponto, considere o item "Eu choro com facilidade". Ele poderia ter pouco valor discriminatório se administrado a testandos etíopes – apesar de que os membros dessa amostra poderiam, no entanto demonstrar sinais de extrema depressão em outros instrumentos de avaliação, como uma entrevista clínica. A razão para essa discrepância envolve ensinamentos culturais em relação a expressão externa de emoção. Pesquisadores explorando o sofrimento emocional na Etiópia pós-guerra notaram que as fontes religiosas oficiais na área advertiam contra qualquer expressão externa de sofrimento (Nordanger, 2007). De fato, os etíopes estudados foram ensinados que chorar pode produzir consequências espirituais e físicas negativas.

A Figura 3 fornece uma ilustração de como as funções de informação do item individual podem ser sintetizadas por meio de todos os itens em uma escala para produzir o que seria então referido como uma função de informação da escala (ou do teste). A função de informação do teste apresentada na Figura 3 é para uma medida de depressão de 57 itens. Junto com a magnitude da informação indicada ao longo do eixo vertical no gráfico, a confiabilidade associada (r) é fornecida. No total, a escala é altamente confiável para medir níveis de depressão moderados a graves (i.e., quando a curva está acima da confiabilidade $r = 0,90$). Entretanto, a função de informação mostra que a precisão da escala piora para medir pessoas com baixos níveis de sintomatologia depressiva.

Voltemos a esta conjuntura e comparemos a TRI com a teoria clássica dos testes em relação à avaliação da confiabilidade de um teste. Do ponto de vista clássico, poderíamos verificar a confiabilidade dessa escala de 57 itens usando, por exemplo, um índice de consistência interna como o coeficiente alfa. Se o fizéssemos, verificaríamos que o coeficiente alfa estimado em uma amostra psiquiátrica era de 0,92 – bastante alto. Mas isso indica que a escala de depressão é confiável na avaliação de qualquer nível de sintomatologia depressiva?

A curva de informação do teste nos indica que a escala de depressão é muito confiável para avaliar níveis de sintomatologia depressiva moderados a graves. Portanto, sob a estrutura da

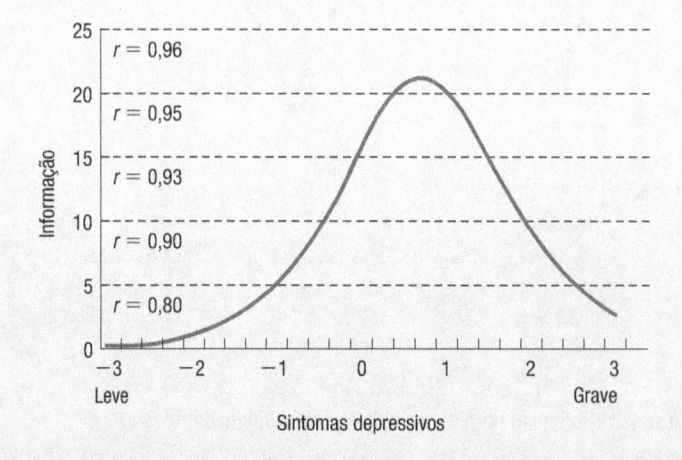

Figura 3 Função de informação da escala para uma medida de sintomatologia depressiva de 57 itens.

TRI, a precisão de uma escala varia dependendo de que níveis do construto estão sendo medidos. Podemos ilustrar isso usando outro tipo de teste – digamos, um que meça o desempenho em matemática. Um teste de cálculo avançado pode ser muito preciso para diferenciar entre estudantes de matemática excelentes mas ter precisão baixa (ou erro de mensuração alto) para diferenciar aqueles com conhecimento e capacidades matemáticos mais limitados; os testandos no último grupo muito provavelmente responderiam a todos os itens do teste de forma incorreta. Portanto, embora uma avaliação da consistência interna desse teste pudesse sugerir que era bastante confiável, um aplicador conhecedor da TRI poderia responder perguntando: "Sim, mas confiável para usar com quem?". Em muitas situações, então, uma medida de precisão da TRI será mais útil do que um único indicador de consistência interna.

Confiabilidade e escores individuais

O coeficiente de confiabilidade ajuda o desenvolvedor de testes a construir um instrumento de mensuração adequado, e ajuda o aplicador de testes a selecionar um teste adequado. Empregando o coeficiente de confiabilidade na fórmula para o erro-padrão de mensuração, o aplicador agora tem outra estatística descritiva relevante à interpretação do teste, esta útil para estimar a precisão dos escores de um teste em particular.

O erro-padrão de mensuração

O *erro-padrão de mensuração*, frequentemente abreviado como *EPM* ou EP_M, fornece uma medida da precisão de um escore de teste observado. Em outras palavras, fornece uma estimativa da quantidade de erro inerente em um escore ou mensuração observados. Em geral, a relação entre o EPM e a confiabilidade de um teste é inversa; quanto mais alta a confiabilidade de um teste (ou subteste individual inserido em um teste), mais baixo o EPM.

Para ilustrar a utilidade do EPM, vamos rever a Corporação Rochester Wrenchworks (TRW) e reapresentar Mary (do trecho de Cronbach anteriormente neste capítulo), que está agora se candidatando para um emprego como processadora de textos. Para ser contratado na TRW como processador de texto, um candidato deve ser capaz de digitar com correção na faixa de 50 palavras por minuto. O setor de pessoal aplica um total de sete testes de processamento de texto breves à Mary ao longo de sete dias úteis. Em palavras por minuto, os escores de Mary em cada um dos sete testes são as seguintes:

52   55   39   56   35   50   54

Se fosse o encarregado da contratação na TRW e olhasse esses sete escores, você poderia logicamente perguntar "Qual destes escores é a melhor medida da 'verdadeira' capacidade de processamento de texto de Mary?". E de forma mais explícita "Qual é seu escore 'verdadeiro'?".

A resposta "verdadeira" a essa pergunta é que não podemos concluir com absoluta certeza a partir dos dados que temos qual é a capacidade exata de processamento de texto de Mary. Podemos, entretanto, ter um bom palpite. Nosso bom palpite seria que a capacidade de processamento de texto verdadeira de Mary é igual à média da distribuição de seus escores de processamento de texto mais ou menos um número de pontos explicado por erro no processo de mensuração. O melhor que podemos fazer é estimar quanto de erro foi introduzido em um determinado escore de teste.

O **erro-padrão de mensuração** é o instrumento usado para estimar ou inferir em que grau um escore observado diverge de um verdadeiro. Podemos definir o erro-padrão de mensuração como o desvio-padrão de uma distribuição teoricamente normal de seus escores de teste obtidos por uma pessoa em testes equivalentes. Também conhecido como **erro-padrão de um escore** e representado pelo símbolo σ_{meas}, o erro-padrão de mensuração é um índice do grau em que os escores de um indivíduo variam entre testes que

CONHEÇA UM PROFISSIONAL DA AVALIAÇÃO

Conheça o dr. Bryce B. Reeve

Utilizo minhas habilidades e meu treinamento como psicometrista para projetar questionários e estudos que capturem a carga do câncer e seu tratamento sobre os pacientes e suas famílias [...] Os tipos de questionários que ajudo a criar medem a qualidade de vida relacionada com a saúde de uma pessoa (QVRS).

A QVRS é um construto multidimensional abrangendo domínios como funcionamento físico, bem-estar mental e bem-estar social. Diferentes tipos de câncer e seus tratamentos podem ter um impacto diverso sobre a magnitude e qual domínio da QVRS é afetado. Todos os tipos de câncer podem ter impacto sobre a saúde mental de uma pessoa, com aumentos documentados nos sintomas depressivos e na ansiedade [...] Também pode haver impactos positivos na medida em que alguns sobreviventes de câncer experimentam maior bem-estar social e apreço pela vida. Portanto, nosso desafio é desenvolver instrumentos de mensuração válidos e precisos que identifiquem essas mudanças nas vidas dos paciente. Medidas psicometricamente fortes também nos permitem avaliar o impacto de novas intervenções comportamentais e farmacológicas desenvolvidas para melhorar a qualidade de vida. Visto que muitos pacientes em nossos estudos de pesquisa estão doentes, é importante ter questionários muito breves para minimizar a carga de ter que responder a uma bateria deles.

[...] nós [...] usamos metodologias qualitativas e quantitativas para projetar [...] instrumentos de QVRS. Usamos métodos qualitativos como grupos de foco e entrevista cognitiva para ter certeza de que captamos as experiências e perspectivas de pacientes de câncer e para formular questões que sejam compreensíveis para pessoas com níveis de alfabetização baixos ou para aquelas de culturas diferentes. Usamos métodos quantitativos para examinar quão bem as questões e escalas individuais atuam para medir os domínios da QVRS. Especificamente, utilizamos a teoria clássica dos testes, a análise fatorial e a teoria da resposta ao item (TRI) para: (1) desenvolver e refinar os questionários; (2) identificar o desempenho de instrumentos entre diferentes faixas etárias, homens e mulheres, e grupos culturais/raciais; e (3) desenvolver bancos de itens que permitam a criação de questionários padronizados ou administrar testagem adaptativa computadorizada (TAC).

Bryce B. Reeve, Ph.D., U.S. National Cancer Institute

Uso modelos da TRI para obter uma visão aprofundada em relação a como as questões e as escalas atuam em nossos estudos de pesquisa do câncer. [Usando TRI], somos capazes de reduzir uma escala de 21 itens penosa para uma de 10 itens breve [...]

A função diferencial do item (FDI) é uma metodologia fundamental para identificar [...] itens tendenciosos nos questionários. Tenho usado a modelagem da TRI para examinar a FDI nas respostas aos itens em muitos questionários de QVRS. É de especial importância avaliar a FDI nos questionários que foram traduzidos para múltiplos idiomas com o propósito de conduzir estudos de pesquisa internacionais. Um instrumento pode ser traduzido para ter as mesmas palavras em múltiplas línguas, mas as próprias palavras podem ter significados inteiramente diferentes para pessoas de diferentes culturas. Por exemplo, pesquisadores na University of Massachusetts verificaram que respondentes chineses faziam avaliações de satisfação mais baixas de seus médicos do que os não chineses. Em uma revisão da tradução, a categoria de resposta "excelente" tinha sido traduzida para o chinês como "Divino". A modelagem da TRI me dá a capacidade não apenas de detectar itens de FDI, mas também a flexibilidade de corrigir o viés. Posso usar a TRI para examinar seus escores não ajustados e ajustados para ver o efeito do item da FDI sem retirá-lo da escala se for considerado relevante [...]

> Os maiores desafios que encontrei para a maior aplicação ou aceitação de métodos da TRI na pesquisa dos tratamentos de saúde são as complexidades dos próprios modelos e a falta de recursos e instrumentos fáceis de entender para treinar os pesquisadores. Muitos foram treinados na estatística da teoria clássica dos testes, estão à vontade interpretando essas estatísticas e podem usar programas de fácil acessibilidade para gerar estatísticas resumidas facilmente familiares, tais como o coeficiente α de Cronbach ou correlações item-total. Em contrapartida, a modelagem da TRI requer um conhecimento avançado da teoria da mensuração para entender as complexidades matemáticas dos modelos, para determinar se os pressupostos desses modelos são satisfeitos e para escolher o modelo no âmbito da grande família de modelos da TRI que se ajusta melhor aos dados e à mensuração da tarefa em mãos. Além disso, o programa e a literatura de apoio não são bem adaptados para pesquisadores fora do campo da testagem educacional.
>
> *Leia mais sobre o que o dr. Reeve tinha a dizer – seu ensaio completo (em inglês) – em www.mhhe.com/cohentesting8.*

se presume sejam paralelos. De acordo com o modelo de escore verdadeiro, um escore obtido representa um ponto na distribuição teórica de escores que o testando poderia ter obtido. Mas onde, no *continuum* de possíveis escores, está esse escore obtido? Se o desvio-padrão para a distribuição dos escores do teste for conhecido (ou pode ser calculado) e se uma estimativa da confiabilidade do teste é conhecida (ou pode ser calculada), então uma estimativa do erro-padrão de um determinado escore (ou seja, o erro-padrão de mensuração) pode ser determinado pela seguinte fórmula:

$$\sigma_{meas} = \sigma \sqrt{1 - r_{xx}}$$

na qual σ_{meas} é igual ao erro-padrão de mensuração, σ é igual ao desvio-padrão dos escores do teste pelo grupo de testandos e r_{xx} é igual ao coeficiente de confiabilidade do teste. O erro-padrão de mensuração permite-nos estimar, com um nível de confiança específico, a variação na qual é provável que exista o escore verdadeiro.

Se, por exemplo, um teste de ortografia tiver um coeficiente de confiabilidade de 0,84 e um desvio-padrão de 10, então

$$\sigma_{meas} = 10\sqrt{1 - 0,84} = 4$$

A fim de usar o erro-padrão de mensuração para estimar a variação do escore verdadeiro, fazemos uma suposição: Se o indivíduo fosse fazer um grande número de testes equivalentes, os escore nesses testes tenderiam a ser normalmente distribuídas, com o escore verdadeiro do indivíduo como a média. Visto que o erro-padrão de mensuração funciona como um desvio-padrão nesse contexto, podemos usá-lo para prever o que aconteceria se um indivíduo fizesse testes equivalentes adicionais:

- seria esperado que aproximadamente 68% (na verdade, 68,26%) dos escores ocorressem dentro de ± 1σ_{meas} do escore verdadeiro;
- seria esperado que aproximadamente 95% (na verdade, 95,44%) dos escores ocorressem dentro de ± 2σ_{meas} do escore verdadeiro;
- seria esperado que aproximadamente 99% (na verdade, 99,74%) dos escores ocorressem dentro de 3σ_{meas} do escore verdadeiro.

É evidente que não sabemos o escore verdadeiro para qualquer testando individual, portanto devemos estimá-lo. A melhor estimativa disponível desse escore é o escore do teste já obtido. Logo, se um estudante obteve um escore de 50 em um teste de ortografia e se o teste tinha um erro-padrão de mensuração de 4, então – usando 50 como estimação pontual – podemos ter:

- 68% (na verdade, 68,26%) de certeza de que o escore verdadeiro cai dentro de 50 ± 1σ_{meas} (ou entre 46 e 54, incluindo 46 e 54);
- 95% (na verdade, 95,44%) de certeza de que o escore verdadeiro cai dentro de 50 ± 2σ_{meas} (ou entre 42 e 58, incluindo 42 e 58);
- 99% (na verdade, 99,74%) de certeza de que o escore verdadeiro cai dentro de 50 ± 3σ_{meas} (ou entre 38 e 62, incluindo 38 e 62).

O erro-padrão de mensuração, como o coeficiente de confiabilidade, é uma forma de expressar a confiabilidade do teste. Se o desvio-padrão de um teste for mantido constante, então, quanto menor o σ_{meas}, mais confiável o teste será; à medida que r_{xx} aumenta, o σ_{meas} diminui. Por exemplo, quando um coeficiente de confiabilidade é igual a 0,64 e σ é igual a 15, o erro-padrão de mensuração é igual a 9:

$$\sigma_{meas} = 15\sqrt{1 - 0,64} = 9$$

Com um coeficiente de confiabilidade igual a 0,96 e σ ainda igual a 15, o erro-padrão de mensuração diminui para 3:

$$\sigma_{meas} = 15\sqrt{1 - 0,96} = 3$$

Na prática, o erro-padrão de mensuração é usado com mais frequência na interpretação de escores de teste individuais. Por exemplo, testes de inteligência são administrados como parte da avaliação de indivíduos para retardo mental. Um dos critérios para retardo mental é um escore de QI de 70 ou abaixo (quando a média é 100 e o desvio-padrão é 15) em um teste de inteligência administrado individualmente (American Psychiatric Association, 1994). Uma pergunta que poderia ser feita sobre esses testes é como os escores que estão próximos do valor de corte de 70 devem ser tratados. De maneira específica, o quanto acima de 70 um escore deve ser para concluirmos com segurança sobre a improbabilidade de que o indivíduo seja retardado? O escore de 72 é claramente acima da variação de retardado, de modo que, se a pessoa fosse fazer uma forma paralela do teste, poderíamos estar seguros de que o segundo escore seria acima de 70? E quanto a um escore de 75? E um escore de 79?

Útil para responder a essas perguntas é uma estimativa da quantidade de erro em um escore observado. O erro-padrão de mensuração fornece tal estimativa. Além disso, esse erro é útil para estabelecer o que é chamado de um **intervalo de confiança**: uma variação ou banda de escores de teste com probabilidade de que contenha o escore verdadeiro.

Considere uma aplicação de um intervalo de confiança com uma medida hipotética de inteligência adulta. O manual para o teste fornece uma grande quantidade de informação relevante à confiabilidade do teste como um todo, bem como informação relacionada à confiabilidade mais específica para cada um de seus subtestes. Conforme informado no manual, o desvio-padrão é 3 para os escores medidos no subteste e 15 para as de QI. Entre todas as faixas etárias na amostra normativa, o coeficiente de confiabilidade médio para o QI de Escala Completa (QIEC) é 0,98, e o erro-padrão médio de mensuração para o QIEC é 2,3.

Sabendo o escore do QIEC de um testado individual e sua idade, podemos calcular um intervalo de confiança. Por exemplo, suponha que um testado de 22 anos tenha obtido um QIEC de 75. O aplicador do teste pode estar 95% confiante de que o QIEC verdadeiro desse testado está na variação de 70 a 80. Isso porque o intervalo de confiança de 95% é estabelecido tomando o escore observado de 75, mais ou menos 1,96, multiplicado pelo erro-padrão de mensuração. No manual do teste verificamos que o erro-padrão de mensuração do QIEC para um testando de 22 anos é 2,37. Com essa informação em mãos, o intervalo de confiança de 95% é calculado como segue:

$$75 \pm 1{,}96\sigma_{meas} = 75 \pm 1{,}96(2{,}37) = 75 \pm 4{,}645$$

O intervalo calculado de 4,645 é arredondado para o número inteiro mais próximo, 5. Podemos, então, ter 95% de certeza de que o QIEC verdadeiro do testando, nesse teste de inteligência em particular está em algum ponto na variação do escore observado de 75 mais ou menos 5, ou em algum ponto na variação de 70 a 80.

No interesse de aumentar seu "nível de conforto" do EPM, considere os dados apresentados na Tabela 5.5. Esses são EPMs para variações etárias selecionadas e tipos selecionados de mensurações de QI conforme relatado no *Technical Manual for the Stanford-Binet Intelligence Scales (Manual técnico para as escalas de inteligência de Stanford-Binet)*, quinta edição. Ao apresentar esses dados e dados relacionados, Roid (2003c, p. 65) observou: "Escores que são mais precisos e consistentes têm diferenças menores entre os escores verdadeiros e os observados, resultando em EPMs mais baixos". Diante disso, *reflita*: Que hipóteses vêm à mente em relação os escores de QI do SB5 nas idades de 5, 10, 15 e 80+?

O erro-padrão de mensuração pode ser usado para estabelecer o intervalo de confiança para um escore em particular e para determinar se um escore é significativamente diferente de um critério (tal como o ponto de corte de 70 já descrito). Mas o erro-padrão de mensuração não pode ser usado para comparar escores. Portanto, como os aplicadores de testes comparam os escores?

O erro-padrão da diferença entre dois escores

O erro relacionado a qualquer número de possíveis variáveis operativas em uma situação de testagem pode contribuir para uma mudança em um escore obtido no mesmo teste, ou em um teste paralelo, de uma administração do teste para a seguinte. A quantidade de erro em um escore de teste específico é incorporada ao erro-padrão de mensuração. Mas os escores podem mudar de uma testagem para a seguinte por outras razões além de erro.

Diferenças verdadeiras na característica que está sendo medida também podem afetar os escores do teste. Essas diferenças podem ser de grande interesse, como no caso de um encarregado de setor de pessoal que deve decidir qual dos muitos candidatos contratar. De fato, essas diferenças podem ser esperadas, como no caso de um pesquisador de psicoterapia que espera provar a eficácia de uma determinada abordagem. Comparações entre escores são feitas usando o **erro-padrão da diferença**, uma medida estatística que pode ajudar um aplicador de teste a determinar qual deve ser o tamanho da diferença para que seja considerada estatisticamente significativa. Como é provável que você tenha conhecimento por seu curso de estatística, o costume no campo da psicologia determina que, se a probabilidade for mais de 5% de que a diferença tenha ocorrido por acaso, então, para todos os efeitos, se presume que não houve diferença. Um padrão mais rigoroso é o

Tabela 5.5 Erros-padrão de mensuração de escores de QI do SB5 nas idades de 5, 10, 15 e 80+

Tipo de QI	Idade (em anos)			
	5	10	15	80+
QI de escala completa	2,12	2,60	2,12	2,12
QI não verbal	3,35	2,67	3,00	3,00
QI verbal	3,00	3,35	3,00	2,60
Bateria abreviada de QI	4,24	5,20	4,50	3,00

padrão de 1%. Aplicando esse padrão, nenhuma diferença estatisticamente significativa seria considerada existente a menos que a diferença observada pudesse ter ocorrido apenas por acaso menos de uma vez em uma centena.

O erro-padrão da diferença entre dois escores pode ser o instrumento estatístico apropriado para tratar três tipos de questões:

1. Como o desempenho deste indivíduo no teste 1 se comparou com seu desempenho no teste 2?
2. Como o desempenho deste indivíduo no teste 1 se comparou com o desempenho de outra pessoa no teste 1?
3. Como o desempenho deste indivíduo no teste 1 se comparou com o desempenho de outra pessoa no teste 2?

Conforme você poderia ter esperado, ao comparar escores obtidos nos diferentes testes, é essencial que os escores sejam convertidos para a mesma escala. A fórmula para o erro-padrão da diferença entre dois escores é

$$\sigma_{diff} = \sqrt{\sigma^2_{meas\,1} + \sigma^2_{meas\,2}}$$

na qual σ_{dif} é o erro-padrão da diferença entre dois escores, σ^2_{meas} é o erro-padrão de mensuração ao quadrado para o teste 1, e o erro-padrão de mensuração ao quadrado para o teste 2. Se substituirmos os coeficientes de confiabilidade pelos erros-padrão de mensuração dos escore separados, a fórmula se torna

$$\sigma_{diff} = \sigma\sqrt{2 - r_1 - r_2}$$

na qual r_1 é o coeficiente de confiabilidade do teste 1, r_2 é o coeficiente de confiabilidade do teste 2 e σ é o erro-padrão de mensuração para qualquer dos escores isolados porque o primeiro é afetado pelo erro de mensuração em ambos os escores. Isso também faz sentido: Se dois escores cada, um contém erro de modo que em cada caso o escore verdadeiro poderia ser mais alto ou mais baixo, então desejaríamos que os dois escores fossem mais distantes para concluirmos que há uma diferença significativa entre eles.

O valor obtido pelo cálculo do erro-padrão da diferença é usado de forma semelhante ao do erro-padrão da média. Se desejamos ter 95% de certeza de que os dois escores são diferentes, desejaríamos que fossem separados por 2 erros-padrão da diferença. Uma separação de apenas 1 erro-padrão da diferença nos daria 68% de certeza de que os dois escores verdadeiros são diferentes.

Como ilustração do uso do erro-padrão da diferença entre dois escores, considere a situação de um gerente de pessoal que esteja buscando uma pessoa altamente responsável para o cargo de vice-presidente de segurança. O gerente nessa situação hipotética decide usar um novo teste publicado que chamaremos de Teste de Propensão à Segurança (TPS) para avaliar os candidatos ao cargo. Após colocar um anúncio na seção de empregos do jornal local, o gerente testa 100 candidatos para o cargo usando o teste. Ele restringe a busca pelo vice-presidente aos dois candidatos com os escores mais altos no teste: Moe, que obteve 125 pontos, e Larry, que obteve 134 pontos. Supondo que a confiabilidade medida desse teste seja 0,02 e seu desvio-padrão seja 14, o gerente de pessoal deve concluir que Larry teve um desempenho bem melhor que o do Moe? Para responder a essa pergunta, primeiro calcule o erro-padrão da diferença:

$$\sigma_{diff} = 14\sqrt{2 - 0{,}92 - 0{,}92} = 14\sqrt{0{,}16} = 5{,}6$$

Note que, nessa aplicação da fórmula, os dois coeficientes de confiabilidade do teste são os mesmos porque os dois escores que estão sendo comparados são derivados do mesmo teste.

O que esse erro-padrão da diferença significa? Para qualquer erro-padrão da diferença, podemos ter:

- 68% de certeza de que os dois escores diferindo por $1\sigma_{dif}$ representam diferenças de escores verdadeiros;
- 95% de certeza de que os dois escores diferindo por $2\sigma_{dif}$ representam diferenças de escores verdadeiros;
- 99,7% de certeza de que os dois escores diferindo por $3\sigma_{dif}$ representam diferenças de escores verdadeiros.

Aplicando esta informação ao erro-padrão da diferença que acaba de ser calculado para o TPS, vemos que o gerente de pessoal pode ter

- 68% de certeza de que os dois escores diferindo por 5,6 representam diferenças de escores verdadeiros;
- 95% de certeza de que os dois escores diferindo por 11,2 representam diferenças de escores verdadeiros;
- 99,7% de certeza de que os dois escores diferindo por 16,8 representam diferenças de escores verdadeiros.

A diferença entre os escores de Larry e de Moe é de apenas 9 pontos, não suficientemente grande para o gerente de pessoal concluir com 95% de certeza que os dois indivíduos têm escores verdadeiros que diferem nesse teste. Em outras palavras: se Larry e Moe fossem submetidos a uma forma paralela do TPS, então o gerente de pessoal não poderia ter 95% de certeza de que, na testagem seguinte, Larry voltaria a ter um desempenho melhor do que Moe. O gerente de pessoal nesse exemplo teria que lançar mão de outros meios para decidir se Moe, Larry ou alguém mais seria o melhor candidato para o cargo (Curly está esperando pacientemente à margem).

Como um pós-escrito ao exemplo precedente, suponha que Larry tenha conseguido o emprego sobretudo com base nos dados de nosso hipotético TPS. E vamos supor ainda que logo se tornou muito evidente que Larry era inquestionavelmente o pior vice-presidente de segurança que a empresa jamais tinha visto. Passava a maior parte de seu tempo pregando peças em seus colegas de empresa, e muitas de suas horas de folga envolvido em seu passatempo favorito, sentar no mastro (*flagpole sitting*)* O gerente de pessoal poderia então ter tido uma razão muito boa para questionar quão bem o instrumento chamado Teste de Propensão à Segurança media de fato propensão à segurança. Ou, dito de outra forma, o gerente poderia contestar a *validade* do teste. Não coincidentemente, o assunto da validade do teste é retomado no próximo capítulo.

> **REFLITA...**
> Com toda essa conversa sobre Moe, Larry e Curly, por favor diga que você não esqueceu de Mary. Você sabe, Mary da citação de Cronbach – sim, aquela Mary. Terá ela conseguido o emprego na TRW? Se seu professor acha que pode ser útil, faça os cálculos antes de responder.

---

* N. de T.: Mania no início do século XX, a prática de sentar-se sobre um mastro por períodos de tempo prolongados, em geral usado como teste de resistência. Uma pequena plataforma é muitas vezes colocada no topo do mastro.

Autoavaliação

Teste sua compreensão dos elementos deste capítulo vendo se pode explicar cada um dos seguintes termos, expressões e abreviações:

amostragem de conteúdo
amostragem do item
bateria de testes
característica dinâmica
característica estática
coeficiente alfa
coeficiente de confiabilidade
coeficiente de confiabilidade entre avaliadores
coeficiente de equivalência
coeficiente de estabilidade
coeficiente de generalizabilidade
confiabilidade
confiabilidade de formas alternadas
confiabilidade de formas paralelas
confiabilidade do teste das metades (*split-half*)
confiabilidade entre avaliadores
confiabilidade par-ímpar
confiabilidade teste-reteste
consistência interitem
curva característica do item (CCI)
discriminação
distância proporcional média (DPM)
erro aleatório
erro de mensuração
erro sistemático
erro transitório
erro-padrão da diferença
erro-padrão de mensuração
erro-padrão de um escore
escore de universo
escore verdadeiro
estimativa de confiabilidade de consistência interna
estimativa de consistência interitem
estudo de decisão
estudo de generalizabilidade
facetas
formas alternadas
formas paralelas
fórmula de Kuder-Richardson 20
fórmula de Spearman-Brown
função de informação
heterogeneidade
homogeneidade
inflação da variação/variância
intervalo de confiança
item de teste dicotômico
item de teste politômico
modelo de Rasch
nível teta (na TRI)
pressuposto de independência local (na TRI)
pressuposto de monotonicidade (na TRI)
pressuposto de unidimensionalidade (na TRI)
restrição de variação/variância
teoria clássica dos testes (TCT)
teoria da amostragem de domínio
teoria da generalizabilidade
teoria da resposta ao item (TRI)
teoria do traço latente
teste de potência
teste de velocidade
teste referenciado ao critério
universo
variância
variância do erro
variância verdadeiro

CAPÍTULO 6

Validade

Na linguagem cotidiana, dizemos que alguma coisa é válida se ela for sólida, significativa ou bem fundamentada em princípios ou evidências. Por exemplo, falamos de uma teoria válida, de um argumento válido ou de uma razão válida. Na terminologia legal, os advogados dizem que alguma coisa é válida se ela for "executada com as devidas formalidades" (Black, 1979), tal como um contrato válido e um testamento válido. Em cada um desses casos, as pessoas fazem julgamentos baseados na evidência da significância ou da veracidade de alguma coisa. Similarmente, na linguagem da avaliação psicológica, *validade* é um termo usado em conjunto com a significância do escore de um teste – o que o escore do teste realmente significa.

O conceito de validade

Validade, quando aplicada a um teste, é um julgamento ou uma estimativa de quão bem ele mede o que se propõe a medir em um determinado contexto. De forma mais específica, é um julgamento com base na evidência sobre a adequação de inferências extraídas de escores de testes.[1] Uma **inferência** é um resultado ou uma dedução lógicos. As caracterizações da validade de testes e de escores de testes são frequentemente formuladas em termos como "aceitável" ou "fraca". Esses termos refletem um julgamento sobre o quanto o teste mede com adequação o que se propõe a medir.

Inerente ao julgamento da validade de um instrumento é o julgamento do quanto esse instrumento é útil para um determinado propósito com uma determinada população de pessoas. Para abreviar, os avaliadores podem se referir a um teste em particular como um "teste válido". Entretanto, o que de fato isso significa é que esse teste é conhecido por ser válido para um determinado uso com uma determinada população de testandos em um determinado momento. Nenhum teste ou técnica de mensuração é "universalmente válido" todo o tempo, para todas as situações, com todos os tipos de populações de testandos. Antes, podemos demonstrar que os testes são válidos no âmbito do que caracterizaríamos como *fronteiras razoáveis* de um uso pretendido. Se essas fronteiras forem ultrapassadas, a validade do teste pode ser posta em dúvida. Além dis-

REFLITA...
Por que a expressão *teste válido* é às vezes enganosa?

---

[1] Lembre, do Capítulo 1, que a palavra *teste* é usada ao longo deste livro no sentido mais amplo possível. Portanto, também pode ser aplicada a procedimentos e processos de mensuração que, falando de forma estrita, não seriam coloquialmente referidos como "testes".

so, visto que pode diminuir à medida que a cultura ou os tempos mudam, a validade de um teste deve ser comprovada novamente de tempos em tempos.

Validação é o processo de obter e avaliar evidências sobre a validade. Tanto o desenvolvedor do teste como seu aplicador podem desempenhar um papel na validação de um teste para um propósito específico. É responsabilidade do desenvolvedor suprir o manual do teste com evidências de validade. Às vezes, pode ser apropriado que os aplicadores do teste conduzam seus próprios **estudos de validação** com seus próprios grupos de testandos. Esses *estudos de validação local* podem produzir conhecimento em relação a uma determinada população de testandos, comparadas com a amostra normativa descrita no manual de um teste. Realizar **estudos de validação local** é fundamental quando o aplicador planeja alguma alteração no formato, nas instruções, na linguagem ou no conteúdo do teste. Por exemplo, um estudo de validação local seria necessário se o aplicador buscasse transformar em Braille um teste nacionalmente padronizado para a administração a testandos deficientes visuais. Estudos de validação local também seriam necessários se um aplicador buscasse usar um teste com uma população de testandos que diferisse de alguma forma significativa da população para a qual o teste foi padronizado.

> ◆ **REFLITA...**
>
> Os estudos de validação local requerem tempo e conhecimento do profissional, e podem ser dispendiosos. Por essas razões, podem não ser feitos mesmo se forem desejáveis ou necessários. O que você recomendaria a um aplicador de teste que não está em posição de conduzir tal estudo de validação local, mas que, apesar disso, está pensando em usar um teste que requer esse estudo?

Especialistas da mensuração costumam conceituar a validade de acordo com três categorias:

1. *Validade de conteúdo*. Essa é uma medida de validade baseada na avaliação dos assuntos, dos tópicos ou do conteúdo abordado pelos itens no teste.
2. *Validade relacionada ao critério*. Essa é uma medida de validade obtida pela avaliação da relação dos escores obtidos no teste com os escores em outros testes ou medidas.
3. *Validade de construto*. Essa é uma medida de validade à qual se chega executando uma análise abrangente de
   a. como os escores no teste se relacionam com outros escores e medidas, e
   b. como os escores no teste podem ser entendidos no âmbito de alguma estrutura teórica para compreensão do construto que o teste se propõe a medir.

Nessa concepção clássica de validade, referida como a visão *trinitária* (Guion, 1980), poderia ser útil visualizar a validade de construto como a "validade global (guarda-chuva)" porque qualquer outra variedade de validade é abrangida por ela. Por que a validade de construto é a variedade de validade primordial se tornará claro à medida que discutirmos o que torna um teste válido e os métodos e procedimentos usados na validação. Na verdade, há muitas formas de abordar o processo de validação do teste, e esses diferentes planos de abordagem são frequentemente referidos como *estratégias*. Falamos, por exemplo, de *estratégias de validação do conteúdo, estratégias de validação relacionada ao critério* e *estratégias de validação do construto*.

As abordagens trinitárias à avaliação da validade não são mutuamente exclusivas. Ou seja, cada uma das três concepções de validade fornece evidências que, com outras evidências, contribuem para um julgamento relativo à validade de um teste. Em outras palavras, todos os três tipos de evidência de validade contribuem para um quadro unificado da validade de um teste. Um aplicador pode não precisar conhecer todos os três. Dependendo do uso ao qual o teste se destina, um tipo de evidência de validade pode ser mais relevante que outro.

O modelo trinitário de validade tem seus críticos (Landy, 1986). Messick (1995), por exemplo, condenou essa abordagem como fragmentada e incompleta. Ele defendia uma visão unitária de validade, que levasse tudo em consideração, desde as implicações dos escores do teste, em termos de valores sociais, às consequências do uso do teste. Entretanto, mesmo na chamada visão unitária, diferentes elementos de validade podem surgir para um exame detalhado, por isso um entendimento desses elementos isoladamente é necessário.

Neste capítulo discutimos a validade de conteúdo, a validade relacionada ao critério e a validade de construto; três abordagens agora clássicas para julgar se um teste mede o que se propõe a medir. Vamos observar desde o início que, embora o modelo trinitário focalize três tipos de validade, é provável que você se depare com outras variedades em suas leituras. Por exemplo, é provável que você encontre termos como *validade preditiva* e *validade concorrente*. Discutimos esses termos mais adiante neste capítulo no contexto da *validade relacionada ao critério*. Outro termo que você pode encontrar na literatura é *validade de face ou aparente* (ver Fig. 6.1). Na verdade, você vai se deparar com esse termo agora mesmo...

Validade de face ou aparente

Validade de face ou aparente diz respeito mais ao que um teste *parece* medir para a pessoa que está sendo testada do que ao que ele realmente mede. A validade aparente é um julgamento com relação a quão relevantes os itens do teste parecem ser. Dito de outra forma, se um teste de fato parece medir o que se propõe a medir "aparentemente", então ele poderia ser considerado como apresentando alta validade aparente. Um teste de personalidade de lápis e papel intitulado Teste de Introversão/Extroversão, com itens que perguntam aos respondentes se agiram de forma introvertida ou extrovertida em determinadas situações, pode ser percebido por esses respondentes como um teste com alta validade aparente. No

Figura 6.1   Validade aparente e o comediante Rodney Dangerfield.

Rodney Dangerfield (1921-2004) era famoso por queixar-se: "Ninguém me respeita". Um pouco análogo, o conceito de validade aparente foi descrito como o "Rodney Dangerfield das variáveis psicométricas" porque ele tem "recebido pouca atenção – e até menos respeito – dos pesquisadores que examinam a validade de construto de testes e medidas psicológicas" (Bornstein et al., 1994, p. 363). A propósito, na lápide desse querido comediante de palco e ator de filmes se lê: "Rodney Dangerfield... Lá se vai a vizinhança".

entanto, um teste de personalidade no qual é pedido que os respondentes relatem o que viram em manchas de tinta pode ser percebido como um teste com baixa validade aparente. Muitos respondentes ficariam se perguntando como o que eles disseram que viram nas manchas de tinta na verdade tinha alguma coisa a ver com personalidade.

> **REFLITA...**
> Qual é o valor da validade de face ou aparente do ponto de vista do aplicador de teste?

Em comparação com os julgamentos sobre a confiabilidade de um teste e os julgamentos sobre a validade de conteúdo, de construto ou relacionada ao critério de um teste, os julgamentos sobre a validade aparente são frequentemente pensados do ponto de vista do testando, não do aplicador do teste. A *falta* de validade aparente de um teste poderia contribuir para uma falta de confiança na percepção de sua eficácia – com uma consequente diminuição na cooperação ou motivação do testando em fazer o melhor possível. Em um ambiente corporativo, a falta de validade aparente pode levar a má vontade dos administradores ou gerentes em "aderir" ao uso de um determinado teste (ver a seção *Conheça um profissional da avaliação* deste capítulo). Nessa mesma linha, os pais podem se opor a que seus filhos sejam testados com instrumentos que não tenham validade ostensiva. Tal preocupação poderia derivar de uma crença de que o uso desses testes resultará em conclusões inválidas.

Na realidade, um teste que não possui validade aparente ainda pode ser relevante e útil. Entretanto, se não for considerado relevante e útil por testandos, pais, legisladores e outros, consequências negativas podem resultar. Essas consequências podem variar de má atitude do testando a ações movidas por partes insatisfeitas contra um aplicador e um editor de testes. Em última análise, a validade aparente pode ser mais uma questão de relações públicas do que de solidez psicométrica. Contudo, apesar disso, ela é importante e (como Rodney Dangerfield) merecedora de respeito.

Validade de conteúdo

A **validade de conteúdo** descreve um julgamento do quanto um teste avalia adequadamente o comportamento representativo do universo ao qual foi projetado para avaliar. Por exemplo, o universo de comportamento referido como *assertivo* é muito amplo. Um teste de assertividade de lápis e papel, de conteúdo válido seria aquele que representasse de modo apropriado essa ampla variação. Poderíamos esperar que tal teste contivesse itens representativos de situações hipotéticas em casa (como, se o respondente tem dificuldade em expressar suas opiniões para membros da família), no trabalho (como, se o respondente tem dificuldade em pedir que os subordinados façam o que lhes é exigido) e em situações sociais (como, se o respondente devolveria um bife diferente do pedido em um restaurante elegante). Idealmente, os desenvolvedores de testes têm uma visão clara (em oposição a "vaga") do construto que está sendo medido, de modo que a clareza dessa visão pode ser refletida na validade de conteúdo do teste (Haynes et al., 1995). No interesse de assegurar a validade de conteúdo, esses indivíduos esforçam-se para incluir componentes fundamentais do construto visado para mensuração e excluir conteúdo irrelevante a esse construto.

Com respeito aos testes de desempenho educacional, é costume considerar um teste uma medida de conteúdo válido quando a proporção de material que ele abrange é próxima da proporção de material contemplada no curso. Um exame final cumulativo em introdução à estatística seria considerado de conteúdo válido se a proporção e o tipo de problemas de estatística introdutória no teste se aproximasse da proporção e do tipo de problemas de estatística introdutória apresentados no curso.

Os primeiros estágios de um teste sendo desenvolvido para uso na sala de aula – seja ele em uma sala de aula ou em todo o estado ou o país nos quais se esteja – normalmente implicam pesquisa que explorem o universo de possíveis objetivos pedagógicos para o curso. Incluídos entre as muitas fontes de informação possíveis sobre tais objetivos estão apostilas do curso, livros didáticos, professores e especialistas que desenvolvem currículos e professores e supervisores que treinam professores na matéria em particular. A partir da informação reuni-

CONHEÇA UM PROFISSIONAL DA AVALIAÇÃO

Conheça o dr. Adam Schoemaker

No mundo real, testes necessitam de incentivo de administradores de teste e candidatos. Enquanto a confiabilidade e a validade de um teste são sempre de importância primordial, seu processo pode ser ignorado por administradores que não sabem como utilizá-lo ou que não têm um bom entendimento de sua teoria. Portanto, pelo menos metade da batalha para implementar um novo instrumento é fazer com que os administradores saibam como utilizá-lo, aceitem a maneira como ele funciona e sintam-se consortáveis com o fato de que esse instrumento extrai as habilidades e destrezas necessárias para que o candidato faça o trabalho.

Um exemplo: logo quando minha companhia começou a utilizar métodos de avaliação *online*, usamos um teste que apresentava confiabilidade aceitável e validade de critério. Vimos algumas correlações fortemente significativas entre os escores obtidos no teste e números de desempenho imparciais, sugerindo que o teste fez um bom trabalho ao distinguir entre executantes vigorosos e desmotivados no trabalho. O teste provou ser imparcial e não demonstrou impactos adversos contra grupos de minorias. Contudo, pouquíssimos administradores sentiram-se confortáveis utilizando a avaliação porque a maioria das pessoas sentiu que as habilidades extraídas no teste não eram próximas às necessidades do trabalho. Legal, ética e estatisticamente, estávamos em chão firme, mas poderíamos nunca ter conquistado total "incentivo" das pessoas que o administram.

Em contrapartida, também usamos um teste que apresentava validade de critério muito baixa. Não havia correlação significativa entre os escores obtidos no teste e os desempenhos resultantes; o teste foi incapaz de distinguir entre um executante vigoroso e outro desmotivado. Ainda assim [...] os administradores amaram o teste porque ele se "parecia" muito mais com o trabalho. Isto é, ele apresentava alta validade aparente e habilidades extraídas que pareciam ser precisamente os tipos de habilidades necessárias para o trabalho. De uma perspectiva legal, ética e estatística, sabíamos que não podíamos usar o teste para contratar empregados, mas continuaríamos a utilizá-lo para prover aos candidatos uma "pré-visualização realística do trabalho". Dessa forma, o teste continuou funcionando para nós para realmente mostrar aos candidatos o tipo de coisa que eles fariam todos os dias no trabalho. Mais uma vez, candidatos foram voluntários ou se retiraram do processo por compreenderem melhor as funções do cargo a que se candidataram muito antes de se sentarem em um escritório.

A moral da história é que, como cientistas, devemos lembrar que confiabilidade e validade são super importantes no desenvolvimento e na implementação de um teste [...] mas, como seres humanos, devemos lembrar que o teste que acabaremos utilizando precisa ser fácil de usar e deve parecer aparentemente válido tanto para o candidato quanto para o administrador.

Adam Shoemaker, Ph.D., consultor de recursos humanos para a Talent Acquisition, Tampa, Florida.

Leia mais sobre o que dr. Schoemaker tinha a dizer – seu ensaio completo (em inglês) – em www.mhhe.com/cohentesting8.

da (junto com o julgamento do desenvolvedor do teste), surge um **plano (*blueprint*) de teste** para a "estrutura" da avaliação – ou seja, um plano relativo aos tipos de informações a serem abordadas pelos itens, o número de itens explorando cada área de cobertura, a organização dos itens no teste, e assim por diante (ver Fig. 6.2). Em muitos casos, o plano de teste representa a culminação de esforços para avaliar de forma adequada o universo das áreas de conteúdo que, na medida do possível, poderiam ser representadas nesse teste.[2]

Para um teste de emprego ser de conteúdo válido, ele deve ser uma amostra representativa das habilidades relacionadas requeridas para o cargo. A observação comportamental é uma técnica frequentemente usada no planejamento das áreas de conteúdo a serem abordadas em certos tipos de testes de emprego. O desenvolvedor do teste observará os veteranos bem-sucedidos naquele trabalho, os comportamentos necessários para o sucesso naquele emprego, e planejará o teste para incluir uma amostra representativa daqueles comportamentos. Aqueles mesmos trabalhadores (bem como seus supervisores e outros) podem depois ser chamados a fim de atuar como especialistas ou juízes para avaliar em que grau o conteúdo do teste é uma amostra representativa das habilidades exigidas

◆ **REFLITA...**

Um desenvolvedor de testes está trabalhando em um instrumento de triagem breve para predizer o sucesso de estudantes em um teste psicológico e em uma avaliação de curso. Você é o consultor chamado para planejar o conteúdo das áreas abordadas. Quais são as suas recomendações?

Figura 6.2 Construindo um teste a partir de um plano (*blueprint*) de teste.

O blueprint *de um arquiteto normalmente ganha forma a partir de um desenho técnico ou do diagrama de uma estrutura, às vezes escritos em linhas brancas sob um fundo azul. Tal* blueprint *talvez seja pensado como o plano de uma estrutura, suficientemente detalhado para que a estrutura possa ser construída a partir disso. De alguma forma, comparável ao plano de um arquiteto, assim é também o plano de um desenvolvedor de testes. Raramente (ou nunca) em um fundo azul e escrito em branco, é, no entanto, um plano detalhado do conteúdo, da organização e da quantidade de itens que um teste irá conter – às vezes completado com ponderações do conteúdo a ser abordado (He, 2011; Spray e Huang, 2000; Sykes e Hou, 2003). Um teste administrado em uma base regular pode requerer uma "gestão do grupo de itens" para manusear a criação de novos itens e a saída de antigos itens de forma que seja consistente com o* blueprint *do teste (Ariel et. al., 2006; van der Linden et. al., 2000).*

---

[2] A aplicação do conceito de *plano* e de *planejamento* naturalmente não é limitada a testes de desempenho. Planejamento pode ser usado no projeto de um teste de personalidade, de uma medida de atitude, de um teste de emprego ou de qualquer outro teste. Os julgamentos de especialistas no campo são com frequência empregados a fim de construir o melhor plano de teste possível.

para o trabalho. Naquele ponto, o desenvolvedor do teste desejará saber em que grau os especialistas ou os juízes estão de acordo. Uma descrição sobre o método para quantificar o grau de concordância entre avaliadores é apresentada a seguir.

A quantificação da validade de conteúdo A mensuração da validade de conteúdo é importante em contextos de emprego, nos quais os testes usados para contratar e promover pessoas são cuidadosamente examinados em relação a sua relevância para o emprego, entre outros fatores (Russel e Peterson, 1997). Os tribunais com frequência requerem evidência de que os testes de emprego são relacionados a trabalho. Diversos métodos para quantificar a validade de conteúdo foram criados (p. ex., James et al., 1984; Lindell et al., 1999; Tinsley e Weiss, 1975). Um método de medir a validade de conteúdo, desenvolvido por C. H. Lawshe, é essencialmente destinado a calcular a concordância entre avaliadores ou juízes a respeito de quanto um determinado item é fundamental. Lawshe (1975) propôs que, para cada item, cada avaliador responda à seguinte pergunta: "A habilidade ou o conhecimento é medido por esse item:

- essencial
- útil mas não essencial
- não necessário

ao desempenho do trabalho?" (p. 567). Para cada item, o número de avaliadores declarando que ele é essencial é anotado. De acordo com Lawshe, se mais de metade dos avaliadores indicarem que um item é essencial, este tem pelo menos alguma validade de conteúdo. Níveis maiores de validade de conteúdo existem à medida que números maiores de avaliadores concordam que um determinado item é essencial. Usando esses pressupostos, Lawshe desenvolveu uma fórmula denominada **razão de validade de conteúdo (RVC)**:

$$\text{RVC} = \frac{n_e - (N/2)}{N/2}$$

na qual RVC = razão de validade de conteúdo, n_e = número de avaliadores indicando "essencial" e N = número total de avaliadores. Supondo um painel de 10 especialistas, os três exemplos seguintes ilustram o significado da RVC quando ela for negativa, zero e positiva.

1. *RVC negativa:* Quando menos de metade dos avaliadores indicou "essencial", a RVC é negativa. Suponha que 4 de 10 avaliadores tenham indicado "essencial"; então

$$\text{RVC} = \frac{4 - (10/2)}{10/2} = -0{,}2$$

2. *RVC zero*: Quando exatamente metade dos avaliadores indicam "essencial", a RVC é zero:

$$\text{RVC} = \frac{5 - (10/2)}{10/2} = 0{,}0$$

3. *RVC positiva:* Quando mais da metade dos avaliadores, mas não todos, indicam "essencial", a RVC varia entre 0,00 e 0,99. Suponha que 9 de 10 indicaram "essencial"; então

$$\text{RVC} = \frac{9 - (10/2)}{10/2} = 0{,}80$$

Na validação de um teste, a razão de validade de conteúdo é calculada para cada item. Lawshe recomendou que, se a quantidade de concordância observada tiver mais de

5% de probabilidade de ocorrer por acaso, então o item deve ser eliminado. Os valores mínimos da RVC correspondendo a esse nível de 5% são apresentados na Tabela 6.1. No caso de 10 avaliadores, um item necessitaria de uma RVC mínima de 0,62. Em nosso terceiro exemplo (no qual 9 de 10 avaliadores concordaram), a RVC de 0,80 é significativa, e portanto o item poderia ser mantido. Subsequentemente, em nossa discussão da validade relacionada ao critério, nossa atenção muda de um índice de validade baseado não no conteúdo mas nos escores do teste. Primeiro, uma perspectiva sobre a cultura no que diz respeito à validade de um teste.

Cultura e a relatividade da validade de conteúdo Os testes são com frequência percebidos como válidos ou não válidos. Uma prova de história, por exemplo, mede ou não mede corretamente o conhecimento da pessoa a respeito de fatos históricos. Entretanto, também é verdade que o que constitui um fato histórico depende em algum grau de quem está escrevendo a história. Considere, por exemplo, um evento importante na história mundial, que serviu como catalisador da Primeira Guerra Mundial. O arquiduque Franz Ferdinand foi assassinado, em 28 de junho de 1914, por um sérvio chamado Gavrilo Princip (Fig. 6.3). Agora pense sobre como você responderia ao seguinte item de múltipla escolha em uma prova de história:

Gavrilo Princip foi
    a. um poeta
    b. um herói
    c. um terrorista
    d. um nacionalista
    e. todas as anteriores

REFLITA...
A passagem do tempo às vezes serve para colocar figuras históricas sob uma luz diferente. Como as descrições do livro sobre Gavrilo Princip poderiam ter mudado nessas regiões?

Para muitos livros na região da Bósnia, a escolha "e" – isso mesmo, "todas as anteriores" – é a resposta "correta". Hedges (1997) observou que os livros nas regiões da Bósnia e Herzegovina, que eram controladas por diferentes grupos étnicos, divulgavam caracterizações bem variadas do assassino. Na região do país controlada pelos sérvios, os livros de história – e presumivelmente as provas construídas para medir a aprendizagem dos alunos – con-

Tabela 6.1 Valores mínimos da razão de validade de conteúdo para garantir que é improvável que a concordância seja devida ao acaso

Número de avaliadores	Valor mínimo
5	0,99
6	0,99
7	0,99
8	0,75
9	0,78
10	0,62
11	0,59
12	0,56
13	0,54
14	0,51
15	0,49
20	0,42
25	0,37
30	0,33
35	0,31
40	0,29

Fonte: Lawshe (1975).

Figura 6.3 Relatividade cultural, história e validade do teste.

O arquiduque austro-húngaro Franz Ferdinand e sua esposa, Sofia, são retratados (esquerda) quando deixavam a Prefeitura de Sarajevo em 28 de junho de 1914. Momentos mais tarde, Ferdinand seria assassinado por Gavrilo Princip, mostrado sob custódia à direita. O assassinato serviu como catalisador para a Primeira Guerra Mundial e é discutido e analisado nos livros de história em todas as línguas ao redor do mundo. Contudo, as descrições do assassino Princip nesses livros – e os itens das provas de história baseados nessas descrições – variam em virtude da cultura.

sideravam Princip "herói e poeta". Em contrapartida, os estudantes croatas podiam ler que Princip foi um assassino treinado para cometer um ato terrorista. Os muçulmanos na região aprenderam que Princip foi um nacionalista cuja ação desencadeou tumultos antissérvios.

Uma prova de história considerada válida em uma sala de aula, em uma época e em um lugar, não será necessariamente considerada válida em outra sala de aula, em outra época e em outro lugar. Considere uma prova contendo o item verdadeiro-falso, "O Coronel Claus von Stauffenberg é um herói". Esse item é útil para ilustrar a relatividade cultural afetando o escore. Em 1944, von Stauffenberg, um oficial alemão, foi um participante ativo em um plano de assassinar o líder da Alemanha, Adolf Hitler. Quando o plano (popularizado no filme *Operação Valquíria*) falhou, von Stauffenberg foi executado e difamado na Alemanha como um traidor desprezível. Hoje, a luz da história brilha favoravelmente sobre ele, que é considerado um herói na Alemanha. Um selo postal alemão com seu rosto foi emitido em homenagem a seu centéssimo aniversário.

A política é um outro fator que pode muito bem ter um papel nas percepções e julgamentos relativos à validade dos testes e de seus itens. Em muitos países em todo o mundo, uma resposta marcada como incorreta em um determinado item de teste pode levar a consequências muito mais terríveis do que uma dedução nos pontos para o escore total do teste. Às vezes, até mesmo construir um teste com uma referência a um tema tabu pode ter consequências terríveis para quem o desenvolveu. Por exemplo, um professor palestino que incluiu itens relativos à corrupção do governo em um exame foi torturado pelas autoridades como resultado ("Irmão contra irmão", 1997). Esses cenários trazem novo significado ao termo *politicamente correto* quando se aplicam a testes, itens de teste e respostas do testando.

> **REFLITA...**
> Desenvolvedores de testes comerciais que publicam provas de história amplamente utilizadas devem manter a validade de conteúdo de seus testes. Que desafios eles enfrentam ao fazê-lo?

Validade relacionada ao critério

Validade relacionada ao critério é um julgamento de como o escore de um teste pode ser usado adequadamente para deduzir a posição mais provável de um indivíduo em alguma medida de interesse – a medida de interesse sendo o critério. Dois tipos de evidência de validade são classificados sob o título *validade relacionada ao critério*. A **validade concorrente** é um índice do grau em que o escore de um teste está relacionado a alguma medida de critério obtida ao mesmo tempo (de modo concomitante). A **validade preditiva** é um índice do grau em que o escore de um teste prediz alguma medida de critério. Antes de discutirmos cada um desses tipos de evidência de validade em mais detalhes, parece apropriado levantar (e responder) uma questão importante.

O que é um critério

Já fomos apresentados ao conceito de um critério no Capítulo 4, no contexto da definição de avaliação referenciada ao critério, definimos um critério amplamente como um padrão sobre o qual um julgamento ou uma decisão podem ser baseados. Aqui, no contexto de nossa discussão de validade relacionada ao critério, definiremos um **critério**, de forma um pouco mais estrita, como o padrão em relação ao qual um teste ou o escore de um teste são avaliados. Assim, por exemplo, se um teste se propuser a medir o traço de atletismo, poderíamos esperar empregar "participação em uma academia" ou qualquer medida de aptidão física geralmente aceita como um critério para avaliar se o teste de atletismo de fato mede atletismo. Operacionalmente, um critério pode ser qualquer coisa: *desempenho do piloto em um Boing 767, nota no exame de Tecelagem Avançada, número de dias passados em hospitalização psiquiátrica*; a lista é interminável. Não há regras absolutas para o que constitui um critério. Pode ser o escore de um teste, um comportamento específico ou grupos de comportamentos, uma quantidade de tempo, uma classificação, um diagnóstico psiquiátrico, o custo de um treinamento, um índice de absenteísmo, um índice de intoxicação alcoólica, etc. Seja qual for o critério, o ideal é que seja relevante, válido, e não contaminado. Vamos explicar.

Características de um critério Um critério adequado é *relevante*. Com isso queremos dizer que ele é pertinente ou aplicável ao assunto em questão. Esperaríamos, por exemplo, que um teste que se propõe a esclarecer aos testandos se eles compartilham os mesmos interesses de atores de sucesso tenha sido validado usando os interesses dos atores de sucesso como critério.

Uma medida de critério adequada também deve ser *válida* ao propósito para o qual está sendo usada. Se um teste (X) estiver sendo usado como o critério para validar um segundo teste (Y), então deve haver evidência de que o teste X é válido. Se o critério usado for uma avaliação feita por um juiz ou um painel, então deve haver evidência de que a avaliação é válida. Suponha, por exemplo, que um teste que se propõe a medir depressão foi validado usando como critério os diagnósticos feitos por um painel de avaliadores de alto nível. Um aplicador do teste poderia desejar sondar mais em relação a variáveis como as credenciais do "painel de alto nível" (ou seja, sua formação, seu treinamento e sua experiência) e os procedimentos reais usados para validar um diagnóstico de depressão. As respostas a essas perguntas ajudariam a tratar a questão relativa a se o critério (nesse caso, os diagnósticos feitos pelos membros do painel) era realmente válido.

Em situação ideal, um critério também é *não contaminado*. **Contaminação do critério** é o termo aplicado a uma medida de critério que foi baseada, pelo menos em parte, em medidas preditoras. Como exemplo, considere um hipotético "Teste do Potencial de Violência de Detentos" (TPVD) concebido para prever o potencial para violência de um presidiário no bloco de celas. Em parte, essa estimativa implica avaliações de colegas detentos, guardas e outros funcionários a fim de chegar a um número que represente o potencial de violência de cada detento. Após todos os detentos terem recebido escores no teste, os autores do estudo tentam então validá-lo, pedindo aos guardas que avaliem cada detento sobre seu potencial de violência. Visto que as opiniões dos guardas foram usadas para formular o escore do teste do detento em primeiro lugar (a variável preditora), as opiniões deles não podem ser usadas como um critério para julgar a solidez do teste. Se essas opiniões forem usadas como um preditor e também como um critério, então, diríamos que a contaminação do critério ocorreu.

Aqui está outro exemplo de contaminação do critério. Suponha que uma equipe de pesquisadores de uma companhia chamada Pesquisa Psiquiátrica Internacional Ventura (PPIV) tenha acabado de completar um estudo sobre com que precisão um teste chamado MMPI-2-RF previu diagnóstico psiquiátrico na população psiquiátrica do sistema hospitalar do estado de Minnesota. Como veremos no Capítulo 13, o MMPI-2-RF é, na verdade um teste amplamente usado. Nesse estudo, o preditor é o MMPI-2-RF, e o critério é o diagnóstico psiquiátrico que existe no registro do paciente. Além disso, vamos supor que, embora todos os dados estejam sendo analisados na sede da PPIV, alguém informa esses pesquisadores de que o diagnóstico para cada paciente no sistema hospitalar do estado de Minnesota foi determinado, pelo menos em parte, por um escore no teste MMPI-2-RF. Devem eles prosseguir com sua análise? A resposta é não. Visto que a medida preditora contaminou a medida do critério, seria basicamente de pouco valor verificar que o preditor pode na verdade se prever.

Quando a contaminação do critério ocorre, os resultados do estudo de validação não podem ser levados a sério. Não há métodos ou estatísticas para estimar em que grau a contaminação do critério ocorreu, e não há métodos ou estatísticas para corrigir tal contaminação.

Agora, examinemos de forma mais detalhada a validade concorrente e a validade preditiva.

Validade concorrente

Se os escores do teste são obtidos aproximadamente ao mesmo tempo em que as medidas de critério são obtidas, as medidas da relação entre os escores do teste e o critério fornecem evidência de validade concorrente. As declarações de validade concorrente indicam em que grau os escores do teste podem ser usados para estimar a posição atual de um indivíduo em um critério. Se, por exemplo, os escores (ou classificações) feitos com base em um teste de psicodiagnóstico devessem ser validadas contra um critério de pacientes psiquiátricos já diagnosticados, então o processo seria de validação concorrente. Em geral, uma vez estabelecida a validade da inferência pelos escores do teste, este pode ser uma forma mais rápida e menos cara de oferecer um diagnóstico ou uma decisão de classificação. Um teste com validade concorrente satisfatoriamente demonstrada pode, portanto, ser atraente a futuros aplicadores porque detém o potencial de economizar dinheiro e tempo do profissional.

Às vezes, a validade concorrente de um determinado teste (vamos chamá-lo Teste A) é explorada com respeito a outro teste (que chamaremos Teste B). Nesses estudos, a pesquisa prévia demonstrou de maneira satisfatória a validade do Teste B, então a pergunta se torna: "Quão bem o Teste A se compara com o Teste B?". Aqui, o Teste B é usado como o *critério de validação*. Em alguns estudos, o Teste A ou é um teste novo ou um teste que está sendo usado para algum novo propósito, talvez com uma nova população.

Aqui está um exemplo da vida real de um estudo de validade concorrente no qual um grupo de pesquisadores explorou se um teste validado para uso com adultos poderia ser usado com adolescentes. O Inventário de Depressão de Beck (IDB; Beck et al., 1961, 1979; Beck e Steer, 1993) e sua revisão, o Inventário de Depressão de Beck-II (IDB-II; Beck et al., 1996) são medidas de autorrelato usadas para identificar sintomas de depressão e quantificar sua gravidade. Embora o IDB tenha sido amplamente usado com adultos, dúvidas

> **REFLITA...**
> O que mais os pesquisadores poderiam ter feito para explorar a utilidade do IDB com adolescentes?

foram levantadas em relação a sua adequação para uso com adolescentes. Ambrosini e colaboradores (1991) conduziram um estudo de validade concorrente para explorar a utilidade do IDB com adolescentes. Buscaram também determinar se o teste poderia diferenciar com sucesso indivíduos com depressão daqueles sem depressão em uma população de pacientes ambulatoriais adolescentes. Diagnósticos gerados pela administração concomitante de um instrumento previamente validado para uso com adolescentes foram usados como validadores de critério. Os achados indicaram que o IDB é válido para uso com adolescentes.

Voltamos agora nossa atenção para outra forma de validade de critério, na qual a medida de critério não é obtida de modo simultâneo, mas em algum momento futuro.

Validade preditiva

Escores de testes podem ser obtidos em certo momento e as medidas de critério em momento futuro, geralmente após algum evento interveniente ter ocorrido. O evento interveniente pode assumir variadas formas, tal como treinamento, experiência, terapia, medicamento ou apenas a passagem do tempo. As medidas da relação entre os escores do teste e uma medida de critério obtida em um momento futuro fornecem uma indicação da *validade preditiva* do teste; ou seja, o quanto as pontuações no teste predizem fielmente alguma medida de critério. As medidas da relação entre as provas de vestibular e as médias de notas dos calouros, por exemplo, fornecem evidência da validade preditiva das provas de vestibular.

Em contextos em que os testes poderiam ser empregados – tal como uma agência de empregos, a secretaria de uma faculdade ou o escritório do diretor da prisão – a alta validade preditiva de um teste pode ser de grande ajuda para tomadores de decisão que devem selecionar estudantes de sucesso, funcionários produtivos ou bons candidatos a liberdade condicional. Se os resultados de um teste são de valor na tomada de decisão depende do quanto melhoram as decisões de seleção em relação a decisões tomadas sem conhecimento desses resultados. Em um contexto industrial em que o volume de produção é importante, se o uso de um teste de seleção de pessoal puder aumentar a produtividade mesmo em um pequeno grau, então esse aumento compensará ano após ano e pode se traduzir em milhões de dólares de aumento da receita. E, em um contexto clínico, não há preço para um teste que pudesse salvar mais vidas do suicídio ou tivesse precisão preditiva acima dos testes existentes com respeito a tais atos. Infelizmente, as dificuldades inerentes ao desenvolvimento desses testes são inúmeras e multifacetadas (Mulvey e Lidz, 1984; Murphy, 1984; Petrie e Chamberlain, 1985). A seção *Em foco* deste capítulo foi escrita com o objetivo de transmitir um sentido do que está envolvido nos estudos de validade preditiva.

Os julgamentos da validade relacionada ao critério, seja concorrente ou preditiva, são baseados em dois tipos de evidência estatística: *coeficiente de validade* e *dados de expectativa*.

O coeficiente de validade O **coeficiente de validade** é o coeficiente de correlação que fornece uma medida da relação entre escores de teste e escores na medida de critério. O coeficiente de correlação calculado a partir de um escore (ou classificação) em um teste de psicodiagnóstico e o escore (ou classificação) do critério atribuído por psicodiagnosticadores constituem um exemplo de um coeficiente de validade. Normalmente, o coeficiente de correlação de Pearson é usado para determinar a validade entre as duas medidas. Entretanto, dependendo de variáveis como o tipo de dados, o tamanho da amostra e o formato da distribuição, outros coeficientes de correlação poderiam ser usados. Por exemplo, na correlação de autoclassificações de desempenho em algum trabalho com classificações feitas por supervisores do trabalho, seria empregada a fórmula para a correlação por ordem de postos do *rho* de Spearman.

Assim como o coeficiente de confiabilidade e outras medidas de correlação, o coeficiente de validade é afetado por restrição ou inflação da variação. E, como ocorre em outros estudos de correlação, uma questão fundamental é se a variação dos escores empregada é adequada para o objetivo da análise correlacional. Em situações nas quais, por exemplo, a redução no número de indivíduos ocorreu no decorrer do estudo, o coeficiente de validade pode ser adversamente afetado.

O problema da variação restrita também pode ocorrer por meio de um processo de autosseleção na amostra empregada para o estudo de validação. Assim, por exemplo, se o teste se propõe a medir alguma coisa tão técnica ou tão perigosa quanto as habilidades de combater incêndios em plataformas de petróleo, é possível que as únicas pessoas que respondam a um anúncio para o cargo de bombeiro de plataformas de petróleo sejam aqueles que realmente são altamente qualificados para o cargo. Em consequência, a variação da distribuição de escores nesse teste de habilidades de combate a incêndio em plataformas de petróleo seria restrita. Para cargos menos técnicos e perigosos, um fator de autosseleção poderia ser operativo se o desenvolvedor do teste escolhesse para testar um grupo de empregados recentemente contratados (com a expectativa de que as medidas de critério estariam disponíveis para esse grupo em alguma data subsequente). Porém, visto ser provável que esses empregados já tenham passado por alguma avaliação formal ou informal no processo da contratação, há uma boa chance de que a capacidade para o trabalho seja mais alta entre esse grupo do que entre uma amostra aleatória de candidatos comuns. Por conseguinte, os escores na medida de critério que é administrada posteriormente tenderá a ser mais alta do que os escores na medida de critério obtida de uma amostra aleatória de candidatos comuns. Dito de outra forma, os escores serão de variação restrita.

Enquanto é responsabilidade do desenvolvedor de testes relatar os dados de validação no manual do teste, é responsabilidade dos aplicadores de testes ler de forma cuidadosa a descrição do estudo de validação e então avaliar a adequação do teste para seus objetivos específicos. Quais eram as características da amostra usada no estudo de validação? O quanto essas características combinavam com as pessoas para as quais uma administração do teste é pretendida? Para o propósito de um teste específico, alguns subtestes de um teste são mais adequados do que o teste inteiro?

Qual deve ser um coeficiente de validade para que um aplicador ou um desenvolvedor de testes deduza que o teste é válido? Não há regras para determinar o tamanho mínimo aceitável de um coeficiente de validade. De fato, Cronbach e Gleser (1965) advertiram contra o estabelecimento dessas regras. Eles afirmaram que os coeficientes de validade precisam ser grandes o suficiente para permitir que o aplicador do teste tome decisões corretas no contexto em que um teste está sendo usado. Basicamente, o coeficiente de validade deve ser alto o bastante para resultar na identificação e na diferenciação de testandos em relação a atributo(s)-alvo, tais como empregados com probabilidade de serem mais produtivos, policiais com menos probabilidade de fazer mau uso de suas armas e estudantes com mais probabilidade de sucesso em um determinado curso.

Validade incremental Os aplicadores envolvidos na previsão de algum critério a partir dos escores do teste com frequência estão interessados na utilidade de múltiplos preditores. O valor de incluir mais de um preditor depende de alguns fatores. Primeiro, naturalmente, cada medida usada como preditor deve ter validade preditiva relacionada ao critério. Segundo, preditores adicionais devem ter **validade incremental**, definida aqui como o grau em que um preditor adicional explica alguma coisa sobre a medida de critério que não é explicada por preditores já em uso.

A validade incremental pode ser usada para prever alguma coisa, como o sucesso acadêmico na universidade. A nota média de classificação (GPA, do inglês, *grade point average*) no final do primeiro ano pode ser usada como uma medida de sucesso acadêmico. Um estudo de possíveis preditores da GPA pode revelar que o tempo passado na bi-

EM FOCO

Taxas de base e validade preditiva

Na avaliação da validade preditiva de um teste, os pesquisadores devem levar em consideração a taxa de base da ocorrência da variável em questão, tanto como essa variável existe na população em geral quanto como existe na amostra que está sendo estudada. Algumas definições de terminologia comumente usadas quando se discute a validade preditiva serão úteis aqui. Em geral, uma **taxa de base** é o grau em que um determinado traço, um comportamento, uma característica ou um atributo existe na população (expressa como uma proporção). Na linguagem psicométrica, uma **taxa de acerto** pode ser definida como a proporção de pessoas que um teste identifica de forma correta como tendo ou exibindo um determinado traço, um comportamento, uma característica ou um atributo. Por exemplo, *taxa de acerto* poderia se referir à previsão correta da proporção de pessoas capazes de realizar trabalho ao nível de pós-graduação ou da proporção de pacientes neurológicos identificados corretamente como portadores de um tumor cerebral. Da mesma forma, uma **taxa de erro** pode ser definida como a proporção de pessoas que o teste falha em identificar como tendo, ou não tendo, uma determinada característica ou um atributo. Aqui, um *erro* equivale a uma previsão incorreta. A categoria de *erros* pode ser ainda subdividida. Um **falso-positivo** é um erro no qual o teste previu que o testando tinha a característica ou o atributo sendo medido quando na verdade ele não tinha. Um **falso-negativo** é um erro no qual o teste previu que o testando não tinha a característica ou o atributo sendo medido quando na verdade tinha.

Para avaliar a validade preditiva de um teste, um teste visando a um atributo em particular pode ser administrado a uma amostra de indivíduos de pesquisa na qual cerca de metade deles tem ou exibe o atributo-alvo e a outra metade não. Subsequentemente, podem surgir dúvidas sobre a adequação de se usar esse tipo de teste no qual a taxa de base da ocorrência do atributo-alvo na população que está sendo testada é bem menor que 50%. Essas dúvidas surgem, por exemplo, com relação ao uso de um teste chamado Inventário de Potencial de Abuso Infantil (CAP; Milner, 1986).

O CAP foi projetado para ser um apoio de triagem na identificação de adultos com alto risco de abusar fisicamente de crianças. Um escore alto no CAP, sobretudo em combinação com evidências confirmatórias de outras fontes, poderia levar o aplicador do teste a sondar ainda mais com relação à história do testando ou a intenções demonstradas de abuso de crianças. Outra utilidade do CAP é como medida de desfecho em programas visando prevenir abuso físico de crianças (Milner, 1989b). Os participantes seriam submetidos ao CAP no ingresso ao programa e novamente na saída.

A pesquisa de validade preditiva conduzida com o CAP "demonstrou uma taxa de acerto excepcional (cerca de 90%) para discriminar abusadores de não abusadores" (Melton e Limber, 1989, p. 1231). Contudo, como o autor do CAP salientou, "A taxa de acerto relatada de 90% foi determinada em estudos usando grupos que consistiam em números iguais de abusadores e não abusadores que, por concepção, contêm taxas de base de 50% que são ideais para fins de classificação" (Milner, 1991), p. 80). Portanto, à medida que a taxa de base para abuso infantil diminui, o número de falsos-positivos no grupo indicado como abusivo aumentará, enquanto o número de falsos-negativos no grupo indicado como não abusivo diminuirá. Se esses fatos relacionados com as taxas de base e a validade preditiva não forem conhecidos e avaliados pelo aplicador do teste, existe um potencial para má utilização de testes como o CAP.

A taxa de base para abuso infantil na população em geral é aproximadamente de 2 a 3% ao ano (Finkelhor e Dziuba-Leatherman, 1994). Essa taxa de base é baixa em relação à taxa de base de 50% que predominou nos estudos de validade preditiva com o CAP. Esse fato deve, por conseguinte, ser considerado em qualquer uso do CAP com membros da população em geral.

Com esse conhecimento, considere um estudo conduzido por Milner e colaboradores (1986) com 220 adultos, incluindo 110 abusadores conhecidos e 110 não abusadores. Todos os indivíduos completaram o CAP e o teste foi pontuado. Um total de 82,7% dos abusadores e 88,2% dos não abusadores foram classificados corretamente usando o CAP (Tabela 1). Percorrendo as colunas da Tabela 1, note que dos 110 abusadores conhecidos, 19 foram classificados de maneira incorreta como não abusadores. Dos 110 não abusadores, 13 foram identificados de maneira incorreta como abusadores. Naturalmente, na maioria das aplicações do CAP, não se sabia se a pessoa sendo testada era um abusador real; é provável que essa fosse a razão para administrar o teste. Para ter uma compreensão dos erros que seriam cometidos, torne a examinar a Tabela 1, mas desta vez percorra as linhas. Quando indica que uma pessoa é um abusador, o achado

Tabela 1 Aplicação do CAP em uma população com uma taxa de base alta de abuso infantil

	Situação real		
	Abusador	Não abusador	Totais das linhas
Os resultados do CAP indicam:			
Abusador	91	13	104
Não abusador	19	97	116
Totais das colunas	**110**	**110**	**220**

é correto 87,5% das vezes (91 de 104 casos). Quando indica que uma pessoa não é um abusador, o CAP é correto 83,6% das vezes (97 de 116 casos).

O quadro muda de forma drástica, entretanto, em um ambiente de taxa de base baixa. Para os propósitos desse exemplo, digamos que abuso físico infantil ocorra em 5% da população. Em um estudo hipotético, testamos mil pessoas usando o CAP. Visto que abuso físico infantil ocorre em 5% da população, esperaríamos que mais ou menos 50 de nossos testandos fossem abusadores. E digamos ainda que, como no estudo de Milner e colaboradores (1986), 82,7% dos abusadores e 88,2% dos não abusadores são corretamente identificados em nosso estudo (Tab. 2). Percorrendo as colunas na Tabela 2, se 82,7% dos abusadores são identificados com correção, então 41 serão identificados como abusadores e, os 9 restantes, como não abusadores. Se o teste tem uma taxa de precisão de 88,2%, 838 dos não abusadores serão identificados de maneira correta, e, os 112 restantes, serão abusadores.

Agora examine a Tabela 2 novamente, desta vez percorrendo as linhas. Se a pontuação do CAP indicar, que o indivíduo é um abusador, há possibilidade de que seja *incorreto*. A maioria das pessoas (73,2% delas, nesse exemplo) com escores do CAP indicando que são abusadores são, na realidade, não abusadores. Essa imprecisão é produto exclusivo de trabalhar com uma amostra de taxa de base baixa. Mesmo se o CAP fosse mais preciso, usar os resultados do teste para identificar abusadores ainda resultará em muitos abusadores identificados sendo classificados erroneamente porque o abuso é um fenômeno de taxa de base baixa. Em outras palavras, como a população não abusadora é muito maior do que a abusadora, as chances são de que a maioria dos erros será cometida na classificação da população não abusadora.

Coloque-se no lugar do juiz ou do júri julgando um caso de abuso físico infantil. Um psicólogo testemunha que o CAP, que tem uma taxa de precisão de 85-90%, indica que o réu é um abusador físico. O psicólogo tenta uma explicação sobre taxas de base da população e a possibilidade de erro. Contudo, o que poderia ficar em sua mente em relação ao testemunho do psicólogo? Muitas pessoas raciocinariam que, se o CAP é correto mais de 85% das vezes, e se o réu é *identificado* como um abusador de menores, deve haver pelo menos 85% de chance de que ele *seja* um abusador de menores. Essa conclusão, como você sabe agora, seria incorreta e poderia resultar em injustiça (Melton e Limber, 1989).

Esse exemplo ilustra que o uso pretendido do teste pelo desenvolvedor de testes deve ser respeitado. Na falta de qualquer evidência psicométrica convincente que se desvie do uso pretendido do teste por seu desenvolvedor, tais desvios podem resultar em prejuízo ao testando. O exemplo serve também como lembrete de que, quando são coletados, os dados sobre a precisão e a consistência de um teste derivam de uma amostragem de pessoas de uma determinada população. As conclusões tiradas a partir desses dados psicométricos são aplicáveis apenas a grupos de pessoas de uma população semelhante.

Joel Milner, o autor do CAP, insiste em que os aplicadores de seu teste tenham em mente que é inadequado usar qualquer teste psicológico isolado como um critério diagnóstico. Milner (1991) lembrou aos leitores que "dados de múltiplas fontes, tais como vários testes, entrevistas com clientes, entrevistas colaterais, observações diretas e histórias de caso, devem ser usados para tomar decisões em relação a abuso infantil e tratamento" (p. 81).

Tabela 2 Aplicação do CAP em uma população com uma taxa de base baixa de abuso infantil

	Situação real		
	Abusador	Não abusador	Totais das linhas
Os resultados do CAP indicam:			
Abusador	41	112	153
Não abusador	9	838	847
Totais das colunas	**50**	**950**	**1.000**

blioteca e estudando tem alta correlação com a GPA. Quanto de sono o colega de quarto do estudante lhe permite ter durante o período de exames está correlacionado com a GPA em menor grau. Qual é a forma mais precisa mas mais eficiente de prever a GPA? Uma abordagem, empregando os princípios da validade incremental, é começar com o melhor preditor: o preditor que esteja mais altamente correlacionado com a GPA. Este pode ser o tempo passado estudando. Então, usando técnicas múltiplas de regressão, é possível examinar a utilidade dos outros preditores.

> **REFLITA...**
> Com base em sua experiência pessoal, qual é um preditor da GPA não óbvio que provavelmente não esteja correlacionado com o tempo passado estudando?

Ainda que esteja bastante correlacionado com a GPA, o tempo na biblioteca pode não ter validade incremental se estiver sobreposto demais ao primeiro preditor, o tempo passado estudando. Em outras palavras, se o tempo passado estudando e o tempo na biblioteca são tão correlacionados que refletem basicamente a mesma coisa, então apenas um deles precisa ser incluído como preditor. Incluir ambos os preditores fornecerá pouca informação nova. Em contrapartida, a variável de quanto sono o colega de quarto de um estudante lhe permite ter durante os exames pode ter boa validade incremental. Isso por que ela reflete um aspecto da preparação para os exames (repouso) diferente do primeiro preditor (estudar). A validade incremental foi usada para melhorar a previsão de desempenho no trabalho para os mecânicos do Corpo de Fuzileiros Navais (Carey, 1994) e a previsão de abuso infantil (Murphy-Berman, 1994). Em ambos os casos, as medidas preditoras eram incluídas apenas se demonstrassem que podiam explicar alguma coisa sobre a medida de critério que já não fosse conhecida com os outros preditores.

Dados de expectativa Os **dados de expectativa** fornecem informação que pode ser usada na avaliação da validade relacionada ao critério de um teste. Usando um escore obtido em algum(s) teste(s) ou medida(s), as tabelas de expectativa ilustram a probabilidade de que o testando pontue em algum intervalo de escores em uma medida de critério – um intervalo que pode ser visto como "aprovado", "aceitável", e assim por diante. Uma **tabela de expectativa** mostra a porcentagem de pessoas em intervalos de escores especificados que subsequentemente foram colocadas em várias categorias do critério (p. ex., colocadss nas categorias "aprovado" ou "reprovado"). Uma tabela de expectativa pode ser criada a partir de um gráfico de dispersão de acordo com os passos listados na Figura 6.4. Uma tabela de expectativa mostrando a relação entre os escores em um subteste do Teste de Aptidão Diferencial (TAD) e as notas em história norte-americana para meninos do 2º ano do ensino médio é apresentada na Tabela 6.2. Você pode ver que, dos estudantes que pontuaram entre 40 e 60, 83% tiraram 80 ou acima nessa matéria.

Para ilustrar como uma tabela de expectativa poderia ser usada pelo setor de pessoal de uma empresa, suponha que, com base em vários escores de teste e entrevistas pessoais, os avaliadores tenham classificado todos os candidatos para um cargo de trabalho manual envolvendo peças sobressalentes como *excelente, muito bom, médio, abaixo da média* ou *ruim*. Nesse exemplo, então, o escore do teste é na verdade uma classificação feita por especialistas fundamentados em uma série de escores e uma entrevista pessoal. Vamos supor ainda que, devido a uma grave escassez de mão de obra na época, todos os candidatos tenham sido contratados – o que, aliás, é a realização de um sonho para um pesquisador interessado em conduzir um estudo de validação do procedimento de avaliação. Os supervisores do setor não foram informados da composição de escores obtidos pelos trabalhadores recém-contratados. Esses supervisores forneceram a medida de critério avaliando o desempenho de cada empregado como *satisfatório* ou *insatisfatório*. A Figura 6.5 é o **mapa de expectativa** resultante, uma representação gráfica de uma tabela de expectativa.

Como é ilustrado no mapa de expectativa, de todos os candidatos originalmente avaliados como *excelentes*, 94% foram condiderados *satisfatórios* no trabalho. Em contra-

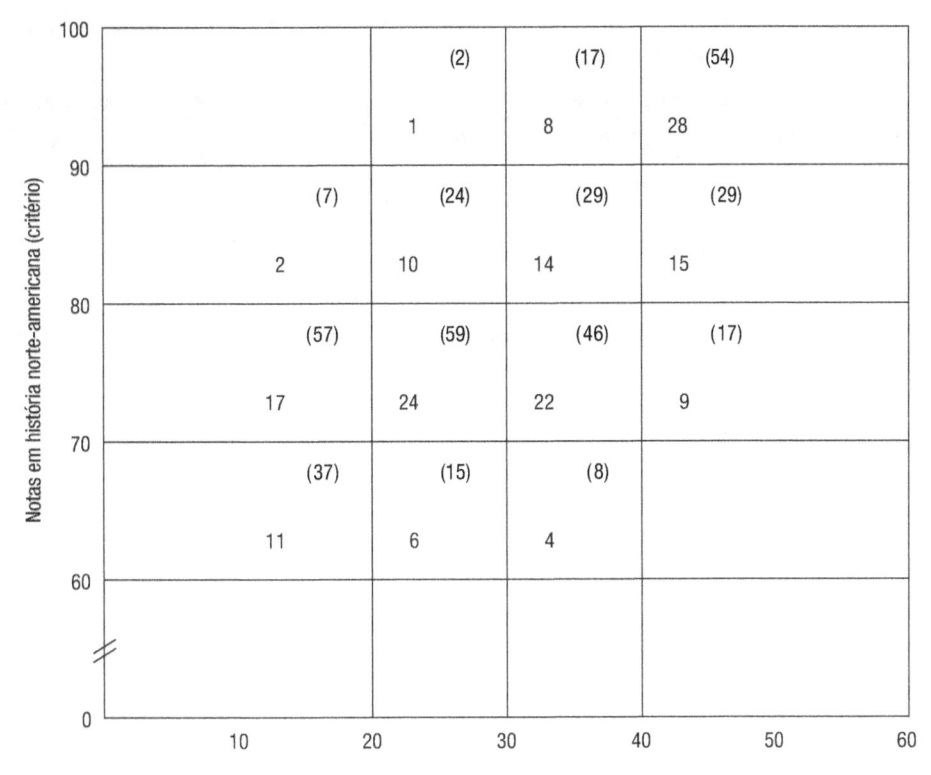

Figura 6.4 Sete passos de uma tabela de expectativa.

Fonte: *Manual of Differential Aptitude Tests*, 5ª edição, Form C (DAT 5). Copyright © 1990 NCS Pearson, Inc. Reproduzida com permissão. Todos os direitos reservados. "Differential Aptitude Tests" e "DAT" são marcas registradas, nos EUA e em outros países, de Pearson Education, Inc. ou sua(s) afiliada(s).

partida, entre aqueles a princípio avaliados como *ruins*, apenas 17% foram considerados *satisfatórios* no trabalho. No geral, esse mapa de expectativa nos diz que, quanto mais alta a avaliação inicial, maior a probabilidade de sucesso no trabalho. Em outras palavras, ele nos diz que, quanto mais baixa a avaliação inicial, maior a probabilidade de fracasso no trabalho. A empresa experimentando esse sistema de avaliação poderia razoavelmente esperar melhorar sua produtividade usando esse sistema. De maneira específica, os candidatos ao emprego que obtiveram avaliações de *médio* ou mais altas seriam os únicos candidatos contratados.

1. *Desenhe um gráfico de dispersão de modo que cada ponto no gráfico represente uma combinação de escore do teste-escore do critério. O critério deve estar no eixo-Y.*
2. *Desenhe grades de modo a resumir o número de pessoas que pontuaram em um determinado intervalo.*
3. *Conte o número de pontos em cada célula (n_i), como mostrado na figura.*
4. *Conte o número total de pontos em cada intervalo vertical (N_v). Esse número representa o número de pessoas com escore em um determinado intervalo de escores.*
5. *Converta cada frequência de célula para uma porcentagem (n_i/N_v). Isso representa a porcentagem de pessoas obtendo uma determinada combinação de escores do teste-escore do critério. Escreva as porcentagens nas células. Coloque-as entre parênteses para diferenciá-las das frequências.*
6. *Em uma folha separada, crie títulos e subtítulos da tabela e copie as porcentagens para as células da tabela apropriadas como mostrado na Tabela 6.2. Tenha o cuidado de colocar as*

Tabela 6.2 Escores do subteste de uso do idioma do TAD e nota em história norte-americana para 171 meninos do 2º ano do ensino médio (mostrando a porcentagem de estudantes obtendo notas no intervalo mostrado)

Escores do teste	Intervalo de notas da matéria				Casos por intervalo de pontos do teste	
	0–69	70–79	80–89	90–100	N_v	%
40 e acima	0	17	29	54	52	100
30–39	38	46	29	17	48	100
0–29	15	59	24	2	41	100
Abaixo de 20	37	57	7	0	30	*101*

*O total perfaz mais de 100% devido a arredondamento.
Fonte: *Manual of Differential Aptitude Tests*, 5ª edição, Form C (DAT 5). Copyright © 1990 NCS Pearson, Inc. Reproduzida com permissão. Todos os direitos reservados. "Differential Aptitude Tests" e "DAT" são marcas registradas, nos EUA e em outros países, de Pearson Education, Inc. ou sua(s) afiliada(s).

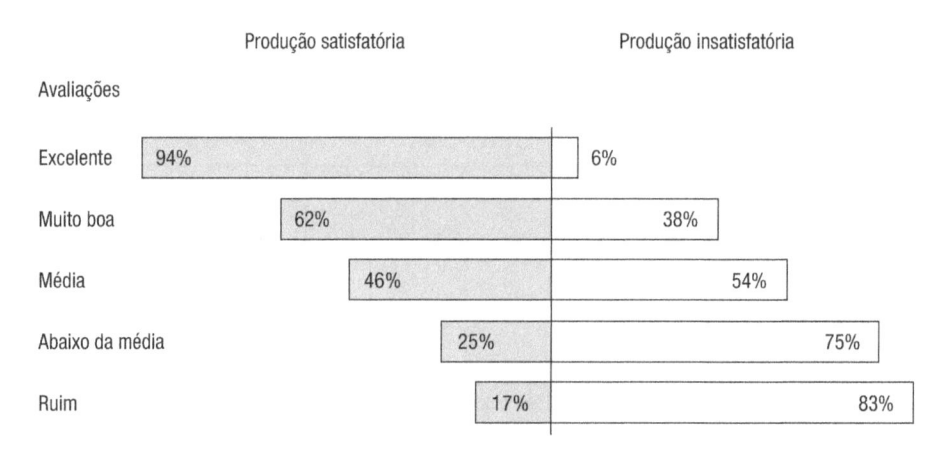

	Produção satisfatória	Produção insatisfatória
Avaliações		
Excelente	94%	6%
Muito boa	62%	38%
Média	46%	54%
Abaixo da média	25%	75%
Ruim	17%	83%

Figura 6.5 Mapa de expectativa para avaliações de teste e desempenho no trabalho.
Fonte: *Test Service Bulletin #37*, "How Effective Are Your Tests?" Copyright © 1980 NCS Pearson, Inc. Reproduzida com permissão. Todos os direitos reservados.

porcentagens nas células corretas. (Note que é fácil cometer um erro nesse estágio porque as porcentagens de pessoas em determinados intervalos de escores são escritas em sentido vertical no gráfico de dispersão mas em sentido horizontal na tabela.)

7. *Se desejado, escreva o número e a porcentagem de casos por intervalo de escore do teste. Se for muito pequeno, o número de casos em qualquer célula tem mais probabilidade de variar em mapas subsequentes. Se os tamanhos das células forem pequenos, o aplicador poderia criar menos células ou acumular dados ao longo de vários anos.*

Validade de construto

Validade de construto é um julgamento sobre a adequação de conclusões tiradas com base em escores de testes relativos a posições individuais em uma variável chamada *construto*. Um **construto** é uma ideia informada, científica, desenvolvida ou hipotetizada para descrever ou explicar comportamentos. *Inteligência* é um construto que pode ser invocado para descrever por que um estudante tem um desempenho melhor na escola. *Ansiedade* é um construto que pode ser invocado para descrever por que um paciente psiquiátrico anda de um lado para outro. Outros exemplos de construtos são *satisfação no trabalho, personalidade, fanatismo, aptidão clerical, depressão, motivação, autoestima, ajustamento emocional, periculosidade potencial, potencial executivo, criatividade* e *compreensão mecânica*, para nomear apenas alguns.

Os construtos são traços observáveis, pressupostos (subjacentes), que um desenvolvedor de testes pode invocar para descrever comportamento no teste ou desempenho do critério. O pesquisador investigando a validade de construto de um teste deve formular hipóteses sobre o comportamento esperado de pessoas que têm escores altos e escores baixos no teste. Essas hipóteses dão origem a uma teoria experimental sobre a natureza do construto que o teste foi projetado para medir. Se o teste é uma medida válida do construto, então pessoas com escores altos e com escores baixos se comportarão como previsto pela teoria. Se esses dois tipos de pessoas não se comportarem como previsto, o investigador necessitará reexaminar a natureza do próprio construto ou as hipóteses construídas sobre ele. Uma possível razão para obter resultados contrários aos previstos pela teoria é que o teste simplesmente não meça o construto. Uma explicação alternativa poderia estar na teoria que gerou as hipóteses sobre o construto. A teoria pode precisar ser reexaminada.

Em alguns casos, a razão de se obterem achados contrários pode estar nos procedimentos estatísticos usados ou na forma como os procedimentos foram executados. Um procedimento pode ter sido mais adequado que outro, dados os pressupostos particulares. Portanto, embora a evidência confirmatória contribua para um julgamento de que um teste é uma medida válida de um construto, a evidência em contrário também pode ser útil. Ela pode ser um estímulo para a descoberta de novas facetas do construto, bem como de métodos de mensuração alternativos.

Cada vez mais, a validade de construto tem sido vista como o conceito unificador para toda evidência de validade (American Educational Research Association et al., 1999). Conforme observado no início, todos os tipos de evidência de validade, incluindo a evidência das variedades de validade relacionadas ao conteúdo e relacionadas ao critério, estão sob o abrigo da validade de construto. Vamos examinar os tipos de evidências que poderiam ser obtidas.

Evidência de validade de construto

Diversos procedimentos podem ser usados para fornecer diferentes tipos de evidências de que um teste tem validade de construto. As várias técnicas de validação do construto podem fornecer evidência, por exemplo, de que

- o teste é homogêneo, medindo um único construto;
- os escores do teste aumentam ou diminuem em razão da idade, da passagem do tempo ou de uma manipulação experimental como previsto teoricamente;
- os escores do teste obtidos após algum evento ou a simples passagem do tempo (ou seja, escores pós-teste) diferem dos escores pré-teste como teoricamente previsto;
- os escores do teste obtidos por pessoas de diferentes grupos variam como previsto pela teoria;
- os escores do teste correlacionam-se com os escores em outros testes de acordo com o que seria previsto por uma teoria que aborde a manifestação do construto em questão.

Segue-se uma breve discussão de cada tipo de evidência de validade de construto e dos procedimentos usados para obtê-la.

Evidência de homogeneidade Na descrição de um teste e de seus itens, **homogeneidade** refere-se a quanto o teste é uniforme na mensuração de um único conceito. O desenvolvedor pode aumentar a homogeneidade do teste de várias formas. Considere, por exemplo, um teste de desempenho acadêmico que contenha subtestes em áreas como matemática, ortografia e compreensão da leitura. O *r* de Pearson poderia ser usado para correlacionar a média dos escores do subteste com a média do escore total do teste. Os subtestes que, no julgamento de seu desenvolvedor, não se correlacionam muito bem com o teste como um todo poderiam ter de ser reconstruídos (ou eliminados) para que o teste não meça o construto *desempenho acadêmico*. As correlações entre pontuações do subteste e pontuação total do teste são em geral relatadas no manual do teste como evidência de homogeneidade.

Uma forma que permite ao desenvolvedor melhorar a homogeneidade de um teste contendo itens que são pontuados dicotomicamente (p. ex., verdadeiro-falso) é eliminar os itens que não apresentam coeficientes de correlação significativos com os escores totais do teste. Se todos os itens do teste apresentarem correlações significativas e positivas com os escores totais e se os que tem altos escores no teste tenderem a acertar cada item mais do que os que tem baixos escores, então é provável que cada item esteja medindo o mesmo construto que o teste total. Cada item estará contribuindo para a homogeneidade do teste.

A homogeneidade de um teste no qual os itens são pontuados em uma escala de pontos múltiplos também pode ser melhorada. Por exemplo, alguns questionários de atitude e opinião requerem que os respondentes indiquem o nível de concordância com afirmações específicas respondendo, por exemplo, *concordo totalmente, concordo, discordo* ou *discordo totalmente*. A cada resposta é atribuída um escore numérico, e os itens que não apresentarem coeficientes de correlação de ordem de postos de Spearman significativos são eliminados. Se todos os itens do teste apresentarem correlações significativas e positivas com os escores totais do teste, então cada item está muito provavelmente medindo o mesmo construto medido pelo teste como um todo (e está portanto contribuindo para a homogeneidade do teste). O coeficiente alfa também pode ser usado na estimativa da homogeneidade de um teste composto de itens de múltipla escolha (Novick e Lewis, 1967).

Para exemplo de estudo de caso ilustrando como a homogeneidade de um teste pode ser melhorada, considere a Escala de Satisfação Conjugal (ESC; Roach et al., 1981). Concebida para avaliar vários aspectos das atitudes de pessoas casadas em relação a seu relacionamento conjugal, a ESC contém um número de itens quase igual expressando sentimentos positivos e negativos a respeito do casamento. Por exemplo, *Minha vida pareceria vazia sem meu casamento* e *Meu casamento "sufocou" minha personalidade*. Em um estágio do desenvolvimento desse teste, os indivíduos indicavam o quanto concordavam ou discordavam dos vários sentimentos em cada um dos 73 itens marcando em uma escala de 5 pontos que variava de *concordo totalmente* a *discordo totalmente*. Com base nas correlações entre os escores do item e o escore total, os desenvolvedores do teste decidiram manter 48 itens com coeficientes de correlação maiores que 0,50, desse modo criando um instrumento mais homogêneo.

Os procedimentos de análise do item também foram empregados na busca por homogeneidade dos testes. Um procedimento de análise do item focaliza a relação entre os escores dos testandos em itens individuais e seu escore no teste inteiro. Cada item é analisado em relação a como pessoas com altos escores *versus* pessoas com baixos escores responderam a ele. Se for uma prova acadêmica e se as pessoas com altos escores na prova inteira por alguma razão tenderem a compreender errado esse item em particular, enquanto as pessoas com baixos escores na prova como um todo tenderam a entendê-lo certo, o item obviamente não é bom. Ele deve ser eliminado no interesse da homogeneidade do teste, entre outras considerações. Se o teste for de satisfação conjugal, e se os indivíduos com escores altos no teste como um todo responderem a um determinado item de uma forma que indicaria que eles não estão satisfeitos, enquanto pessoas que tendem a não estar satisfeitas respondem ao item de uma forma que indicaria que estão satisfeitos, então, novamente é provável que ele deva ser eliminado ou pelo menos ter sua clareza reexaminada.

◆ **REFLITA...**
É possível que um teste seja *muito* homogêneo no conteúdo do item?

Embora a homogeneidade do teste seja desejável porque nos garante que todos os itens tendem a estar medindo a mesma coisa, ela não é o princípio e o fim da validade de construto. Saber que um teste é homogêneo não traz qualquer informação sobre como o construto que está sendo medido se relaciona com outros construtos. Portanto, é importante relatar a evidência de homogeneidade de um teste junto com outras evidências de validade de construto.

Evidência de mudanças com a idade É esperado que alguns construtos mudem ao longo do tempo. A *taxa de leitura*, por exemplo, tende a aumentar drasticamente ano após ano a partir dos 6 anos até a adolescência. Se o escore de um teste se propuser a ser uma medida de um construto no qual se poderia esperar que houvesse mudanças ao longo do tempo, então esse escore também deverá mostrar as mesmas mudanças progressivas com a idade para ser considerada uma medida válida do construto. Por exemplo, se as crianças de 6^a, 7^a, 8^a, e 9ª séries fizessem uma prova de vocabulário de 8ª série, então esperaríamos que o número total de itens marcados como corretos em todos os protocolos do teste aumentaria em razão do nível de série mais alto dos testandos.

Alguns construtos se prestam mais facilmente que outros a previsões de mudança ao longo do tempo. Por isso, ainda que possamos ser capazes de prever que os escores de uma criança superdotada em um teste de habilidades de leitura aumentarão no decorrer dos anos de ensino fundamental e ensino médio, podemos não ser capazes de prever com tal segurança como um casal recém-casado pontuará ao longo dos anos em um teste de satisfação conjugal. Esse fato não relega um construto como *satisfação conjugal* a uma dimensão inferior a *capacidade de leitura*. Antes, significa simplesmente que as medidas de satisfação conjugal podem ser menos estáveis ao longo do tempo e mais vulneráveis a eventos situacionais (tais como os sogros vindo visitar e ficando por três meses) do que a capacidade de leitura. A evidência de mudança ao longo do tempo, como a evidência de homogeneidade do teste, em si, não fornece informação sobre como o construto se relaciona com outros construtos.

Evidência de mudanças pré-teste e pós-teste A evidência de que os escores dos testes mudam como resultado de alguma experiência entre um pré-teste e um pós-teste pode ser evidência de validade de construto. Algumas das experiências intervenientes mais típicas responsáveis por mudanças nos escores dos testes são educação formal, um período de terapia ou medicação e experiência no trabalho. Naturalmente, dependendo do construto que está sendo medido, seria possível prever que quase qualquer experiência de vida interveniente produza mudanças no escore do pré-teste para o pós-teste. Ler um livro inspirador, assistir a um programa de entrevistas na TV, passar por uma cirurgia, cumprir uma pena na prisão ou a mera passagem do tempo podem se revelar variáveis intervenientes potentes.

Voltando ao nosso exemplo da Escala de Satisfação Conjugal, um investigador citado em Roach e colaboradores (1981) comparou os escores nesse instrumento antes e após um programa de terapia sexual. Os escores apresentaram uma mudança significativa entre pré-teste e pós-teste. Um segundo pós-teste administrado oito semanas depois mostrou que os escores permaneciam estáveis (sugerindo que o instrumento era confiável), enquanto as medidas pré-teste e pós-teste ainda eram bem diferentes. Essas mudanças nas pontuações na direção prevista após o programa de tratamento contribui para a evidência da validade de construto desse teste.

Esperaríamos um declínio nos escores de satisfação conjugal se um pré-teste fosse administrado a uma amostra de casais pouco depois do casamento e um pós-teste fosse administrado pouco depois de os membros dos casais consultarem seus respectivos advogados de divórcio em algum momento nos primeiros cinco anos de casamento. O modelo desse tipo de pesquisa pré-teste-pós-teste deve idealmente incluir um grupo-controle para excluir explicações alternativas dos achados.

> **REFLITA...**
> Poderia ser aconselhável fazer testagens simultâneas de um grupo comparável de casais que não participaram de terapia sexual e testagens simultâneas de um grupo comparável de casais que não consultaram advogados de divórcio? Em ambos os casos, teria havido alguma razão para esperar quaisquer mudanças significativas nos escores do teste desses dois grupos-controle?

Evidência de grupos distintos Também referida como o **método de grupos constrastantes**, uma forma de fornecer evidência de validade de um teste é demonstrar que seus escores variam de forma previsível em função da participação em algum grupo. O raciocínio aqui é que, se um teste for uma medida válida de um determinado construto, então os escores de grupos de pessoas que apresentem supostas diferenças a respeito desse construto devem ser correspondentemente diferentes. Considere nesse contexto um teste de depressão no qual, quanto mais alta o escore, mais deprimido se presume o testando esteja. Esperaríamos que indivíduos hospitalizados por depressão em clínicas psiquiátricas tivessem escores mais altos nessa medida do que uma amostra aleatória de clientes do Walmart.

Agora, suponha que fosse sua intenção fornecer evidência de validade de construto para a Escala de Satisfação Conjugal mostrando diferenças nos escores entre grupos distintos. Como você poderia fazer isso?

Roach e colaboradores (1981) procederam à identificação de dois grupos de casais casados, um relativamente satisfeito no casamento, o outro não tão satisfeito. Os grupos foram identificados por avaliações por pares e conselheiros matrimoniais. Um teste t na diferença entre o escore médio no teste foi significativo ($p<0,01$) – evidência que apoia a noção de que a Escala de Satisfação Conjugal é de fato uma medida válida do construto *satisfação conjugal*.

Em uma época passada, o método que muitos desenvolvedores de testes usavam para criar grupos distintos era a fraude. Por exemplo, caso tivesse sido previsto que mais do construto seria exibido no teste em questão se o indivíduo se sentisse muito ansioso, uma situação experimental poderia ser criada para fazê-lo se sentir dessa maneira. Praticamente qualquer estado de sentimento que a teoria pedisse podia ser induzido por um cenário experimental que em geral envolvia dar ao indivíduo da pesquisa alguma informação errada. Entretanto, dadas as restrições éticas dos psicólogos contemporâneos e a relutância de instituições acadêmicas e de outros patrocinadores de pesquisas em concordar com a fraude na pesquisa com seres humanos, é raro ser permitido hoje o método para obter grupos distintos criando-os por meio da disseminação de informação enganosa.

Evidência convergente A evidência de validade de construto de um determinado teste pode convergir de inúmeras fontes, tais como outros testes ou medidas concebidos para avaliar o mesmo construto (ou um construto semelhante). Portanto, se os escores no teste que está sendo submetido à validação de construto tenderem a forte correlação na direção prevista com escores em testes mais antigos, mais estabelecidos e já validados que visam medir o mesmo construto (ou um construto semelhante), isso seria um exemplo de **evidência convergente**.[3]

A evidência convergente de validade pode vir não apenas de correlações com testes que se propõem a medir um construto idêntico, mas também de correlações com medidas que se propõem a medir construtos relacionados. Considere, por exemplo, um novo teste visando medir o construto *ansiedade a teste*. Geralmente falando, poderíamos esperar altas correlações positivas entre esse novo teste e medidas mais antigas, mais estabelecidas, de ansiedade a testes. Entretanto, poderíamos também esperar correlações mais moderadas entre esse novo teste e medidas de ansiedade geral.

Roach e colaboradores (1981) forneceram evidência convergente da validade de construto da Escala de Satisfação Conjugal calculando um coeficiente de validade entre seus escores e escores no Teste de Ajustamento Conjugal (Locke e Wallace, 1959). O coefi-

---

[3] Os dados indicando que um teste mede o mesmo construto que outros testes que se propõem a medir o mesmo construto também são referidos como evidência de **validade convergente**. Uma questão que pode ser levantada aqui diz respeito à necessidade de um novo teste se ele apenas duplicar testes existentes que medem o mesmo construto. A resposta, geralmente falando, é uma alegação de que o novo teste tem alguma vantagem sobre o teste mais estabelecido. Por exemplo, o novo teste pode ser mais curto e capaz de ser administrado em menos tempo sem perda significativa na confiabilidade ou na validade. Em um nível prático, o novo teste pode ser menos caro.

ciente de validade de 0,79 forneceu uma evidência adicional da validade de construto do instrumento deles.

Evidência discriminante Um coeficiente de validade mostrando pouca (ou seja, insignificante de uma perspectiva estatística) relação entre escores e/ou outras variáveis com as quais os escores no teste que está sendo construído-validado teoricamente *não* devem estar correlacionados fornece **evidência discriminante** de validade de construto (também conhecida como *validade discriminante*). No curso do desenvolvimento da Escala de Satisfação Conjugal (ESC), seus autores correlacionaram escores nesse instrumento com escores na Escala de Conveniência (Desejabilidade) Social de Marlowe-Crowne (Crowne e Marlowe, 1964). Roach e colaboradores (1981) hipotetizaram que correlações altas entre esses dois instrumentos sugeriria a probabilidade de os respondentes não estarem respondendo aos itens na ESC com inteira honestidade mas dando respostas socialmente desejáveis. Porém a correlação entre a ESC e a medida de conveniência (desejabilidade) social não foi significativa. Portanto, ela podia ser excluída como um fator primário na explicação do significado das pontuações da ESC.

Em 1959, uma técnica experimental útil para examinar evidência de validade tanto convergente quanto discriminante foi apresentada no *Psychological Bulletin*. Esse procedimento bastante técnico, chamado de **matriz multitraço-multimétodo**, é apresentado em nosso livro de exercícios *online* que acompanha este livro. Aqui, vamos simplesmente enfatizar que *multitraço* significa "dois ou mais traços" e *multimétodo* significa "dois ou mais métodos". A matriz multitraço-multimétodo (Campbell e Fiske, 1959) é a matriz ou tabela que resulta da correlação de variáveis (traços) intra e entre métodos. Os valores para qualquer número de traços (tais como agressividade ou extroversão) obtidos por vários métodos (tais como observação comportamental ou um teste de personalidade) são inseridos na tabela, e a matriz de correlações resultante fornece uma visão sobre as validades convergente e discriminante do método usado.[4]

Análise fatorial Evidência de validade de construto tanto convergente quanto discriminante pode ser obtida pelo uso da análise fatorial. **Análise fatorial** é um termo abreviado para uma classe de procedimentos matemáticos visando identificar *fatores* ou variáveis específicos que são normalmente atributos, características ou dimensões nos quais as pessoas podem diferir. Na pesquisa psicométrica, a análise fatorial é com frequência empregada como um método de redução de dados no qual diversos conjuntos de escores e as correlações entre eles são analisados. Nesses estudos, o propósito da análise fatorial pode ser a identificação de fator ou fatores em comum entre escores em subescalas no contexto de um determinado teste, ou os fatores em comum entre escores em uma série de testes. Em geral, a análise fatorial é conduzida em base exploratória ou confirmatória. A **análise fatorial exploratória** costuma implicar "estimar ou extrair fatores; decidir quantos fatores manter; e alternar fatores para orientar uma interpretação" (Floyd e Widaman, 1995, p. 287). Em contrapartida, na **análise fatorial confirmatória**, os pesquisadores testam em que grau um modelo hipotético (que inclui fatores) se ajusta aos dados reais.

Um termo bastante empregado na análise fatorial é **carga fatorial**, que é "um tipo de metáfora. Cada teste é concebido como um veículo carregando uma certa quantidade de uma ou mais habilidades" (Tyler, 1965, p. 44). A carga fatorial em um teste transmite informação sobre o grau em que o fator determina escore ou escores do teste. Um novo teste com propósito de medir bulimia, por exemplo, pode passar por análise fatorial com outras medidas conhecidas de bulimia, bem como com outros tipos de medidas (tais como

---

[4] Para uma aplicação interessante da técnica de multitraço-multimétodo na vida real, usada para entender melhor os testes, ver Storholm e colaboradores (2011). Os pesquisadores usaram essa técnica para explorar questões relacionadas à validade de construto relativas a um teste chamado de Inventário do Comportamento Sexual Compulsivo.

medidas de inteligência, autoestima, ansiedade geral, anorexia e perfeccionismo). Cargas fatoriais altas pelo novo teste em um "fator de bulimia" forneceriam evidência convergente de validade de construto. Cargas fatoriais moderadas a baixas pelo novo teste em relação a medidas de outros transtornos da alimentação, como anorexia, forneceriam evidência discriminante de validade de construto.

A análise fatorial frequentemente envolve procedimentos técnicos tão complexos que poucos pesquisadores contemporâneos tentariam conduzi-la sem a ajuda de um programa de computador. Mas, embora a análise de dados reais tenha se tornado trabalho para os computadores, os seres humanos ainda tendem a estar muito envolvidos na *nomeação* de fatores uma vez que o computador os tenha identificado. Portanto, por exemplo, suponha que uma análise fatorial identificasse um fator comum sendo medido por dois instrumentos hipotéticos, um "Teste de Bulimia" e um "Teste de Anorexia". Esse fator comum teria que receber um nome. Um analista de fator examinando os dados e os itens de cada teste poderia batizá-lo de *fator de transtorno da alimentação*. Outro, examinando exatamente o mesmo material, poderia rotular o fator comum como *fator de preocupação com peso corporal*. Um terceiro analista poderia nomeá-lo *fator de transtorno da autopercepção*. Qual desses é o correto?

De um ponto de vista estatístico, é simplesmente impossível dizer como o fator comum deve ser chamado. Nomear fatores que emergem de uma análise fatorial tem mais a ver com conhecimento, julgamento e capacidade de abstração verbal do que com perícia matemática. Não há regras rigorosas. Os analistas de fator exercem seu próprio julgamento sobre qual nome comunica melhor o significado do fator. Além disso, mesmo os critérios usados para identificar um fator comum, bem como questões técnicas relacionadas, podem ser assunto de debate, se não de acalorada controvérsia (p. ex., ver Bartholomew, 1996a, 1996b; Maraun, 1996a, 1996b, 1996c; McDonald, 1996a, 1996b; Mulaik, 1996a, 1996b; Rozeboom, 1996a, 1996b; Schönemann, 1996a, 1996b; Steiger, 1996a, 1996b).

A análise fatorial é um tema rico em complexidade técnica. Seus usos e aplicações podem variar em razão dos objetivos da pesquisa, bem como da natureza dos testes e dos construtos sob estudo. Essa análise é o tema de nosso *Em foco* no Capítulo 10.

Validade, viés e imparcialidade

REFLITA...
O que poderia ser um exemplo de teste válido usado de maneira parcial?

Aos olhos de muitas pessoas leigas, questões relativas à validade de um teste estão intimamente ligadas àquelas relacionadas ao uso justo dos testes e a questões de viés e imparcialidade. Apressamo-nos a assinalar que validade e imparcialidade no uso do teste e viés de teste são três assuntos separados. É possível, por exemplo, que um teste válido seja usado justa ou injustamente.

Viés de teste

Para o público em geral, o termo *viés* aplicado a testes psicológicos e educacionais pode evocar muitos significados que têm a ver com preconceito e tratamento preferencial (Brown et al., 1999). Para os juízes federais, o termo *viés* no que diz respeito a itens em testes de inteligência para crianças é sinônimo de "muito difícil para um grupo em comparação com outro" (Sattler, 1991). Para os psicometristas, **viés** é um fator inerente em um teste que sistematicamente impede mensurações corretas e imparciais.

Os psicometristas desenvolveram os meios técnicos para identificar e corrigir o viés, pelo menos no sentido matemático. Como uma simples ilustração, considere um teste que chamaremos de "teste de cara-ou-coroa" (TCC). O "equipamento" necessário para conduzi-lo é uma moeda de dois lados. Um lado ("cara") tem a imagem de um perfil e o outro ("coroa") não tem. O TCC seria considerado tendencioso se o instrumento (a moeda) tivesse um peso tal que caras ou coroas aparecessem com mais frequência do que apenas pelo acaso. Se o teste em questão fosse de inteligência, seria considerado tendencioso caso construído de modo que as pessoas que tivessem olhos castanhos consistente e sistematicamente obtivessem escores mais altos do que aquelas com olhos verdes – supondo, é evidente, que na realidade pessoas com olhos castanhos não sejam em geral mais inteligentes que as de olhos verdes. *Sistemático* é uma palavra-chave em nossa definição de viés de teste. Examinamos previamente fontes de variação *aleatória* ou casual nos escores de testes. *Viés* significa variação *sistemática*.

Outra ilustração: Suponhamos que precisemos contratar 50 secretárias e portanto colocamos um anúncio no jornal. Em resposta, 200 pessoas apresentaram-se, incluindo cem que por acaso tinham olhos castanhos e cem que por acaso tinham olhos verdes. A cada uma das 200 candidatas é aplicado individualmente um teste hipotético que chamaremos de "Teste de Habilidades de Secretariado" (THS). A lógica nos diz que a cor dos olhos pode não ser uma variável relevante com respeito ao desempenho das funções de uma secretária. Por isso não teríamos razão para acreditar que pessoas de olhos verdes sejam melhores secretárias do que as de olhos castanhos ou vice-versa. Poderíamos ter razoável espectativa que, após os testes terem sido pontuados e o processo de seleção ter sido completado, um número quase equivalente de pessoas de olhos castanhos e de pessoas de olhos verdes teriam sido contratadas (ou seja, cerca de 25 de olhos castanhos e 25 de olhos verdes). Mas, e se ocorresse de 48 pessoas de olhos verdes e apenas duas de olhos castanhos terem sido contratadas? Isso é evidência de que o THS é um teste tendencioso?

Embora à primeira vista a resposta a essa pergunta pareça simples – "Sim, o teste é tendencioso porque deveriam ter contratado 25 e 25!" – uma resposta deveras responsável implicaria corrigir estatisticamente o teste e todo o procedimento de seleção (ver Berk, 1982). Uma razão para alguns testes terem sido considerados tendenciosos tem mais a ver com o modelo do estudo de pesquisa do que com o modelo do teste. Por exemplo, se houver muito poucos testandos em um dos grupos (p. ex., o grupo minoritário – literal), esse problema metodológico fará parecer como se o teste fosse tendencioso quando na verdade ele pode não ser. Um teste pode ser justificadamente considerado tendencioso se alguma porção de sua variância derivar de algum(s) fator(es) que seja(m) irrelevante(s) ao desempenho na medida de critério; em consequência, um grupo de testandos terá um desempenho diferente do outro de forma sistemática. A prevenção durante o desenvolvimento do teste é o melhor remédio para o viés de teste, embora um procedimento chamado de *transformações do escore verdadeiro estimado* represente um de muitos remédios *post hoc* disponíveis (Mueller, 1949; ver também Reynolds e Brown, 1984).[5]

Erro de avaliação Uma **avaliação** é um julgamento numérico ou verbal (ou ambos) que coloca uma pessoa ou um atributo ao longo de um *continuum* identificado por uma escala de descritores conhecida como **escala de avaliação**. Dito simplesmente, um **erro de avaliação** é um julgamento resultante do mau uso intencional ou involuntário de uma escala de avaliação. Portanto, por exemplo, um **erro de leniência** (também conhecido como **erro de generosidade**) é, como sugere seu nome, um erro na avaliação que surge da tendência da parte do avaliador de ser leniente na hora de levantar escores, marcar e/ou dar nota. Por nossa própria experiência durante o período de matrícula, você poderia ter conhecimento de que as vagas de um determinado curso serão rapidamente preenchidas se ele estiver sendo ministrado por um professor com uma reputação para erros de leniência nas notas do final de semestre.

> **REFLITA...**
> Que fator você acha que poderia justificar o fenômeno de avaliadores cujas avaliações sempre parecem ser vítimas do erro de tendência central?

---

[5] A menos que você pense que exista algo não muito certo em relação a transformar dados sob tais circunstâncias, acrescentamos que, embora *transformação* seja sinônimo de *mudança*, a mudança aqui referida é meramente uma mudança na forma, não no significado. Os dados podem ser transformados para colocá-los em uma forma mais útil, não para mudar seu significado.

No outro extremo está um **erro de severidade**. Os críticos de cinema que criticam com rigor tudo a que assistem podem ser culpados de erros de severidade. É claro que isso é verdade apenas se eles assistirem a uma ampla variedade de filmes que poderiam consensualmente ser vistos como bons ou ruins.

Outro tipo de erro poderia ser denominado **erro de tendência central**. Aqui o avaliador, por qualquer razão, exibe uma relutância geral e sistemática em fazer avaliações nos extremos positivo ou negativo. Logo, todas as avaliações desse avaliador tenderiam a se agrupar no meio do *continuum* de avaliação.

Uma forma de superar o que se poderia chamar de *erros de avaliação de restrição de amplitude* (tendência central, leniência, erros de severidade) é usar **classificações**, um procedimento que requer do avaliador a análise dos indivíduos uns em relação aos outros em vez de em relação a uma escala absoluta. Usando classificações em vez de avaliações, o avaliador (agora o "classificador") é forçado a selecionar primeira, segunda, terceira escolhas, e assim por diante.

O **efeito halo** descreve o fato de que, para alguns avaliadores, alguns avaliandos nunca erram. De modo mais específico, um efeito halo também pode ser definido como uma tendência a dar a um determinado avaliando escore mais alto do que ele de fato merece devido à falha em discriminar entre aspectos conceitualmente distintos e potencialmente independentes do comportamento de um avaliando. Apenas como exemplo – e nem por um momento porque acreditamos que isso possa ser nem mesmo uma remota possibilidade – vamos supor que Lady Gaga consentisse em escrever e proferir um discurso sobre análise multivariada. É provável que seu discurso recebesse no total avaliações muito mais altas se fosse feito durante o lançamento do Fã-clube de Lady Gaga do que se proferido perante os membros da, digamos, Royal Statistical Society, e por eles avaliado. Era de se esperar que o efeito halo estivesse operando a todo vapor quando Lady Gaga discursou perante seus obstinados fãs.

Os dados de critério também podem ser influenciados pelo conhecimento do avaliador em relação a raça ou sexo do avaliado (Landy e Farr, 1980). Foi demonstrado que os homens recebem mais avaliações favoráveis do que as mulheres em funções tradicionalmente masculinas. Exceto em situações muito integradas, os avaliandos tendem a receber avaliações mais altas dos avaliadores da mesma raça (Landy e Farr, 1980). Voltando ao exemplo de nosso hipotético Teste de Habilidades de Secretariado (THS), um determinado avaliador pode ter tido experiências anteriores particularmente formidáveis – ou dolorosas – com pessoas de olhos verdes (ou olhos castanhos) e, portanto, pode estar fazendo avaliações altas (ou baixas) demais nessa base irracional.

Programas de treinamento para familiarizar os avaliadores com erros comuns e fontes de viés têm se mostrado promissores na redução de erros de avaliação e no aumento de medidas de confiabilidade e validade. Palestras, dramatização, discussão, assistir-se em videoteipe e simulação de computador de diferentes situações são algumas das muitas técnicas que podiam ser trazidas para esses programas de treinamento. Tornamos a rever o tema de avaliação e erro de avaliação em nossa discussão da avaliação da personalidade mais adiante. Por enquanto, vamos tratar do tema da imparcialidade do teste.

Imparcialidade do teste

Em contrapartida às questões de viés de teste, que podem ser pensadas como problemas estatísticos tecnicamente complexos, as questões de imparcialidade do teste tendem a estar enraizadas mais em questões espinhosas envolvendo valores (Halpern, 2000). Portanto, embora as questões de viés de teste possam às vezes ser respondidas com precisão e finalidade matemáticas, as questões de imparcialidade podem ser discutidas de forma interminável por pessoas bem intencionadas que defendem pontos de vistas opostos. Com essa advertência em mente, e na certa com exceções, definiremos **imparcialidade (justiça)** em um contexto psicométrico como o grau em que um teste é usado de uma forma justa, equitativa e imparcial.[6]

Alguns usos dos testes são patentemente injustos e parciais no julgamento de qualquer pessoa razoável. Durante a guerra fria, o governo da então chamada União Soviética usava testes psiquiátricos para suprimir dissidentes políticos. As pessoas eram aprisionadas ou internadas por verbalizarem oposição ao governo. Exceto por esses usos flagrantemente injustos dos testes, o que constitui um uso imparcial e um uso parcial dos testes é uma questão deixada para as várias partes no empreendimento da avaliação. Em uma situação ideal, o desenvolvedor do teste esforça-se pela imparcialidade no processo de desenvolvimento e no manual e nas diretrizes de uso do teste. O aplicador esforça-se por imparcialidade na forma como o teste é na verdade usado. A sociedade luta por imparcialidade no uso do teste por meio de leis, decisões judiciais e regulamentos administrativos.

A imparcialidade no que diz respeito a testes é um tema difícil e complicado. Entretanto, é possível discutir alguns equívocos bastante comuns em relação aos que são por vezes percebidos como testes parciais ou mesmo tendenciosos. Alguns testes, por exemplo, foram rotulados de "parciais" porque discriminam entre grupos de pessoas.[7] O raciocínio aqui é mais ou menos este: "Embora existam diferenças individuais, é um truísmo dizer que todas as pessoas são criadas igual. Por isso, quaisquer diferenças encontradas entre grupos de pessoas em qualquer traço psicológico deve ser um artefato de um teste parcial ou tendencioso". Visto que essa crença é arraigada na fé em oposição à evidência científica – na verdade, ela flutua diante de evidências científicas – é praticamente impossível refutá-la. Ou se aceita cegamente ou não se aceita.

Todos gostaríamos de acreditar que as pessoas são iguais em todos os aspectos e que todas as pessoas são capazes de se elevar às mesmas alturas dada a igualdade de oportunidades. Uma visão mais realista pareceria ser que cada pessoa é capaz de cumprir um potencial pessoal. Visto que as pessoas diferem de maneira tão óbvia em relação a traços físicos, seria difícil alguém acreditar que as diferenças que existem entre os indivíduos – e grupos de indivíduos – sejam apenas devido a testes inadequados. Reforçando, embora um teste não seja inerentemente parcial ou tendencioso só porque é um instrumento por meio do qual diferenças individuais são encontradas, o *uso* dos dados do teste, como o uso de quaisquer dados, pode ser parcial.

Outra interpretação equivocada a respeito do que seja um teste parcial ou tendencioso é que constitui parcialidade administrar a uma determinada população um teste padronizado que não inclua membros dessa população na amostra de padronização. De fato, o teste pode muito bem ser tendencioso, mas isso deve ser determinado por meios estatísticos ou outros meios. O simples fato de que nenhum membro de um determinado grupo foi incluído na amostra de padronização *em si* não invalida o teste para uso com esse grupo.

Uma fonte final de equívoco é o problema complexo de corrigir situações em que se sabe ter ocorrido o uso de testes tendenciosos ou parciais. Na área de seleção para empregos, cargos em universidades e escolas profissionalizantes, etc., uma série de diferentes medidas preventivas foi tentada. Enquanto você lê sobre os instrumentos usados nessas tentativas na seção *Psicometria no cotidiano* deste capítulo, forme suas próprias opiniões

---

[6] Em um tom um pouco mais técnico, Ghiselli e colaboradores (1981, p. 320) observaram que "imparcialidade refere-se a se uma diferença nos escores preditores médios entre dois grupos representa uma distinção útil para a sociedade, em relação a uma decisão que deve ser tomada, ou se a diferença representa um viés irrelevante para os objetivos em questão". Para aqueles interessados, algumas diretrizes mais práticas sobre a imparcialidade, pelo menos conforme estabelecidas por órgãos legislativos e pelos tribunais, foram oferecidas por Russell (1984).

[7] O verbo *discriminar* é usado aqui no sentido psicométrico, significando *demonstrar uma diferença estatisticamente significativa entre indivíduos ou grupos com respeito à mensuração*. A grande diferença entre essa definição estatística, científica e outras definições coloquiais (tais como *tratar de forma diferente e/ou injustamente devido à participação em um grupo*) não deve ser esquecida nas discussões sobre viés e imparcialidade.

A PSICOMETRIA NO COTIDIANO

Ajuste dos escores do teste por grupos: imparcialidade na testagem ou jogo sujo?

Qualquer teste, sem interferência de sua solidez psicométrica, pode ser usado intencional ou involuntariamente de uma forma que tenha impacto adverso sobre um grupo ou outro. Se for verificado que tal impacto adverso existe e se a política social exigir alguma reparação ou um programa de ação afirmativa, então os psicometristas têm uma série de técnicas a sua disposição para criar mudança. A Tabela 1 lista algumas dessas técnicas.

Embora os psicometristas tenham os instrumentos para instituir políticas especiais por meio de manipulações no desenvolvimento, no levantamento dos escores e na interpretação do teste, há poucas diretrizes claras nessa área controversa (Brown, 1994; Gottfredson, 1994, 2000; Sackett e Wilk, 1994). As águas são ainda mais turvas pelo fato de que algumas das diretrizes parecem ter implicações contraditórias. Por exemplo, embora a preferência racial na seleção de empregados (impacto desigual) seja ilegal, o uso de procedimentos de seleção válidos e imparciais praticamente garante o impacto desigual. Essa situação mudará apenas quando as disparidades raciais nas habilidades e capacidades relacionadas ao trabalho forem minimizadas (Gottfredson, 1994).

Em 1991, o congresso norte-americano aprovou uma lei proibindo efetivamente os empregadores de ajustarem os escores dos testandos com a finalidade de tomar decisões de contratação ou promoção. A seção 106 da Lei de Direitos Civis de 1991 tornou ilegal para os empregadores "em relação a seleção ou encaminhamento de candidatos para emprego ou promoção, ajustar os escores, usar pontos de cortes diferentes ou alterar de alguma forma os resultados de testes relacionados a emprego com base em raça, cor, religião, sexo ou nacionalidade".

A lei despertou preocupação por parte de muitos psicólogos que acreditavam que ela afetaria adversamente vários grupos sociais e poderia reverter as vantagens sociais. Brown (1994, p. 927) previu que "as ramificações da lei têm mais alcance do que o Congresso vislumbrou quando considerou a emenda e poderia significar que muitos testes de personalidade e testes de capacidade física que se baseiam em escores separados para homens e mulheres seriam banidos da seleção de pessoal". Argumentos em favor do ajuste dos escores dos testes em relação ao grupo foram apresentados por razões filosóficas bem como técnicas. De um ponto de vista filosófico, a representação aumentada da minoria é socialmente valorizada a tal ponto que a preferência da minoria no escore do teste é justificada. Da mesma forma, a preferência da minoria é vista tanto como uma solução para erros sociais passados como uma garantia contemporânea de representação proporcional no local de trabalho. De uma perspectiva mais técnica, discute-se que alguns testes requerem ajustes nos escores por que (1) os testes são tendenciosos, e neles um determinado escore não tem necessariamente o mesmo significado para todos os testandos; e/ou (2) "uma determinada forma de usar um teste está em desacordo com uma posição sustentada quanto ao que constitui uso justo" (Sackett e Wilk, 1994, p. 931).

Em contrapartida aos defensores do ajuste do escore dos testes, estão aqueles que consideram tais ajustes parte de uma agenda social para tratamento preferencial de certos grupos. Esses oponentes do ajuste do escore dos testes rejeitam a subordinação do esforço e da capacidade individuais à participação em um grupo como critérios na atribuição de escores (Gottfredson, 1988, 2000). Hunter e Schmidt (1976, p. 1069) descreveram as consequências infelizes para todas as partes envolvidas em uma situação de seleção para a universidade na qual candidatos medíocres foram aceitos com base em ajustes de pontos ou quotas. Com referência à situação de emprego, Hunter e Schmidt (1976) relataram um caso no qual os padrões de ingresso foram rebaixados de modo que mais membros de um determinado grupo pudesse ser contratado. Entretanto, muitos desses novos contratados não passaram nos testes de promoção – com o resultado de que a empresa foi processada por prática de promoção discriminatória. Outra consideração ainda diz respeito aos sentimentos dos "candidatos da minoria selecionados sob um sistema de quotas mas que também o teriam sido sob o individualismo sem ressalvas e, portanto, devem pagar o preço, em prestígio e autoestima diminuídos" (Jensen, 1980, p. 398).

Uma série de modelos psicométricos de imparcialidade na testagem foram apresentados e debatidos na literatura acadêmica (Hunter e Schmidt, 1976; Petersen e Novick, 1976; Schmidt e Hunter, 1974; Thorndike, 1971). Apesar da profusão de pesquisas e debates, uma questão de longa data no campo da psicologia de pessoal permanece: "Como as diferenças de grupo nos testes de capacidade cognitiva podem ser reduzidas ao mesmo tempo mantendo os altos níveis de confiabilidade e a validade relacionada ao critério existentes?".

De acordo com Gottfredson (1994), a resposta provavelmente não virá da pesquisa relacionada à mensuração porque as diferenças nos escores em muitos dos testes em questão se originam sobretudo de diferenças nas capacidades relacionadas ao trabalho. Para Gottfredson (1994, p. 963), "a maior contribuição que os psicólogos do trabalho podem dar no longo prazo pode ser insistir coletiva e sinceramente que seus instrumentos de mensuração não são nem a causa nem a cura para as diferenças raciais nas habilidades de trabalho e consequentes desigualdades no emprego".

Além da psicologia do local de trabalho e de pessoal, que papel, se houver, a mensuração deve desempenhar para promover a diversidade? Conforme Haidt e colaboradores (2003) refletiram, há muitas variedades de diversidade, algumas percebidas como mais valiosas do que outras. Precisamos desenvolver medidas mais específicas visando, por exemplo, desencorajar a "diversidade moral" e ao mesmo tempo encorajar a "diversidade demográfica"? Esses tipos de questões têm implicações em inúmeras áreas, de políticas de admissão escolar a imigração.

Tabela 1 Técnicas psicométricas para prevenção ou reparação do impacto adverso e/ou a instituição de um programa de ação afirmativa

Algumas dessas técnicas podem ser preventivas se empregadas no processo de desenvolvimento de testes, e outras podem ser empregadas com testes já estabelecidos. Algumas delas implicam manipulação direta dos escores; outras, como o agrupamento por faixas (banding), não. A preparação desta tabela foi baseada em Sackett e Wilk (1994), e o trabalho deles deve ser consultado para uma consideração mais detalhada das questões complexas envolvidas.

Técnica	Descrição
Adição de pontos	Um número constante de pontos é adicionado ao escore do teste dos membros de um determinado grupo. O objetivo dessa adição é reduzir ou eliminar diferenças observadas entre os grupos.
Pontuação diferencial dos itens	Essa técnica incorpora informações sobre o grupo do indivíduo, não para ajustar um escore bruto em um teste, mas para deduzir o escore em primeiro lugar. A aplicação da técnica pode envolver registrar alguns itens do teste para membros de um grupo mas não registrar os mesmos itens para membros de outro grupo. Essa técnica também é conhecida como *validação empírica por grupo*.
Eliminação de itens com base no funcionamento diferencial do item	Esse procedimento implica remover de um teste quaisquer itens que possam favorecer de forma inadequada o desempenho no teste de um grupo sobre outro. Em uma situação ideal, a intenção da eliminação de certos itens de teste não é apenas torná-lo mais fácil para algum grupo, mas apenas torná-lo mais justo. Sackett e Wilk (1994) colocam desta forma: "Conceitualmente, em vez de perguntar 'este item é mais fácil para os membros do grupo X do que para os do grupo Y?' essas abordagens perguntam 'este item é mais difícil para os membros do grupo X com escore verdadeiro Z do que para os membros do grupo Y com escore verdadeiro Z?'"
Pontos de corte diferenciais	Pontos de corte diferentes são fixados para membros de grupos diferentes. Por exemplo, uma nota de aprovação para membros de um grupo é 65, enquanto para os de outro grupo é 70. Como ocorre com a adição de pontos, o objetivo dos cortes diferenciais é reduzir ou eliminar diferenças observadas entre grupos.
Listas separadas	Listas diferentes de escores do testando são estabelecidas por grupo. Para cada lista, o desempenho dos testandos é ordenado de forma descendente. Os usuários dos escores do teste para fins de seleção podem alternar as seleções das diferentes listas. Dependendo de fatores como as regras de alocação no efeito e a equivalência do desvio-padrão nos grupos, a técnica de listas separadas pode produzir efeitos semelhantes aos de outras técnicas, como a adição de pontos e os cortes diferenciais. Na prática, a lista separada é popular em programas de ação afirmativa nos quais a intenção seja selecionar a partir de grupos previamente excluídos.
Normatização no grupo	Usada como reparação para o impacto adverso se os membros de diferentes grupos tenderem a desempenhos diferentes em um determinado teste, a normatização no grupo implica a conversão de todos os escores brutos em pontos porcentuais ou escores-padrão com base no desempenho do teste do próprio grupo do testando. Basicamente, um testando individual está sendo comparado apenas com outros membros de seu próprio grupo. Quando a raça é o critério principal do grupo e normas separadas são estabelecidas por raça, essa técnica é conhecida como *normatização da raça*.
Agrupamento por faixa (*banding*)	O efeito de agrupamento por faixa (*banding*) de escores de teste é tornar equivalentes todos os escores que incidem em uma determinada variação ou faixa. Por exemplo, milhares de escores brutos em um teste podem ser transformados para um estanino com um valor de 1 a 9. Todos os escores em cada uma das fronteiras do estanino serão tratadas pelo usuário do teste como equivalentes ou sujeitas a alguns critérios de seleção adicionais. Uma *faixa móvel* (Cascio et al., 1991) é um procedimento de agrupamento por faixas modificado no qual uma faixa é ajustada para permitir a seleção de mais membros de algum grupo do que de outra forma seriam selecionados.
Políticas de preferência	No interesse da ação afirmativa, a discriminação reversa, ou alguma outra política considerada de interesse da sociedade em geral, o usuário de um teste poderia estabelecer uma política de preferência baseada no grupo. Por exemplo, se um departamento de bombeiros municipal buscasse aumentar a representação de mulheres em suas fileiras, poderia instituir uma política de testes visando fazer exatamente isso. Uma disposição fundamental nessa política poderia ser de que, quando um homem e uma mulher obtiverem escores iguais no teste usado para contratar, a mulher será contratada.

◆
REFLITA...

Como *você* se sente em relação ao uso de vários procedimentos para ajustar os escores de testes com base no grupo ao qual o testando pertence? Esses tipos de questões devem ficar a cargo dos especialistas em mensuração?

sobre o que constitui um uso parcial de testes de emprego e de outros testes em um processo de seleção.

Se forem encontradas diferenças de desempenho entre grupos identificados de pessoas em um teste válido e confiável usado para fins de seleção, algumas questões difíceis podem ter de ser tratadas se a intenção for continuar usando o teste. O problema deve-se a alguma deficiência técnica no teste, ou o teste na verdade é muito bom para identificar pessoas de diferentes níveis de capacidade? Nesse caso, o que a sociedade poderia fazer para corrigir a disparidade de habilidade entre diferentes grupos refletida no teste?

Nossa discussão das questões de imparcialidade do teste e viés de teste pode parecer nos ter afastado do tema aparentemente claro e linear, pouco emocional, da validade do teste. Entretanto, as questões complexas que acompanham as discussões sobre validade do teste, incluindo questões de imparcialidade e viés, devem ser discutidas por todos nós. Para outras considerações das questões filosóficas envolvidas, indicamos-lhe a solidão de seus próprios pensamentos e a leitura de sua própria consciência.

Autoavaliação

Teste sua compreensão dos elementos deste capítulo vendo se pode explicar cada um dos seguintes termos, expressões e abreviações:

- análise fatorial
- análise fatorial confirmatória
- análise fatorial exploratória
- avaliação
- carga fatorial
- classificações
- coeficiente de validade
- construto
- contaminação do critério
- critério
- dados de expectativa
- efeito halo
- erro de avaliação
- erro de generosidade
- erro de leniência
- erro de severidade
- erro de tendência central
- escala de avaliação
- estudo de validação
- estudo de validação local
- evidência convergente
- evidência discriminante
- falso-negativo
- falso-positivo
- homogeneidade
- imparcialidade (justiça)
- inferência
- mapa de expectativa
- matriz multitraço-multimétodo
- método de grupos contrastantes
- plano de teste (*blueprint*)
- razão de validade de conteúdo (RVC)
- tabela de expectativa
- taxa de acerto
- taxa de base
- taxa de erro
- validação
- validade
- validade aparente
- validade concorrente
- validade convergente
- validade de construto
- validade de conteúdo
- validade incremental
- validade preditiva
- validade relacionada ao critério
- viés

CAPÍTULO 7

Utilidade

Na linguagem cotidiana, usamos o termo *utilidade* para nos referirmos à usabilidade de alguma coisa ou de algum processo. Na linguagem da psicometria, *utilidade* (também mencionada como *utilidade do teste*) significa exatamente a mesma coisa; refere-se ao quanto um teste é útil. De forma mais específica, refere-se ao valor prático de usar um teste para auxiliar na tomada de decisão. Uma visão geral de algumas questões com frequência levantadas em relação à utilidade incluiria o seguinte:

- O quanto este teste é útil em termos de eficiência de custos?
- O quanto este teste é útil em termos de economia de tempo?
- Qual é a *utilidade comparativa* deste teste? Ou seja, o quanto é útil comparado a outro teste?
- Qual é a *utilidade clínica* deste teste? Ou seja, o quanto ele é útil para os propósitos de avaliação diagnóstica ou de tratamento?
- Qual é a *utilidade diagnóstica* deste teste neurológico? Ou seja, o quanto ele é útil para fins de classificação?
- O quanto esta prova de vestibular para medicina é útil para distribuir um número limitado de vagas entre um grande número de candidatos?
- O quanto o acréscimo de outro teste é útil à bateria de testes já em uso para fins de triagem?
- O quanto este teste de recursos humanos (RH) é útil como um instrumento para a seleção de novos empregados?
- É mais proveitoso usar este teste de RH em particular para promover empregados de nível administrativo médio do que não usar teste algum?
- O tempo e o dinheiro gastos para administrar, pontuar e interpretar esta bateria de testes para promoção de pessoal vale mais a pena comparado a simplesmente pedir ao supervisor do funcionário uma recomendação sobre se ele deve ser promovido?
- O quanto o programa de treinamento usado atualmente é útil para os novos recrutas?
- O quanto esta técnica clínica em particular é eficaz?
- Esta nova intervenção deve ser usada no lugar de uma intervenção existente?

O que é utilidade?

Podemos definir **utilidade** no contexto da testagem e da avaliação como a usabilidade ou o valor prático da testagem para melhorar a eficiência. Note que, nessa definição, "testagem" se refere a qualquer coisa, de um único teste a um programa de testagem de larga escala que emprega uma bateria de testes. Por simplicidade e conveniência, neste capítulo nos referimos com frequência à utilidade de um teste individual. Lembre, entretanto, que essa discussão é aplicável e generalizável para a utilidade de programas de testagem em larga escala, que podem empregar muitos testes ou baterias de testes. *Utilidade* também é usado para se referir à usabilidade ou o valor prático de um programa de treinamento ou intervenção. Podemos falar, por exemplo, da utilidade de adicionar um determinado componente a um programa de treinamento corporativo existente. Ao longo deste capítulo, porém, nossa discussão e as ilustrações focalizarão sobretudo a utilidade no que diz respeito à testagem.

> **REFLITA...**
> Baseado em tudo o que você leu sobre teste e testagem até agora neste livro, como acha que faria um julgamento em relação à utilidade de um teste?

Se sua resposta a nossa pergunta do *Reflita* sobre julgar a utilidade de um teste fez referência à confiabilidade ou à validade desse teste, então você está certo – bem, em parte. Os julgamentos com relação à utilidade de um teste são feitos com base nos dados de confiabilidade e validade, bem como em outros dados.

Fatores que afetam a utilidade de um teste

Uma série de considerações estão envolvidas no julgamento sobre a utilidade de um teste. Aqui revisaremos como a solidez psicométrica, os custos e os benefícios de um teste podem afetar um julgamento sobre sua utilidade.

Solidez psicométrica Por solidez psicométrica, definimos – como é provável que você já saiba – a confiabilidade e a validade de um teste. Diz-se que um teste é sólido do ponto de vista psicométrico para um determinado propósito, se os coeficientes de confiabilidade e validade forem aceitavelmente altos. Como um índice de utilidade pode ser diferenciado de um índice de confiabilidade ou de validade? A resposta curta a essa pergunta é a seguinte: Um índice de confiabilidade pode nos dizer alguma coisa sobre o quanto um teste mede com consistência o que mede; e um índice de validade pode nos dizer alguma coisa sobre se um teste mede o que se propõe a medir. Porém, um índice de utilidade pode nos relatar alguma coisa sobre o valor prático da informação derivada dos escores no teste. Diz-se que esses escores têm utilidade se seu uso em uma determinada situação nos ajudar a tomar decisões melhores – melhores, no sentido de ser mais econômico.

Nos capítulos anteriores sobre confiabilidade e validade, foi observado que a confiabilidade define um teto para a validade. É tentador chegar à conclusão de que existe uma relação comparável entre validade e utilidade e concluir que "a validade define um teto para a utilidade". Em muitos casos, tal conclusão sem dúvida seria justificável. Afinal de contas, um teste deve ser válido para ser útil. Qual o valor prático ou a usabilidade de um teste para um propósito específico se ele não for válido para esse propósito?

Infelizmente, poucas coisas sobre a teoria da utilidade e sua aplicação são simples e descomplicadas. Falando de modo geral, quanto mais alta a validade relacionada ao critério dos escores do teste para tomar uma determinada decisão, mais alta a probabilidade de que seja muito útil. Entretanto, há exceções a essa regra geral. Isso porque muitos fatores podem entrar em uma estimativa da utilidade de um teste, e há grandes variações nas formas como essa utilidade é determinada. Em um estudo da utilidade de um teste usado para seleção de pessoal, por exemplo, a razão da seleção pode ser muito alta. Revisaremos o conceito de razão da seleção (introduzido no capítulo anterior) de forma mais detalhada mais adiante neste capítulo. Por enquanto, vamos apenas observar que, se a razão da seleção for muito alta, a maioria das pessoas que se candidatam para o emprego está sendo contratada. Sob tais circunstâncias, a validade do teste pode ter pouco a ver com sua utilidade.

E quanto ao outro lado da moeda? Seria correto concluir que "um teste válido é um teste útil"? À primeira vista essa afirmação também pode parecer perfeitamente lógica e verdadeira. Mas, mais uma vez, – estamos falando aqui sobre a teoria da utilidade, e isso pode ser uma coisa muito complicada – a resposta é não; *não* é verdade que "um teste válido seja um teste útil". As pessoas com frequência se referem a um determinado teste como "válido" se foi demonstrado que os escores no teste são bons indicadores dos escores que uma pessoa terá no critério.

Um exemplo da literatura publicada pode ajudar a ilustrar um pouco mais como um instrumento de avaliação válido pode ter a utilidade questionável. Uma forma de monitorar o uso de drogas de usuários de cocaína que estão sendo tratados em uma unidade ambulatorial são exames de urina regulares. Como alternativa a esse método de monitoração, pesquisadores desenvolveram um adesivo que, se usado dia e noite, poderia detectar o uso de cocaína pelo suor. Em um estudo visando explorar a utilidade do adesivo com 63 voluntários dependentes de opiáceo que estavam buscando tratamento, os investigadores encontraram um nível de concordância de 92% entre um exame de urina positivo para cocaína e um teste positivo no adesivo de suor para cocaína. Diante disso, esses resultados pareciam encorajadores para os desenvolvedores do adesivo. Entretanto, essa alta taxa de concordância ocorria apenas quando o adesivo não tinha sido tocado e tinha sido aplicado de maneira adequada pelos participantes da pesquisa – o que, ficou constatado, não ocorria com muita frequência. No total, os pesquisadores foram forçados a concluir que o adesivo do suor tinha utilidade limitada como um meio de monitorar o uso de drogas nos serviços de tratamento ambulatorial (Chawarski et al., 2007). Esse estudo ilustra que, embora possa ser psicometricamente sólido, um teste pode ter pouca utilidade – em particular se os testandos-alvo demonstrarem uma tendência a "curvar, dobrar, perfurar, mutilar, destruir, adulterar" ou, de outro modo, deixarem de seguir de forma escrupulosa as orientações do teste.

Outro fator relacionado à utilidade não tem necessariamente alguma coisa a ver com o comportamento dos testandos-alvo. De fato, ele em geral tem mais a ver com o comportamento dos *aplicadores*-alvo do teste.

Custos Mencione a palavra *custos* e o que vem à mente? De modo geral palavras como *dinheiro* ou *dólares*. Nas considerações da utilidade do teste, fatores referidos diversamente como de natureza *econômica, financeira* ou *relacionada a orçamento* na certa devem ser levados em conta. Sem dúvida, um dos elementos mais básicos em qualquer análise de utilidade é o custo financeiro do dispositivo de seleção (ou programa de treinamento ou intervenção clínica) sob estudo. Todavia, o significado de "custo" aplicado à utilidade do teste pode ir muito além de dólares e centavos (ver a seção *A Psicometria no cotidiano* deste capítulo). Resumindo, **custo** no contexto da utilidade do teste refere-se a desvantagens, perdas ou despesas tanto em termos econômicos quanto não econômicos.

Usado em relação a decisões de utilidade do teste, o termo *custos* pode ser interpretado no sentido tradicional, econômico; ou seja, relativo aos gastos associados com testar ou não testar. Se for para conduzir uma testagem, então pode ser necessário alocar recursos para comprar (1) um teste em particular, (2) um suprimento de protocolos de teste em branco e (3) processamento, pontuação e interpretação do teste por computador pelo editor do teste ou por algum serviço independente. Os custos associados da testagem podem vir na forma de (1) pagamento a pessoal profissional e equipe relacionados a administração, pontuação e interpretação do teste; (2) custos relativos ao uso do local para o teste; e (3) custos de seguro, jurídicos, contábeis, de licença e outros custos de rotina para abrir um negócio. Em alguns contextos, como em clínicas particulares, esses custos podem ser compensados pela receita, tal como os honorários pagos pelos testandos. Em outros, como em organizações de pesquisa, serão pagos pelos recursos do aplicador do teste, que, por sua vez, pode obter os fundos de fontes como doações particulares ou subvenções governamentais.

Os custos econômicos listados aqui são os fáceis de calcular. Não tão fáceis de calcular são outros custos econômicos, em particular aqueles associados com testar ou não

A PSICOMETRIA NO COTIDIANO

Repensando os "custos" de testar e de não testar

Considere o seguinte cenário: No decorrer de um jogo de basquete com amigos, um homem tropeça, queixa-se de dor na perna e fica sentado o resto do jogo. Minuto a minuto, a dor em sua perna parece piorar. Em vez de ir para casa, ele decide ir a um pronto-socorro. Agora sente tanta dor que nem mesmo consegue dirigir. Um de seus companheiros de basquete leva o amigo ferido ao hospital.

Após anotar a história do paciente e realizar um exame físico, o médico da emergência suspeita que o homem tenha quebrado a perna. Ele pede um exame diagnóstico – nesse caso, um raio X – para confirmar sua suspeita. O paciente deve pagar cerca de $100 pelo exame. O médico poderia ter solicitado uma série de outros exames por imagem, como uma IRM, que também confirmaria o diagnóstico. Entretanto, uma IRM teria custado ao paciente em torno de $800 e, na maioria desses casos, teria produzido exatamente a mesma informação diagnóstica. O médico informa ao homem que, no caso bastante improvável de que o raio X indicasse que o osso não estava quebrado mas estilhaçado, um exame mais elaborado (e caro) como uma IRM seria solicitado.

Cerca de uma hora depois, os resultados estão prontos. O homem, de fato, tinha quebrado a perna. A boa notícia é que é uma fratura limpa – o osso não estava estilhaçado – e a perna pode ser fixada. O homem sai do hospital com um gesso e muletas. Leva tempo, mas a história tem um final feliz. Meses depois, ele está andando de novo e, sim, está de volta à quadra de basquete.

Agora considere um cenário alternativo envolvendo o mesmo homem que quebrou a perna durante o jogo de basquete. Em vez de ir a um pronto-socorro, ele volta para casa, acreditando que o custo do exame será maior que seus benefícios. Decide tratar sua lesão com repouso e compressas geladas na perna. Após dias e semanas se passarem, as coisas gradualmente melhoram, mas na verdade nem tanto. Sem o benefício da testagem para produzir um diagnóstico preciso levando a intervenção adequada, o homem provocou um dano permanente a seu corpo. A dor é muito menor, mas nunca passará por completo. O homem caminha mancando, não pode correr e tem dificuldade para subir escadas. Seus dias de jogo de basquete terminaram. Ele provavelmente economizou algum dinheiro em despesas médicas... mas a que preço? Valeu a pena?

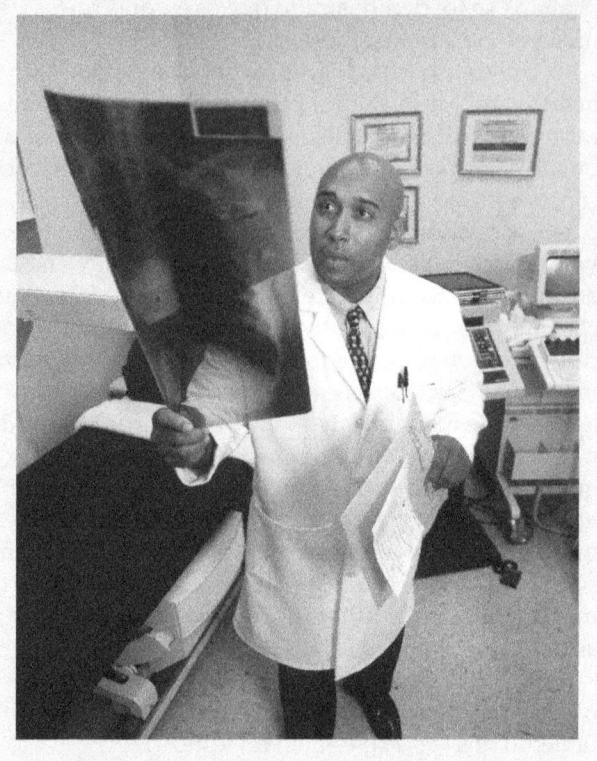

O custo deste raio X poderia ser de mais ou menos $100... mas qual é o custo de não fazer esse procedimento diagnóstico?

A moral da história é que às vezes há custos associados com *não* testar. Além disso, os custos de não testar podem ser assombrosos – e não apenas em termos financeiros.

testar com um instrumento que se revela ineficaz. Como um exemplo reconhecidamente improvável, e se os custos de combustível de foguetes levasse uma empresa aérea comercial a instituir métodos de corte de custos?[1] E se um dos métodos de corte de custos que a empresa aérea instituísse fosse a interrupção de seu programa de avaliação de pessoal? Agora, todo o pessoal – incluindo pilotos e pessoal de reparo de equipamento – seria contratado e treinando com pouca ou nenhuma avaliação. Como alternativa, e se a empresa aérea apenas convertesse seu programa de contratação e treinamento em um programa menos dispendioso, com testagem muito menos rigorosa (e talvez ineficaz) para todo o pessoal? Que consequências econômicas (e não econômicas) você imagina que poderiam resultar dessa ação? As ações de corte de custos como essas seriam prudentes de um ponto de vista comercial?

Não é preciso ter um M.B.A. ou um grau avançado em psicologia do consumidor para entender que tais ações por parte da empresa aérea provavelmente não seriam eficazes. A economia de custos resultante da eliminação desses programas de avaliação perderiam o sentido em comparação com as prováveis perdas na receita do consumidor quando fosse divulgada a estratégia da empresa aérea para corte de custos; a perda da confiança do público na segurança da empresa aérea se traduziria em uma perda quase certa de vendas de passagens. Além disso, tais perdas de receita seriam irrevogavelmente agravadas por quaisquer incidentes relacionados à segurança (com suas concomitantes ações judiciais) que ocorressem em consequência desse corte de custos imprudente.

Nesse exemplo, a menção da variável de "perda de confiança" nos traz outro significado de "custos" em termos de análises de utilidade; ou seja, custos em termos de perda. Os custos não econômicos dos cortes drásticos feitos pela companhia aérea poderiam vir na forma de prejuízo ou ferimento aos passageiros e à tripulação da companhia como resultado de pilotos incompetentes pilotando o avião e serviços incompetentes da equipe de solo. Embora as pessoas (e em especial as companhias de seguro) valorizem em dinheiro a perda de vida ou de partes do corpo, para nossos propósitos ainda podemos categorizar essas perdas trágicas como de natureza não econômica.

Outros custos não econômicos da testagem podem ser muito mais sutis. Considere, por exemplo, um estudo publicado que examinou a utilidade de obter quatro chapas de raio X, comparado com duas chapas de raio X, em exames de rotina para costelas fraturadas entre vítimas potenciais de abuso infantil. Hansen e colaboradores (2008) verificaram que uma série de quatro imagens de raios X diferia significativamente da série mais tradicional de duas imagens em termos do número de fraturas identificadas. Esses pesquisadores recomendaram o acréscimo de mais duas imagens nos protocolos de raio X de rotina para possível abuso físico. Em outras palavras, os autores consideraram de utilidade diagnóstica acrescentar duas imagens de raio X ao protocolo mais tradicional. O custo financeiro de usar os dois raios X adicionais foi considerado válido, dadas as consequências e os possíveis custos de não diagnosticar os ferimentos. Aqui, o custo (não econômico) diz respeito ao risco de deixar um abusador potencial abusar de um criança sem ser descoberto.

Nosso aplicador de teste apresentado neste capítulo, o dr. Erik Viirre, tem muita experiência em determinar se certos testes e tecnologias têm valor. No trecho de seu ensaio na seção *Conheça um profissional da avaliação* reimpresso aqui, ele descreve como a adição de uma tarefa do tipo telefone celular a uma simulação de direção teve o efeito de prejudicar o desempenho do motorista, desse modo comprovando o valor das tecnologias de detecção de movimentos oculares nos automóveis.

> **REFLITA...**
> Como você descreveria o custo econômico de as Forças Armadas de um país usarem mecanismos de avaliação ineficazes para avaliar recrutas?

Benefícios Os julgamentos relativos à utilidade de um teste podem levar em consideração se os benefícios de testar justificam os custos de administrar, pontuar e interpretar o

---
[1] Esse exemplo pode não ser de todo improvável. Ver w*ww.usatoday.com/travel/flights/2008-03-06-fine_N.htm*.

CONHEÇA UM PROFISSIONAL DA AVALIAÇÃO

Conheça o dr. Erik Viirre

[...] realizamos um estudo (Tsai et al., 2007) no qual combinamos o Teste Auditivo Compassado de Adição Seriada (PASAT) com um simulador de direção. A ideia era examinar a combinação de dirigir (uma tarefa visual e psicomotora), com uma tarefa auditiva pura. Examinamos a atividade de movimentos oculares durante a tarefa de direção com direção apenas e com direção e o PASAT. Esse teste requer que o indivíduo escute números falados e responda verbalmente com a soma dos dois números ouvidos por último. Portanto, a combinação era como dirigir falando ao telefone.

Constatamos uma série de efeitos, incluindo que tentar fazer o PASAT interferia na capacidade dos indivíduos de manter o desempenho na direção, em especial quando a tarefa auditiva era muito rápida. De forma significa, também fomos capazes de detectar mudanças na atividade de movimentos oculares. Durante a tarefa de dirigir apenas, os indivíduos rastreavam visualmente a cena que observavam, checando as outras pistas, checando o espelho retrovisor e lendo seus instrumentos. Em contrapartida, durante as tarefas simultânea de simulação de direção e o PASAT, houve mudanças drásticas na atividade de movimentos oculares, *apesar de a tarefa visual ser exatamente a mesma.* Aqui, os indivíduos ignoraram seu espelho retrovisor e os instrumentos e tiveram uma variedade de movimentos oculares muito restrita.

Por meio de nossa pesquisa esperamos desenvolver recomendações sobre a importância da carga de trabalho relativa de uma variedade de tarefas. Além disso, com nossas medições fisiológicas, esperamos desenvolver tecnologias que avaliarão pessoas em tempo real durante o desempenho de suas tarefas. Por exemplo, as tecnologias de detecção de movimentos oculares têm sido implementadas agora em automóveis novos para avaliar o estado de foco e alerta do motorista. Nosso trabalho apoia o argumento de que essas tecnologias têm valor.

Leia mais sobre o que o dr. Viirre tinha a dizer – seu ensaio completo (em inglês), com ilustrações – em www.mhhe.com/cohentesting8.

Erik Viirre, M.D., Ph.D., professor adjunto associado, Faculdade de Medicina, University of California, San Diego, UCSD.

teste. Portanto, na avaliação da utilidade de um determinado teste, é feita uma estimativa dos custos decorrentes da testagem comparado com os benefícios resultantes. Aqui, **benefício** refere-se a lucros, ganhos ou vantagens. Como fizemos ao discutirmos os custos associados com testar (e não testar), podemos ver os *benefícios* em termos tanto econômicos quanto não econômicos.

De um ponto de vista econômico, o custo de administrar testes pode ser minúsculo quando comparado com os benefícios econômicos – ou retornos financeiros em reais (dólares) e centavos – que um programa de testagem bem-sucedido pode gerar. Por exemplo, se um novo programa de testagem de pessoal resultar na seleção de empregados que produzam significativamente mais do que outros empregados, então o programa terá sido responsável por maior produtividade por parte dos novos empregados. Essa maior produtividade pode levar a maiores lucros globais da companhia. Se um novo método de controle de qualidade em uma fábrica de processamento de alimentos resultar em produtos de qualidade superior e menos produtos sendo desperdiçados, o resultado líquido será lucros maiores para a companhia.

Também existem muitos possíveis benefícios não econômicos derivados de programas de testagem planejados com seriedade e bem administrados. Em contextos industriais, uma lista parcial desses benefícios não econômicos – muitos trazendo com eles benefícios econômicos também – incluiria:

- um aumento na qualidade do desempenho dos trabalhadores;
- um aumento na quantidade de desempenho dos trabalhadores;
- uma diminuição no tempo necessário para treinar os trabalhadores;
- uma redução no número de acidentes;
- uma redução na rotatividade de pessoal.

O custo de administrar testes pode valer muito a pena se o resultado for a garantia de benefício não econômico, como um bom ambiente de trabalho. Como exemplo, considere os programas de admissão existentes na maioria das universidades. As instituições educacionais que se orgulham de seus diplomados estão frequentemente buscando meios de melhorar a forma de selecionar os candidatos para seus cursos. Por quê? Porque é motivo de honra para uma universidade que seus diplomados tenham sucesso nas carreiras escolhidas. Uma grande quantidade de diplomados felizes e bem-sucedidos melhora a reputação da universidade e transmite a mensagem de que ela está fazendo alguma coisa certa. Os benefícios relacionados a uma universidade que tem alunos atravessando com sucesso seus cursos pode incluir moral alta e um bom ambiente de aprendizagem para os alunos, moral alta e um bom ambiente de trabalho para o corpo docente e carga reduzida sobre os supervisores e sobre o pessoal e os conselhos disciplinares. Com menos alunos abandonando a faculdade antes da formatura por razões acadêmicas, poderia haver de fato menos carga sobre o pessoal da secretaria também; eles não estariam constantemente trabalhando para selecionar alunos para substituir aqueles que saíram antes de completar seus cursos. Um bom ambiente de trabalho e um bom ambiente de aprendizagem não são necessariamente coisas que o dinheiro possa comprar. Entretanto, esses desfechos podem resultar de um programa de admissões bem administrado que selecione de forma consistente estudantes qualificados que acompanhem o trabalho e se "ajustem" ao ambiente de uma determinada universidade.

Um dos benefícios econômicos de um teste diagnóstico usado para tomar decisões sobre hospitalização involuntária de pacientes psiquiátricos é um benefício à sociedade em geral. As pessoas muitas vezes são confinadas de maneira involuntária porque, por razões psiquiátricas, constituem um risco para si mesmas ou para os outros. Instrumentos de avaliação psicológica como testes, dados de história de caso e entrevistas podem ser usados para tomada de decisão relativa à hospitalização psiquiátrica involuntária. Quanto mais útil forem esses instrumentos de avaliação, mais protegida a sociedade estará da intenção de indivíduos de infligir dano ou ferimento. Evidentemente, o benefício não econômico potencial derivado do uso desses instrumentos diagnósticos é grande. Também é verdade, contudo, que os *custos* econômicos potenciais são grandes quando erros são cometidos. Os erros na determinação clínica cometidos em casos de hospitalização involuntária podem levar pessoas que não são uma ameaça para si mesmas ou para os outros serem privadas de sua liberdade. Os riscos que envolvem a utilidade dos testes podem ser na verdade bastante altos.

> **REFLITA...**
> Dê um exemplo de outra situação na qual os riscos envolvendo a utilidade de um instrumento de avaliação psicológica sejam altos.

Como os profissionais no campo da testagem e da avaliação equilibram variáveis como solidez psicométrica, benefícios e custos? Como eles chegam a um julgamento em relação à utilidade de um teste específico? Como decidem que benefícios (conforme definidos) superam os custos (conforme definidos) e que um teste ou intervenção de fato tem utilidade? Há fórmulas que podem ser usadas com valores que podem ser preenchidos, e há tabelas que podem ser usadas com valores a serem consultados. Apresentaremos esses métodos neste capítulo. Mas vamos iniciar nossa discussão da análise de utilidade enfatizando que outros elementos, menos definíveis – como prudência, visão e, na falta de um termo melhor (ou mais técnico), *bom senso* – devem estar sempre presentes no processo. Um teste psicometricamente sólido de valor prático vale o que foi pago por ele, mesmo quando o preço é alto, se os benefícios potenciais de seu uso também forem altos ou se os custos potenciais de *não* usá-lo forem altos. O objetivo dessa ampla discussão sobre "custos" e "benefícios" foi sublinhar que essas questões não podem ser consideradas apenas em termos monetários.

Análise de utilidade

O que é uma análise de utilidade

A **análise de utilidade** pode ser definida amplamente como uma família de técnicas que implicam uma análise de custo-benefício visando produzir informações relevantes para uma decisão sobre a usabilidade e/ou o valor prático de um instrumento de avaliação. Note que nessa definição usamos a frase "família de técnicas". Isso porque uma análise de utilidade não é uma técnica específica usada para um objetivo específico. Antes, *análise de utilidade* é um termo abrangente incluindo vários métodos possíveis, cada um requerendo vários tipos de dados a serem introduzidos e gerando vários tipos de resultados. Algumas análises de utilidade são bastante sofisticadas, empregando modelos matemáticos de alto nível e estratégias detalhadas para pesar as diferentes variáveis sob consideração (Roth et al., 2001). Outras análises de utilidade são ainda mais diretas e podem ser entendidas facilmente em termos de respostas a perguntas bastante simples, como: "Qual teste nos dá mais retorno?".

Em um sentido mais geral, uma análise de utilidade pode ser realizada com o objetivo de avaliar se os benefícios de usar um teste (ou programa de treinamento ou intervenção) superam os custos. Se realizada para avaliar um teste, ajudará a tomar decisões relativas a se:

- um teste é preferível a outro teste para uso com finalidade específica;
- um instrumento de avaliação (como um teste) é preferível a outro instrumento de avaliação (como a observação comportamental) para um propósito específico;
- o acréscimo de um ou mais testes (ou outros instrumentos de avaliação) a um ou mais testes (ou a outros instrumentos de avaliação) que já estão em uso é preferível para um propósito específico;
- nenhuma testagem ou avaliação é preferível a qualquer testagem ou avaliação.

Se realizada com o propósito de avaliar um programa de treinamento ou uma intervenção, a análise de utilidade ajudará a tomar decisões relativas a se:

- um programa de treinamento é preferível a outro programa de treinamento;
- um método de intervenção é preferível a outro método de intervenção;
- a adição ou a subtração de elementos a um programa de treinamento existente melhoram o programa de treinamento global tornando-o mais eficaz e eficiente;
- a adição ou a subtração de elementos a um método de intervenção existente melhoram a intervenção global tornando-a mais eficaz e eficiente;
- nenhum programa de treinamento é preferível a um determinado programa de treinamento;
- nenhuma intervenção é preferível a uma determinada intervenção.

O ponto final de uma análise de utilidade é normalmente uma decisão abalizada sobre qual dos muitos possíveis cursos de ação é o ideal. Por exemplo, em uma agora clássica análise de utilidade, Cascio e Ramos (1986) verificaram que o uso de uma determinada abordagem à avaliação na seleção de gerentes poderia economizar mais de $13 milhões para uma companhia telefônica ao longo de quatro anos (ver também Cascio, 1994, 2000).

Seja lendo sobre análise de utilidade neste capítulo seja em outras fontes, uma base sólida na linguagem desse empreendimento – tanto escrita quanto gráfica – é essencial. Para atingir esse fim, esperamos que você considere útil a ilustração de caso detalhada apresentada na seção *Em foco* deste capítulo.

Como é conduzida uma análise de utilidade?

O objetivo específico de uma análise de utilidade determinará que tipo de informação será requerida bem como os métodos específicos a serem usados. Aqui, discutiremos brevemente duas abordagens gerais à análise de utilidade. A primeira é uma abordagem que emprega dados que, na verdade, devem ser bastante familiares.

Dados de expectativa Algumas análises de utilidade exigirão pouco mais do que a conversão de um gráfico de dispersão de dados de testes para uma tabela de expectativa (semelhante ao processo descrito no capítulo anterior). Uma tabela de expectativa pode fornecer uma indicação da probabilidade de que um testando terá escores em algum intervalo em uma medida de critério – um intervalo que pode ser categorizado como "aprovado", "aceitável" ou "reprovado". Por exemplo, com relação à utilidade de um teste de seleção de pessoal novo e experimental em um contexto corporativo, uma tabela de expectativa pode fornecer informações vitais para os responsáveis pela decisão. Esse tipo de tabela poderia indicar, por exemplo, que, quanto mais alto o escore de um empregado nesse novo teste, maior a probabilidade de que ele já seja julgado bem-sucedido. Em outras palavras, o teste está funcionando como deve e, ao institui-lo em uma base permanente, a empresa poderia esperar melhorar razoavelmente sua produtividade.

Tabelas que poderiam ser usadas como um auxílio para diretores de pessoal em suas tarefas de tomada de decisão foram publicadas por H. C. Taylor e J. T. Russell no *Journal of Applied Psychology* em 1939. Referidas pelos nomes de seus autores, as **tabelas de Taylor-Russell** fornecem uma estimativa do grau em que a inclusão de um determinado teste no sistema de seleção melhorará a seleção. De modo mais específico, fornecem uma estimativa da porcentagem de empregados contratados pelo uso de um determinado teste que será bem-sucedida em suas funções, dadas diferentes combinações de três variáveis: a validade do teste, a razão de seleção usada e a taxa de base.

O valor atribuído para a validade do teste é o coeficiente de validade calculado. A *razão de seleção* é um valor numérico que reflete a relação entre o número de pessoas a serem contratadas e o número de pessoas disponíveis para isso. Por exemplo, se há 50 cargos e 100 candidatos, então a razão de seleção é 50/100, ou 0,50. Como usada aqui, a *taxa de base* refere-se à porcentagem de pessoas contratadas sob o sistema existente para um determinado cargo. Se, por exemplo, a empresa empregar 25 programadores de computador e 20 são considerados bem-sucedidos, a taxa de base seria 0,80. Com o conhecimento do coeficiente de validade de um determinado teste junto com a razão de seleção, a referência às tabelas de Taylor-Russell fornecem ao diretor de pessoal uma estimativa de quanto o uso do teste melhoraria a seleção em comparação com os métodos existentes.

Um exemplo da tabela de Taylor-Russell é apresentado na Tabela 7.1. Essa tabela é para a taxa de base de 0,60, significando que 60% daqueles contratados sob o sistema existente são bem-sucedidos em seu trabalho. Abaixo, no lado esquerdo, estão os coeficientes de validade para um teste que poderia ser usado para ajudar a selecionar empregados. Ao longo da parte superior estão as várias razões de seleção. Elas refletem a proporção

EM FOCO

Análise de utilidade: uma ilustração

Assim como a análise fatorial, a análise discriminante, a psicanálise e outras abordagens específicas à análise e avaliação, a análise de utilidade tem seu próprio vocabulário. Ela tem até suas próprias imagens em termos de representações gráficas de vários fenômenos. Como ponto de partida para a aprendizagem sobre os termos e as imagens associados com a análise de utilidade, apresentamos um cenário hipotético envolvendo questões relacionadas à utilidade que surgem no setor de pessoal de uma empresa. A empresa é uma companhia de entrega de encomendas sul-americana chamada Federale Express (FE). O problema em questão diz respeito à relação custo-benefício de acrescentar um novo teste ao processo de contratação de motoristas de entrega. Considere os seguintes detalhes.

A dra. Wanda Carlos, diretora de pessoal da Federale Express, foi encarregada da tarefa de avaliar a utilidade de acrescentar um novo teste aos procedimentos atualmente existentes para contratar motoristas de entrega. A política atual da FE estabelece que os motoristas devem possuir uma carteira de motorista válida e não ter ficha criminal. Uma vez contratado, o motorista é colocado em experiência por três meses, durante os quais avaliações do supervisor sobre o trabalho (OTJSRs) são coletadas em dias de trabalho aleatórios. Se essas pontuações forem satisfatórias ao final do período de experiência, então o novo motorista de entrega é considerado "qualificado". Apenas motoristas qualificados obtêm a condição de empregado permanente e os benefícios da Federale Express.

O novo procedimento de avaliação a ser considerado de um ponto de vista de custo-benefício é o Teste de Estrada da Federale Express (FERT). O FERT é um procedimento que leva menos de uma hora e implica no candidato dirigir um caminhão da FE no trânsito real até um determinado destino, estacionar em paralelo e então dirigir de volta até o ponto de partida. O FERT demonstra validade relacionada ao critério? Nesse caso, que ponto de corte instituído para designar aprovação e reprovação proporcionaria maior utilidade? Essas são perguntas preliminares que a dra. Carlos busca responder "na estrada" para tratar as questões de utilidade. Elas serão tratadas em um estudo explorando a validade preditiva do FERT.

A dra. Carlos conduz um estudo no qual um novo grupo de motoristas é contratado com base nos requisitos existentes da FE: possuir uma carteira de motorista válida e não ter ficha criminal. Entretanto, para esclarecer a questão do valor de acrescentar um novo teste ao processo, esses novos contratados também devem realizar o FERT. Portanto, subsequente a sua contratação e após realizar o FERT, esses novos empregados são colocados em experiência pelo período habitual de três meses. Durante esse período, as avaliações do supervisor sobre o trabalho (OTJSRs) são coletadas em dias de trabalho selecionados de forma aleatória. As pontuações totais que os novos empregados alcançam nas OTJSRs serão usadas para avaliar não apenas se o novo contratado é qualificado, mas também para tratar as questões relativas ao valor acrescentado do FERT no processo de contratação.

O período de experiência de três meses para os novos contratados terminou, e a dra. Carlos acumulou muito dados, incluindo pontuações na medida preditora (o FERT) e pontuações na medida de critério (as OTJSRs). Examinando esses dados, ela pensa em voz alta sobre fixar um ponto de corte para o FERT... mas precisa mesmo fixar um ponto de corte? E se a FE contratasse tantos novos motoristas permanentes quantos fossem necessários por um processo de *seleção descendente* com relação às OTJRSs? A **seleção descendente** é um processo de conceder cargos disponíveis a candidatos no qual a pessoa com o escore mais alto ocupa a primeira vaga, a pessoa com o escore mais alto seguinte a vaga seguinte, e assim por diante até que todas as vagas sejam preenchidas. A dra. Carlos decide contra uma política de contratação descendente baseada em seu conhecimento do possível impacto adverso. As práticas de seleção descendente podem ocasionar efeitos discriminatórios não intencionais (Cascio et al., 1995; De Corte e Lievens, 2005; McKinney e Collins, 1991; Zedeck et al., 1996).

Com a finalidade de auxiliar na fixação de um ponto de corte para contratação e para responder a perguntas sobre a utilidade do FERT, a dra. Carlos compra um (hipotético) programa de computador intitulado *Facilitando a análise de utilidade*. Esse programa contém definições para inúmeros termos relacionados à utilidade e também fornece os instrumentos para criar automaticamente tabelas e gráficos a respeito do assunto gerados por computador. No que se segue, aprendemos, junto com a dra. Carlos, como a análise de utilidade pode ser "facilitada" (ou, no mínimo, descomplicada). Após inserir todos os dados deste estudo, ela dá o comando *fixar ponto de corte*, e o que aparece é uma tabela (Tab. 1) e este aviso:

Não há uma forma única melhor de determinar o ponto de corte para usar no FERT. O ponto de corte escolhido refletirá a meta do processo de seleção. Nesse caso, considere qual das quatro opções seguintes melhor reflete a política e os objetivos de contratação da empresa. Para algumas empresas, o melhor ponto de corte pode ser nenhuma ponto de corte (Opção 1).

(1) Limite o custo da seleção não usando o FERT.
Essa meta poderia ser adequada (a) se a Federale Express simplesmente necessitasse de "corpos" para preencher cargos a fim de continuar as operações; (b) se as consequências de contratar pessoal não qualificado não fossem uma consideração importante; e/ou (c) se o tamanho do grupo de candidatos fosse igual ou menor que o número de vagas.

(2) Garanta que candidatos qualificados não sejam rejeitados.
Para realizar essa meta, fixe um ponto de corte do FERT que garanta que nenhum candidato rejeitado pelo corte tenha sido considerado qualificado ao final do período de experiência. Em outras palavras, estabeleça um ponto de corte que produza a taxa de falso-negativo mais baixa. A ênfase nesse cenário é excluir os "piores" candidatos; ou seja, aqueles que definitivamente serão considerados não qualificados ao final do período de experiência.

Tabela 1 Acertos e erros

Termo	Definição geral	O que significa neste estudo	implicação
Acerto	Uma classificação correta	Uma pontuação de aprovação no FERT está associada com desempenho satisfatório na OTJSRs, e uma pontuação de reprovação no FERT está associada com desempenho insatisfatório nas OTJSRs.	O teste preditor previu com sucesso o desempenho no critério; previu com sucesso o resultado no trabalho. Um motorista qualificado é contratado; um motorista não qualificado não é contratado.
Erro	Uma classificação incorreta; um engano	Uma pontuação de aprovação no FERT está associada com desempenho insatisfatório nas OTJSRs, e uma pontuação de reprovação no FERT está associada com desempenho satisfatório nas OTJSRs.	O teste preditor não previu desempenho no critério; não conseguiu prever o resultado no trabalho. Um motorista qualificado não é contratado; um motorista não qualificado é contratado.
Taxa de acerto	A proporção de pessoas que um instrumento de avaliação identifica corretamente como tendo ou exibindo determinados traço, capacidade, comportamento ou atributo	A proporção de motoristas da FE com uma pontuação de aprovação no FERT que tiveram desempenho satisfatório após três meses com base em OTJSRs. Também, a proporção de motoristas da FE com uma pontuação de reprovação no FERT que não tiveram desempenho satisfatório após 3 meses com base em OTJSRs.	A proporção de motoristas qualificados com uma pontuação de aprovação no FERT que realmente ganha a condição de empregado permanente após três meses na função. Também, a proporção de motoristas não qualificados com uma pontuação de reprovação no FERT que são dispensados após três meses.
Taxa de erro	A proporção de pessoas que um instrumento de avaliação identifica incorretamente como tendo ou exibindo determinados traço, capacidade, comportamento ou atributo	A proporção de motoristas da FE com uma pontuação de aprovação no FERT que tiveram desempenho insatisfatório após 3 meses com base em OTJSRs. Também, a proporção de motoristas da FE com uma pontuação de reprovação no FERT que tiveram desempenho satisfatório após 3 meses com base em OTJSRs.	A proporção de motoristas que o FERT previu incorretamente serem qualificados. Também, a proporção de motoristas que o FERT previu incorretamente serem não qualificados.
Falso-positivo	Um tipo específico de *erro* pelo qual um instrumento de avaliação indica falsamente que o testando tem ou exibe determinados traço, capacidade, comportamento ou atributo	O FERT indica que o novo contratado terá desempenho bem-sucedido no trabalho mas, na verdade, o novo motorista não tem.	Um motorista que é contratado não é qualificado.
Falso-negativo	Um tipo específico de *erro* pelo qual um instrumento de avaliação indica falsamente que o testando não tem ou exibe determinados traço, capacidade, comportamento ou atributo	O FERT indica que o novo contratado não terá desempenho bem-sucedido no trabalho mas, na verdade, o novo motorista teria desempenho bem-sucedido.	O FERT diz para não contratar, mas o motorista teria sido avaliado como qualificado.

(3) Garanta que todos os candidatos selecionados comprovem ser qualificados.

Para realizar essa meta, fixe um ponto de corte do FERT garantindo que todos os que "alcançaram o corte" no FERT sejam avaliados como qualificados ao final do período de experiência; ninguém que tenha "alcançado o corte" é avaliado como não qualificado ao final desse período. Em outras palavras, estabeleça um ponto de corte que produza a taxa mais baixa de falso-positivo. A ênfase nesse cenário é em selecionar apenas os melhores candidatos; ou seja, aqueles que definitivamente serão considerados qualificados ao final do período de experiência.

(4) Garanta, na medida do possível, que candidatos qualificados sejam selecionados e candidatos não qualificados sejam rejeitados.

Esse objetivo pode ser alcançado estabelecendo um ponto de corte no FERT que seja útil em (a) selecionar para cargos permanentes aqueles motoristas que tiveram desempenho satisfatório nas OTJSRs; (b) eliminar da consideração aqueles que tiveram desempenho insatisfatório nas OTJSRs; e (c) reduzir a taxa de erro tanto quanto possível. Essa abordagem à fixação de um ponto de corte produzirá a taxa de acerto mais alta enquanto permite que "erros" relacionados ao FERT possam ser da variedade tanto falso-positiva como falso-negativa. Aqui, falso-positivos não são considerados nem melhores nem piores que falso-negativos e vice-versa.

Raramente é possível "ter todas as formas". Em outras palavras, raras vezes é possível ter a taxa de falso-positivo mais baixa, a taxa de falso-negativo mais baixa, a taxa de acerto mais alta e não incorrer em custos de testagem. Qual dos quatro objetivos listados representa o melhor "ajuste" com suas políticas e os objetivos de contratação da empresa? Antes de responder, pode ser útil rever a Tabela 1.

Após rever a Tabela 1 e todo o material sobre termos incluindo *acerto, erro, falso-positivo* e *falso-negativo*, a dra. Carlos escolhe *continuar* e é apresentada às quatro opções seguintes para escolher.

1. Selecionar os candidatos sem usar o FERT.
2. Usar o FERT para selecionar com a taxa mais baixa de falso-negativo.
3. Usar o FERT para selecionar com a taxa mais baixa de falso-positivo.
4. Usar o FERT para produzir a taxa de acerto mais alta e a taxa de erro mais baixa.

Curiosa sobre o desfecho associado com cada uma dessas quatro opções, a dra. Carlos deseja explorar todas elas. Começa selecionando a Opção 1: *Selecionar os candidatos sem usar o FERT*. Logo, um gráfico (Fig. 1 da seção *Em foco*) e esta mensagem aparecem:

> *Geralmente falando, taxa de base é definida como a proporção de pessoas na população que possuem determinado traço, comportamento, característica ou atributo. Neste estudo, taxa de base refere-se à proporção de novos motoristas contratados que terão desempenho satisfatório na medida de critério (as OTJSRs) e serão considerados "qualificados" independentemente de se um teste como o FERT existisse ou não (e independentemente de sua pontuação no FERT se ele fosse administrado). A taxa de base é representada na Figura 1 (e em todos os gráficos subsequentes) pelo número de motoristas cujas OTJSRs ficam abaixo da linha horizontal tracejada (uma linha que se refere ao desempenho mínimo aceito nas OTJSRs) comparado ao número total de pontuações. Em outras palavras, a taxa de base é igual à razão de candidatos qualificados para o número total de candidatos.*

Sem o uso do FERT, se estima que cerca de metade de todos os novos contratados exibiriam desempenho satisfatório; ou seja, a taxa de base seria 0,50. Sem tal uso, a taxa de erro também seria de 0,50 – isso porque metade de todos os motoristas contratados seriam considerados não qualificados com base nas OTJSRs ao final do período de experiência.

A dra. Carlos considera as consequências de uma taxa de erro de 50%. Pensa na possibilidade de um aumento nas queixas dos clientes em relação ao nível de serviço. Prevê um aumento nos acidentes por falha e processos dispendiosos. Ela é agradavelmente distraída desses pesadelos potenciais quando de forma inadvertida se inclina sobre seu teclado e ele começa a apitar furiosamente. Tendo rejeitado a Opção 1, ela "pressiona" e em seguida explora quais desfechos estariam associados com a Opção 2: *Usar o FERT para selecionar com a taxa mais baixa de falso-negativo*. Agora, outro gráfico (Fig. 2 da seção *Em foco*) aparece junto com este texto:

> *Este gráfico, bem como todos os outros incorporando dados de ponto de corte do FERT, tem pontuações do FERT (preditor) no eixo horizontal (que aumenta da esquerda para a direita), e pontuações das OTJSRs (critério) no eixo vertical (com as pontuações aumentando de baixo para cima). A razão de seleção fornece uma indicação da competitividade da posição; ela é diretamente afetada pelo ponto de corte usado na seleção. À medida que esse ponto é fixado mais para a direita, a razão de seleção diminui. A implicação prática da razão de seleção decrescente é que a contratação se torna mais seletiva; isso significa que há mais competição por um cargo e que a pro-*

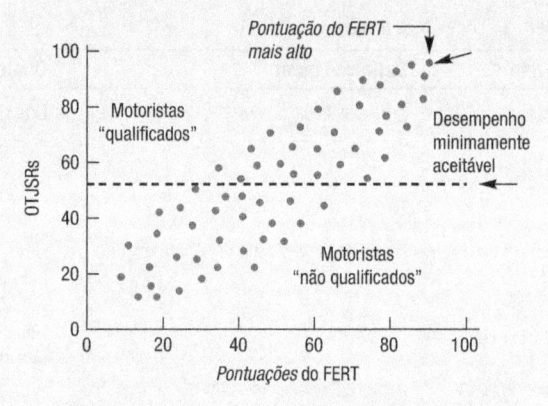

Figura 1 Dados da Taxa de Base para a Federale Express.

Antes de usar o FERT, qualquer candidato com uma carteira de motorista válida e sem ficha criminal era contratado para um cargo permanente de motorista da FE. Os motoristas podiam ser classificados em dois grupos com base nas avaliações dos supervisores do trabalho (OTJSRs): aqueles cuja direção era considerada satisfatória (localizados acima da linha horizontal tracejada) e aqueles cuja direção era considerada insatisfatória (abaixo da linha tracejada). Sem o uso do FERT, então, todos os candidatos eram contratados e a razão de seleção era de 1,0; dos 60 candidatos, 60 motoristas foram contratados. Entretanto, a taxa de base de desempenho bem-sucedido mostrada na Figura 1 foi de apenas 0,50. Isso significa que apenas metade dos motoristas contratados (30 de 60) foram considerados "qualificados" por seu supervisor. Isso mostra também uma taxa de erro de 0,50, porque metade dos motoristas veio a ter um desempenho abaixo do nível minimamente aceito.

Contudo, visto que as pontuações do FERT e as OTJSRs estão correlacionadas de maneira positiva, o FERT pode ser usado para ajudar a selecionar os indivíduos com probabilidade de serem avaliados como motoristas qualificados. Portanto, usar o FERT é uma boa ideia, mas como ele deve ser usado? Um método implicaria a seleção descendente. Ou seja, um cargo permanente seria oferecido primeiro ao indivíduo com a pontuação mais alta no FERT (acima, o caso mais à direita na Fig. 1), seguido pelo indivíduo com a pontuação mais alta seguinte, e assim por diante até todos os cargos serem preenchidos. Como se pode ver na figura, se cargos permanentes são oferecidos apenas a indivíduos com as 20 pontuações mais altas no FERT, então as avaliações das OTJSRs dos contratados permanentes estarão principalmente na variação de desempenho satisfatório. Entretanto, como já foi observado, tal política de seleção descendente pode ser discriminatória.

> *porção de pessoas realmente contratadas (de todos aqueles que se candidataram) será menor.[1] À medida que o ponto de corte é fixado mais para a esquerda, a razão de seleção aumenta; a contratação se torna menos seletiva, e as chances são de que mais pessoas sejam contratadas.[2]*

---
[1] Pode ajudar você a lembrar disso pensar: "Razão de seleção baixa, menos empregados ao redor". Naturalmente, isso funciona da maneira oposta quando se trata de pontos de corte: "Ponto de corte baixo, mais empregados para conhecer".

[2] Pode ajudar você a lembrar disso pensar: "Razão de seleção alta, mais empregados dizem 'Oi!'". Naturalmente, isso funciona da maneira oposta quando se trata de pontos de corte: "Ponto de corte alto, candidatos dizem adeus."

Usar um ponto de corte de 18 no FERT, em comparação a não usar esse teste, reduz a taxa de erro de 50 para 45% (ver Fig. 2). A principal vantagem de fixar o ponto de corte tão baixo é que a taxa de falso-negativo cai para zero; nenhum motorista potencialmente qualificado será rejeitado com base no FERT. O uso desse ponto de corte do FERT também aumenta a taxa de base de desempenho bem-sucedido de 0,50 para 0,526. Isso significa que a porcentagem de contratados que serão avaliados como "qualificados" aumentou de 50% sem o uso do FERT para 52,6% com ele. A razão de seleção associada com usar 18 como o ponto de corte é de 0,95, o que significa que 95% dos motoristas que se candidatam são selecionados.

A dra. Carlos avalia que a taxa de falso-negativo é zero e que assim nenhum motorista potencialmente qualificado será dispensado com base na pontuação do FERT. Também acredita que uma redução de 5% na taxa de erro é melhor do que nenhuma redução. Pergunta-se, porém, se essa redução na taxa de erro é significativa do ponto de vista estatístico. Ela teria que analisar esses dados de modo formal para ter certeza mas, após uma simples "olhada" nesses achados, uma diminuição na taxa de erro de 50 para 45% não parece relevante. Similarmente, um aumento no número de motoristas qualificados de apenas 2,6% por meio de um teste para fins de seleção não parece prudente para instituir um novo teste de seleção de pessoal a custo e despesa reais para a empresa se o único benefício do teste for rejeitar os três candidatos de pontuação mais baixa entre um total de 60 – quando, na realidade, 20 dos 60 candidatos serão avaliados como "não qualificados".

A dra. Carlos faz uma pausa para prever uma situação na qual reduzir a taxa de falso-negativo para zero poderia ser prudente; o ideal seria se ela estivesse testando os motoristas para uso de droga, porque ela definitivamente não desejaria um teste para indicar que um motorista está "limpo" se ele estivesse usando drogas. É evidente que um teste com uma taxa de falso-negativo de zero também teria a probabilidade de apresentar uma taxa de falso-positivo alta. Mas então ela poderia tornar a testar qualquer candidato que recebesse um resultado positivo com um segundo teste, mais caro e mais preciso – isso para garantir que o resultado positivo final estava correto e não era um erro de testagem. Enquanto a dra. Carlos medita sobre essas questões, um colega a surpreende com uma consulta amigável: "Como está indo aquela pesquisa sobre o FERT?".

Ela responde, "Bem", e tranquilamente estica o braço até seu teclado para selecionar a Opção 3: *Usar o FERT para selecionar com a taxa mais baixa de falso-positivo*. Agora, outro gráfico (Fig. 3 do *Em foco*) e outra mensagem aparecem:

Usar um ponto de corte de 80 no FERT, em comparação a não usar esse teste, resulta em uma redução da taxa de erro de 50 para 40% (ver Fig. 3), mas também reduz a taxa de falso-positivo para zero. O uso desse ponto de corte do FERT também aumenta a taxa de base de desempenho bem-sucedido de 0,50 para 1,00. Isso significa que a porcentagem de motoristas selecionados que são avaliados como "qualificados" aumenta de 50% sem o uso do FERT para 100% quando o FERT é usado com um ponto de corte

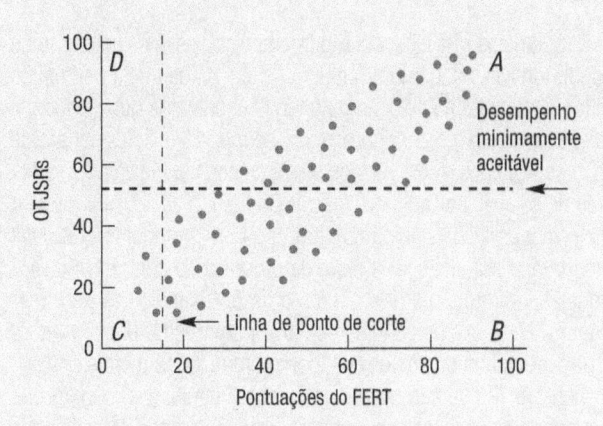

Figura 2 Seleção com ponto de corte baixo e razão de seleção alta.

Como vimos na Figura 1, sem o uso do FERT, apenas metade de todos os contratados em experiência seriam avaliados como motoristas satisfatórios por seus supervisores. Agora consideraremos como melhorar a seleção usando o FERT. Para facilidade de referência, cada um dos quadrantes na Figura 2 (bem como os outros gráficos da seção Em foco) foram rotulados de A, B, C ou D. A razão de seleção neste e nos gráficos seguintes pode ser definida como igual à razão do número de pessoas que são contratadas em uma base permanente (candidatos qualificados conforme determinado pela pontuação do FERT), comparado ao número total de pessoas que se candidatam.

O número total de candidatos para cargos permanentes foi 60, como demonstrado por todos os pontos em todos os quadrantes. Nos quadrantes A e B, à direita da linha do ponto de corte vertical (estabelecido em 18), estão os 57 motoristas da FE que receberam emprego permanente. Também podemos ver que a taxa de falso-positivo é zero porque nenhuma pontuação incide no quadrante D; portanto, nenhum motorista potencialmente qualificado será rejeitado com base no uso do FERT com um ponto de corte de 18. A razão de seleção nesse cenário é 57/60, ou 0,95. Podemos concluir, portanto, que 57 candidatos (95% dos 60 que originalmente se candidataram) teriam sido contratados com base em suas pontuações no FERT, com um ponto de corte fixado em 18 (resultando em uma razão de seleção "alta" de 95%); apenas três candidatos não seriam contratados com base em suas pontuações no FERT. Esses três também seriam avaliados como não qualificados por seus supervisores ao final do período de experiência. Podemos ver também que, removendo os candidatos de pontuações mais baixas, a taxa de base de desempenho bem-sucedido melhora ligeiramente em comparação a não usar o FERT. Em vez de ter uma taxa de base de desempenho bem-sucedido de apenas 0,50 (como foi o caso quando todos os candidatos foram contratados), agora a taxa de base de desempenho bem-sucedido é 0,526. Isso porque 30 motoristas ainda são avaliados como qualificados com base nas OTJSRs enquanto o número de motoristas contratados foi reduzido de 60 para 57.

de 80. A razão de seleção associada com usar 80 como ponto de corte é 0,10, o que significa que 10% dos candidatos são selecionados.

A dra. Carlos gosta da ideia da "solução 100%" ocasionada por uma taxa de falso-positivo de zero. Isso significa que 100% dos candidatos selecionados por suas pontuações do FERT virão a ser motoristas qualificados. À primeira vista, essa solução parece ideal. Todavia, há, como dizem, um senão. Ainda que a pontuação alta (80) resulte na seleção de apenas candidatos qualificados, a razão de seleção é tão rigorosa que apenas 10% deles seriam de fato contratados. A dra. Carlos prevê as consequências dessa razão de seleção baixa. Ela vê a si mesma tendo de recrutar e testar pelo menos 100 candidatos para cada 10 motoristas que deve contratar. Para alcançar a meta da empresa de contratar 60 motoristas, teria que recrutar em torno de 600 candidatos para testagem. Atrair tantos candidatos para a empresa é uma aventura que tem alguns custos óbvios (bem como alguns menos óbvios). A doutora vê sua verba de recrutamento diminuir à medida que repetidamente assina cheques para anúncios nos classificados dos jornais. Imagina-se comprando passagens de avião e fazendo reservas em hotéis a fim de participar de várias feiras de emprego, por toda parte. Fantasiando sobre os candidatos que atrairá em uma daquelas feiras de emprego, ela é trazida de repente para a realidade pela voz amistosa de uma colega membro da equipe perguntando se quer ir almoçar. Ainda meio mergulhada no pensamento sobre uma possível crise orçamentária, responde, "Sim, me dê apenas 10 dólares... quer dizer, dez minutos".

Enquanto pega o cardápio de uma conhecida lanchonete local para consultar, ela não consegue tirar da cabeça a "solução 100%". Ainda que pareça atraente, ela tem reservas (sobre a solução, não quanto à lanchonete). Oferecer cargos permanentes apenas para os candidatos de melhor desempenho poderia facilmente ter efeitos negativos. Poderia se esperar que empresas concorrentes também oferecessem cargos para esses candidatos, talvez com pacotes de benefícios mais interessantes. Quantos dos melhores motoristas contratados permaneceriam de fato na Federale Express? Difícil dizer. O que não é difícil dizer, entretanto, é que o uso da "solução 100%" basicamente a trouxe em um círculo completo de volta à política de contratação descendente que buscou evitar em primeiro lugar. Além disso, examinando a Figura 3, ela vê que – embora a taxa de base com esse ponto de corte seja 100% – a porcentagem de erros de classificação (comparada a não usar qualquer teste de seleção) é reduzida em apenas míseros 10%. Ademais, haveria muitos motoristas qualificados que também seriam cortados por esse ponto de corte. Nesse caso, então, um ponto de corte que busca cuidadosamente evitar a contratação de motoristas não qualificados também leva a rejeição de muitos candidatos qualificados. Talvez na contratação para cargos "de muita responsabilidade"– digamos, supervisores de usinas nucleares – uma política de seleção rigorosa como essa poderia ser justificada. Mas tal rigor é realmente necessário na seleção de motoristas para a Federale Express?

Esperando uma solução mais razoável para seu dilema do ponto de corte e começando a se sentir faminta, a dra. Carlos folheia o cardápio da lanchonete enquanto seleciona a Opção 4 na tela de seu computador: *Usar o FERT para produzir a taxa de acerto mais alta e a taxa de erro mais baixa*. Em resposta a essa seleção, outro gráfico (Fig. 4 da seção *Em foco*) junto com a seguinte mensagem é apresentado:

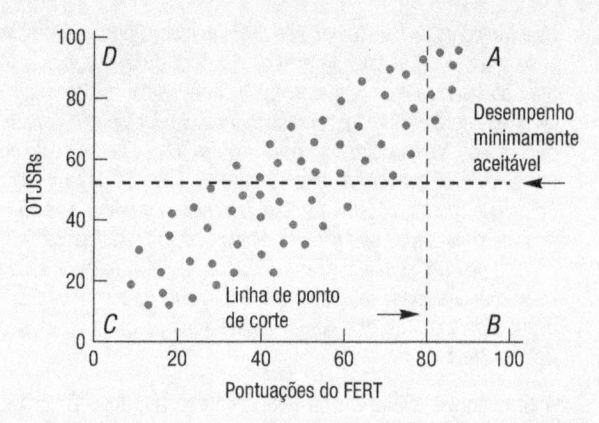

Figura 3 Seleção com ponto de corte alto e razão de seleção baixa.

Como antes, o número total de candidatos para cargos permanentes foi 60, como demonstrado por todos os pontos em todos os quadrantes. Nos quadrantes A e B, à direita da linha do ponto de corte vertical (fixado como uma pontuação do FERT de 80), estão os seis motoristas da FE que receberam emprego permanente. A razão de seleção neste cenário é 6/60, ou 0,10. Podemos concluir, portanto, que seis candidatos (10% dos 60 que originalmente se candidataram) teriam sido contratados com base em suas pontuações no FERT com o ponto de corte fixado em 80 (e com uma razão de seleção "baixa" de 10%). Note também que a taxa de base melhora de forma extraordinária, de 0,50 sem o uso do FERT para 1,00 com um ponto de corte do FERT fixado em 80. Isso significa que todos os motoristas selecionados com esse ponto de corte serão qualificados. Embora apenas 10% dos motoristas recebam cargos permanentes, todos aos quais foram oferecidos esses cargos serão avaliados como motoristas qualificados nas OTJSRs. Note, entretanto, que, embora a taxa de falso-positivo caia para zero, a taxa de erro global cai apenas para 0,40. Isso porque um número substancial (24) de candidatos qualificados não receberiam cargos permanentes uma vez que suas pontuações foram abaixo de 80.

Usar um ponto de corte de 48 no FERT resulta em uma redução da taxa de erro de 50 para 15%, em comparação a não usar esse teste (ver Fig. 4). As taxas de falso-positivo e falso-negativo são ambas razoavelmente baixas em 1,67 e 1,33, nessa respectiva ordem. O uso desse ponto de corte também aumenta a taxa de base de 0,50 (sem o uso do FERT) para 0,839. Isso significa que a porcentagem de motoristas contratados que são avaliados como "qualificados" ao final do período de experiência aumentou de 50% (sem o uso do FERT) para 83,9%. A razão de seleção associada com usar 48 como ponto de corte é 0,517, o que significa que 51,7% dos candidatos serão contratados.

Embora uma análise formal tivesse que ser feita, a dra. Carlos novamente dá uma "olhada" nos resultados e, baseada em sua experiência extensiva, tem fortes suspeitas de que esses resultados são significativos de uma perspectiva estatística. Outrossim, esses resultados pareceriam ser de importância prática. Comparado a não usar o FERT, o uso desse teste com um ponto de corte de 48 poderia reduzir os erros de classificação de 50 para 15%. Essa redução certamente teria implicações de custo-benefício positivas para a FE. Além disso, a porcentagem de motoristas que são considerados qualificados ao final do período de experiência aumentaria de 50% (sem o uso do FERT) para 83,9% (usando-o com um ponto de corte de 48). As implicações dessa seleção melhorada são muitas e incluem melhores serviços para os clientes (levando a um aumento no volume de negócios), acidentes menos onerosos e menos custos envolvidos na contratação e no treinamento de novos funcionários.

Um outro benefício ainda de usar o FERT com um ponto de corte de 48 diz respeito aos custos de recrutamento. Usando um ponto de corte de 48, a FE precisaria recrutar apenas mais ou menos 39 candidatos qualificados para cada 20 cargos permanentes que necessitasse preencher. Agora, antecipando uma economia real em seu orçamento anual, a dra. Carlos devolve o cardápio da lanchonete para a gaveta da escrivaninha e troca pelo cardápio de sua churrascaria favorita (e cara).

Ela decide que a solução de ponto de corte moderado é a ideal para a FE. Reconhece que essa solução não reduz qualquer das taxas de erro para zero. Entretanto, produz taxas de erro relativamente baixas no geral. Também produz uma taxa de acerto bastante alta; cerca de 84% dos motoristas contratados serão qualificados ao final do período de experiência. A dra. Carlos acredita que os custos associados com recrutamento e testagem usando o ponto de corte desse FERT serão mais do que compensadas pela evolução de uma força de trabalho que demonstra desempenho satisfatório e tem menos acidentes. Enquanto folheia o cardápio da churrascaria e debate mentalmente os prós e os contras de cebolas salteadas, ela também se pergunta sobre a utilidade em dólares e centavos de usar o FERT. Os benefícios de instituí-lo como parte dos procedimentos de contratação da FE compensam todos os custos associados?

Ela larga o cardápio e começa a calcular o **retorno sobre o investimento** da empresa (a razão de benefícios para custos). Avalia o custo de cada FERT como algo em torno de $200, incluindo os custos associados com uso de caminhões, combustível e tempo dos supervisores. Ela estima também que a FE testará 120 candidatos por ano a fim de selecionar cerca de 60 novos funcionários com base em um ponto de corte do FERT moderado. Dado o custo de cada teste ($200) administrado individualmente a 120 candidatos, o total anual a ser gasto com testagem será em torno de $24 mil. Portanto, vale a pena? Considerando todos os possíveis benefícios já listados que poderiam resultar de uma

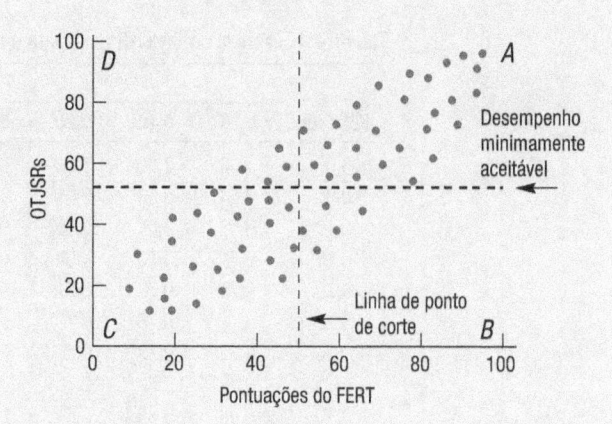

Figura 4 Seleção com ponto de corte moderado e razão de seleção.

Novamente, o número total de candidatos foi 60. Nos quadrantes A e B, à direita da linha de ponto de corte vertical (fixado em 48), estão os 31 motoristas da FE que receberam cargos permanentes ao final do período de experiência. A razão de seleção neste cenário é portanto igual a 31/60, ou cerca de 0,517. Isso significa que ligeiramente mais de metade de todos os candidatos serão contratados com base no uso de 48 como ponto de corte do FERT. A razão de seleção de 0,517 é moderada. Ela não é tão rigorosa quanto a razão de seleção de 0,10 que resulta de um ponto de corte de 80, nem tão complacente quanto a razão de seleção de 0,95 que resulta de um ponto de corte de 18. Note também que o ponto de corte fixado em 48 efetivamente deixa de fora muitos dos candidatos que não receberão avaliações de desempenho aceitáveis. Além disso, ao mesmo tempo mantém muitos dos candidatos que receberão avaliações de desempenho aceitáveis. Com um ponto de corte do FERT de 48, a taxa de base aumenta muito: de 0,50 (como era o caso sem usar o FERT) para 0,839. Isso significa que cerca de 84% (83,9% para ser exato) dos motoristas contratados serão avaliados como qualificados quando o ponto de corte do FERT é fixado em 48 para seleção de motoristas.

redução significativa da taxa de erro de classificação, a suposição da dra. Carlos é "Sim, valeria a pena". Naturalmente, decisões como essa não são feitas de suposições. Por isso continue lendo – mais adiante neste capítulo, será aplicada uma fórmula que comprovará que a dra. Carlos está certa. De fato, o ponto de corte moderado mostrado na Figura 4 produziria um retorno sobre o investimento de 12,5 para 1. E, quando ela ficar sabendo dessas projeções, você pode apostar que será uma época de torta de camarão na Federale Express.

Tabela 7.1 Tabela de Taylor-Russel para uma taxa de base de 0,60

Validade	Razão de seleção									
	0,05	0,10	0,20	0,30	0,40	0,50	0,60	0,70	0,80	0,90	0,95
0,00	0,60	0,60	0,60	0,60	0,60	0,60	0,60	0,60	0,60	0,60	0,60
0,05	0,64	0,63	0,63	0,62	0,62	0,62	0,61	0,61	0,61	0,60	0,60
0,10	0,68	0,67	0,65	0,64	0,64	0,63	0,63	0,62	0,61	0,61	0,60
0,15	0,71	0,70	0,68	0,67	0,66	0,65	0,64	0,63	0,62	0,61	0,61
0,20	0,75	0,73	0,71	0,69	0,67	0,66	0,65	0,64	0,63	0,62	0,61
0,25	0,78	0,76	0,73	0,71	0,69	0,68	0,66	0,65	0,63	0,62	0,61
0,30	0,82	0,79	0,76	0,73	0,71	0,69	0,68	0,66	0,64	0,62	0,61
0,35	0,85	0,82	0,78	0,75	0,73	0,71	0,69	0,67	0,65	0,63	0,62
0,40	0,88	0,85	0,81	0,78	0,75	0,73	0,70	0,68	0,66	0,63	0,62
0,45	0,90	0,87	0,83	0,80	0,77	0,74	0,72	0,69	0,66	0,64	0,62
0,50	0,93	0,90	0,86	0,82	0,79	0,76	0,73	0,70	0,67	0,64	0,62
0,55	0,95	0,92	0,88	0,84	0,81	0,78	0,75	0,71	0,68	0,64	0,62
0,60	0,96	0,94	0,90	0,87	0,83	0,80	0,76	0,73	0,69	0,65	0,63
0,65	0,98	0,96	0,92	0,89	0,85	0,82	0,78	0,74	0,70	0,65	0,63
0,70	0,99	0,97	0,94	0,91	0,87	0,84	0,80	0,75	0,71	0,66	0,63
0,75	0,99	0,99	0,96	0,93	0,90	0,86	0,81	0,77	0,71	0,66	0,63
0,80	1,00	0,99	0,98	0,95	0,92	0,88	0,83	0,78	0,72	0,66	0,63
0,85	1,00	1,00	0,99	0,97	0,95	0,91	0,86	0,80	0,73	0,66	0,63
0,90	1,00	1,00	1,00	0,99	0,97	0,94	0,88	0,82	0,74	0,67	0,63
0,95	1,00	1,00	1,00	1,00	0,99	0,97	0,92	0,84	0,75	0,67	0,63
1,00	1,00	1,00	1,00	1,00	1,00	1,00	1,00	0,86	0,75	0,67	0,63

Fonte: Taylor e Russell (1939).

de candidatos que serão contratados para os empregos. Se um novo teste for introduzido para ajudar a selecionar empregados em uma situação com uma razão de seleção de 0,20 e se o novo teste tiver um coeficiente de validade preditiva de 0,55, então a tabela mostra que a taxa de base aumentará para 0,88. Isso significa que, em vez de ser esperado que 60% dos empregados contratados tenham um desempenho bem-sucedido, se pode esperar que um total de 88% o tenham. Quando as razões de seleção são baixas, como quando apenas 5% dos candidatos serão contratados, mesmo testes com coeficientes de validade baixos, tal como 0,15, podem resultar em taxas de base melhoradas.

Uma limitação das tabelas de Taylor-Russell é que a relação entre o preditor (o teste) e o critério (avaliação do desempenho no trabalho) deve ser linear. Se, por exemplo, em algum ponto o desempenho no trabalho se estabiliza, não importa o quanto seja alta a pontuação no teste, o uso dessas tabelas seria inadequado. Outra limitação que elas apresentam é a dificuldade potencial de identificar uma pontuação de critério que separe empregados "bem-sucedidos" de "malsucedidos".

Os problemas potenciais das tabelas de Taylor-Russell foram evitados por um conjunto de tabelas alternativas (Naylor e Shine, 1965) que forneceram uma indicação da diferença na média das pontuações de critério para o grupo selecionado, comparado ao grupo original.

O uso das **tabelas de Naylor-Shine** implica obter a diferença entre as médias dos grupos selecionados e não selecionados para alcançar um índice do que o teste (ou algum outro instrumento de avaliação) está acrescentando aos procedimentos já estabelecidos.

Tanto a tabela de Taylor-Russell quanto a de Naylor-Shine podem auxiliar no julgamento da utilidade de um determinado teste, a primeira determinando o aumento em relação aos procedimentos existentes e a última determinando o aumento na pontuação média em alguma medida de critério. Com ambas, o coeficiente de validade usado deve ser aquele obtido por procedimentos de validação concomitantes – um fato que não deve surpreender porque é obtido com relação a empregados atuais contratados pelo processo de seleção em uso na época do estudo.

> **REFLITA...**
> Além da testagem, que tipos de procedimentos de avaliação os empregadores poderiam usar para ajudá-los a tomar decisões de seleção de pessoal sensatas?

Se as decisões de contratação fossem tomadas somente com base em variáveis como a validade de um teste de seleção e a razão de seleção corrente, então tabelas como as oferecidas por Taylor e Russell e Naylor e Shine estariam em amplo uso hoje. O fato é que muitos outros tipos de variáveis poderiam entrar nas decisões de contratação e em outros tipos de decisões de seleção de pessoal (incluindo decisões relativas a promoção, transferência, afastamento e demissão). Algumas outras variáveis poderiam incluir, por exemplo, a condição de minoria dos candidatos, saúde física ou mental geral ou uso de drogas. Visto que muitas variáveis podem afetar uma decisão de seleção de pessoal, que utilidade tem um determinado teste no processo de decisão?

Os dados de expectativa, como os fornecidos pelas tabelas de Taylor-Russell ou pelas tabelas de Naylor-Shine poderiam ser usados para tornar mais claras muitas decisões relacionadas à utilidade, particularmente aquelas limitadas a questões sobre a validade de um teste de emprego e a razão de seleção empregada. A Tabela 7.2 apresenta um breve resumo de alguns usos, vantagens e desvantagens dessas abordagens. Em muitos casos, contudo, o propósito de uma análise de utilidade é esclarecer um questionamento relativo a custos e benefícios em termos de dólares e centavos. Quando esses assuntos são levantados, a resposta pode ser encontrada usando a fórmula de Brogden--Cronbach-Gleser.

A fórmula de Brogden-Cronbach-Gleser O trabalho independente de Hubert E. Brogden (1949) e uma equipe de teóricos da decisão (Cronbach e Gleser, 1965) foi imortalizado na **fórmula de Brogden-Cronbach-Glese**, usada para calcular a quantidade em dinheiro de um *ganho de utilidade* resultante do uso de um determinado instrumento de seleção sob condições especificadas. Em geral, **ganho de utilidade** refere-se a uma estimativa do benefício (monetário ou outro) de usar um determinado teste ou método de seleção. A fórmula de Brogden-Cronbach-Gleser (BCG) é:

$$\text{ganho de utilidade} = (N)(T)(r_{xy})(SD_y)(\bar{Z}_m) - (N)(C)$$

Na primeira parte da fórmula, N representa o número de candidatos selecionados por ano, T representa a duração de tempo média na posição (i.e., estabilidade), r_{xy} representa o coeficiente de validade (relacionado ao critério) para o preditor e o critério dados, SD_y representa o desvio-padrão de desempenho (em dinheiro) dos empregados e $\bar{Z}_m$ representa a pontuação média (padronizada) no teste para os candidatos selecionados. A segunda parte, está relacionada ao custo da testagem, que leva em consideração o número de candidatos (N) multiplicado pelo custo do teste para cada candidato (C). Uma dificuldade no uso dessa fórmula é estimar o valor de SD_y, um valor que é, literalmente, estimado (Hunter et al., 1990). Uma forma recomendada de estimar SD_y é fixando-o em 40% do salário médio para o cargo (Schmidt e Hunter, 1998).

A fórmula BCG pode ser aplicada à questão levantada na seção *Em foco* deste capítulo sobre a utilidade do FERT. Suponha que 60 motoristas da Federale Express (FE) sejam selecionados por ano e que cada um permaneça com a FE por um ano e meio. Vamos supor ainda que o desvio-padrão de desempenho dos motoristas seja aproximadamente $9.000 (calculado como 40% do salário anual), que a validade relacionada ao critério das pontuações do FERT seja 0,40 e que a pontuação média padronizada do FERT seja +1,0. Aplicando a parte de *benefícios* da fórmula BCG, os benefícios são $324 mil (60 X 15 X 0,40 X $9.000 X 1,0). Quando os custos da testagem ($24 mil) são subtraí-

Tabela 7.2 Quase tudo que você sempre quis saber sobre as tabelas de utilidade

Instrumento	O que ele nos diz	Exemplo	Vantagens	Desvantagens
Tabela ou mapa de expectativa	Probabilidade de que indivíduos com pontuações dentro de uma determinada variação no preditor terão desempenho bem-sucedido no critério	Um psicólogo de escola usa uma tabela de expectativa para determinar a probabilidade de os alunos que pontuam em uma determinada variação em um teste de aptidão terem sucesso nas classes regulares, em oposição a classes de educação especial.	Aparato gráfico fácil de usar; pode auxiliar na tomada de decisão relativa a um indivíduo específico ou a um grupo de indivíduos pontuando em uma determinada variação no preditor	Dicotomiza o desempenho em categorias de bem-sucedido e malsucedido, o que não é realista na maioria das situações; não trata questões monetárias como custo da testagem ou retorno sobre o investimento da testagem.
Tabelas de Taylor-Russell	Aumento na taxa de base de desempenho bem-sucedido que está associado com um determinado nível de validade relacionada ao critério	Um gerente de recursos humanos de uma grande loja de informática usa as tabelas de Taylor-Russell para ajudá-lo a decidir se deve ser administrado um inventário de extroversão a candidatos para cargos de vendas antes da contratação. Quer aumentar a porção da força de vendas que é considerada bem-sucedida (i.e., alcançam consistentemente a quota de vendas). Usando uma estimativa da validade do teste (p.ex., usando um valor de 0,20 com base na pesquisa de Conte e Gintoft, 2005), da taxa de base atual e da razão de seleção, ele pode estimar se o aumento na proporção de vendedores que alcançam com sucesso suas quotas justificará o custo de testar todos os candidatos ao cargo.	Fácil de usar, mostra as relações entre razão de seleção, validade relacionada ao critério e taxa de base existente; facilita a tomada de decisão com relação a uso de testes e/ou recrutamento para diminuir a razão de seleção	A relação entre preditor e critério deve ser linear; não indica o provável aumento médio no desempenho com uso do teste; dificuldade na identificação de um valor de critério para separar desempenho bem-sucedido de malsucedido; dicotomiza o desempenho em bem-sucedido *versus* malsucedido, o que não é realista na maioria das situações; não considera o custo da testagem em comparação com os benefícios.
Tabelas de Naylor-Shine	Provável aumento da média no desempenho do critério como resultado de usar um determinado teste ou uma intervenção; também fornece razão de seleção necessária para obter um determinado aumento no desempenho do critério.	O reitor de uma faculdade privada estima o aumento no número de candidatos (e correspondente diminuição na razão de seleção) que é necessário para melhorar o desempenho médio dos estudantes selecionados em 0,50 unidades padronizadas enquanto, ao mesmo tempo, mantém seus números de matrícula.	Fornece informação (i.e., ganho médio de desempenho) necessária para usar a fórmula de Brogden-Cronbach-Gleser; não dicotomiza o desempenho do critério; útil para mostrar o ganho médio de desempenho ou a razão de seleção necessária para um determinado ganho de desempenho; facilita a tomada de decisão com relação a provável aumento no desempenho com uso de teste e/ou recrutamento necessário para diminuir a razão de seleção	Superestima a utilidade a menos que a seleção descendente seja usada;[a] utilidade expressa em termos de ganho de desempenho com base em unidades padronizadas, o que pode ser difícil de interpretar em termos práticos; não trata questões monetárias como o custo da testagem ou o retorno sobre o investimento.

[a] Boudreau (1988).

dos dos benefícios financeiros da testagem ($324 mil), é possível ver que o ganho de utilidade totaliza $300 mil.

Portanto, seria sensato para a empresa fazer um investimento de $24 mil para receber um retorno de cerca de $300 mil? A maioria das pessoas (e corporações) estaria mais do que disposta a investir em alguma coisa se soubessem que o retorno sobre seu investimento seria mais de $12,50 por cada dólar (real) investido. Evidentemente, com tal retorno sobre o investimento, usar o FERT com o ponto de corte ilustrado na Figura 4 da seção *Em foco* fornece um método custo-efetivo de seleção de motoristas de entrega.

A propósito, existe uma modificação da fórmula BCG para pesquisadores que preferem seus achados em termos de *ganhos de produtividade* em vez de financeiros. Aqui, **ganho de produtividade** se refere a um aumento estimado no rendimento do trabalho. Nessa modificação da fórmula, o valor do desvio-padrão de produtividade, SD_p, substitui o valor do desvio-padrão de desempenho em dinheiro, SD_y (Schmidt et al., 1986). O resultado é uma fórmula que ajuda a estimar o aumento porcentual no rendimento esperado com o uso de um determinado teste. A fórmula revisada é:

> **REFLITA...**
> Quando poderia ser melhor apresentar os ganhos de utilidade em termos de produtividade em vez de em termos financeiros?

$$\text{ganho de produtividade} = (N)(T)(r_{xy})(SD_p)(\bar{Z}_m) - (N)(C)$$

Teoria da decisão e utilidade do teste   Talvez a aplicação da teoria da decisão estatística ao campo da testagem psicológica citada com mais frequência seja *Psychological Tests and Personnel Decisions* (*Testagem psicológica e decisões de seleção de pessoal*) de Cronbach e Gleser (1957, 1965). A ideia de aplicar a teoria da decisão estatística a questões de utilidade do teste era conceitualmente atraente e promissora, e um livro autorizado da época reflete o grande entusiasmo com que essa união de empreendimentos foi saudada:

> A abordagem básica da teoria da decisão à seleção e à colocação [...] tem inúmeras vantagens em relação à abordagem mais clássica baseada no modelo de correlação [...] Não há dúvida de que é um modelo mais geral e melhor para lidar com esse tipo de tarefa de decisão, e prevemos que no futuro problemas de seleção e colocação serão tratados nesse contexto com mais frequência – talvez com [a] eventual exclusão do modelo correlacional mais estereotipado. (Blum e Naylor, 1968, p. 58)

Geralmente falando, Cronbach e Gleser (1965) apresentaram (1) uma classificação de problemas de decisão; (2) várias estratégias de seleção variando de processos de estágio único a análises sequenciais; (3) uma análise quantitativa da relação entre utilidade do teste, razão de seleção, custo do programa de testagem e valor do desfecho esperado; e (4) uma recomendação de que, em alguns casos, os requisitos do cargo sejam talhados à capacidade do candidato em vez de ao contrário (um conceito a que eles se referem como *tratamento adaptativo*).

Vamos ilustrar a teoria da decisão em ação. Para isso, lembre a definição de cinco termos que você aprendeu no capítulo anterior: *taxa de base, taxa de acerto, taxa de erro, falso-positivo* e *falso-negativo*. Agora, imagine que você tenha desenvolvido um procedimento chamado de Teste do Vapor (TV), que foi concebido para determinar se indivíduos vivos e bem estão de fato respirando. O procedimento para o TV implica um examinador segurar um espelho sob o nariz e a boca do indivíduo por mais ou menos um minuto e observar se a respiração dele embaça o espelho. Digamos que 100 estudantes de introdução à psicologia sejam testados com o TV, e se conclui que 89 estavam, de fato, respirando (enquanto 11 são considerados, com base no TV, não respirando). O TV é um bom teste? É óbvio que não. Visto que a taxa de base é 100% da população (viva e bem), na verdade não precisamos de um teste para medir a *respiração* característica. Se, por alguma razão, necessitássemos desse tipo de procedimento de mensuração, provavelmente não usaríamos aquele que foi incorreto em cerca de 11% dos casos. É evidente que um teste é sem valor se a taxa de acerto for mais alta *sem* usá-lo. Uma medida do valor de um teste está no grau que seu uso melhora a taxa de acerto que existe sem seu uso.

Como simples ilustração da teoria da decisão aplicada à testagem, suponha que um teste seja administrado a um grupo de 100 candidatos a emprego e que algum ponto de corte seja aplicado para diferenciar candidatos que serão contratados (candidatos julgados passados no teste) daqueles cuja candidatura ao emprego será rejeitada (candidatos julgados rodados no teste). Vamos supor ainda que alguma medida de critério será aplicada algum tempo depois para determinar se a pessoa recentemente contratada foi considerada um sucesso ou um fracasso no emprego. Nessa situação, se o teste for um preditor perfeito (se seu coeficiente de validade for igual a 1), então dois tipos distintos de desfechos podem ser identificados: (1) Alguns candidatos pontuarão no ou acima do ponto de corte no teste e serão bem-sucedidos no trabalho e (2) alguns candidatos pontuarão abaixo do ponto de corte e não teriam sido bem-sucedidos no trabalho.

Na realidade, poucos testes de seleção, se houver algum, são preditores perfeitos com coeficientes de validade igual a 1. Por isso, dois outros tipos de desfechos são possíveis: (3) alguns candidatos pontuarão no ou acima do ponto de corte, serão contratados e fracassarão no emprego (o critério) e (4) alguns candidatos que pontuaram abaixo do ponto de corte e não foram contratados poderiam ter sido bem-sucedidos no trabalho. As pessoas que se enquadram na terceira categoria poderiam ser classificadas como *falso-positivos*, e aquelas que se enquadram na quarta categoria poderiam ser classificadas como *falso-negativos*.

Nessa ilustração, a lógica nos diz que, se a razão de seleção for, digamos, 90% (9 de 10 candidatos serão contratados), então o ponto de corte provavelmente será fixado mais baixo do que se a razão de seleção fosse 5% (apenas 5 dos 100 candidatos serão contratados). Além disso, se a razão de seleção for 90%, então é uma boa aposta que o número de falso-positivos (pessoas contratadas que fracassarão na medida de critério) será maior do que se a razão de seleção fosse 5%. De maneira inversa, se a razão de seleção for apenas 5%, é uma boa aposta que o número de falso-negativos (pessoas não contratadas que poderiam ter sido bem-sucedidas na medida de critério) será maior do que se a razão de seleção fosse 90%.

A teoria da decisão fornece diretrizes para estabelecer pontos de corte ideais. Ao estabelecer esses pontos, a gravidade relativa de tomar decisões de seleção falso-positivas ou falso-negativas é frequentemente levada em consideração. Portanto, por exemplo, é uma política prudente que o setor de pessoal de uma companhia aérea fixe pontos de corte em testes para pilotos que poderiam resultar em um falso-negativo (um piloto verdadeiramente qualificado sendo rejeitado) em oposição a um ponto de corte que permitiria um falso-positivo (um piloto verdadeiramente não qualificado sendo contratado).

Nas mãos de pesquisadores com alta especialização, os princípios da teoria da decisão aplicados a problemas de utilidade de testes levou a alguns achados esclarecedores e impressionantes. Por exemplo, Schmidt e colaboradores (1979) demonstraram em dólares (reais) e centavos como a utilidade do programa de seleção de uma empresa (e o coeficiente de validade dos testes usados nesse programa) podem desempenhar um papel fundamental na lucratividade da empresa. Focalizando-se em uma população de empregados programadores de computador, esses pesquisadores pediram aos supervisores que avaliassem (em termos monetários) o valor de bons, médios e maus programadores. Essa informação foi usada em conjunto com outras informações, incluindo estes fatos: (1) o empregador contratava 600 novos programadores por ano, (2) o programador médio permanecia no emprego por cerca de 10 anos, (3) o Teste de Aptidão de Programadores, atualmente em uso como parte do processo de contratação, tinha um coeficiente de validade de 0,76, (4) a aplicação do teste custa cerca de $10 por candidato e (5) a empresa no momento empregava mais de 4 mil programadores.

Schmidt e colaboradores (1979) fizeram uma série de cálculos utilizando diferentes valores para algumas das variáveis. Por exemplo, sabendo que alguns dos testes usados anteriormente no processo de contratação tinham coeficientes de validade variando de 0,00 a 0,50, eles variaram o valor do coeficiente de validade do teste (junto com outros fatores, como razões de seleção diferentes que estavam em vigor) e examinaram a eficiência relativa das várias condições. Entre seus achados estava que a razão de seleção e o processo de seleção existentes proporcionavam um grande ganho em eficiência em relação a uma situação anterior (quando a razão de seleção era 5% e o coeficiente de validade do teste usado na contratação era igual a 0,50). Esse ganho foi igual a quase $6 milhões por ano. Multiplicado por, digamos, 10 anos, são $60 milhões. A razão de seleção e o processo de seleção existentes proporcionaram um ganho ainda maior em eficiência em relação a uma situação já existente na qual o teste não tinha validade alguma e a razão de seleção era 0,80. Aqui, em um ano, o ganho em eficiência foi estimado em mais de $97 milhões.

A propósito, o empregador no estudo anterior era o governo dos Estados Unidos. Hunter e Schmidt (1981) aplicaram o mesmo tipo de análise à força de trabalho nacional e apresentaram um argumento convincente com respeito à relação crítica entre testes válidos e procedimentos de mensuração e nossa produtividade nacional. Em um estudo subsequente, Schmidt, Hunter e colaboradores verificaram que aumentos substanciais no rendimento do trabalho ou reduções nos custos da folha de pagamento resultariam de usar medidas válidas de capacidade cognitiva em oposição a não testar (Schmidt et al., 1986).

> **REFLITA...**
> O que deve acontecer na sociedade em geral se quisermos que a promessa da teoria da decisão na seleção de pessoal seja cumprida?

Os empregadores relutam em usar estratégias baseadas na teoria da decisão em suas práticas de contratação devido à complexidade de sua aplicação e à ameaça de contestações legais. Portanto, embora as abordagens da teoria da decisão à avaliação sejam promissoras, esta promessa ainda precisa ser cumprida.

Algumas considerações práticas

Uma série de questões práticas precisam ser consideradas quando se conduzem análises de utilidade. Por exemplo, como já foi observado, as questões relacionadas a taxas de base existentes podem afetar a precisão das decisões fundamentadas nos testes. Particular atenção deve ser dada a esse fator quando as taxas de base são extremamente baixas ou altas porque tal situação pode tornar o teste inútil como instrumento de seleção. Focalizando para fins dessa discussão, a área de seleção de pessoal, alguns outros problemas práticos a ter em mente envolvem suposições sobre o conjunto dos candidatos a emprego, a complexidade do trabalho e o ponto de corte em uso.

O conjunto de candidatos a emprego Se lesse uma série de artigos na literatura da análise de utilidade sobre seleção de pessoal, você poderia chegar à conclusão de que existe, "lá fora", o que parece ser uma oferta ilimitada de empregados potenciais apenas esperando para serem avaliados e possivelmente selecionados para emprego. Por exemplo, estimativas de utilidade, como as derivadas de Schmidt e colaboradores, (1979) são baseadas na suposição de que haverá um pronto suprimento de candidatos viáveis do qual escolher e preencher cargos. Talvez para alguns tipos de empregos e em algumas situações econômicas esse seja de fato o caso. Há certos empregos, entretanto, que requerem habilidades únicas ou exigem um sacrifício tão grande que bem poucas pessoas se candidatariam, muito menos seriam selecionadas. Além disso, o conjunto de possíveis candidatos a emprego para um determinado tipo de cargo pode variar com a situação econômica. É

> **REFLITA...**
> O que seria um exemplo de um tipo de emprego que requer habilidades tão únicas que há provavelmente bem poucas pessoas no conjunto de empregados qualificados?

possível que, em períodos de alta taxa de desemprego, haja significativamente mais pessoas no conjunto de possíveis candidatos a emprego do que em períodos de alta de empregos.

Existe íntima relação entre as questões relativas ao conjunto disponível de candidatos a emprego e a questão de quantas pessoas *aceitariam* de fato o cargo oferecido a elas mesmo se fossem candidatos qualificados. Muitos modelos de utilidade, um pouco ingenuamente, são construídos sobre a suposição de que todas as pessoas selecionadas por um teste de pessoal aceitam o cargo que lhes é oferecido. Na verdade, muitos dos primeiros colocados no teste são pessoas que, devido a suas capacidades superiores e desejáveis, também estão recebendo ofertas de empregos de um ou mais possíveis empregadores. Por isso, é provável que, de todos os candidatos a emprego, os primeiros colocados no teste sejam os menos propensos a serem de fato contratados. As estimativas de utilidade baseadas na suposição de que todas as pessoas selecionadas realmente aceitarão as ofertas de emprego tendem a superestimar a utilidade do instrumento de mensuração. Esses pressupostos podem ter de ser ajustados para baixo em até 80% a fim de fornecer uma estimativa mais realista da utilidade de um instrumento de avaliação usado para fins de seleção (Murphy, 1986).

A complexidade do trabalho Em geral, os mesmos tipos de abordagens à análise de utilidade são utilizados para cargos que variam muito em termos de complexidade. Os mesmos tipos de dados são colhidos, os mesmos tipos de métodos analíticos podem ser aplicados e os mesmos tipos de modelos de utilidade podem ser invocados para cargos corporativos, variando de trabalhador de linha de montagem a programador de computador. Contudo, como Hunter e colaboradores (1990) observaram, quanto mais complexo o trabalho, mais as pessoas diferem no quanto o fazem bem ou mal. Se os mesmos modelos de utilidade se aplicam ou não a empregos de complexidade variada, e se os mesmos métodos de análise de utilidade são ou não igualmente aplicáveis, permanecem objetos de debate.

O ponto de corte em uso Também chamado de *nota de corte*, já definimos um **ponto de corte** como um ponto de referência (em geral numérico) obtido como resultado de um julgamento e usado para dividir um conjunto de dados em duas ou mais classificações, com alguma ação a ser realizada ou alguma inferência a ser efetuada com base nessas classificações. Em discussões sobre a teoria da utilidade e a análise de utilidade, frequentemente é feita referência a diferentes tipos de pontos de corte. Por exemplo, pode-se fazer uma distinção entre um *ponto de corte relativo* e um *ponto de corte fixo*. Um **ponto de corte relativo** pode ser definido como um ponto de referência – em uma distribuição de pontuações de teste usadas para dividir um conjunto de dados em duas ou mais classificações – que é estabelecido com base mais em considerações relativas a norma do que na relação dos pontos de corte com um critério. Visto ser estabelecido com referência ao desempenho de um grupo (ou de algum segmento-alvo de um grupo), esse tipo de ponto de corte também é referido como um **ponto de corte referenciada à norma**.

Como exemplo de um ponto de corte relativo, imagine seu professor anunciando no primeiro dia de aula que, para cada uma das próximas quatro provas, as 10% melhores de todas as notas em cada prova receberiam a nota máxima. Em outras palavras, a nota de corte em uso dependeria do desempenho da classe como um todo. Dito de outra forma, a nota de corte em uso seria *relativa* às notas alcançadas por um grupo-alvo (neste caso, toda a classe e em particular os 10% melhores da classe). A nota real da prova usada para definir quem alcançaria ou não alcançaria a nota máxima em cada prova poderia ser bastante diferente para cada uma das quatro provas, dependendo de onde a linha limítrofe para o corte de 10% incidisse em cada prova.

> **REFLITA...**
> Os pontos de corte relativo e absoluto podem ser usados na mesma avaliação? Nesse caso, dê um exemplo.

Em contrapartida a um ponto de corte relativo está um **ponto de corte fixo**, que podemos definir como um ponto de referência – em uma distribuição de pontuações usadas para dividir um conjunto de dados em duas ou mais classificações – que é normalmente estabelecido com referência a um julgamento relativo a um nível mínimo de proficiência requerido para ser incluído em uma determinada classificação. Os pontos de corte fixos também podem ser mencionados como *pontos de corte absolutos*. Um exemplo de um ponto de corte fixo poderia ser o obtido no teste de direção para uma carteira de motorista. Aqui o desempenho de outros futuros motoristas não tem qualquer influência sobre se um testado individual é classificado como "habilitado" ou "não habilitado". Tudo o que importa aqui é a resposta do examinador a esta pergunta: "O motorista é capaz de alcançar (ou ultrapassar) a pontuação fixa e absoluta no teste de direção necessária para ser habilitado?".

Uma distinção também pode ser feita entre os termos *pontos de corte múltiplos* e *múltiplos obstáculos* usados em processos de tomada de decisão. **Pontos de corte múltiplos** refere-se ao uso de dois ou mais pontos de corte com referência a um preditor com o propósito de categorizar os testandos. Assim, por exemplo, seu professor pode ter múltiplas notas de corte em vigor toda vez que uma prova é aplicada, e cada membro da classe será designado a uma categoria (p.ex., A, B, C, D ou F) com base nas notas nessa prova. Ou seja, satisfazer ou ultrapassar uma nota de corte resultará em um A para a prova, satisfazer ou exceder outra nota de corte resultará em um B para a prova, e assim por diante. Esse é um exemplo de pontos de corte múltiplos sendo usados com um único preditor. Naturalmente, também podemos falar de pontos de corte múltiplos sendo usados em uma avaliação que implique diversos preditores nos quais os candidatos devem satisfazer os pontos de corte exigidos em cada preditor para serem considerados para o cargo. Um método de ponto de corte múltiplo mais sofisticado mas eficaz em termos de custo pode envolver diversos "obstáculos" a serem superados.

Em cada estágio de um processo de seleção de múltiplos estágios (ou de **múltiplos obstáculos**), um ponto de corte é estabelecido para cada preditor usado. O ponto de corte usado para cada preditor será planejado para garantir que cada candidato possua um nível mínimo de um atributo ou uma habilidade específico. Nesse contexto, *múltiplos obstáculos* pode ser entendido como um elemento coletivo de um processo de tomada de decisão de múltiplos estágios no qual a obtenção de um determinado ponto de corte em um teste é necessária a fim de avançar para o próximo estágio da avaliação no processo de seleção. Ao candidatar-se a faculdades ou a escolas profissionalizantes, por exemplo, os candidatos podem ter que cumprir com sucesso algum padrão a fim de passar para o próximo estágio em uma série de estágios. O processo poderia começar, por exemplo, com o estágio de *requerimento por escrito* no qual os indivíduos que devolvem requerimentos incompletos são eliminados da próxima etapa. Isso é seguido pelo que pode ser denominado estágio de *materiais adicionais* no qual os indivíduos com GPAs baixas, ou cartas de recomendação ruins, são eliminados. O estágio final no processo poderia ser um estágio de *entrevista pessoal*. Cada um desses estágios implica demandas (e pontos de corte) únicas a serem cumpridas com sucesso, ou obstáculos a serem superados, se um candidato quiser prosseguir para o próximo estágio. Mudando de contexto consideravelmente, outro exemplo de um processo de seleção que envolve múltiplos obstáculos é apresentado na Figura 7.1.

Os métodos de seleção de múltiplos obstáculos pressupõem que um indivíduo deve possuir uma certa quantidade mínima de conhecimento, habilidade ou capacidade para cada atributo medido por um preditor para ser bem-sucedido no cargo desejado. Mas esse é realmente o caso? Seria possível que uma pontuação muito alta em um estágio de uma avaliação de múltiplos estágios compensasse ou "equilibrasse" uma pontuação relativamente baixa

> **REFLITA...**
> Muitos programas de televisão – incluindo *American Idol, The X-Factor, Dança dos Famosos* e *O Aprendiz* – poderiam ser conceituados como tendo uma política de seleção de múltiplos obstáculos. Explique por que esses processos são de múltiplos obstáculos. Ofereça suas sugestões, de um ponto de vista psicométrico, para melhorar o processo de seleção de qualquer desses programas.

> **REFLITA...**
> Imagine que você faça parte de um comitê de contratação de uma empresa aérea que utiliza um modelo de seleção compensatória. Quais as três características do piloto avaliaria como mais desejáveis nos novos contratados? Usando porcentagens, como pesaria diferentemente cada uma dessas três características em termos de importância (com o total igual a 100%)?

em outro estágio da avaliação? No que é referido como **modelo de seleção compensatória**, é feita uma suposição de que pontuações altas em um atributo podem, de fato, "equilibrar" ou compensar pontuações baixas em outro atributo. De acordo com esse modelo, uma pessoa forte em algumas áreas e fraca em outras pode ter um desempenho tão bom em um cargo quanto uma pessoa com capacidades moderadas em todas as áreas relevantes ao cargo em questão.

Intuitivamente, o modelo compensatório é atraente, em especial quando treinamento pós-contratação ou outras oportunidades estão disponíveis para desenvolver proficiências e ajudar um candidato a compensar quaisquer áreas de deficiência. Por exemplo, com referência ao exemplo do motorista de entrega na seção *Em foco* deste capítulo, considere um candidato com fortes habilidades de direção mas habilidades de serviço ao consumidor fracas. Esse candidato poderia desabrochar em um empregado espetacular com alguma educação adicional (incluindo leituras e exposição a modelos filmados) e treinamento (dramatização e supervisão no trabalho) em serviço ao consumidor.

> **REFLITA...**
> É possível que um empregador corporativo tenha em vigor procedimentos de seleção que usem pontos de corte em um estágio do processo de decisão e uma abordagem compensatória em outro? Você consegue pensar em um exemplo?

Quando um modelo de seleção compensatória está em vigor, o indivíduo ou a entidade que faz a seleção em geral pesarão de modo diferente os preditores sendo usados a fim de chegar a uma pontuação total. Esses pesos diferenciais podem refletir julgamentos de valor feitos por parte dos desenvolvedores do teste em relação à importância relativa de diferentes critérios usados na contratação. Por exemplo, uma história de direção segura pode ter um peso mais alto na fórmula de seleção do que serviço ao consumidor. Essa ponderação poderia ser baseada em uma ética da empresa de "segurança em primeiro lugar". Ela também pode ser baseada em uma crença da empresa de que a habilidade de dirigir com segurança seja menos receptiva a educação e treinamento do que a habilidade em serviço ao consumidor. A pontuação total em todos os preditores será usada para tomar a decisão de selecionar ou rejeitar. O instrumento estatístico adequado para tomar essas decisões de seleção na es-

Figura 7.1 "Lá vai ela..." ultrapassar outro obstáculo.

As candidatas neste concurso devem exibir mais do que beleza para serem coroadas "Miss Universo". Além da competição em trajes de banho, elas são julgadas em talento, respostas às perguntas da entrevista e outras variáveis. Apenas "passando no corte" e "eliminando cada obstáculo" em cada categoria do julgamento é que uma das 50 candidatas surgirá como vencedora do concurso.

trutura de um modelo compensatório é a regressão múltipla. Outros instrumentos, como veremos no que segue, são usados para estabelecer pontos de corte.

Métodos para estabelecer pontos de corte

Se você já teve a experiência de tirar uma nota B quando esteve "oh tão perto" da nota de corte necessária para uma nota A, então sem dúvida passou algum tempo pensando na maneira como os pontos de corte são determinados. Nesse exercício, você não está sozinho. Educadores, pesquisadores, estatísticos de empresas e outros com diferentes formações têm passado horas incontáveis questionando, debatendo e – a julgar pela natureza dos debates calorosos na literatura – torturando-se sobre vários aspectos dos pontos de corte. Não admira; esses pontos aplicados a uma ampla variedade de testes podem ser usados (geralmente em combinação com outros instrumentos de mensuração) para tomar várias decisões de "apostas altas" (leia-se "mudança de vida"), uma lista parcial das quais incluiria:

- quem entra em qual faculdade ou escola profissionalizante;
- quem é certificado ou licenciado para praticar uma determinada ocupação ou profissão;
- quem é aceito para emprego, promovido ou transferido para algum cargo desejável em uma empresa ou outra organização;
- quem avançará para o próximo estágio na avaliação de conhecimento ou habilidades;
- quem é legalmente capaz de dirigir um automóvel;
- quem é legalmente competente para ser julgado;
- quem é legalmente competente para fazer um testamento;
- quem é considerado intoxicado nos termos da lei;
- quem não é culpado por razão de insanidade;
- qual estrangeiro obterá a cidadania do país.

Página sobre página em artigos de jornal, em livros e em outras publicações acadêmicas contêm textos que tratam de questões relativas ao método ideal de estabelecer pontos de corte. Um pesquisador ponderado levantou a questão que serviu de inspiração para nosso próximo exercício do *Reflita* (ver Reckase, 2004). Portanto, após você ter dado a devida atenção a esse exercício, continue lendo e se familiarize com os vários métodos hoje em uso para estabelecer pontos de corte fixos e relativos. Embora nenhum dos métodos tenha ganho aceitação universal, alguns são mais populares que outros.

REFLITA...
E se houvesse uma "teoria do ponto de corte verdadeiro" para estabelecer pontos de corte que fossem análogos à "teoria da pontuação verdadeira" para testes? Como ela seria?

O método Angoff

Concebido por William Angoff (1971), o **método Angoff** para estabelecer pontos de corte fixos pode ser aplicado a tarefas de seleção de pessoal bem como a questões relativas a presença ou ausência de determinado traço, atributo ou capacidade. Quando usado para fins de seleção de pessoal, os especialistas na área fornecem estimativas relativas como os testados que têm pelo menos competência mínima para o cargo devem responder aos itens do teste de maneira correta. Aplicado para fins relativos à determinação de se os testandos possuem ou não determinados traço, atributo ou capacidade, um painel de especialistas faz julgamentos sobre como uma pessoa com esses traço, atributo ou capacidade responderia aos itens do teste. Em ambos os casos, é calculada a média dos julgamentos dos especialistas para gerar pontos de corte para o teste. Pessoas que pontuam na ou acima do ponto de corte são consideradas como apresentando capacidade suficientemente alta para serem contratadas ou tendo um nível suficientemente alto no traço, no atributo ou na capacidade de interesse. Essa técnica bastante simples tem grande apelo (Cascio et al., 1988; Maurer e Alexander, 1992) e funciona bem – ou seja, contanto que o especialista concorde. O calcanhar de Aquiles do método Angoff é quando há baixa confiabilidade entre avaliadores e discordância importante em relação a como certas populações de testandos devem responder aos itens. Nesses cenários, pode ser hora do "Plano B", uma estratégia para estabelecer pontos de corte que sejam orientados mais por dados e menos por julgamentos subjetivos.

O método de grupos conhecidos

Também referido como o *método de grupos contrastantes*, o **método de grupos conhecidos** implica a coleta de dados sobre o preditor de interesse de grupos conhecidos por possuir, e *não* possuir, um traço, um atributo ou uma capacidade de interesse. Com base em uma análise desses dados, é estabelecida para o teste um ponto de corte que melhor discrimine o desempenho do teste dos dois grupos. Como isto funciona na prática? Considere o exemplo a seguir.

Uma faculdade a distância hipotética chamada Universidade Oxford da Internet (UOI) oferece um curto de reforço de matemática para estudantes que não foram adequadamente preparados no ensino médio para a matemática de nível universitário. Mas quem precisa de reforço de matemática antes das aulas de matemática regulares? Para responder a essa pergunta, o diretor de pessoal do Departamento de Matemática da UOI prepara um teste de colocação chamado "Teste Quem Precisa de Reforço de Matemática?" (TQPRM). A pergunta seguinte é "Qual deve ser o ponto de corte do TQPRM?". Essa pergunta será respondida pela aplicação do teste a uma população selecionada e então a fixação de um ponto de corte baseado no desempenho de dois grupos contrastantes: (1) estudantes que completaram com sucesso a matemática de nível universitário e (2) estudantes que rodaram em matemática de nível universitário.

Portanto, o TQPRM é administrado a todos os calouros. A UOI coleta todos os dados do teste e os retém por um semestre (ou dois). Ela então analisa as notas de dois grupos de estudantes de tamanho aproximadamente igual que cursaram matemática de nível

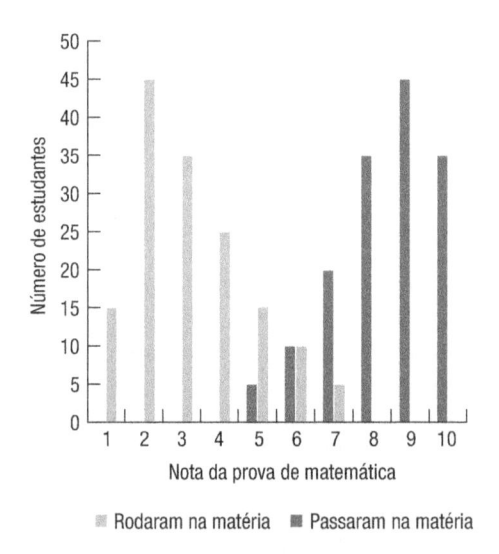

Figura 7.2 Pontuações no TQPRM da UOI.

universitário: um grupo que passou na matéria e ganhou crédito, e um grupo que não ganhou crédito pela matéria porque sua nota final foi um D ou um F. Os estatísticos da UOI usarão agora esses dados para escolher a pontuação que melhor diferencia os dois grupos um do outro, que é a pontuação no ponto de *menor* diferença entre ambos. Conforme é mostrado na Figura 7.2, os dois grupos são indistinguíveis em uma pontuação de 6. Em consequência, agora e para sempre (ou pelo menos até que a UOI conduza outro estudo), o ponto de corte nessa universidade deve ser 6.

O problema principal com usar grupos conhecidos é que a determinação de onde estabelecer o ponto de corte é inerentemente afetada pela composição dos grupos contrastantes. Não existe um conjunto-padrão de diretrizes para escolher os grupos contrastantes. No exemplo da UOI, os diretores da universidade poderiam ter escolhido comparar apenas os estudantes A com os estudantes F na determinação do ponto de corte; isso se dúvida teria resultado em um ponto de corte diferente. Outros tipos de problemas na escolha das pontuações de grupos contrastantes ocorre em outros estudos. Por exemplo, ao estabelecer pontos de corte para uma medida clínica de depressão, exatamente o quanto os respondentes do grupo deprimido têm que estar deprimidos? Quão "normais" os respondentes no grupo não deprimido devem ser?

Métodos baseados na TRI

Os métodos descritos até agora para o estabelecimento de pontos de corte são baseados na teoria clássica de pontuação dos testes. Nessa teoria, os pontos de corte são normalmente estabelecidos com base no desempenho dos testandos em todos os itens do teste; uma porção do número total de itens no teste deve ser marcada "correta" (ou de uma forma que indique que o testando possui o traço ou o atributo visados) a fim de que o testando "passe" no teste (ou seja considerado possuidor do traço ou do atributo visados). Na estrutura da teoria de resposta ao item (TRI), entretanto, as coisas podem ser feitas de forma um pouco diferente. Na estrutura da TRI, cada item é associado com um determinado nível de dificuldade. A fim de "passar" no teste, o testando deve responder a itens que sejam considerados acima de algum nível mínimo de dificuldade, o qual é determinado por especialistas e serve como ponto de corte.

Há diversos métodos baseados na TRI para determinar o nível de dificuldade refletido por um ponto de corte (Karantonis e Sireci, 2006; Wang, 2003). Por exemplo, uma técnica que encontrou aplicação no estabelecimento de pontos de corte para exames de licenciamento é o **método de mapeamento do item**. Ele implica o arranjo dos itens em um histograma, com cada coluna no histograma contendo itens considerados de valor equivalente. Julgadores que foram treinados em relação à competência mínima para licenciamento recebem amostras de itens de cada coluna e são indagados se um indivíduo licenciado minimamente competente responderia a esses itens com correção em quase metade das vezes. Em caso afirmativo, esse nível de dificuldade é estabelecido como o ponto de corte; se não, o processo continua até o nível de dificuldade apropriado ter sido selecionado. Em geral, o processo envolve diversas rodadas de julgamentos nas quais os especialistas podem receber um retorno em relação a como suas avaliações se comparam com as avaliações feitas por outros especialistas.

Um método de estabelecimento de pontos de corte baseado na TRI que costuma ser mais usado em aplicações acadêmicas é o **método do marcador de página (*bookmark*)** (Lewis et al., 1996; ver também Mitzel et al., 2000). O uso desse método começa com o treinamento de especialistas com relação a conhecimento, habilidades e/ou capacidades mínimas que os testandos devem possuir a fim de "passar". Subsequente a este treinamento, os especialistas recebem um livro de itens, com um item impresso por página, de tal modo que sejam organizados em ordem ascendente de dificuldade. O especialista então coloca um "marcador de página" entre as duas páginas (ou seja, os dois itens) que, em sua opinião separem os testados que adquiriram o conhecimento, as habilidades e/ou as capacidades mínimos daqueles que não os adquiriram. O marcador de página serve como ponto de corte. Outras rodadas de marcação de página com os mesmos ou outros julgadores podem acontecer se necessário. Um *feedback* relativo à colocação pode ser fornecido e a discussão entre os especialistas sobre as marcações de páginas pode ser permitida. No final, o nível de dificuldade a usar como ponto de corte é decidido pelos desenvolvedores do teste. Naturalmente, nenhum desses procedimentos está livre de possíveis inconvenientes. Algumas preocupações levantadas sobre o método de marcação de página incluem questões relativas a treinamento de especialistas, possíveis efeitos de piso e teto, e tamanho ideal da brochura de itens (Skaggs et al., 2007).

Outros métodos

Nossa visão geral do estabelecimento do ponto de corte referiu-se a apenas alguns dos tantos métodos que têm sido propostos, implementados ou experimentados; existem muitos outros. Por exemplo, Hambleton e Novick (1973) apresentaram uma abordagem da teoria da decisão para estabelecer pontuações de corte. Em seu livro *Personnel Psychology*, R. L. Thorndike (1949) propôs um método referenciado à norma para estabelecer pontos de corte chamado de *método preditivo de rendimento*. O **método preditivo de rendimento** era uma técnica para estabelecer pontos de corte que levava em consideração o número de cargos a serem preenchidos, projeções sobre a probabilidade de aceitação da oferta e a distribuição das pontuações dos candidatos. Outra abordagem ao estabelecimento de pontos de corte emprega uma família de técnicas estatísticas denominada **análise discriminante** (também citada como *análise de função discriminante*). Essas técnicas são normalmente usadas para esclarecer a relação entre variáveis identificadas (como as pontuações em uma bateria de testes) e dois (e em alguns casos mais) grupos de ocorrência natural (tal como pessoas consideradas bem-sucedidas em um emprego e pessoas julgadas malsucedidas em um emprego).

Dada a importância de se estabelecerem pontos de corte e o quanto pode estar em jogo para os indivíduos "cortados" por elas, a pesquisa e o debate sobre as questões envolvidas provavelmente continuarão – pelo menos até que a hipotética "teoria da pontuação verdadeira para pontos de corte" já mencionada neste capítulo seja identificada e bem recebida por membros da comunidade de pesquisa.

Neste capítulo focalizamos os possíveis benefícios da testagem e como avaliá-los. Ao fazê-lo, referimos nos aos diversos aspectos do desenvolvimento e da construção de testes. No próximo capítulo, aprofundamos nos mais nos detalhes desses importantes elementos da testagem e da avaliação.

Autoavaliação

Teste sua compreensão dos elementos deste capítulo vendo se é capaz de explicar cada um dos seguintes termos, expressões e abreviações:

análise de utilidade
análise discriminante
benefício (relacionado à utilidade do teste)
custo (relacionado à utilidade do teste)
fórmula de Brogden-Cronbach-Gleser
ganho de produtividade
ganho de utilidade
método Angoff
método de grupos conhecidos
método de grupos contrastantes
método de mapeamento do item
método de marcação de página
método preditivo de rendimento
modelo de seleção compensatória
múltiplos obstáculos (processo de seleção)
ponto de corte
ponto de corte absoluto
ponto de corte fixo
ponto de corte referenciado à norma
ponto de corte relativo
pontos de corte múltiplos
retorno sobre o investimento
seleção descendente
utilidade (utilidade do teste)

CAPÍTULO 8

Desenvolvimento de Testes

Os testes não são criados da mesma forma. A criação de um bom teste não é questão de sorte. Ele é o produto da aplicação ponderada e segura de princípios estabelecidos de *desenvolvimento de testes*. Nesse contexto, **desenvolvimento de testes** é um termo abrangente para tudo o que entra no processo de criar um teste.

Nesse capítulo, apresentamos os fundamentos do desenvolvimento de testes e examinamos em detalhe os processos pelos quais os testes são construídos. Exploramos, por exemplo, as formas como seus itens são escritos e finalmente selecionados para a utilização. Embora focalizemos em testes da variedade publicada e padronizada, muito do que temos a dizer também se aplica a testes feitos sob medida, como aqueles criados por professores, pesquisadores e empregadores.

O processo de desenvolvimento de um teste ocorre em cinco estágios:

1. conceituação do teste;
2. construção do teste;
3. experimentação do teste;
4. análise dos itens;
5. revisão do teste.

Uma vez concebida a ideia (**conceituação do teste**), começa a *construção do teste*. Da forma como estamos usando esse termo, a **construção do teste** é um estágio no processo de desenvolvimento que implica escrever os itens do teste (ou reescrever ou revisar itens existentes), bem como formatá-los, estabelecer regras de pontuação e, de outro modo, projetar e construir um teste. Assim que uma forma preliminar do teste tenha sido desenvolvida, é administrada a uma amostra representativa de testandos sob condições que simulem as condições sob as quais a versão final será administrada (**experimentação do teste**). Os dados da experimentação serão coletados, e o desempenho dos testandos no teste como um todo e em cada item será analisado. Procedimentos estatísticos, referidos como *análise dos itens*, são empregados para auxiliar nos julgamentos sobre quais itens são bons como estão, quais precisam ser revistos e quais devem ser descartados. A análise dos itens do teste pode incluir análises de confiabilidade, de validade e de discriminação do item. Dependendo do tipo de teste, o nível de dificuldade do item também pode ser analisado.

A próxima na sequência de eventos no desenvolvimento do teste é a *revisão do teste*. Aqui, **revisão do teste** refere-se à ação realizada para modificar o conteúdo ou o formato de um teste com a finalidade de melhorar sua eficácia como instrumento de mensuração. Essa ação é em geral baseada em análises dos itens, bem como em informações relacionadas derivadas da experimentação do teste. A versão revisada do teste será então ex-

```
Conceituação do teste
          ↓
Construção do teste
          ↓
Experimentação
    do teste
          ↓
       Análise
          ↓
       Revisão
```

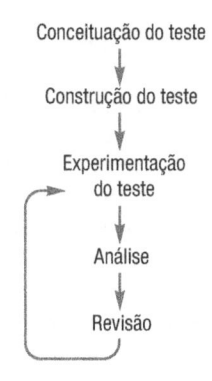

Figura 8.1   O processo de desenvolvimento de testes.

perimentada em uma nova amostra de testandos. Após a análise dos resultados, o teste será novamente revisado se necessário (ver Fig. 8.1). Embora o processo de desenvolvimento de testes descrito hoje seja bastante típico, vamos observar que há muitas exceções a ele, tanto com relação a testes desenvolvidos no passado como a alguns testes contemporâneos. Certos testes são concebidos e construídos, mas não são experimentados, os itens não são analisados, nem são revisados.

> **REFLITA...**
> Você é capaz de pensar em um teste psicológico clássico do passado que nunca passou por experimentação, análise de itens ou revisão? E quanto aos chamados testes psicológicos encontrados na internet?

Conceitualização do teste

O início de qualquer teste publicado pode provavelmente remontar a pensamentos – diálogo interno, em termos comportamentais. O desenvolvedor do teste diz para si mesmo alguma coisa como: "Deveria haver um teste destinado a medir [preencha a lacuna] de [tal e tal] forma". O estímulo para tal pensamento poderia ser quase qualquer coisa. Uma revisão da literatura disponível sobre testes existentes destinados a medir um determinado construto poderia indicar que eles deixam muito a desejar em solidez psicométrica. Um fenômeno social ou um padrão de comportamento emergente poderiam servir como o estímulo para o desenvolvimento de um novo teste. Se, por exemplo, o celibato viesse a se tornar um estilo de vida amplamente praticado, então poderíamos testemunhar o desenvolvimento de uma variedade de testes relacionados a celibato. Esses testes poderiam medir variáveis como razões para adotar um estilo de vida celibatário, compromisso com um estilo de vida celibatário e grau de celibato por comportamentos específicos. A analogia com a medicina é direta: Quando uma nova doença chega ao conhecimento de pesquisadores da área médica, eles tentam desenvolver testes diagnósticos para avaliar sua presença ou ausência bem como a gravidade de suas manifestações no corpo.

O desenvolvimento de um novo teste pode se dar em resposta a uma necessidade de avaliar o domínio em uma ocupação ou profissão emergentes. Por exemplo, novos testes podem ser desenvolvidos para avaliar o domínio em campos como eletrônica de alta definição, engenharia ambiental e comunicações sem fio.

> **REFLITA...**
> O que seria um "tema atual" em que os desenvolvedores de testes psicológicos deveriam estar trabalhando? Que aspectos desse tema poderiam ser explorados por meio de um teste psicológico?

Algumas questões preliminares

Independentemente do estímulo para desenvolver o novo teste, o futuro desenvolvedor de testes se defronta de imediato com uma série de questões.

- *O que o teste visa medir?* Essa é uma pergunta enganosamente simples. Sua resposta tem íntima ligação a como o desenvolvedor do teste define o construto que está sendo medido e como essa definição é igual ou diferente de outros testes que se propõem a medir o mesmo construto.
- *Qual é o objetivo do teste?* No interesse de qual objetivo o teste será empregado? Em que aspecto ou aspectos o objetivo desse teste é o mesmo ou é diferente de outros testes com finalidades semelhantes? Que comportamentos do mundo real se poderia esperar que estivessem correlacionados com as respostas do testando?
- *Existe uma necessidade para este teste?* Há algum outro teste com o propósito de medir a mesma coisa? Em que aspectos o novo teste será melhor ou diferente dos existentes? Haverá evidência mais convincente de sua confiabilidade ou validade? Ele será mais abrangente? Levará menos tempo para ser administrado? Em que aspectos este teste *não* seria melhor do que os existentes?
- *Quem usará este teste?* Clínicos? Educadores? Outros? Para que propósito ou propósitos este teste seria usado?
- *Quem fará este teste?* A quem se destina? Quem precisa fazê-lo? Quem achará desejável fazê-lo? Para que faixa etária de testandos o teste é projetado? Que nível de leitura é requerido de um testando? Que fatores culturais poderiam afetar a resposta do testando?
- *Que conteúdo o teste irá abranger?* Por que ele deve contemplar este conteúdo? Esta cobertura é diferente da cobertura de conteúdo de testes existentes com os mesmos objetivos ou objetivos semelhantes? Como e por que a área de conteúdo é diferente? Em que grau este conteúdo é específico da cultura?
- *Como o teste será administrado?* Individualmente ou em grupos? Ele é receptivo a administração em grupo e individual? Que diferenças existirão entre as administrações individuais e em grupo deste teste? O teste será projetado para, ou será receptivo a, administração por computador? Como as diferenças entre as versões do teste poderiam se refletir em seus escores?
- *Qual é o formato ideal do teste?* Ele deve ser no formato verdadeiro-falso, dissertação, múltipla escolha, ou em algum outro formato? Por que o formato selecionado para este teste é o melhor?
- *Mais de uma forma do teste deve ser desenvolvida?* Com base em uma análise de custo-benefício, devem ser criadas formas alternadas ou paralelas deste teste?
- *Que treinamento especial será requerido dos aplicadores do teste para administrá-lo ou interpretá-lo?* Que formação e qualificações o futuro aplicador dos dados derivados de uma administração deste teste precisará ter? Que restrições, se houver, devem ser impostas aos distribuidores do teste e a seu uso?
- *Que tipos de respostas serão requeridas dos testandos?* Que tipo de incapacidade poderia impedir alguém de ser capaz de fazer este teste? Que adaptações ou acomodações são recomendadas para pessoas com incapacidades?
- *Quem se beneficia de uma administração deste teste?* O que o testando aprenderia, ou como ele poderia se beneficiar, de uma administração deste teste? O que o aplicador do teste aprenderia, ou como ele poderia se beneficiar? Que benefício social, se houver, provém de uma administração deste teste?
- *Há algum potencial de prejuízo como resultado de uma administração deste teste?* Que garantias são incorporadas ao procedimento de testagem recomendado para prevenir qualquer tipo de prejuízo a qualquer uma das partes envolvidas no uso deste teste?
- *Como será atribuído significado aos escores neste teste?* O escore de um testando será comparado com o de outros que estão fazendo o teste ao mesmo tempo? Com o de outros em um grupo de critério? O teste avaliará o domínio de uma área de conteúdo em particular?

Essa última pergunta é um ponto de partida para elaborar questões relacionadas ao desenvolvimento de testes com respeito a testes referenciados a norma *versus* referenciados a critério.

Testes referenciados à norma *versus* referenciados ao critério: Questões de desenvolvimento de itens Diferentes abordagens ao desenvolvimento de testes e a análises de itens individuais são necessárias, dependendo de se o teste acabado é projetado para ser referenciado à norma ou ao critério. Em geral, por exemplo, um bom item em um teste de realização referenciado à norma é aquele no qual pessoas com escores altos respondem de forma correta. Pessoas com escores baixos tendem a responder a esse mesmo item incorretamente. Em um teste orientado ao critério, esse mesmo padrão de resultados pode ocorrer. Pessoas com escores altos entendem certo um determinado item, enquanto pessoas com escores baixos o entendem errado. Entretanto, não é isso que torna um item bom ou aceitável de um ponto de vista orientado ao critério. Em uma situação ideal, cada item em um teste orientado ao critério aborda a questão de se o testando – um futuro médico, engenheiro, estudante de piano, ou seja quem for – satisfez certos critérios. Em resumo, quando se trata de avaliação orientada a critério, ser o "primeiro da classe" não conta e frequentemente é irrelevante. Embora possamos prever exceções a essa regra geral, comparações referenciadas a norma costumam ser insuficientes e inadequadas quando conhecimento de domínio é o que o aplicador do teste requer.

A testagem e a avaliação referenciadas ao critério são comumente empregadas em contextos de licenciamento, seja uma licença para praticar medicina seja para dirigir um carro. As abordagens referenciadas a critério também são empregadas em contextos educacionais nos quais o domínio de um determinado material deve ser demonstrado antes que o estudante passe para o material avançado que conceitualmente se constrói sobre a base existente de conhecimento, habilidades ou ambos,

Em contrapartida às técnicas e aos princípios aplicáveis ao desenvolvimento de testes referenciados à norma (muitos dos quais são discutidos neste capítulo), o desenvolvimento de instrumentos referenciados a critério deriva de uma conceituação do conhecimento ou de habilidades a serem dominados. Para fins de avaliação, as habilidades cognitivas ou motoras requeridas podem ser divididas em partes componentes. O desenvolvedor do teste pode tentar amostrar o conhecimento relacionado a critério com relação aos princípios gerais relevantes ao critério que está sendo avaliado. A experimentação com diferentes itens, testes, formatos ou procedimentos de mensuração ajudarão o desenvolvedor do teste a descobrir a melhor medida de domínio para as habilidades ou os conhecimentos específicos.

Em geral, o desenvolvimento de um teste ou procedimento de avaliação referenciado a critério pode implicar trabalho exploratório com pelo menos dois grupos de testandos: um grupo conhecido por ter dominado o conhecimento ou a habilidade que estão sendo medidos, e outro conhecido por *não* ter dominado tal conhecimento ou habilidade. Por exemplo, durante o desenvolvimento de um teste escrito referenciado a critério para uma carteira de motorista, uma versão preliminar do teste pode ser administrada a um grupo de pessoas que dirigiram cerca de 15 mil quilômetros por ano durante 10 anos e que têm registros de segurança perfeitos (sem acidentes e sem infrações de trânsito). O segundo grupo de testandos poderia ser formado por adultos comparáveis em demografia e aspectos relacionados ao primeiro grupo, mas que nunca tinham tido qualquer instrução de direção ou experiência de direção. Os itens que melhor discriminam entre esses dois grupos seriam considerados itens "bons". A experimentação exploratória preliminar feita no desenvolvimento do teste não precisa ter nada a ver com voar, mas você não saberia disso pelo seu nome...

> **REFLITA...**
> Suponha que você tenha ficado encarregado de desenvolver um teste referenciado ao critério para medir o domínio do Capítulo 8 deste livro. Explique, com o máximo de detalhes que ache suficiente, como iria fazer isso. Tudo bem se você ler antes de responder (na verdade, você é encorajado a fazê-lo).

Trabalho-piloto

No contexto do desenvolvimento de testes, termos como **trabalho-piloto**, *estudo-piloto*, e *pesquisa-piloto* se referem, em geral, à pesquisa preliminar em torno da criação de um protótipo do teste. Os itens do teste podem ser estudados preliminarmente (ou testados) para avaliar se devem ser incluídos na forma final do instrumento. No desenvolvimento de uma entrevista estruturada para medir introversão/extroversão, por exemplo, a pesquisa-piloto pode envolver entrevistas abertas com participantes da pesquisa que por alguma razão (talvez com base em um teste existente) são considerados introvertidos ou extrovertidos. Além disso, entrevistas com pais, professores, amigos e outros que conheçam o indivíduo também poderiam ser arranjadas. Outro tipo de estudo-piloto poderia envolver monitoração fisiológica dos indivíduos (tal como monitoração dos batimentos cardíacos) em razão de exposição a diferentes tipos de estímulos.

No trabalho-piloto, o desenvolvedor do teste normalmente tenta determinar a melhor forma de medir um construto específico. O processo pode implicar revisões da literatura e experimentação, bem como criação, revisão e exclusão de itens e preliminares do teste. Depois desse trabalho vem o processo de construção do teste. Lembre-se, entretanto, de que, dependendo da natureza do teste, bem como da natureza das respostas variáveis dos testandos, dos aplicadores do teste e da comunidade em geral, a necessidade de outra pesquisa-piloto e de revisão do teste é sempre uma possibilidade.

Construção do teste

O trabalho-piloto é uma necessidade quando se constrói um teste ou outros instrumentos de mensuração para publicação e ampla distribuição. Naturalmente, o trabalho piloto precisa ser parte do processo de desenvolvimento de testes feitos pelo professor para uso na sala de aula (ver a seção *A Psicometria no Cotidiano* deste capítulo). Enquanto você lê sobre os aspectos mais formais da construção de testes profissionais, pense sobre quais procedimentos técnicos (se houver) poderiam se prestar à modificação para uso cotidiano dos professores na sala de aula.

Escalonamento

Já definimos *mensuração* como a atribuição de números de acordo com regras predeterminadas. **Escalonamento** pode ser definido como o processo de estabelecer regras para atribuir números na mensuração. Em outras palavras, escalonamento é o processo pelo qual um instrumento de mensuração é projetado e calibrado e pelo qual números (ou outros índices – valores da escala – são atribuídos a diferentes quantidades do traço, do atributo ou da característica que estão sendo medidos.

Em termos históricos, credita-se ao prolífico L. L. Thurstone (Fig. 8.2) ter estado na vanguarda dos esforços para desenvolver métodos de escalonamento metodologicamente sólidos. Ele adaptou métodos de escalonamento psicofísicos ao estudo de variáveis psicológicas como atitudes e valores (Thurstone, 1959; Thurstone e Chave, 1929). O artigo de Thurstone (1925) intitulado "Um método de escalonamento de testes psicológicos e educacionais" introduziu, entre outras coisas, a noção do escalonamento absoluto – um procedimento para obter uma medida de dificuldade do item entre amostras de testados de capacidades variáveis.

Tipos de escalas Na linguagem comum, escalas são instrumentos usados para medir alguma coisa, tal como o peso. Em psicometria, as escalas também podem ser entendidas como instrumentos usados para medir. Aqui, entretanto, essa *alguma coisa* sendo medida é provavelmente um traço, um estado ou uma habilidade. Quando pensamos nos tipos de escalas, pensamos nas diferentes formas em que elas podem ser categorizadas. No Capítulo 3, por exemplo, vimos que as escalas podem ser categorizadas de forma significativa ao longo de um *continuum* de nível de mensuração e referidas como nominais, ordinais, intervalares ou de razão. Mas também poderíamos caracterizar as escalas de outras formas.

Se o desempenho do testando no teste em função da idade for de interesse fundamental, então o teste poderia ser referido como *escala baseada na idade*. Se o desempenho do testando no teste como uma função da nota for de interesse essencial, então o teste poderia ser referido como *escala baseada na nota*. Se todos os escores brutos do teste devem ser transformados em escores que podem variar de 1 a 9, então o teste poderia ser referido como escala de *estaninos*. Uma escala poderia ser descrita ainda de outras formas. Por exemplo, pode ser categorizada como *unidimensional* em oposição a *multidimensional*. Pode ser categorizada como *comparativa* em oposição a *categórica*. Isso é apenas uma amostragem das várias formas nas quais as escalas podem ser categorizadas.

Visto que as escalas podem ser categorizadas de muitas formas diferentes, seria razoável supor que existam muitos métodos diferentes de escalonamento. De fato, há; não existe um método único de escalonamento. Não há um melhor tipo de escala. Os desenvolvedores escalonam um teste da maneira que acreditam ser idealmente adequada a sua concepção da mensuração do traço (ou o que for) que esteja sendo medido.

Métodos de escalonamento   Falando de modo geral, se presume que um testado tenha mais ou menos da característica medida por um teste (válido) em função do escore do teste. Quanto mais alto ou mais baixo o escore, mais ou menos da característica o testando presumivelmente possui. Mas como os números são atribuídos às respostas de modo que o escore de um teste possa ser calculado? Isso é feito por meio do escalonamento dos itens do teste, usando um dos diversos métodos disponíveis.

Por exemplo, considere uma medida de opinião de questões morais chamada de Escala de Comportamentos Moralmente Discutíveis-Revisada (MDBS-R; Katz et al., 1994).

Figura 8.2   L. L. Thurstone (1887-1955).

Entre as muitas realizações de Thurstone na área do escalonamento estava seu influente artigo "Lei do julgamento comparativo (1927)". Uma das poucas "leis" na psicologia. Essa era a realização que mais orgulhava Thurstone (Nunnally, 1978, p. 60-61). Na verdade, ele tinha muitas realizações para escolher. Suas adaptações dos métodos de escalonamento para uso na pesquisa psicofisiológica e no estudo de atitudes e valores serviram de modelos para gerações de pesquisadores (Bock e Jones, 1968). Ele também é amplamente considerado um dos primeiros arquitetos da análise fatorial moderna.

A PSICOMETRIA NO COTIDIANO

A psicometria na sala de aula

Muitas das preocupações de professores e alunos em relação à testagem são psicométricas. Os professores querem administrar – e os alunos querem fazer – testes que sejam medidas confiáveis e válidas do conhecimento dos alunos. Mesmo estudantes que não fizeram um curso sobre testagem e avaliação psicológica parecem entender as questões psicométricas relativas aos testes administrados na sala de aula. Como ilustração, considere cada um dos seguintes pares de afirmações. A primeira afirmação em cada par é uma crítica a um teste de sala de aula que você pode ter ouvido (ou você mesmo pode ter feito); a segunda é essa crítica traduzida para a linguagem da psicometria.

"Passei toda a noite estudando o Capítulo 3, e não há um item naquela prova baseado nesse capítulo!"

Tradução: "Questiono a validade de conteúdo do exame!"

"As instruções naquela prova de dissertação não eram claras, acho que isso afetou a minha nota."

Tradução: "Havia excessiva variância do erro relacionada aos procedimentos de administração do teste".

"Escrevi a mesma coisa que meu amigo nesta questão de resposta curta – como é que ele tirou nota máxima e o professor tirou três pontos da minha resposta?"

Tradução: "Tenho preocupações sérias sobre erro de avaliador afetando a confiabilidade".

"Não tive tempo suficiente para terminar; esta prova não mediu o que eu sei – apenas quão rápido eu podia escrever!"

Tradução: "Gostaria que a pessoa que redigiu esta prova tivesse prestado mais atenção às questões relativas à validade relacionada ao critério e à eficácia comparativa de testes de velocidade em oposição a testes de potência (ou nível)!"

Como seus alunos, os professores têm preocupações sobre os testes que administram. Eles desejam que as questões de suas provas sejam claras, relevantes e representativas do material abordado. Eles às vezes se perguntam sobre o tamanho de suas provas. A preocupação deles é abranger quantidades muito grandes de material e de forma simultânea dar tempo suficiente para os alunos pensarem bem sobre suas respostas.

Para a maioria dos testes psicológicos publicados, esses tipos de preocupações psicométricas seriam tratadas de uma maneira formal durante o processo de desenvolvimento do teste. Na sala de aula, entretanto, a avaliação psicométrica rigorosa das dezenas de provas que qualquer professor pode administrar durante o curso de um semestre é impraticável. As provas via de regra são criadas com o propósito de testar apenas um grupo de alunos durante um semestre. Elas mudam para refletir mudanças nas preleções e nas leituras à medida que as matérias se desenvolvem. Além disso, se as provas forem reutilizadas, correm o risco de se tornarem medidas de quem viu ou ouviu falar sobre a prova antes de fazê-la, em vez de medidas do quanto os alunos conhecem a matéria. Naturalmente, embora a avaliação psicométrica formal dos testes de sala de aula possa ser impraticável, métodos informais são usados com frequência.

As preocupações sobre validade de conteúdo são tratadas de modo rotineiro, em geral informal, pelos professores no processo de desenvolvimento da prova. Por exemplo, suponha que uma prova contendo 50 questões de múltipla escolha e cinco dissertações curtas tenha de abordar o material de leitura e preleção sobre quatro temas amplos. O professor poderia sistematicamente incluir 12 ou 13 questões de múltipla escolha e pelo menos uma dissertação curta de cada área da matéria. Também poderia tirar uma certa porcentagem das questões das leituras e uma certa porcentagem das preleções. Essa abordagem deliberada à cobertura do conteúdo pode muito bem aumentar a validade de conteúdo da prova, ainda que nenhuma avaliação da validade de conteúdo da prova seja feita. O professor também pode informar os alunos que todos os quadros e apêndices do livro e toda a mídia instrutiva apresentada em aula (tal como videoteipes) podem cair na prova.

É difícil estabelecer a validade relacionada ao critério em muitas salas de aula porque nenhum critério óbvio reflete o nível de conhecimento do material pelos alunos. Podem existir exceções para estudantes de um programa técnico ou aplicado que façam uma prova para licenciamento ou certificação. A avaliação informal de algo semelhante a validade de critério pode ocorrer individualmente em uma conversa entre aluno e professor na qual um aluno que obteve a nota mais baixa da classe pode demonstrar ao professor uma falta inequívoca de compreensão do material. Também é verdade que a validade de critério da prova pode ser posta em dúvida pelo mesmo método. Uma conversa com o aluno que tirou a nota mais alta poderá revelar que ele não tem a menor ideia sobre o material que a prova tinha por objetivo explorar. Tal achado faria o professor refletir.

A validade de construto dos testes de sala de aula é com frequência avaliada de modo informal, como quando uma anomalia no desempenho do teste pode chamar atenção para questões relacionadas à validade de construto. Por exemplo, considere um grupo de alunos que têm uma história de desempenho na média ou acima da média nas provas. Agora suponha que todos os alunos nesse grupo se saiam mal em uma determinada prova. Se todos eles relatarem não terem estudado para a prova ou simplesmente não terem entendido o texto, então haverá uma explicação adequada para suas notas baixas. Entretanto, se relatarem que estudaram e entenderam o material como de hábito, então o resultado poderia ser explicado questionando a validade de construto da prova.

Aspectos da confiabilidade de testes de sala de aula também podem ser avaliados de maneira informal. Por exemplo, uma discussão com os alunos pode esclarecer a consistência interna da prova. Então, retomando, se a prova foi planejada para ser heterogênea, então avaliações de consistência interna baixas poderiam ser desejáveis. Em provas de dissertação, a confiabilidade entre avaliadores pode ser explorada fornecendo a um grupo de voluntários os critérios usados na pontuação das redações e deixando-os dar notas para algumas. Esse tipo de exercício poderia esclarecer os critérios de pontuação. No raro caso em que a mesma prova é administrada duas vezes ou de uma forma alternada, uma discussão da confiabilidade teste-reteste ou de formas alternadas pode ser conduzida.

Você já fez uma prova na qual um aluno pede discretamente um esclarecimento de uma questão específica e o professor então anuncia para toda a classe a resposta à pergunta do aluno? Esse professor está tentando reduzir o erro de administração (e aumentar a confiabilidade) fornecendo a mesma experiência para todos os testandos. Na ocasião que forem avaliadas questões de resposta curta ou de dissertação, os professores podem tentar reduzir o erro de avaliador por meio de diversas técnicas. Por exemplo, podem pedir a um colega para ajudar a decifrar a péssima caligrafia de um aluno ou para reavaliar uma série de dissertações (sem ver as notas orginais). Os professores também tentam reduzir o erro de administração e aumentar a confiabilidade eliminando itens que muitos alunos entenderam mal.

Os testes desenvolvidos para uso em sala de aula podem não ser perfeitos. Poucos testes para qualquer propósito o são (se houver algum que seja). Contudo, a maioria dos professores está sempre a procura de maneiras – formais ou informais – de tornar as provas que administram o mais psicometricamente sólidas possível.

Desenvolvida para ser "um meio prático de avaliar no que as pessoas acreditam, a força de suas convicções, bem como as diferenças individuais na tolerância moral" (p. 15), a MDBS-R é formada por 30 itens. Cada item contém uma breve discussão de uma questão moral ou por comportamento nos quais os testandos expressam sua opinião por meio de uma escala de 10 pontos variando de "nunca justificado" a "sempre justificado". Aqui está um exemplo.

```
   1   2   3   4   5   6   7   8   9   10
nunca                                sempre
justificado                       justificado
```

A MDBS-R é um exemplo de uma **escala de avaliação**, que pode ser definida como um agrupamento de palavras, afirmações ou símbolos sobre os quais os julgamentos da força de determinados traço, atitude ou emoção são indicados pelo testando. As escalas de avaliação podem ser usadas para registrar julgamentos sobre a própria pessoa, os outros, as experiências ou os objetos, e podem assumir várias formas (Fig. 8.3).

Na MDBS-R, as avaliações que o testado faz para cada um dos 30 itens do teste são somadas para obter um escore final. Os escores variam de 30 (se indicar que todos os 30 comportamentos nunca são justificados) a 300 (se o testando indicar que todas as 30 situações são sempre justificadas). Como o escore final é obtido somando todos os itens, a escala é denominada **escala somativa**.

Um tipo de escala de avaliação somativa, a **escala Likert** (Likert, 1932), é usada extensivamente na psicologia, sobretudo para dimensionar atitudes. As escalas Likert são bastante fáceis de construir. Cada item apresenta ao testando cinco respostas alternativas (às vezes sete), de modo geral em um *continuum* de concordo-discordo ou aprovo-desaprovo. Se Katz e colaboradores tivessem usado uma escala Likert, um item no teste deles poderia ser algo como:

Sonegue impostos se você tiver uma chance.

Isso é (marque uma opção):

nunca justificado	raramente justificado	às vezes justificado	sempre justificado

As escalas Likert costumam ser confiáveis, o que pode explicar sua ampla popularidade. Likert (1932) experimentou diferentes ponderações das cinco categorias, mas con-

Item A da escala de avaliação
Como você se sente sobre o que vê na televisão?

Item B da escala de avaliação
Eu acredito que gostaria de trabalhar como faroleiro?
Verdadeiro   Falso   (circule um)

Item C da escala de avaliação
Por favor, avalie o empregado na capacidade de cooperar e se relacionar com os colegas:
Excelente _____ /_____ /_____ /_____ /_____ /_____ /_____ / Insatisfatório

Figura 8.3   As muitas faces das escalas de avaliação.
As escalas de avaliação podem assumir muitas formas. Faces "sorridentes", como essas ilustradas aqui como Item A, têm sido usadas na pesquisa social-psicológica com crianças pequenas e adultos com habilidades de linguagem limitadas. As faces são usadas em lugar de palavras como positivo, neutro e negativo.

cluiu que atribuir pesos de 1 (para o endosso de itens em um extremo) a 5 (para endosso de itens no outro extremo) via de regra funcionava melhor.

O uso de escalas de avaliação de qualquer tipo resulta em dados de nível ordinal. Com referência ao item da escala Likert, por exemplo, se a resposta *nunca justificado* receber o valor 1, *raramente justificado* o valor 2, e assim por diante, então um escore mais alto indica maior permissividade com relação a sonegação de impostos. Os respondentes poderiam até ser classificados em relação a tal permissividade. Entretanto, a diferença na permissividade entre as opiniões de duas pessoas que obtiveram 2 e 3 pontos nessa escala não é necessariamente a mesma que entre as opiniões de duas pessoas que obtiveram 3 e 4 pontos.

◆ **REFLITA...**
É discutível, mas que forma da Escala de Comportamentos Moralmente Discutíveis funcionaram melhor para você? Por quê?

As escalas de avaliação diferem no número de dimensões subjacentes às avaliações que estão sendo feitas. Algumas delas são *unidimensionais*, significando a presunção de que apenas uma dimensão fundamente as avaliações. Outras são *multidimensionais*, significando a suposição de que mais de uma dimensão oriente as respostas do testando. Considere nesse contexto um item da MDBS-R relativo ao uso de maconha. As respostas a esse item, em particular as respostas na variação baixa a média, podem ser interpretadas de muitas formas diferentes. Essas respostas podem refletir a opinião (a) de que as pessoas não deveriam se envolver em atividades ilegais, (b) de que as pessoas não deveriam arriscar sua saúde ou (c) de que as pessoas deveriam evitar atividades que poderiam levar a contato com uma turma ruim. As respostas a esse item também podem refletir outras atitudes e crenças, tais como aquelas relacionadas ao uso benéfico da maconha como adjuvante à quimioterapia para pacientes de câncer. Quando mais de uma dimensão é explorada por um item, técnicas de escalonamento multidimensional são usadas para identificar as dimensões.

Outro método de escalonamento que produz dados ordinais é o **método de comparações aos pares**. São apresentados aos testandos pares de estímulos (duas fotografias, dois objetos, duas afirmações), que devem comparar. Eles devem selecionar um dos estímulos de acordo com alguma regra; por exemplo, a regra de que concordam mais com uma afirmação do que com a outra, ou a regra de que acham um estímulo mais atraente do que o outro. Se Katz e colaboradores tivessem usado o método de comparações aos pares, um item na escala deles poderia ter sido semelhante ao que segue.

Selecione o comportamento que você acha que seria mais justificável:

a. sonegar impostos se houver uma chance
b. aceitar propina no exercício de suas funções

Para cada par de opções, os testandos recebem um escore mais alto por selecionar a opção considerada mais justificável pela maioria de um grupo de julgadores. Os julgadores teriam sido instruídos a avaliar os pares de opções antes da distribuição do teste, e uma lista das opções selecionadas pelos julgadores seria fornecida junto com as instruções de pontuação como uma chave de resposta. O escore do teste refletiria o número de vezes que as escolhas de um testando concordaram com as dos julgadores. Se usarmos a amostra de padronização de Katz e colaboradores (1994) como julgadores, então a opção mais justificável é sonegar impostos. Um testando poderia receber um ponto a mais na pontuação total por selecionar a opção "a", mas nenhum ponto por selecionar a opção "b". Uma vantagem do método de comparações aos pares é que ele força os testandos a escolherem entre os itens.

As tarefas de ordenação são outra forma de desenvolver e escalonar informações ordinais. Aqui, estímulos como cartões impressos, desenhos, fotografias ou outros objetos são normalmente apresentados aos testandos para avaliação. Um método de ordenação, o **escalonamento comparativo**, implica julgamentos de um estímulo em comparação com cada um dos outros estímulos na escala. Uma versão do MDBS-R que emprega o escalonamento comparativo poderia exibir 30 itens, cada um impresso em um cartão separado. Os testandos seriam instruídos a ordenar os cartões do mais justificável ao menos justificável. O escalonamento comparativo também poderia ser realizado fornecendo aos testandos uma lista de 30 itens em uma folha de papel e pedindo para ordenar a justificação dos itens de 1 a 30.

> **REFLITA...**
> Sob quais circunstâncias poderia ser vantajoso para os testes conter itens apresentados como uma tarefa de ordenação?

Outro sistema de escalonamento que se baseia na ordenação é o **escalonamento categórico**. Os estímulos são colocados em uma de duas ou mais categorias alternativas que diferem quantitativamente com respeito a algum *continuum*. Em nosso exemplo corrente da MDBS-R, os testandos poderiam receber 30 cartões, em cada um estando impresso um dos 30 itens. Os testandos seriam instruídos a ordenar os cartões em três pilhas: aqueles comportamentos que nunca são justificados, os que são às vezes justificados e os que são sempre justificados.

Uma **escala de Guttman** (Guttman, 1944 a, b, 1947) é ainda outro método de escalonamento que produz medidas de nível ordinal. Os itens nela variam sequencialmente de expressões mais fracas a mais fortes da atitude, da crença ou do sentimento que estão sendo medidos. Um aspecto das escalas de Guttman é que todos os respondentes que concordam com as afirmações mais fortes da atitude também concordarão com as mais leves. Usando a escala MDBS-R como exemplo, considere as seguintes afirmações que refletem atitudes em relação ao suicídio.

Você concorda com cada um dos seguintes ou discorda:

a. Todas as pessoas devem ter o direito de decidir se desejam acabar com suas vidas.
b. Pessoas com doenças terminais e sofrendo devem ter a opção de ter um médico para ajudá-las a acabar com suas vidas.
c. As pessoas devem ter a opção de dispensar o uso de equipamentos de sustentação de vida artificiais antes de ficarem seriamente doentes.
d. As pessoas têm o direito a uma vida confortável.

Se essa fosse uma escala de Guttman perfeita, então todos os respondentes que concordam com "a" (a posição mais extrema) também devem concordar com "b", "c" e "d". Todos os respondentes que discordam de "a" mas concordam com "b" também devem concordar com "c" e com "d", e assim por diante. As escalas de Guttman são desenvolvidas por meio da administração de uma série de itens a um grupo-alvo. Os dados resultantes são então analisados por meio de **análise de escalograma**, um procedimento de análise de itens e uma abordagem ao desenvolvimento de testes que envolve um mapeamento gráfico das respostas de um testando. O objetivo do desenvolvedor de uma medida de atitudes é obter um arranjo de itens no qual o endosso de um item automaticamente implique o endosso de posições menos extremas. Nem sempre é possível fazer isso. Além da mensuração de atitudes, o escalonamento de Guttman, ou análise de escalograma (os dois termos são usados como sinônimos), atrai os desenvolvedores de testes em psicologia do consumidor, na qual um objetivo pode ser descobrir se um consumidor que comprará um produto comprará um outro.

Todos os métodos supramencionados produzem dados ordinais. O método de intervalos aparentemente iguais, descrito primeiro por Thurstone (1929), é uma técnica de escalonamento usada para obter dados que se presume sejam de natureza intervalar. Voltando a usar o exemplo de atitudes sobre a justificação do suicídio, vamos delinear os passos que estariam envolvidos na criação de uma escala usando o método de intervalos aparentemente iguais de Thurstone.

1. Um número bastante grande de afirmações refletindo atitudes positivas e negativas em relação ao suicídio são coletadas, tais como *A vida é sagrada, portanto as pessoas nunca devem tirar suas próprias vidas* e *Uma pessoa em grande sofrimento físico ou emocional pode decidir racionalmente que o suicídio é a melhor opção disponível*.
2. Os julgadores (ou especialistas em alguns casos) avaliam cada afirmação em termos de o quão fortemente ela indica que o suicídio é justificado. Cada julgador é instruído a avaliar cada afirmação em uma escala como se ela fosse de natureza intervalar. Por exemplo, a escala poderia variar de 1 (a afirmação indica que o suicídio nunca é justificado) a 9 (a afirmação indica que o suicídio é sempre justificado). Os julgadores são informados de que a escala de 1 a 9 está sendo usada como se houvesse uma distância igual entre cada um dos valores – ou seja, como se fosse uma escala intervalar. Os julgadores são advertidos a concentrar suas avaliações nas afirmações, não em suas próprias opiniões sobre o assunto.
3. Uma média e um desvio-padrão das avaliações dos julgadores são calculados para cada afirmação. Por exemplo, se 15 julgadores avaliaram cem afirmações em uma escala de 1 a 9, então, para cada uma dessas cem afirmações, seria calculada a média das avaliações dos 15 julgadores. Suponha que cinco dos julgadores tenham avaliado um determinado item como um 1; cinco outros julgadores, como um 2 e, os cinco restantes, como um 3. A média das avaliações seria 2 (com um desvio-padrão de 0,816).
4. Os itens são selecionados para inclusão na escala final com base em vários critérios, incluindo (a) o grau em que cada item contribui para uma mensuração abrangente da variável em questão e (b) o grau de confiança do desenvolvedor do teste de que os itens realmente foram ordenados em intervalos iguais. As médias e os desvios-padrão dos itens também são considerados. Os itens devem representar uma ampla variedade de atitudes refletidas de diversas maneiras. Um desvio-padrão baixo é indicativo de um bom item; os julgadores concordam sobre o significado do item com respeito a seu reflexo de atitudes em relação ao suicídio.
5. A escala agora está pronta para ser administrada. A forma como é usada depende dos objetivos da situação de teste. Normalmente, os respondentes são instruídos a selecionar aquelas afirmações que refletem com mais precisão suas próprias atitudes. É feita a média dos valores dos itens que o respondente seleciona (com base nas avaliações dos julgadores), produzindo uma pontuação no teste.

O método de intervalos aparentemente iguais é um exemplo de um método de escalonamento da variedade *estimação direta*. Em comparação com outros métodos que envolvem *estimação indireta*, não há necessidade de transformar as respostas do testando em alguma outra escala.

O método de escalonamento particular empregado no desenvolvimento de um novo teste depende de muitos fatores, incluindo as variáveis que estão sendo medidas, o grupo para o qual o teste é pretendido (p. ex., as crianças podem requerer um método de escalonamento menos complicado que os adultos) e as preferências do desenvolvedor do teste.

Redação dos itens

No importante esquema de construção de testes, as considerações relativas à redação efetiva dos itens do teste andam de mãos dadas com as considerações de escalonamento. O futuro desenvolvedor do teste ou redator do item imediatamente se defronta com três questões relativas ao plano do teste:

- Que variação de conteúdo os itens devem abranger?
- Qual dos muitos diferentes tipos de formatos de item deve ser empregado?
- Quantos itens devem ser redigidos no total e para cada área de conteúdo abordada?

Na criação de um teste padronizado usando um formato de múltipla escolha, em geral é aconselhável que o primeiro esboço contenha aproximadamente o dobro do número de itens que a versão final do teste conterá.[1] Se, por exemplo, uma prova chamada de "História Norte-americana: 1940 a 1990" deverá ter 30 questões em sua versão final, seria útil ter uns 60 itens no fundo de itens. Em uma situação ideal, esses itens amostrarão de maneira adequada o domínio da prova. Um **fundo de itens** (*item pool*) é o reservatório ou manancial do qual os itens serão ou não retirados para a versão final do teste.

Uma amostragem abrangente fornece uma base para a validade de conteúdo da versão final da prova. Visto que cerca de metade desses itens será eliminada da versão final da prova, o desenvolvedor da prova precisa garantir que a versão final também contenha itens que provem com propriedade o domínio. Portanto, se fosse determinado que todas as questões sobre a Guerra do Golfo Pérsico dos 60 itens originais estão mal redigidas, então o desenvolvedor da prova deve ou reescrever os itens amostrando esse período ou criar novos itens. Os itens novos ou reescritos seriam então postos à prova a fim de não pôr em risco a validade de conteúdo da prova. Assim como em versões anteriores da prova, é feito um esforço para garantir a amostragem adequada do domínio na versão final. Outra consideração aqui é se formas alternadas da prova serão criadas ou não e, em caso positivo, quantas. Multiplique o número de itens requeridos no fundo para uma forma da prova pelo número de formas planejadas, e você terá o número total de itens necessários para o fundo de itens inicial.

Como são desenvolvidos os itens para o fundo de itens? O desenvolvedor do teste pode redigir um grande número de itens por experiência pessoal ou por conhecimento acadêmico da matéria. Também pode ser solicitada a ajuda de outros, incluindo especialistas. Para testes psicológicos concebidos para serem usados em contextos clínicos, médicos, pacientes, membros da família dos pacientes, pessoal da clínica e outros podem ser entrevistados em busca de informações que poderiam auxiliar na redação dos itens. Para testes psicológicos concebidos para serem usados por psicólogos de seleção de pessoal, entrevistas com membros de uma empresa ou organização-alvo provavelmente serão de grande valor. Para testes psicológicos concebidos para serem usados por psicólogos de

---

[1] O bom senso e as demandas práticas da situação podem determinar que menos itens sejam redigidos para o primeiro esboço de um teste. Se, por exemplo, a versão final fosse conter mil itens, então criar um fundo de 2 mil itens poderia ser uma carga excessiva. Se o desenvolvedor do teste for uma pessoa versada no assunto e capaz de redigir itens, pode ser suficiente criar apenas cerca de 1.200 itens para o fundo.

> **REFLITA...**
> Se fosse desenvolver um fundo de itens para abordar o assunto de "conhecimento acadêmico do que é necessário para desenvolver um fundo de itens", como você faria?

escola, entrevistas com professores, pessoal administrativo, psicólogos educacionais e outros podem ser inestimáveis. As buscas na literatura de pesquisa acadêmica podem se revelar produtivas, assim como buscas em outros bancos de dados.

As considerações relativas a variáveis como o propósito do teste e o número de examinandos a serem testados de cada vez entram nas decisões sobre o formato do teste em construção.

Formato do item Variáveis como forma, plano, estrutura, arranjo e disposição de itens de teste individuais são coletivamente referidas como **formato do item**. Dois tipos de formato do item que discutiremos em detalhe são o *formato de resposta selecionada* e o *formato de resposta construída*. Aqueles apresentados em um **formato de resposta selecionada** exigem que o testando selecione uma resposta de um conjunto de alternativas. Aqueles apresentados em um **formato de resposta construída** exigem que o testando forneça ou crie a resposta correta, não apenas a selecione.

Se um teste visa medir o desempenho e se os itens são redigidos em um formato de resposta selecionada, então os examinandos devem selecionar a resposta correta. Se o teste visa medir a força de um determinado traço e se os itens são redigidos em um formato de resposta selecionada, então os examinandos devem selecionar a alternativa que melhor responda à pergunta com respeito a si mesmos. Uma vez que discutiremos outros formatos de itens, por uma questão de simplicidade limitaremos nossos exemplos aos testes de realização. O leitor pode desejar substituir mentalmente palavras como *correto* por outros termos apropriados para testes de personalidade ou outros tipos de testes que não sejam os de realização.

Três tipos de formatos de item de resposta selecionada são *múltipla escolha*, *correspondência* e *verdadeiro-falso*. Um item redigido em um **formato de múltipla escolha** tem três elementos: (1) uma base (pergunta), (2) uma alternativa ou opção correta e (3) diversas alternativas ou opções incorretas referidas como *distratores* ou *despistes*. Seguem-se duas ilustrações (apesar de que você provavelmente esteja bem familiarizado com itens de múltipla escolha).

Item A

Base (Pergunta) ⟶ Um teste psicológico, uma entrevista, e um estudo de caso são:

Alternativa correta ⟶ a. instrumentos de avaliação psicológica

Distratores ⟶
- b. amostras comportamentais padronizadas
- c. instrumentos de avaliação confiáveis
- d. medidas ligadas à teoria

Agora considere o Item B

Item B

Um bom item de múltipla escolha em um teste de realização:
  a. tem uma alternativa correta
  b. tem alternativas gramaticamente paralelas
  c. tem alternativas de tamanho semelhante
  d. tem alternativas que se encaixam gramaticamente com a pergunta
  e. inclui o máximo possível do item na pergunta para evitar repetição desnecessária
  f. evita distratores absurdos
  g. não é excessivamente longo
  h. todas as alternativas anteriores
  i. nenhuma das alternativas anteriores

Se respondeu "h" ao item B, você está certo. Enquanto você lia a lista de alternativas, pode lhe ter ocorrido que o Item B violava algumas das regras que ele estabeleceu!

Em um **item de correspondência**, é apresentado ao testando duas colunas: *premissas* no lado esquerdo e *respostas* no lado direito. A tarefa do testando é determinar que resposta melhor se associa com qual premissa. Para testandos muito jovens, as instruções os orientará a desenhar uma linha de uma premissa para uma resposta. Outros testandos que não as crianças pequenas são normalmente instruídos a escrever uma letra ou um número como resposta. Aqui está um exemplo de um item de correspondência que se pode encontrar em uma prova de uma classe de história do cinema moderno:

Orientações: Combine o nome de um ator na Coluna X com um papel que o ator desempenhou na Coluna Y. Escreva a letra do papel ao lado do número do ator correspondente. Cada um dos papéis listados na Coluna Y pode ser usado uma vez, mais de uma vez ou nenhuma vez.

Coluna X
_____1. Anthony Hopkins
_____2. Javier Barden
_____3. Mark Wahlberg
_____4. Mike Myers
_____5. Charlize Theron
_____6. Natalie Portman
_____7. George Lazenby
_____8. Jesse Eisenberg
_____9. Sigourney Weaver
_____10. Leonardo di Caprio
_____11. Halle Berry

Coluna Y
a. Anton Chigurh
b. O Chacal
c. Tempestade
d. Hannibal Lecter
e. Austin Powers
f. Micky Ward
g. Danny Archer
h. Nina Sayers
i. Mark Zuckerberg
j. Aileen Wuornos
k. James Bond
l. Ellen Ripley
m. John Book

Você pode ter percebido que as duas colunas contêm quantidades diferentes de itens. Se tivessem a mesma quantidade, então uma pessoa insegura sobre um dos papéis do ator poderia simplesmente deduzi-lo combinando primeiro todas as outras opções. Um escore perfeito então resultaria ainda que o testando não soubesse de fato todas as respostas. Fornecer mais opções que o necessário minimiza tal possibilidade. Outra forma de diminuir a probabilidade de sorte ou chute como um fator no escore do teste é declarar nas orientações que cada resposta pode ser uma resposta correta uma vez, mais de uma vez ou nenhuma vez.

Algumas diretrizes devem ser observadas na formulação de itens de correspondência para uso em sala de aula. A redação das premissas e das respostas deve ser razoavelmente curta e direta. Não mais de uma dúzia de premissas deve ser incluída; de outro modo, alguns alunos esquecerão o que estavam procurando enquanto examinam as listas. As listas de premissas e respostas devem ser ambas homogêneas – ou seja, listas do mesmo tipo de coisas. Nosso exemplo do curso de cinema fornece uma lista de premissas homogênea (todos nomes de atores) e uma lista de respostas homogênea (todos nomes de personagens de filmes). Deve-se ter o cuidado de garantir que apenas uma premissa corresponda a apenas uma resposta. Por exemplo, acrescentar o nome dos atores Sean Connery, Roger Moore, David Niven, Timothy Dalton, Pierce Brosnan ou Daniel Craig à coluna de premissas como existe agora seria desaconselhável, independentemente de qual nome do personagem fosse acrescentado à coluna de resposta. Você sabe por quê?

Em uma época ou outra, todos eles, Connery, Moore, Niven, Dalton, Brosnan e Craig desempenharam o papel de James Bond (resposta "k"). Da forma como a lista de premissas e respostas está agora, a correspondência à resposta "k" é a premissa "7" (este ator australiano desempenhou o papel do Agente 007 no filme *A serviço secreto de sua majestade*). Se, no futuro, o desenvolvedor do teste quisesse substituir o nome de outro ator – digamos George Lazenby por Daniel Craig – então seria prudente rever as colunas para confirmar que Craig não tenha desempenhado algum dos outros papéis na lista de respostas e que James Bond ainda não tenha sido representado por nenhum outro ator na lista de premissas além de Craig.[2]

Um item de múltipla escolha composto por apenas duas respostas possíveis é chamado de **item de escolha binária**. Talvez o item de escolha binária mais conhecido seja o **item verdadeiro-falso**. Como você sabe, esse tipo de item de resposta selecionada geralmente assume a forma de uma sentença para a qual o testando deve indicar se a afirmação é ou não é um fato. Outras variedades de itens de escolha binária incluem sentenças às quais o testando responde com uma de duas respostas, tal como *concordo ou discordo, sim ou não, certo ou errado*, ou *fato ou opinião*.

◆ **REFLITA...**
Responda verdadeiro ou falso, dependendo de sua opinião como aluno: No campo da educação, itens de resposta selecionada são preferíveis a itens de resposta construída. Então responda novamente, desta vez do ponto de vista de um educador ou de um aplicador de teste. Explique suas respostas.

Uma boa escolha binária contém uma única ideia, não é longa demais e não está sujeita a discussão; a resposta correta deve ser indubitavelmente uma das duas escolhas. Assim como os itens de múltipla escolha, os de escolha binária são fáceis de aplicar a uma ampla variedade de assuntos. Ao contrário dos itens de múltipla escolha, os de escolha binária não podem conter alternativas distratoras. Por essa razão, esses itens costumam ser mais fáceis de redigir do que os itens de múltipla escolha e podem ser redigidos com relativa rapidez. Uma desvantagem do item de escolha binária é que a probabilidade de obter uma resposta correta puramente com base na sorte (chute) em qualquer dos itens é de 0,5, ou 50%.[3]

Em contrapartida, a probabilidade de obter uma resposta correta por adivinhação em uma questão de múltipla escolha de quatro alternativas é de 0,25, ou 25%.

Passando de uma discussão do formato de resposta selecionada para a variedade construída, três tipos de itens de resposta construída são o *item de conclusão*, a *resposta curta* e a *dissertação*.

Um **item de conclusão** requer que o examinando forneça uma palavra ou uma frase que conclua a sentença, como no seguinte exemplo:

O desvio-padrão é em geral considerado a medida mais útil de _____.

Um bom item de conclusão deve ser formulado de modo que a resposta correta seja específica. Os itens de conclusão que podem ser respondidos com correção de muitas formas leva a problemas de pontuação. (A conclusão correta aqui é *variabilidade*). Uma forma alternativa de construir essa pergunta seria como um item de resposta curta:

Que estatística descritiva é geralmente considerada a medida de variabilidade mais útil?

Um item de conclusão também pode ser referido como um **item de resposta curta**. É desejável que itens de conclusão ou de resposta curta sejam redigidos com clareza suficiente para que o testando possa responder de maneira sucinta – ou seja, com uma resposta curta. Não há regras prontas para o quanto uma resposta deva ser curta para ser considerada uma resposta curta; uma palavra, um termo, uma frase ou um parágrafo

---

[2] Aqui está a chave completa de respostas: 1-d, 2-a, 3-f, 4-e, 5-j, 6-h, 7-k, 8-i, 9-l, 10-g, 11-c.

[3] Observamos de passagem, entretanto, que, embora a probabilidade de adivinhar corretamente em um item de escolha binária individual com base apenas na sorte seja de 0,5, a probabilidade de adivinhar de forma correta em uma *sequência* desses itens diminui à medida que o número de itens aumenta. A probabilidade de adivinhar com correção dois desses itens é igual a $0,5^2$, ou 25%. A probabilidade de adivinhar corretamente 10 desses itens é igual a $0,5^{10}$, ou 0,001. Isso significa que há uma chance em mil de que o testando adivinhe de maneira correta em 10 itens de verdadeiro-falso (ou outra escolha binária) com base apenas na sorte.

podem se qualificar. Tendo um ou dois parágrafos, o item é mais propriamente referido como um item de dissertação. Podemos definir um **item de dissertação** como um item de teste que requer resposta a uma pergunta em forma de uma composição, via de regra uma que demonstre lembrança de fatos, compreensão, análise e/ou interpretação.

Aqui está um exemplo de um item de dissertação:

> Compare e diferencie definições e técnicas de condicionamento clássico e operante. Inclua exemplos de como os princípios de cada um foram aplicados em contextos clínicos bem como educacionais.

Um item de dissertação é útil quando o desenvolvedor do teste deseja que o examinando demonstre uma profundidade de conhecimento sobre um único tópico. Em comparação com os itens de resposta selecionada e de resposta construída, como o item de resposta curta, a questão de dissertação não apenas permite a reafirmação de material aprendido mas também a integração e a expressão criativa do material nas palavras do próprio testado. As habilidades exploradas pelos itens de dissertação são diferentes daquelas exploradas por itens de verdadeiro-falso ou de correspondência. Enquanto esses últimos tipos de itens requerem apenas reconhecimento, uma dissertação requer lembrança, organização, planejamento e capacidade de escrita. Uma desvantagem do item de dissertação é que ele tende a focalizar uma área mais limitada do que pode ser abordada no mesmo espaço de tempo usando uma série de itens de resposta selecionada ou itens de conclusão. Outro possível problema com as dissertações pode ser a subjetividade na pontuação e as diferenças entre avaliadores. Uma revisão de algumas vantagens e desvantagens desses diferentes formatos de itens, especialmente quando usados em contextos de sala de aula acadêmica, é apresentada na Tabela 8.1.

Formulando itens para administração por computador Existe uma ampla e disponível série de programas de computador que visa facilitar a construção de testes, bem como sua administração, pontuação e interpretação. Esses programas em geral tiram proveito de duas vantagens da mídia digital: a capacidade de armazenar itens em um *banco de itens* e a capacidade de individualizar a testagem por meio de uma técnica chamada *ramificação de itens*.

Um **banco de itens** é uma coleção bastante grande e facilmente acessível de questões de teste. Professores que ministram com regularidade um determinado curso às vezes criam seu próprio banco de itens de questões que consideraram úteis em provas. Uma das muitas vantagens potenciais dessa ferramenta é a acessibilidade a um grande número de itens de teste convenientemente classificados por matéria, estatística do item ou outras variáveis. E assim como fundos podem ser depositados ou retirados de um banco mais tradicional, da mesma forma itens podem ser acrescentados, retirados e até modificados em um banco de itens (ver a seção *Em foco* deste capítulo).

O termo **teste adaptativo computadorizado (TAC)** refere-se a um processo de testagem interativo, administrado por computador, no qual os itens apresentados ao testado são baseados em parte em seu desempenho em itens anteriores. Como ocorre na administração tradicional de testes, o teste poderia começar com alguns itens de exemplo. Entretanto, o computador pode não permitir ao testado continuar com o teste até que os itens de prática tenham sido respondidos de uma maneira satisfatória e o indivíduo tenha demonstrado um entendimento do procedimento. Usando o TAC, o teste administrado pode ser diferente para cada testado, dependendo do desempenho nos itens apresentados. Cada item em um teste de realização, por exemplo, pode ter um nível de dificuldade conhecido. Esse fato, bem como outros dados (tal como uma tolerância estatística por adivinhação cega), pode ser fatorado quando chega o momento de calcular um escore final nos itens administrados. Note que não dizemos "escore final

> **REFLITA...**
> Se um banco de itens for suficientemente grande, faz sentido publicá-lo inteiro com antecedência, antes do teste, para os testados?

Tabela 8.1 Algumas vantagens e desvantagens de vários formatos de itens

Formato do item	Vantagens	Desvantagens
Múltipla escolha	• Pode amostrar uma grande quantidade de conteúdo em um tempo relativamente curto • Permite interpretação precisa e pouco "blefe" além da adivinhação. Isso, por sua vez, pode permitir mais interpretação de pontuação do teste de conteúdo válido do que alguns outros formatos. • Pode ser pontuado por computador.	• Não permite a expressão de pensamento original ou criativo. • Nem todas as matérias se prestam a redução a apenas uma resposta correta. • Pode ser demorado construir séries de bons itens. • As vantagens desse formato podem ser anuladas se o item for mal formulado ou se um padrão de alternativas corretas for distinguido pelo testando.
Itens de escolha binária (tal como verdadeiro/falso)	• Pode amostrar uma grande quantidade de conteúdo em um tempo relativamente curto. • O teste consistindo desses itens é bastante fácil de construir e pontuar. • Pode ser pontuado por computador.	• A suscetibilidade à adivinhação ("chute") é alta, sobretudo para alunos "sagazes" que podem detectar sinais para rejeitar uma escolha ou outra. • Algumas redações, incluindo uso de advérbios como *normalmente* ou *geralmente*, podem ser interpretadas de maneira diferente por diferentes alunos. • Pode ser usado apenas quando uma escolha de respostas dicotômicas pode ser feita sem qualificação.
Correspondência	• Pode ser usado de maneira eficaz e eficiente para avaliar a lembrança dos testados de fatos relacionados. • Particularmente útil quando há um grande número de fatos em um único tópico. • Pode ser divertido ou como um jogo para o testado (em especial o testado bem-preparado). • Pode ser pontuado por computador.	• Como ocorre com outros itens no formato de resposta selecionada, os testandos precisam apenas *reconhecer* uma resposta correta, e não lembrar dela ou criá-la. • Uma das escolhas pode ajudar a eliminar uma das outras escolhas como a resposta correta. • Requer fundos de informações relacionadas e é de menos utilidade com ideias características.
Conclusão ou resposta curta (preencha a lacuna)	• Área de conteúdo ampla, sobretudo de questões que requerem lembrança factual, pode ser amostrada em espaço de tempo relativamente breve. • Esse tipo de teste é bem fácil de construir. • Útil para obter um quadro do que o testado é capaz de produzir, em oposição a apenas reconhecer, uma vez que ele deve gerar uma resposta.	• Útil apenas com respostas de uma palavra ou poucas palavras. • Pode demonstrar apenas lembrança de fatos limitados ou porções de conhecimento. • Potencial para problemas de confiabilidade entre avaliadores quando o teste é avaliado por mais de uma pessoa. • Normalmente pontuado à mão.
Dissertação	• Útil para medir respostas que requerem soluções, aplicações ou demonstrações complexas, imaginativas ou originais. • Útil para medir o quão bem o testado é capaz de comunicar ideias por escrito. • Requer que o testado produza respostas inteiras, não meramente reconheça ou forneça uma palavra ou duas.	• Pode não amostrar área de conteúdo ampla tão bem quanto outros testes. • O testando com conhecimento limitado pode tentar blefar com texto confuso, às vezes longo, e elaborado visando ser o mais amplo e ambíguo possível. • A pontuação pode ser demorada e repleta de armadilhas. • Quando mais de uma pessoa está avaliando, podem ser levantadas dúvidas sobre a confiabilidade entre avaliadores. • Pode se basear demais nas habilidades de escrita, mesmo ao ponto de confundir capacidade de escrita com o que está supostamente sendo medido. • Normalmente pontuado à mão.

no teste" porque o que constitui "o teste" pode muito bem ser diferente para diferentes testandos.

As vantagens do TAC foram bem documentadas (Weiss e Vale, 1987). Apenas uma amostra do número total de itens no fundo de itens é administrada a qualquer testando. Com base nos padrões de resposta anteriores, os itens que têm uma alta probabilidade de serem respondidos de um determinado modo ("corretos" se for um teste de capacidade) não são fornecidos, desse modo proporcionando economia em termos de tempo de testagem e número total de itens apresentados. Foi verificado que o teste adaptativo computadorizado reduz o número de itens de teste que necessitam ser administrados em até 50%, enquanto simultaneamente reduz o erro de mensuração em 50%.

O TAC tende a reduzir os *efeitos chão* e os *efeitos teto*. Um **efeito chão** diz respeito à utilidade diminuída de um instrumento de avaliação para diferenciar os testandos na extremidade inferior da habilidade, do traço, ou de outro atributo que estão sendo medidos. Uma prova de matemática de 9ª série, por exemplo, pode conter itens que variem de fácil a difícil para testandos que têm a capacidade matemática do aluno médio de 9ª série. Porém, testandos que ainda não alcançaram tal capacidade poderiam errar todos os itens; devido ao efeito chão, o teste não forneceria qualquer orientação quanto a habilidade matemática relativa dos testandos nesse grupo. Se o banco de itens contivesse alguns itens menos difíceis, estes poderiam ser forçados a uma utilização para minimizar o efeito chão e fornecer discriminação entre os testandos de baixa capacidade.

Como você poderia esperar, um **efeito teto** refere-se à utilidade diminuída de um instrumento de avaliação para diferenciar testandos na extremidade superior da habilidade, do traço ou outro do atributo que estão sendo medidos. Voltando a nosso exemplo da prova de matemática da 9ª série, o que aconteceria se todos os testandos respondessem a todos os itens corretamente? É provável que o aplicador concluiria que o teste era muito fácil para esse grupo e que, portanto, a discriminação foi prejudicada por um efeito teto. Se o banco de itens contivesse alguns itens que fossem mais difíceis, estes poderiam ser usados para minimizar o efeito teto e permitir que o aplicador discriminasse melhor entre esses testandos de alta capacidade.

> **REFLITA...**
> Dê um exemplo de como o efeito chão em um teste de integridade poderia ocorrer quando a amostra de testandos consistisse em presidiários condenados por fraude.

A capacidade do computador de adaptar o conteúdo e a ordem de apresentação de itens de teste com base nas respostas a itens anteriores é denominada **ramificação de itens.** Um computador que tenha armazenado um banco de itens de teste de realização de diferentes níveis de dificuldades pode ser programado para apresentar itens de acordo com um algoritmo ou uma regra. Por exemplo, uma regra poderia ser "não apresente um item do próximo nível de dificuldade até que dois itens consecutivos do atual nível de dificuldade sejam respondidos corretamente". Outra regra poderia ser "termine o teste quando cinco itens consecutivos de um determinado nível de dificuldade tenham sido respondidos incorretamente". De forma alternativa, o padrão de itens ao qual o testando é exposto poderia ser baseado não na resposta dele a itens precedentes mas em uma escolha aleatória do fundo total de itens de teste. A apresentação aleatória de itens reduz a facilidade com que os testandos podem memorizar itens em prol de futuros testandos.

> **REFLITA...**
> Dê um exemplo de um efeito teto em um teste que mede um traço de personalidade.

A tecnologia de ramificação de itens pode ser aplicada na construção de testes não apenas de realização mas também de personalidade. Por exemplo, se um testando responder a um item de uma forma que sugere que ele está deprimido, o computador poderia automaticamente sondar para sintomas e comportamento relacionados à depressão. O próximo item apresentado poderia ser destinado a sondar os padrões de sono ou a existência de ideação suicida do respondente.

A tecnologia de ramificação de itens pode ser usada em testes de personalidade para reconhecer resposta não intencional ou inconsistente. Por exemplo, em um teste de verdadeiro-falso por computador, se o examinando responder *verdadeiro* a um item como "Eu veraneei em Bagdá no ano passado", então haveria uma razão para suspeitar de que está respondendo de modo não intencional, aleatório, ou de alguma outra forma não genuína. E, se o mesmo examinando responder *falso* ao item idêntico posteriormente em um teste, também estará sendo inconsistente. Caso reconheça um padrão de resposta não intencional, o computador pode ser programado para responder de uma forma prescrita – por exemplo, advertindo o respondente a ser mais cuidadoso ou mesmo se recusando a prosseguir até que uma resposta intencional seja dada.

> **REFLITA...**
> Tente escrever alguns itens de verdadeiro-falso que poderiam ser usados para detectar resposta não intencional ou aleatória em um teste de personalidade.

EM FOCO

Criando um banco de itens

Desenvolver um banco de itens é mais trabalho do que simplesmente escrever itens para um teste. Muitas questões e diversos problemas precisam ser resolvidos em relação ao desenvolvimento desse banco e à manutenção de um fundo de itens satisfatório. Essas questões e os problemas dizem respeito aos itens, ao teste, ao sistema, ao uso que será dado ao banco de itens e ao custo.

I. Itens
  A. Aquisição e desenvolvimento
    1. Desenvolve/usa sua própria coleção de itens ou usa coleções de outros?
      a. Se desenvolve sua própria coleção de itens, que procedimentos de desenvolvimento serão seguidos?
      b. Se usa coleção de outros, os itens serão arrendados ou comprados? O esquema de classificação tem suficiente documentação, e as especificações do formato do item podem ser facilmente transferidas e usadas?
    2. Que tipos de itens serão permitidos?
      a. Itens abertos (resposta construída), questões de opinião, objetivos instrucionais ou descrições de tarefas de desempenho serão incluídos no banco?
      b. Todos os itens serão construídos para se enquadrarem em um formato comum (p. ex., todos de múltipla escolha com opções "a", "b", "c" e "d")?
      c. Os itens devem ser calibrados, validados ou, de outro modo, transmitir informação adicional?
    3. Qual será o tamanho da coleção de itens?
      a. Quantos itens por objetivo ou subtópico (profundidade da coleção)?
      b. Quantos tópicos diferentes (tamanho da coleção)?
    4. Que procedimentos de revisão, experimentação e edição serão usados?
      a. Quem realizará a revisão e a edição?
      b. Haverá uma experiência de campo, nesse caso, que estatísticas serão colhidas, e que critérios serão usados para a inclusão no banco?
  B. Classificação
    1. Como as classificações das matérias serão realizadas?
      a. A classificação por matéria usará categorias fixas, palavras-chaves ou alguma combinação das duas?
      b. Quem será responsável por preparar, expandir e refinar a taxonomia?
      c. O quanto a taxonomia será detalhada? Ela será organizada de forma hierárquica ou não hierárquica?
      d. Quem atribuirá índices de classificação a cada item, e como essa atribuição será verificada?
    2. Que outras informações de atribuição sobre os itens serão armazenadas no banco de itens?
    3. Que informações medidas sobre os itens serão armazenadas no banco? Como as medidas do item serão calculadas?*
  C. Gerência
    1. Há previsão de atualização do esquema de classificação e dos itens? Nesse caso:
      a. Quem terá permissão para fazer adições, deleções e revisões?
      b. Que procedimentos de revisão serão seguidos?
      c. Como as mudanças serão disseminadas?
      d. Como itens duplicados (ou quase duplicados) serão detectados e eliminados?
      e. Quando uma revisão de um item será suficientemente trivial a ponto de que a estatística do item de uma versão anterior possa ser agregada com revisões da versão atual?
      f. As estatísticas do item serão armazenadas de cada utilização, ou da última utilização, ou elas serão agregadas ao longo da utilização?
    2. Como serão tratados os itens que requerem figuras, gráficos, caracteres especiais ou outros tipos de impressão aprimorada?
    3. Como serão tratados os itens que devem acompanhar outros itens, tais como uma série de perguntas sobre o mesmo trecho de leitura?

II. Testes
  A. Montagem
    1. O construtor do teste deve especificar os itens em particular que devem aparecer no teste, ou os itens serão selecionados por computador?
    2. Se os itens forem selecionados por computador:
      a. Como um item será selecionado de vários que correspondem à especificação de busca (aleatoriamente, tempo desde a última utilização, frequência de uso anterior)?
      b. O que acontece se nenhum item satisfizer as especificações de busca?
      c. O construtor de um teste terá a opção de rejeitar um item selecionado, e, nesse caso, qual será o mecanismo para fazê-lo?
      d. Que precauções serão tomadas para garantir que os examinados testados mais de uma vez não recebam os mesmos itens?
    3. Que parâmetros de item ou teste podem ser especificados para a montagem do teste (restrições de formato do item, limites sobre níveis de dificuldade, distribuição de pontos esperada, confiabilidade do teste esperada, etc.?

---

*Essa questão é objeto de considerável controvérsia e discussão na literatura sobre mensuração técnica.

4. Que procedimentos de montagem estarão disponíveis (opções para itens de múltipla escolha colocados em ordem aleatória, os itens do teste colocados em ordem aleatória, itens diferentes em cada teste)?
5. O sistema imprimirá os testes, ou apenas especificará que itens usar? Se o primeiro, como os testes serão impressos ou duplicados, e onde as respostas serão exibidas?

B. Administração, pontuação e relatório
1. O sistema será capaz de administrar o teste pela internet? Nesse caso:
   a. Como o acesso será gerenciado?
   b. A administração do teste será adaptativa, e, se for, usando qual procedimento?
2. O sistema fornecerá pontuação do teste? Nesse caso:
   a. Que fórmula de pontuação será usada (apenas certas, correção para "chute", crédito parcial para algumas respostas, ponderação por valores de discriminação)?
   b. Como as respostas construídas serão avaliadas (*offline* pelo instrutor, *online* ou *offline* por examinadores comparando suas respostas com uma chave, *online* por computador com ou sem empregar um algoritmo ortográfico)?
3. O sistema fornecerá relatório do teste? Nesse caso:
   a. Que registros serão mantidos (os próprios testes, respostas de alunos individuais, pontuações de alunos individuais, pontuações da escola ou de outro grupo) e por quanto tempo? As novas pontuações para indivíduos e grupos suplementam ou substituem pontuações antigas?
   b. Que opções de relatório (conteúdo e formato) estarão disponíveis?
   c. A quem os relatórios serão enviados?

C. Avaliação
1. Dados sobre confiabilidade e validade serão coletados? Nesse caso, que dados serão coletados por quem, e, como eles serão usados?
2. Normas serão disponibilizadas, e se forem, baseadas em que medidas referenciadas à norma?

III. Sistema
A. Aquisição e desenvolvimento
1. Quem será responsável pela aquisição e pelo desenvolvimento, dados quais recursos e operando sob quais restrições?
2. O sistema será transportável para outros? Que níveis e graus de documentação estarão disponíveis?

B. Programas e equipamentos (*software* e *hardware*)
1. Que aspectos do sistema serão assistidos por computador?
   a. Onde os itens serão armazenados (computador, papel, arquivo de fichas)?
   b. Os pedidos serão preenchidos usando um modo em lote, *online* ou manual.
2. Será usado um microcomputador, e, nesse caso, que limites especiais tal escolha impõe ao texto do item, ao tamanho do banco de itens e às opções de desenvolvimento do teste?
3. Os itens serão armazenados como uma grande coleção, ou serão mantidos arquivos separados para cada aplicador?
4. Como o sistema de banco de itens será construído (do zero; reunindo processamento de texto, gestão do banco de dados e outros programas de propósito geral; adotando sistemas de bancos de itens existentes)?
5. Que equipamento específico será necessário (para armazenamento, recuperação, interações com o sistema, etc.)?
6. O quanto o equipamento e os programas de apoio serão propícios (amigáveis) ao aplicador e à manutenção?
7. Quem será responsável pela manutenção do equipamento?

C. Monitoramento e treinamento
1. Que aspectos do sistema serão monitorados (número de itens por categoria de classificação, uso por grupo de aplicadores, número de revisões até um aplicador ficar satisfeito, distribuição de extensões do teste ou outras características do teste, etc.)?
2. Quem irá monitorar o sistema, treinar aplicadores e dar suporte (inicial e contínuo)?
3. Como a informação sobre mudanças nos procedimentos do sistema será disseminada?

D. Acesso e segurança
1. Quem terá acesso aos itens e a outras informações no banco (autores/proprietários, professores, alunos)? Quem pode solicitar testes?
2. Os aplicadores terão acesso direto ao sistema, ou eles devem passar por um intermediário?
3. Que procedimentos serão seguidos para proteger os conteúdos do banco de itens (se tiverem de ser protegidos)?
4. Onde os conteúdos do banco de itens serão hospedados (centralmente, ou cada aplicador também terá uma cópia)?
5. Quem terá acesso aos relatórios de pontuações?

IV. Uso e aceitação
A. Geral
1. Quem decide a que usos o banco de itens se destina? E esses usos serão os que os aplicadores de testes necessitam e desejam?
2. Quem desenvolverá os testes, e quem terá permissão para usar o sistema? Essas pessoas serão aceitáveis aos examinandos e aos destinatários das informações do teste?
3. O sistema será capaz de lidar com a demanda de utilização esperada?
4. O rendimento do sistema será utilizado e utilizado como pretendido?
5. Como a aceitação do aplicador e a credibilidade do banco de itens serão aumentadas?

B. Melhoria instrucional. Se esse for um uso pretendido:
1. O banco de itens será parte de um sistema instrucional ou de tomada de decisão mais amplo?

2. Que livros, diretrizes curriculares e outros materiais, se houver, serão introduzidos aos itens do banco? Quem tomará a decisão, e como as atribuições serão validadas?
3. Os itens estarão disponíveis para exercício e prática bem como para testagem?
4. As informações estarão disponíveis para os aplicadores que ajudarão no diagnóstico das necessidades educacionais?

C. Testagem adaptativa. Se isso for uma opção:
1. Como as administrações do teste serão programadas?
2. Como os itens serão selecionados para garantir eficiência da testagem e ainda manter a representação do conteúdo e evitar duplicação entre sucessivas administrações do teste?
3. Que critérios serão usados para terminar a testagem?
4. Que procedimentos de pontuação serão seguidos?

D. Certificação de competência. Se esse for um uso pretendido:
1. O banco de itens conterá medidas que abranjam todas as habilidades componentes importantes da competência que está sendo avaliada?
2. Quantas tentativas de passar no teste serão permitidas? Quando? Como essas tentativas serão monitoradas?

E. Avaliação do programa e do currículo. Se esse for um uso pretendido:
1. Será possível implementar o sistema para fornecer medidas confiáveis de desempenho do aluno em um grande número de áreas de desempenho específicas?
2. O banco de itens conterá medidas que contemplem todos os objetivos importantes declarados do currículo? Irá além dos objetos declarados do currículo?
3. O banco de itens produzirá dados proporcionais que permitam comparações válidas ao longo do tempo?

F. Testagem e relatório de requisitos impostos por órgãos externos. Se o cumprimento desses requisitos for um uso pretendido:
1. O sistema será capaz de lidar com os requisitos para avaliação do programa, seleção de alunos para programas especialmente patrocinados, avaliação de necessidades educacionais e relatório?
2. O sistema será capaz de acomodar modificações menores nos requisitos de testagem e relatórios?

V. Custos
A. Viabilidade dos custos
1. Quais são os custos (fixos, variáveis) (financeiros, de tempo, espaço, equipamento e suprimentos) para criar e apoiar o sistema?
2. Os custos são acessíveis?
B. Comparação de custos
1. Como os custos do sistema de banco de itens se comparam com os sistemas de testagem presentes ou outros que alcançam os mesmos objetivos?
2. Alguma capacidade expandida justifica o custo extra? Alguma capacidade restrita é equilibrada por economia de custos?

Fonte: Millman e Arter (1984)

Pontuação dos itens

Muitos modelos diferentes de pontuação de testes foram concebidos. Talvez o mais usado – devido, em parte, a sua simplicidade e lógica – seja o modelo cumulativo. De modo habitual, a regra em um teste pontuado cumulativamente é que, quanto mais alta a pontuação no teste, mais alta é a habilidade, o traço ou outra característica do testando que o teste se propõe a medir. Para cada resposta a itens-alvo dadas de uma determinada forma, o testando ganha créditos cumulativos com relação a um determinado construto.

Em testes que empregam **pontuação de classe** (também referida como **pontuação de categoria**), as respostas do testando ganham crédito para a colocação em uma determinada classe ou categoria com outros testandos cujo padrão de resposta seja presumivelmente semelhante em algum aspecto. Essa abordagem é usada por alguns sistemas de diagnóstico nos quais os indivíduos devem exibir certos números de sintomas a fim de se qualificarem para um diagnóstico específico. Um terceiro modelo de pontuação, a *pontuação ipsativa*, tem um racional radicalmente oposto aos dos modelos cumulativos ou de classe. Um objetivo típico na **pontuação ipsativa** é comparar a pontuação de um testando em uma escala no contexto de um teste com outra escala nesse mesmo teste.

Considere, por exemplo, um teste de personalidade chamado de Escala de Preferência Pessoal de Edwards (EPPS), que visa medir a força relativa de diferentes necessidades psicológicas. O sistema de pontuação ipsativa da EPPS produz informação sobre a forma de várias necessidades em relação à força de outras necessidades do testando. O teste não produz informação sobre a força da necessidade de um testando em relação à presumida força daquela necessidade na população em geral. Edwards construiu seu teste de 210 pares de afirmações de tal forma que os respondentes fossem forçados a responder *verdadeiro* ou *falso* ou *sim* ou *não* a apenas uma de duas afirmações. A pesquisa anterior por Edwards tinha indicado que as duas afirmações se equivaliam em termos do quanto as respostas eram socialmente desejáveis. Aqui está uma amostra de um item de escolha forçada do tipo EPPS, ao qual os respondentes indicariam qual é "mais verdadeiro" sobre si mesmos:

Eu me sinto deprimido(a) quando falho em alguma coisa.

Eu me sinto nervoso quando tenho que falar perante um grupo.

Com base nesse teste de personalidade pontuado de maneira ipsativa, seria possível tirar apenas conclusões intraindivíduos sobre o testando. Aqui está um exemplo: "A necessidade de realização de John é mais alta do que sua necessidade de associação". Não seria apropriado fazer comparações entre indivíduos com base em um teste pontuado ipsativamente. Seria inadequado, por exemplo, comparar dois testandos com um afirmação como "A necessidade de realização de John é mais alta do que a necessidade de realização de Jane".

Uma vez que o desenvolvedor do teste tenha decidido sobre um modelo de pontuação e tenha feito tudo o mais necessário para preparar o primeiro esboço do teste para administração, o próximo passo é a experimentação.

Experimentação

Tendo criado um fundo de itens a partir do qual a versão final do teste será desenvolvida, o desenvolvedor experimentará o teste. Ele deve ser testado em pessoas que sejam semelhantes, em aspectos fundamentais, às pessoas para as quais foi concebido. Portanto, por exemplo, se um teste for concebido para auxiliar nas decisões relativas a seleção de funcionários de empresa com potencial de gestão em um certo nível, seria apropriado experimentá-lo em funcionários de empresas do nível visado.

Igualmente importante são as questões sobre o número de pessoas nas quais o teste deve ser experimentado. Um princípio básico informal é que deve haver não menos que 5 indivíduos e de preferência até 10 por item no teste. Em geral, quanto mais indivíduos na experimentação melhor. O raciocínio aqui é que, quanto mais indivíduos forem empregados, mais fraco é o papel do acaso na análise de dados subsequente. Um risco concreto de usar poucos indivíduos durante a experimentação do teste acontece durante a análise fatorial dos achados, quando o que poderíamos chamar de fatores fantasmas – fatores que na verdade são apenas artefatos do tamanho pequeno da amostra – podem surgir.

A experimentação deve ser executada sob condições tão idênticas quanto possível àquelas sob as quais o teste padronizado será administrado; todas as instruções, e tudo, desde os limites de tempo destinados a completar o teste até a atmosfera no local onde será aplicado, devem ser o mais semelhante possível. Conforme Nunnally (1978, p. 279) expressou tão bem, "Se os itens para um inventário de personalidade estão sendo administrados em uma atmosfera que encoraja a franqueza e o teste final deve ser administrado em uma atmosfera na qual os indivíduos estarão relutantes em dizer coisas ruins sobre si mesmos, a análise do item contará uma história falsa". Em geral, o desenvolvedor do teste se esforça para garantir que as diferenças na resposta aos itens do teste sejam de fato devidas aos itens, não a fatores alheios.

> **REFLITA...**
> O quanto seria apropriado experimentar um teste de "potencial de gestão" em uma amostra de conveniência de estudantes de introdução à psicologia?

No Capítulo 4, tratamos em detalhe da importante questão "O que é um bom teste?". Agora é um bom momento para levantar uma questão relacionada.

O que é um bom item?

No mesmo sentido que um bom teste é confiável e válido, um bom item de teste é confiável e válido. Além disso, um bom item de teste ajuda a discriminar os testados. Ou seja, um bom item de teste é aquele que é respondido com correção por testandos com escore alto no teste como um todo. Um item que é respondido de maneira incorreta por testados com escore alto no teste como um todo provavelmente não seja um bom item. De modo inverso, um bom item de teste é aquele que é respondido de forma incorreta por testandos com escores baixos no teste como um todo, e um item que é respondido corretamente por testandos com escores baixos no teste como um todo pode não ser um bom item.

Como um desenvolvedor de testes identifica os itens bons? Após o primeiro esboço do teste ter sido administrado a um grupo representativo de examinados, ele analisa os escores do teste e as respostas a itens individuais. Os diferentes tipos de controle estatístico a que os dados do teste podem ser submetidos neste ponto são referidos coletivamente como **análise do item.** Embora tenda a ser considerada um empreendimento quantitativo, a análise do item também pode ser qualitativa, como veremos.

> **REFLITA...**
> Bem, faça um pouco mais do que refletir. Escreva um bom item em qualquer formato, junto com uma breve explicação de por que você acha que ele é um bom item. O item deve ser para um novo teste que você está desenvolvendo chamado de Teste de História Norte-americana, que será administrado a alunos de 9ª série.

Análise do item

Os procedimentos estatísticos usados para analisar itens podem se tornar bastante complexos, e nosso tratamento desse assunto deve ser visto como apenas introdutório. Analisamos brevemente alguns procedimentos que costumam ser usados por desenvolvedores de testes em suas tentativas de selecionar os melhores itens de um fundo de itens experimentais. Os critérios para os melhores itens podem diferir em razão dos objetivos de quem desenvolve o teste. Portanto, por exemplo, um desenvolvedor de testes poderia considerar que os melhores itens são aqueles que contribuem idealmente para a confiabilidade interna do teste. Outro poderia desejar projetar um teste com a validade relacionada a critério mais alta possível e então selecionar os itens de acordo. Entre os instrumentos que os desenvolvedores de testes poderiam empregar para analisar e selecionar os itens estão

- um índice da dificuldade do item
- um índice da confiabilidade do item
- um índice da validade do item
- um índice da discriminação do item

> **REFLITA...**
> Aplique essa estatística de análise do item a um teste de personalidade. Diga com suas palavras como acha que estatísticas como o índice de dificuldade de um item ou o índice de validade de um item poderiam ser usadas para ajudar a identificar bons itens para um teste de personalidade (não para um teste de desempenho).

Suponha por um momento que você tenha se empolgado no exercício do *Reflita* anterior e seja agora o autor orgulhoso de cem itens para um Teste de História Norte-americana (THA) para a nona série. Vamos supor ainda que esse teste de 100 itens (esboço) foi administrado a cem alunos de 9ª série. Esperando no longo prazo padronizá-lo e tê-lo distribuído por um editor de testes comerciais, você tem uma meta mais imediata, de curto prazo: selecionar os 50 melhores dos cem itens que criou. Como essa meta de curto prazo poderia ser alcançada? Conforme veremos, a resposta está nos procedimentos de análise do item.

O índice de dificuldade do item

Suponha que cada examinado tenha respondido ao item 1 do THA corretamente. Podemos dizer que o item 1 é um bom item? E se ninguém respondesse ao item 1 corretamente? Em qualquer caso, esse não é um bom item. Se todos o acertaram então o item é muito fácil; se todos o erraram, o item é muito difícil. Assim como o teste como um todo visa fornecer um índice do grau de conhecimento sobre história norte-americana, também cada item individual no teste deve ser marcado como correto ou como incorreto com base no conhecimento diferencial de história norte-americana dos testados.[4]

Um índice da dificuldade de um item é obtido pelo cálculo da proporção do número total de testados que responderam a ele de forma correta. Um "p" minúsculo em itálico (p) é usado para representar a dificuldade do item, e um subscrito refere-se ao número do item (assim p_1 é lido como "índice de dificuldade do item para o item 1"). O valor do índice de dificuldade de um item pode variar teoricamente de 0 (se ninguém o acertou) a 1 (se todos o acertaram). Se 50 dos cem examinados responderam ao item 2 com correção, então o índice de dificuldade para esse item seria igual a 50 dividido por 100, ou 0,5 (p_2 = 0,5). Se 75 dos examinados acertaram o item 3, então p_3 seria igual a 0,75 e poderíamos dizer que esse item era mais fácil do que o 2. Note que, quanto maior o índice de dificuldade do item, mais fácil ele é. Visto que p se refere ao porcentual de pessoas que acertam um item, quanto mais alto for o p para um item, mais fácil é o item. A estatística referida como um **índice de dificuldade do item** no contexto da testagem de realização pode ser um **índice de endosso do item** em outros contextos, tal como na testagem da personalidade. Aqui, a estatística fornece não uma medida do porcentual de pessoas que acertam o item mas uma medida do porcentual de pessoas que disseram sim ao item, concordaram com ele ou, de outro modo, o endossaram.

Um índice da dificuldade média do item para um determinado teste pode ser obtido calculando a média dos índices de dificuldade para todos os itens do teste. Isso é feito somando os índices de dificuldade do item para todos os itens do teste e dividindo pelo número total de itens no teste. Para discriminação máxima entre as capacidades dos testados, a dificuldade média do item ideal é em torno de 0,5, com a dificuldade de itens individuais no teste variando de cerca de 0,3 a 0,8. Observe, entretanto, que o possível efeito da adivinhação ("chute") deve ser levado em conta quando se consideram itens da variedade de resposta selecionada. Com esse tipo de item, a dificuldade média do item ideal costuma ser o ponto médio entre 1,00 e a proporção de sucesso casual, definido como a probabilidade de responder corretamente por adivinhação ("chute") aleatória. Em um item de verdadeiro-falso, a probabilidade de adivinhar a maneira correta com base apenas na sorte é 1/2, ou 0,50. Portanto, a dificuldade do item ideal está a meio caminho entre 0,50 e 1,00, ou 0,75. Em geral, o ponto médio representando a dificuldade do item ideal é obtido somando a proporção de sucesso casual e 1,00 e, então, dividindo a soma por 2, ou

$$0,5 + 1,00 = 1,5$$

$$\frac{1,5}{2} = 0,60$$

> **REFLITA...**
> Crie um item de teste de desempenho que tenha a ver com qualquer aspecto da testagem e da avaliação psicológica que você acredite que produziria um p de 0 se fosse administrado a cada membro de sua classe.

---

[4] Uma exceção aqui pode ser um **item de brinde**. Esse tipo de item poderia ser inserido próximo do início de um teste de desempenho para dar motivação e estimular uma atitude positiva frente ao teste e para diminuir a ansiedade dos testados. Em geral, entretanto, se uma análise de item sugerir que um determinado item é muito fácil ou muito difícil, ele deve ser reescrito ou descartado.

Para um item de múltipla escolha de cinco opções, a probabilidade de adivinhar corretamente em qualquer item com base apenas na sorte é igual a 1/5, ou 0,20. A dificuldade do item ideal é portanto 0,60:

$$0,20 + 1,00 = 1,20$$

$$\frac{1,20}{2} = 0,60$$

O índice de confiabilidade do item

O **índice de confiabilidade do item** fornece uma indicação da consistência interna de um teste (Fig. 8.4); quanto mais alto o índice, maior a consistência interna do teste. Esse índice é igual ao produto do desvio-padrão da pontuação do item (s) e a correlação (r) entre a pontuação do item e a pontuação do teste total.

Análise fatorial e consistência entre itens Um instrumento estatístico útil para determinar se os itens em um teste parecem estar medindo a(s) mesma(s) coisa(s) é a análise fatorial. Mediante o uso criterioso da análise fatorial, os itens que não "carregam" o fator o qual foram escritos para explorar (ou seja, itens que não parecem estar medindo o que foram concebidos para medir) podem ser revistos ou eliminados. Se muitos itens parecem estar explorando uma determinada área, o mais fraco deles pode ser eliminado. Além disso, a análise fatorial pode ser útil no processo de interpretação do teste, especialmente quando se compara a constelação de respostas aos itens de dois ou mais grupos. Portanto, por exemplo, se um determinado teste de personalidade é administrado a dois grupos de pacientes psiquiátricos hospitalizados, cada grupo com um diagnóstico diferente, então é possível descobrir que os mesmos itens carregam diferentes fatores nos dois grupos. Tal informação levará o desenvolvedor de testes responsável a revisar ou eliminar certos itens do teste ou a descrever os diferentes achados no manual do teste.

◆ **REFLITA...**
Um teste de desempenho sobre o assunto de desenvolvimento de testes é concebido para ter dois itens que carregam um fator chamado "análise do item". Escreva esses dois itens de teste.

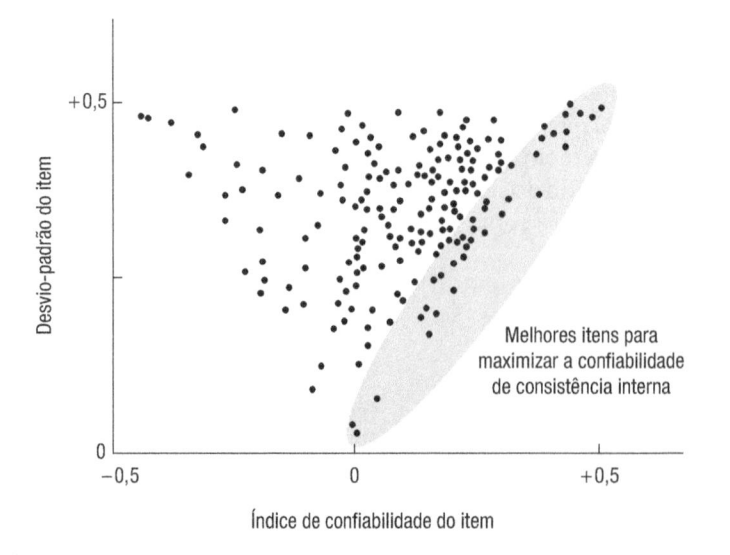

Figura 8.4 Maximizando a confiabilidade de consistência interna.
Fonte: Allen e Yen (1979)

O índice de validade do item

O **índice de validade do item** é uma estatística que visa fornecer uma indicação do grau em que um teste está medindo o que ele se propõe a medir. Quanto mais alto o índice de validade do item, maior a validade relacionada ao critério do teste. O índice de validade do item pode ser calculado uma vez que as duas seguintes estatísticas sejam conhecidas:

- o desvio-padrão da pontuação do item
- a correlação entre a pontuação do item e a pontuação do critério

O desvio-padrão da pontuação do item 1 (designado pelo símbolo s_1) pode ser calculado usando o índice de dificuldade do item (p_1) na seguinte fórmula:

$$s_1 = \sqrt{p_1(1-p_1)}$$

A correlação entre a pontuação no item 1 e uma pontuação na medida de critério (representada pelo símbolo r_{1C}) é multiplicada pelo desvio-padrão da pontuação do item 1 (s_1), e o produto é igual a um índice de validade de um item ($s_1 r_{1C}$). O cálculo do índice de validade do item será importante quando o objetivo do desenvolvedor do teste for maximizar a validade relacionada a critério do teste. Uma representação visual dos melhores itens em um teste (se o objetivo for maximizar a validade relacionada a critério) pode ser alcançada representando graficamente o índice de validade e o índice de confiabilidade de cada item (Fig. 8.5).

O índice de discriminação do item

As medidas de discriminação do item indicam o quanto um item separa ou discrimina adequadamente entre pessoas com escores altos e pessoas com escores baixos em um teste inteiro. Nesse contexto, um item de múltipla escolha em um teste de desempenho é um bom item se a maioria das pessoas com escores altos responder de forma correta e a maioria das pessoas com escores baixos responde de forma incorreta. Se a maioria das pessoas com escores altos errar um determinado item, elas podem estar fazendo uma interpretação alternativa de uma resposta destinada a servir como um distrator. Nesse

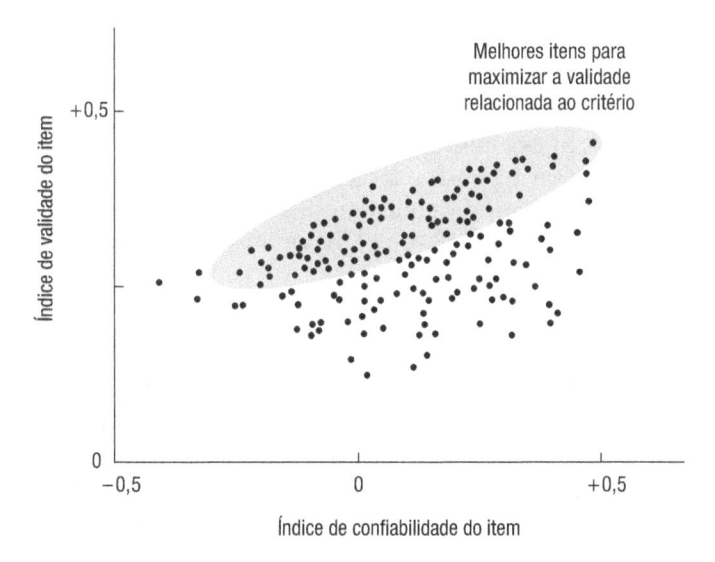

Figura 8.5 Maximizando a validade relacionada ao critério.
Fonte: Allen e Yen (1979)

caso, o desenvolvedor do teste deve entrevistar os examinandos para entender melhor a base para a escolha e então revisar de modo apropriado (ou eliminar) o item. O bom senso determina que um item em um teste de realização não está cumprindo seu papel se for respondido corretamente pelos testandos que menos entendem a matéria. De maneira similar, um item em um teste com o propósito de medir um determinado traço de personalidade não está cumprindo seu papel se as respostas indicarem que pessoas que têm escores muito baixos no teste como um todo (indicando ausência ou baixos níveis do traço em questão) tendem a ter escores muito altos no item (indicando que apresentam um alto nível do traço em questão – contrário ao que o teste como um todo indica).

O **índice de discriminação do item** é uma medida de discriminação do mesmo, simbolizada por um "d" minúsculo em itálico (d). Essa estimativa de discriminação, compara essencialmente o desempenho em um determinado item com o desempenho nas regiões superior e inferior de uma distribuição de escores contínuos. As linhas limítrofes ideais para o que nos referimos como as áreas "superior" e "inferior" de distribuição dos escores demarcarão os 27% superiores e inferiores da distribuição dos escores – desde que a distribuição seja normal (Kelley, 1939). À medida que a distribuição dos escores do teste se tornam mais praticúrticas (mais planas), a linha limítrofe ideal para definir superiores e inferiores aumenta para 33% (Cureton, 1957). Allen e Yen (1979, p. 122) asseguram-nos que "para a maioria das aplicações, qualquer porcentagem entre 25 e 33 produzirá estimativas semelhantes".

O índice de discriminação do item é uma medida da diferença entre a proporção de pessoas com escores altos respondendo a um item de forma correta e a proporção de pessoas com escores baixos respondendo ao item de forma correta; quanto mais alto o valor de d, maior o número de pessoas com escores altos respondendo corretamente. Um valor de d negativo em um determinado item é um alerta porque indica que examinandos com escores baixos são mais propensos a responder corretamente a ele do que examinandos com escores altos. Essa situação exige alguma ação de revisão ou eliminação do item.

> **REFLITA...**
> Escreva dois itens sobre o desenvolvimento de testes. O primeiro item será aquele em que você deverá prever um alto d e o segundo será aquele que você deverá prever um d negativo.

Suponha que um professor de história tenha administrado o THA a um total de 119 alunos que estavam a poucas semanas de completar a 9ª série. O professor isolou os 27% superiores (S) e inferiores (I) das provas, com um total de 32 provas em cada grupo. Os dados e os índices de discriminação do item para os itens de 1 a 5 são apresentados na Tabela 8.2. Observe que 20 testandos em um grupo S responderam ao item 1 de maneira correta e que 16 testandos no grupo I responderam ao mesmo item corretamente. Com um índice de discriminação do item igual a 0,13, é provável que o item 1 seja razoável porque mais membros do grupo S do que do grupo I lhe deram resposta correta. Quanto mais alto o valor de d, mais adequadamente o item discrimina os testandos com escores mais altos daqueles com escores mais baixos. Por essa razão, o item 2 é melhor do que o item 1, pois seu índice de discriminação é 0,63. O valor mais alto possível de d é +1,00. Esse valor indica que todos os membros do grupo S deram resposta correta ao item enquanto todos os do grupo I deram resposta incorreta.

Tabela 8.2 Índices de discriminação do item para cinco itens hipotéticos

Item	S	I	S – I	n	$d[(S-I)/n]$
1	20	16	4	32	0,13
2	30	10	20	32	0,63
3	32	0	32	32	1,00
4	20	20	0	32	0,00
5	0	32	–32	32	–1,00

Se a mesma proporção de membros dos grupos S e I acertarem o item, então ele não é discriminante entre os testandos e d, de maneira muito apropriada, será igual a 0. O valor mais baixo que um índice de discriminação do item pode assumir é –1. Um d igual a –1 é um pesadelo para o desenvolvedor do teste: ele indica que todos os membros do grupo S erraram o item e que todos os membros do grupo I acertaram. Diante disso, esse item é o pior tipo possível de item e necessita com urgência ser revisto ou eliminado. Entretanto, por meio de uma nova investigação desse achado imprevisto, o desenvolvedor do teste poderia aprender e descobrir alguma coisa nova sobre o construto que está sendo medido.

Análise das alternativas do item A qualidade de cada alternativa em um item de múltipla escolha pode ser facilmente avaliada com referência ao desempenho comparativo de pessoas com escores mais altos e mais baixos. Não são necessárias aqui fórmulas ou estatísticas. Mapeando o número de testandos nos grupos S e I que escolheram cada alternativa, o desenvolvedor do teste pode ter uma ideia da eficácia de um distrator por meio de uma simples olhada no teste. Para ilustrar, vamos analisar as respostas a cinco itens em um teste hipotético, supondo que havia 32 pessoas com escores no nível superior (S) e 32 no nível inferior (I) da distribuição. Comecemos examinando o padrão de respostas ao item 1. Em cada caso, SÍMB representa a alternativa correta.

Item 1		Alternativas				
		♦a	b	c	d	e
	S	24	3	2	0	3
	I	10	5	6	6	5

O padrão de resposta no item 1 indica que ele é bom. Mais membros do grupo S do que do grupo I lhe deram resposta correta, e cada um dos distratores atraiu alguns testandos.

Item 2		Alternativas				
		a	b	c	d	♦e
	S	2	13	3	2	12
	I	6	7	5	7	7

O item 2 sinaliza uma situação na qual um número relativamente grande de membros do grupo S escolhe um determinado distrator (nesse caso, "b"). É provável que esse item pudesse ser melhorado por revisão, de preferência feita após uma entrevista com alguns ou todos os alunos do S que escolheram "b".

Item 3		Alternativas				
		a	b	♦c	d	e
	S	0	0	32	0	0
	I	3	2	22	2	3

O item 3 indica um padrão de resposta do testando mais desejável. Todos os membros do grupo S responderam ao item corretamente, e cada distrator atraiu um ou mais membros do grupo I.

Item 4		Alternativas				
		a	♦b	c	d	e
	S	5	15	0	5	7
	I	4	5	4	4	14

O item 4 é mais difícil do que o 3; menos examinandos deram resposta correta. Contudo, esse item fornece informações úteis porque discrimina de maneira efetiva examinandos com escores mais altos de examinandos com escores mais baixos. Por alguma razão, uma das alternativas ("e") foi particularmente eficiente – talvez eficiente demais – como distratora para alunos no grupo de baixos escores. O desenvolvedor do teste pode desejar explorar um pouco mais por que isso aconteceu.

		Alternativas			
Item 5	a	b	c	♦d	e
S	14	0	0	5	13
I	7	0	0	16	9

O 5 é um item ruim porque mais membros do grupo *I* do que do grupo *S* responderam com correção. Além disso, nenhum dos examinados escolheu os distratores "b" ou "c".

Antes de passar para uma consideração do uso de curvas características do item na análise do item, vamos fazer uma pausa para trazer para a vida real um pouco do que discutimos até agora. Em sua capacidade como psicólogo consultor industrial/organizacional, nosso aplicador de teste apresentado neste capítulo, o dr. Scott Birkeland, tem tido oportunidade de criar testes e de melhorá-los com métodos de análise do item. Ele compartilha alguns de seus pensamentos em seu ensaio da seção *Conheça um profissional da avaliação*, um trecho do qual é apresentado aqui.

Curvas características do item

Como você pode ter suposto pela introdução à teoria de resposta ao item (TRI) que foi apresentada no Capítulo 5, a TRI pode ser um instrumento poderoso não apenas para entender o desempenho dos itens de teste, mas também para criar ou modificar itens de teste individuais, construir novos testes e revisar testes existentes. Teremos mais para dizer sobre esse último neste capítulo. Por enquanto, vamos rever como as *curvas características do item (CCIs)* podem desempenhar um papel nas decisões sobre quais itens estão funcionando bem e quais não estão. Lembre que uma **curva característica do item** é uma representação gráfica da dificuldade e da discriminação do item.

A Figura 8.6 apresenta diversas CCIs com a capacidade traçada no eixo horizontal e a probabilidade de resposta correta traçada no eixo vertical. Note que o grau em que um item discrimina examinandos com escores altos de examinandos com escores baixos é aparente pela inclinação da curva. Quanto mais íngreme a inclinação, maior é a discriminação do item. Um item também pode variar em termos de seu nível de dificuldade. Um item fácil desviará a CCI para a esquerda ao longo do eixo de capacidade, indicando que muitas pessoas provavelmente o acertarão. Um item de dificuldade desviará a CCI para a direita ao longo do eixo horizontal, indicando que menos pessoas responderão a ele de forma correta. Em outras palavras, é preciso altos níveis de capacidade para uma pessoa ter uma alta probabilidade de sua resposta ser pontuada como correta.

Agora se concentre na curva característica do item para o item A. Você acha que esse é um bom item? A resposta é que ele não é. A probabilidade de um testando responder com acerto é alta para os de capacidade baixa e baixa para os de capacidade alta. E quanto ao item B; ele é um bom item de teste? Novamente, a resposta é não. A curva nos diz que os testandos de capacidade moderada têm a mais alta probabilidade de dar a esse item resposta correta. Os testandos com a mais alta capacidade – bem como suas contrapartes na outra extremidade do espectro de capacidade – não tendem a responder com correção a esse item. O item B pode ser um daqueles aos quais as pessoas que sabem muito (ou pensam muito) tendem a responder incorretamente.

O item C é um bom item de teste porque a probabilidade de responder-lhe de maneira acertada aumenta com a capacidade. E quanto ao item D? Sua CCI representa um

CONHEÇA UM PROFISSIONAL DA AVALIAÇÃO

Conheça o dr. Scott Birkeland

Eu também me envolvi no desenvolvimento de novos itens de teste. Visto que esses testes são usados com candidatos da vida real, dou um alto nível de importância à validade aparente de um teste. Quero que os candidatos que realizam os testes saiam sentindo como se as questões a que responderam fossem verdadeiramente relevantes ao emprego para o qual se candidataram. Por isso, cada novo projeto leva ao desenvolvimento de novas questões de modo que os testes "pareçam certos" para os candidatos. Por exemplo, se temos um teste de leitura e compreensão, garantimos que os materiais que os candidatos leem sejam semelhantes aos que eles realmente leriam no trabalho. Isso pode ser um desafio na medida em que, tendo que desenvolver mais questões, o processo de desenvolvimento do teste exige mais tempo e esforço. No longo prazo, entretanto, sabemos que isso aumenta as reações dos candidatos ao processo de testagem. Além disso, nossa pesquisa indica que isso aumenta a previsibilidade do teste.

Uma vez que os testes tenham sido desenvolvidos e administrados aos candidatos, continuamos a buscar formas de melhorá-los. É aqui que a estatística entra em ação. Conduzimos análises de cada questão ao nível do item para determinar se certas questões estão tendo melhor desempenho que outras. Fico sempre espantado pela força de uma simples análise do item (i.e., calcular sua dificuldade e discriminação). Muitas vezes, a análise de um item levantará uma dúvida, fazendo-me voltar e reexaminá-lo apenas para descobrir que alguma

Scott Birkeland, Ph. D., Stang Decision Systems, Inc.

coisa nele é confusa. Uma análise do item nos permite corrigir esses tipos de problemas e melhorar continuamente a qualidade de um teste.

Leia mais sobre o que o dr. Birkeland tinha a dizer – seu ensaio completo (em inglês) – em www.mhhe. com/cohentesting8.

---

item que discrimina em apenas um ponto do *continuum* de capacidade. É grande a probabilidade de que todos os testandos neste ponto ou acima deste ponto respondam corretamente ao item, e a probabilidade de uma resposta incorreta é grande para testandos que se situam abaixo desse ponto específico no *continuum* de capacidade. Um item como o D, portanto, tem excelente capacidade discriminatória e seria útil em um teste visando, por exemplo, selecionar candidatos com base em algum ponto de corte. Entretanto, esse item poderia não ser desejável em um teste visando fornecer informações detalhadas sobre a capacidade do testando ao longo de todos os níveis de capacidade. Esse poderia ser o caso, por exemplo, em um teste diagnóstico de leitura ou aritmética.

Outras considerações na análise do item

Adivinhação ("chute") Nos testes de realização, o problema de como lidar com a **adivinhação ("chute")** do testando tem escapado a qualquer solução universalmente aceitável.

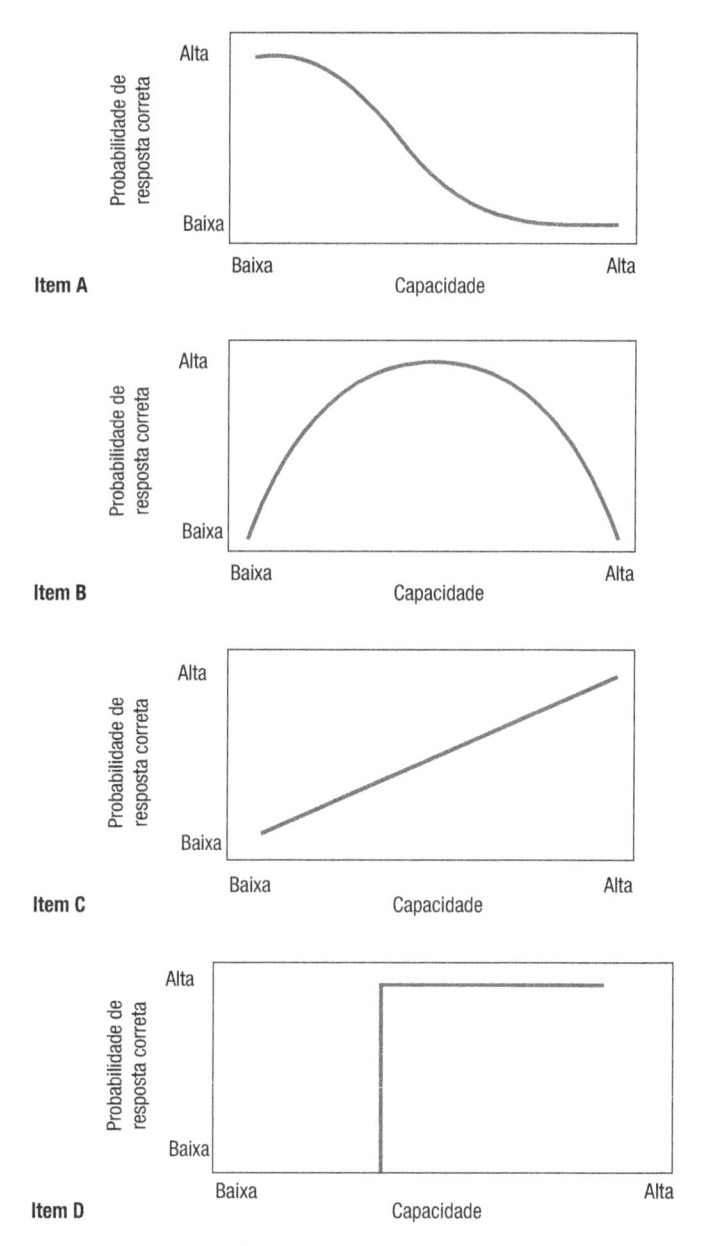

Figura 8.6 Exemplos de curvas características do item.
Para simplificar, omitimos os valores da escala para os eixos. O eixo vertical neste gráfico lista a probabilidade de resposta correta em valores variando de 0 a 1. Os valores para o eixo horizontal, que simplesmente rotulamos de "capacidade", são escores totais no teste. Em outras fontes, você pode encontrar o eixo vertical de uma curva característica do item rotulado como "proporção de examinandos que respondem corretamente ao item" e o eixo horizontal rotulado como "escore total do teste".
Fonte: Ghiselli e colaboradores (1981)

Métodos visando detectar o chute (S.-R. Chang et al., 2011), minimizar os efeitos do chute (Kubinger et al., 2010) e corrigir estatisticamente para o chute (Espinosa e Gardeazabal, 2010) foram propostos, mas nenhum deles obteve aceitação universal. Talvez seja porque as questões em torno do chute sejam mais complexas do que parecem à primeira vista. Para avaliar melhor a complexidade do problema, considere os seguintes três critérios que qualquer correção para o chute deve satisfazer, bem como as outras questões interagentes que devem ser tratadas:

1. Uma correção para chute deve reconhecer que, quando um respondente chuta uma resposta em um teste de realização, o chute em geral não é feito de uma forma totalmente aleatória. É mais razoável supor que seja baseado em algum conhecimento da matéria e na capacidade de excluir uma ou mais das alternativas distratoras. Entretanto, a quantidade de conhecimento individual que o testando tem da matéria irá variar de um item para o seguinte.
2. Uma correção para chute também deve tratar do problema de itens omitidos. Às vezes, em vez de chutar, o testado simplesmente omite uma resposta a um item. O item omitido deve ser pontuado como "errado"? Deve ser excluído da análise do item? Deve ser pontuado como se o testando tivesse dado um palpite aleatório? Exatamente como o item omitido deve ser tratado?
3. Assim como algumas pessoas podem ser mais sortudas que outras na frente de uma máquina caça-níqueis em um cassino, também alguns testandos podem ser mais sortudos que outros ao chutar as escolhas corretas. Qualquer correção para chute pode subestimar ou superestimar seriamente os efeitos do chute para testandos sortudos e testandos azarados.

Além das intervenções propostas ao nível de pontuação do teste por meio do uso de correções para chute (referidas como fórmula de pontuações), a intervenção também foi proposta ao nível de instruções do teste. Os indivíduos podem ser instruídos a dar uma resposta apenas quando tiverem certeza (sem chutar) ou para completar todos os itens e chutar quando em dúvida. As diferenças individuais na disposição dos testandos de correr riscos resulta em problemas para essa abordagem ao chute (Slakter et al., 1975). Algumas pessoas que não se importam de correr riscos podem chutar mesmo quando instruídas a não fazê-lo. Outras, que tendem a ser relutantes em assumir riscos, se recusam a chutar sob quaisquer circunstâncias. Isso cria uma situação na qual a predisposição pessoal a assumir riscos pode afetar a pontuação do teste.

Até agora, nenhuma solução para o problema do chute foi considerada inteiramente satisfatória. O desenvolvedor de testes responsável trata esse problema incluindo no manual do teste (1) instruções explícitas sobre o assunto para o examinador transmitir aos examinandos e (2) instruções específicas para pontuação e interpretação de itens omitidos.

Chutar respostas em testes de personalidade ou em testes psicológicos relacionados não é considerado um grande problema. Embora, às vezes, possa ser difícil escolher a alternativa mais apropriada em um teste de personalidade no formato de resposta selecionada (em particular um teste com itens de escolha forçada), a pressuposição é que o testando realmente faça a melhor escolha.

> **REFLITA...**
> A lógica predominante entre os profissionais da mensuração é que, quando chutam uma resposta em um teste de personalidade em um formato de resposta selecionada, os testandos estão fazendo a melhor escolha. Por que esses profissionais continuam a acreditar nisso? Alternativamente, por que poderiam modificar seu ponto de vista?

Imparcialidade do item Assim como podemos falar de testes tendenciosos, podemos falar de itens de teste tendenciosos. O termo **imparcialidade do item** refere-se ao grau, se for o caso, em que o item de um teste é tendencioso. Um **item de teste tendencioso** é aquele que favorece um grupo particular de examinandos em relação a outro quando as diferenças na capacidade do grupo são controladas (Camilli e Shepard, 1985). Muitos métodos diferentes podem ser usados para identificar itens de teste tendenciosos. De fato, a evidência sugere que a escolha do método de análise do item pode lhe afetar determinações de viés (Ironson e Subkoviak, 1979).

As curvas características do item podem ser usadas para identificar itens tendenciosos. Itens específicos são identificados como tendenciosos em um sentido estatístico se exibirem funcionamento diferencial. O funcionamento diferencial do item é exemplificado por diferentes formas de curvas características do item para diferentes grupos (digamos, homens e mulheres) quando os dois grupos não diferem no escore total do teste (Mellenbergh, 1994). Para um item ser considerado imparcial para diferentes grupos de testandos, suas curvas características para os diferentes grupos não devem ser significativamente diferentes:

> A lógica fundamental desse critério da CCI de viés do item é que quaisquer pessoas apresentando a mesma capacidade medida pelo teste completo devem ter a mesma probabilidade de passar em qualquer item que meça a capacidade, independentemente de raça, classe social, sexo ou qualquer outra característica básica da pessoa. Em outras palavras, a mesma proporção de pessoas de cada grupo deve passar em qualquer item do teste, desde que todas tenham obtido a mesma pontuação total no teste. (Jensen, 1980, p. 444)

◆ **REFLITA...**
Escreva um item que seja intencionalmente tendencioso em favor de um grupo sobre outro. Os membros de qual grupo se sairiam melhor nesse item? Os membros de qual grupo se sairiam pior?

Estabelecer a presença de funcionamento diferencial do item requer um teste estatístico da hipótese nula de nenhuma diferença entre as curvas características do item dos dois grupos. Os prós e os contras de diferentes testes estatísticos para detectar funcionamento diferencial do item há muito têm sido objeto de debate (Raju et al., 1993). O que não é objeto de debate é que os itens exibindo diferença significativa nas curvas características do item devem ser revistos ou eliminados do teste. Se um número bastante grande de itens tendenciosos em favor de um grupo coexistirem com quase o mesmo número de itens tendenciosos em favor de outro grupo, não pode ser alegado que o teste meça as mesmas capacidades nos dois grupos. Isso é verdade ainda que os escores globais dos indivíduos nos dois grupos possam não ser significativamente diferentes (Jensen, 1980).

Testes de velocidade As análises do item de testes feitos sob condições de velocidade produzem resultados enganadores ou não interpretáveis. Quanto mais próximo um item estiver do fim do teste, mais difícil ele pode parecer ser. Isso porque os testandos podem chegar aos itens finais do teste apenas quando o tempo está se esgotando.

Do mesmo modo, as medidas de discriminação do item podem ser artificialmente altas para itens que aparecem por último. A explicação é que os testandos que conhecem melhor o material podem trabalhar mais rápido, sendo mais propensos a responder aos itens finais. Itens que aparecem tarde em um teste de velocidade são, portanto, mais propensos a mostrar correlações totais do item positivas devido ao grupo seleto de examinandos que os alcançam.

Dados esses problemas, como os itens em um teste de velocidade podem ser analisados? Talvez a solução mais óbvia nesses textos seja restringir a análise apenas aos itens completados pelo testando. Entretanto, essa solução não é recomendada por pelo menos três razões: (1) As análises dos itens finais seriam baseadas em um número de testandos progressivamente menor, produzindo resultados progressivamente menos confiáveis; (2) se os examinandos mais conhecedores do material alcançarem os itens finais, então parte da análise será baseada em todos os testandos e parte em uma amostra selecionada; e (3) visto que os testados mais conhecedores da matéria são mais propensos a marcar de forma correta, o desempenho deles fará com que os itens que ocorrem no final do teste pareçam mais fáceis do que são.

◆ **REFLITA...**
Dê um exemplo de possibilidades que, em sua opinião, sejam o melhor e o pior uso de um teste de velocidade.

Se a velocidade não for um elemento importante da capacidade a ser medido pelo teste, e visto que a velocidade como variável pode produzir informação enganadora sobre o desempenho do item, o desenvolvedor do teste idealmente deveria administrar o teste a ser analisado com limites de tempo generosos para ser completado. Uma vez completada a análise do item, devem ser estabelecidas normas usando as condições de velocidade planejadas para o uso do teste na prática real.

Análise qualitativa do item

Os aplicadores de teste têm demonstrado interesse em entender o desempenho dos testes do ponto de vista dos testandos (Fiske, 1967; Mosier, 1947). O cálculo da validade, da confiabilidade do item e de outros índices quantitativos representa uma abordagem ao entendimento dos testandos. Outra classe geral de métodos de pesquisa é referida como qualitativa. Em comparação com os métodos quantitativos, os qualitativos são técnicas de geração e análise de dados que se baseiam sobretudo em procedimentos verbais mais do que em matemáticos ou estatísticos. Encorajar os testandos – em grupo ou individualmente – a discutir aspectos de sua experiência com o teste é, em essência, evocar ou gerar "dados" (palavras). Esses dados podem então ser usados por desenvolvedores, aplicadores ou editores de testes para melhorar vários aspectos do teste.

Análise qualitativa do item é um termo geral para vários procedimentos não estatísticos visando explorar como itens de teste individuais operam. A análise compara itens de teste individuais entre si e com o teste como um todo. Em contrapartida aos procedimentos estatísticos, os métodos qualitativos envolvem exploração das questões mediante meios verbais, como entrevistas e discussões de grupo conduzidas com os testandos e com outras partes relevantes. Alguns dos tópicos que os pesquisadores podem desejar explorar qualitativamente são resumidos na Tabela 8.3.

Tabela 8.3 Áreas potenciais de exploração por meio de análise qualitativa do item

Esta tabela lista exemplos de tópicos e questões de possível interesse aos aplicadores de testes. As questões poderiam ser levantadas oralmente ou por escrito logo após a administração de um teste. Além disso, dependendo dos objetivos do aplicador, poderiam ser colocadas em outros formatos, tais como verdadeiro-falso ou múltipla escolha. Dependendo das perguntas específicas a serem feitas e do número de testandos que estiverem sendo amostrados, o aplicador pode desejar garantir o anonimato dos entrevistados.

Tópico	Exemplo de pergunta
Sensibilidade cultural	Você sentiu que algum item ou aspecto deste teste foi discriminatório com respeito a qualquer grupo de pessoas? Se sim, por quê?
Validade aparente	O teste pareceu medir o que você esperava que medisse? Se não, o que foi contrário a suas expectativas?
Administrador do teste	O comportamento do administrador do teste afetou seu desempenho neste teste de alguma forma? Se sim, como?
Ambiente de teste	Você acha que o teste foi imparcial no que buscava medir? Por que ou por que não?
Imparcialidade do teste	Houve alguma instrução ou outros aspectos escritos do teste que você teve dificuldade de entender?
Linguagem do teste	Como você se sentiu em relação à duração do teste com respeito a (a) o tempo que levou para completar e (b) o número de itens?
Duração do teste	Você "chutou" em algum item do teste? Que porcentagem dos item estimaria que "chutou"? Você empregou alguma estratégia particular para "chutar", ou foi basicamente aleatório?
"Chute" do testando	Você acha que houve alguma fraude durante este teste? Se sim, por favor descreva os métodos que, em sua opinião, foram usados
Integridade do testando	Como você descreveria seu estado mental ao começar este teste?
Estado mental/físico do testando na entrada	Acha que seu estado mental de alguma forma afetou o resultado do teste? Se sim, como? Como descreveria seu estado físico ao começar este teste? Acha que seu estado físico de alguma forma afetou o resultado do teste? Se sim, como?
Estado mental/físico do testando durante o teste	Como você descreveria seu estado mental durante este teste? Acha que seu estado mental de alguma forma afetou o resultado do teste? Se sim, como? Como descreveria seu estado físico durante este teste? Acha que seu estado físico de alguma forma afetou o resultado do teste? Se sim, como?
Impressões globais do testando	Qual sua impressão global deste teste? Que sugestões de melhoria ofereceria ao desenvolvedor do teste?
Preferências do testando	Você achou alguma parte do teste educativa, divertida ou, de outro modo, compensadora? O que, especificamente, gostou ou não gostou em relação ao teste? Você achou alguma parte geradora de ansiedade, condescendente ou, de outro modo, perturbadora? Por quê?
Preparação do testando	Como você se preparou para este teste? Se fosse aconselhar outras pessoas sobre como se preparar para ele, o que lhes diria?

Uma nota de advertência: Dar aos testandos a oportunidade de descrever um teste pode ser como dar aos alunos a oportunidade de descrever seus professores. Em ambos os casos, pode haver abuso do processo, em especial por respondentes que têm interesses pessoais extrateste (ou extraprofessor). Os respondentes podem estar descontentes por inúmeras razões, de falha em se preparar adequadamente para o teste a frustração com seu desempenho. Nesses casos, a oportunidade para avaliá-lo é uma oportunidade para atacar. O teste, o administrador do teste e a instituição, o órgão ou empresa responsáveis por sua administração podem se tornar objetos de crítica. Os questionários do testando, como qualquer outro instrumento de pesquisa qualitativa, devem ser interpretados com atenção a todo o contexto da experiência para o(s) respondente(s).

Método de avaliação "pensando em voz alta" Uma abordagem inovadora à avaliação cognitiva implica os respondentes verbalizando os pensamentos à medida que eles ocorrem. Embora diferentes pesquisadores usem diferentes procedimentos (Davison et al., 1997; Hurlburt, 1997; Klinger, 1978), essa abordagem geral foi empregada em uma variedade de contextos de pesquisa, incluindo estudos de ajustamento (Kendall et al., 1979; Sutton-Simon e Goldfried, 1979), solução de problemas (Duncker, 1945; Kozhevnikov et al., 2007; Montague, 1993), pesquisa educacional e recuperação (Muñoz et al., 2006; Randall et al., 1986; Schellings et al., 2006), intervenção clínica (Gann e Davison, 1997; Haaga et al., 1993; Schmitter-Edgecombe e Bales, 2005; White et al., 1992) e modelagem de júri (Wright e Hall, 2007).

Cohen e colaboradores (1988) propuseram o uso do **método de avaliação "pensando em voz alta"** como um instrumento de pesquisa qualitativa visando esclarecer os processos de pensamento do testando durante a administração de um teste. Em uma base individual com um examinador, os examinandos são instruídos a fazer o teste, pensando em voz alta à medida que respondem a cada item. Se o teste visa à mensuração do desempenho, essas verbalizações podem ser úteis para avaliar não apenas se certos alunos (tal como os com escores baixos em provas anteriores) estão interpretando errado um determinado item mas também *por que* e *como* estão isso. Se o teste visar à mensuração da personalidade ou de algum aspecto dela, a técnica de "pensar em voz alta" também pode oferecer informações valiosas com relação à forma como os indivíduos percebem, interpretam e respondem aos itens.

◆ **REFLITA...**
Como o método "pensando em voz alta" de avaliar itens de teste poderia ser mais eficaz do que pensar silenciosamente?

Painéis de especialistas Além de entrevistar os testandos individualmente ou em grupos, os **painéis de especialistas** também podem fornecer análises qualitativas dos itens do teste. Uma **revisão de sensibilidade** é um estudo de itens de teste, em geral conduzido durante o processo de desenvolvimento do teste, no qual os itens são examinados com relação à imparcialidade acerca de todos os futuros testandos e à presença de linguagem, estereótipos ou situações ofensivos. A partir da década de 1990, as revisões de sensibilidade se tornaram uma parte padrão do desenvolvimento de testes (Reckase, 1996). Por exemplo, em uma tentativa de eliminar quaisquer possíveis vieses na série Teste de Realização de Stanford, o editor do teste formou um painel consultivo de 12 integrantes de grupos de minoria, cada um membro proeminente da comunidade educacional. Os participantes do painel reuniram-se com o editor para obter uma compreensão da história e da filosofia da bateria de testes e para discutir e definir o problema de viés. Algumas das possíveis formas de viés de conteúdo que podem ser incluídos em qualquer teste de realização foram identificadas como segue (Stanford Special Report, 1992, p. 3-4).

Posição: Os membros de um determinado grupo foram mostrados em situações que não envolvem autoridade ou liderança?

Estereótipo: Os membros de um determinado grupo são retratados com características uniformes em relação a (1) atitudes, (2) interesses, (3) ocupações ou (4) traços de personalidade?

Familiaridade: Há maior oportunidade da parte de um grupo para (1) estar familiarizado com o vocabulário ou (2) experimentar a situação apresentada por um item?

Escolha de palavras ofensiva: (1) Um rótulo depreciativo foi aplicado ou (2) um termo masculino foi usado em situação em que um termo neutro poderia tê-lo substituído?

Outro: Os membros do painel foram instruídos a serem específicos em relação a qualquer outra indicação de viés que detectassem.

Com base nas informações qualitativas de um painel de especialistas ou dos próprios testandos, o aplicador ou o desenvolvedor do teste pode escolher modificar ou revisar o teste. Nesse sentido, a revisão normalmente envolve reformulação e eliminação ou criação de novos itens. Note que há outro significado de revisão de teste além daquele associado com um estágio no desenvolvimento de um novo teste. Após um período de tempo, muitos testes existentes são programados para publicação em novas versões ou edições. O processo de desenvolvimento que o teste sofre quando é modificado e revisado é chamado, não supreendentemente, de *revisão do teste*. O tempo, o esforço e os gastos acarretados por essa última variedade de revisão de teste podem ser bastante extensivos. Por exemplo, a revisão pode envolver uma extensão da faixa etária da população para a qual o teste foi concebido – para cima, para testados mais velhos e/ou para baixo, para os mais jovens – e novos estudos de validação correspondentes.

> **REFLITA...**
> Há alguma forma de o painel de especialistas poder introduzir mais erro no processo de desenvolvimento do teste?

Revisão dos testes

Consideramos primeiro os aspectos de revisão de testes um estágio no desenvolvimento de um novo teste. Posteriormente, consideraremos os aspectos da revisão de testes no contexto da modificação de um teste existente para criar uma nova edição. Grande parte de nossa discussão do processo de revisão no desenvolvimento de um novo teste também pode se aplicar ao desenvolvimento de edições subsequentes de testes existentes, dependendo do quanto a revisão seja de fato "revisada".

A revisão de testes como um estágio no desenvolvimento de novos testes

Tendo conceituado o novo teste, construído, experimentado e analisado seus itens quantitativa e qualitativamente, o que resta é utilizar de forma criteriosa todas as informações e moldar o teste em sua forma final. Uma grande quantidade de informação é gerada no estágio de análise do item, sobretudo porque um teste em desenvolvimento pode ter centenas de itens. Com base naquela informação, alguns itens do fundo de itens original serão eliminados e outros serão reescritos. Como esses dados sobre a dificuldade, a validade, a confiabilidade, a discriminação e o viés dos itens do teste – junto com a informação das curvas características do item – são integrados e usados para revisar o teste?

Provavelmente existam tantas formas de abordar a revisão de testes quanto existem desenvolvedores de testes. Uma abordagem é caracterizar cada item de acordo com seus pontos fortes e seus pontos fracos. Alguns itens podem ser muito confiáveis mas não possuem validade de critério, enquanto outros podem ser imparciais mas muito fáceis. Alguns itens revelarão ter muitos pontos fracos, tornando-os primeiros candidatos a eliminação ou revisão. Por exemplo, itens muito difíceis têm uma variação restrita; todos ou quase todos os testados erram. Esses itens são propensos a não ter confiabilidade e validade devido a sua variação restrita, e o mesmo pode ser dito de itens muito fáceis.

Os desenvolvedores de testes podem achar que devem equilibrar várias forças e fraquezas ao longo dos itens. Por exemplo, se muitos itens com aspectos bons tendem a ser um pouco fáceis, o desenvolvedor do teste pode incluir de modo intencional alguns mais difíceis mesmo se tiverem outros problemas. Esses itens mais difíceis podem ser especificamente visados para reescrita. O propósito do teste também influencia o plano para a revisão. Por exemplo, se o teste for usado para influenciar decisões importantes sobre colocação na escola ou sobre emprego, seu desenvolvedor deve ter escrupulosa preocupação a respeito de viés do item. Se houver uma necessidade de identificar os indivíduos com mais alta qualificação entre aqueles que estão sendo testados, itens demonstrando excelente discriminação, levando à melhor discriminação de teste possível, se tornarão uma prioridade.

À medida que a revisão prossegue, a vantagem de ter um substancial fundo de itens se torna cada vez mais evidente. Itens insatisfatórios podem ser eliminados em favor daqueles que demonstraram ser bons itens na experimentação. Mesmo quando se trabalha com um fundo de itens grande, o desenvolvedor de testes que faz a revisão deve estar ciente do domínio que o teste deve amostrar. Para alguns aspectos do domínio, pode ser particularmente difícil formular bons itens, e a eliminação indiscriminada de todos os itens com funcionamento insatisfatório poderia fazer aqueles aspectos ficarem sem ser testados.

Tendo equilibrado todas essas preocupações, o desenvolvedor do teste sai do estágio de revisão com um teste melhor. O próximo passo é administrar o teste revisado sob condições padronizadas a uma segunda amostra apropriada de examinandos. Com base em uma análise de dados derivados dessa administração da segunda versão do teste, ele pode considerá-lo em sua forma acabada. Uma vez que o teste esteja em sua forma acabada, suas normas podem ser desenvolvidas a partir dos dados, e será dito que o teste foi "padronizado" nessa (segunda) amostra. Lembre, do Capítulo 4, que uma amostra de padronização representa o(s) grupo(s) de indivíduos com os quais o desempenho dos examinados será comparado. Todas as diretrizes apresentadas naquele capítulo para a seleção de uma amostra de padronização apropriada devem ser seguidas.

Quando a análise de dados dos itens derivados da administração de um teste indica que ele ainda não está em sua forma acabada, os passos de revisão, experimentação e análise dos itens são repetidos até que o teste seja satisfatório e a padronização possa ocorrer. Uma vez que os itens tenham sido finalizados, os procedimentos profissionais de desenvolvimento de testes determinam que as conclusões sobre a validade do teste aguardam uma validação cruzada dos achados. Logo discutiremos a *validação cruzada*; por enquanto, vamos considerar resumidamente algumas das questões em torno do desenvolvimento de uma nova edição de um teste existente.

◆ **REFLITA...**
Surpresa! Um editor internacional está interessado em publicar seu Teste de História Norte-americana. Acabaram de lhe perguntar que características demográficas da população você considera mais importantes para serem representadas em sua amostra de padronização internacional. Qual é a sua resposta?

Revisão de testes no ciclo de vida de um teste existente

O tempo não espera por ninguém. Nós envelhecemos, e os testes envelhecem também. Assim como as pessoas, alguns testes parecem envelhecer com mais graça do que outros. Por exemplo, como veremos quando estudarmos técnicas projetivas no Capítulo 13, o Teste das Manchas de Tinta de Rorschach parece ter se mantido muito bem ao longo dos anos. Em contrapartida, os materiais de estímulo para outra técnica projetiva, o Teste de Apercepção Temática (TAT), estão mostrando sua idade. Chega um momento na vida da maioria dos testes em que o teste será revisado de alguma forma ou sua publicação será descontinuada. Quando é esse momento?

Não existem regras prontas para quando revisar um teste. A American Psychological Association (APA, 1996b, Padrão 3.18) ofereceu as sugestões gerais de que um teste existente seja mantido em sua forma atual contanto que permaneça "útil", mas que deve ser revisado "quando mudanças significativas no domínio representado, ou novas condições de uso e interpretação do teste, o tornem inadequado para seu uso pretendido".

Em termos práticos, muitos testes são considerados prontos para revisão quando existir qualquer das seguintes condições.

1. Os materiais de estímulo parecem desatualizados e os testandos atuais não conseguem se relacionar com eles.
2. O conteúdo verbal do teste, incluindo as instruções de administração e os itens, contém vocabulário obsoleto que não é facilmente entendido pelos testandos atuais.
3. À medida que a cultura popular muda e as palavras assumem novos significados, certas palavras ou expressões nos itens ou nas orientações do teste podem ser percebidas como inadequadas ou mesmo ofensivas a um determinado grupo e, portanto, devem ser mudadas.
4. As normas do teste não são mais adequadas como resultado de mudanças na afiliação a grupos na população de potenciais testandos.
5. As normas do teste não são mais adequadas como resultado de mudanças relacionadas a idade nas capacidades medidas ao longo do tempo, e, portanto, uma extensão da faixa etária em relação às normas (para cima, para baixo ou em ambas as direções) é necessária.
6. A confiabilidade ou a validade do teste, bem como a eficácia de itens de teste individuais, podem ser bastante melhoradas por uma revisão.
7. A teoria na qual o teste foi originalmente baseado foi melhorada de forma significativa e essas mudanças devem se refletir em seu modelo e seu conteúdo.

Os passos para revisar um teste existente são iguais àqueles para criar um teste novo. Na fase de conceituação, o desenvolvedor do teste deve refletir sobre os objetivos da revisão e como eles podem ser mais bem atendidos. Na fase de construção, são feitas as mudanças propostas. Seguem-se a experimentação, a análise dos itens e a revisão do teste (no sentido de fazer as melhorias finais). Tudo isso soa relativamente fácil e direto, mas criar uma edição revisada de um teste existente pode ser um empreendimento muito ambicioso. Por exemplo, recordando a revisão de um teste chamado de Inventário de Interesses Vocacionais de Strong, Campbell (1972) refletiu que o processo de conceber a revisão começou cerca de 10 anos antes do trabalho de revisão real, e o trabalho de revisão em si levou outros 10 anos. Butcher (2000) compartilhou dessas reflexões em um artigo que forneceu uma "visão interna" detalhada do processo de revisar um teste de personalidade amplamente usado denominado MMPI. Outros também citaram as várias considerações que não devem ser esquecidas quando se conduz ou se cogita a revisão de um instrumento existente (Adams, 2000; Cash et al., 2004; Okazaki e Sue, 2000; Prinzie et al., 2007; Reise et al., 2000; Silverstein e Nelson, 2000; Vickers-Douglas et al., 2005).

Uma vez que o sucessor de um teste estabelecido seja publicado, há questões inevitáveis sobre a equivalência das duas edições. Por exemplo, um QI de escala total medido de 110 na primeira edição de um teste de inteligência significa exatamente a mesma coisa que um QI de escala total de 110 na segunda edição? Alguns pesquisadores aconselharam cautela na comparação dos resultados de uma edição original e uma edição revisada de um teste, apesar das semelhanças na aparência (Reitan e Wolfson, 1990; Strauss et al., 2000). Mesmo se o conteúdo de itens individuais não mudar, o contexto no qual os itens aparecem pode mudar, desse modo abrindo a possibilidade de diferenças relevantes na interpretação dos testados do significado dos itens. Simplesmente desenvolver uma versão computadorizada de um teste pode fazer uma diferença, pelo menos em termos dos escores nele obtidos por membros de diferentes populações (Ozonoff, 1995).

REFLITA...
Por que o processo de revisão de um teste estabelecido pode levar anos para ser concluído?

Métodos formais de análise de itens devem ser empregados para avaliar a estabilidade dos itens entre revisões do mesmo teste (Knowles e Condon, 2000). Por fim, os escores em um teste e em sua versão atualizada podem não ser diretamente comparáveis. Conforme Tulsky e Ledbetter (2000) resumiram no contexto de versões originais e revisadas de testes de habilidade cognitiva: "Qualquer melhora ou decréscimo no desempenho entre os dois não pode ser visto automaticamente como uma mudança no desempenho do examinando" (p. 260).

Um passo fundamental no desenvolvimento de todos os testes – edições novas ou revisadas – é a validação cruzada. A seguir discutimos esse importante processo, bem como uma tendência mais recente na publicação de testes, a *covalidação*.

Validação cruzada e covalidação O termo **validação cruzada** refere-se à revalidação de um teste em uma amostra de testandos diferente daqueles nos quais o desempenho se revelou originalmente um preditor válido de algum critério. Espera-se que os itens selecionados para a versão final do teste (em parte devido a suas altas correlações com uma medida de critério) tenham validades de item menores quando administrados a uma segunda amostra de testandos. Isso é assim devido à operação do acaso. A diminuição inevitável nas validades do item após a validação cruzada dos achados é referida como **redução da validade.** Essa redução é esperada e vista como integrante do processo de desenvolvimento do teste. Além disso, essa redução é muitíssimo preferível a um cenário no qual validades de item (falsamente) altas são publicadas no manual de um teste como resultado do uso inadequado da amostra idêntica de testandos para padronização do teste e validação cruzada dos achados. Quando tal cenário ocorre, os aplicadores do teste em geral ficarão desapontados pela validade do teste ser mais baixa que o esperado. O manual que acompanha os testes preparados comercialmente devem delinear os procedimentos de desenvolvimento de teste usados. As informações de confiabilidade, incluindo estimativas de confiabilidade teste-reteste e de consistência interna, devem ser relatadas junto com a evidência da validade do teste. Artigos discutindo a validação cruzada de testes com frequência são publicados em revistas acadêmicas. Por exemplo, Bank e colaboradores (2000) forneceram um relato detalhado da validação cruzada de um instrumento usado para avaliar prejuízo cognitivo em adultos mais velhos.

Não devendo ser confundida com "validação cruzada", **covalidação** pode ser definida como *o processo de validação de um teste conduzido em dois ou mais testes usando a mesma amostra de testandos*. Quando usado em conjunto com a criação de normas ou a revisão de normas existentes, esse processo também pode ser denominado **conormatização**. Uma tendência atual entre os editores de testes que publicam mais de um teste concebido para uso com a mesma população é covalidá-los e/ou conormatizá-los. A covalidação de novos testes e as revisões de testes existentes podem ser benéficas em vários aspectos para todas as partes no empreendimento da avaliação. A covalidação é benéfica para os editores de testes porque é econômica. Durante o processo de validação de um teste, muitos prováveis testandos devem primeiro ser identificados. Em muitos casos, após ser identificada como uma possível participante no estudo de validação, uma pessoa será pré-avaliada para adequação por meio de uma entrevista pessoal ou por telefone. Isso custa dinheiro, que é previsto no orçamento para desenvolvimento do teste. Tanto dinheiro quanto tempo são economizados se a mesma pessoa for considerada adequada nos estudos de validação para múltiplos testes e puder ser escalada para participar com um mínimo de preliminares administrativas. Examinadores qualificados para administrar o teste e outras pessoas para auxiliar na pontuação, na interpretação e na análise estatística também devem ser identificados, mantidos e escalados para participar no projeto. O custo de manter esse pessoal profissional para cada teste é minimizado quando o trabalho é feito simultaneamente para múltiplos testes.

Além dos benefícios para o editor, a covalidação pode trazer benefícios de potencial importância para os aplicadores de testes e para os testados. Muitos testes que tendem a ser usados juntos são publicados pelo mesmo editor. Por exemplo, a quarta edição da Escala Wechsler para Adultos (WAIS-IV) e a quarta edição da Escala de Memória de Wechsler (WMS-IV) poderiam ser usadas em conjunto na avaliação clínica de um adulto. E vamos supor que, após uma avaliação usando esses dois testes, diferenças na capacidade de memória medida surgiram devido ao teste usado. Se esses dois testes tivessem sido normatizados em amostras diferentes, então o erro de amostragem seria uma possível razão para as diferenças observadas na memória medida. Entretanto, visto que ambos foram normatizados na mesma população, o erro de amostragem como um fator causal foi praticamente eliminado. Um clínico poderia, portanto, procurar fatores como, por exemplo, diferenças na forma como os dois testes medem a memória. Um teste, por exemplo, poderia medir a memória de curto prazo usando a lembrança de sequências numéricas. O outro poderia medir a mesma variável usando a compreensão de textos de leitura curtos. A forma como cada teste mede a variável sob estudo pode produzir importantes informações diagnósticas.

No entanto, considere dois testes conormatizados que são quase idênticos na forma como medem a variável sob estudo. Com o erro de amostragem minimizado pelo processo de conormatização, um aplicador de teste pode ter muito mais segurança de que os escores dos dois testes são comparáveis.

Garantia de qualidade durante a revisão do teste Era uma vez, há muito tempo em Manhattan, um dos autores deste texto (Cohen) detinha o título de psicólogo sênior no Bellevue Hospital. Entre outras atribuições, os psicólogos sênior supervisionavam os estagiários de psicologia clínica em todas as fases de seu desenvolvimento profissional, incluindo a administração de testes psicológicos:

> Um dia, durante a revisão de um protocolo de teste entregue por uma estagiária, alguma coisa muito peculiar chamou minha atenção. Em um subteste que teve diversas tarefas pontuadas com base no número de segundos para serem concluídas, todos os tempos registrados no protocolo eram em múltiplos de 5 (como 10 segundos, 15 segundos, etc.). Eu nunca tinha visto um protocolo como aquele. Todos os protocolos completados que eu tinha visto anteriormente tinham tempos de conclusão registrados sem um padrão ou múltiplo identificável (como 12 segundos, 17 segundos, 9 segundos, etc.). Curioso sobre a forma como o protocolo tinha sido pontuado, chamei a estagiário para conversar sobre ele.
>
> Conforme ficou comprovado, a estagiária não tinha se equipado com um cronômetro ou um relógio com um ponteiro de segundos antes de administrar o teste. Ela tinha ignorado essa simples preparação obrigatória antes da administração de um teste. Sem nada para registrar o número exato de segundos que tinham sido necessários para completar cada tarefa, ela disse que tinha "estimado" o número de segundos. Estimar sob tais circunstâncias não é permitido porque viola o procedimento de padronização estabelecido no manual. Além disso, a estimação poderia com facilidade resultar em o testando ganhar ou deixar de ganhar pontos por tempos (incorretamente) cronometrados. A estagiária foi informada do erro de seu processo, e o paciente tornou a ser testado.

Bem, esse é um exemplo "direto e pessoal" de controle de qualidade na testagem psicológica em um grande hospital municipal. Mas que mecanismos de segurança de qualidade são utilizados por editores de testes no curso da padronização de um novo teste ou da repadronização de um teste existente? Vamos dar uma breve examinada em alguns mecanismos de controle de qualidade para examinadores, pontuação do protocolo e entrada de dados. Para fins de ilustração, retiramos alguns exemplos de procedimentos seguidos pelos desenvolvedores da Escala Wechsler para Crianças, Quarta Edição (WISC-IV; Wechsler, 2003).

O examinador é a pessoa na linha de frente no desenvolvimento do teste, e é criticamente importante que os examinadores sejam fiéis aos procedimentos padronizados. No desenvolvimento de um novo teste ou na repadronização ou renormatização de um teste existente, os desenvolvedores de testes buscam empregar examinadores que tenham experiência em testar membros da população visada para o teste. Por exemplo, os desenvolvedores da WISC-IV buscaram recrutar examinadores com experiência extensiva em testar crianças e adolescentes. Os possíveis examinadores completaram um questionário fornecendo informações sobre sua experiência educacional e profissional, experiência de administração com várias medidas intelectuais, diploma e situação de licenciamento. Aqueles selecionados como possíveis examinadores de padronização estavam muito familiarizados com as práticas de avaliação infantil. (Wechsler, 2003, p. 22)

Embora pudesse ser desejável que todo examinador tivesse um grau de doutorado, isso simplesmente não é praticável visto que muitos milhares de testes podem ter de ser administrados de modo individual. O tempo profissional de examinadores com nível de doutorado tende a ser escasso – para não falar de seus honorários. Sem interferência de educação ou experiência, todos os examinadores serão treinados para administrar o instrumento. O treinamento em geral será na forma de diretrizes escritas para administração do teste e pode envolver desde instrução de sala de aula a administrações de testes práticos no local e a demonstrações filmadas para serem revistas em casa. Os editores podem avaliar os possíveis examinadores por um questionário ou por outros meios para determinar o quão bem eles aprenderam o que precisam saber. Durante a padronização do WISC-IV, os examinadores tiveram que submeter uma revisão de caso antes de testar outras crianças. E durante o curso da padronização do teste, todas as pessoas selecionadas como examinadores receberam um boletim periódico informando sobre possíveis problemas na administração do teste. O boletim visava proporcionar uma forma contínua de manter a garantia de qualidade ao longo dessa administração.

No curso do desenvolvimento do teste, os examinadores podem estar envolvidos em maior ou menor grau no escore final dos protocolos. Independentemente de se é o examinador ou um "avaliador dedicado", todas as pessoas que têm a responsabilidade de pontuar os protocolos costumam passar por treinamento. Assim como o treinamento do examinador, o treinamento para avaliadores pode assumir muitas formas, de instrução de sala de aula a demonstrações filmadas.

A garantia de qualidade na repadronização da WISC-IV foi mantida em parte com dois avaliadores qualificados reavaliando cada protocolo coletado durante os estágios de experimentação e padronização nacional do desenvolvimento do teste. Se houvesse discrepâncias na pontuação, estas eram resolvidas por outro avaliador, chamado de *solucionador*. De acordo com o manual, "Os solucionadores eram escolhidos com base em sua demonstração de precisão de pontuação excepcional e experiência de pontuação anterior" (Wechsler, 2003, p. 22).

Outro mecanismo para garantir consistência na pontuação é o *protocolo âncora*. Um **protocolo âncora** é um protocolo de teste pontuado por um avaliador altamente competente que é concebido como um modelo para pontuar e um mecanismo para resolver discrepâncias de pontuação. Uma discrepância entre a pontuação em um protocolo âncora e a pontuação de outro protocolo é referida como **flutuação da pontuação**. Protocolos âncora foram usados para garantia de qualidade no desenvolvimento da WISC-IV:

Se dois avaliadores independentes cometeram o mesmo erro de pontuação em um protocolo, a comparação com a pontuação-âncora revelou a flutuação da pontuação. Os avaliadores receberam retorno imediato para prevenir a repetição do erro e para corrigir a flutuação da pontuação. (Wechsler, 2003, p. 23)

Uma vez pontuados os protocolos, os dados derivados deles devem ser inseridos em um banco de dados. Para garantia de qualidade durante a fase de entrada de dados do desenvolvimento do teste, os desenvolvedores do teste podem empregar programas de computador para procurar e identificar quaisquer irregularidades no relatório de pontuação. Por exemplo, se uma pontuação em um determinado subteste pode variar de 1 a 10, qualquer pontuação relatada fora dessa variação seria sinalizada pelo computador. Além disso, uma proporção de protocolos pode ser selecionada de forma aleatória para garantir que os dados inseridos derivados deles correspondam com fidelidade aos dados que eles continham originalmente.

Tabela 8.4 Algumas vantagens e desvantagens da teoria clássica dos testes (TCT) e da teoria de resposta ao item (TRI)*

Teoria	Vantagens	Desvantagens
Teoria clássica dos testes	1. Tamanhos menores da amostra são requeridos para a testagem, portanto a TCT é especialmente útil se apenas uma pequena amostra de testandos estiver disponível. 2. A TCT utiliza modelos matemáticos bastante simples. 3. As suposições subjacentes à TCT são "fracas" permitindo sua ampla aplicabilidade. 4. Maioria dos pesquisadores está familiarizada com essa abordagem básica ao desenvolvimento de testes. 5. Muitas análises de dados e inúmeros pacotes de programas relacionados a estatística são construídos do ponto de vista da TCT ou são facilmente compatíveis com ela.	1. As estatísticas do item e as propriedades psicométricas globais do teste são dependentes das amostras às quais o teste foi administrado. 2. Testes desenvolvidos usando TCT podem ser mais longos (ou seja, requerem mais itens) do que os desenvolvidos utilizando TRI. 3. Uma suposição violada com frequência é que cada item de um teste contribui igualmente para a pontuação total do teste.
Teoria de resposta ao item	1. As estatísticas do item são independentes das amostras às quais o teste foi administrado. 2. Os itens de teste podem ser equiparados aos níveis de capacidade (como na testagem adaptativa computadorizada), desse modo resultando em testes relativamente curtos que ainda são confiáveis e válidos. 3. Os modelos da TRI facilitam os instrumentos e os métodos psicométricos avançados, mantendo a promessa de maior precisão na mensuração sob certas circunstâncias.	1. As técnicas usadas para os modelos de resposta ao item de teste são um tanto complicadas e estranhas à maioria dos pesquisadores. 2. Os tamanhos da amostra precisam ser relativamente grandes para testar de maneira adequada os modelos de TRI (200 ou mais é uma boa regra geral). 3. Os pressupostos para o uso da TRI são caracterizados como "difíceis" ou "fortes" tornando-a inadequada para uso em muitas aplicações. 4. Comparando ao programa relacionado a estatística baseado na TCT, há muito menos pacotes com base na TRI disponíveis atualmente.

*Para uma comparação mais detalhada da TCT com a TRI, consulte as fontes usadas para sintetizar esta tabela (De Champlain, 2010; Hambleton e Jones, 1993; Streiner, 2010; e Zickar e Broadfoot, 2009).

O uso da TRI na construção e revisão de testes

No capítulo anterior, observamos que a teoria de resposta ao item (TRI) podia ser aplicada na avaliação da utilidade de testes e de programas de testagem. Aqui, vamos nos deter brevemente nos possíveis papéis da TRI na construção de testes, bem como alguns de seus prós e contras frente à teoria clássica dos testes (TCT). Como pode ser visto pela Tabela 8.4, uma das *desvantagens* de aplicar a TCT no desenvolvimento de testes é o grau em que as estatísticas do item dependem das características (força dos traços ou nível de capacidade) do grupo de pessoas testadas. Em outras palavras, "todas as estatísticas baseadas na TCT são dependentes da amostra" (De Champlain, 2010, p. 112). Considere um hipotético "Teste de Capacidade Perceptomotora"(TCPM) e as características de itens nesse teste com referência a diferentes grupos de testados. Do ponto de vista da TCT, um item do TCPM poderia ser julgado de dificuldade muito *alta* quando é administrado a uma amostra de pessoas conhecidas por terem capacidade perceptomotora muito baixa. Do mesmo ponto de vista, o mesmo item do TCPM poderia ser julgado de dificuldade muito *baixa* quando administrado a um grupo de pessoas conhecidas por terem essa capacidade muito alta. Uma vez que a forma como um item é visto depende muito do grupo de indivíduos que realiza o teste, a situação ideal, pelo menos da perspectiva da TCT, é que todos os testandos representem uma amostra verdadeiramente aleatória de quão bem o traço ou a capacidade que estão sendo estudadas são representados na população. Usando a TRI, os desenvolvedores de testes avaliam o desempenho do item individual com referência às curvas características do item (CCIs). As CCIs fornecem informação sobre a relação entre o desempenho de itens individuais e o presumido nível de capacidade (ou traço) subjacente no testando.

Três das muitas possíveis aplicações da TRI na construção e revisão de testes incluem (1) avaliar testes existentes com o propósito de mapear revisões de testes, (2) determinar a equivalência de medidas entre populações de testados e (3) desenvolver bancos de itens.

Avaliar as propriedades de testes existentes e orientar a revisão de testes As curvas de informação da TRI podem ajudar os desenvolvedores de testes a avaliarem o quão bem um item individual (ou o teste inteiro) está funcionando para medir diferentes níveis do construto subjacente. Os desenvolvedores podem usar essas curvas de informação para excluir questões não informativas ou para eliminar itens redundantes que fornecem níveis de informações duplicados. As curvas de informação permitem aos desenvolvedores de testes adaptarem o instrumento para fornecer alta informação (ou seja, precisão). Como ilustração, consulte novamente a curva de informação para uma medida de depressão na Figura 3 da seção *Em foco* no Capítulo 5 (p. 173). Agora suponha que o desenvolvedor do teste queria aumentar a precisão de modo que o nível de depressão pudesse ser melhor medido entre todos os níveis de teta. O gráfico sugere que isso poderia ser feito adicionando mais itens ao teste (ou adicionando mais opções de resposta aos itens existentes) que diferenciam entre pessoas com sintomas depressivos leves. A adição de itens (ou opções de resposta) adequados ampliará a variação e aumentará a altura da curva por meio do construto subjacente – refletindo assim maior precisão na mensuração.

Determinar a equivalência de medidas entre populações de testandos Os desenvolvedores de testes com frequência aspiram a que seus testes se tornem tão populares que sejam traduzidos para outros idiomas e usados em muitos lugares em todo o mundo. Mas como eles garantem que seus testes estejam explorando os mesmos construtos independentemente de quem no mundo esteja respondendo aos itens do teste? Um instrumento para ajudar a garantir a mensuração de um mesmo construto, não importa para que idioma o teste tenha sido traduzido, é a TRI.

Apesar da tradução cuidadosa dos itens do teste, às vezes acontece que, mesmo as palavras podendo ser linguisticamente equivalentes, membros de diferentes populações – em geral de outras populações que não aquela para a qual o teste foi a princípio desenvolvido – podem interpretar os itens de maneira diferente. Conforme vimos no Capítulo 5, por exemplo, as taxas de resposta a uma medida de depressão por pessoas de diferentes culturas pode não depender necessariamente de o quanto o testando esteja deprimido. Antes, as taxas de resposta podem variar mais em razão de o quanto a cultura predominante aprova expressões externas de emoção. Esse fenômeno, no qual um item funciona de modo diverso em um grupo de testandos, comparado a outro grupo que têm o mesmo nível (ou nível semelhante) do traço subjacente, é referido como **funcionamento diferencial do item (FDI)**. Os instrumentos contendo esses itens podem ter validade reduzida para comparações entre grupos porque seus escores podem indicar uma variedade de atributos além daqueles que a escala se propõe a medir.

Em um processo conhecido como **análise FDI**, os desenvolvedores de testes examinam as curvas de resposta ao item grupo por grupo, procurando o que são chamados de *itens FDI*. **Itens FDI** são aqueles que os respondentes de grupos diferentes no mesmo nível do traço subjacente têm diferentes probabilidades de endossar em razão do grupo ao qual pertencem. A análise FDI tem sido usada para avaliar a equivalência de medidas no conteúdo do item entre grupos que variam por cultura, gênero e idade. Ela tem sido usada também para explorar o funcionamento diferencial do item devido a diferentes padrões de "chute" por parte de membros de diferentes grupos (DeMars e Wise, 2010). Outra aplicação, ainda, da análise FDI tem a ver com a avaliação dos efeitos de ordenação de itens e com os efeitos de diferentes procedimentos de administração de testes (como administração de teste com lápis e papel *versus* testagem administrada por computador).

REFLITA...
Crie um item de teste que poderia ser interpretado de maneira diferente quando lido por pessoas jovens (20 e poucos anos) em relação a quando lido por pessoas mais velhas (70 e poucos anos).

Desenvolver bancos de itens Desenvolver um banco de itens não é simplesmente uma questão de coletar um grande número de itens. Em geral, cada item coletado como parte de um banco de itens, seja retirado de um teste existente (com permissões adequadas, se necessário) ou escrito em especial para o banco de itens, passou por avaliação qualitativa e quantitativa rigorosa (Reeve et al., 2007). Conforme pode ser visto na Figura 8.7, muitos esforços para criar um banco de itens começam com a compilação de itens adequados de instrumentos existentes (instrumentos A, B, e C). Itens novos também podem ser escritos quando as medidas existentes não estão disponíveis ou não exploram aspectos específicos do construto que está sendo medido.

Todos os itens disponíveis para uso, bem como os novos criados especialmente para o banco de itens, constituem o fundo de itens. Esse fundo é então avaliado por especialistas em conteúdo, possíveis respondentes e especialistas em pesquisa usando uma variedade de métodos qualitativos e quantitativos. Itens individuais em um fundo de itens podem ser avaliados por procedimentos de testagem cognitiva, por meio dos quais um entrevistador conduz entrevistas individuais com os respondentes na tentativa de identificar quaisquer ambiguidades associadas com os itens. Os fundos de itens também podem ser avaliados por grupos de respondentes, o que permite a discussão da clareza e da relevância de cada item, entre outras características dele. Os itens que "preenchem os requisitos" após esse exame detalhado constituem o banco de itens preliminar.

O próximo passo na criação do banco de itens é a administração de todos os que constituem o questionário a uma amostra grande e representativa da população-alvo. Para facilitar a análise de dados, a administração em grupo por computador é preferível. Entretanto, dependendo do conteúdo e do método de administração requeridos pelos itens, o questionário (ou porções dele) pode ser administrado individualmente usando métodos de lápis e papel.

Após a administração do banco de itens preliminar à amostra inteira de respondentes, as respostas são avaliadas com relação a diversas variáveis, como validade, confiabilidade, abrangência do domínio e funcionamento diferencial do item. O banco de itens

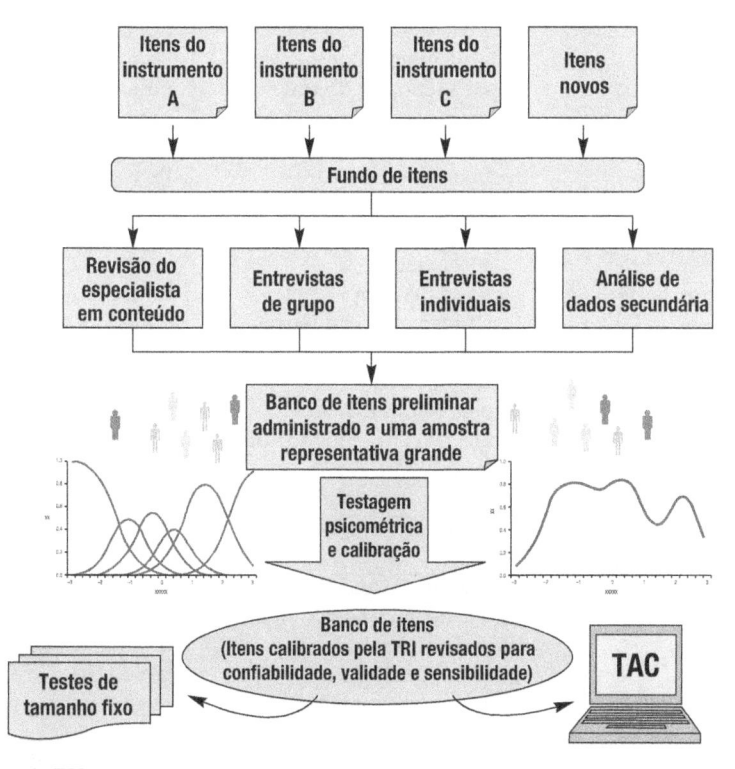

Figura 8.7 O uso da TRI para criar bancos de itens.

final consistirá em um grande conjunto de itens, todos medindo um único domínio (ou seja, um único traço ou uma só capacidade). Um desenvolvedor de testes pode então usar os itens do banco para criar um ou mais testes com um número fixo de questões. Por exemplo, um professor pode criar duas versões diferentes de uma prova de matemática a fim de minimizar as tentativas de "cola" dos testandos. O banco de itens também pode ser usado para fins de testagem adaptativa computadorizada.

Quando usado em um ambiente de TAC, a resposta de um testando a um item pode ativar automaticamente qual item será apresentado a seguir. O programa foi programado para apresentar o próximo item que será mais informativo com relação à posição do testando no construto medido. Essa programação é, na verdade, baseada na construção e na análise quase instantâneas das curvas de informação da TRI. O processo continua até que a testagem esteja terminada.

Devido ao apelo generalizado do TAC, a tecnologia está sendo cada vez mais aplicada a uma ampla variedade de testes. Ela também está se tornando disponível em muitas plataformas diferentes, variando da internet a dispositivos portáteis e entrevista telefônica assistida por computador.

Nossa pesquisa de como os testes são construídos nos levou dos primeiros pensamentos de um desenvolvedor de testes em relação a qual novo teste precisa ser criado até o desenvolvimento de um grande banco de itens. Nos próximos capítulos, serão explorados vários aspectos de muitos tipos diferentes de testes, começando com os de *inteligência*. Antes disso, entretanto, algumas informações sobre esse construto um pouco evasivo são apresentadas no Capítulo 9.

Autoavaliação

Teste sua compreensão dos elementos deste capítulo vendo se consegue explicar cada um dos seguintes termos, expressões e abreviações:

administração de teste "pensando em voz alta"
análise de escalograma
análise do FDI
análise do item
análise qualitativa do item
banco de itens
"chute"
conceituação do teste
conormatização
construção do teste
covalidação
curva característica do item (CCI)
desenvolvimento do teste
efeito chão
efeito teto
escala de avaliação
escala de Guttman
escala Likert
escala somativa
escalonamento
escalonamento categórico
escalonamento comparativo
experimentação do teste
flutuação da pontuação
formato de múltipla escolha
formato de resposta construída
formato de resposta selecionada
formato do item
funcionamento diferencial do item (FDI)
fundo de itens
imparcialidade do item
índice de confiabilidade do item
índice de dificuldade do item
índice de discriminação do item
índice de endosso do item
índice de validade do item
item de brinde
item de conclusão
item de correspondência
item de dissertação
item de escolha binária
item de resposta curta
item de teste tendencioso
item verdadeiro-falso
itens de FDI
método de comparações aos pares
métodos qualitativos
painel de especialista
pontuação de categoria
pontuação de classe
pontuação ipsativa
protocolo âncora
ramificação de itens
redução da validade
revisão de sensibilidade
revisão do teste
testagem adaptativa computadorizada (TAC)
trabalho-piloto
validação cruzada

CAPÍTULO 9

A Inteligência e Sua Mensuração

Desde que existe uma disciplina de psicologia, os psicólogos têm dado diferentes definições para a inteligência e empregado diferentes formas para medi-la. Neste capítulo, examinamos as diferentes definições de inteligência e pesquisamos os instrumentos usados para sua mensuração. Concluímos com uma discussão de algumas questões importantes em torno da prática de medir a inteligência, incluindo a relação entre cultura e inteligência. No Capítulo 10, vamos examinar mais de perto os fatos básicos (o "bê-a-bá") dos testes de inteligência e nos concentrar em alguns testes representativos. A mensuração da inteligência e de outros construtos relacionados à capacidade e à realização na pré-escola e em contextos educacionais é o tema do Capítulo 11. Começamos, entretanto, levantando uma questão que logicamente precede a consideração das questões de mensuração da inteligência.

O que é inteligência?

Podemos definir **inteligência** como uma capacidade multifacetada que se manifesta de diferentes formas ao longo da vida. Em geral, inteligência inclui as capacidades de:

- adquirir e aplicar conhecimento
- raciocinar com lógica
- planejar de maneira eficaz
- deduzir perceptivamente
- fazer julgamentos sólidos e solucionar problemas
- entender e visualizar conceitos
- prestar atenção
- ser intuitivo
- encontrar as palavras e os pensamentos certos com facilidade
- enfrentar situações novas, ajustar-se a elas e tirar delas o melhor proveito

Uma vez que isso foi dito, por favor, não interprete essas descrições de inteligência como a "última palavra" sobre o assunto. Antes, pense nelas como um ponto de partida para uma reflexão sobre o significado de um termo mais intrigante – que, como veremos, é paradoxalmente ao mesmo tempo simples e complexo.

> **REFLITA...**
> Como *você* define inteligência?

A maioria das pessoas acredita que pode reconhecer a inteligência quando ela é expressa em comportamento observável. Porém, uma definição, que tenha ampla aceitação, dessa entidade "facilmente observável" permanece uma incógnita – apesar de concebermos testes para medi-la e efetuar mudanças de vida com base nos seus resultados. Mas, talvez a inteligência não seja de forma alguma observável; talvez ela seja, como Henry Goddard (1947) a concebeu, "o grau de disponibilidade das experiências da pessoa para a resolução de seus problemas atuais e a antecipação de problemas futuros".

Quando as palavras falham, a procura por uma definição de inteligência adequada e amplamente aceitável tem levado a caminhos que poderiam ser caracterizados como menos semânticos e mais físicos. Na busca de respostas, os cientistas comportamentais conduziram estudos do metabolismo de glicose cerebral (Haier, 1993) e pesquisas sobre a fisiologia cerebral (Vernon, 1993). Mais recentemente, estudos de mapeamento cerebral usando técnicas de imagem neuropsicológica sofisticadas foram realizados para explorar vários aspectos das capacidades humanas (p. ex., Hu et al., 2011; Kreifelts et al., 2010). Apesar desses esforços, criar uma definição de inteligência de ampla aceitação tem sido historicamente (Neisser, 1979; Neisser et al., 1996), e continua sendo hoje, um desafio.

Definição de inteligência: visões do público leigo

A pesquisa conduzida por Sternberg e colaboradores (Sternberg, 1981, 1982; Sternberg e Detterman, 1986; Sternberg et al., 1981) buscou esclarecer como a inteligência é definida pelo público leigo e pelos psicólogos. Em um estudo, foi solicitado a um total de 476 pessoas (estudantes, viajantes, clientes de supermercados, pessoas que responderam a anúncios de jornal e outras selecionadas aleatoriamente de listas telefônicas) para listar os comportamentos que associavam com "inteligência", "inteligência acadêmica", "inteligência cotidiana", e "falta de inteligência". Após uma lista de vários comportamentos ter sido gerada, foi solicitado a 28 neuropsicólogos na região de New Haven que avaliassem, em uma escala de 1 (baixo) a 9 (alto), o quanto cada um dos comportamentos era característico da pessoa "inteligente" ideal, da pessoa "academicamente inteligente" ideal e da pessoa "inteligente cotidiana" ideal. As opiniões de 140 doutores em psicologia, pesquisadores especialistas na área de inteligência, também foram solicitadas. Esses profissionais estavam envolvidos na pesquisa sobre inteligência em universidades e centros de pesquisa importantes nos Estados Unidos.

Todas as pessoas entrevistadas no estudo de Sternberg tinham ideias definidas sobre inteligência e a falta dela. Para os não psicólogos, os comportamentos que costumavam estar mais associados com inteligência eram "raciocina com lógica e bem", "lê muito", "demonstra bom senso", "mantém a mente aberta", e "lê com alta compreensão". Liderando a lista de comportamentos relacionados com falta de inteligência mencionados com mais frequência estavam "não tolera diversidade de opiniões", "não demonstra curiosidade", e "comporta-se com insuficiente consideração pelos outros".

Sternberg e colaboradores agruparam a lista de 250 comportamentos caracterizando inteligência e falta de inteligência em subgrupos que estavam mais fortemente relacionados entre si. A análise indicou que os não psicólogos e os especialistas concebiam inteligência em geral como capacidade prática de solucionar problemas (tal como "escutar todos os lados de uma discussão"), capacidade verbal ("exibe um bom vocabulário") e competência social ("chega pontualmente para os compromissos"). Cada tipo específico de inteligência foi caracterizado por vários descritores. "Inteligência acadêmica" incluía capacidade verbal, capacidade de solucionar problemas e competência social, bem como comportamentos específicos associados à aquisição de habilidades acadêmicas (tal como, "estudar muito"). "Inteligência cotidiana" incluía capacidade prática de solucionar problemas, competência social, caráter e interesse em aprendizagem e cultura.

De modo geral, os pesquisadores encontraram um grau surpreendente de semelhança entre as concepções de inteligência dos especialistas e das pessoas leigas. No que diz respeito à inteligência acadêmica, entretanto, os especialistas tendiam a enfatizar a motivação ("é persistente", "altamente dedicado e motivado em relação à carreira escolhida"), enquanto as pessoas leigas destacavam os aspectos interpessoais e sociais da inteligência ("sensibilidade às necessidades e aos desejos das outras pessoas", "é franco e honesto consigo e com os outros").

Em outro estudo (Siegler e Richards, 1980), estudantes universitários matriculados em disciplinas de psicologia do desenvolvimento foram instruídos a listar comportamentos associados com inteligência na infância, na adolescência e na idade adulta. Talvez não surpreendentemente, foram observadas concepções de inteligência diferentes conforme o estágio de desenvolvimento. Na infância, a inteligência estava vinculada com coordenação física, consciência das pessoas, produção verbal e apego. Na adolescência, facilidade verbal, compreensão e características de aprendizagem foram as listadas com mais frequência. Facilidade verbal, uso de lógica e resolução de problemas foram mais frequentemente relacionados com inteligência adulta.

Um estudo conduzido com alunos de 1^a, 3^a e 6ª séries (Yussen e Kane, 1980) sugeriu que as crianças também têm noções sobre inteligência já na 1ª série. As concepções das crianças mais jovens tendiam a enfatizar habilidades interpessoais (ser amável, ser prestativo, ser educado), enquanto as mais velhas destacavam as habilidades acadêmicas (ler bem).

Definição de inteligência: visões de acadêmicos e de profissionais de teste

Em um simpósio publicado no *Journal of Educational Psychology* em 1921, 17 dos psicólogos mais importantes do país trataram das seguintes questões: (1) *O que é inteligência?* (2) *Qual a forma mais eficaz para mensurá-la em testes coletivos?* e (3) *Quais devem ser os próximos passos na pesquisa?* Não há dois psicólogos que tenham concordado (Thorndike et al., 1921). Seis anos mais tarde, Spearman (1927, p. 14) refletiria: "Na verdade, inteligência tornou-se [...] uma palavra com tantos significados que finalmente não tem qualquer um". E décadas após o primeiro simpósio, Wesman (1968, p. 267) concluiu que parecia não haver "mais concordância geral quanto à natureza da inteligência ou aos meios válidos para mensurá-la hoje do que 50 anos atrás".

REFLITA...
Os profissionais devem concordar sobre uma definição de inteligência?

Como Neisser (1979) observou, embora o *Journal* acreditasse que o simpósio produziria discussões vigorosas, ele gerou mais calor do que luz e levou a um aumento geral da exasperação nas discussões sobre o assunto. Sintomática dessa exasperação foi a afirmação infeliz de um psicólogo experimental e historiador da psicologia, Edwin G. Boring (1923, p. 5), que não era psicometrista. Ele tentou pôr fim à discussão declarando que "inteligência é o que os testes testam". Ainda que essa visão não seja inteiramente destituída de mérito (ver Neisser, 1979, p. 225), é uma definição insatisfatória, incompleta e redundante. No que segue, registramos os pensamentos de alguns outros cientistas comportamentais através da história até os dias de hoje.

Francis Galton Entre outras realizações, Sir Francis Galton é lembrado como a primeira pessoa a publicar sobre a hereditariedade da inteligência, desse modo estruturando o debate contemporâneo a respeito de natureza-educação (McGue, 1997). Galton (1883) acreditava que as pessoas mais inteligentes eram aquelas equipadas com as melhores capacidades sensoriais. Essa posição era intuitivamente atraente porque, conforme ele observou, "A única informação que nos alcança com relação a eventos externos parece passar pelos caminhos de nossos sentidos; e quanto mais perceptivos das diferenças são os sentidos, maior é o campo sobre o qual nosso julgamento e nossa inteligência podem

> **REFLITA...**
> O que estava errado na lógica por trás da definição de Galton das pessoas mais inteligentes?

atuar" (p. 27). Seguindo essa lógica, os testes de acuidade visual ou de capacidade auditiva são, de certo modo, testes de inteligência. Galton tentou mensurar esse tipo de inteligência em muitos dos testes sensoriomotores e em outros testes relacionados a percepção que criou. Nesse sentido, antecipou a pesquisa fisiológica posterior explorando, por exemplo, a relação entre inteligência e velocidade da condutividade neural (Reed e Jensen, 1992, 1993) e velocidade do processamento de informação (Sheppard, 2008).

Alfred Binet Embora seu teste na virada do século tivesse o efeito de lançar o movimento da testagem – para inteligência e outras características –, Alfred Binet não nos deixou uma definição explícita de inteligência. Entretanto, escreveu sobre os componentes dela. Para Binet, esses componentes incluíam raciocínio, julgamento, memória e abstração (Varon, 1936). Conforme veremos, nos anos posteriores haveria uma profusão de opiniões entre os acadêmicos em relação a exatamente quais são os componentes – ou fatores – da inteligência, como esses fatores deveriam ser agrupados e organizados e como poderiam ser mais bem avaliados.

Em artigos criticando a abordagem de Galton à avaliação intelectual, Binet e um colaborador pediram medidas mais complexas da capacidade intelectual (Binet e Henri, 1895a, 1895b, 1895c). Galton tinha considerado a inteligência como uma série de processos ou capacidades distintos que podiam ser avaliados apenas por testes separados. Em contrapartida, Binet argumentava que, quando alguém resolve um determinado problema, as capacidades usadas não podem ser separadas porque interagem para produzir a solução. Por exemplo, a memória e a concentração interagem quando um indivíduo é instruído a repetir dígitos apresentados oralmente. Quando se analisa a resposta de um testando a esse tipo de tarefa, é difícil determinar a contribuição relativa de memória e concentração para o êxito da solução. Essa dificuldade para determinar a contribuição relativa de capacidades distintas é a razão de Binet pedir medidas de inteligência mais complexas.

David Wechsler A conceituação de inteligência de David Wechsler talvez possa ser resumida com mais propriedade em suas próprias palavras:

> Inteligência, definida do ponto de vista operacional, é a capacidade agregada ou global de o indivíduo agir de modo intencional, pensar com racionalidade e lidar de maneira efetiva com seu ambiente. Ela é agregada ou global porque é composta de elementos ou capacidades que, embora não de todo independentes, são qualitativamente distinguíveis. Pela mensuração dessas capacidades, nós, em última análise, avaliamos a inteligência. Mas inteligência não é o mesmo que a mera soma dessas capacidades, ainda que, inclusive, [...] A única forma de podermos avaliá-la quantitativamente é pela mensuração dos vários aspectos dessas capacidades. (1958, p. 7)

Nessa definição, vemos um reconhecimento da complexidade da inteligência e sua conceituação como uma capacidade "agregada" ou "global". Em outro lugar, Wechsler acrescentou que há fatores não intelectivos que devem ser levados em consideração quando se avalia a inteligência (Kaufman, 1990). Inclusos nesses fatores estão "as capacidades mais da natureza de traços conativos, afetivos ou de personalidade [que] incluem traços como impulso, persistência e consciência da meta [bem como] o potencial de um indivíduo de perceber e responder a valores sociais, morais e estéticos" (Wechsler, 1975, p. 136). Em última análise, porém, a opinião de Wechsler era que a melhor maneira de mensurar essa capacidade global era medindo aspectos de diversas capacidades "qualitativamente diferenciáveis". Ele (1974) escreveu sobre duas dessas capacidades "diferenciáveis", que concebia como sobretudo de natureza *verbal* ou baseadas no *desempenho*. Ao longo da história, os aplicadores das Escalas Wechsler interpretaram os dados em relação às subescalas individuais – escala verbal, escala de execução e escala total –, sendo o QI calculado com base nesses índices. Os clínicos foram treinados para procurar diferenças significativas em termos de diagnóstico entre esses muitos índices – embora, todos no contexto da estrutura verbal-execução. Entretanto, desde o início da década de 1950, modelos alternativos, multifatoriais, como o Wechsler-Bellevue (Cohen, 1952a, 1952b) e a WAIS (Cohen, 1957a, 1957b) pareciam estar medindo o que estava em evidência.

REFLITA...
Qual é o papel da personalidade na inteligência mensurada?

Nos anos seguintes, os aplicadores de testes e os teóricos se perguntariam se os dados derivados dos testes de Wechsler poderiam se ajustar conceitualmente melhor aos modelos alternativos de capacidade cognitiva (Hishinuma e Yamakawa, 1993; Kaufman, 1990, 1994a, 1994b; Sattler, 1992; Shaw et al., 1993; Smith et al., 1993). A questão "Quantos fatores há *realmente* nas Escalas Wechsler?" parecia ter se transformado de um interesse acadêmico passageiro em uma obsessão premente do aplicador. Ela foi tratada no desenvolvimento de uma edição posterior da Escala de Inteligência Wechsler para Adultos (WAIS-III), como evidenciado pelas exaustivas investigações de análises fatoriais exploratórias e confirmatórias descritas no manual técnico da escala. Um resultado dessas investigações foi que, além da tradicional dicotomia entre verbal e execução, os aplicadores do WAIS-III seriam capazes de agrupar os dados do teste em quatro fatores: Índice de Compreensão Verbal, Índice de Organização Perceptual, Índice de Memória Operacional e Índice de Processamento. Com base nesses quatro fatores, quatro *escores índices* podiam ser derivadas dos dados do teste. Conforme veremos no Capítulo 10 (quando discutiremos a atual reformulação da Escala Wechsler para Adultos, WAIS-IV), a conceituação de inteligência em termos de uma dicotomia entre escala verbal e de execução é mais uma questão de interesse histórico do que da realidade atual.

Jean Piaget Desde o início da década de 1960, a pesquisa teórica do psicólogo suíço do desenvolvimento Jean Piaget (1954, 1971) tem merecido a atenção de psicólogos do desenvolvimento ao redor do mundo. A pesquisa de Piaget concentrou-se no desenvolvimento da cognição em crianças: como elas pensam, como entendem a si mesmas e o mundo que as circunda e como raciocinam e resolvem os problemas.

Para Piaget, a inteligência pode ser concebida como um tipo de adaptação biológica em desenvolvimento ao mundo exterior. À medida que habilidades cognitivas são adquiridas, a adaptação (em um nível simbólico) aumenta, e a tentativa e erro mentais substituem a tentativa e erro físicos. Contudo, de acordo com esse pesquisador, o processo de desenvolvimento cognitivo ocorre não apenas pelo amadurecimento ou pela aprendizagem. Ele acreditava que, como consequência da interação com o ambiente, as estruturas psicológicas são reorganizadas. Ele descreveu quatro estágios de desenvolvimento cognitivo pelos quais, de acordo com a teoria, todos passam durante vida. Embora os indivíduos possam passar por esses estágios em diferentes ritmos e idades, ele acreditava que sua ordem era inalterável. Piaget via o desdobramento desses estágios de desenvolvimento cognitivo como o resultado da interação de fatores biológicos e aprendizagem

De acordo com essa teoria, os aspectos biológicos do desenvolvimento mental são governados por mecanismos maturacionais inerentes. À medida que estágios individuais são alcançados e atravessados, a criança também tem experiências no ambiente. Cada nova experiência, segundo Piaget, requer alguma forma de organização ou reorganização cognitiva em uma estrutura mental chamada de *esquema*. De maneira mais específica, ele usou o termo **esquema** para se referir a uma ação ou estrutura mental organizada que, quando aplicada ao mundo, leva a conhecimento ou entendimento. Os bebês nascem com diversos **esquemas** simples, incluindo a sucção e a preensão. Aprendendo inicialmente ao pegar e colocar quase tudo em suas bocas, os bebês usam esses esquemas para entender e reconhecer seu mundo. À proporção que o bebê cresce, os esquemas se tornam mais complicados e estão ligados mais a transformações mentais e menos a ação manifesta. Por exemplo, somar uma série de números requer a transformação mental de números para chegar a uma soma correta. Os bebês, as crianças e os adultos continuam a aplicar esquemas a objetos e eventos para alcançar um entendimento, e esses esquemas sofrem constantes ajustes.

Piaget formulou a hipótese de que a aprendizagem ocorre por meio de duas operações mentais básicas: **assimilação** (organizar ativamente informações novas de modo que se ajustem ao que já é percebido e pensado) e **acomodação** (mudar o que já é percebido ou pensado de modo que se ajuste às informações novas). Por exemplo, uma criança que vê uma borboleta e a chama de "pássaro" assimilou a ideia da borboleta em uma estrutura mental já existente, "pássaro". Entretanto, quando o novo conceito de "borboleta"– separado de "pássaro"– também foi formado, a operação mental de *acomodação* foi empregada. Piaget também salientou a importância das atividades físicas e da interação social com os pares na promoção de um desequilíbrio pelo qual as estruturas mentais mudam e novas informações, percepções e habilidades de comunicação são adquiridas.

> **REFLITA...**
> Forneça um exemplo pessoal e recente de assimilação e acomodação operando em sua própria mente.

Os quatro períodos de desenvolvimento cognitivo, cada um representando uma forma mais complexa de organização cognitiva, são resumidos na Tabela 9.1. Os estágios variam do período sensoriomotor, no qual os pensamentos dos bebês são dominados por suas percepções, ao período de operações formais, no qual um indivíduo tem a capacidade de construir teorias e fazer deduções lógicas sem experiência direta.

Tabela 9.1 Estágios do desenvolvimento cognitivo de Piaget

Estágio	Faixa etária	Características do pensamento
Período sensoriomotor	Nascimento – 2 anos	A criança desenvolve a capacidade de exibir comportamento intencional, dirigido ao objetivo; desenvolve a capacidade de coordenar e integrar informações dos cincos sentidos; adquire a capacidade de reconhecer o mundo e seus objetos como entidades permanentes (ou seja, o bebê desenvolve a "permanência de objeto").
Período pré-operatório	2– 6 anos	O entendimento de conceitos da criança é baseado em grande parte no que é visto; sua compreensão de uma situação, um evento ou um objeto é em geral baseada em um único aspecto perceptual do estímulo, geralmente o mais óbvio; o pensamento é irreversível (a criança se concentra nos estados estáticos da realidade e não consegue entender as relações entre os estados; por exemplo, acredita que as quantidades de uma série de contas mudam se as contas forem reunidas ou espalhadas); pensamento animista (atribuir qualidades humanas a objetos não humanos e a eventos).
Período de operações concretas	7– 12 anos	A reversibilidade do pensamento aparece; conservação do pensamento (certos atributos do mundo permanecem estáveis apesar de alguma modificação na aparência); problemas de parte-todo e tarefas de ordenação serial podem agora ser resolvidos (capaz de colocar as ideias em ordem de classificação); pode lidar apenas com relações e coisas com as quais tem experiência direta; capaz de olhar mais de um aspecto de um problema e de diferenciar claramente entre tempo presente e passado.
Período de operações formais	a partir de 12 anos	Capacidade aumentada de abstrair e de lidar com as ideias independentemente de sua própria experiência; maior capacidade de gerar hipóteses e de testá-las de forma sistemática (declarações "se-então", mais alternativas); capaz de pensar sobre diversas variáveis atuando juntas e seus efeitos combinados; pode avaliar o próprio pensamento; aplica a aprendizagem a novos problemas de forma dedutiva.

Um importante fio condutor das teorias de Binet, Wechsler e Piaget é o foco no interacionismo. **Interacionismo** refere-se ao conceito complexo pelo qual se presume que hereditariedade e ambiente interajam e influenciem o desenvolvimento da inteligência. Como veremos, outros teóricos se concentraram em outros aspectos da inteligência. Nas **teorias fatoriais**, o foco é direcionado à identificação da capacidade ou de grupos de capacidades considerados componentes da inteligência. Nas **teorias de processamento de informação**, o foco está na identificação dos processos mentais específicos que constituem a inteligência.

Teorias fatoriais da inteligência

Análise fatorial é um grupo de técnicas estatísticas que visam determinar a existência de relações subjacentes entre conjuntos de variáveis, incluindo escores de testes. Na busca de uma definição de inteligência, os teóricos têm usado a análise fatorial para estudar as correlações entre testes mensurando capacidades variadas, supostamente refletindo o atributo subjacente de inteligência.

Em 1904, o psicólogo britânico Charles Spearman explorou novas técnicas para mensurar as correlações entre testes. Ele verificou que as medidas de inteligência tendiam a se correlacionar entre si em vários graus. Spearman (1927) formalizou essas observações em uma teoria de inteligência geral influente que postulava a existência de um fator de capacidade intelectual geral (simbolizado por um g minúsculo em itálico) que é parcialmente utilizado por todas as outras capacidades mentais. Essa teoria é às vezes referida como **teoria bifatorial da inteligência**, com g representando a porção da variância que todos os testes de inteligência têm em comum, e as porções remanescentes da variância sendo explicadas ou por componentes específicos (s) ou por componentes de erro (e) desse fator geral (Fig. 9.1). Os testes que exibiam correlações positivas altas com outros testes de inteligência eram considerados altamente saturados em g, enquanto aqueles com correlações baixas ou moderadas com outros testes de inteligência eram vistos como possíveis medidas de fatores específicos (tal como a capacidade visual ou

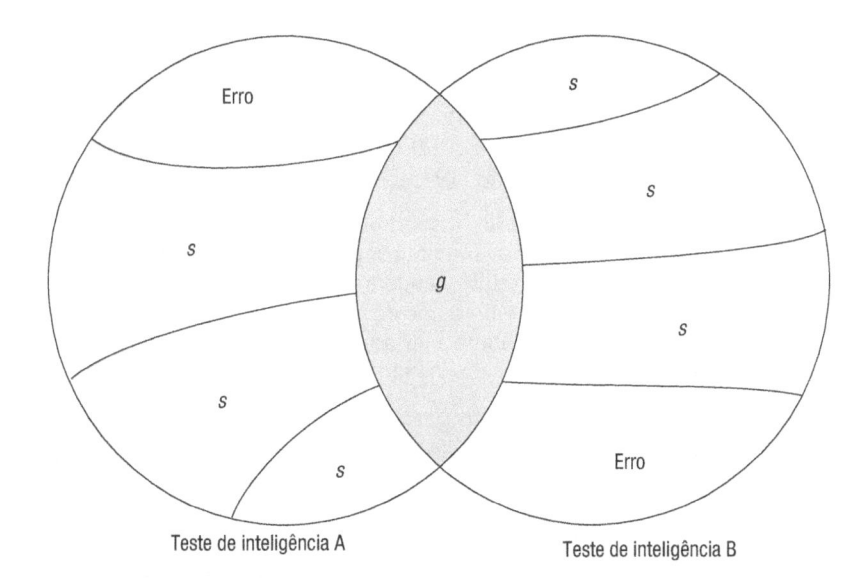

Figura 9.1 Teoria bifatorial da inteligência de Spearman.
Aqui, g representa um fator de inteligência geral e s representa um fator de inteligência específico (específico a apenas uma única atividade intelectual).

motora). Quanto maior a magnitude de *g* em um teste de inteligência, melhor o teste prediria inteligência global.

Spearman (1927) concebia a base do fator *g* como algum tipo de energia mental eletroquímica geral disponível ao cérebro para resolução de problemas. Além disso, ele estaria associado com a facilidade em pensar na própria experiência e em fazer observações e extrair princípios. A suposição era de que *g*, e não *s*, proporcionava a melhor previsão de inteligência global. Pensava-se que os problemas de raciocínio abstrato eram as melhores medidas de *g* em testes formais. Quando continuaram sua pesquisa, Spearman e seus alunos reconheceram a existência de uma classe intermediária de fatores comum a um grupo de atividades, mas não a todos. Essa classe, chamada de **fatores de grupo**, não é nem tão geral quanto *g* nem tão específica quanto *s*. Exemplos desses amplos fatores de grupo incluem as capacidades linguística, mecânica e aritmética.

Outros teóricos tentaram "cavar mais fundo", ser ainda mais específicos sobre a identificação e a descrição de outros fatores além do *g* na inteligência. O número de fatores listados para definir inteligência em uma teoria fatorial de inteligência pode depender, em parte, simplesmente do quanto a teoria seja específica em termos de definir capacidades cognitivas distintas. Essas capacidades podem ser concebidas de muitas formas, de muito amplas a de alta especificidade. Como exemplo, considere que uma pesquisadora tenha identificado uma capacidade "de repetir uma cadeia de números apresentados verbalmente" que ela chama de "Fator R". Outra pesquisadora analisa o Fator R em três "capacidades facilitadoras" ou subfatores, que ela rotula de "capacidade de processar som" (R1), "capacidade de reter estímulos apresentados verbalmente" (R2) e "velocidade de processamento de estímulos apresentados verbalmente" (R3). Ambas as pesquisadoras apresentam evidências de análise fatorial em apoio a suas respectivas posições.[1] Qual desses dois modelos prevalecerá? Todas as outras coisas sendo iguais, é provável que seja o modelo considerado com a maior aplicação no mundo real, o maior apelo intuitivo em termos de como a inteligência deve ser definida e a maior quantidade de apoio empírico.

Muitos modelos multifatoriais da inteligência foram propostos. Alguns, como o desenvolvido por Guilford (1967), buscaram explicar as atividades mentais retirando a ênfase, se não eliminando, qualquer referência a *g*. Thurstone (1938) inicialmente concebeu a inteligência composta de sete "capacidades primárias". Entretanto, após criar testes para mensurar essas capacidades e observando uma correlação moderada entre os testes, ficou convencido de que era difícil, se não impossível, desenvolver um teste de inteligência que não utilizasse *g*. Gardner (1983, 1994) desenvolveu uma teoria de inteligências múltiplas (sete, na verdade): lógico-matemática, corporal-cinestésica, linguística, musical, espacial, interpessoal e intrapessoal. Ele descreveu (1983) as duas últimas como segue:

> Inteligência interpessoal é a capacidade de entender as outras pessoas: o que as motiva, como funcionam, como trabalhar cooperativamente com elas. Vendedores, políticos, professores, médicos e líderes religiosos bem-sucedidos tendem a ser indivíduos com alto grau dessa inteligência. Inteligência intrapessoal, o sétimo tipo de inteligência, é uma capacidade correlativa, voltada para dentro. É a que possibilita formar um modelo preciso e verídico de si mesmo e usar esse modelo para operar efetivamente na vida. (p. 9).

Aspectos dos escritos de Gardner, em particular suas descrições de **inteligência interpessoal** e **inteligência intrapessoal**, encontraram expressão em livros populares escritos por outras pessoas sobre o tema da chamada **inteligência emocional**. Mas, se os

---

[1] Lembre que a análise fatorial pode assumir muitas formas. Na análise fatorial exploratória, o pesquisador basicamente explora quais relacionamentos existem. Na análise fatorial confirmatória, em geral ele está testando a viabilidade de um modelo ou de uma teoria propostos. Alguns estudos de análise fatorial são conduzidos em subtestes de dois (ou mais) testes (tais como as versões atuais de um teste de Wechsler ou do teste de Binet). O tipo de análise fatorial empregada por um teórico pode muito bem ser o instrumento que apresenta as conclusões desse teórico da forma mais favorável.

construtos relacionados à empatia e ao autoentendimento se qualificam ou não mais para o estudo da emoção e da personalidade do que para o estudo da inteligência, tem sido objeto de debate (Davies et al., 1998).

> **REFLITA...**
> É possível desenvolver um teste de inteligência que não utilize *g*?

Nos últimos anos, uma teoria da inteligência proposta primeiro por Raymond B. Cattell (1941, 1971) e depois modificada por Horn (Cattell e Horn, 1978; Horn e Cattell, 1966, 1967) tem recebido cada vez mais atenção dos desenvolvedores de testes, bem como de seus aplicadores (ver o *Conheça um profissional da avaliação* deste capítulo). Conforme concebida originalmente por Cattell, a teoria postulava a existência de dois tipos importantes de capacidades cognitivas: inteligência cristalizada e inteligência fluida. As capacidades que constituem a **inteligência cristalizada** (simbolizada por *Gc*) incluem habilidades e conhecimento adquiridos que são dependentes de exposição a uma determinada cultura bem como de educação formal e informal (p. ex., vocabulário). A recuperação de informação e a aplicação de conhecimento geral são concebidas como elementos da inteligência cristalizada. As capacidades que constituem a **inteligência fluida** (simbolizada por *Gf*) são não verbais, relativamente livres de cultura e independentes de instrução específica (tal como a memória para dígitos). Ao longo dos anos, Horn (1968, 1985, 1988, 1991, 1994) propôs o acréscimo de alguns fatores: processamento visual (*Gv*), processamento auditivo (*Ga*), processamento quantitativo (*Gq*), velocidade de processamento (*Gs*), facilidade com leitura e escrita (*Grw*), memória de curto prazo (*Gsm*) e armazenamento e recuperação de longo prazo (*Glr*). De acordo com Horn (1989; Horn e Hofer, 1992), algumas das capacidades (como *Gv*) são **capacidades vulneráveis** na medida em que declinam com a idade e tendem a não retornar a níveis pré-lesão após dano cerebral. Outras dessas capacidades (como *Gq*) são **capacidades mantidas**; elas tendem a não declinar com a idade e podem retornar a níveis pré-lesão após dano cerebral.

Outro modelo de inteligências múltiplas influente com base em estudos de análise fatorial é a **teoria dos três estratos de capacidades cognitivas** (Carroll, 1997). Em geologia, um estrato é uma camada de formação rochosa tendo inteiramente a mesma composição. Os estratos são ilustrados na Figura 9.2, junto com uma representação de cada um dos três estratos na teoria de Carroll. O estrato ou nível superior nesse modelo é *g*, ou inteligência geral. O segundo estrato é composto de oito capacidades e processos: inteligência fluida (*Gf*), inteligência cristalizada (*Gc*), memória e aprendizagem geral (*Y*), percepção visual ampla (*V*), percepção autidiva ampla (*U*), capacidade de evocação ampla (*R*), velocidade cognitiva ampla (*S*) e velocidade de decisão (*T*). Abaixo de cada capacidade no segundo estrato estão muitos "fatores de nível" e/ou "fatores de velocidade" – cada um

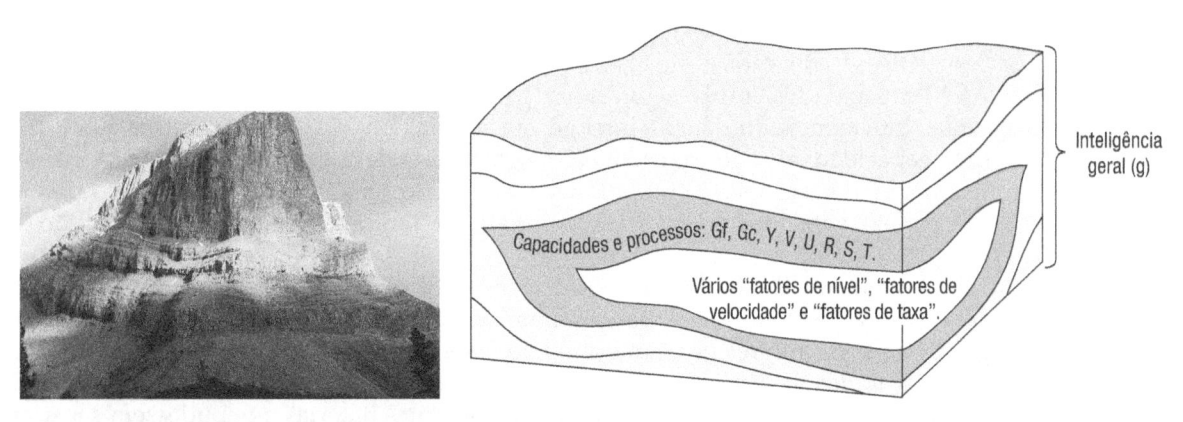

Figura 9.2 Estratos na geologia e a teoria dos três estratos de Carroll.

A erosão pode desnudar múltiplos níveis de estratos em um penhasco. Em psicologia, a teoria pode desnudar os estratos das hipotéticas estrutura e função mentais. Na teoria dos três estratos de capacidade cognitiva de Carroll, o primeiro nível é *g*, seguido de um estrato composto de oito capacidades e processos, seguido por um estrato contendo o que Carroll refere como "fatores de nível" e "fatores de velocidade" variáveis.

diferente, dependendo do estrato de segundo nível ao qual eles estão ligados. Por exemplo, três fatores ligados a *Gf* são raciocínio geral, raciocínio quantitativo e raciocínio piagetiano. Um fator de velocidade ligado a *Gf* é a velocidade de raciocínio. Quatro fatores ligados a *Gc* são desenvolvimento da linguagem, compreensão, capacidade de soletrar e capacidade de comunicação. Dois fatores de velocidade ligados a *Gc* são fluência oral e capacidade de escrita. A teoria dos três estratos é um **modelo hierárquico**, significando que todas as capacidades listadas em um estrato são subordinadas por ou incorporadas no estrato acima delas.

> **REFLITA...**
> Passando de uma analogia baseada na geologia para uma baseada na química, pense na tabela periódica, que lista todos os elementos conhecidos. Algum dia será possível desenvolver uma "tabela periódica" de capacidades humanas comparável e geralmente aceita?

O desejo por uma conceituação abrangente e aceita das capacidades cognitivas humanas levou alguns pesquisadores a tentarem extrair elementos de modelos existentes para criar um modelo novo e mais completo. Usando análise fatorial, bem como outros instrumentos estatísticos, esses pesquisadores procuraram modificar e reconfigurar modelos existentes para se adequar à evidência empírica. Uma dessas modificações que obteve atenção crescente mescla a teoria de Cattell-Horn com a teoria dos três estratos de Carroll. Embora não tenha sido iniciada por Cattell, Horn ou Carroll, essa combinação é mesmo assim referida como **modelo CHC** (Cattell-Horn-Carroll) de capacidades cognitivas.

O modelo CHC Os modelos de Cattell-Horn e Carroll são semelhantes em diversos aspectos, entre eles a designação de aptidões amplas (nível de segundo estrato na teoria de Carroll) que agrupa diversas aptidões específicas (nível de primeiro estrato na teoria de Carroll). Contudo, qualquer futura integração dos modelos de Cattell-Horn e Carroll deve, de algum modo, explicar as diferenças entre ambos. Uma diferença envolve a existência de um fator intelectual geral (*g*). Para Carroll, *g* é o fator do terceiro estrato, agrupando *Gf, Gc* e as outras seis aptidões amplas restantes do segundo estrato. Em contrapartida, *g* não tem lugar no modelo de Cattell-Horn. Outra diferença diz respeito a se as capacidades denominadas "conhecimento quantitativo" e "capacidade de leitura/escrita" devem ou não ser consideradas uma aptidão ampla e distinta como são no modelo de Cattell-Horn. Para Carroll, todas essas capacidades são aptidões específicas, do primeiro estrato. Outras diferenças entre os dois modelos incluem a notação, as definições específicas de capacidades e o agrupamento de fatores específicos relacionados à memória.

Uma integração dos modelos de Cattell-Horn e Carroll foi proposta por Kevin S. McGrew (1997). Com base em outro trabalho de análise fatorial, McGrew e Flanagan (1998) subsequentemente modificaram o modelo CHC inicial. Em sua forma atual, o modelo CHC de McGrew-Flanagan exibe 10 aptidões "amplas" e mais de 70 aptidões "específicas", com cada aptidão ampla subordinando duas ou mais aptidões específicas. As 10 capacidades amplas, com seus "códigos" entre parênteses, são rotuladas como segue: inteligência fluida (*Gf*), inteligência cristalizada (*Gc*), conhecimento quantitativo (*Gq*), capacidade de leitura/escrita (*Grw*), memória de curto prazo (*Gsm*), processamento visual (*Gv*), processamento auditivo (*Ga*), armazenamento e recuperação de longo prazo (*Glr*), velocidade de processamento (*Gs*) e tempo ou velocidade de decisão/reação (*Gt*).

O modelo CHC de McGrew-Flanagan não prevê o fator de capacidade intelectual geral (*g*). Para entender a razão dessa omissão, é importante entender em primeiro lugar por que os autores criaram o modelo. Esse foi o produto de esforços visando melhorar a prática da avaliação psicológica na educação (às vezes referida como **avaliação psicoeducacional**) identificando testes de diferentes baterias que pudessem ser usados para fornecer uma avaliação abrangente das aptidões de um estudante. Tendo identificado as aptidões básicas, os autores faziam recomendações para **avaliação de bateria**

cruzada dos estudantes, ou avaliação que emprega testes de diferentes baterias de testes e implica a interpretação de dados de subtestes especificados para fornecer uma avaliação abrangente. De acordo com esses autores, *g* não era empregado em seu modelo CHC porque ele não tinha utilidade nas avaliações psicoeducacionais. Eles explicaram:

> A exclusão de *g* não significa que o modelo integrado não aceite uma capacidade humana geral separada ou que *g* não exista. Antes, ele foi omitido por McGrew (1997) (e é da mesma forma omitido no modelo integrado atual) por ter pouca relevância prática para a avaliação e a interpretação de bateria cruzada (McGrew e Flanagan, 1998, p. 14).

Outras diferenças entre os modelos de Cattell-Horn e Carroll foram resolvidas mais à base de estudos de análise fatorial do que de julgamentos em relação a relevância prática da avaliação de bateria cruzada. As capacidades chamadas de "conhecimento quantitativo" e "leitura/escrita" eram concebidas como aptidões amplas distintas, da mesma forma que eram por Horn e Cattell. McGrew e Flanagan basearam-se fortemente nos textos de Carroll (1993) para as definições de muitas das aptidões amplas e específicas listadas e também para os códigos para essas aptidões.

McGrew (2009) exortou os pesquisadores da inteligência a adotarem o CHC como um modelo de consenso, desse modo admitindo uma nomenclatura comum e uma estrutura teórica. Para esse fim, ele estabeleceu um arquivo *online* de mais de 460 matrizes de correlação que formaram a base do trabalho fatorial de Carroll.[2] Esse recurso visava permitir que os pesquisadores testassem o modelo CHC usando análise fatorial confirmatória, uma técnica estatística mais poderosa do que a análise fatorial exploratória empregada por Carroll.

REFLITA...
Você concorda que *g* tem pouca relevância prática em contextos educacionais?

No mínimo, a teoria CHC formulada por McGrew e Flanagan tem grande valor de um ponto de vista heurístico. Ela força os profissionais e também os pesquisadores a pensarem exatamente sobre como muitas capacidades humanas de fato precisam ser medidas e sobre o quanto uma abordagem deve ser específica ou ampla em termos de ter utilidade clínica. Além disso, ela estimula os pesquisadores a reverem outras teorias existentes que podem estar prontas para serem reexaminadas por meio de métodos estatísticos como a análise fatorial. Os melhores aspectos dessas teorias poderiam então ser combinados com o objetivo de desenvolver um modelo clinicamente útil e prático das capacidades humanas.

A visão do processamento de informação

Outra abordagem à conceituação da inteligência deriva da obra do neuropsicólogo russo Aleksandr Luria (1966a, 1966b, 1970, 1973, 1980). Essa abordagem focaliza os mecanismos pelos quais a informação é processada – *como* a informação é processada, em vez de o *que* é processado. Dois tipos básicos de estilos de processamento de informação, simultâneos e sucessivos, foram diferenciados (Das et al., 1975; Luria, 1966a, 1966b). No **processamento simultâneo** (ou **paralelo**), a informação é integrada toda de uma só vez. No **processamento sucessivo** (ou **sequencial**), cada porção de informação é processada individualmente em sequência. Como seu nome sugere, o processamento sequencial é de natureza lógica e analítica; pedaço por pedaço e um pedaço após o outro, a informação é organizada e reorganizada a fim de que faça sentido. Ao tentar antecipar quem é o assassino enquanto assiste a *Law & Order*, por exemplo, o pensamento do espectador poderia ser caracterizado como sequencial. Ele integra constantemente porções de informação que levarão a uma solução do problema do "romance policial". Memorizar um número de telefone ou

---

[2] Os dados arquivados estão disponíveis por meio do projeto Human Cognitive Abilities (Capacidades Cognitivas Humanas) da Fundação Woodcock-Muñoz (WMF HCA) em *http://www.iapsych.com/wmfhcaarchive/map.htm*

aprender a ortografia de uma nova palavra é típico dos tipos de tarefas que envolvem a aquisição de informação por meio de processamento sucessivo.

Em contrapartida, o processamento *simultâneo* pode ser descrito como "sintetizado". A informação é integrada e sintetizada de uma só vez e como um todo. Quando você para em frente a uma pintura em um museu de arte para apreciá-la, a informação transmitida pela pintura é processada de uma maneira que, pelo menos para a maioria de nós, poderia ser descrita razoavelmente como simultânea. É evidente que, os críticos e os conhecedores de arte podem ser exceções a essa regra geral. Em geral, as tarefas relacionadas a representações mentais simultâneas de imagens ou informações envolvem processamento simultâneo. Ler um mapa é outra tarefa típica desse processamento.

Alguns testes – como a Bateria de Avaliação para Crianças de Kaufman, segunda edição (KABC-II; discutida no Cap. 11) – se baseiam fortemente nesse conceito de uma distinção entre processamento de informação sucessivo e simultâneo. A forte influência de uma perspectiva de processamento de informação também é evidente no trabalho de outros pesquisadores (Das, 1972; Das et al., 1975; Naglieri, 1989, 1990; Naglieri e Das, 1988) que desenvolveram o **modelo PASS** de funcionamento intelectual, no qual PASS é um acrônimo para planejamento, atenção, simultâneo e sucessivo (em inglês; *planning, attention, simultaneous, and successive*). Nesse modelo, *planejamento* refere-se a desenvolvimento de estratégia para a resolução de um problema; *atenção* (também chamada *estimulação*) refere-se à receptividade à informação; e *simultâneo* e *sucessivo* dizem respeito ao tipo de processamento de informação empregado. Os proponentes do modelo PASS argumentaram que os testes de inteligência existentes não avaliam de maneira adequada o planejamento. Naglieri e Das (1997) desenvolveram o Sistema de Avaliação Cognitiva (CAS, do inglês, *Cognitive Assessment System*), um teste de capacidade cognitiva visando expressamente explorar os fatores PASS. Embora os autores desse teste apresentassem evidências apoiando a validade de construto do CAS, e alguns outros estudos tenham dado apoio semelhante (Huang et al., 2010; Feiz et al., 2010), permanecem dúvidas quanto a se o teste realmente mede o que se propõe a medir (Keith e Kranzler, 1999; Keith et al., 2001; Kranzler e Keith, 1999; Kranzler et al., 2000).

Robert Sternberg propôs outra abordagem de processamento de informação à inteligência afirmando que "a essência da inteligência é que ela fornece um meio de nos governarmos de modo que nossos pensamentos e ações sejam organizados, coerentes e responsivos tanto às nossas necessidades internamente impulsionadas como às necessidades do ambiente" (Sternberg, 1986, p. 141). Ele propôs uma teoria triárquica da inteligência com três elementos principais: metacomponentes, componentes de desempenho e componentes de aquisição de conhecimento. Os metacomponentes estão envolvidos no planejamento do que a pessoa vai fazer, na monitoração do que ela está fazendo e na avaliação do que fez após a conclusão. Os componentes de desempenho administram as instruções dos metacomponentes. Os componentes de aquisição de conhecimento estão envolvidos em "aprender como fazer alguma coisa em primeiro lugar" (Sternberg, 1994, p. 221). Aprofundando a pesquisa entre culturas sugerindo que nem toda inteligência é da variedade que pode ser medida por testes de QI, Sternberg (1997b) introduziu a noção de *inteligência bem-sucedida*. A **inteligência bem-sucedida** é mensurada pelo grau com que a pessoa se adapta, compartilha, molda e seleciona ambientes de uma forma que seja compatível com os padrões de sucesso pessoal e social. Acredita-se que alcançar o sucesso, na maioria das culturas, dependa das capacidades analíticas, criativas e práticas da pessoa, bem como de uma capacidade global de salientar os pontos fortes e compensar as deficiências.

> **REFLITA...**
> Que tipos de tarefas poderiam estar em um teste que se propõe a medir a "inteligência bem-sucedida"? Como essas tarefas poderiam ser úteis nas medidas de "inteligência bem-sucedida" entre culturas?

Agora que você tem algum conhecimento sobre as várias formas nas quais a inteligência foi conceituada, vamos examinar brevemente algumas das formas que os desenvolvedores criaram para mensurá-la.

Mensurando a inteligência

A mensuração da inteligência implica amostrar o desempenho de um examinando em diferentes tipos de testes e tarefas em uma função do nível de desenvolvimento. Em todos os níveis de desenvolvimento, o processo da avaliação intelectual também fornece uma situação padronizada a partir da qual a abordagem do examinando às várias tarefas pode ter grande utilidade em contextos tão diferentes como escolas, Forças Armadas e empresas. Naturalmente, conforme nossa profissional da avaliação convidada, dra. Bárbara Pavlo, vai nos dizer, obter uma estimativa da inteligência medida de um cliente faz parte de uma avaliação clínica típica (ver *Conheça um profissional da avaliação*).

Tipos de tarefas usadas nos testes de inteligência

Na primeira infância (o período do nascimento aos 18 meses), a avaliação intelectual consiste principalmente na mensuração do desenvolvimento sensoriomotor. Isso inclui, por exemplo, a mensuração de respostas motoras não verbais, como se virar, levantar a cabeça, sentar, acompanhar um objeto em movimento com os olhos, imitar gestos e estender a mão para um grupo de objetos (Fig. 9.3). O examinador que tenta avaliar as capacidades intelectuais e relacionadas de bebês deve ser hábil em estabelecer e manter *rapport* com os examinandos, que ainda não sabem o significado de palavras como *cooperação* e *paciência*. Normalmente, as medidas da inteligência de bebês se baseiam em grande parte nas informações obtidas de uma entrevista estruturada com os pais, os responsáveis ou outros cuidadores dos examinandos.

O foco na avaliação da criança mais velha muda para as capacidades verbais e de execução. De modo mais específico, a criança pode ser solicitada a realizar tarefas visando produzir uma medida de cabedal geral de informações, vocabulário, julgamento social, linguagem, raciocínio, conceitos numéricos, memória auditiva e visual, atenção, concentração e visualização espacial. A administração de muitos dos itens pode ser pre-

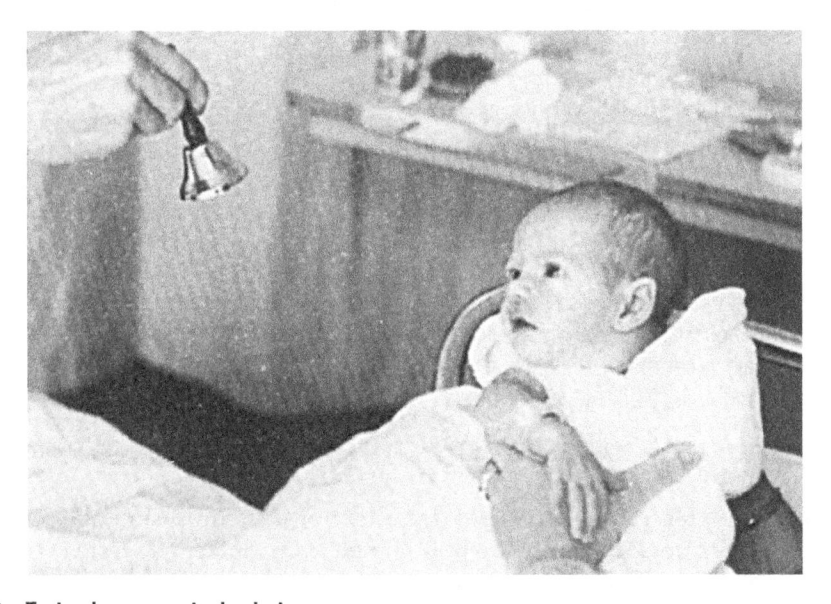

Figura 9.3 Testando a resposta de alerta.
Uma técnica de avaliação comum a testes de desenvolvimento de bebês é um teste da resposta de alerta. A **resposta de alerta** indica a capacidade de resposta de um bebê. Considera-se que ela esteja presente quando os olhos do bebê se iluminam e se abrem – em comparação com a resposta de orientação, que define a resposta de se virar na direção de um estímulo. Aqui, a criança está exibindo uma resposta de alerta ao som do sino.

CONHEÇA UM PROFISSIONAL DA AVALIAÇÃO

Conheça a dra. Barbara C. Pavlo

"Que instrumentos de avaliação eu utilizo? Talvez fosse melhor perguntar "Que instrumentos de avaliação *não* utilizo?". Provavelmente eu utilize mais entrevistas (às vezes estruturadas, com mais frequência semiestruturadas) com os testes escritos, como o Teste de Beck (para avaliação de depressão e ansiedade), em segundo lugar. Mas, dependendo do objetivo da avaliação, também posso utilizar vários outros instrumentos, como análise de documentos de história de caso, observação comportamental, análise de desenho de figuras e avaliações que empreguem dramatização. Cada instrumento de avaliação, incluindo os testes de inteligência, de personalidade e os usados para triagem neuropsicológica, pode desempenhar um papel relevante para fornecer pedaços importantes a um quebra-cabeças psicológico. Grandes artesãos, escultores e outros que ganharam respeito e admiração por fazerem o que fazem dominaram a arte de tirar o melhor proveito dos instrumentos disponíveis. Por que deveria ser diferente para os psicólogos?

Como utilizo os dados da avaliação? Eu os utilizo para desenvolver, implementar e aperfeiçoar intervenções. Eles ajudam muito em termos das decisões relativas a onde concentrar os esforços terapêuticos. Podem ser extremamente úteis para esclarecer os pacientes com pouco *insight* sobre sua própria condição. Com alguns pacientes, um teste pode servir como um tipo de "quebra-gelo" que abre comportas de memórias que antes tinham estado armazenadas e mantidas ordenadamente afastadas. A maioria das pessoas que busca psicoterapia está ansiosa para aprender mais sobre si mesma, e testes válidos, administrados e interpretados com habilidade, podem colocá-las no caminho mais rápido para fazer exatamente isso. Além disso, quando usados em uma assim chamada forma dinâmica (teste-intervenção-reteste), os testes podem dar um retorno aos clientes em relação a seu progresso. E a propósito, também é muito bom (e muito útil) para os terapeutas receber aquele retorno....

Muitos estudantes que aspiram se tornar psicólogos atravessam os anos de faculdade com visões de si mesmos conduzindo psicoterapias. Bem poucos se veem administrando testes psicológicos. Isso é lamentável, dado o papel potencialmente grande que os testes podem desempenhar, não apenas no diagnóstico e na intervenção clínicos, mas na pesquisa. Ouça isto de alguém que também deu pouca atenção à avaliação quando era uma estudante de psicologia: isso é importante, você precisa saber, e, quanto melhor você souber, melhores suas chances de sucesso em qualquer área da psicologia em que você escolha trabalhar.

Leia mais sobre o que a dra. Pavlo tinha a dizer – seu ensaio completo (em inglês) – em www.mhhe.com/cohentesting8.

Barbara C. Pavlo, Psy. D., West Hills, Califórnia.

cedida, conforme prescrito pelo manual do teste, por itens de ensino que forneçam ao examinando prática no que é requerido por um determinado item do teste.

Em uma época passada, muitos testes de inteligência eram pontuados e interpretados com referência ao conceito de idade mental. **Idade mental** é um índice que se refere à idade cronológica equivalente ao desempenho da pessoa em um teste ou um subteste. Esse índice em geral era gerado por referência a normas que indicam a idade na qual a maioria dos testandos é capaz de passar ou, de outro modo, atender a alguns critérios de desempenho.

Em especial quando administrados de forma individual por um profissional treinado, os testes aplicados a crianças, tanto quanto aqueles administrados individualmente a adultos, proporcionam ao examinador uma oportunidade única de observar as reações de um examinando ao sucesso, ao fracasso e à frustração. Ele pode ver, de perto, a abordagem geral do examinando à resolução de problemas e à situação de teste com suas demandas variadas. A observação perspicaz desses comportamentos verbais e não verbais pode produzir uma riqueza de *insights* que, em muitos casos, ajudará a trazer à tona recursos e déficits até então não identificados, assim como auxiliará a esclarecer ambiguidades que surgem nos dados do teste. Para crianças em idade escolar, tal observação pode ser útil a serviço de uma variedade de objetivos, variando da adaptação individual de agendas de ensino a decisões de colocação em classes.

De acordo com Wechsler (1958), as escalas de inteligência para adultos devem explorar capacidades como retenção de informação geral, raciocínio quantitativo, linguagem expressiva e memória, e julgamento social. Os tipos de tarefas usadas para alcançar esses objetivos de mensuração na Escala Wechsler para adultos são os mesmos de muitas das tarefas usadas nas Escalas Wechsler para crianças, embora o conteúdo de itens específicos possa variar. O fato de materiais de estímulo semelhantes serem utilizados com crianças e adultos levou alguns a questionar se as crianças tendem a ser mais motivadas quando apresentadas a tais materiais (Marquette, 1976; Schaie, 1978) e se as tarefas deixam de capturar uma amostragem adequada de habilidades adquiridas pelos adultos (Wesman, 1968). Os editores de testes de inteligência têm disponibilizado séries de testes que podem ser usados ao longo de um período que quase se estende do berço ao túmulo.

Note que os testes de inteligência raras vezes são administrados a adultos para fins de colocação educacional. Antes, eles podem ser utilizados para obter informações clinicamente relevantes ou alguma medida de potencial de aprendizagem e aquisição de habilidades. Os dados da administração de um teste de inteligência adulta podem ser usados para avaliar as aptidões de um indivíduo prejudicado (ou alguém suspeito de ser senil, traumatizado ou comprometido de outra forma) com a finalidade de julgar a competência dessa pessoa para tomar decisões importantes (tais como aquelas em relação a testamento, um contrato ou outra questão legal). As companhias de seguro baseiam-se nessas informações para fazer determinações relativas à incapacidade. Os dados dos testes de inteligência adulta também podem ser usados para ajudar a tomar decisões sobre transições profissionais e escolha da carreira.

Mais básico que a idade como fator a considerar no desenvolvimento de um teste de inteligência é o fundamento ou a teoria do teste. Vamos considerar o papel da teoria no desenvolvimento e na interpretação de dados de testes de inteligência.

> **REFLITA...**
> De que outra forma os dados de testes de inteligência adulta poderiam ser usados?

A teoria no desenvolvimento e na interpretação de testes de inteligência

A forma de mensurar a inteligência depende em grande parte do que se concebe como inteligência. Um capítulo na obra *Hereditary Genius*, de Galton (1869), intitulado *"Classification of men according to their natural gifts"* (Classificação dos homens de acordo com seus dotes naturais) discutiu, entre outras, as diferenças sensoriais entre as pessoas, as quais ele acreditava fossem hereditárias. Talvez não surpreendentemente, muitas medidas galtonianas da capacidade cognitiva eram de natureza perceptual ou sensoriomotoras. Embora Alfred Binet escrevesse sobre a natureza da inteligência, a teoria formal com a qual o teste de Binet original é melhor associado é a "unidade universal da função intelectiva" de Carl Spearman (1904), com *g* como sua peça central.

David Wechsler escreveu extensivamente sobre o que é inteligência, e em geral enfatizava que ela é multifacetada e consiste não apenas em capacidades cognitivas, mas também em fatores relacionados a personalidade. Contudo, visto que seu teste original (a Escala Wechsler-Bellevue, ou W-B) bem como muitos dos testes que se seguiram forneciam o cálculo de um QI Verbal e um QI de Execução, alguns interpretaram equivocadamente sua posição como representando uma teoria da inteligência bifatorial: capacidades verbais e capacidades de execução. Comentando sobre o desenvolvimento da W-B e sobre os subtestes Verbais (numerados de 1 a 6) e os subtestes de Execução (numerados de 7 a 11), Matarazzo (1972) explicou:

> O agrupamento dos subtestes em Verbal (1 a 6) e Execução (7 a 11), embora visando enfatizar uma dicotomia no que diz respeito a possíveis tipos de capacidade exigidos pelos testes individuais, *não* significa que essas sejam as únicas capacidades envolvidas nos testes. Nem presume que haja diferentes tipos de inteligência, por exemplo, verbal, manipulativa, etc. Simplesmente significa que essas são formas diferentes nas quais a inteligência pode se manifestar. Os subtestes são medidas de inteligência diferentes, não medidas de diferentes tipos de inteligência, e a dicotomia entre áreas verbal e Execução é apenas uma das várias formas nas quais os testes poderiam ser agrupados. (p. 196, ênfase no original)

REFLITA...
Nomeie um fator que você acredita que seja comum a todos os testes de inteligência. Explique por que ele é um fator comum.

Em uma nota de rodapé anexa, Matarazzo salientou que as áreas verbal e de desempenho presumivelmente coincidiam com os chamados fatores primários de capacidade mental primeiro postulados por Thurstone (1938). Independentemente, décadas de pesquisa de análise fatorial nas Escalas Wechsler apontaram a existência de mais de dois fatores sendo explorados. A maneira exata como muitos fatores são explorados pelos vários testes das Escalas Wechsler e como eles devem ser chamados tem sido objeto de debates calorosos. E isso nos leva a um ponto importante sobre a teoria e os testes de inteligência: diferentes teóricos com diferentes ideias sobre quais fatores são fundamentais em uma teoria da inteligência podem procurar (e provavelmente encontrar) seus fatores preferidos na maioria dos mais utilizados testes de inteligência.

REFLITA...
Esboce anotações para sua própria versão de um "Teste de Inteligência de Thorndike". Como os itens do teste serão agrupados? Que tipos de itens seriam encontrados em cada agrupamento? Que tipos de pontuações resumidas poderiam ser relatadas para cada testando? Que tipos de interpretações seriam feitas a partir dos dados do teste?

Além de colocar novos padrões relacionados a interpretação nos testes existentes, novos testes podem ser desenvolvidos para mensurar as capacidades e os fatores relacionados descritos em uma teoria. Imagine como poderia ser desenvolver um teste de inteligência a partir de uma teoria da inteligência. Na verdade, não imagine; tente fazê-lo! Como um exercício de converter uma teoria da inteligência em um teste de inteligência, considere a teoria multifatorial da inteligência desenvolvida por um pioneiro na psicometria, E. L. Thorndike. De acordo com esse pesquisador (Thorndike et al., 1909; Thorndike et al., 1921), a inteligência pode ser concebida em termos de três agrupamentos de capacidade: inteligência social (lidar com pessoas), inteligência concreta (lidar com objetos) e inteligência abstrata (lidar com símbolos verbais e matemáticos). Thorndike também incorporou um fator de capacidade mental geral (*g*) na teoria, definindo-o como o número total de conexões ou "laços" neurais modificáveis disponíveis no cérebro. Para ele, a capacidade de aprender é determinada pelo número e pela velocidade dos laços que podem ser mobilizados. Nenhum teste de inteligência importante foi desenvolvido em qualquer época com base na teoria multifatorial de Thorndike. *Esta é a sua chance!* Complete o exercício do *Reflita* nesta página antes de continuar a leitura.

Mesmo no decorrer da realização desse exercício do *Reflita*, você pode ter encontrado algumas questões ou problemas em relação a como uma teoria sobre inteligência pode na verdade ser aplicada no desenvolvimento de um teste de inteligência. Bem, bem-vindo ao "mundo real", onde os desenvolvedores de testes há muito têm se debatido com muitas questões e problemas relativos a inteligência na teoria e inteligência na prática.

Inteligência: algumas questões

Natureza versus *educação*

Embora a maioria dos cientistas comportamentais hoje acredite que a capacidade intelectual medida represente uma interação entre (1) capacidade inata e (2) influências ambientais, tal crença nem sempre foi popular. No início do século XVII, o *pré-formacionismo* começou a ganhar uma posição firme, à medida que os cientistas da época faziam descobertas que pareciam apoiar essa doutrina. O **pré-formacionismo** sustenta que todos os organismos vivos são pré-formados no nascimento: todas as estruturas de um organismo, incluindo a inteligência, são pré-formadas no nascimento e, portanto, não podem ser melhoradas. Em 1672, um cientista relatou que as borboletas estavam pré-formadas dentro de seus casulos e que seu amadurecimento era resultado de um desdobramento. Naquele mesmo ano, outro cientista, este estudando embriões de galinha, generalizou a partir de seus estudos para tirar uma conclusão semelhante sobre os seres humanos (Malphigi, *De Formatione Pulli in Ovo*, 1672; citado em Needham, 1959, p. 167).

A invenção do microscópio composto, no final do século XVII, forneceu um novo instrumento com o qual os pré-formacionistas podiam tentar obter evidências de apoio a sua teoria. Os cientistas confirmaram suas expectativas observando sêmen sob o microscópio. Vários investigadores "alegaram ter visto um cavalo microscópico no sêmen de um cavalo, um animálculo com orelhas muito grandes no sêmen de um jumento e galos minúsculos no sêmen de um galo" (Hunt, 1961, p. 38; ver Fig. 9.4).

A influência da teoria pré-formacionista desvaneceu-se lentamente quando evidências inconsistentes com ela foram produzidas. Por exemplo, a teoria não podia explicar a regeneração de membros por caranguejos e outros organismos. Com a progressão do trabalho na área da genética, o pré-formacionismo como teoria dominante do desenvolvimento foi pouco a pouco substituído pelo *predeterminismo*. O **predeterminismo** é a doutrina que afirma que as capacidades são predeterminadas por herança genética e que

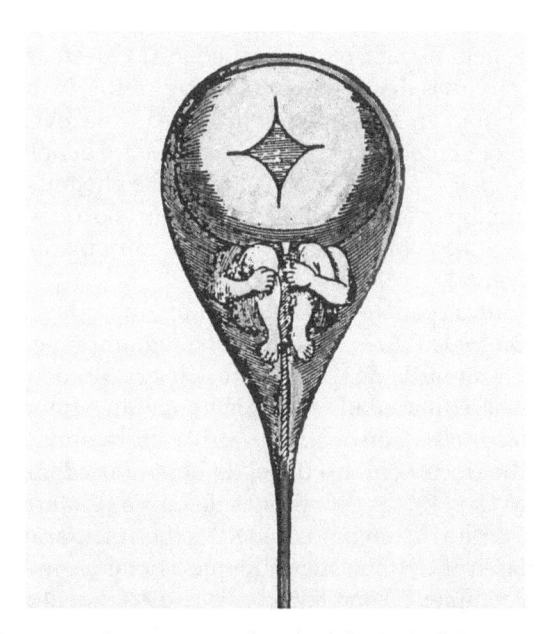

Figura 9.4   Uma célula de esperma humano segundo um pré-formacionista.

Foi desta forma que Nicolaas Hartsoeker, um físico holandês e inventor de um tipo de microscópio, criou a hipótese da existência de homúnculos (homenzinhos) no esperma humano em um ensaio de 1694 intitulado "Ensaio sobre a dioptria". Embora tenha sido afirmado que o desenho era uma reprodução do que Hartsoeker via através do microscópio, Hill (1984) argumentou que os desenhos de Hartsoeker apenas visavam sugerir a possível aparência dos homúnculos.

nenhuma quantidade de aprendizagem ou outra intervenção pode aumentar o que foi geneticamente codificado para se desenvolver no tempo certo.

O trabalho experimental com animais era citado com frequência em apoio à posição predeterminista. Por exemplo, um estudo por Carmichael (1927) mostrou que salamandras e sapos recém-nascidos que tinham sido anestesiados e privados de uma oportunidade de nadar, nadavam aproximadamente no mesmo tempo que os controles não anestesiados. O trabalho de Carmichael não levava em consideração a influência do ambiente no comportamento de nadar das salamandras e dos sapos. Em estudos paralelos com seres humanos, Dennis e Dennis (1940) observaram o desenvolvimento do comportamento de andar em crianças indianas Hopi. Comparações foram feitas entre crianças que passaram grande parte de seu primeiro ano de vida confinadas a um berço e crianças que não tinham passado esse tempo constringidas. A conclusão a que chegaram foi que não havia diferença significativa entre os dois grupos de crianças na época de começar a caminhar e que caminhar não era uma habilidade que podia ser aumentada pela prática. Foi "comprovado", portanto, que caminhar é uma atividade humana desenvolvida com o amadurecimento.

Outro proponente da visão predeterminista foi Arnold Gesell. Generalizando a partir dos primeiros estudos de gêmeos mostrando que a prática tinha pouco efeito sobre tarefas como subir escadas, cortar com tesoura, construir com cubos e abotoar botões, Gesell (com Helen Thompson, 1929) concluiu que "o treinamento não transcende o amadurecimento". Para ele, era principalmente o amadurecimento de mecanismos neurais, não a aprendizagem ou a experiência, o mais importante no desenvolvimento do que poderia ser referido como inteligência. Gesell descreveu o desenvolvimento mental como uma "morfogênese progressiva de padrões de comportamento" (Gesell et al., 1940, p. 7) e afirmou que os padrões de comportamento são determinados por "processos inatos do crescimento" que ele considerava sinônimo de amadurecimento (Gesell, 1945). Esse pesquisador (1954, p. 335) descreveu a infância como "o período no qual o indivíduo percebe sua herança racial" e afirmou que essa herança era "o produto final de processos evolucionários com raízes em uma antiguidade extremamente remota".

A inteligência é geneticamente codificada, evoluindo com o amadurecimento? Ou o ambiente de aprendizagem explica nossa inteligência? Questões de natureza-educação como essas têm sido levantadas desde que existem conceitos de inteligência e testes para mensurá-los – às vezes em meio a grande publicidade e controvérsia. Galton acreditava firmemente que o gênio era hereditário, uma crença que foi expressa em obras como *Hereditary Genius* (1869) e *English Men of Science* (1874). Ele chegou a essas conclusões não com base em testes de inteligência (que ainda não tinham sido criados), mas com base em histórias familiares de pessoas eminentes. Ao fazê-lo, minimizou enormemente o papel do enriquecimento ambiental.

Richard Dugdale, outro predeterminista, afirmou que a degeneração, como o gênio, também era herdada. Dugdale (1877) traçou a linhagem imoral e lasciva da abominável família Jukes e sugeriu a hipótese de que o rastro observado de pobreza, prostituição e preguiça era questão de hereditariedade. Complementando o trabalho de Dugdale estava o livro de Henry Goddard, *The Kallikak Family* (1912), outra obra fundamentada em pesquisa falha que pretendia documentar o papel da hereditariedade na debilidade mental (discutido no *Em foco* do Cap. 2). Os geneticistas da época refutaram a ideia de que a debilidade mental fosse produto de um único gene. A experimentação com organismos simples, como as moscas-das-frutas, tinha sugerido que a herança, mesmo de traços simples, era uma questão muito complexa. Uma falha básica no argumento de Goddard estava no fato de conceituar a debilidade mental como o produto de um gene recessivo. Mesmo se isso fosse verdade, um filho ou uma filha débeis mentais teriam que ter herdado o gene de *ambos* os genitores – o "normal" bem como o "débil mental".

Em meados da década de 1920, Goddard tinha começado a se distanciar das teorias de defeito mental com base na hereditariedade. Contudo, parecia sempre assombrado por seu trabalho, que eugenistas fervorosos continuavam a citar em apoio a suas causas.

> **REFLITA...**
> A eugenia continua muito viva no século XXI. O que explica essa atração? Como os profissionais da avaliação esclarecem essas questões?

Apoiado em sua testagem de uma amostra de crianças mexicanas e indígenas norte-americanas, Lewis M. Terman – o pai da versão norte-americana do teste de Binet – concluiu que as pessoas dessas culturas eram geneticamente inferiores. O notável estatístico inglês Karl Pearson escreveu que, comparado com os britânicos nativos, os imigrantes judeus eram "um pouco inferiores fisiológica e mentalmente" (Pearson e Moul, 1925, p. 126). Essas observações parecem equivocadas, até preconceituosas – se não racistas – para os padrões atuais, contudo refletiam as crenças predominantes da época.

Embora uma consideração acadêmica do papel dos fatores ambiental e cultural (sem mencionar as barreiras da língua) esteja faltando nos textos de muitos cientistas comportamentais do início do século XX, uma literatura de pesquisa que lançou uma luz sobre o lado ambiental da questão hereditariedade-ambiente subsequentemente começou a surgir. Verificou-se, por exemplo, que, quando são criados separados, gêmeos idênticos ainda mostram pontuações de testes de inteligência notavelmente semelhantes, ainda que não tão semelhantes quanto se tivessem sido criados juntos (Johnson, 1963; Newman et al., 1937). Crianças nascidas de pais indigentes, mas então adotadas em uma idade precoce por famílias de classe média, mais bem educadas, são propensas a ter escores mais elevados em testes de inteligência do que suas contrapartes que não são adotadas por famílias de condição socioeconômica mais alta – embora as mães biológicas com os QIs mais altos tendam a ter os filhos com os QIs mais altos, independentemente da família na qual a criança adotada seja criada (Leahy, 1932, 1935). Um estudo mais recente focalizando as questões de natureza-educação relacionadas concluiu que o nível de educação dos pais, mais do que sua renda, foi de importância fundamental na previsão do QI de adolescentes portugueses (Lemos et al., 2011).

De fato, as questões de natureza-educação relativas à inteligência têm uma longa história de debate e controvérsia (p. ex., ver Deary et al., 2009; Frumkin, 1997; Herrnstein e Murray, 1994; Lynn, 1997; Neisser et al., 1996; Reed, 1997; Velden, 1997). Um grupo de pesquisadores contemporâneos, os quais acreditam que a inteligência e capacidades relacionadas têm uma forte base genética, concebeu o **modelo verbal, perceptual, e de rotação da imagem (VPR)** da estrutura das capacidades mentais. O modelo VPR, concebido por Wendy Johnson e colaboradores (Johnston et al., 2007; Johnson e Bouchard, 2005a; 2005b), é hierárquico com um fator *g* que contribui para as capacidades verbal, perceptual e de rotação da imagem, bem como para oito capacidades de uma natureza mais específica. Em um estudo empregando dados de gêmeos, Johnson e colaboradores (2007) estimaram que as influências genéticas responderam por grande parte da variância nas capacidades mentais mensuradas.

Em geral, os proponentes do lado "educação" da controvérsia natureza-educação enfatizam a importância crucial de fatores como ambiente pré-natal e pós-natal, condição socioeconômica, oportunidades educacionais e modelagem parental com respeito ao desenvolvimento intelectual. Os proponentes dessa visão caracteristicamente suspeitam que argumentos opostos que defendem o papel da natureza na controvérsia são baseados mais em inclinações políticas e afins do que em indagação e análise científica sólidas e imparciais. Em algum lugar entre a retórica afirmando que a hereditariedade *não* tem um papel na inteligência (Kamin, 1974) e declarações como "A natureza tem grupos de indivíduos codificados por cores, de modo que previsões estatisticamente confiáveis de sua adaptabilidade a vidas gratificantes e eficazes do ponto de vista intelectual podem ser feitas com facilidade e usadas de forma proveitosa pelo cidadão comum pragmático" (Shockley, 1971, p. 375) se encontra o meio-termo da posição interacionista: que a inteligência, mensurada por testes de inteligência, é o resultado da interação entre hereditariedade e ambiente.

Figura 9.5 O que é preciso para vencer?
Durante as Olimpíadas de Inverno de 1998 em Nagano, Japão, o mundo observou quando Tara Lipinski se tornou a mais jovem patinadora artística na história olímpica a ganhar a medalha de ouro. O que é preciso para conseguir isso? Em que grau tal realização é uma questão de genes, de treinamento, de motivação e de outros fatores?

Herança e interacionismo As pessoas diferem nos níveis de inteligência assim como diferem nos níveis de pressão arterial, nos níveis de líquido cerebrospinal, na sensibilidade à dor (Sheffield et al., 2000) e em muitas outras características. Uma vez entendido isso, é natural perguntar *por que* as pessoas diferem nas capacidades intelectuais. De acordo com a visão interacionista, as pessoas herdam um certo potencial intelectual. Exatamente o quanto desse potencial genético é alcançado depende, em parte, do tipo de ambiente no qual o indivíduo é criado. Ninguém até hoje herdou a visão de raio X ou a capacidade de voar. Você poderia passar a vida inteira em bibliotecas ou nos topos das montanhas visitando gurus, mas todos os seus estudos não podem resultar na aquisição da capacidade de voar ou de ver através das coisas porque essas capacidades não são codificadas em sua constituição genética.

A perspectiva interacionista sobre o desenvolvimento intelectual pode ser concebida como extremamente otimista. De acordo com essa visão, somos livres para nos tornarmos tudo o que pudermos ser. A noção de que temos possibilidade de usar o ambiente para levar nosso potencial genético ao limite pode ter ilustração mais gráfica fazendo referência a atletas dedicados (Fig. 9.5).

Uma perspectiva interacionista focaliza-se no impacto diferencial da hereditariedade e do ambiente como resultado do estágio de desenvolvimento da pessoa. Há pesquisas sugerindo que a influência hereditária sobre a inteligência aumenta de 41% na infância para 55% na adolescência e 66% no final da adolescência e início da idade adulta (Haworth et al., 2010). Uma possível explicação para esse achado contraintuitivo foi que, à medida que envelhecem, as pessoas modificam cada vez mais seus ambientes para complementar tendências genéticas. Correndo o risco de simplificar demais, "criamos experiências que se adaptam a nossos genes". Um apoio adicional para essa variedade de interacionismo vem de um estudo que examinou as bases genéticas de muitas experiências de vida de gêmeos (Vinkhuyzen et al., 2010). Esses pesquisadores verificaram que a genética tinha um efeito relativamente forte sobre muitas experiências da infância (p.ex., ser intimidado na escola primária), o ambiente social e o comportamento (p.ex., ter filhos), as atividades de lazer (p.ex., atividade musical atual) e vários eventos da vida.

A estabilidade da inteligência

Embora a pesquisa sobre a estabilidade da inteligência mensurada em crianças pequenas tenha produzido achados mistos (Dougherty e Haith, 1997; Lamp e Krohn, 1990; Smith et al., 1988; Wesman, 1968), a inteligência parece ser estável por grande parte de nossa vida adulta (Birren e Schaie, 1985; Shock et al., 1984; Youngjohn e Crook, 1993). Usando dados de testes de inteligência de arquivos da Segunda Guerra Mundial, Gold e colaboradores (1995) administraram o mesmo teste de inteligência a uma amostra de 326 veteranos 40 anos depois. Em geral, os dados indicaram estabilidade na inteligência mensurada ao longo do tempo. Aumentos no vocabulário foram observados, assim como diminuições nas habilidades aritméticas, de analogias verbais e em outras habilidades não verbais. Os pesquisadores concluíram que a inteligência do adulto jovem era o determinante mais importante de desempenho cognitivo quando mais velho. A pesquisa longitudinal sobre inteligência adulta, sobretudo com indivíduos mais velhos, pode ser complicada por muitos fatores: o grau em que a pessoa permanece mentalmente ativa (Kaufman, 1990), a saúde física (Birren, 1968; Palmore, 1970) e vários outros fatores potencialmente confundidores (variando de medicamentos a personalidade). Também é importante distinguir semelhanças e diferenças *entre os grupos* com o passar do tempo e as semelhanças e diferenças *entre os grupos*. Pode parecer que o QI da Escala Total permaneça o mesmo no decorrer dos anos, embora as capacidades individuais avaliadas possam mudar de maneira significativa (Smith, Smith et al., 2000).

Ivnik e colaboradores (Ivnik et al., 1995; Malec et al., 1993) observaram que, em muitos estudos conduzidos ao longo do tempo, as médias e os desvios-padrão do grupo pareciam levar à conclusão de que as capacidades cognitivas são notavelmente estáveis no transcurso da vida adulta. Entretanto, em uma amostra de adultos com desenvolvimento típico, o foco na variância da capacidade cognitiva, intraindivíduo e relacionada à idade, pode levar a uma conclusão diferente. Ivnik e colaboradores (1995) verificaram que as habilidades intelectuais verbais eram bastante estáveis ao longo do tempo, sendo a retenção de informações recentemente aprendidas a menos estável das habilidades cognitivas que investigadas. Os pesquisadores concluíram: "Esses dados desafiam a suposição de que as capacidades cognitivas de pessoas normais sejam estáveis durante longo tempo. Na realidade, nenhuma das capacidades cognitivas gerais mensuradas neste estudo é absolutamente estável, embora algumas sejam mais estáveis do que outras" (p. 160).

Na terceira idade, em especial após os 75 anos, um declínio nas capacidades cognitivas foi observado (Nettelbeck e Rabbit, 1992; Ryan et al., 1990; Storandt, 1994). Um estudo comparou o desempenho de médicos com mais de 75 anos com o de colegas mais jovens em medidas de capacidade cognitiva. O desempenho dos médicos idosos foi cerca de 26% mais baixo do que o do grupo mais jovem (Powell, 1994). O fato de as capacidades cognitivas declinarem na terceira idade pode não ser uma surpresa. O que poderia ser uma surpresa é que alguns aspectos desse declínio podem começar já por volta dos 20 ou 30 anos de idade (Salthouse, 2009).

Um estereótipo popular que existia antigamente sobre crianças muito inteligentes era "cedo maduro, cedo podre". Um estudo longitudinal iniciado por Terman na Stanford University, em 1921, em seguida iria demonstrar ser essa crença um mito. Terman e colaboradores identificaram 1.528 crianças (com idade média de 11 anos) cuja inteligência mensurada as colocava no grupo de 1% com mais alto funcionamento intelectual do País.[3] Terman acompanhou essas crianças pelo resto de sua própria vida, fazendo medições de realização, desenvolvimento físico e social, leitura de livros, traços de caráter e interesses recreativos. Ele conduziu entrevistas com pais, professores e os próprios indivíduos. Alguns dos achados foram publicados quatro anos após o estudo ter come-

> **REFLITA...**
> Como sua vida poderia ser diferente se você acreditasse que seu QI medido era bem mais alto do que é na realidade? A propósito, para entender melhor o estímulo para este exercício, leia a nota de rodapé 3.

---

[3] As crianças acompanhadas no estudo de Terman eram humoristicamente chamadas de **"termites"**. Um termite, Lee Cronbach, teria mais tarde seu lugar como luminar no campo da psicometria. Entretanto, conforme Hirsch (1997) relatou, Cronbach acreditava que erros sérios foram cometidos na pontuação dos protocolos dos testes de inteligência dos termites. Cronbach (citado em Hirsch, 1997, p. 214) refletiu que "Terman estava procurando QIs altos e seus assistentes os providenciaram [...] Sears [um colega de Terman em Stanford] descobriu e recalculou meu próprio QI e isso acabou revelando que vivi toda a minha vida com um QI 10 pontos mais alto".

A PSICOMETRIA NO COTIDIANO

Ser superdotado

Quem é superdotado?

Uma resposta informal à pergunta "Quem é superdotado?" poderia ser "alguém cujo desempenho seja consistentemente notável em qualquer área valorizada de forma positiva" (Witty, 1940, p. 516). Os critérios para **superdotação** citados na legislação como a PL 95-561 incluem capacidade intelectual ("consistentemente superior"), pensamento criativo, capacidade de liderança, capacidade nas artes cênicas e aptidões mecânicas ou outras psicomotoras. A essa lista, foram acrescentadas muitas outras variáveis, de diversidade de interesses a paixão por metáforas, ideias abstratas e novidades. A origem da superdotação é uma questão discutível, mas fatores como hereditariedade, organização cerebral atípica (Hassler e Gupta, 1993; O'Boyle et al., 1994) e influências ambientais, incluindo ambiente familiar (Gottfried et al., 1994), são citados com frequência.

Identificando o superdotado

Testes de inteligência podem auxiliar na identificação de membros de populações especiais em todos os pontos na variação possível de capacidades humanas – incluindo aquele grupo de pessoas excepcionais referidas de modo coletivo como "os superdotados". Como você pode suspeitar, exatamente quem é identificado como superdotado pode às vezes variar devido ao instrumento de mensuração. Os testes de inteligência de Wechsler são em geral usados. Eles contêm subtestes rotulados de "Verbais" e subtestes rotulados de "Execução". Os escores das escalas parciais ou da Escala Total foram criados para refletir inteligência geral e, em alguns casos, têm sido utilizados (às vezes junto a outras medidas) para identificar superdotados.

    A pontuação da Escala Total de Wechsler foi questionada porque obscurece o desempenho superior em subtestes individuais se o registro como um todo não for superior. A pontuação dessa escala também obscurece uma discrepância significativa, se existir, entre as pontuações verbal e de execução. Além disso, cada um dos subtestes não contribui igualmente para a inteligência global. Em um estudo que empregou estudantes superdotados como sujeitos, Malone e colaboradores (1991) advertiram que seus achados poderiam ser afetados por um **efeito teto**. Ou seja, alguns dos itens do teste não eram suficientemente desafiadores – tinham um "teto" muito baixo – para calcular com precisão a capacidade dos estudantes superdotados. Uma variação maior de itens na extremidade superior do *continuum* de dificuldade teria sido preferível. Malone e colaboradores (1991, p. 26) alertaram ainda que "o uso da pontuação de QI global para classificar estudantes como superdotados, ou como um critério para aceitação em programas avançados especiais, pode contribuir para a falta de reconhecimento da capacidade de alguns estudantes".

    Em uma situação ideal, a identificação do superdotado deve ser feita não simplesmente com base em um teste de inteligência, mas também com base nas metas do programa para o qual o teste está sendo conduzido. Portanto, por exemplo, se um programa de avaliação é realizado para identificar escritores superdotados, o bom senso indica que um componente do programa de avaliação deva ser uma amostra escrita obtida do examinando e avaliada por uma autoridade. É verdade, porém, que o instrumento mais eficaz e usado com mais frequência para identificar crianças superdotadas é um teste de inteligência.

    Os sistemas escolares que avaliam candidatos a programas para superdotados poderiam empregar um teste de grupo por uma questão de economia. Um teste de grupo bastante empregado para esse propósito é o Teste de Capacidade Escolar de Otis-Lennon. Para avaliar capacidades ou aptidões sociais, testes como o Teste de Aptidão Diferencial ou o Teste de Estrutura do Intelecto (SOI) de Guilford e colaboradores (1974) podem ser administrados. A criatividade pode ser avaliada com o uso do SOI, por

Qualquer um que já tenha assistido a *E! True Hollywood Story* (no canal de televisão E!) sabe que a fama nem sempre é tudo o que parece ser. Em cada episódio dessa série, os espectadores são levados em uma jornada pelo que pode ser referido como "o outro lado da calçada da fama de Hollywood". A moral inevitável de cada história é que fama, fortuna e outros talentos podem ter um preço. A superdotação não é uma exceção. Após algum conhecimento sobre o que ela significa e como é identificada, apresentamos algumas considerações sobre seus possíveis custos.

meio de inventários da personalidade e biográficos (Davis, 1989) ou de outras medidas de pensamento criativo.

Outros instrumentos de avaliação usados para identificar os superdotados incluem estudos de caso, escalas de avaliação do comportamento e técnicas de nomeação. Uma **técnica de nomeação** é um método de avaliação de pares no qual os membros de uma classe, equipe, unidade de trabalho ou outro tipo de grupo são instruídos a selecionar (ou nomear) pessoas em resposta a uma pergunta ou afirmação. Poderia ser perguntado a membros da classe, a pais ou a professores, por exemplo, "Quem tem mais capacidade de liderança?", "Quem tem as ideias mais originais?" e "Quem você mais gostaria que lhe ajudasse nesse projeto?". Embora a nomeação do professor seja um método muito utilizado de identificar crianças superdotadas, não é necessariamente o mais confiável (French, 1964; Gallagher, 1966; Jacobs, 1970; Tuttle e Becker, 1980). A criança superdotada pode ser uma criança malcomportada cujo mau comportamento se deva a tédio com o baixo nível do material apresentado. A criança superdotada pode fazer perguntas ou comentários ao professor que este entende ou pode interpretar de forma equivocada como "metida a espertinha". Clark (1988) delineou comportamentos específicos que as crianças superdotadas podem exibir na sala de aula.

Os prós e os contras da superdotação

A maioria das pessoas pode facilmente avaliar e listar muitos benefícios de ser superdotado. Dependendo da natureza de seus dotes, as crianças superdotadas podem, por exemplo, ler em uma idade em que seus pares não superdotados estão aprendendo o alfabeto, fazer contas complexas em uma idade em que seus pares não superdotados estão aprendendo a somar, ou tocar um instrumento musical com proficiência de especialista em uma idade em que seus pares não superdotados estão lutando com as primeiras lições. A criança superdotada pode ganhar admiração e respeito, e o adulto superdotado pode acrescentar a isso um certo nível de liberdade financeira.

A desvantagem de ser superdotado não é tão prontamente aparente. Conforme Plucker e Levy (2001) nos lembram,

> muitas pessoas talentosas não são felizes, independentemente de se elas se tornam especialistas em seus campos. A literatura contém um número cada vez maior de estudos de pessoas menos bem-sucedidas que não conseguem desenvolver seus talentos e alcançam a realização pessoal. Além disso, mesmo os indivíduos mais felizes e mais talentosos devem enfrentar obstáculos pessoais e profissionais decorrentes de seu talento. O processo de alcançar o sucesso profissional, a felicidade e o ajustamento pessoal envolve a superação de muitos desafios comuns, inter-relacionados. (p. 75)

Plucker e Levy (2001) citaram a suposição amplamente difundida de que "os superdotados se sairão muito bem" como um desafio a ser superado. Outros desafios que devem ser com frequência superados por esses indivíduos incluem depressão e sentimentos de isolamento (Jacobsen, 1999), às vezes ao ponto de ideação, gestos ou atos suicidas (Weisse, 1990). Esses estados de sentimento negativo podem surgir, pelo menos em parte, como resultado da pressão cultural para ser médio ou "normal" e mesmo de estigmas associados com talento e superdotação (Cross et al., 1991, 1993). Plucker e Levy acrescentam que há pressões autoimpostas, as quais frequentemente levam a longas horas de estudo ou prática – não sem consequências:

> Ser talentoso, ou excepcional em quase qualquer outro aspecto, implica uma série de sacrifícios pessoais. Esses sacrifícios não são fáceis, sobretudo quando a questão é manter relacionamentos, ter uma família ou manter uma qualidade de vida desejável. Todos nós gostaríamos de acreditar que uma pessoa pode se esforçar e desenvolver seu talento com poucas ramificações, mas essa simplesmente não é a realidade (Plucker e Levy, 2001, p. 75)

çado (Terman et al., 1925), embora outros pesquisadores continuassem a coletar e analisar dados (Oden, 1968; Sears, 1977; Holahan e Sears, 1995). Em geral, os estudos de Terman sugeriram que crianças superdotadas tendiam a manter sua capacidade intelectual superior.

Contrastando com a conclusão de Terman, há um trabalho mais recente sugerindo que possa haver um ponto no qual crianças superdotadas param de seguir ou de explorar seu dom. Winner (2000) escreve que os prodígios infantis podem se tornar "congelados na capacidade". Com isso ela quer dizer que a aclamação pública recebida por esses prodígios pode tornar cada vez mais difícil para eles romper com sua capacidade reconhecida. Além disso, após terem sido tão pressionados pela família ou por outras pessoas a altas realizações em idade tão precoce, as crianças superdotadas podem perder a motivação quando adultas (Winner, 1996).

Pelos estudos de Terman, também sabemos que os superdotados são propensos a ter taxas de mortalidade mais baixas e saúde física e mental melhor do que suas contrapartes não superdotadas. Eles tendem a manter visões políticas e sociais moderadas e a ser bem-sucedidos em suas buscas educacionais e vocacionais. Cometem menos crimes do que os não superdotados. Isso tudo soa bem. Mas, assim como costuma haver o outro lado de outros talentos, como fama ou fortuna, há um outro lado em ser superdotado – ver *A psicometria no cotidiano* deste capítulo.

A validade de construto dos testes de inteligência

A avaliação da validade de construto de um teste prossegue na suposição de que se saiba com antecipação exatamente o que ele se propõe a medir. Para os testes de inteligência, é essencial entender como o desenvolvedor do teste definiu inteligência. Se, por exemplo, *inteligência* fosse definida em um determinado teste como o *g* de Spearman, então esperaríamos que a análise fatorial desse teste produzisse um único fator comum amplo. Tal fator indicaria que as diferentes questões e tarefas no teste refletiam, em grande parte, a mesma característica subjacente (inteligência, ou *g*). Em contrapartida, se a inteligência fosse definida pelo desenvolvedor de um teste de acordo com a teoria de Guilford, então não se esperaria que um fator dominasse. Em vez disso, seria possível antecipar muitos fatores diferentes refletindo um conjunto diversificado de capacidades. Lembre que, do ponto de vista de Guilford, não há uma única inteligência subjacente para ser refletida pelos diferentes itens do teste. Isso significa que não haveria uma base para um fator comum amplo.

De certo modo, um meio-termo entre Spearman e Guilford é Thorndike. A teoria da inteligência de Thorndike leva-nos a procurar um fator central refletindo *g* junto com três outros fatores representando as inteligências social, concreta e abstrata. Nesse caso, uma análise da validade de construto do teste sugeriria idealmente que as respostas dos testados a itens específicos refletiam em parte uma inteligência geral mas também tipos diferentes de inteligência: social, concreta e abstrata.

Outras questões

A medida de inteligência pode variar como resultado de fatores relacionados ao processo de mensuração. Apenas alguns dos muitos fatores que podem afetar a mensuração da inteligência são a definição de inteligência do autor de um teste, a diligência do examinador, a quantidade de *feedback* que o examinador dá ao examinado (Vygostky, 1978), a prática ou o preparo prévio que o examinado teve e a competência da pessoa que interpreta os dados do teste. Há muitos outros fatores que podem causar variação na inteligência medida. Um deles é o que ficou conhecido como o "efeito Flynn".

O efeito Flynn James R. Flynn, enquanto esteve no Departamento de Estudos Políticos da University of Otago, em Dunedin, Nova Zelândia, publicou achados que chegaram ao conhecimento daqueles que estudavam e usavam testes de inteligência nos Estados Unidos. Em seu artigo intitulado *"The Mean IQ of Americans: Massive Gains 1932 to 1978"* (O QI médio dos norte-americanos: ganhos enormes de *1932 a 1978*), Flynn (1984) apresentou evidência convincente do que poderia ser denominado *inflação da inteligência*. Ele verificou que a inteligência mensurada parece aumentar em média, ano a ano, a partir do ano para o qual o teste é normatizado. O aumento no QI mensurado não é acompanhado por qualquer dividendo acadêmico e, por isso, não se considera que seja devido a algum aumento real na "inteligência verdadeira". O fenômeno, desde então, foi bem documentado não apenas nos Estados Unidos, mas também em outros países (Flynn, 1988, 2007). O **efeito Flynn** é, portanto, uma referência abreviada ao aumento progressivo nos escores contidos em testes de inteligência cuja ocorrência é esperada em um teste desse tipo normatizado a partir da data em que foi normatizado pela primeira vez. De acordo com Flynn (2000), a quantidade exata do aumento no QI irá variar em razão de diversos fatores, tais como o quanto os itens são específicos da cultura e se a medida usada é de inteligência fluida ou cristalizada.

Além de ser um fenômeno de interesse acadêmico, o efeito Flynn tem implicações e consequências de amplo alcance no mundo real. Flynn (2000) sarcasticamente aconselhou os examinadores desejosos de que as crianças por eles testadas sejam aptas para serviços especiais a usarem a versão de um teste de inteligência normatizado em época mais recente. No entanto, os examinadores desejosos de que as crianças testadas escapem do estigma de qualquer rotulação foram aconselhados a usar "o teste mais antigo que pudessem conseguir", os quais deveriam, de acordo com Flynn, permitir pelo menos uma margem de 10 pontos na inteligência mensurada. No mínimo, os examinadores que usam testes de inteligência para tomar decisões importantes precisam estar conscientes de um possível efeito Flynn, especialmente no início ou próximo do final do ciclo de normatização do teste (Kanaya et al., 2003).

> **REFLITA...**
> Qual é sua opinião em relação à ética do conselho de Flynn a psicólogos e educadores que examinam crianças para colocação em classes especiais?

Há inúmeras outras possíveis consequências do efeito Flynn no dia a dia, variando, da admissibilidade em serviços especiais na escola à qualificação para benefícios da Previdência. Uma possível consequência desse efeito tem a ver com uma questão não menos importante do que se alguém vai viver ou morrer. Logo após a Suprema Corte dos Estados Unidos julgar ilegal executar uma pessoa que sofre de retardo mental (*Atkins* vs. *Virginia*, 2002), muitos advogados de defesa criminalistas começaram a se familiarizar com o efeito Flynn, e a investigar se clientes acusados de crimes capitais tinham sido avaliados com um teste mais antigo – que inflacionaria falsamente a inteligência mensurada, desse modo tornando esses réus passíveis de execução (Fletcher et al., 2010). Como seria esperado, a ética dessas táticas de defesa foram questionadas, sobretudo porque parece haver variabilidade suficiente no efeito Flynn, o que levou os pesquisadores a concluir que nem todas as pontuações são afetadas da mesma forma (Hagan et al., 2010; Zhou et al., 2010).

De um ponto de vista menos aplicado, e mais acadêmico, a consideração do efeito Flynn pode ser usada para esclarecer as teorias e para apoiá-las ou desaprová-las. Por exemplo, Cattell (1971) escreveu que a inteligência fluida (um produto da hereditariedade) formou a base para a inteligência cristalizada (um produto da aprendizagem e do ambiente). Se Cattell estivesse certo, poderíamos esperar que os ganhos no QI ao longo das gerações fossem devidos a um aumento na inteligência cristalizada – isso como resultado de fatores como melhorias na educação, maiores oportunidades educacionais para as pessoas e maiores demandas cognitivas no local de trabalho (Colom et al., 2007). Entretanto, de acordo com Flynn (2009), a maioria dos aumentos observados no QI foi na esfera da inteligência fluida. Alguma pesquisa foi planejada para tratar essa questão (Rindermann et al.,

> **REFLITA...**
> Em sua opinião, os ganhos na inteligência mensurada ao longo das gerações devem-se a fatores relacionados mais à hereditariedade, ao ambiente ou a alguma combinação de ambos?

> **REFLITA...**
> Em que grau a inteligência e a personalidade mensuradas são de natureza recíproca? Ou seja, uma pode afetar a outra?

2010), mas os resultados foram ambíguos, com apoio parcial tanto para Cattell quanto para Flynn.

Agora vamos considerar brevemente alguns outros fatores que – em maior ou menor grau – podem desempenhar um papel na mensuração da inteligência: personalidade, gênero, família, ambiente e cultura.

Personalidade Sensível às manifestações de inteligência em *todo* o comportamento humano, Alfred Binet concebia o estudo da inteligência como sinônimo do estudo da personalidade. David Wechsler (1958) também acreditava que todos os testes de inteligência mensuram traços da personalidade, tal como impulso (*drive*), nível de energia, impulsividade, persistência e consciência do objetivo. Pesquisadores mais contemporâneos também observaram a grande sobreposição entre inteligência e personalidade (Ackerman e Heggestad, 1997; Chamorro-Premuzic e Furnham, 2006; Furnham et al., 2007; Reeve et al., 2005; Sternberg et al., 2003). O conceito de "eficácia de rua" sem dúvida parece estar no cruzamento entre inteligência e personalidade – se não firmemente inserido nos limites de cada uma (ver Fig. 9.6).

Estudos longitudinais e transversais de crianças exploraram a relação entre várias características de personalidade e a inteligência mensurada. Agressividade com os pares, iniciativa, alta necessidade de realização, esforço competitivo, curiosidade, autoconfiança e estabilidade emocional são alguns fatores de personalidade associados com ganhos na inteligência mensurada ao longo do tempo. Passividade, dependência e desajustamento são alguns dos fatores presentes em crianças cuja capacidade intelectual mensurada não aumentou com o passar do tempo.

Nas discussões sobre o papel da personalidade na inteligência mensurada de bebês, o termo *temperamento* (em vez de *personalidade*) é normalmente empregado. Nesse contexto, **temperamento** pode ser definido como a maneira característica das ações e reações observáveis da criança. A evidência revela que os bebês diferem bastante em temperamento em uma série de dimensões, incluindo vigor da resposta, taxa de atividade

Figura 9.6 "Se virando" nas ruas.

Diz-se de uma pessoa que "sabe se virar nas ruas" que ela tem "manha" ou "esperteza das ruas". Essa característica – que não tem absolutamente nada a ver com a capacidade de ler um mapa – também pode ser chamada de eficácia de rua, que tem a definição formal de "a capacidade percebida de evitar confrontos violentos e de ficar seguro em seu bairro" (Sharkey, 2006). Pergunta: essa característica é um traço de personalidade, um aspecto da inteligência ou uma espécie de" híbrido"?

geral, inquietação durante o sono, irritabilidade e "aconchego" (Chess e Thomas, 1973). O temperamento pode afetar a capacidade intelectual mensurada do bebê na medida em que crianças irritáveis, inquietas, que não gostam de ser seguradas têm uma influência recíproca negativa sobre seus pais – e talvez também sobre os administradores de testes. Os pais são menos propensos a querer segurar essas crianças e a passar mais tempo com elas. Eles podem, portanto, ser menos propensos a se envolver com elas em atividades conhecidas por estimular o desenvolvimento intelectual, como conversar com elas (White, 1971). Um estudo longitudinal que começou com a avaliação do temperamento aos 3 anos de idade e acompanhou indivíduos até uma avaliação da personalidade aos 21 anos concluiu que as diferenças no temperamento estavam associadas a diferenças nos comportamentos relativos a risco para a saúde, como direção perigosa, dependência de álcool, sexo sem proteção e crime violento (Caspi et al., 1997).

Gênero Muitas pesquisas foram conduzidas sobre as diferenças entre homens e mulheres no que diz respeito a capacidades cognitivas, motoras e outras relacionadas a inteligência. Embora algumas diferenças consistentes tenham sido encontradas, seu significado exato tem sido motivo de controvérsia (Halpern, 1997). Por exemplo, os homens podem ter a vantagem quando se trata do fator *g* na inteligência (Jackson e Rushton, 2006; Lynn e Irwing, 2004), sobretudo quando apenas o grupo de pontuação mais alta em um teste de capacidade é considerado (Deary et al., 2007). Os homens também tendem a superar as mulheres em desempenho em tarefas que requeiram espacialização visual. Entretanto, há evidências sugestivas indicando que mais experiência em espacialização poderia ser tudo o que seria necessário para preencher essa lacuna de gênero (Chan, 2007). As meninas em geral superam no desempenho em tarefas relacionadas à habilidade de linguagem, ainda que essas diferenças possam ser minimizadas quando a avaliação é conduzida por computador (Horne, 2007). Com base em sua pesquisa sobre desempenho motor com uma população de "crianças com desempenho típico", Larson e colaboradores (2007) concluíram que o desenvolvimento motor segue um curso evolutivo específico do gênero. Eles defenderam o uso de normas de gênero e idade separadas na avaliação clínica da função motora em crianças. As razões apresentadas para explicar as diferenças de gênero observadas foram psicossociais (Eccles, 1987) bem como fisiológicas (Hines et al., 1992; Larson et al., 2007; Shaywitz et al., 1995).

Ambiente familiar Em que grau o ambiente familiar contribui para a inteligência mensurada? A resposta a essa pergunta relativamente direta é complicada em parte pela intromissão de questões de natureza-educação ou de questões de ambiente familiar *versus* herança genética (Baumrind, 1993; Jackson, 1993; Scarr, 1992, 1993). No mínimo, podemos começar afirmando o que esperamos seja óbvio: as crianças florescem em uma família amorosa em que sua segurança e bem-estar são a preocupação maior e em que têm ampla oportunidade para aprender e crescer. Além disso, outros fatores ambientais podem afetar a inteligência mensurada, tais como a presença de recursos (Gottfried, 1984), o uso da língua pelos pais (Hart e Risley, 1992), a expressão parental de preocupação sobre realização (Honzik, 1967) e a explicação parental de políticas de disciplina em um ambiente familiar afetuoso e democrático (Baldwin et al., 1945; Kent e Davis, 1957; Sontag et al., 1958). O divórcio pode trazer muitas consequências negativas, variando da perda da estabilidade residencial à perda de apoio dos pais e da família estendida. Como tal, o divórcio pode ter consequências significativas na vida de uma criança, desde desempenho escolar prejudicado a capacidade de solucionar problemas sociais prejudicada (Guidubaldi e Duckworth, 2001).

> **REFLITA...**
> Que papel você atribuiria a seu próprio ambiente familiar com relação a suas capacidades intelectuais?

Vamos também observar que alguns têm afirmado que o "ambiente familiar" começa no útero e que um modelo de "efeitos maternos" pode integrar dados de maneira mais satisfatória do que o modelo de "efeitos familiares" (Devlin et al., 1997). Nesse sentido, foi relatado que "gêmeos, e em especial gêmeos monozigóticos, podem vivenciar ambientes intrauterinos radicalmente diferentes ainda que compartilhem o útero ao mesmo tempo" (B. Price, citado em McGue, 1997, p. 417).

Cultura Grande parte de nossa discussão sobre a relação entre cultura e avaliação psicológica em geral aplica-se a qualquer consideração do papel da cultura na inteligência mensurada. Uma cultura fornece modelos específicos para pensar, agir e sentir. A cultura permite que as pessoas sobrevivam física e socialmente, e que dominem e controlem o mundo à volta delas (Chinoy, 1967). Visto que os valores podem diferir de modo radical entre grupos culturais e subculturais, pessoas de diferentes grupos culturais podem ter visões radicalmente diferentes sobre o que constitui inteligência (Super, 1983; Wober, 1974). Visto que diferentes grupos culturais valorizam e promovem diferentes tipos de capacidades e buscas, se pode esperar que testandos de diferentes grupos culturais tragam para a situação de teste diferentes níveis de capacidade, realização e motivação. Esses níveis diferenciais podem mesmo encontrar expressão nas medidas de percepção e de habilidades perceptomotoras.

Considere, por exemplo, um experimento conduzido com crianças que eram membros de uma comunidade rural na Zâmbia Oriental. Serpell (1979) testou sujeitos de pesquisa zambianos e ingleses em uma tarefa envolvendo a reconstrução de modelos usando lápis e papel, argila ou arame. As crianças inglesas foram melhor nas reconstruções com lápis e papel porque esses eram os materiais com os quais elas tinham mais familiaridade. Em contrapartida, as crianças zambianas foram melhor usando arame porque esse era o meio com o qual estavam mais familiarizadas. Ambos os grupos de crianças se saíram igualmente bem usando argila. Quaisquer conclusões sobre a capacidade dos indivíduos de reconstruir modelos teriam que ser qualificadas com relação ao instrumento específico usado. Esse ponto poderia ser generalizado em relação ao uso de qualquer instrumento de avaliação ou estimativa; ele explora de fato a capacidade que se propõe a explorar, ou está explorando alguma outra coisa – sobretudo quando usado com indivíduos ou testandos culturalmente diferentes?

Os itens em um teste de inteligência tendem a refletir a cultura da sociedade na qual o teste é empregado. Na medida em que os escores nesse tipo de teste refletem o grau em que os testandos foram integrados na sociedade e na cultura, seria esperado que os membros de subculturas (bem como outros que, por qualquer razão, prefiram não se identificar com a sociedade dominante) tivessem pontuações mais baixas. De fato, negros (Baughman e Dahlstrom, 1968; Dreger e Miller, 1960; Lesser et al., 1965; Shuey, 1966), hispânicos (Gerry, 1973; Holland, 1960; Lesser et al., 1965; Mercer, 1976; Murray, 2007; Simpson, 1970) e indígenas norte-americanos (Cundick, 1976) tendem a apresentar pontuações em testes de inteligência mais baixas do que brancos ou asiáticos (Flyn, 1991). Esses achados são controversos em muitos relatos – variando da grande diversidade das pessoas que são agrupadas sob cada uma dessas categorias, a diferenças de amostragem (Zuckerman, 1990), bem como a questões de definição relacionadas (Daley e Onwuegbuzie, 2011; Sternberg et al., 2005). O significado desses achados pode ser questionado também quando alegações de diferenças genéticas são feitas devido à dificuldade de separar os efeitos dos genes dos efeitos do ambiente. Para um relato autorizado e compreensível das questões complexas envolvidas na elaboração dessas separações, ver Neisser e colaboradores (1996).

Alfred Binet compartilhou com muitos outros o desejo de desenvolver uma medida de inteligência o menos contaminada possível por fatores como educação prévia e vantagens econômicas. O teste de Binet-Simon foi concebido para separar "inteligência natural de instrução, desconsiderando o quanto possível o grau de instrução que o indivíduo apresenta" (Binet e Simon, 1908/1961, p. 93). Esse desejo de criar o que poderia ser chamado de um **teste de inteligência livre de viés cultural** ressurgiu com vários graus de fervor ao longo de toda a história. Uma suposição inerente ao

REFLITA...
É possível criar um teste de inteligência livre de viés cultural? É conveniente criá-lo?

desenvolvimento desses testes é que, se os fatores culturais puderem ser controlados, então as diferenças entre os grupos culturais será diminuída. Uma suposição relacionada é que o efeito da cultura pode ser controlado por meio da eliminação de itens verbais e do apoio exclusivo em itens de execução, não verbais. Considera-se que os itens não verbais representem o melhor meio disponível para determinar a capacidade cognitiva de crianças e adultos dos grupos de minoria. Por mais lógica que possa parecer à primeira vista, essa suposição não foi confirmada na prática (p.ex., ver Cole e Hunter, 1971; McGurk, 1975).

Os testes de inteligência exclusivamente não verbais não corresponderam às altas expectativas de seus desenvolvedores. Não foi verificado que tivessem o mesmo alto nível de validade preditiva que os testes com mais carga verbal. Isso pode ser devido ao fato de que itens não verbais não amostram os mesmos processos psicológicos que os testes de inteligência convencionais com mais carga verbal. Seja qual for a razão, os testes não verbais tendem a não ser muito bons para prever sucesso em vários contextos acadêmicos e profissionais. Talvez porque esses contextos requeiram pelo menos alguma facilidade verbal.

A ideia de desenvolver um teste verdadeiramente livre de viés cultural teve grande apelo intuitivo, mas provou ser uma impossibilidade prática. Todos os testes de inteligência refletem, em maior ou menor grau, a cultura na qual foram concebidos e serão usados. Em outras palavras, esses testes diferem no grau em que são *culturalmente carregados*.

Carga cultural pode ser definida como o grau em que um teste incorpora vocabulário, conceitos, tradições, conhecimento e sentimentos associados com uma determinada cultura. Um item de teste como "cite três palavras para neve" revela alta carga cultural – que se baseia de modo marcante na cultura esquimó, na qual existem muitas palavras para neve. Os testandos do Brooklyn teriam dificuldade em encontrar mais de uma palavra para neve (bem, talvez duas, se contarmos *lodo* [depois de a neve derreter]).

Logo após se tornar evidente que nenhum teste poderia ser chamado com legitimidade de "livre de viés cultural", uma série de testes referidos como *culturalmente imparciais* começaram a ser publicados. Podemos definir um **teste de inteligência culturalmente imparcial** como um teste ou um processo de avaliação visando minimizar o viés cultural em relação a vários aspectos dos procedimentos de avaliação, tais como instruções de administração, conteúdo do item, respostas requeridas dos testandos e interpretações feitas a partir dos dados resultantes. A Tabela 9.2 lista as técnicas usadas para reduzir o viés cultural dos testes. Note que – em comparação com o conceito fatorial de *carga fatorial*, que

Tabela 9.2 Formas de reduzir o viés cultural dos testes

Viés cultural	Viés cultural reduzido
Tarefas de lápis e papel	Testes de desempenho
Instruções impressas	Instruções orais
Instruções orais	Representação das instruções
Sem prática preliminar	Prática preliminar dos itens
Leitura requerida	Puramente pictórico
Prictórico (objetos)	Figuras abstratas
Resposta escrita	Resposta oral
Folha de respostas separada	Respostas escritas no próprio teste
Linguagem	Sem linguagem
Testes de velocidade	Testes de nível
Conteúdo verbal	Conteúdo não verbal
Conhecimento factual específico	Raciocínio abstrato
Habilidades escolares	Habilidades não escolares
Evocação de informação aprendida no passado	Resolução de problemas novos
Conteúdo graduado de familiar a habitual	Todo conteúdo dos itens altamente familiar
Dificuldade baseada na raridade do conteúdo	Dificuldade baseada na complexidade da relação de educação

Fonte: Jensen (1980)

pode ser quantificada – a *carga cultural* de um teste tende a envolver mais de um julgamento subjetivo, qualitativo, não numérico.

O racional para os itens dos testes culturalmente imparciais foi incluir apenas aquelas tarefas que pareciam refletir experiência, conhecimento e habilidades comuns a todas as diferentes culturas. Além disso, todas as tarefas visavam ser motivadoras para todos os grupos (Samuda, 1982). Foi feita uma tentativa de minimizar a importância de fatores como as habilidades verbais consideradas responsáveis pelas pontuações médias mais baixas de vários grupos de minoria. Portanto, os testes culturalmente imparciais tendiam a ser não verbais e a ter orientações simples e claras administradas oralmente pelo examinador. As tarefas não verbais em geral consistiam em reunir, classificar, selecionar ou manipular objetos e desenhar ou identificar desenhos geométricos. Alguns exemplos de itens do Teste Culturalmente Imparcial de Cattell são ilustrados na Seção *Em foco* deste capítulo.

A redução do viés cultural dos testes de inteligência parece levar a uma diminuição paralela no valor do teste. Foi verificado que os testes culturalmente imparciais não apresentavam a marca registrada dos testes de inteligência tradicionais: a validade preditiva. Não apenas isso; os membros de grupos de minorias tendiam ainda a apresentar escores mais baixos nesses testes do que os membros de grupos da maioria. Presumiu-se que várias características subculturais penalizem injustamente alguns membros de grupos de minorias que fazem testes de inteligência com viés cultural dos valores da classe média de brancos norte-americanos. Alguns afirmaram, por exemplo, que norte-americanos vivendo em guetos urbanos compartilham crenças e valores comuns muito diferentes dos da cultura norte-americana dominante. Incluídos entre essas crenças e valores comuns, por exemplo, estão uma orientação "viver para o hoje" e o uso de gírias na comunicação verbal. Os indígenas norte-americanos também compartilham uma subcultura com valores centrais que podem influenciar negativamente sua medida de inteligência. Entre eles está a crença de que os indivíduos devem ser julgados em termos de sua contribuição relativa para o grupo, não em termos de suas realizações individuais. Eles também valorizam seu estilo de vida sem pressa, orientado ao tempo presente (Foerster e Little Soldier, 1974).

Frustrados por sua aparente incapacidade de desenvolver equivalentes culturalmente imparciais dos testes de inteligência tradicionais, alguns desenvolvedores de testes tentaram desenvolver equivalentes de testes de inteligência tradicionais que fossem específicos da cultura. Desenvolvidos expressamente para membros de um determinado grupo cultural ou subcultura específica, esses testes eram considerados capazes de produzir uma medida mais válida de desenvolvimento mental. Um teste de inteligência específico da cultura desenvolvido para uso com negros foi o Teste de Inteligência Negra de Homogeneidade Cultural (Black Intelligence Test of Cultural Homogeneity) (Williams, 1975), um teste de múltipla escolha de 100 itens. Lembrando que muitos dos itens desse teste estão agora desatualizados, aqui estão alguns exemplos:[4]

1. *Dia das Mães* significa
    a. dia da independência negra.
    b. um dia em que as mães são homenageadas.
    c. o dia de receber o cheque da Previdência.
    d. todo primeiro domingo na igreja.
2. *Sangue* significa
    a. um vampiro.
    b. um indivíduo dependente.
    c. uma pessoa ferida.
    d. um irmão de cor.

---

[4] As respostas corretas são as seguintes: 1(c), 2(d) e 3(d).

3. As seguintes são marcas populares. Qual não pertence?
   a. Murray's
   b. Dixie Peach
   c. Royal Crown
   d. Preparation H

Enquanto lê os itens anteriores, você pode se perguntar "Isto é realmente um teste de inteligência? Devo levar isto a sério?". Caso tenha feito essas perguntas, você não está sozinho. É provável que, na época, muitos psicólogos se tenham feito as mesmas perguntas. Na verdade, uma paródia do BITCH (este é o acrônimo do teste) foi publicada na edição de maio de 1974 do *Psychology Today* (p. 101) e foi chamada de "Teste S.O.B." (Son of the Original BITCH) . Entretanto, o teste de Williams (1975) era supostamente um teste de inteligência genuíno específico da cultura padronizado em 100 estudantes negros do ensino médio na área de St. Louis. Williams recebeu $153.000 dólares do National Institute of Mental Health para desenvolver o BITCH.

No que talvez tenha sido dos poucos estudos publicados visando explorar a validade do teste, a Escala Wechsler para Adultos (WAIS) e o BITCH foram ambos administrados a candidatos negros ($n = 17$) e brancos ($n = 116$) para um emprego no departamento de polícia de Portland, Oregon. Os indivíduos negros foram muito melhor no teste do que os brancos, com uma pontuação média que ultrapassou a pontuação média dos brancos em 2,83 desvios-padrão. O QI médio dos brancos medido pela WAIS ultrapassou o QI médio dos negros em cerca de 1,5 desvio-padrão. Nenhuma das correlações entre a pontuação do BITCH e qualquer uma das seguintes variáveis para os testandos negros ou brancos diferiu significativamente de zero: QI Verbal da WAIS, QI de Execução da WAIS, QI de Escala Total da WAIS e anos de educação. Ainda que a amostra de negros nesse estudo tivesse uma média de mais de 2,5 anos de educação universitária, e embora sua média global na WAIS fosse cerca de 20 pontos mais alta do que para os negros em geral, suas pontuações no BITCH estavam abaixo da média da amostra de padronização (alunos do ensino médio com idades entre 16 e 18 anos). O que, então, o BITCH está mensurando? Os autores do estudo, Matarazzo e Wiens (1977), concluíram que o teste estava mensurando aquela variável que antes caracterizamos neste capítulo como estando "no cruzamento entre inteligência e personalidade": *a eficácia de rua*.

Muitos dos testes concebidos para serem específicos da cultura produziram pontuações médias mais altas para o grupo de minoria para o qual eles foram especificamente concebidos. Contudo, eles não tinham validade preditiva e forneciam pouca informação prática, útil.[5] O conhecimento requerido para ter uma pontuação alta em todos os testes específicos da cultura e de cultura reduzida não foi considerado relevante para fins educacionais em nossa sociedade pluralista. Esses testes têm baixa validade preditiva para o critério de sucesso em contextos acadêmicos e vocacionais.

Em várias fases no ciclo de desenvolvimento de um teste de inteligência, uma série de abordagens para reduzir o viés cultural podem ser empregadas. Painéis de especialistas podem avaliar o possível viés inerente a um teste recentemente desenvolvido, e aqueles itens considerados tendenciosos podem ser eliminados. O teste pode ser criado de modo que poucas instruções verbais sejam necessárias para administrá-lo ou para demonstrar como responder. Esforços relacionados podem ser feitos para minimizar qualquer possível viés de linguagem. Uma testagem experimental ou piloto com amostras de testandos de etnia mista pode ser realizada. Se diferenças nas pontuações surgirem

---

[5] Talvez o mais psicometricamente sólido dos instrumentos concebidos para uso específico com indivíduos negros fosse o Teste de Compreensão da Escuta (Listening Comprehension Test) (Carver, 1968/1969, 1969; Orr e Graham, 1968). Nesse teste, entretanto, os negros tendiam a apresentar pontuações mais baixas que os brancos mesmo quando os grupos eram comparados com relação à condição socioeconômica.

EM FOCO

Imparcialidade cultural, carga cultural

Que tipos de itens de teste são considerados "culturalmente imparciais"– ou pelo menos mais imparciais do que outros itens com mais viés cultural? Os itens reimpressos do Teste de Inteligência Livre de Viés Cultural (Culture Fair Test of Intelligence) (Cattell, 1940) a seguir são um exemplo. Enquanto você olha para eles, pense sobre o quanto realmente são livres de viés cultural.

Labirintos

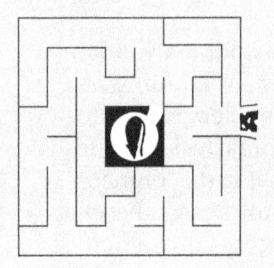

Matrizes de Figuras
Escolha dentre as seis alternativas aquela que completa mais logicamente o padrão acima dela.

Classificação
Escolha os dois itens estranhos em cada fileira de figuras.

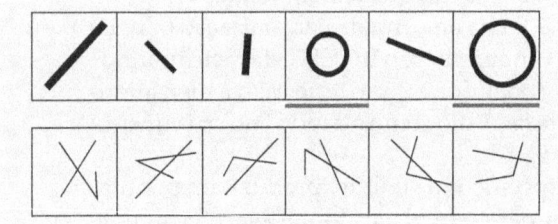

Séries
Escolha uma figura das seis à direita que continue de forma lógica a série de três figuras à esquerda.

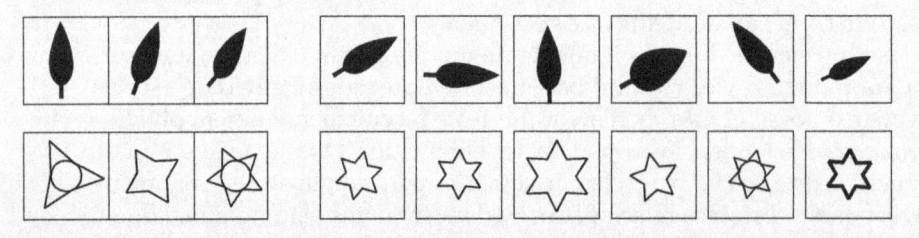

Itens retirados do Teste de Inteligência Livre de Viés Cultural (Cattell, 1940)

Em contrapartida aos itens designados como culturalmente imparciais, considere os itens do Teste Cultural/Regional do Conhecedor da Alta Sociedade (Cultural/Regional Uppercrust Savvy Test) (CRUST; Herllhy, 1977). Esse teste de inteligência irônico foi criado de modo intencional com a finalidade ilustrativa de ser culturalmente carregado. Os membros da alta sociedade não devem ter problemas para alcançar a pontuação perfeita.

1. Quando você é "informado" no clube campestre, (a) você monta cavalos com habilidade, (b) você é eleito para o conselho administrativo, (c) é anunciado publicamente que você não pagou suas mensalidades, (d) uma mesa é reservada para você no restaurante quer você a use ou não.
2. Um *arabesque* no balé é (a) um salto complicado, (b) uma postura na qual a bailarina fica sobre uma perna com a outra estendida para trás, (c) uma série de passos executados por um casal de bailarinos, (d) uma curvatura do corpo semelhante a reverência.
3. O *Livro Azul* é (a) as instruções do imposto de renda, (b) um guia de preços de carros usados, (c) um livreto usado para provas de dissertação, (d) um registro social listando 400 famílias proeminentes.
4. Brookline está localizado (a) no subúrbio de Boston, (b) em Cape Cod, (c) entre Miami e Fort Lauderdale, (d) na costa norte de Chicago.
5. Filé Wellington é (a) o corte de uma carne, (b) filé com massa folhada recheado com patê, (c) um antepasto aromatizado com vinho xerez, (d) rosbife com molho *béarnaise*.
6. Choate é (a) um casaco usado para caçar raposas, (b) uma escola preparatória, (c) uma marca importante, (d) o curador do Museu de Arte Metropolitan.
7. A roupa mais formal para homens é (a) fraque, (b) *smoking*, (c) *blazer* azul, (d) terno e gravata.
8. *O Estrangeiro* é (a) a família [etnicamente diferente] que se mudou para o bairro, (b) Howard Hughes, (c) um livro de Camus, (d) um restaurante elegante em São Francisco.
9. Waterford é (a) um *spa* para idosos, (b) um "acampamento para gordos", (c) cristal feito à mão da Irlanda, (d) a propriedade da família Rockefeller em Nova York.
10. Jantar *alfresco* significa (a) à luz de velas, (b) um bufê, (c) na calçada de um café, (d) ao ar livre.

De acordo com Herlihy (1977), as respostas corretas são 1(c), 2(b), 3(d), 4(a), 5(b), 6(b), 7(a), 8(c), 9(c), 10(d).

somente em razão do pertencimento a um grupo étnico, itens individuais devem ser examinados para possível viés.

Os principais testes de inteligência foram submetidos a exames minuciosos para viés em muitas investigações. Os procedimentos variam de análise de itens individuais a análise da validade preditiva do teste. Apenas quando puder ser razoavelmente concluído que é tão livre quanto possível de viés sistemático é que um teste se torna disponível para uso. Sem dúvida, mesmo se um teste for considerado livre, ainda existem outras possíveis fontes de viés. Essas fontes incluem o critério para encaminhamento para avaliação, a conduta de avaliação, a pontuação dos itens (sobretudo aqueles itens que são um pouco subjetivos) e, finalmente, a interpretação dos resultados.

Uma perspectiva

Muitas décadas após a publicação do simpósio de 1921, os profissionais ainda debatem a natureza da inteligência e como ela deve ser mensurada. Na esteira do controverso livro *The Bell Curve* (Herrnstein e Murray, 1994), a American Psychological Association organizou um painel com a finalidade de gerar um relatório sobre inteligência que teria a aprovação oficial de seus membros. O relatório do painel refletiu ampla discordância em relação à definição de inteligência, mas observou que "tais discordâncias não são motivo para desânimo. A pesquisa científica raras vezes começa com total acordo sobre as definições, embora possa eventualmente levar a ele" (Neisser et al., 1996, p. 77).

Não há pouca controvérsia quando se trata do tema da inteligência, a começar pela definição do termo. Uma tendência nos últimos anos é a de ser muito mais liberal quando se define e se considera o comportamento supostamente indicativo de inteligência no mundo real. Assim, por exemplo, lemos discussões de "inteligência administrativa" por ninguém menos que uma autoridade como Robert Sternberg (1997a). Esse trabalho também reflete uma tendência à orientação pelo contexto no que se refere a definir inteligência. Parece haver mais interesse em tipos específicos de inteligência, em oposição ao *g*. Contudo, as discordâncias sobre "a questão de uma *versus* as muitas" (Sternberg e Berg, 1986, p. 157) não mostram sinais de enfraquecimento.

Outra questão que não vai desaparecer diz respeito a diferenças de grupo na inteligência mensurada. Os seres humanos sem dúvida diferem em tamanho, forma e cor, e, desse modo, é razoável considerar que também existia uma base física para as diferenças na capacidade intelectual; portanto, reconhecer onde e como a natureza pode ser diferenciada da educação é uma atividade acadêmica louvável. Entretanto, tal diferenciação permanece não apenas algo complexo, mas potencialmente repleto de consequências sociais, políticas e mesmo legais. As alegações sobre diferenças de grupo podem ser e foram usadas como instrumentos políticos e sociais para oprimir membros de grupos religiosos, étnicos ou outros grupos de minorias. Isso é mais lamentável porque, como Jensen (1980) observou, a variância atribuível a diferenças de grupo é muito menor que a variância atribuível a diferenças individuais. Ecoando esse sentimento está a visão de que "o que importa para a próxima pessoa que você encontra (na medida em que os escores do teste importam afinal) é o próprio escore particular dessa pessoa, não a média de algum grupo de referência ao qual ela pertença" (Neisser et al., 1996, p. 90).

◆ **REFLITA...**
Em um mercado de trabalho competitivo da "vida real", que papel – se for o caso – a "média do grupo de referência" desempenha nas decisões de emprego?

A relação entre inteligência e uma ampla variedade de desfechos sociais foi bem documentada. As pontuações nos testes de inteligência, em especial quando usadas com outros indicadores, têm valor na previsão de desfechos como desempenho escolar, anos de educação e mesmo posição social e renda. A inteligência mensurada está correlacionada de forma negativa com desfechos socialmente indesejáveis, como criminalidade juvenil.

Por essas e por razões relacionadas, seria melhor concentrarmos nossa atenção de pesquisa na extremidade ambiental do espectro hereditariedade-ambiente. Precisamos encontrar formas de impulsionar de maneira eficaz a mensuração da inteligência por meio de intervenções ambientais, a fim de gerar esperança e otimismo.

Injustamente difamada por alguns e indevidamente adorada por outros, a inteligência resistiu – e continuará resistindo – como um construto fundamental na psicologia e na avaliação psicológica. Por isso, os profissionais que administram testes de inteligência têm uma grande responsabilidade, para a qual uma preparação completa é uma necessidade. Dito isso, prosseguimos para o próximo capítulo, que examina alguns testes de inteligência amplamente utilizados.

Autoavaliação

Teste sua compreensão dos elementos deste capítulo vendo se é capaz de explicar cada um dos seguintes termos, expressões e abreviações:

acomodação
assimilação
avaliação de bateria cruzada
avaliação psicoeducacional
capacidades mantidas
capacidades vulneráveis
culturalmente carregado
efeito Flynn
efeito teto
esquema
esquemas
fatores de grupo
fator s (da inteligência)
g (fator de inteligência)
Gf e Gc
idade mental
inteligência

inteligência bem-sucedida
inteligência cristalizada
inteligência emocional
inteligência fluida
inteligência interpessoal
inteligência intrapessoal
interacionismo
modelo CHC
modelo hierárquico
modelo PASS
modelo verbal, perceptual e de rotação da imagem (VPR)
predeterminismo
processamento paralelo
processamento sequencial
processamento simultâneo
processamento sucessivo

pré-formacionismo
resposta de alerta
superdotação
temperamento
teoria bifatorial da inteligência
teoria dos três estratos de capacidades cognitivas
teorias do processamento de informação (da inteligência)
teorias fatoriais (da inteligência)
teste de inteligência culturalmente imparcial
teste de inteligência livre de viés cultural
técnica de nomeação
"termites"

CAPÍTULO 10

Testes de Inteligência

A concepção de inteligência de um desenvolvedor de testes é, de certo modo, o ponto de partida e o ponto final na elaboração de um teste de inteligência. Uma vez que um desenvolvedor de testes conceba a inteligência em termos de estruturas mentais, o teste será composto para esclarecer essas estruturas. Uma vez que a conceba em termos de processos, o teste será composto para esclarecê-los.

A partir das considerações iniciais do conteúdo e do formato do item, continuando com considerações de pontuação e interpretação e seguindo com planos para revisar o teste, a concepção de inteligência nos fundamentos do teste permanece uma força orientadora – que é refletida nas decisões sobre quase todos os aspectos a seu respeito. Ela é evidente na forma final do teste e nos usos aos quais ele se destina.

Neste capítulo, examinamos uma amostragem de testes de inteligência individuais e de grupo.[1] Conforme evidenciado por livros de referência, como *Tests in Print*, existem muitos testes de inteligência diferentes. Do ponto de vista do aplicador, várias considerações figuram no apelo de um teste:

- A teoria (se houver) na qual o teste é baseado
- A facilidade com que o teste pode ser administrado
- A facilidade com que o teste pode levantar os escores
- A facilidade com que os resultados podem ser interpretados para um determinado propósito
- A adequação e a conveniência das normas
- A aceitabilidade dos índices de confiabilidade e validade publicados
- A utilidade do teste em termos de custos *versus* benefícios

Alguns testes de inteligência foram construídos com base em uma teoria. Por exemplo, Louis L. Thurstone concebia a inteligência composta do que ele denominava *capacidades mentais primárias* (PMAs, do inglês, *primary mental abilities*). Thurstone (1938) desenvolveu e publicou o Teste de Aptidões Mentais Primárias, que consistia em testes separados, cada um visando medir uma PMA: significado verbal, velocidade perceptual, raciocínio, facilidade com números, memorização, fluência verbal e relações espaciais. Embora o teste não fosse amplamente utilizado, esse primeiro modelo de capacidades múltiplas ins-

---

[1] Nosso objetivo, neste e nos próximos capítulos, é fornecer uma breve descrição de uma amostra de testes pequena, mas representativa em várias categorias. Selecionamos para discussão apenas poucos testes para fins de ilustração. Pede-se aos leitores que não tirem qualquer conclusão sobre o valor de teste algum em particular com base em sua inclusão ou omissão em nossa discussão.

pirou outros teóricos e desenvolvedores de testes a explorar vários componentes da inteligência e formas para medi-los.

Um teste de inteligência pode ser desenvolvido com base em uma teoria mas conceituado em termos de outra teoria. Por exemplo, no Capítulo 9, você foi apresentado a uma teoria da inteligência que contém aspectos do modelo de Cattell-Horn e do modelo de três estratos de Carroll, uma teoria agora referida como teoria de Cattell-Horn-Carroll (CHC). Quando a receptividade ao modelo CHC cresceu, livros e manuais foram publicados ilustrando como esse modelo pode ser usado para suplementar achados de outros testes de capacidade bem conhecidos.

> **REFLITA...**
> Na vida diária, as capacidades mentais tendem a operar mais em uníssono do que em isolamento. Entretanto, qual a utilidade de tentar isolar e medir as "capacidades mentais primárias"?

Historicamente, alguns testes parecem ter sido desenvolvidos mais por uma questão de necessidade do que de outra coisa. No início da década de 1900, por exemplo, Alfred Binet foi encarregado de elaborar um teste para avaliar crianças com incapacidades do desenvolvimento nas escolas de Paris. Binet colaborou com Theodore Simon para criar o primeiro teste formal de inteligência do mundo, em 1905. Adaptações e traduções da obra de Binet logo apareceram em muitos países. A Escala de Binet-Simon original era usada nos Estados Unidos já em 1908 (Goddard, 1908, 1910). Em 1912, foi publicada uma versão modificada que estendia a faixa etária do teste para os 3 meses de idade (Kuhlmann, 1912). Entretanto, foi o trabalho de Lewis Madison Terman na Stanford University que culminou na antepassada da que agora conhecemos como a Escala de Inteligência de Stanford-Binet.

Em 1916, Terman publicou uma tradução e "extensão" da Escala de Inteligência de Binet-Simon. A publicação incluía novos itens que tinha criado com base em anos de pesquisa, além de uma abordagem metodológica que incluía estudos normativos. Os esforços de Terman ajudaram a obter reconhecimento e sucesso mundial para o teste de Binet (Minton, 1988). Vamos examinar mais detalhadamente como o teste de Binet evoluiu ao longo do tempo (ver Tab. 10.1).

Tabela 10.1 O Stanford-Binet ao longo do tempo

Ano	Vantagens	Limitações
1916	Contém itens alternativos na maioria dos níveis etários	Mede inadequadamente a capacidade mental adulta
	Compartilha itens para manter a continuidade com versões anteriores	Tem procedimentos de pontuação e administração inadequados em alguns pontos
	Enfatiza abstração e solução de problemas novos	Mede apenas um único fator (*g*)
	Amplia a variedade de itens em relação à Binet-Simon	Tem desvio-padrão de QI não uniforme
	Baseado em extensa literatura de pesquisa	Tem uma única versão para aplicação
	Padronização extensiva realizada	Tem alta carga verbal
1937	Contém itens alternativos na maioria dos níveis	Alguns itens têm regras de pontuação ambíguas
	Compartilha itens para manter a continuidade com versões anteriores	A forma M não tem vocabulário
		Tem tempo de administração mais longo do que a versão de 1916
	Amplia a variedade de itens	Mede apenas um único fator (*g*)
	Baseado em extensa literatura de pesquisa	Tem desvio-padrão de QI não uniforme
	Contém mais testes de execução em níveis etários mais precoces	QIs não comparáveis entre as idades
	Contém mais normas representativas	A amostra tinha *status* econômico e porcentagem de crianças urbanas
	Inclui forma paralela	
	Utiliza brinquedos para tornar-se mais atrativo para crianças pequenas	mais altos do que a população em geral
		Tem cobertura desigual de diferentes capacidades em diferentes níveis
	Os itens verbais permitem que os indivíduos demonstrem fluência, imaginação, conceitos incomuns ou avançados e uso complexo do idioma	Tem alta carga verbal

(Continua)

Tabela 10.1 O Stanford-Binet ao longo do tempo *(Continuação)*

Ano	Vantagens	Limitações
1960/1973	Administra diversos testes variados a cada examinado para manter as crianças interessadas Retém os melhores itens das formas L e M Tem melhor apresentação do que versões anteriores O manual apresenta regras de pontuação claras Contém itens alternativos para cada faixa etária Compartilha itens para manter continuidade com versões anteriores Elimina itens que não são mais apropriados Baseado em extensa literatura de pesquisa Apresenta material de estímulo com encadernação em espiral Tem desvio-padrão de QI uniforme Utiliza brinquedos para tornar-se mais atrativo para crianças pequenas	Tem teto inadequado para adolescentes e examinados altamente dotados Mede apenas um único fator (g) Separa escores padrão de itens Tem alta carga verbal
1986	Contém tanto pontuação composta geral quanto para alguns fatores Compartilha itens para manter a continuidade com versões anteriores Formato de tripé com orientações, critérios de pontuação e estímulos torna a administração mais fácil Enfatiza a abstração e a resolução de problemas novos; enfatiza menos o raciocínio verbal, comparado com versões anteriores O manual técnico relata estudos de validade extensos Tem procedimentos de administração flexíveis Contém tetos mais altos para adolescentes avançados do que as formas L-M O número de conceitos básicos em testes de nível pré-escolar compara-se favoravelmente com outros testes para essa faixa etária Contém instruções compreensíveis para a faixa etária de crianças pequenas Utiliza testagem adaptativa (dificuldade gradual [percurso]) para economizar no tempo de administração e reduzir a frustração do examinando Utiliza estrutura teórica explícita como guia para desenvolvimento de itens e alinhamento de subtestes de acordo com a hierarquia modelada Tem faixa etária mais ampla do que versões anteriores (2-0 a 23) Estende criativamente muitos tipos de itens clássicos	Menos parecido com um jogo do que versões anteriores; produz menos informação de estilos e estratégias devido a menos interação entre examinador/examinando Não contém brinquedos A amostra de normatização representa em excesso adultos executivos/profissionais liberais com educação universitária e seus filhos Tem possível falta de comparabilidade no conteúdo das pontuações de áreas em diferentes idades devido a variabilidade dos subtestes utilizados em seu cálculo Tem ênfase mais psicométrica do que desenvolvimental Tem desvio-padrão de 16 em vez de 15 para pontuações compostas; $M = 50$, $DP = 8$ para subtestes Contém subjetividade (preferência do examinador) na determinação dos subtestes usados para calcular a pontuação composta Incapaz de diagnosticar retardo leve antes dos 4 anos e retardo moderado antes do 5 anos
2003	Mais parecido com um jogo do que versões anteriores, com desenhos coloridos, brinquedos e objetos manipuláveis Está de acordo com as normas do Censo 2000 dos Estados Unidos Contém tanto teste de encaminhamento não verbal quanto verbal Contém tanto pontuação composta geral quanto para alguns fatores Compartilha itens para manter a continuidade com versões anteriores Cobre uma faixa etária de 2-0 a 85+ Pontuações sensíveis a mudança permitem avaliação de desempenho extremo Tem formato de tripé com orientações, critérios de pontuação e estímulos, para fácil administração Tem igual equilíbrio de conteúdo verbal e não verbal em todos os fatores Contém QI não verbal Tem desvio-padrão de 15 para pontuações compostas, permitindo fácil comparação com outros testes; $M = 10$, $DP = 3$ para subtestes Utiliza testagem adaptativa (encaminhamento [*routing*]) para economizar o tempo de administração e reduzir a frustração do examinando Utiliza estrutura teórica explícita como guia para desenvolvimento de itens e alinhamento de subtestes de acordo com a hierarquia modelada Aumenta os itens não sofisticados, permitindo identificação mais fácil de indivíduos com atrasos ou dificuldades cognitivas Aumenta os itens sofisticados para medir adolescentes e adultos superdotados	Não citado

Fonte: Das Escalas de Inteligência de Stanford-Binet, Quinta Edição, "*Assessment Service Bulletin 1: History of the Stanford-Binet Intelligence Scales: Content and Psychometrics*", por Kirk A. Becker, © 2003, Austin: PRO-ED. Usada com permissão.

Escalas de Inteligência de Stanford-Binet

Embora a primeira edição da **Stanford-Binet** certamente apresentasse grandes falhas (como falta de representatividade da amostra de padronização), também continha algumas inovações importantes. Ela foi o primeiro teste de inteligência publicado a fornecer instruções de administração e pontuação organizadas e detalhadas. Também foi o primeiro teste norte-americano a empregar o conceito de QI. E foi o primeiro teste a introduzir o conceito de um **item alternativo**, um item para substituir algum item regular sob condições especificadas (tal como na situação em que o examinador não administrou corretamente o item regular).

Em 1926, Lewis Terman iniciou uma colaboração com uma colega de Stanford, Maude Merrill, em um projeto para revisar o teste. O projeto levaria 11 anos para ser completado. As inovações na escala de 1937 incluíam o desenvolvimento de duas formas equivalentes, denominadas L (para Lewis) M (para Maude, de acordo com Becker, 2003), bem como novos tipos de tarefas para uso com testados de nível pré-escolar e de nível adulto.[2] O manual continha muitos exemplos para ajudar o examinador na pontuação. Os autores do teste foram a extremos então sem precedentes para obter uma amostra de padronização adequada (Flanagan, 1938), o teste foi elogiado por sua realização técnica nas áreas de validade e especialmente de fidedignidade. Uma crítica séria a ele permaneceu: falta de representação de grupos de minorias durante o seu desenvolvimento.

Outra revisão do Stanford-Binet estava em andamento por ocasião da morte de Terman, aos 79 anos, em 1956. Essa edição do Stanford-Binet, a revisão de 1960, consistiu em apenas uma única forma (denominada L-M) e incluía os itens considerados os melhores das duas formas do teste de 1937, sem novos itens acrescentados. Uma inovação importante, entretanto, foi o uso de tabelas de *desvio de QI* em lugar das tabelas de quociente intelectual. Versões anteriores do Stanford-Binet tinham empregado o *quociente intelectual*, que era baseado no conceito de idade mental (o nível etário no qual um indivíduo parece estar funcionando intelectualmente). O **quociente intelectual** é o quociente da idade mental do testado dividido por sua idade cronológica, multiplicado por 100 para eliminar decimais. Conforme ilustrado pela fórmula para seu cálculo, aquele foi um tempo, não muito distante, em que um **QI (quociente de inteligência)** realmente era um quociente:

$$\text{quociente intelectual} = \frac{\text{idade mental}}{\text{idade cronológica}} \times 100$$

Uma criança cuja idade mental e idade cronológica fossem iguais teria, portanto, um QI de 100. A partir da terceira edição do Stanford-Binet, o QI de desvio foi usado em lugar da relação de QI. O **QI de desvio** reflete uma comparação do desempenho do indivíduo com o desempenho de outros da mesma idade na amostra de padronização. Basicamente, o desempenho do teste é convertido em um escore-padrão com uma média de 100 e um desvio-padrão de 16. Se um indivíduo tiver um desempenho no mesmo nível que a pessoa média da mesma idade, o QI de desvio será 100. Se o desempenho for um desvio-padrão acima da média para a faixa etária do examinando, o desvio de QI será 116.

Outra revisão do Stanford-Binet foi publicada em 1972. Como nas revisões anteriores, a qualidade da amostra de padronização foi criticada. Especificamente, o manual era vago sobre o número de indivíduos da minoria na amostra de padronização, declarando apenas que uma "porção substancial" de indivíduos negros e de sobrenome espanhol havia sido incluída. As normas de 1972 também podem ter representado em excesso o ocidente, bem como grandes comunidades urbanas (Waddell, 1980).

---

[2] L.M. Terman não deixou qualquer pista de quais iniciais teriam sido usadas para as formas L e M se o nome de seu coautor não iniciasse com a letra M.

> **REFLITA...**
> O termo *QI* é uma abreviatura de "quociente de inteligência". Apesar de as expressões modernas de inteligência não serem mais quocientes, o termo *QI* é uma parte importante do vocabulário popular. Se o que é popularmente caracterizado como "QI" fosse chamado por algo mais preciso de uma perspectiva técnica, como "QI" seria chamado?

A quarta edição da Escala de Inteligência de Stanford-Binet (SB:FE; Thorndike et al., 1986) representou um afastamento significativo de versões anteriores em organização teórica, organização, administração, levantamento de escores e interpretação do teste. Anteriormente, itens diferentes eram agrupados por idade, e o teste era referido como uma **escala de idade.** O Stanford-Binet: Quarta Edição (SB:FE) era uma *escala de pontos*. Em comparação com uma escala de idade, uma **escala de pontos** é um teste organizado em subtestes por categoria dos itens, não pela idade na qual se presume que a maioria dos testandos seja capaz de responder da forma considerada a correta. O manual do SB:FE continha uma exposição explícita do modelo teórico de inteligência que orientou a revisão. O modelo era baseado no modelo de inteligência de Cattell-Horn (Horn e Cattell, 1966). Um *teste composto* – antes descrito como uma pontuação de desvio de QI – também podia ser obtido. Em geral, um **teste composto** pode ser definido como uma pontuação ou um índice do teste derivado da combinação e/ou de uma transformação matemática de um ou mais pontuações de substestes. Essa breve revisão nos traz ao ponto em que a quinta edição foi publicada. Vamos examiná-la mais detalhadamente.

Escalas de Inteligência de Stanford-Binet – quinta edição

> **NO BRASIL**
> O Teste de Stanford-Binet, quinta edição, ainda não foi adaptado para uso no Brasil. Assim, os nomes das tarefas e categorias nominais (p. 329) poderão ser diferentes das que aparecem aqui quando essa adaptação for realizada.

A quinta edição do Stanford-Binet (SB5; Roid, 2003a) foi concebida para ser administrada a avaliandos dos 2 aos 85 anos (ou mais velhos). O teste produz uma série de pontuações compostas, incluindo uma Escala de QI Total derivado da administração de 10 subtestes. Todas as pontuações dos subtestes têm média 10 e desvio-padrão 3. Outas pontuações compostas são escores de QI da bateria abreviada, um escore de QI verbal e uma pontuação de QI não verbal. Todas as pontuações compostas têm média fixada em 100 e desvio-padrão de 15. Além disso, o teste produz cinco pontuações fatoriais que correspondem a cada um dos cinco fatores que o teste se propõe a medir (ver Tab. 10.2).

O teste SB5 foi baseado na teoria das capacidades intelectuais de Cattell-Horn-Carroll (CHC). De fato, de acordo com Roid (2003c), uma análise fatorial das primeiras for-

Tabela 10.2 CHC e fatores do SB5 correspondentes

Nome do fator do CHC	Nome do fator do SB5	Definição breve	Exemplo de subteste do SB5
Inteligência fluida (*Gf*)	Raciocínio fluido (FR)	Resolução de problema novo; compreensão de relações que não sejam ligadas a cultura	Séries/Matrizes de objetos (não verbal) Analogias verbais (verbal)
Inteligência cristalizada (*Gc*)	Conhecimento (KN)	Habilidades e conhecimento adquirido por educação formal e informal	Figuras absurdas (não verbal) Vocabulário (verbal)
Conhecimento quantitativo (*Gq*)	Raciocínio quantitativo (QR)	Conhecimento do pensamento matemático, incluindo conceitos numéricos, estimativa, resolução de problemas e mensuração	Raciocínio quantitativo verbal (verbal) Raciocínio quantitativo não verbal (não verbal)
Processamento visual (*Gv*)	Processamento visuoespacial (VS)	Capacidade de ver padrões e relações e orientação espacial bem como o gestalt entre diferentes estímulos visuais	Posição e direção (verbal) Prancha de formas (não verbal)
Memória de curto prazo (*Gsm*)	Memória de trabalho (WM)	Processo cognitivo de temporariamente armazenar e então transformar ou selecionar informações na memória	Memória para sentenças (verbal) Resposta atrasada (não verbal)

mas L e M mostrou que "os fatores da CHC eram claramente reconhecíveis nas primeiras edições das escalas de Binet" (Roid et al., 1997, p. 8). O SB5 mede cinco fatores da CHC por diferentes tipos de tarefas e subtestes em diferentes níveis. Os nomes dos cinco fatores da CHC (com abreviações) ao lado de seus equivalentes do SB5 são resumidos na Tabela 10.2. Também é fornecida nessa tabela uma breve definição da capacidade cognitiva que está sendo medida pelo SB5, bem como substestes verbais e não verbais do SB5, ilustrativos destinados a medir essa capacidade.

Na criação do SB5, foi feita uma tentativa de alcançar um equilíbrio igual entre tarefas que requeriam facilidade com a linguagem (tanto expressiva quanto receptiva) e tarefas que minimizavam as demandas sobre a facilidade com a linguagem. Nessa última categoria estão subtestes que utilizam itens pictóricos com orientações vocais breves administradas pelo examinador. A resposta do examinando a esses itens pode ser dada na forma de indicação, gestos ou manipulação não vocais.

> **REFLITA...**
> Vivemos em uma sociedade em que a capacidade de expressão por meio da linguagem é altamente valorizada. As habilidades de autoexpressão verbal devem receber mais peso em qualquer medida de capacidade ou inteligência geral?

Padronização Após aproximadamente cinco anos em desenvolvimento e análise extensa de itens para tratar possíveis objeções com base em vieses de gênero, raciais/étnicos, culturais ou religiosos, a edição de padronização final do teste foi elaborada. Cerca de 500 examinadores de todos os 50 estados dos Estados Unidos foram treinados para administrar o teste. Os examinandos na amostra de normatização foram 4.800 indivíduos de 2 a 85 anos de idade. A amostra era nacionalmente representativa de acordo com dados do censo de 2000 estratificados com relação a idade, raça/etnia, região geográfica e nível socioeconômico. Não foram feitas adaptações para pessoas com necessidades especiais na amostra de normatização, embora tais adaptações tenham sido feitas em estudos separados. Pessoas eram excluídas da amostra de padronização (embora incluídas em estudos de validade separados) se tivessem proficiência em inglês limitada, condições médicas graves, déficits sensoriais ou de comunicação graves ou transtorno emocional/comportamental grave (Roid, 2003c).

Solidez psicométrica Para determinar a fidedignidade do QI de Escala Total do SB5 com a amostra de normatização, uma fórmula de fidedignidade por consistência interna criada para a soma dos múltiplos testes (Nunnally, 1967, p. 229) foi empregada. Os coeficientes calculados para a Escala de QI Total do SB5 eram consistentemente altos (0,97 a 0,98) entre os grupos etários, assim como a fidedignidade para o QI da bateria abreviada (média de 0,91). Os coeficientes de fidedignidade teste-reteste relatados no manual também eram altos. O intervalo teste-reteste era de apenas 5 a 8 dias – mais curto em uns 20 a 25 dias do que o intervalo empregado em outros testes comparáveis. Os coeficientes de fidedignidade entre avaliadores relatados no manual técnico do SB5 variavam de 0,74 a 0,97, com uma média global de 0,90. Itens mostrando concordância especialmente baixa entre avaliadores tinham sido excluídos durante o processo de desenvolvimento do teste.

A evidência de validade relacionada ao conteúdo para os itens do SB5 foi estabelecida de várias formas, variando de opinião de especialista a análise empírica de itens. A validade de critério foi apresentada na forma de dados tanto concorrentes quanto preditivos. Para os estudos concorrentes, Roid (2003c) estudou as correlações entre o SB5 e o SB:FE, bem como entre o SB5 e todas as três das então atuais baterias principais Wechsler (WPPSI-R, WISC-III e WAIS-III). As correlações foram altas quando se comparou o SB5 com o SB:FE e, talvez como esperado, em geral menores quando se comparou com os testes Wechsler. Roid (2003c) atribuiu a diferença em parte aos variados graus em que o SB5 e os testes Wechsler supostamente exploram g. Para estabelecer a evidência de validade preditiva, correlações com medidas de realização (o Teste de Realização de Woodcock Johnson III e o Teste Wechsler de Realização Individual, entre outros) foram empregadas e os achados detalhados relatados no manual. Roid (2003c) apresentou uma série de estudos de análise fatorial em apoio à validade de construto do SB5. Entretanto, exatamente quantos fatores explicam melhor o que o teste está medindo tem sido um assunto bastante debatido. Alguns acreditam que apenas um fator, *g*, descreve melhor o que o teste mede (Canivez, 2008; DiStefano e Dombrowski, 2006). Um estudo de alunos de alta realização da 3ª série apoiou um modelo com quatro fatores (Williams et al., 2010). Usando uma população clínica em seu estudo, outra pesquisadora concluiu que "o modelo de cinco fatores sobre o qual o SB5 foi construído não se aplica de forma confiável a amostras clínicas". Com relação a sua amostra clínica, ela concluiu, "os achados de Roid não eram generalizáveis" (Chase, 2005, p. 64). No mínimo, pode-se dizer que dúvidas foram levantadas em relação à utilidade do modelo de cinco fatores do SB-5, sobretudo no que diz respeito à sua aplicabilidade a populações clínicas.

Administração do teste Os desenvolvedores de testes de inteligência, em particular testes concebidos para uso com crianças, têm sido tradicionalmente sensíveis à necessidade da **testagem adaptativa**, ou testes individuais feitos sob medida para o testando. Outros termos utilizados para referir-se a testagem adaptativa incluem *testagem sob medida, testagem sequencial, testagem ramificada* e *testagem dependente da resposta*. Empregada em testes de inteligência, a testagem adaptativa poderia implicar o início de um subteste com uma pergunta na faixa intermediária de dificuldade. Se o testando responder de forma correta ao item, um item de maior dificuldade é colocado em seguida. Se responder incorretamente, um item de menor dificuldade é colocado. A testagem adaptativa computadorizada visa, em essência, "imitar de maneira automática o que um examinador sensato faria" (Wainer, 1990, p. 10).

A testagem adaptativa ajuda a garantir que os primeiros itens do teste ou do subteste não sejam tão difíceis a ponto de frustrar o testando e nem tão fáceis a ponto de lhe dar um falso senso de segurança ou um estado de espírito no qual a tarefa não seja levada suficientemente a sério. Outras três vantagens de iniciar um teste ou subteste de inteligência em um nível de dificuldade ideal são que (1) permite que o aplicador colete o máximo de informação no mínimo de tempo, (2) facilita o *rapport* e (3) minimiza o potencial para fadiga do examinando pela administração de demasiados itens.

Após o examinador ter estabelecido um *rapport* com o testando, o exame começa formalmente com um item do que é chamado de um *teste de encaminhamento (routing test)*. Um **teste de encaminhamento (*routing test*)** pode ser definido como uma tarefa usada para direcionar ou encaminhar o examinando a um determinado nível de perguntas. Um dos objetivos desse teste, então, é orientar um examinando aos itens que têm alta probabilidade de estar em um nível de dificuldade ideal. Existem dois testes de encaminhamento no SB5, podendo cada um ser referido pelos nomes de sua atividade (Séries/Matrizes de Objetos e Vocabulário) ou por seus nomes relacionados ao fator (Raciocínio Fluido Não Verbal e Conhecimento Verbal). A propósito, esses mesmos dois subtestes – e apenas esses – são administrados com a finalidade de obter a pontuação de QI da bateria abreviada.

Os testes de encaminhamento (*routing tests*), bem como muitos outros subtestes, contêm **itens de ensino**, os quais visam ilustrar a tarefa requerida e garantir ao examinador que o examinando entenda. Os aspectos qualitativos do desempenho de um examinando em itens de ensino podem ser registrados como observações do examinador no protocolo do teste. Entretanto, o desempenho nos itens de ensino não é formalmente pontuado, e esse desempenho não entra de maneira alguma nos cálculos de qualquer outra pontuação.

Agora, algumas informações básicas sobre a administração do SB5. Todos os itens do teste para o SB5 estão contidos em três livros de itens. O Livro de itens 1 contém os dois primeiros subtestes (encaminhamento [*routing*]). Após o segundo subteste ter sido administrado, o examinador registrou as pontuações de capacidade estimadas para identificar um ponto de partida adequado nos Livros de itens 2 e 3. O examinador aplica os quatro próximos subtestes não verbais de um nível adequado do Livro de itens 2. Esses subtestes são rotulados de Conhecimento, Raciocínio Quantitativo, Processamento Visuoespacial e Memória de Trabalho. O examinador então administra os quatro últimos subtestes verbais do Livro de itens 3, novamente iniciando em um nível adequado. Os quatro subtestes verbais são rotulados de Raciocínio Fluido, Raciocínio Quantitativo, Processamento Visuoespacial, e Memória de Trabalho.

Embora compartilhem o mesmo nome, muitos dos subtestes para os testes verbal e não verbal envolvem tarefas diferentes. Por exemplo, uma *medida verbal* da memória de trabalho é um teste chamado de Memória para Frases, no qual a tarefa do examinando é repetir frases e sentenças curtas. Uma *medida não verbal* da memória de trabalho, conhecida como resposta atrasada, envolve uma tarefa bem diferente, que lembra o jogo dos três copos ou das três cartas (quando jogado com cartas) apostado por transeuntes nas ruas de muitas cidades (ver Fig. 10.1). Esses jogos de rua, bem como a tarefa do SB5 mais padronizada, se baseiam na memória visual e possivelmente na mediação verbal. Presume-se que esse último processo ocorra porque, durante o "atraso", o examinando (ou espectador do jogo) *subvocaliza* (verbaliza em pensamento, não em voz alta) o nome do objeto escondido e o caminho que ele percorre enquanto está sendo manipulado. A validade convergente dos subtestes verbal e não verbal de memória operacional do SB5 foi apoiada por correlações com outros testes supostamente medindo as mesmas respectivas variáveis (Pomplun e Custer, 2005).

Algumas das formas em que os itens de um subteste em testes de inteligência e em outros testes de capacidade são descritos por profissionais da avaliação têm paralelos em sua casa. Por exemplo, há um *chão*. Na terminologia da testagem da inteligência, o termo **chão** refere-se ao nível mais baixo dos itens em um subteste. Assim, por exemplo, se os itens em um determinado subteste de capacidade vão de *desenvolvimento atrasado* em uma extremidade do espectro a *intelectualmente dotado* no outro, então o item de nível mais baixo na primeira extremidade seria considerado o *chão* do subteste. O item de nível mais alto seria o **teto**. No Binet, outro termo útil é *nível basal*, que é usado para descrever um subteste com referência ao desempenho de um testando específico. Mui-

Figura 10.1 Observe atentamente e ganhe um prêmio.

Os jogadores dos jogos dos copos sabem que devem acompanhar o objeto escondido enquanto sua posição é mudada sob um dos três copos ou cartas. No novo subteste do SB5, chamado de Resposta Atrasada, o examinador coloca objetos sob copos e então manipula a posição destes. A tarefa do examinando é localizar o item escondido após um breve tempo. No SB5, o "prêmio" pelo desempenho bem-sucedido vem na forma de escores brutos que aparecem no cálculo da inteligência mensurada, não – como na fotografia – um retorno monetário sobre uma aposta.

tos subtestes do Binet têm regras para o estabelecimento de um **nível basal**, ou um critério de nível de base que deve ser satisfeito para que a testagem no subteste continue. Por exemplo, uma regra para estabelecer um nível basal poderia ser "O examinando responde a dois itens consecutivos corretamente". Se e quando os examinandos erram um determinado número de itens consecutivos, se diz que um **nível teto** foi alcançado, e a testagem é interrompida.[3]

> ◆ **REFLITA...**
> De que forma(s) um examinador poderia fazer mau uso ou abusar da obrigação de estimular os examinandos? Como tais atitudes poderiam ser evitadas?

Para cada subteste no SB5, há regras explícitas para onde *começar*, onde *reverter* e onde *parar* (ou *interromper*). Por exemplo, um examinador poderia iniciar no nível de capacidade atual estimado do examinando. Ele poderia reverter se o examinando pontuasse 0 nos dois primeiros itens do ponto de partida. Interromperia a testagem (pararia) após um certo número de itens errados depois da reversão. O manual também fornece regras explícitas para induzir o examinando. Se uma resposta vaga ou ambígua for dada em alguns itens verbais em subtestes como Vocabulário, Absurdos Verbais ou Analogias Verbais, o examinador é encorajado a dar ao examinando um estímulo como "conte-me mais".

Embora alguns dos subtestes sejam cronometrados, a maioria dos itens do SB5 não são. O teste foi construído dessa forma para acomodar testandos com necessidades especiais e para ajustar-se ao modelo da teoria de resposta ao item usado para calibrar a dificuldade dos itens.

Levantamento e interpretação   O manual do teste contém orientações explícitas para administrar, pontuar e interpretar o teste além de inúmeros exemplos de respostas corretas e incorretas úteis na pontuação de itens individuais. As pontuações nos itens individuais dos vários subtestes são calculadas para produzir escores brutos em cada um desses subtestes. O avaliador então emprega tabelas encontradas no manual para converter cada escore bruto em um escore-padrão. Desses escores-padrão, escores compostos são obtidos.

Quando pontuada por um aplicador de teste versado, uma administração do SB5 pode produzir muito mais que um número para uma Escala de QI Total e pontuações compostas relacionadas: o teste pode produzir informações valiosas em relação aos pontos fortes e pontos fracos do testando a respeito do funcionamento cognitivo. Essa informação pode ser usada por profissionais clínicos e acadêmicos em intervenções que visam fazer uma diferença significativa na qualidade de vida dos examinandos.

Vários métodos de análise de perfil foram descritos para uso com todos os principais testes de capacidade cognitiva (p. ex., ver Kaufman e Lichtenberger, 1999). Esses métodos tendem a ter em comum a identificação de diferenças significativas entre pontuações de subteste, compostas ou outros tipos de índices, bem como uma análise detalhada dos fatores a partir dessas diferenças. Na identificação dessas importantes diferenças, o aplicador do teste baseia-se não apenas em cálculos estatísticos (ou tabelas, se disponíveis) mas também nos dados normativos descritos no manual do teste. Grandes diferenças entre as pontuações sob análise devem ser raras ou infrequentes. O manual técnico do SB5 contém

---

[3] Clínicos experientes que tiveram ocasião de testar os limites de um examinando lhe dirão que essa suposição nem sempre é correta. **Testar os limites** é um procedimento que envolve administrar itens de teste além do nível no qual o manual do teste estabelece a interrupção. O procedimento pode ser empregado quando um examinador tem razões para acreditar que um examinando pode responder corretamente aos itens no nível mais alto. Em um teste de capacidade padronizado como o SB:FE, as diretrizes de interrupção devem ser respeitadas, pelo menos em termos de pontuação. Os testandos não ganham crédito formal por acertar os itens mais difíceis. Antes, o examinador deve apenas anotar no protocolo que a testagem dos limites foi conduzida com relação a um determinado subteste e então registrar os resultados.

várias tabelas concebidas para auxiliar o aplicador do teste na análise. Por exemplo, uma dessas tabelas é a "Differences Between SB5 IQ Scores and Between SB5 Factor Index Scores Required for Statistical Significance at .05 Level by Age" (Diferenças entre as pontuações de QI do SB5 e entre os índices fatoriais requeridos para significância estatística no nível 0,5 por idade).

Além da pontuação formal e da análise de diferenças de pontuações significativas, o momento de um teste administrado individualmente proporciona ao examinador uma oportunidade para observação comportamental. De maneira mais específica, o avaliador fica alerta para o **comportamento extrateste** do indivíduo avaliado. O modo como o examinando lida com frustração; como reage a itens considerados muito fáceis; a quantidade de apoio que parece requerer; a abordagem geral à tarefa; o quanto parece estar ansioso, cansado, cooperativo, distraído ou compulsivo – esses são os tipos de observações comportamentais que suplementarão as pontuações formais. A forma de registro do SB5 inclui uma lista de verificação de comportamentos observáveis do examinando. Também está incluído um questionário breve com respostas do tipo sim-ou-não no qual constava itens como *O uso da língua pelo examinado foi adequado para a testagem* e *O examinado era adequadamente cooperativo*. Também há espaço para registrar anotações e observações relativas a aparência física, humor e nível de atividade do examinando, medicamentos atuais e variáveis relacionadas. Os examinadores também podem anotar observações específicas durante a avaliação. Por exemplo, na administração da Memória para frases, em geral não há necessidade de registrar a resposta textual do examinando. Entretanto, se ele produziu elaborações incomuns sobre as frases de estímulo, o bom julgamento da parte do examinador determina que as respostas sejam registradas textualmente. Respostas incomuns nesse subteste podem também alertar o examinador para possíveis problemas de audição ou de fala.

Um costume de longa data com relação às pontuações da Escala Completa de Stanford-Binet é convertê-las em categorias nominais designadas por certos limites de corte para referência rápida. Ao longo dos anos, essas categorias tiveram diferentes nomes. Para o SB5, aqui estão os limites de corte com suas categorias nominais correspondentes:

Variação do QI medido	Categoria
145–160	Muito dotado ou altamente avançado
130–144	Dotado ou muito avançado
120–129	Superior
110–119	Médio alto
90–109	Médio
80–89	Médio baixo
70–79	Prejudicado ou atrasado *borderline*
55–69	Levemente prejudicado ou atrasado
40–54	Moderadamente prejudicado ou atrasado

Com referência a essa lista, Roid (2003b) advertiu que "a preocupação importante é descrever as habilidades e capacidades do examinando em detalhes, indo além da classificação" (p. 150). O valor primário dessas classificações é a referência abreviada em alguns relatórios psicológicos. Por exemplo, em uma declaração resumida no final de um relatório do SB5 detalhado, um psicólogo escolar poderia escrever, "Resumindo, Teodoro apresenta-se como um aluno de 5ª série bem-vestido, envolvido e espirituoso que está funcionando na variação média alta da capacidade intelectual".

> **REFLITA...**
> Não muito tempo atrás, *idiota*, uma palavra com conotações pejorativas, era uma das categorias em uso. O que, se houver um modo, os desenvolvedores de testes podem fazer para se defender contra o uso de categorias de classificação com conotações pejorativas?

Escalas Wechsler

David Wechsler criou uma série de testes de inteligência de administração individual para avaliar as capacidades intelectuais de pessoas da pré-escola até a idade adulta. Uma descrição geral dos vários tipos de tarefas mensuradas em revisões desses testes atuais, bem como de revisões passadas, é apresentada na Tabela 10.3.

Tradicionalmente, quer seja a Escala Wechsler para adultos, a escala para crianças ou a escala para pré-escola, um examinador familiarizado com um desses testes não teria muita dificuldade para administrar qualquer outra Escala Wechsler. Embora isso ainda possa ser verdadeiro, as Escalas Wechsler têm demonstrado uma tendência clara de afastamento dessa uniformidade. Por exemplo, até pouco tempo todas as Escalas Wechsler produziam, entre outras possíveis pontuações compostas, um QI Total (uma medida de inteligência geral), um QI Verbal (calculado com base nas pontuações em subtestes categorizados como verbais), e um QI de Execução (calculado com base nas pontuações de subtestes categorizados como não verbais). Tudo isso mudou em 2003 com a publicação da quarta edição da escala para crianças (discutida em mais detalhes mais adiante neste capítulo), um teste que dispensou a dicotomia de longa data entre subtestes Verbal e de Execução.

Independentemente das mudanças instituídas até hoje, ainda resta uma boa medida de uniformização entre as escalas. As Escalas Wechsler são todas escalas de pontos que produzem QI de desvio com média de 100 (interpretada como médio) e desvio-padrão de 15. Em cada um dos testes Wechsler, o desempenho de um testando é comparado com pontuações obtidas por outros naquela faixa etária. Os testes têm em comum manuais escritos com clareza que fornecem descrições de cada subteste, incluindo a razão para sua inclusão. Os manuais também contêm orientações claras e explícitas para a administração de subtestes, bem como inúmeros estímulos-padrão para lidar com uma variedade de questões, comentários ou outras contingências. Há diretrizes semelhantes para iniciar, parar e interromper e instruções de pontuação explícitas com exemplos claros. Para a interpretação do teste, todos os manuais do Wechsler vêm com inúmeros mapas estatísticos que podem se revelar úteis quando chega a hora de o avaliador fazer recomendações com base na avaliação. Além disso, uma série de publicações independentes de autoria de vários profissionais da avaliação estão disponíveis para suplementar as diretrizes apresentadas nos manuais dos testes.

Em geral, as Escalas Wechsler foram avaliadas favoravelmente de um ponto de vista psicométrico. Embora os coeficientes de confiabilidade variem em razão do tipo específico de confiabilidade avaliado, as estimativas de confiabilidade relatadas para esses testes em várias categorias (consistência interna, confiabilidade teste-reteste, confiabilidade entre avaliadores) tendem a ser satisfatórias e, em muitos casos, mais do que satisfatórias. Os manuais do Wechsler também costumam conter grande quantidade de informações sobre estudos de validade, em geral na forma de estudos correlacionais ou estudos de análise fatorial.

Três testes de inteligência Wechsler em uso no momento são a Escala de Inteligência Wechsler para Adultos-Quarta Edição (WAIS-IV) para as idades de 16 a 90 anos e 11 meses; a Escala de Inteligência Wechsler para Crianças-Quarta Edição (WISC-IV) para as idades de 6 a 16 anos e 11 meses; e a Escala de Inteligência Wechsler para Idade Pré-escolar e Primária-Terceira Edição (WPPSI-III) para as idades de 3 a 7 anos e 3 meses. Visto que esses testes (bem como outros) são revistos periodicamente, os leitores são aconselhados a verificar se uma versão mais recente de qualquer deles foi publicada desde que esta edição de nosso texto foi publicada.

Tabela 10.3 Tipos gerais de itens usados nos testes Wechsler

Uma listagem dos subtestes específicos para as Escalas Wechsler individuais é apresentada na Tabela 10.6.

Subteste	Descrição
Informação	*Em que continente fica o Brasil?* Perguntas como essa, que são vastas e exploram conhecimentos gerais, aprendizagem e memória, são feitas. Interesses, educação, antecedentes culturais e habilidades de leitura também são alguns fatores que influenciam a pontuação alcançada.
Compreensão	Em geral, essas perguntas exploram a compreensão verbal, a capacidade de organizar e aplicar conhecimento e o que é coloquialmente referido como "bom senso". Uma pergunta ilustrativa é: *Por que as crianças devem ter cautela ao falar com estranhos?*
Semelhanças	*Em que uma caneta e um lápis se parecem?* Esse é um tipo de pergunta geral que aparece nesse subteste. Pares de palavras são apresentados ao examinando, e a tarefa é determinar a semelhança entre elas. A capacidade de analisar relações e realizar pensamento lógico, abstrato, são duas capacidades cognitivas exploradas por esse tipo de teste.
Aritmética	Problemas de aritmética são apresentados e resolvidos verbalmente. Em níveis mais baixos, a tarefa pode envolver contagem simples. Aprendizagem de aritmética, alerta e concentração e memória auditiva de curto prazo são algumas das capacidades intelectuais exploradas por esse teste.
Vocabulário	A tarefa é definir palavras. Esse teste é pensado para ser uma boa medida de inteligência geral, embora educação e oportunidade cultural evidentemente contribuam para o sucesso nele.
Vocabulário receptivo	A tarefa é escolher entre quatro figuras o que o examinador disse em voz alta. Esse teste explora a discriminação e o processamento auditivo, a memória auditiva e a integração entre percepção visual e estímulo auditivo.
Nomear figuras	A tarefa é nomear uma figura exibida em um livro de figuras de estímulo. Esse teste explora a linguagem expressiva e a capacidade de recuperar palavras.
Dígitos	O examinador apresenta verbalmente uma série de números, e a tarefa do examinando é repeti-los na mesma sequência ou no sentido contrário. Esse subteste explora a memória auditiva de curto prazo, a codificação e a atenção.
Sequência de números e letras	Letras e números são apresentados oralmente em uma ordem misturada. A tarefa é repetir a lista com números em ordem ascendente e letras em ordem alfabética. O sucesso nesse subteste requer atenção, capacidade de sequenciar, manipulação mental e velocidade de processamento.
Complementação de figuras	A tarefa do indivíduo aqui é identificar que parte importante está faltando em uma figura. Por exemplo, poderia ser mostrado ao testando a figura de uma cadeira faltando uma perna. Esse subteste baseia-se nas capacidades de percepção visual, alerta, memória, concentração, atenção a detalhes e capacidade de diferenciar detalhes essenciais de não essenciais. Visto que os respondentes podem apontar para a parte faltante, esse teste fornece uma boa estimativa de inteligência não verbal. Entretanto, o desempenho bem-sucedido em um teste como esse ainda tende a ser altamente influenciado por fatores culturais.
Arranjo de figuras	No gênero de histórias em quadrinhos, esse subteste requer que o testando reorganize um conjunto de cartões com figuras misturados em uma história que faça sentido. Visto que o testando deve entender toda a história antes que uma reorganização bem-sucedida ocorra, considera-se que esse subteste explore a capacidade de compreender ou "dimensionar" uma situação. Além disso, atenção, concentração e capacidade de ver relações temporais e de causa-e-efeito são exploradas.
Cubos	Um desenho de cubos coloridos é ilustrado com os próprios cubos ou por uma figura do desenho finalizado, a tarefa do examinando é reproduzir o desenho. Esse teste baseia-se nas capacidades perceptomotoras, na velocidade psicomotora e na capacidade de analisar e sintetizar. Fatores que podem influenciar o desempenho nesse teste incluem a visão de cores, a tolerância a frustração e a flexibilidade ou a rigidez na resolução de problemas do examinando.
Armar objetos	A tarefa é montar, o mais rápido possível, uma figura ou um objeto familiar cortado. Algumas das capacidades exigidas aqui incluem reconhecimento de padrão, habilidades de montagem e velocidade psicomotora. Informações qualitativas úteis pertinentes aos hábitos de trabalho do examinando também podem ser obtidas pela observação cuidadosa da abordagem à tarefa. Por exemplo, o examinando desiste facilmente ou persiste frente a dificuldades?
Códigos	Se recebesse os equivalentes de ponto-e-traço de diversas letras em código Morse e então tivesse que escrever letras nesse código o mais rápido que pudesse, você completaria uma tarefa de codificação. A tarefa de codificação Wechsler envolve usar um código de um padrão impresso. Considera-se que o teste utilize fatores como atenção, capacidade de aprendizagem, velocidade psicomotora e capacidade de concentração.
Procurar símbolos	A tarefa é examinar visualmente dois grupos de símbolos, um grupo de busca e um grupo-alvo, e determinar se o símbolo-alvo aparece no grupo de busca. Presume-se que o teste explore a velocidade de processamento cognitivo.
Raciocínio matricial	Uma tarefa do tipo analogia não verbal envolvendo uma matriz incompleta visando explorar as capacidades de organização perceptual e o raciocínio.
Raciocínio com palavras	A tarefa é identificar o conceito comum que está sendo descrito com uma série de sugestões. Esse teste explora a capacidade de abstração verbal e a capacidade de gerar conceitos alternativos.
Conceitos figurativos	A tarefa é selecionar uma figura de duas ou três carreiras de figuras para formar um grupo com uma característica comum. Ela visa explorar a capacidade de abstração bem como a capacidade de raciocínio categórico.
Cancelamento	A tarefa é examinar um arranjo de estímulos visuais estruturado ou não estruturado e marcar as imagens-alvo em um limite de tempo específico. Esse subteste explora a atenção seletiva visual e capacidades relacionadas.

Escala de Inteligência Wechsler para Adultos – quarta edição (WAIS-IV)

As antecessoras da WAIS-IV, da mais recente para trás, foram a WAIS-III, a WAIS-R, a WAIS, a W-B II (Wechsler-Bellevue II) e a W-B I (Wechsler-Bellevue I). Conforme você verá em nossa breve revisão histórica, muito antes de a "W-B" ter se tornado uma rede de televisão, essa abreviatura era usada para referir-se ao primeiro de uma longa linha de testes Wechsler.

A herança do teste No início da década de 1930, o empregador de Wechsler, o Hospital Bellevue em Manhattan, necessitava de um instrumento para avaliar a capacidade intelectual de seus clientes de várias nacionalidades, idiomas e culturas. Insatisfeito com os testes de inteligência existentes, Wechsler começou a experimentar. O resultado final foi um teste de sua autoria, o W-B I, publicado em 1939. Esse novo teste baseava-se no formato de testes existentes, embora não no conteúdo.

Ao contrário do teste de inteligência mais popular administrado individualmente na época, o Stanford-Binet, o W-B I era uma escala de pontos, não uma escala de idade. Os itens eram classificados por subtestes em vez de por idade. O teste era organizado em seis subtestes verbais e cinco de execução (desempenho), e todos os itens em cada teste eram arranjados em ordem crescente de dificuldade. Uma forma alternativa equivalente do teste, o W-B II, foi criada em 1942, mas nunca foi completamente padronizada (Rapaport et al., 1968). A menos que uma referência específica seja feita ao W-B II, as referências aqui (e na literatura em geral) ao Wechsler-Bellevue (ou o W-B) se referem apenas ao Wechsler-Bellevue I (W-B I).

A pesquisa comparando o W-B a outros testes de inteligência da época sugeriu que o W-B mensurava algo comparável ao que outros teste de inteligência mensuravam. Contudo, o teste tinha alguns problemas: (1) a amostra de padronização era bastante restrita; (2) alguns subtestes não apresentavam suficiente confiabilidade entre itens; (3) alguns dos subtestes eram constituídos de itens muito fáceis; e (4) os critérios de pontuação para certos itens eram muito ambíguos. Dezesseis anos após a publicação do W-B, uma nova Escala Wechsler para adultos foi publicada: a Escala de Inteligência Wechsler para Adultos (WAIS; Wechsler, 1955).

Do mesmo modo que o W-B, o WAIS era organizado nas escalas Verbal e de Execução (Desempenho). A pontuação produzia um QI Verbal, um QI de Execução (Desempenho) e um QI Total. Como resultado de muitas melhorias em relação a seu antecessor W-B, o WAIS rapidamente se tornaria o padrão em relação ao qual outros testes adultos eram comparados. Uma revisão do WAIS, o WAIS-R, foi publicada em 1981, logo após a morte de Wechsler em maio daquele mesmo ano. Além de novas normas e materiais atualizados, o manual de administração do teste WAIS-R determinava a aplicação alternativa de testes verbais e de execução (desempenho). Em 1997, a terceira edição do teste (o WAIS-III) foi publicada com autoria creditada a David Wechsler.

O WAIS-III continha materiais atualizados e mais amigáveis ao aplicador. Em alguns casos, os materiais do teste eram aumentados fisicamente para facilitar a visão por adultos mais velhos. Alguns itens que ampliavam o chão do teste foram adicionados a cada subteste a fim de torná-lo mais útil para avaliar pessoas com déficits intelectuais extremos. Uma pesquisa extensiva foi planejada para detectar e eliminar itens que podiam conter viés cultural. As normas foram ampliadas para incluir testandos na faixa etária de 74 a 89 anos. O teste foi conormatizado com a Escala de Memória Wechsler – Terceira Edição (WMS-III), desse modo facilitando comparações de memória com outros índices de funcionamento intelectual quando o WAIS-III e o WMS-III fossem administrados. O WAIS-III produzia um QI Total (composta), bem como quatro índices fatoriais – Compreensão Verbal, Organização Perceptual, Memória de Trabalho e Velocidade de Processamento – usados para uma interpretação mais profunda dos resultados.

REFLITA...
Por que é importante demonstrar que uma nova versão de um teste de inteligência está medindo a mesma coisa que uma versão anterior? Por que poderia ser desejável que o teste medisse alguma coisa que *não* era medida pela versão anterior?

O teste hoje O WAIS-IV é a edição mais recente da família das Escalas Wechsler para Adultos. Ela é constituída de substestes que são designados como *principais* ou *suplementares*. Um **subteste principal** é aquele que é administrado para obter uma pontuação composta. Sob circunstâncias habituais, um **subteste suplementar** (às vezes também referido como um **subteste opcional**) é usado para propósitos como fornecer informação clínica adicional ou estender o número de capacidades ou processos amostrados. Entretanto, há situações nas quais um subteste suplementar pode ser usado *em lugar de* um principal. Esses tipos de situações surgem quando, por alguma razão, o uso de uma pontuação em um determinado subteste principal seria questionável. Portanto, por exemplo, um subteste suplementar poderia substituir um principal se:

- o examinador administrou incorretamente um subteste principal
- o avaliando foi exposto de maneira inadequada aos itens do subteste antes de sua administração
- o avaliando demonstrou uma limitação física que afetava sua capacidade de responder efetivamente aos itens de um determinado subteste

NO BRASIL
A Escala WAIS-IV ainda não foi adaptada para uso no Brasil. Os nomes das tarefas, de índices e escores podem sofrer alterações quando o procedimento for concluído.

O WAIS-IV contém 10 subtestes principais (Cubos, Semelhanças, Sequência de Números, Raciocínio Matricial, Vocabulário, Aritmética, Procurar Símbolos, Quebra-cabeça Visual, Informação e Códigos) e cinco subtestes suplementares (Sequência de Números e Letras, Pesos da Figura, Compreensão, Cancelamento e Completar Figuras). Aplicadores de longa data de versões anteriores da série de testes Wechsler para adultos notarão a ausência de quatro subtestes (Arranjo de Figuras, Armar Objetos, Memória de Dígitos e Codificação de Dígito e Símbolo) e a adição de três novos subtestes (Quebra-cabeça Visual, Pesos da Figura e Cancelamento). Quebra-cabeça Visual e Pesos da Figura são ambos subtestes cronometrados pontuados na Escala de Raciocínio Perceptual do WAIS-IV. No subteste Quebra-cabeça Visual, a tarefa do avaliando é identificar as partes que compõem um desenho de estímulo. No teste Pesos da Figura, a tarefa é determinar o que precisa ser acrescentado para equilibrar uma balança de dois pratos – que lembra o tipo de balança da "justiça cega". No Cancelamento, um subteste cronometrado usado para calcular o índice de velocidade de processamento, a tarefa é desenhar linhas sobre pares alvo de formas coloridas (embora não desenhando linhas sobre formas apresentadas como distratores).[4]

As melhorias no WAIS-IV em relação às versões anteriores do teste incluem instruções de administração mais explícitas, bem como o uso ampliado de demonstração e de exemplos de itens – isso na tentativa de fornecer aos avaliandos a prática em fazer o que é requerido, além de *feedback* sobre seu desempenho. Presume-se que os itens práticos (*pratice items*) – ou itens de ensino (*teaching items*), como também são chamados – procurem garantir que pontuações baixas na verdade se devam a um déficit de algum tipo e não apenas ao entendimento equivocado das orientações. Como é o costume agora no desenvolvimento da maioria dos testes de capacidade cognitiva, todos os itens do teste foram revistos exaustivamente para eliminar qualquer possível viés cultural. O WAIS-IV também representa uma melhoria em relação a seu antecessor em termos de seu "chão" e seu "teto". O chão de um teste de inteligência é o nível mais baixo de inteligência que ele se propõe a medir. O WAIS-III tinha um chão de QI Total 45; o WAIS-IV tem um chão de QI Total de 40. O teto de um teste de inteligência é o nível mais alto de inteligência que se propõe a medir. O WAIS-III tinha um teto de QI Total de 155; o WAIS-IV tem um teto de QI Total de 160. Se o interesse na mensuração desses extremos na inteligência aumentar,

---

[4] Exemplos de itens de todos esses três subtestes foram postados na página da internet do editor. Visite http://pearsonassess.com e acesse o material sobre o WAIS-IV para encontrar a pasta: identificada como "New Subtests".

podemos esperar ver "melhorias na casa" comparáveis (nos chãos e nos tetos) nas versões futuras desse teste e de testes comparáveis.

Devido às expectativas de vida mais longas, os dados normativos foram estendidos para incluir informações para testandos de até 90 anos e 11 meses de idade. Outras mudanças no WAIS-IV, comparado à sua edição anterior, refletem maior sensibilidade às necessidades de adultos mais velhos. Essas melhorias incluem:

- aumento das imagens nos subtestes Completar Figuras, Procurar Símbolos, e Códigos
- a recomendação de não administração de certos testes suplementares que exploram a memória a curto prazo, a coordenação mão-olho, e/ou a velocidade motora para testados com mais de 69 anos (isso para reduzir o tempo de testagem e minimizar a frustração do testando)
- redução no tempo total médio de administração do teste de 80 para 67 minutos (realizada principalmente pela redução do número de itens que o testando deve errar antes que um subteste seja interrompido)

Em uma época passada, as pontuações do testando nos subtestes das Escalas Wechslers eram usadas para calcular um QI Verbal, um QI de Execução e um QI Total; esse não é o caso do WAIS-IV. Como com seu antecessor, o WAIS-III, métodos de análise fatorial foram usados para ajudar a identificar os fatores do teste que pareciam ser carregados. Os desenvolvedores do WAIS-IV consideraram que os subtestes carregavam em quatro fatores: Compreensão Verbal, Memória Operacional, Raciocínio Perceptual e Velocidade de Processamento.[5] Os subtestes muito carregados em qualquer desses fatores foram agrupados, e as pontuações nesses subtestes foram usadas para calcular índices fatoriais correspondentes. Os subtestes menos carregados em um determinado fator foram designados como suplementares em relação à mensuração desse fator (ver Tab. 10.4). Como resultado, a pontuação dos subtestes produz quatro índices fatoriais: um Índice de Compreensão Verbal, um Índice de Memória Operacional, um Índice de Raciocínio Perceptual e um Índice de Velocidade de Processamento. Há também um quinto índice fatorial, o Índice de Capacidade Geral (GAI, do inglês, General Ability Index), que é um tipo de "composto de dois compostos". Ele é calculado usando os índices de Compreensão Verbal e Raciocínio Perceptual. O GAI é útil para os clínicos como um índice global de capacidade intelectual.

Outra pontuação composta que tem aplicação clínica é o Índice de Proficiência cognitiva (CPI, do inglês, Cognitive Proficiency Index). Composto do Índice de Memória Operacional e do Índice de Velocidade de Processamento, o CPI é usado para identificar problemas relativos à memória operacional ou à velocidade de processamento (Dumont e Willis, 2001). Alguns pesquisadores sugeriram que ele possa ser usado em conjunto com o GAI como auxílio para entender e identificar melhor várias dificuldades de aprendiza-

Tabela 10.4 Subtestes do WAIS-IV agrupados de acordo com os índices

Escala de Compreensão Verbal	Escala de Raciocínio Perceptual	Escala de Memória Operacional	Escala de Velocidade de Processamento
Semelhanças[a]	Blocos[a]	Sequência de Números[a]	Procurar Símbolos[a]
Vocabulário[a]	Raciocínio Matricial[a]	Aritmética[a]	Códigos[a]
Informação[a]	Quebra-cabeça Visual[a]	Sequência de Números e Letras (16-69 anos)[b]	Cancelamento (16-69 anos)[b]
Compreensão[b]	Completar Figuras[b]		
	Pesos da Figura (16-69 anos)[b]		

[a] Subteste principal.
[b] Subteste suplementar.

---

[5] O fator do WAIS-IV chamado de "Raciocínio Perceptual" é o mesmo que era denominado "Organização Perceptual" no WAIS-III.

gem (Weiss et al., 2010). Como o GAI e o QI Total (FSIQ), o CPI foi calibrado para ter uma média de 100 e um desvio-padrão de 15.

Padronização e normas A amostra de normatização do WAIS-IV consistiu em 2.200 adultos com idades de 16 a 90 anos e 11 meses. Ela foi estratificada com base nos dados do censo de 2005 dos Estados Unidos com relação a variáveis como idade, sexo, raça/etnia, nível educacional e região geográfica. Em consonância com os dados do censo, havia mais mulheres do que homens nas faixas etárias mais velhas. Comparada com a amostra de padronização do WAIS-III, a do WAIS-IV é mais velha, mais diversa e tem um padrão de vida melhor.

Seguindo uma tradição da Escala Wechsler, os escores brutos da maioria dos subtestes para cada faixa etária foram convertidas para percentis e então para uma escala com uma média de 10 e um desvio-padrão de 3. Outra tradição da Escala Wechsler, a partir do WAIS-R, determinava que as pontuações escalonadas para cada subteste fossem baseadas no desempenho de um grupo de referência de testandos "normais" (ou, pelo menos, não diagnosticados e não prejudicados) de 20 a 34 anos de idade. De acordo com Tulsky e colaboradores (1997), isso foi feito como consequência da convicção de David Wechsler de que "o desempenho ideal tendia a ocorrer nessas idades" (p. 40). Entretanto, foi constatado que a prática contribuía para uma série de problemas na interpretação do WAIS-R, especialmente com testandos mais velhos (Ivnik et al., 1992; Ryan et al., 1990; Tulsky et al., 1997). A partir do WAIS-III e continuando com o WAIS-IV, a prática de extrair normas com base em um hipotético grupo de referência com "desempenho ideal" foi abandonada. As pontuações obtidas pelo grupo normativo da mesma idade do testando serviria como base para sua pontuação escalonada.[6]

Solidez psicométrica O manual para o WAIS-IV (Coalson e Raiford, 2008) apresenta dados de uma série de estudos atestando a confiabilidade, validade e solidez psicométrica global do teste. Por exemplo, estimativas de confiabilidade de consistência interna altas foram encontradas para todos os subtestes e pontuações compostas para os quais uma estimativa de consistência interna é apropriada.[7]

A validade do WAIS-IV foi estabelecida por uma série de meios, como estudos de validade concorrente e estudos de validade convergente e discriminatória. Além disso, estudos qualitativos foram conduzidos sobre as estratégias de resolução de problemas que os testandos usavam para responder a perguntas a fim de confirmar se elas eram os mesmos processos visados na avaliação. Pesquisadores independentes observaram que, embora haja comparabilidade entre as pontuações do WAIS-IV e do SB5 na variação média de inteligência, existem algumas discrepâncias entre as pontuações alcançadas nesses testes nos extremos da distribuição. Por exemplo, em um estudo, foi verificado que indivíduos com incapacidades intelectuais conhecidas obtiveram pontuações de escala total do WAIS que eram aproximadamente 16 pontos mais altas do que as pontuações obtidas no SB5 (Silverman et al., 2010).

O entusiasmo com que a comunidade profissional recebeu a Escala Wechsler para

> **REFLITA...**
> Pense um pouco sobre seus próprios processos de resolução de problemas. Responda à pergunta: "Qual é a raiz quadrada de 81?". Agora, responda à pergunta: "O que você comeu ontem no jantar?". Qual a diferença entre os processos de pensamento que utilizou para responder a essas duas perguntas? Por exemplo, uma delas evocou mais imagens mentais do que a outra?

---

[6] Entretanto, essas pontuações do grupo de referência (derivadas do desempenho de adultos dos 20 aos 34 anos e 11 meses de idade) ainda são publicadas no manual do WAIS-IV. Presumivelmente, essas normas estejam lá para fins de pesquisa – ou para examinadores que buscam determinar como o desempenho de um testando individual se compara com adultos nessa faixa etária.

[7] Uma estimativa de consistência interna não seria apropriada para subtestes de velocidade, tais como aqueles usados para calcular o Índice de Velocidade de Processamento.

adultos induziu uma espécie de "extensão da marca" descendente. O resultado seria uma série de testes de inteligência para crianças.

Escala de Inteligência Wechsler para Crianças – quarta edição (WISC-IV)

História   A Escala de Inteligência Wechsler para Crianças (WISC) foi publicada pela primeira vez em 1949. Ela representou uma extensão descendente do W-B e incorporou muitos itens contemplados para uso no (nunca publicado) W-B II. Embora tivesse sido recebido em geral como um instrumento confiável que se correlacionava bem com outros testes de inteligência, o WISC não era isento de falhas. A amostra de normatização continha apenas crianças brancas, e alguns dos itens do teste eram vistos como perpetuando estereótipos de gênero e culturais. Além disso, partes do manual do teste eram tão obscuras que levavam a ambiguidades em sua administração e pontuação. Uma revisão do WISC, chamada de Escala de Inteligência Wechsler para Crianças – Revista (WISC-R), foi publicada em 1974. O WISC-R incluiu não brancos na amostra de normatização, e as figuras do material de teste eram mais equilibradas culturalmente. A linguagem do teste foi modernizada e "infantilizada"; por exemplo, a palavra *cigarros* em um item de aritmética foi substituída por *barras de chocolate*. Houve também inovações na administração e na pontuação do teste. Por exemplo, os testes Verbal e de Execução (Desempenho) eram administrados de forma alternada, uma prática que também seria estendida para o WAIS--III e o WPPSI-R.

A revisão do WISC-R gerou a Escala de Inteligência Wechsler para Crianças-III, publicada em 1991. Essa revisão foi realizada para atualizar e melhorar os itens, bem como as normas do teste. Por exemplo, itens mais fáceis foram adicionados à escala de Aritmética para avaliar a capacidade de contagem. No outro extremo da escala de Aritmética, problemas com enunciado relativamente difíceis, de múltiplos passos, foram adicionados. Um subteste Procurar Símbolos foi introduzido no WISC-III. Ele foi adicionado como resultado de uma pesquisa sobre controle da atenção e foi pensado para explorar a *liberdade de distração*.

O teste hoje   Publicado em 2003, o WISC-IV representa a culminação de um programa de pesquisa de cinco anos envolvendo diversos estágios do desenvolvimento conceitual no que diz respeito à montagem e à avaliação final. Talvez o mais notável na introdução à quarta edição seja um visível "aquecimento" para o modelo de inteligência CHC – qualificado por um lembrete de que Carroll (1997), assim como Wechsler e outros, acreditava que *g* estava bem vivo nos principais instrumentos concebidos para mensurar a inteligência:

> Baseado em investigação de análise fatorial mais abrangente das medidas de capacidade cognitiva até hoje, Carroll (1993, 1997) concluiu que a evidência de um fator geral de inteligência era esmagadora. Portanto, a tendência a uma ênfase sobre capacidades cognitivas múltiplas, definidas mais estritamente, não resultou na rejeição de um aspecto global, subjacente, de inteligência geral. Apesar do contínuo debate sobre a existência de um único construto de inteligência subjacente, os resultados da pesquisa de análise fatorial convergem na identificação de 8 a 10 amplos domínios de inteligência [...] (Wechsler, 2003, p. 2).

Também é enfatizado no manual que as funções cognitivas são inter-relacionadas, tornando difícil, se não impossível, obter uma medida "pura" de uma função. Um teste que se propõe a medir *velocidade de processamento*, por exemplo, pode envolver múltiplas capacidades, tais como capacidade de discriminação visual e capacidade motora. Além disso, dúvidas foram levantadas em relação à conveniência de até mesmo tentar isolar capacidades específicas para mensuração, porque, na "vida real", as tarefas cognitivas raras vezes são realizadas isoladamente. Essa questão foi levantada pelo próprio Wechsler:

◆ **REFLITA...**

O último *C* no modelo CHC pertence a Carroll, e Carroll acredita firmemente no *g*. Cattell e Horn, o primeiro *C* e o *H* do CHC, não são fãs do *g*. Isso é a prova de que companheiros peculiares podem andar juntos quando uma teoria que leva o nome de três pessoas não foi na verdade desenvolvida por essas três pessoas. O que você pensa sobre isso?

os atributos e fatores da inteligência, como as partículas elementares na física, têm ao mesmo tempo propriedades coletivas e individuais; ou seja, eles parecem se comportar diferentemente quando sozinhos em relação ao que fazem quando operam em conjunto. (1975, p. 138)

Em concordância com o supramencionado, os desenvolvedores do WISC-IV revisaram o teste de modo que ele agora produz uma medida de funcionamento intelectual geral (um QI Total, ou FSIQ), bem como quatro índices fatoriais: um Índice de compreensão verbal, um Índice de Organização Perceptual, um Índice de Memória Operacional e um Índice de Velocidade de Processamento. Cada um desses índices é baseado nas pontuações de 3 a 5 subtestes. São as pontuações de cada índice, com base apenas nos subtestes principais, que se combinam para produzir o QI Total.

A partir de uma administração do WISC-IV também é possível obter até sete *pontuações processuais* usando tabelas fornecidas no manual de administração e pontuação. Uma **pontuação processual** (ou **escore processual**) pode ser definida em geral como um índice visando ajudar a entender a forma como o testando processa vários tipos de informações. No que muitos veriam um afastamento importante de versões anteriores do teste, o WISC-IV *não* produz pontuações de QI Verbal e de Execução (Desempenho) separadas.

Examinadores familiarizados com versões anteriores do WISC podem ser surpreendidos por algumas das outras mudanças instituídas nessa edição. Os subtestes conhecidos como Arranjo de Figuras, Armar Objetos e Labirintos foram todos eliminados. normas separadas são agora apresentadas para Blocos, com e sem bônus de tempo. Em parte, essas normas separadas representam um reconhecimento de que certas culturas valorizam tarefas de velocidade mais do que outras. Os subtestes Informação, Aritmética e Completar Figuras – anteriormente subtestes principais – são agora suplementares. No WISC-IV, há 10 subtestes principais e cinco suplementares.

Após o trabalho-piloto e experimentações nacionais usando versões preliminares da nova escala, uma edição de padronização do WISC-IV foi criada e administrada a uma amostra estratificada de 2.200 indivíduos com idades variando de 6 a 16 anos e 11 meses. A amostra foi estratificada para ser representativa dos dados do censo de 2000 nos Estados Unidos com relação a variáveis fundamentais, como idade, gênero, raça/etnia, nível de educação dos pais e região geográfica. Pessoas que não eram fluentes na língua inglesa ou que sofriam de qualquer das várias condições físicas e mentais que poderiam deprimir o desempenho do teste foram excluídas da participação na amostra de normatização (ver Wechsler, 2003, p. 24, para uma lista completa dos critérios de exclusão). Procedimentos de garantia de qualidade foram postos em prática para qualificar examinadores, procedimentos de pontuação e entrada de dados. Todos os itens foram revistos qualitativamente para possível viés pelos revisores, bem como quantitativamente por meio de metodologias de análise de viés da TRI.

O manual para o WISC-IV apresenta uma série de estudos como comprovação da solidez psicométrica do teste. Em termos de confiabilidade, é apresentada evidência em apoio à consistência interna do teste e à estabilidade teste-reteste. Ela também é apresentada em relação à excelente concordância entre avaliadores (0,90s baixa para alta). A comparação da validade do teste vem na forma de uma série de estudos de análise fatorial e de diversos estudos correlacionais que se concentraram nas pontuações do WISC-IV, comparadas com as alcançadas em outros testes. Dados detalhados sobre esse assunto são apresentados no manual do teste.

O WISC-IV comparado ao SB5 Embora o SB5 possa ser usado com testandos que são tanto mais jovens quanto mais velhos do que os que podem ser avaliados com o WISC-IV, as comparações entre o Binet e o WISC se tornaram algo semelhante a uma tradição entre avaliadores que testam crianças.

Ambos os testes foram publicados em 2003. Ambos são instrumentos aplicados individualmente que levam cerca de uma hora de tempo de administração para produzir uma pontuação composta de QI Total (acrescente 30 minutos para a administração da "bateria estendida"); o SB5 não contém nenhuma. Com o SB5, um QI de bateria abreviada pode ser obtido pela administração de dois subtestes; o WISC-IV não contém formas curtas, embora esse fato não tenha impedido muitos avaliadores de construir suas próprias versões abreviadas ou encontrar uma maneira de construí-las com base em alguma publicação independente. Ambos os testes contêm materiais dedicados às crianças, e ambos têm programas de computador opcionais disponíveis para pontuar e escrever relatórios.

A amostra normativa para testandos de 6 a 16 anos foi de 2.200 para ambos os testes. O WISC-IV incluiu educação dos pais como uma variável de estratificação que o SB5 não incluiu. O SB5 incluiu condição socioeconômica e educação do testando como variáveis de estratificação que o WISC-IV não incluiu. Os desenvolvedores de ambos os testes incluíram critérios de exclusão na amostra normativa, e estudos de validade separados com algumas dessas amostras excepcionais foram conduzidos para ambos os testes. Consulte os respectivos manuais para as diferenças entre os dois testes em termos desses estudos de validade separados porque eles, na verdade, empregaram tipos diferentes de amostras.

> **REFLITA...**
> O SB5 e o WISC-IV são semelhantes em muitos aspectos, exceto em relação aos critérios de exclusão e às populações nas quais estudos de validade separados foram conduzidos. Por que você acha que é assim? Quais são as implicações dessas diferenças para os aplicadores de testes que avaliam membros de populações excepcionais?

Os desenvolvedores tanto do WISC-IV quanto do SB5 eram obviamente fãs do modelo de inteligência CHC. Contudo, ambos pareciam aceitá-lo apenas na medida em que ainda podiam encontrar um lugar para *g* no topo da hierarquia. Os dois testes empregam alguns tipos semelhantes e outros diferentes de subtestes. Como um todo, ambos podem ser interpretados com respeito a diversos índices cognitivos e não verbais que são retirados, em maior ou menor grau, do modelo CHC (ver Tab. 10.5).

Em nossa discussão comparando o WAIS-IV com o SB5, observamos que parecia haver comparabilidade entre as pontuações, exceto em suas variações extremas; testandos com déficits intelectuais conhecidos tendiam a obter pontuações mais altas no WAIS-IV, comparado com o SB5. Um resultado paralelo foi encontrado em um estudo de comparação entre o WISC-III e o SB5 que empregou como sujeitos crianças sabidamente superdotadas. As pontuações dos indivíduos no SB5 foram bem mais baixas (Minton e Pratt, 2006).

Escala de Inteligência Wechsler para Idade Pré-escolar e Primária – terceira edição (WPPSI-III)

O projeto Head Start – bem como outros programas da década de 1960 para crianças de idade pré-escolar que eram culturalmente diferentes ou excepcionais (definidas nesse contexto como atípicas na capacidade; isto é, superdotadas ou com desenvolvimento atrasado) – despertou o interesse no desenvolvimento de novos testes para pré-escolares (Zimmerman e Woo-Sam, 1978). O Stanford-Binet tinha sido, por tradição, o teste de escolha

Tabela 10.5 Fatores cognitivos e não verbais no WISC-IV comparado ao Stanford-Binet 5

	WISC-IV	SB5
Fatores cognitivos	Memória Operacional Velocidade de Processamento Compreensão Verbal Organização Perceptual	Memória Operacional Processamento Visuoespacial Conhecimento Raciocínio Fluido Raciocínio Quantitativo
Fatores não verbais	Memória Operacional Velocidade de Processamento Organização Perceptual	Memória Operacional Processamento Visuoespacial Raciocínio Fluido Raciocínio Quantitativo Conhecimento

para uso com pré-escolares. Uma questão diante dos desenvolvedores do WISC era se esse teste podia ou não ser repadronizado para crianças abaixo dos 6 anos. Como alternativa, um teste inteiramente novo deveria ser desenvolvido? Wechsler (1967) decidiu que uma nova escala deveria ser desenvolvida e padronizada em especial para crianças abaixo dessa idade. O novo teste foi o WPPSI (Escala de Inteligência Wechsler para Idade Pré-escolar e Primária), em geral pronunciada "whipsy". Sua publicação, em 1967, ampliou para baixo a variação etária da série de Escalas de Inteligência Wechsler até a idade de 4 anos.

> **NO BRASIL**
> A Escala WPPSI, e suas versões posteriores, ainda não foram adaptadas para uso no Brasil. Os nomes das tarefas, de índices e escores podem ser alterados quando esse procedimento for concluído.

O WPPSI foi o primeiro grande teste de inteligência que "amostrou adequadamente a população total dos Estados Unidos, incluindo as minorias raciais" (Zimmerman e Woo-Sam, 1978, p. 10). Essa vantagem contribuiu muito para o sucesso do WPPSI, sobretudo em uma época em que os testes padronizados estavam sendo atacados pela representação inadequada das minorias nas amostras normativas. Uma revisão do WPPSI, o WPPSI-R, foi publicada em 1989. Ela visava avaliar a inteligência de crianças dos 3 aos 7 anos e 3 meses. Novos itens foram desenvolvidos para ampliar a abrangência do teste tanto para cima quanto para baixo.

Publicado em 2002, o WPPSI-III estendeu para 2 anos e 6 meses o limite inferior de idade das crianças que podiam ser testadas com esse instrumento. Seu manual técnico continha o mesmo tipo de introdução histórica à testagem da inteligência que o WISC-IV. Entretanto, em vez de chegar à conclusão de que era hora de abandonar a dicotomia Verbal/Execução tradicional do Wechsler, como foi feito com o WISC-IV, a utilidade da dicotomia foi reafirmada no manual do WPPSI-III. Consequentemente, três pontuações compostas podem ser obtidas: QI Verbal, QI de Execução (Desempenho) e QI Total.

O WPPSI-III foi alterado em muitos aspectos em relação à sua edição anterior. Cinco subtestes (Aritmética, Tabuleiro de Animais, Desenho Geométrico, Labirintos e Sentenças) foram retirados. Sete novos subtestes foram acrescentados: Raciocínio Matricial, Conceitos de Figuras, Raciocínio com Palavras, Códigos, Procurar Símbolos, Vocabulário Receptivo e Nomear Figuras. No WPPSI-III, os subtestes são rotulados de *principais, suplementares* ou *opcionais*, e alguns testes têm rótulos diferentes em faixas etárias diferentes (p. ex., *suplementar* em uma faixa etária e *opcional* em outra faixa etária). Os subtestes principais são necessários para o cálculo das pontuações compostas. Os suplementares são usados para fornecer uma amostragem mais ampla do funcionamento intelectual; eles também podem substituir um subteste principal se este, por alguma razão, não foi administrado ou se a administração não foi válida. São utilizados, ainda, para obter pontuações adicionais, como um *Quociente de Velocidade de Processamento*. Os subtestes opcionais podem não ser usados para substituir os principais, mas podem ser empregados na derivação de pontuações opcionais como um

> **REFLITA...**
> David Wechsler acreditava que os fatores de inteligência, assim como as partículas elementares na física, têm propriedades coletivas e individuais. A maior parte do tempo, os testes Wechsler parecem ter como objetivo a mensuração das propriedades coletivas "agindo em conjunto". Entretanto, com a incorporação dos subtestes Procurar Símbolos e Códigos no WPPSI-III, os desenvolvedores do teste parecem estar tentando uma medida "mais pura" da velocidade de processamento. Qual é sua opinião sobre a mistura aparente da mensuração das propriedades coletiva e individual dos fatores na capacidade intelectual?

Composto de Linguagem Geral. Uma lista completa de todos os subtestes em todas as escalas Wechsler, incluindo a WPPSI-III, a WISC-IV e a WAIS-IV, é apresentada na Tabela 10.6.

A estrutura do WPPSI-III reflete o interesse dos desenvolvedores do teste em aumentar as medidas de raciocínio fluido e de velocidade de processamento. Três dos novos testes (Raciocínio Matricial, Conceitos de Figuras e Raciocínio com Palavras) foram concebidos para explorar o raciocínio fluido, e dois dos novos testes (Códigos e Procurar Símbolos) foram concebidos para explorar a velocidade de processamento. Na tentativa de reduzir os efeitos confundidores da velocidade sobre a capacidade cognitiva, os desenvolvedores do teste abandonaram a prática de conceder pontos de bônus para as pontuações de Blocos e Armar Objetos pelo desempenho rápido e bem-sucedido. Eles esperavam

Tabela 10.6 Os testes Wechsler em um relance

Subteste	WPPSI-III	WISC-IV	WAIS-IV
Informação	X	X	X
Compreensão	X	X	X
Semelhanças	X	X	X
Aritmética	—	X	X
Vocabulário	X	X	X
Vocabulário Receptivo[a]	X	—	—
Nomeação de Figuras	X	—	—
Sequência de Números	X	X	X
Sequência de Números e Letras	—	X	X
Completar Figuras	X	X	X
Arranjo de Figuras	—	X	—
Blocos	X	X	X
Armar Objetos	X	—	—
Códigos	X	X	X
Procurar Símbolos	X	X	X
Raciocínio Matricial	X	X	X
Raciocínio com Palavras	X	X	—
Conceitos de Figuras	X	X	—
Cancelamento	—	X	X
Quebra-cabeças Visual	—	—	X
Pesos de Figuras	—	—	X

[a] Consulte o manual do teste individual para ver se um determinado subteste é principal ou suplementar (ou opcional). Por exemplo, no WPPSI-III, alguns substestes funcionam como um tipo de teste em uma faixa etária e como outro tipo em outra faixa etária: Vocabulário Receptivo é um subteste verbal *principal* para testandos até 3 anos e 11 meses, mas um subteste verbal *opcional* para crianças de 4 anos ou mais velhas; Nomeação de Figuras é um subteste verbal *suplementar* para testandos até 3 anos e 11 meses, mas um subteste verbal *opcional* para crianças de 4 anos e mais velhas.

que a incorporação dos subtestes Procurar Símbolos e Códigos fornecesse uma medida menos confundida da velocidade de processamento.

Se já você assistiu a *Trading Spaces, This Old House* ou *Extreme Makeover: Reconstrução total*, você sabe que qualquer *reality show* da televisão que trate de renovação da casa dará atenção aos chãos e aos tetos. Bem, é assim também quando se renovam testes de inteligência. Os criadores do WPPSI-III acrescentaram itens mais fáceis, bem como mais difíceis, a cada subteste mantido. Eles concluíram que a melhora dos chãos e dos tetos dos subtestes tornava o WPPSI-III "uma medida mais precisa do funcionamento cognitivo para crianças com atrasos significativos do desenvolvimento, assim como para crianças suspeitas de serem intelectualmente superdotadas" (Wechsler, 2002, p. 17).

Após um estudo-piloto e uma prova nacional do WPPSI-III em desenvolvimento, uma edição de normatização do teste foi criada. O teste foi administrado a uma amostra estratificada de 1.700 crianças entre idades de 2 anos e 6 meses e 7 anos a 3 meses e também a amostras de crianças de grupos especiais. A amostra foi selecionada em proporção aos dados do censo de 2000 nos Estados Unidos estratificados nas variáveis de idade, sexo, raça/etnia, nível educacional dos pais e região geográfica. Conforme se tornou costume quando da revisão das principais escalas de inteligência, uma série de passos foram dados para evitar o viés do item. Foram incluídos métodos estatísticos e revisões por especialistas em viés. Uma série de procedimentos de garantia de qualidade foram adotados, incluindo protocolos-âncora, para garantir que os testes fossem pontuados e os dados fossem inseridos de maneira adequada. Conforme também

> **REFLITA...**
> Por que é importante que pesquisadores independentes tentem verificar alguns dos achados relativos à solidez psicométrica dos principais testes?

se tornou costume, uma série de estudos atestando a solidez psicométrica da escala são apresentados no manual técnico.

Então, como o WPPSI-III se compara com seu principal competidor, o SB5? Muito favoravelmente – pelo menos de acordo com uma pesquisa conduzida na Austrália com "36 crianças de 4 anos de idade com desenvolvimento típico" (Garred e Gilmore, 2009). Esses pesquisadores encontraram correlações significativas entre todas as pontuações compostas do WPPSI-III e do SB5, embora inúmeros indivíduos tivessem desempenho nos subtestes bastante diferentes. Curiosamente, em termos de preferência, os pré-escolares nessa amostra tendiam a preferir fazer o SB5 em vez do WPPSI-III.

Formas abreviadas

Uma questão relativa às Escalas Wechsler, mas certamente não exclusiva a elas, é o desenvolvimento e uso de formas abreviadas. O termo **forma abreviada** refere-se a um teste que teve seu tamanho diminuído, em geral para reduzir o tempo necessário para administração, pontuação e interpretação. Às vezes, sobretudo quando se acredita que o testando tenha um tempo de atenção atipicamente curto ou outros problemas que tornariam impossível a administração do teste completo, uma amostragem de subtestes representativos é aplicada. Argumentos em favor do uso dessas Escalas Wechsler foram apresentados com referência a testandos da população em geral (Kaufman et al., 1991), a idosos (Paolo e Ryan, 1991) e a outros indivíduos (Benedict et al., 1992; Boone, 1991; Grossman et al., 1993; Hayes, 1999; Randolph et al., 1993; Sweet et al., 1990). Uma forma abreviada de sete subtestes do WAIS-III é usada às vezes pelos clínicos e parece demonstrar características psicométricas aceitáveis (Ryan e Ward, 1999; Schoop et al., 2001).

As formas abreviadas de testes de inteligência não são novas. Na verdade, existem quase há tanto tempo quanto as formas longas. Logo após o Binet-Simon ter chegado aos Estados Unidos, uma forma abreviada dele foi proposta (Doll, 1917). Hoje, os psicólogos escolares com longas listas de espera para consultas de avaliação, os psicólogos forenses que trabalham em um sistema judiciário criminal sobrecarregado e seguradoras de saúde buscando pagar menos por serviços de avaliação são alguns dos grupos que a forma abreviada atrai.

Em 1958, David Wechsler defendeu o uso de formas abreviadas, mas apenas para fins de triagem. Anos mais tarde, talvez em resposta ao potencial para abuso dessas formas, ele fez um juízo muito mais severo da redução do número de subtestes apenas para economizar tempo. Aconselhou aqueles que alegavam não ter tempo para administrar o teste inteiro a "encontrar tempo" (Wechsler, 1967, p. 37).

Algumas revisões da literatura sobre a validade das formas abreviadas tendiam a apoiar a advertência de Wechsler para "encontrar tempo". Watkins (1986) concluiu que as formas abreviadas podem ser usadas apenas para fins de triagem, não para tomar decisões educacionais ou de colocação. De um ponto de vista histórico, Smith, McCarthy e Anderson (2000) caracterizaram as visões sobre a transferência de validade da forma original para a abreviada como "excessivamente otimistas". Em contrapartida a alguns críticos que exigiam a total abolição das formas abreviadas, Smith e colaboradores (2000) argumentaram que os padrões para a validade de uma forma abreviada devem ser altos. Eles sugeriram uma série de procedimentos a serem usados no desenvolvimento de formas abreviadas válidas. Silverstein (1990) forneceu uma revisão incisiva da história das formas abreviadas, focalizando-se em quatro questões: (1) como abreviar o teste original; (2) como selecionar os indivíduos; (3) como estimar pontuações no teste original; e (4) os critérios a aplicar quando comparando a forma abreviada com a original. Ryan e Ward (1999) aconselharam que toda vez que uma forma abreviada seja usada, a pontuação deve ser relatada no registro oficial com a abreviação "Est" ao lado, indicando que o valor relatado é apenas uma estimativa.

De um ponto de vista psicométrico, a validade de um teste é afetada por sua confiabilidade e um pouco dependente dela. As mudanças que diminuem a confiabilidade de um teste também podem diminuir sua validade. Reduzir o número de itens em um teste costuma reduzir a confiabilidade e consequentemente sua validade. Por essa razão, as decisões com base em dados derivados das administrações da forma abreviada de um teste, em geral, devem ser tomadas com cautela (Nagle e Bell, 1993). De fato, quando dados da administração de uma forma abreviada sugerem com clareza a necessidade de intervenção ou de colocação, a melhor prática pode ser "encontrar tempo" para aplicar a forma completa do teste.

A Escala de Inteligência Wechsler Abreviada (WASI) Em um contexto no qual muitos profissionais consideram as formas abreviadas desejáveis e muitos psicometristas pedem cautela em sua utilização, a Escala de Inteligência Wechsler Abreviada (WASI) foi publicada em 1999. Visto que muitos aplicadores de testes acham o apelo de uma forma abreviada irresistível, muitas formas abreviadas diferentes foram concebidas informalmente a partir das formas mais longas dos testes – formas abreviadas com graus variados de solidez psicométrica e raras vezes com algum dado normativo. O WASI foi concebido para responder à necessidade por um instrumento abreviado para avaliar a capacidade intelectual em testandos de 6 a 89 anos. O teste vem na forma de dois subtestes (consistindo em Vocabulário e Blocos) que levam cerca de 15 minutos para serem administrados e de quatro subtestes que levam aproximadamente 30 minutos para serem administrados. Os quatro subtestes (Vocabulário, Blocos, Semelhanças e Raciocínio Matricial) são os do tipo WISC e WAIS que tinham altas correlações com o QI Total desses testes e são pensados para explorar uma ampla variedade de capacidades cognitivas. O WASI produz medidas de QI Verbal, QI de Execução (Desempenho) e QI Total. Em concordância com muitos outros testes de inteligência, o QI Total foi fixado em 100 com um desvio-padrão de 15.

O WASI foi normatizado com 2.245 casos, incluindo 1.100 crianças e 1.145 adultos. O manual apresenta evidência de solidez psicométrica satisfatória, embora alguns revisores desse teste não ficassem completamente satisfeitos com a forma como a pesquisa de validade foi conduzida e relatada (Keith et al., 2001). Entretanto, outros revisores consideraram que as qualidades psicométricas do WASI, bem como sua utilidade global, ultrapassavam em muito as comparáveis de medidas de inteligência breves, (Lindskog e Smith, 2001).

Outras formas abreviadas Além do WASI, inúmeros outros testes de inteligência abreviados foram desenvolvidos. Alguns dos mais amplamente usados incluem a Escala de Inteligência Breve de Kaufman – segunda edição (KBIT-2) e o Wide Range Intelligence Test (Teste de Inteligência de Amplo Espectro) (WRIT). Altas correlações entre a WASI, o KBIT e o WRIT afirmam a validade convergente desses testes (Canivez et al., 2009). Devido a esses achados, os testes de inteligência abreviados podem muito bem fornecer uma alternativa viável a testes completos sob circunstâncias em que haja restrições de tempo ou outras circunstâncias atenuantes.

Escalas Wechsler em perspectiva

Leia o manual de um teste de inteligência Wechsler recentemente desenvolvido, e são boas as chances de você encontrar ilustrações de exemplos práticos no desenvolvimento de testes. Examinadores qualificados podem aprender a administrar os testes com relativa rapidez, e os examinandos tendem a considerar os materiais do teste envolventes. Uma série de auxílios de pontuação e interpretação assistidos por computador estão disponíveis para cada teste, assim como uma série de manuais e guias. Além disso, os desenvolvedores evidentemente estão fazendo todo o possível para manter atualizadas a pontuação e a interpretação dos testes. Testemunhe os esforços dos desenvolvedores da WISC-IV, que reexaminaram a tradicional dicotomia verbal-desempenho do Wechsler e o transformaram em um modelo que conduz mais a análise por meio da conceitualização multifatorial e mais contemporânea de inteligência.

Ao tornar-se familiarizado com as Escalas Wechsler e também com o SB5, é provável que você tenha percebido que a técnica estatística de análise fatorial desempenha um papel fundamental no processo de desenvolvimento de testes. Para um exame minucioso e pessoal dessa técnica, reserve um momento para ler a seção *Em foco* deste capítulo.

Outras medidas de inteligência

Testes destinados para administração individual

Nos últimos anos, um número cada vez maior de testes com propósito de mensurar a inteligência se tornaram disponíveis aos aplicadores. Alguns deles foram desenvolvidos por Alan e Nadeen Kaufman. Essa equipe de marido e esposa desenvolveu o Teste de Inteligência Kaufman para Adolescentes e Adultos (KAIT; Kaufman e Kaufman, 1993) e o Teste Breve de Inteligência de Kaufman (K-BIT; Kaufman e Kaufman, 1990). O primeiro teste da série foi a Bateria Kaufman de Avaliação para Crianças (K-ABC; Kaufman e Kaufman, 1983a, 1983b). O K-ABC afastou-se conceitualmente dos testes de inteligência já publicados com seu foco no processamento de informação e, de forma mais específica, com sua distinção entre processamento sequencial e simultâneo. Os Kaufmans basearam-se nos escritos teóricos de A. R. Luria (1966b) no modelo do K-ABC, como fizeram Jack Naglieri e J. P. Das (Naglieri e Das, 1997) no desenvolvimento de seu teste denominado Sistema de Avaliação Cognitiva. Outra bateria de testes que se desviou em muitos aspectos das medidas de capacidade cognitiva anteriores é formada pelas Escalas de Capacidade Diferencial (DAS). Amplamente usada em contextos educacionais, a DAS é discutida com mais detalhes no Capítulo 11.

Uma estimativa de inteligência pode ser deduzida da representação de uma figura humana e de outros desenhos feitos por um avaliando, de acordo com alguns pesquisadores e clínicos (Bardos, 1993; Buck, 1948; Holtzman, 1993; Naglieri, 1993). Para obter essas estimativas, muitos métodos foram propostos, sendo o mais conhecido o sistema de pontuação de Goodenough-Harris (Harris, 1963). Uma controvérsia de longa data, entretanto, é se o sistema Goodenough é de fato "bom o suficiente".* Embora haja evidência de que o sistema é confiável (Kamphaus e Pleiss, 1993; Scott, 1981), restam dúvidas sobre sua validade (Aikman et al., 1992; Motta et al., 1993a, 1993b; Sattler, 1992). Os desenhos de figuras trazem a promessa de menos tempo necessário para a avaliação, especialmente quando os mesmos desenhos podem ser usados para avaliar a personalidade. Porém, sua utilidade para avaliar a inteligência – mesmo como um dispositivo de triagem – permanece controversa.

> **REFLITA...**
> O uso do desenho de uma figura humana para estimar a inteligência tem gerado muita controvérsia. Comente sobre a prática com relação à validade aparente de tal medida (trocadilhos à parte).

Testes destinados para a administração em grupo

A revisão de Stanford do teste de Binet-Simon foi publicada em 1916, e, apenas um ano mais tarde, muitos psicólogos se viram obrigados a começar a pensar sobre como esse teste poderia ser adaptado para administração em grupo. Para entender a razão, precisamos examinar brevemente a história da testagem nas Forças Armadas.

---

* Trocadilho com o nome do autor, Goodenough; em inglês, "bom o suficiente".

EM FOCO

Análise fatorial*

Para medir as características de objetos físicos, pode haver alguma discordância sobre os melhores métodos a usar, mas há pouca discordância sobre que dimensões estão sendo medidas. Sabemos, por exemplo, que estamos medindo comprimento quando usamos uma régua, e sabemos que estamos medindo temperatura quando usamos um termômetro. Essa certeza nem sempre está presente na mensuração de dimensões psicológicas como traços de personalidade, atitudes e capacidades cognitivas.

Os psicólogos podem discordar sobre o nome e sobre o número de dimensões que estão sendo medidas. Considere um traço de personalidade a que um pesquisador se refere como *bondade*. Outro pesquisador considera *gentileza* um termo vago que mistura dois traços relacionados mas independentes chamados de *cordialidade* e *amabilidade*. Contudo, outro alega que *gentileza* é muito geral e deve ser dicotomizada em *bondade com amigos* e *bondade com estranhos*. Quem está certo? Se os pesquisadores estão sempre se baseando nos achados uns dos outros, é preciso haver alguma forma de chegar a um consenso sobre o que está sendo medido. Para isso, a análise fatorial pode ser útil.

Uma suposição da análise fatorial é que as coisas que ocorrem juntas tendem a ter uma causa comum. Note que aqui "tendem a" *não* significa "sempre". Febres, dores de garganta, nariz entupido, tosse e espirros podem *tender a* surgir ao mesmo tempo na mesma pessoa, mas nem sempre ocorrem juntos. Quando isso acontece, eles podem ser causados por uma coisa: o vírus que causa o resfriado comum. Embora o vírus seja uma coisa, suas manifestações são bastante diferentes.

Na pesquisa da avaliação psicológica, medimos um conjunto diverso de capacidades, comportamentos e sintomas e então tentamos deduzir que dimensões subjacentes causam ou explicam as variações no comportamento e nos sintomas observados em grandes grupos de pessoas. Medimos as relações entre os vários comportamentos, sintomas e pontuações de testes com coeficientes de correlação. Então, usamos a análise fatorial para descobrir padrões de coeficientes de correlação que sugerem a existência de dimensões psicológicas subjacentes.

Tudo o mais sendo igual, uma teoria simples é melhor do que uma teoria complicada. A análise fatorial ajuda-nos a descobrir o menor número de dimensões (ou fatores) psicológicas que possam explicar os vários comportamentos, sintomas e pontuações de testes que observamos. Por exemplo, imagine que criamos quatro testes diferentes para medir o conhecimento das pessoas sobre vocabulário, gramática, multiplicação e geometria. Se as correlações entre todos esses testes fosse zero (i.e., os pontuadores altos em um teste não têm mais probabilidade do que os pontuadores baixos de terem pontuações altas nos outros testes), então a análise fatorial nos sugeriria que medimos quatro capacidades distintas.

Sem dúvida, você provavelmente reconheça que é muito improvável que as correlações entre esses testes fossem zero. Portanto, imagine que a correlação entre os testes de vocabulário e gramática fosse bastante alta (i.e., os pontuadores altos em vocabulário também eram propensos a ter pontuação alta em gramática, e pontuadores baixos em vocabulário eram propensos a ter pontuação baixa em gramática) e suponha também uma alta correlação entre multiplicação e geometria. Além disso, as correlações entre os testes verbais e os testes de matemática eram zero. A análise fatorial sugeriria que medimos não quatro mas duas capacidades distintas. O pesquisador interpretando os resultados dessa análise fatorial teria de usar seu melhor julgamento para decidir como denominar essas duas capacidades. Nesse caso, pareceria razoável chamá-las de *capacidade de linguagem* e *capacidade matemática*.

Agora, imagine que as correlações entre todos os quatro testes fossem igualmente altas – por exemplo, que o vocabulário tivesse tão forte correlação com a geometria quanto com a gramática. Nesse caso, a análise fatorial sugeriria que a explicação mais simples para esse padrão de correlação seria que há apenas um fator que faz todos esses testes serem correlacionados de igual forma. Poderíamos chamá-lo de *capacidade acadêmica geral*.

Na realidade, se você fosse realmente medir essas quatro capacidades, os resultados não seriam tão claramente definidos. É provável que todas as correlações fossem positivas e bastante acima de zero. É possível que os subtestes verbais apresentassem correlação mais forte entre si do que com os subtestes de matemática. É provável que a análise fatorial sugerisse que as capacidades de linguagem e matemática são diferentes mas não de todo independentes uma da outra – em outras palavras, que essas capacidades estão substancialmente correlacionadas, indicando que uma capacidade acadêmica (ou intelectual) geral influencia o desempenho em todas as áreas acadêmicas.

A análise fatorial pode ajudar os pesquisadores a decidirem a melhor forma de resumir grandes quantidades de informação sobre as pessoas usando apenas algumas pontuações. Por exemplo, quando pedimos aos pais que completem questionários sobre os problemas de comportamento de seus filhos, os questionários podem ter centenas de itens. Levaria muito tempo e seria muito confuso revisar cada item. A análise fatorial pode simplificar a informação e ao mesmo tempo minimizar a perda de detalhes. Aqui está um exemplo de um questionário curto em que essa análise pode ser usada para resumir.

Em uma escala de 1 a 5, comparado com outras crianças de sua idade, meu filho:

1. envolve-se em brigas na escola com frequência
2. é desafiador com adultos

*Preparado por W. Joel Schneider

3. é muito impulsivo
4. tem dores de estômago com frequência
5. é ansioso em relação a muitas coisas
6. parece triste na maior parte do tempo

Se dermos esse questionário a uma grande e representativa amostra de pais, podemos calcular as correlações entre os itens. A Tabela 1 ilustra o que poderíamos encontrar.

Note que todas as correlações perfeitas de 1,00 nessa tabela são utilizadas para enfatizar o fato de que cada item se correlaciona perfeitamente consigo mesmo. Na análise dos dados, o programa de computador poderia ignorar essas correlações e analisar apenas todas as correlações abaixo dessa "linha de demarcação" diagonal de correlações de 1,00.

Usando o conjunto de coeficientes de correlação apresentado na Tabela 1, a análise fatorial mostra que há dois fatores medidos por essa escala de avaliação do comportamento. A lógica dessa análise indica que a razão de os itens 1 a 3 terem correlações altas entre si é que cada um tem uma correlação alta com o primeiro fator. De modo similar, os itens 4 a 6 têm correlações altas entre si porque têm correlações altas com o segundo fator. As correlações dos itens com os fatores hipotéticos são chamadas de *cargas fatoriais*. As cargas fatoriais para esse exemplo hipotético são apresentadas na Tabela 2.

A análise fatorial informa-nos quais itens *carregam* em quais fatores, mas não pode interpretar o significado dos fatores. Os pesquisadores geralmente examinam todos os itens que carregam em um fator e usam sua intuição ou seu conhecimento da teoria para identificar o que têm em comum. Nesse caso, o fator 1 poderia receber qualquer número de nomes, tais como *Problemas de conduta, Atuação* ou *Comportamentos externalizantes*. O fator 2 também poderia receber vários nomes, como *Problemas de humor, Afetividade negativa* ou *Comportamentos internalizantes*. Portanto, os problemas nessa escala de avaliação do comportamento podem ser resumidos de forma, bastante eficiente com apenas duas pontuações. Nesse exemplo, uma redução de seis para duas pontuações pode não parecer terrivelmente útil. Nas escalas de avaliação do comportamento reais, a análise fatorial pode reduzir a esmagadora complexidade de centenas de diferentes problemas de comportamento para um número de pontuações mais gerenciável que ajudem os profissionais a conceituar com mais facilidade casos individuais.

A análise fatorial também calcula a correlação entre fatores. Se um grande número de fatores forem identificados e se houver correlações substanciais entre eles, então essa nova matriz de correlação também pode passar por uma análise fatorial para gerar *fatores de segunda ordem*. Teoricamente, é possível ter até mesmo fatores de ordem superior, mas a maioria dos pesquisadores raras vezes considera necessário ir além de fatores de terceira ordem. O fator *g* dos dados de testes de inteligência é um exemplo de um fator de terceira ordem que surge porque todos os testes de capacidades cognitivas são positivamente correlacionados.

Tabela 1 Exemplo de tabela de correlações

	1	2	3	4	5	6
1. envolve-se em brigas na escola com frequência	1,00					
2. é desafiador com adultos	0,81	1,00				
3. é muito impulsivo	0,79	0,75	1,00			
4. tem dores de estômago com frequência	0,42	0,38	0,36	1,00		
5. é ansioso em relação a muitas coisas	0,39	0,34	0,34	0,77	1,00	
6. parece triste na maior parte do tempo	0,37	0,34	0,32	0,77	0,74	1,00

Tabela 2 Cargas fatoriais para nosso exemplo hipotético

	Fator 1	Fator 2
1. envolve-se em brigas na escola com frequência	0,91	0,03
2. é desafiador com adultos	0,88	–0,01
3. é muito impulsivo	0,86	–0,01
4. tem dores de estômago com frequência	0,02	0,89
5. é ansioso em relação a muitas coisas	0,01	0,86
6. parece triste a maior parte do tempo	–0,02	0,87

Em nosso exemplo anterior, os dois fatores têm uma correlação de 0,46, sugerindo que crianças que tenham problemas externalizantes também correm o risco de ter problemas internalizantes. Portanto, é razoável calcular uma pontuação de fator de segunda ordem que meça o nível global de problemas de comportamento.

Esse exemplo ilustra o tipo de análise fatorial mais utilizada: *análise fatorial exploratória*. Essa análise é útil quando desejamos resumir os dados com eficiência, quando não temos certeza de quantos fatores estão presentes em nossos dados ou quando não temos certeza de quais itens carregam em quais fatores. Em resumo, quando estamos explorando ou procurando fatores, podemos usar a análise fatorial exploratória. Quando pensamos que encontramos fatores e buscamos *confirmar* isso, podemos usar outra variedade de análise fatorial.

Os pesquisadores podem usar a *análise fatorial confirmatória* para testar hipóteses altamente específicas. Por exemplo, um pesquisador poderia querer saber se os dois tipos de itens diferentes no subteste Sequência de Números da WISC-IV medem a mesma capacidade ou duas capacidades diferentes. No tipo de item Números na Ordem Certa, a criança deve repetir uma sequência de números na mesma ordem em que foram verbalizados. No tipo de item Números na Ordem Inversa, a criança deve repetir a sequência de números na ordem inversa. Alguns pesquisadores acreditam que repetir números textualmente meça a memória auditiva a curto prazo e que repeti-los na ordem inversa meça o controle executivo, a capacidade de alocar recursos de atenção de maneira eficaz para resolver problemas de múltiplos passos. Em geral, os clínicos somam os escores brutos de ambos os tipos de itens para produzir uma única pontuação. Se os dois tipos de itens medirem capacidades diferentes, então somar os escores brutos é como somar maçãs e laranjas, pêssegos e peras... você entendeu a ideia. Se, entretanto, ambos medirem a mesma capacidade, então a soma das pontuações pode produzir uma pontuação mais confiável do que as pontuações separadas.

A análise fatorial confirmatória pode ser usada para determinar se os dois tipos de itens medem capacidades diferentes. Precisaríamos identificar ou inventar vários outros testes que provavelmente medissem as duas capacidades separadas que acreditamos sejam medidas pelos dois tipos de itens de Sequência de Números. Geralmente, três testes por fator é suficiente. Vamos chamar os testes de memória a curto prazo de STM1, STM2 e STM3. De modo similar, podemos chamar os testes de controle executivo de EC1, EC2 e EC3.

Em seguida, especificamos as hipóteses, ou modelos, que desejamos testar. Há três delas:

1. *Todos os testes medem a mesma capacidade*. Uma representação gráfica de uma hipótese na análise fatorial confirmatória é chamada de *diagrama de caminho*. Os testes são desenhados com retângulos, e os fatores hipotéticos são desenhados em círculos. As correlações entre testes e fatores são desenhadas com flechas. O diagrama de caminho para essa hipótese é apresentado na Figura 1.
2. *Números na Ordem Certa e Números na Ordem Inversa medem a memória a curto prazo e são distintos de controle executivo*. O diagrama de caminho para essa hipótese é apresentado na Figura 2.
3. *Números na Ordem Certa e Números na Ordem Inversa medem capacidades diferentes*. O diagrama de caminho para essa hipótese é apresentado na Figura 3.

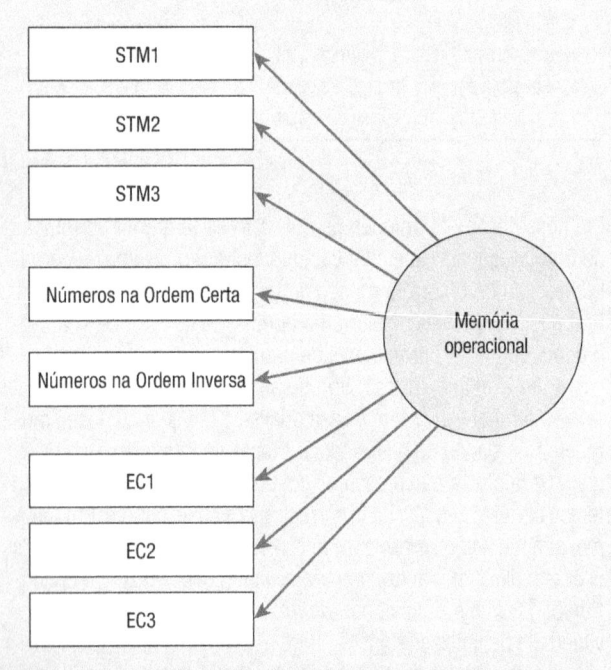

Figura 1 *Este diagrama de caminho é uma representação gráfica da hipótese de que* Todos os testes medem a mesma capacidade.

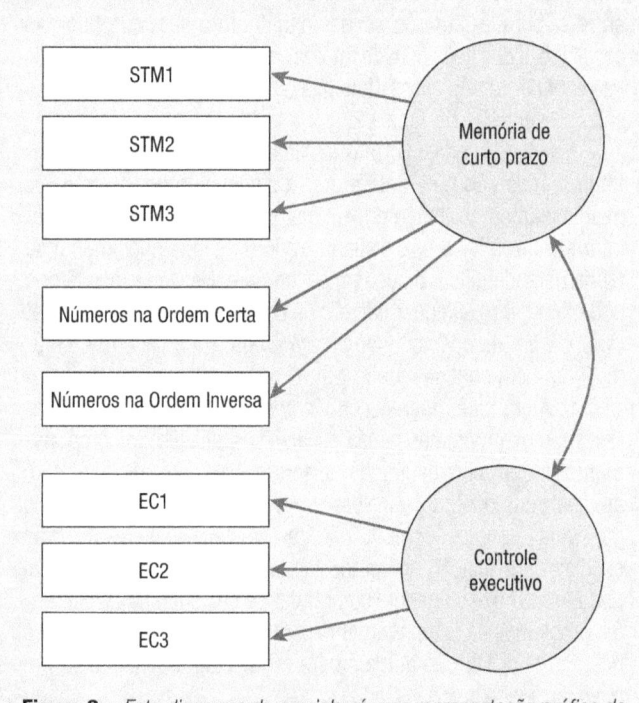

Figura 2 *Este diagrama de caminho é uma representação gráfica da hipótese de que* Números na Ordem Certa e Números na Ordem Inversa medem a memória de curto prazo e são distintos de controle executivo. *Note que a flecha curvada indica a possibilidade de que os dois fatores poderiam estar correlacionados.*

A análise fatorial confirmatória produz uma série de estatísticas, chamadas de *índices de ajuste*, que nos dizem quais dos modelos ou das hipóteses que testamos estão mais de acordo com os dados. Estudando os resultados, podemos selecionar o modelo que fornece o melhor ajuste com os dados ou talvez mesmo gerar um novo modelo. Na verdade, a análise fatorial pode se tornar rapidamente um pouco mais complicada do que o descrito aqui, mas, por enquanto, vamos esperar que isso seja útil.

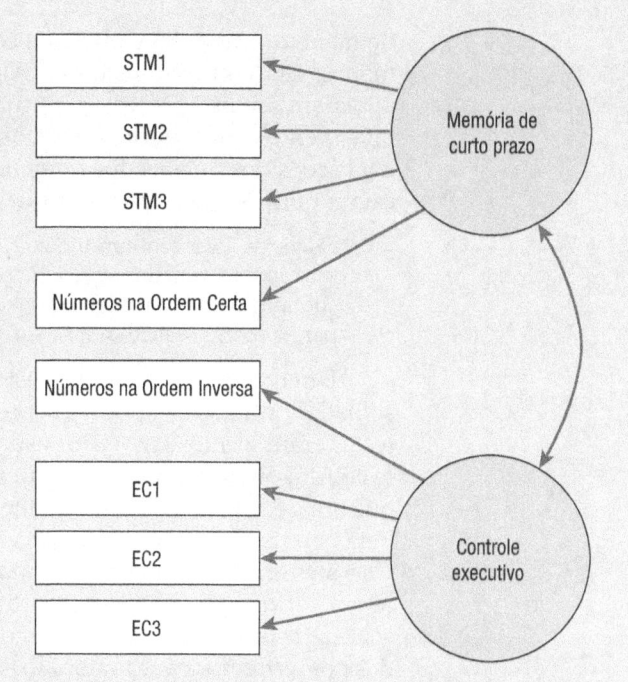

Figura 3 *Este diagrama de caminho é a representação gráfica da hipótese de que* Números na Ordem Certa *e* Números na Ordem Inversa *medem capacidades diferentes.*

Testes de grupo nas Forças Armadas Em 6 de abril de 1917, os Estados Unidos entraram na Primeira Guerra Mundial. Em 7 de abril, o presidente da American Psychological Association, Robert M. Yerkes, iniciou esforços a fim de mobilizar psicólogos para ajudar no esforço de guerra. No final de maio, a comissão da APA que desenvolveria testes de grupo para os militares teve sua primeira reunião. Houve pouca discussão entre os participantes sobre a natureza da inteligência, apenas um claro senso de urgência sobre desenvolver instrumentos para os militares a fim de identificar os "incapazes" e aqueles de "capacidade excepcionalmente superior".

Enquanto o desenvolvimento de um grande teste de inteligência ou capacidade hoje poderia levar de 3 a 5 anos, a comissão tinha dois testes prontos em questão de semanas e uma forma final dos mesmos pronta para impressão em 7 de julho. Um dos testes tornou-se conhecido como o **teste Alfa do Exército**. Este seria administrado a recrutas do exército que sabiam ler. Ele continha tarefas como perguntas de conhecimentos gerais, analogias e frases misturadas para remontar. O outro era o **teste Beta do Exército**, destinado para a administração a recrutas estrangeiros com pouco conhecimento da língua inglesa ou a recrutas analfabetos (definidos como "alguém que não podia ler um jornal ou escrever uma carta para casa"). Ele continha tarefas como labirintos, códigos e conclusão de figuras (na qual a tarefa do examinando era desenhar o elemento que faltava na figura). Ambos os testes foram logo administrados em acampamentos do exército por equipes de oficiais e homens recrutados. Em 1919, quase 2 milhões de recrutas tinham sido testados. Com base em seus resultados nos testes Alfa ou Beta, 8 mil deles foram recomendados para dispensa imediata e outros designados para várias unidades no Exército. Por exemplo, recrutas com escores baixos, mas aceitáveis, provavelmente eram destinados a tarefas que envolviam cavar trincheiras ou tipos semelhantes de atribuições.

Se houve um sonho que impulsasse o desenvolvimento desses testes Alfa e Beta, foi o de que o Exército, outras organizações e a sociedade como um todo funcionassem de maneira tranquila e eficiente como resultado da alocação adequada de recursos humanos – tudo graças aos testes. Alguma investigação psicométrica dos testes Alfa e Beta apoiaram seu uso. Os testes eram confiáveis o suficiente e pareciam se correlacionar aceitavelmente com critérios externos, como os escores do QI Total de Stanford-Binet e as avaliações dos oficiais dos homens em "valores práticos do soldado". Yerkes (1921) deu esta explicação do que achava que o teste realmente mensurava:

> Os testes fornecem um índice confiável da capacidade de um homem de aprender, de pensar rápida e precisamente e de compreender instruções. Eles não medem lealdade, bravura, confiança ou os traços emocionais que fazem um homem "continuar". O valor de um homem para o serviço é medido por sua inteligência mais outras qualificações necessárias. (p. 424)

Um objetivo original dos testes Alfa e Beta era medir a capacidade para ser um bom soldado. Entretanto, após a guerra, esse objetivo pareceu se perder no processo já que os testes eram usados em vários aspectos da vida civil para medir a inteligência geral. Um teste Alfa ou Beta do Exército era muito mais fácil de obter, administrar e interpretar do que um de Stanford-Binet, e também era muito mais barato. Milhares de brochuras Alfa e Beta não usadas se tornaram excedente do governo que quase ninguém podia comprar. Os testes eram administrados, pontuados e interpretados por muitas pessoas que não tinham a formação e o treinamento para usá-los adequadamente. A visão utópica de uma sociedade na qual os indivíduos contribuíam de acordo com suas capacidades determinadas por testes nunca se materializaria. Ao contrário, a má utilização dos testes desapontou muitos membros do público e da profissão, sobretudo em relação aos testes de grupo.

REFLITA...
James Bond à parte, que qualidades você acha que um agente secreto real precisa ter? Como poderia medir essas qualidades em um candidato?

O interesse dos militares na testagem psicológica durante as décadas de 1920 e 1930 foi mínima. Apenas quando a ameaça de uma segunda guerra mundial se agigantava foi que o interesse na testagem da inteligência de grupo ressurgiu; isso levou ao desenvolvimento do Teste de Classificação Geral do Exército (AGCT). No decorrer da Segunda Guerra Mundial, o AGCT seria administrado a mais de 12 milhões de recrutas. Outros testes mais especializados também foram desenvolvidos por psicólogos militares.

Uma unidade de avaliação discretamente chamada de Agência de Serviços Estratégicos (OSS) desenvolveu medidas inovadoras para selecionar espiões e agentes secretos para trabalhar no exterior. A propósito, a OSS foi uma precursora da atual Central Intelligence Agency (CIA).

Hoje, os testes de grupo ainda são administrados a futuros recrutas, principalmente para fins de triagem. Em geral, podemos definir um **instrumento de triagem** como um instrumento ou procedimento usados para identificar um determinado traço ou uma constelação de traços em um nível grosseiro e impreciso. Os dados derivados do processo de triagem podem ser explorado em mais profundidade por métodos de avaliação mais individualizados. Vários tipos de instrumentos de triagem são usados em muitos contextos diferentes. Por exemplo, no próximo capítulo vemos como os instrumentos de triagem como as listas de verificação de comportamento são usados em contextos pré-escolares para identificar crianças pequenas para serem avaliadas com procedimentos aprofundados, mais individualizados.

Nas Forças Armadas, a longa tradição de usar dados de instrumentos de triagem como um auxiliar para atribuições de obrigações e treinamento continua até hoje. Esses dados também servem para moldar a natureza das experiências de treinamento. Por exemplo, dados de testagem de grupo indicaram uma tendência para baixo no nível médio de inteligência de recrutas a partir da criação de um exército composto de voluntários. Em resposta a esses achados, as Forças Armadas desenvolveram novos programas de treinamento de armas que incorporam, por exemplo, vocabulário mais simples na instrução programada.

Incluídos entre muitos testes de grupo usados hoje pelas Forças Armadas estão o Teste de Qualificação de Oficiais (Officer Qualifying Test) (um teste de múltipla escolha de 115 itens usado pela Marinha dos Estados Unidos como um teste de admissão à Officer Candidate School), o Exame de Qualificação de Pilotos (Airman Qualifying Exam) (um teste de múltipla escolha de 200 itens administrado a todos os voluntários da Força Aérea dos Estados Unidos) e o Bateria de Aptidão Profissional das Forças Armadas (Armed Services Vocational Aptitude Battery [ASVAB]). O ASVAB é administrado a futuros novos recrutas em todos os serviços militares. Ele também é disponibilizado a estudantes do ensino médio e a outros adultos jovens que buscam orientação e aconselhamento sobre sua educação e planos de carreira futuros.

Anualmente, centenas de milhares de pessoas usam o ASVAB, tornando-o talvez o teste de aptidão múltipla mais usado nos Estados Unidos. Ele é administrado por conselheiros escolares e em vários centros de ingresso sem custo para o testando. No contexto de um programa de exploração de carreira, o ASVAB visa ajudar os testandos a aprenderem sobre seus interesses, suas capacidades e suas preferências pessoais em relação a oportunidades de carreira em contextos militares e civis. Itens ilustrativos de cada um dos 10 subtestes são apresentados na Seção *A psicometria no cotidiano* deste capítulo.

Ao longo dos anos, várias formas do ASVAB foram produzidas, algumas para uso exclusivo em escolas e algumas para uso exclusivo das Forças Armadas. Um conjunto de 100 itens selecionados incluídos nos subtestes de Raciocínio Aritmético, Operações Numéricas, Conhecimento de Palavras e Compreensão de Parágrafo compõem uma medida no ASVAB chamada de Teste de Qualificação das Forças Armadas (AFQT). O AFQT é uma medida de capacidade geral usada na seleção de recrutas. Os diferentes serviços militares empregam diferentes pontos de corte para fazer determinações do tipo aceito/rejeitado para o serviço, que são baseadas também em considerações como suas quotas preestabelecidas para grupos demográficos em particular. Além da pontuação do AFQT, 10 áreas de aptidão também são exploradas no ASVAB, incluindo técnica geral, mecânica geral, elétrica, mecânica de motores, ciências, operações de combate e habilidades técnicas. Estas são combinadas para avaliar a aptidão em cinco áreas de carreira separadas, incluindo clerical, eletrônica, mecânica, habilidades técnicas (médicas, computadores) e operações de combate.

A bateria de testes é revista e melhorada continuamente com base em dados relativos a quanto as pontuações são preditivas de desempenho real em várias ocupações e programas de treinamento militar. Verificou-se que o ASVAB prediz sucesso em programação de computadores e em funções de operação de computadores (Besetsny et al., 1993), em multitarefas na Marinha (Hambrick et al., 2011) e nas notas em escolas técnicas militares em uma variedade de campos (Earles e Ree, 1992; Ree e Earles, 1990). Uma revisão nos estudos de validade apoia as evidências de validade de construto, de conteúdo e de o critério do ASVAB como um dispositivo para orientar as decisões de treinamento e seleção (Welsh et al., 1990). Em geral, o teste foi considerado bastante útil para decisões de seleção e colocação em relação a pessoal nas Forças Armadas (Chan et al., 1999).

Testes de grupo nas escolas Talvez não mais de uma década ou duas atrás, aproximadamente dois terços de todos os distritos escolares dos Estados Unidos usavam testes de inteligência de grupo como rotina para avaliar 90% de seus alunos. Os outros 10% realizavam testes de inteligência individuais. Litígios e a legislação em torno do uso rotineiro de testes de inteligência de grupo alteraram um pouco esse quadro. Contudo, o teste de inteligência de grupo, agora também referido como *teste de aptidões escolares*, não está de forma alguma extinto. Em muitos estados, atos legais proíbem o uso de dados isolados de inteligência de grupo para fins de designação de classe. Entretanto, os dados de testes de inteligência de grupo, quando combinados com outros dados, podem ser extremamente úteis no desenvolvimento de um perfil dos recursos intelectuais de uma criança.

Os resultados de testes de inteligência de grupo fornecem à equipe escolar informações valiosas para atividades relacionadas ao ensino e um maior entendimento do aluno

A PSICOMETRIA NO COTIDIANO

A Bateria de Aptidão Profissional das Forças Armadas (ASVAB):
um teste que você pode fazer

Se você gosta de experimentar em primeira mão testes de capacidade que podem ser úteis na orientação vocacional, faça o que cerca de 900 mil outras pessoas fazem anualmente e se submeta à Bateria de Aptidão Profissional das Forças Armadas (ASVAB). O Tio Sam disponibilizou-lhes esse teste de graça – junto com outros elementos de um pacote de orientação de carreira, incluindo um livro de exercícios e outros materiais impressos e pontuação e interpretação do teste. Embora um dos objetivos seja manter os testandos "dentro das botinas" (ou seja, nas Forças Armadas), fazer o teste não implica obrigação de serviço militar. Para mais informações sobre como realizar o ASVAB, entre em contato com nosso escritório de aconselhamento escolar ou com um órgão de recrutamento militar. Enquanto isso, você pode desejar se aquecer com os seguintes 10 exemplos de itens representando cada um dos 10 subtestes do ASVAB.

I. Ciências gerais
Aqui estão incluídas questões de ciências gerais, abrangendo questões das áreas de biologia e física.
1. Um eclipse do Sol lança a sombra da
    a. Lua sobre o Sol.
    b. Lua sobre a Terra.
    c. Terra sobre o Sol.
    d. Terra sobre a Lua.

II. Raciocínio aritmético.
A tarefa aqui é resolver problemas aritméticos. Os testandos podem usar papel de rascunho (fornecido pelo governo).
2. Custa $0,50 o metro quadrado da lona impermeável. Quanto custará para colocar lona impermeável em um caminhão que mede 15 x 24 m?
    a. $6,67
    b. $18,00
    c. $20,00
    d. $180,00

III. Conhecimento de palavras
Qual de quatro possíveis definições explica melhor a palavra sublinhada?
3. Rudimentos é o significado mais aproximado de
    a. política.
    b. detalhes minuciosos.
    c. oportunidades de promoção.
    d. métodos e procedimentos básicos.

IV. Compreensão de parágrafo
Um teste de compreensão de leitura e raciocínio.
4. Vinte e cinco por cento de todos os assaltos domésticos podem ser atribuídos a janelas ou portas abertas. O crime é resultado de oportunidade mais desejo. Para preveni-lo, é responsabilidade de cada indivíduo
    a. proporcionar o desejo.
    b. proporcionar a oportunidade.
    c. prevenir o desejo.
    d. prevenir a oportunidade.

V. Operações numéricas
Este teste de velocidade contém problemas aritméticos simples que o testado deve resolver rapidamente; é um de dois testes de velocidade no ASVAB.
5. 6 – 5 =
    a. 1
    b. 4
    c. 2
    d. 3

VI. Velocidade de codificação
Este subteste contém itens de codificação que medem a velocidade perceptual/motora, entre outros fatores.

CHAVE
verde... 2715   homem... 3451   sal... 4586
chapéu... 1413   quarto... 2864   árvore... 5927

	a	b	c	d	e
6. quarto	1413	2715	2864	3451	4586

VII. Informação de automóvel e oficina
Este teste avalia o conhecimento da prática em oficina de automóveis e o uso de ferramentas.

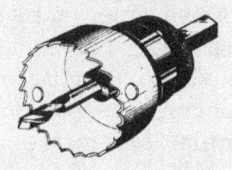

7. Que ferramenta é mostrada acima?
   a. serra-copo
   b. serrote de ponta
   c. serra de corte
   d. serra de lixamento

VIII. Conhecimento de matemática
Este é um teste da capacidade de resolver problemas usando nível matemático do ensino médio. O uso de papel rascunho é permitido.

8. Se $3X = -5$, então $X =$
   a. -2
   b. $-5/3$
   c. $-3/5$
   d. $3/5$

IX. Compreensão de mecânica
Conhecimento e entendimento de mecânica geral e princípios físicos são sondados por este teste.

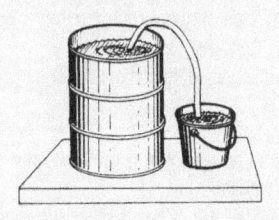

9. O líquido está sendo transferido do barril para o balde por
   a. ação capilar.
   b. forças gravitacionais.
   c. pressão do líquido na mangueira.
   d. pressão da água no barril.

X. Informação de eletrônica
Aqui, o conhecimento de elétrica, rádio e informações eletrônicas é avaliado.

10. Qual dos acima é o símbolo para um transformador?
    a. A
    b. B
    c. C
    d. D

Chave de respostas
1. b
2. c
3. d
4. d
5. Por que você está olhando este de cima?
6. c
7. a
8. b
9. b
10. a

---

individual. Uma função primária dos dados de um teste de inteligência de grupo é alertar os educadores para estudantes que poderiam se beneficiar de uma avaliação mais extensiva com testes de capacidade administrados individualmente. O teste de inteligência administrado dessa maneira, junto com outros testes, pode apontar o caminho para a colocação em uma classe especial, em um programa para superdotados ou em algum outro programa. Os dados de testes de inteligência de grupo também podem ajudar um distrito escolar a planejar as metas educacionais para todas as crianças.

Os testes de inteligência de grupo nas escolas são usados em formas especiais, a partir do nível de educação infantil. Os testes são administrados a grupos de 10 a 15 crianças, cada uma recebendo um livreto de teste que inclui figuras e diagramas impressos. Na maior parte das vezes, respostas motoras simples são requeridas para responder aos itens. Alternativas em dimensões maiores na forma de figuras em um teste de múltipla escolha poderiam aparecer nas páginas, e a função da criança é circular ou colocar um X na figura que representa a resposta correta ao item apresentado oralmente pelo examinador. Durante essa testagem em grupos pequenos, os testandos serão monitorados com cuidado para assegurar que estejam seguindo as orientações.

O Teste de Maturidade Mental da Califórnia, os Testes de Inteligência de Kuhlmann-Anderson, os Testes de Capacidade Mental de Henmon-Nelson e o Teste de Capacidades Cognitivas são alguns dos muitos testes de inteligência de grupo disponíveis para uso em contextos escolares. O primeiro teste de inteligência de grupo a ser usado nas escolas dos Estados Unidos foi o Teste de Capacidade Escolar de Otis-Lennon, antes Teste de Capacidade Mental de Otis. Em sua edição atual, o teste visa medir o pensamento abstrato e a capacidade de raciocínio e a auxiliar na avaliação escolar e na tomada de decisão de colocação. Esse teste padronizado nacionalmente produz índices de pontuação verbal, e não verbal, bem como um Índice de Capacidade Escolar (SAI, do inglês, School Ability Index) global.

Em geral, os testes de grupo são instrumentos de triagem úteis quando grandes números de examinandos devem ser avaliados de maneira simultânea ou em uma estrutura de tempo limitada. As vantagens – e desvantagens – mais específicas da testagem de grupo tradicional são listadas na Tabela 10.7. Qualificamos a testagem de grupo com o termo *tradicional* porque formas mais contemporâneas dessas testagens, em especial testagem com todos os testandos sentados em uma estação de com-

◆ **REFLITA...**

De que modo a dinâmica do que tem sido tradicionalmente chamada de "testagem de grupo" mudou como resultado da administração de testes a grupos de testandos usando computadores pessoais?

Tabela 10.7 Os prós e os contras da testagem de grupo tradicional

Vantagens dos testes de grupo	Desvantagens dos testes de grupo
Inúmeros testandos podem ser avaliados ao mesmo tempo, oferecendo uso eficaz de tempo e recursos.	Todos os testandos, independentemente de capacidade, em geral devem começar no mesmo item, terminar no mesmo item e ser expostos a todos os itens no teste. A oportunidade de testagem adaptativa é mínima.
Os testandos trabalham independentemente, em seu próprio ritmo.	Os testandos devem ser capazes de trabalhar independentemente e entender o que é esperado deles, com pouca ou nenhuma oportunidade para perguntas ou esclarecimento uma vez que o teste tenha começado.
Os itens do teste são, em geral, em formato facilmente pontuado por computador ou máquina.	Os itens do teste podem não ter formatos inovadores ou formato algum envolvendo manipulação de materiais do examinador ou interação examinador-examinando.
O administrador do teste não precisa ser altamente treinado, já que a tarefa pode exigir pouco além de ler as instruções, contar o tempo e supervisionar os testandos.	A oportunidade para observação do comportamento extrateste do testando é perdida.
O administrador do teste pode ter menos efeito na pontuação de um examinando do que em uma situação face a face.	A oportunidade para aprender sobre o avaliando por meio da interação avaliador-avaliando é perdida.
A testagem de grupo é mais barata por testando do que a testagem individual.	A informação de um teste de grupo pode não ser tão detalhada e prática quanto a informação de um teste individual.
A testagem de grupo prova ter valor para fins de triagem.	Instrumentos destinados expressamente para triagem são usados algumas vezes para tomar decisões importantes.
Os testes de grupo podem ser normatizados em grandes números de pessoas mais facilmente do que um teste individual.	Em qualquer situação de teste, se supõe que os testandos estejam motivados a realizar e seguir orientações. A oportunidade para verificar essas suposições pode ser mínima em programas de testagem de larga escala. O testando que "não dança conforme a música" corre um grande risco de obter uma pontuação que não se aproxime precisamente de sua pontuação hipotética.
Os testes de grupo funcionam bem com pessoas que podem ler, seguir orientações, segurar um lápis e não requerem muita assistência.	Os testes de grupo podem não funcionar muito bem com pessoas que não possam ler, que não possam segurar um lápis (tal como crianças muito pequenas), que "não dancem conforme a música", ou que tenham necessidades ou condições especiais.

CONHEÇA UM PROFISSIONAL DA AVALIAÇÃO

Conheça a dra. Rebecca Anderson

Em minha opinião, um dos componentes mais importantes de uma avaliação é gerar um relatório que seja amigável ao leitor e forneça informações úteis para os pais e os professores que estão trabalhando diretamente com a criança. Um componente fundamental da avaliação é o resumo, que deve fornecer um quadro conciso dos pontos fortes e das áreas de dificuldade da criança. Além disso, a seção de recomendações é um elemento essencial do relatório e deve fornecer informações úteis sobre as maneiras de apoiar o sucesso social/emocional e educacional da criança. Eu tento fazer recomendações que sejam acessíveis à equipe e forneçam instrumentos e sugestões palpáveis que possam ser implementados tanto em casa como na escola. Com frequência faço uma lista de outros recursos (como livros, páginas da internet, apostilas) específicos para a área de deficiência da criança.

Realisticamente, quando trabalho em escolas, há prazos rigorosos, que não permitem avaliações extensivas. Penso que um dos maiores desafios diz respeito ao tempo e ao esforço exigidos na avaliação de um estudante. As escolas costumam ter restrições de orçamento e querem que as coisas sejam feitas rapidamente. Via de regra, conduzo avaliações mais completas com estudantes que estão recebendo uma avaliação inicial a fim de determinar a natureza do problema apresentado. Menos tempo é necessário para a reavaliação de estudantes que já estão recebendo serviços de apoio especializados. Outro obstáculo no processo de avaliação é o acesso a pais e professores. Faço todo o possível para entrar em contato com os pais. Se não foi possível, anoto que a informação dos pais não estava disponível na época da avaliação. De maneira ideal, os psicólogos escolares deveriam ter tempo e recursos amplos e acesso aos pais e à toda equipe escolar relevante, mas a realidade é que fazemos o melhor que podemos com o tempo designado e os recursos disponíveis.

Leia mais sobre o que a dra. Anderson tinha a dizer – seu ensaio completo (em inglês) – em www.mhhe.com/cohentesting8.

Rebecca Anderson, Ph.D., consultório particular, consultora em psicologia escolar

putadores, poderiam ser denominadas de forma mais apropriada *avaliação individual administrada simultaneamente em um grupo* do que *testagem de grupo*.

Independentemente do número de estudantes aos quais um teste psicológico é administrado nas escolas, todos os relatórios de testagem e avaliação psicológica devem ser significativos e práticos. Para isso, considere as recomendações de nosso profissional da avaliação convidado, dra. Rebecca Anderson (ver a seção *Conheça um profissional da avaliação* neste capítulo).

Medidas de estilo cognitivo e capacidades intelectuais específicas

As medidas de inteligência geral usadas em larga escala amostram apenas uma pequena parcela das muitas capacidades humanas que se podem conceber como contribuindo para a inteligência de um indivíduo. Há muitas capacidades intelectuais e muitos talentos conhecidos que não são – ou são apenas indiretamente – avaliadas por testes de inteligência populares. Há, por exemplo, testes disponíveis para medir capacidades muito

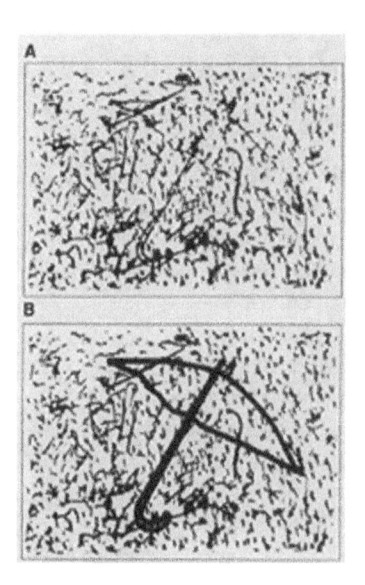

Figura 10.2 Um item do teste de figuras degradadas.
Sentado em frente a um computador, a tarefa do avaliando é distinguir desenhos com linhas degradadas de objetos comuns colocados contra um "ruído" visual de fundo. Após uma figura como aquela mostrada em "A" ser apresentada, o testando é instruído a pressionar uma tecla tão logo reconheça uma imagem no quadro. A imagem então desaparece da tela e o testando deve teclar no nome da imagem que acha que viu. Para esse item, ilustrado na versão menos degradada (item B), a resposta correta seria "guarda-chuva".

específicas, como pensamento crítico, música ou apreciação de arte. Também há uma base de conhecimento em desenvolvimento relativo ao que é chamado de *estilos cognitivos*. Um **estilo cognitivo** é uma dimensão psicológica que caracteriza a consistência com a qual informações são adquiridas e processadas (Ausburn e Ausburn, 1978; Messick, 1976). Exemplos de estilos cognitivos incluem a dependência de campo *versus* independência de campo de Witkin e colaboradores (1977), a dimensão de reflexão *versus* impulsividade (Messer, 1976) e a dimensão visualizador *versus* verbalizador (Kirby et al., 1988; Paivio, 1971). Pesquisando a última dimensão, e usando instrumentos de mensuração como o Teste de Figuras Degradadas (Degraded Pictures Test) (ver Fig. 10.2), Maria Kozhevnikov e colaboradores (2005) demonstraram que processadores visuais podem ainda ser subdivididos de forma útil entre aqueles que se saem bem em tarefas de imagens de *objetos* e aqueles que se saem bem em tarefas de imagens *espaciais*. Baseada nesses e em achados relacionados, ela propôs a existência de um novo componente da inteligência chamado de *capacidade visual-objeto* (Blazhenkova e Kozhevnikov, 2010). De acordo com Kozhevnikov e colaboradores, a **capacidade visual-objeto** reflete a capacidade de processar informação sobre a aparência visual de objetos, bem como as propriedades pictóricas do objeto (tal como forma, cor e textura).

Curiosamente, embora a maioria dos testes de inteligência não meça a criatividade, os testes destinados a medi-la podem muito bem medir variáveis relacionadas a inteligência. Por exemplo, pensa-se que algumas capacidades componentes da criatividade sejam originalidade na solução de problemas, na percepção e na abstração. Uma vez que os testes de inteligência exploram esses componentes, as medidas de criatividade também podem ser pensadas como instrumentos para avaliar a inteligência. Concluímos este capítulo com um levantamento relativamente breve de algumas medidas de criatividade.

Medidas de criatividade Uma série de testes e de baterias de testes estão disponíveis para medir a criatividade em crianças e adultos. Na verdade, algumas universidades, como a University of Georgia e a State University College of New York em Buffalo, mantêm bibliotecas contendo várias centenas desses testes. Que tipos de tarefas são exibidas nesses testes? O que esses testes realmente medem?

Quatro termos comuns a muitas medidas de criatividade são *originalidade, fluência, flexibilidade* e *elaboração. Originalidade* refere-se à capacidade de produzir alguma coisa que seja inovadora ou não óbvia. Pode ser alguma coisa abstrata, como uma ideia, ou alguma coisa palpável e visível, como um trabalho de arte ou um poema. *Fluência* diz respeito à facilidade com que as respostas são reproduzidas e costuma ser medida pelo número total de respostas produzidas. Por exemplo, um item em um teste de fluência com palavras poderia ser: *Nos próximos 30 segundos, nomeie quantas palavras você puder que comecem com a letra w. Flexibilidade* fez referência à variedade de ideias apresentadas e à capacidade de mudar de uma abordagem para outra. *Elaboração* refere-s e à riqueza de detalhes em uma explicação verbal ou exposição pictórica.

Uma crítica frequentemente dirigida aos testes de inteligência padronizados de grupo (bem como a outros testes de capacidade e realização) é que a avaliação do desempenho do teste é muito focalizada em se a resposta está correta. A forte ênfase na resposta correta deixa pouco espaço para a avaliação de processos como originalidade, fluência, flexibilidade e elaboração. Dito de outra forma, na maioria dos testes de realização o processo de pensamento em geral requerido é o *pensamento convergente*. **Pensamento convergente** é um processo de raciocínio dedutivo que implica memória e consideração de fatos, bem como uma série de julgamentos lógicos para restringir as soluções e eventualmente chegar a uma solução. Em seu modelo de estrutura-do-intelecto, Guilford (1967) fez uma distinção entre os processos intelectuais de pensamento *convergente* e *divergente*. **Pensamento divergente** é um processo de raciocínio no qual o pensamento é livre para se mover em muitas direções diferentes, tornando possível diversas soluções. O pensamento divergente requer flexibilidade de pensamento, originalidade e imaginação. Há muito menos ênfase na lembrança de fatos do que no pensamento convergente. O modelo de Guilford serviu para focalizar a atenção da pesquisa não apenas nos produtos, mas também no processo de pensamento criativo.

Guilford (1954) descreveu diversas tarefas destinadas a medir a criatividade, tais como Consequências ("Imagine o que aconteceria se...") e Usos Incomuns (p. ex., "Cite quantas utilidades você puder imaginar para um elástico"). Inclusas na bateria de testes de Guilford e colaboradores (1974), o Capacidades da Estrutura do Intelecto (Structure-of--Intellect Abilities), estão tarefas de orientação verbal (como Fluência com Palavras) e tarefas de orientação não verbal (como Esboços).

Uma série de outros testes estão disponíveis para explorar vários aspectos da criatividade. Por exemplo, com base no trabalho de Mednick (1962), o Teste de Associações Remotas (RAT) apresenta ao testando três palavras; a tarefa é encontrar uma quarta palavra associada com as outras três. O Teste de Pensamento Criativo de Torrance (1966, 1987a, 1987b) consiste em materiais de teste com base em palavras, em figuras e em sons. Em um subteste de sons diferentes, por exemplo, a tarefa do examinando é responder a respeito dos pensamentos que cada som invoca. Cada subteste visa medir várias características julgadas importantes no processo de pensamento criativo.

> **REFLITA...**
> Baseado nessa breve descrição do RAT e do Teste de Torrance, demonstre sua própria criatividade elaborando um novo item para o RAT ou para o Teste de Torrance que seja inequivocamente do século XXI.

É interessante que muitos testes de criatividade não se saem bem quando avaliados por procedimentos psicométricos tradicionais. Por exemplo, as estimativas de confiabilidade teste-reteste para alguns desses testes tendem a ficar na fronteira da variação inaceitável. Alguns têm se perguntado em voz alta se os testes de criatividade devem ser julgados por padrões diferentes de outros testes. Afinal de contas, a criatividade pode diferir de outras capacidades na medida em que ela pode ser altamente suscetível a

> **REFLITA...**
> Os testes de criatividade devem ser mantidos em padrões psicométricos diferentes de outros testes de capacidade?

saúde emocional ou motivação física e fatores relacionados – mesmo mais do que outras capacidades. Esse fato explicaria as tênues estimativas de confiabilidade e validade.

Enquanto lia sobre as várias capacidades humanas e como todas elas poderiam estar relacionadas àquele construto impalpável *inteligência*, você pode ter dito para si mesmo, "Por que alguém não cria um teste que meça todos esses diferentes aspectos da inteligência?".

Embora ninguém tenha realizado esse projeto ambicioso, nos últimos anos pacotes de testes foram desenvolvidos para testar não apenas a inteligência, mas também capacidades relacionadas em contextos educacionais. Esses pacotes de testes, denominados *baterias psicoeducacionais*, são discutidos no capítulo a seguir, junto com outros testes usados para medir habilidades e capacidades acadêmicas.

Autoavaliação

Teste sua compreensão dos elementos deste capítulo vendo se é capaz de explicar cada um dos seguintes termos, expressões e abreviações:

AFQT
ASVAB
Binet, Alfred
capacidade visual-objeto
chão
comportamento extrateste
escala de idade
escala de pontos
estilo cognitivo
forma abreviada
instrumento de triagem
item alternativo
item de ensino
nível basal
nível teto
pensamento convergente
pensamento divergente
pontuação processual
QI (quociente de inteligência)
QI de desvio
QI de relação
RAT
Stanford-Binet
subteste opcional
subteste principal
subteste suplementar
Terman, Lewis
testagem adaptativa
testagem dos limites
teste Alfa do Exército
teste Beta do Exército
teste composto
teste de encaminhamento
  (*routing*)
teto
WAIS-IV
WASI
Wechsler, David
WISC-IV
WPPSI-III

CAPÍTULO 11

Avaliação para a Educação

Que palavra vem à mente primeiro quando você pensa em *escola*?

Se a palavra *teste (ou prova)* viesse à mente, certamente seria compreensível. Dezenas – talvez mesmo centenas – de testes são administrados a estudantes ao longo de sua carreira acadêmica. Inclusos aqui estão testes criados pelo professor, testes obrigatórios pelo estado, testes recomendados por psicólogos e diversos outros. Por que tantos testes?

REFLITA...
Quantos testes você estimaria que já realizou desde que entrou na educação infantil ou no ensino fundamental?

O papel da testagem e da avaliação na educação

Os educadores estão interessados nas respostas a diferentes questões à medida que os estudantes avançam na escola. Se eles tivessem uma "lista de desejos" de questões que gostariam que você, o estudante, respondesse, uma pequena amostra das questões nessa lista poderia ser como segue:

Quanto da matéria deste curso você realmente aprendeu?

Você dominou a matéria neste curso?

Como o conhecimento que você adquiriu neste curso se compara com o conhecimento adquirido por seus colegas de classe?

Você está tendo dificuldades para aprender alguma matéria, e nesse caso, por quê?

Qual é a qualidade do ajuste entre você e o programa educacional em que se matriculou?

Do ponto de vista dos estudantes, talvez a razão mais óbvia para a ocorrência da testagem seja assegurar que o conhecimento que está sendo compartilhado pelo professor (na sala de aula, na internet, ou onde e como o ensino esteja ocorrendo) tenha sido de fato recebido e aprendido pelo estudante. Mas, os educadores também estão interessados em ajudar os estudantes a melhorarem suas habilidades de aprendizagem. Para isso, podem administrar testes visando apontar possíveis áreas de dificuldade de aprendizagem. Há outras circunstâncias nas quais os educadores têm o maior interesse em saber o quanto seus alunos – ou futuros alunos – estão preparados para aprender matérias mais avançadas. Nesses casos, testes referidos diferentemente como testes de "prontidão" ou de "habilidade" podem ser administrados. Contudo, outra razão para a testagem nas salas de aula é muito simples: a testagem é requerida por lei. E por falar em testagem nas escolas e a lei, consideremos a explosão de popularidade da RtI (impulsionada pela legislação). O *R* maiúsculo, o *t* minúsculo e o *I* maiúsculo significam...

Resposta à intervenção (RtI)

História Em meados da década de 1970, o mandado federal para identificar e assistir crianças com problemas de aprendizagem definiu uma dificuldade de aprendizagem como uma "discrepância grave entre realização e capacidade intelectual" (*Procedures for Evaluating Specific Learning Disabilities* [Procedimentos para a avaliação de dificuldades de aprendizagem específicas], 1977, p. 650). A partir de então, durante décadas, uma dificuldade de aprendizagem específica (DAE) era diagnosticada se existisse uma discrepância significativa entre a capacidade intelectual medida da criança (de modo geral em um teste de inteligência) e o nível de realização que podia ser razoavelmente esperado da criança em uma ou mais áreas (incluindo expressão oral, compreensão auditiva, expressão escrita, habilidades de leitura básicas, compreensão da leitura, cálculo matemático e raciocínio matemático). Entretanto, tudo mudou com uma nova definição de DAE e novas diretrizes de diagnóstico.

Conforme foi definido em 2007 pela Lei Pública 108.147, uma **dificuldade de aprendizagem específica** é "um transtorno em um ou mais dos processos psicológicos básicos envolvidos em compreender ou em usar a linguagem, falada ou escrita, que pode se manifestar na capacidade imperfeita de escutar, pensar, falar, ler, escrever, soletrar ou fazer cálculos matemáticos". Além disso, conforme reautorizado em 2004 e transformado em lei em 2006, a Lei de Educação de Indivíduos com Incapacidades (IDEA, do inglês, Individuals with Disabilities Education Act) não obriga mais que os critérios estaduais adotados para definir DAE sejam determinados com base em uma discrepância grave entre capacidade intelectual e realização. Antes, ela requer que os estados permitam "o uso de um processo fundamentado na *resposta da criança à intervenção* científica, baseada em pesquisa" (ênfase acrescentada). Embora acadêmicos tenham escrito sobre "resposta à intervenção" no período de transição (p. ex., ver Dwairy, 2004), de repente surgiu a pressa de entender e aplicar esse modelo. Em 2008, a maioria dos estados tinha em vigor políticas legislativas ou reguladoras que mudaram suas educações especiais existentes para exigir a RtI (Zirkel e Krohn, 2008).

> **REFLITA...**
> Por que você acha que houve tanta discordância e controvérsia sobre a definição do termo *dificuldade de aprendizagem*? Por que é tão importante encontrar o termo certo?

O modelo RtI Com base na definição apresentada na página da internet, financiada pelo governo, do National Center on Response to Intervention (Centro Nacional sobre Resposta à Intervenção) (2011, p. 2), podemos definir o **modelo de resposta à intervenção** como uma estrutura de prevenção de múltiplos níveis aplicada em contextos educacionais que visa maximizar a realização do estudante mediante o uso de dados que identifiquem estudantes em risco para desfecho de aprendizagem insatisfatório combinado com intervenção baseada em evidência e ensino ajustado com base na capacidade de resposta do estudante. Uma descrição mais simples desse modelo de ensino e avaliação é: (a) Os professores fornecem instrução baseada em evidência; (b) a aprendizagem do aluno dessa instrução é avaliada regularmente; (c) a intervenção, se requerida, ocorre em alguma forma de ajustamento apropriado na instrução; (d) a reavaliação da aprendizagem acontece; e (e) intervenção e reavaliação ocorrem se necessário.

O modelo é de *múltiplos níveis* porque há pelo menos três níveis de intervenção (ou de ensino). O primeiro é o ambiente da sala de aula no qual os estudantes estão sendo ensinados, independentemente do que o professor esteja ensinando. O segundo é aquele no qual um pequeno grupo de alunos que não fizeram progresso adequado na sala de aula foram separados para ensino especial. O terceiro é o ensino individual adaptado e administrado para estudantes que não conseguiram responder ao segundo nível de intervenção.

Ao fornecer intervenção (ensino ou instrução reparadora, qual seja o caso) apropriada ao nível de necessidades do estudante, o objetivo da RtI é acelerar o processo de aprendizagem para todos os estudantes. Além disso, ela se desdobra como uma técnica adequada que identificará estudantes com dificuldades de aprendizagem. Nesse sentido, é vista por muitos como superior ao processo baseado no encaminhamento, mais tradicional – que foi caracterizado como um método de "esperar a falha" (Fletcher et al., 2002). Entretanto, as questões relativas à exata natureza de uma dificuldade de aprendizagem e à relação entre inteligência medida e aprendizagem acadêmica não desapareceram (Büttner e Hasselhorn, 2011; Collier, 2011; Davis e Broitman, 2011; Goldstein, 2011; Kane et al., 2011; Maehler e Schuchardt, 2009; Swanson, 2011).

Implementando a RtI Devido, pelo menos em parte, ao mandato federal, a literatura relacionada à RtI tem sido crescente (p. ex., ver Fuchs e Fuchs, 2006; Gustafson et al., 2011; Jackson et al., 2009; Johnston, 2011; Mesmer e Duhon, 2011; Petscher et al., 2011; Speece et al., 2011; Tran et al., 2011; Wixon, 2011). Contudo, visto que a lei deixou a implementação da RtI a cargo dos estados e dos distritos escolares, muitas questões importantes permanecem em relação a exatamente como ela deve ser implementada. Alguns estados e distritos escolares empregam o que foi referido como um *modelo de solução de problemas*. Nesse contexto, **modelo de solução de problemas** refere-se ao uso de intervenções adaptadas às necessidades individuais dos estudantes que são selecionadas por uma equipe multidisciplinar de profissionais da escola. Em contrapartida, outros estados e distritos escolares baseiam-se mais em uma política de intervenção geral, selecionada pela administração da escola e visando tratar as necessidades de múltiplos estudantes. Algumas escolas implantaram um híbrido dessas duas abordagens. Ou seja, alguma política escolar-padrão é aplicada a todos os estudantes, mas existem disposições para permitir a abordagem de solução de problemas com certos estudantes sob certas condições.

Muitas questões críticas permanecem em relação a exatamente como a RtI deve ser implementada. Algumas dessas questões incluem: Que critérios devem ser usados para mudar estudantes de um nível para outro no modelo de múltiplos níveis? Que testes devem ser usados para avaliar a aprendizagem e a resposta à intervenção? Quais são os respectivos papéis da equipe escolar, como professores, psicólogos, professores de leitura e orientadores, na implementação da RtI?

Testes e procedimentos de mensuração destinados a responder questões relacionadas a RtI estão sendo desenvolvidos, e testes já publicados estão sendo sugeridos como úteis em um modelo de RtI (p. ex., ver Coleman e Johnsen, 2011; Penner-Williams et al., 2009; Watson et al., 2011; Willcutt et al., 2011). Com referência à questão relativa aos respectivos papéis da equipe escolar, é útil ter em mente que a mesma legislação (IDEA) que determinou a RtI também encorajou o uso de múltiplas fontes de informação a respeito do diagnóstico de dificuldade. Mais especificamente, a IDEA determinou que nenhuma medida isolada seja usada "como o único critério para determinar se uma criança é uma criança com dificuldade". Em um comentário visando esclarecer a intenção da lei, o Departament of Education escreveu que "uma avaliação deve incluir uma variedade de instrumentos e estratégias e não pode se basear em qualquer procedimento isolado como único critério para determinar a elegibilidade para educação especial e serviços relacionados". Ao diagnosticar (e tratar) as dificuldades, particularmente as de aprendizagem, é útil empregar não apenas vários instrumentos de avaliação, mas informações de vários funcionários da escola, bem como dos pais e de outras fontes relevantes. O termo **avaliação integrativa** tem sido usado para descrever uma abordagem multidisciplinar à avaliação que assimila informações de fontes relevantes. A julgar pelo ensaio escrito por nosso profissional convidado neste capítulo, a psicóloga escolar Eliane Hack (ver a seção *Conheça um profissional da avaliação*), a avaliação integrativa é uma parte importante do programa de avaliação em sua escola.

A RtI é o que tem sido chamado de um modelo "dinâmico". Para entender o que isso significa, é necessário entender o que significa "avaliação dinâmica".

CONHEÇA UM PROFISSIONAL DA AVALIAÇÃO

Conheça Eliane Hack, M.A.

Imagine-se lendo um romance de mistério intrigante. O autor definiu as pistas centrais do caso. Você, o leitor, tem suas próprias teorias traçadas em sua mente. Você vira a página para ler mais, apenas para descobrir que a página seguinte está faltando. Várias páginas foram arrancadas! Você tem apenas uma perspectiva da história. A solução, portanto, é incompleta. O mesmo acontece na testagem psicoeducacional que não incorpora uma abordagem interdisciplinar. Em avaliações baseadas na escola, haverá muitos membros da equipe que contribuem com informações vitais na formação do perfil de aprendizagem de uma criança. Uma avaliação que não inclui múltiplas medidas de várias fontes de dados e disciplinas não é uma avaliação completa.

Com a reautorização das diretrizes de *Resposta à Intervenção* no estado de Nova York, a testagem interdisciplinar assume todo um novo significado. Agora, mais do que nunca, a informação da sala de aula e dos professores de leitura tem um grande peso na identificação de uma dificuldade de aprendizagem específica. Deve existir um equilíbrio entre a testagem padronizada e os dados que apoiam a resposta (ou a ausência de resposta) à intervenção. Enquanto os psicólogos escolares antes se baseavam mais fortemente em uma fórmula de discrepância para elegibilidade para educação especial, o processo de RtI estimula os avaliadores a considerarem fatores externos que possam impedir a aprendizagem. Em essência, a RtI olha "toda a paisagem" ao fornecer de forma sistemática níveis de intervenção intensivos antes de finalmente determinar que uma dificuldade está "dentro" de uma criança. Continuando com o tema anterior de "detetive", imagine Sherlock Holmes, ou sua contraparte mais moderna, o dr. House. Ambos usam métodos de mensuração e raciocínio para formar uma hipótese. Eles então testam a hipótese para ver se ela tem peso. Relacionando isso à identificação de dificuldades de aprendizagem, a equipe interdisciplinar se concentrará em uma área de intervenção específica. Digamos que eles estejam focados no reconhecimento de vocabulário visual (automatizado). O professor e os intervencionistas serão responsáveis por medir a melhora no vocabulário visual com intervenção adicional (um programa de leitura específico ou uma estratégia dirigida). Após várias semanas de intervenção e monitoração, os resultados são revistos. Com essa informação, a equipe determinará se a mesma intervenção deve continuar, se uma nova intervenção deve ser introduzida, ou se um nível mais alto de intervenção é necessário. Após traçar vários pontos de dados no gráfico, pode ficar evidente que a criança não respondeu à intervenção. Nesse ponto, uma equipe pode discutir de maneira mais adequada a necessidade de uma avaliação psicoeducacional abrangente. A RtI é um passo importante no processo de excluir que uma dificuldade de aprendizagem se deva a falta de instrução ou a desvantagem ambiental, cultural ou econômica. Estudantes com esses tipos de desvantagens são muitas vezes erroneamente identificados como necessitando de apoio educacional especial, quan-

Eliane Hack, M.A., psicóloga escolar, Queensbury Elementary School, Queensbury, NY

do na verdade estavam carentes de intervenções acadêmicas específicas de mais curto prazo. A RtI busca preencher essa lacuna.

Durante estágio na faculdade de psicologia, meu supervisor imprimiu em mim a ideia de que a habilidade mais importante de um psicólogo escolar é a capacidade de ver o óbvio. Em um campo em que as crianças são com frequência representadas por pontuações e dados de testes, é importante considerar o impacto no mundo real para o qual essas pontuações indicam, e não perder de vista o fato de que uma criança é mais do que um conjunto de números. Às vezes, as pontuações do teste ajudam a explicar um déficit, e às vezes o tornam mais misterioso. Nunca se deve subestimar o poder das variáveis confundidoras! Igualmente, nunca se deve presumir o poder global da pontuação de um único teste. As avaliações interdisciplinares são uma boa forma de obter um quadro mais completo de uma criança, mas a habilidade mais indispensável para os profissionais em todos os campos da educação é ver além do óbvio.

Leia mais sobre o que a psicóloga escolar Eliane Hack tinha a dizer – seu ensaio completo (em inglês) – em www.mhhe.com/cohentesting8.

Avaliação dinâmica

Embora tenha sido desenvolvida originalmente para uso com crianças, uma abordagem dinâmica à avaliação pode ser usada com testandos de qualquer idade. Ela é uma abordagem à avaliação que se afasta da dependência de testes fixos (chamados de "estáticos") e pode ser contraposta a eles. A avaliação dinâmica envolve uma abordagem à exploração do potencial de aprendizagem baseada em um modelo de teste-intervenção-reteste. Os fundamentos teóricos dessa abordagem podem ser imputados ao trabalho de Budoff (1967, 1987), Feuerstein (1977, 1981) e Vygotsky (1978).

Budoff explorou as diferenças entre os déficits identificados por testes padronizados que pareciam ser devidos a diferenças em educação *versus* deficiência mental. Ele fez isso determinando se o treinamento podia melhorar o desempenho do teste. Os esforços de Feuerstein concentraram-se no grau em que o ensino de princípios e estratégias (ou aprendizagem mediada) modificava a cognição. Com base nessa pesquisa, ele e colaboradores desenvolveram um sistema dinâmico de tarefas de avaliação denominado Dispositivo de Avaliação Potencial da Aprendizagem (The Learning Potential Assessment Device) (LPAD; Feuerstein et al., 1979). O LPAD foi concebido para produzir informação sobre a natureza e a quantidade de intervenção requerida para aumentar o desempenho de uma criança. Vygotsky (ver Fig. 11.1) introduziu o conceito de uma **zona de desenvolvimento proximal** ou "a distância entre o nível de desenvolvimento real determinado por solução de problema individual e o nível de desenvolvimento potencial determinado por meio de solução de problema sob orientação de um adulto ou em colaboração com pares mais capazes" (1978, p. 86). A "zona" referida é basicamente a área entre a capacidade de um testando medida por um teste formal e o que seria possível como resultado de instrução, "orientação", ou intervenção relacionada. Pode-se pensar nela como um índice de potencial de aprendizagem que irá variar dependendo de fatores como o grau das capacidades do testando e a natureza da tarefa.

Os procedimentos de avaliação dinâmica diferem dos procedimentos de avaliação mais tradicionais em diversos aspectos fundamentais. Enquanto os examinadores que administram testes nas formas tradicionais são ensinados a manter escrupulosamente a neutralidade, os avaliadores dinâmicos – em especial quando intervindo com ensino, treinamento ou outra "orientação" – dificilmente são neutros. Ao contrário, é possível que o objetivo deles seja fazer tudo o que estiver ao alcance para ajudar o testando a dominar o material em preparação para a retestagem. Dependendo da abordagem particular do avaliador à avaliação dinâmica, podem ser introduzidas variações na avaliação que visam entender melhor ou reparar os obstáculos à aprendizagem. Essas variações podem assumir

Figura 11.1 Lev Semyonovitch Vygotsky (1896-1934).

Visto agora como um renomado pesquisador na história da psicologia soviética e uma influência nos dias de hoje na educação e na psicologia norte-americana, Vygotsky quase não foi reconhecido em sua terra natal durante sua vida. Trabalhou sob a regulação e a censura rigorosa do governo e o antissemitismo disseminado (Etkind, 1994). Ele ganhava muito pouco, vivia no porão do instituto no qual trabalhava e tinha problemas de saúde – sucumbindo aos 38 anos a anos de convivência com a tuberculose. Embora suas visões políticas fossem marxistas, quase não levado em consideração pelas autoridades. No final, seus trabalhos foram banidos pelo governo e, como comentou Zinchenko (2007), "ele teve a sorte de ter conseguido morrer em sua própria cama".

O impacto de Vygotsky sobre a comunidade científica comportamental seria sentido por muitos anos após a década relativamente breve em que seu laboratório de psicologia esteve ativo. Seus ensaios publicados estimularam o pensamento em diferentes áreas, incluindo psicologia educacional, psicologia do desenvolvimento e psicofisiologia. A. R. Luria foi contemporâneo de Vygotsky, e acredita-se que este tenha tido uma grande influência sobre o pensamento de Luria (Radzikhovskii e Khomskaya, 1981). Em sua autobiografia, Luria referiu-se a Vygostky como um gênio.

muitas formas diferentes, tais como sugestões ou estímulos fornecidos de forma verbal ou não verbal. Naturalmente, a grande diversidade de abordagens à avaliação dinâmica em termos das metas perseguidas e das técnicas e dos métodos específicos usados tornam difícil julgar a validade dessa abordagem (Beckmann, 2006).

A avaliação dinâmica é, como se poderia esperar, consonante com o modelo de resposta à intervenção (Wagner e Compton, 2011; Fuchs et al., 2011). Para sua dissertação de doutorado, Emily Duvall (2011) conduziu um estudo-piloto com alunos de 3ª série no qual um teste padronizado determinado pelo estado foi remodelado para fins de avaliação dinâmica. Ela relatou que empregar a avaliação dinâmica não apenas facilitava a meta de esclarecer o progresso que crianças com dificuldades de aprendizagem fazem como resultado da intervenção, mas oferecia dados valiosos e práticos para múltiplas partes interessadas (as crianças que estão sendo avaliadas, seus pais, seus professores e a administração da escola).

Sem dúvida, antes de correr para converter quaisquer testes padronizados em uma forma receptiva à avaliação dinâmica, é importante adquirir um entendimento sólido e uma avaliação dos benefícios desses testes da forma como eles foram desenvolvidos. Para isso, passamos agora a descrever e examinar uma pequena amostragem de alguns testes de realização, testes de aptidão e instrumentos de avaliação normatizados relacionados (bem como não normatizados).

Testes de realização

Os **testes de realização** são concebidos para medir o desempenho. Um teste de realização para um estudante de 1ª série tem como tema o alfabeto da língua inglesa, enquanto um teste de realização para um estudante universitário poderia conter questões relativas aos princípios da avaliação psicológica. Em resumo, os testes de realização visam mensurar o grau de aprendizagem que ocorreu como resultado de exposição a uma experiência de aprendizagem relativamente definida. "Experiência de aprendizagem relativamente definida" pode significar algo tão amplo quanto *o que foi aprendido em quatro anos de faculdade* ou algo muito mais restrito, por exemplo, *como preparar a massa para fazer pizza*. Na maioria dos contextos educativos, os testes de realização são usados para estimar o progresso do estudante na direção dos objetivos pedagógicos, comparar a realização de um indivíduo com seus pares e ajudar a determinar que atividades e estratégias pedagógicas poderiam impulsionar melhor os estudantes na direção dos objetivos educacionais.

Um teste de realização pode ser normatizado em âmbito nacional, regional ou local, ou pode não ser normatizado de forma alguma. O popular questionário sobre a anatomia de um sapo dado por seu professor de biologia do ensino médio qualifica-se como um teste de realização tanto quanto um exame estadual de biologia.

Como outros testes, os de realização variam amplamente com respeito a sua solidez psicométrica. Um teste de realização sólido é aquele que amostra de maneira adequada o assunto-alvo e calcula com segurança o grau em que os examinandos o aprenderam.

Os escores nesses testes podem ter várias utilidades. Podem ajudar a equipe escolar a tomar decisões sobre a colocação de um estudante em uma determinada classe, a aceitação em um programa ou o avanço para uma série mais adiantada. Os dados do teste de realização podem ser úteis para definir a qualidade do ensino em uma classe, uma escola, um distrito escolar ou um estado em particular. Esses testes são usados às vezes para avaliar dificuldades e, nesses casos, podem preceder a administração de testes mais específicos visando identificar áreas que possam requerer soluções especiais. Uma forma mais geral de categorizar os testes de realização é em termos do quanto seu conteúdo é de natureza geral.

Medidas de realização geral

As medidas de realização geral podem examinar a aprendizagem em uma ou mais áreas acadêmicas. Os testes que abrangem as áreas acadêmicas de uma série são normalmente divididos em diversos subtestes e são referidos como *baterias de realização*. Essas baterias podem ser administradas de forma individual ou em grupo. Elas podem consistir em alguns subtestes, como o Teste de Desempenho de Amplo Alcance-4 (Wide Range Achievement Test-4) (Wilkinson e Robertson, 2006) com suas medidas de leitura, ortografia, aritmética e (novo na quarta edição) compreensão da leitura. Uma medida geral de realização pode ser bastante abrangente, como na bateria Testes Sequenciais de Progresso Educacional (Sequential Tests of Educational Progress [STEP]). Usada do jardim de infância até o ensino médio, a bateria STEP inclui subtestes de realização em leitura, vocabulário, matemática, habilidades de escrita, habilidades de estudo, ciências e estudos sociais, bem como um inventário de comportamento, um questionário de ambiente educacional e um inventário de atividades. Visto que ela é com frequência usada para identificar crianças superdotadas, qualquer dos "cinco passos" pode ser administrado no nível de série do testado ou acima dele.

Algumas baterias, como o Testes de Realização da Califórnia SRA (SRA California Achievement Tests), abrangem do jardim de infância ao ensino médio, enquanto outras são específicas da série ou da matéria. Algumas são organizadas para fornecer análises referentes tanto às normas quanto ao critério. Outras são normatizadas concomitantemente com testes de aptidão escolar para permitir uma comparação entre realização e aptidão. Algumas são constituídas com testes práticos que podem ser administrados vários dias antes da testagem real para ajudar os estudantes a se familiarizarem com os procedimentos de realização do teste. Outras contêm **testes de nivelamento**, ou testes de encaminhamento, pré-testes aplicados para determinar o nível do teste real mais adequado para ser administrado.

Um instrumento popular adequado para uso com pessoas dos 4 anos à idade adulta (50 anos é a idade limite) é o Teste Wechsler de Realização Individual – Terceira Edição, também conhecido como o WIAT-III (Psychological Corporation, 2009). Concebido para ser usado em escolas e em contextos clínicos e de pesquisa, essa bateria contém um total de 16 subtestes, embora nem todos sejam administrados a todos os testandos. O teste foi normatizado nacionalmente em 3 mil estudantes e adultos, e o manual fornece informação normativa abrangente. Sua revisão favorável em relação a seu potencial para produzir dados práticos relativos à realização do estudante em áreas acadêmicas como leitura, escrita e matemática, bem como na habilidade em escutar e falar (Vaughan-Jensen et al., 2011).

Das muitas baterias de realização disponíveis, o teste mais adequado para uso é aquele mais compatível com os objetivos pedagógicos do professor ou do sistema escolar individual. Para um propósito específico, uma bateria focalizada na realização em algumas áreas selecionadas pode ser preferível a uma que tente amostrar a realização em diversas áreas. No entanto, um teste que amostre muitas áreas pode ser desvantajoso quando uma comparação individual de desempenho entre áreas de matéria é desejável. Se uma escola ou um distrito escolar local se encarregam de acompanhar o progresso de um grupo de estudantes medido por uma determinada bateria de avaliação, então a bateria de escolha será aquela que abrange as áreas de matéria visadas em todas as séries a serem testadas. Se a capacidade de diferenciar áreas individuais de dificuldade é a preocupação principal, então testes de realização com aspectos diagnósticos fortes serão escolhidos.

Ainda que baterias de realização amostrando uma ampla variedade de áreas, entre as séries, e normatizadas em grandes amostras nacionais de estudantes tenham muito a seu favor, elas também têm certas desvantagens. Por exemplo, esses testes geralmente levam anos para serem desenvolvidos. Nesse tempo, muitos dos itens, sobretudo em campos como estudos sociais e ciências, podem tornar-se desatualizados. Ao selecionar um teste desse tipo, há certos "deveres", assim como certas "conveniências", a lembrar. A solidez psicométrica – ou seja, os dados de confiabilidade e validade bem documentados para os membros da população a quem o teste será administrado – é um dever quando se avalia a adequação de qualquer teste padronizado em âmbito nacional para uma administração local. Outro "dever" é que possíveis fontes de viés no teste foram minimizadas. Na categoria de "conveniências", é uma vantagem se o teste for relativamente fácil de administrar e pontuar. Além disso, é conveniente que o conteúdo seja atualizado, bem como atraente e relevante para sua plateia visada de testagens.

Medidas de realização em áreas de matéria específicas

Enquanto as baterias de realização tendem a ser instrumentos padronizados, a maioria das medidas de realização em áreas de matéria específicas é formada por testes feitos pelo professor. Toda vez que um professor aplica um questionário, uma prova ou um exame final em um curso, um teste em uma área de matéria específica foi criado. Contudo, há inúmeros instrumentos padronizados concebidos para estimar a realização em áreas específicas.

No nível do ensino fundamental, a aquisição de habilidades básicas, como leitura, escrita e aritmética, é enfatizada. Os testes para medir a realização em leitura vêm em muitas formas diferentes. Por exemplo, há testes para administração individual ou em grupo e para leitura silenciosa ou em voz alta. Os testes podem variar com relação à teoria da capacidade cognitiva na qual são baseados e no tipo de dados que os subtestes produzem. Em geral, os testes apresentam ao examinando palavras, frases ou parágrafos para serem lidos em silêncio ou em voz alta, e a capacidade de leitura é avaliada por variáveis como compreensão e vocabulário. Quando o material é lido em voz alta, a correção e a velocidade são medidas. Os testes de compreensão da leitura também variam com respeito às demandas intelectuais impostas ao examinando além da mera compreensão das palavras lidas. Portanto, alguns testes podem requerer que o examinando apenas lembre os fatos de um trecho enquanto outros podem demandar interpretação e realização de inferências.

No nível do ensino médio, uma bateria popular é o Teste de Realização Cooperativa (Cooperative Achievement Test). Ele consiste em uma série de testes de realização separados em áreas tão diferentes quanto inglês, matemática, literatura, estudos sociais, ciências e idiomas estrangeiros. Cada teste foi normatizado em diferentes populações apropriadas ao nível da série, com amostras selecionadas de forma aleatória e estratificadas de acordo com escolas públicas e particulares. Em geral, os testes tendem a ser instrumentos tecnicamente sólidos. A avaliação da realização em estudantes do ensino médio pode envolver a estimação de competências mínimas, com frequência como um requisito para um diploma de ensino médio (ver a seção *Em foco* deste capítulo).

Ao nível universitário, as legislaturas estaduais estão se tornando mais interessadas em determinar avaliações de resultados de final de curso em faculdades e universidades estaduais. Aparentemente, os contribuintes querem a confirmação de que o dinheiro dos impostos educacionais está sendo bem aplicado. Logo, por exemplo, poderia ser solicitado que estudantes de graduação em psicologia frequentando uma instituição estadual fossem submetidos em seu último ano a um exame final – no sentido literal – incluindo uma variedade de matérias que poderiam ser descritas como "tudo o que um estudante do último ano do curso de bacharelado de psicologia deveria saber". E se isso soa descomunal para você, fique sabendo que a tarefa de desenvolver tais exames é ainda mais descomunal.

Outra utilidade dos testes de realização no nível universitário, bem como para adultos, é a colocação. O programa de colocação avançada desenvolvido pelo College Entrance Examination Board oferece aos estudantes do ensino médio a oportunidade de obter crédito para a universidade por trabalho completado no ensino médio. A realização bem-sucedida do teste de colocação avançada pode resultar em posição avançada, crédito de curso avançado, ou ambos, dependendo da política da faculdade. Desde sua criação, o programa de colocação avançada resultou em crédito e posição avançados para mais de 100 mil estudantes do ensino médio em cerca de 2 mil faculdades.

Os testes de proficiência de inglês ou inglês como segunda língua são outro exemplo de uma variedade específica de teste de realização. Os dados desses testes são usados atualmente na colocação de candidatos à universidade em níveis adequados de programas de Inglês como Segunda Língua (ESL, English as a Second Language).

Os testes de realização no nível universitário ou adulto também podem avaliar se o crédito universitário deve ser concedido para aprendizagem adquirida fora da sala de aula de uma faculdade. Inúmeros programas visam avaliar sistematicamente se conhecimento suficiente foi adquirido para qualificação a crédito do cur-

> **REFLITA...**
> Tem havido cada vez mais exigência de "apenas inglês" em algumas comunidades e estados norte-americanos. Se essas exigências forem aprovadas como lei, como isso poderia afetar as formas como os resultados dos testes de proficiência em inglês são usados?

EM FOCO

Testes de competência mínima

Logo após os Estados Unidos se tornarem uma nação independente, um cidadão comentou em um livro intitulado *Letters from an American Farmer* que uma "uniformidade agradável de competência decente aparece em nossas casas" (Crèvecoeur, 1762/1951, citado em Lerner, 1981). Mais de 200 anos depois, uma insatisfação geral com a *falta* de competência nesse país se tornou evidente. Em torno da época da celebração do bicentenário da nação, um movimento popular visando erradicar o analfabetismo e a acalculia começou a tomar forma. Em 1980, uma lei tinha sido aprovada em 38 estados requerendo que as escolas administrassem um teste para determinar se os formandos do ensino médio tinham desenvolvido uma "competência mínima". Exatamente o que constituía a competência mínima variava de uma jurisdição para outra, mas em geral se referia a algum conhecimento de leitura, escrita e aritmética. O movimento ganhou impulso com a percepção de que as pessoas analfabetas e as sem habilidades matemáticas com frequência acabavam não apenas desempregadas, mas impossibilitadas de conseguir um emprego. A triste consequência é que muitos desses indivíduos requerem assistência pública ou, sem alternativa, se voltam para o crime – alguns terminando na cadeia.

Um programa de testagem da competência mínima visa garantir que um estudante com um diploma do ensino médio pelo menos adquiriu as habilidades mínimas para se tornar um membro produtivo da sociedade. Essas habilidades mínimas incluem preencher um pedido de emprego, escrever cheques, controlar o saldo bancário e interpretar um extrato de conta.

Como exemplo de um teste de competência mínima, concentramos a atenção no Exame de Graduação do Ensino Médio do Alabama (Alabama High School Graduation Exam) (AHSGE). Uma publicação do departamento estadual de educação do Alabama (Teague, 1983) fornece especificações detalhadas para os itens a serem usados no AHSGE. As habilidades testadas são baseadas nas competências mínimas da 9ª série nas áreas de leitura, linguagem e matemática. Algumas das habilidades listadas na área de linguagem são como segue.

- *Observe a concordância pronome-antecedente.* O estudante escolhe o pronome que concorda com seu antecedente.
- *Use formas corretas de substantivos e verbos.* O estudante escolhe a forma correta de substantivos (singulares e/ou plurais) e verbos (regulares e/ou irregulares) e seleciona os verbos que concordam com os sujeitos.
- *Inclua em uma mensagem ou um pedido toda a informação necessária (quem, o que, quando, onde, como ou por que).* O estudante demonstra conhecimento sobre a informação necessária em uma mensagem ou um pedido.
- *Determine que informação está faltando em uma mensagem, em um anúncio ou na explicação de um processo; ou qual informação é irrelevante.*
- *Identifique pontos de interrogação, pontos finais e pontos de exclamação para pontuar frases.*
- *Identifique palavras usadas com frequência em atividades diárias.* O estudante reconhece palavras usadas com frequência que são grafadas incorretamente.
- *Complete um formulário comum, como uma requisição de carteira de motorista ou um formulário de mudança de endereço.*
- *Identifique o formato adequado de uma carta amigável.*
- *Identifique o formato adequado de uma carta comercial.* O estudante demonstra conhecimento do formato adequado de uma carta comercial, que inclui pontuação e uso de letras maiúsculas/minúsculas. (As questões do teste referem-se a cartas comerciais reproduzidas no livreto do teste; um exemplo aparece no final deste *Em foco*.)

Embora possa parecer uma boa ideia, a competência mínima não deixou de ser contestada nos tribunais. Quem deve determinar as habilidades envolvidas na competência mínima e na falta dela? Que consequência deve resultar de não ser considerado minimamente competente? Um requisito de competência mínima irá motivar o estudante academicamente desmotivado? Em 1979, um juiz federal na Flórida considerou a aplicação programada da lei de competência mínima daquele estado inconstitucional. Condenando a decisão do juiz, Lerner (1981) escreveu que "disputas sobre questões empíricas não podem ser resolvidas por decreto judicial", e continuou documentando que (1) números substanciais de norte-americanos não estão conseguindo dominar habilidades básicas, como a leitura; (2) as consequências desses déficits justificam uma ação; e (3) as ações recomendadas pelos defensores da competência mínima oferecem razoável esperança de que a mudança desejada ocorra (ver também Lerner, 1980). Os críticos (como Airasian et al., 1979; Haney e Madaus, 1978; Tyler, 1978) contestam sobretudo com base no potencial para abuso inerente a esses programas, ainda que algumas críticas também tenham sido expressadas em relação à solidez psicométrica dos instrumentos.

                                                                    120 Drewry Road
                                                                Monroeville, Alabama 36460

Srta. Ann Andrews, Diretora
Parques e Recreação
Monroeville, Alabama 36460

Prezada Senhorita Andrews:

Nossa classe gostaria de utilizar a Casa Comunitária para nosso baile de formatura. A data provável para o baile é 30 de abril de 2009. Por favor, informe-nos se o salão de baile está disponível nessa data e os encargos para o uso dessa instalação.

                                                                    atenciosamente,

                                                                    Jan Austin

---

1. Que parte da carta é a saudação?
   a. Jan Austin
   b. *Prezada Senhorita Andrews:
   c. atenciosamente,
   d. Srta. Ann Andrews

2. Que parte da carta tem um erro de pontuação?
   a. A saudação
   b. O encerramento
   c. A assinatura
   d. *O cabeçalho

3. Que parte da carta tem um erro no uso de maiúsculas/minúsculas?
   a. *O encerramento
   b. O corpo
   c. O endereço
   d. O cabeçalho

4. Que parte da carta comercial foi omitida?
   a. *A data da carta
   b. A saudação
   c. O encerramento
   d. O endereço

Exemplo de itens destinados a avaliar o conhecimento do testando do formato para uma carta comercial

---

so. O Programa de Exame de Nível Universitário (CLEP) (College Level Examination Program) é baseado na premissa de que o conhecimento pode ser obtido por meio de estudo independente e de outras fontes que não o ensino escolar formal. O programa inclui exames em matérias variando de história afro-americana a testes e mensurações. O Programa de Exame de Proficiência (PEP) (Proficiency Examination Program) oferecido pelo American College Testing Program é outro serviço que visa avaliar realização e habilidades aprendidas fora da sala de aula.

As necessidades especiais de adultos com uma ampla variedade de formações educacionais são tratadas em testes como o Exame de Aprendizagem Básica do Adulto (ABLE) (Adult Basic Learning Examination), um teste projetado para uso com examinados a partir dos 17 anos que não completaram oito anos de escolaridade formalizada. Desenvolvido em consultoria com especialistas no campo da educação adulta, o teste visa avaliar a realização em áreas de vocabulário, leitura, ortografia e aritmética.

> **REFLITA...**
> Há uma experiência de vida extracurricular para a qual você deveria receber crédito universitário? Como seria um teste que medisse o que você aprendeu com essa experiência?

Os testes de realização em uso em todo o país podem testar informações ou conceitos que não são ensinados em um currículo escolar específico. Algumas crianças se sairão bem nesses itens de qualquer maneira, tendo sido independentemente expostas aos conceitos ou informações. O desempenho em um teste de realização escolar, portanto, não depende apenas da realização escolar. A preocupação sobre essas questões levou a um interesse na **avaliação baseada no currículo (CBA)**, um termo usado em referência à avaliação de informações adquiridas dos ensinamentos na escola. A **mensuração baseada no currículo (CBM)**, um tipo de CBA, é caracterizada pelo uso de procedimentos de mensuração padronizados a fim de deduzir normas locais para serem usadas na avaliação do desempenho do estudante em tarefas baseadas no currículo.

Antes de encerrar o assunto dos testes de realização, vamos ponderar que os itens desses testes podem ser caracterizados pelo tipo de processos mentais requeridos ao testando com o objetivo de recuperar com sucesso as informações necessárias para responder ao item. Mais especificamente, há pelo menos dois tipos diferentes de itens de testes de realização: *itens baseados em fatos* e *itens conceituais*. Aqui está um exemplo de um item de teste baseado em fatos; ou seja, que se baseia sobretudo na memorização de repetição (memorização mecânica):

1. Um tipo de item que poderia ser usado em um teste de realização é um item que requer
   a. memória remota
   b. memorização de repetição (memorização mecânica)
   c. perda de memória
   d. perda mnemônica

De forma alternativa, os itens de testes de realização podem requerer que o respondente não apenas conheça e entenda fatos relevantes, mas também seja capaz de aplicá-los. Visto que os respondentes devem se basear em e aplicar conhecimento relacionado a um determinado conceito, referimo-nos a esses tipos de itens de testes de realização como de natureza *conceitual*. Aqui está um exemplo de um tipo de item conceitual em um teste de realização visando medir o domínio do material deste capítulo:

2. Quais dos seguintes testados seria um provável candidato para o CLEP?
   a. um fazendeiro migrante analfabeto
   b. uma criança trabalhadora
   c. um aluno de 3ª série com dificuldade de aprendizagem
   d. um carpinteiro com pouca educação formal

A resposta correta ao item 1 é "b" – uma alternativa a que poderia se chegar apenas por memorização de repetição (memorização mecânica). O item 2 exige um pouco mais do que memorização de repetição; exige a *aplicação* de conhecimento relacionado ao que é o CLEP. A escolha "a" pode ser eliminada porque um teste escrito não seria adequado para administração a um testado analfabeto. As escolhas "b" e "c" podem ser eliminadas porque o CLEP é aplicado a adultos. Um respondente bem-informado poderia chegar à alternativa correta, "d", pelo processo de eliminação ou pela aplicação do conhecimento do que é o CLEP e com quem ele foi concebido para ser usado.

Vamos nos afastar – mas não muito – do assunto dos testes de realização para o assunto dos testes de aptidão. Antes disso, tente fazer o exercício deste *Reflita*.

REFLITA...
"Os testes de realização medem o conhecimento aprendido, enquanto os testes de aptidão medem o potencial inato." Por que essa crença é um mito?

Testes de aptidão

Estamos todos constantemente adquirindo informações por meio de experiências da vida diária e de experiências de aprendizagem formal (como as matérias na escola). A diferença principal entre testes de realização e testes de aptidão é que os **testes de aptidão** tendem a focar mais na aprendizagem informal ou nas experiências de vida, enquanto os testes de realização tendem a se concentrar na aprendizagem que ocorreu como resultado de informação relativamente estruturada. Tendo em mente essa distinção, considere os dois itens seguintes; o primeiro é de um teste de realização hipotético, e o segundo é de um teste de aptidão hipotético.

1. Uma correlação de 0,7 entre as variáveis X e Y em um estudo de validade preditiva representa qual porcentagem da variância?
   a. 7%
   b. 70%
   c. 0,7%
   d. 0,49%
   e. 25%

2. o está para O assim como x está para
   a. /
   b. %
   c. X
   d. Y

Pelo menos diante dessa situação, o item 1 parece ser mais dependente de experiências de aprendizagem formal do que o item 2. A conclusão bem-sucedida do item 1 depende de familiaridade com o conceito de correlação e o conhecimento de que a variância representada por um coeficiente de correlação é igual ao quadrado do coeficiente (nesse caso, $0,7^2$ ou 0,49 – escolha "d"). A conclusão bem-sucedida do item 2 requer experiência com o conceito de tamanho, bem como a capacidade de entender o conceito de analogias. Essas últimas capacidades tendem a ser adquiridas a partir de experiências de vida (atesta com que rapidez você determinou que a resposta correta era a escolha "c").

Curiosamente, o rótulo *realização* ou *aptidão* para um teste pode depender não apenas dos tipos de itens contidos nele, mas também em seu *uso* pretendido. É possível que dois testes contendo os mesmos itens ou itens semelhantes sejam chamados por nomes diferentes: um poderia ser rotulado de teste de aptidão, enquanto o outro seria um teste de realização. Nos exemplos anteriores, um item de analogia não verbal representava um item de teste de aptidão. Entretanto, esse mesmo item poderia muito bem ter sido usado para representar um item de teste de realização – administrado para testar o conhecimento adquirido, por exemplo, em um seminário sobre pensamento conceitual. De modo similar, o primeiro item, apresentado como um item ilustrativo de teste de realização, poderia bem ser usado para avaliar aptidão (p. ex., em estatística ou psicologia) fosse ele incluído em um teste não expressamente designado para medir a realização nessa área. Se um teste é visto como medindo aptidão ou realização é um julgamento a ser feito com base no contexto – ou seja, o julgamento será baseado, pelo menos em parte, na suposição de se o testado teve ou não exposição anterior ou aprendizagem formal relacionada ao conteúdo do teste.

REFLITA...

Crie um item para um teste de aptidão que force os testandos a se basearem na experiência de vida, em vez de na aprendizagem de sala de aula para dar a resposta.

Os testes de aptidão, também referidos como **testes de prognóstico**, costumam ser usados para fazer previsões. Alguns têm sido usados para medir a prontidão para

- entrar em um programa de pré-escola
- entrar no ensino fundamental
- completar com sucesso um curso desafiador no ensino médio
- completar com sucesso um trabalho no nível de faculdade
- completar com sucesso um trabalho de graduação, incluindo um curso em uma escola técnica

Os testes de realização também podem ser usados para fins de previsão. Por exemplo, um indivíduo com bom desempenho em um teste de realização de idioma estrangeiro do primeiro semestre poderia ser considerado um bom candidato para a matéria do segundo semestre. A suposição operante aqui é que um indivíduo que foi capaz de dominar certas habilidades básicas deve ser capaz de dominar habilidades mais avançadas. Entender o que os estudantes já dominaram pode ajudar as autoridades escolares a prever melhor quais conteúdos e habilidades eles estão prontos para aprender. Quando essas suposições estão operando, pode ser facilmente entendido que os testes de realização – bem como itens de teste que exploram a realização – são usados de forma semelhante aos testes de aptidão.

Normalmente, quando são usadas para fazer previsões, as medidas de testes de realização tendem a se basear em experiências de aprendizagem mais restritas e mais formais do que os testes de aptidão. Por exemplo, uma medida de realização em um curso intitulado Conversação de Francês Básico poderia ser usada como um preditor de realização para um curso intitulado Conversação de Francês Avançado. Os testes de aptidão são propensos a ter base em um cabedal de informações e capacidades mais amplo, podendo ser usados para prever uma variedade mais ampla de variáveis.

Nas próximas seções, examinamos alguns testes de aptidão usados do nível de pré-escola ao nível de graduação universitária e além. Vamos observar aqui uma "regra tácita" de terminologia relativa à referência a testes de aptidão. No nível de pré-escola e ensino fundamental, você pode ouvir referências a **testes de prontidão**. Aqui, "prontidão" presumivelmente se refere aos fatores físicos, de personalidade e outros julgados necessários para uma criança estar pronta para aprender. À medida que o nível de educação sobe, entretanto, o termo *prontidão* é abandonado em favor do termo *aptidão* – isso apesar de que a prontidão está muito implícita em todos os níveis. Assim, por exemplo, o Graduate Record Examination (GRE), administrado na faculdade e usado como um preditor de capacidade para o trabalho ao nível de pós-graduação, poderia ter sido chamado "GSRE" ou "Graduate School Readiness Examination (Exame de Prontidão para a Pós-graduação). Portanto – você está pronto para aprender sobre a prontidão para aprendizagem ao nível de pré-escola?

> **REFLITA...**
>
> Muito além de medir a prontidão para participar na educação superior, os testes como o SAT e o GRE têm sido elogiados como "niveladores" que "nivelam o campo de jogo". As pontuações nesses testes são cegas para a escola de origem dos testados e também para as notas recebidas.

O nível da educação infantil

Os primeiros cinco anos de vida – o intervalo de tempo referido como *período pré-escolar* – é um tempo de mudanças profundas. Os reflexos básicos desenvolvem-se e a criança passa por uma série de marcos sensório-motores como engatinhar, sentar, ficar em pé, caminhar, correr e agarrar. Em geral, entre 18 e 24 meses, a criança se torna capaz de pensamento simbólico e desenvolve habilidades de linguagem. Aos 2 anos, a criança média tem um vocabulário de mais de 200 palavras. Naturalmente, todas essas observações sobre o desenvolvimento das crianças são de interesse mais ou menos acadêmico para os profissionais encarregados da responsabilidade pela avaliação psicológica. No nível pré-escolar, tal avaliação é em grande parte uma questão de determinar se o desenvolvimento cognitivo, emocional e social da criança está de acordo com as expectativas relacionadas à idade e se quaisquer problemas com probabilidade de dificultar a capacidade de aprendizagem são evidentes.

Em meados da década de 1970, o congresso dos Estados Unidos promulgou a Lei Pública (LP) 94-142, que instituiu a avaliação profissional de crianças a partir dos 3 anos, suspeitas de terem deficiências físicas ou mentais, a fim de determinar suas necessidades de educação especial. A lei também provia fundos federais para ajudar os estados a satisfazerem essas necessidades. Em 1986, um conjunto de emendas à LP 94-142, conhecido como LP 99-457, ampliou para baixo até o nascimento a obrigação dos estados em relação a crianças com deficiências. Ela determinava ainda que, a partir do ano escolar de 1990–1991, todas as crianças com deficiências dos 3 aos 5 anos recebessem educação livre e adequada. A lei estendeu seu alcance em 1997 com a aprovação da LP 105-17. Entre outras coisas, essa LP visava dar maior atenção a questões de diversidade, em especial como um fator na avaliação em e designação de serviços especiais. A LP 105-17 também determinava que bebês e crianças pequenas com deficiências deveriam receber serviços em casa ou em outros ambientes naturais e que esses serviços deviam continuar nos programas pré-escolares.

Em 1999, o transtorno de déficit de atenção/hiperatividade (TDAH) foi oficialmente acrescentado à lista de condições incapacitantes que podem qualificar uma criança para serviços especiais. Isso, combinado com outra legislação federal e um movimento crescente para "escolas de serviço integral" que fornecem serviços de saúde e psicológicos além da educação (Reeder et al., 1997), sinalizou uma confiança social cada vez maior nas técnicas de avaliação de bebês e de pré-escolares.

Os instrumentos de avaliação pré-escolares são, com variações próprias da idade incorporadas a eles, os mesmos tipos de instrumentos usados para avaliar crianças de idade escolar e adultos. Esses instrumentos incluem, entre outros, listas de verificação, escalas de avaliação, testes e entrevistas.

Listas de verificação e escalas de avaliação As listas de verificação e as escalas de avaliação são instrumentos de avaliação que costumam ser usados com pré-escolares, embora seu uso certamente não seja exclusivo para essa população. Em geral, uma **lista de verificação** é um questionário no qual são feitas marcas para indicar a presença ou a ausência de um comportamento, um pensamento, um evento ou uma circunstância especificados. O indivíduo que faz a "marcação" das caixas em uma lista de verificação pode ser um profissional (como um psicólogo ou um professor), um observador (como um dos genitores ou outro cuidador) ou mesmo o próprio indivíduo. As listas de verificação podem abranger uma ampla variedade de conteúdo dos itens e ainda ser bastante econômicas e rápidas para administrar.

Uma *escala de avaliação* é bastante semelhante na definição, e às vezes até idêntica na forma, a uma lista de verificação. As diferenças de definição entre os dois termos são tecnicamente bastante sutis e, para todos os efeitos práticos, indistintas. A diferença envolve o grau em que há uma avaliação real. Para nossos propósitos, definiremos uma **escala de avaliação** como um formulário preenchido por um avaliador (perito ou examinador) a fim de fazer um julgamento da posição relativa a respeito de uma variável ou uma lista de variáveis especificadas. Como na lista de verificação, o julgamento visado pode ter a ver com a presença ou a ausência de um determinado evento ou mesmo com sua frequência.

Você já foi avaliado por uma lista de verificação, ou escala de avaliação? Se respondeu que não, é provável esteja errado. Isso porque uma das primeiras coisas com que somos saudados ao entrarmos no mundo é uma lista de verificação relativa a nossa aparência, nosso comportamento e à saúde geral (ver a seção *A Psicometria na vida cotidiana* deste capítulo).

Três listas de verificação e escalas de avaliação comumente usadas são a Lista de Verificação do Comportamento Infantil de Achenbach (CBCL) (Achenbach Child Behavior Checklist), as Escalas de Avaliação de Connors-Revisada (CRS-R) (Connors Rating Scales–Revised), e o Sistema de Avaliação do Comportamento para Crianças-2 (BASC-2) (Behavior Assessment System for Children–2). A CBCL vem em versões próprias para uso com crianças de 1 ano e meio a 5 anos e para uso com crianças ou adultos jovens, com idades de 4 a 18 anos (CBCL/4–18). Os pais e outras pessoas com relacionamento próximo com o indivíduo fornecem informações para itens de competência abrangendo-lhe as atividades, as relações sociais e o desempenho escolar. A lista de verificação também contém itens que descrevem problemas comportamentais e emocionais específicos além de itens abertos para relatar outros problemas. Os protocolos são pontuados à mão, por máquina ou por computador em ambas as escalas, de competência e clínica. Uma **síndrome** pode ser definida como um conjunto de problemas emocionais e comportamentais ocorrendo juntos. A CBCL tem uma estrutura de oito síndromes, sendo elas designadas como (1) Ansioso/Deprimido, (2) Introvertido/Deprimido, (3) Queixas somáticas, (4) Problemas sociais, (5) Problemas de pensamento, (6) Problemas de atenção, (7) Comportamento in-

A PSICOMETRIA NO COTIDIANO

Primeiras impressões

Tem sido dito que cada pessoa na sociedade contemporânea é um número. Somos representados por um número de CPF, um número de carteira de motorista, um número da carteira de identidade e por muitos outros. Antes desses, entretanto, somos representados pelo que é chamado um **índice de Apgar**. O índice de Apgar é uma pontuação em uma escala de avaliação desenvolvida pela médica Virginia Apgar (1909–1974), anestesista obstétrica que percebeu a necessidade de um método simples e rápido de avaliar bebês recém-nascidos e determinar que ação imediata, se houvesse, seria necessária.

Apresentada pela primeira vez no início da década de 1950, a avaliação de Apgar é conduzida 1 minuto após o parto para determinar como o bebê tolerou o processo do nascimento. Ela é realizada novamente 5 minutos após o parto para avaliar como o bebê está se adaptando ao ambiente. Cada estimativa é feita com relação às mesmas cinco variáveis, cada uma podendo ser pontuada em uma variação de 0 a 2; e cada pontuação (em 1 minuto e 5 minutos) pode variar de 0 a 10. As cinco variáveis são frequência cardíaca, respiração, cor, tônus muscular e irritabilidade reflexa, a última medida sendo obtida por resposta a um estímulo como uma beliscada leve. Por exemplo, em relação à variável de irritabilidade reflexa, o bebê ganhará uma pontuação de 2 por um choro vigoroso em resposta ao estímulo, de 1 por uma careta e de 0 se não mostrar qualquer irritabilidade reflexa. Poucos bebês são "10 perfeitos" em seu Apgar de 1 minuto; muitos recebem notas 7, 8, e 9. Um índice de Apgar abaixo de 7 ou 8 pode indicar a necessidade de assistência para ser estabilizado. Um índice de Apgar muito baixo, na variação de 0 a 3, pode sinalizar um problema mais duradouro, como um déficit neurológico. A propósito, um acrônimo útil para lembrar as cinco variáveis é o próprio nome "APGAR": A corresponde a atividade (ou tônus muscular), P a pulso (ou frequência cardíaca), G a careta (*grimace*) (ou irritabilidade reflexa), A a aparência (ou cor) e R a respiração.

Mudando da esfera médica à psicológica, outra avaliação, muito menos formal, ocorre logo após o nascimento, pela mãe da criança. Judith Langlois e colaboradores (1995) estudaram a relação entre atratividade do bebê e comportamento e atitudes maternas usando uma amostra de 173 mães e seus bebês primogênitos (86 meninas e 87 meninos). Aproximadamente um terço da amostra foi identificada como branca, um terço como afro-americana e um terço como mexicano-americana. Só para constar, o índice médio do primeiro Apgar para os bebês no estudo foi 8,36 e o índice médio do segundo Apgar foi 9,04.

Para medir a atratividade, os investigadores usaram avaliações de peritos de fotografias tiradas a uma distância-padrão do rosto de cada bebê enquanto ele estava dormindo ou tinha uma expressão de outro modo neutra. O comportamento materno durante a amamentação e o brinquedo era observado diretamente por avaliadores treinados no hospital. Um segundo conjunto de observações foi registrado em torno da época do aniversário de

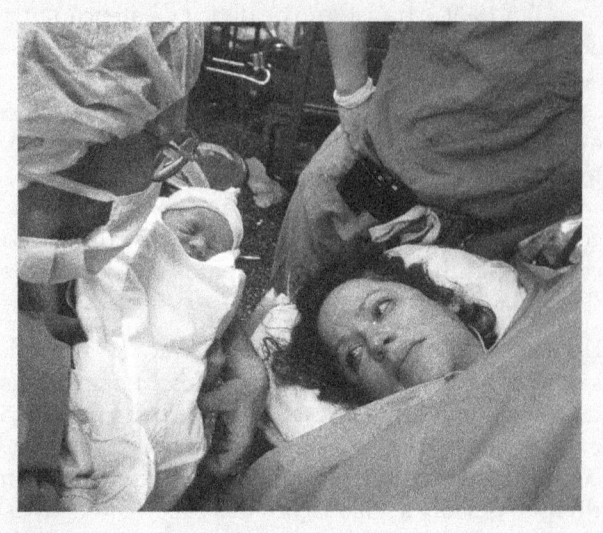

Bem vindo ao mundo da avaliação

Apenas alguns segundos após seu nascimento, um recém-nascido recebe sua primeira avaliação formal pela equipe do hospital. A próxima avaliação do bebê, conduzida por sua mãe, pode ser não menos importante em suas consequências.

3 meses do bebê. Uma medida desenvolvida por Parke e Sawin (1975) chamada Questionário de Atitudes Parentais foi usada para avaliar as atitudes maternas tanto no hospital quanto cerca de três meses mais tarde, fora do hospital. Os pesquisadores verificaram que, embora todos os bebês estudados recebessem cuidados adequados, os bebês atraentes recebiam tratamento e atitudes mais positivos de suas mães do que os não atraentes. As mães dos bebês atraentes eram mais afetuosas e divertidas. As mães dos bebês menos atraentes eram mais propensas a dar atenção a outras pessoas em vez de seus bebês. Essas mães também eram mais propensas a se envolverem no cuidado rotineiro do que em comportamento afetuoso. As atitudes das mães de bebês menos atraentes, sobretudo durante a primeira avaliação, também eram mais negativas do que as das mães de bebês mais atraentes. No momento da primeira apreciação, as mães dos bebês menos atraentes eram mais propensas do que as mães dos mais atraentes a confirmar a crença de que seu bebê estava interferindo em suas vidas. Aproximadamente três meses mais tarde, as mães dos bebês menos atraentes, comparadas às dos bebês mais atraentes, tinham mais tendência a confirmar a crença de que seus bebês necessitavam de mais estimulação, embora não diferissem mais em relação a crenças relacionadas a interferência em suas vidas.

Esses achados são compatíveis com pesquisa anterior sugerindo que crianças atraentes são tratadas com menos severidade pelos adultos do que as não atraentes (Berkowitz e Frodi,

1979; Dion, 1979; Elder et al., 1985) e que mães de crianças com anomalias físicas podem se comportar de forma menos agradável em relação a seus filhos do que aquelas cujos filhos não tinham tais anomalias (Allen et al., 1990; Barden et al., 1989; Field e Vega-Lahr, 1984). Os pais, também, podem apresentar comportamento diferente em virtude da atratividade de seus filhos. Parke e colaboradores. (1977) verificaram que a qualidade do cuidado paterno a bebês de 3 meses está significativa e positivamente correlacionada com a atratividade do bebê.

Langlois e colaboradores (1995) advertiram que seus achados correlacionais não devem ser interpretados como indicativos de causa e efeito; os resultados não podem ser usados para apoiar afirmações indicando que a atratividade cause ou afete o comportamento e as atitudes maternas. Entretanto, parece que – seja qual for a razão – a atratividade do bebê tende a prever comportamento e atitudes maternos. Os pesquisadores também se perguntaram se os resultados de seu estudo se generalizariam para famílias de outros níveis de renda e que efeito o nascimento de outros filhos poderia ter sobre os achados principais. É possível que a relativa inexperiência das mães com a variedade de comportamentos do bebê as levassem a ser mais influenciadas pela aparência do que as mães que tiveram outros filhos.

Dos momentos após o parto em diante, a avaliação – tanto formal quanto informal – é indiscutivelmente um fato da vida. Podemos definir **avaliação informal** como uma avaliação em geral não sistemática, bastante breve e "extraoficial" levando à formação de uma opinião ou atitude conduzida por qualquer pessoa, de qualquer forma, por qualquer razão, em um contexto não oficial que não está sujeito à ética ou a outros padrões de uma apreciação por um profissional. O processo de avaliação informal não recebeu muita atenção na literatura de avaliação psicológica. Consequentemente, a natureza e o grau da influência de avaliações informais por pessoas (como pais, professores, supervisores, o sistema judicial criminal e outros) são em grande parte desconhecidos. Por um lado, considerando a necessidade de privacidade, talvez seja melhor que essas estimativas privadas permaneçam como tal. Por outro, as pesquisas como a conduzida por Langlois e colaboradores esclarecem as implicações dessas avaliações informais na vida diária, implicações que podem, em última análise, ajudar a melhorar a qualidade de vida para muitas pessoas.

frator e (8) Comportamento agressivo. Um estudo de larga escala empregando avaliações dos pais da CBCL de mais de 58 mil jovens de 16 a 18 anos foi interpretado como apoiando a estrutura de oito síndromes da CBCL em 30 sociedades ao redor do mundo (Ivanova et al., 2007a; ver também Ivanova et al., 2007b). Outra pesquisa atesta a solidez psicométrica das escalas (Nakamura et al., 2009).

A Connors (CRS-R) pode ser usada para avaliar TDAH e outros problemas de comportamento. Ela vem em diferentes versões para uso ao longo da vida, e cada versão tem uma forma longa (tempo de administração de 15 a 20 minutos) e uma forma curta (tempo de administração de 5 a 10 minutos). Há uma versão para pais e uma para professores para serem usadas com crianças de 3 a 17 anos. Uma versão de autorrelato para adolescentes é destinada para respondentes de 12 a 17 anos. A CRS-R é particularmente adequada para monitorar o tratamento de TDAH (Kollins et al., 2004).

Concebido para ser usado da pré-escola até a adolescência, o BASC-2 utiliza avaliações de professores e pais para identificar dificuldades adaptativas em 16 escalas, variando de atividades da vida diária a habilidades de estudo. Um Autorrelato da Personalidade (SRP) adicional também pode ser administrado se os respondentes parecerem ter percepção suficiente de seu próprio comportamento a respeito de variáveis como relações interpessoais, autoestima e busca de sensação.

A maioria das listas de verificação e das escalas de avaliação serve como instrumentos de triagem. Na avaliação pré-escolar, os instrumentos de triagem podem ser usados como um primeiro passo na identificação de crianças que são consideradas como estando *em risco*. Esse termo entrou em voga como uma alternativa para rótulos diagnósticos que poderiam ter um efeito prejudicial (Smith e Knudtson, 1990). Hoje, *o que* estabelece que uma criança está realmente em risco pode variar em termos do contexto da discussão e do estado no qual a criança reside. *Em risco* tem sido usado para referir-se a crianças pré-escolares que podem não estar prontas para a primeira série. O termo também tem sido aplicado a crianças que não parecem funcionando nos limites normais. Em um sentido mais geral, **em risco** refere-se a crianças que têm dificuldades documentadas em uma ou mais áreas, psicológica, social ou acadêmica, e para as quais a intervenção é ou pode ser requerida. A necessidade de intervenção pode ser decidida com base em uma avaliação mais completa, frequentemente envolvendo testes psicológicos.

Testes psicológicos Nos níveis mais precoces, os atributos cognitivos, emocionais e sociais são medidos por escalas que avaliam a presença ou a ausência de várias realizações do desenvolvimento por meios como observação e entrevistas com os pais (ou cuidadores). Aos 2 anos, a criança entra em um período desafiador para os avaliadores psicológicos. A linguagem e as habilidades conceituais estão começando a surgir, contudo os tipos de testes verbais e de desempenho usados tradicionalmente com crianças mais velhas e adultos são inadequados. O período de atenção do pré-escolar é curto. Em uma situação ideal, os materiais de teste são coloridos, envolventes e atraentes. Cerca de 1h é um bom limite prático para uma sessão de teste inteira com um pré-escolar; menos tempo é preferível. À medida que o tempo de testagem aumenta, também aumenta a possibilidade de fadiga e distração. Naturalmente, com a fadiga e a distração do avaliando vem um potencial mais alto de subestimativa de sua capacidade.

> **REFLITA...**
> "Em especial para crianças muito pequenas, estabelecer a confiabilidade teste-reteste com um intervalo interveniente de mais ou menos 1 mês pode ser um problema." Você concorda? Por que ou por que não?

A motivação da criança pequena pode variar de uma sessão de teste para outra, e isso é algo que o examinador deve saber. Os testes que são mais fáceis de administrar e têm regras de iniciar/descontinuar simples são particularmente desejáveis. Também muito desejáveis são os testes que dão ampla oportunidade para fazer observações comportamentais. Formato de administração do teste de cavalete duplo (Fig. 11.2), itens de exemplo e ensino para cada subteste e pontuação dicotômica (p. ex., certo/errado) podem facilitar a administração do teste com crianças muito pequenas.

Os dados dos testes de inteligência de bebês, sobretudo quando combinados com outras informações (como história do nascimento, história emocional e social, história de saúde, dados sobre a qualidade do ambiente físico e emocional e medidas de comportamento adaptativo), se revelaram úteis aos profissionais da saúde quando questões sobre deficiências do desenvolvimento e déficits relacionados foram levantadas. Os testes de inteligência de bebês também se mostraram úteis para ajudar a definir as capacidades – bem como o grau de deficiência – em crianças mais velhas, psicóticas. Além disso, os testes estiveram em uso por muitos anos em muitas agências de adoção que revelavam e interpretavam tais informações para futuros pais adotivos. Os testes de bebês também têm ampla aplicação na pesquisa. Eles podem desempenhar um papel fundamental, por exemplo, na seleção de bebês para experiências educacionais precoces especializadas ou na mensuração do desfecho de intervenções educacionais, terapêuticas ou de cuidado pré-natal.

Testes como o WPPSI-III e o SB5, assim como outros, podem ser usados para medir os pontos fortes e os pontos fracos do desenvolvimento pela amostragem do desempenho das crianças em áreas de conteúdo cognitivo, motor e social/comportamental. Entretanto, surge a questão, "Qual é o significado de uma pontuação no teste de inteligência de um bebê?". Enquanto alguns dos desenvolvedores de testes de bebês (como Cattell, 1940; Gesell et al., 1940) alegavam que esses testes podem prever futura capacidade intelectual porque medem os precursores desenvolvimentais de tal capacidade, outros insistiam em que o desempenho nesses testes no máximo reflete a integridade física e neuropsicológica do bebê. A literatura de pesquisa apoia um meio-termo entre essas posições extremas. Em geral, não foi constatado que os testes de inteligência infantis ou adultos – testes que exploram tipos muito diferentes de capacidades e processos de pensamento – possam prever o desempenho. Porém, a capacidade preditiva dos testes de inteligência de bebês tende a aumentar com os extremos de desempenho do bebê. O interpretador do teste pode dizer, com autoridade, mais sobre o futuro desempenho de um bebê cujo desempenho estava bem abaixo da expectativa para a idade ou era significativamente precoce. Contudo, a fase de bebê é um período de desenvolvimento de muitos estirões e defasa-

Figura 11.2 Um formato de cavalete duplo na administração de teste.

O formato de cavalete no contexto da administração de testes refere-se aos materiais do teste, geralmente algum tipo de livro que contém materiais de estímulo e que pode ser dobrado e colocado sobre uma mesa; o examinador vira as páginas para revelar ao examinando, por exemplo, objetos para identificar ou desenhos para copiar. Quando instruções de administração ou anotações correspondentes são impressas no lado inverso das páginas de estímulo do teste para a conveniência do examinador durante sua aplicação, o formato é às vezes referido como cavalete duplo.

gens, e bebês que são lentos ou precoces nessa fase poderiam emparelhar ou regredir em anos posteriores. Talvez o grande valor dos testes pré-escolares esteja em sua capacidade de ajudar a identificar crianças que estão em uma variação de funcionamento muito baixa e necessitando de intervenção.

Outras medidas Existem muitos outros instrumentos e técnicas de avaliação para serem usados com crianças pré-escolares, incluindo entrevistas, métodos de história de caso, avaliação de portfólio e métodos de dramatização. Há instrumentos, por exemplo, para medir temperamento (Fullard et al., 1984; Gagne et al., 2011; McDevitt e Carey, 1978), habilidades de linguagem (Smith, Myers-Jennings e Coleman, 2000), o ambiente familiar em geral (Moos e Moos, 1994; Pritchett et al., 2011) e aspectos específicos de parentalidade e cuidados (Arnold et al., 1993; Lovejoy et al., 1999). Desenhos podem ser analisados pelos *insights* que podem fornecer sobre a personalidade da criança. Algumas técnicas são muito especializadas e seriam usadas apenas sob condições bastante extraordinárias ou no contexto de pesquisa com um foco muito específico. Um exemplo desse último é o Inventário do Comportamento Sexual Infantil (Child Sexual Behavior Inventory) (Friedrich et al., 2001), uma lista de verificação de comportamento de 38 itens que pode ser útil para identificar crianças de até 2 anos abusadas sexualmente. Em resumo, muitos tipos diferentes de instrumentos estão disponíveis para serem usados com pré-escolares a fim de avaliar uma ampla variedade de áreas relacionadas ao desenvolvimento pessoal, social e acadêmico.

O nível do ensino fundamental

A idade na qual uma criança é obrigada por lei a entrar na escola varia de um Estado para outro. Contudo crianças da mesma idade cronológica podem variar amplamente no quanto estão prontas para se separarem de seus pais e iniciar a aprendizagem escolar. As crianças que entram no sistema educacional vêm de uma ampla variedade de ambientes e experiências, e suas taxas de desenvolvimento fisiológico, psicológico e social podem variar bastante. Os testes de prontidão escolar fornecem aos educadores um parâmetro pelo qual avaliar as capacidades dos alunos em áreas tão diversas quanto conhecimentos gerais e habilidades sensório-motoras. Um dos muitos instrumentos concebidos para avaliar a prontidão e a aptidão das crianças para educação formal é o Teste Metropolitano de Prontidão (MRTs) (Metropolitan Readiness Tests).

O Teste Metropolitano de Prontidão (sexta edição; MRT6) O MRT6 (Nurss, 1994) é um teste que avalia o desenvolvimento das habilidades de leitura e matemática importantes nos primeiros estágios de aprendizagem escolar formal. Ele é dividido em dois níveis: nível I (aplicado de modo individual) para uso com crianças no início e na metade do jardim de infância, e nível II (em grupo), que abrange o final do jardim de infância até a primeira série (Tab. 11.1). Há duas formas do teste em cada nível. Os testes são administrados oralmente em diversas sessões e não são cronometrados, embora o tempo de administração seja de cerca de 90 minutos. Um teste prático (útil em especial com crianças pequenas que tiveram experiência mínima ou nenhuma experiência anterior com testes) pode ser administrado vários dias antes do exame real para ajudar a familiarizar os estudantes com os procedimentos e o formato.

Os dados normativos para a edição atual do MRTs têm por base uma amostra nacional de aproximadamente 30 mil crianças. A amostra de normatização foi estratificada de acordo com a região geográfica, fatores socioeconômicos, experiência escolar anterior e origem étnica. Os dados foram obtidos tanto de escolas públicas quanto de paroquiais e de escolas grandes e pequenas. Os coeficientes de confiabilidade de duas metades para ambas as formas de ambos os níveis do MRT, bem como medidas de consistência interna de Kuder-Richardson, estavam na variação aceitavelmente alta. A validade de conteúdo foi desenvolvida por meio de uma revisão extensiva da literatura, uma análise das habilidades envolvidas no processo de leitura e do desenvolvimento de itens de teste que refletissem essas habilidades. Os itens foram revisados por consultores da minoria na tentativa de reduzir, se não eliminar, qualquer possível viés étnico. A validade preditiva das pontuações do MRT foi examinada com referência a índices de realização escolar posterior, e os coeficientes de validade obtidos foram relativamente altos.

O nível do ensino médio

NO BRASIL
O SAT não foi adaptado para uso no Brasil. Os nomes das tarefas podem ser alterados se o procedimento de adaptação for realizado.

Talvez o exemplo mais óbvio de um teste de aptidão amplamente utilizado nas escolas no nível secundário seja o SAT, que até 1993 era conhecido pelo nome de Teste de Aptidão Escolar (Scholastic Aptitude Test). O teste tem sido relevante não apenas no processo de seleção da faculdade, mas também como um auxílio para orientadores e conselheiros vocacionais do ensino médio; ele tem valor para ajudar estudantes a decidir se a continuação dos estudos, treinamento vocacional ou algum outro curso de ação seria mais aconselhável. Os dados do SAT também são usados por organizações e órgãos governamentais para determinar quem receberá bolsas de estudo e outras concessões.

O que é coletivamente referido como "o SAT" é na verdade uma série de testes que consistem em (1) um teste de múltiplas partes referido como SAT (que contém medidas de leitura, escrita e matemática) e (2) testes de matérias. A leitura é avaliada por meio de tarefas de compreensão de leitura medida por trechos curtos seguidos por itens de conclusão de sentenças. A seção de matemática sonda o conhecimento de matérias como álgebra,

Tabela 11.1 O teste metropolitano de prontidão

Nível I

Memória auditiva: Quatro figuras contendo objetos familiares são apresentadas. O examinador lê em voz alta diversas palavras. A criança deve selecionar a figura que corresponde à mesma sequência de palavras que foram apresentadas oralmente.

Rima: O examinador fornece os nomes de cada uma das figuras apresentadas e então dá uma quinta palavra que rima com uma delas. A criança deve selecionar a figura que rima com a palavra do examinador.

Reconhecimento de letras: O examinador nomeia diferentes letras, e a criança deve identificar cada uma da série apresentada no livreto de teste.

Correspondência visual: Uma amostra é apresentada, e a criança deve selecionar a escolha que combina com a amostra.

Linguagem escolar e escuta: O examinador lê uma frase, e a criança seleciona a figura que descreve o que foi lido. A tarefa envolve alguma dedução e consciência de relevância de detalhes.

Linguagem quantitativa: O teste avalia a compreensão de termos quantitativos e o conhecimento de números ordinais e de operações matemáticas simples.

Nível II

Consoantes iniciais: Quatro figuras representando objetos familiares são apresentadas no livreto do teste e são nomeados pelo examinador. Este então fornece uma quinta palavra (não apresentada), e a criança deve selecionar a figura que começa com o mesmo som.

Correspondência som-letra: Uma figura é apresentada, seguida por uma série de letras. O examinador nomeia a figura, e a criança seleciona a escolha que corresponde ao som inicial do item apresentado.

Correspondência visual: Como no subteste correspondente no nível I, um modelo é apresentado, e a criança deve selecionar a escolha que combina com o modelo.

Encontrar padrões: Um estímulo consistindo em diversos símbolos é apresentado, seguido por uma série de opções representativas. A criança deve selecionar a opção que contém a mesma sequência de símbolos, apesar de eles serem apresentados em um agrupamento maior com mais distrações.

Linguagem escolar: Como no teste linguagem e escuta no nível I, a criança deve selecionar a figura que corresponde a uma frase apresentada oralmente.

Escuta: O material é apresentado oralmente, e a criança deve selecionar a figura que reflete a compreensão do material de estímulo e tirar conclusões sobre ele.

Conceitos quantitativos e operações quantitativas: dois testes opcionais visando avaliar o conhecimento de conceitos e operações matemáticos básicos.

geometria, estatística básica e probabilidade. A porção de escrita do exame testa o conhecimento de gramática, o uso e a escolha de palavras, e é testada por meio tanto de itens de múltipla escolha como por uma questão de redação. Os testes sobre matéria do SAT são testes com uma hora de duração visando medir a realização em áreas de matéria específicas, como inglês, história e estudos sociais, matemática, ciências e idiomas. As faculdades podem requerer ou recomendar um teste de matéria específico para fins de admissão ou colocação ou simplesmente para aconselhar os estudantes sobre a escolha do curso.

O SAT sempre parece ser um "processo em andamento" com relação a sua forma e natureza em constante evolução. Contudo, existe uma controvérsia de longa data em relação a alegação de seu desenvolvedor de que as pontuações do SAT, combinadas com a consideração das médias de notas do ensino médio, constituem o melhor preditor disponível de sucesso acadêmico na faculdade. Os críticos desse instrumento têm citado todas as fontes de efeitos adversos sobre as pontuações desde o funcionamento diferente dos itens em razão da raça (Santelices e Wilson, 2010) até os efeitos do horário de verão (Gaski e Sagarin, 2011). Também tem sido alegado que as pontuações do teste *superestimam* as médias de notas do primeiro ano de faculdade de estudantes afro-americanos e latinos (Zwick e Himelfarb, 2011).

Do lado positivo, estudantes que fazem o teste mais de uma vez podem agora decidir que instituição receberá quais resultados. Antes de 2009, os estudantes não tinham essa escolha e todos os resultados do teste eram encaminhados para todas as instituições que eles listavam. Para informações mais atuais sobre o SAT, incluindo questões e vídeos de exemplo, visite a página informativa do College Board em *www.collegeboard.com*.

A Avaliação ACT tem uma finalidade semelhante à do SAT. Antes conhecida como o American College Testing Program (Programa de Avaliação das Faculdades Norte-americanas), a ACT foi desenvolvida na University of Iowa. Esse exame de ingresso à universidade foi uma consequência natural dos Testes de Desenvolvimento Educacional de Iowa (Iowa Tests of Educational Development). O teste é baseado no currículo, com questões fundamentadas diretamente em matérias típicas do ensino médio. Um estudo comparando a ACT com o SAT revelou que os testes eram bastante correlacionados em muitos aspectos e que ambos tinham forte correlação com a inteligência geral (Koenig et al., 2008). As pontuações na ACT podem ser preditivas de criatividade bem como de sucesso acadêmico (Dollinger, 2011). Esses achados são notáveis diante de afirmações de que a falta de itens relacionados a criatividade nos testes de aptidão para a universidade é uma omissão crucial. Nesse sentido, Kaufman (2010) propôs que a inclusão de itens de criatividade nesses testes pode ser uma forma de reduzir ainda mais possível viés.

Embora a maioria das faculdades e universidades nos Estados Unidos requeira as pontuações do SAT ou da ACT antes que um candidato seja considerado para admissão, o quanto eles se baseiam nelas para tomar decisões de ingresso à faculdade? Provavelmente menos do que a maior parte das pessoas acredita. As instituições de ensino superior nesse país diferem bastante a respeito de seus critérios de admissão. Mesmo entre as escolas que exigem as pontuações do SAT ou da ACT, pesos diferentes lhes são atribuídos quanto às decisões de admissão. As pontuações no SAT ou na ACT, junto a outros critérios (como a média das notas), visam ajudar as comissões de admissão a determinar quais de muitos candidatos se sairão bem em sua instituição. E dada a competição por um número limitado de vagas nas instituições de ensino superior, esses testes também têm uma função de "comporta" – servindo tanto para conceder vagas a estudantes com potencial acadêmico documentado quanto para preservar a reputação de seletividade de uma instituição. Entretanto, as pontuações dos testes do SAT e da ACT podem ser equilibradas por outros critérios de admissão criados para alcançar outras metas das comissões de admissão, como o encorajamento da diversidade no *campus*. A motivação e o interesse, que são evidentemente necessários para manter um estudante ao longo de um curso de graduação ou pós-graduação, podem ser julgados por meios menos padronizados, como cartas escritas pelos próprios candidatos, cartas de recomendação e entrevistas pessoais.

O nível universitário e além

Se você é um estudante universitário que planeja prosseguir seus estudos após a graduação, provavelmente esteja familiarizado com as letras G-R-E (que juntas formam um acrônimo que sem dúvidas está nas mentes de muitos estudantes dos cursos de pós-graduação).

O Graduate Record Examinations (GRE) Esse antigo rito de passagem para estudantes que buscam a admissão em cursos de pós-graduação tem uma forma de Teste Geral, bem como testes de matérias específicas. O Teste Geral contém seções verbais e quantitativas e também de escrita analítica. O subteste verbal explora, entre outras coisas, a capacidade de analisar e avaliar materiais escritos, assim como a capacidade de reconhecer relações entre conceitos. O subteste quantitativo explora, entre outras coisas, o conhecimento de conceitos matemáticos básicos e a capacidade de raciocinar quantitativamente. O subteste de escrita analítica explora, entre outras coisas, o pensamento crítico e a capacidade de articular e discutir de forma efetiva ideias no inglês escrito padrão. O Teste Geral pode ser administrado usando papel e lápis ou computador em um centro de testagem. Se for feito por computador, os testados usam um "processador de texto elementar" criado pelo desenvolvedor do teste de modo que pessoas familiarizadas com outros programas de processamento de textos disponíveis comercialmente não tenham uma vantagem. As redações escritas pelos respondentes podem ser enviadas em sua totalidade às instituições de pós-graduação que recebem os relatórios de teste do GRE.

Talvez devido à grande importância dos resultados do GRE, inúmeros pesquisadores independentes examinaram o teste de forma crítica com relação a diversas variáveis psicométricas. Uma metanálise abrangente da literatura relevante focalizou o uso do GRE junto com a média das notas da graduação como preditores de sucesso acadêmico. Pesquisadores concluíram que o GRE era um preditor válido de diversas medidas de critério importantes (variando da média das notas da graduação a avaliações dos professores) entre as disciplinas (Kuncel et al., 2001). Outros pesquisadores argumentaram que o GRE tem utilidade limitada para prever outras variáveis relacionadas a sucesso no curso de pós-graduação. Esses resultados incluem qualidade em uma dissertação, criatividade, capacidades práticas, habilidades de pesquisa e capacidade de ensino (Sternberg e Williams, 1997).

A experiência nos diz que muitos leitores deste livro têm mais do que um interesse casual em uma matéria específica do teste GRE: *Psicologia*. "Como eu me preparo para ele?" é uma pergunta comum. Aqui está um programa de preparação de quatro passos que você pode querer considerar:

- *Passo 1:* Visite a página oficial do GRE na internet mantida pelo Educational Testing Service (ETS) em *www.ets.org/gre*. Navegue até *Subject Tests* e, então, clique em *Psychology*. Use esse recurso ao máximo para obter toda a informação possível sobre a forma atual do teste e até um exemplo prático dele.
- *Passo 2:* Tire a poeira de seu livro de introdução à psicologia e então releia, revise, faça o que for preciso para reaprendê-lo. Se por alguma razão você não tiver mais esse livro, ou se você cursou introdução à psicologia há muitos anos, peça a seu professor para recomendar um texto atual que forneça uma revisão abrangente do campo. Então, leia o livro diligentemente de capa a capa.
- *Passo 3:* Muitos estudantes têm elogios para algumas resenhas disponíveis comercialmente. Existem muitas. Passe uma tarde em sua livraria favorita folheando as disponíveis; identifique aquela que você acha que irá funcionar melhor para você e compre. Em geral, esses livros de preparação para exames contêm uma série de testes como exemplo que podem ser úteis para apontar as áreas que exigirão estudo extra.
- *Passo 4:* Use todos os recursos disponíveis (livros em sua biblioteca pessoal, livros na biblioteca de sua faculdade, a internet, etc.) para "preencher as lacunas" de conhecimento que identificou. Além disso, você pode achar útil ler sobre preparação para testes e estratégias para realizá-lo (p. ex., ver, Loken et al., 2004).

Após você ter feito o maior esforço para se preparar para o teste, saiba que os autores lhe desejam toda a sorte nele. Ou, em termos psicológicos e psicométricos, *que o conteúdo amostrado no teste possa corresponder ao conteúdo que você aprendeu ao se preparar para ele, e que essa informação possa ser facilmente acessada!*

O teste de analogias de Miller (MAT) Outro exame amplamente usado é o Teste de Analogias de Miller. Esse é um teste de analogia de múltipla escolha, de 100 itens, que se baseia não apenas na capacidade do examinando de perceber relações, mas também na inteligência geral, no vocabulário e na aprendizagem acadêmica. Como exemplo, complete a seguinte analogia:

O condicionamento clássico está para *Pavlov* assim como o *condicionamento operante* está para
    a. Freud
    b. Rogers
    c. Skinner
    d. Jung
    e. Dr. Phil

A conclusão bem-sucedida desse item exige não apenas a capacidade de entender a relação entre condicionamento clássico e Pavlov mas também o conhecimento de que foi B. F. Skinner (escolha "c") cujo nome – daqueles listados – melhor se associa com condicionamento operante.

O MAT tem sido citado como um dos mais eficiente em termos de custos de todos os testes de aptidão existentes quando se trata de prever sucesso no curso de pós-graduação (Kuncel e Hezlett, 2007a). Entretanto, conforme é provável que a maioria dos leitores saiba, o uso de quase qualquer teste de aptidão, mesmo em combinação com outros peditores, tende a gerar controvérsia (p. ex., ver Brown, 2007; Kuncel e Hezlett, 2007b; Lerdau e Avery, 2007; Sherley, 2007).

Outros testes de aptidão Os candidatos a treinamento em certas profissões e ocupações podem ter de se submeter a exames de ingresso especializados. Por exemplo, estudantes de graduação interessados em seguir carreira na medicina, incluindo pediatria ou osteopatia, provavelmente terão de fazer o Teste de Admissão à Faculdade de Medicina (MCAT) (Medical College Admission Test). Uma alta taxa de atrito (desgaste) entre estudantes de medicina na década de 1920 foi o estímulo para o desenvolvimento desse teste em 1928. Desde aquela época, o teste passou por inúmeras revisões. Suas várias versões "demonstram que a definição de aptidão para educação médica reflete a moral e os valores profissionais e sociais da época" (McGaghie, 2002, p. 1085). Em sua forma atual, o MCAT consiste em quatro seções: Raciocínio Verbal, Ciências Físicas, Amostra de Escrita e Ciências Biológicas. Um grupo de investigadores examinou a capacidade do MCAT de prever o desempenho na faculdade de medicina e nos exames de licenciamento médico em uma amostra de 7.859 matriculados na faculdade de medicina. Os autores concluíram que os "coeficientes de validade preditiva obtidos são notáveis" (Callahan et al., 2011).

Inúmeros outros testes de aptidão foram desenvolvidos para avaliar tipos específicos de aptidões acadêmicas, profissionais e/ou ocupacionais. Alguns dos mais amplamente utilizados são descritos de forma resumida na Tabela 11.2. Também há vários testes de aptidão menos conhecidos (e menos utilizados). Por exemplo, o Medidas de Talentos Musicais de Seashore (Seashore Measures of Musical Talents) (Seashore, 1938) é uma medida agora clássica de aptidão musical administrada com o auxílio de uma gravação (se você puder encontrar um gravador) ou fita pré-gravada. Os seis subtestes mensuram aspectos específicos de talento musical (p. ex., comparar notas e ritmos diferentes em variáveis como volume, altura, tempo e timbre). O Inventário de Aptidão Artística de Horn (Horn Art Aptitude Inventory) é uma medida que visa calcular vários aspectos da aptidão artística do respondente.

◆ **REFLITA...**
"A arte está nos olhos de quem vê." Considerando essa porção de sabedoria, como é possível determinar se alguém tem verdadeiramente uma aptidão para as artes?

Testes diagnósticos

No início do século XX, foi reconhecido que os testes de inteligência podiam ser usados para fazer mais do que apenas medir a capacidade cognitiva. Binet e Simon (1908/1961) escreveram sobre seu conceito de "ortopedia mental", pelo qual os dados de testes de inteligência podiam ser usados para aperfeiçoar a aprendizagem. Hoje é feita uma distinção entre testes e dados de testes usados para aperfeiçoar a aprendizagem. Hoje é feita uma distinção entre testes e dados de testes usados sobretudo para fins *avaliativos* e testes e dados de testes usados primariamente para fins de *diagnóstico*. O termo **avaliativo**, utilizado em frases como *fins avaliativos* ou **informação avaliativa**, costuma ser aplicado a testes ou a dados de testes que são empregados para fazer julgamentos (como decisões de passar-rodar e admitir-rejeitar). Em contrapartida, **informação diagnóstica**, usado em contextos educacionais (e em frases relacionadas como *fins de diagnóstico*) é normalmente aplicado a testes ou a dados de testes usados para apontar a dificuldade de um estudante, em geral

Tabela 11.2 Alguns exames de ingresso para treinamento profissional ou ocupacional

Exame de ingresso e página de internet (em inglês) para mais informações	Descrição breve
Medical College Admission Test (MCAT) (Teste de Admissão à Faculdde de Medicina) *www.aamc.org*	Concebido para avaliar habilidades de solução de problemas, pensamento crítico e habilidades de escrita, bem como conhecimento de conceitos científicos, pré-requisito para o estudo de medicina.
Law School Admission Test (LSAT) (Teste de Admissão à Faculdade de Direito) *www.lsac.org*	Uma medida padronizada de habilidades de leitura e raciocínio verbal adquiridas. inclui medidas de compreensão de leitura, raciocínio analítico e raciocínio lógico, assim como uma amostra de escrita.
Veterinary College Admission Test (VCAT) (Teste de Admissão à Faculdade de Veterinária) *www.tpcweb.com* (seguir links)	Avalia cinco áreas de conteúdo: biologia, química, capacidade verbal, capacidade quantitativa e compreensão de leitura.
Dental Admission Test (DAT) (Teste de Admissão à Odontologia) *www.ada.org*	Conduzido pela Associação Americana de Odontologia, esse teste pode ser administrado por computador em quase qualquer dia do ano. Inclui quatro sessões: Ciências Naturais (biologia, química geral, química orgânica), Capacidade Perceptual (incluindo tarefas de discriminação de ângulos), Compreensão de Leitura e Raciocínio Quantitativo (incluindo álgebra, várias conversões, probabilidade e estatística, geometria, trigonometria e matemática aplicada).
Pharmacy College Admission Test (PCAT) (Teste de Admissão à Faculdade de Farmácia) *marketplace.psychcorp.com* (seguir links)	Contém cinco subtestes: Verbal (incluindo vocabulário com analogias e antônimos), Quantitativo (aritmética, frações, decimais, porcentagens, álgebra e raciocínio), Biologia, Química (orgânica e inorgânica básica), Compreensão de Leitura (analisar e interpretar textos).
Optometry Admission Test (OAT) (Teste de Admissão à Optometria) *www.opted.org*	Contém quatro subtestes: Ciências Naturais (explorando conhecimento de biologia, química geral e química orgânica), Compreensão de Leitura, Física e Raciocínio Quantitativo.
Allied Health Professions Admission Test (AHPAT) (Teste de Admissão às Profissões Ligadas à Saúde) *www.tpcweb.com* (seguir links)	Avalia a capacidade em cinco áreas de conteúdo: biologia, química, capacidade verbal, capacidade quantitativa e compreensão de leitura. Destinado para uso com aspirantes a fisioterapeutas e terapeutas ocupacionais, assistentes de médicos e outros membros de profissões ligadas à saúde.
Entrance Examination for Schools of Nursing (RNEE) (Exame de Ingresso para a Faculdades de Enfermagem) *www.tpcweb.com* (seguir links)	Votado pelos autores deste livro como o "Teste com o acrônimo mais enganador", o RNEE avalia a capacidade em cinco áreas de conteúdo: ciências físicas, capacidade numérica, ciências humanas, capacidade verbal e compreensão da leitura.
Accounting Program Admission Test (APAT) (Teste de Admissão ao Curso de Contabilidade) *www.tpcweb.com* (seguir links)	Mede a realização do aluno em contabilidade elementar por meio de 75 questões de múltipla escolha, 60% das quais tratam de contabilidade financeira e, os restantes 40%, de contabilidade administrativa.
Graduate Management Admission Test (Teste de Admissão para Pós-graduação em Administração) *www.mba.com*	Mede as habilidades verbais e matemáticas básicas e de escrita analítica por meio de três subtestes: Avaliação da Escrita Analítica, a seção Quantitativa e a seção Verbal.

para fins terapêuticos. Em um contexto educacional, um **teste diagnóstico** é um instrumento usado para identificar áreas de déficit a serem visadas para intervenção.[1]

Um teste diagnóstico de leitura pode, por exemplo, conter uma série de subtestes. Cada subteste visa analisar um conhecimento ou uma habilidade específicos requeridos para a leitura. O objetivo de cada um desses subtestes poderia ser evidenciar os problemas específicos que precisam ser tratados caso o testando leia em um nível de série adequado. A propósito, a linha entre testagem "diagnóstica" e "avaliativa" não é inflexível; a informação diagnóstica pode ser usada para fins avaliativos, e a informação de testes avaliativos pode fornecer informações diagnósticas. Por exemplo, com base no desempenho de um teste diagnóstico de leitura, um professor ou um administrador poderiam tomar uma decisão de colocação na classe.

---

[1] Em um contexto clínico, o mesmo termo pode ser usado em referência a um instrumento de avaliação destinado a produzir um diagnóstico psiquiátrico.

Os testes diagnósticos não fornecem necessariamente informações que responderão a questões relativas a *por que* uma dificuldade de aprendizagem existe. Outros exames educacionais, psicológicos e talvez médicos são necessários para responder a essa pergunta. Em geral, os testes diagnósticos são administrados a estudantes que já demonstraram seu problema com uma determinada matéria por meio de seu desempenho insatisfatório na sala de aula ou em algum teste de realização. Por essa razão, os testes diagnósticos devem conter itens mais simples do que os de realização concebidos para uso com membros da mesma série.

Testes de leitura

A capacidade de ler é integral a praticamente toda aprendizagem de sala de aula, portanto não é surpresa que uma série de testes diagnósticos estejam disponíveis para ajudar a apontar as dificuldades na aquisição dessa habilidade. Alguns dos muitos testes disponíveis para apontar dificuldades de leitura incluem o Teste Diagnóstico de Leitura de Stanford (Stanford Diagnostic Reading Test), o Teste Metropolitano de Instrução de Leitura (Metropolitan Reading Instructional Tests), o Escalas Diagnósticas de Leitura (Diagnostic Reading Scales) e o Teste de Análise de Leitura de Durrell (Durrell Analysis of Reading Test). Para fins ilustrativos, descrevemos brevemente uma dessas baterias diagnósticas, o Testes de Domínio da Leitura de Woodcock (Woodcock Reading Mastery Tests).

Testes de domínio da leitura de Woodcock – revisado (WRMT-III; Woodcock, 2011) A bateria inteira dessa medida de prontidão de papel e lápis da leitura, realização da leitura e dificuldades de leitura leva entre 15 e 45 minutos para ser administrada. Ela pode ser usada com crianças de apenas 4 anos e meio, adultos de até 80 anos e com a maioria das pessoas nesse intervalo. Essa edição do teste foi normatizada em uma amostra nacionalmente representativa totalizando mais de 3.300 testados. Os aplicadores das edições anteriores deste teste popular reconhecerão muitos dos subtestes no WRMT-III (com desenhos revisados para ser mais envolvente), incluindo:

Identificação de letras: Itens que medem a capacidade de nomear letras apresentadas em diferentes formas. Letras cursivas e impressas, bem como maiúsculas e minúsculas, são apresentadas.

Identificação de palavras: Palavras isoladas arranjadas em ordem crescente de dificuldade. O estudante deve ler cada letra em voz alta.

Pronúncia de palavras: Sílabas sem sentido que incorporam habilidades de análise fonética bem como estrutural. O estudante deve pronunciar cada sílaba sem sentido.

Compreensão de palavras: Itens que avaliam o significado das palavras usando um formato de analogia de quatro partes.

Compreensão de leitura: Frases, sentenças ou parágrafos curtos, lidos em silêncio, nos quais uma palavra está faltando. O estudante deve suprir a palavra que falta.

Testes de matemática

O Teste Diagnóstico de Matemática de Stanford, Quarta Edição (SDMT4) (Stanford Diagnostic Mathematics Test, Fourth Edition) e o Sistema Diagnóstico KeyMath 3 (KeyMath3--DA) (KeyMath 3 Diagnostic System) são dois de muitos testes que foram desenvolvidos para ajudar a diagnosticar dificuldades com aritmética e conceitos matemáticos. Os itens nesses testes em geral testam tudo de conhecimento de conceitos e operações básicos a aplicações envolvendo habilidades de solução de problemas cada vez mais avançadas. O KeyMath3-DA (Connolly, 2007) é um teste padronizado que pode ser administrado a crianças de 4 anos e meio a adultos de 21 anos. De acordo com a página do editor do teste na internet (Pearson Assessments), o desenvolvimento do teste incluiu "uma revisão dos padrões estaduais de matemática e de publicações do National Council of Teachers of Mathematics", que levou à criação de "um esquema abrangente refletindo conteúdo de matemática essencial, prioridades do currículo existente e padrões nacionais de matemática" ("KeyMath", 2011). O teste vem em duas formas, cada uma contendo 10 subtestes. Os protocolos de teste podem ser pontuados à mão ou por computador. Visto que o KeyMath3-DA é administrado individualmente, o ideal é que o seja por um examinador qualificado com habilidade em estabelecer e manter *rapport* com os testandos e conhecedor dos procedimentos padronizados do teste.

O SDMT-4 é um teste padronizado que pode fornecer *insights* diagnósticos úteis com relação às capacidades matemáticas de crianças que estão entrando na escola e de jovens que estão entrando na faculdade. O teste, disponível em diferentes formas, é propício para administração individual ou em grupo. Contém itens tanto de múltipla escolha como de (opcional) resposta livre. Esses últimos visam fornecer ao examinador um entendimento em primeira mão do raciocínio, das estratégias e dos métodos aplicados pelos testados para resolver diferentes tipos de problemas. Os protocolos do teste podem ser pontuados à mão ou centralmente pelo editor do teste. Desde 2003 existe uma versão *online* do SDMT-4.

Baterias de testes psicoeducacionais

Baterias de testes psicoeducacionais são *kits* de testes que, em geral, contêm dois tipos: aqueles que medem as capacidades relacionadas a sucesso acadêmico e aqueles que medem a realização educacional em áreas como leitura e aritmética. Os dados derivados dessas baterias permitem comparações normativas (como o estudante se compara com outros estudantes da mesma faixa etária), bem como uma avaliação dos pontos fortes e pontos fracos do próprio testando – tanto melhor para planejar intervenções educacionais. Vamos começar com um breve exame de uma bateria psicoeducacional, a Bateria de Kaufman para Avaliação de Crianças (K-ABC), bem como a segunda edição extensivamente revisada do teste, a KABC-II.

Bateria de Kaufman para Avaliação de Crianças (K-ABC) e Bateria de Kaufman para Avaliação de Crianças, segunda edição (KABC-II)

Desenvolvida por uma equipe de psicólogos formada por marido e esposa, a K-ABC foi concebida para ser usada com testandos de 2 anos e meio a 12 anos e meio. Subtestes medindo inteligência e realização são incluídos. Os subtestes de inteligência da K-ABC são divididos em dois grupos, refletindo os dois tipos de habilidades de processamento de informação identificados por Luria e seus alunos (Das et al., 1975; Luria, 1966a, 1966b): *habilidades simultâneas* e *habilidades sequenciais* (ver Cap. 9). A Tabela 11.3 apresenta os estilos particulares de aprendizagem e ensino que refletem os dois tipos de inteligência medidos pela K-ABC. As pontuações nos subtestes simultâneo e sequencial são combinadas em um processamento mental composto, que é análogo à medida de QI calculada em outros testes.

Estudos de análise fatorial da K-ABC confirmaram a presença de um fator que os pesquisadores denominam *processamento simultâneo* e outro que denominam *processamento sequencial*. Talvez supreendentemente, é um fator de realização que os pesquisadores têm dificuldade de encontrar. Kaufman (1993) encontrou evidência da presença de um fator de realização, mas pesquisadores independentes têm ideias diferentes sobre o que é esse terceiro fator. Good e Lane (1988) identificaram o terceiro fator da K-ABC como *compreensão verbal e realização de leitura*. Kaufman e McLean (1986) o identificaram como *realização e capacidade de leitura*. Keith e Novak (1987) o identificaram como *realização de leitura e raciocínio verbal*. Seja qual for o fator, foi demonstrado que a Escala de Realização da K-

-ABC prediz realização (Lamp e Krohn, 2001). Além das questões sobre o que o indefinido terceiro fator mede, também foram levantadas dúvidas sobre se a aprendizagem sequencial e a simultânea são ou não inteiramente independentes (Bracken, 1985; Keith, 1985).

Recomendações para ensino baseadas no conceito de *força de processamento* de Kaufman e Kaufman (1983a, 1983b) podem ser deduzidas dos resultados do teste K-ABC. Pode ser recomendado, por exemplo, que um estudante cujo ponto forte seja processar sequencialmente deva ser ensinado usando as diretrizes de ensino para alunos sequenciais. Estudantes que não têm ponto forte em algum processamento em particular podem ser ensinados com uma combinação de métodos. Esse modelo de interpretação de teste e intervenção consequente pode produzir grande entusiasmo com base em seu apelo intuitivo. Entretanto, os achados de pesquisa relacionados com essa abordagem foram mistos (Ayres e Cooley, 1986; Good et al., 1989; McCloskey, 1989; Salvia e Hritcko, 1984). Good e colaboradores (1993) concluíram que as decisões educacionais baseadas no estilo de processamento de uma criança como definido pela K-ABC não melhoraram a qualidade dessas decisões.

> **REFLITA...**
> O quanto é realista esperar que os professores possam ensinar às crianças uma variedade de matérias de uma forma adaptada individualmente para o ponto forte único de processamento única de cada criança medido por um teste?

A geração seguinte da K-ABC foi publicada em 2004. Na abreviatura do título do teste, os autores retiraram o hífen entre o *K* e o *ABC* e, em troca, inseriram um hífen entre o *C* e o número romano *II* (KABC-II). Porém, isso foi apenas o início; há mudanças na faixa etária abrangida, na estrutura do teste e mesmo em suas bases conceituais.

A faixa etária para a segunda edição do teste foi estendida para cima (3 a 18 anos) a fim de aumentar a possibilidade de se fazerem comparações de capacidade/realização com o mesmo teste até o ensino médio. Estruturalmente, 10 novos subtestes foram criados, oito dos subtestes existentes foram retirados e apenas oito dos subtestes originais permaneceram. Essas mudanças estruturais significativas no teste não devem ser esquecidas pelos aplicadores ao fazerem comparações entre as pontuações dos testandos na K-ABC e na KABC-II.

Conceitualmente, a fundamentação da K-ABC na teoria de processamento sequencial *versus* processamento simultâneo de Luria foi expandida. Além disso, uma fundamentação na teoria de Cattell-Horn-Carroll (CHC) foi acrescentada. Esse fundamento teórico duplo fornece ao examinador uma escolha quanto a qual modelo de interpretação é o ideal para a situação em particular. Conforme declarado nos materiais promocionais do editor, você pode escolher o modelo de CHC para crianças de uma cultura e idioma dominantes; se a Capacidade Cristalizada não for um indicador imparcial da capacidade cognitiva da criança, então você pode escolher o modelo de Luria, que exclui a capacidade verbal. Administre os mesmos subtestes em quatro ou cinco escalas de capacidade. Então, interprete os resultados com base em seu modelo escolhido. Qualquer das abordagens lhe dá uma pontuação global que é altamente válida e que apresenta poucas diferenças entre os grupos étnicos em comparação com outras baterias de capacidade abrangentes.

Em geral, os revisores da KABC-II a consideraram um instrumento sólido em termos psicométricos para medir as capacidades cognitivas. Entretanto, poucos constataram facilidade com essa nova base teórica dupla. Por exemplo, Thorndike (2007) pensou em voz alta sobre avaliar dois conjuntos distintos de processos e capacidades sem explicar de forma adequada "como um único teste pode medir dois construtos diferentes" (p. 520). Braden e Ouzts (2007) expressaram sua preocupação de que combinar os dois modelos interpretativos "cheira a tentar ter (e vender) as duas formas" (p. 519). Bain e Gray (2008) ficaram desapontados com o fato de o manual do teste não conter exemplos de relatórios baseados em cada um dos modelos.

> **REFLITA...**
> Quais são seus pensamentos em relação a uma bateria de testes psicoeducacionais que tem duas bases teóricas?

Tabela 11.3 Características e diretrizes de ensino para aprendizes sequenciais e simultâneos

Características do aprendiz	
O aprendiz sequencial	**O aprendiz simultâneo**
O aprendiz sequencial resolve melhor problemas organizando mentalmente pequenas quantidades de informação em ordem consecutiva, linear, passo a passo. Ele fica mais à vontade com instruções e sugestões verbais porque a capacidade de interpretar linguagem falada depende em grande medida da sequência de palavras.	O aprendiz simultâneo resolve melhor problemas integrando e sintetizando mentalmente muitas porções de informação paralelas ao mesmo tempo. Ele fica mais à vontade com instruções e sugestões visuais porque a capacidade de realizar uma interpretação visual do ambiente depende de perceber e integrar muitos detalhes de uma só vez.
O processamento sequencial é importante em especial para • aprender e reter fatos aritméticos básicos • memorizar listas de palavras • fazer associações entre as letras e seus sons • aprender as regras de gramática, a cronologia de eventos históricos • lembrar detalhes • seguir um conjunto de regras, direções, passos • resolver problemas decompondo-os em seus componentes ou passos	O processamento simultâneo é importante em especial para • reconhecer a forma e a aparência física de letras e números • interpretar o efeito ou o significado global de figuras e de outros estímulos visuais, como mapas e gráficos • entender o significado global de uma história ou um poema • resumir, comparar, avaliar • compreender princípios matemáticos ou científicos • resolver problemas visualizando-os em sua totalidade
Os alunos sequenciais que são fracos no processamento simultâneo podem ter dificuldade em • reconhecimento visual de palavras • compreensão de leitura • entender princípios matemáticos ou científicos • usar materiais concretos, práticos • usar diagramas, gráficos, mapas • resumir, comparar, avaliar	Os alunos simultâneos que são fracos em processamento sequencial podem ter dificuldade em • compreensão de palavras, decodificação, fonética • decompor problemas de ciência ou aritmética em partes • interpretar as partes e as características de um modelo ou desenho • entender as regras de jogos • entender e seguir instruções orais • lembrar detalhes específicos e a sequência de uma história
Diretrizes de ensino	
Para o aprendiz sequencial	**Para o aprendiz simultâneo**
1. Apresente o material passo a passo, abordando gradualmente o conceito ou a habilidade global. Conduza até a grande questão com uma série de questões menores. Decomponha a tarefa em partes. 2. Deixe a criança verbalizar o que é para ser aprendido. Quando você ensinar uma palavra nova, faça a criança repeti-la, em voz alta ou em silêncio. Enfatize sugestões verbais, orientações e estratégias de memória. 3. Ensine e ensaie os passos requeridos para resolver um problema ou completar uma tarefa. Continue a referir-se aos detalhes ou passos anteriores já mencionados ou dominados. Ofereça uma estrutura ou um procedimento lógicos apelando para a orientação verbal/temporal da criança.	1. Apresente o conceito ou a questão globais antes de pedir para a criança resolver o problema. Continue a referir-se à tarefa, à questão ou ao resultado desejado. 2. Deixe a criança visualizar o que é para ser aprendido. Quando você ensinar uma palavra nova, faça a criança escrevê-la e imaginá-la mentalmente, vê-la na página nos olhos da mente. Enfatize as sugestões visuais, as direções e as estratégias de memória. 3. Faça tarefas concretas sempre que possível fornecendo materiais manipuláveis, figuras, modelos, diagramas, gráficos. Ofereça um sentido do todo apelando para a orientação visual/espacial da criança.
Por exemplo, o aprendiz sequencial pode olhar um ou dois detalhes de uma figura, mas não enxergar a imagem como um todo. Para ajudá-lo a ter uma avaliação geral da figura, comece com as partes e chegue no todo. Em vez de começar com "O que a figura mostra?" ou "Como a figura faz você se sentir?", pergunte primeiro sobre detalhes:	O aprendiz simultâneo pode reagir a uma figura como um todo mas pode perder os detalhes. Para ajudá-lo a perceber que as partes contribuem para a imagem visual total, comece estabelecendo uma interpretação ou reação global:
"O que o menininho no canto está fazendo?" "Onde está o cachorro?" "Que expressão você vê no rosto da mulher?" "Que cores são usadas no céu?"	"O que a figura mostra?" "Como a figura faz você se sentir?"
Conduza a questões sobre interpretação ou apreciação globais:	Então considere os detalhes:
"Como todos esse detalhes lhe dão pistas sobre o que está acontecendo nesta figura?" "Como esta figura faz você se sentir?"	"Qual é a expressão no rosto da mulher?" "O que o menininho no canto está fazendo?" "Que cores são usadas no céu?"
	Relacione os detalhes à interpretação inicial do aluno:
	"Como esses detalhes explicam por que a figura fez você se sentir dessa maneira?"
O aprendiz sequencial prefere uma abordagem de ensino passo a passo, que possa enfatizar a acumulação gradual de detalhes.	O aprendiz simultâneo responde melhor a uma abordagem de ensino holística que focaliza grupos de detalhes ou imagens e enfatiza o significado ou a configuração global da tarefa.

Fonte: De Kaufman Sequential or Simultaneous (K-SOS). Copyright©1984 NCS Pearson, Inc. Reproduzida com permissão. Todos os direitos reservados.

Alguns revisores levantaram questões sobre a variável (ou variáveis) que eram realmente medidas pela KABC-II. Por exemplo, Reynolds e colaboradores (2007) questionaram o grau em que certos testes suplementares poderiam ser mais bem concebidos como medidas de capacidades específicas ou medidas de capacidades múltiplas. Em geral, entretanto, ficaram satisfeitos porque, para "crianças de idade escolar, a KABC-II está estreitamente alinhada com as cinco amplas capacidades da CHC que ela se destina a medir" (p. 537). Outros pesquisadores confirmaram que a KABC-II de fato explora as capacidades amplas da CHC (Morgan et al., 2009).

Outra bateria de testes muito conhecida e usada é o Woodcock-Johnson III.

O Woodcock-Johnson III (WJ III)

O WJ III (Woodcock et al., 2000) é um pacote de testes psicoeducacionais consistindo em duas baterias conormatizadas: testes de realização e testes de capacidade cognitiva, ambos com base na teoria das capacidades cognitivas de Cattell-Horn-Carroll (CHC). O WJ III foi concebido para ser usado com pessoas de 2 a "mais de 90" anos de idade, de acordo com o manual do teste. O WJ III produz uma medida de capacidade intelectual geral (g) bem como medidas de capacidades cognitivas específicas, realização, aptidão escolar e linguagem oral. Junto com outras técnicas de avaliação (p. ex., incluindo entrevistas de pais ou responsáveis, análise de resposta a ensino ou intervenções anteriores, avaliação de portfólio e análise de dados de outros testes padronizados), o WJ III pode ser usado para diagnosticar DAEs e para planejar programas e intervenções educacionais. Os testes de realização são agrupados em formas paralelas designadas A e B, sendo cada uma dividida em uma bateria-padrão (12 subtestes) e uma bateria estendida (10 subtestes adicionais). Conforme ilustrado na Tabela 11.4, a interpretação de um teste de realização é baseada no desempenho do testando em grupos de testes em áreas curriculares específicas.

O teste de Capacidades Cognitivas também pode ser dividido em uma bateria-padrão (10 subtestes) e uma bateria estendida (10 subtestes adicionais). Como ilustrado na Tabela 11.5, os subtestes explorando as capacidades cognitivas são conceituados em termos de fatores cognitivos amplos, capacidades limitadas primárias e agrupamentos de desempenho cognitivo.

Ao utilizar os testes de realização ou de capacidades cognitivas, a bateria-padrão poderia ser adequada para triagens ou reavaliações breves. A bateria estendida provavelmente seria usada para fornecer uma avaliação mais abrangente e detalhada, completada com informação diagnóstica. Em qualquer caso, os escores dos agrupamentos são usados para ajudar a avaliar o nível de desempenho, calcular o progresso educacional e identificar forças e fraquezas individuais.

De acordo com o manual do teste, o WJ III foi normatizado em uma amostra de 8.818 indivíduos a partir dos 24 meses a "mais de 90" anos de idade que eram representativos da população dos Estados Unidos. As normas com base na idade são fornecidas de forma mensal dos 24 meses aos 19 anos e anualmente depois disso. As normas baseadas na série são fornecidas para o jardim de infância, passando pelo ensino médio, faculdade de dois anos e faculdade de quatro anos, incluindo pós-graduação. Os procedimentos para análise de confiabilidade para cada subteste foram apropriados, dependendo da natureza dos testes. Por exemplo, a confiabilidade de testes que não eram acelerados e que não tinham sistemas de pontuação de múltiplos pontos foi analisada por meio do método de metades partidas, corrigido para duração usando a fórmula de correção de Spearman-Brown. O manual do teste também apresenta dados de validade concorrente. O apoio para a validade de vários aspectos do teste também vem de pesquisadores independentes. Por exemplo, Floyd e colaboradores (2003) verificaram que certos agrupamentos cognitivos estavam relacionados de forma significativa a realização de matemática em uma amostra grande, nacionalmente representativa de crianças e adolescentes.

Tabela 11.4 Testes de realização do WJ III

Área curricular	Grupo	Bateria padrão – Formas A e B	Bateria estendida – Formas A e B
Leitura	Habilidades básicas	Teste 1 Identificação de letras e palavras	Teste 13 Compreensão de palavras
	Fluência	Teste 2 Fluência da leitura	
	Compreensão	Teste 9 Compreensão de texto	Teste 17 Vocabulário de leitura
	Amplo	Testes 1, 2, 9	
Linguagem oral	Expressão oral	Teste 3 Lembrança da história	Teste 14 Vocabulário de figura
	Compreensão da escuta	Teste 4 Entendimento de direções	Teste 15 Compreensão oral
Matemática	Habilidades de cálculo	Teste 5 Cálculo	
	Fluência	Teste 6 Fluência de matemática	
	Raciocínio	Teste 10 Problemas aplicados	Teste 18 Conceitos Quantitativos
	Amplo	Testes 5, 6, 10	
Linguagem escrita	Habilidades básicas	Teste 7 Ortografia	Teste 16 Edição
	Fluência	Teste 8 Fluência da escrita	
	Expressão	Teste 11 Amostras de escrita	
	Amplo	Testes 7, 8, 11	
Conhecimento suplementar			Teste 19 Conhecimento acadêmico
		Teste 12 Lembrança da história adiada	Teste 20 Ortografia de sons
		Escala de Legibilidade da caligrafia	Teste 21 Consciência de sons
			Teste 22 Pontuação e letras maiúsculas e minúsculas

Os escores do WJ III são levantados com a ajuda de um programa de computador fornecido no estojo (*kit*) do teste. Os dados dos escores brutos são inseridos, e o programa produz um relatório resumido (em inglês ou espanhol) e uma tabela de escores, incluindo todos os escores derivados para testes administrados, bem como para grupos de testes. O programa também fornece perfis de idade/série e perfis de escore-padrão/posição percentílica. Um programa interpretativo opcional também está disponível (Riverside Publishing, 2001). Esse programa exibe protocolos de listas de verificação (uma lista de verificação do professor, uma dos pais, uma de autorrelato e um formulário de observação da sala de aula) de uma forma que integra os dados da lista de verificação no relatório. O editor do teste também disponibilizou materiais de treinamento opcionais, incluindo CD-ROMs e vídeos, para assistência na administração e no uso da bateria.

> **NO BRASIL**
> O WJ III ainda não foi adaptado para uso no Brasil. Os nomes de tarefas, subtestes e escores podem ser alterados caso o procedimento seja realizado.

As revisões independentes do WJ III têm sido muito favoráveis em muitos aspectos. Duas revisões detalhadas foram publicadas no *Fifteenth Mental Measurements Yearbook (Décimo Quinto Anuário de Medidas Mentais)* (ver Cizek, 2003; Sandoval, 2003).

Outros instrumentos de avaliação em contextos educacionais

Além dos instrumentos tradicionais de realização, aptidão e diagnóstico existe um universo amplo de outros instrumentos e técnicas de avaliação que podem ser usados a serviço de estudantes e da sociedade em geral. Vamos examinar um exemplo dessas abordagens, começando com a avaliação de desempenho, de portfólio e autêntica.

Avaliação de desempenho, de portfólio e autêntica

Por muitos anos, o rótulo amplo *avaliação de desempenho* referiu-se vagamente a qualquer tipo de avaliação que requeira que o examinado faça mais do que escolher a resposta

Tabela 11.5 Testes de Capacidades Cognitivas do WJ III*

Fator cognitivo amplo	Teste (padrão e estendido)	Capacidades limitadas primárias	Desempenho cognitivo
Compreensão-conhecimento (Gc)	Teste 1 Compreensão verbal	Conhecimento lexical, desenvolvimento da linguagem	Capacidade verbal
	Teste 11 Conhecimentos gerais	Conhecimentos (verbais) gerais	
Recuperação a longo prazo (Glr)	Teste 2 Aprendizagem visual-auditiva	Memória associada	Capacidade de pensamento
	Teste 12 Fluência de recuperação	Fluência de ideias	
	Teste 10 Visual-auditivo Aprendizagem – Adiada	*Memória associativa*	
Pensamento visuoespacial (Gv)	Teste 3 Relações espaciais	Visualização, relações espaciais	Capacidade de pensamento
	Teste 13 Reconhecimento de figuras	Memória visual	
	Teste 19 Planejamento (Gv/Gf)	*Rastreamento espacial, raciocínio sequencial geral*	
Processamento auditivo (Ga)	Teste 4 Mistura de sons	Codificação fonética, síntese	Capacidade de pensamento
	Teste 14 Atenção auditiva	Discriminação fala-som, resistência a distorção de estímulos auditivos	
	Teste 8 Palavras incompletas	*Codificação fonética, análise*	
Raciocínio fluido (Gf)	Teste 5 Formação de conceitos	Indução	Capacidade de pensamento
	Teste 15 Análise-síntese	Raciocínio sequencial geral	
	Teste 19 Planejamento (Gv/Gf)	*Rastreamento espacial, raciocínio sequencial geral*	
Velocidade de processamento (Gs)	Teste 6 Correspondência visual	Velocidade perceptual	Eficiência cognitiva
	Teste 16 Velocidade de decisão	Velocidade de processamento semântico	
	Teste 18 Nomeação rápida de figuras	*Facilidade de nomeação*	
	Teste 20 Cancelamento de pares	*Atenção e concentração*	
Memória a curto prazo (Gsm)	Teste 7 Números invertidos	Memória operacional	Eficiência cognitiva
	Teste 17 Memória para palavras	Extensão de memória	
	Teste 9 Memória operacional auditiva	*Memória operacional*	

*Os testes mostrados em itálico não fazem parte do fator ou do agrupamento de desempenho cognitivo.

correta a partir de um pequeno grupo de alternativas. Assim, por exemplo, questões dissertativas e o desenvolvimento de um projeto artístico são exemplos de tarefas de desempenho. Em contrapartida, questões de verdadeiro-falso e itens de múltipla escolha não seriam considerados tarefas de desempenho.

Entre os profissionais da testagem e da avaliação, o uso contemporâneo de termos relacionados a desempenho concentra-se menos no tipo de item ou tarefa envolvidos e mais no conhecimento, nas habilidades e nos valores que o examinando deve reunir e exibir. Além disso, há uma tendência crescente a falar de tarefas de desempenho e avaliação de desempenho no contexto de um determinado domínio de estudo, no qual normalmente é requerido que os especialistas nesse domínio estabeleçam os padrões de avaliação. Por exemplo, uma tarefa de desempenho para um estudante de arquitetura poderia ser a criação de uma planta de uma casa contemporânea. A qualidade global do trabalho do estudante – junto com o conhecimento, a habilidade e os valores inerentes a ele – será julgada de acordo com padrões estabelecidos por arquitetos reconhecidos pela comunidade de arquitetos como especialistas na construção de casas contemporâneas. Segundo essas tendências, particularmente em contextos educacionais e profissionais, definiremos uma **tarefa de desempenho** como uma amostra de trabalho destinada a evocar conhecimento, habilidades e valores de um determinado domínio de estudo. **Avaliação de desempenho** será definida como uma avaliação das tarefas de desempenho de acordo com critérios desenvolvidos por especialistas do domínio de estudo explorado por essas tarefas.

Um dos muitos tipos possíveis de avaliação de desempenho é a avaliação do portfólio. *Portfólio* tem muitos significados em diferentes contextos. Pode se referir a um estojo portátil que costuma ser usado para carregar trabalhos de arte, desenhos, mapas, etc. Banqueiros e investidores o usam como uma referência abreviada às participações financeiras. Na linguagem das avaliações psicológica e educacional, **portfólio** é sinônimo de *amostra de trabalho*. **Avaliação de portfólio** refere-se à estimativa das amostras de trabalhos de uma pessoa. Em muitos ambientes educacionais, a insatisfação com alguns métodos de apreciação mais tradicionais levou a apelos por avaliações baseadas mais no desempenho. *Avaliação autêntica* (discutida subsequentemente) é um nome dado a essa tendência à avaliação mais com base no desempenho. Quando usada no contexto de programas educacionais da mesma linha de pensamento, a avaliação de portfólio e a avaliação autêntica são técnicas projetadas para dirigir os ensinamentos acadêmicos a ambientes do mundo real externos à sala de aula.

> **REFLITA...**
> Como poderia ser seu portfólio pessoal, detalhando tudo o que você aprendeu sobre testagem e avaliação psicológica?

Considere, por exemplo, como os estudantes poderiam usar portfólios para medir seu progresso em um curso de álgebra do ensino médio. Eles poderiam ser instruídos a criar seus próprios portfólios pessoais para ilustrar tudo o que aprenderam sobre álgebra. Um aspecto importante da avaliação de portfólio é a liberdade da pessoa que está sendo apreciada para selecionar o conteúdo do portfólio. Alguns estudantes poderiam incluir relatos narrativos de seu entendimento de vários princípios algébricos. Outros estudantes poderiam refletir por escrito sobre as formas possíveis de usar álgebra na vida diária. Outros, ainda, poderiam tentar apresentar um relato convincente de que podem resolver alguns tipos de problemas de álgebra que não podiam solucionar antes de fazer o curso. Do começo ao fim, o portfólio pode ser ilustrado com itens como recibos de gasolina (completado com fórmulas algébricas para calcular a quilometragem), contracheques (completado com fórmulas usadas para calcular um salario mensal e impostos) e outros itens limitados apenas pela imaginação do estudante. As ilustrações poderiam ir de simples a cada vez mais complexas – fornecendo evidência convincente do entendimento da matéria pelo estudante.

O uso inovador do método de portfólio para avaliar superdotação (Hadaway e Marek-Schroer, 1992) e a leitura (Henk, 1993), entre muitas outras características, pode ser encontrado na literatura acadêmica. Os portfólios também têm sido aplicados nos níveis de graduação e pós-graduação como dispositivos para ajudar os estudantes nas decisões de carreira (Bernhardt et al., 1993). Os benefícios da abordagem de portfólio incluem envolvimento dos estudantes no processo de avaliação, dar oportunidade de pensar generativamente e encorajá-los a pensar sobre a aprendizagem como um processo contínuo e integrado. Uma desvantagem fundamental, entretanto, é a pena imposta por essa técnica a estudantes não criativos. Em geral, portfólios excepcionais são esforços criativos. Uma pessoa cujos pontos fortes não estão na criatividade pode ter aprendido a matéria do curso, mas ser incapaz de demonstrar maneira adequada a aprendizagem por esse método. Outra desvantagem, está do outro lado da mesa do professor, diz respeito à avaliação dos portfólios. Normalmente, muito tempo e reflexão devem ser dedicados à sua estimativa. Em uma aula expositiva de 300 alunos, por exemplo, a avaliação do portfólio seria impraticável. Além disso, é difícil desenvolver critérios confiáveis para a avaliação do portfólio, dada a grande diversidade de produtos de trabalho. Em consequência, a confiabilidade entre avaliadores na apreciação de portfólio pode se tornar um problema.

Uma forma de avaliação relacionada é a *avaliação autêntica*, também conhecida como *avaliação baseada no desempenho* (Baker et al., 1993), bem como por outros nomes. Podemos definir **avaliação autêntica** em contextos educacionais como a estimativa de tarefas relevantes e significativas que podem ser conduzidas para aquilatar a aprendizagem de matérias acadêmicas mas que demonstram a transferência do estudante desse estudo para atividades do mundo real. A avaliação autêntica das habilidades de escrita dos estudantes, por exemplo, seria, portanto, baseada em tarefas que envolvem leitura – preferivelmente leitura "autêntica", como um artigo em um jornal local em oposição a um texto idealizado em especial para os propósitos da avaliação. Os estudantes em um curso de psicopatologia de nível universitário poderiam ser solicitados a identificar diagnósticos psiquiátricos de pacientes com base em entrevistas filmadas com eles.

Acredita-se que a avaliação autêntica aumente o interesse do estudante e a transferência de conhecimento para contextos fora da sala de aula. Uma desvantagem é que a análise poderia avaliar conhecimento e experiência anteriores, não apenas o que foi aprendido na sala de aula. Por exemplo, estudantes de famílias nas quais sempre houve um interesse em atividades legislativas podem se sair melhor em uma avaliação autêntica que empregue um artigo de atividade legislativa. Além disso, a habilidade autêntica pode inadvertidamente implicar a avaliação de algumas habilidades que têm pouco a ver com aprendizagem de sala de aula. Por exemplo, a avaliação autêntica de aprender uma lição no curso de gastronomia sobre filetagem de peixe pode ser confundida com uma apreciação das habilidades perceptomotoras do futuro *chef*.

Técnicas de avaliação pelos pares

Um método de obter informações sobre um indivíduo é pedir ao grupo de seus pares que façam a avaliação. As técnicas empregadas para obter tais informações são denominadas métodos de **avaliação pelos pares**. Um professor, um supervisor ou algum outro líder de grupo pode estar interessado em avaliações pelos pares por uma variedade de razões. Essas apreciações podem ajudar a chamar a atenção necessária para um indivíduo que está passando por dificuldades acadêmicas, pessoais, sociais ou relacionadas ao trabalho – dificuldades que, por qualquer razão, não chegaram à atenção da pessoa encarregada. As avaliações pelos pares permitem que o indivíduo encarregado veja os membros de um grupo de um ponto de vista diferente: o ponto de vista daqueles que trabalham, praticam esportes, socializam, almoçam juntos e caminham até em casa com a pessoa que está sendo analisada. Além de fornecer informações sobre comportamento que é raramente observável, as avaliações pelos pares suprem informações sobre as dinâmicas do grupo: quem assume quais papéis e sob quais condições. O conhecimento do lugar de um indivíduo no grupo é um auxílio importante para orientar o grupo à eficiência ideal.

As técnicas de avaliação pelos pares podem ser usadas em ambientes universitários, bem como em contextos de escolas primárias, indústrias e Forças Armadas. Essas técnicas tendem a ser mais úteis em ambientes nos quais os indivíduos que fazem a avaliação atuaram em grupo tempo suficiente para serem capazes de avaliar uns aos outros em variáveis específicas. A natureza das avaliações pelos pares pode se modificar em razão de mudanças na situação de avaliação e na composição do grupo. Portanto, por exemplo, um indivíduo que é considerado o mais tímido na sala de aula pode, teoricamente, ser bastante gregário – e talvez mesmo ser considerado o mais desordeiro – em uma estimativa realizada em um clube após a escola.

Um método de avaliação pelos pares que pode ser empregado no contexto do ensino fundamental (assim como em outros contextos) é chamado de técnica "Adivinhe quem é?". Frases descritivas curtas (como "Essa pessoa é a mais cordial") são lidas ou entregues na forma de questionários para a classe, e as crianças são instruídas a adivinhar quem é. Se atributos negativos devem ser incluídos na avaliação pelos pares (p. ex., "Essa pessoa é a menos cordial") deve ser decidido individualmente, considerando as possíveis consequências negativas que tal apreciação poderia ter sobre um membro do grupo.

A técnica de *nomeação* é um método de avaliação pelos pares no qual é solicitado aos indivíduos que selecionem ou nomeiem outros indivíduos para vários tipos de atividades. Pode ser perguntado a uma criança que está sendo entrevistada em uma clínica psiquiátrica, "Com quem você mais gostaria de ir para a Lua?", como um meio de determinar qual dos genitores ou outro indivíduo é mais importante para ela. Aos membros de uma delegacia de polícia poderia ser perguntado, "Quem você mais gostaria de ter como parceiro em sua próxima ronda e por quê?", como um meio de descobrir quais policiais são vistos por seus pares como especialmente competentes ou incompetentes.

Os resultados de uma avaliação pelos pares podem ser ilustrados de forma gráfica. Um método gráfico de organizar esses dados é o **sociograma**. Figuras, como círculos ou quadrados, são desenhadas para representar diferentes indivíduos, e linhas e flechas são desenhadas para indicar vários tipos de interação. De forma rápida, o sociograma pode fornecer informações como quem é popular no grupo, quem tende a ser rejeitado pelo grupo e quem é relativamente neutro na opinião do grupo. Entre as técnicas de avaliação pelos pares, as de nomeação têm sido as mais pesquisadas, em geral têm sido consideradas as mais confiáveis e válidas. Contudo, o aplicador cuidadoso dessas técnicas deve estar ciente de que as percepções de um indivíduo em um grupo estão constantemente mudando. Qualquer um que já tenha assistido a programas de televisão como *Survivor* ou *O Aprendiz* na certa tem conhecimento das dinâmicas desses grupos. À medida que alguns membros saem do grupo e outros se juntam a ele, as posições e os papéis que assumem no grupo mudam. Formam-se novas alianças e, como resultado, todos os membros do grupo podem ser observados sob uma nova luz. Por isso, é importante estar atualizado e periodicamente verificar informações.

Mensuração de hábitos, interesses e atitudes de estudo

O desempenho acadêmico é resultado de uma interação complexa de inúmeros fatores. A capacidade e a motivação são parceiros inseparáveis na busca do sucesso acadêmico. Uma série de instrumentos projetados para olhar além da capacidade e na direção de fatores como hábitos, interesses e atitudes de estudo foram publicados. Por exemplo, a Lista de Verificação de Hábitos de Estudo (Study Habits Checklist), destinada para o uso com estudantes do final do ensino fundamental até o final do ensino médio, consiste em 37 itens que avaliam hábitos de estudo a respeito de anotações, material de leitura e práticas de estudo em geral. No desenvolvimento do teste, itens potenciais foram apresentados para triagem a 136 membros Phi Beta Kappa* de três faculdades. Esse procedimento foi baseado na premissa de que bons estudantes são os melhores julgadores de técnicas de estudo importantes e eficazes (Preston, 1961). Os julgadores foram instruídos a avaliar os itens de acordo com sua utilidade para os estudantes que estão tendo dificuldade com matérias dos cursos da faculdade. Embora reconhecessem que eles próprios nem sempre utilizavam essas práticas, os julgadores identificaram as técnicas que consideravam mais úteis nas atividades de estudo. A padronização para a Lista de Verificação ocorreu em 1966, e as normas de percentil eram baseadas em uma amostra de vários milhares de estudantes de ensino médio e de faculdade residentes na Pensilvânia. Em um estudo de validade, 302 calouros de faculdade que tinham demonstrado dificuldades de aprendizagem e sido encaminhados para um centro de habilidades de aprendizagem foram avaliados com a Lista de Verificação. Como previsto, foi verificado que esses estudantes demonstravam práticas de estudo pobres, particularmente nas áreas de anotações e uso adequado do tempo de estudo (Bucofsky, 1971).

Se um professor conhecer as áreas de interesse de uma criança, atividades pedagógicas envolvendo esses interesses podem ser empregadas. O Inventário de Interesse O Que Eu Gosto de Fazer (What I Like to Do Interest Inventory) consiste em 150 itens de escolha obrigatória que avaliam quatro áreas de interesse: interesses acadêmicos, artísticos, ocupacionais e em atividades de lazer (brinquedo). Inclusas nos materiais do teste estão sugestões para planejar atividades pedagógicas que estejam de acordo com a área de interesse designada.

---

* N. de T.: Sociedade acadêmica de maior prestígio em universidades dos Estados Unidos.

Os inventários de atitude usados em contextos educacionais avaliam as atitudes do estudante em relação a inúmeros fatores relacionados com a escola. O interesse nas atitudes do estudante é baseado na premissa de que "reações positivas à escola podem aumentar a probabilidade de que os estudantes permaneçam nela, desenvolvam um compromisso duradouro com a aprendizagem e usem o ambiente escolar a seu favor" (Epstein e McPartland, 1978, p. 2). Alguns instrumentos avaliam as atitudes em áreas de matérias específicas, enquanto outros, como o Escalas de Levantamento de Atitudes Em Relação à Escola e à Qualidade da Vida na Escola (Survey of School Attitudes and the Quality of School Life Scales) são de âmbito mais geral.

> **REFLITA...**
> Embora estejamos tratando do assunto de hábitos, habilidades e atitudes de estudo, parece um momento adequado para levantar uma questão sobre como essas variáveis estão relacionadas a outra variável mais global: a *personalidade*. Os hábitos, as habilidades e as atitudes de estudo são uma parte da nossa personalidade? Por que poderia ser útil pensar neles como tal?

O Levantamento de Hábitos e Atitudes de Estudo (SSHA) (Survey of Study Habits and Attitudes) e o Levantamento de Atitudes e Métodos de Estudo (Study Attitudes and Methods Survey) combinam a avaliação de atitudes com a avaliação de métodos de estudo. O SSHA, destinado ao uso da 7ª série à faculdade, consiste em 100 itens explorando habilidades e atitudes de estudo pobres que poderiam afetar o desempenho acadêmico. Duas formas estão disponíveis, a forma H, da 7ª série ao ensino médio, e a forma C, para a faculdade, cada uma requerendo 20 a 25 minutos para ser completada. Os estudantes respondem aos itens na seguinte escala de 5 pontos: *raramente, às vezes, frequentemente, geralmente* ou *quase sempre*. Os itens do teste são divididos em seis áreas: Evitação de Atraso, Métodos de Trabalho, Hábitos de Estudo, Aprovação do Professor, Aceitação da Educação e Atitudes de Estudo. O teste produz pontuações de habilidades de estudo, de atitude e de orientação geral.

Enquanto *reflete* sobre as questões levantadas em relação a estudo e personalidade, *saiba o* que aprenderá sobre personalidade e sua avaliação nos próximos dois capítulos.

Autoavaliação

Teste sua compreensão dos elementos deste capítulo vendo se é capaz de explicar cada um dos seguintes termos, expressões, nomes e abreviações:

avaliação autêntica
avaliação baseada no currículo (CBA)
avaliação de desempenho
avaliação de portfólio
avaliação informal
avaliação integrativa
avaliação pelos pares
bateria de teste psicoeducacional
dificuldade de aprendizagem específica (DAE)
em risco
escala de avaliação

índice de Apgar
informação avaliativa
informação diagnóstica
K-ABC
KABC-II
lista de verificação
LPAD
mensuração baseada no currículo (CBM)
modelo de resposta à intervenção
modelo de solução de problema
portfólio

síndrome
sociograma
tarefa de desempenho
teste de aptidão
teste de prontidão
teste de realização
teste diagnóstico
teste localizador
teste prognóstico
Vygotsky, Lev
WJ III
zona de desenvolvimento proximal

CAPÍTULO 12

Avaliação da Personalidade: Visão Geral

Em uma canção clássica do *rock'n'roll* da década de 1950 intitulada *"Personality"*, o cantor Lloyd Price descreveu o sujeito dessa canção com as palavras *caminhar, falar, sorriso* e *charme*. Ao fazê-lo, Price usou o termo *personalidade* da forma que a maioria das pessoas tende a usá-lo. Para as pessoas leigas, *personalidade* refere-se a componentes da constituição de um indivíduo que podem evocar reações positivas ou negativas dos outros. Considera-se que alguém com a tendência consistente a evocar reações positivas dos outros tenha uma "personalidade boa". Aquele com tendência consistente a evocar reações não tão boas dos outros é considerado com uma "personalidade ruim" ou, talvez pior ainda, "sem personalidade". Também ouvimos sobre pessoas descritas de outras formas, com adjetivos como *agressiva, calorosa* ou *fria*. Para os profissionais no campo da ciência comportamental, os termos tendem a ser mais bem definidos, se não mais descritivos.

Personalidade e avaliação da personalidade

Personalidade

Existem dezenas de diferentes definições de personalidade na literatura de psicologia. Por exemplo, McClelland (1951, p. 69) definiu personalidade como "a conceituação mais adequada do comportamento de uma pessoa em todos os seus detalhes". Menninger (1953, p. 23) a definiu como "o indivíduo como um todo, sua altura e peso e amores e ódios e pressão arterial e reflexos; seus sorrisos e esperanças e pernas tortas e amígdalas inflamadas. Significa tudo o que alguém é e o que está tentando se tornar". Algumas definições se concentram apenas em um determinado aspecto do indivíduo (Goldstein, 1963), enquanto outras o veem no contexto da sociedade (Sullivan, 1953). Alguns teóricos evitam absolutamente qualquer definição. Por exemplo, Byrne (1974, p. 26) caracterizou toda a área de psicologia da personalidade como "a lata de lixo da psicologia, na medida em que qualquer pesquisa que não se ajuste a outras categorias existentes pode ser rotulada de 'personalidade'".

Em seu livro impositivo e amplamente lido *Teorias da personalidade*, Hall e Lindzey (1970, p. 9) escreveram: "Estamos convencidos de que *nenhuma definição substantiva de personalidade pode ser generalizada*" e *"Personalidade é definida pelos conceitos empíricos específicos que fazem parte da teoria da personalidade empregada pelo observador"* [ênfase no original]. Observando que havia diferenças teóricas importantes em muitas teorias da personalidade, Hall e Lindzey encorajaram seus leitores a selecionar uma definição de personalidade entre as muitas apresentadas e a adotá-la como sua.

> **REFLITA...**
> Apesar de grandes esforços, uma definição da própria personalidade – bem como uma definição de inteligência – tem sido um pouco ilusória. Por que você acha que é assim?

Para os nossos propósitos, definiremos **personalidade** como uma constelação única de traços psicológicos de um indivíduo, a qual é relativamente estável com o passar do tempo. Vemos esta definição como aquela que tem a vantagem da parcimônia, ainda que flexível o suficiente para incorporar um grande número de variáveis. Logo, incluem-se nessa definição variáveis nas quais os indivíduos podem se diferir, como valores, interesses, atitudes, visão de mundo, aculturação, senso de humor, estilos cognitivos e comportamentais, e estados da personalidade.

Avaliação da personalidade

Avaliação da personalidade pode ser definida como a mensuração e a avaliação de traços psicológicos, estados, valores, interesses, atitudes, visão de mundo, aculturação, senso de humor, estilos cognitivos e comportamentais, e/ou características individuais relacionadas. Neste capítulo apresentamos um panorama do processo de avaliação da personalidade, incluindo diferentes abordagens à construção de testes de personalidade. No Capítulo 13, nos concentraremos nos vários métodos de avaliação da personalidade, incluindo métodos objetivos, projetivos, e comportamentais. Antes disso tudo, entretanto, algum conhecimento é necessário em relação ao uso dos termos *traço*, *tipo* e *estado*.

Traços, tipos e estados

Traços de personalidade Assim como não existe consenso em relação à definição de personalidade, não há qualquer um em relação a definição de *traço*. Teóricos como Gordon Allport (1937) tendiam a ver os traços de personalidade como entidades físicas reais que são "estruturas mentais genuínas em cada personalidade" (p. 289). Para Allport, um traço é um "sistema neuropsíquico generalizado e focalizado (peculiar ao indivíduo) com a capacidade de tornar muitos estímulos funcionalmente equivalentes e de iniciar e orientar formas equivalentes (congruentes) de comportamento adaptativo e expressivo" (p. 295). Robert Holt (1971) escreveu que "*há* estruturas reais no interior das pessoas que determinam seu comportamento de formas legais" (p. 6), e continuou conceituando essas estruturas como mudanças na química cerebral que poderiam ocorrer como resultado de aprendizagem: "A aprendizagem causa mudanças estruturais submicroscópicas no cérebro, provavelmente na organização de suas substâncias bioquímicas" (p. 7). Raymond Cattell (1950) também conceituou traços como estruturas mentais, mas ele não garantia que *estrutura* significasse um estado físico real.

Nossa própria preferência é fugirmos de definições que elevem o *traço* à condição de existência física. Vemos os traços psicológicos como atribuições feitas na tentativa de identificar linhas de consistência nos padrões comportamentais. Nesse contexto, uma definição de **traço de personalidade** oferecida por Guilford (1959, p. 6) tem grande apelo: "Qualquer maneira distinguível, relativamente duradoura, na qual um indivíduo difere de outro".

Essa definição bastante simples tem alguns aspectos em comum com os escritos de outros teóricos da personalidade, como Allport (1937), Cattell (1950, 1965) e Eysenck (1961). A palavra *distinguível* indica que comportamentos rotulados com diferentes termos para traço são na verdade diferentes uns dos outros. Por exemplo, um comportamento rotulado de "cordial" deve ser distinguível de um comportamento rotulado de "indelicado". O *contexto* ou a situação nos quais o comportamento é exibido são importantes ao se aplicarem termos dos traços para os comportamentos. Um comportamento presente em um contexto pode ser rotulado com um termo de traço, mas o mesmo comportamento exibido em outro contexto pode ser descrito usando outro termo de traço. Por exemplo, se prestássemos atenção em alguém envolvido em uma conversa prolongada, aparentemente interessante, observaríamos o contexto antes de tirarmos quaisquer conclusões sobre os traços de personalidade. Uma pessoa conversando com um amigo durante o almoço pode estar demonstrando cordialidade, enquanto essa mesma pessoa conversando com esse mesmo amigo durante uma cerimônia de casamento pode ser considerada indelicada. Portanto, o termo escolhido para o traço por um observador depende tanto do próprio comportamento como do contexto no qual ele aparece.

> **REFLITA...**
> Qual é outro exemplo de como o termo para o traço escolhido por um observador depende tanto do comportamento emitido como do contexto desse comportamento?

Uma medida de comportamento em um determinado contexto pode ser obtida usando diversos instrumentos de avaliação psicológica. Por exemplo, usando a observação naturalista, um observador poderia assistir ao avaliando interagir com colegas de trabalho durante o intervalo. Como alternativa, poderia ser administrado ao avaliando um questionário de autorrelato que sonde vários aspectos de sua interação com colegas de trabalho durante o intervalo.

Em sua definição de traço, Guilford não afirmou que os traços representam uma maneira duradoura na qual os indivíduos diferem uns dos outros. Antes, ele disse *relativamente duradoura*. *Relativamente* enfatiza que a maneira exata na qual um determinado traço se manifesta é, pelo menos em alguma medida, dependente da situação. Por exemplo, um indivíduo "violento" em liberdade condicional em geral pode ser propenso a se comportar de maneira bastante submissa com seu oficial da condicional e muito mais violenta na presença de sua família e de seus amigos. Allport (1937) tratou da questão da consistência transituacional dos traços – ou a falta dela – como segue:

> A coerência perfeita jamais será encontrada e não deve ser esperada [...] As pessoas podem ser dominantes e submissas, talvez submissas apenas perante àqueles indivíduos que carregam símbolos de autoridade e prestígio tradicionais; e, perante todos os outros, agressivas e dominadoras... O ambiente em constante mudança alça logo um traço e logo outro a um estado de tensão ativa. (p. 330)

Durante anos, teóricos e avaliadores da personalidade têm presumido que os traços de personalidade sejam bastante estáveis ao longo da vida de uma pessoa. Roberts e DelVecchio (2000) exploraram a estabilidade dos traços por meio de uma metanálise de 152 estudos longitudinais. Esses pesquisadores concluíram que a coerência do traço aumenta em um padrão de etapas até uma pessoa alcançar a idade de 50 a 59 anos, quando essa coerência atinge seu pico. Seus achados podem ser interpretados como um testemunho convincente da natureza bastante estável dos traços de personalidade ao longo da vida. Você acha que o jogador de hóquei fisicamente agressivo mostrado na Figura 12.1 ainda será fisicamente agressivo em seus anos de aposentadoria?

Voltando a nossa elaboração da definição de Guilford, note que *traço* é descrito como uma maneira em que um indivíduo difere de outro. Vamos enfatizar aqui que a atribuição de um termo para o traço é sempre um fenômeno *relativo*. Por exemplo, algum comportamento descrito como "patriótico" pode diferir muito de outro comportamento descrito como "patriótico". Não há padrões absolutos. Ao descrever um indivíduo como patriota, estamos, em essência, fazendo uma comparação não declarada com o grau de comportamento patriótico que se poderia razoavelmente esperar que fosse exibido sob as mesmas ou semelhantes circunstâncias.

A pesquisa clássica sobre o assunto de coerência transituacional nos traços apontou uma *falta* de coerência em relação a traços como honestidade (Hartshorne e May, 1928), pontualidade (Dudycha, 1936), conformidade (Hollander e Willis, 1967), atitude perante autoridade (Burwen e Campbell, 1957) e introversão/extroversão (Newcomb, 1929). Esses são os tipos de estudos citados por Mischel (1968, 1973, 1977, 1979) e outros que têm sido críticos da predominância do conceito de traços na teoria da personalidade. Essas críticas também podem aludir ao fato de que alguma porção não determinada de comportamento exibido em público pode ser governado mais por expectativas sociais e restrições de papéis culturais do que pelos traços de personalidade de um indivíduo (Barker, 1963; Goffman, 1963). A pesquisa visando esclarecer a primazia das diferenças individuais, em oposição a fatores situacionais, é complexa de uma perspectiva metodológica (Golding, 1975), e simplesmente não há um veredito definitivo quanto à primazia do traço ou da situação.

Figura 12.1   Agressividade-traço e violência no gelo.
Bushman e Wells (1998) administraram uma medida de autorrelato de agressividade-traço (a subescala Agressão Física do Questionário de Agressão) a 91 jogadores de hóquei de escolas de ensino médio antes do início da temporada. Os jogadores responderam a itens como "De vez em quando eu não consigo controlar meu desejo de atacar outra pessoa", apresentados no formato de escala de Likert variando de 1 a 5 (na qual 1 correspondia a "extremamente não característico da minha pessoa" e 5 correspondia a "extremamente característico da minha pessoa"). Ao final da temporada, as pontuações de agressividade-traço foram examinadas com relação a minutos retido na área de punição por penalidades como brigar, empurrar o adversário e usar o bastão para fazer o adversário tropeçar. A medida pré-temporada da agressividade-traço previu os minutos de retenção por penalidade agressiva. O estudo é particularmente notável porque os dados do teste foram usados para prever agressão na vida real, não um análogo laboratorial de agressão como a administração de choque elétrico. Os autores recomendaram que possíveis aplicações do Questionário de Agressão sejam exploradas em outros contextos nos quais a agressividade seja um comportamento problemático.

Tipos de personalidade Tendo definido personalidade como uma constelação de traços única, podemos definir um **tipo de personalidade** como uma constelação de traços semelhante em padrão a uma categoria de personalidade identificada em uma taxonomia de personalidades. Embora os traços sejam com frequência discutidos como se fossem *características* apresentadas por um indivíduo, os tipos são mais claramente *descrições* das pessoas. Assim, por exemplo, descrever um indivíduo como "deprimido" é diferente de descrevê-lo como um "tipo deprimido". O último termo tem implicações de mais longo alcance em relação a aspectos característicos do indivíduo, tal como sua visão de mundo, seu nível de atividade, sua capacidade de aproveitar a vida e seu nível de interesse social.

Pelo menos desde a classificação de Hipócrates das pessoas em quatro tipos (melancólico, fleumático, colérico e sanguíneo), não houve escassez de tipologias da personalidade através dos tempos. Uma tipologia desenvolvida por Carl Jung (1923) tornou-se a base para o Indicador de Tipos de Myers-Briggs (MBTI; Myers e Briggs, 1943/1962). Uma suposição que orientou o desenvolvimento desse teste foi que as pessoas exibem preferências definidas na forma como percebem ou se tornam conscientes de – e julgam ou chegam a conclusões sobre – pessoas, eventos, situações e ideias. De acordo com Myers (1962, p. 1), essas diferenças na percepção e no julgamento resultam em "diferenças correspondentes em suas reações, em seus interesses, valores, necessidades e motivação, no que elas fazem melhor e no que elas gostam de fazer". Por exemplo, em um estudo visando entender melhor a personalidade de jogadores de xadrez, o Indicador de Tipos de Myer-Briggs foi administrado

◆
REFLITA...
Quais são os possíveis benefícios de classificar pessoas em tipos? Que possíveis problemas podem surgir dessa prática?

a 2.165 jogadores de xadrez, incluindo jogadores no nível de mestre e mestre sênior. Foi verificado que os jogadores de xadrez são significativamente mais introvertidos, intuitivos e reflexivos (em oposição a sensíveis) do que os membros da população em geral. O investigador também verificou que os mestres eram mais críticos do que a população em geral (Kelly, 1985).

John Holland (Fig. 12.2) afirmou que a maioria das pessoas pode ser categorizada como um dos seguintes seis tipos de personalidade: artística, empreendedora, investigativa, social, realista ou convencional (Holland, 1973, 1985, 1997, 1999). Seu teste Busca Autodirigida (Self-Directed Search) (SDS; Holland et al., 1994) é um auxílio autoadministrado, autopontuado e autointerpretado usado para tipificar pessoas de acordo com esse sistema e oferecer orientação vocacional. Outra tipologia da personalidade, essa tendo apenas duas categorias, foi concebida pelos cardiologistas Meyer Friedman e Ray Rosenman (1974; Rosenman et al., 1975). Eles idealizaram uma **personalidade Tipo A,** caracterizada por competitividade, pressa, inquietação, impaciência, sentimentos de ser pressionado pelo tempo e fortes necessidades de realização e dominância. Uma **personalidade Tipo B** tem os traços opostos aos da Tipo A: joviais ou descontraídos. Um inventário de autorrelato de 52 itens chamado de Jenkins Activity Survey (Levantamento de Atividades Jenkins) (JAS; Jenkins et al., 1979) tem sido usado para tipificar respondentes como personalidades Tipo A ou Tipo B.

A tipologia da personalidade que tem atraído a maior atenção dos pesquisadores, e também dos profissionais, está associada com pontuações em um teste chamado MMPI (Minnesota Multiphasic Personality Inventory – Inventário Multifásico da Personalidade de Minnesota) (bem como todos os seus sucessores – discutido mais adiante neste capítulo). Os dados da administração desses testes, como acontece com outros, são frequen-

Figura 12.2   John L. Holland (1919-2008).

John Holland ficou conhecido pela tipologia de personalidade relacionada a emprego que desenvolveu, bem como pelo teste Self-Directed Search (Busca Autodirigida) (SDS), uma medida dos interesses e das capacidades percebidos das pessoas. O teste é baseado na teoria da personalidade vocacional de Holland. No centro dessa teoria está a visão de que a escolha ocupacional tem muito a ver com a personalidade e a autopercepção de capacidades da pessoa. O trabalho de Holland foi assunto de controvérsia na década de 1970. Os críticos afirmavam que as diferenças medidas entre os interesses dos homens e das mulheres eram um efeito de viés de sexo. Holland argumentou que essas diferenças refletiam variância válida. Conforme o autor do obituário de Holland na *American Psychologist* lembrou, "Ele não se dobrava a torto e a direito aos ventos do politicamente correto" (Gottfredson, 2009, p. 561).

temente discutidos em termos dos padrões de escores que surgem nos subtestes. Esse padrão é referido como *perfil*. Em geral, um **perfil** é uma descrição narrativa, um gráfico, uma tabela ou outra representação do grau em que uma pessoa demonstrou certas características visadas como resultado da administração ou da aplicação de instrumentos de avaliação.[1] No termo **perfil de personalidade**, as características-alvo são normalmente traços, estados ou tipos. Com referência específica ao MMPI, diferentes perfis de escores são associados com diferentes padrões de comportamento. Assim, por exemplo, um determinado perfil do MMPI designado como "2-4-7" está associado com sobriedade e autorrecriminação (Dahlstrom, 1995).

Estados de personalidade A palavra **estado** tem sido usada pelo menos de duas formas diferentes na literatura da avaliação da personalidade. Em uma delas, um estado de personalidade é uma disposição psicodinâmica demonstrada visando transmitir a qualidade dinâmica de *id*, ego e superego em perpétuo conflito. A avaliação dessas disposições psicodinâmicas pode ser feita pelo uso de várias técnicas psicanalíticas, como associação livre, associação de palavras, análise simbólica de material de entrevista, análise de sonhos e atos falhos, análise de acidentes, chistes e esquecimento.

Atualmente, o uso mais popular do termo *estado* – e o que usamos na discussão a seguir – se refere à exibição transitória de algum traço de personalidade. Em outras palavras, o uso da palavra *traço* pressupõe uma predisposição comportamental bastante estável, enquanto o termo *estado* é indicativo de uma predisposição relativamente temporária (Chaplin et al., 1988). Assim, por exemplo, sua amiga pode ser descrita de forma correta como "em um estado ansioso" antes das provas do trimestre, embora ninguém que a conheça bem a descreveria como "uma pessoa ansiosa".

> **REFLITA...**
> Você sente "um frio na barriga" pouco antes de convidar alguém por quem está atraído para ir ao cinema. Essa sensação seria caracterizada como um estado ou um traço?

Medir os estados de personalidade equivale em essência a uma busca e uma avaliação da força dos traços que são um tanto transitórios ou razoavelmente específicos da situação. Bem poucos testes de personalidade buscam diferenciar traços de estados. Um trabalho inovador nessa área foi feito por Charles D. Spielberger e colaboradores (Spielberger et al., 1980). Esses pesquisadores desenvolveram uma série de inventários da personalidade visando diferenciar vários estados de traços. No manual para o Inventário de Ansiedade Traço-estado (STAI), por exemplo, verificamos que ansiedade-estado se refere a uma experiência transitória de tensão devido a uma situação em particular. Em contrapartida, ansiedade-traço ou propensão à ansiedade diz respeito a uma característica de personalidade bastante estável e duradoura. Os itens do teste STAI consistem em afirmações descritivas breves, e os indivíduos são instruídos a indicar (1) como se sentem agora, no momento (e a indicar à intensidade do sentimento) ou (2) como se sentem geralmente (e a registrar a frequência do sentimento). Os coeficientes de confiabilidade teste-reteste relatados no manual são congruentes com a premissa teórica de que a ansiedade-traço é a característica mais estável, enquanto a ansiedade-estado é transitória.

Avaliação da personalidade: Algumas questões básicas

Para que tipo de emprego uma pessoa com este tipo de personalidade é mais adequada? Este indivíduo é suficientemente bem-ajustado para o serviço militar?

---

[1] A expressão *traçar o perfil* refere-se à criação de tal descrição. O termo **análise do perfil** refere-se à interpretação de padrões de escores em um teste ou uma bateria de testes. A análise do perfil é usada com frequência para gerar hipóteses diagnósticas a partir de dados de testes de inteligência. Há profissionais que criam perfis de personalidade de suspeitos de crimes para ajudar a polícia a capturá-los. Mais sobre o trabalho desses profissionais no Capítulo 14.

Que fatores emocionais e outros de ajustamento podem ser responsáveis pelo nível de realização acadêmica deste estudante?

Que padrão de traços e estados este cliente de psicoterapia demonstra, e em que grau este padrão pode ser considerado patológico?

Como a personalidade deste paciente foi afetada por trauma neurológico?

Essas perguntas são um exemplo do tipo que poderia levar a um encaminhamento para avaliação da personalidade. Coletivamente, esses tipos de questões de encaminhamento fornecem informações sobre uma questão mais geral em um contexto clínico: Por que avaliar a personalidade?

Poderíamos levantar a mesma questão no contexto da pesquisa básica e encontrar outro amplo mundo de possíveis aplicações para a avaliação da personalidade. Por exemplo, aspectos da personalidade poderiam ser explorados para identificar os determinantes de conhecimento sobre saúde (Beier e Ackerman, 2003), para categorizar diferentes tipos de compromisso nos relacionamentos íntimos (Frank e Brandstaetter, 2002), para determinar as respostas dos pares ao elo mais fraco da equipe (Jackson e LePine, 2003) ou mesmo a serviço da defesa nacional para identificar pessoas propensas a terrorismo. A avaliação da personalidade é a parte mais importante na pesquisa do desenvolvimento, seja acompanhando o desenvolvimento de traço ao longo do tempo (McCrae et al., 2002), seja estudando alguma característica exclusivamente humana, como o julgamento moral (Eisenberg et al., 2002). Do um ponto de vista da psicologia da saúde, inúmeras variáveis de personalidade (como perfeccionismo, autocrítica, dependência e neuroticismo) foram associadas com transtornos físicos e psicológicos (Flett e Hewitt, 2002; Klein et al., 2011; Kotov et al., 2010; Zuroff et al., 2004; Sturman, 2011). No mundo corporativo, a avaliação da personalidade é um instrumento fundamental com que conta o departamento de recursos humanos para auxiliar na contratação, na demissão, na promoção, na transferência e em decisões relacionadas. Talvez, enquanto houver testes para medir os interesses das pessoas, haja questões relativas a como esses interesses têm a ver com a personalidade (Larson et al., 2002). Em organizações militares ao redor do mundo, a liderança é um traço procurado, e os testes de personalidade ajudam a identificar quem o tem (p. ex., ver Bradley et al., 2002; Handler, 2001). No sentido mais geral, a pesquisa básica envolvendo a avaliação da personalidade ajuda a validar ou invalidar teorias do comportamento e a gerar novas hipóteses.

De passagem, vamos observar que toda uma outra perspectiva sobre o *por que* da avaliação da personalidade surge com uma consideração da pesquisa entre as espécies (ver Fig. 12.3). Gosling, Kwan e John (2003) consideraram sua pesquisa sobre a personalidade de cães uma abertura de caminho para futuras pesquisas em áreas anteriormente inexploradas, como os efeitos do ambiente sobre a personalidade.

> **REFLITA...**
> Que diferenças em termos de precisão e confiabilidade do relato você esperaria quando alguém está discorrendo sobre a própria personalidade em oposição a quando outra pessoa está relatando sobre a personalidade de alguém?

Além de *por que* avaliar a personalidade, existem várias outras questões que devem ser tratadas em nossa visão geral do empreendimento. As abordagens à avaliação da personalidade diferem em termos de *quem* está sendo avaliado, *o que* está sendo avaliado, *onde* a avaliação é conduzida e *como* isso é feito. Vamos examinar de forma mais detalhada cada uma dessas questões relacionadas.

Quem?

Quem está sendo avaliado, e quem está fazendo a avaliação? Alguns métodos de avaliação da personalidade se baseiam no autorrelato do avaliando. Estes podem preencher a perguntas de entrevista, responder questionários por escrito, pintar quadrados em formulários de resposta de computador ou ordenar cartões grafados com vários termos – tudo com

Figura 12.3 Simplesmente adorável!
Gosling, Kwan e John (2003) examinaram uma ampla série de traços de personalidade relevantes a cães em um estudo cuidadosamente planejado que controlou até os efeitos potencialmente tendenciosos de fatores como estereótipos de personalidade preconcebidos sobre raça e aparência. Os pesquisadores concluíram que diferenças na personalidade entre cães existem e podem ser medidas de modo confiável. Esses achados combinam com os de outros pesquisadores que promoveram a ideia de que diferenças nas personalidades dos animais não apenas existem como também são hereditárias (Weiss et al., 2002).[2]

o objetivo final de fornecer ao avaliador uma autodescrição relacionada à personalidade. Em contrapartida, outros métodos de avaliação da personalidade se baseiam em outros informantes, além da pessoa que está sendo analisada, para fornecer informações relacionadas à personalidade. Assim, por exemplo, pais ou professores podem ser convidados a participar na avaliação da personalidade de uma criança fornecendo classificações, julgamentos, opiniões e impressões relevantes à personalidade dela.

O *self* como relator principal As pessoas normalmente passam por uma avaliação da personalidade de modo que tanto elas quanto o avaliador possam aprender alguma coisa sobre quem são. Em muitos casos, a avaliação ou algum aspecto dela requer um **autorrelato**, ou um processo no qual as informações sobre os avaliandos são fornecidas pelos próprios sujeitos sob análise. As informações autorrelatadas podem ser obtidas mediante diários mantidos pelos avaliandos ou por meio de respostas a perguntas orais ou escritas ou a itens de teste. Em alguns casos, a informação buscada pelo avaliador é tão particular que apenas os próprios indivíduos avaliados são capazes de fornecê-la. Por exemplo, quando os pesquisadores investigaram a solidez psicométrica da Escala de Busca de Sensações

---

[2] Obrigado a Sheena, a amada, amorosa e indescritivelmente maravilhosa companheira de um dos autores (RJC), por ter posado com tanta graciosidade para esta fotografia.

Sexuais com uma amostra de estudantes universitários, apenas os próprios estudantes podiam fornecer as informações altamente pessoais necessárias. Os pesquisadores consideraram sua confiança no autorrelato uma possível limitação do estudo, mas observaram que essa metodologia "tem sido a prática padrão nessa área de pesquisa porque não existe um padrão-ouro para verificar os relatos dos participantes de comportamentos sexuais" (Gaither e Sellbom, 2003, p. 165).

Os métodos de autorrelato costumam ser muito utilizados para explorar o *autoconceito* de um avaliando. **Autoconceito** pode ser definido como atitudes, crenças, opiniões e pensamentos relacionados de uma pessoa sobre si mesma. Entretanto, o instrumento de escolha é, em geral, uma **medida de autoconceito** dedicada; ou seja, um instrumento destinado a produzir informações relevantes sobre como um indivíduo se vê com relação às variáveis psicológicas selecionadas. Os dados desse instrumento são geralmente interpretados no contexto de como os outros podem se ver nas mesmas variáveis ou em variáveis semelhantes. No Teste de Autoconceito de Beck (BST; Beck e Stein, 1961), que leva o nome do autor principal, Aaron T. Beck, os respondentes são instruídos a comparar-se com outras pessoas em variáveis como aparência, conhecimento e capacidade de contar piadas.

Uma série de medidas de autoconceito para crianças foram desenvolvidas. Alguns testes representativos incluem a Escala de Autoconceito do Tennessee e a Escala de Autoconceito de Piers-Harris. O último teste contém 80 autoafirmações (como "Eu não tenho amigos") às quais respondentes da 3ª série do ensino fundamental à 3ª série do ensino médio respondem *sim* ou *não* conforme a afirmação se aplicar a eles. A análise fatorial sugeriu que os itens cobrem seis áreas gerais de autoconceito: comportamento, estado intelectual e escolar, aparência e atributos físicos, ansiedade, popularidade e felicidade e satisfação. O Teste de Autoconceito de Beck foi ampliado para baixo como um componente de uma série chamada Inventários Juvenis de Beck – Segunda edição (BYI-II) desenvolvida pela autora principal, a psicóloga Judith Beck (filha de Aaron T. Beck). Além de uma medida de autoconceito, o BYI-II inclui inventários que medem depressão, ansiedade, raiva e comportamento diruptivo em crianças e adolescentes de 7 a 18 anos.

Algumas medidas de autoconceito são baseadas na noção de que estados e traços relacionados ao autoconceito são em grande parte dependentes do contexto – ou seja, em constante mudança, como resultado da situação em particular (Callero, 1992). O termo **diferenciação do autoconceito** refere-se ao grau em que uma pessoa tem autoconceitos diferentes em diferentes papéis (Donahue et al., 1993). Pessoas caracterizadas como *altamente diferenciadas* são propensas a se perceber de maneiras bastante diferentes em vários papéis. Por exemplo, um executivo altamente diferenciado na faixa dos 40 anos pode se perceber como motivado e dinâmico em seu papel no trabalho, obediente e submisso em seu papel de filho e emocional e apaixonado em seu papel de marido. Em contrapartida, pessoas cujo conceito de *self* não seja muito diferenciado tendem a se perceber de formas semelhantes em seus papéis sociais. De acordo com Donahue e colaboradores (1993), pessoas com baixos níveis de diferenciação de autoconceito tendem a ser mais saudáveis psicologicamente, talvez devido a seu sentido de *self* mais unificado e coerente.

Supondo que os avaliandos tenham *insight* razoavelmente preciso de seu próprio pensamento e comportamento, e supondo que sejam motivados a responder aos itens do teste com honestidade, as medidas de autorrelato podem ser de extremo valor. Um autorrelato honesto e preciso de um indivíduo analisado pode ilustrar o que ele está pensando, sentindo e fazendo. Infelizmente, alguns avaliandos podem, de modo intencional ou involuntário, pintar quadros distorcidos de si mesmos em medidas de autorrelato.

Considere o que aconteceria se os empregadores fossem confiar nas representações de candidatos a emprego sobre sua personalidade e sua adequação para uma determinada função. Os empregadores poderiam ser levados a acreditar que encontraram

> **REFLITA...**
> Altamente diferenciado ou não muito diferenciado no autoconceito – qual *você* acha preferível? Por quê?

> **REFLITA...**
> Alguém que você conhece se valeu do comportamento "falso bom" ou "falso ruim" (dentro ou fora do contexto de avaliação)? Por quê?

um grupo de candidatos perfeitos. Muitos candidatos a emprego – bem como pessoas em contextos tão diversos como reuniões do ensino médio, bares de solteiros e audiências de custódia de filhos – tentam ser "falsos bons" em suas apresentações de si mesmos para outras pessoas.

O outro lado da moeda do "falso bom" é o "falso ruim". Os litigantes em ações cíveis que alegam prejuízo podem buscar altos prêmios como compensação por seus alegados sofrimento, dor e estresse emocional – todos os quais podem ser exagerados e dramatizados frente a um juiz ou júri. O acusado em uma ação criminal pode considerar o tempo em uma instituição mental preferível ao tempo na prisão (ou a pena capital) e escolher estrategicamente uma defesa de insanidade – com concomitantes comportamento e queixas para tornar tal defesa tão crível quanto possível. Uma pessoa sem teto que prefere permanecer em um hospital mental do que ficar nas ruas pode tentar fingir em testes e em entrevistas se não fizer isso resultar em alta. Nos tempos do alistamento militar, não era incomum que os resistentes a se alistar fingissem em exames psiquiátricos na tentativa de serem deferidos.

Alguns testandos podem estar verdadeiramente prejudicados com relação à sua capacidade de responder de forma correta a questões de autorrelato. Eles podem não ter recordação, por exemplo, devido a certas condições médicas ou psicológicas no momento da avaliação. Em contrapartida, outros testandos parecem tão abençoados com uma abundância de autoconhecimento que são capazes de se expressar com facilidade e habilidade em medidas de autorrelato. É para esse último grupo de indivíduos que as medidas de autorrelato, de acordo com Burisch (1984), não revelarão coisa alguma que o testando já não saiba. Naturalmente, Burisch pode ter exagerado o caso. Mesmo pessoas com uma abundância de autoconhecimento podem se beneficiar de tirar um tempo para refletir sobre seus próprios pensamentos e comportamentos, sobretudo se não estiverem acostumadas a fazê-lo.

Outra pessoa como relatora Em algumas situações, o melhor método disponível para a avaliação da personalidade, do comportamento ou de ambos envolve o relato por uma terceira pessoa, como um dos genitores, o professor, os colegas, o supervisor, o cônjuge ou um observador treinado. Considere, por exemplo, a avaliação de uma criança para dificuldades emocionais. Ela pode ser incapaz ou não estar disposta a completar qualquer medida (autorrelato, desempenho ou outra) que seria valiosa para fazer uma determinação válida sobre seu estado emocional. Mesmo os dados da história de caso podem ser de valor mínimo porque os problemas podem ser tão sutis a ponto de se tornarem evidentes apenas após observação cuidadosa e contínua. Nesses casos, o uso de um teste no qual o testando, ou respondente, seja um informante – não o sujeito de estudo – pode ser valioso. Na pesquisa de personalidade básica, essa abordagem da terceira pessoa à avaliação tem se revelado útil, especialmente quando a terceira pessoa relatora conhece o sujeito da avaliação muito bem. Prosseguindo sob a suposição de que os cônjuges estão familiarizados o suficiente um com o outro para servir como bons informantes, um estudo examinou autoavaliações *versus* avaliações do cônjuge sobre variáveis relacionadas à personalidade (South et al., 2011). Foi verificado que as autoavaliações e as avaliações do cônjuge eram significativamente correlacionadas, e essa relação era mais forte do que a em geral encontrada entre autoavaliações e avaliações pelos pares na pesquisa da personalidade.

O Inventário de Personalidade para Crianças (PIC) e sua revisão, o PIC-2, são exemplos de um tipo de entrevista padronizada dos pais de uma criança. Embora esta seja o sujeito do teste, o respondente é um dos pais (geralmente a mãe), o responsável ou outro adulto qualificado para responder com referência ao comportamento característico da criança. O teste consiste em uma série de itens verdadeiro-falso projetados para serem livres de viés racial

> **REFLITA...**
> Você acredita que *insights* significativos são mais bem obtidos por meio de autoavaliação ou por meio de avaliação por outra pessoa? Por quê?

e de gênero. Os itens podem ser administrados por computador ou com papel e lápis. Os resultados do teste produzem pontuações que fornecem informações clínicas e esclarecem a validade dos padrões de resposta do testando. Inúmeros estudos atestam a validade do PIC para sua finalidade pretendida (Kline et al., 1992; Kline et al., 1993; Lachar e Wirt, 1981; Lachar et al., 1985; Wirt et al., 1984). Entretanto, como ocorre com qualquer teste que se baseie nas observações e no julgamento de um avaliador, algumas preocupações sobre esse instrumento também foram expressas (Achenbach, 1981; Cornell, 1985).

Em geral, há muitos cuidados a considerar quando uma pessoa se responsabiliza por avaliar outra. Esses cuidados não são de forma alguma limitados à área da avaliação da personalidade. Antes, em qualquer circunstância na qual um indivíduo se responsabiliza por avaliar outro indivíduo, é importante entender as dinâmicas da situação. Embora o relato de um avaliador possa fornecer uma riqueza de informações sobre um avaliando, também pode ser instrutivo olhar a fonte dessa informação.

Os avaliadores podem variar no grau em que são, ou tentam ser, escrupulosamente neutros, favoravelmente generosos ou rigorosamente severos em suas avaliações. Vieses generalizados para avaliar em uma determinada direção são referidos em termos como **erro de leniência** ou **erro de generosidade** e **erro de severidade.** Uma tendência geral a avaliar todos próximo do ponto médio de uma escala de avaliação é denominado um **erro de tendência central.** Em algumas situações, um certo conjunto de circunstâncias pode criar um determinado viés. Por exemplo, uma professora poderia estar inclinada a julgar um aluno de modo muito favorável porque a irmã mais velha desse aluno era sua favorita em uma classe anterior. Essa variedade de viés de resposta favorável é às vezes referida como **efeito halo.**

Os avaliadores podem fazer julgamentos tendenciosos, consciente ou inconscientemente, apenas porque é interesse deles fazê-lo (ver Fig. 12.4). Os terapeutas que acreditam com muito entusiasmo na eficácia de uma determinada abordagem terapêutica podem estar mais inclinados do que outros a enxergar os benefícios dessa abordagem. Os proponentes de abordagens alternativas podem estar mais propensos a enxergar os aspectos negativos desse mesmo tratamento.

Inúmeros outros fatores podem contribuir para o viés nas apreciações de um avaliador. Ele pode se sentir competitivo, fisicamente atraído ou repelido pelo sujeito das avaliações. Pode não ter a formação adequada, a experiência e o olhar treinado necessários à tarefa em particular. Os julgamentos podem ser limitados pelo nível geral de realização e disposição a dedicar o tempo e o esforço requeridos para fazer o trabalho de maneira adequada. O avaliador pode nutrir vieses com relação a vários estereótipos. A subjetividade baseada nas preferências e nos gostos pessoais do próprio avaliador também pode entrar nos julgamentos. Aspectos avaliados como um "10 perfeito" na opinião de uma pessoa podem representar mais um "5 medíocre" aos olhos de outra. Se tal diversidade marcante de opiniões ocorre com frequência em relação a um determinado instrumento, esperaríamos que ela se refletisse em coeficientes baixos de confiabilidade entre avaliadores. Provavelmente, seria desejável voltar a examinar os critérios usados para fazer as avaliações e o quanto eles são específicos.

Quando outra pessoa é o relator, um fator importante a considerar a respeito das avaliações é seu *contexto*. Diferentes avaliadores podem ter diferentes pontos de vista sobre um indivíduo que estão analisando devido ao contexto no qual costumam ver essa pessoa. Um pai pode indicar em uma escala de avaliação que um filho é hiperativo, enquanto a professora da mesma criança pode indicar na mesma escala de avaliação que o nível de atividade da criança está nos limites normais. Os dois podem estar certos?

A resposta é sim, de acordo com uma metanálise de 119 artigos na literatura acadêmica (Achenbach et al., 1987). Diferentes informantes podem ter diferentes pontos de vista sobre os indivíduos que estão sendo avaliados. Esses diferentes pontos de vista derivam de observar e interagir com os indivíduos em diferentes contextos. O estudo também notou que os avaliadores tendiam a concordar mais sobre as dificuldades de

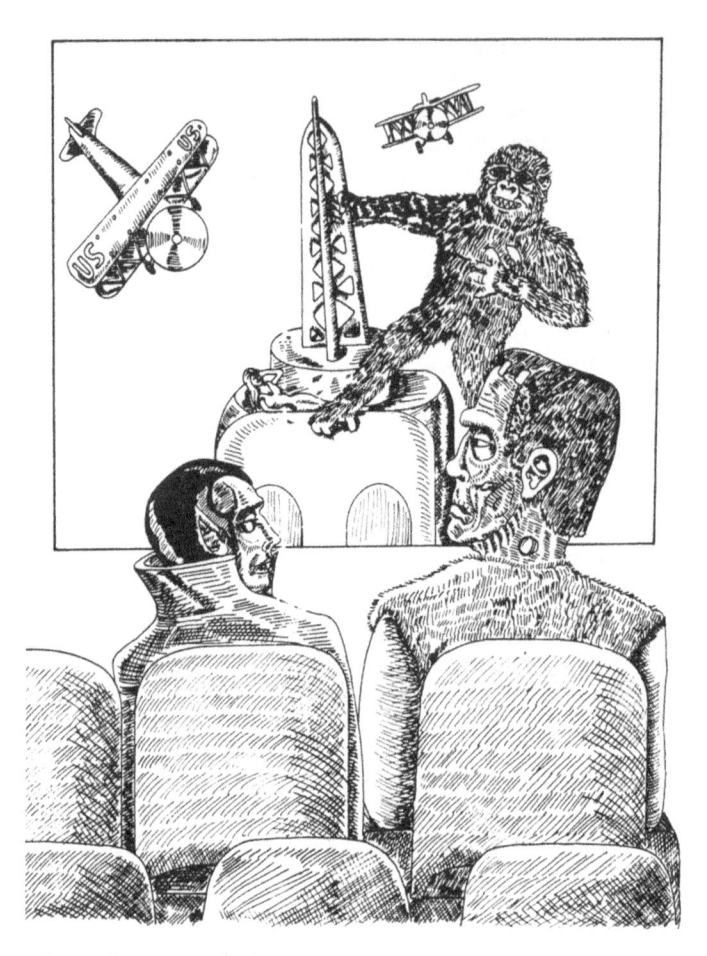

Figura 12.4 Avaliações em interesse próprio.
"Monstros e gritadores sempre trabalharam para mim; eu dou 'sinal verde', Roger."

crianças pequenas (6 a 11 anos) do que sobre as mais velhas e adolescentes. Os avaliadores também estavam propensos a mostrar mais concordância a respeito de crianças exibindo problemas de autocontrole (como hiperatividade e maus-tratos de outras crianças), em comparação com problemas de "supercontrole" (como ansiedade e depressão). Pesquisadores insistem em que os profissionais vejam as diferenças na avaliação que surgem de diferentes pontos de vista como algo mais do que erro no processo de avaliação. Eles insistem em que os profissionais empreguem diferenças específicas do contexto nos planos de tratamento. Muitas de suas ideias relativas à avaliação e ao tratamento dependentes do contexto foram incorporadas ao sistema de Avaliação Multiaxial Empírica de Achenbach (1993). O sistema é uma abordagem à avaliação de crianças e de adolescentes que incorpora análises cognitivas e físicas do indivíduo, autorrelato e apreciação por pais e professores. Além disso, medidas de desempenho da criança sozinha, com a família ou na sala de aula podem ser inclusas.

◆ **REFLITA...**
Imaginando ser *você* o sujeito da avaliação, como poderia ser avaliado diferentemente na mesma variável em diferentes contextos?

Independentemente de se o *self* ou outra pessoa é o sujeito de estudo, um elemento de qualquer avaliação que não deve ser esquecido pelo avaliador é o contexto cultural.

A origem cultural dos avaliandos Os desenvolvedores e os aplicadores de testes têm demonstrado cada vez mais sensibilidade às questões de diversidade cultural. Inúmeras preocupações foram levantadas em relação ao uso de testes de personalidade e outros instrumentos de avaliação com membros de populações cultural e linguisticamente diferentes (Anderson, 1995; Campos, 1989; Greene, 1987; Hill et al., 2010; Irvine e Berry, 1983; López e Hernandez, 1987; Nye et al., 2008; Sundberg e Gonzales, 1981; Widiger e Samuel, 2009). O quanto é imparcial ou generalizável um determinado instrumento ou uma técnica de mensuração com um membro de um grupo cultural em particular? Como um teste foi desenvolvido, como ele é administrado e como seus escores são interpretados são questões a serem levantadas quando se considera a adequação de aplicar um determinado teste de personalidade a membros de populações diferentes nos aspectos cultural e linguístico. Continuamos a explorar essas questões e outras relacionadas posteriormente neste capítulo e ao longo deste livro. No Capítulo 14, por exemplo, consideramos em detalhes o significado do termo *avaliação psicológica culturalmente informada*.

O quê?

O que é estimado quando uma avaliação da personalidade é conduzida? Para muitos testes de personalidade, é significativo responder a essa pergunta com referência à área de conteúdo principal amostrada pelo teste e àquela porção dele dedicada a medir aspectos do estilo de resposta geral do testando.

Área de principal conteúdo amostrado Medidas de personalidade são instrumentos usados para obter informações sobre uma série de pensamentos, sentimentos e comportamentos associados a todos os aspectos da experiência humana. Alguns testes são concebidos para medir traços específicos (como introversão) ou estados (como ansiedade), enquanto outros se concentram em descrições de comportamento, geralmente em contextos específicos. Por exemplo, uma lista de verificação de observação pode se concentrar em comportamentos de sala de aula associados com movimento a fim de avaliar a hiperatividade de uma criança. Uma discussão mais ampla de medidas de comportamento é apresentada no Capítulo 13.

Muitos testes de personalidade contemporâneos, em especial aqueles que podem ser levantados e interpretados por computador, visam medir, não apenas algum traço específico ou outra variável de personalidade, mas também algum aspecto do estilo de resposta do testando. Por exemplo, além das escalas rotuladas de *Introversão* e *Extroversão*, um teste de introversão/extroversão poderia conter outras escalas. Essas escalas adicionais poderiam ser concebidas para esclarecer quão honestamente os testandos responderam ao teste, com que consistência responderam às perguntas e outras questões relacionadas à validade dos achados do teste. Essas medidas do padrão de resposta também são conhecidas como *medidas do conjunto de respostas* ou *estilo de resposta*. Vamos examinar alguns estilos de respostas diferentes de testandos, bem como as escalas usadas para identificá-los.

Estilos de resposta do testando **Estilo de resposta** refere-se a uma tendência a responder a um item de teste ou pergunta de entrevista de alguma maneira característica, independentemente do conteúdo do item ou da pergunta. Por exemplo, um indivíduo pode ser mais inclinado a responder *sim* ou *verdadeiro* do que *não* e *falso* em um teste de resposta curta. Esse padrão de resposta particular é caracterizado como **aquiescente/submisso**. A Tabela 12.1 mostra uma listagem de outros estilos de resposta identificados.

Gerenciamento de impressões é um termo usado para descrever a tentativa de manipular as impressões dos outros por meio "da exposição seletiva de alguma informação (pode ser uma informação falsa) [...] junto com a supressão de [outras] informações" (Braginsky et al., 1969, p. 51). No processo de avaliação da personalidade, os avaliandos poderiam empregar qualquer número de estratégias de gerenciamento de impressões por qualquer número de razões. Delroy Paulhus (1984, 1986, 1990) e colaboradores (Kurt e Paulhus, 2008; Paulhus e Holden, 2010, Paulhus e Levitt, 1987) exploraram o gerencia-

Tabela 12.1 Uma amostra de estilos de resposta a testes

Nome do estilo de resposta	Explicação: uma tendência a...
Resposta socialmente desejável	apresentar-se sob uma luz favorável (socialmente aceitável ou desejável)
Aquiescência	concordar com tudo o que é apresentado
Falta de aquiescência	discordar de tudo o que é apresentado
Desvio	dar respostas inusitadas ou incomuns
Extremo	fazer avaliações extremas, em oposição a médias, em uma escala de avaliação
Aposta/cautela	advinhar – ou não advinhar – quando em dúvida
Excessivamente positivo	afirmar virtude extrema por meio da autoapresentação de uma maneira superlativa (Butcher e Han, 1995)

mento de impressões nos testes, assim como o fenômeno relacionado de valorização (a afirmação de atributos positivos), negação (o repúdio de atributos negativos) e autoilusão – "a propensão a dar autodescrições favoravelmente tendenciosas porém honestamente percebidas" (Paulhus e Reid, 1991, p. 307). Os testandos que se envolvem no gerenciamento de impressões estão exibindo, no sentido mais amplo, um estilo de resposta (Jackon e Messick, 1962).

Alguns testes de personalidade contêm itens que visam detectar diferentes tipos de estilos de respostas. Assim, por exemplo, uma resposta *verdadeiro* a um item como "Eu veraneio em Bagdá" levantaria inúmeras questões, tais como: O testando entendeu as instruções? Levou o teste a sério? Respondeu *verdadeiro* a todos os itens? Respondeu de forma aleatória? Confirmou outros itens raramente confirmados? A análise de todo o protocolo ajuda a responder a essas perguntas.

Responder a um teste de personalidade de uma forma inconsistente, contrária ou aleatória, ou tentar o falso bom ou ruim, pode afetar a validade das interpretações dos dados do teste. Visto que um estilo de resposta pode afetar a validade do desfecho, um tipo particular de medida de estilo de resposta é referido como uma *escala de validade*. Podemos definir uma **escala de validade** como uma subescala de um teste que busca auxiliar nos julgamentos relativos a quão honestamente o testando respondeu e se as respostas observadas foram produtos de estilos de resposta, descuido, tentativas deliberadas de enganar ou equívoco involuntário. As escalas de validade podem fornecer um tipo de indicação abreviada do grau de honestidade, diligência, e cuidado por parte de um testando ao responder aos itens do teste. Alguns testes, como o MMPI e sua revisão (a ser discutido em breve), contêm múltiplas escalas de validade. Embora existam aqueles que questionam a utilidade de avaliar formalmente os estilos de resposta (Costa e McCrae, 1997; Rorer, 1965), talvez a visão mais comum seja a de que os próprios estilos de resposta são importantes pelo que revelam sobre os testandos. Conforme Nunnally (1978, p. 660) observou: "Na medida em que essas variáveis estilísticas podem ser medidas independentemente do conteúdo relacionado a variáveis não estilísticas ou na medida em que podem de algum modo ser separadas da variância de outros traços, elas poderiam se revelar úteis como medidas de traços de personalidade".

> **REFLITA...**
> Em que ocasião você tentou induzir uma determinada impressão em um amigo, um membro da família ou um conhecido? Por que sentiu a necessidade de fazê-lo? Você consideraria sua tentativa bem-sucedida?

Onde?

Onde as avaliações da personalidade são conduzidas? Os locais tradicionais para a avaliação da personalidade, bem como para outras variedades de avaliação, são escolas, clínicas, hospitais, laboratórios de pesquisa acadêmica, centros de orientação e seleção vocacional e consultórios de psicólogos e orientadores. Além desses foros tradicionais, os avaliadores contemporâneos podem ser encontrados observando comportamentos e fazendo

CONHEÇA UM PROFISSIONAL DA AVALIAÇÃO

Conheça o dr. Eric A. Zillmer

Visto que o terrorismo em grande escala se tornou cada vez mais possível, é importante que os psicólogos entendam o estado de espírito de um terrorista. Militares, cientistas comportamentais e psicólogos podem se ver cada vez mais envolvidos como consultores para as Forças Armadas, empresas de segurança, governos federal e estadual, agências de inteligência e a polícia em sua luta contra a ameaça potencial de terrorismo. Portanto, tornou-se cada vez mais relevante às ciências comportamentais e sociais estudar o processo de tomada de decisão dos terroristas, o contexto social sob o qual atos de terror ocorrem e as personalidades específicas que podem estar envolvidas em atrocidades terroristas.

Relacionado com minha experiência nessa área, fui convidado pelo Pentágono, em novembro de 2006, para visitar a base Naval da Baía de Guantánamo, Cuba [ver Fig. 12.5], para examinar em primeira mão as instalações, conhecer a equipe médica e os consultores de ciência comportamental aos interrogadores e rever políticas e práticas pertinentes ao cuidado e ao tratamento dos detentos.

Eric A. Zillner, Psy.D., professor Carl R. Pacifico de neuropsicologia, Drexel University

Leia mais sobre o que o dr. Zilmer tinha a dizer – seu ensaio completo (em inglês) – em www.mhhe.com/cohentesting8.

---

avaliações em ambientes naturais, variando da própria casa do avaliando (Marx, 1998, McElwain, 1998; Polizzi, 1998) à cela de um presidiário (Glassbrenner, 1998) e outros ambientes onde o avaliando seja mantido prisioneiro (ver *Conheça um profissional da avaliação* e a Fig. 12.5). Como veremos na discussão da avaliação comportamental no Capítulo 13, a observação comportamental pode ser realizada em qualquer lugar.

Como?

Como as avaliações da personalidade são estruturadas e conduzidas? Vamos examinar as várias facetas desse questionamento multidimensional, começando com as questões de âmbito e teoria. Então discutiremos os procedimentos e os formatos de itens que podem ser empregados, a estrutura de referência da avaliação, a pontuação e a interpretação.

Âmbito e teoria Uma dimensão do *como* da avaliação da personalidade diz respeito a seu âmbito. O âmbito de uma avaliação pode ser muito amplo, buscando fazer um tipo de inventário geral da personalidade de um indivíduo. O Inventário Psicológico da Califórnia (CPI 434) é um exemplo de um instrumento com um âmbito bastante amplo. Esse teste contém 434 itens de verdadeiro-falso – mas você soube disso por seu título – e visa produzir informações sobre muitas variáveis relacionadas a personalidade, como responsabilidade, autoaceitação e dominância. Foi concebido em sua origem para medir traços de personalidade entre grupos culturais e prever o comportamento de pessoas de funcionamento geralmente bom (Boer et al., 2008).

Figura 12.5 Avaliação psicológica no Campo Delta, Baía de Guantánamo, Cuba.
O dr. Eric Zillmer discute os problemas enfrentados pelos psicólogos que estão baseados na Baía de Guantánamo, Cuba, com outros civis e militares enquanto deixa o Campo Delta.

Em contrapartida aos instrumentos e procedimentos visando inventariar a personalidade como um todo, estão instrumentos que são muito mais limitados em termos do que se propõem a medir. Um instrumento pode ser concebido para focar apenas um determinado aspecto da personalidade. Por exemplo, considere os testes destinados a medir uma variável de personalidade chamada *lócus de controle* (Rotter, 1966; Wallston et al., 1978). **Lócus** (significando "local" ou "sítio") **de controle** é a percepção de uma pessoa sobre a fonte das coisas que lhe acontecem. Em geral, se diz que as pessoas que se veem como largamente responsáveis pelo que lhes acontece têm um lócus de controle *interno*. Diz-se que pessoas propensas a atribuir o que lhes acontece a fatores externos (como o destino ou as ações de outros) têm um lócus de controle *externo*. Seria esperado que uma pessoa que acredita no valor dos cintos de segurança, por exemplo, tivesse pontuações mais próximas da extremidade interna do que da externa do *continuum* de lócus de controle, em oposição a uma contraparte que não usa o cinto.

◆ **REFLITA...**
Suponha que você gostaria de se informar o máximo possível sobre a personalidade de um avaliando a partir de um teste de personalidade que tem um âmbito limitado. Que aspecto único da personalidade acredita que seria mais importante focalizar?

Em que grau um teste de personalidade é fundamentado na teoria ou relativamente ateórico? Os instrumentos usados na testagem e na avaliação da personalidade variam no grau em que se baseiam em uma teoria da personalidade. Alguns são baseados inteiramente em uma teoria, e alguns são ateóricos. Um exemplo de um instrumento com base na teoria é o Teste de Figuras de Blacky (Blum, 1950). Este consiste em figuras do tipo desenho animado de um cão chamado Blacky em várias situações, e cada imagem procura evocar fantasias associadas com vários temas psicanalíticos. Por exemplo, um cartão retrata Blacky com uma faca pairando sobre seu rabo, uma cena (de acordo com o autor do teste) que visa evocar material relacionado ao conceito psicanalítico de ansiedade de castração. A tarefa do respondente é construir histórias em resposta a esses cartões, e as histórias são então analisadas de acordo com as diretrizes estabelecidas por Blum (1950). É raro ele ser usado hoje; foi citado aqui como uma ilustração particularmente impactante e gráfica de como uma teoria da personalidade (nesse caso, a teoria psicanalítica) pode impregnar um teste.

O outro lado da moeda de impregnação de teoria é o teste relativamente ateórico. O teste de personalidade mais popular em uso hoje é ateórico: o Inventário Multifásico da Personalidade de Minnesota (MMPI), tanto em sua forma original como na forma revisada. Streiner (2003a) referiu-se a esse teste como "a epítome de uma abordagem de 'empirismo cego', ateórica ao desenvolvimento de um instrumento para medir traços de personalidade" (p. 218). Você irá avaliar melhor esse comentário quando discutirmos o MMPI, e suas revisões subsequentes, posteriormente neste capítulo. Por enquanto, vamos apenas salientar uma vantagem de um instrumento de avaliação da personalidade ateórico: ele permite que os aplicadores do teste, caso desejem, imponham suas próprias preferências teóricas à interpretação dos resultados.

Prosseguindo com outro aspecto do *como* da avaliação da personalidade, vamos examinar os aspectos práticos dos métodos usados.

Procedimentos e formatos dos itens A personalidade pode ser avaliada por muitos métodos diferentes, tais como entrevistas pessoais, testes administrados por computador, observação comportamental, testes de lápis e papel, avaliação de dados de história de caso, avaliação de dados do portfólio e registro de respostas fisiológicas. O equipamento requerido para a avaliação varia muito, dependendo do método empregado. Em uma técnica, por exemplo, tudo o que pode ser necessário é uma folha de papel em branco e um lápis. O avaliando é instruído a desenhar uma pessoa, e o avaliador faz inferências sobre a personalidade dele a partir do desenho. Outras abordagens à avaliação, seja no interesse da pesquisa básica seja para fins mais aplicados, podem ser muito mais elaboradas em termos do equipamento que requerem (Fig. 12.6).

As medidas de personalidade variam em termos do grau de *estrutura* incorporada a elas. Por exemplo, a personalidade pode ser avaliada por meio de uma entrevista, mas também pode ser avaliada por uma **entrevista estruturada**. No último método, o entrevistador em geral deve seguir um guia de entrevista e tem pouca margem em termos de fazer perguntas que não estejam nesse guia. A variável da estrutura também é aplicável às tarefas que os avaliandos são instruídos a realizar. Em algumas abordagens à avaliação da

Figura 12.6 Aprendendo sobre a personalidade no campo – literalmente.

Durante a Segunda Guerra Mundial, a equipe de avaliação do Office of Strategic Services (OSS) selecionou agentes secretos norte-americanos usando uma variedade de medidas. Uma medida usada para avaliar a capacidade de liderança e a estabilidade emocional no campo era uma simulação que envolvia reconstruir uma ponte explodida. Os candidatos deliberadamente recebiam materiais insuficientes para reconstruir a ponte. Em alguns casos, "assistentes" que eram na verdade cúmplices do experimentador frustravam ainda mais os esforços dos candidatos.

personalidade, as tarefas são diretas, altamente estruturadas e inequívocas. Aqui está um exemplo das instruções usadas para esse tipo de tarefa: *Copie esta sentença com sua própria caligrafia.* Essas instruções poderiam ser usadas se o avaliador estivesse tentando aprender alguma coisa sobre o avaliando pela análise da caligrafia, também referida como **grafologia** (ver Fig. 12.7). Intuitivamente atraente como um método de obter informações sobre a personalidade, a grafologia parece ter ficado aquém de sua promessa (Dazzi e Pedrabissi, 2009; Fox, 2011; Gawda, 2008; Thiry, 2009).

Em outras abordagens à personalidade, o que é exigido do avaliando não é tão direto, nem muito estruturado, sendo intencionalmente ambíguo. Um exemplo de uma tarefa bem desestruturada é como segue: Entregue ao avaliando uma de uma série de manchas de tinta e pergunte, *O que poderia ser isto?*

> **REFLITA...**
> Direta ou ambígua? Qual abordagem à avaliação da personalidade tem mais apelo para você em seu (futuro) papel como avaliador? Por quê?

O mesmo traço ou construto de personalidade pode ser mensurado com diferentes instrumentos de diferentes formas. Considere as muitas formas possíveis de determinar o quanto uma pessoa é *agressiva*. A mensuração desse traço poderia ser feita de diferentes formas: um teste de lápis e papel; um teste computadorizado; uma entrevista com família, amigos e associados do avaliando, análise de arquivos oficiais e outros dados de história de caso; observação comportamental; e experimentação laboratorial. Naturalmente, os critérios para o que constitui o traço medido – nesse caso, agressividade – teriam de ser definidos de maneira rigorosa com antecedência. Afinal de contas, traços e construtos psicológicos podem e têm sido definidos de muitas formas diferentes, e praticamente todas essas definições tendem a ser dependentes do contexto. Por exemplo, *agressivo* pode ser definido de formas que variam de hostil e violento (como no "interno agressivo") a arrojado e empreendedor (como no "vendedor agressivo"). Esse traço da personalidade, como muitos outros, pode ou não ser socialmente desejável; depende de modo exclusivo do contexto.

Na avaliação da personalidade, bem como na avaliação de outras áreas, a informação pode ser obtida e as perguntas respondidas de várias maneiras. Por exemplo, um pes-

Figura 12.7   As três faces (e três caligrafias) de Eva.

As três máscaras de Eva é um filme clássico de 1957, com base em fatos reais, sobre três das personalidades – houve mais ao longo da vida – manifestadas por uma paciente conhecida como "Eva White", Eva Black" e "Jane". Antes de fazer o filme, o departamento jurídico da 20th Century-Fox insistiu que a paciente na qual a película era baseada assinasse três contratos separados, um para cada uma de suas personalidades. Consequentemente, foi pedido à paciente que evocasse "Eva White", "Eva Black" e "Jane", e então assinasse um acordo enquanto manifestava cada uma dessas respectivas personalidades. De acordo com Aubrey Solomon, coautor dos filmes da 20th Century-Fox (Thomas e Solomon, 1989) e comentarista no DVD do filme, as três assinaturas nos três contratos separados eram todas distintas – presumivelmente porque eram produto de três personalidades bem diferentes.

quisador ou profissional interessado em informar-se sobre o grau em que os respondentes são dependentes do campo podem construir um dispositivo de cadeira inclinada/sala inclinada elaborado – o mesmo que você conheceu no Capítulo 1 (Fig. 1.6). Nos interesses de tempo e despesa, um processo equivalente administrado por lápis e papel ou computador pode ser mais prático para o uso diário. Na seção *A psicometria no cotidiano* deste capítulo, ilustramos alguns dos formatos de item mais comuns empregados no estudo da personalidade e de variáveis psicológicas relacionadas. Lembre-se de que, embora estejamos usando esses formatos para ilustrar as diferentes formas em que a personalidade foi estudada, alguns são empregados também em outras áreas de avaliação.

Estrutura de referência Outra variável relevante ao *como* da mensuração da personalidade diz respeito à *estrutura de referência* da avaliação. No contexto do formato do item e da avaliação em geral, **estrutura de referência** pode ser definida como aspectos do foco da exploração, como a estrutura de tempo (o passado, o presente ou o futuro) e outras questões contextuais que envolvem pessoas, lugares e eventos. Talvez, para a maioria das medidas de personalidade, a estrutura de referência para o avaliando possa ser descrita em frases como *o que é* ou *como estou agora*. Entretanto, algumas técnicas de mensuração são facilmente adaptadas para explorar estruturas de referência alternativas, como *o que eu poderia ser, como eu sou no escritório, como os outros me veem, como eu vejo os outros*, e assim por diante. Obter informações de autorrelato de diferentes estruturas de referência é, em si, uma forma de desenvolver informações relacionadas a estados e traços. Por exemplo, ao comparar a autopercepção no presente *versus* o que é antecipado para o futuro, é possível presumir que os avaliandos que relatam que se tornarão pessoas melhores são mais otimistas do que os que relatam uma tendência inversa.

Representativa das metodologias que podem ser prontamente aplicadas na exploração de diversas estruturas de referência é a **técnica Q-sort**. Desenvolvida na origem por Stephenson (1953), o Q-sort é uma técnica de avaliação na qual a tarefa é escolher um grupo de afirmações, de modo geral percebida em ordem de classificação variando de *mais descritiva* a *menos descritiva*. As afirmações, tradicionalmente apresentadas em fichários, podem ser escolhidas de formas que visam refletir várias percepções. Podem, por exemplo, refletir como os respondentes se veem ou como gostariam de se ver. Exemplos de afirmações são: *Eu sou confiante, eu tento agradar os outros* e *eu não me sinto à vontade em situações sociais.*

Uma das mais conhecidas aplicações da metodologia Q-sort em contextos clínicos e de aconselhamento foi defendida pelo teórico da personalidade e psicoterapeuta Carl Rogers. Rogers (1959) usou o Q-sort para avaliar a discrepância entre o *self* real percebido e o *self* ideal. No início da psicoterapia, pode ser pedido aos clientes que escolham os cartões duas vezes, uma de acordo com a maneira de se perceberem e então conforme finalmente gostariam de ser. Quanto maior a discrepância entre as escolhas, mais metas teriam que ser estabelecidas na terapia. É presumível que a retestagem do cliente que completou com sucesso um curso de terapia revele muito menos discrepância entre o *self* presente e o *self* idealizado.

Além de sua aplicação na avaliação inicial e na reavaliação de um cliente de terapia, a técnica Q-sort também tem sido usada de forma extensiva na pesquisa básica na área da personalidade e em outras áreas. Alguns Q-sorts altamente especializados incluem o Teste-Q de Liderança (Leadership Q-Test) (Cassel, 1958) e o Sistema de Classificação Vocacional de Tyler (Tyler Vocational Classification System) (Tyler, 1961). O primeiro teste foi concebido para ser usado em contextos militares e contém cartões com afirmações que o avaliando é instruído a escolher em termos da percepção de sua importância para a liderança eficaz. O Q-sort de Tyler contém cartões nos quais são listadas ocupações; os cartões são escolhidos em termos da conveniência percebida de cada ocupação. Um aspecto da metodologia Q-sort é a facilidade com que ela pode ser adaptada para uso com uma ampla variedade de populações para diversos propósitos clínicos e de pesquisa. A meto-

A PSICOMETRIA NO COTIDIANO

Alguns formatos de itens comuns

Como a personalidade pode ser avaliada? Aqui estão alguns dos tipos mais característicos de formatos de itens.

ITEM 1

Eu gosto de sair e de estar entre outras pessoas.
VERDADEIRO   FALSO

Este item ilustra o formato verdadeiro-falso. Sua reação foi algo como "estado lá, feito isso e aquilo" quando você viu este item?

ITEM 2

Trabalhar com colegas membros da comunidade na organização de uma campanha de doação de sangue.   GOSTA   NÃO GOSTA

Este item de duas escolhas visa extrair informação sobre o que o respondente gosta e não gosta. É um formato comum em inventários de interesse, particularmente naqueles usados em aconselhamento vocacional.

ITEM 3

Como eu me sinto quando saio e fico entre outras pessoas

Animado	__:__:__:__:__:__:__	Indiferente
Tenso	__:__:__:__:__:__:__	Relaxado
Fraco	__:__:__:__:__:__:__	Forte
Uma roupa elegante	__:__:__:__:__:__:__	Uma camisa havaiana

Esse formato de item, chamado de **diferencial semântico** (Osgood et al., 1957), é caracterizado por adjetivos bipolares separados por uma escala de avaliação de sete pontos na qual os respondentes selecionam um ponto para indicar sua resposta. Esse tipo de item é útil para calcular a força, o grau ou a magnitude da direção de uma determinada resposta e tem aplicações variando de descrições de autoconceito a pesquisas de opinião.

ITEM 4

Eu gosto de sair e estar entre outras pessoas.

ou

Eu tenho interesse em aprender sobre arte.

ITEM 5

Sou deprimido(a) a maior parte do tempo.

ou

Sou ansioso(a) a maior parte do tempo.

Esses dois exemplos de itens escritos em um **formato de escolha forçada**, no qual de maneira ideal cada uma das duas escolhas (pode haver mais de duas escolhas) é igual em conveniência social. A Lista de Preferência Pessoal de Edwards (Edwards Personal Preference Schedule) (Edwards, 1953) é um teste de escolha forçada clássico. Edwards (1957a, 1957b, 1966) descreveu em detalhe como determinou os itens neste teste para terem conveniência social equivalente.

ITEM 6

desobediente

carente

negativista

evoluído (*New Age*)

impopular (*nerd*)

esperto

improdutivo

dormente, paralisado

Isso ilustra um item escrito em um formato de lista de verificação de adjetivos. Os respondentes marcam os traços que se aplicam a eles.

ITEM 7

Complete esta sentença.

Eu me sinto como se eu _____

Os respondentes são normalmente instruídos a concluir a sentença com seus "sentimentos reais" no que é chamado de item de completar a sentença. O Teste de Frases Incompletas de Rotter (Rotter Incomplete Sentence Blank) (Rotter e Rafferty, 1950) é um teste padronizado que emprega esses tipos de itens, e o manual exibe os dados normativos (Rotter et al., 1992).

ITEM 8

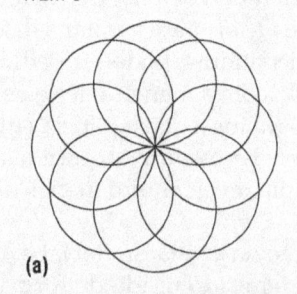

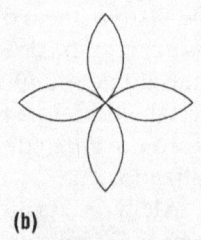

(a)   (b)

Você consegue distinguir a figura (b) na figura (a)? Esse tipo de item é encontrado em testes de figuras embutidas. Considera-se que identificar figuras ocultas seja uma habilidade que explora a mesma variável de dependência/independência do campo explorada por aparatos mais elaborados, como a cadeira inclinada/sala inclinada ilustrados na Figura 1.6.

ITEM 9

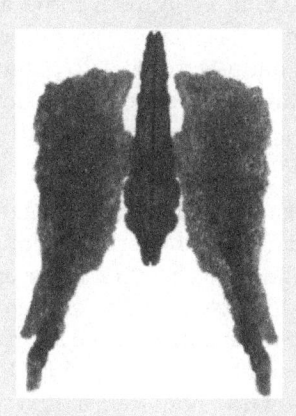

Este é um item que lembra uma das manchas de tinta de Rorschach. Teremos muito mais a dizer sobre o Rorschach no próximo capítulo.

ITEM 10

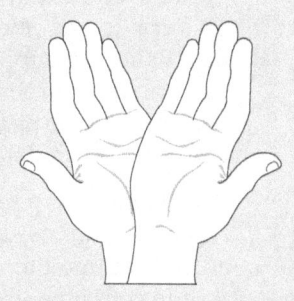

Semelhante ao teste de Rorschach, que usa manchas de tinta como estímulos ambíguos, muitos outros testes pedem que o respondente "se projete" para um estímulo ambíguo. Este item lembra uma técnica projetiva chamada de Teste da Mão. Os respondentes devem dizer ao examinador o que acham que as mãos poderiam estar fazendo.

dologia Q-sort tem sido usada para medir uma ampla gama de variáveis (p. ex., Bradley e Miller, 2010; Fowler e Westen, 2011; Huang e Shih, 2011). Ela tem sido usada para medir a segurança do apego com crianças pré-escolares (DeMulder et al., 2000). Uma adaptação da metodologia Q-sort tem sido usada até para medir a segurança do apego em macacos *rhesus* (Warfield et al., 2011).

Dois outros formatos de apresentação de itens que são facilmente adaptáveis a diferentes estruturas de referência são o formato *lista de verificação de adjetivos* e o formato *conclusão de sentença*. Com o método de lista de verificação de adjetivos, os respondentes simplesmente marcam em uma lista de adjetivos aqueles que se aplicam a eles (ou a pessoas que eles estão avaliando). Usando essa mesma lista, a estrutura de referência pode ser alterada com facilidade mudando as instruções. Por exemplo, para avaliar vários estados, os respondentes podem ser instruídos a marcar os adjetivos que indicam como se sentem *agora*. De modo alternativo, para avaliar vários traços, eles podem ser instruídos a marcar os adjetivos indicativos de como se sentiram nos últimos 1 ou 2 anos. Um teste chamado Lista de Adjetivos (Adjective Check List) (Gough, 1960; Gough e Heilbrun, 1980) foi utilizado em uma ampla variedade de estudos de pesquisa para estudar as percepções dos avaliandos de si mesmos ou dos outros. Por exemplo, o instrumento foi usado para estudar as autopercepções de gerentes (Hills, 1985), as percepções dos pais a respeito de seus filhos (Brown, 1972) e as percepções dos clientes em relação a seus terapeutas (Reinehr, 1969). A absoluta simplicidade da medida torna-a adaptável para uso em uma ampla variedade de aplicações (p.ex., Ledesma et al., 2011; Redshaw e Martin, 2009; Tsaousis e Georgiades, 2009).

Conforme sugerido pelo rótulo atribuído a esses tipos de testes, a tarefa do testando de responder a um item escrito em um formato de *conclusão de sentença* é completar uma sentença incompleta. Os itens podem explorar como os avaliandos se sentem sobre si mesmos, como neste item de conclusão de sentença: *Eu descreveria meu sentimento em relação a mim mesmo(a) como _____*. Os itens podem explorar como os avaliandos se sentem em relação aos outros, como em *Meus colegas são _____*. Mais sobre os métodos de conclusão de sentenças no próximo capítulo; agora, vamos examinar brevemente *como* os testes de personalidade são levantados e interpretados.

Levantamento e interpretação As medidas de personalidade diferem com respeito à forma como são tiradas conclusões a partir dos dados que elas fornecem. Para algumas medidas de lápis e papel,

REFLITA...

Visualize e descreva um cenário de avaliação no qual seria importante obter a percepção do avaliando sobre os outros.

presume-se que um simples cálculo das respostas a itens específicos forneça uma medida da força de um determinado traço. Para outras medidas, um computador programado para aplicar manipulações altamente técnicas dos dados é necessário para os propósitos de levantamento e interpretação. Outras medidas ainda podem requerer um médico com alto treinamento para revisar uma transcrição textual do que o avaliando disse em resposta a certos estímulos, como manchas de tinta ou figuras.

Também é significativo dicotomizar medidas a respeito da abordagem *nomotética versus idiográfica*. A **abordagem nomotética** à avaliação é caracterizada por esforços para entender como um número limitado de traços pode ser aplicado a todas as pessoas. De acordo com uma visão nomotética, certos traços de personalidade existem em todas as pessoas em graus variados. A tarefa do avaliador é determinar qual é a força de cada um desses traços no avaliando. Um avaliador usando um teste como o 16 PF, Quinta Edição (Cattell et al., 1993), provavelmente concorde com a visão nomotética. Isso porque o 16PF foi concebido para medir a força de 16 *fatores de personalidade* (que é o que "PF" – *personality factors* – significa no testando. De maneira similar, testes que se propõem a medir os "5 Grandes" traços da personalidade têm forte base na tradição nomotética.

Em contraste a uma visão nomotética existe a visão ideográfica. Uma **abordagem ideográfica** à avaliação é caracterizada por esforços para entender a constelação única de traços de personalidade de cada indivíduo. A ideia aqui não é ver onde a pessoa se localiza no *continuum* de alguns traços considerados universais, mas entender os traços específicos únicos à constituição do indivíduo. A orientação ideográfica é evidente em procedimentos de avaliação mais flexíveis não apenas em termos de listar os traços observados mas também de nomear novos termos para eles.[3]

Outra dimensão relacionada a como o significado está ligado a pontuações de testes tem a ver com serem feitas ou não comparações entre indivíduos ou no intraindivíduo a respeito dessas pontuações. A mais comum na avaliação da personalidade é a abordagem *normativa*, pela qual as respostas de um testado e a força presumida de um traço medido são interpretadas em relação à força desse traço em uma amostra de uma população maior. Entretanto, você pode lembrar que uma alternativa à abordagem normativa na interpretação de testes é a abordagem *ipsativa*. Nesta, as respostas de um testado, bem como a força presumida dos traços medidos, são interpretadas em relação à força do traço medido para esse mesmo indivíduo. Em um teste que empregue procedimentos de pontuação ipsativos, duas pessoas com a mesma pontuação para um determinado traço ou uma característica de personalidade podem diferir de forma marcante no que diz respeito à magnitude desse traço ou dessa característica em relação a membros de uma população maior.

Concluindo nossa apreciação do *como* da avaliação da personalidade, e para nos prepararmos para discutir as formas como os testes de personalidade são desenvolvidos, vamos rever algumas questões no desenvolvimento e no uso de testes de personalidade.

REFLITA...
Coloque-se no papel de um executivo de recursos humanos de uma grande companhia aérea. Como parte do processo de avaliação, todos os novos pilotos serão submetidos a um teste de personalidade. Será perguntado a você se o teste deve ser de natureza ipsativa ou normativa. Qual é a sua resposta?

Questões no desenvolvimento e no uso de testes de personalidade Muitas das questões inerentes ao processo de desenvolvimento de testes refletem os questionamentos básicos

---
[3] Considere nesse contexto o adjetivo *evoluído* usado como um traço de personalidade (referindo-se a uma crença na espiritualidade). Uma avaliação da personalidade conduzida com uma orientação idiográfica seria suficientemente flexível para caracterizar o avaliado como Evoluído, caso esse traço fosse julgado aplicável. Os instrumentos nomotéticos desenvolvidos antes do surgimento desse novo termo para o traço classificariam as características cognitivas e comportamentais do termo sob qualquer traço (ou traços) existente no sistema nomotético que fosse julgado apropriado. Assim, por exemplo, um sistema nomotético que incluísse *espiritual* como um de seus traços centrais poderia classificar "evoluído" sob "espiritual". Em algum momento, se as tendências e o uso justificarem, um instrumento nomotético existente poderia ser revisado para incluir um novo termo para o traço.

recém-discutidos sobre avaliação da personalidade em geral. Para quais indivíduos o teste será destinado? Ele envolverá autorrelato? Ou exigirá o uso de avaliadores ou julgadores? Se avaliadores ou julgadores forem necessários, que treinamento especial ou outras qualificações eles devem ter? Como será garantido um nível razoável de confiabilidade entre avaliadores? Que área de conteúdo será amostrada pelo teste? Como as questões de estilo de resposta do testado serão tratadas? Que formato de item deve ser empregado, e qual é a estrutura de referência ideal? Como o teste será levantado e interpretado?

Conforme já foi observado, a avaliação da personalidade que se baseia exclusivamente em autorrelato é uma faca de dois gumes. Por um lado, a informação vem da "fonte". Na maioria dos casos, presume-se que os respondentes se conheçam melhor do que qualquer outra pessoa e portanto devam ser capazes de fornecer respostas precisas sobre si mesmos. Por outro, o consumidor dessas informações não tem como saber com certeza que informação autorrelatada é inteira, parcial ou não realmente verdadeira ou uma completa mentira. Considere uma resposta a um único item em um inventário de personalidade escrito em um formato verdadeiro-falso. O item diz: *Eu tenho tendência a gostar de conhecer pessoas novas.* Um respondente indica *verdadeiro*. Na realidade, não sabemos se ele (1) gosta de conhecer pessoas novas; (2) acredita honestamente que gosta de conhecer pessoas novas, mas na verdade não gosta (em cujo caso, a resposta é mais o produto de uma falta de informação do que um relato da realidade); (3) não gosta de conhecer pessoas novas, mas gostaria que as pessoas pensassem que gosta; ou (4) nem se deu ao trabalho de ler o item, não está levando o teste a sério e está respondendo *verdadeiro* ou *falso* de forma aleatória a cada item.

Construir escalas de validade com base em testes de autorrelato é uma forma que os desenvolvedores de testes têm tentado para lidar com os problemas potenciais. Nos últimos anos, tem havido algum debate sobre se as escalas de validade devem ser inclusas nos testes de personalidade. Ao discutir o caso dessa inclusão, foi afirmado que "a detecção de uma tentativa de fornecer informações enganosas é um componente vital e absolutamente necessário da interpretação clínica dos resultados do teste" e que usar qualquer instrumento sem escalas de validade "contraria os princípios básicos da avaliação clínica" (Ben-Porath e Waller, 1992, p. 24). Em contrapartida, os autores do amplamente utilizado Inventário da Personalidade NEO Revisado (NEO PI-R), Paul T. Costa Jr. e Robert R. McCrae, não perceberam necessidade alguma de incluir quaisquer escalas de validade em seu instrumento e demonstraram pouco entusiasmo em relação ao uso dessas escalas em outros testes (McCrae e Costa, 1983; McCrae et al., 1989; Piedmont e McCrae, 1996; Piedmont et al., 2000). Referindo-se a escalas de validade como as escalas SD (conveniência social), Costa e McCrae (1997) opinaram:

> As escalas SD em geral consistem em itens que têm uma resposta claramente desejável. Sabemos que as pessoas que estão tentando aparentar falsas boas qualidades confirmarão muitos desses itens, e os criadores das escalas SD desejam deduzir, a partir disso, que as pessoas que confirmam muitos itens do SD estão tentando criar uma boa impressão. Esse argumento é formalmente idêntico a afirmar que os candidatos à presidência apertam mãos e, portanto, é provável que as pessoas que apertam mãos estejam concorrendo para presidente. De fato, há muito mais razões comuns do que o gerenciamento de impressão para concordar com os itens do SD – ou seja, porque os itens são autodescrições razoavelmente precisas. (p. 89)

De acordo com Costa e McCrae, os avaliadores podem afirmar que a informação autorrelatada é razoavelmente precisa consultando fontes externas, tais como os avaliadores de pares. Sem dúvida, o uso de avaliadores necessita de certas outras precauções para proteção contra erro e viés do avaliador. A educação relativa à natureza de vários tipos de erro e de viés do avaliador tem sido uma arma fundamental na luta contra imprecisões intencionais ou involuntárias nas avaliações. Sessões de treinamento podem ser planejadas para alcançar diversos objetivos, tais como esclarecer a terminologia para aumentar

> **REFLITA...**
> Tendo lido sobre alguns dos prós e contras de usar escalas de validade na avaliação da personalidade, como você se posiciona sobre a questão? Sinta-se livre para rever sua opinião à medida que se informa mais.

a confiabilidade das avaliações. Um termo como *satisfatório*, por exemplo, pode ter diferentes significados para diferentes avaliadores. Durante o treinamento, avaliadores novos podem observar e trabalhar com avaliadores mais experientes para se familiarizar com aspectos da tarefa que podem não estar descritos no manual do avaliador, para comparar avaliações com avaliadores mais experientes e para discutir o pensamento incluso nas avaliações.

Incluir ou não uma escala de validade em um teste de personalidade é definitivamente uma questão que deve ser tratada. E quanto ao idioma no qual a avaliação é conduzida? À primeira vista, isso não pareceria ser uma problema. Bem, sim e não. Se um avaliando é de uma cultura diferente daquela na qual o teste foi desenvolvido, ou se é fluente em um ou mais idiomas, então isso pode se tornar um problema. As palavras tendem a perder – ou ganhar – alguma coisa na tradução, e algumas palavras e expressões não são facilmente traduzíveis para outros idiomas. Considere o seguinte item verdadeiro-falso de um teste de personalidade popular: *Sou conhecido por minha prudência e bom senso.* Se você é um estudante bilíngue, traduza essa afirmação como um exercício de tradução de itens de teste antes de continuar a leitura.

Uma tradução para o francês desse item é bastante aproximada, adicionando apenas um pronome possessivo extra da primeira pessoa ("par ma prudence et *mon* bon sens"); entretanto, a tradução para o filipino desse item seria *Eu sou de confiança para decidir com cuidado e bem sobre questões* (McCrae et al., 1998, p. 176).

Além das diferenças, às vezes expressivas, no significado de itens individuais, os traços medidos pelos testes de personalidade também têm significados diferentes. Reconhecendo esse fato, McCrae e colaboradores (1998, p. 183) advertiram que "as relações personalidade-traço relatadas em estudos ocidentais devem ser consideradas hipóteses promissoras a serem testadas em novas culturas".

A questão mais ampla relevante ao desenvolvimento e ao uso de testes de personalidade com membros de uma cultura diferente daquela na qual o teste foi normatizado diz respeito à aplicabilidade das normas. Por exemplo, inúmeros estudos do MMPI conduzidos com membros de grupos de diferentes origens produziram achados em que membros do grupo de minorias tendem a se apresentar com mais psicopatologia do que membros do grupo da maioria (p. ex., ver Montgomery e Orozco, 1985; Whitworth e Unterbrink, 1994). Essas diferenças levantaram dúvidas em relação a adequação do uso do teste com membros de populações diferentes (Dana, 1995; Dana e Whatley, 1991; Malgady et al., 1987).

Um teste pode muito bem ser adequado para uso com membros de populações culturalmente diferentes. Como López (1988, p. 1096) observou, "Para afirmar que o MMPI é culturalmente tendencioso, é preciso fazer mais do que relatar que os grupos étnicos diferem em seus perfis de grupo". López relatou que muitos dos estudos mostrando diferenças entre os grupos não controlaram para psicopatologia. Por isso, pode muito bem ter havido diferenças reais entre eles em psicopatologia. O tamanho da amostra usada na pesquisa e a adequação da análise estatística são outros fatores extraculturais a considerar quando se avalia a pesquisa entre culturas. Naturalmente, se for verificado que a cultura e os "significados aprendidos" (Rohner, 1984, p. 119–120), em oposição à psicopatologia, respondem por diferenças na psicopatologia medida com membros de um determinado grupo cultural, então, o uso continuado das medidas com membros desse grupo cultural deve ser questionado.

Armados com algum conhecimento em relação à natureza da personalidade e sua avaliação, vamos examinar mais de perto o processo de desenvolvimento de instrumentos concebidos para avaliar a personalidade.

Desenvolvendo instrumentos para avaliar a personalidade

Ferramentas como *lógica, teoria* e *métodos de redução de dados* (como a análise fatorial) são usadas com frequência no processo de desenvolvimento de testes de personalidade. Outro instrumento nesse processo pode ser um *grupo de critério*. Como veremos, a maioria dos testes de personalidade emprega dois ou mais desses instrumentos no curso de seu desenvolvimento.

Lógica e razão

Apesar das reclamações dos céticos, há lugar para lógica e razão na psicologia, pelo menos quando se trata de itens escritos para um teste de personalidade. Lógica e razão podem ditar qual conteúdo é abordado pelos itens. De fato, o uso de lógica e de razão no desenvolvimento de itens para testes é referido às vezes como abordagem *de conteúdo* ou *orientada ao conteúdo* à elaboração de testes. Assim, por exemplo, se você estivesse desenvolvendo um teste de extroversão de verdadeiro-falso, haveria possibilidade de a lógica e a razão decretarem que um dos itens poderia ser alguma coisa como *Eu me considero uma pessoa extrovertida.*

As tentativas de criar esses itens de valor aparente, orientados ao conteúdo, podem remontar ao uso de um instrumento para avaliar recrutas da Primeira Guerra Mundial para personalidade e problemas de ajustamento. A Folha de Dados Pessoais (Personal Data Sheet) (Woodworth, 1917), mais tarde conhecida como Inventário Psiconeurótico de Woodworth, continha itens visando extrair autorrelato de medos, transtornos do sono e outros problemas considerados sintomáticos de uma condição patológica referida então como psiconeuroticismo. Quanto maior o número de problemas relatados, mais psiconeuróticos se presumia que fossem os respondentes.

Uma grande quantidade de informação prática de uma perspectiva clínica pode ser coletada em relativamente pouco tempo usando esses instrumentos de autorrelato – desde que, é evidente, o testando tenha a informação necessária e responda com honestidade. Não é requerido um profissional com alto treinamento para a administração do teste. Um adicional na era digital é que um relato computadorizado dos achados pode estar disponível em minutos. Além disso, esses instrumentos são particularmente adequados a contextos clínicos em contextos de planos de saúde, nos quais o corte drástico de custos tem levado a reduções nos pedidos de avaliação, e as companhias de seguro relutam em autorizar as avaliações. Nesses ambientes, o uso preferido de testes psicológicos tem sido tradicionalmente para identificar condições de "necessidade médica" (Glazer et al., 1991). Testes rápidos, bastante baratos, nos quais os avaliandos relatam problemas específicos, têm conquistado as seguradoras.

Uma companhia típica para lógica, razão e intuição no desenvolvimento de itens é a pesquisa. Uma revisão da literatura sobre o aspecto da personalidade que os itens de testes visam explorar frequentemente será muito útil para os desenvolvedores de testes. Em uma linha semelhante, a experiência clínica pode ser útil na criação do item. Assim, por exemplo, poderia ser esperado que médicos com ampla experiência em tratar pessoas diagnosticadas com transtorno da personalidade antissocial tivessem suas próprias ideias sobre quais itens funcionarão melhor em um teste destinado a identificar pessoas com esse transtorno. Um auxílio relacionado no processo de desenvolvimento de testes é a correspondência com especialistas no assunto do teste. Inclusos aqui estão especialistas que pesquisaram e publicaram sobre o assunto, bem como especialistas conhecidos por terem acumulado grande experiência clínica no assunto. Ainda outro possível instrumento no desenvolvimento de testes – às vezes mesmo a força orientadora – é a teoria psicológica.

Teoria

Conforme já foi observado, as medidas da personalidade diferem no sentido de que se baseiam em uma teoria da personalidade específica em seu desenvolvimento e em sua interpretação. Se a teoria psicanalítica fosse a força orientadora por trás da elaboração de um novo teste destinado a medir transtorno da personalidade antissocial, por exemplo, os itens poderiam parecer bastante diferentes dos desenvolvidos somente com base na lógica e na razão. Poderiam ser encontrados, por exemplo, itens visando explorar defeitos de ego e superego que poderiam resultar em uma falta de mutualidade nos relacionamentos interpessoais. Dado o pensamento de que os sonhos revelam motivações inconscientes, poderia haver mesmo itens explorando os sonhos do respondente; as interpretações dessas respostas seriam feitas de um ponto de vista psicanalítico. Assim como ocorre no desenvolvimento de testes usando lógica e razão, pesquisa, experiência clínica e as opiniões de especialistas poderiam ser utilizadas no desenvolvimento de um teste de personalidade baseado na teoria.

Métodos de redução de dados

Os métodos de redução de dados representam outra classe de ferramentas muito utilizadas no desenvolvimento de testes contemporâneos. Elas incluem diversos tipos de técnicas estatísticas coletivamente conhecidas como análise fatorial ou análise de agrupamentos (*clusters*). Uma utilidade dos métodos de redução de dados no projeto de medidas da personalidade é auxiliar na identificação do número mínimo de variáveis ou fatores que explicam as intercorrelações nos fenômenos observados.

Vamos ilustrar o processo de redução de dados com um exemplo simples relacionado à pintura de seu apartamento. Você pode não ter uma opinião firme sobre a cor exata que melhor complementa sua decoração de "estudante de psicologia". Seu investimento em uma assinatura da revista *Casa e Decoração* provou não ser de ajuda alguma. Você vai à loja de tintas local e obtém amostras grátis de cartões de todos os tons de cores conhecidos da humanidade – milhares de amostras de cores. Em seguida, você realiza uma análise fatorial informal dessas milhares de amostras de cores. Tenta identificar o número mínimo de variáveis ou fatores que explicam as intercorrelações entre todas essas cores e descobre que há três fatores (que poderiam ser rotulados de fatores "primários") e outros quatro fatores (que poderiam ser rotulados de fatores "secundários" ou "de segunda ordem"), sendo o último conjunto de fatores combinações do primeiro. Visto que todas as cores podem ser reduzidas a três cores primárias e suas combinações, os três fatores primários corresponderiam às três cores primárias: vermelho, amarelo e azul (que você poderia batizar de fator *V,* fator *Am* e fator *Az*) e os quatro fatores secundários ou de segunda ordem corresponderiam a todas as possíveis combinações a partir dos fatores primários (fatores *VAm, Vaz, AmAz* e *VAmAz*).

Poderia ser útil ter em mente a ilustração da amostra de tinta enquanto revemos como a análise fatorial é usada na construção de testes e na avaliação da personalidade. De uma forma análoga à fatoração de todos aqueles tons de cores em três cores primárias, pense sobre todos os traços de personalidade sendo fatorados no que um psicólogo se referiu como "as diferenças individuais mais importantes nas transações humanas" (Goldberg, 1993, p. 26). Após toda a fatoração ter sido feita e a poeira ter baixado, quantos termos relacionados à personalidade você acha que restariam? Em outras palavras, quantos fatores *primários* da personalidade existem?

Como resultado de um programa de pesquisa pioneiro na década de 1940, a resposta de Raymond Bernard Cattell à pergunta feita no parágrafo anterior foi "16". Cattell (1946, 1947, 1948a, 1948b) revisou a pesquisa anterior de Allport e Odbert (1936), que sugeria existirem mais de 18 mil nomes de traços e termos para traços de personalidade na língua inglesa. Destes, entretanto, apenas cerca de um quarto eram "traços de personalidade reais" ou palavras e termos que designavam "tendências determinantes generalizadas e personalizadas – modos consistentes e estáveis do ajustamento de um indivíduo a seu ambiente [...] não [...] meramente comportamento temporário e específico" (Allport, 1937, p. 306).

Cattell acrescentou à lista alguns nomes de traços e termos para traço empregados na profissão da psicologia e na literatura psiquiátrica e, então, pediu que julgadores avaliassem "apenas diferenças perceptíveis" entre todas as palavras (Cattell, 1957). O resultado foi uma redução no tamanho da lista para 171 nomes de traços e termos para traços. Foi solicitado que estudantes universitários avaliassem seus amigos a respeito desses nomes de traços e termos para traços, e os resultados de uma análise fatorial dessa avaliação reduziu ainda mais o número de nomes de traços e termos para 36, ao que Cattell se referiu como *traços de superfície*. Outras pesquisas indicaram que 16 dimensões básicas ou *traços estruturais* podiam ser extraídos. Em 1949, a pesquisa de Cattell culminou na publicação de um teste chamado Questionário dos Dezesseis Fatores da Personalidade (16 PF). Revisões do teste foram publicadas em 1956, 1962, 1968 e 1993. Em 2002, normas suplementares atualizadas foram publicadas (Marais e Russell, 2002).

Ao longo dos anos, muitas questões foram levantadas em relação a (1) se os 16 fatores identificados por Cattell realmente merecem a descrição de "traços estruturais" da personalidade, e (2) se, de fato, o 16 PF mede 16 fatores distintos. Embora alguma pesquisa apoie as alegações de Cattell, tirando um ou dois fatores dependendo da amostra (Cattell e Krug, 1986; Lichtenstein et al., 1986), sérias reservas em relação a essas alegações também foram expressas (Eysenck, 1985, 1991; Goldberg, 1993). Alguns têm afirmado que o 16 PF pode estar medindo menos de 16 fatores, porque vários deles são substancialmente intercorrelacionados.

Com as cores na loja de tintas, podemos ter certeza de que há três que são primárias. Mas, com relação a fatores da personalidade, a certeza não parece ser inevitável. Alguns teóricos têm afirmado que os fatores primários da personalidade podem ser limitados a três (Eysenck, 1991), ou talvez quatro, cinco ou seis (Church e Burke, 1994). Existem pelo menos quatro diferentes modelos de cinco fatores (Johnson e Ostendorf, 1993; Costa e McCrae, 1992a), e Waller e Zavala (1993) defenderam um modelo de sete fatores. O modelo de cinco fatores de Costa e McCrae (com fatores que vieram a ser conhecidos como "os Cinco Grandes", às vezes também expressos como "os 5 Grandes") obteve a maior repercussão. Curiosamente, usando análise fatorial na década de 1960, Raymond Cattell também obteve cinco fatores a partir de seus "16 primários" (H. Cattell, 1996). Uma comparação lado a lado dos "cinco de Cattell" com os Cinco Grandes mostra forte semelhança entre os dois conjuntos de fatores derivados (Tab. 12.2). Contudo, Cattell acreditava na primazia dos 16 fatores que identificou originalmente.

Os Cinco Grandes O Inventário da Personalidade NEO Revisado (NEO PI-R; Costa e McCrae, 1992a) é amplamente usado tanto em aplicações clínicas quanto em uma grande variedade de pesquisas que envolvem avaliação da personalidade. Baseado em um modelo de cinco dimensões da personalidade, o NEO PI-R é uma medida de cinco dimensões (ou "fatores") importantes da personalidade e um total de 30 elementos ou *facetas* que definem cada domínio.

A versão original do teste foi chamada de Inventário da Personalidade NEO (NEO-PI; Costa e McCrae, 1985), no qual NEO era um acrônimo para os primeiros três domínios medidos: Neuroticismo, Extroversão e Abertura (*Neuroticism, Extraversion* e *Openness*). O NEO PI-R fornece a medida de dois domínios adicionais: Socialização e Realização. Resumidamente, o domínio de *Neuroticismo* (agora referido como o fator de *Estabilidade Emocional*) explora aspectos de ajustamento e estabilidade emocional, incluindo como as pessoas enfrentam tempos de tumulto emocional. O domínio de *Extroversão* explora aspectos de sociabilidade, o quanto as pessoas são proativas na busca pelos outros, bem como assertividade. *Abertura à Experiência* (também referida como o fator de Intelecto) refere-se, além disso, a imaginação ativa, sensibilidade estética, atenção a sentimentos internos,

Tabela 12.2 Os Cinco Grandes comparados aos Cinco de Cattell

Os Cinco Grandes	Os Cinco de Cattell (cerca de 1960)
Extroversão	Introversão/Extroversão
Neuroticismo	Baixa Ansiedade/Alta Ansiedade
Abertura a experiência	Inflexibilidade (Rigidez de Pensamento)/Receptividade
Socialização	Independência/Acomodação
Realização	Baixo Autocontrole/Alto Autocontrole

Cattell expressou o que via como os traços estruturais da personalidade em termos de dimensões bipolares. Os 16 fatores da personalidade medidos pelo teste hoje são: Expansividade (Reservado vs. Expansivo), Inteligência (Pensamento Concreto vs. Pensamento Abstrato), Estabilidade emocional (Reativo vs. Emocionalmente Estável), Afirmação (Humilde vs. Dominante), Preocupação (Sério vs. Animado), Consciência (Oportunista vs. Conscencioso), Desenvoltura (Tímido vs. Socialmente Ousado), Brandura (Realista vs. Sensível), Confiança (Confiante vs. Desconfiado), Imaginação (Fundamentado vs. Abstraído), Privacidade (Franco vs. Isolado), Apreensão (Seguro de Si vs. Apreensivo), Abertura a novas experiências (Tradicional vs. Aberto a Mudanças), Autossuficiência (Dependente do Grupo vs. Autossuficiente), Disciplina (Tolera Desordem vs. Perfeccionista) e Tensão (Relaxado vs. Tenso).

preferência por variedade, curiosidade intelectual e independência de julgamento. *Socialização* é primariamente uma dimensão de tendências interpessoais que incluem altruísmo, simpatia pelos outros, afabilidade e a crença de que os outros têm a mesma inclinação. *Realização* é uma dimensão da personalidade que tem a ver com os processos ativos de planejamento, organização e perseverança. Cada uma dessas dimensões (ou domínios maiores da personalidade) podem ser subdivididas em traços ou facetas individuais medidos pelo NEO PI-R. Psicólogos valorizaram o uso dessas dimensões para descrever uma ampla variedade de comportamentos atribuíveis à personalidade (Chang et al., 2011).

O NEO PI-R deve ser usado com pessoas de 17 anos ou mais e é basicamente autoadministrado. Está disponível um programa para levantamento e interpretação computadorizados. Os dados de validade e confiabilidade são apresentados no manual. Uma descrição mais detalhada desse teste preparada pelos autores (Costa e McCrae) é apresentada na página da internet (em inglês) que acompanha este livro, em *www.mhhe.com/cohentesting8*.

Talvez devido ao entusiasmo com que os psicólogos adotaram "os Cinco Grandes", uma série de outros testes, além do NEO PI-R, foi desenvolvida para medi-los. Um desses instrumentos é o Inventário dos Cinco Grandes (BFI; John et al., 1991) (The Big Five Inventory). Esse teste está disponível para finalidades não comerciais para pesquisadores e estudantes. Ele consiste em apenas 44 itens, o que torna sua administração relativamente rápida. Outro instrumento, o Inventário da Personalidade de 10 Itens (Ten Item Personality Inventory) (TIPI; Gosling, Rentfrow e Swann, 2003), contém apenas dois itens para cada um dos Cinco Grandes domínios. Com conhecimento sobre os assuntos de construção e validade de testes, você pode agora estar se perguntando como um teste com tão poucos itens poderia ser válido. E, se esse for o caso, você pode querer ler um artigo de Jonason e colaboradores (2011), que na verdade tem algumas coisas favoráveis a dizer sobre a validade de construto do TIPI. Uma medida não verbal dos Cinco Grandes também foi desenvolvida. E, mais uma vez, conhecedor das questões sobre construção de teste como você é, pode estar se perguntando algo como, "Como diabos eles fizeram isso?!" O Questionário Não Verbal dos Cinco Fatores da Personalidade (Five-Factor Nonverbal Personality Questionnaire) (FF-NPQ) é administrado mostrando ilustrações de comportamentos indicativos das dimensões dos Cinco Grandes. Os respondentes então devem calcular a probabilidade de eles próprios se envolverem nesses comportamentos (Paunonen et al., 2004). Um estudo comparou o desempenho de gêmeos monozigóticos (idênticos) em medidas verbais e não verbais dos Cinco Grandes. Pesquisadores concluíram que o desempenho dos gêmeos era semelhante nas medidas e que essas semelhanças eram atribuíveis mais aos genes compartilhados do que aos ambientes compartilhados (Moore et al., 2010). Esses estudos alimentaram especulações em relação à hereditariedade de traços psicológicos.

Iniciamos nossa discussão dos métodos de desenvolvimento de testes de personalidade com uma observação de que muitos desses testes têm utilizado duas ou mais dessas estratégias em seu processo de desenvolvimento. Neste ponto você pode começar a avaliar como, e também por que, dois ou mais instrumentos poderiam ser utilizados. Um fundo de itens para uma medida de personalidade objetiva poderia ser criado, por exemplo, com base na lógica ou na teoria, ou tanto na lógica quanto na teoria. Os itens poderiam, então, ser organizados em escalas com base na análise fatorial. A versão preliminar do teste poderia ser administrada a um grupo de critério e a um grupo-controle para ver se as respostas aos itens diferem em razão da associação ao grupo. Mas, aqui, estamos nos antecipando um pouco. Precisamos definir, discutir e ilustrar o que queremos dizer por *grupo critério* no contexto do desenvolvimento de testes de personalidade.

Grupos critério

Um **critério** pode ser definido como um padrão no qual um julgamento pode ser feito ou uma decisão pode ser tomada. Com relação ao desenvolvimento de escalas, um **grupo critério** é um grupo de referência de testandos que compartilham características específicas e cujas respostas aos itens do teste servem como um padrão de acordo com quais itens serão inclusos ou descartados da versão final de uma escala. O processo de usar grupos critério para desenvolver itens de teste é referido como **codificação empírica do critério** porque a pontuação ou codificação dos itens demonstrou empiricamente diferenças entre grupos de testandos. A característica comum do grupo critério a ser pesquisado – um diagnóstico psiquiátrico, uma habilidade ou capacidade única, uma aberração genética ou o que for – irá variar devido à natureza e à amplitude do teste. O desenvolvimento de um teste por meio de codificação empírica do critério pode ser resumido como segue:

1. Criar um grande fundo de itens de teste preliminares, dos quais os itens para a forma final do teste serão selecionados.
2. Administrar o fundo de itens preliminares a pelo menos dois grupos de pessoas:

    Grupo 1: Um grupo critério composto de pessoas conhecidas por apresentarem o traço que está sendo medido.

    Grupo 2: Um grupo de pessoas selecionadas aleatoriamente (que podem ou não apresentar o traço que está sendo medido).

3. Conduzir uma análise dos itens para selecionar itens indicativos de associação no grupo critério. Os itens no fundo preliminar que discriminam entre associação nos dois grupos de uma forma estatisticamente significativa serão mantidos e incorporados na forma final do teste.
4. Obter dados sobre o desempenho do teste a partir de uma amostra padronizada de testandos que sejam representativos da população da qual virão os futuros testandos. Os dados de desempenho do teste para os membros do Grupo 2 em itens incorporados na forma final do teste podem ser usados para esse propósito se isso for considerado adequado. O desempenho dos membros do Grupo 2 no teste se tornaria então o padrão em relação ao qual futuros testandos serão avaliados. Após o desempenho médio dos membros do Grupo 2 nos itens (ou escalas) individuais do teste ter sido identificado, os futuros testandos serão avaliados em termos do grau em que suas pontuações se desviam, em qualquer direção, da média do Grupo 2.

Neste ponto você pode perguntar, "Mas, e quanto ao fundo de itens inicial? Como ele é criado?". A resposta é que o desenvolvedor do teste pode ter encontrado a inspiração para cada um dos itens de revisões de revistas e livros, de entrevistas com pacientes ou de consultas com colegas ou especialistas conhecidos. Ele pode ter se baseado apenas na lógica ou na razão para escrever os itens, ou em outros testes. Alternativamente, o desenvolvedor do teste pode não ter se baseado em qualquer destes e apenas ter deixado a imaginação solta e escrito o que surgisse. Um aspecto interessante do desenvolvimento de testes por meio de codificação empírica do critério é que o conteúdo dos itens do teste não tem de se relacionar de uma forma lógica, racional, direta ou aparentemente válida com o objetivo da mensuração. Burisch (1984, p. 218) captou a essência da codificação empírica do critério quando afirmou de forma categórica: "Se o tamanho do sapato como preditor melhora sua capacidade de prever o desempenho como piloto de avião, utilize-o".[4] Burisch em seguida ofereceu esta descrição irônica de como os grupos critério podiam ser usados para desenvolver um teste "M-F" para diferenciar homens de mulheres:

> Supostamente desconhecendo onde estavam as diferenças, ele ou ela nunca sonhariam em usar um item como "Eu posso deixar crescer uma barba se eu quiser" ou "Em um restaurante eu tendo a preferir o banheiro das senhoras ao banheiro dos homens". Antes, um fundo heterogêneo de itens seria reunido e administrado a uma amostra de homens e mulheres. Em seguida, as amostras seriam comparadas item por item. Qualquer item discriminando suficientemente bem se qualificaria para inclusão nesse teste M-F. (p.214).

Agora imagine que estamos na década de 1930. Uma equipe de pesquisadores tem forte interesse em criar um teste de lápis e papel que irá melhorar a confiabilidade no diagnóstico psiquiátrico. A ideia deles é usar codificação empírica do critério para criar o instrumento. Uma versão preliminar do teste será administrada (1) a diversos grupos critério de pacientes adultos internados, cada grupo homogêneo a respeito do diagnóstico psiquiátrico, e (2) a um grupo de adultos normais selecionados aleatoriamente. Usando a análise do item, os itens úteis para diferenciar membros dos vários grupos clínicos de membros do grupo normal serão mantidos para compor a forma final do teste. Os pesquisadores imaginam que os futuros aplicadores do teste publicado serão capazes de obter informações diagnósticas comparando o padrão de resposta de um testando com o de testandos no grupo normal.

E aí você tem o início de uma ideia bastante simples que, com o tempo, obteria a aprovação generalizada dos clínicos ao redor do mundo. É uma ideia para um teste que estimulou a publicação de milhares de estudos de pesquisa, e uma ideia que levou ao desenvolvimento de um teste que serviria como modelo para inúmeros outros instrumentos criados por meio do uso da pesquisa do grupo critério. O teste, chamado originalmente de Inventário Médico e Psiquiátrico (Medical and Psychiatric Inventory) (Dahlstrom e Dahlstrom, 1980), é o MMPI. Anos após seu início experimental, o autor principal do teste recordou que "foi difícil convencer um editor a aceitar o MMPI" (Hathaway, citado em Dahlstrom e Welsh, 1960, p. vii). Entretanto, a editora da University of Minnesota obviamente foi persuadida, porque, em 1943, publicou o teste com um novo nome, o Inventário Multifásico da Personalidade de Minnesota (Minnesota Multiphasic Personality Inventory – MMPI). O resto, como dizem, é história.

Nas próximas páginas, descrevemos o desenvolvimento do MMPI original bem como seus descendentes mais contemporâneos, o MMPI-2, o MMPI-2 Forma Reestruturada (MMPI-2-RF) e o MMPI-A.

O MMPI O MMPI foi o produto de uma colaboração entre o psicólogo Starke R. Hathaway e o psiquiatra/neurologista John Charnley McKinley (Hathaway e McKinley, 1940, 1942, 1943, 1951; McKinley e Hathaway, 1940, 1944). Ele continha 566 itens no formato verdadeiro-falso e foi criado como um auxiliar ao diagnóstico psiquiátrico com adolescentes e adultos a

> **NO BRASIL**
> O MMPI, o MMPI-2, o MMPI-2-RF e o MMPI-A ainda não foram adaptados para uso no Brasil. Se esse procedimento for realizado, os nomes de tarefas, índices e escalas podem ser alterados.

---

[4] Não deve ser surpresa, entretanto, esperar que qualquer escala resultante de tais procedimentos empíricos desordenados tenha heterogeneidade do conteúdo do item extremamente alta e medidas de consistência interna profundamente baixas.

partir dos 14 anos de idade. A pesquisa precedendo a seleção dos itens do teste incluiu revisão de livros, relatórios psiquiátricos e itens de testes de personalidade já publicados. Nesse sentido, o MMPI pode ter sua origem em uma abordagem ao desenvolvimento de testes que se baseou na lógica e na razão.

Uma lista das 10 escalas clínicas do MMPI é apresentada na Tabela 12.3 junto com uma descrição do grupo critério correspondente. Cada uma das categorias diagnósticas listadas para as 10 escalas clínicas eram categorias diagnósticas populares na década de 1930. Os membros do grupo de critério clínico para cada escala tinham supostamente satisfeito os critérios para inclusão na categoria nomeada na escala. Os itens da escala clínica do MMPI foram deduzidos, de forma empírica pela administração a grupos critério clínicos e a grupos-controle normais. Os itens que diferenciavam com sucesso os dois grupos foram mantidos na versão final do teste (Welsh e Dahlstrom, 1956). Bem, na verdade é um pouco mais complicado que isso, e você realmente deve saber alguns dos detalhes...

Para entender o significado de *grupo-controle normal* neste contexto, pense em um experimento. Na pesquisa experimental, um experimentador manipula a situação de modo que o grupo experimental seja exposto a alguma coisa (a variável independente) e o grupo-controle não. No desenvolvimento do MMPI, os participantes dos grupos critério foram retirados de uma população de pessoas provavelmente membros de um grupo com um mesmo diagnóstico. Fazendo a analogia de um experimento com a situação do desenvolvimento desse teste, é como se o tratamento experimental para os sujeitos do grupo critério fosse a associação na categoria nomeada. Em contrapartida, os membros do **grupo-controle** eram pessoas normais (ou seja, não diagnosticadas) que presumivelmente não receberam esse tratamento experimental.

O grupo-controle normal, também referido como amostra de padronização, consistiu em cerca de 1.500 indivíduos. Foram inclusas 724 pessoas que estavam visitando amigos ou parentes nos hospitais da University of Minnesota, 265 formandos do ensino médio que buscavam orientação pré-universitária no serviço de testagem da University of Minnesota, 265 operários qualificados que participavam de um programa local para a categoria e 243 pa-

REFLITA...

Aplicando o que você sabe sobre a padronização de testes, qual é sua opinião em relação à padronização do MMPI original? E sobre a composição dos grupos de critério clínico? Do grupo-controle normal?

Tabela 12.3 Os grupos critério clínico para as escalas do MMPI

Escala	Grupo critério clínico
1. Hipocondria (Hs)	Pacientes que mostravam preocupações exageradas com sua saúde física
2. Depressão (D)	Pacientes clinicamente deprimidos; infelizes e pessimistas quanto a seu futuro
3. Histeria (Hy)	Pacientes com reações conversivas
4. Desvio psicopático (Pd)	Pacientes que tinham histórias de delinquência e outro comportamento antissocial
5. Masculinidade-Feminilidade (Mf)	Recrutas de Minnesota, aeromoças e estudantes universitários homossexuais masculinos da comunidade do *campus* da University of Minnesota
6. Paranoia (Pa)	Pacientes que exibiam sintomatologia paranoide como ideias de referência, desconfiança, delírios de perseguição e delírios de grandeza
7. Psicastenia (Pt)	Pacientes ansiosos, obsessivo-compulsivos, carregados de culpa e inseguros
8. Esquizofrenia (Sc)	Pacientes que foram diagnosticados como esquizofrênicos (vários subtipos)
9. Hipomania (Ma)	Pacientes, em sua maioria diagnosticados como maníaco-depressivos, que exibiam sintomatologia maníaca como humor elevado, atividade excessiva e facilidade para se distrair
10. Introversão-Extroversão (Si)	Estudantes universitários que tinham pontuado nos extremos de um teste de introversão-extroversão

Note que essas mesmas 10 escalas clínicas formaram o núcleo não apenas do MMPI original, mas de sua revisão de 1989, o MMPI-2. As escalas clínicas sofreram alguma modificação para o MMPI-2, tais como edição e reorganização, e nove itens foram eliminados. Contudo, o MMPI-2 manteve os 10 nomes da escala clínica original, apesar de alguns deles (como "Desvio Psicopático") serem relíquias de uma época passada. Talvez isso explique por que foi convencionado que essas escalas sejam referidas apenas pelos números, não por seus nomes.

cientes médicos (não psiquiátricos). O grupo critério clínico para o MMPI foi, em sua maioria, constituído de pacientes psiquiátricos internados no hospital da University of Minnesota. Dizemos "em sua maioria" porque a Escala 5 (Masculinidade-Feminilidade) e a Escala 10 (Introversão-Extroversão) não foram obtidas dessa maneira.

O número de pessoas incluídas em cada categoria diagnóstica foi relativamente baixo pelos padrões contemporâneos. Por exemplo, o grupo critério para a Escala 7 (Psicastenia) continha apenas 20 pessoas, todas diagnosticadas como psicastênicas.[5] Duas das escalas "clínicas" (Escala 10 e Escala 5) nem mesmo usam membros de uma população clínica no grupo critério. Os membros do grupo critério clínico da Escala 10 (Introversão-Extroversão) eram estudantes universitários que tinham obtido pontuações extremas em uma medida de introversão-extroversão. A Escala 5 (Masculinidade-Feminilidade) não foi concebida para medir nem masculinidade nem feminilidade; antes, ela foi desenvolvida originalmente para diferenciar homens heterossexuais de homens homossexuais. Devido a uma escassez de itens que diferenciassem de maneira efetiva pessoas nessa variável, os desenvolvedores do teste ampliaram a definição da Escala 5 e acrescentaram itens que discriminavam entre homens normais (soldados) e mulheres (aeromoças). Alguns dos itens acrescentados a essa escala foram obtidos a partir da Escala de Atitudes (Attitude Interest Scale) (Terman e Miles, 1936). Hathaway e McKinley também tinham tentado desenvolver uma escala para diferenciar lésbicas de mulheres heterossexuais, mas não foram capazes de fazê-lo.

REFLITA...
Escreva um item no formato verdadeiro-falso que você acredita que diferenciaria com sucesso homens de mulheres testadas. Não esqueça de fornecer sua chave de resposta sugerida.

Na década de 1930, a pesquisa sobre Folha de Dados Pessoais (Personal Data Sheet) (Woodworth, 1917), bem como outros instrumentos derivados da lógica, de validade aparente, tinham trazido à tona problemas inerentes aos métodos de autorrelato. Hathaway e McKinley (1943) expressaram uma consciência aguda desses problemas. Eles incorporaram ao MMPI três escalas de validade: a L (a escala da Mentira [*Lie*]), a F (a escala de Frequência – ou, talvez de forma mais acertada, a escala de "Infrequência") e a K (Correção). Note que essas escalas não foram concebidas para medir validade no sentido técnico, psicométrico. Há, afinal de contas, alguma coisa inerentemente interesseira, se não suspeita, em relação a um teste que se propõe a calcular sua própria validade! Antes, *validade* aqui era uma referência a um indicador incorporado da operação dos estilos de resposta do testando (tais como descuido, tentativa deliberada de enganar ou equívocos involuntários) que poderiam afetar os resultados do teste.

A escala L contém 15 itens que, se confirmados, poderiam se refletir um pouco negativamente sobre o testando. Dois exemplos: "Nem sempre eu digo a verdade" e "Eu falo um pouco da vida alheia às vezes" (Dahlstrom et al., 1972, p. 109). A disposição do examinando em revelar *qualquer coisa* negativa de natureza pessoal será posta em dúvida se a pontuação na escala L não estiver dentro de certos limites.

Os 64 itens na escala F (1) são raramente confirmados por membros de populações não psiquiátricas (ou seja, pessoas normais) e (2) não se enquadram em padrão algum de desvio conhecido. Uma resposta de *verdadeiro* a um item como o seguinte seria pontuado na escala F: "Seria melhor se quase todas as leis fossem jogadas fora" (Dahlstrom et al., 1972, p. 115). Uma pontuação F elevada pode significar que o respondente não levou o teste a sério e estava apenas respondendo aos itens aleatoriamente. De forma alternativa, o indivíduo com uma pontuação F alta pode ser muito excêntrico ou alguém que estava tentando fingir ser ruim. Os simuladores nas Forças Armadas, pessoas com a intenção de cometer fraude contra um plano de saúde e criminosos tentando uma defesa de insanida-

---

[5] *Psicastenia* (literalmente, *perda de força* ou *fraqueza* da *psique* ou *mente*) é um termo e um diagnóstico psiquiátrico agora antiquados. No modo como era usado na década de 1930, ele se referia a um indivíduo incapaz de pensar adequadamente ou de concentrar a atenção devido a condições como pensamentos obsessivos, dúvidas excessivas e fobias. Dizia-se que uma pessoa com esse diagnóstico era *psicastênica*.

de são alguns dos grupos de pessoas dos quais se poderia esperar que tivessem pontuações F elevadas em seus perfis.

> **REFLITA...**
> Tente escrever um bom item da escala L.

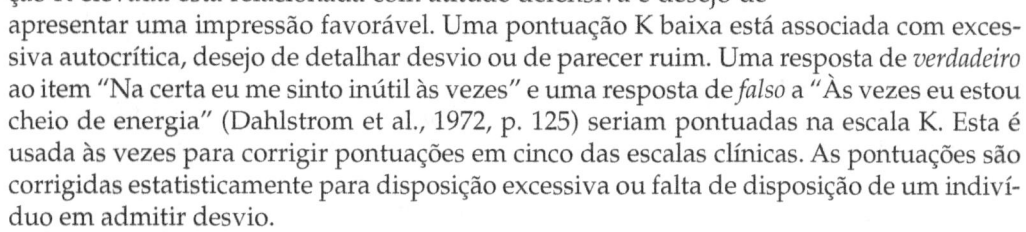

Assim como a pontuação L e a pontuação F, a pontuação K é um reflexo da franqueza do autorrelato do testando. Uma pontuação K elevada está relacionada com atitude defensiva e desejo de apresentar uma impressão favorável. Uma pontuação K baixa está associada com excessiva autocrítica, desejo de detalhar desvio ou de parecer ruim. Uma resposta de *verdadeiro* ao item "Na certa eu me sinto inútil às vezes" e uma resposta de *falso* a "Às vezes eu estou cheio de energia" (Dahlstrom et al., 1972, p. 125) seriam pontuadas na escala K. Esta é usada às vezes para corrigir pontuações em cinco das escalas clínicas. As pontuações são corrigidas estatisticamente para disposição excessiva ou falta de disposição de um indivíduo em admitir desvio.

Outra escala que se baseia na validade da administração de um teste é a escala *Não Posso Dizer*, também referida como a escala? (ponto de interrogação). Essa escala é uma simples contagem de frequência do número de itens aos quais o examinado respondeu *não posso dizer* por muitas razões, incluindo indecisão, defesa, descuido e falta de experiência relevante ao item. Tradicionalmente, a validade de uma folha de respostas com uma contagem de *não posso dizer* de 30 ou mais é posta em dúvida e considerada não interpretável (Dahlstrom et al., 1972). Mesmo para protocolos de teste com uma contagem de *não posso dizer* de 10, deve-se ter cautela na interpretação. Pontuações de *não posso dizer* altas podem ser evitadas pela ênfase de um administrador nas instruções iniciais para responder a *todos* os itens.

O MMPI contém 550 itens no formato verdadeiro-falso, 16 dos quais são repetidos em algumas formas do teste (para um total de 566 itens administrados). Os escores em cada escala do MMPI são relatados na forma de escores *T* que, você pode lembrar, têm uma média estabelecida em 50 e um desvio-padrão estabelecido em 10. Uma pontuação de 70 em qualquer escala clínica do MMPI é 2 desvios-padrão acima da pontuação média dos membros da amostra de padronização, e uma pontuação de 30 é 2 desvios-padrão abaixo da pontuação média deles.

Além das escalas clínicas e das escalas de validade, há escalas de conteúdo do MMPI, escalas suplementares e subescalas de Harris-Lingoes. Como o nome sugere, as *escalas de conteúdo*, como as Escalas de Conteúdo Wiggins (conforme Wiggins, 1966), são compostas de grupos de itens de teste de conteúdo semelhante. Exemplos de escalas de conteúdo no MMPI incluem aquelas rotuladas de Depressão e Problemas Familiares. De certo modo, as escalas de conteúdo "trazem ordem" e validade aparente a grupos de itens, derivados da codificação empírica do critério, que aparentemente não têm relação entre si.

Escalas suplementares é uma expressão abrangente para as centenas de diferentes escalas do MMPI que foram desenvolvidas desde a publicação do teste. Essas escalas foram concebidas por diferentes pesquisadores usando uma variedade de métodos e procedimentos estatísticos, com destaque para a análise fatorial. Há escalas suplementares que são bastante congruentes com os objetivos originais do MMPI, tais como as que visam esclarecer sobre alcoolismo e força do ego. E, então, há dezenas de outras escalas suplementares, variando de "Sucesso no Beisebol" a – bem, você escolhe o nome![6]

O editor do MMPI disponibiliza para levantamento computadorizado apenas uma seleção limitada das muitas centenas de escalas suplementares que foram desenvolvidas e discutidas na literatura profissional. Uma delas, as subescalas de Harris-Lingoes (com frequência referida apenas como escalas Harris), são agrupamentos de itens em subescalas (com títulos como Ruminação e Alienação Social) que foram concebidas para ser mais internamente consistentes do que a escala maior da qual foram derivadas.

---

[6] Aqui, o leitor astuto começará a avaliar o quanto o MMPI se afastou de seu propósito original. Na verdade, esse teste em todas as suas formas, tem sido utilizado para uma variedade extremamente ampla de aventuras que estão relacionadas ao objetivo de diagnóstico psiquiátrico apenas de modo tangencial.

> **REFLITA...**
> Se estivesse desenvolvendo uma escala do MMPI suplementar, como ela seria? Por que você iria querer desenvolver essa escala?

Administrado ao longo da história por lápis e papel, o MMPI é aplicado hoje por muitos métodos: internet, disco ou fichários. Uma versão em áudio para testandos semianalfabetos também está disponível, com instruções gravadas em fitas de áudio. Os testandos respondem aos itens com *verdadeiro* ou *falso*. Itens não respondidos são considerados *não posso dizer*. Na versão do teste administrado usando itens individuais impressos em cartões, os testandos são instruídos a ordenar os cartões em três pilhas rotuladas *verdadeiro, falso* e *não posso dizer*. Pelo menos um nível de leitura de 6ª série é requerido para entender todos os itens. Não há limites de tempo, e o tempo requerido para administrar 566 itens costuma ser entre 60 e 90 minutos.

É possível pontuar as folhas de resposta do MMPI à mão, mas o processo é trabalhoso e raras vezes efetuado. O levantamento computadorizado dos protocolos é realizado por programas em computadores pessoais, por transmissão computadorizada para um serviço de levantamento via *modem* ou sendo o formulário completado e enviado por correio físico para um serviço de levantamento computadorizado. A informação obtida por computador pode variar de uma simples apresentação numérica e gráfica do levantamento a um relatório narrativo bem detalhado, completo, com análise de escores em escalas suplementares selecionadas.

Logo após o MMPI ter sido publicado, ficou evidente que o teste não poderia ser usado para categorizar nitidamente os testandos em categorias diagnósticas. Quando eles tinham elevações na variação patológica de duas ou mais escalas, surgiam dilemas diagnósticos. Hathaway e McKinley (1943) insistiram em que os aplicadores de seu teste optassem pela *interpretação configural* dos escores – ou seja, interpretação baseada não nos escores de escalas únicas mas no padrão, no perfil ou na configuração desses escores. Entretanto, seu método proposto para a interpretação do perfil era extremamente complicado, como eram muitos dos procedimentos adjuvantes e alternativos propostos.

Paul Meehl (1951) propôs um código de 2 pontos derivado dos números das escalas clínicas nas quais o testando alcançasse as pontuações mais altas (mais patológicas). Se um testando alcançasse o escore mais alto na Escala 1 e o segundo escore mais alto na Escala 2, então seu tipo de código de 2 pontos seria 12. O tipo de código de 2 pontos para um escore mais alto na Escala 2 e um segundo escore mais alto na Escala 1 seria 21. Visto que cada dígito no código é intercambiável, um código de 12 seria interpretado exatamente da mesma forma que um código de 21. A propósito, um código de 12 (ou de 21) é indicativo de um indivíduo com dor física. Uma suposição nesse caso é que cada pontuação no tipo de código de 2 pontos ultrapasse uma elevação de $T = 70$. Se a pontuação da escala não ultrapassar 70, isso é indicado pelo uso de um sinal (') após o número da escala. O sistema de Meehl teve um grande apelo para muitos aplicadores do MMPI. Logo se acumularam pesquisas sobre a interpretação dos significados dos 40 tipos de código que podiam ser obtidos usando 10 escalas e dois dígitos intercambiáveis.[7]

Outra abordagem popular ao levantamento e à interpretação veio na forma de **códigos Welsh** – referidos como tal porque foram criados por Welsh (1948, 1956), não porque fossem escritos em Welsh (embora possam ser igualmente incompreensíveis para os não iniciados). Aqui está um exemplo de um código Welsh:

6* 78''' 1-53/4:2# 90 F'L-/K

Para o aplicador do código Welsh experiente, essa expressão fornece informações sobre as pontuações de um testando nas escalas clínica e de validade do MMPI.

---

[7] Além dos sistemas de codificação de 2 pontos, pelo menos um sistema de codificação de 3 pontos foi proposto. Como se poderia esperar, nesse sistema o primeiro número era a pontuação mais alta, o segundo era a segunda pontuação mais alta e o terceiro era a terceira pontuação mais alta.

Os estudantes interessados em aprender mais sobre o MMPI não precisam despender um grande esforço em rastrear fontes. Há chances de que a biblioteca de sua universidade esteja repleta de livros e artigos de revistas escritos sobre esse instrumento multifásico (multifacetado). Naturalmente, você também pode querer ir além dessa introdução histórica tornando-se mais familiarizado com as revisões mais contemporâneas desse teste, o MMPI-2, o MMPI-2 Forma Reestruturada e o MMPI-A. Segue-se um resumo básico desses instrumentos.

O MMPI-2 Muito do que já foi dito sobre o MMPI em termos de sua estrutura geral, administração, levantamento e interpretação é aplicável ao MMPI-2. A diferença mais significativa entre os dois testes é a amostra de normatização mais representativa (grupo-controle normal) usada na normatização do MMPI-2. Aproximadamente 14% dos itens do MMPI foram reescritos para corrigir erros gramaticais e para tornar a linguagem mais contemporânea, não sexista e compreensível. Itens considerados censuráveis para alguns testandos foram eliminados. Foram acrescentados itens tratando de temas como abuso de drogas, potencial de suicídio, ajustamento conjugal, atitudes em relação ao trabalho e padrões de comportamento Tipo A.[8] No total, o MMPI-2 contém 567 itens no formato verdadeiro-falso, incluindo 394 idênticos aos itens do MMPI original, 66 que foram modificados ou reescritos e 107 itens novos. A faixa etária dos testandos sugerida para o MMPI-2 é a partir dos 18 anos, comparado com a partir dos 14 anos para o MMPI. O nível de leitura requerido (6ª série) é o mesmo que para o MMPI. O MMPI-2, como seu antecessor, pode ser administrado pela internet, por lápis e papel ou por fita de áudio, e leva aproximadamente o mesmo tempo para ser administrado.

As 10 escalas clínicas do MMPI são idênticas às do MMPI-2, assim como a política de se referir a elas primariamente pelo número. Escalas componentes de conteúdo foram acrescentadas ao MMPI-2 para fornecer índices de conteúdo mais focados. Por exemplo, o conteúdo Problemas Familiares foi subdividido em conteúdo de Discórdia Familiar e Alienação Familiar.

As três escalas de validade originais do MMPI foram mantidas no MMPI-2, e três novas escalas de validade foram acrescentadas: Infrequência das Últimas Páginas (Fb), Inconsistência de Resposta Verdadeira (TRIN) e Inconsistência de Resposta Variável (VRIN). A escala de Infrequência de resposta contém itens raramente confirmados por testandos que são honestos, ponderados e aplicados em sua abordagem ao teste. Sem dúvida, a aplicação de alguns testandos diminui à medida que o teste avança e, portanto, em suas "últimas páginas", um padrão de respostas aleatórias ou inconsistentes pode se tornar evidente. A escala Fb visa detectar esse tipo de padrão.

A escala TRIN tem por objetivo identificar padrões de resposta aquiescente e não aquiescente. Ela contém 23 pares de itens formulados em formas opostas. A consistência na resposta determina que, por exemplo, uma resposta *verdadeiro* ao primeiro item no par é seguida por uma resposta *falso* no segundo item do par. A escala TRIN visa identificar padrões de resposta indiscriminada. Ela, também, é composta de pares de itens, sendo cada item no par formulado na forma oposta ou semelhante.

O autor principal do MMPI-2, James Butcher (Fig. 12.8),[9] desenvolveu ainda outra escala de validade após a publicação desse teste. A escala S é uma escala de validade concebida para detectar a autorrepresentação de uma maneira superlativa (Butcher e Han, 1995; Lanyon, 1993a, 1993b; Lim e Butcher, 1996).

---

[8] Recorde, de nossa discussão dos tipos psicológicos anteriormente neste capítulo (p. 397), o que constitui comportamento Tipo A e Tipo B.

[9] Retratado ao lado de James Butcher está seu amigo, Dale Moss, que foi morto na guerra. Os autores fazem uma pausa aqui para lembrar e expressar gratidão a todas as pessoas em todos os setores das Forças Armadas e do governo que se sacrificaram por este país.

Figura 12.8 James Butcher (1933-) e amigo.
Esse é Jim, hoje conhecido como autor sênior do MMPI-2, à direita como um soldado da infantaria do Exército em Outpost, na Coreia do Sul, em 1953. Retornando à civilização, Jim tentou várias ocupações, inclusive como vendedor e com investigador particular. Depois, ele concluiu um PhD na University of North Carolina, no qual teve a oportunidade de trabalhar com W. Grant Dahlstrom e George Welsh (como MMPI "Welsh code"). Seu primeiro emprego como professor foi na University of Minnesota, onde trabalhou com Starke Hataway e Paul Meehl. Mas ele ficou desapontado ao perceber que "Hathaway havia se mudado para pesquisar sobre psicoterapia e normalmente negava ensinamentos sobre o teste [...] Hathaway sempre se recusou a ensinar pessoas sobre o teste. Meehl também havia se mudado para outros locais" (Butcher, 2003, p. 233).

◆ **REFLITA...**
Para manter a continuidade com o teste original, o MMPI-2 usou os mesmos nomes para as escalas clínicas. Alguns desses nomes, como *Psicastenia*, não são mais usados. Se você fosse encarregado da revisão do MMPI, qual teria sido sua recomendação para tratar dessa questão relacionada aos nomes das escalas do MMPI-2?

Outra escala de validade, esta com a finalidade de detectar simuladores em alegações de danos pessoais, foi proposta por Paul R. Lees-Haley e colaboradores (1991). Referida como FBS ou Escala do Falso Ruim, esta foi desenvolvida originalmente como um meio de detectar simuladores que alegavam falsos danos pessoais. Nos anos após seu desenvolvimento, a escala FBS encontrou apoio de alguns, em especial de Ben-Porath e colaboradores (2009). Entretanto, ela também teve seus críticos – entre eles, James Butcher e colaboradores. Esses pesquisadores (2008) afirmaram que outros fatores além da simulação (tais como problemas físicos ou psicológicos genuínos) podiam contribuir para a confirmação de itens que foram codificados como indicativos de simulação. Eles advertiram que a "falta de verificação empírica dos 43 itens selecionados por Lees-Haley, incluindo o exame do desempenho dos itens entre categorias amplas de pessoas, é um argumento contra sua disseminação generalizada" (p. 194–195).

Uma crítica incômoda do MMPI original era a falta de representação da amostra normatizada da população dos Estados Unidos. Essa crítica foi tratada na normatização do MMPI-2. Os 2.600 indivíduos (1.462 mulheres, 1.138 homens) de sete Estados que constituíram a amostra de normatização do MMPI-2 foram comparados com dados do Censo de 1980 dos Estados Unidos nas variáveis de idade, gênero, condição de minoria, classe social e educação (Butcher, 1990). Enquanto o MMPI original não continha não brancos na amostra de normatização, a amostra do MMPI-2 era de 81% de brancos e 19% de não brancos. A idade dos sujeitos na amostra variou de 18 a 85 anos. A educação formal oscilou de 3 a mais de 20 anos, havendo mais pessoas altamente educadas e pessoas trabalhando nas profissões com grande representação na amostra. Nela, a renda familiar anual média para as mulheres foi de $25 mil a $30 mil e, para os homens, de $30 mil a $35 mil.

> **REFLITA...**
> De todas as escalas de validade propostas para o MMPI-2, qual você acha que é o melhor indicador de se as pontuações do teste são verdadeiramente indicativas da personalidade do testando?

Da mesma forma que o MMPI original, os dados da amostra de normatização forneceram a base para transformar os escores brutos obtidos pelos respondentes em escores *T* para o MMPI-2. Entretanto, um ajuste técnico foi considerado necessário. Os escores *T* usados para normatizar as escalas clínicas e as de conteúdo do MMPI foram escores *T* lineares. Para o MMPI-2, esses escores também foram usados para a normatização das escalas de validade, das suplementares e das Escalas 5 e 10 das escalas clínicas. Porém, um escore *T* diferente foi usado para normatizar as oito escalas clínicas restantes, bem como todas as escalas de conteúdo; estas foram normatizadas com pontuações *T* uniformes (escores *UT*). Os escores *UT* foram utilizados na tentativa de tornar as pontuações *T* correspondentes às pontuações de percentil mais comparáveis por meio das escalas do MMPI-2 (Graham, 1990; Tellegen e Ben-Porath, 1992).

Os esforços para tratar as preocupações sobre o MMPI não terminaram com a publicação do MMPI-2. Pouco tempo depois, uma pesquisa estava em andamento para revisar o MMPI-2. Esses esforços foram evidentes na publicação das escalas clínicas reestruturadas (Tellegen et al., 2003) e culminaram mais recentemente na publicação do MMPI-2 Forma Reestruturada (MMPI-2-RF).

O MMPI-2-RF A necessidade de reelaborar as escalas clínicas do MMPI-2 foi percebida por Tellegen e colaboradores (2003) como originada, pelo menos em parte, de dois problemas básicos com a estrutura das escalas. Um deles era a sobreposição de itens. O método de desenvolvimento do teste usado a princípio para criar o MMPI, a codificação empírica do critério, praticamente garantia a existência de alguma sobreposição de itens. Mas qual a quantidade exata de sobreposição havia? Por pares de escalas clínicas, foi observado que existe uma média de mais de seis itens sobrepostos no MMPI-2 (Greene, 2000; Helmes e Reddon, 1993). A sobreposição de itens entre as escalas pode diminuir a clareza e a validade discriminante de escalas individuais e também contribuir para dificuldades na determinação do significado de escalas elevadas.

Um segundo problema com a estrutura básica do teste também poderia ser caracterizado em termos de sobreposição – uma que é de natureza mais conceitual. Aqui, é feita referência à influência sutil de um fator que parecia permear todas as escalas clínicas. O fator foi descrito de diferentes formas com diferentes termos, como ansiedade, mal-estar, desespero e desajustamento. É um fator considerado comum à maioria das formas de psicopatologia, contudo não é único a qualquer delas. Explorando a questão de por que abordagens inteiramente diferentes à psicoterapia tinham resultados comparáveis, Jerome Frank (1974) focalizou o que ele considerava ser esse fator comum na psicopatologia, ao qual chamou de *desmoralização*:

> Apenas uma pequena proporção de pessoas com psicopatologia vem para terapia; aparentemente alguma outra coisa deve ser acrescentada que interage com seus sintomas. Esse estado de espírito, que pode ser chamado de "desmoralização", resulta da falha persistente em enfrentar sofrimento induzido por fatores internos ou externos [...] Seus aspectos característicos,

nem todos necessitando estar presentes em alguma pessoa, são sentimentos de impotência, isolamento e desespero (p. 271)

Dohrenwend e colaboradores (1980) perpetuaram o uso do conceito de desmoralização, de Frank, em sua discussão de um fator de sofrimento não específico na psicopatologia. Tellegen (1985) também fez referência à desmoralização quando escreveu sobre um fator que parecia aumentar as correlações entre as medidas em inventários clínicos. Muitos dos itens em todas as escalas clínicas do MMPI e do MMPI-2, apesar de seu conteúdo heterogêneo, pareciam estar saturados com o fator de desmoralização. A preocupação sobre as consequências dessa sobreposição tem uma história relativamente longa (Welsh, 1952; Rosen, 1962; Adams e Horn, 1965). De fato, a história de tentativas de remediar o problema de validade discriminante e eficiência discriminativa insuficientes das escalas clínicas do MMPI é quase tão longa quanto a história do próprio teste.

Um objetivo da reestruturação foi tornar as escalas clínicas do MMPI-2 mais características e significativas. Conforme descrito em detalhe em uma monografia suplementar ao manual de administração e pontuação do MMPI-2, Tellegen e colaboradores (2003) tentaram (1) identificar os "componentes centrais" de cada escala clínica, (2) criar escalas revisadas para medir esses componentes centrais (referidas como *"seed scales"* ["escalas originais"]) e (3) obter um conjunto final de escalas Clínicas Revisadas (RC) utilizando o fundo de itens do MMPI-2. Outro objetivo da reestruturação foi, em essência, extrair o fator de desmoralização das escalas clínicas do MMPI-2 existentes e criar uma de Desmoralização. Esta foi descrita como uma escala que "mede uma variável ampla, emocionalmente colorida que está na base de grande parte da variância comum às Escalas Clínicas do MMPI-2" (Tellegen et al., 2003, p. 11).

Empregando a amostra normativa do MMPI-2 bem como três amostras clínicas adicionais em sua pesquisa, Tellegen e colaboradores (2003) defenderam que seus procedimentos de reestruturação eram psicometricamente sólidos e obtiveram êxito em melhorar a validade convergente, assim como a validade discriminante. De acordo com seus dados, as escalas clínicas reestruturadas (RC) eram menos intercorrelacionadas do que as escalas clínicas originais, e sua validade convergente e discriminante era maior do que a das escalas originais. Subsequente ao desenvolvimento das escalas RC, outras escalas foram elaboradas. Por exemplo, os autores do teste criaram escalas que medem fatores clinicamente significativos que não eram avaliados de forma direta pelas escalas RC, tal como ideação suicida. Eles também viram uma necessidade de desenvolver escalas explorando dimensões de ordem superior a fim de fornecer uma estrutura para organizar e interpretar os resultados. Essas escalas de ordem superior foram rotuladas de Alterações Emocionais/Internalizantes, Alterações de Pensamento e Alterações Comportamentais/Externalizante. O produto acabado foi publicado em 2008 e chamado de MMPI-2 Forma Reestruturada (MMPI-2-RF; Ben-Porath e Tellegen, 2008). Ele contém um total de 338 itens e 50 escalas, algumas das quais são resumidas na Tabela 12.4.

A partir da publicação da monografia de Tellegen e colaboradores (2003), Ben-Porath e colaboradores publicaram uma série de outros artigos que apoiam vários aspectos da adequação psicométrica das escalas RC e do MMPI-2-RF. Estudos de pesquisadores independentes também apoiaram algumas das alegações feitas em relação às intercorrelações de itens reduzidas e à validade convergente e discriminante aumentada das escalas RC (Simms et al., 2005; Wallace e Liljequist, 2005). Outros autores obtiveram apoio para a escala RC de Queixas Somáticas, para a escala RC de Desconfiança e para as escalas de validade VRIN-r e TRIN-r (Handel et al., 2010; Ingram et al., 2011; Thomas e Locke, 2010). Osberg e colaboradores (2008) compararam as escalas clínicas do MMPI-2 com as escalas RC em termos de propriedades psicométricas e eficiência diagnóstica e relataram resultados mistos.

A reestruturação de um teste icônico como o MMPI não deixou todo mundo feliz. Por exemplo, Rogers e colaboradores (2006) e Nichols (2006) discordaram de aspectos da lógica da reestrutura-

REFLITA...
Qual é a escala que você acha que devia ter sido acrescentada ao MMPI-2 reestruturado?

Tabela 12.4 Descrição de uma amostra de escalas do MMPI-2-RF

Grupo de Escalas Clínicas
Há um total de nove escalas clínicas. As escalas RCd, RC1, RC2 e RC3 foram introduzidas por Tellegen e colaboradores (2003). A Escala de Masculinidade-Feminilidade foi retirada das escalas clínicas do MMPI original (e do MMPI-2).

Nome da escala	Descrição da escala
Desmoralização (RCd)	Mal-estar geral, infelicidade e insatisfação
Queixas somáticas (RC1)	Queixas difusas em relação à saúde física
Escassez de Emoções Positivas (RC2)	Um sentimento "central" de vulnerabilidade na depressão
Desconfiança (RC3)	Crenças não relacionadas ao *self* de que os outros são geralmente mal-intencionados e não são de confiança
Comportamento Antissocial (RC4)	Age violando regras sociais
Ideias Persecutórias (RC6)	Crenças autorreferenciais de estar em perigo ou de ser ameaçado por outros
Emoções Negativas Disfuncionais (RC7)	Ansiedade diruptiva, raiva e irritabilidade
Experiências Anormais (RC8)	Pensamentos, percepções ou experiências psicóticos ou do tipo psicótico
Ativação Hipomaníaca	Ativação exagerada, grandiosidade, impulsividade ou agressão

Grupo de Escalas de Validade
Há um total de oito escalas de validade, uma a mais do que na edição anterior do teste. A escala de validade adicionada é a Resposta Somática Infrequente (Fs).

Nome da escala	Descrição da escala
Inconsistência de Resposta Variável (VRIN-r)	Resposta aleatória
Inconsistência de Resposta Verdadeira (TRIN-r)	Resposta fixa
Respostas Infrequentes-Revisada (F-r)	Respostas infrequentes, comparando com a população geral
Respostas de Psicopatologia Infrequentes-Revisada (Fp-r)	Respostas infrequentes características de populações psiquiátricas
Respostas Somáticas Infrequentes (Rs)	Queixas somáticas infrequentes de pacientes com problemas médicos
Validade do Sintoma (Escala do Falso Bom (*Fake Bad*)-Revisada; FBS-r)	Queixas somáticas ou mentais com pouca ou nenhuma credibilidade
Virtudes Incomuns (Escala de Mentira-Revisada; L-r)	Disposição a revelar qualquer coisa negativa sobre si mesmo
Validade do Ajustamento (Escala de Atitude Defensiva-Revisada; K-r)	Grau em que o respondente é autocrítico

Grupo de Escalas de Problemas Específicos (SP)
Há um total de 20 escalas que medem problemas. Essas escalas SP são agrupadas como relacionadas a problemas Internalizantes, Externalizantes ou Interpessoais e são subagrupadas de acordo com a escala clínica que elas evidenciam.

Nome da escala	Descrição da escala
Ideação de Suicídio/Morte (SUI)[a]	O respondente relata pensamentos ou ações suicidas relacionados a si mesmo (*self*)
Impotência/Desesperança (HLP)[a]	Crença invasiva de que os problemas são insolúveis e/ou as metas inatingíveis
Insegurança (SFD)[a]	Falta de autoconfiança, sentimentos de inutilidade
Ineficácia (NFC)[a]	Crença de que é indeciso ou incapaz de realizações
Queixas Cognitivas (COG)[a]	Dificuldades de concentração e memória
Problemas de Conduta Juvenil (JCP)[b]	Dificuldades em casa ou na escola, roubo
Abuso de Substância (SUB)[b]	Abuso de álcool e drogas atual e passado
Sensibilidade/Vulnerabilidade (SNV)[c]	Leva as coisas demasiado a sério, sendo facilmente magoado pelos outros
Estresse/Preocupação (STW)[c]	Preocupação com desapontamentos, dificuldade com pressão de tempo
Ansiedade (AXY)[c]	Ansiedade difusa, sustos, pesadelos frequentes
Propensão à Raiva (ANP)[c]	Facilmente irritado, impaciente com os outros

(Continua)

Tabela 12.4 Descrição de uma amostra de escalas do MMPI-2-RF *(Continuação)*

Nome da escala	Descrição da escala
Medos que Restringem Comportamento (BRF)[c]	Medos que inibem significativamente o comportamento normal
Múltiplos Medos Específicos (JCP)[c]	Vários medos específicos, como medo de sangue ou medo de trovoada
Problemas de Conduta Juvenil (JCP)[c]	Dificuldades em casa ou na escola, roubo
Agressão (AGG)[d]	Fisicamente agressivo, comportamento violento
Ativação (ACT)[d]	Excitação e nível de energia aumentados

Grupo de Escalas de Interesse
Há duas escalas que medem interesses: a escala AES e a escala MEC.

Nome da escala	Descrição da escala
Interesses Estéticos-Literários (AES)	Interesse em literatura, música e/ou teatro
Interesses Mecânicos-Físicos (MEC)	Consertar coisas, construir coisas, programas ao ar livre, esportes

Grupo de Escalas PSY-5
Estas cinco escalas são versões revisadas de medidas do MMPI-2.

Nome da escala	Descrição da escala
Agressividade-Revisada (AGGR-r)	Agressão dirigida ao objetivo
Psicoticismo-Revisada (PSYC-r)	Desconexão da realidade
Falta de Controle-Revisada (DISC-r)	Comportamento subcontrolado
Emocionalidade Negativa/Neuroticismo-Revisada (NEGE-r)	Ansiedade, insegurança, preocupação, medo
Introversão/Emocionalidade Positiva Baixa-Revisada	Afastamento social e ausência de alegria ou felicidade

Nota: Visão geral baseada em Ben-Porath e colaboradores (2007) e materiais relacionados; consulte o manual de teste do MMPI-2-RF (e atualizações) para uma lista e descrição completa de todas as escalas do teste.
[a] Escala Internalizante que mede facetas de Desmoralização (RCd).
[b] Escala Internalizante que mede facetas de Comportamento Antissocial (RC4).
[c] Escala Internalizante que mede facetas de Emoções Negativas Disfuncionais (RC7).
[d] Escala Internalizante que mede facetas de Ativação Hipomaníaca (RC9).

ção, dos procedimentos de reestruturação empregados e do resultado da reestruturação. Uma das preocupações expressas por Nichols foi que Tellegen e colaboradores tinham ido longe demais em termos de extrair o fator de desmoralização (Dem) das escalas clínicas. Expressando o que ele via como a extração excessiva de variância depressiva de cada uma das escalas clínicas, Nichols (2006, p. 137) afirmou que "O Dem tendencioso à depressão foi usado para extrair variância indesejada da escala de Depressão (Escala 2), garantindo assim que variância depressiva central significativa seria mais perdida do que preservada em uma escala reestruturada (RC2)".

Os argumentos de Nichols e de outros críticos foram rejeitados por Tellegen e colaboradores (2006), entre outros. Para avaliar o teor de algumas das réplicas, considere a resposta de Weed (2006) aos comentários de Nichols sobre a reestruturação da escala de depressão:

> As Escalas Clínicas do MMPI-2 não são modelos de psicopatologia em qualquer sentido convencional do termo. Nenhum esforço foi feito, por exemplo, para garantir que os aspectos mais importantes da depressão fossem refletidos na Escala Clínica D, muito menos em equilíbrio cuidadoso. Além disso, nenhum esforço foi feito para prevenir a inclusão de itens com conteúdo sem relevância teórica para a Depressão Maior.... A Escala D não é um modelo de depressão multivariado em perfeita ordem; ela é uma cacofonia dimensional, provavelmente super-representando facetas aqui e sub-representando facetas ali, e, sem dúvida, incluindo tanto itens bons quanto itens de baixo desempenho.
>
> A caracterização de Nichols, portanto, reformula uma falha grave das Escalas Clínicas do MMPI-2 em uma luz benigna ou mesmo favorável. Em vez de ressaltar seu caos inter-

no, Nichols descreve as escalas como refletindo "complexidade sindrômica", uma frase que poderia soar eufemística se não fosse evidente que ele fala a sério. Pode-se também falar das Escalas Clínicas como "encantadoramente livres das restrições psicométricas típicas", caracterizadas por "heterogeneidade petulante", ou cheias até a borda de "despreocupação intraescalar". (p. 218)

Bem... para que os presentes autores não sejam acusados de despreocupados (ou de outro modo indiferentes) sobre fornecer alguma informação básica sobre o MMPI-2-RF, nos apressamos a observar que o manual do teste relata evidência da solidez psicométrica do instrumento. O manual técnico do MMPI-2-RF fornece correlatos empíricos de pontuações de teste baseados em vários critérios, em vários contextos, incluindo amostras clínicas e não clínicas. O MMPI-2-RF pode ainda ser pontuado à mão, embora o relatório de pontuação computadorizado (com ou sem um relatório narrativo computadorizado) esteja disponível.

O MMPI-A Embora seus desenvolvedores tivessem recomendado o MMPI original para uso com adolescentes, os aplicadores do teste têm demonstrado ceticismo quanto a essa recomendação ao longo dos anos. Cedo foi percebido que os adolescentes como um grupo tendiam a pontuações um pouco mais altas nas escalas clínicas do que os adultos, um achado que os deixava como um grupo na posição não invejável de parecerem sofrer de mais psicopatologia do que os adultos. Em parte por essa razão, normas do MMPI separadas para adolescentes foram desenvolvidas. Na década de 1980, enquanto o MMPI estava sendo revisado para se tornar o MMPI-2, os desenvolvedores do teste tinham uma escolha de simplesmente renormatizar o MMPI-2 para adolescentes ou criar um novo instrumento. Eles optaram por desenvolver um novo teste que, em muitos aspectos-chave era uma ampliação para baixo do MMPI-2.

O Inventário Multifásico da Personalidade de Minnesota-Adolescente (MMPI-A; Butcher et al., 1992) é um teste de 478 itens, no formato verdadeiro-falso concebido para ser usado em contextos clínicos, de aconselhamento e escolares com o propósito de avaliar psicopatologia e identificar problemas pessoais, sociais e comportamentais. Os itens individuais do MMPI-A assemelham-se em grande parte ao MMPI-2, embora haja nele 88 itens a menos. Alguns dos itens do MMPI-2 foram descartados, outros foram reescritos e alguns completamente novos foram acrescentados. Em sua forma escrita (em oposição a fitas de áudio), o teste destina-se a administração a testandos na faixa etária de 14 a 18 anos que tenham uma capacidade de leitura no mínimo de 6ª série. Assim como ocorre com o MMPI-2, existem versões do teste para serem administradas por computador, lápis e papel e por fitas de áudio. O tempo requerido para uma administração de todos os itens em geral é entre 45 e 60 minutos.

O MMPI-A contém 16 escalas básicas, incluindo 10 escalas clínicas (idênticas em nome e número às do MMPI-2) e seis escalas de validade (na verdade, um total de oito escalas de validade visto que a escala F é subdividida em escalas F, F_1 e F_2. As escalas de validade são Inconsistência de Resposta Variável (VRIN), Inconsistência de Resposta Verdadeira (TRIN), Infrequência (F), Infrequência 1 (F_1; especificamente aplicável às escalas clínicas), Infrequência 2 (F_2; especificamente aplicável às escalas de conteúdo e suplementar), Mentira (L), Defensiva (K) e não posso dizer (?).

Além das escalas clínicas e de validade básicas, o MMPI-A contém seis escalas suplementares (tratando de áreas como uso de álcool e drogas, imaturidade, ansiedade e repressão), 15 escalas de conteúdo (incluindo áreas como problemas de conduta e problemas escolares), 28 escalas de Harris-Lingoes e três escalas rotuladas de Introversão-Extroversão. Como no MMPI-2, escalas *T* uniformes (*UT*) foram empregadas para uso com toda as escalas de conteúdo e oito das escalas clínicas (Escalas 5 e 10 excluídas) a fim de tornar as pontuações de percentil comparáveis entre as escalas.

A amostra normativa para o MMPI-A consistiu em 805 adolescentes do sexo masculino e 815 adolescentes do feminino, retirada de escolas na Califórnia, Minnesota, Nova

York, Carolina do Note, Ohio, Pensilvânia, Virgínia e Washington. O objetivo foi obter uma amostra que fosse nacionalmente representativa em termos de variáveis demográficas, como origem étnica, região geográfica e residência urbana/rural. Concomitante com a normatização do MMPI-A, uma amostra clínica de 713 adolescentes foi testada com o propósito de obter dados de validade. Entretanto, nenhum esforço foi feito para garantir a representatividade da amostra clínica. Os indivíduos foram todos retirados da área de Minnesota, a maioria de centros de tratamento de droga e álcool.

> **REFLITA...**
> Seus comentários sobre a normatização do MMPI-A?

Em geral, o MMPI-A obteve altas marcas dos revisores do teste e pode muito bem ter se tornado rapidamente a medida de psicopatologia em adolescentes mais utilizada. Informações adicionais sobre esse teste podem ser obtidas em um livro confiável intitulado *A Beginner's Guide to the MMPI-A (Guia ao MMPI-A para iniciantes)* (William e Butcher, 2011). Os capítulos apresentam aos leitores a história do MMPI-A de diversas formas e colocam o teste no contexto contemporâneo da era digital. As escalas do teste são descritas e diretrizes para sua administração são apresentadas. O livro também aborda questões relacionadas à cultura, bem como diretrizes para interpretar escores e compartilhar informações com testandos, pais e outros. Quando suplementado com os *insights* de outras pessoas com mais "distanciamento" do teste (p.ex., Martin e Finn, 2010; Stokes et al., 2009; Zubeidat et al., 2011), o *Guia* de Williams e Butcher pode ser uma obra de referência valiosa para os estudantes do MMPI-A.

O MMPI e suas revisões e descendentes em perspectiva O MMPI explodiu na cena da psicologia na década de 1940 e foi saudado como um instrumento inovador, bem-pesquisado e altamente atraente tanto pelos profissionais clínicos como pelos pesquisadores acadêmicos. Hoje, podemos olhar para trás em seu desenvolvimento e ficar até mais impressionados, visto que ele foi elaborado sem o benefício da alta velocidade dos computadores. O número de estudos de pesquisa que foram conduzidos sobre esse teste chega a milhares, e poucos testes psicológicos são mais conhecidos no mundo todo. Ao longo dos anos, vários pontos fracos no teste foram descobertos, e soluções foram propostas como consequência. A última "reestruturação" do MMPI representa um esforço não apenas para melhorar o teste e trazê-lo para o século XXI, mas também para manter a continuidade com a volumosa pesquisa sobre suas formas anteriores. Não pode haver dúvidas de que o MMPI seja absolutamente um "processo evolutivo" que será sempre reestruturado e reinovado para manter sua continuidade.

> **REFLITA...**
> Como deve ser a próxima versão do MMPI? Em que aspectos deve ser diferente do MMPI-2-RF?

Avaliação da personalidade e da cultura

Todos os dias, os profissionais de avaliação nos Estados Unidos são rotineiramente chamados para analisar a personalidade e variáveis relacionadas de pessoas de populações das mais diversas culturas e idiomas. No entanto, a avaliação da personalidade é tudo, menos rotina, com crianças, adolescentes e adultos de culturas indígenas, hispânicas, asiáticas, africanas e outras que podem ter sido sub-representadas no desenvolvimento, na normatização e nos protocolos de interpretação das medidas usadas. Especialmente com membros de populações de diferentes culturas e idiomas, uma abordagem rotineira e habitual à testagem e avaliação psicológica é inadequada, se não irresponsável. O que é necessário é um avaliador profissionalmente treinado capaz de conduzir uma avaliação significativa, com sensibilidade a respeito de como a cultura se relaciona aos comportamentos e cognições que estão sendo medidos (López, 2000).

Antes que qualquer instrumento de avaliação da personalidade – uma entrevista, um teste, um protocolo para observação comportamental, um portfólio ou outro – possa ser empregado, e antes que os dados derivados de uma tentativa de mensuração possam ser imbuídos de significado, o avaliador idealmente irá considerar algumas questões importantes com relação à avaliação de um avaliando em particular. Muitas dessas questões dizem respeito a nível de aculturação, valores, identidade, visão de mundo e idioma do avaliando. A exploração profissional dessas áreas é capaz de produzir não apenas informações necessárias como pré-requisito para a avaliação formal da personalidade mas uma riqueza de informações relacionadas à própria personalidade.

Aculturação e considerações relacionadas

Aculturação é um processo contínuo pelo qual pensamentos, comportamentos, valores, visão do mundo e identidade se desenvolvem em relação a pensamento, comportamento, costumes e valores gerais de um determinado grupo cultural. O processo de aculturação começa no nascimento, um momento no qual a família ou os cuidadores do bebê recém-nascido atuam como agentes da cultura.[10] Nos anos que se seguem, outros membros da família, professores, amigos, livros, filmes, teatro, jornais, programas de televisão e rádio e outras mídias atuam como agentes de aculturação. Por meio do processo de aculturação, a pessoa desenvolve formas de pensar, sentir e comportar-se culturalmente aceitas.

Inúmeros testes e questionários foram desenvolvidos para produzir informações sobre o nível de aculturação dos avaliandos em relação a sua cultura ou à cultura dominante. Um exemplo dessas medidas é apresentado na Tabela 12.5. Enquanto você examina essa lista, tenha em mente que a quantidade de pesquisa psicométrica feita sobre esses instrumentos varia. Alguns deles podem ser pouco mais do que o conteúdo válido, se forem. Nesses casos, o comprador deve ter cuidado. Caso deseje usar alguma dessas medidas, você pode querer procurar mais informações sobre ela em um recurso como o *Anuário de medidas mentais*. Talvez o uso mais adequado de muitos desses testes seja deduzir hipóteses para futura testagem por meio de outros instrumentos de avaliação. A menos que haja evidência convincente que ateste o uso de um determinado instrumento com membros de uma população específica, os dados derivados de qualquer desses testes e questionários não devem ser usados sozinhos para decisões de seleção, tratamento, colocação ou outras decisões importantes. Alguns de nossos próprios pensamentos sobre avaliação da aculturação e variáveis relacionadas são apresentados na seção *Em foco* deste capítulo.

Intimamente entrelaçada com a aculturação está a aprendizagem de *valores*. **Valores** são o que um indivíduo respeita ou os ideais em que acredita. Um primeiro tratamento sistemático do tema de valores apareceu em um livro intitulado *Types of Men* (*Tipos de homens*) (Spranger, 1928), que listava diferentes tipos de pessoas com base em se valorizavam coisas como verdade, aspectos práticos e poder. O livro serviu de inspiração para um tratamento ainda mais sistemático do indivíduo (Allport et al., 1951). Logo, uma série de diferentes sistemas para listar e categorizar valores tinha sido publicada.

Rokeach (1973) diferenciou o que ele chamou de valores *instrumentais* de valores *terminais*. **Valores instrumentais** são princípios condutores para ajudar a pessoa a alcançar algum objetivo. Honestidade, imaginação, ambição e alegria são exemplos de valores instrumentais. **Valores terminais** são princípios condutores e um modo de comportamento que é um objetivo final. Uma vida confortável, uma vida excitante, um senso de realização e respeito próprio são alguns exemplos de valores terminais. Outros sistemas de categori-

---

[10] O processo de aculturação pode começar antes do nascimento. Parece razoável supor que os aspectos nutricionais e outros aspectos do cuidado pré-natal da mãe possam ter implicações nos gostos e em outras preferências do bebê recém-nascido.

EM FOCO

Avaliando a aculturação e variáveis relacionadas

Uma série de questões importantes em relação à aculturação e variáveis relacionadas pode ser levantada com respeito a avaliandos de populações culturalmente diferentes. Muitos tipos gerais de perguntas de entrevista podem produzir informações ricas sobre as áreas de sobreposição de aculturação, valores, visão de mundo e identidade. Segue-se uma amostra dessas perguntas. Antes de colocar essas e outras questões aos avaliandos, algumas ressalvas são necessárias. Tenha em mente a importância crítica do *rapport* ao conduzir uma entrevista. Seja sensível a diferenças culturais na prontidão em revelar detalhes sobre família ou outros assuntos que podem ser considerados muito pessoais para serem discutidos com estranhos. Esteja preparado e seja capaz de mudar a redação dessas perguntas no caso de você precisar facilitar ao avaliando a compreensão delas ou mudar-lhes a ordem caso um avaliando responda mais de uma pergunta na mesma resposta. Escute com cuidado e não hesite em sondar por mais informações se achar que vale a pena. Finalmente, note que a relevância de cada uma dessas perguntas irá variar com a formação e as experiências de socialização únicas de cada avaliando.

- Descreva-se.
- Descreva sua família. Quem vive na casa?
- Descreva os papéis em sua família, tal como o papel de mãe, o papel de pai, o papel de avó, o papel de filho, e assim por diante.
- Que tradições, rituais ou costumes lhe foram passados por membros da família?
- Que tradições, rituais ou costumes você acha que são importantes de se passar para a próxima geração?
- Com relação à situação de sua família, que obrigações você acha que tem?
- Que obrigações sua família espera de você?
- Que papéis sua família desempenha na vida diária?
- Como o papel de homens e mulheres difere de sua própria perspectiva cultural?
- Que tipo de música você gosta?
- Que tipos de comidas você come mais rotineiramente?
- O que você considera que sejam coisas divertidas para fazer? Quando você faz essas coisas?
- Descreva-se da forma que você acha que a maioria das pessoas o descreveriam. Como você diria que sua autodescrição diferiria dessa descrição?
- Como você responderia à pergunta "Quem é você?" com relação a seu próprio sentido de identidade pessoal?
- Com que grupo ou grupos culturais você mais se identifica? Por quê?
- Que aspecto da história do grupo com o qual você se identifica é mais significativo para você? Por quê?
- Quem são algumas das pessoas que mais o influenciaram?
- Quais são algumas coisas que lhe aconteceram no passado que mais o influenciaram?
- Que fontes de satisfação estão associadas com ser você?
- Que fontes de insatisfação ou conflito estão associadas com ser você?
- Como você se define quando é perguntado sobre sua etnia?
- Quais são seus sentimentos em relação à sua identidade racial e étnica?
- Descreva sua memória de infância mais agradável.
- Descreva sua memória de infância mais desagradável.
- Descreva de que forma você costuma aprender coisas novas. De que formas os fatores culturais poderiam ter influenciado esse estilo de aprendizagem?
- Descreva as formas como você normalmente resolve conflitos com outras pessoas. Que influência os fatores culturais poderiam ter sobre essa forma de resolver conflitos?
- Como você descreveria sua visão geral do mundo?
- Como você caracterizaria a natureza humana em geral?
- Quanto controle você acredita que tem sobre as coisas que lhe acontecem? Por quê?
- Quais são seus pensamentos em relação ao papel do trabalho na vida diária? Sua identidade cultural influenciou suas visões sobre o trabalho de alguma forma? Nesse caso, como?
- Como você caracterizaria o papel dos médicos no mundo à sua volta?
- Como você caracterizaria o papel dos advogados no mundo à sua volta?
- Como você caracterizaria o papel dos políticos no mundo à sua volta?
- Como você caracterizaria o papel da espiritualidade em sua vida diária?
- Quais são seus sentimentos sobre o uso de drogas ilícitas?
- Qual é o papel do brinquedo na vida diária?
- Como você caracterizaria o relacionamento ideal entre os seres humanos e a natureza?
- O que define uma pessoa que tem poder?
- O que acontece quando a pessoa morre?
- Você tende a viver sua vida mais no passado, no presente ou no futuro? Que influências você acha que ajudaram a moldar essa sua forma de vida?
- Como você caracterizaria suas atitudes e seus sentimentos sobre as pessoas mais velhas em sua família? E sobre as pessoas mais velhas na sociedade em geral?
- Descreva o que você pensa sobre a polícia e o sistema de justiça criminal locais.
- Como você se vê daqui a 10 anos?

Tabela 12.5 Algumas medidas de aculturação publicadas

População-alvo	Fontes de referência
Afro-americana	Baldwin & Bell (1985)
	Baldwin & Bell (1985)
	Klonoff & Landrine (2000)
	Obasi & Leong (2010)
Asiática	Snowden & Hines (1999)
	Kim et al. (1999)
Ásio-americana	Suinn et al. (1987)
	Gim Chung et al. (2004)
Asiática (Leste e Sul)	Wolfe et al. (2001)
	Barry (2001)
Ásio-indiana	Inman et al. (2001)
Centro-americana	Sodowsky & Carey (1988)
Chinesa	Wallen et al. (2002)
Cubana	Yao (1979)
Cultura surda	Garcia & Lega (1979)
Esquimó	Maxwell-McCaw & Zea (2011)
Havaiana	Chance (1965)
	Bautista (2004)
Iraniana	Hishinuma et al. (2000)
Sino-americana	Shahim (2007)
	Masuda et al. (1970)
Khmer	Padilla et al. (1985)
Latina	Lim et al. (2002)
	Murguia et al. (2000)
Mexicano-americana	Zea et al. (2003)
	Cuéllar et al. (1995)
	Franco (1983)
	Mendoza (1989)
Muçulmana-americana	Ramirez (1984)
Indígena	Bagasra (2010)
	Garrett & Pichette (2000)
	Howe Chief (1940)
Porto-riquenha	Roy (1962)
	Tropp et al. (1999)
Vietnamita	Cortes et al. (2003)
Medidas de populações não específicas	Nguyen & von Eye (2002)
	Sevig et al. (2000)
	Smither & Rodriguez-Giegling (1982)
	Stephenson (2000)
	Unger et al. (2002)
	Wong-Rieger & Quintana (1987)

zação de valores concentram-se nos valores em contextos específicos, como o ambiente de trabalho. Valores como recompensa financeira, segurança no trabalho ou prestígio podem figurar com destaque nas decisões relativas a escolha ocupacional e emprego ou nos sentimentos de satisfação profissional.

Escrevendo de um ponto de vista antropológico/cultural, Kluckhohn (1954, 1960; Kluckhohn e Strodtbeck, 1961) conceberam os valores como respostas a questões-chave com as quais as civilizações devem lutar. Assim, por exemplo, de questões sobre como o indivíduo deve se relacionar com o grupo, surgem valores sobre prioridades individuais *versus* prioridades do grupo. Em uma cultura, as respostas a essas questões poderiam tomar a forma de normas ou sanções que encorajam a estrita conformidade e pouca competição entre os membros do grupo. Em outra cultura, as normas e sanções podem encorajar a individualidade e a competição entre os membros do grupo. Nesse contexto, pode-se começar a avaliar como os membros de diferentes grupos culturais podem crescer com valores tão diferentes, variando de visões sobre vários "ismos" (como individualismo *versus* coletivismo) a visões sobre o que é trivial e pelo que vale a pena morrer. Os valores diferentes que as pessoas de várias culturas trazem para a situação de avaliação podem se traduzir em sistemas motivacionais e de incentivo muito variáveis. Entender os valores de um indivíduo é parte integral de entender a personalidade.

Também intimamente ligado ao conceito de aculturação é o conceito de *identidade* pessoal. **Identidade** nesse contexto pode ser definida como um conjunto de características cognitivas e comportamentais pelas quais os indivíduos se definem como membros de um determinado grupo. Colocado de forma simples, identidade refere-se ao sentido de *self*. Levine e Padilla (1980) definiram **identificação** como um processo pelo qual um indivíduo assume um padrão de comportamento característico de outra pessoa, e se referiram a ele como uma das "questões centrais com que os grupos de minoria étnica devem lidar" (p. 13). Ecoando esse sentimento, Zuniga (1988) sugeriu que uma pergunta como "Como você se define quando perguntado sobre sua etnia?" poderia ser usada para quebrar o gelo na avaliação da identidade. Ela continua:

> Como um cliente da minoria lida com sua resposta oferece evidências de sua comodidade e tranquilidade com sua identidade. Um cliente mexicano-americano que responde dizendo, "Eu sou norte-americano e sou exatamente igual aos outros", exibe uma postura defensiva que exige sondagem delicada. Uma cliente declarou timidamente que sempre se chamava de espanhola. Ela usava essa autodesignação porque sentia que o termo "mexicana" era sujo. (p. 291)

Outra variável fundamental da personalidade relacionada à cultura diz respeito a como um avaliando tende a ver o mundo. Como seu nome sugere, **visão de mundo** é a única forma segundo a qual as pessoas interpretam e entendem suas percepções como consequência de suas experiências de aprendizagem, origem cultural e variáveis relacionadas.

Nossa visão geral da personalidade começou com uma consideração de algumas perspectivas superficiais e leigas sobre esse assunto multifacetado. Fizemos referência ao agora clássico *rock* "das antigas" *Personality* e sua "definição" de personalidade em termos de variáveis observáveis como *caminhar, falar, sorriso* e *charme*. Aqui, no final do capítulo, percorremos um longo caminho para considerar elementos mais pessoais e não observáveis da personalidade na forma de construtos como *visão de mundo, identificação, valores* e *aculturação*. No capítulo que segue, continuamos a ampliar nossa perspectiva com relação a instrumentos que podem ser usados para avaliar a personalidade.

Autoavaliação

Teste sua compreensão dos elementos deste capítulo vendo se é capaz de explicar cada um dos seguintes termos, expressões e abreviações:

abordagem ideográfica
abordagem nomotética
aculturação
análise de perfil
autoconceito
autorrelato
avaliação da personalidade
Cinco Grandes
codificação empírica do
   critério
código Welsh
critério
diferenciação de autoconceito
diferencial semântico
efeito halo
entrevista estruturada
erro de generosidade

erro de leniência
erro de severidade
erro de tendência central
escala de validade
estado
estilo de resposta
estilo de resposta aquiescente
estrutura de referência
formato de escolha forçada
gerenciamento de impressões
grafologia
grupo critério
grupo-controle
identidade
identificação
lócus de controle
medida de autoconceito

MMPI
MMPI-2
MMPI-2-RF
MMPI-A
NEO PI-R
perfil
perfil de personalidade
personalidade
personalidade Tipo A
personalidade Tipo B
técnica Q-sort
tipo de personalidade
traço de personalidade
valores
valores instrumentais
valores terminais
visão de mundo

CAPÍTULO 13

Métodos de Avaliação da Personalidade

Algumas pessoas enxergam o mundo cheio de amor e bondade, enquanto outras veem ódio e maldade. Algumas equiparam *viver* com excesso comportamental, enquanto outras lutam por moderação em todas as coisas. Algumas têm percepções de si mesmas bastante realistas. Outras trabalham sob autoimagens grosseiramente distorcidas e percepções incorretas a respeito de família, amigos e conhecidos. Para os psicólogos e outros interessados em explorar as diferenças entre as pessoas com relação a essas e a outras dimensões, existem diversos recursos disponíveis. Neste capítulo, exploramos alguns dos instrumentos de avaliação da personalidade, incluindo métodos de avaliação projetivos e abordagens comportamentais à avaliação. Começamos com uma consideração dos métodos que normalmente são caracterizados como de natureza "objetiva".

Métodos objetivos

Em geral administrados por meio de lápis e papel ou por computador, os **métodos objetivos de avaliação da personalidade** contêm caracteristicamente itens mais curtos para os quais a tarefa do avaliando é selecionar uma resposta das duas ou mais fornecidas. A pontuação é feita de acordo com procedimentos estabelecidos envolvendo pouco julgamento, se houver, por parte do avaliador. Como acontece com os testes de habilidade, os métodos objetivos de avaliação da personalidade podem incluir itens escritos em um formato de múltipla escolha, de verdadeiro-falso ou de correspondência.

Enquanto uma determinada resposta em um teste objetivo de habilidade pode ser pontuada como *correta* ou *incorreta*, em um teste objetivo de personalidade ela é pontuada com referência à(s) característica(s) de personalidade sendo medida(s) ou à validade do padrão de respostas do respondente. Por exemplo, em um teste de personalidade em que uma resposta *verdadeiro* é considerada indicativa da presença de um determinado traço, uma série de respostas *verdadeiro* a itens de *verdadeiro-falso* será interpretada com referência à presumida força desse traço no testando. Bem, talvez.

Se o respondente também tiver respondido *verdadeiro* a itens indicativos da *ausência* do traço, bem como a itens raramente confirmados como tal pelos testados, então a validade do protocolo será posta em dúvida. O exame do protocolo pode sugerir uma irregularidade de algum tipo. Por exemplo, os itens podem ter sido respondidos de modo inconsciente, de forma aleatória ou com uma resposta *verdadeiro* a todas as questões. Como vimos, alguns testes de personalidade objetivos são construídos com escalas de validade ou outros dispositivos (tais como um formato de escolha forçada) visando detectar ou impedir padrões de resposta que colocariam em dúvida o significado das pontuações.

Os testes de personalidade objetivos compartilham muitas vantagens com os testes de habilidade objetivos. Podem ser respondidos rapidamente, permitindo a administração de muitos itens, abrangendo aspectos variados do traço ou dos traços que o teste se propõe a avaliar. Se os itens em um teste objetivo forem bem escritos, então vão requerer pouca explicação; isso os torna adequados para a administração em grupo ou computadorizada.

> **REFLITA...**
> Que possíveis explicações existem para alguém exibindo inconsistência em um teste objetivo de personalidade?

Os itens objetivos em geral podem ser pontuados com rapidez e segurança por meios variados, de pontuação à mão (geralmente com o auxílio de um gabarito colocado sobre o formulário de teste) a pontuação por computador. A análise e a interpretação desses testes podem ser quase tão rápidas quanto a pontuação, sobretudo se conduzidas por computador e por um programa personalizado.

O quanto são objetivos os métodos objetivos de avaliação da personalidade?

Embora os itens dos testes objetivos de personalidade compartilhem muitas características com as medidas objetivas de habilidade, nos apressamos a acrescentar que o adjetivo *objetivo* é um termo um pouco impróprio quando aplicado à testagem e à avaliação da personalidade. Com referência a itens de resposta curta em testes de *habilidade*, o termo *objetivo* agradou porque todos os itens continham apenas uma resposta correta. Bem, isso nem sempre foi verdade, mas foi assim que eles foram concebidos.

Contrastando com a pontuação de, digamos, provas de dissertação, a pontuação de testes objetivos de habilidade de múltipla escolha, deixaram pouco espaço para emoção, viés ou favoritismo por parte do avaliador do teste. A pontuação era imparcial e – na falta de um termo melhor – objetiva. Mas, ao contrário dos testes objetivos de habilidade, os testes objetivos de personalidade normalmente não contêm uma resposta correta. Antes, a seleção de uma determinada escolha de itens de múltipla escolha fornece informações relevantes a alguma coisa sobre o testando – tal como a presença, a ausência ou a força de uma variável relacionada à personalidade. Sim, a pontuação desse teste ainda pode ser imparcial e objetiva. Entretanto, a "objetividade" da pontuação derivada de um assim chamado teste de personalidade objetivo pode ser um tema de discussão. Considere, por exemplo, um teste de personalidade escrito em um formato de teste objetivo para detectar a existência de um conflito edípico não resolvido. O grau em que os resultados desses testes serão vistos como "objetivos" está inextricavelmente ligado às visões da pessoa sobre a validade da teoria psicanalítica e, de forma mais específica, ao construto *conflito edípico*.

Outra questão relacionada ao uso do adjetivo *objetivo* com *teste de personalidade* diz respeito ao autorrelato e à nítida *falta* de objetividade que pode estar associada a ele. Os autorrelatos dos testandos sobre o que gostam ou não gostam, o que concordam ou discordam, o que fazem ou não fazem, e assim por diante, podem ser tudo menos "objetivos", por muitas razões. Alguns indivíduos podem não ter o discernimento para responder de uma maneira que poderia ser razoavelmente descrita como objetiva. Alguns respondem de uma maneira que, acreditam, os coloca na melhor ou na pior luz possível – dependendo da impressão que desejam passar e de seus objetivos ao se submeter à avaliação. Em outras palavras, podem tentar passar uma impressão desejada fingindo-se de bons ou de maus.

Finalmente, o termo *objetivo* aplicado à maioria dos testes de personalidade pode ser concebido como uma descrição abreviada para um formato de teste. Os testes objetivos de personalidade têm essa denominação no sentido de que empregam um formato de resposta curta (em geral de múltipla escolha), o que dá pouca, ou nenhuma, margem para opinião em termos de pontuação. Descrever um teste de personalidade como objetivo serve mais para diferenciá-lo de métodos projetivos e de outros métodos de mensuração do que para transmitir informação sobre a realidade, a clareza ou a objetividade das pontuações derivadas dele.

Métodos projetivos

Suponha que as luzes em sua sala de aula tenham sido diminuídas e todos tenham sido instruídos a olhar para o quadro-negro limpo por um ou dois minutos. E suponha que todos tenham sido então orientados a pegar um papel e escrever o que achavam que podia ser visto no quadro-negro (outra coisa além do próprio quadro-negro). Se examinasse o que cada um de seus colegas escreveu, você poderia encontrar tantas coisas diferentes quanto havia alunos respondendo. Poderia supor que eles viram no quadro-negro – ou, mais precisamente, *projetaram* nele – alguma coisa que não estava lá de fato mas estava em suas próprias mentes. Você poderia supor ainda que as respostas ao quadro-negro em branco refletia alguma coisa muito reveladora e única sobre a estrutura de personalidade de cada aluno.

A **hipótese projetiva** sustenta que um indivíduo fornece estrutura a estímulos não estruturados de uma maneira congruente com o padrão único de necessidades, medos, desejos, impulsos, conflitos e formas conscientes e inconscientes do indivíduo de perceber e responder. De maneira semelhante, podemos definir o **método projetivo** como uma técnica de avaliação da personalidade na qual algum julgamento da personalidade do avaliando é feito com base no desempenho em uma tarefa que envolva o fornecimento de algum tipo de estrutura a estímulos não estruturados ou incompletos. Em uma cena na peça *Hamlet*, de Shakespeare, Polônio e Hamlet discutem o que pode ser visto nas nuvens. De fato, as nuvens podem ser usadas como um estímulo projetivo.[1] No entanto, os psicólogos, escravos da praticidade (e de métodos científicos) como são, desenvolveram medidas projetivas da personalidade que são mais confiáveis do que as nuvens e mais portáteis do que quadros-negros. Manchas de tinta, figuras, palavras, desenhos e outras coisas têm sido usados como estímulos projetivos.

> **REFLITA...**
>
> Seja criativo e nomeie alguma coisa não óbvia que poderia ser usada como um estímulo projetivo para fins de avaliação da personalidade? Como um teste projetivo usando o que você nomeou poderia ser administrado, pontuado e interpretado?

Ao contrário das técnicas de autorrelato, os testes projetivos são métodos *indiretos* de avaliação da personalidade; os avaliandos não são solicitados diretamente a revelar informações sobre si mesmos. Antes, a tarefa deles é falar sobre outra coisa (como manchas de tinta ou figuras). Por meio dessas respostas, indiretas o avaliador faz deduções sobre a personalidade dos avaliandos. Nessa tarefa, a capacidade – e, presumivelmente, a inclinação – dos examinandos de falsificar é minimizada. Também é minimizada em algumas tarefas projetivas a necessidade do testando de grande proficiência na língua. Por exemplo, habilidades de linguagem mínimas são requeridas para responder a um desenho ou para criar um desenho. Por essa razão, e porque alguns métodos projetivos podem ser menos ligados à cultura do que outras medidas de personalidade, os proponentes da testagem projetiva acreditam que há uma promessa de utilidade transcultural com esses testes que ainda não foi cumprida. Os proponentes das medidas projetivas também afirmam que uma grande vantagem dessas medidas é que elas exploram tanto material inconsciente quanto consciente. Nas palavras do homem que criou o termo *métodos projetivos*, "as coisas mais importantes sobre um indivíduo são o que ele não pode ou não quer dizer" (Frank, 1939, p. 395).[2]

Os testes projetivos nasceram no espírito de rebeldia contra os dados normativos e mediante tentativas, por parte de pesquisadores da personalidade, de desmembrar o estudo da personalidade em estudo de traços específicos de intensidades variáveis. Essa orientação é exemplificada por Frank (1939), que refletiu: "É interessante ver como os estudan-

---

[1] Na verdade, as nuvens *foram* usadas como estímulos projetivos. O Teste da Nuvem (Cloud Picture Test) de Wilhelm Stern, no qual os indivíduos devem dizer o que viram em imagens de nuvens, foi uma das primeiras medidas projetivas.

[2] O primeiro uso publicado do termo *métodos projetivos* de que temos conhecimento foi em um artigo intitulado "*Projective Methods in the Psychological Study of Children*" por Ruth Horowitz e Lois Barclay Murphy (1938). Entretanto, essas autoras tinham lido o manuscrito ainda não publicado de Lawrence K. Frank (1939) e lhe creditaram a "aplicação do termo 'métodos projetivos'".

tes da personalidade têm tentado abordar o problema da individualidade com métodos e procedimentos concebidos para o estudo de uniformidades e normas que ignoram ou subordinam a individualidade, tratando-a como um desvio incômodo que menospreza a real, a superior e única importante tendência central, moda, média, etc." (p. 392–393).

Em contraste com os métodos de avaliação da personalidade que se concentram no indivíduo de um ponto de vista normativo, baseado em estatística, as técnicas projetivas foram um dia o procedimento de escolha para focalizar o indivíduo de uma perpectiva puramente clínica – uma perspectiva que examinava a única maneira que um indivíduo projeta em um estímulo ambíguo "sua forma de ver a vida, seus significados, percepções, padrões e especialmente seus sentimentos" (Frank, 1939, p. 403). De modo um pouco paradoxal, anos de experiência clínica com esses testes e um enorme volume de dados de pesquisa levaram a interpretação de respostas a estímulos projetivos a tornar-se cada vez mais referenciada à norma.

Manchas de tinta como estímulos projetivos

Derrame um pouco de tinta no centro de uma folha branca de papel, em branco, e dobre-a. Espere secar. Essa é a receita para uma mancha de tinta. As manchas de tinta não são usadas apenas por profissionais da avaliação como estímulos projetivos, elas estão muito associadas com a própria psicologia aos olhos do público. O teste de manchas de tinta mais famoso é, naturalmente...

O Rorschach Hermann Rorschach (Fig. 13.1) desenvolveu o que chamou de um "teste de interpretação de formas" usando manchas de tinta como as formas a serem interpretadas. Em 1921, ele publicou sua monografia sobre a técnica, *Psychodiagnostics*. Na seção final

Figura 13.1 Hermann Rorschach (1884-1922).

Rorschach era um psiquiatra suíço cujo pai tinha sido professor de arte e cujos interesses incluíam arte e psicanálise – em particular a obra de Carl Jung, que tinha escrito extensivamente sobre métodos de trazer à tona material inconsciente. Em 1913, Rorschach publicou ensaios sobre como a análise das obras de arte de um paciente podiam fornecer *insights* sobre a personalidade. O teste das manchas de tinta de Rorschach foi publicado em 1921, e não foi um sucesso imediato. Rorschach morreu de peritonite no ano seguinte, aos 38 anos, sem ter consciência do grande legado que deixaria. Para mais informações sobre Hermann Rorschach, leia seu Test Developer Profile (Perfil de desenvolvedor de teste) na página da internet (em inglês) que acompanha este livro, em *www.mhhe.com/cohentesting8*.

dessa monografia, propôs aplicações de seu teste à avaliação da personalidade. Forneceu 28 estudos de caso empregando indivíduos normais (bem, não diagnosticados) e pessoas com vários diagnósticos psiquiátricos (incluindo neurose, psicose e doença maníaco-depressiva) para ilustrar seu teste. Rorschach morreu de forma súbita e inexplicável aos 38 anos de idade, apenas um ano após seu livro ter sido publicado. Um ensaio em coautoria de Rorschach e Emil Oberholzer intitulado *"The Application of the Form Interpretation Test"* foi publicado postumamente em 1923.

Como Rorschach, vamos nos referir a seu teste como tal – um *teste*. Entretanto, houve um pouco de polêmica sobre se o instrumento que Rorschach criou deve ser referido como um teste, um método, uma técnica ou qualquer outra coisa. Por exemplo, Goldfried e colaboradores (1971) veem o Rorschach como uma entrevista estruturada, e Korchin e Schuldberg (1981) o consideram "menos um teste" e mais "um campo aberto e flexível para estudar transações interpessoais" (p. 1151). Também houve debates sobre se o Rorschach é ou não considerado, de maneira adequada, um instrumento projetivo (Acklin, 1995; Aronow et al., 1995; Moreland et al., 1995b; Ritzler, 1995). Por exemplo, John Exner, uma autoridade no Rorschach, afirmou uma vez que as manchas de tinta são "não completamente ambíguas", que a tarefa não necessariamente "force a projeção" e que "infelizmente, o Rorschach vem sendo há muito tempo rotulado de maneira equivocada como um teste projetivo" (1989, p. 526-527; ver também Exner, 1997). Apesar disso, *Rorschach* continua sendo quase um sinônimo de *teste projetivo* entre os profissionais da avaliação e, não importa como seja chamado, ele sem dúvida se qualifica como um "teste".

O Rorschach consiste em 10 manchas de tinta bilateralmente simétricas (ou seja, uma imagem de espelho se dobrado pela metade) impressas em cartões separados. Cinco manchas são acromáticas (significando sem cor ou preto e branco). Duas são pretas, brancas e vermelhas. As três restantes são multicoloridas. O teste vem apenas com os cartões, não há manual de teste ou quaisquer instruções de administração, pontuação ou interpretação. Não há uma razão para algumas manchas serem acromáticas e outras cromáticas (com cor). Diferente da maioria dos *kits* de testes psicológicos, que hoje são publicados completos, com manual e estojo opcional, esse teste contém 10 cartões embalados em uma caixa de papelão; e só. Para qualquer clínico à moda antiga que use o Rorschach, uma versão desse teste administrada por computador de algum modo pareceria grosseira e inadequada. Naturalmente, não quer dizer que não tenha sido tentado (Padawer, 2001). Mas, mesmo a pontuação e a interpretação computadorizadas dos protocolos do teste, sem falar em sua administração computadorizada, podem ser desaprovadas pelos puristas do Rorschach (Andronikof, 2005).

REFLITA...
Por que um purista do Rorschach poderia se opor à administração do teste por computador?

Para satisfazer a necessidade de um manual do teste e de instruções para administração, pontuação e interpretação, inúmeros manuais e livretos estabeleceram uma variedade de métodos (tais como Aronow e Reznikoff, 1976, 1983; Beck, 1944, 1945, 1952, 1960; Exner, 1974, 1978, 1986, 2003; Exner e Weiner, 1982; Klopfer e Davidson, 1962; Lerner, 1991, 1996a, 1996b; Piotrowski, 1957). O sistema mais amplamente usado é o "sistema abrangente" criado por Exner. Antes de descrever o sistema de pontuação de Exner, entretanto, aqui está uma visão geral do processo de administração, pontuação e interpretação do Rorschach.

Os cartões com manchas de tinta (semelhantes em alguns aspectos ao mostrado na Fig. 13.2) são inicialmente apresentados ao testando, um de cada vez, em ordem numerada de 1 a 10. O testando é instruído a dizer o que está em cada um dos cartões com uma pergunta como "O que poderia ser isto?". Os testandos têm total liberdade com o Rorschach. Eles podem, por exemplo, girar os cartões e variar o número e o tamanho de suas respostas para cada cartão. O examinador registra todas as informações relevantes a cada cartão, a posição do cartão, e assim por diante. O examinador não se envolve em qualquer discussão relativa às respostas do testando durante a administração inicial dos cartões. É feito todo o possível para dar ao testando a oportunidade de *projetar*, livre de quaisquer distrações externas.

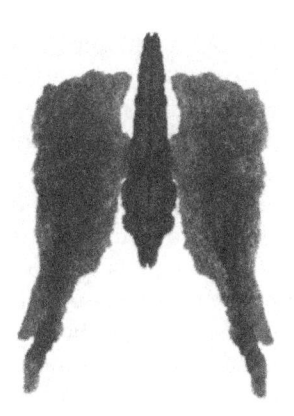

Figura 13.2 Uma mancha de tinta do tipo Rorschach.

Após o conjunto inteiro de cartões ter sido administrado uma vez, uma segunda administração, referida como **inquérito,** é conduzida. Durante o inquérito, o examinador tenta determinar que aspectos da mancha de tinta desempenharam um papel na formulação do **percepto** (percepção de uma imagem) do testando. Perguntas como "O que faz ela parecer [seja o que for]?" e "Como você vê [seja o que for que o testando relate estar vendo]?" são feitas na tentativa de esclarecer o que foi visto e que aspectos da mancha de tinta foram mais influentes na formação da percepção. O inquérito fornece informações úteis na pontuação e na interpretação das respostas. O examinador também fica sabendo se o testando lembra as respostas anteriores, se o percepto original ainda é visto e se quaisquer novas respostas são agora percebidas.

Um terceiro componente da administração, referido como **testagem dos limites**, também pode ser incluído. Esse procedimento permite ao examinador reestruturar a situação fazendo perguntas específicas que forneçam informações adicionais com relação ao funcionamento da personalidade. Se, por exemplo, o testando utilizou a mancha de tinta inteira ao formar perceptos ao longo de todo o teste, o examinador poderia querer determinar se detalhes dentro da mancha de tinta poderiam ser elaborados. Sob essas condições, poderia dizer "Às vezes as pessoas usam uma parte da mancha para ver alguma coisa". Alternativamente, o examinador poderia apontar para uma área específica do cartão e perguntar "O que isso parece?".

> **REFLITA...**
> Sob que condições você acharia aconselhável realizar um procedimento de testagem dos limites? Sob que condições ele seria desaconselhável?

Outros objetivos de procedimentos de testagem dos limites são (1) identificar qualquer confusão ou mal-entendido com relação à tarefa, (2) ajudar o examinador a determinar se o testando é capaz de refocar perceptos dada uma nova estrutura de referência e (3) ver se um testando que ficou ansioso pela natureza ambígua da tarefa é mais capaz de realizar dada essa estrutura adicional. Pelo menos um pesquisador do Rorschach defendeu a técnica de tentar evocar uma última resposta dos testandos que acham já terem dado tantas respostas quantas pretendiam dar (Cerney, 1984). A lógica era que finais têm muitos significados, e uma última resposta pode fornecer uma fonte de questões e inferências aplicáveis a considerações de tratamento.

Hipóteses relativas ao funcionamento da personalidade serão formadas pelo avaliador com base em todas as variáveis delineadas (tais como o conteúdo da resposta, a localização da resposta, o tempo para responder) bem como em muitas outras. Em geral, os protocolos do Rorschach são pontuados de acordo com diversas categorias, incluindo localização, determinantes, conteúdo, popularidade e forma. *Localização* é a parte da mancha que foi utilizada para formar o percepto. Os indivíduos podem usar a mancha de tinta inteira, uma grande seção, uma pequena seção, um detalhe mínimo ou espaços em branco. Os *determinantes* são as qualidades da mancha que determinam o que o indivíduo percebe. Forma, cor, sombreado ou movimento que ele atribui à mancha de tinta também são considerados determinantes. *Conteúdo* é a categoria de conteúdo da resposta. Diferentes sistemas de pontuação variam em algumas das categorias pontuadas. Certas áreas de conteúdo típicas incluem figuras humanas, figuras de animais, partes anatômicas, sangue, nuvens, raios X e respostas sexuais. *Popularidade* refere-se à frequência que se considerou ter uma certa resposta correspondido a uma determinada mancha de tinta ou seção de uma mancha de tinta. Uma resposta popular é aquela que foi obtida com frequência da população em geral. Uma resposta rara é aquela que foi percebida infrequentemente pela população em geral. A *forma* de uma resposta diz respeito à precisão com que a percepção do indivíduo corresponde ou se encaixa na parte inadequada da mancha de tinta. O nível da forma pode ser avaliado em relação a ela ser adequada ou inadequada ou boa ou pobre.

Considera-se que as categorias de pontuação correspondem a vários aspectos do funcionamento da personalidade. As hipóteses relativas a aspectos da personalidade são baseadas tanto no número de respostas em cada categoria como nas inter-relações entre as categorias. Por exemplo, o número de respostas integrais (usando a mancha de tinta inteira) em um registro de Rorschach está normalmente associado com processo de pensamento conceitual. O nível da forma está relacionado com o teste de realidade. Por isso, seria esperado que pacientes psicóticos obtivessem pontuações baixas para o nível da forma. O movimento humano foi associado com imaginação criativa. As respostas de cor foram vinculadas com reatividade emocional.

> **REFLITA...**
> Como você esperaria que as respostas de um grupo de pessoas, como artistas abstratos, diferissem de um grupo de controle comparável na categoria Forma?

Os padrões de resposta, os temas recorrentes e as inter-relações entre as diferentes categorias de pontuação são todos considerados para chegar a uma descrição final do indivíduo a partir de um protocolo do Rorschach. Dados relativos às respostas de vários grupos clínicos e não clínicos de adultos, adolescentes e crianças foram compilados em vários livros e publicações de pesquisa.

O teste de interpretação de formas de Rorschach dava seus primeiros passos na época da morte de seu desenvolvedor. O trabalho em andamento, órfão, encontrou um lar receptivo nos Estados Unidos, onde recebeu a atenção de vários grupos de apoiadores, cada um com sua própria visão a respeito de como o teste deveria ser administrado, pontuado e interpretado. Nesse sentido, o Rorschach é, como McDowell e Acklin (1996, p. 308) o caracterizaram, "uma anomalia no campo da mensuração psicológica quando comparado com técnicas objetivas e outras projetivas".

> **REFLITA...**
> Se o Rorschach não tem absolutamente coisa alguma a seu favor, ele tem grande apelo intuitivo. Discuta essa visão, como a favor ou como contra ela.

Amplamente referido apenas como "o Rorschach", como se esse instrumento fosse um teste padronizado, os profissionais e os pesquisadores do Rorschach durante muitos anos empregaram uma variedade de sistemas de pontuação e interpretação do teste – em algumas ocasiões selecionando e escolhendo critérios interpretativos de um ou mais de cada. Considere, nesse contexto, um estudo por Saunders (1991) que focalizou os indicadores de abuso infantil do Rorschach. Relatando sobre como pontuava os protocolos, Saunders escreveu: "Os protocolos do Rorschach eram pontuados usando o sistema de Rapaport e colaboradores (1945-1946) como estrutura básica, mas pontuações especiais de quatro tipos diferentes foram acrescentadas. Eu peguei emprestadas duas dessas medidas adicionais de outros pesquisadores [...] e desenvolvi as outras duas específicas para este estudo" (p. 55). Dada a variação que existia na terminologia e nas práticas de administração e de pontuação, prontamente se avalia o quanto pode ser difícil reunir evidências consistentes e verossímeis para a solidez psicométrica do teste.[3]

---

[3] Em parte em resposta a essas críticas do Rorschach, outro teste de manchas de tinta, a Técnica de Manchas de Tinta de Holtzman (HIT; Holtzman et al., 1961), foi concebido para ser mais psicometricamente sólido. Uma descrição do HIT de Wayne Holtzman, bem como especulações quanto a por que ele nunca alcançou a popularidade e a aceitação do Rorschach, podem ser encontradas no material suplementar para este capítulo apresentado na página da internet (em inglês) que acompanha este livro, *www.mhhe.com/cohentesting8*.

Em um livro que revisou diversos sistemas do Rorschach, John E. Exner Jr. (Fig. 13.3) escreveu sobre a conveniência de abordar "o problema do Rorschach por meio de uma integração de pesquisa dos sistemas" (1969, p. 251). Exner a seguir desenvolveria tal integração – um **sistema abrangente**, como ele o chamou (Exner 1974, 1978, 1986, 1990, 1991, 1993a, 1993b, 2003; Exner e Weiner, 1982, 1995; ver também Handler, 1996) –, para administração, pontuação e interpretação do teste. O sistema de Exner foi bem recebido pelos clínicos e é o mais usado e mais ensinado hoje. Entretanto, ligar inextricavelmente o destino do Rorschach a esse sistema seria injusto, pelo menos de acordo com Bornstein e Masling (2005); o sistema de Exner tem muito a recomendá-lo, mas o mesmo acontece com vários outros sistemas.

Antes do desenvolvimento do sistema de Exner e de sua adoção generalizada por clínicos e pesquisadores, as avaliações da solidez psicométrica do Rorschach tendiam a ser, na melhor das hipóteses, mista. Esse sistema trouxe um grau de uniformidade ao uso do Rorschach e desse modo facilitou as comparações de "maçãs com maçãs" (ou "morcegos com morcegos") dos estudos de pesquisa. Contudo, independentemente do sistema de pontuação empregado, havia uma série de razões pelas quais a avaliação da solidez psicométrica do Rorschach era um negócio complicado. Por exemplo, visto que cada mancha de tinta é considerada uma qualidade de estímulo única, a avaliação da confiabilidade por um método de metades seria inadequada. De interesse histórico, nesse sentido, é o

Figura 13.3   John Ernest Exner, Jr. (1928–2006).

Em seu obituário de John E. Exner Jr., Erdberg e Weiner (2007, p. 54) escreveram: "Muitos psicólogos pulam para lá e para cá um pouco antes de se decidirem sobre a especialidade que se torna o foco de sua vida profissional. Não foi o caso com John Exner. Ao ter em mãos pela primeira vez um conjunto de borrões do Teste de Manchas de Tintas de Rorschach, em 1953, sua fascinação com o instrumento determinou sua carreira dali em diante. Durante cinco décadas, 14 livros, mais de 60 artigos de revistas e incontáveis seminários e conferências, John Exner e o Rorschach se tornaram sinônimos". Entre outras realizações, Exner foi curador fundador do Hermann Rorschach Museum and Archives, em Berna, Suíça. Uma de suas últimas publicações, antes de morrer de leucemia na idade de 77 anos, foi um artigo intitulado "A New U.S. Adult Nonpatient Sample" (Uma nova amostra de adultos não pacientes dos Estados Unidos). Nesse artigo, Exner discutiu as implicações para modificar as diretrizes interpretativas do sistema abrangente baseado em dados novos (Exner, 2007).

trabalho de Hans Behn-Eschenburg, que tentou desenvolver, sob a direção de Hermann Rorschach (Eichler, 1951), uma forma semelhante mas não alternativa do teste. A necessidade de tal conjunto de cartões "análogos" era reconhecida pelo próprio Rorschach:

> Frequentemente surge a ocasião em que o teste deve ser repetido com o mesmo indivíduo. Tal situação aparece quando se deseja testar normais em vários humores, maníacos-depressivos em diferentes estágios, esquizofrênicos em várias condições, ou testar pacientes antes e após a psicanálise, etc. Ou um teste de controle sobre um normal pode ser desejado. Se o teste for repetido com as mesmas lâminas, a memória consciente ou inconsciente entra para deformar o resultado. Séries análogas de lâminas, diferentes das usuais mas satisfazendo os pré-requisitos para as lâminas individuais da série básica, são necessárias para essas situações. (Rorschach, 1921/1942, p. 53)

A "série análoga de lâminas" foi referida como "o Behn-Rorschach" ou simplesmente "o Behn". Alguns primeiros estudos de pesquisa buscaram comparar os achados no Rorschach "clássico" com os achados no Behn.

Como Exner observou, os procedimentos de confiabilidade teste-reteste tradicionais podem ser inadequados para uso com o Rorschach. Isso devido ao efeito de familiaridade em resposta aos cartões e porque as respostas podem refletir estados transitórios em oposição a traços permanentes. Exner (1983) refletiu que "algumas pontuações do Sistema Abrangente desafiam o axioma de que alguma coisa não pode ser válida a menos que ela também seja confiável" (p. 411).

> **REFLITA...**
> Você se inclui entre aqueles profissionais da avaliação que esperam que o Rorschach algum dia goze do respeito acadêmico? Por que ou por que não?

A aceitação generalizada do sistema de Exner promoveu a causa da confiabilidade do Rorschach – bem, a confiabilidade entre avaliadores, em todo o caso. Exner, bem como outros, forneceram ampla evidência de que níveis aceitáveis de confiabilidade entre avaliadores podem ser alcançados com esse teste. Usando o sistema de Exner, McDowell e Acklin (1996) relataram um percentual de concordância média global de 87% entre os avaliadores do Rorschach. Contudo, como advertiram esses pesquisadores, "Os tipos complexos de dados desenvolvidos pelo Rorschach introduzem obstáculos gigantescos à aplicação de procedimentos e critérios-padrão de desenvolvimento de testes" (p. 308-309). Muito mais pessimistas sobre tais "obstáculos gigantescos", e muito menos sutis em suas conclusões, foram Hunsley e Bailey (1999). Após revisar a literatura sobre a utilidade clínica do Rorschach, eles escreveram sobre o "escasso apoio de milhares de publicações" e expressaram dúvidas de que algum dia haveria evidência de que o Rorschach ou o sistema abrangente de Exner poderiam "contribuir, na prática clínica de rotina, para a avaliação psicológica cientificamente informada" (p. 274).

Contra tal pessimismo estavam outras revisões da literatura que eram muito mais favoráveis (Bornstein, 1998, 1999; Ganellen, 1996, 2007; Hughes et al., 2007; Meyer e Handler, 1997; Viglione, 1999). Uma revisão de diversas metanálises indicou que os coeficientes de validade do Rorschach eram semelhantes aos do MMPI e do WAIS (Meyer e Archer, 2001). Em sua metanálise visando comparar a validade do Rorschach com a do MMPI, Hiller e colaboradores (1999) concluíram que "em média, ambos os testes funcionam quase igualmente bem quando usados para propósitos considerados apropriados pelos especialistas" (p. 293). Na mesma linha, Stricker e Gold (1999, p. 240) refletiram que "Um teste não é válido ou inválido; antes, há tantos coeficientes válidos quanto há propósitos para os quais o teste é usado. O Rorschach pode demonstrar sua utilidade para vários propósitos e pode ser considerado deficiente para vários outros". Stricker e Gold (1999) continuaram defendendo uma abordagem à avaliação que incorporasse muitos tipos diferentes de métodos:

> Sem dúvida, o maior poema de Walt Whitman foi intitulado "Canto de mim mesmo". Acreditamos que tudo o que é feito pela pessoa que está sendo avaliada é um canto de si mesmo. O Rorschach é um instrumento disponível para o clínico, que tem a tarefa de ouvir toda a música. (p. 249)

Décadas atrás, Jensen (1965, p. 509) opinou que "a taxa de progresso científico na psicologia clínica também pode ser medida pela velocidade e pela extensão com que ela supera o Rorschach". Se essa afirmação fosse verdadeira, então a taxa de progresso científico na psicologia poderia ser caracterizada como um rastejamento. Publicações apoiando seu uso pontuam a literatura contemporânea (p.ex., Bram, 2010; Keddy e Erdberg, 2010; Mishra et al., 2010; Weizmann-Henelius et al., 2009), embora ainda haja controvérsias (p.ex., Del Giudice, 2010a, 2010b; Kottke et al., 2010). O Rorschach continua sendo um dos testes psicológicos usados e ensinados com mais frequência. Ele é amplamente utilizado no trabalho forense e em geral aceito pelos tribunais. Um revisor concluiu sua avaliação da situação do Rorschach aos 75 anos com palavras que parecem aplicáveis muitos anos mais tarde: "Utilizado de forma ampla e altamente valorizado por clínicos e pesquisadores em muitos países do mundo, parece, apesar de sua fama, ainda não ter recebido o respeito acadêmico que merece e, se pode esperar, algum dia desfrutará" (Weiner, 1997, p. 17).

> **REFLITA...**
> Os escores em um teste como o Rorschach desafiam o axioma de que a pontuação não pode ser válida a menos que seja confiável?

Figuras como estímulos projetivos

Olhe a Figura 13.4. Agora invente uma história sobre ela. Sua história deve ter início, meio e fim. Escreva-a usando tanto papel quanto necessário. Leve a história para a aula e a compare com as histórias dos outros alunos. O que sua história revela sobre suas necessidades, seus medos, seus desejos, seu controle dos impulsos, suas formas de ver o mundo – sua personalidade? O que as histórias escritas por seus colegas revelam sobre eles? Esse exercício o introduz no uso de figuras como estímulos projetivos. Essas figuras podem ser fotos de pessoas reais, de animais, de objetos ou de qualquer coisa. Elas podem ser pinturas, desenhos, gravuras ou qualquer outra variedade de figura.

Um dos primeiros usos de figuras como estímulos projetivos aconteceu no início do século XX. Diferenças em razão do gênero foram encontradas nas histórias que as crianças criavam em resposta a nove figuras (Brittain, 1907). O autor relatou que as meninas no estudo eram mais interessadas em temas religiosos e morais do que os meninos. Outro primeiro experimento usando figuras e uma técnica de narrativa investigou a imaginação

Figura 13.4 Figura ambígua para uso na tarefa de narrativa projetiva.

Figura 13.5 Christiana D. Morgan (1897-1967).

Na capa da caixa do amplamente utilizado TAT e em inúmeros outros livros e artigos relacionados à mensuração, a autoria do TAT é listada como "Henry A. Murray, Ph.D., e a equipe da Harvard Psychological Clinic". Entretanto, os primeiros artigos descrevendo esse teste foram escritos por Christiana D. Morgan (Morgan, 1938) ou por Morgan e Murray, com Morgan listada como autora principal (Morgan e Murray, 1935, 1938). Em um manuscrito mimeografado nos arquivos da Harvard University, uma primeira versão do teste era intitulada "Teste de Apercepção Temática de Morgan-Murray" (White et al., 1941). Wesley G. Morgan (1995) observou que, visto Christiana Morgan "ter sido a autora principal das publicações anteriores, uma questão é levantada sobre por que seu nome foi omitido como autora da versão de 1943" (p. 238). Morgan (1995) tratou dessa e de questões relacionadas em um breve mas fascinante relato da origem e história das imagens do TAT. Mais sobre a vida de Christiana Morgan pode ser encontrado em *Translate This Darkness: The Life of Christiana Morgan* (Douglas, 1993). Seu perfil de desenvolvedora de testes pode ser encontrado na página da internet (em inglês) que acompanha este livro, em *www.mhhe.com/cohentesting8*.

das crianças. Diferenças nos temas devido à idade foram observadas (Libby, 1908). Em 1932, um psiquiatra trabalhando na Clinic for Juvenile Research, em Detroit, desenvolveu o Teste de Figuras de Situações Sociais (Social Situation Picture Test)(Schwartz, 1932), um instrumento projetivo concebido para uso com delinquentes juvenis. Trabalhando na Harvard Psychological Clinic em 1935, Christiana D. Morgan (Fig. 13.5) e Henry A. Murray (Fig. 13.6) publicaram o Teste de Apercepção Temática (TAT) – pronunciado dizendo-se as letras – o instrumento que veio a ser o mais usado de todos os testes projetivos de narrativa de figuras.

O Teste de Apercepção Temática (TAT) O Thematic Apperception Test (TAT) foi concebido originalmente como um auxílio para evocar material de fantasia de pacientes em psicanálise (Morgan e Murray, 1935). Os materiais de estímulo consistiam, como consistem hoje, em 31 cartões, um dos quais está em branco. Os 30 cartões de figuras, todos em preto e branco, contêm uma variedade de cenas visando apresentar ao testando "certas situações humanas clássicas" (Murray, 1943). Algumas das figuras contêm um indivíduo solitário, algumas mostram um grupo de pessoas e algumas não exibem pessoas. Algumas das figuras parecem ser quase tão reais quanto fotografias; outras são desenhos surrealistas. Os testandos são introduzidos no exame com a história de que ele é um teste de imaginação no qual é tarefa deles descrever que eventos levaram à cena na figura, o que está acontecendo naquele momento e qual será o desfecho. Os testandos também são orientados a descrever o que as pessoas retratadas nos cartões estão pensando e sentindo. Se o cartão em branco for administrado, os examinandos são instruídos a imaginar que há uma figura no cartão e então prosseguir contando uma história sobre ela.

Figura 13.6   Henry A. Murray (1893–1988).
Henry Murray talvez seja mais conhecido pela influente teoria da personalidade que desenvolveu, bem como por seu papel como autor do TAT. Biografias de Murray foram escritas por Anderson (1990) e Robinson (1992). O perfil de desenvolvedor de testes pode ser encontrado na página da internet (em inglês) que acompanha este livro, em *www.mhhe.com/cohentesting8*.

No manual do TAT, Murray (1943) também aconselhou os examinadores a tentar encontrar a fonte da história do examinando. É importante destacar que o substantivo *apercepção* é derivado do verbo **aperceber-se**, que pode ser definido como *perceber em termos de percepções passadas*. A fonte de uma história poderia ser uma experiência pessoal, um sonho, um evento imaginado, um livro, um episódio do *The Daily Show* – na verdade quase tudo.

Na prática clínica diária, os examinadores tendem a tomar liberdades com vários elementos que dizem respeito a administração, pontuação e interpretação do TAT. Por exemplo, embora 20 cartões seja o número recomendado para apresentação, na prática um examinador poderia administrar apenas um ou dois ou todos os 31. Se um clínico estiver avaliando um paciente com inclinação por contar histórias que encham resmas de blocos de anotações, provavelmente será uma boa aposta que menos cartões serão administrados. Se, no entanto, um paciente contar histórias curtas, de uma ou duas frases, mais cartões podem ser administrados na tentativa de coletar mais dados brutos com os quais trabalhar. Alguns dos cartões são sugeridos para uso com homens adultos, mulheres adultas, ou ambos, e alguns para uso com crianças. Isso porque certas representações pictóricas se prestam mais que outras a identificação e projeção por membros desses grupos. Em um estudo envolvendo 75 homens (25 de cada com 11, 14 e 17 anos de idade), Cooper (1981) identificou os 10 cartões mais produtivos para uso com homens adolescentes. Na prática, entretanto, qualquer cartão – seja ele recomendado para uso com homens, com mulheres ou com crianças – pode ser administrado a qualquer indivíduo. O clínico seleciona os cartões que ele acredita terem mais probabilidade de evocar respostas pertinentes ao objetivo da testagem.

O material bruto usado para tirar conclusões sobre o indivíduo examinado com o TAT são (1) as histórias como foram conta-

> **REFLITA...**
> Descreva uma figura em um cartão que realmente faria *você* falar. Após descrever o cartão, imagine que história você contaria em resposta a ele.

das por ele, (2) as anotações do clínico sobre a forma ou a maneira como o examinando respondeu aos cartões e (3) as anotações do clínico sobre comportamento e verbalizações extrateste. As duas últimas categorias de dados brutos (comportamento no teste e extrateste) são fontes de interpretações clínicas para quase todos os testes administrados de modo individual. A análise do conteúdo da história requer treinamento especial. Uma ilustração de como o comportamento de um testando durante a testagem pode influenciar as interpretações do examinador dos achados foi fornecida por Sugarman (1991, p. 140), que contou sobre um "paciente muito narcisista [que] demonstrou desprezo e desvalorização em relação ao examinador (e presumivelmente aos outros) ditando histórias do TAT completas, com ortografia e pontuação, como se o examinador fosse um estenógrafo".

Existem inúmeros sistemas para interpretar os dados do TAT (p. ex., Thompson, 1986; Jenkins, 2008; Westen et al., 1988). Muitos sistemas interpretativos incorporam ou são em algum grau baseados nos conceitos de Henry Murray de **necessidade** (determinantes de comportamento surgindo do indivíduo), **pressão** (determinantes de comportamento surgindo do ambiente) e **thema** (uma unidade de interação entre necessidade e pressão). Em geral, o princípio orientador na interpretação das histórias do TAT é que o testando está se identificando com alguém (o protagonista) na história e que as necessidades, as demandas ambientais e os conflitos do protagonista na história estão, de alguma forma, relacionados com as preocupações, as esperanças, os medos ou os desejos do examinando.

> **REFLITA...**
> A identificação do testando com as personagens ou cenas retratadas aumentaria se o TAT fosse refeito hoje em uma mídia diferente, tal como imagens em filme ou vídeo?

Em sua discussão do TAT do ponto de vista de um clínico, William Henry (1956) examinou cada um dos cartões no teste em relação a variáveis como *demanda de estímulo manifesto, demanda de forma, demanda de estímulo latente, tramas frequentes* e *variações significativas*. Para ter uma ideia de como alguns desses termos são usados, olhe novamente a Figura 13.5 – uma figura que *não* é um cartão do TAT – e então reveja as Tabelas 13.1 e 13.2, que são descrições do cartão e apresentam algumas respostas ao cartão de respondentes em idade de faculdade. Embora um clínico possa obter porções de informações pelas histórias contadas sobre cada cartão individual, suas impressões finais em geral derivam de uma consideração dos padrões globais dos temas que emergem.

Como ocorre com o Rorschach e muitas outras técnicas projetivas, o debate entre acadêmicos e profissionais a respeito da solidez psicométrica do TAT tem sido incessante ao longo dos anos. Devido à falta geral de padronização e uniformidade com as quais os procedimentos de administração, pontuação e interpretação tendem a ser aplicados na prática clínica diária, uma preocupação por razões psicométricas é claramente justificada. Entretanto, em testes experimentais em que examinadores treinados usam os mesmos procedimentos e sistemas de pontuação, os coeficientes de confiabilidade entre avaliadores pode variar de adequados a impressionantes (Stricker e Healy, 1990).

> **REFLITA...**
> Por que medidas de confiabilidade de metades partidas, de teste-reteste e de formas alternadas são inadequadas para uso com o TAT?

A pesquisa sugere que fatores situacionais – incluindo quem é o examinador, como o teste é administrado e as experiências do testando antes e durante a administração do teste – podem afetar as respostas do teste. Além disso, estados de necessidade interna transitórios como fome, sede, fadiga e níveis de tensão sexual mais altos que o normal podem influir nas respostas de um testando. Diferentes cartões do TAT têm diferentes "puxadas" de estímulo (Murstein e Mathes, 1996). Algumas figuras têm mais probabilidade do que outras de evocar histórias com temas de desespero, por exemplo. Visto que as figuras têm "puxadas" de estímulo diferentes ou, em termos mais técnicos, diferentes demandas de estímulo latente, se torna difícil, se não impossível, determinar a confiabilidade entre itens (leia-se "entre cartões") do teste. O cartão 1 poderia com segurança evocar temas de necessidade de realização, enquanto o 16, por exemplo, poderia não evocar qualquer desses temas. A possibilidade de tamanhos da história amplamente

Tabela 13.1 Uma descrição da figura de exemplo tipo TAT

Descrição do autor

Um homem e uma mulher estão sentados em estreita proximidade em um sofá. A mulher está falando ao telefone. Há uma mesa com uma revista sobre ela ao lado do sofá.

Demanda de estímulo manifesto

Alguma explicação da natureza do relacionamento entre essas duas pessoas e alguma razão para a mulher estar ao telefone são requeridas. Menos frequentemente notada é a revista sobre a mesa e seu papel na cena.

Demanda de forma

Dois grandes detalhes, a mulher e o homem, devem ser integrados. Pequenos detalhes incluem a revista e o telefone.

Demanda de estímulo latente

Esta figura pode evocar atitudes em relação à heterossexualidade, bem como material relevante ao examinando sobre otimismo-pessimismo, segurança-insegurança, dependência-independência, passividade-assertividade e *continuums* relacionados. Alternativamente, atitudes relacionadas a família e amigos podem ser evocadas, com as duas figuras principais sendo vistas como irmão e irmã, a mulher falando ao telefone com um membro da família, e assim por diante.

Enredos frequentes

Não administramos este cartão a um número suficiente de pessoas para fazer julgamentos sobre o que constitui "enredos frequentes". Entretanto, fornecemos uma amostragem de enredos (Tab. 13.2).

Variações significativas

Assim como não podemos fornecer informações sobre enredos frequentes, não podemos relatar dados sobre variações significativas. Poderíamos imaginar, no entanto, que a maioria dos estudantes universitários vendo esta figura perceberia os dois indivíduos nela como estando envolvidos em um relacionamento heterossexual. Se esse fosse o caso, uma variação significativa seria uma história na qual os personagens não estão envolvidos em um relacionamento heterossexual (p. ex., eles são empregador/empregado). Atenção clínica também será dada à natureza do relacionamento dos personagens com quaisquer "figuras introduzidas" (pessoas não retratadas no cartão mas introduzidas na história pelo examinando). A "puxada" deste cartão é introduzir a figura com quem a mulher está falando. Sobre o que é o telefonema? Como a história será resolvida?

Tabela 13.2 Algumas respostas à figura de exemplo

Respondente	História
1. (Homem)	Esse cara esteve envolvido com esta garota por alguns meses. As coisas não tinham ido muito bem. Ele suspeitava que ela estivesse saindo com um monte de caras. Esta é apenas uma cena de toda uma noite em que o telefone não parou de tocar. Em seguida ele vai levantar e ir embora.
2. (Mulher)	Este casal está namorando. Eles não fizeram planos para a noite e estão pensando no que devem fazer. Ela está telefonando para outro casal para perguntar se eles querem sair junto. Eles vão sair com o outro casal e se divertir.
3. (Homem)	Esta garota acha que está grávida e está ligando para o médico para saber o resultado de seu exame. Este cara está bastante preocupado porque ele tem planos de terminar a faculdade e fazer pós-graduação. Ele tem medo de que ela queira casar, e ele não quer ficar preso a nada. O médico vai dizer que ela não está grávida, e ele ficará realmente aliviado.
4. (Mulher)	Este casal está namorando há cerca de dois anos, e estão muito apaixonados. Ela está ao telefone combinando o pagamento da metade do aluguel do salão para o casamento. Há uma revista de noivas sobre a mesa do lado. Eles parecem estar realmente apaixonados. Eu acho que tudo vai dar certo para eles, ainda que muitas coisas estejam contra – as taxas de divórcio e tudo o mais.
5. (Homem)	Estes são dois amigos muito íntimos. O cara tem um problema e precisa conversar com alguém. Ele se sente muito deprimido e acha que está sozinho no mundo. Toda vez que começa a falar com ela sobre seus sentimentos, o telefone toca. Logo ele irá embora pensando que ninguém tem tempo para ele e se sentindo ainda mais sozinho. Não sei o que acontecerá com ele, mas não parece coisa boa.

variáveis em resposta aos cartões apresenta outro desafio à documentação da confiabilidade entre itens.

Opiniões conflitantes são apresentadas na literatura acadêmica relativas à validade do TAT, incluindo a validade de suas suposições e a validade de várias aplicações (Barends et al., 1990; Cramer, 1996; Gluck, 1955; Hibbard et al., 1994; Kagan, 1956; Keiser e Prather, 1990; Mussen e Naylor, 1954; Ronan et al., 1995; Worchel e Dupree, 1990). Alguns argumentaram que a mesma quantidade de informação motivacional poderia ser obtida por métodos de autorrelato, muito mais simples. Entretanto, uma metanálise dessa literatura concluiu que havia pouca relação entre dados derivados do TAT e dados derivados de autorrelatos (Spangler, 1992). McClelland e colaboradores (1989) diferenciaram os produtos de autorrelatos e informação motivacional derivada do TAT, afirmando que as medidas de autorrelato produziam "motivos autoatribuídos" enquanto o TAT era capaz de produzir "motivos implícitos". Com base parcial em McClelland e colaboradores (1989), podemos definir um **motivo implícito** como uma influência não consciente sobre o comportamento normalmente adquirida com base na experiência.

> **REFLITA...**
> Se alguém lhe perguntar sobre sua "necessidade de realizar", o que você diria? Como o que você diz poderia diferir da medida "implícita" de necessidade por realização que surgiria de seu protocolo do TAT?

Um estudo realizado por Peterson e colaboradores (2008) forneceu apoio parcial, não apenas para a hipótese projetiva, mas também para o valor do TAT na avaliação clínica. Os indivíduos da pesquisa eram 126 estudantes de introdução à psicologia (70 mulheres, 56 homens) cuja idade média era de cerca de 19 anos e meio. Todos completaram um questionário demográfico e foram pré-avaliados por medidas de autorrelato de personalidade e humor. Eles foram então expostos a músicas de *rock* com letras relacionadas a suicídio. As canções específicas usadas foram *Dirt, Desperate Now* e *Fade to Black*. Os indivíduos completaram em seguida um teste de memória para a música que tinham ouvido. Também completaram medidas de autorrelato de personalidade e humor (novamente) e uma tarefa de narrativa da figura usando três cartões do TAT. De particular interesse entre os muitos achados foi o fato de que os traços de personalidade medidos previram o nível de resposta associada a suicídio nas histórias contadas. Os participantes que escreveram histórias com níveis mais altos de resposta relacionada a suicídio (a) tendiam a acreditar que o pensamento suicida era válido, e que as letras sobre suicídio nas canções eram potencialmente danosas, (b) se sentiram mais tristes, irritados e isolados enquanto escutavam a música e (c) foram mais propensos a relatar estados de afeto negativos após escutar a música. Um achado inesperado desse estudo foi que

> após escutar a música com letras suicidas, muitos participantes escreveram histórias projetivas com temas altruístas [...] Há uma vasta literatura relacionando exposição a violência na música, nos videogames e nos filmes com agressividade aumentada, mas Meier e colaboradores, 2006, relataram que essa relação não ocorre para indivíduos com escores altos em medidas de socialização. De fato, esses indivíduos respondem a sugestões relacionadas a agressão acessando pensamentos pró-sociais. (Peterson et al., 2008, p. 167)

Embora a relação entre expressão de histórias de fantasia e comportamento da vida real seja na melhor das hipóteses experimental, e embora o TAT seja muito suscetível a falsificação, o teste é amplamente usado pelos clínicos. A lógica do TAT, e de muitos testes de história da figura semelhantes publicados (ver Tab. 13.2), tem grande apelo intuitivo. Faz sentido que as pessoas projetem sua própria motivação quando solicitadas a criar uma história a partir de um estímulo ambíguo. Outro apelo para os aplicadores desse teste é o fato de ser o clínico a adaptar a administração do teste selecionando os cartões e a natureza do inquérito – um aspecto muito bem recebido por muitos clínicos em uma era de testes adaptados para computador e resumos de narrativas gerados por computador. E assim como o TAT, e muitos outros instrumentos de avaliação projetivos, o teste deve ser finalmente julgado por um padrão diferente, de orientação mais clínica do que psicométrica, para que sua contribuição para a avaliação da personalidade seja apreciada em sua totalidade.

Outros testes usando figuras como estímulos projetivos Após a publicação do TAT e sua subsequente adoção por muitos clínicos, diversos outros testes semelhantes fo-

Tabela 13.3 Alguns testes de história da figura

Teste de história da figura	Descrição
Thompson (1949) modification of the original TAT	Concebido especificamente para uso com testandos afro-americanos, com figuras contendo protagonistas negros e brancos.
TEMAS (Malgady et al., 1984)	Concebido para uso com crianças hispânicas urbanas, com desenhos de cenas relevantes à experiência delas.
Children's Apperception Test (CAT; Bellak, 1971) (primeira publicação em 1949)	Concebido para uso dos 3 aos 10 anos de idade com base na ideia de que animais envolvidos em várias atividades eram úteis para estimular narrativa projetiva pelas crianças.
Children's Apperception Test-Human (CAT-H; Bellak e Bellak, 1965)	Uma versão do CAT baseada na ideia de que, dependendo da maturidade da criança, uma resposta mais clinicamente valiosa poderia ser obtida com seres humanos em vez de animais nas figuras.
Senior Apperception Technique (SAT; Bellak e Bellak, 1973)	Teste de história da figura retratando imagens relevantes a adultos mais velhos.
The Picture Story Test (Symonds, 1949)	Para uso com adolescentes, com figuras projetadas para evocar temas relacionados a eles como chegar tarde em casa e sair de casa.
Education Apperception Test (Thompson e Sones, 1973) e o School Apperception Method (Solomon e Starr, 1968)	Dois testes independentes, listados juntos aqui porque ambos foram concebidos para explorar temas relacionados à escola. Para idades de 8 a 14 anos, contém figuras projetadas para evocar vários temas, variando de conflito com autoridade a sentimentos de inadequação pessoal.
The Michigan Picture Test (Andrew et al., 1953)	Concebido para evocar uma variedade de temas de desenvolvimento, como confrontação familiar, conflito parental, afeto parental, atitudes em relação à escola e ação dos pares.
Roberts Apperception Test for Children (RATC; McArthur e Roberts, 1982)	Teste com base em teoria fundamentada no trabalho de Alfred Adler.
Children's Apperceptive Story-Telling Test (CAST; Schneider, 1989)	Itens do tipo quadrinhos, de base psicanalítica, apresentando Blacky, o Cão.
Blacky Pictures Test (Blum, 1950)	
Make a Picture Story Method (Shneidman, 1952)	Para as idades de 6 anos e acima; os respondentes constroem suas próprias figuras a partir de materiais de corte incluídos no *kit* do teste e então contam uma história.

ram publicados. A razão para criar alguns desses testes tem a ver com sua contribuição sugerida em termos de maior identificação do testado com as imagens retratadas nos cartões. Assim, por exemplo, um grupo de testes do tipo TAT concebidos para uso com idosos apresenta pessoas mais velhas nas figuras (Bellak e Bellak, 1973; Starr e Weiner, 1979; Wolk e Wolk, 1971). A suposição feita pelos autores desses testes é que figuras representando pessoas mais velhas serão mais relevantes para o idoso e desse modo evocarão respostas verbais refletindo com mais precisão conflitos interiores. Verdon (2011) levantou algumas questões importantes a respeito de suposições inerentes ao uso de tais instrumentos. Um de seus questionamentos tinha a ver com a adequação de tratar o idoso como um grupo quando se trata de medidas como o TAT. Ele escreveu, "Nunca devemos esquecer que essas pessoas também foram um dia crianças, adolescentes e adultos jovens, e que suas experiências passadas de prazer e dor, esperança e desencanto ainda estão presentes em suas vidas mentais. Por essa razão, devemos ter o cuidado de não considerar a população idosa como uma entidade clínica homogênea cujas características mentais e preocupações não teriam nada mais a ver com aquelas de seu passado" (p. 62). Verdon questionou se os cartões mostrados a testandos idosos devem necessariamente retratar figuras idosas se eles são para evocar temas ligados a perda e desesperança; os cartões do TAT originais podiam fazer isso, e podem até ser mais eficazes nesse sentido. Verdon advertiu:

se o material corresponder de maneira muito rigorosa a situações da vida real, haverá pouca margem para fantasia, e o discurso da pessoa pode ser considerado literal, como supostamente refletindo problemas reais de suas vidas diárias. Por outro lado [...] se o ator e o narrador da cena forem um só, correremos o risco de atribuir um valor positivo a uma história que é na verdade convencional, na qual os conflitos são evitados ou minimizados. (Verdon, 2011, p. 25)

Há outros tipos de instrumentos projetivos, não tão semelhantes ao TAT, que também usam figuras como estímulos. Uma dessas técnicas, o Teste das Mãos (Hand Test) (Wagner, 1983), consiste em nove cartões com figuras de mãos e um décimo cartão em branco. Ao testando é perguntado o que as mãos em cada cartão poderiam estar fazendo. Quando é apresentado o cartão em branco, ele é instruído a imaginar um par de mãos no cartão e então descrever o que elas poderiam estar fazendo. Os testandos podem dar várias respostas a cada cartão, e todas são registradas. As respostas são interpretadas de acordo com 24 categorias, como afeto, dependência e agressão.

Outra técnica projetiva, o Estudo de Figura-Frustração de Rosenzweig (Rosenzweig Picture-Frustration Study) (Rosenzweig, 1945, 1978), emprega quadrinhos retratando situações frustrantes (Fig. 13.7). A tarefa do testando é preencher a resposta da figura do quadrinho que está sendo frustrada. O teste, que é baseado na suposição de que o testando se identificará com a pessoa que está sendo frustrada, está disponível nas formas para crianças, adolescentes e adultos. As crianças pequenas respondem da mesma maneira às figuras, enquanto testandos mais velhos podem responder oralmente ou por escrito. Um período de inquérito é sugerido após a administração de todas as figuras a fim de esclarecer as respostas.

As respostas do teste são pontuadas em termos do tipo de reação evocada e da direção da agressão expressada. A direção da agressão pode ser impunitiva (agressão voltada para dentro), extrapunitiva (expressa para fora) ou impunitiva (a agressão é contornada a fim de evitar ou disfarçar a situação). As reações são agrupadas em categorias, como dominância do obstáculo (na qual a resposta se concentra na barreira frustrante), defesa do ego (na qual a atenção é focada em proteger a pessoa frustrada) e persistência da necessidade (na qual a atenção é dirigida a resolver o problema frustrante). Para cada categoria de pontuação, a porcentagem de respostas é calculada e comparada com os dados

Figura 13.7 Exemplo de item do Estudo da Figura-Frustração de Rosenzweig.

normativos. Uma avaliação de conformidade do grupo (Group Conformity Rating-GCR) é obtida representando o grau em que as respostas do indivíduo se ajustam ou são típicas do grupo de padronização. Esse teste captou a imaginação dos pesquisadores durante décadas, embora ainda existam dúvidas sobre como as reações aos quadrinhos retratando situações frustrantes estão relacionadas com situações da vida real.

Uma variação do método de história da figura pode atrair clínicos à moda antiga bem como clínicos que se beneficiam dos dados normativos com todas as estatísticas associadas. O Teste Aperceptivo da Personalidade (Apperceptive Personality Test) (APT; Karp et al., 1990) representa uma tentativa de enfrentar algumas críticas de longa data do TAT como um instrumento projetivo, ao mesmo tempo introduzindo objetividade no sistema de pontuação. O teste consiste em oito cartões de estímulo "retratando pessoas reconhecíveis em situações cotidianas" (Holmstrom et al., 1990, p. 252), incluindo homens e mulheres de idades diferentes e membros do grupo de minoria. Isso, a propósito, contrasta com os cartões de estímulo do TAT, alguns dos quais retratam tipos de cenas fantásticas ou irreais.[4] Outra diferença entre o APT e o TAT é o tom emocional e o sorteio dos cartões de estímulo. Uma antiga crítica dos cartões do TAT tem sido seu tom negativo ou sombrio, que pode restringir a gama de afetos projetados por um testando (Garfield e Eron, 1948; Ritzler et al., 1980). Após narrar uma história sobre cada uma das figuras do APT oralmente ou por escrito, os testandos respondem a uma série de questões de múltipla escolha. Além de suprir informações quantitativas, o segmento de questionário do teste foi concebido para preencher lacunas de informação das histórias que eram muito curtas ou enigmáticas para serem pontuadas. As respostas são, portanto, submetidas à interpretação clínica e atuarial e podem, na verdade, ser pontuadas e interpretadas com programas de computador.

> **REFLITA...**
> Para os propósitos de um teste como o TAT, por que a representação de pessoas contemporâneas "normais" nos cartões poderia funcionar melhor ou pior do que as imagens atualmente neles?

Toda figura conta uma história – bem, espera-se a bem do clínico ou do pesquisador que estão tentando coletar dados por meio de um teste projetivo de história da figura. De outro modo, pode ser o momento de introduzir outro tipo de teste, um em que as próprias palavras sejam usadas como estímulos projetivos.

Palavras como estímulos projetivos

As técnicas projetivas que empregam palavras ou frases e sentenças abertas são referidas como técnicas *semiestruturadas* porque, embora permitam uma variedade de respostas, ainda fornecem uma estrutura na qual o indivíduo deve operar. Talvez os dois exemplos mais conhecidos de técnicas projetivas verbais sejam os *testes de associação de palavras* e os *testes de conclusão da sentença*.

Testes de associação de palavras A **associação de palavras** é uma tarefa que pode ser usada na avaliação da personalidade na qual um avaliando verbaliza a primeira palavra que vem à mente em resposta a uma palavra de estímulo. Um **teste de associação de palavras** pode ser definido como uma técnica projetiva, semiestruturada de avaliação da personalidade, administrada individualmente. Ele envolve a apresentação de uma lista de palavras de estímulo, a cada uma das quais um avaliando responde verbalmente ou por escrito com qualquer coisa que logo venha à mente após a primeira exposição à palavra. As respostas são então analisadas com base no conteúdo e em outras variáveis. A primeira tentativa de investigar a associação de palavras foi feita por Galton (1879). O método de Galton consistia em apresentar uma série de palavras de estímulo não relacionadas e instruir o indivíduo a responder com a primeira palavra que viesse à mente. O interesse

---
[4] Murray e colaboradores (1938) acreditavam que tipos de estímulos fantásticos ou irreais poderiam ser particularmente eficazes para explorar processos inconscientes.

continuado no fenômeno de associação de palavras resultou em estudos adicionais. Métodos precisos foram desenvolvidos para registrar as respostas dadas e o tempo decorrido antes de obter uma resposta (Cattell, 1887; Trautscholdt, 1883). Cattell e Bryant (1889) foram os primeiros a usar cartões com palavras de estímulo impressas. Kraepelin (1895) estudou o efeito de estados físicos (como fome e fadiga) e da prática sobre a associação de palavras. Evidências crescentes de experiências levaram os psicólogos a acreditar que as associações feitas pelos indivíduos com as palavras não eram acontecimentos casuais, mas resultado da interação entre as experiências de vida, as atitudes pessoais e as características únicas de suas personalidade.

Jung (1910) sustentava que, por selecionar certas palavras-chave que representavam possíveis áreas de conflito, as técnicas de associação de palavras podiam ser empregadas para fins de psicodiagnóstico. Os experimentos de Jung serviram como inspiração para a criação do Teste de Associação de Palavras desenvolvido por Rapaport e colaboradores (1945-1946) na Menninger Clinic. Esse teste consistia em três partes. Na primeira, cada palavra de estímulo era administrada ao examinando, que tinha sido instruído a responder rapidamente com a primeira palavra que viesse à mente. O examinador registrava o tempo que o indivíduo levava para responder a cada item. Na segunda parte, cada palavra de estímulo voltava a ser apresentada ao examinando. Este era orientado a reproduzir as respostas originais. Qualquer desvio entre a resposta original e essa segunda resposta era registrado, assim como o tempo decorrido antes da reação. A terceira parte do teste era o inquérito. Aqui, o examinador fazia perguntas para esclarecer a relação que existia entre a palavra de estímulo e a resposta (p. ex., "Sobre o que você está pensando?" ou "O que está passando na sua mente?"). Em alguns casos, ela pode ter sido óbvia; em outros, entretanto, a relação entre as duas palavras pode ter sido extremamente idiossincrásica ou mesmo bizarra.

O teste de Rapaport e colaboradores consistia em 60 palavras, algumas consideradas neutras pelos autores do teste (p. ex., *cadeira, livro, água, dança, táxi*) e algumas caracterizadas como "traumáticas". Na última categoria estavam "palavras com probabilidade de tocar em material pessoal sensível de acordo com a experiência clínica e também palavras que atraem distúrbios associativos" (Rapaport et al., 1968, p. 257). Exemplos de palavras assim designadas eram *amor, namorada, namorado, mãe, pai, suicídio, fogo, seio* e *masturbação*.

As respostas no Teste de Associação de Palavras eram avaliadas com respeito a variáveis como popularidade, tempo de reação, conteúdo e respostas de teste-reteste. Dados normativos eram fornecidos em relação à porcentagem de ocorrência de certas respostas para estudantes universitários e grupos esquizofrênicos. Por exemplo, para a palavra *estômago*, 21% do grupo universitário respondeu com "dor" e 13% com "úlcera". No grupo esquizofrênico, 10% respondeu com "úlcera". Para a palavra *boca*, 20% da amostra universitária respondeu com "beijo", 13% com "nariz", 11% com "língua", 11% com "lábios", e 11% com "comer". No grupo esquizofrênico, 19% respondeu com "dentes", e 10% com "comer". O teste não tem uso clínico generalizado hoje, mas tende a ser mais encontrado na aplicação de pesquisa ocasional.

◆ **REFLITA...**
Se comparados com a década de 1940, quanta emoção você acha que despertam os estímulos "traumáticos" do Teste de Associação de Palavras pelos padrões contemporâneos? Por quê?

O Teste de Associação Livre de Kent-Rosanoff (Kent e Rosanoff, 1910) representou uma das primeiras tentativas de desenvolver um teste padronizado usando palavras como estímulos projetivos.[5] O teste consistia em 100 palavras de estímulo, todas usadas comumente e consideradas neutras em termos de impacto emocional. A amostra de padronização consistiu em mil adultos normais que variavam em localiza-

---

[5] O termo **associação livre** refere-se à técnica de fazer os indivíduos relatarem todos os seus pensamentos enquanto estão ocorrendo e é mais frequentemente utilizada na psicanálise; a única estrutura imposta é fornecida pelos próprios indivíduos. A técnica empregada no Kent-Rosanoff é a de **associação de palavras** (não de associação livre), na qual o examinando relata a primeira palavra que vem à mente em resposta a uma palavra de estímulo. O termo *associação livre* no título do teste é, portanto, equivocado.

ção geográfica, nível educacional, ocupação, idade e capacidade intelectual. Tabelas de frequência baseadas nas respostas desses mil casos foram desenvolvidas. Essas tabelas eram usadas para avaliar as respostas dos examinandos de acordo com o julgamento clínico de psicopatologia. Foi verificado que os pacientes psiquiátricos tinham uma frequência mais baixa de respostas populares do que os indivíduos normais do grupo de padronização. Entretanto, à medida que se tornou evidente que a individualidade das respostas pode ser influenciada por muitas outras variáveis além de psicopatologia (tais como criatividade, idade, educação, e fatores socioeconômicos), a popularidade do Kent-Rosanoff como instrumento de diagnóstico diferencial diminuiu. Prejudicial, também, foi a pesquisa indicando que as pontuações nesse teste não estavam relacionadas com outras medidas de pensamento psicótico (Ward et al., 1991). Contudo, o teste resiste como instrumento padronizado de respostas de associação de palavras e, mais de 90 anos após sua publicação, continua a ser usado na pesquisa experimental e na prática clínica.

> **REFLITA...**
> Rapidamente! O primeiro pensamento que vem a sua mente quando você ouve o termo ... *associação de palavras*.

Testes de completar sentenças Outras técnicas projetivas que usam material verbal como estímulos projetivos são os *testes de completar sentenças*. Em geral, **completar sentença** refere-se a uma tarefa na qual o avaliando é instruído a terminar uma sentença ou frase incompletas. Um **teste de completar sentenças** é uma técnica projetiva de avaliação da personalidade, semiestruturada, que envolve a apresentação de uma lista de palavras que iniciam uma sentença, e a tarefa do avaliando é responder concluindo cada sentença com quaisquer palavra ou palavras que venham à mente. Para obter alguma experiência antecipada com os itens dos testes de completar sentenças, como você completaria as seguintes sentenças?

Eu gosto de _____.
Algum dia, eu vou _____.
Eu sempre vou lembrar do tempo _____.
Eu me preocupo _____.
Eu fico mais assustado quando _____.
Meus sentimentos estão feridos _____.
Minha mãe _____.
Eu queria que meus pais _____.

    Os testes de completar sentenças podem conter itens que, como os itens de exemplo apresentados, são bastante gerais e adequados para administração em uma ampla variedade de contextos. Alternativamente, **radicais de sentenças** (a parte do item de conclusão da sentença que não está em branco, mas deve ser criada pelo testando) podem ser desenvolvidos para uso em tipos específicos de contextos (como escolas ou negócios) ou para fins específicos. Os testes de completar sentenças podem ser um tanto ateóricos ou ligados muito estreitamente a alguma teoria. Como exemplo do último, o Teste de Completar Sentenças da Washington University (Loevinger et al., 1970) foi baseado nos textos de Loevinger e seus colegas na área de desenvolvimento de autoconceito.

    Uma série de testes de completar sentenças padronizados estão disponíveis para o clínico. Um destes, o Teste de Sentenças Incompletas de Rotter[6] (Rotter e Rafferty, 1950), pode ser o mais popular de todos. O Rotter foi desenvolvido para uso com populações de 9ª série até a idade adulta e está disponível em três níveis: ensino médio, faculdade e adulto. Os testandos são orientados a responder a cada um dos itens de sentença incompleta de uma forma que expresse seus "reais sentimentos". O manual sugere que as respostas sejam interpretadas de acordo com várias categorias: atitudes familiares, atitudes sociais e sexuais, atitudes gerais e traços de caráter. Cada resposta é avaliada em uma escala de sete pontos que varia de *necessidade de terapia* a *ajustamento extremamente bom*. De acordo com os estudos psicométricos citados no manual do teste, o Rotter é um instrumento confiável e válido.

---

[6] O som do *o* em *Rotter* é longo.

Em geral, um teste de completar sentenças pode ser uma forma útil e direta de obter informações de um testando honesto e verbalmente expressivo sobre diversos tópicos. Os testes podem explorar interesses, aspirações educacionais, metas futuras, medos, conflitos, necessidades – quase tudo sobre o que o testando se preocupa em ser sincero. Os testes têm um alto grau de validade de face. Entretanto, com esse alto grau de validade de face vem um certo grau de transparência sobre o objetivo do teste. Por essa razão, os testes de completar sentenças talvez sejam os mais vulneráveis de todos os métodos projetivos à falsificação por parte de um examinando pretendendo passar uma boa – ou má – impressão.

◆ **REFLITA...**
Há uma maneira de os testes de completar sentenças serem tornados "menos transparentes" e portanto menos vulneráveis à falsificação?

Sons como estímulos projetivos

Vamos declarar, desde o início, que esta seção foi incluída mais como uma nota de rodapé fascinante na história dos projetivos do que como uma descrição de testes com ampla utilização. A história do uso do som como um estímulo projetivo é fascinante devido a suas origens no laboratório de um colega da Harvard University, jovem à época. Você pode ficar surpreso ao saber que foi um behaviorista cujo nome raramente foi pronunciado na mesma frase que o termo *teste projetivo* por algum psicólogo contemporâneo: B. F. Skinner (Fig. 13.8). O dispositivo era alguma coisa "como manchas de tinta auditivas" (Skinner, 1979, p. 175).

Figura 13.8 Teste Projetivo Pioneiro B. F. Skinner... O quê?!
Trabalhando na Harvard Psychological Clinic com as bênçãos (e mesmo algum apoio financeiro) de Henry Murray, B. F. Skinner (que hoje é um ícone do behaviorismo) demonstrou grande entusiasmo por um teste projetivo auditivo que havia desenvolvido. Acreditava que a técnica tinha potencial como "um dispositivo para expulsar os complexos" (Skinner, 1979, p. 176). Inúmeros psicólogos bem conhecidos da época aparentemente concordaram. Por exemplo, Joseph Zubin, em correspondência com Skinner, escreveu que a técnica de Skinner era promissora "como um meio para lançar luz sobre os aspectos menos objetivos do experimento de Rorschach" (Zubin, 1939). Sem dúvida, se o teste de fato tivesse toda essa promessa, Skinner provavelmente estaria tendo a mesma consideração neste capítulo que Murray e Rorschach.

A época era a metade da década de 1930. Os colegas de Skinner Henry Murray e Christiana Morgan estavam trabalhando no TAT na Harvard Psychological Clinic. A teoria psicanalítica estava muito em voga. Mesmo os behavioristas eram curiosos sobre a abordagem de Freud, e alguns estavam até se submetendo à psicanálise. Ligando o equipamento de seu laboratório no prédio da biologia, o som rítmico servia como estímulo para Skinner criar palavras que combinavam com ele. Isso o inspirou a pensar em uma aplicação para o som, não apenas em termos comportamentais mas na evocação de comportamento verbal "latente" que era significativo "no sentido freudiano" (Skinner, 1979, p. 175). Ele criou uma série de registros de sons parecidos com vogais faladas, abafadas, aos quais as pessoas seriam instruídas a associar. Os sons, reunidos em um dispositivo que chamou de *somador verbal*, presumivelmente atuaria como um estímulo para a pessoa verbalizar certos materiais inconscientes. Henry Murray, a propósito, gostou da ideia e forneceu a Skinner uma sala na clínica para testar indivíduos. Saul Rosenzweig também gostou da ideia; ele e David Shakow rebatizaram o instrumento de *tautofone* (do grego *tauto*, significando "dizer o mesmo") e fizeram pesquisas com ele (Rutherford, 2003). Suas instruções para os indivíduos eram como segue:

> Isto é um fonógrafo. Nele está gravada a voz de um homem dizendo coisas diferentes. A voz dele é bastante abafada, portanto eu vou repetir a gravação várias vezes. Você tem que escutar com cuidado. Assim que tiver alguma ideia do que ele está dizendo, você me diz imediatamente. (Shakow e Rosenzweig, 1940, p. 217)

Relatado em detalhes por Rutherford (2003), havia pouca evidência convincente demonstrando que o instrumento podia diferenciar entre membros de grupos clínicos e não clínicos. Contudo, inúmeras outras técnicas projetivas auditivas foram desenvolvidas. Havia o Teste de Apercepção Auditiva (Stone, 1950), no qual a tarefa do indivíduo era responder criando uma história baseada em três sons tocados na gravação de um fonógrafo. Outros pesquisadores produziram testes semelhantes, um chamado de teste auditivo de associação de sons (Wilmer e Husni, 1951) e o outro referido como um teste de apercepção auditiva (Ball e Bernardoni, 1953). Henry Murray também entrou em cena com seu teste Azzageddi (Davids e Murray, 1955), nomeado em homenagem a um personagem de Herman Melville. Ao contrário de outros projetivos auditivos, o Azzageddi apresentava aos indivíduos parágrafos falados.

Então, por que os editores de testes hoje não estão gravando CDs com sons projetivos em um ritmo correspondente à publicação de manchas de tinta e figuras? Rutherford (2003) especulou que uma combinação de fatores conspirou para causar a morte dos métodos projetivos auditivos. Os testes comprovadamente não diferenciaram entre os diferentes grupos de indivíduos que os realizaram. Faltavam às respostas aos estímulos auditivos a complexidade e a riqueza de respostas a manchas de tinta, figuras e outros estímulos projetivos. Nenhum dos sistemas de pontuação disponíveis era muito satisfatório. Exceto pelo uso com cegos, os testes projetivos auditivos eram considerados redundantes e não tão bons quanto o TAT.

> **REFLITA...**
> Você fica surpreso em saber que no início de sua carreira B. F. Skinner fez experiências com um instrumento projetivo com bases psicanalíticas? Por que ou por que não?

A produção de desenhos de figuras

Uma técnica projetiva facilmente administrada e bastante rápida é a análise de desenhos. Os desenhos podem fornecer ao clínico que faz o psicodiagnóstico uma riqueza de hipóteses a serem confirmadas ou descartadas como resultado de outros achados (Fig. 13.9). O uso de desenhos em contextos clínicos e de pesquisa estende-se para além da área da avaliação da personalidade. Foram feitas tentativas de usar produções artísticas como uma fonte de informação sobre inteligência, integridade neurológica, coordenação visuo-

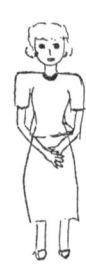

Desenho feito por uma professora de 25 anos após ficar noiva. Anteriormente, ela tinha entrado em psicoterapia devido a problemas relacionados com homens e um bloqueio contra se casar. A posição das mãos foi interpretada como indicando medo da relação sexual.

Desenho feito por um homem com um complexo de "Don Juan" – um homem que perseguia um caso após o outro. O colarinho levantado para proteger o pescoço e o sombreado excessivo das nádegas sugere um medo de ser atacado por trás. É possível que o "don juanismo" desse homem seja uma defesa externa contra uma falta de masculinidade – mesmo de sentimentos de efeminação – com a qual ele pode estar mantendo uma luta interior.

Desenho feito por um homem autoritário e sádico que tinha sido chefe de disciplina de um reformatório para meninos antes de ser suspenso por abuso infantil. Sua descrição desta figura era que ela "parecia um general prussiano ou nazista".

As mãos algemadas, os pés atados, as nádegas expostas e o grande pé desenhado para o lado do desenho, juntos, refletem, de acordo com Hammer, necessidades masoquistas, homossexuais e exibicionistas.

Este desenho feito por um homem agudamente paranoide e psicótico foi descrito por Hammer (1981, p. 170) como segue: "A boca selvagem expressa as projeções cheias de raiva soltas dentro dele. Os olhos e as orelhas enfatizados, com os olhos quase emanando raios mágicos, refletem as alucinações visuais e auditivas que o paciente realmente experimenta. A cobra no estômago indica seu delírio de um réptil interno, devorando e gerando veneno e maldade".

Figura 13.9 Alguns exemplos de interpretações feitas de desenhos de figuras.
Fonte: Hammer (1981).

motora, desenvolvimento cognitivo e mesmo deficiências de aprendizagem (Neale e Rosal, 1993). Os desenhos de figuras são uma fonte atraente de dados diagnósticos porque as instruções para eles podem ser administradas, individualmente ou em grupo, por não clínicos, como os professores, e nenhum outro material além de lápis e papel é necessário.

Testes de desenho de figuras Em geral, um **teste de desenho de figuras** pode ser definido como um método projetivo de avaliação da personalidade pelo qual o avaliando produz um desenho que é analisado com base em seu conteúdo e variáveis relacionadas. O trabalho clássico sobre o uso de desenhos de figuras como estímulo projetivo é um livro intitulado *Personality Projection in the Drawing of the Human Figure* (*Projeção da personalidade no desenho da figura humana*) de Karen Machover (1949). Machover escreveu que

> o desenho da figura humana por um indivíduo que é direcionado a "desenhar uma pessoa" está intimamente relacionado a impulsos, ansiedades, conflitos e compensações característicos desse indivíduo. De certo modo, o desenho da figura é a pessoa, e o papel corresponde ao ambiente. (p. 35)

As instruções para administrar o teste Desenho da Figura Humana (DFH) são bastante diretas. O examinando recebe um lápis e uma folha de papel em branco de 21x29 cm e é instruído a desenhar uma pessoa. Perguntas da parte do examinando, relativas a como a figura deve ser desenhada, são respondidas com declarações como "Faça do jeito que você acha que deve ser" ou "Faça o melhor que puder". Logo após o primeiro desenho ser completado, o examinando recebe uma segunda folha de papel e é orientado a desenhar uma figura de uma pessoa do sexo oposto ao da pessoa que ele acabou de desenhar.[7] Subsequentemente, muitos clínicos farão perguntas sobre o desenho, tais como "Conte-me uma história sobre esta figura", "Conte-me sobre este menino/menina, homem/senhora", "O que a pessoa está fazendo?", "Como a pessoa está se sentindo?", "O que é legal ou não é legal sobre a pessoa?". As respostas a essas perguntas são usadas para formar várias hipóteses e interpretações sobre o funcionamento da personalidade.

Via de regra, as produções de DFH têm sido formalmente avaliadas por meio da análise de várias características do desenho. Atenção tem sido dada a fatores como tempo requerido para completar o desenho, colocação das figuras e tamanho da figura, pressão do lápis usada, simetria, qualidade da linha, sombreamento, a presença de rasuras, expressões faciais, postura, roupas e aparência geral. Várias hipóteses foram geradas com base nesses fatores (Knoff, 1990a). Por exemplo, a *colocação* da figura no papel é vista como representando como o indivíduo funciona no ambiente. A pessoa que desenha uma figura minúscula na parte de baixo do papel poderia ter um autoconceito pobre ou poderia ser insegura ou deprimida. O indivíduo que desenha uma figura que não cabe em uma folha de papel e sai fora da página é considerado impulsivo. Geralmente, pressão leve sugere transtorno de caráter (Exner, 1962). De acordo com Buck (1948, 1950), a colocação do desenho do lado direito da página sugere orientação ao futuro; no lado esquerdo, uma orientação ao passado. A colocação na parte superior direita indica um desejo de suprimir um passado desagradável bem como otimismo excessivo em relação ao futuro. Na parte inferior esquerda, depressão com um desejo de fugir para o passado.

Outra variável de interesse para aqueles que analisam desenhos de figuras são as *características* do desenho do indivíduo. Por exemplo, olhos incomumente grandes ou orelhas grandes sugerem desconfiança, ideias de referência ou outras características paranoides (Machover, 1949; Shneidman, 1958). Seios incomumente grandes desenhados por um homem pode ser interpretado como problemas edípicos não resolvidos com dependência materna (Jolles, 1952). Gravatas longas e destacadas sugerem agressividade sexual, talvez uma supercompensação por medo de impotência (Machover, 1949). Ênfase em botões indica personalidade dependente, infantil, inadequada (Halpern, 1958).

---

[7] Quando instruídas apenas a "desenhar uma pessoa", a maioria das pessoas desenhará uma do mesmo sexo, portanto é considerado clinicamente significativo se o avaliando desenhar uma do sexo oposto quando recebe essa instrução. Rierdan e Koff (1981) verificaram que, em alguns casos, as crianças não têm certeza do sexo da figura desenhada. A hipótese deles é que, nesses casos, "a criança tem uma noção indefinida ou mal definida de identidade sexual" (p. 257).

> **REFLITA...**
> Desenhe uma pessoa. Analise o que esse desenho diz sobre você com base no que leu.

O Casa-Árvore-Pessoa (House-Tree-Person) (HTP; Buck, 1948) é outro teste projetivo de desenho de figuras. Como o nome do teste sugere, a tarefa do testando é desenhar uma casa, uma árvore e uma pessoa. Quase da mesma forma que se presume que diferentes aspectos da figura humana reflitam o funcionamento psicológico, as formas como um indivíduo representa uma casa e uma árvore são consideradas simbolicamente significativas. Outro teste, este considerado de particular valor na aprendizagem sobre o examinando em relação a sua família, é o Desenho Cinético da Família (Kinetic Family Drawing) (KFD). Derivado do Teste do Desenho da Família de Hulse (1951, 1952), uma administração do KFD (Burns e Kaufman, 1970, 1972) começa com a apresentação de uma folha de papel de 21x29 cm e um lápis com uma borracha. O examinando, em geral, embora não necessariamente, uma criança, é instruído como segue:

> Desenhe uma figura de todas as pessoas de sua família, incluindo você, FAZENDO alguma coisa. Tente desenhar pessoas inteiras, não caricaturas ou figuras estilizadas (pauzinhos). Lembre-se, desenhe todos FAZENDO alguma coisa – algum tipo de ação. (Burns e Kaufman, 1972, p. 5).

Além de produzir representações gráficas de cada membro da família para análise, esse procedimento pode produzir informações importantes na forma de verbalizações do examinando enquanto o desenho está sendo executado. Após ele ter completado o desenho, segue-se um inquérito bastante detalhado. O examinando deve identificar dada uma das figuras, falar sobre seu relacionamento e detalhar o que elas estavam fazendo no desenho e por que. Inúmeros sistemas de pontuação formal para o KFG estão disponíveis. As técnicas relacionadas incluem uma adaptação escolar chamada de Desenho Cinético da Escola (Kinetic School Drawing) (KSD; Prout e Phillips, 1974); um teste que combina aspectos do KFD e do KSD chamado Sistema de Desenho Cinético (Kinetic Drawing System) (KDS; Knoff e Prout, 1985); e a Técnica de Desenho Colaborativo (D. K. Smith, 1985), um teste que proporciona uma ocasião para os membros da família colaborarem na criação de um desenho – presumindo que seja bem melhor "desenhar juntos".

> **REFLITA...**
> Como outro meio criativo (como modelagem em argila) poderia ser estruturado para suprir informações projetivas?

Assim como outras técnicas projetivas consideradas clinicamente úteis, os testes de desenho de figuras tiveram uma história bastante conturbada com relação a sua solidez psicométrica percebida (Joiner e Schmidt, 1997). Em geral, as técnicas são vulneráveis com relação às suposições de que os desenhos sejam em essencial autorrepresentações (Tharinger e Stark, 1990) e representem muito mais do que a capacidade de desenhar (Swensen, 1968). Embora inúmeros sistemas tenham sido criados para pontuar os desenhos de figuras, o apoio sólido para a validade dessas abordagens tem sido ilusório (Watson et al., 1967). Experiência e perícia não necessariamente se correlacionam com maior precisão clínica na interpretação do desenho. A própria Karen Machover (citada em Watson, 1967) declarou ter "sérias dúvidas" (p. 145) sobre o uso incorreto de seu teste para fins diagnósticos.

De fato, o uso clínico de desenhos de figuras tem seus defensores acadêmicos (Riethmiller e Handler, 1997a, 1997b). Waehler (1997), por exemplo, advertiu que os testes não são infalíveis e que uma pessoa que aparece como repleta de patologia em uma entrevista poderia muito bem parecer benigna em um teste psicológico. Ele aconselhou ainda que os desenhos de figuras "podem ser considerados mais do que 'testes'; eles envolvem tarefas que também servem como intervalos para que clientes e examinadores discutam e esclareçam a figura" (p. 486).

Os métodos projetivos em perspectiva

Usados com entusiasmo por muitos clínicos e criticados severamente por muitos acadêmicos, os métodos projetivos continuam a ocupar um *habitat* bastante único na paisagem psicológica. Lilienfeld e colaboradores (2000) levantaram sérias dúvidas em relação a se vale a pena manter esse *habitat*. Esses autores concentraram suas críticas nos sistemas de pontuação para o Rorschach, o TAT e os desenhos de figuras. Eles concluíram que havia apoio empírico para apenas um número relativamente pequeno de índices do Rorschach e do TAT. Encontraram até menos razões convincentes para justificar o uso continuado dos desenhos de figuras. Algumas de suas declarações com relação ao Rorschach e ao TAT – bem como a resposta de um aplicador e defensor do teste projetivo, Stephen Hibbard (2003) – são apresentadas na Tabela 13.4. Hibbard comentou apenas sobre o Rorschach e o TAT devido a sua maior experiência com esses testes em oposição aos desenhos de figuras.

Em geral, os críticos atacaram os métodos projetivos por razões relacionadas às *suposições* inerentes a seu uso, às *variáveis situacionais* que acompanham seu uso e a diversas *considerações psicométricas* – mais notavelmente, uma escassez de dados para apoiar sua confiabilidade e sua validade.

REFLITA...
Suponha que um cartão do Rorschach ou um cartão do TAT evocasse praticamente a mesma resposta da *maioria* das pessoas. Isso seria um argumento a favor ou contra o uso do cartão?

Suposições As críticas de Bernard Murstein (1961) em relação aos pressupostos básicos dos testes projetivos são tão relevantes hoje quanto eram quando foram publicadas pela primeira vez décadas atrás. Murstein repudiava a suposição de que, quanto mais ambíguos os estímulos, mais os indivíduos revelam sobre sua personalidade. Para ele, o estímulo projetivo é apenas um aspecto da "situação total de estímulo". Variáveis ambientais,

Tabela 13.4 Os contras e os prós (ou contras refutados) dos métodos projetivos

Lilienfeld e colaboradores (2000) sobre os contras	Hibbard (2003) em refutação
As técnicas projetivas tendem a não fornecer validade incremental acima de medidas mais estruturadas, como é o argumento dos proponentes da hipótese projetiva afirmada por Dosajh (1996).	Lilienfeld e colaboradores apresentaram uma caricatura antiquada da projeção e então passaram a atacá-la. Dosajh não publicou sobre qualquer dos sistemas de codificação visados para crítica. Nenhum dos autores que desenvolveram os sistemas de codificação que foram atacados defendeu uma visão da projeção semelhante à de Dosajh. Alguns dos autores criticados até mesmo posicionaram seus sistemas como não projetivos.
As normas para o Sistema Abrangente (CS) de Exner estão em erro. Elas podem encontrar patologia excessiva em indivíduos normais e podem mesmo prejudicar clientes.	A evidência é inconclusiva quanto a erro nas normas. As discrepâncias observadas podem ter muitas explicações. O excesso de patologia pode ser resultado de "flutuação" semelhante ao observado na mensuração da inteligência (efeito Flynn).
Existe suporte limitado para a generalização do CS por diferentes culturas.	Mais estudos transculturais precisam ser feitos, mas o mesmo poderia ser dito para a maioria dos principais testes.
Quatro estudos são citados em apoio à deficiência da confiabilidade teste-reteste do CS.	Apenas três dos quatro estudos citados estão em *revistas arbitradas* (para as quais os manuscritos submetidos sofrem revisão crítica e podem ser selecionados ou rejeitados para publicação) e nenhum desses três é estudo de confiabilidade teste-resteste genuíno.
Com relação ao TAT, não há sentido em agregar pontuações em uma escala na ausência da aplicação de critérios de confiabilidade de consistência interna.	Essa afirmação é incorreta porque "cada subunidade de um grupo agregado de preditores de um construto poderia não estar relacionada à outra, mas quando encontrados em combinação, os preditores bem poderiam prever variância importante no construto" (p. 264).
As estimativas de confiabilidade teste-reteste do TAT têm sido "notoriamente problemáticas" (p. 41).	"... a confiabilidade reteste mais alta aumentaria as medidas de motivo se as instruções de reteste permitissem aos participantes contar histórias com o mesmo conteúdo que anteriormente" (p. 265).
Vários estudos de validade com diferentes sistemas de pontuação do TAT podem ser falhos nos fundamentos metodológicos.	Lilienfeld e colaboradores (2000) interpretaram erroneamente alguns estudos que citaram e não citaram outros estudos. Por exemplo, um número relevante de estudos de validade em apoio ao sistema de codificação do *Defense Mechanism Manual* de Cramer (1991) para o TAT não foram citados.

Nota: Os leitores interessados são encorajados a ler o texto completo de Lilienfeld e colaboradores (2000) e de Hibbard (2003), visto que os argumentos levantados por cada um deles são muito mais detalhados do que os breves exemplos apresentados aqui.

conjuntos de respostas, reações ao examinador e fatores relacionados contribuem todos para os padrões de resposta. Além disso, afirmava que a projeção por parte do avaliando não aumenta junto com o aumento na ambiguidade dos estímulos projetivos.

Outra suposição inerente à testagem projetiva diz respeito à natureza supostamente idiossincrásica das respostas evocadas por estímulos projetivos. De fato, as semelhanças nos temas das respostas de diferentes indivíduos aos mesmos estímulos sugerem que o material de estímulo possa não ser tão ambíguo e suscetível a projeção quanto era presumido. Alguma consideração das propriedades do estímulo e as formas como elas afetam as respostas do indivíduo é portanto indicada. Além disso, a suposição de que a projeção seja maior para material de estímulo semelhante ao indivíduo (em aparência física, gênero, ocupação, etc.) também foi considerada questionável. Essa última questão foi recentemente levantada por um apoiador dos testes projetivos e da hipótese projetiva, o psicólogo francês Benoît Verdon (que você pode lembrar de ter "conhecido" no Cap. 3). Verdon (2011) afirmou que a demanda de estímulo latente de estímulos projetivos, como manchas de tinta e figuras, suplantaram sua demanda de estímulo manifesto.

Agora considere essas suposições inerentes à testagem projetiva:

- Toda resposta fornece significado para a análise da personalidade.
- Existe uma relação entre a força de uma necessidade e sua manifestação em instrumentos projetivos.
- Os testandos não têm consciência do que estão revelando sobre si mesmos.
- Um protocolo projetivo reflete dados suficientes relativos ao funcionamento da personalidade para formulação de julgamentos.
- Há um paralelo entre comportamento obtido em um instrumento projetivo e comportamento exibido em situações sociais.

Murstein repudiou essas suposições como "crenças acalentadas" aceitas "sem o apoio de suficiente validação de pesquisa" (p. 343). Contudo, os proponentes de testes projetivos argumentam que a natureza ambígua de uma tarefa como a interpretação de manchas de tinta contribui para resultados do teste que são menos sujeitos a falsificação, especialmente para o "falso bom". Essa última suposição é evidente nos textos de advogados a favor do uso do Rorschach em aplicações forenses (Gacono et al., 2008). A presumida utilidade do teste em contornar os "controles volitivos" induziu Weiss e colaboradores (2008) a recomendá-lo para triagem pré-contratação de policiais. O apoio para a suposição de que o teste de Rorschach frustra as tentativas dos testandos em relação ao falso bom vem de um estudo conduzido na China com estudantes universitários (Cai e Shen, 2007). Os pesquisadores concluíram que o Rorschach era superior à Escala de Autoconceito do Tennessee como medida de autoconceito porque os indivíduos eram incapazes de manejar impressões favoráveis.

Embora estudos como esses pudessem ser citados para apoiar o uso do Rorschach como um meio de diminuir ou negar o papel do manejo de impressões na avaliação da personalidade, mesmo aquela suposição permanece controversa (Conti, 2007; Fahs, 2004; Ganellen, 2008; Gregg, 1998; Whittington, 1998; Yell, 2008). No mínimo, pode ser observado que, como um método de mensuração, o Rorschach fornece um estímulo que é menos suscetível do que outros a resposta socialmente convencional. Ele também pode ser útil para obter informações na forma única dos respondentes de perceber e organizar estímulos novos.

Outra suposição subjacente ao uso de testes projetivos é que existe alguma coisa chamada de "o inconsciente". Ainda que o termo *inconsciente* seja usado de forma ampla como se sua existência fosse uma dádiva, alguns acadêmicos questionaram se de fato o inconsciente existe da mesma forma que, digamos, o fígado existe. Os estudos científicos que costumam ser citados para apoiar a existência do inconsciente (ou, talvez mais precisamente, a eficácia do construto *inconsciente*) usaram uma vasta série de metodologias; ver, por exemplo, Diven (1937), Erdelyi (1974), Greenspoon (1955) e

Razran (1961). As conclusões de cada um desses tipos de estudos estão sujeitas a explicações alternativas. Também sujeitas a explicação alternativa estão as conclusões sobre a existência do inconsciente baseadas na testagem experimental de previsões derivadas de fenômenos hipnóticos, da teoria da detecção de sinal e de teorias da personalidade específicas (Brody, 1972). De maneira mais geral, muitos sistemas interpretativos para o Rorschach e outros instrumentos projetivos são baseados na teoria psicodinâmica, para a qual não faltam críticos.

Variáveis situacionais Os proponentes de técnicas projetivas têm afirmado que esses testes são capazes de iluminar os recessos da mente assim como os raios X iluminam o corpo. Frank (1939) conceituou os testes projetivos como explorando os padrões de personalidade sem perturbar o padrão que está sendo explorado. Se isso fosse verdade, então variáveis relacionadas à situação de teste não deveriam ter efeito algum sobre os dados obtidos. Entretanto, variáveis situacionais, como a presença ou a ausência do examinador, têm afetado de forma significativa as respostas de indivíduos experimentais. Por exemplo, as histórias do TAT escritas em particular tendem a ser menos protegidas, menos otimistas e mais envolvidas afetivamente do que aquelas escritas na presença do examinador (Bernstein, 1956). É provável que a idade do examinador afete os protocolos projetivos (Mussen e Scodel, 1955), assim como as instruções específicas (Henry e Rotter, 1956) e as sugestões de reforço sutis fornecidas pelo examinador (Wickes, 1956).

Masling (1960) revisou a literatura sobre a influência de variáveis situacionais e interpessoais na testagem projetiva e concluiu que havia forte evidência de um papel de influências situacionais e interpessoais na projeção. Ele deduziu que os indivíduos utilizavam todos as sugestões disponíveis na situação de testagem, incluindo sugestões relacionadas às ações ou à aparência do examinador. Além disso, esse perquisador afirmou que os examinadores também se baseavam em sugestões situacionais, em alguns casos para além do que foram ensinados. Os examinadores pareciam interpretar os dados projetivos com relação a suas próprias necessidades e expectativas, a seus próprios sentimentos sobre a pessoa sendo testada e a suas próprias construções relativas à situação de teste total. Masling (1965) demonstrou experimentalmente que os examinadores do Rorschach – por meio de sugestões posturais, gestuais e faciais – são capazes de induzir de modo involuntário as respostas que eles esperam.

Em uma determinada situação clínica, muitas variáveis podem ser colocadas na mistura. A interação dessas variáveis pode influenciar os julgamentos clínicos. Tanto assim que a pesquisa tem sugerido que, mesmo em situações envolvendo testes objetivos (não projetivos) ou tomada da história simples, o efeito do treinamento do clínico (Chapman e Chapman, 1967; Fitzgibbons e Shearn, 1972) e a perspectiva do papel (Snyder et al., 1976), bem como a classe social do paciente (Hollingshead e Redlich, 1958; Lee, 1968; Routh e King, 1972) e a motivação para dar uma impressão desejada (Edwards e Walsh, 1964; Wilcox e Krasnoff, 1967) são capazes de influenciar as avaliações de patologia (Langer e Abelson, 1974) e conclusões relacionadas (Batson, 1975). Essas e outras variáveis recebem mais espaço na situação de teste projetivo, em que o examinador pode ter a liberdade de escolher não apenas o teste e os dados extrateste nos quais a interpretação será focalizada, mas também o sistema de pontuação que será usado para chegar a essa interpretação.

Considerações psicométricas A solidez psicométrica de muitos instrumentos projetivos amplamente usados ainda precisa ser demonstrada. Os críticos das técnicas projetivas têm chamado atenção para variáveis que contribuem para as classificações de validade falsamente aumentadas, tais como variações não controladas no tamanho do protocolo, amostras de indivíduos inapropriadas, grupos-controle inadequados e critérios externos pobres. Há

> **REFLITA...**
> Os testes projetivos estão em uso há muito tempo devido a seu apelo para muitos clínicos. Citando suas vantagens, discuta o fato de que esses testes devam continuar sendo usados ainda por muito tempo.

obstáculos metodológicos na pesquisa de testes projetivos porque muitos métodos teste-reteste ou das metades são inadequados. É, para dizer o mínimo, um desafio projetar e executar estudos de validade que de fato excluam, limitem ou estatisticamente levem em consideração todas as variáveis situacionais únicas que acompanham a administração desses testes.

O debate entre os acadêmicos que afirmam que os testes projetivos não são instrumentos tecnicamente sólidos e os clínicos que os consideram úteis tem sido raivoso desde que esses testes passaram a ter um uso generalizado. Frank (1939) respondeu àqueles que rejeitavam os métodos projetivos devido a sua falta de rigor técnico:

> Esses guias ao estudo da personalidade foram rejeitados por muitos psicólogos porque não satisfazem os requisitos psicométricos para validade e confiabilidade, mas estão sendo empregados em associação com estudos clínicos e outros estudos da personalidade nos quais estão encontrando cada vez mais validação na consistência dos resultados para o mesmo indivíduo quando experimentados independentemente por cada um desses procedimentos [...]
> Se enfrentarmos o problema da personalidade, em toda sua complexidade, como um processo dinâmico ativo a ser estudado mais como um *processo* do que como uma entidade ou um agregado de traços, fatores, ou como organização estática, então esses métodos projetivos oferecem muitas vantagens para obter dados sobre o processo de organizar a experiência que sejam peculiares a cada personalidade e tenham uma história de vida.

Testes objetivos e testes projetivos: o quanto a dicotomia é significativa? Os chamados testes objetivos são afetados por estilos de resposta, simulação e outras fontes de viés de teste (Meyer e Kurtz, 2006). Além disso, os testandos podem não ter *insight* ou perspectiva suficientes para responder "objetivamente" aos itens do teste objetivo. E como Meehl (1945) meditou, os chamados itens de teste objetivo podem, de certo modo, servir como estímulos projetivos para alguns testandos. De igual modo, os testes projetivos, dada a vulnerabilidade de algumas de suas suposições, podem não ser tão projetivos quanto um dia se pensou que fossem. Na verdade, muitos testes projetivos apresentam sistemas de pontuação que implicam codificação bastante "objetiva" (Weiner, 2005). E então surge a questão: O quanto a dicotomia objetivo *versus* projetivo é significativa?

Weiner (2005) caracterizou essa dicotomia como enganosa. Para a verdade na rotulação, não basta caracterizar uma classe de testes como "objetivo" (diante de muitas questões relativas a sua objetividade) e outra classe como "alguma outra coisa que não objetivo". Os observadores poderiam concluir que um grupo de testes é de fato objetivo, enquanto o outro deve ser "subjetivo".

Como alternativa para a dicotomia objetivo/projetivo, Weiner (2005) sugeriu a substituição pelos termos *estruturado*, em lugar de objetivo, e *não estruturado*, em lugar de projetivo. Quanto mais estruturado é um teste, maior a possibilidade de explorar aspectos relativamente conscientes da personalidade. Em contrapartida, testes não estruturados ou ambíguos têm mais possibilidade de acessar material além do conhecimento consciente e imediato (Stone e Dellis, 1960; Weiner e Kuehnle, 1998). Mesmo sendo intuitivamente atraentes as recomendações de Weiner, é difícil eliminar velhos hábitos.

Se uma seção especial na edição de setembro-outubro (2011) do *Journal of Personality Assessment* for algum indicador, a dicotomia objetivo *versus* projetivo ainda está muito intacta. A seção especial foi dedicada a artigos sobre um novo teste denominado Sistema de Imagens Projetivas de Apego Adulto (Adult Attachment Projective Picture System) (George e West, 2011; Webster e Joubert, 2011; Finn, 2011b; Lis et al., 2011).

Independentemente do que eles sejam chamados, os clínicos e outros interessados em entender a personalidade dos avaliandos usam testes e outros instrumentos de avaliação para essa finalidade. O aplicador de testes apresentado neste capítulo, Anthony Bram (ver a seção *Conheça um profissional da avaliação*) vê o uso de testes e de outros instrumentos de avaliação como uma "abordagem disciplinada a fazer inferências... sobre como uma pessoa é 'formada' psicologicamente". Para ele, os testes são usados para aprender

CONHEÇA UM PROFISSIONAL DA AVALIAÇÃO

Conheça o dr. Anthony Bram

Normalmente, os pacientes são encaminhados a mim quando não responderam bem a intervenções de tratamento de primeira ou segunda linha, seja ele medicamentoso ou um determinado tipo de terapia. Portanto, aqueles que são encaminhados para avaliação tendem a ser mais complexos; alguma coisa ainda não foi entendida sobre o paciente por meio de entrevista psiquiátrica padrão ou no curso da terapia. Ou, talvez, alguma coisa tenha dado errado no relacionamento entre o paciente e o terapeuta. Meu papel é ser um consultor para o clínico encaminhador e/ou o paciente. Eu tento evocar suas questões específicas e então respondê-las usando os dados de testes. Conto com meu conhecimento dos testes, inferências, teorias da personalidade e pesquisa empírica para sintetizar os dados dos testes de uma forma que responda às perguntas...

Anthony Bram, Ph.D., consultório particular, Lexington, Massachusetts, e instrutor clínico, Harvard Medical School/Cambridge Health Alliance

A bateria de testes centrais que utilizo é tradicional, envolvendo um teste de inteligência Wechsler (WAIS-IV ou WISC-IV), Rorschach, Teste de Apercepção Temática (TAT) e um inventário de personalidade de autorrelato como o MMPI-2, o MCMI-III ou o PAI. Posso acrescentar outros testes ou escalas dependendo das questões de encaminhamento. Além das pontuações e de temas derivados dos próprios testes, considero o *relacionamento paciente-examinador* uma fonte de dados crucial. Essa noção transcende o truísmo comumente declarado de que o propósito do relacionamento de testagem é estabelecer '*rapport*' a fim de que o paciente faça todo o esforço para completar a avaliação na forma de dados. Aprendi que é útil sintonizar minha interação com o paciente, prestando atenção no que digo ou faço que encoraje *versus* impeça sua colaboração, abertura e reflexividade. Shectman e Harty (1986) descreveram apropriadamente o relacionamento paciente-examinador como um "teste de tela" para a psicoterapia. O que facilita a colaboração com o examinador terá implicações no que será necessário para criar uma aliança na psicoterapia. Dada a magnitude das evidências de pesquisa de que a aliança é o preditor mais forte de desfecho na psicoterapia, os dados do relacionamento paciente-examinador podem contribuir para implicações de tratamento vitais (Horvath et al., 2011). A avaliação referenciada nos parágrafos anteriores era relativa a uma adolescente, e o relacionamento paciente-examinador foram dados essenciais. Aprendi que encorajar a curiosidade e a autorreflexão na verdade a fechou e a levou a ser indiferente a mim e aos testes. No entanto, não morder a isca de seus comportamentos provocantes (como ela se sentar na minha cadeira ou responder sarcasticamente às perguntas) e ter-lhe dado pausas e espaço provocou sua maior cooperação e abertura para compartilhar comigo sua experiência interna dolorosa. Isso foi extrapolado de maneira eficaz para o que ajudaria a superar suas dificuldades estabelecendo uma aliança terapêutica (Bram, 2010).

Para mim, o desafio e a graça da avaliação psicológica envolve juntar todas essas peças como um quebra-cabeças. Quando os dados de diferentes testes convergem fortemente, é um pouco mais fácil. Podemos ser muito confiantes em nossas inferências se o perfil do MMPI-2 de uma pessoa for elevado em escalas indicando depressão grave, se houver muitos perceptos mórbidos no Rorschach e se as histórias do TAT forem consistentemente sombrias. O maior desafio está em sintetizar dados que parecem incongruentes. Considere o exemplo de um empresário bem-sucedido que foi hospitalizado devido a depressão grave, incluindo pensamentos suicidas (Bram e Peebles, em preparação). Após uma curta internação, ele relatou que seus sintomas tinham desaparecido e estava pronto para receber alta. Ao mesmo tempo, a equipe da clínica estava perplexa porque seu relato de desaparecimento dos sintomas parecia repentino e não como resposta aos esforços do tratamento. Apesar de suas tentativas de uma conexão com o paciente, eles estavam tendo dificuldade para conhecê-lo e, dado seu nível anterior de potencial suicida, estavam apreensivos em deixá-lo sair sem um melhor entendimento de sua condição e suas necessidades. A equipe o encaminhou para testagem a fim de esclarecer o que estava dificultando tanto envolvê-lo de uma forma significativa. No Rorschach e no TAT com base no desempenho, o que mais se destacou foram seus intensos desejos de dependência. O conteúdo temático envolvia dependência passiva do outro para cuidados. No MCMI-III de autorrelato, seu perfil não era elevado na escala de Dependência; ele não tinha confirmado afirmações descrevendo necessidades excessivas de depender dos outros. Como entendemos essa discrepância? Um erro comum seria considerar que um teste estava certo, e o outro errado. O desafio é sintetizar os achados para captar um entendimento complexo, matizado, que esclarecerá a questão de encaminhamento.

Um exame mais detalhado desses conteúdos do TAT e do Rorschach revelou que sua atitude em relação à dependência era carregada de repugnância, vergonha e culpa. Portanto, minha síntese era que o paciente tinha desejos intensos de ser cuidado, mas dificuldade em aceitá-los e por isso repudiou-os no autorrelato. Isso contribuiu para uma apreciação de como deve ter sido difícil para ele estar na posição vulnerável, dependente, de um paciente de hospital. Ele precisava convencer a si mesmo e à equipe que estava bem de fato e não precisava de coisa alguma, para poder sair de lá o mais rápido possível. Com essa formulação, a equipe estava menos inclinada a vê-lo negativamente como evasivo e resistente e, em vez disso, mais empática com seu dilema em torno de necessitar e aceitar ajuda.

Leia mais sobre o que o dr. Bram tinha a dizer – seu ensaio completo (em inglês) – em www.mhhe.com/cohentesting8.

sobre habilidades psicológicas críticas, como raciocínio lógico, percepção da realidade, relacionamento social e regulação emocional.

Métodos de avaliação comportamental

Traços, estados, motivos, necessidades, impulsos, defesas e construtos psicológicos relacionados não têm existência palpável. Eles são construtos cuja existência deve ser deduzida pelo comportamento. Na abordagem tradicional à avaliação clínica, os testes, bem como outros instrumentos são empregados para obter dados. A partir desses dados, diagnósticos e inferências são feitos em relação à existência e à força dos construtos psicológicos. A abordagem tradicional à avaliação poderia, portanto, ser rotulada como uma abordagem-*sinal* porque as respostas do teste são consideradas sinais ou sugestões à personalidade ou à capacidade subjacentes. Em contrapartida a essa abordagem tradicional, está uma filosofia de avaliação alternativa que pode ser denominada abordagem-*amostra*. Esta amostra focaliza-se no próprio comportamento. O comportamento emitido é visto não como um sinal de alguma coisa mas como uma amostra a ser interpretada por si só.

A ênfase na **avaliação comportamental** é mais "no que uma pessoa *faz* em situações do que em inferências sobre quais atributos ela *tem* mais globalmente" (Mischel, 1968, p. 10). Pensa-se que prever o que uma pessoa fará implique um entendimento do avaliado tanto a respeito de condições antecedentes quanto de consequências de uma determinada situação (Smith e Iwata, 1997). Sob exame minucioso, entretanto, o conceito de traço ainda está presente em muitas medidas comportamentais, embora mais estreitamente definido e ligado de forma mais íntima a situações específicas (Zuckerman, 1979).

Para ilustrar a observação comportamental como uma estratégia de avaliação, considere o problema de uma cliente solteira que se apresenta no centro de aconselhamento da universidade. Ela queixa-se, de que, mesmo todos os seus amigos lhe dizendo o quanto é atraente, ela tem grande dificuldade em sair com homens – tanto assim que nem quer tentar mais. Um conselheiro diante de tal cliente poderia, entre outras coisas, (1) entrevistá-la sobre o problema, (2) administrar-lhe um teste adequado, (3) pedir-lhe que mantenha um diário detalhado de seus pensamentos e comportamentos relacionados a vários aspectos de suas tentativas de sair com homens, incluindo suas expectativas, e (4) acompanhá-la em uma saída noturna típica para bares ou locais semelhantes e observar seu comportamento. As duas últimas estratégias a título de observação comportamental. Com relação ao diário, a cliente está praticando auto-observação. No cenário da saída noturna, o conselheiro está fazendo a observação real.

A administração mais tradicional de um teste ou bateria de testes psicológicos a um cliente como essa mulher solteira poderia produzir sinais que então seriam inferidos para relacionar ao problema. Por exemplo, se uma série de histórias do TAT da cliente envolvesse temas de encontros heterossexuais humilhantes, hostis ou de outro modo insatisfatórios como resultado de se aventurar nas ruas, um conselheiro poderia fazer uma interpretação em um segundo nível de inferência ou em um nível mais profundo. Por exemplo, um conselheiro, especialmente um com uma orientação psicanalítica, poderia chegar a uma conclusão mais ou menos como esta:

> O medo expressado pela cliente de sair à rua, e, em última análise, seu medo de sair com homens, poderia de alguma forma estar relacionado a um medo inconsciente de promiscuidade – um medo de se tornar uma prostituta (mulher da rua).

Tal conclusão, por sua vez, teria implicações para o tratamento. Muitas horas de tratamento poderiam ser devotadas a descobrir o medo "real" de modo que ele seja aparente para a própria cliente e finalmente tratado de maneira eficaz.

Em contrapartida à abordagem-sinal, o clínico empregando a abordagem-amostra ou comportamental à avaliação poderia examinar o diário comportamental que a cliente manteve e planejar um programa de terapia adequado com base nesses registros. Portanto, por exemplo, as condições antecedentes sob as quais a cliente se sentiria mais perturbada e desmotivada a fazer alguma coisa em relação ao problema poderiam ser delineadas e elaboradas em sessões de acompanhamento.

Uma vantagem da abordagem-sinal sobre a abordagem-amostra é que – nas mãos de um clínico hábil, perceptivo – a cliente poderia ser colocada em contato com sentimentos dos quais nem ela tinha de fato consciência antes da avaliação. A cliente pode estar evitando de modo consciente (ou inconscientemente), certos pensamentos e imagens (p. ex. aqueles que acompanham a expressão de sua sexualidade,), e essa incapacidade de lidar com eles pode na verdade ter sido um fator que contribui para sua ambivalência a respeito de sair com homens.

Os avaliadores raras vezes fazem inferência de nível tão profundo. Por exemplo, se a sexualidade não for levantada como uma área de dificuldade pela cliente (em uma entrevista, um diário, uma lista de verificação ou por alguma outra técnica de avaliação comportamental), essa área de problema pode muito bem ser ignorada e receber pouca atenção. Os avaliadores comportamentais, entretanto, tendem a ser mais empíricos em sua abordagem, na medida em que sistematicamente avaliam o problema apresentado tanto da perspectiva do cliente quanto do ponto de vista de uma pessoa observando-o em situações sociais e no ambiente em geral. O avaliador comportamental não utiliza o Rorschach ou outros protocolos em busca de pistas para o tratamento. Antes, o conselheiro ou o clínico de orientação comportamental baseiam-se muito mais no que o cliente *faz* e *fez* como orientações ao tratamento. De certo modo, a abordagem comportamental pode ser considerada menos uma arte do que uma ciência (pelo menos comparada com algumas outras abordagens clínicas). Ela certamente é baseada na ciência uma vez que conta com métodos bastante precisos de validade comprovada (Haynes e Kaholokula, 2008).

Desde o início, o afastamento dos testes psicológicos tradicionais por clínicos de orientação comportamental forçaram alguns a buscar uma forma de integrar esses testes nas avaliações comportamentais. Essa visão é exemplificada pelo desejo de que "os testes psicológicos devem ser capazes de fornecer ao terapeuta do comportamento informações que tenham valor para a terapia do comportamento. Essa argumentação é baseada na suposição de que o comportamento em qualquer teste psicológico deve ser legal" (Greenspoon e Gersten, 1967, p. 849). Consequentemente, os testes psicológicos poderiam ser úteis, por exemplo, para ajudar o terapeuta do comportamento a identificar os tipos de estímulos contingentes que seriam mais eficazes com um determinado paciente. Por exemplo, pacientes com altas porcentagens de respostas de cor ou de cor/forma no Rorschach e com QIs acima de 90 poderiam ser mais responsivos a contingências verbais negativas (como *não* ou *errado*). Esses esforços inovadores para diminuir uma ampla cisão no campo da avaliação clínica não conseguiram inflamar o entusiasmo experimental, talvez porque existem formas mais diretas de avaliar a responsividade a várias contingências.

> **REFLITA...**
> Há uma forma de integrar testagem e avaliação psicológicas tradicionais e avaliação comportamental?

As diferenças entre as abordagens tradicional e comportamental à avaliação têm a ver com suposições variadas sobre a natureza da personalidade e as causas de comportamentos. Os dados da avaliação tradicional são usados sobretudo para descrever, classificar ou diagnosticar, enquanto os dados de uma avaliação comportamental costumam ser mais diretamente relacionados com a formulação de um programa de tratamento específico. Algumas das outras diferenças entre as duas abordagens são resumidas na Tabela 13.5.

O quem, o quê, o quando, o onde, o porquê e o como da avaliação comportamental

O nome diz tudo: o *comportamento* é o foco da avaliação na avaliação comportamental – não os traços, os estados ou outros construtos presumidamente presentes em várias intensidades – apenas o comportamento. Isso ficará claro quando examinarmos o *quem*, o *quê*, o *quando*, o *onde*, o *porquê* e o *como* da avaliação comportamental.

Quem? *Quem* é o avaliando? A pessoa que está sendo avaliada pode ser, por exemplo, um paciente em uma ala psiquiátrica fechada, um cliente buscando ajuda em um centro de aconselhamento ou um indivíduo em um experimento acadêmico. Independentemente de se a avaliação é para propósitos de pesquisa, clínicos, ou outros, a marca da avaliação comportamental é o estudo intensivo dos indivíduos. Isso contrasta com a testagem em massa de grupos de pessoas para obter dados normativos com respeito a algum traço ou estado hipotetizado.

Quem é o avaliador? Dependendo das circunstâncias, o avaliador pode ser um profissional altamente qualificado ou um técnico/assistente treinado para conduzir uma determinada avaliação. Técnicos são empregados com frequência para registrar o número de vezes que um comportamento-alvo é exibido. Nesse contexto, o avaliador também pode ser um professor registrando, por exemplo, o número de vezes que uma criança levanta de sua cadeira. Um avaliador na avaliação comportamental também pode ser o avaliando. Os avaliandos são, frequentemente, direcionados a manter diários comportamentais, a completar listas de verificação comportamentais ou a realizar outras atividades visando monitorar seu próprio comportamento.

O quê? *O que* é medido na avaliação comportamental? Talvez não supreendentemente, o comportamento ou comportamentos visados para avaliação irão variar em razão dos objetivos da avaliação. O que constitui um comportamento-alvo será em geral des-

Tabela 13.5 Diferenças entre abordagens comportamentais e tradicionais à avaliação psicológica

	Comportamental	Tradicional
Suposições		
Concepção da personalidade	Construtos de personalidade empregados principalmente para resumir padrões de comportamento específicos, se for o caso	A personalidade como um reflexo de estados e traços duradouros, subjacentes
Causas de comportamento	Condições de manutenção buscadas no ambiente atual	Intrapsíquicas, ou dentro do indivíduo
Implicações		
Papel do comportamento	Importante como uma amostra do repertório da pessoa em uma situação específica	O comportamento assume importância apenas na medida em que indexa as causas subjacentes
Papel da história	Relativamente sem importância exceto, por exemplo, para fornecer um basal retrospectivo	Crucial na medida em que em as condições presentes são vistas como produtos do passado
Consistência do comportamento	Comportamento parece ser específico à situação	Esperado que o comportamento seja consistente ao longo do tempo e dos contextos
Usos de dados		
	Para descrever comportamentos-alvo e manter condições	Para descrever o funcionamento e a etiologia da personalidade
	Para selecionar o tratamento apropriado	Para diagnosticar ou classificar
	Para avaliar e revisar o tratamento	Para fazer prognóstico; para prever
Outras características		
Nível de inferências	Baixo	Médio a alto
Comparações	Mais ênfase no intraindividual ou idiográfico	Mais ênfase no interindividual ou nomotético
Métodos de avaliação	Mais ênfase em métodos diretos (p.ex., observações de comportamento no ambiente natural)	Mais ênfase em métodos indiretos (p.ex., entrevistas e autorrelato)
Momento da avaliação	Mais contínuo; antes, durante e após o tratamento	Antes e talvez após o tratamento, ou estritamente para diagnosticar
Âmbito da avaliação	Medidas específicas e de mais variáveis (p.ex., de comportamentos-alvo em várias situações, de efeitos colaterais, contexto, pontos fortes bem como deficiências)	Medidas mais globais (p.ex., de cura ou melhora) mas apenas do indivíduo

Fonte: Hartmann e colaboradores (1979).

crito com detalhes suficientes antes de qualquer avaliação. Para os objetivos da avaliação, o comportamento-alvo deve ser mensurável – ou seja, quantificável de alguma forma. Os exemplos desses comportamentos mensuráveis podem variar do número de segundos decorridos antes que uma criança peça ajuda em sala de aula ao número de graus em que a temperatura corporal está alterada. Note que as descrições dos comportamentos visados na avaliação comportamental costumam começar com a frase *o número de*. Em estudos que focalizam variáveis fisiológicas, como tensão muscular ou resposta autônoma, um equipamento especial é requerido para obter as mensurações comportamentais.

Quando? *Quando* uma avaliação é feita? Uma resposta a essa pergunta é que a avaliação do comportamento é feita normalmente nos momentos em que o comportamento-problema tem mais probabilidade de ser suscitado. Assim, por exemplo, se um aluno tem mais chances de se envolver em brigas verbais ou físicas durante o recreio, um avaliador comportamental se focalizará na hora do recreio como um momento para avaliá-lo.

Outra forma de responder à pergunta *quando* tem a ver com os vários cronogramas com os quais as avaliações comportamentais podem ser feitas. Por exemplo, um cronograma de avaliação é referido como *registro de frequência* ou *de evento*. Toda vez que ocorre, o comportamento-alvo é registrado. Outro cronograma de avaliação é mencionado como *registro de intervalo*. A avaliação de acordo com esse cronograma ocorre apenas durante intervalos de tempo predefinidos (p. ex., a cada minuto, a cada 48 horas, a cada três semanas). Além de apenas calcular o número de vezes em que um determinado comportamento acontece, o avaliador também pode manter um registro de sua *intensidade*. A intensidade de um comportamento pode ser medida por eventos observáveis e quantificáveis, como sua *duração*, estabelecida em números de segundos, minutos, horas, dias, semanas, meses ou anos. Alternativamente, ela pode ser estabelecida em termos de alguma proporção ou porcentagem de tempo em que o comportamento é observado durante um intervalo de tempo especificado. Um método de registrar a frequência e a intensidade do comportamento-alvo é a **metodologia *timeline followback* (TLFB) (seguimento da linha do tempo)** (Sobell e Sobell, 1992, 2000). A TLFB foi concebida, originalmente, para uso no contexto de uma entrevista clínica com o objetivo de avaliar abuso de álcool. Os respondentes eram apresentados a um determinado período de tempo do calendário e solicitados a lembrar aspectos de seu consumo de álcool. Uma característica da TLFB é que os respondentes são estimulados com auxílios de memória (como datas memoráveis, incluindo aniversários, feriados, eventos nos noticiários e eventos de importância pessoal) para ajudar na lembrança do comportamento-alvo durante o período definido. A partir das informações lembradas, surgem os padrões relativos ao comportamento-alvo (tal como abuso de substância *versus* abstinência). A técnica pode ser particularmente útil para identificar estímulos antecedentes que sinalizam o comportamento indesejado. O método tem sido usado para avaliar comportamentos-problema tão diversos quanto jogo (Weinstock et al., 2004; Weinstock, Ledgerwood e Petry, 2007; Weinstock, Whelan et al., 2007), tabagismo materno (Stroud et al., 2009), comportamentos de risco para HIV (Copersino et al., 2010) e álcool/medicamento (Garnier et al., 2009), embora sua utilidade varie com a situação (Shiffman, 2009). Outra metodologia de avaliação implica registrar eventos relacionados ao comportamento-problema (como beber, fumar, etc.) não retrospectivamente, mas quando eles ocorrem. Isso é feito por meio de um computador portátil usado para manter um diário eletrônico de comportamento. Referida como **avaliação momentânea ecológica**, essa metodologia foi usada para analisar os antecedentes imediatos do tabagismo (Shiffman et al., 2002).

REFLITA...
Você é um terapeuta do comportamento que tem um cliente que é jogador compulsivo. Você o aconselha a manter um registro de seu comportamento. Seu conselho é que essa automonitoração seja mantida com frequência ou em intervalos? Por quê?

Onde? *Onde* ocorre a avaliação? Em comparação com a administração de testes psicológicos, a avaliação comportamental pode ocorrer quase em qualquer lugar – de preferência no ambiente onde é mais provável que o comportamento-alvo ocorra naturalmente. Por exemplo, um avaliador comportamental estudando os hábitos obsessivo-compulsivos de um paciente poderia desejar visitá-lo em casa para ver em primeira mão a variedade e a intensidade dos comportamentos exibidos. O paciente verifica o fogão para ver se o gás está fechado, por exemplo? Em caso afirmativo, quantas vezes por hora? Ele lava excessivamente as mãos? Em caso afirmativo, em que medida? Essas questões e questões relacionadas podem ser levantadas e respondidas de maneira efetiva por meio da observação direta na casa do paciente. Em alguns casos, quando a realidade virtual é considerada preferível ao mundo real, a avaliação pode envolver estímulos criados em um laboratório, em vez de na "vida real" (ver, p. ex., Bordnick et al., 2008).

Por quê? *Por que* conduzir uma avaliação comportamental? Em geral, os dados derivados dessa avaliação podem ter diversas vantagens sobre informações obtidas por outros meios. Os dados derivados da avaliação comportamental podem ser usados:

- para fornecer dados basais comportamentais com os quais outros dados comportamentais (acumulados com o passar do tempo, após a intervenção ou após algum outro evento) possam ser comparados
- para fornecer um registro dos pontos fortes e dos pontos fracos comportamentais do avaliando em de uma variedade de situações
- para apontar condições ambientais que estejam atuando no sentido de desencadear, manter ou extinguir certos comportamentos
- para visar a padrões comportamentais específicos a serem modificados por meio de intervenções
- para criar exibições gráficas úteis a fim de estimular abordagens de tratamento inovadoras ou mais eficazes

Na era dos planos de saúde e de terceiras partes pagadoras frugais, temos que observar também que as companhias de seguro tendem a preferir as avaliações comportamentais às mais tradicionais. Isso ocorre porque a avaliação comportamental normalmente não está ligada a nenhuma teoria da personalidade em particular, e o progresso do paciente tende a ser medido com base em eventos comportamentais documentados.

Como? *Como* a avaliação comportamental é conduzida? A resposta a essa pergunta sem dúvida irá variar, de acordo com o objetivo da avaliação. Em algumas situações, o único equipamento especial requerido será um observador treinado com um bloco e um lápis. Em outros tipos de situações, um equipamento de registro altamente sofisticado pode ser necessário.

> **REFLITA...**
> Imagine que você seja um psicólogo da NASA estudando os efeitos psicológicos e comportamentais da viagem espacial nos astronautas. Que tipos de medidas comportamentais você poderia empregar, e que equipamento especial você necessitaria – ou criaria – para obtê-las?

Outra pergunta *como* fundamental diz respeito à análise de dados dessa avaliação. O grau em que os padrões psicométricos tradicionais são considerados aplicáveis à avaliação comportamental é uma questão controversa, com dois campos opostos. Um campo pode ser caracterizado como aceitando as suposições psicométricas tradicionais sobre avaliação comportamental, incluindo aqueles sobre a medida de confiabilidade (Russo et al., 1980) e validade (Haynes, Follingstad e Sullivan, 1979; Haynes et al., 1981). Representativas dessa posição são declarações como as feitas por Bellack e Hersen (1988) de que "a confiabilidade, a validade e a utilidade de qualquer procedimento devem ser primordiais, independentemente de seu desenvolvimento comportamental e não comportamental" (p. 614).

Cone (1977) defendeu a abordagem tradicional à avaliação comportamental em um artigo intitulado "A relevância da confiabilidade e da validade para a avaliação comportamental". Entretanto, com o passar dos anos, ele (1986, 1987) se tornaria um dos principais proponentes de uma posição alternativa, na qual os padrões psicométricos tradicionais são rejeitados como critérios inadequados para a avaliação comportamental. Cone (1981) escreveu, por exemplo, que "uma verdadeira visão comportamental da avaliação é baseada em uma abordagem ao estudo do comportamento tão radicalmente diferente do modelo de diferenças individuais costumeiro que uma abordagem da mesma forma diferente deve ser adotada para avaliar a adequação dos procedimentos de avaliação comportamental" (p. 51)

> **REFLITA...**
> Os padrões psicométricos tradicionais aplicam-se à avaliação comportamental?

Outros, também, questionaram a utilidade das abordagens tradicionais para testar a confiabilidade na avaliação comportamental, observando que "o instrumento de avaliação pode ser preciso, mas o comportamento sendo medido pode ter mudado" (Nelson et al., 1977, p. 428). Com base na conceituação de cada avaliação comportamental como um experimento em si mesmo, Dickson (1975) escreveu: "Caso se suponha que cada alvo para avaliação representa um único experimento, então o que é necessário é o método científico de experimentação e pesquisa, e não um cronograma para avaliação formalizado [...] De acordo com essa estrutura, cada situação é vista como única, e a confiabilidade da abordagem não é resultante de técnicas de padronização [...] mas devida ao acompanhamento do método experimental na avaliação" (p. 376–377).

Variedades de avaliação comportamental

A avaliação comportamental pode ser realizada por vários meios, incluindo observação comportamental e escalas de avaliação comportamental, estudos análogos, automonitoração e métodos de desempenho situacional. Vamos examinar brevemente de forma mais detalhada cada um desses métodos bem como outros relacionados.

Observação comportamental e escalas de avaliação *Um psicólogo infantil observa um cliente em uma sala de brinquedos através de um espelho unidirecional. Um terapeuta familiar assiste a um videoteipe de uma família perturbada tentando resolver um conflito. Um psicólogo escolar observa uma criança interagindo com seus pares no recreio da escola.* Esses são todos exemplos do uso de uma técnica de avaliação denominada **observação comportamental**. Como seu nome sugere, essa técnica envolve assistir as atividades de clientes-alvo ou de participantes de pesquisa e, normalmente, manter algum tipo de registro dessas atividades. Pesquisadores, clínicos ou conselheiros podem, eles próprios, servir como observadores, ou podem designar assistentes treinados ou outras pessoas (como pais, irmãos, professores e supervisores) para a tarefa. Mesmo a pessoa observada pode ser o observador do comportamento, embora nesses casos o termo *auto-observação* seja mais adequado do que *observação comportamental*.

Em alguns casos, a observação comportamental emprega meios mecânicos, como gravação em vídeo de um evento. Os eventos comportamentais gravados desobrigam o médico, o pesquisador, ou qualquer outro observador da necessidade de estar fisicamente presente quando o comportamento ocorrer e permite uma análise detalhada dele em uma hora mais conveniente. Os fatores anotados na observação comportamental incluirão em geral a presença ou ausência de comportamentos-alvo específicos, de excessos comportamentais de déficits comportamentais, de habilidades comportamentais, e dos antecedentes e consequências situacionais dos comportamentos observados. Naturalmente, visto que as pessoas que fazem a observação e a avaliação são seres humanos, a observação comportamental nem sempre é tão clara e linear quanto possa parecer (ver a Seção *A psicometria no cotidiano* deste capítulo).

A observação comportamental pode assumir muitas formas. O observador pode, na tradição naturalista, registrar uma narrativa contínua de eventos usando instrumentos como lápis e papel; um vídeo, filme ou câmera fotográfica; ou um gravador de áudio. Mehl e Pennebaker (2003), por exemplo, usaram esse tipo de abordagem naturalista em seu estudo da vida social de estudantes. Eles rastrearam as conversas de 52 estudantes universitários durante períodos de dois dias por meio de um gravador computadorizado.

Uma outra forma de observação comportamental emprega o que é chamado de uma *escala de avaliação do comportamento* – uma folha pré-impressa na qual o observador anota a presença ou a intensidade de comportamentos-alvo, geralmente marcando caixas ou preenchendo termos em código. Às vezes, o aplicador de um formulário de avaliação de comportamento escreve descrições em código de vários comportamentos. O código é preferível à narrativa contínua porque leva muito menos tempo para inserir os dados e desse modo liberar o observador de inserir dados relativos a qualquer um das centenas de pos-

A PSICOMETRIA NO COTIDIANO

Confissões de um avaliador do comportamento

Nas discussões sobre avaliação comportamental, o foco é com frequência colocado diretamente sobre o indivíduo que está sendo avaliado. Apenas raras vezes, ou nunca, é feita referência aos pensamentos e sentimentos da pessoa responsável por avaliar o comportamento de outra. O que se segue são pensamentos hipotéticos de um avaliador do comportamento. Dizemos hipotético porque essas ideias não são realmente os pensamentos de uma pessoa, mas uma compilação de pensamentos de muitas pessoas responsáveis por conduzir avaliações comportamentais.

Os avaliadores do comportamento entrevistados para esta apresentação foram todos funcionários de um serviço hospitalar/ambulatorial com base na comunidade em Brewster, Nova York. Um dos objetivos desse serviço é preparar seus membros adolescentes e adultos para uma vida construtiva e independente. Os membros vivem em residências com vários graus de supervisão, e seu comportamento é monitorado 24 horas por dia. Todos os dias, é emitida uma ficha de avaliação do comportamento de oito páginas, chamada de CDR (Clinical data recorder) (registro de dados clínicos [RDC]), que circula entre a equipe de supervisão para avaliação no decorrer do dia. O pessoal registra informações comportamentais sobre variáveis como atividades, habilidades sociais, apoio necessitado e comportamento disfuncional.

Com base nos dados comportamentais, certas intervenções clínicas ou outras podem ser recomendadas. Visto que a monitoração comportamental é diária e consistente, mudanças no comportamento do paciente em razão de medicamento, atividades ou outras variáveis são rapidamente anotadas e as estratégias de intervenção são ajustadas. Em resumo, os dados comportamentais podem afetar de forma significativa o curso da internação de um paciente – tudo, da quantidade de supervisão diária a privilégios até a data da alta, é influenciado pelos dados comportamentais. Tanto os pacientes quanto os funcionários estão cientes desse fato da vida institucional; portanto, os pacientes assim como os funcionários levam o preenchimento do CDR muito a sério. Com isso como pano de fundo, aqui estão alguns pensamentos privados de um avaliador do comportamento.

> Registro os dados comportamentais na presença dos pacientes, e estes, em geral, estão totalmente conscientes do que estou fazendo. Após eu terminar de codificar os CDRs dos pacientes pelo tempo em que eles ficaram comigo, outros membros da equipe os codificarão com respeito ao tempo que passaram com os pacientes. E assim vai. É como se cada paciente estivesse mantendo um diário detalhado de sua vida; apenas com a diferença de que, somos nós, a equipe, que estamos mantendo esse diário por eles.
>
> Às vezes, especialmente para funcionários novos, parece bizarro estar avaliando o comportamento de outros seres humanos. Uma manhã, talvez por empatia com um paciente, estendi-lhe um CDR em branco e, de brincadeira, ofereci deixá-lo avaliar meu comportamento. No jantar, quando já havia esquecido aquele incidente da manhã, percebi que o paciente estava me codificando pelas minhas

Um membro recebe treinamento em habilidades culinárias para a vida independente enquanto um funcionário monitora o comportamento.

> péssimas maneiras à mesa. Exteriormente, eu ri. Por dentro, fiquei na verdade um pouco ofendido. Em seguida, contei uma piada para os companheiros reunidos que, pensando bem, talvez não tenha sido de muito bom gosto. O paciente me codificou por ser socialmente ofensivo. Agora, eu estava de fato ficando constrangido. Mais tarde, naquela noite, fomos até a uma locadora de vídeos para devolver uma fita que tínhamos alugado, e o paciente me codificou por direção imprudente. Meu nível de desconforto aumentou a um ponto que achei ser hora de acabar com a piada. Em retrospecto, eu tinha experimentado pela primeira vez o constrangimento e o desconforto que alguns de nossos pacientes experimentavam quando cada movimento deles era monitorado diariamente pelos membros da equipe.
>
> Ainda que os pacientes nem sempre fiquem desconfortáveis tendo seu comportamento avaliado – e na verdade muitos tenham acessos de raiva contra os membros da equipe que estão de uma forma ou de outra relacionados ao sistema de avaliação – também é verdade que o sistema parece funcionar. Às vezes, o constrangimento é o que as pessoas precisam para melhorar. Aqui, penso em Sandy,

uma jovem brilhante que se tornou gradualmente fascinada pelo CDR e logo passava grande parte do dia fazendo várias perguntas sobre ele para os membros da equipe. Pouco tempo depois, ela perguntou se podia ter permissão para codificar seu próprio CDR. Ninguém tinha pedido isso antes, e uma reunião da equipe foi convocada para analisar as consequências de tal ação. Como experiência, foi decidido que essa paciente teria permissão para codificar seu próprio CDR. A experiência valeu a pena. A autocodificação de Sandy a manteve relativamente "nos trilhos" com relação a suas metas comportamentais, e ela se viu tentando com esforço melhorar à medida que mostrava sinais de evolução. Na alta, Sandy disse que sentiria falta de acompanhar seu progresso com o CDR.

Instrumentos como o CDR podem ser usados como armas ou como recompensas pela equipe e, provavelmente, têm sido. Eles podem ameaçar os pacientes com uma avaliação comportamental ruim. Avaliações negativas demais, em resposta a comportamento disfuncional que seja particularmente perturbador para a equipe também é uma possibilidade sempre presente. Contudo, o tempo todo você tem total consciência de que o sistema funciona melhor quando a equipe codifica o comportamento dos pacientes de forma consistente e imparcial.

---

síveis comportamentos, não apenas aqueles impressos nas folhas. Por exemplo, uma série de sistemas de codificação para observação do comportamento de casais e de famílias estão disponíveis. Dois desses sistemas são o Sistema de Codificação de Interação Conjugal (Marital Interaction Coding System) (Weiss e Summers, 1983) e o Sistema de Pontuação da Interação de Casais (Couples Interaction Scoring System) (Notarius e Markman, 1981). Dispositivos de entrada de dados portáteis são usados hoje com frequência para facilitar o trabalho do observador.

As escalas e os sistemas de avaliação do comportamento podem ser categorizados de diferentes formas. Um *continuum* de *direto* a *indireto* aplica-se à situação na qual o comportamento observado ocorre e a o quão próxima essa situação está daquela em que o comportamento ocorre naturalmente. Quanto mais natural a situação, mais direta a medida; quanto mais afastamento da situação natural, menos direta a medida (Shapiro e Skinner, 1990). De acordo com esta categorização, por exemplo, avaliar as ações e reações de um bombeiro enquanto combate um incêndio real forneceria uma medida menos direta (ou mais *indireta*) da capacidade de combater incêndio. Ir mais fundo no *continuum* direto-a-indireto seria perguntar verbalmente ao bombeiro sobre como ele poderia reagir a situações hipotéticas que ocorressem durante um incêndio. Shapiro e Skinner (1990) também diferenciaram *instrumentos de banda larga*, destinados a medir uma ampla variedade de comportamentos, *instrumentos de banda estreita*, que podem se focalizar nos comportamentos relacionados a construtos únicos e específicos. Um instrumento de banda larga poderia medir, por exemplo, a capacidade geral do bombeiro, enquanto um instrumento de banda estreita poderia medir a proficiência em um aspecto particular daquelas capacidades, como a proficiência em administrar ressuscitação cardiopulmonar (RCP).

Automonitoração Automonitoração pode ser definida como o ato de observar e registrar sistematicamente aspectos do próprio comportamento e/ou eventos relacionados a esse comportamento. Automonitoração é diferente de autorrelato. Conforme observado por Cone (1999, p. 411), a automonitoração

> se baseia em observações *do* comportamento de interesse clínico [...] no *tempo* [...] e no *lugar* [...] de sua ocorrência real. Em contrapartida, o autorrelato usa substitutos (descrições verbais, relatos) do comportamento de interesse que são obtidos em um tempo e um lugar diferentes do tempo e do lugar da ocorrência real do comportamento. (ênfase no original)

A automonitoração pode ser usada para registrar pensamentos, sentimentos ou comportamentos específicos. Sua utilidade depende em grande parte da competência, diligência e motivação do avaliando, embora uma série de métodos engenhosos tenham sido desenvolvidos para auxiliar no processo ou para garantir a adesão (Barton et al., 1999; Bornstein et al., 1986; Wilson e Vitousek, 1999). Por exemplo, assim como você pode ouvir um sinal em um carro se deixar de colocar o cinto de segurança, os computadores portáteis foram programados para bipar como um sinal para observar e registrar o comportamento (Shiffman et al., 1997).

A automonitoração é tanto um instrumento de avaliação como de intervenção. Em alguns casos, o próprio ato de automonitorar (p. ex., de fumar, de comer, de ansiedade e de pânico) pode ser terapêutico. Questões práticas que devem ser consideradas incluem a metodologia empregada; a especificação dos pensamentos, sentimentos ou comportamentos visados; os procedimentos de amostragem em vigor; os dispositivos e procedimentos de automonitoração reais; e o treinamento e preparação (Foster et al., 1999).

Qualquer discussão da avaliação comportamental, e particularmente da automonitoração, seria incompleta sem mencionar a questão psicométrica de *reatividade* (Jackson, 1999). **Reatividade** refere-se às possíveis mudanças no comportamento, no pensamento ou no desempenho de um avaliando que podem surgir em resposta a ser observado ou avaliado. Por exemplo, se estiver em um programa de perda de peso e estiver automonitorando sua ingestão de comida, você pode estar mais inclinado a renunciar ao *cheesecake* do que a consumi-lo. Nesse caso, a reatividade tem um efeito positivo sobre o comportamento do avaliando. Há muitos casos nos quais a reatividade pode ter um efeito negativo sobre o comportamento ou desempenho do avaliando. Por exemplo, já houve observação prévia de como a presença de terceiras pessoas durante uma avaliação pode afetar adversamente o desempenho de um avaliando em tarefas que requerem memória ou atenção (Gavett et al., 2005). Educação, treinamento e preparação adequada são alguns dos instrumentos usados para neutralizar os efeitos da reatividade na automonitoração. Além disso, entrevistas pós-automonitoração sobre os efeitos da reatividade podem fornecer *insights* adicionais sobre a ocorrência dos pensamentos e comportamentos-alvo bem como de quaisquer efeitos de reatividade.

REFLITA...
Crie um exemplo original para ilustrar como a automonitoração pode ser um instrumento de avaliação assim como uma intervenção?

Estudos análogos A abordagem comportamental à avaliação e ao tratamento clínico tem sido comparada com a abordagem de um pesquisador à experimentação. O avaliador comportamental procede, em muitos aspectos, como um pesquisador; o problema do cliente é a variável dependente, e o fator (ou fatores) responsável por causar ou manter o comportamento-problema é a variável independente. Os avaliadores comportamentais podem usar a frase *análise funcional do comportamento* para transmitir o processo de identificar as variáveis dependentes e independentes com respeito ao problema apresentado. Entretanto, assim como os experimentadores devem com frequência empregar variáveis independentes e dependentes que imitam aquelas variáveis no mundo real, da mesma forma os avaliadores comportamentais devem fazê-lo.

Um **estudo análogo** é uma investigação de pesquisa na qual uma ou mais variáveis são semelhantes ou análogas à variável real que o investigador deseja examinar. Essa definição é reconhecidamente muito ampla, e o termo *estudo análogo* tem sido utilizado de várias formas. Também tem sido usado, por exemplo, para descrever a pesquisa conduzida com ratos brancos quando o experimentador na verdade deseja aprender sobre os seres humanos. Ele tem sido usado para descrever a pesquisa sobre agressão definida como a administração laboratorial de choque elétrico quando o experimentador na verdade deseja aprender sobre agressão no mundo real fora do laboratório.

Mais específica do que o termo *estudo análogo* é a **observação comportamental análoga**, que, segundo Haynes (2001b), pode ser definida como a observação de uma pessoa ou pessoas em um ambiente destinado a aumentar a chance de que o avaliador possa observar comportamentos e interações-alvo. A pessoa ou as pessoas nessa definição podem ser clientes (incluindo crianças e adultos individuais, famílias ou casais) ou indivíduos de pesquisa (incluindo estudantes, colegas de trabalho ou qualquer outra amostra de pesquisa). O comportamento visado, naturalmente, depende do objetivo da pesquisa. Para um cliente que evita caminhadas em trilhas devido ao medo de cobras, o comportamento visado para avaliação (e mudança) é a reação a medo de cobras, suscitado em especial durante caminhadas. Esse comportamento pode ser avaliado (e tratado) de forma análoga nos limites do consultório de um clínico, usando um cenário que poderia ser encontrado durante caminhadas, fotos de cobras, vídeos de cobras, cobras vivas em gaiolas e fora de gaiolas.

> ◆ **REFLITA...**
> Como resultado de um acidente de carro, um cliente de um terapeuta comportamental alega não ser capaz de entrar em um carro e dirigir novamente. O terapeuta deseja avaliar essa queixa por meio de observação comportamental análoga. Como ele deve proceder?

Uma variedade de ambientes foi concebida para aumentar as chances de observação pelo avaliador do comportamento-alvo (p. ex., ver Heyman, 2001; Mori e Armendariz, 2001; Norton e Hope, 2001; e Roberts, 2001). Questões sobre o quanto alguns estudos análogos são realmente análogos foram levantadas, junto com questões relativas a sua utilidade final (Haynes, 2001a).

Medidas de desempenho situacional e de dramatização podem ser consideradas abordagens análogas à avaliação. Vamos examinar cada uma delas com mais detalhes.

Medidas de desempenho situacional Se já se candidatou a um emprego administrativo de meio período e teve que fazer um teste de processamento de texto, você teve uma experiência em primeira mão com *medidas de desempenho situacional*. Falando de forma ampla, uma **medida de desempenho situacional** é um procedimento que permite a observação e avaliação de um indivíduo sob um conjunto padrão de circunstâncias. Uma medida de desempenho situacional normalmente envolve o desempenho de alguma tarefa específica sob condições reais ou simuladas. O teste de direção que você fez para obter sua carteira de motorista foi uma medida de desempenho situacional que envolveu uma avaliação de suas habilidades de direção em um carro real, em uma estrada real, no tráfego real. No entanto, as medidas de desempenho situacional usadas para avaliar as habilidades de futuros astronautas são feitas em simuladores de foguetes, em laboratórios plantados com firmeza na Mãe Terra. Comum a todas as medidas de desempenho situacional é que o construto que elas medem parece ser avaliado com mais precisão pelo exame direto do comportamento do que pedindo aos indivíduos que descrevam seu comportamento. Se simplesmente perguntados sobre como se sairiam, alguns respondentes podem ser motivados a se representarem de forma deturpada para dar uma impressão mais favorável. Além disso, é muito possível que eles de fato não saibam como se sairiam sob determinadas circunstâncias. A especulação verbal sobre como alguém se sairia sob determinadas circunstâncias, em particular as de alto estresse, costuma ser muito diferente do que realmente ocorre.

A **técnica de grupo sem líder** é um procedimento de avaliação situacional no qual diversas pessoas são organizadas em um grupo com o propósito de realizar uma tarefa enquanto um observador registra informações individuais relativas a iniciativa, cooperação, liderança e variáveis relacionadas de membros do grupo. Em geral, todos os membros do grupo sabem que estão sendo avaliados e que seu comportamento está sendo observado e registrado. Instruções intencionalmente vagas costumam ser fornecidas ao grupo, e ninguém é colocado na posição de liderança ou autoridade. O grupo determina como irá realizar a tarefa e quem será responsável por quais deveres. A situação de grupo sem líder fornece uma oportunidade para observar o grau de cooperação exibido por indivíduo do grupo e o grau em que cada um é capaz de funcionar como parte de uma equipe.

A técnica de grupo sem líder foi empregada em contextos militares e industriais. Seu uso nas Forças Armadas desenvolveu-se das tentativas pelo Office of Strategic Services (OSS Assessment Staff, 1948) dos Estados Unidos de avaliar a liderança bem como outros traços de personalidade. O procedimento foi concebido para auxiliar no estabelecimento de unidades militares coesas – tripulações de cabine, tripulações de tanques, e assim por diante – nas quais os membros trabalhariam bem juntos e poderiam individualmente dar uma contribuição significativa. De forma similar, o procedimento é usado em contextos industriais e organizacionais para identificar pessoas que trabalham bem em conjunto e aquelas com habilidades gerenciais superiores e "potencial de executivo".

A abordagem de grupo de trabalho autogerenciado desafia as concepções tradicionais de gerente e trabalhador. Como alguém gerencia um grupo que supostamente se autogerencia? Uma abordagem é tentar identificar *não líderes*, que atuam sobretudo como facilitadores no local de trabalho e são capazes de equilibrar um estilo de gerência sem interferência com um estilo que seja mais diretivo quando necessário (Manz e Sims, 1984).

> **REFLITA...**
> Você é consultor de gestão de uma empresa importante com uma atribuição: criar uma medida de desempenho situacional visando identificar um *não líder*. Esboce resumidamente seu plano.

Dramatização A técnica de **dramatização**, ou representar um papel improvisado ou parcialmente improvisado em uma situação simulada, pode ser usada no ensino, na terapia e na avaliação. Os departamentos de polícia, por exemplo, preparam de forma rotineira recrutas para emergências fazendo-os interpretar papéis, tais como o de um policial confrontado por um criminoso mantendo um refém na mira da arma. Parte do exame final do futuro policial pode ser o desempenho bem-sucedido em uma tarefa de dramatização. Um terapeuta poderia usar a dramatização para ajudar um casal brigando a evitar gritarias ofensivas e aprender métodos mais eficazes de resolução de conflito. A resolução bem-sucedida dos problemas dramatizados do mesmo casal pode ser um dos critérios do terapeuta para terminar a terapia.

Existe uma grande e crescente literatura sobre dramatização como método de avaliação. Em geral, a dramatização pode fornecer um meio bastante barato e altamente adaptável de avaliar vários comportamentos "potenciais". Dizemos "potenciais" com cautela devido à incerteza de que o comportamento dramatizado será então suscitado em uma situação naturalista (Kern et al., 1983; Kolotkin e Wielkiewicz, 1984). Bellack e colaboradores (1990) empregaram dramatização para fins tanto de avaliação quanto de instrução com pacientes psiquiátricos internados que estavam sendo preparados para a vida independente. Embora reconhecendo os benefícios da dramatização na avaliação da preparação dos pacientes para retornar à comunidade, esses autores advertem que "o critério de validade final para qualquer avaliação de base laboratorial ou clínica é a observação discreta do comportamento-alvo na comunidade" (p. 253).

> **REFLITA...**
> Descreva um encaminhamento para avaliação que se prestaria idealmente ao uso da dramatização como instrumento de avaliação.

Métodos psicofisiológicos A busca por pistas para entender e prever o comportamento humano levou os pesquisadores a estudarem índices fisiológicos como a taxa cardíaca e a pressão arterial. Sabe-se que esses e outros índices são influenciados por fatores psicológicos – daí o termo **psicofisiológico** para descrever essas variáveis bem como os métodos usados para estudá-las. Se esses métodos são considerados adequadamente de natureza *comportamental* é discutível. Contudo, essas técnicas tendem a estar associadas com clínicas e pesquisadores de orientação comportamental.

Talvez o mais conhecido de todos os métodos psicofisiológicos usados pelos psicólogos seja o *biofeedback*. **Biofeedback** é um termo genérico que pode ser definido amplamente como uma classe de técnicas de avaliação psicofisiológicas que visam medir, exibir e registrar um monitoramento contínuo de processos biológicos selecionados, como pulsação e pressão arterial. Dependendo de como a instrumentação de *biofeedback* é projetada, muitos processos biológicos diferentes – tais como taxa cardíaca, taxa respiratória, tônus muscular, resistência elétrica da pele e ondas cerebrais – podem ser monitorados e "retornados" para o avaliando por meio de exibições visuais, como luzes e escalas, ou estímulos auditivos, como sinos e campainhas. Talvez a variedade de *biofeedback* mais familiar aos estudantes seja o eletrocardiograma. Você pode ter ouvido referências a essa medida da taxa cardíaca em consultórios médicos como um "ECG". Menos familiares podem ser as variedades de *biofeedback* que medem as ondas cerebrais (o eletrencefalograma ou EEG) e o tônus muscular (o eletromiograma ou EMG).

O uso do *biofeedback* com seres humanos foi inspirado por relatos de que animais que recebiam recompensas e, por conseguinte, retorno (*feedback*), por exibir certas respostas involuntárias (como taxa cardíaca) podiam modificar com sucesso essas respostas (Miller, 1969). As primeiras experiências com seres humanos demonstrou uma capacidade de produzir certos tipos de ondas cerebrais sob comando (Kamiya, 1962, 1968). Desde aquela época, diferentes variedades de *biofeedback* foram experimentadas em uma ampla gama de aplicações terapêuticas e relacionadas à avaliação (Forbes et al., 2011; French et al., 1997; Hazlett et al., 1997; Henriques et al., 2011; Hermann et al., 1997; Lofthouse et al., 2011; Zhang et al., 1997; ver Fig.13.10).

O **pletismógrafo** é um instrumento de *biofeedback* que registra mudanças no volume de uma parte do corpo resultantes de variações no suprimento sanguíneo. Pesquisadores usaram esse dispositivo para explorar as mudanças no fluxo sanguíneo como uma variável dependente. Por exemplo, Kelly (1966) encontrou diferenças significativas nos suprimentos sanguíneos de grupos normais, ansiosos e psiconeuróticos (o grupo de an-

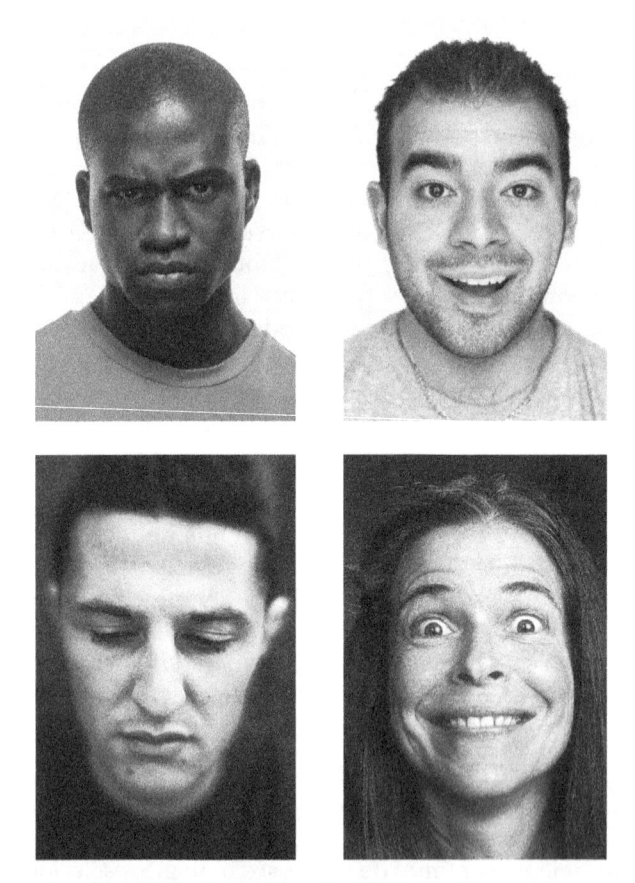

Figura 13.10 Que emoção você gostaria de experimentar hoje?

Um documento datado de 7 de junho de 2011, arquivado no United States Patent and Trademark Office, afirmava que um dispositivo de *biofeedback* recentemente inventado pode "induzir com exatidão uma emoção desejada por um usuário". O aparato de Lee, Goudarzi e colaboradores (2011) fornece *biofeedback* ao usuário compatível com o estado emocional no qual ele gostaria de estar. Até este momento, não houve validação independente dessas afirmações. Entretanto, se esse dispositivo realmente funciona como foi afirmado, como poderia ser usado na avaliação e na prática clínica?

siedade tendo a média mais alta) usando um pletismógrafo para medir esse suprimento no antebraço.

Um **pletismógrafo peniano** também é um instrumento concebido para medir mudanças no fluxo, mas mais especificamente o fluxo sanguíneo para o pênis. Visto que o volume de sangue no pênis aumenta com a excitação sexual masculina, o pletismógrafo peniano encontrou aplicação na avaliação de criminosos sexuais masculinos adolescentes e adultos (Clift et al., 2009; Lanyon e Thomas, 2008). Em um estudo, indivíduos que eram estupradores condenados demonstraram mais excitação sexual a descrições de estupro e menos excitação a histórias de sexo consensual do que indivíduos-controle (Quinsey et al., 1984). Os criminosos que continuam a negar escolhas de objetos sexuais desviantes podem ser confrontados com **dados falométricos** (o registro de um estudo conduzido com um pletismógrafo peniano) como um meio de forçá-los a falar mais abertamente sobre seus pensamentos e comportamento (Abel et al., 1986). Os dados falométricos também têm aplicações no tratamento e na avaliação de programas. Em um desses tipos de aplicação, o criminoso – um estuprador, um molestador de crianças, um exibicionista ou algum outro criminoso sexual – é exposto a estímulos visuais e/ou auditivos retratando cenas de comportamento normal e desviante enquanto a tumescência peniana é medida de forma simultânea. A análise dos dados falométricos é então usada para avaliar a melhora como resultado da intervenção.

Aos olhos do público, o mais conhecido dos instrumentos de mensuração psicofisiológica é o que costuma ser referido como *detector de mentira* ou **polígrafo** (literalmente, "mais de um gráfico"). Embora em geral não associada com avaliação psicológica, a indústria de detecção de mentira foi caracterizada como "um dos ramos mais importantes da psicologia aplicada" (Lykken, 1981, p. 4). Isso é especialmente verdadeiro hoje, dada a frequência com que esses testes são administrados, bem como as possíveis consequências deles resultantes.

Com base na suposição de que mudanças físicas detectáveis ocorrem quando um indivíduo mente, o polígrafo fornece um registro por escrito contínuo (referido de várias formas: um *traçado*, um *gráfico*, um *mapa* ou um *poligrama*) de diversos índices fisiológicos (normalmente respiração, resposta cutânea galvânica e volume sanguíneo/taxa de pulsação) enquanto um entrevistador e operador do instrumento (conhecido como *poligrafista*) faz ao avaliando uma série de perguntas do tipo sim ou não. Os julgamentos da veracidade das respostas são feitos de modo informal por análise dos mapas, ou de modo mais formal, por meio de um sistema de pontuação.

A confiabilidade dos julgamentos realizados por poligrafistas foram, e continuam sendo hoje, uma questão de grande controvérsia (Alpher e Blanton, 1985; Iacono e Lykken, 1997). Existem diferentes métodos de conduzir exames poligráficos (Lykken, 1981), e o equipamento poligráfico não é padronizado (Abrams, 1977; Skolnick, 1961). Um problema com esse método é uma alta taxa de falso-positivo para mentira. O procedimento "pode rotular mais de 50% dos indivíduos inocentes como culpados" (Kleinmuntz e Szucko, 1984, p. 774). À luz dos julgamentos que os poligrafistas são chamados para fazer, sua educação, seu treinamento e seus antecedentes requeridos parecem ser mínimos. Uma pessoa pode se qualificar como poligrafista após apenas 6 semanas de treinamento. A partir dos dados psicométricos e relacionados, parece razoável concluir que a promessa de uma máquina que se propõe a detectar desonestidade ainda não foi cumprida.

> **REFLITA...**
> A evidência do polígrafo não é admissível na maioria dos tribunais, contudo os órgãos policiais e as Forças Armadas continuam a usá-lo como um instrumento de avaliação. O que você pensa?

Medidas discretas Um tipo de medida bastante diferente de qualquer uma que discutimos até agora é a variedade *não reativa* ou *discreta* (Webb et al., 1966). Em muitos casos, uma **medida discreta** é um traço ou um registro físico revelador. Em um estudo, ela era lixo – de modo literal (Cote et al., 1985). Devido a sua natureza, as medidas discretas não requerem necessariamente a presença ou cooperação dos respondentes quando as mensurações estão sendo conduzidas.

Em um agora clássico livro que foi quase intitulado *The Bullfighter's Beard*,[8] Webb e colaboradores (1966) listaram inúmeros exemplos de medidas discretas, incluindo os seguintes:

- A popularidade de uma exposição em um museu pode ser medida pelo exame da erosão do solo em torno dela em relação à erosão em torno de outras exposições.
- A quantidade de consumo de uísque em uma cidade pode ser medida pela contagem do número de garrafas vazias nas latas de lixo.
- O grau de medo induzido por uma sessão de histórias de fantasmas pode ser medido observando a diminuição do diâmetro de um círculo de crianças sentadas.

> **REFLITA...**
> Webb e colaboradores (1966) afirmaram que medidas discretas podem ser úteis para complementar outras técnicas de pesquisa como entrevistas e questionários. Que medida discreta poderia teoricamente ser usada para complementar um questionário sobre hábitos de estudos de estudantes?

Uma equipe de pesquisadores usou invólucros deixados nas bandejas de lanchonetes para estimar a ingestão calórica de clientes dos restaurantes (Stice et al., 2004). Esses pesquisadores esperavam ampliar seu estudo desenvolvendo uma forma comparavelmente discreta de obter informações sobre a ingestão calórica em casa. Entretanto, não foram capazes de criar qualquer forma eticamente aceitável de fazê-lo. Em outro uso inovador de um "registro revelador", pesquisadores usaram fotos de anuários de faculdade para estudar a relação entre expressão emocional positiva e outras variáveis, como personalidade e desfecho de vida (ver a seção *Em foco* deste capítulo).

Questões na avaliação comportamental

A solidez psicométrica dos instrumentos de avaliação comportamental pode ser avaliada, mas a melhor forma de fazê-lo é discutível. Mais especificamente, dúvidas surgem em relação a adequação de vários modelos de mensuração. Você pode lembrar que a teoria clássica dos testes e a teoria da generalização conceituam a variação de pontuação dos testes de formas um pouco diferentes. Na teoria da generalização, em vez de tentar estimar um único escore verdadeiro, é dada consideração a como seria esperado que os escores do teste mudassem por meio das situações como resultado de mudanças na característica que está sendo medida. É por essas e outras razões que a teoria da generalização parece mais aplicável à avaliação comportamental do que a mensuração dos traços de personalidade. O comportamento muda por intermédio das situações, necessitando uma abordagem à confiabilidade que possa explicar essas mudanças. Em contrapartida, muitos supõem que traços de personalidade sejam relativamente estáveis entre as situações. Portanto, presume-se que esses traços sejam medidos de forma mais adequada por instrumentos com pressupostos congruentes com o modelo de pontuação verdadeira.

Independentemente de se as medidas comportamentais são avaliadas de acordo com a teoria clássica dos testes, a teoria da generalização ou qualquer outra coisa (tal como uma análise experimental skinneriana), parece que há alguns aspectos sobre as quais todos podem concordar. Uma é que deve haver um nível aceitável de confiabilidade entre observadores ou avaliadores do comportamento. Uma fonte potencial de erro nas avaliações comportamentais pode surgir quando uma dessemelhança em dois ou mais dos comportamentos observados (ou outras coisas que estejam sendo avaliadas) leva a uma avaliação mais favorável ou desfavorável do que teria sido feita se a dessemelhança não existisse (Maurer e Alexander, 1991). Uma avaliação comportamental pode ser excessiva-

---
[8] Webb e colaboradores (1966) explicaram que o título provocativo, ainda que hermético, The Bullfighter's Beard (*A barba do toureiro*) era um "título baseado na observação de que as barbas dos toureiros são mais longas no dia da luta do que em qualquer outro dia. Ninguém parece saber se a barba do toureiro realmente cresce mais rápido naquele dia devido à ansiedade ou se ele apenas quer distância da lâmina de barbear tremendo em sua mão. De qualquer forma, não havia norte-americanos aficionados suficientes para entender a ideia" (p. v). O título que eles finalmente escolheram foi Unobstrusive Measures: Nonreactive Research in the Social Sciences.

EM FOCO

Personalidade, desfechos de vida e fotos do anuário da faculdade

Poucas pessoas ficariam chocadas ao saber que as diferenças individuais nas emoções estão associadas com diferenças na personalidade. Contudo, surpreenderá a muitos saber que as diferenças interpessoais nas emoções podem muito bem ter um efeito invasivo no curso de vida de uma pessoa. Em um estudo, foi observado que uma tendência a expressar raiva descontrolada na primeira infância estava associada com mau humor ao longo da vida e com diversos desfechos de vida negativos, como realização educacional mais baixa, empregos de nível mais baixo, padrões profissionais erráticos, patente militar mais baixa e divórcio (Caspi et al., 1987). Achados sugestivos como esses levaram outros pesquisadores a imaginar os possíveis efeitos das emoções positivas sobre a personalidade e os desfechos de vida.

As emoções positivas têm muitos efeitos benéficos, variando da ampliação dos repertórios de pensamentos e ações (Cunningham, 1988; Frederickson, 1998; Isen, 1987) à facilitação da abordagem a outras pessoas (Berry e Hansen, 1996; Frijda e Mesquita, 1994; Ruch, 1993). Um sorriso pode enviar a mensagem de que a pessoa é amigável e não ameaçadora (Henley e LaFrance, 1984; Keating et al., 1981) e pode levar a atribuições positivas sobre sua sociabilidade, afabilidade, simpatia e estabilidade (Borkenau e Liebler, 1992; Frank et al., 1993; Matsumoto e Kudoh, 1993). Com base nesses achados e na pesquisa relacionada, Harker e Keltner (2001) hipotetizaram que a expressão emocional positiva prediria níveis mais altos de bem-estar ao longo da vida adulta. Eles testaram a hipótese examinando a relação de diferenças individuais na expressão emocional positiva com a personalidade e outras variáveis.

Uma medida de expressão emocional positiva foi obtida codificando as avaliações de julgadores das fotografias do anuário de faculdade de mulheres que participaram de um projeto de pesquisa longitudinal (Helson, 1967; Helson et al., 1984). Esses julgamentos codificados foram analisados com respeito a dados de personalidade arquivados (tal como as respostas dos indivíduos à Lista de Verificação de Adjetivos nas idades de 21, 27, 43 e 52 anos) e dados de desfecho de vida (incluindo bem-estar medido pelo Inventário Psicológico da Califórnia, estado civil e a Lista de Verificação de Tensões Conjugais).

Congruente com a hipótese dos pesquisadores, foi verificado que a expressão emocional positiva evidenciada nas fotos do anuário da faculdade se correlacionava positivamente com desfechos de vida como satisfação conjugal e sentido de bem-estar pessoal. Esse foi o caso mesmo quando foi controlado para as possíveis influências confundidoras de atratividade física ou conveniência social nas respostas na análise dos dados. Os pesquisadores advertiram, entretanto, que a medida de expressão emocional usada no estudo (a foto do anuário) consistiu em um único caso de comportamento muito limitado. Eles estimulam futuros pesquisadores a considerar o uso de diferentes medidas de expressão emocional obtidas em diferentes contextos. Também advertiram que seus achados são limitados à pesquisa com mulheres. O sorriso pode ter implicações diferentes para as vidas dos homens (Stoppard e Gruchy, 1993). De fato, o sorriso estava negativamente correlacionado com desfechos positivos para uma amostra de homens cadetes de West Point (Mueller e Mazur, 1996).

Esse estudo instigante foi, de acordo com Harker e Keltner (2001), "um dos primeiros a documentar que diferenças individuais na expressão têm relação com a personalidade e podem ser aspectos estáveis da personalidade" (p. 121).

Há uma relação entre emoção expressa em fotos do anuário da faculdade e personalidade e desfechos de vida? De acordo com um estudo, a resposta é sim. Os pesquisadores verificaram que expressão emocional positiva nas fotos de universitárias previram desfechos favoráveis no casamento e no bem-estar social até 30 anos mais tarde.

mente positiva (ou negativa) porque uma avaliação anterior foi excessivamente negativa (ou positiva). Essa fonte de erro é referida como um **efeito contraste**.

Efeitos contraste foram observados em entrevistas (Schuh, 1978), em diários e listas de verificação comportamentais (Maurer et al., 1993), em avaliações de desempenho em laboratório (Smither et al., 1988) e em avaliações de desempenho em campo (Ivancevich, 1983). O efeito contraste pode mesmo estar operando em alguns julgamentos nas Olimpíadas (ver Fig. 13.11). Em um estudo de entrevistas de emprego, até 80% da variância total foi considerada devida a efeitos contraste (Wexley et al., 1972).

◆ **REFLITA...**
Como um efeito contraste poderia ser operativo na sala de aula de uma universidade?

Para combater possíveis efeitos contraste e outros tipos de erro de avaliação, é necessário o treinamento rigoroso dos avaliadores. Entretanto, esse treinamento pode ser dispendioso em termos de tempo e trabalho. Por exemplo, ensinar a profissionais como usar a observação do comportamento e o sistema de codificação do Sistema de Codificação da Interação Conjugal levou "2 a 3 meses de instrução e prática semanal para aprender a usar seus 32 códigos" (Fredman e Sherman, 1987, p. 28). Outra abordagem para minimizar o erro e melhorar a confiabilidade entre avaliadores é empregar um **julgamento composto**, que é basicamente uma média de múltiplos julgamentos.

Alguns tipos de viés de observador são difíceis ou quase impossíveis de serem remediados. Por exemplo, na observação comportamental envolvendo o uso de equipamento de vídeo, seria vantajoso, em muitas ocasiões, se múltiplas câmeras e gravadores pudessem ser usados para cobrir vários ângulos da ação, para obter visões de perto (*close-ups*), e assim por diante. A viabilidade econômica da situação (sem falar em outros fatores, como o número de horas requerido para ver imagens de múltiplos pontos de vista) é que raras vezes é possível ter mais de uma câmera em uma posição fixa registrando a ação. A câmera é, de certo modo, tendenciosa nessa posição fixa porque em muitos casos está registrando informações que podem ser muito diferentes das que teriam sido obtidas se ela tivesse sido colocada em outra posição – ou se múltiplos registros estivessem sendo feitos.

Figura 13.11 O efeito contraste na pista de gelo.
Os juízes de patinação artística, como outros avaliadores do comportamento, são apenas humanos. Patinadores que fazem apresentações dignas de notas extremamente altas podem nem sempre obter o que merecem, apenas porque o patinador que se apresentou antes deles foi excepcional em comparação a eles. As avaliações podem ser mais favoráveis quando o desempenho anterior ao deles foi muito fraco. Devido a esse efeito contraste, os pontos obtidos por um patinador podem depender em algum grau da qualidade do desempenho do patinador precedente.

Conforme já observamos no contexto da automonitoração, a *reatividade* é outro possível problema em relação à avaliação comportamental; as pessoas reagem de forma diferente em situações experimentais do que em situações naturais. Microfones, câmeras e espelhos unidirecionais podem alterar o comportamento das pessoas que estão sendo observadas. Por exemplo, alguns pacientes sob observação filmada podem tentar minimizar a quantidade de psicopatologia que estão dispostos a registrar para a posteridade; outros sob as mesmas condições podem tentar exagerá-la. Uma possível solução para o problema da reatividade é o uso de observadores ocultos ou clandestinos registrando as técnicas, embora esses métodos levantem sérias questões éticas. Muitas vezes, tudo o que é preciso para resolver o problema da reatividade é um período de adaptação. As pessoas que estão sendo observadas podem se ajustar à ideia e começar a se comportar de maneira normal. A maioria dos clínicos sabe por experiência pessoal que um dispositivo de gravação na sala de terapia poderia desconcertar alguns pacientes no princípio, mas em questão de minutos são boas as chances de que esse dispositivo seja ignorado.

Algumas das outras possíveis limitações das abordagens comportamentais incluem os custos do equipamento (alguns dos eletrônicos podem ser caros) e o custo de treinar avaliadores comportamentais (Kenny et al., 2008). Se o treinamento não for suficiente, outro "custo" – que poucos avaliadores comportamentais estão dispostos a pagar – podem ser as variáveis indesejadas em seus relatórios, como o erro ou o viés.

Uma perspectiva

Há mais de um século, o livro influente de Theodor Reik *Listening with the Third Ear (Escutando com o terceiro ouvido)* intrigou os clínicos com as possibilidades de avaliação e intervenção por meio de entrevistas especializadas, escuta ativa e interpretação habilidosa e profunda. Em uma vinheta, uma paciente de terapia relatou uma visita ao dentista que envolvia uma injeção e uma extração do dente. Enquanto falava, ela comentou sobre um livro na estante de Reik que estava "de cabeça para baixo" – ao que Reik respondeu, "Mas por que você não me contou que fez um aborto?" (Reik, 1948, p. 263). Refletindo sobre essa deslumbrante exibição de intuição clínica, Masling (1997) escreveu, "Todos nós gostaríamos de ter tido o toque mágico de Reik, a capacidade de distinguir o que é oculto e secreto, servir como um oráculo" (p. 259).

Historicamente, a sociedade tem convocado profissionais da saúde mental para fazer julgamentos diagnósticos e recomendações de intervenção, e, com frequência, com base em bem pouca informação. Desde o início, os testes psicológicos, sobretudo na área da avaliação da personalidade, prometeram dar aos clínicos – meros mortais – o poder de desempenhar o papel de oráculo imposto e esperado pela sociedade. Logo, duas filosofias de modelo e uso de testes muito diferentes surgiram. A abordagem clínica baseava-se fortemente no julgamento e na intuição do clínico. Essa abordagem foi criticada por sua falta de regras preestabelecidas e aplicadas de maneira uniforme para tirar conclusões clínicas e fazer previsões. Em contrapartida, a abordagem estatística e atuarial tinha forte base na padronização, em normas e regras e procedimentos preestabelecidos e uniformemente aplicados. Duelos entre vários membros desses dois campos foram comuns por muitos anos e revistos em detalhe em outro lugar (Marchese, 1992).

Parece justo dizer que naquelas situações em que os dados são insuficientes para formular regras a fim de tomar decisões e fazer previsões, a abordagem clínica prevalece sobre a atuarial. A maior parte das vezes, entretanto, é a abordagem atuarial que tem sido adotada com mais entusiasmo pelos profissionais contemporâneos. Isso por inúmeras razões, sendo a principal um desejo apaixonado de tornar a avaliação mais uma ciência do que uma arte. E desejo pode simplesmente refletir o fato de que, por mais que gostássemos que fosse diferente, a maioria de nós não é de oráculos. Sem instrumentos confiáveis e válidos, é difícil, se não impossível, ver de forma espontânea e consistente por meio do que Reik (1952) caracterizou como o "*self* secreto". Mesmo com bons instrumentos, é um desafio.

A abordagem atuarial encoraja a retenção apenas de hipóteses e previsões que se comprovaram. De maneira inversa, ela permite que os profissionais descubram e descartem com rapidez hipóteses e previsões insustentáveis (Masling, 1997). Naturalmente, em muitos casos, a habilidade na avaliação clínica pode ser conceituada como uma versão internalizada, menos formal e mais criativa da abordagem atuarial.

A abordagem atuarial à avaliação da personalidade é cada vez mais comum. Mesmo instrumentos projetivos, outrora o baluarte da abordagem clínica da "velha escola", são cada vez mais publicados com normas e pesquisados de maneira criteriosa. Têm sido feitas mesmo tentativas – muito respeitáveis – de aplicar modelos de TRI sofisticados a, por incrível que pareça, dados do TAT (Tuerlinckx et al., 2002). Mas não será fácil mudar opiniões arraigadas sobre a invalidade da avaliação projetiva. Há na psicologia acadêmica um clima de opiniões que "continua como se nada tivesse mudado e os clínicos ainda estivessem lendo folhas de chá" (Masling, 1997, p. 263).

Se a orientação clínica do tipo oráculo é considerada *abordagem do terceiro ouvido*, poderíamos caracterizar a orientação contemporânea como *abordagem van Gogh*; de certo modo, um ouvido foi descartado. Os dias do oráculo onisciente passaram. Hoje, cabe ao clínico responsável basear-se em normas, estatísticas inferenciais e fundamentos relacionados da abordagem atuarial. O julgamento clínico sólido ainda é desejável, se não obrigatório. Entretanto, ele é necessário menos para fazer interpretações e previsões de improviso e mais para organizar e interpretar informações de diferentes instrumentos de avaliação. Teremos mais para dizer sobre esse assunto quando passarmos para o próximo capítulo.

Autoavaliação

Teste sua compreensão dos elementos deste capítulo vendo se é capaz de explicar cada um dos seguintes termos, expressões, e abreviações:

análise funcional do comportamento
aperceber-se
associação de palavras
associação livre
automonitoração
avaliação comportamental
avaliação momentânea ecológica
biofeedback
completar sentenças
dados falométricos
dramatização
efeito contraste
estudo análogo
hipótese projetiva
inquérito (no Rorschach)

julgamento composto
medida de desempenho situacional
medida discreta
método projetivo
metodologia de seguimento da linha do tempo (TLFB)
métodos objetivos de avaliação da personalidade
motivo implícito
necessidade (Murray)
observação comportamental
observação comportamental análoga
percepto (no Rorschach)
plestimógrafo
pletismógrafo peniano

polígrafo
pressão (Murray)
psicofisiológicos (métodos de avaliação)
radicais de sentenças
reatividade
sistema abrangente (Exner)
TAT
técnica do grupo sem líder
testagem dos limites (no Rorschach)
teste de associação de palavras
teste de completar sentenças
teste de Rorschach
teste do desenho da figura humana
thema (Murray)

CAPÍTULO 14

Avaliação Clínica e de Aconselhamento

A **psicologia clínica** é o ramo da psicologia que tem como foco primário a prevenção, o diagnóstico e o tratamento de comportamento psicopatológico. Os psicólogos clínicos recebem treinamento em avaliação psicológica e psicoterapia e trabalham em hospitais, centros de saúde mental públicos e privados, consultórios particulares e em ambientes acadêmicos. Assim como a psicologia clínica, a **psicologia de aconselhamento** é um ramo da psicologia que diz respeito a prevenção, diagnóstico e tratamento de comportamento psicopatológico. Os psicólogos clínicos tendem a focar seus esforços de pesquisa e tratamento nas formas mais graves de patologia do comportamento, enquanto os psicólogos de aconselhamento se concentram mais nos tipos "cotidianos" de preocupações e problemas, como aqueles relacionados a casamento, família, estudos e carreira. Os membros de ambas as profissões se esforçam para promover o crescimento pessoal em seus clientes. Os instrumentos empregados no processo de avaliação sobrepõem-se de forma considerável.

Todos os testes e as medidas dos quais tratamos até agora – de inteligência, personalidade, autoconceito, estilo cognitivo – seriam apropriados para discussão neste capítulo, pois todos têm aplicação potencial em contextos clínicos e de acompanhamento. Em um texto introdutório como este, entretanto, escolhas devem ser feitas quanto a cobertura e organização. Organizamos o material neste capítulo para melhor transmitir ao leitor de que modo instrumentos de avaliação como entrevista, história de caso e testes psicológicos são usados em contextos clínicos. Nossa discussão exemplificará algumas das muitas aplicações especiais da avaliação clínica. Veremos, por exemplo, como a avaliação clínica é útil no trabalho forense, em avaliações de custódia e em avaliações de abuso e negligência infantil. Entrelaçada do início ao fim, como tem sido nosso costume ao longo de todo este livro, está a atenção aos aspectos culturais dos indivíduos sobre os quais discutimos. Começamos com uma visão abrangente da avaliação psicológica, incluindo uma discussão de algumas questões gerais relacionadas ao diagnóstico de transtornos mentais.

Uma visão geral

A avaliação clínica pode ser realizada por várias razões e para responder a uma variedade de questões importantes. Para o psicólogo clínico trabalhando em um hospital, uma clínica ou outro contexto desse tipo, instrumentos de avaliação são usados com frequência a fim de esclarecer o problema psicológico, fazer um diagnóstico e/ou criar um plano de tratamento. *Este paciente tem um transtorno mental?* e *Se tiver, qual é o diagnóstico?* são perguntas típicas que requerem respostas. Em muitos casos, instrumentos de avaliação, incluindo uma entrevista, um teste e dados de história de caso, podem fornecer essas respostas. Vamos explorar resumidamente como os testes e outros instrumentos de avaliação podem ser usados em contextos clínicos.

Antes ou após entrevistar um paciente, um clínico pode administrar testes, como um teste da Escala Wechsler e o MMPI-2-RF, para obter estimativas do funcionamento intelectual e do nível de psicopatologia do paciente. Os dados derivados podem fornecer ao clínico as hipóteses iniciais sobre a natureza das dificuldades dos indivíduos, que então orientarão a entrevista. Alternativamente, os dados do teste podem confirmar ou refutar hipóteses formuladas com base na entrevista clínica. Os dados da entrevista e do teste serão suplementados com informações da história de caso, em especial se o paciente não for ou não quiser cooperar. O clínico pode entrevistar pessoas que conheçam o paciente – como membros da família, colegas de trabalho e amigos – e obter registros relevantes ao caso.

> **REFLITA...**
> Os clínicos abordam a avaliação de formas diferentes. Alguns preferem pouco mais do que um encaminhamento para começar (de modo que seus achados não sejam moldados de alguma forma pelas impressões dos outros ou por dados da história de caso), enquanto outros preferem obter o máximo de informação possível antes de entrevistar e administrar quaisquer testes. Qual a sua preferência?

Os instrumentos podem ser usados para tratar questões como *Qual é o nível de funcionamento atual desta pessoa? Como esse nível de funcionamento se compara com o de outra pessoa da mesma idade?* Considere o exemplo de um indivíduo suspeito de sofrer de demência causada por doença de Alzheimer. Ele experimentou uma perda constante e progressiva das habilidades cognitivas durante um período de meses. Um diagnóstico de demência pode envolver o acompanhamento do desempenho do indivíduo com repetidas administrações de testes de capacidade cognitiva, incluindo memória. Se a demência estiver presente, um declínio progressivo no desempenho do teste será observado. A testagem periódica com vários instrumentos também pode fornecer informações sobre os tipos de atividades que o paciente deve ser aconselhado a seguir, bem como os tipos de atividades que deve ser encorajado a reduzir ou abandonar inteiramente. Em uma situação ideal, os dados da história de caso fornecerão alguma forma de estimar o nível de **funcionamento pré-mórbido** do paciente (ou o nível de desempenho psicológico e físico antes do desenvolvimento de um transtorno, de uma doença ou de uma incapacidade).

Que tipo de tratamento deve ser oferecido a este paciente? Os instrumentos de avaliação podem ajudar a guiar as decisões relativas ao tratamento. Pacientes considerados muito inteligentes, por exemplo, tendem a ser bons candidatos para métodos orientados ao *insight* que requerem altos níveis de capacidade abstrata. Uma pessoa que se queixa de estar deprimida pode ser instruída a completar periodicamente uma medida de depressão. Se tal pessoa for um paciente internado, as tendências na profundidade da depressão medida pelo instrumento podem contribuir para decisões cruciais relativas à supervisão dentro da instituição, potência do medicamento administrado e data da alta.

Como a personalidade desta pessoa pode ser mais bem descrita? Para obter um entendimento da necessidade individual não é necessário focalizar a psicopatologia. Pessoas que não têm qualquer transtorno mental às vezes buscam psicoterapia para crescimento pessoal ou apoio para enfrentar um conjunto de circunstâncias difíceis de vida. Nesses casos, entrevistas e testes de personalidade voltados para o testando mais normal poderiam ser empregados.

Os pesquisadores podem levantar uma ampla variedade de questões relacionadas à avaliação, incluindo *Que abordagem de tratamento é mais eficaz?* ou *Que tipo de cliente tende a se beneficiar mais de um determinado tipo de tratamento?* Um pesquisador pode acreditar, por exemplo, que as pessoas com um estilo cognitivo dependente do campo teriam mais probabilidade de se beneficiar de uma abordagem cognitivo-comportamental e que aquelas com um estilo cognitivo independente do campo teriam mais probabilidade de se beneficiar de uma abordagem humanista ao tratamento. Os pesquisadores usariam instrumentos de avaliação variados para combinar os indivíduos em grupos de tratamento e então medir o desfecho na psicoterapia.

Os psicólogos que fazem aconselhamento de emprego podem usar uma diversidade de instrumentos de avaliação para ajudar a determinar não apenas que ocupações uma pessoa poderia apreciar mas também quais seriam suficientemente desafiadoras, contudo não opressivas. Os psicólogos escolares e os de aconselhamento trabalhando em um contexto escolar podem ajudar os estudantes em uma ampla gama de problemas, incluindo aqueles relacionados aos estudos. Aqui, medidas comportamentais, incluindo automonitoração, poderiam ser empregadas para entender melhor exatamente como, quando e onde o estudante emprega comportamento de estudo. A resposta a questões relacionadas como *Por que eu não estou indo bem na escola?* pode em parte ser encontrada em testes de diagnóstico educacional, como os destinados a identificar áreas problemáticas em leitura e compreensão da leitura. Outra parte da resposta pode ser obtida por outros instrumentos de avaliação, incluindo a entrevista, que pode se concentrar em aspectos da motivação e de outras circunstâncias de vida do estudante.

> **REFLITA...**
> Cite um ou dois exemplos para ilustrar como um instrumento de avaliação poderia ser usado em um contexto clínico ou de acompanhamento.

O diagnóstico de transtornos mentais

Frequentemente um dos objetivos da avaliação clínica é diagnosticar transtornos mentais. A fonte de referência usada para fazer esses diagnósticos é o *Manual diagnóstico e estatístico de transtornos mentais (DSM)* da American Psychiatric Association. O DSM-IV foi publicado em 1994, e a revisão de texto (DSM-IV-TR) foi publicada em 2000. No momento em que este livro é escrito, o DSM-5 está sendo preparado e programado para ser publicado. O DSM nomeia e descreve todos os transtornos mentais conhecidos. O DSM-IV-TR inclui uma categoria chamada de *Condições não atribuíveis a um transtorno mental que são um foco de atenção ou tratamento.* Um diagnóstico do DSM logo transmite uma grande quantidade de informações descritivas sobre a natureza do desvio comportamental, os déficits ou os excessos na pessoa diagnosticada.

> **NO BRASIL**
> O DMS-5 já foi publicado em língua portuguesa. Para mais informações, acesse www.grupoa.com.br.

Alguns psicólogos clínicos, mais enfaticamente os de orientação comportamental, têm expressado insatisfação com o DSM-IV-TR por muitas razões. Talvez a principal preocupação deles seja que o manual está firmemente enraizado no modelo médico. Padrões de pensamento e comportamento não são descritos no DSM-IV-TR como tais, mas de formas semelhantes à descrição de doenças. Esse sistema diagnóstico também tem sido criticado por ser relativamente inseguro. Diferentes médicos entrevistando o mesmo paciente podem muito bem chegar a diferentes diagnósticos. Além disso, mesmo quando todos os médicos concordam com um diagnóstico, o DSM-IV-TR não fornece orientação quanto a qual método de tratamento será mais eficaz. De um ponto de vista cultural, o DSM-IV-TR pode ter sido construído sobre uma base com insuficiente sensibilidade a certas culturas, especialmente com relação à discussão de transtornos dissociativos (Lewis-Fernandez, 1998).

Os proponentes do DSM acreditam que esse sistema diagnóstico seja útil devido à riqueza de informação transmitida por um diagnóstico psiquiátrico. Eles argumentam que a confiabilidade perfeita entre diagnosticadores não pode ser alcançada, devido à natureza da matéria. Em resposta às críticas do modelo médico, os apoiadores do DSM afirmam que o sistema diagnóstico é útil, sendo qualquer categoria diagnóstica em particular realmente uma doença ou não. Cada um dos transtornos listados está associado a dor, sofrimento ou incapacidade. O sistema de classificação, argumenta-se, fornece cabeçalhos de assuntos úteis sob os quais os profissionais podem pesquisar (ou contribuir para a literatura de pesquisa) com respeito às diferentes categorias diagnósticas.

> **REFLITA...**
> Um manual diagnóstico deve fornecer aos clínicos orientação quanto a que método de tratamento será mais eficaz?

No DSM-IV-TR, os diagnósticos são codificados de acordo com cinco *eixos* (dimensões). Os tipos de transtornos classificados sob cada eixo são os seguintes:

Eixo I: Transtornos da infância e da adolescência; demências como as causadas por doença de Alzheimer; transtornos decorrentes do uso de drogas; transtornos do humor e de ansiedade; e esquizofrenia. Também inclusas aqui estão condições que podem ser o foco de tratamento (como problemas acadêmicos ou sociais) mas não são atribuíveis a transtorno mental.
Eixo II: Retardo mental e transtornos da personalidade.
Eixo III: Condições físicas que podem afetar o funcionamento mental – de cefaleias a alergias – são inclusas aqui.
Eixo IV: Diferentes problemas ou fontes de estresse que podem ocorrer na vida de um indivíduo em qualquer tempo. Problemas financeiros, legais, conjugais, ocupacionais ou outros podem precipitar comportamento variando de começar a fumar após ter parado a tentativa de suicídio. A presença desses problemas não é anotada neste eixo.
Eixo V: Este eixo pede uma avaliação global do funcionamento. No extremo superior desta escala estão avaliações indicativas de ausência de sintomas e preocupações cotidianas. No extremo inferior, estão avaliações indicativas de pessoas que apresentam um perigo claro e para si mesmas e para os outros e devem, portanto, ser hospitalizadas em local apropriado.

Os diagnósticos do DSM-IV-TR são descritivos e ateóricos. Isso é adequado para um trabalho de referência competente visando fornecer uma linguagem comum para médicos e pesquisadores com orientações teóricas variadas sobre etiologia e tratamento de transtornos mentais (Widiger e Clark, 2000). Os dois primeiros eixos contêm todas as categorias diagnósticas de transtornos mentais, e os três eixos restantes fornecem informações adicionais relativas em termos do funcionamento e da situação de vida atual de um indivíduo. Diagnósticos múltiplos são possíveis. Um indivíduo pode ser diagnosticado, por exemplo, como exibindo comportamento indicativo de transtornos listados tanto no Eixo I quanto no Eixo II.

No curso do debate sobre o DSM-IV-TR, uma variedade de questões intrigantes relativas a categorização de transtornos mentais foi levantada (Kupfer et al., 2002). Talvez uma das mais básicas seja "O que é um transtorno?". Essa pergunta enganosamente simples tem gerado retórica calorosa (Clark, 1999; Spitzer, 1999). A terceira edição do DSM foi a primeira edição desse manual a conter uma definição de transtorno mental, e a definição que é oferecida de *transtorno* foi criticada por muitos. Como alternativa, Jerome C. Wakefield (1992b) conceituou transtorno mental como uma "disfunção nociva". Segundo ele, um transtorno é um fracasso nocivo de mecanismos internos em realizar suas funções naturalmente selecionadas. A posição de Wakefield é uma **visão evolucionária de transtorno mental** porque os mecanismos internos que colapsam ou fracassam são vistos como tendo sido adquiridos por meio do processo darwiniano de seleção natural. Para Wakefield, a atribuição de transtorno implica duas coisas: (1) um julgamento científico de que tal fracasso evolucionário existe e (2) um julgamento de valor de que esse fracasso é nocivo ao indivíduo (Wakefield, 1992a).

Para entender melhor a visão evolucionária de um transtorno, considere o trabalho de Schjelderup-Ebbe (1921), que cunhou o termo "estrutura de poder". Esse psicólogo percebeu que, quando eram derrotados em disputas de dominância, os galos se tornavam seriamente retraídos, "deprimidos" se você preferir. Há algumas semelhanças comportamentais entre as espécies sob tais condições de perda. Por exemplo, visualize a maneira como muitos atletas ou equipes saem do campo quando perdem, comparado a quando ganham. Cabeças baixas, posturas caídas e aparência abatida comunicam um afastamento mental da competição. De acordo com a teoria da hierarquia social da depressão (Price, 1969, 1972), um mecanismo de rendição

REFLITA...
Portanto, o que *é* um transtorno?

foi desencadeado e leva o indivíduo a se separar; ele não é mais um competidor por recursos ou posição. De um ponto de vista evolucionário, esses mecanismos de afastamento ocorreram para impedir que o indivíduo sofra mais prejuízos. É um curso de ação que foi denominado "estratégia de derrota involuntária" (Sloman e Gilbert, 2000). Adaptativa a curto prazo, essa estratégia é contraprodutiva a longo prazo (Sloman e Price, 1987). A teoria da hierarquia social da depressão também pode explicar o alto grau de sobreposição, ou comorbidade, entre depressão e ansiedade. Os indivíduos que estão em uma posição involuntariamente subordinada não são apenas deprimidos, mas vigilantes e preocupados com outras pessoas que são percebidas como mais poderosas. Muitos estudos demonstraram agora que derrota e subordinação involuntária estão ligadas a depressão, ansiedade e ideação suicida (Gilbert e Allan, 1998; Sturman, 2011; Sturman e Mongrain, 2008; Taylor, 2011a, 2011b).

Em contrapartida à visão evolucionária de transtorno estão outros inumeráveis pontos de vista. Klein (1999) afirmou que "a função evolucionária adequada" não é conhecida e que o comportamento "desordenado" pode ser produto de várias causas involuntárias (como doenças) ou mesmo de causas voluntárias (como dramatização ou simulação). Outros ponderaram sobre essa questão controversa esclarecendo o papel da cultura (Kirmayer e Young, 1999) e defendendo pontos de vista alternativos, tal como o foco no problema ao nível do neurônio (Richters e Hinshaw, 1999). Alguns sugeriram que o conceito de transtorno é tão amplo que não precisa ter qualquer propriedade definidora (Lilienfeld e Marino, 1995, 1999).

A elaboração do DSM-5 O primeiro passo no desenvolvimento do DSM-5 foi convocar a Conferência de Planejamento de Pesquisa do DSM-5 em 1999. Foram criados grupos de trabalho de planejamento que cobririam, entre outras coisas, questões de desenvolvimento, brechas no sistema diagnóstico, incapacidade, questões culturais e neurociência. Entre 2004 e 2008, uma série de 13 conferências foi realizada para tratar várias questões diagnósticas e estabelecer a agenda de pesquisa para o DSM-5. As conferências foram assistidas por participantes do mundo todo, estabelecendo um tom decididamente internacional. Uma força-tarefa para o DSM-5 foi estabelecida em 2006 e incluiu grupos de trabalho de diagnóstico compostos de especialistas de ponta. De 2007 em diante, esses grupos encontraram-se com regularidade para discutir os pontos fortes e os pontos fracos do DSM-IV, revisar a literatura e analisar dados existentes. Com base em sua pesquisa e experiência clínica, os grupos de trabalho apresentaram esboços de critérios diagnósticos para o DSM-5. Algumas das mudanças propostas para o novo manual são apresentadas na Tabela 14.1. De abril de 2010 a dezembro de 2011, experiências de campo foram conduzidas em grandes centros médicos acadêmicos, bem como em consultórios clínicos menores, para testar a confiabilidade, a validade e a utilidade clínica dos critérios diagnósticos

Tabela 14.1 Mudanças propostas para o DSM-5

Categoria diagnóstica	Transtornos propostos	Transtornos a serem eliminados
Transtornos geralmente diagnosticados primeiro na infância ou na adolescência	Transtorno da linguagem Transtorno da comunicação social Transtorno da fala	Transtorno da linguagem expressiva Transtorno misto da linguagem receptiva/expressiva Transtorno da comunicação – Sem outra especificação
Transtornos do humor	Transtorno disfórico pré-menstrual Especificador com características mistas Misto de ansiedade e depressão	Episódio misto Transtorno bipolar I – Episódio maníaco único Transtorno do humor – Sem outra especificação
Transtornos somatoformes	Transtorno de sintomas somáticos Transtorno de ansiedade de doença	Hipocondria (sendo substituída por Transtorno de ansiedade)

para os transtornos mentais propostos. Os dados dessas experiências foram analisados pelos grupos de trabalho e inspiraram suas decisões sobre quais critérios diagnósticos incluir no DSM-5.

As experiências de campo do DSM-5 foram únicas porque medidas *contínuas* (em oposição a medidas *categóricas*) foram usadas com cada transtorno listado. O DSM-IV tinha sido desenvolvido com medidas categóricas; ou a pessoa tinha um determinado transtorno ou não tinha. O DSM-5 acrescentou um contínuo (também referido como medida *dimensional*) de gravidade do transtorno. Esse acréscimo foi baseado na ideia de que os transtornos mentais poderiam ser mais bem entendidos como existindo em um *continuum* de gravidade (em oposição a um estado tudo ou nada). Essa medida contínua poderia ser usada para estabelecer um padrão de gravidade para qualquer um dos transtornos listados. Esse padrão poderia ser útil para acompanhar mudanças ao longo do tempo. Por exemplo, um médico seria capaz de obter uma medida do nível de gravidade de depressão antes e após a intervenção (tal como terapia individual, terapia de grupo ou medicamento). Uma metanálise de 58 estudos concluiu que a adoção de uma abordagem contínua (em comparação com uma categórica) poderia resultar em um aumento de 15% na confiabilidade e de 37% na validade (Markon et al., 2011).

Mudanças para o novo DSM também foram propostas na área dos transtornos da personalidade. Há muito tempo problemas potenciais com uma abordagem categórica ao transtorno da personalidade são reconhecidos. O psiquiatra e filósofo Karl Jaspers (1923) escreveu que "não há uma linha nítida que possa ser traçada entre tipos diferentes, nem entre o que é saudável e o que não é". A evidência empírica tende a apoiar a afirmação de Jaspers. Indivíduos que satisfazem os critérios para um transtorno da personalidade podem muito bem satisfazê-los para outro (Marinangeli et al., 2000). Além disso, não há um ponto divisor claro na distribuição de sintomas entre aqueles que satisfazem esses critérios e indivíduos "normais" (Widiger, 1993). De fato, muitos indivíduos apresentam alguns sintomas de transtorno da personalidade, mas não o suficiente para serem diagnosticados. Todas essas considerações levaram o grupo de trabalho para transtornos da personalidade do DSM-5 a adotar uma abordagem categórica/dimensional híbrida. Esse grupo propôs que seis transtornos da personalidade (transtorno de personalidade antissocial, esquiva, *borderline*, narcisista, obsessivo-compulsiva e esquizotípica) sejam diagnosticados de modo categórico. Entretanto, o DSM-5 também conteria um diagnóstico de transtorno da personalidade – especificado pelo traço, que levaria em consideração o grau de perturbação que existe com relação a um determinado traço de personalidade.

Muitas das mudanças propostas no DSM-5 fizerem frente à crítica de que seu antecessor não tinha uma orientação suficientemente *biopsicossocial* (Denton, 2007). Para entender essa crítica, um conhecimento mais geral de *avaliação biopsicossocial* é necessário.

Avaliação biopsicossocial A partir de 2009, leis federais exigiram que a transmissão televisiva não apenas mudasse de analógica para digital, mas também que fosse transmitida em formato 16:9 (tela panorâmica). Igualmente, se os defensores da abordagem biopsicossocial tomassem o mesmo caminho, as conceituações de transtorno mental seriam no formato 16:9 – fornecendo aos consumidores desses dados a visão "panorâmica" dos transtornos.

Como seu nome sugere, a **avaliação biopsicossocial** é uma abordagem multidisciplinar à avaliação que inclui exploração de variáveis biológicas, psicológicas, sociais, culturais e ambientais com o objetivo de estimar como essas variáveis podem ter contribuído para o desenvolvimento e a manutenção de um problema apresentado. Em vez de uma orientação exclusivamente médica ou mesmo psicológica, essa abordagem estimula a inserção de praticamente qualquer disciplina que possa prover informações relevantes quando estas forem usadas para entender melhor o problema e interferivr de maneira efetiva para remediá-lo (Campbell e Rohrbaugh, 2006; Ingham et al., 2008). Estudos focalizados em vários aspectos da saúde física, por exemplo, observaram que fatores psicológicos como **fatalismo** (a crença de que o que acontece na vida está além do controle da pessoa; Caplan e Schooler, 2003), **autoeficácia** (confiança na própria capacidade de realizar uma tarefa) e **apoio social** (expressão de entendimento, aceitação, empatia, amor, conselho, orientação, cuidado, preocupação ou confiança de amigos, família, cuidadores da comunidade ou outros no ambiente social da pessoa; Keefe et al., 2002) podem desempenhar papéis fundamentais. Um instrumento essencial da avaliação biopsicossocial, como ocorre na avaliação clínica em geral, é a entrevista.

> **REFLITA...**
> Por sua própria experiência, como o apoio social foi útil em momentos em que você estava se sentindo fisicamente doente? Você acha que fatores psicológicos, como o apoio social, de fato ajudam a pessoa a se sentir melhor?

A entrevista na avaliação clínica

Exceto em raras circunstâncias, como quando um avaliando é totalmente não comunicativo, é provável que uma entrevista seja parte de toda avaliação individual do clínico ou do orientador. Em uma situação clínica, por exemplo, uma entrevista pode ser conduzida para se chegar a um diagnóstico, para apontar áreas que devem ser tratadas na psicoterapia ou para determinar se um indivíduo prejudicará a ele próprio ou a outras pessoas. Em uma aplicação de aconselhamento típica, uma entrevista é conduzida para ajudar o entrevistando a saber mais sobre si mesmo, para melhor fazer escolhas de vida potencialmente importantes. Em geral conduzida face a face, os entrevistadores aprendem sobre os entrevistandos não apenas pelo *que* eles dizem mas também por *como* dizem e como se apresentam durante a entrevista.

É frequente uma entrevista orientar decisões sobre o que mais necessita ser feito para avaliar um indivíduo. Se os sintomas ou as queixas forem descritos pelo entrevistando de uma maneira vaga e inconsistente, um teste visando examinar de uma forma geral para psicopatologia pode ser indicado. Se ele se queixar de problemas de memória, um teste de memória normatizado pode ser administrado. Se for incapaz de descrever a frequência com que um determinado problema ocorre, um período de automonitoração pode ser adequado. As entrevistas costumam ser usadas cedo em contextos de consultório particular para solidificar o **contrato terapêutico,** um acordo entre cliente e terapeuta estabelecendo metas, expectativas e obrigações mútuas com relação ao curso da terapia.

Entrevistadores experientes esforçam-se para criar um clima positivo, de aceitação, no qual conduzir a entrevista. Podem usar perguntas abertas no início e então perguntas fechadas para obter informações específicas. O entrevistador eficiente transmite entendimento ao entrevistando verbal ou não verbalmente. As formas de transmitir esse entendimento incluem postura e expressão facial atentas, bem como declarações frequentes reconhecendo ou resumindo o que o entrevistando está tentando dizer. Às vezes, os entrevistadores tentam transmitir atenção balançando a cabeça e por meio de verbalizações como "um-hmm". Entretanto, aqui eles devem ter cautela. Foi observado que essas vocalizações e balanços da cabeça atuam como reforçadores que aumentam a emissão de certas verbalizações do entrevistando (Greenspoon, 1955). Por exemplo, se um terapeuta disser "um-hmm" toda vez que um entrevistando mencionar assunto relacionado com a mãe, então – as outras coisas sendo iguais – poderia passar mais tempo falando sobre a mãe do que se não fosse reforçado a levantar esse tema.

Tipos de entrevistas As entrevistas podem ser tipificadas com respeito a inúmeras variáveis diferentes. Uma dessas variáveis é o *conteúdo*. O conteúdo de algumas entrevistas, tal como uma entrevista geral, de conhecimento, pode ser amplo. Em contrapartida, outras entrevistas focalizam conteúdo particular limitado. Outra variável na qual as entrevistas diferem é a *estrutura*. Uma entrevista

> **REFLITA...**
> De que outra forma sutil um entrevistador poderia inadvertida ou deliberadamente encorajar um entrevistando a passar mais tempo em um determinado assunto?

estruturada é aquela na qual todas as perguntas feitas são preparadas de forma antecipada. Em uma entrevista não estruturada poucas perguntas ou nenhuma são preparadas com antecedência, deixando aos entrevistadores a liberdade de se aprofundarem em assuntos conforme seu julgamento determinar. Uma vantagem de uma entrevista estruturada é que ela fornece um método de exploração e avaliação uniforme. Uma entrevista estruturada, tanto quanto um teste, pode, portanto, ser empregada como uma medida pré/pós desfecho padronizada. De fato, muitos estudos de pesquisa que exploram a eficácia de um novo medicamento, uma abordagem a terapia ou alguma outra intervenção empregam entrevistas estruturadas como medidas de desfecho.

Muitas dessas entrevistas estão disponíveis para uso por profissionais da avaliação. Por exemplo, a Entrevista Clínica Estruturada para o DSM-IV (SCID) é uma entrevista semiestruturada que visa auxiliar clínicos e pesquisadores na tomada de decisão diagnóstica. Ela é usada para avaliar transtornos no Eixo I do DSM-IV (transtornos mentais maiores) e requer 1 a 2 horas para ser administrada. A SCID-II é usada para avaliar transtornos da personalidade do Eixo II e requer de 30 minutos a 1 hora para ser administrada. O Roteiro para Transtornos Afetivos e Esquizofrenia (SADS) é uma entrevista estruturada que visa detectar esquizofrenia e transtornos do afeto (como depressão maior, transtorno bipolar e transtornos de ansiedade). A Entrevista Estruturada de Sintomas Relatados – 2 (SIRS-2; Rogers et al., 2010) é usada sobretudo em tentativas de detectar simulação.

Além do conteúdo e da estrutura, as entrevistas podem diferir no *tom*. Em um tipo de entrevista – não muito comum – o entrevistador intencionalmente tenta fazer o entrevistando se sentir estressado. **Entrevista de estresse** é o nome geral aplicado a qualquer entrevista em que um dos objetivos seja colocar o entrevistando em um estado de pressão por alguma razão particular. O estresse pode ser induzido para testar algum aspecto da personalidade (tal como agressividade ou hostilidade) que poderia ser evocado apenas sob tais condições. A triagem para trabalho nos campos da segurança e da inteligência poderia implicar entrevistas de estresse se um dos critérios da função for a capacidade de permanecer calmo sob pressão. A fonte do estresse varia em razão do objetivo da avaliação; as possíveis fontes podem vir do entrevistador, como expressões faciais de desaprovação, comentários críticos, reafirmações condescendentes, sondagem inflexível ou aparente incompetência. Outras fontes de estresse podem vir das "regras do jogo", como limites de tempo irrealistas para cumprir exigências.

REFLITA...
Por que seria desejável submeter um entrevistando a uma entrevista de estresse? Quais são as restrições éticas a essas entrevistas?

O *estado de consciência* do entrevistando é outra variável relacionada ao tipo de entrevista. A maioria das entrevistas é conduzida com o entrevistando em um estado de consciência comum, cotidiano, alerta. Em certas ocasiões, entretanto, uma determinada situação pode pedir uma entrevista muito especializada na qual o estado de consciência do entrevistando é deliberadamente alterado. Uma **entrevista hipnótica** é aquela conduzida enquanto o entrevistando está sob hipnose. As entrevistas hipnóticas podem ser conduzidas como parte de uma avaliação ou intervenção terapêutica quando o entrevistando foi testemunha de um crime ou de situações relacionadas. Nesses casos, a crença predominante é que o estado hipnótico concentrará a atenção do entrevistando e aumentará a lembrança (McConkey e Sheehan, 1996; Reiser, 1980, 1990; Vingoe, 1995).

Os críticos da entrevista hipnótica sugerem que quaisquer ganhos na lembrança podem ser contrabalançados por perdas na precisão e por outros possíveis desfechos negativos (Kebbell e Wagstaff, 1998). Os procedimentos de entrevista hipnótica podem de forma inadvertida tornar os entrevistandos mais confiantes de suas memórias, independentemente de sua correção (Dywan e Bowers, 1983; Sheehan et al., 1984). Comparado com entrevistandos não hipnotizados, os sob hipnotismo podem ser mais sugestionáveis a perguntas dirigidas e portanto mais vulneráveis à distorção das memórias (Putnam, 1979;

Zelig e Beidleman, 1981). Alguns pesquisadores acreditam que a hipnose de testemunhas possa inadvertidamente produzir distorção de memória irreversível (Diamond, 1980; Orne, 1979). Como resultado, testemunhas que foram hipnotizadas para aumentar a memória podem ser impedidas de testemunhar (Laurence e Perry, 1988; Perry e Laurence, 1990). Uma técnica nova, semelhante à entrevista hipnótica, envolve meditação focalizada com os olhos fechados (Wagstaff et al., 2011). Pesquisadores relataram que sua técnica de meditação focalizada aumentou a memória ainda que fosse resistente a relatos de informações enganosas.

Um procedimento de entrevista visando manter os melhores aspectos de uma entrevista hipnótica porém sem a indução hipnótica foi desenvolvido por Fisher e colaboradores (Fisher e Geiselman, 1992; Fisher et al., 1987; Fisher et al., 1989; Mello e Fisher, 1996). Na **entrevista cognitiva**, o *rapport* é estabelecido e o entrevistando é encorajado a usar a imaginação e a recuperação focalizada para lembrar informações. Se o entrevistando for uma testemunha de um crime, pode ser solicitado que ele mude a perspectiva e descreva eventos do ponto de vista do perpetrador. Muito semelhante ao que ocorre normalmente na hipnose, uma grande parte do controle da entrevista passa para o entrevistando. E ao contrário de muitas entrevistas policiais, há mais ênfase em perguntas abertas do que em perguntas fechadas, e é permitido que os entrevistandos falem sem interrupção (Kebbell e Wagstaff, 1998). O mesmo termo, a propósito, foi aplicado a um procedimento em forma de questionário por meio do qual perguntas de projetos de pesquisa são feitas a indivíduos de pesquisa usando um paradigma de "pensar em voz alta", e os dados resultantes são analisados para melhorar essas perguntas (Beatty e Willis, 2007). Uma metanálise de 65 experimentos mostrou que o uso de uma entrevista cognitiva levou a grandes e significativos aumentos na lembrança correta de detalhes, embora também houvesse um pequeno aumento nos detalhes errôneos (Memon et al., 2010). A partir de 2009, a entrevista cognitiva foi incorporada a programas de treinamento de entrevista policial no Reino Unido.

A **entrevista colaborativa** permite ao entrevistando ampla liberdade de ação para interagir com o entrevistador. É quase como se a fronteira entre o avaliador profissional e o avaliando leigo fosse diminuída e ambos fossem participantes trabalhando juntos – colaborando – em uma missão comum de descoberta, esclarecimento e iluminação. Em um primeiro contato antes de uma avaliação formal por testes e outros meios, um entrevistando poderia ser convidado a ajudar a estruturar os objetivos. O que deve ser realizado pela avaliação? O entrevistando é um participante muitíssimo ativo na avaliação colaborativa. Descrições de um processo de avaliação essencialmente colaborativo podem ser encontradas nos escritos de Dana (1982), Finn (1996), Fischer (1994) e outros. O que eles têm em comum é o "empoderamento da pessoa por meio de um papel participativo, colaborativo no processo de avaliação" (Allen, 2002, p. 221).

> **REFLITA...**
> De que forma inovadora você gostaria de participar ou colaborar em sua própria entrevista clínica ou de aconselhamento na qual é o entrevistador?

Independentemente do tipo específico de entrevista conduzida, certas "questões-padrão" costumam ser levantadas, durante a entrevista de admissão inicial, com relação a diversas áreas. Essas questões são seguidas por perguntas adicionais conforme o julgamento clínico determinar.

Dados demográficos: Nome, idade, sexo, religião, número de pessoas na família, raça, ocupação, estado civil, condição socioeconômica, endereço, números de telefone.

Razão para o encaminhamento: Por que este indivíduo está solicitando ou sendo enviado para avaliação psicológica? Quem é a fonte de encaminhamento?

História médica passada: Que eventos são significativos na história médica deste indivíduo?

Condição médica atual: Que queixas médicas atuais este indivíduo tem? Que medicamentos estão sendo usados atualmente?

História médica familiar: Que tipos de doença crônica ou familiar estão presentes na história da família?

História psicológica passada: Que eventos traumáticos este indivíduo sofreu? Que problemas psicológicos (tais como transtornos do humor ou transtornos de conteúdo do pensamento) têm perturbado este indivíduo?

História passada com profissionais médicos ou psicológicos: Que contatos semelhantes para avaliação ou intervenção este indivíduo teve? Esses contatos foram satisfatórios aos olhos do avaliando? Se não, por que não?

Condições psicológicas atuais: Que problemas psicológicos estão atualmente perturbando esta pessoa? Por quanto tempo esses problemas persistiram? O que está causando esses problemas? Quais são os pontos fortes psicológicos deste indivíduo?

Ao longo da entrevista, o entrevistador pode anotar as impressões subjetivas sobre a aparência geral (adequada?), personalidade (sociável? desconfiado? tímido?), humor (exaltado? deprimido?), reatividade emocional (adequada? embotada?), conteúdo do pensamento (alucinações? delírios? obsessões?), fala (conversação normal? lenta e desconexa? rimando? cantando? gritando?) e julgamento (em relação a assuntos como comportamento anterior e planos para o futuro) do entrevistando. Durante a entrevista, quaisquer ações casuais do paciente que possam ser relevantes para o propósito da avaliação são anotadas.[1]

Um paralelo ao exame físico geral conduzido por um médico é uma entrevista clínica especial conduzida por um médico chamada de **exame do estado mental.** Esse exame, usado para avaliar déficits intelectuais, emocionais e neurológicos, inclui normalmente questionamento ou observação a respeito de cada área discutida na seguinte lista.

Aparência: As roupas e a aparência geral do paciente são adequadas?

Comportamento: Alguma coisa é notavelmente estranha em relação à fala ou ao comportamento geral do paciente durante a entrevista? Este paciente exibe tiques faciais, movimentos involuntários, dificuldades de coordenação ou marcha?

Orientação: O paciente é orientado para pessoa? Ou seja, ele sabe quem ele é? O paciente é orientado para lugar? Ou seja, ele sabe onde está? O paciente é orientado para tempo? Ou seja, ele sabe o ano, o mês e o dia?

Memória: Como é a memória de eventos recentes e passados deste paciente?

Sensório: Há algum problema relacionado aos cinco sentidos?

Atividade psicomotora: Parece haver algum retardo ou alguma aceleração anormal da atividade motora?

Estado de consciência: A consciência parece ser clara, ou o paciente está aturdido, confuso ou entorpecido?

Afeto: A expressão emocional do paciente é adequada? Por exemplo, ele ri (inadequadamente) enquanto discute a morte de um membro da família imediata?

Humor: Durante toda a entrevista, o paciente esteve geralmente irritado? Deprimido? Ansioso? Apreensivo?

---

[1] De passagem, citamos a experiência do autor principal (RJC) enquanto conduzia uma entrevista clínica no serviço de emergência psiquiátrica do Bellevue Hospital. Durante toda a entrevista de admissão, o paciente esporadicamente piscava o olho esquerdo. Em um ponto na entrevista, o entrevistador disse, "Eu percebi que você fica piscando seu olho esquerdo" – em resposta ao que o entrevistado disse, "Oh, isto..." enquanto passava a remover seu olho (de vidro). Quando recuperou o fôlego, o entrevistador anotou essa vinheta na folha de admissão.

Personalidade: Em que termos o paciente pode ser mais bem descrito? Sensível? Inflexível? Apreensivo?

Conteúdo do pensamento: O paciente está alucinando – vendo, ouvindo ou de outro modo experimentando coisas que na verdade não existem? O paciente é delirante – expressando crenças falsas, infundadas (como o delírio de que alguém o segue em todos os lugares?) O paciente parece ser obsessivo – parece pensar repetidamente nas mesmas coisas?

Processos de pensamento: Há baixa ou alta produtividade de ideias? As ideias parecem chegar ao paciente lenta ou rapidamente? Há evidência de afrouxamento de associações (descarrilamento)? As produções verbais do paciente são desconexas ou incoerentes?

Recursos intelectuais: Qual é a inteligência estimada do entrevistando?

Insight: O paciente reconhece realisticamente sua situação e a necessidade de assistência profissional se tal assistência for necessária?

Julgamento: O quanto tem sido adequada a tomada de decisão do paciente com relação a eventos passados e planos futuros?

Um exame do estado mental começa no momento que o entrevistando entra na sala. O examinador anota a aparência, a marcha, e outros detalhes do examinando. A **orientação** é avaliada por perguntas diretas como "Qual é o seu nome?", "Onde você está agora?" e "Que dia é hoje?". Se o paciente estiver de fato orientado para pessoa, lugar e tempo, o avaliador pode anotar no registro da avaliação "Orientado x 3" (leia-se **"orientado vezes 3"**).

Diferentes tipos de perguntas baseadas nas próprias preferências individuais do examinador serão feitas a fim de avaliar diferentes áreas no exame. Por exemplo, para avaliar os recursos intelectuais, as perguntas podem variar daquelas de informação geral (tais como "Qual é a capital de São Paulo?") a cálculos aritméticos ("Quanto é 81 dividido por 9?") e a interpretação de provérbios ("O que significa este ditado: Pessoas com telhado de vidro não devem atirar pedras?"). O *insight* pode ser avaliado, por exemplo, simplesmente perguntando ao entrevistando por que está sendo entrevistado. O entrevistando que tem pouco ou nenhum entendimento da razão para a entrevista indica pouco *insight*. Uma explicação alternativa, entretanto, poderia ser que o entrevistando está simulando.

> **REFLITA...**
> Um entrevistador clínico conduz um exame do estado mental e determina que o entrevistando está com depressão extrema, possivelmente a ponto de ser um perigo para si mesmo. Como essa impressão clínica poderia ser validada?

Como resultado de um exame do estado mental, um médico poderia ser mais capaz de diagnosticar o entrevistando se, de fato, o propósito da entrevista fosse diagnóstico. O desfecho de tal exame poderia ser, por exemplo, uma decisão a respeito de hospitalizar ou não ou, talvez, um pedido para exame psicológico ou neurológico mais aprofundados.

Aspectos psicométricos da entrevista Após uma entrevista, um entrevistador geralmente chega a algumas conclusões sobre o entrevistando. Essas conclusões, como as pontuações de testes, podem ser avaliadas por sua confiabilidade e validade.

Se mais de um entrevistador conduz uma entrevista com o mesmo indivíduo, a confiabilidade entre avaliadores para os dados obtidos poderia ser representada pelo grau de concordância entre as conclusões a que todos chegaram. Um estudo explorou o diagnóstico de esquizofrenia por meio de diferentes tipos de entrevistas, uma estruturada e uma não estruturada. Talvez de modo não surpreendente, Lindstrom e colaboradores (1994) verificaram que as entrevistas estruturadas produziram confiabilidade entre avaliadores mais alta ainda que o conteúdo dos dois tipos de entrevistas fosse semelhante.

Em consonância com esses achados, a confiabilidade entre avaliadores dos dados da entrevista pode ser aumentada quando diferentes entrevistadores consideram sistematicamente questões específicas. A consideração sistemática e específica de diferentes questões da entrevista pode ser encorajada de várias formas – por exemplo, os entrevistadores preenchendo uma escala que avalie o entrevistando em variáveis visadas no término da entrevista. Em um estudo, os membros da família foram entrevistados por diversos psicólogos com o objetivo de diagnosticar depressão. O conteúdo real das entrevistas foi deixado ao critério dos entrevistadores, embora todos tenham preenchido a mesma escala de avaliação ao terminá-las. O preenchimento da escala de avaliação após a entrevista melhorou a confiabilidade entre avaliadores (Miller et al., 1994).

Em geral, quando uma entrevista é realizada para fins de diagnóstico, a confiabilidade e a validade das conclusões diagnósticas elaboradas com base nos dados obtidos tendem a aumentar quando os critérios são claros e específicos. As tentativas de aumentar a confiabilidade entre avaliadores para fins de diagnóstico são evidentes na terceira revisão do *Manual diagnóstico e estatístico* (DSM-III), publicado em 1980. Ainda que seu antecessor, o DSM-II (1968), fornecesse informações descritivas sobre os transtornos listados, as descrições eram inconsistentes em detalhes específicos e, em alguns casos eram bastante vagas. Por exemplo, esta é a descrição do DSM-II de personalidade paranoide:

> Esse padrão comportamental é caracterizado por hipersensibilidade, rigidez, desconfiança injustificada, ciúme, inveja, autoimportância excessiva e tendência a culpar os outros e a lhes atribuir motivos perversos. Essas características com frequência interferem na capacidade dos pacientes de manter relações interpessoais satisfatórias. Naturalmente, a presença da própria desconfiança não justifica o diagnóstico, porque a desconfiança pode ser justificada em alguns casos. (American Psychiatric Association, 1968, p. 42)

Uma descrição como essa pode ser útil para comunicar a natureza do transtorno, mas devido a sua falta de especificidade e abertura à interpretação, ela é de valor apenas mínimo para fins de diagnóstico. Na tentativa de apoiar a confiabilidade e a validade dos diagnósticos psiquiátricos, o DSM-III (American Psychiatric Association, 1980) forneceu diretrizes diagnósticas específicas, incluindo referência a uma série de sintomas que tinham de estar presentes para o diagnóstico ser feito. Os critérios diagnósticos para transtorno da personalidade paranoide, por exemplo, listavam oito formas nas quais a desconfiança poderia ser exibida, devendo pelo menos três delas estar presentes para fazer o diagnóstico. Listavam quatro formas nas quais a hipersensibilidade poderia ser demonstrada, sendo que duas tinham de estar presentes para o diagnóstico ser feito. Listavam quatro formas nas quais o afeto restrito poderia ser revelado, havendo necessidade da presença de duas para o diagnóstico (American Psychiatric Association, 1980). Essa tendência à especificidade aumentada nas descrições diagnósticas continuaram em uma revisão intercalar do DSM-III (publicada em 1987 e referida como DSM-III-R) bem como nas revisões mais recentes, DSM-IV (American Psychiatric Association, 1994) e DSM-IV-TR. É presumível que a tendência também seja evidente no DSM-VI.

A avaliação da consistência de conclusões obtidas de duas entrevistas separadas por algum período de tempo produz um coeficiente de confiabilidade conceitualmente paralelo a um coeficiente de confiabilidade teste-reteste. Como exemplo, considere um estudo de confiabilidade de uma entrevista semiestruturada para o diagnóstico de alcoolismo e transtornos em geral concomitantes, como dependência de substância, abuso de substância, depressão e transtorno da personalidade antissocial. Bucholz e colaboradores (1994) verificaram que alguns transtornos (dependência de substância e depressão) eram diagnosticados com maior confiabilidade teste-reteste do que outros transtornos (abuso de substância e transtorno da personalidade antissocial).

A validade de critério de conclusões com base em entrevistas preocupa os psicometristas tanto quanto a validade de critério de conclusões com base em dados de testes. O grau em que os achados ou as conclusões de um entrevistador coincidem com outros resultados de testes ou outra evidência comportamental se reflete na validade relacionada ao critério das conclusões. Considere nesse contexto um estudo que comparou a precisão de dois instrumentos de avaliação diferentes para prever o comportamento de estagiários: um teste objetivo e uma entrevista estruturada. Harris (1994) concluiu que a entrevista estruturada era muito mais precisa na previsão do critério (comportamento futuro dos estagiários) do que o teste. Em outro estudo, este tendo como critério o relato preciso do uso de drogas do indivíduo, um teste de lápis e papel também foi confrontado com uma entrevista. Verificou-se que o teste escrito era mais válido para o critério do que a entrevista, talvez porque as pessoas possam estar mais dispostas a admitir uso ilegal de drogas por escrito do que em uma entrevista face a face (McElrath, 1994).

Uma entrevista é uma interação dinâmica entre duas ou mais pessoas. Ocasionalmente, pode parecer que as entrevistas desenvolvam vidas próprias. Em última análise, a natureza e a forma de qualquer entrevista são determinadas por muitos fatores, tais como:

> **REFLITA...**
> Você acha verdadeiro que as pessoas sejam mais capazes de admitir comportamento socialmente desaprovado em um teste escrito do que em uma entrevista face a face? Que fatores estão operando em cada situação?

- a questão de encaminhamento da entrevista
- o contexto e o local da entrevista (clínica, prisão, consultório particular, etc.)
- a natureza e a qualidade das informações de fundo disponíveis ao entrevistador
- restrições de tempo e quaisquer fatores limitadores
- a experiência anterior do entrevistando, se houver, com entrevistas semelhantes
- a motivação, a disposição e as capacidades do entrevistando
- a motivação, a disposição e as capacidades do entrevistador
- aspectos culturais da entrevista

O que queremos dizer com esse último ponto? Ele será retomado em breve em nossa discussão da *avaliação culturalmente informada*.

Dados da história de caso

Dados biográficos e relacionados sobre um avaliando podem ser obtidos por entrevistas com ele e/ou pessoas significativas na vida dele. As fontes adicionais de dados da história de caso incluem registros hospitalares, escolares, militares, de emprego e documentos relacionados. Todos esses dados são combinados na tentativa de obter um entendimento do avaliando, incluindo percepções nos padrões de comportamento observado.[2] Os dados da história de caso podem ser inestimáveis para ajudar um terapeuta a desenvolver um contexto significativo para interpretar informações de outras fontes, como transcrições de entrevistas e relatórios de testagem psicológica.

> **REFLITA...**
> Como os conteúdos da biblioteca de vídeos caseiros de um avaliando poderiam ser uma fonte útil de informação na montagem de uma história de caso?

Testes psicológicos

Médicos e conselheiros podem ter a oportunidade de usar muitos testes diferentes no decorrer de sua carreira profissional, e quase todos os que descrevemos poderiam ser empregados na avaliação clínica ou de aconselhamento. Alguns são concebidos primariamente para auxiliar no diagnóstico do médico. Um deles é o Inventário Clínico Multiaxial de Millon-III (Millon Clinical Multisocial Inventory-III) (MCMI-III; Millon et al., 1994), um teste de 175 itens no formato verdadeiro-falso que produz pontuações para aspectos da personalidade persistentes e também para sintomas agudos. Conforme sugerido no

---

[2] Para um exemplo de um estudo de caso da literatura da psicologia, o leitor interessado é encaminhado a "*Socially Reinforced Obsessing: Etiology of a Disorder in a Christian Scientist*" (Cohen e Smith, 1976), no qual os autores sugerem que a exposição de uma mulher à Ciência Cristã a tenha predisposto a um transtorno obsessivo. O artigo despertou alguma controvérsia e suscitou uma série de comentários (p. ex., Coyne, 1976; Halleck, 1976; London, 1976; McLemore e Court, 1977), incluindo um emitido por um representante da Igreja da Ciência Cristã (Stokes, 1977) – todos refutados por Cohen (1977, 1979, p. 76–83).

nome desse teste *multiaxial*, ele pode produzir informações para auxiliar os médicos a fazerem diagnósticos com base nos múltiplos eixos do DSM.

Além dos testes que são usados para propósitos diagnósticos gerais, milhares de testes focalizam traços, estados, interesses, atitudes e variáveis relacionadas específicos. A depressão é talvez o problema de saúde mental, e a razão para hospitalização psiquiátrica, mais comum. Um diagnóstico de depressão é uma questão mais séria, visto que essa condição é um fator de risco-chave no suicídio. Dada a importância crítica da depressão, muitos instrumentos foram desenvolvidos para medi-la e para fornecer compreensão a respeito dela.

Talvez o teste mais amplamente usado para medir a gravidade da depressão seja o Inventário de Depressão de Beck-II (IDB-II; Beck et al., 1996). Essa é uma medida de autorrelato consistindo em 21 itens, cada um explorando um sintoma ou uma atitude específicos associados com depressão. Para cada item, os testandos circulam 1 de 4 afirmações que melhor descreve seus sentimentos ao longo das duas últimas semanas. As afirmações refletem diferentes intensidades de sentimento e são ponderadas de acordo em suas pontuações. Beck e colaboradores (1996) apresentaram dados para documentar sua declaração de que, em média, pacientes com transtornos do humor obtêm escores mais altas no IDB-II do que aqueles com formas de depressão menos sérias. Entretanto, visto que os itens são tão transparentes e o resultado do teste é tão facilmente manipulado pelo testando, em geral é recomendado que o IDB-II seja usado apenas com pacientes que não tenham motivação conhecida para falso bom ou falso ruim. Além disso, uma vez que o IDB-II não contém escalas de validade, provavelmente seja aconselhável administrá-lo junto com outros testes que as tenham, como o MMPI-2-RF.

A Escala de Depressão do Centro de Estudos Epidemiológicos (Center for Epidemiological Studies Depression Scale) (CES-D) é outra medida de autorrelato de sintomas depressivos com ampla utilização. A CES-D consiste em 20 itens, embora versões mais curtas da escala tenham sido desenvolvidas como instrumentos de triagem para depressão (Andresen et al., 1994; Melchior et al., 1993; Shrout e Yager, 1989; Turvey et al., 1999). Santor e colaboradores (1995) compararam as curvas características do teste do IDB e da CES-D e verificaram que a CES-D é mais discriminante na determinação da gravidade do sintoma tanto em uma amostra de universitários quanto em uma de pacientes ambulatoriais deprimidos. Uma versão revisada da CES-D, a CESD-R, revelou-se promissora como um instrumento confiável e válido em uma grande amostra da comunidade consistindo em 7.389 pessoas (Van Dam e Earleywine, 2011).

REFLITA...
Por que geralmente é uma boa ideia não contar com apenas um teste para tomar qualquer tipo de decisão clínica ou de acompanhamento?

Sem dúvida, não é preciso necessariamente um teste desenvolvido de maneira específica para medir depressão a fim de saber que alguém está deprimido ou emocionalmente lábil. Nosso profissional convidado neste capítulo, dr. Joel Goldberg, aprendeu sobre esse fato (clínico) da vida cedo em sua carreira, enquanto revisava resultados de testes psicológicos com um colega (ver a seção *Conheça um profissional da avaliação* deste capítulo).

Seja a avaliação realizada para propósitos diagnósticos gerais ou mais específicos, em geral é uma boa prática usar mais de um instrumento de avaliação para que o objetivo seja alcançado. Com frequência, mais de um teste é administrado a um avaliando. A expressão usada para descrever o grupo de testes aplicados é *bateria de testes*.

A bateria de testes psicológicos Se você for um aficionado por culinária ou se for fã do *Iron Chef* no canal Food Network, então saberá que a palavra *bater* se refere a misturar uma série de ingredientes. De significado um pouco semelhante a essa definição de bater é a definição da palavra *bateria*: uma série ou um grupo de coisas similares para serem usadas juntas. Quando falam de uma **bateria de testes**, os avaliadores psicológicos estão se referindo a um grupo de testes administrados juntos para obter informações sobre um indivíduo a partir de uma variedade de instrumentos.

CONHEÇA UM PROFISSIONAL DA AVALIAÇÃO

Conheça o dr. Joel Goldberg

Nas primeiras semanas de meu treinamento no estágio médico, um dos psiquiatras residentes, com quem eu tinha começado a desenvolver uma amizade, me encaminhou um paciente para avaliação psicológica. Tragicamente, logo em seguida, um familiar desse residente morreu. Depois disso, ele ficou ausente do trabalho por um período de sete dias, que é o período tradicional de luto (*shivah*) na fé judaica. Durante aquele período, eu tinha completado a avaliação de seu paciente. No retorno do residente, dei um jeito de revisar os resultados com ele como uma forma de consulta sobre os achados do caso. A revisão também serviria para ajudá-lo a aprender mais sobre os instrumentos de teste empregados, e sua eficácia. Enquanto eu revisava os materiais do caso, mostrei-lhe os cartões do Teste de Apercepção Temática (TAT) que havia administrado, lendo em voz alta as histórias de seu paciente, e então fazendo interpretações sobre os aparentes problemas subjacentes. Quando cheguei ao cartão 14, meu colega começou a soluçar; sua expressão facial normalmente amável e gentil se tornou nebulosa, e as lágrimas começaram a fluir. A escuridão do cartão do TAT, com sua imagem de uma figura solitária, tinha evocado uma efusão pungente de tristeza. O residente então compartilhou seus sentimentos de pesar pela perda recente de seu familiar querido. Comentou sobre como compreendia o poder do instrumento do TAT em revelar a profundeza de seu luto, que tinha tentado disfarçar em seus primeiros dias de volta ao trabalho. De minha parte, até aquele momento, tinha aprendido sobre a administração e a psicometria dos instrumentos de teste e tinha interpretado inúmeros casos como parte de meu treinamento clínico prático. No entanto, foi apenas naquele momento tão inesperado que tomei de fato consciência e compreendi totalmente o potencial da avaliação psicológica para revelar a experiência humana.

Leia mais sobre o que o dr. Goldberg tinha a dizer — seu ensaio completo (em inglês) — em www.mhhe.com/cohentesting8.

Joel Goldberg, Ph. D., diretor da Clinical Training, departamento de psicologia, York University.

Bateria de testes da personalidade diz respeito a um grupo de testes de personalidade. O termo *bateria de testes projetivos* também se refere a um grupo de testes de personalidade, embora esse termo seja mais específico porque nos diz além disso que a bateria é limitada a técnicas projetivas (como o Roschach, o TAT e desenho da figura humana). Em conversas profissionais entre médicos, se o tipo de bateria referido não for especificado, ou se o médico menciona uma bateria de testes como uma **bateria-padrão**, a referência é geralmente a um grupo de testes incluindo um de inteligência, pelo menos um teste de personalidade e um teste visando avaliar déficit neurológico (discutido no próximo capítulo).

Cada teste na bateria-padrão fornece ao médico informações que vão além da área específica que o teste busca explorar. Portanto, por exemplo, um teste de inteligência pode produzir informações não apenas sobre inteligência, mas também sobre personalidade e funcionamento neurológico. De forma inversa, informações sobre inteligência e funcionamento neurológico podem ser obtidas de dados de testes de personalidade (e aqui nos referimos especificamente mais a testes projetivos do que a inventários de personalidade). A insistência em usar uma bateria de testes e não um único teste foi uma das muitas contribuições do psicólogo David Rapaport em sua agora clássica obra, *Testes de diagnóstico psicológico* (Rapaport et al., 1945–1946). Em um tempo em que usar uma bateria de testes poderia significar usar mais de um teste projetivo, Rapaport afirmava que a avaliação seria incompleta se não houvesse "respostas certas ou erradas" a pelo menos um dos testes administrados. Aqui, Rapaport estava se referindo à necessidade de incluir pelo menos um teste de capacidade intelectual.

Hoje, a utilidade de usar múltiplas medidas é uma hipótese. Entretanto, a julgar pela falta tradicional de atenção dada a variáveis culturais que tem sido evidente em manuais sobre avaliação que não esse, o que ainda não é "uma hipótese" é a atenção à noção de ser *culturalmente informado* ao conduzir avaliações clínicas (ou outras).

Avaliação psicológica culturalmente informada

Podemos definir **avaliação psicológica culturalmente informada** como uma abordagem à avaliação que de modo sutil é perceptiva e responsiva a questões de aculturação, valores, identidade, visão de mundo, linguagem e outras variáveis relacionadas a cultura uma vez que elas podem ter um impacto no processo de avaliação ou na interpretação dos dados resultantes. Oferecemos essa definição não como a última palavra sobre o assunto mas como um primeiro passo visando promover um diálogo construtivo e acadêmico sobre o que é de fato a avaliação psicológica culturalmente sensível e tudo o que ela pode ser.

Ao planejar uma avaliação na qual exista alguma dúvida em relação ao impacto projetado de cultura, linguagem ou alguma variável relacionada sobre a validade da avaliação, o avaliador culturalmente sensível pode fazer uma série de coisas. Uma é ler com cuidado quaisquer dados existentes da história de caso. Esses dados podem fornecer respostas a questões-chave relativas ao nível de aculturação do avaliando e a outros fatores cujo conhecimento é útil antes de qualquer avaliação formal. Família, amigos, sacerdotes, médicos e outros que conhecem o avaliando podem fornecer informações valiosas sobre as variáveis relacionadas à cultura antes da avaliação. Em alguns casos, pode ter utilidade recrutar a ajuda de um conselheiro cultural local como preparação para a avaliação. (Uma nota administrativa aqui: Se algum desses informantes tiver que ser usado, será necessário obter assinatura em formulários de permissão autorizando a troca de informações a respeito do avaliando.)

Também devemos observar que os próprios especialistas da avaliação podem discordar sobre questões fundamentais a avaliação de indivíduos que são membros de determinados grupos. Considere, por exemplo, a opinião de dois especialistas sobre um teste de personalidade muito utilizado, o MMPI-2. Em um artigo intitulado "*Culturally Competent MMPI Assessment of Hispanic Populations*" (*Avaliação culturalmente competente de populações hispânicas com o MMPI*), Dana (1995, p. 309) advertiu que O MMPI-2 não é melhor nem pior do que [seu antecessor] o MMPI para Hispânicos". Em contrapartida, Velasquez e colaboradores (1997, p. 111) escreveram "*Os orientadores devem sempre aplicar o MMPI-2, e não o MMPI, a clientes chicanos*" (ênfase no original). Com base na experiência clínica, esses pesquisadores (1997) concluíram que, comparado com o MMPI, o MMPI-2 "diminui as chances de excesso de patologização de chicanos" (p. 111).

Poderíamos muito bem considerar essas discordâncias factuais como apenas a ponta do *iceberg* quando se trata do potencial para discordância sobre o que constitui a avaliação culturalmente

◆ **REFLITA...**
A competência cultural é uma meta realística e alcançável? Em caso afirmativo, quais são os critérios para alcançá-la? Um avaliador culturalmente competente é capaz de avaliar pessoas de qualquer cultura ou apenas aquelas da cultura na qual ele é "competente"? Você se considera culturalmente competente para avaliar alguém de sua própria cultura?

competente. É melhor (e mais realístico) ter por objetivo a avaliação psicológica culturalmente informada ou culturalmente sensível. Com referência específica à discordância recém-citada, seria útil ser informado sobre a possibilidade de excesso de patologização dos resultados de testes ou ter uma sensibilidade a ela. Antes da avaliação formal, o avaliador pode considerar uma entrevista de triagem com o avaliando na qual o *rapport* seja estabelecido e várias questões relacionadas a cultura sejam discutidas.

A seção *Em foco* no Capítulo 12 listou algumas das questões que poderiam ser levantadas durante esse tipo de entrevista. Durante a avaliação formal, o avaliador deve lembrar de toda a informação cultural adquirida, incluindo quaisquer costumes relativos a espaço pessoal, contato visual, e assim por diante. Após a avaliação, o avaliador culturalmente sensível poderia reavaliar os dados e as conclusões para qualquer possível impacto adverso de fatores associados à cultura. Assim, por exemplo, com as advertências de Velasquez e colaboradores (1997) firmes em mente, um avaliador que tenha administrado o MMPI, e não o MMPI-2, a um cliente chicano poderia rever o protocolo e sua interpretação com um olhar voltado à identificação de qualquer possível excesso de patologização.

Tradutores são usados com frequência em prontos-socorros, em casos de intervenção na crise ou em outras situações desse tipo. Sempre que um tradutor for usado, o entrevistador deve ficar atento não apenas às palavras traduzidas do entrevistando mas também a sua intensidade (Draguns, 1984). Familiares do avaliando frequentemente são recrutados para servir de tradutores, embora essa prática possa não ser desejável sob algumas circunstâncias. Por exemplo, em algumas culturas, uma pessoa mais jovem traduzindo as palavras de uma pessoa mais velha, em particular com relação a certos temas (como questões sexuais), pode ser considerado muito estranho, se não desrespeitoso (Ho, 1987). Os dados de estudo de caso e de observação comportamental devem ser interpretados com sensibilidade ao significado dos dados históricos ou comportamentais em um contexto cultural (Longabaugh, 1980; Williams, 1986). Em suma, um aspecto fundamental da avaliação psicológica culturalmente informada é levantar questões importantes relativas à generalização e à adequação das medidas avaliativas empregadas.

Se você estava pensando sobre essa questão do *Reflita*, é provável que não seja o único. Os estudantes com frequência ficam curiosos sobre como uma abordagem à avaliação culturalmente informada é adquirida. Embora não existam regras rigorosas, nossa própria opinião é que a instrução formal deva ocorrer no contexto de um currículo com três componentes principais: um fundamento em avaliação básica, um fundamento em questões culturais na avaliação e treinamento e experiência supervisionados. Um modelo de currículo detalhado, inspirado por descrições de programas existentes (Allen, 2002; Hansen, 2002; López, 2002; Dana et al., 2002), bem como outras fontes (como Sue e Sue, 2003), é apresentado na página da internet (em inglês) que acompanha este livro em www.mhhe.com/cohentesting8.

> **REFLITA...**
> Como a avaliação culturalmente informada pode ser mais bem ensinada?

Como você verá na apresentação do modelo de currículo na internet, um subcomponente dos componentes do currículo "fundamento em questões culturais na avaliação" e "treinamento e experiência supervisionados" é **mudando as lentes culturais** (Kleinman e Kleinman, 1991). O significado desse termo foi explicado e ilustrado de forma memorável por Steven Regeser López, que ministra um importante curso em avaliação culturalmente informada na UCLA. Em seu curso, López (2002) baseia-se em lições que aprendeu dirigindo nas rodovias do México, a maioria das quais tem apenas duas pistas, uma em cada direção. Com frequência, o tráfego congestionará em uma pista devido a um veículo lento. Os motoristas que desejam ultrapassar veículos lentos podem ser auxiliados por outros motoristas na frente deles, que usam seus indicadores de direção (pisca-piscas) para indicar quando é seguro ultrapassar. Um sinal de virar à direita piscando indica que *não* é seguro ultrapassar devido a tráfego vindo ou a problemas de visibilidade na pista contrária. Um sinal de virar à esquerda piscando indica que *é* seguro ultrapassar. Caminhões grandes podem ter impressa em seus para-lamas traseiros a palavra *siga* na luz do sinal de dobrar à esquerda ou *pare* na da direita. Além de sinalizar aos outros motoristas quando é seguro ultrapassar, os indicadores de direção têm o mesmo significado que nos Estados Unidos: uma indicação de uma intenção de dobrar.

Em um exercício de aula que utiliza *slides* de cenas de rodovias bem como vistas de perto (*close-up*) de indicadores de direção, López pede aos estudantes que interpretem o significado de um sinal de dobrar piscando em diferentes cenários de tráfego: significa ultrapassar, não ultrapassar ou dobrar? Os estudantes logo compreendem que o significado do sinal piscando pode ser interpretado corretamente apenas a partir de sugestões em um contexto específico. López (2002) em seguida reforça essa lição:

> Então eu traduzo este exemplo concreto em termos mais conceituais. Para identificar o significado apropriado, deve-se primeiro considerar ambos os conjuntos de significados ou aplicar ambos os conjuntos de lentes culturais. Então se coletam dados para testar ambas as ideias. Finalmente, se pesa a evidência disponível e então se aplica o significado que parece ser mais adequado. É importante notar que, seja qual for a decisão tomada, em geral existe algum grau de incerteza. Ao coletar evidências para testar os dois possíveis significados, o psicólogo tenta reduzir a incerteza. Com múltiplas avaliações ao longo do tempo, uma maior certeza pode ser alcançada. (p. 232-233)

A noção de mudar as lentes culturais está intimamente ligada a pensamento crítico e testagem da hipótese. Os dados da entrevista podem sugerir, por exemplo, que um cliente esteja sofrendo de alguma forma de psicopatologia que envolve pensamento delirante. Uma mudança nas lentes culturais, entretanto, permite que o médico teste uma hipótese alternativa: que o comportamento observado é específico da cultura e se origina de crenças familiares de longa data. O processo de avaliação psicológica culturalmente informada exige tal mudança de lentes em todas as formas de obter informação, incluindo a entrevista.

Aspectos culturais da entrevista

Quando uma entrevista é conduzida em preparação para aconselhamento ou psicoterapia, pode ser útil explorar uma série de questões relacionadas a cultura. Em que medida o cliente se sente diferente das outras pessoas, e o quanto isso é um problema? Que conflitos, se houver, são evidentes com relação à motivação para assimilar *versus* compromisso com uma determinada cultura? Em que medida o cliente se sente diferente como indivíduo frente ao grupo cultural com o qual mais se identifica? Que papel, se houver, o racismo ou o preconceito desempenham como um obstáculo ao ajustamento desse cliente? Que papel, se houver, os padrões da cultura dominante (como atratividade física) desempenham no ajustamento desse cliente? De que formas os fatores relacionados a cultura afetaram os sentimentos de autoestima desse cliente? Que potencial existe para perda cultural ou sentimentos de desenraizamento e perda da herança nativa em razão de tentativas de assimilar? Questões relativas à saúde física também podem ser apropriadas, especialmente se o cliente for de um grupo cultural que tenha uma tendência documentada a expressar sofrimento emocional por meio de sintomas físicos (Cheung e Lau, 1982; Kleinman e Lin, 1980).

A palavra mal soletrada ADRESSING* é um acrônimo fácil de lembrar que pode ajudar o avaliador a recordar várias fontes de influência cultural durante a avaliação dos clientes. Proposto por Pamela Hays (Hays, 1996; Hays e Iwamasa, 2006; Hays e LeVine, 2001), as letras em ADRESSING** representam *i*dade, *i*ncapacidade, *r*eligião, *e*tnia, condição *s*ocial (incluindo variáveis como renda, ocupação e educação), orientação *s*exual, herança *i*ndígena, origem *n*acional e *g*ênero. Como, por exemplo, uma determinada incapaci-

REFLITA...
Que outras questões relacionadas à cultura podem ter de ser exploradas em uma entrevista clínica ou de aconselhamento?

---

* N. de T.: Referência à palavra inglesa ADDRESSING.

** N. de T.: ADRESSING no original em inglês *a*ge, *d*isability, *r*eligion, *s*exual orientation, *i*ndigenous heritage, *n*ational origin e *g*ender.

dade poderia afetar a visão de mundo em um determinado contexto? Por que uma pessoa profundamente religiosa poderia ter um sentimento forte sobre um determinado assunto? Esses são os tipos de questões que poderiam ser levantadas considerando o acrônimo ADRESSING na avaliação de clientes.

Seja usando uma entrevista, um teste ou algum outro instrumento de avaliação com um avaliando de cultura diferente, o avaliador precisa estar consciente de respostas ostensivamente psicopatológicas que podem ser bastante banais em uma determinada cultura. Por exemplo, alegações de envolvimento com espíritos não são raras entre alguns grupos de indígenas norte-americanos deprimidos (Johnson e Johnson, 1965) bem como outros (Matchett, 1972). As conclusões e os julgamentos diagnósticos devem tentar diferenciar problemas psicológicos e comportamentais autênticos de comportamento que pode ser desviante pelos padrões da cultura dominante porém costumeiros pelos padrões da cultura do avaliado.

Considerações culturais e tratamento gerenciado

Aqui, *cultura* se refere tanto a (1) um tipo de choque de culturas entre aquela voltada ao cuidado do paciente pelos profissionais da saúde mental e a mais burocrática, de cortes de custos dos órgãos de tratamento gerenciado, como (2) à necessidade de incluir abordagens aos serviços clínicos culturalmente informadas nas diretrizes dos órgãos de tratamento gerenciado. Antes de elaborar, vamos parar por um momento e explicar o que é *tratamento gerenciado*.

Em geral, **tratamento gerenciado** pode ser definido como um sistema de tratamento de saúde no qual os produtos e serviços fornecidos aos pacientes por uma rede de provedores participantes desse tratamento são mediados por um órgão administrativo da seguradora que trabalha para manter os custos baixos fixando tabelas de reembolso aos provedores do serviço. A maior parte da assistência médica nos Estados Unidos é fornecida por um sistema de tratamento gerenciado (Sanchez e Turner, 2003). Por essa razão, qualquer visão geral da avaliação clínica contemporânea seria incompleta sem referência ao tratamento gerenciado e ao profundo efeito que ele tem exercido sobre a forma como a avaliação clínica é conduzida.

> **REFLITA...**
> Por seu próprio conhecimento e experiência, como você caracterizaria "a cultura do tratamento gerenciado"?

O aumento constante dos custos de tratamento de saúde levaram a crises orçamentárias e cortes concomitantes pelos administradores do tratamento gerenciado. Uma área de serviço em que esse tratamento tem sido particularmente relutante em reembolsar é a testagem e a avaliação psicológica. Apesar da evidência antiga e convincente da utilidade desses serviços em situações de tratamento de saúde (Kubiszyn et al., 2000), o resultado do não pagamento ou do pagamento insuficiente de pedidos de avaliação psicológica e de outros serviços de saúde mental tem sido uma redução na prestação de serviços (Hartston, 2008; Riaz, 2006). Além disso, foi demonstrado que, comparados com os planos de saúde pública como Medicare ou Medicaid, os serviços psicológicos oferecidos por meio do tratamento gerenciado têm tanto maiores exigências pré-autorização como taxas de reembolso mais baixas (Gasquoine, 2010). Os provedores de serviços de saúde mental estão frustrados pelo fato de o que eles oferecem estar tão inextricavelmente ligado aos ditames da realidade econômica e das decisões de terceiros (Donald, 2001; Gittell, 2008; Rosenberg e DeMaso, 2008). Dúvidas foram levantadas quanto a se os beneficiários dos serviços estão sendo atendidos de maneira adequada. Isto é particularmente verdadeiro para beneficiários (e prováveis beneficiários) de serviços em áreas rurais e em áreas empobrecidas (Turchik et al., 2007).

A atual situação deteriorou-se para o que poderia ser denominado um choque de culturas (Cohen et al., 2006). Os provedores de serviços de saúde mental podem perceber as organizações de tratamento gerenciado como forçando-os a se desviarem de formas inaceitáveis dos padrões de cuidados estabelecidos e da ética profissional. Talvez pior ainda, os próprios provedores podem não reconhecer as formas como as práticas de tratamento gerenciado afetam de forma negativa seu próprio comportamento e possivelmente mesmo o de seus clientes. Cohen e colaboradores (2006) escreveram sobre "a prática comum de conspirar com os clientes para enfeitar ou apresentar de maneira enganosa suas [dos clientes] dificuldades a fim de obter benefícios adicionais, assim modelando um comportamento desonesto, os diagnósticos pareciam servir como pouco mais que moedas de troca para obter reembolso" (p. 257) Os autores do estudo temiam que essas tendências pudessem ter consequências cada vez mais negativas:

> Preocupamo-nos com a possibilidade de que os jogos de linguagem diagnóstica que os profissionais se sentem forçados a jogar esvaziem as categorias diagnósticas de todo o conteúdo ou utilidade clínica. Além disso, quando os profissionais arrastam seus clientes para esses jogos de linguagem, a credibilidade da profissão é corroída e a confiança do público em sua base de conhecimentos diminui. (Cohen et al., 2006, p. 257)

Outra possível consequência negativa desse choque cultural é que muitos médicos experientes trabalham sob o sistema de tratamento gerenciado apenas o tempo suficiente para abandoná-lo. Enquanto trabalham em um ambiente de tratamento gerenciado, muitos médicos aspiram construir uma base para a prática privada, de pagamento por serviços. O ato final é deixar o tratamento gerenciado pelo mundo mais lucrativo e livre de burocracia da prática independente, tão logo o salário-base do profissional seja sustentável. Se essa tendência persistir, um sistema de fornecimento de serviços de dois níveis surgirá: um em que provedores de serviços menos experientes aceitam o reembolso do seguro e provedores de serviços mais experientes não aceitam. Turchik e colaboradores (2007) apresentaram algumas possíveis estratégias e sugestões práticas para enfrentar os obstáculos à qualidade do serviço apresentado pelo tratamento gerenciado. Por exemplo, observaram que muitos órgãos de tratamento gerenciado têm um processo de recurso em vigor para solicitar uma reavaliação de quaisquer negações de serviços, e eles estimulam os médicos a aproveitarem ao máximo esses processos. Esses autores também recomendaram formas de *não* fazer frente às demandas do tratamento gerenciado ou de orçamentos baixos – tais como driblar as leis de direitos autorais e copiar testes para evitar o custo de comprar novos, usar testes psicológicos que não são atuais ou psicometricamente sólidos ou providenciar avaliações psicológicas conduzidas por médicos não qualificados.

◆ **REFLITA...**
Liste tantas mudanças quantas puder pensar que precisam ser feitas na abordagem de tratamento gerenciado à avaliação psicológica a fim de que essa abordagem seja idealmente eficaz para os beneficiários de serviços.

O surgimento desse sistema de dois níveis provavelmente aumentaria os problemas existentes com o atual sistema de tratamento gerenciado em relação à necessidade de abordagens responsivas à cultura. O tratamento gerenciado não tem sido lembrado por reconhecer ou por ser sensível à necessidade de diferentes abordagens à avaliação e intervenção com base nos antecedentes culturais. Quanto muito, é exatamente o oposto. Ou seja, uma política "tamanho único" parece estar em vigor para os serviços de saúde mental; as políticas, uma vez colocadas em prática, aplicam-se a todos sem considerar os antecedentes culturais. Comentaristas desses acontecimentos têm feito recomendações para a melhoria (Chin, 2003; Dana, 1998; Moffic e Kinzie, 1996) e, de fato, alguma mudança ocorreu (p.ex., ver Arthur et al., 2005). Entretanto, ainda é grande a necessidade de avaliações e intervenções responsivas à cultura nos ambientes de tratamento gerenciado.

Aplicações especiais de medidas clínicas

As medidas clínicas têm utilização em uma ampla variedade de contextos aplicados e relacionados à pesquisa. Neste capítulo, nosso modesto objetivo é fornecer apenas uma pequena amostra das variadas formas em que as medidas clínicas são usadas. Para isso, vamos começar com um breve exame de algumas das formas como os médicos avaliam diversos aspectos da adição e do abuso de substância.

A avaliação de adição e de abuso de substância

A avaliação para adição a drogas e para abuso de álcool e substâncias tem se tornado rotineira em inúmeros contextos. Se um indivíduo estiver buscando serviços de psicoterapia ambulatorial, se estiver sendo internado para serviços hospitalares, ou mesmo procurando emprego, ser avaliado para uso de drogas pode ser um pré-requisito. Essa avaliação pode assumir variadas formas, de exames físicos diretos envolvendo a análise da urina ou amostras sanguíneas a procedimentos laboratoriais muito mais criativos que envolvem a análise de respostas psicofisiológicas (Carter e Tiffany, 1999; Lang et al., 1993; Sayette et al., 2000).

A exploração da história pessoal com drogas e álcool pode ser realizada por meio de questionários ou de entrevistas face a face. Entretanto, esses procedimentos diretos são altamente sujeitos à manipulação da impressão e a todas as outras possíveis desvantagens de um instrumento de autorrelato. Uma série de testes e escalas foi desenvolvida para auxiliar na avaliação de abuso e adição (ver Tab. 14.2). O MMPI-2-RF, por exemplo, contém três escalas que fornecem informações sobre possível abuso de substância. A mais antiga delas é a Escala de Alcoolismo de MacAndrew (MacAndrew, 1965), desde então revisada e em geral referida apenas como a MAC-R. Essa escala foi originalmente construída para auxiliar na diferenciação de pacientes psiquiátricos alcoolistas de não alcoolistas.

O comportamento associado com abuso de substância ou com seu potencial também foi explorado por meios análogos, como a dramatização. O Teste de Competência Situacional (Situational Competency Test) (Chaney et al., 1978), o Teste de Dramatização

REFLITA...
Em sua opinião, quais são alguns traços de personalidade que "frequentemente servem como caminhos ao abuso de substância"?

Tabela 14.2 Medidas comuns de abuso de substância

Nome da medida	N° de itens	Descrição dos itens	Comentário
Escala de Alcoolismo de MacAndrew (MAC) e Escala de Alcoolismo de MacAndrew-Revisada (MAC-R)	49	Variáveis de personalidade e atitude consideradas a base do alcoolismo	A MAC foi derivada do MMPI. A MAC-R foi derivada do MMPI-2. Nenhuma das escalas avalia alcoolismo de forma direta. Ambas foram concebidas para diferenciar empiricamente alcoolistas de não alcoolistas.
	39	Escala de Potencial de Adição (APS)	Os itens foram derivados do MMPI-2. Como a MAC-R, ela não avalia diretamente alcoolismo.
Escala de Reconhecimento da Adição (AAS)	13	Traços de personalidade considerados a base de abuso de droga ou álcool	Um autorrelato de abuso de substâncias, de validade aparente, derivado do MMPI-2. A confirmação dos itens é uma admissão do uso de drogas.
Índice de Gravidade da Adição (ASI)	200	Reconhecimento direto do abuso de substância. Os avaliadores estimam a gravidade da adição em sete áreas de problema: condição médica, funcionamento no emprego, uso de drogas, uso de álcool, atividade ilegal, relações familiares/sociais e funcionamento psiquiátrico	O ASI foi desenvolvido primeiro por McLellan e colaboradores (1980) e está atualmente em sua 6ª edição (ASI-6). É uma entrevista semiestruturada útil na admissão e no acompanhamento.
Teste de Detecção de Alcoolismo de Michigan (MAST)	24	Problemas relacionados com álcool ao longo da vida	Amplamente usado para detectar problemas com bebida. Versões mais curtas foram criadas bem como uma versão revisada de 22 itens (MAST-R).

Específico para Álcool (Alcohol Specific Role Play Test) (Abrams et al., 1991) e o Teste de Resposta de Risco para Cocaína (Cocaine Risk Response Test) (Carroll, 1998; Carrol et al., 1999) são todos medidas que contêm dramatização gravadas em áudio. No último teste, é solicitado que os avaliandos respondam oralmente com uma descrição do que fariam sob certas condições – condições conhecidas por estimular o uso de cocaína em usuários regulares. Um cenário envolve ter tido uma semana difícil seguida por fissuras por cocaína para recompensar-se. Outro cenário ocorre em uma festa na qual as pessoas estão usando cocaína na sala ao lado. É solicitado que os avaliandos detalhem com honestidade seu pensamento e seu comportamento em resposta a essas e a outras situações. Naturalmente, o valor da informação obtida irá variar em razão de muitos fatores, entre eles o propósito da avaliação e a honestidade com que os avaliandos respondem. Poderia se esperar que eles fossem diretos em suas respostas se tivessem procurado tratamento da adição de maneira involuntária. No entanto, eles poderiam ser menos diretos se, por exemplo, fossem encaminhados pelo tribunal por suspeita de violação da condicional.

As tentativas para reduzir o abuso de substâncias disseminado levou pesquisadores a considerar como a cultura pode contribuir para o problema e como a intervenção culturalmente informada pode ser parte da solução. Usando uma ampla variedade de medidas, pesquisadores exploraram o abuso de substâncias no contexto de variáveis como identidade cultural e situação geracional (Ames e Stacy, 1998; Chappin e Brook, 2001; Duclos, 1999; Kail e DeLaRosa, 1998; Karlsen et al., 1998; Lessinger, 1998; O'Hare e Van Tran, 1998; Pilgrim et al., 1999), crenças religiosas (Corwyn e Benda, 2000; Klonoff e Landrine, 1999) e orientação sexual (Kippax et al., 1998). A recuperação da adição de drogas tem sido conceituada como um processo social imediato de **reaculturação** que pode resultar em novo sentido de identidade (Hurst, 1997).

REFLITA...
Por que é útil conceituar a recuperação da adição de drogas como reaculturação?

Uma consideração ética importante na avaliação de abusadores de substâncias, sobretudo em contextos de pesquisa, diz respeito a obter consentimento totalmente informado para a avaliação. McCrady e Bux (1999) observaram que os abusadores de substâncias podem estar intoxicados no momento do consentimento e, portanto, a capacidade de prestar atenção e compreender as exigências da pesquisa poderia estar comprometida. Além disso, visto que o hábito deles pode tê-los empurrado para situações financeiras desesperadoras, qualquer pagamento oferecido a abusadores de substâncias para participação em um estudo de pesquisa pode parecer coercivo. Procedimentos para aumentar a compreensão do consentimento e minimizar a aparência de coerção são elementos necessários do processo de consentimento.

Avaliação psicológica forense

A palavra *forense* significa "pertencente a ou empregado em processos judiciais", e o termo **avaliação psicológica forense** pode ser definido como a teoria e a aplicação da avaliação e das medidas psicológicas em um contexto legal. Psicólogos, psiquiatras e outros profissionais da saúde podem ser chamados por tribunais, por funcionários de casas correcionais e por agentes de liberdade condicional, por advogados e por outras pessoas envolvidas no sistema de justiça criminal para fornecer opinião especializada. Em relação a processos criminais, a opinião pode, por exemplo, dizer respeito à competência de um indivíduo para ser julgado ou à sua responsabilidade criminal (ou seja, sanidade mental) no momento em que um crime foi cometido. Com referência a um processo civil, a opinião pode envolver questões tão diversas quanto o grau de sofrimento emocional em uma ação de danos pessoais, a adequação de um ou do outro genitor em um processo de custódia ou a capacidade testamentária (capacidade de fazer um testamento ou de expressar uma última vontade) de uma pessoa antes da morte.

REFLITA...
Quando você imagina um psicólogo testemunhando em juízo, sobre que assunto você o vê falando?

Antes de discutir os aspectos relacionados a avaliação em algumas das muitas áreas da psicologia forense, é importante notar que há diferenças importantes entre prática clínica geral e forense. Talvez a maior diferença seja que, na situação forense, o médico pode ser o cliente de uma terceira parte (como um tribunal) e não do avaliando. Esse fato, bem como suas implicações sobre questões como confidencialidade, deve ser esclarecido ao avaliando. Outra diferença entre prática clínica forense e geral é que o paciente pode ter sido forçado a passar por uma avaliação. Ao contrário do cliente típico que busca terapia, por exemplo, o avaliando não está altamente motivado a ser sincero. Por consequência, é imperativo que o avaliador não se baseie apenas nas representações do avaliado mas também em toda a documentação disponível, como relatórios policiais e entrevistas com pessoas que podem ter um conhecimento pertinente. O melhor para o profissional da saúde mental que realiza um trabalho forense é que tenha conhecimento da linguagem legal:

> Entrar em um tribunal e dar a opinião de que uma pessoa não é responsável por um crime porque é psicótica é o mesmo que não dizer nada de valor ao juiz ou ao júri. Entretanto, entrar no mesmo tribunal e declarar que um homem não é responsável porque, como resultado de um transtorno mental, ou seja, esquizofrenia paranoide, "ele não tinha capacidade substancial de adequar seu comportamento às exigências da lei" – porque ele estava ouvindo vozes que lhe diziam que devia cometer o crime para proteger sua família de dano futuro – seria de grande valor para o juiz ou o júri. Não é por ter uma psicose que o homem não é responsável; o importante é como sua doença afetou seu comportamento e sua capacidade de formar a intenção criminosa necessária ou de ter a *mens rea*, ou a intenção dolosa. (Rappeport, 1982, p. 333)

Os avaliadores forenses às vezes são colocados no papel de psico-historiadores, sobretudo em casos que envolvem questionamento da capacidade de testemunhar. Nesses casos, podem ser chamados para oferecer opiniões sobre pessoas que nunca entrevistaram ou observaram pessoalmente – uma situação que raras vezes ocorre, se ocorrer, nas avaliações não forenses. A avaliação forense com frequência implica dar opiniões sobre assuntos importantes, como se uma pessoa é competente para ser julgada, se é responsável criminalmente ou se está pronta para a liberdade condicional. Alguns têm contestado o papel dos profissionais da saúde mental nesses e em assuntos relacionados, citando a insegurança do diagnóstico psiquiátrico e a invalidade de vários instrumentos de avaliação para uso com tais objetivos (Faust e Ziskin, 1988a, 1988b; ver também Matarazzo, 1990, para uma resposta). Apesar disso, juízes, juris, promotores, a polícia e outros membros do sistema de justiça criminal contam com os profissionais da saúde mental para lhes oferecer seus melhores julgamentos com relação a essas questões críticas. Uma dessas questões que costuma ser levantada diz respeito à previsão de periculosidade (Lally, 2003).

Periculosidade para si mesmo e para os outros Uma determinação oficial de que uma pessoa é perigosa para si mesma ou para os outros é motivo legal para privá-la da liberdade. O indivíduo assim julgado será submetido, de forma voluntária ou involuntária, a intervenção psicoterapêutica, normalmente em uma instituição de tratamento segura, até o momento em que não for mais julgado perigoso. Isso porque o Estado tem um dever imperioso de proteger seus cidadãos de perigos. O dever estende-se a proteger pessoas suicidas, que se presume estejam sofrendo de um transtorno mental, de levar adiante seus impulsos autodestrutivos. Os profissionais da saúde mental desempenham um papel fundamental nas decisões sobre quem é e quem não é considerado perigoso.

A determinação de periculosidade é feita, de maneira ideal, com base em múltiplas fontes de informação, incluindo dados de entrevista, dados de história de caso e testagem formal. Ao lidar com avaliandos potencialmente homicidas ou suicidas, o avaliador profissional deve ter conhecimento dos fatores de risco associados com atos tão violentos. Esses fatores podem incluir uma história de tentativas anteriores de cometer o ato, abuso de droga/álcool e de-

REFLITA...
No decorrer de uma avaliação de aconselhamento, um conselheiro fica sabendo que um paciente infectado com HIV está planejando ter contato sexual sem proteção com uma parte identificada. É dever do conselheiro advertir essa parte?

semprego. Se tiver uma oportunidade de entrevistar o indivíduo com tal potencialidade, o avaliador normalmente irá explorar a ideação, a motivação e o imaginário do avaliando associados com a violência tencionada. Além disso, questões serão levantadas a respeito da disponibilidade e letalidade do método e dos meios pelos quais o ato violento seria perpetrado. O avaliador estimará o quanto o plano, se houver, é específico e detalhado. Ele também pode explorar o grau em que recursos de ajuda, como família, amigos ou colegas, podem prevenir que a violência ocorra. Se determinar que um homicídio é iminente, o avaliador tem o **dever legal de advertir** a terceira parte ameaçada – um dever que vai além da comunicação privilegiada entre psicólogo e cliente. Como foi estabelecido no caso referencial de 1974 *Tarasoff v. the Regents of the University of California*, "O privilégio protetor termina onde o perigo público começa" (ver Cohen, 1979, para elaboração desse e de princípios relacionados).

A periculosidade manifesta-se de formas variadas em diferentes contextos, do pátio da escola ao saguão dos correios. Trabalhando juntos, os membros das comunidades legais e da saúde mental tentam manter as pessoas razoavelmente protegidas de si mesmas e dos outros embora sem privar de forma indevida qualquer cidadão de seu direito à liberdade. Nesse sentido, uma literatura bastante grande tratando da avaliação da periculosidade, incluindo o suicídio, surgiu (p. ex., ver Baumeister, 1990; Blumenthal e Kupfer, 1990; Catalano et al., 1997; Copas e Tarling, 1986; Gardner et al., 1996; Jobes et al., 1997; Kapusta, 2011; Lewinsohn et al., 1996; Lidz et al., 1993; Monahan, 1981; Olweus, 1979; Pisani et al., 2011; Rice e Harris, 1995; Steadman, 1983; van Praag et al., 1990; Wagner, 1997; Webster et al., 1994) junto com uma série de testes (Beck et al., 1989; Eyman e Eyman, 1990; Linehan et al., 1983; Patterson et al., 1983; Reynolds, 1987; Rothberg e Geer-Williams, 1992; Williams et al., 1996) e diretrizes de entrevista clínica (Sommers-Flanagan e Sommers-Flanagan, 1995; Truant et al., 1991; Wollersheim, 1974).

Apesar dos melhores esforços de muitos estudiosos, a previsão de periculosidade deve ser considerada atualmente mais uma arte do que uma ciência. Ao longo da história, os clínicos não têm sido muito precisos em suas previsões de periculosidade. Em um tom mais otimista, muitas pessoas e organizações estão trabalhando para melhorar as probabilidades de prevê-la com sucesso. Conforme foi assinalado na seção *Em foco* deste capítulo, entre as organizações comprometidas com a aplicação da ciência comportamental a questões de periculosidade está o Serviço Secreto dos Estados Unidos.

Competência para ser julgado *Competência*, no sentido legal, tem muitos significados diferentes. Pode-se falar, por exemplo, de competência para fazer um testamento, assinar um contrato, cometer um crime, renunciar a direitos constitucionais, consentir com tratamento médico [...] a lista continua. Antes de ser executado em Utah, o assassino condenado Gary Gilmore foi submetido a um exame visando determinar se era ou não possível de ser executado. Isso aconteceu porque a lei determina que exista uma certa propriedade a respeito de execuções ordenadas pelo estado: não seria moralmente apropriado executar pessoas insanas.

A **competência para ser julgado** tem muito a ver com a capacidade de um réu de entender as acusações contra ele e de ajudar em sua própria defesa. Como foi estabelecido na decisão da Suprema Corte em *Dusky v. United States*, um réu deve ter "capacidade atual suficiente para consultar seu advogado com um grau razoável de entendimento racional [...] [e] factual dos processos contra ele". Essa exigência de "entender e ajudar", como passou a ser chamada, é na verdade uma extensão da proibição constitucional contra julgamentos *in absentia*; durante o julgamento, um réu deve estar presente não apenas física mas também mentalmente.

A exigência de competência protege o direito de um indivíduo de escolher e ajudar o advogado, o direito de atuar como testemunha em seu próprio benefício e o direito de confrontar testemunhas contrárias. A exigência também aumenta a probabilidade de que a verdade do caso seja desenvolvida porque o réu competente é capaz de realizar moni-

EM FOCO

Avaliação de periculosidade e o serviço secreto

O Serviço Secreto é encarregado por lei federal de uma série de responsabilidades, incluindo investigação de crimes de falsificação, adulteração e fraude envolvendo computadores e instituições financeiras. Ele talvez seja mais conhecido por suas funções protetoras e seu dever de proteger as seguintes pessoas e seus familiares: o presidente dos Estados Unidos, o vice-presidente, ex-presidentes e vice-presidentes, os principais candidatos ou sucessores a esses cargos e chefes de estado estrangeiros em visita ao país.

Os órgãos policiais têm demonstrado um grande interesse em termos de como a ciência comportamental, e mais especificamente o reconhecimento da periculosidade, pode ser aplicada à prevenção de crimes. Em Los Angeles, onde a perseguição a celebridades é um problema bastante divulgado, o departamento de polícia estabeleceu uma unidade de gestão da ameaça (Lane, 1992). Quando os membros do congresso ou sua equipe recebem ameaças, o problema pode ser encaminhado a uma unidade policial semelhante estabelecida pela Polícia do Capitólio dos Estados Unidos. Além disso, "a Polícia Federal dos Estados Unidos iniciou esforços sistemáticos para formular uma função investigativa protetora para analisar comunicações inadequadas para funcionários da Justiça Federal e para avaliar e lidar com possíveis ameaças contra eles" (Coggins et al., 1998, p. 53).

O Serviço Secreto tem sido exemplar em seus esforços para integrar a pesquisa comportamental e a *expertise* clínica em suas políticas e práticas, incluindo em sua avaliação de risco e atividades protetoras. No curso da tentativa de prevenir a ocorrência de um crime altamente específico, algumas das coisas que o Serviço Secreto deve fazer são (1) identificar e investigar pessoas que possam representar uma ameaça a um protegido; (2) fazer uma determinação do nível de ameaça que a pessoa identificada representa; e (3) implementar um programa de manejo de caso para aquelas pessoas identificadas como possivelmente representando uma ameaça genuína. Para alcançar esses e objetivos relacionados com máxima eficácia, o serviço estabeleceu um programa de pesquisa comportamental. A chefe desse programa é Margaret Coggins, Ph. D., e muito do que dizemos aqui sobre esse programa é derivado de uma publicação de Coggins e colaboradores (1998).

Encarregado de funções que requerem regularmente avaliações de periculosidade muito especializadas, o Serviço Secreto tem uma história de receber informações de profissionais clínicos e forenses. Em 1980, a agência assinou um contrato com o Instituto de Medicina para patrocinar uma conferência de médicos e cientistas comportamentais que trataram de assuntos como previsão de periculosidade, manejo de caso de pessoas perigosas e necessidades de treinamento de agentes (Takeuchi et al., 1981). Outra conferência, em 1982, ampliou a pauta a questões como o

O Serviço Secreto se baseia nas pesquisas sobre a avaliação da periculosidade para cumprir sua missão de proteção.

desenvolvimento de um programa de pesquisa interno sobre a avaliação de pessoas que ameaçavam os protegidos e treinamento para agentes em avaliação e manejo das fontes de ameaça (Institute of Medicine, 1984). Esse programa comportamental do Serviço Secreto desenvolveu-se dessas conferências. O programa de pesquisa estuda agora diversos assuntos, como avaliação de risco, fatores na tomada de decisão dos agentes e atitudes dos profissionais da saúde mental em relação ao Serviço Secreto em termos de seu efeito sobre o relato de ameaças aos protegidos do serviço. Uma colaboração entre pesquisadores e profissionais foi estabelecida a fim de alcançar os objetivos do programa:

> Agentes especiais e pesquisadores, tanto a equipe interna do Serviço Secreto como consultores externos, trabalham em conjunto para identificar questões de estudo práticas, priorizar áreas de investigação, planejar metodologias de estudo, coletar e analisar dados e

disseminar os resultados de pesquisa. Os agentes desempenham um papel-chave para garantir que preocupações investigativas, de avaliação de risco e de manejo de caso relevantes sejam trazidas para estudo, e a participação deles no plano de pesquisa e na coleta de dados empresta credibilidade interna à importância de incorporar os resultados do estudo à prática. De modo similar, a equipe de pesquisa e os estudiosos das comunidades acadêmicas e científicas garantem que os princípios de integridade científica orientem o processo de pesquisa e sejam instrumentais para proteger a validade externa dos dados e dos resultados de acordo com padrões rigorosos de revisão por pares. (Coggins et al., 1998, p. 61)

O estudo de caso é um instrumento de avaliação e pesquisa potencialmente útil, em particular nas tentativas de identificar fatores relacionados ao potencial para violência de um indivíduo contra um protegido do Serviço Secreto. O Projeto de Estudo de Caso Excepcional do Serviço Secreto (Secret Service's Exceptional Case Study Project) (ECSP) foi criado para estudar pessoas que atacaram ou abordaram com meios letais um indivíduo visado com base em sua condição pública. As variáveis selecionadas para estudo incluem comportamento, pensamento, plane-

jamento, estado mental, motivação e padrões de comunicação. Um achado notável dessa pesquisa poderia ser parafraseado em termos do aforismo "as ações falam mais alto que as palavras". De fato, o comportamento anterior revelou ter precedência sobre as declarações ameaçadoras como um fator relacionado ao potencial para violência (Vossekuil e Fein, 1997). Esse achado é consonante com as observações do psiquiatra Park Dietz em sua pesquisa sobre indivíduos que perseguem celebridades de Hollywood. Dietz e colaboradores (1991) concluiram que havia pouca relação entre escrever uma carta de ameaça à celebridade e tentar abordá-las fisicamente. Pessoas que escreveram essas cartas não eram nem mais nem menos propensas a tentar abordar a celebridade do que pessoas que não fizeram ameaças.

A ciência comportamental, e em particular a pesquisa relacionada à avaliação, tem muito a oferecer ao Serviço Secreto e a outras organizações envolvidas na aplicação da lei e na prevenção de crimes. Isso é verdadeiro ainda que "a missão operacional do Serviço Secreto sempre tenha precedência sobre o interesse acadêmico ou científico" (Coggins et al., 1998, p. 68).

toramento contínuo do depoimento das testemunhas e de ajudar a chamar atenção do tribunal para discrepâncias no testemunho. Em geral, as pessoas mentalmente retardadas, psicóticas ou que sofrem de um transtorno neurológico debilitante são consideradas incompetentes para serem julgadas. Entretanto, não pode ser enfatizado em excesso que qualquer desses três diagnósticos não seja em si suficiente para uma pessoa ser considerada incompetente. Em outras palavras: é possível que uma pessoa seja mentalmente retardada, psicótica ou sofra de um transtorno neurológico debilitante – ou todos os três – e ainda seja considerada competente para ser julgada. A pessoa será considerada incompetente se, e apenas se, for incapaz de entender as acusações contra ela e de ajudar em sua própria defesa.

Inúmeros instrumentos foram desenvolvidos como auxílio para avaliar se um réu satisfaz a exigência de entender e ajudar. Por exemplo, pesquisadores na Faculdade de Direito da Georgetown University enumeraram 13 critérios de competência para ser julgado. Seis dos critérios foram caracterizados como "factuais", e sete foram caracterizados como "inferenciais". Em geral, os critérios factuais tinham a ver com julgamentos clínicos relacionados à capacidade do réu de entender as acusações e os procedimentos legais relevantes. Os critérios inferenciais concentravam-se mais nos julgamentos clínicos relativos à capacidade do réu de se comunicar com o advogado e de tomar decisões informadas. Os leitores interessados encontrarão uma listagem de todos os 13 critérios, bem como uma descrição mais detalhada deles, no artigo de Bukatman e colaboradores (1971) no *American Journal of Psychiatry*. Uma edição anterior dessa mesma revista continha uma apresentação de outro instrumento usado para avaliar a competência para ser julgado. O Teste de Avaliação da Competência (Competency Screening Test) (Lipsitt et al., 1971) é um instrumento de 22 itens escrito em um formato de completar sentenças. A competência do réu é avaliada clinicamente pela qualidade das respostas a sentenças radicais como "Se o júri me considerar culpado, eu _____". O teste é pontuado em uma escala de três pontos variando de 0 a 2, com respostas adequadas valendo 2, as marginalmente adequadas valendo 1 e as claramente inadequadas valendo 0. Por exemplo, considere este item: *"Quando eu for para o tribunal, o advogado irá..."*. Uma resposta de 2 pontos seria "me defender". Essa resposta indica que o avaliado tem um entendimento claro do papel do advogado. Em contrapartida, uma resposta de pontuação 0 poderia ser "me guilhotinar", que seria indicativo de uma percepção inadequada do papel do advogado. Lipsitt e colaboradores relataram a confiabilidade entre os avaliadores treinados desse teste como $r = 0,93$. Eles também informaram que seu teste foi bem-sucedido em discriminar homens seriamente perturbados em hospitais estaduais de grupos-controle formador por estudantes, adultos da comunidade, membros de clubes e pacientes hospitalizados condenados em processos cíveis.

Outros testes de competência para ser julgado incluem o Teste de Aptidão para Entrevista (Fitness Interview Test) (FIT; Roesch et al., 1984), o Instrumento de Avaliação de Competência de MacArthur-Julgamento Criminal (MacArthur Competence Assessment Tool–Criminal Adjudication) (MacCAT-CA; Hoge et al., 1999; Poythress et al., 1999) e a Evaluation of Competency to Stand Trial–Revised (Avaliação da Competência para Ser Julgado-Revisada) (ECST-R; Rogers et al., 2004). Embora tenha sido desenvolvido de acordo com os padrões legais canadenses, o FIT tem sido amplamente usado nos Estados Unidos. O FIT é uma medida ideográfica, portanto limitando as comparações entre os testandos. Em contrapartida, o MacCAT-CA e o ECST-R empregam ambos uma abordagem nomotética; as pontuações dos réus em competência para ser julgado podem ser comparadas com outros réus (Zapf e Roesch, 2011).

Responsabilidade criminal "Inocente por razão de insanidade" é um argumento contra uma acusação criminal que todos nós já ouvimos. Mas pare e pense sobre o significado do termo legal **insanidade** para os profissionais da saúde mental e os procedimentos de avaliação pelos quais os avaliadores profissionais poderiam identificar o insano. A defesa de insanidade tem suas raízes na ideia de que apenas pessoas culpáveis (ou seja, aquelas com uma mente criminosa) devem ser punidas. É possível que sejam isentas de culpa, portanto, as crianças, os mentalmente incompetentes e outros que podem ser irresponsáveis, não ter controle sobre suas ações ou não ter consciência de que o que estão fazendo é criminoso. Já no século XVI, foi argumentado em um tribunal inglês que um ato ofensivo não deve ser considerado crime se o criminoso não tiver consciência de bem e mal. No século XVIII, o foco mudou de bem e mal como critério para avaliar a responsabilidade criminal para a questão de se o réu "não tem conhecimento do que está fazendo mais do que [...] um animal selvagem".

> **REFLITA...**
> As medidas de incompetência devem ser idealmente idiográficas ou nomotéticas?

A história judicial foi construída na Inglaterra do século XIX quando, em 1843, Daniel M'Naghten foi considerado inocente por razão de insanidade após tentar assassinar o primeiro ministro britânico. (Ele por engano atirou e matou o secretário do primeiro ministro.) M'Naghten foi absolvido. De acordo com o tribunal, ele não podia ser considerado responsável pelo crime se, "no momento da perpetração do ato, a parte acusada estivesse operando sob tal defeito da razão por doença da mente a ponto de não ter conhecimento da natureza e qualidade do ato que estava cometendo ou, se tivesse, não soubesse que o que estava fazendo era errado".

A decisão no caso *M'Naghten* veio a ser referida como o *teste do certo ou errado*, ou a **regra de M'Naghten**. Até hoje, esse teste é usado na Inglaterra bem como em inúmeras jurisdições nos Estados Unidos. Entretanto, um problema com o teste do certo ou errado é que ele não prevê a absolvição de pessoas que distinguem o certo do errado contudo ainda são incapazes de controlar os impulsos de cometer atos criminosos. Em 1954, uma opinião escrita pelo Tribunal de Recursos do Distrito de Columbia (Estados Unidos) no caso de *Durham v. United States* considerou que um réu não era culpável por ação criminosa "se seu ato ilegal foi produto de uma doença ou defeito mental" (a **regra de Durham**). Ainda um outro critério de insanidade legal, estabelecido pelo American Law Institute (ALI) em 1956, se tornou um dos mais utilizados em todo os Estados Unidos (Weiner, 1980). Com ligeiras alterações de uma jurisdição para outra, a **regra ALI** prevê o seguinte:

> Uma pessoa não é responsável por conduta criminosa, isto é, [é] insana se, no momento de tal conduta, como resultado de uma doença ou defeito mental, ela não possuir a capacidade substancial de reconhecer a criminalidade (a ilicitude) de sua conduta ou de adequar sua conduta às exigências da lei.
>
> Tal como usados neste artigo, os termos "doença ou defeito mental" não incluem uma anormalidade manifestada apenas por repetida conduta criminosa ou de outro modo antissocial.

Na prática clínica, réus mentalmente retardados, psicóticos ou prejudicados do ponto de vista neurológico são os que tendem a ser considerados inocentes por razão de insanidade. Entretanto, como foi o caso com as considerações de competência para ser julgado, o simples fato de uma pessoa ser julgada com retardo mental, psicótica ou portadora de prejuízo neurológico não é em si garantia alguma de que o indivíduo será considerado inocente. Outros critérios, como as regras ALI citadas, devem ser satisfeitas.

> **REFLITA...**
> Os profissionais da saúde mental devem estar envolvidos na determinação de quem é inocente por razão de insanidade? A alegação de insanidade deve ser eliminada como uma defesa legal nos processos criminais?

Para ajudar a determinar se as regras ALI são satisfeitas, uma série de instrumentos, como a Escala de Avaliação da Responsabilidade Criminal de Rogers (Rogers Criminal Responsibility Assessment Scale) (RCRAS), foram desenvolvidos. O psicólogo Paul Rogers e colaboradores (Rogers e Cavanaugh, 1980, 1981; Rogers et al., 1981) criaram a RCRAS como uma abordagem sistemática e empírica a avaliações de insanidade. Esse instrumento consiste em 25 itens explorando variáveis psicológicas e situacionais. Os itens são pontuados com respeito a cinco escalas: confiabilidade (incluindo simulação), fatores orgânicos, psicopatologia, controle cognitivo e controle comportamental. Após a pontuação, o examinador emprega um modelo de decisão hierárquico para decidir sobre a sanidade do avaliado. Estudos de validade feitos com essa escala (p. ex., Rogers et al., 1983; Rogers et al., 1984) demonstraram sua utilidade para discriminar entre pacientes/réus sãos e insanos.

A prontidão para liberdade condicional Algumas pessoas condenadas por um crime pagarão suas dívidas com a sociedade e passarão a levar vidas produtivas e satisfatórias após a prisão. No outro extremo estão os criminosos de carreira que violarão as leis na primeira oportunidade após sua libertação – ou fuga – da prisão. Prever quem está pronto para a liberdade condicional e o possível desfecho dessa liberdade se revelou uma tarefa nada fácil. Contudo, tentativas têm sido feitas para desenvolver medidas que sejam úteis nas decisões de liberdade condicional.

Uma pessoa com um diagnóstico de psicopatia (um **psicopata**) tem quatro vezes mais probabilidade do que um não psicopata de não conseguir a liberdade condicional (Hart et al., 1988). Uma obra clássica de Cleckley (1976) forneceu um perfil detalhado de psicopatas. Eles são pessoas com poucas inibições que podem buscar prazer ou dinheiro com absoluta desconsideração pelo bem-estar dos outros. Com base em um estudo de análise fatorial da descrição de Cleckley de pessoas com psicopatia, Robert D. Hare (1980) desenvolveu uma Lista de Verificação de Psicopatia (PCL) de 22 itens que reflete características de personalidade estimadas pelo avaliador (tais como insensibilidade, impulsividade e empatia), além da história anterior obtida dos registros do avaliado (tal como "versatilidade criminal"). Na versão revisada do teste, a Lista de Verificação de Psicopatia Revisada (PCL-R; Hare, 1985), dois itens da PCL original foram omitidos devido a sua correlação relativamente baixa com o resto da escala, e os critérios de pontuação para alguns dos itens restantes foram modificados. Hare e colaboradores (1990) relatam que as duas formas são equivalentes.

Em um estudo que empregou uma amostra psiquiátrica de segurança máxima, a PCL identificou com correção 80% dos reincidentes violentos (Harris et al., 1989). Uma versão da PCL modificada especialmente para uso com criminosos masculinos jovens produziu pontuações que se correlacionavam de maneira significativa com variáveis como número de sintomas de transtorno da conduta, crimes violentos anteriores, reincidência de violência e comportamento violento dentro da instituição de segurança máxima na qual o estudo foi conduzido (Forth et al., 1990). Em outro estudo, foi verificado que as avaliações de psicopatia previram o desfecho tanto para ausência temporária como para libertação em liberdade condicional. Os psicopatas voltaram a ser presos quatro vezes mais frequentemente do que não psicopatas (Serin et al., 1990).

Diagnóstico e avaliação de dano emocional

Dano emocional, ou prejuízo ou dano psicológico é um termo usado às vezes como sinônimo de sofrimento mental, dor e sofrimento e prejuízo emocional. Em casos envolvendo acusações como discriminação, perseguição, negligência profissional, espreita e término de emprego ilegal, os avaliadores psicológicos podem ser responsáveis por analisar alegado dano emocional. Esse tipo de avaliação será feito para esclarecer o funcionamento do indivíduo anterior e subsequente ao dano alegado (Melton et al., 1997). O tribunal avaliará os resultados à luz de todas as evidências e fará uma determinação relativa a se o dano alegado existe e, se for o caso, a magnitude do dano.

Muitos instrumentos de avaliação – incluindo a entrevista, o estudo de caso e os testes psicológicos – podem ser usados no processo de avaliar e diagnosticar alegações de dano emocional. Entrevistas podem ser conduzidas com a pessoa que alega o dano e também com outras que tenham conhecimento relevante da alegação. Os materiais de estudo de caso incluem documentos como registros do médico ou do terapeuta, registros escolares, registros militares e registros policiais. Os testes psicológicos específicos usados em uma avaliação de dano emocional irão variar com as preferências do avaliador. Em um estudo no qual 140 psicólogos forenses devolveram uma pesquisa tratando de práticas de avaliação, foi verificado que nem dois profissionais usavam de forma rotineira exatamente a mesma combinação de testes para determinar dano emocional (Boccaccini e Brodsky, 1999). As razões fornecidas para o uso de testes específicos e de baterias de testes envolviam com mais frequência normas estabelecidas, experiência clínica pessoal, a aceitação geral do instrumento, o apoio de pesquisa e o conteúdo. Maior consistência na seleção do teste seria desejável. Tal consistência poderia ser alcançada estudando a validade incremental que cada teste soma à tarefa de avaliar diferentes tipos de dano emocional em contextos específicos.

> **REFLITA...**
> Por que maior consistência seria desejável nos instrumentos usados para avaliar dano emocional?

Análise do perfil

Os filmes e programas de televisão contemporâneos no gênero policial, sem mencionar novas histórias ocasionais, de visibilidade, proporcionaram a muitos de nós alguma familiaridade com o termo *análise do perfil*. Referido agora pelo FBI como "análise investigativa criminal", e por alguns no campo da saúde mental simplesmente como "psicologia investigativa", a **análise do perfil** pode ser definida como um processo de solução de crime que se baseia na *expertise* psicológica e criminológica aplicada ao estudo de evidências da cena do crime.

No centro da análise do perfil está a suposição de que os perpetradores de crimes em série (em geral envolvendo assassinato, algum tipo de ritual e/ou violação sexual) deixam mais do que evidências físicas na cena de um crime; deixam indícios psicológicos sobre quem eles são, traços de personalidade que possuem e como pensam. A esperança é que esses indícios relacionados ao comportamento ajudem os investigadores a efetuarem uma prisão. As hipóteses normalmente formuladas pelos analistas de perfil a partir de evidências da cena do crime costumam ter relação com as habilidades de organização e planejamento dos perpetradores e dos graus de controle, emoção e risco que parecem evidentes (O'Toole, 2004). Os principais instrumentos de avaliação empregados na análise do perfil são entrevistas (tanto de testemunhas como sobre as testemunhas) e material de estudo de caso (como relatórios de necropsia e fotos e relatórios da cena do crime). A Unidade de Ciência Comportamental do FBI (agora parte do Centro Nacional para Análise de Crimes Violentos) mantém um banco de dados desse material.

Até hoje, a maioria dos casos amplamente divulgados para os quais foram empregados analistas de perfil não envolveram pessoas com graus avançados de psicologia como analistas. Antes, os analistas nesses casos tendiam a ser indivíduos com conhecimentos de psicologia com formação em aplicação de leis e/ou criminologia. Se o perfil criminal é ou não competência mais de psicólogos ou de criminologistas é discutível (Alison e Barrett, 2004; Coupe, 2006; ver também Hicks e Sales, 2006). Na verdade, alguns têm pedido a "profissionalização" do que é, atualmente, "uma disciplina forense mal formada" (Alison et al., 2004, p. 71). Foi ainda observado que, para serem efetivos em seu trabalho, os analistas de perfil devem ter alcançado um grau de competência no conhecimento de diferentes culturas (Palermo, 2002).

A análise do perfil pode ser vista com ceticismo por cientistas comportamentais que consideram seus aspectos teóricos e metodológicos questionáveis (Cox, 2006; Snook et al., 2007; Woodworth e Porter, 2000). O processo também pode ser visto com ceticismo pelos policiais que questionam sua utilidade na solução de crimes (Gregory, 2005). Para estudantes interessados em aprender mais sobre avaliação psicológica em sua aplicação à análise do perfil, uma tabela postada em nossa página da internet apresenta descrições resumidas de uma amostragem de trabalhos publicados sobre o assunto.

REFLITA...
A análise do perfil deve ser uma área de especialidade da psicologia a ser ensinada nas faculdades com programas de graduação de psicologia forense? Por quê?

Avaliações de custódia

À medida que o número de divórcios neste país continua a crescer, cresce o número de processos de custódia. Antes da década de 1920, era razoavelmente comum conceder a guarda dos filhos ao pai (Lamb, 1981). O pêndulo oscilou, entretanto, com a adoção disseminada do que foi referido como a doutrina dos "anos sensíveis" e a crença de que o melhor interesse da criança seria atendido se a custódia fosse concedida à mãe. Mas, com a chegada da era das famílias com carreiras duplas, os tribunais passaram a ser mais igualitários em suas decisões de custódia (McClure-Butterfield, 1990). Os tribunais reconheceram que o melhor interesse da criança pode ser atendido por custódia paterna, materna ou conjunta. Os avaliadores psicológicos podem auxiliar um tribunal a tomar essa decisão por meio do uso de uma **avaliação de custódia** – uma avaliação psicológica dos pais ou guardiões e sua capacidade parental e/ou dos filhos e de suas necessidades e preferências parentais – geralmente realizada com o objetivo de ajudar um tribunal a tomar uma decisão sobre concessão de custódia. De maneira ideal, um perito imparcial no campo da saúde mental deve ser responsável por avaliar *todos os* membros da família e apresentar um relatório ao tribunal (Gardner, 1982). Com muito mais frequência, porém, o marido tem seu perito, a esposa tem seu perito, e uma batalha, muitas vezes amarga, se inicia (Benjamin e Gollan, 2003).

Avaliação dos pais A avaliação da capacidade parental normalmente envolve uma entrevista detalhada que se concentra sobretudo nos vários aspectos de criação da criança, embora testes de inteligência, de personalidade e de ajustamento possam ser empregados se permanecerem dúvidas após a entrevista. O avaliador poderia começar com perguntas abertas, visando deixar o pai ou a mãe expressar alguns de seus sentimentos, e então prosseguir para perguntas mais específicas explorando uma ampla variedade de áreas, incluindo

- a infância do próprio pai (ou mãe): feliz? maltratado (a)?
- o relacionamento do próprio pai (ou mãe) com os pais, irmãos, amigos
- as circunstâncias que levaram ao casamento e o grau de ponderação na decisão de ter (ou adotar) filhos
- a adequação do cuidado pré-natal e das atitudes em relação à gravidez
- a descrição da criança pelo pai (ou pela mãe)
- a autoavaliação do pai (ou mãe) como pai (ou mãe), incluindo pontos fortes e pontos fracos
- a avaliação do pai (ou da mãe) de seu cônjuge em termos de pontos fortes e pontos fracos como pai (ou mãe)
- a quantidade e a qualidade do tempo passado cuidado e brincando com os filhos
- a abordagem do pai (ou da mãe) à disciplina
- a receptividade do pai (ou da mãe) aos relacionamentos da criança com o grupo de iguais

No decorrer da entrevista, o avaliador pode encontrar evidências de que o entrevistando na verdade não deseja a custódia dos filhos, mas está empreendendo a batalha pela custódia por alguma outra razão. Por exemplo, a custódia pode ser nada mais do que outra questão a barganhar no que diz respeito ao acordo de divórcio. Alternativamente, por exemplo, os pais poderiam estar constrangidos a admitir – para si mesmos ou para os outros – que a custódia dos filhos não é desejada. Às vezes um pai (ou uma mãe), emocionalmente ferido, por tudo o que aconteceu antes do divórcio, pode estar empregando a batalha pela custódia como uma técnica de vingança – ameaçar tirar aquilo que é mais prezado e adorado pelo cônjuge. O clínico que realiza a avaliação deve estar ciente de que essas intenções de motivação maléfica estão por baixo de algumas batalhas por custódia. No melhor interesse das crianças, é obrigação do clínico relatar tais achados.

Em certos casos um avaliador pode considerar desejável analisar algumas das muitas variáveis relacionadas ao casamento e à vida familiar. Uma ampla variedade desses instrumentos está disponível, incluindo aqueles visando medir ajustamento (Beier e Sternberg, 1977; Epstein et al.,1983; Locke e Wallace, 1959; McCubbin et al., 1985a; McCubbin et al., 1985b; Spanier, 1976; Spanier e Filsinger, 1983; Udry, 1981), recursos (Olson et al., 1985), preferências (Price et al., 1982), intimidade (Waring e Reddon, 1983), ciúme (Bringle et al., 1979), comunicação (Bienvenu, 1978), sentimentos (Lowman, 1980), satisfação (Roach et al., 1981; Snyder, 1981), estabilidade (Booth e Edwards, 1983), confiança (Larzelere e Huston, 1980), expectativas (Notarius e Vanzetti, 1983; Sabatelli, 1984), capacidade parental (Bavolek, 1984), estratégias de enfrentamento (McCubbin et al., 1985a; McCubbin et al., 1985b; Straus, 1979), força dos laços familiares (Bardis, 1975), ambiente familiar interpessoal (Kinston et al., 1985; Moos e Moos, 1981; Robin et al., 1990), atitudes dos filhos em relação aos pais (Hudson, 1982) e qualidade geral da vida familiar (Beavers, 1985; Olson e Barnes, 1985).

Avaliação da criança O tribunal estará interessado em saber se a criança em um processo de custódia tem uma preferência com relação aos futuros arranjos de moradia e de visitação. Para isso, o profissional que faz a avaliação psicológica pode ajudar com uma ampla variedade de testes e técnicas. A maioria das autoridades concorda que as preferências das crianças com menos de 5 anos de idade são demasiado instáveis e demasiado influenciadas por experiências recentes para receberam muito peso. Entretanto, se os dados do teste de inteligência indicam que a criança que tem cronologicamente 5 anos está funcionando em um nível mais alto, então essas preferências podem receber maior peso. Isso é verdadeiro sobretudo se a evidência atestando total compreensão social da criança for apresentada ao tribunal. Alguns métodos que podem ser úteis na avaliação da preferência parental de uma criança incluem brinquedos estruturados com bonecos que a representam e outros membros da família, desenhos de figuras de membros da família seguidos por narrativa da história sobre os mesmos e o uso de técnicas projetivas como o TAT e testes relacionados (Fig. 14.1).

Itens de completar sentenças especialmente construídos também podem ser de valor na avaliação das preferências parentais. Por exemplo, os seguintes itens poderiam ser úteis no exame das diferentes percepções das crianças de cada um dos pais:

Mães _____.
Se eu faço alguma coisa errada, meu pai _____.
É melhor para os filhos viver com _____.
Pais _____.
Mamães são más quando _____.
Eu gosto de abraçar _____.
Eu não gosto de abraçar _____.
Papais são maus quando _____.
A última vez em que eu chorei _____.
Meu amigos acham que a minha mãe _____.
Meus amigos acham que o meu pai _____.

Às vezes, a inovação improvisada por parte do examinador é necessária. Ao realizar uma avaliação de custódia em uma criança de 5 anos, um dos autores deste texto (RJC) observou que a criança parecia se identificar fortemente com o personagem principal em *E.T. O Extraterrestre*. Ela tinha visto o filme três vezes, veio para a sessão de teste carregando duas figurinhas de chicletes do *E.T.* e identificou como "E.T." a figura que desenhou quando instruída a desenhar uma pessoa. Para obter uma medida de preferência parental, o examinador pegou quatro figuras e as representou como "E.T.", "mãe do E.T.", "pai do E.T.", e "irmã do E.T.". Uma caixa de papelão vazia foi rotulada como "nave espacial", e foi dito à criança que o E.T. (preso na terra e desejando retornar a seu planeta natal) tinha a oportunidade de voltar para casa, mas que a nave espacial tinha lugar para apenas mais dois passageiros. A criança embarcou sua mãe e sua irmã além do "E.T.". Disse ao examinador que o pai do E.T. ficaria "dando adeus".

O processo de obtenção de dados para a avaliação começa no momento em que a criança e os pais entram no consultório. O avaliador observa cuidadosamente a qualidade da interação entre eles. A criança será então entrevistada sozinha e perguntada sobre

Figura 14.1   Técnicas projetivas usadas na avaliação de custódia.

A figura da esquerda é do Teste de Apercepção Infantil – H (Bellak e Bellak, 1965), e a da direita é do The Boys and Girls Book about Divorce (Gardner, 1971). Essas, bem como figuras do TAT e outras usadas como estímulos projetivos, podem ser úteis na avaliação das preferências parentais das crianças.

a natureza e a qualidade do relacionamento. Se ela expressar uma forte preferência por um ou o outro progenitor, o avaliador deve verificar o quanto essa preferência é significativa. Por exemplo, uma criança que vê seu pai fazendeiro apenas nos fins de semana poderia se divertir muito nas breves ocasiões em que estão juntos e expressar uma preferência por viver lá – sem ter consciência de que a vida no campo logo se tornaria tão rotineira quanto a vida na cidade com a mãe. Se as crianças não expressam uma preferência, uma informação a respeito de seus sentimentos pode ser obtida usando os testes já descritos combinados com entrevista habilidosa. Incluídos entre os tópicos para discussão estará a descrição física dos pais e do ambiente. Serão feitas perguntas sobre os aspectos rotineiros da vida (como "Quem faz o café da manhã para você?") e sobre recreação, visitação parental, envolvimento parental com a educação dos filhos, seu bem-estar geral e seus irmãos e amigos.

Antes de encerrar o assunto de custódia, vamos observar que as crianças não são os únicos sujeitos das batalhas de custódia. Nos últimos anos, testemunhamos um número cada vez maior de disputas de custódia de cães, gatos e outros animais de estimação. Na maioria dos estados, os animais de estimação não são considerados por lei criaturas vivas, mas simplesmente propriedade – tanto quanto mobília ou títulos de clubes. Muitos amantes dos animais gostariam que a lei e os tribunais reconhecessem que os animais de estimação são entidades vivas e que como tal, o melhor interesse deles também deveria ser considerado nas disputas de custódia. Os psicólogos podem se ver enredados nesse novo tipo de batalha de custódia no futuro.

> **REFLITA...**
> Como os fantoches poderiam ser usados como um instrumento de avaliação com crianças muito pequenas envolvidas em uma disputa de custódia?

Abuso e negligência infantil

Existe uma autorização legal na maioria dos estados para que profissionais licenciados relatem *abuso infantil* e *negligência infantil* quando tiverem conhecimento deles. As definições legais de abuso infantil e negligência infantil variam de um estado para outro. Normalmente, as definições de **abuso** se referem à criação de condições que possam dar origem a abuso de uma criança (uma pessoa sob a idade de maioridade definida pelo estado) por um adulto responsável pelo cuidado dela. O abuso pode ser na forma de (1) impor ou permitir a imposição de ferimento físico ou prejuízo emocional que não seja acidental (2) criar ou permitir a criação de risco substancial de ferimento físico ou prejuízo emocional que não seja acidental ou (3) cometer ou permitir um crime sexual contra uma criança. As definições típicas de **negligência** referem-se a um fracasso da parte de um adulto responsável por uma criança em exercer um grau mínimo de cuidado no fornecimento de alimentação, vestuário, abrigo, educação, tratamento médico e supervisão a essa criança.

Uma série de excelentes fontes gerais para o estudo de abuso infantil e negligência infantil estão atualmente disponíveis (p. ex., ver Board of Professional Affairs, 1999; Cicchetti e Carlson, 1989; Ellerstein, 1981; Fischer, 1999; Fontana et al., 1963; Helfer e Kempe, 1988; Kelley, 1988; Reece e Groden, 1985). Também existem recursos disponíveis para ajudar os profissionais a reconhecerem formas específicas de abuso infantil, como traumatismo craniano (Billmire e Myers, 1985), ferimento no olho (Gammon, 1981), ferimento na boca (Becker et al., 1978), trauma emocional (Brassard et al., 1986), queimaduras (Alexander et al., 1987; Lung et al., 1977), mordidas (American Board of Forensic Odontology, 1986), fraturas (Worlock et al., 1986), envenenamento (Kresel e Lovejoy, 1981), abuso sexual (Adams-Tucker, 1982; Faller, 1988; Friedrich et al., 1986; Sanfilippo et al., 1986; Sebold, 1987) e síndrome da criança sacudida (Dykes, 1986). A seguir estão algumas diretrizes resumidas, muito gerais, para a avaliação de sinais físicos e emocionais de abuso infantil.

Sinais físicos de abuso e negligência Embora os psicólogos e outros profissionais da saúde mental sem credenciais médicas em geral não tenham oportunidade de examinar crianças fisicamente, o conhecimento dos sinais físicos de abuso e negligência é importante.

Muitos sinais de abuso assumem a forma de ferimentos físicos. Durante uma avaliação, esses ferimentos podem ser descritos pelas crianças abusadas ou pelos adultos abusadores como resultado de um acidente. O profissional bem informado necessita estar familiarizado com os vários tipos de ferimentos que podem sinalizar causas mais nefastas. Considere, por exemplo, o caso do ferimento no rosto. Em muitos acidentes verdadeiros, apenas um lado do rosto fica ferido. Portanto pode ser significativo se uma criança apresenta ferimento em ambos os lados do rosto – ambos os olhos e ambas as bochechas. Marcas na pele podem dizer muito. Marcas de preensão feitas por uma mão de tamanho adulto e marcas que formam um padrão reconhecível (como os dentes de um garfo, um cordão ou uma corda, ou dentes humanos) podem ser especialmente reveladoras. Queimaduras de cigarro ou isqueiro podem ser uma evidência, bem como marcas nas solas dos pés, nas palmas das mãos, nas costas ou nas nádegas. Vermelhidão no formato de luva pode ser evidência de queimadura por água escaldante nas mãos ou nos pés. Qualquer fratura óssea ou deslocamento deve ser investigado, bem como ferimentos na cabeça, especialmente quando uma parte do cabelo parece ter sido perdida. Em alguns casos, os ferimentos na cabeça podem ser resultado de ser pego pelo cabelo.

Sinais físicos que podem ou não indicar negligência incluem vestir-se de maneira inadequada para a estação, pouca higiene e atraso no desenvolvimento. Sinais físicos indicativos de abuso sexual não estão presentes na maioria dos casos. Em muitas situações não há penetração ou há apenas penetração parcial pelo adulto abusador, e não há sinais físicos. Nas crianças mais jovens, os sinais que podem indicar ou não abuso sexual incluem dificuldade em sentar ou caminhar, coceira ou relato de dor ou desconforto nas áreas genitais, roupas íntimas manchadas, ensanguentadas ou rasgadas e objetos estranhos em orifícios. Em crianças maiores, a presença de doenças sexualmente transmissíveis ou gravidez pode ou não ser sinal de abuso sexual.

Sinais emocionais e comportamentos de abuso e negligência Indicadores emocionais e comportamentais podem refletir algo mais que abuso e negligência. Abuso ou negligência infantis são apenas uma das várias possíveis explicações subjacentes ao aparecimento de tais sinais. Medo de ir para casa ou medo de adultos em geral e relutância em despir-se podem ser sinais de abuso. Outros sinais emocionais e comportamentais de abuso incluem:

- reações incomuns ou apreensão em resposta ao choro de outras crianças
- autoestima baixa
- humores extremos ou inadequados
- agressividade
- retraimento social
- roer as unhas, chupar o polegar ou outros transtornos do hábito

Os possíveis sinais emocionais e comportamentais de negligência incluem atrasos ou ausências frequentes à escola, fadiga crônica e fome crônica. Comportamento inadequado para a idade também pode ser um sinal de negligência. Via de regra, isso é visto como resultado de uma criança que assume muitos papéis adultos com crianças menores devido a ausência de um cuidador em casa.

Os possíveis sinais emocionais e comportamentais de abuso sexual em crianças com menos de 8 anos de idade podem incluir medo de dormir sozinha, transtornos da alimentação, enurese, encoprese, atuação sexual, mudança de comportamento na escola, acessos de raiva, crises de choro, tristeza e pensamentos suicidas. Esses sinais também podem estar presentes em crianças mais velhas, junto com outros possíveis sinais, como problemas de memória, entorpecimento emocional, fantasias violentas, hiperalerta, automutilação e interesses ou preocupações sexuais, que podem estar acompanhados por culpa ou vergonha.

Entrevistas, observação comportamental e testes psicológicos são todos usados na identificação de abuso infantil. Entretanto, os profissionais discordam sobre os instrumentos adequados para tal avaliação, sobretudo quando ela diz respeito a identificação de abuso sexual. Uma técnica envolve observar as crianças enquanto brincam com **bonecos anatomicamente detalhados** (ADDs), que são bonecos que apresentam genitália correta. Crianças que sofrem abuso sexual podem, em média, representar os ADDs em atividades mais sexualmente orientadas do que outras crianças, mas as diferenças entre grupos de crianças abusadas e de crianças não abusadas tendem a não ser significativas. Muitas crianças não abusadas brincam de uma forma sexualmente explícita com os ADDs, portanto esse tipo de brincadeira não é garantia de um diagnóstico de abuso sexual (Elliott et al., 1993; Wolfner et al., 1993).

Os desenhos da figura humana também são usados para avaliar abuso sexual e físico, embora a precisão deles em distinguir crianças abusadas e não abusadas seja objeto de debate (Burgess et al., 1981; Chantler et al., 1993; Kelley, 1985). Questionários criados para serem administrados a uma criança que pode ter sido abusada (Mannarino et al., 1994) ou para adultos, como professores ou pais que conheçam bem essa criança (Chantler et al., 1993) foram explorados, ainda que até hoje não tenham sido desenvolvidos instrumentos que tenham revelado total validade. Em resumo, não está disponível qualquer conjunto de técnicas amplamente aceito, confiável e validado para a avaliação de abuso sexual. Os profissionais com a oportunidade de conduzir avaliações para abuso sexual foram aconselhados a integrar informações de muitos instrumentos de avaliação e a selecioná-los em uma base caso a caso.

Problemas no relato de abuso e negligência infantil O abuso infantil, quando ocorre, é uma tragédia. Uma alegação de abuso infantil quando na verdade não houve tal abuso também é uma tragédia – que pode marcar irreversivelmente para o resto da vida um indivíduo acusado porém inocente. Cabe aos profissionais que têm a pesada obrigação de avaliar uma criança por possível abuso não abordar sua tarefa com quaisquer noções preconcebidas porque tais noções podem ser transmitidas para a criança e percebidas como a resposta correta às perguntas (King e Yuille, 1987; White et al., 1988). Crianças com idades entre 2 e 7 anos são altamente sugestionáveis, e suas memórias não estão tão bem desenvolvidas quanto a de crianças mais velhas. É possível que eventos que ocorreram após o incidente alegado – incluindo eventos referidos apenas em conversas – possam ser confundidos com o incidente real (Ceci et al., 1987; Goodman e Reed, 1986; Loftus e Davies, 1984). Considerações relacionadas ao exame psicológico de uma criança para abuso foram discutidas em detalhe por Weissman (1991). A sensibilidade aos direitos de todas as partes em um processo de abuso infantil, incluindo os direitos do acusado, é fundamental para garantir que a justiça seja feita.

> **REFLITA...**
> Que obstáculos os desenvolvedores de testes enfrentam quando tentam desenvolver instrumentos com solidez psicométrica para avaliar abuso sexual em crianças?

Avaliação do risco Em um esforço para prevenir o abuso infantil, os desenvolvedores de testes têm buscado criar instrumentos úteis na identificação de pais e de outras pessoas que possam estar em risco de abusar de crianças. O Inventário do Potencial para Abuso Infantil (Child Abuse Potential Inventory) (CAP; Milner et al., 1986; Milner, 1991) demonstrou impressionante validade na identificação de abusadores. Outro teste, o Parenting Stress Index (Índice de Estresse Parental) (PSI; Loyd e Abidin, 1985), mede o estresse associado com o papel parental. Os pais são convidados a refletir sobre seu relacionamento com um filho de cada vez. Alguns dos itens focalizam as características da criança que poderiam gerar estresse, tais como nível de atividade e humor. Outros itens do PSI refletem aspectos potencialmente estressantes da vida dos pais, como falta de apoio social e problemas conjugais (Gresham, 1989). Os autores do teste relatam coeficientes de fidedignidade variando de 0,89 a 0,95 para escores dos fatores e escore total. Os coeficientes de fidedignidade teste-reteste variam de 0,71 a 0,82 após três semanas e de 0,55 a 0,70 após um ano de intervalo (Loyd e Abidin, 1985). Com respeito à validade do teste, pais que abusam fisicamente de seus filhos tendem a ter pontuações mais altas no PSI do que aqueles que não abusam (Wantz, 1989).

Quais são os usos adequados de medidas como o CAP e o PSI? Embora exista uma relação positiva entre abuso infantil e pontuações nos testes, estes não podem ser usados para identificar ou processar abusadores de crianças em um contexto legal (Gresham, 1989). Visto que o abuso infantil é um fenômeno com baixas incidências, mesmo o uso de instrumentos muito confiáveis produzirão muitos falso-positivos. Nesse caso, um falso--positivo é uma identificação errônea do avaliado como abusador. Para alguns pais, altos níveis de estresse medidos pelo PSI podem na verdade levar a abuso físico; entretanto, para a maioria deles isso não ocorrerá. Alguns relacionamentos pais-filhos, como aqueles envolvendo crianças com incapacidades, são inerentemente estressantes (Innocenti et al., 1992; Orr et al., 1993). Contudo, a maioria dos pais consegue contornar as dificuldades sem causar qualquer dano. Alguns pais que experimentam altos níveis de estresse como resultado de seu relacionamento com um filho podem, eles próprios, ser prejudicados – e estressados ainda mais – ao ouvir de um profissional da saúde mental que estão em risco para abuso infantil. Por essa razão, é preciso muita cautela ao interpretar e utilizar os resultados de um teste que vise avaliar risco para abuso infantil.

No entanto, pontuações altas no CAP ou no PSI podem apontar o caminho para uma situação abusiva e devem alertar os profissionais preocupados para observarem sinais de abuso. Um segundo uso adequado desses escores diz respeito à alocação de recursos visando reduzir o estresse parental. Pais com escores elevados no CAP e no PSI poderiam ter prioridade para colocação em uma classe de habilidades parentais, para treinamento individualizado, para auxílio-creche e para outros programas dessa natureza. Se a redução do estresse dos pais reduzir o risco de abuso infantil, tudo o que possa ser feito nesse sentido deve ser tentado.

Como vimos ao longo deste livro, há muitos instrumentos de avaliação diferentes e muitas formas diferentes em que podem ser usados. Se esses instrumentos têm alguma coisa em comum, é que sua utilização por um profissional, em algum momento ou outro, culminará em um relatório por escrito. Em contextos clínicos e de aconselhamento, esse relatório é referido simplesmente como **relatório psicológico**.

REFLITA...
Em vez de administrar um teste psicológico, de que outra forma os profissionais poderiam identificar quem está extremamente estressado?

O relatório psicológico

Um componente fundamental de qualquer procedimento de testagem ou a avaliação é o relato dos resultados. A alta confiabilidade ou a validade de um teste ou procedimento de avaliação podem ser desperdiçadas se o relatório de avaliação não for escrito de uma forma organizada e legível. Naturalmente, o que constitui um relatório organizado e legível irá variar conforme objetivo da avaliação e da plateia para quem o relatório se destina. O relatório de um psicanalista explorando o conflito edípico não resolvido de um paciente redigido para ser apresentado à Sociedade Psicanalítica de Nova York terá aparência e tom bastante diferentes do relatório de um psicólogo escolar a uma professora com respeito ao comportamento hiperativo de uma criança na sala de aula.

Os relatórios psicológicos podem ser tão diferentes quanto as razões para a realização da avaliação. Eles podem diferir em inúmeras variáveis, tais como o grau em que as conclusões se baseiam em um ou outro procedimento de avaliação e a especificidade das recomendações feitas, se houver. Contudo, alguns elementos básicos são comuns à maioria dos relatórios clínicos. Concentramos nossa atenção nesses elementos em *A psicometria no cotidiano* deste capítulo. Deve ficar claro, entretanto, que a redação do relatório é uma habilidade necessária em contextos educacionais, organizacionais e outros – qualquer contexto em que a avaliação psicológica ocorra.

O efeito Barnum

É creditado ao empresário do ramo do entretenimento P. T. Barnum a frase, "A cada minuto nasce um otário". Os psicólogos, entre outros, levaram as palavras de P. T. Barnum sobre a credulidade geral das pessoas muito a sério. De fato, o *efeito Barnum* é um termo que deve ser familiar a qualquer psicólogo chamado para escrever um relatório psicológico. Antes de ler para descobrir exatamente o que é o efeito Barnum, imagine que você tenha acabado de completar um teste de personalidade computadorizado e que a descrição dos resultados diga o seguinte:

> Você tem uma forte necessidade de que outras pessoas gostem de você e o admirem. Você tem uma tendência a criticar-se. Você tem muita capacidade não utilizada que não aproveitou em seu benefício. Embora tenha algumas fraquezas de personalidade, você é geralmente capaz de compensá-las. Seu ajustamento sexual lhe tem apresentado alguns problemas. Disciplinado e controlado por fora, você tende a ser preocupado e inseguro por dentro. Às vezes, você tem sérias dúvidas quanto a se tomou a decisão certa ou fez a coisa certa. Você prefere uma certa dose de mudança e variedade e fica insatisfeito quando se sente encurralado por restrições e limitações. Você orgulha-se de ser um pensador independente e de não aceitar as opiniões dos outros sem prova satisfatória. Você descobriu que não é prudente ser muito franco ao se revelar aos outros. Às vezes, você é extrovertido, afável e sociável, enquanto outras vezes é introvertido, cauteloso e reservado. Algumas de suas aspirações tendem a ser bastante irrealistas.

Ainda imaginando que os resultados do teste precedente foram formulados especificamente para você, avalie a precisão da descrição em termos de quão bem ela se aplica à sua personalidade.

Eu considero que a interpretação foi:

excelente

boa

média

muito ruim

Agora que você completou o exercício, podemos dizer: "Bem-vindo às fileiras daqueles que foram submetidos ao efeito Barum". Esse perfil psicológico é, como você sem dúvida percebeu, vago e geral. O mesmo parágrafo (às vezes com ligeiras modificações) foi usado em inúmeros estudos psicológicos (Forer, 1949; Jackson et al., 1982; Merrens e Richards, 1970; Sundberg, 1955; Ulrich et al., 1963) com achados semelhantes: as pessoas tendem a aceitar descrições da personalidade vagas e gerais como aplicáveis exclusivamente a elas sem perceber que a mesma descrição poderia ser aplicável a quase todo mundo.

A descoberta de que as pessoas tendem a aceitar descrições vagas da personalidade como descrições precisas delas próprias veio a ser conhecida como o **efeito Barnum** após a condenação pelo psicólogo Paul Meehl (1956) da "descrição da personalidade à maneira de P. T. Barnum".[3] Meehl sugeriu que o termo *efeito*

> **REFLITA...**
>
> Escreva um parágrafo – uma descrição da personalidade vaga e geral – que poderia ser usado para estudar o efeito Barnum. Uma dica: você pode usar a coluna de horóscopo de seu jornal local para ajudar a encontrar as palavras.

---

[3] Meehl credita a D. G. Patterson o uso pela primeira vez do termo *efeito Barnum*. O mesmo fenômeno também foi caracterizado como o *efeito da Tia Fanny*. Tallent (1958) criou o termo quando deplorou a generalidade e imprecisão que minavam os relatórios de psicologia. Por exemplo, sobre o achado de que um avaliado tinha "impulsos hostis inconscientes", Tallent escreveu, "assim como a minha tia Fanny!"

A PSICOMETRIA NO COTIDIANO

Os elementos de um relatório típico de avaliação psicológica

Não há um estilo ou uma forma única, universalmente aceita, para um relatório psicológico. A maioria dos avaliadores desenvolve um estilo e uma forma que eles acreditam se ajustarem melhor aos objetivos específicos da avaliação. Entretanto, de modo geral, a maior parte dos relatórios clínicos contém os elementos listados e discutidos resumidamente a seguir.

Dados demográficos

Inclusos aqui estão todos ou alguns dos seguintes: nome, endereço, número de telefone, educação, ocupação, religião, estado civil, data de nascimento, lugar de nascimento, etnia e cidadania do paciente, e a data da testagem. O nome do examinador também pode ser listado com esse material de identificação.

Razão do encaminhamento

Por que este paciente foi encaminhado para avaliação psicológica? Esta seção do relatório às vezes pode ter o tamanho de uma uma frase (p. ex., "João foi encaminhado para avaliação a fim de esclarecer se sua desatenção em aula se deve a dificuldades de personalidade, neurológicas ou outras"). Alternativamente, esta seção pode ser estendida com toda a informação passada relevante (p. ex., "João queixou-se de dificuldades auditivas em sua classe de 4ª série, de acordo com uma anotação em seus registros"). Se toda essa informação não for captada na seção *Razão do encaminhamento* do relatório, ela pode ser obtida em uma seção separada intitulada *Antecedentes* (não ilustrada aqui) ou em uma seção posterior intitulada *Resultados*.

Testes administrados

Aqui o examinador simplesmente lista os nomes dos testes que foram administrados. Assim, por exemplo, esta seção do relatório pode ser resumida como segue:

- Escala de Inteligência Wechsler para Crianças-IV (8/1/09, 12/1/09)
- Teste Gestático Visomotor de Bender-2 (8/1/09)
- Teste de Rorschach (12/1/09)
- Teste de Apercepção Temática (12/1/09)
- Teste de Completar Sentenças (8/1/09)
- Desenho da Figura Humana (8/1/09)
- Observação comportamental na classe (7/1/09)

Note que a data da administração do teste foi inserida ao lado de cada nome. Esta é uma boa ideia sob quaisquer circunstâncias e é particularmente importante se a testagem foi realizada ao longo de dias, semanas ou mais tempo. Nesse exemplo, o WISC-IV foi administrado no curso de duas sessões de testagem em dois dias. O Bender-2, o Teste de Completar Sentenças, e o Desenho da Figura Humana foram administrados em 8/1/09; e o Rorschach e o TAT, em 12/1/09. Os procedimentos de avaliação que não aqueles comumente referidos como "testes" também podem ser listados aqui. Portanto, por exemplo, a observação comportamental na classe que ocorreu em 7/1/09 é listada sob *Testes administrados*.

Também nesta seção, o examinador poderia colocar os nomes e as datas dos testes que sabe terem sido administrados ao examinado em época anterior. Se ele tem um registro dos resultados (ou, melhor ainda, os protocolos de teste originais) de testagem anterior, essa informação pode ser integrada na próxima seção do relatório, *Resultados*.

Resultados

Aqui o examinador relata não apenas resultados (p. ex., "No WISC-IV, João alcançou um QI Verbal de 100 e um QI de Execução de 110, produzindo um QI Total de 106") mas também todas as considerações extrateste, como observações sobre motivação do examinado ("o examinado pareceu/não pareceu estar motivado a se sair bem nos testes"), nível de cansaço do examinado, natureza do relacionamento e o *rapport* com o examinador, índices de ansiedade e método de abordar a tarefa. A seção intitulada *Resultados* pode começar com uma descrição suficientemente detalhada para que o leitor do relatório quase visualize o examinado. Por exemplo:

> Silas é um estudante universitário de 20 anos, com cabelos castanhos na altura dos ombros, pegajosos, e uma barba cheia. Ele veio para a testagem vestindo uma camiseta manchada, bermudas cortadas e esfiapadas, e de sandálias. Sentou-se de forma relaxada na cadeira a maior parte da sessão do teste; tendia a falar apenas quando interpelado e de maneira lenta e letárgica.

É inclusa nesta seção a menção a quaisquer variáveis estranhas que poderiam de alguma forma ter afetado os resultados do teste. A testagem na escola foi interrompida por algum evento, como um treinamento de incêndio, um tremor de terra ou algum outro tumulto? Ruídos altos ou atípicos dentro ou fora do local de teste afetaram a concentração do testado? O paciente hospitalizado recebeu alguma visita antes de uma avaliação, e tal visita poderia ter afetado os resultados? As respostas a esses tipos de perguntas podem ser valiosas na interpretação dos dados da avaliação.

A seção *Resultados* do relatório é onde todo o material passado, observações comportamentais e dados do teste são integrados para fornecer uma resposta à causa de encaminhamento. Se o examinador faz ou não referência aos dados do teste reais é questão de preferência pessoal. Portanto, por exemplo, um examinador poderia declarar apenas "Há evidência de déficit neurológico neste registro" e parar ali. Outro examinador poderia documentar exatamente por que isso estava sendo afirmado:

Há evidência de déficit neurológico, indicado pelos erros de rotação e perseveração no registro do Bender-2. Além disso, no TAT, este examinado não conseguiu entender a situação como um todo e só enumerou detalhes isolados. Também, este examinado teve dificuldade de abstrair – outro índice de déficit neurológico – evidenciado pela pontuação incomumente baixa no subteste de Semelhanças do WISC-IV.

De maneira ideal, pela lógica, a seção *Resultados* deve levar à seção *Recomendações*.

Recomendações

Com base na avaliação psicológica, dando particular atenção a fatores como os aspectos pessoais e as deficiências do examinado, são feitas recomendações visando melhorar o problema apresentado. A indicação pode ser para psicoterapia, uma consulta com um neurologista, colocação em uma classe especial, terapia familiar de curto prazo para um problema específico – tudo o que o examinador acredite ser necessário para melhorar a situação é explicado aqui.

Resumo

A seção *Resumo* inclui, em "formato abreviado", uma declaração sobre a razão para o encaminhamento, os resultados e a recomendação. Esta seção tem geralmente apenas um ou dois parágrafos e deve fornecer uma declaração concisa de quem é o examinado, por que foi encaminhado para testagem, o que foi encontrado e o que necessita ser feito.

Barnum fosse usado para "estigmatizar aqueles procedimentos clínicos pseudoexitosos nos quais as descrições da personalidade a partir de testes são criadas para se ajustarem ao paciente em grande parte ou totalmente em virtude de sua trivialidade". O conhecimento desse efeito e dos fatores que podem aumentá-lo ou diminuí-lo é necessário se os avaliadores psicológicos quiserem evitar fazer interpretações à maneira de P. T. Barnum.

Previsão clínica versus *mecânica*

Devem os clínicos revisar os resultados de testes e os dados da avaliação relacionados e então tirar conclusões, fazer recomendações e tomar atitudes com base em sua própria educação, seu treinamento e sua experiência clínica? Alternativamente, devem eles revisar os resultados de testes e os dados da avaliação relacionados e então tirar conclusões, fazer recomendações e tomar atitudes com base nas probabilidades estatísticas conhecidas, da mesma forma que um atuário ou estatístico cuja ocupação é calcular riscos? Um debate em relação aos respectivos méritos do que veio a ser conhecido como *previsão clínica* versus *previsão estatística* ou *avaliação clínica* versus *avaliação estatística* começou a fervilhar mais de meio século atrás com a publicação de uma monografia sobre o assunto por Paul Meehl (1954; ver também Dawes et al., 1989; Garb, 1994; Holt, 1970; Marchese, 1992).[4]

A crescente popularidade da avaliação psicológica assistida por computador (CAPA) e da interpretação de testes gerada por computador reacendeu o debate clínica-*versus*-*estatística*. O campo de batalha mudou para a fronteira da nova tecnologia e das questões sobre avaliação atuarial comparada com julgamento clínico. Os estudiosos e os profissionais contemporâneos tendem a não debater se os clínicos devem estar usando métodos estatísticos para fazer julgamentos; é mais *au courant* discutir se os clínicos devem utilizar programas de computador que usam métodos do tipo estatístico para fazer julgamentos clínicos.

---

[4] Embora esse debate tenha sido tradicionalmente expressado em termos de avaliação (ou previsão) clínica, comparado com avaliação (ou previsão) estatística ou atuarial, um debate paralelo poderia comparar outras áreas de avaliação aplicadas (p. ex., incluindo avaliação educacional, de pessoal ou organizacional) com os métodos fundamentados na estatística. No centro do debate estão questões relativas a utilidade de uma abordagem bastante subjetiva à avaliação que tem base no treinamento e na experiência, comparada com uma abordagem mais objetiva e estatisticamente sofisticada que é baseada só em regras para análise de dados preestabelecidas.

Esclarecimento e definição de termos podem ser úteis aqui. No contexto da tomada de decisão clínica, **avaliação estatística** e **previsão estatística** têm sido usados como sinônimos para referir-se à aplicação de regras e probabilidades estatísticas demonstradas empiricamente como um fator determinante no julgamento e nas ações clínicas. Conforme observado por Butcher e colaboradores (2000), *avaliação estatística* não é sinônimo de *avaliação computadorizada*. Citando Sines (1966), aqueles pesquisadores (2000, p. 6) verificaram que "um sistema de interpretação de teste por computador (CBTI) é estatística apenas se suas respostas interpretativas forem determinadas em sua totalidade por regras estatísticas demonstradas de forma empírica entre a resposta e os dados aplicados". É possível que a resposta interpretativa de um sistema CBTI seja determinada por outras coisas além de regras estatísticas. A resposta pode ser baseada, por exemplo, não em fórmulas ou cálculos estatísticos, mas no julgamento clínico nas opiniões e na *expertise* do autor do programa. A *avaliação computadorizada* nesse caso resultaria em uma aplicação computadorizada da opinião clínica – ou seja, a aplicação dos julgamentos, das opiniões e da *expertise* de um médico (ou um grupo de médicos) a um determinado conjunto de dados processados pelo programa de computador.

Previsão clínica refere-se à aplicação do treinamento e da experiência clínica do próprio médico como um fator determinante no julgamento e nas ações clínicas. Essa previsão baseia-se no julgamento clínico, que Grove e colaboradores (2000) caracterizaram como

> o procedimento típico usado há muito tempo por psicólogos aplicados e médicos, no qual o julgador insere os dados juntos usando métodos informais e subjetivos. Os médicos diferem na forma de fazê-lo: a própria natureza do processo tende a tornar impossível a especificação precisa. (p. 19)

Grove e colaboradores (2000) prosseguiram comparando o julgamento clínico com o que denominaram **previsão mecânica**, ou a aplicação de regras e probabilidades estatísticas (bem como algoritmos de computador) demonstradas empiricamente à geração computadorizada de resultados e recomendações. Os autores relataram os resultados de uma metanálise de 136 estudos que compararam a precisão da previsão clínica com a previsão mecânica. Em alguns estudos, as duas abordagens à avaliação pareciam ser aproximadamente iguais na precisão. Em média, entretanto, esses pesquisadores concluíram que a abordagem mecânica era cerca de 10% mais precisa do que a clínica. A abordagem clínica não foi tão bem quando os preditores incluíam dados da entrevista clínica. Talvez isso tenha ocorrido porque, ao contrário dos programas de computador, os médicos humanos cometem erros no julgamento; por exemplo, por não conseguirem levar em conta taxas básicas ou outros mediadores estatísticos de avaliação precisa. Eles também sugeriram que o custo da previsão mecânica provavelmente fosse menor do que o da previsão clínica porque a via mecânica elimina a necessidade de profissionais altamente remunerados e de reuniões de equipe.

Diversos estudos apoiaram o uso da previsão estatística sobre a previsão clínica. Uma das razões é que alguns dos métodos usados na pesquisa de comparação parecem inclinar as escalas em favor da abordagem estatística. Como Karon (2000) observou, os "dados clínicos" em muitos dos estudos não foram definidos em termos de informação qualitativa suscitada por um médico, mas em termos de pontuações do MMPI ou do MMPI-2. Talvez muitos médicos permaneçam relutantes em depositar tanta confiança nos produtos CAPA porque, conforme Karon (1981) afirmou, as variáveis no estudo da personalidade, do comportamento anormal e de outras áreas da psicologia são verdadeiramente infinitas. Saber de maneira exata quais variáveis necessitam ser focalizadas em uma determinada situação pode ser uma questão muito individual. Combinar essas variáveis com as muitas outras que podem ser operantes em uma situação requerendo julgamento clínico (tal como a capacidade de falar a língua, a cooperação e os antecedentes culturais do avaliado), e o tamanho do banco de dados do programa necessário para uma previsão correta são questões que começam a proliferar. Como resultado, muitos clínicos continuam dispostos a arriscar seu próprio julgamento em vez de confiar em interpretações programadas.

Um tipo de compromisso entre as duas posições extremas nessa controvérsia foi proposto por Dana e Thomas (2006). Sua revisão da literatura levou-os a concluir que os clínicos são capazes de fornecer informação que os computadores simplesmente não podem captar na forma de tabelas de frequência, mas como tal informação é utilizada se torna uma questão-chave. Dana e Thomas (2006) usariam como base a previsão mecânica para apresentar o uso ideal dessa informação clínica na forma de regras de decisão.

Finalmente, são as mãos humanas as responsáveis mesmo pela mais eloquente das narrativas computadorizadas, e é em mãos humanas que está a responsabilidade por outras medidas que, se for o caso, serão tomadas. Não há substituto para o bom julgamento clínico, e a combinação ideal de métodos estatísticos e julgamento clínico deve ser identificada para todos os tipos de tomada de decisão nesse sentido – incluindo aquela que deve ser tomada como resultado de avaliações neuropsicológicas (não coincidentemente, o assunto do Capítulo 15).

> **REFLITA...**
> Os clínicos que se baseiam cada vez mais nos computadores para o levantamento e a interpretação de testes se tornarão melhores ou piores profissionais?

Autoavaliação

Teste sua compreensão dos elementos deste capítulo vendo se é capaz de explicar cada um dos seguintes termos, expressões e abreviações:

abuso
ADRESSING
análise do perfil
apoio social
autoeficácia
avaliação biopsicossocial
avaliação de custódia
avaliação estatística
avaliação psicológica culturalmente informada
avaliação psicológica forense
bateria-padrão
bateria de testes
bonecos anatomicamente detalhados
competência para ser julgado
contrato terapêutico
dano emocional
dever de advertir

DSM-IV-TR
efeito Barnum
entrevista
entrevista cognitiva
entrevista colaborativa
entrevista de estresse
entrevista hipnótica
Escala de Alcoolismo de MacAndrew-Revisada (MAC-R)
exame do estado mental
fatalismo
funcionamento pré-mórbido
insanidade
mudando as lentes culturais
negligência
orientado três vezes
orientação
previsão clínica

previsão estatística
previsão mecânica
psicologia clínica
psicologia de aconselhamento
psicopata
reaculturação
regra ALI
regra de Durham
regra de M'Naghten
relatório psicológico
sinais emocionais e comportamentais de abuso e negligência
sinais físicos de abuso e negligência
tratamento gerenciado
visão evolucionária de transtorno mental

CAPÍTULO 15

Avaliação Neuropsicológica

O ramo da medicina que focaliza o sistema nervoso e seus transtornos é a **neurologia**. O ramo da psicologia que focaliza o relacionamento entre funcionamento cerebral e comportamento é a **neuropsicologia**. Anteriormente, uma área de especialidade inserida na psicologia clínica, a neuropsicologia evoluiu para uma especialidade por direito próprio, com seus próprios regimes de treinamento e órgãos de certificação. Os neuropsicólogos estudam o sistema nervoso em sua relação com o comportamento usando vários instrumentos, incluindo *avaliação neuropsicológica*. **Avaliação neuropsicológica** pode ser definida como a avaliação do funcionamento do cérebro e do sistema nervoso no que diz respeito a comportamento. As áreas de subespecialidade na neuropsicologia incluem neuropsicologia pediátrica (Baron, 2004; Yeates et al., 2000), neuropsicologia geriátrica (Attix e Welsh-Bohmer, 2006), neuropsicologia forense (Larrabee, 2005) e neuropsicologia escolar (Hale e Fiorello, 2004). Uma subespecialidade inclusa na neurologia que também se concentra nas relações entre cérebro e comportamento (com ênfase mais bioquímica e menos comportamental) é a **neurologia comportamental** (Feinberg e Farah, 2003; Rizzo e Eslinger, 2004). Existem, até mesmo, áreas de subespecialidade inseridas na neurologia comportamental. Por exemplo, o profissional da avaliação apresentado no Capítulo 7, dr. Erik Viirre, é um médico que se especializou em **neurotologia**, um ramo da medicina que trata de problemas relacionados à audição, ao equilíbrio e aos nervos faciais.

A seguir, exploramos alguns dos instrumentos e procedimentos usados pelos clínicos na pesquisa e para avaliar e diagnosticar transtornos neuropsicológicos. Começamos com uma breve introdução às relações entre cérebro e comportamento. Esse material é apresentado como uma base para o entendimento sobre como realizar um teste, bem como outros comportamentos, e podem ser avaliados para formular hipóteses sobre os níveis de integridade e funcionamento cerebral.

O sistema nervoso e o comportamento

O sistema nervoso é composto de vários tipos de **neurônios** (células nervosas) e pode ser dividido em **sistema nervoso central** (consistindo no cérebro e na medula espinal) e o **sistema nervoso periférico** (consistindo nos neurônios que transmitem mensagens para resto do corpo e a partir dele). Visto de cima, a porção grande e redonda do encéfalo (chamada de cérebro) pode ser dividida em duas seções, ou hemisférios.

Alguns correlatos de cérebro-comportamento são resumidos na Tabela 15.1. Cada um dos dois hemisférios cerebrais recebe informação sensorial do lado oposto do corpo e controla as respostas motoras também no lado oposto – um fenômeno denominado

Tabela 15.1 Algumas características cérebro-comportamento para locais selecionados do sistema nervoso

Local	Características
Lobos temporais	Esses lobos contêm áreas de recepção auditiva, bem como certas áreas para o processamento de informação visual. O dano a um lobo temporal pode afetar a discriminação, o reconhecimento e a compreensão de som; a apreciação de música; o reconhecimento de voz; e o armazenamento de memória auditiva ou visual.
Lobos occipitais	Esses lobos contêm áreas de recepção visual. O dano a um lobo occipital poderia resultar em cegueira para todo ou para parte do campo visual ou déficits no reconhecimento de objeto, no rastreamento visual, na integração visual de símbolos dentro de totalidades e na lembrança de imagens visuais.
Lobos parietais	Esses lobos contêm áreas de recepção para o sentido do tato e para o sentido de posição corporal. O dano a um lobo parietal pode resultar em déficits no sentido do tato, na desorganização e na autopercepção distorcida.
Lobos frontais	Esses lobos estão envolvidos integralmente em ordenação de informações e classificação de estímulos. Concentração e atenção, capacidade de pensamento abstrato, capacidade de formação de conceito, previsão, capacidade de solucionar problemas e fala, bem como capacidade motora ampla e fina, podem ser afetadas por dano aos lobos frontais.
Tálamo	O tálamo é um tipo de estação de retransmissão de comunicações para toda informação sensorial transmitida ao córtex cerebral. O dano ao tálamo pode resultar em estados alterados de excitação, defeitos de memória, déficits de fala, apatia e desorientação.
Hipotálamo	O hipotálamo está envolvido na regulação de funções corporais como comer, beber, temperatura corporal, comportamento sexual e emoção. Ele é sensível a mudanças no ambiente que pedem uma resposta de "luta ou fuga" do organismo. O dano nessa área pode induzir uma variedade de sintomas, desde de comer ou beber descontroladamente a leves alterações nos estados de humor.
Cerebelo	Junto com a ponte (outro sítio cerebral na área do cérebro referida como prosencéfalo), o cerebelo está envolvido na regulação do equilíbrio, da respiração e da postura, entre outras funções. O dano ao cerebelo pode se manifestar como problemas no controle motor fino e na coordenação.
Formação reticular	No centro do tronco cerebral, a formação reticular contém fibras em rota para o córtex e vindas dele. Visto que a estimulação a essa área pode causar o despertar de um organismo adormecido e tornar um organismo desperto ainda mais alerta, ela é às vezes referida como sistema ativador reticular. O dano a essa área pode fazer o organismo adormecer por longo tempo.
Sistema límbico	Composto da amígdala, do córtex cingulado, do hipocampo e de áreas septais do cérebro, o sistema límbico é essencial à expressão de emoções. O dano a essa área pode afetar profundamente o comportamento emocional.
Medula espinal	Muitos reflexos necessários para a sobrevivência (como o afastamento de uma superfície quente) são executados ao nível da medula espinal. Além de seu papel na atividade reflexa, ela é fundamental à coordenação de movimentos motores. Lesões à medula espinal podem resultar em vários graus de paralisia ou em outras dificuldades motoras.

controle contralateral. É devido ao controle contralateral do corpo que uma lesão do lado direito do cérebro pode resultar em defeitos sensoriais ou motores no lado esquerdo do corpo. O ponto de encontro dos dois hemisférios é o corpo caloso, embora um hemisfério – com mais frequência o esquerdo – seja dominante. O hemisfério dominante lidera atividades como leitura, escrita, aritmética e fala. O não dominante lidera tarefas envolvendo reconhecimento espacial e textural, bem como apreciação de arte e música. No indivíduo normal, neurologicamente intacto, um hemisfério complementa o outro.

> **REFLITA...**
> Consideramos naturais e normais atividades cotidianas como caminhar, mas imagine os mecanismos complexos desse simples ato com relação ao fenômeno do controle contralateral.

Dano neurológico e o conceito de organicidade

Atualmente, pesquisadores explorando a ligação entre o cérebro e o corpo usam uma série de instrumentos e procedimentos diferentes em seu trabalho. Além dos instrumentos usuais de avaliação psicológica (testes, estudos de caso, etc.), eles empregam equipamentos de imagem de alta tecnologia, experimentação envolvendo a estimulação elétrica ou química de vários locais do cérebro de seres humanos e de animais, experimentação envolvendo alteração cirúrgica dos cérebros de cobaias animais, testagem laboratorial e observação de campo de vítimas de traumatismo craniano e autópsias de cobaias humanas e de animais normais e anormais. Por esses meios variados, os pesquisadores aprenderam muito sobre funcionamento neurológico saudável e patológico.

O **dano neurológico** pode assumir a forma de uma lesão no cérebro ou em qualquer outro local do sistema nervoso central ou periférico. Uma **lesão** é uma alteração patológica do tecido, como aquela que poderia resultar de ferimento ou infecção. As lesões neurolócas podem ser de natureza física ou química, e são caracterizadas como *focais* (relativamente limitada a um local) ou *difusas* (espalhadas em vários locais). Visto que diferentes locais do cérebro controlam várias funções, lesões focais e difusas em diferentes locais se manifestarão em variados déficits comportamentais. Uma listagem parcial dos nomes técnicos para as muitas variedades de déficits sensoriais e motores é apresentada na Tabela 15.2.

É possível que uma lesão focal tenha ramificações difusas com relação a déficits comportamentais. Em outras palavras, uma lesão circunscrita em uma área do cérebro pode afetar muitos tipos diferentes de comportamentos, mesmo variáveis como humor, personalidade e tolerância à fadiga. É possível que uma lesão difusa afete uma ou mais áreas de funcionamento tão gravemente a ponto de se mascarar como uma lesão focal. Com um conhecimento dessas possibilidades, os neuropsicólogos às vezes "recuam no tempo" na medida em que tentam determinar a partir do comportamento exterior onde as lesões neurológicas, se houver, podem estar.

◆ **REFLITA...**
Um paciente queixa-se de problemas para manter o equilíbrio. Em que local do cérebro um neuropsicólogo poderia "recuar no tempo" a partir dessa queixa e identificar um problema? *Sugestão:* você mesmo pode querer "recuar no tempo" e consultar a Tabela 15.1.

A avaliação neurológica também pode desempenhar um papel fundamental na determinação do grau de prejuízo comportamental que ocorreu ou que se pode esperar que ocorra como resultado de um transtorno ou de uma lesão neurológica. Essa informação diagnóstica é útil não apenas para planejar programas de reparação, mas também para avaliar as consequências de tratamentos medicamentosos, de treinamento físico e de outra terapia.

Os termos *dano cerebral, dano neurológico* e *organicidade* infelizmente têm sido usados de forma intercambiável em grande parte da literatura psicológica. O termo *dano neurológico* é o mais abrangente porque engloba não apenas dano ao cérebro, mas também à medula espinal e a todos os componentes do sistema nervoso periférico. O termo **dano cerebral** é uma referência geral a qualquer prejuízo físico ou funcional no sistema nervoso central que resulte em déficit sensorial, motor, cognitivo, emocional ou relacionado. O uso do termo *organicidade* deriva da pesquisa pós-Primeira Guerra Mundial do neurologista alemão Kurt Goldstein. Estudos de soldados com lesão cerebral levaram Goldstein a concluir que os fatores diferenciando indivíduos organicamente prejudicados de indivíduos normais incluíam a perda da capacidade de abstração, déficits na capacidade de raciocínio e inflexibilidade em tarefas de solução de problemas. Em consequência, Goldstein (1927, 1939, 1963) e colaboradores desenvolveram testes psicológicos que exploravam esses fatores e visavam ajudar no diagnóstico de *síndrome cerebral orgânica*, ou **organicidade** para abreviar. Embora esteja agora fora de catálogo, o teste de Goldstein continua sendo útil para ilustrar alguns dos tipos de tarefas ainda usadas para avaliar déficit neurológico (Fig. 15.1).

Tabela 15.2 Nomes técnicos para vários tipos de déficits sensoriais e motores

Nome	Descrição do déficit
acalculia	Incapacidade de realizar cálculos aritméticos
acopia	Incapacidade de copiar desenhos geométricos
agnosia	Déficit no reconhecimento de estímulos sensoriais (p. ex., *agnosia auditiva* é a dificuldade em reconhecer estímulos auditivos)
agrafia	Déficit na capacidade de escrever
acinesia	Déficit nos movimentos motores
alexia	Incapacidade de ler
amnésia	Perda de memória
amusia	Déficit na capacidade de produzir ou apreciar música
anomia	Déficit associado com encontrar palavras para nomear coisas
anopia	Déficit na visão
anosmia	Déficit no sentido do olfato
afasia	Déficit na comunicação devido a prejuízo na fala ou na capacidade de escrever
apraxia	Transtorno dos movimentos voluntários na ausência de paralisia
ataxia	Déficit na capacidade motora e na coordenação muscular

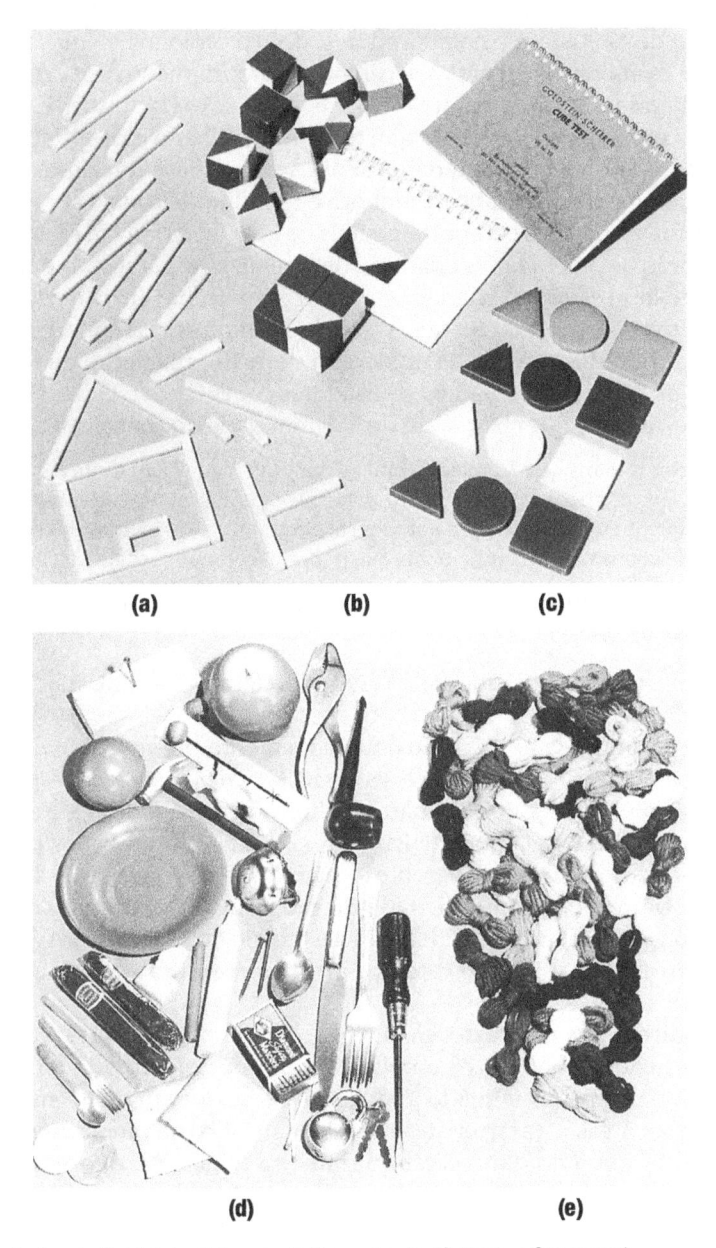

Figura 15.1 Os Testes de Goldstein-Scheerer de Pensamento Abstrato e Concreto.*

(a) O Teste dos Bastões é uma medida da memória recente. A tarefa do indivíduo é usar bastões para reproduzir desenhos de memória. **(b)** o Teste de Cubos desafia o indivíduo a reproduzir com blocos um desenho impresso em um livreto. Esse subteste foi o antecessor da tarefa de Blocos dos testes da Escala Wechsler. Ele é usado como uma medida de capacidade de abstração não verbal. **(c)** O Teste de Classificação de Cores-Formas contém 12 objetos, incluindo quatro triângulos, quatro círculos e quatro quadrados (cada peça em uma de quatro cores). Os objetos são apresentados em ordem aleatória, e o indivíduo é instruído a classificá-los em termos de quais formam um conjunto. Uma vez classificados, o indivíduo é então orientado a classificar os objetos de uma forma diferente. A flexibilidade do indivíduo em mudar de um princípio de classificação para outro é observada. **(d)** O Teste de Classificação de Objetos consiste em 89 objetos que o indivíduo deve agrupar. O pensamento concreto e o prejuízo orgânico podem ser inferidos se ele agrupar, por exemplo, por cor em vez de por função. **(e)** O Teste de Classificação de Cores emprega diversas meadas de lã de várias cores. A tarefa aqui é organizar as meadas de acordo com um exemplo desenhado pelo examinador.

Fonte: Copyright © 1945, renovado em 1972 por The Psychological Corporation. Reproduzida com permissão. Todos os direitos reservados.
*Os Testes de Goldstein-Scheerer de Pensamento Abstrato e Concreto estão atualmente fora de catálogo.

Na tradição de Goldstein e colaboradores, dois psicólogos alemães, Heinz Werner e Alfred Strauss, examinaram correlatos cérebro-comportamento em crianças com lesão cerebral apresentando retardo mental (Werner e Strauss, 1941; Strauss e Lehtinen, 1947). Da mesma forma que seus antecessores que tinham trabalhado com adultos com lesão cerebral, esses pesquisadores tentaram delinear as características comuns a *todas* as pessoas com lesão cerebral, incluindo crianças. Embora o trabalho deles levasse a um melhor entendimento das consequências comportamentais de lesão cerebral em crianças, também levou à pressuposição de que todas as crianças com prejuízos orgânicos, independentemente da natureza ou do local específico de seu prejuízo, compartilhavam um padrão semelhante de déficits cognitivos, comportamentais, sensoriais e motores. O conceito unitário de organicidade que surgiu desse trabalho na década de 1940 prevaleceu ao longo de grande parte da década de 1950. Mas, então, pesquisadores como Birch e Diller (1959) já estavam começando a questionar o que chamaram de "ingenuidade do conceito de 'organicidade'":

> É suficientemente claro que "dano cerebral" e "organicidade" são termos que, embora sobrepostos, não são idênticos e servem para designar eventos independentes. "Dano cerebral" refere-se ao fato de uma destruição anatômica, enquanto "organicidade" representa uma das variedades de consequências funcionais que podem acompanhar tal destruição. (p. 195)

De fato, a visão de que organicidade e dano cerebral não são unitários é apoiada por uma série de observações.

- Pessoas que têm lesões idênticas no cérebro podem exibir sintomas marcantemente diferentes.
- Muitos fatores interagentes – como o funcionamento pré-mórbido do paciente, o local e a difusão da lesão, a causa da lesão e sua taxa de propagação – podem fazer um indivíduo com prejuízo orgânico parecer clinicamente diferente de outro.
- Considerável semelhança pode existir nos sintomas exibidos por pessoas que têm tipos de lesões inteiramente diferentes. Além disso, esses tipos de lesões diferentes podem se originar de uma variedade de causas, como traumatismo com ou sem perda de consciência, infecção, deficiências nutricionais, tumor, AVC, degeneração neuronal, toxinas, rendimento cardíaco insuficiente e uma variedade de distúrbios metabólicos.
- Muitas condições que não se devem a dano cerebral produzem sintomas que imitam aqueles produzidos por dano cerebral. Por exemplo, um indivíduo que esteja psicótico, deprimido ou apenas fatigado pode produzir dados em um exame para dano cerebral orgânico que são caracteristicamente diagnóstico de prejuízo neuropsicológico.
- Outros fatores que não dano cerebral (tais como psicose, depressão e fadiga) influenciam as respostas de pessoas com dano cerebral. Alguns tipos de respostas são consequências (mais do que correlatos) do dano cerebral. Por exemplo, se crianças com lesão cerebral como um grupo tendem a ser descritas como mais agressivas do que crianças normais, isso pode ser reflexo da forma como essas crianças foram tratadas pelos pais, professores e amigos do que efeito de quaisquer lesões.
- Pessoas que apresentam de fato um dano cerebral às vezes são capazes de compensar seus déficits em tal grau que algumas funções na verdade são assumidas por outras partes mais intactas do cérebro.

REFLITA...
Você é capaz de pensar em quaisquer outros rótulos diagnósticos que sejam usados rotineiramente como se fossem unitários, mas que na verdade não o são?

Com essa breve introdução à neuropsicologia como pano de fundo, vamos nos voltar para o exame neuropsicológico, incluindo algumas possíveis razões de encaminhamento para avaliação, bem como alguns dos instrumentos de avaliação que podem ser empregados durante tal procedimento.

A avaliação neuropsicológica

Quando uma avaliação neuropsicológica é indicada

Você já passou por um exame ocular completo por um oftalmologista (um médico especializado em transtornos dos olhos e da visão)? Como isso se compara ao exame ocular que você recebeu de seu clínico geral? Com toda a probabilidade, o exame conduzido pelo especialista foi mais completo e bastante diferente em termos dos instrumentos usados e dos métodos empregados. O exame no consultório de seu clínico geral pode ter sido um tanto superficial e provavelmente não tenha levado tanto tempo. O exame realizado pelo especialista foi mais complexo e provavelmente levou bastante tempo. Poderíamos caracterizar o exame do clínico geral como visando avaliar problemas, enquanto o exame do especialista foi claramente de natureza mais diagnóstica e mais bem equipado para entender a localização precisa de qualquer anormalidade, bem como de qualquer processo de doença. De fato, quaisquer problemas descobertos pelo clínico geral durante um exame de rotina na certa resultará em um encaminhamento a um especialista para avaliação mais completa.

Há uma espécie de paralelo a ser traçado com relação às avaliações cotidianas do funcionamento neuropsicológico conduzidas por psicólogos que não são especialistas na área, comparadas às avaliações conduzidas por neuropsicólogos. Os psicólogos clínicos e de aconselhamento que conduzem as avaliações cotidianas por uma variedade de razões, e os psicólogos escolares que as conduzem com objetivos relacionados à educação, bem como outros profissionais da saúde mental que realizam avaliações, podem todos incluir algum tipo de avaliação neuropsicológica como um componente do que fazem. Entretanto, o mais comum é esses especialistas estarem tentando avaliar a presença de um possível problema neuropsicológico, em vez de diagnosticá-lo definitivamente. Se identificarem um problema que acreditem ser de origem neurológica, seja por meio de seu próprio exame ou de teste ou a partir de dados de história de caso, a seguir haverá encaminhamento a um especialista.

Algumas vezes, um paciente é encaminhado a um psicólogo (que não é um neuropsicólogo) por suspeita de problemas neurológicos. Nesse caso, uma bateria de testes costuma ser administrada. Essa bateria consistirá no mínimo em um teste de inteligência, um de personalidade e um perceptomotor/memória.[1] Se sinais neurológicos suspeitos forem descobertos no curso de uma avaliação, o paciente será encaminhado para outra avaliação mais detalhada. Sinais e sintomas suspeitos podem ser documentados na história de caso ou nos dados do teste ou podem se apresentar no comportamento exibido durante uma entrevista ou uma sessão de teste. Os sinais de déficit neurológico podem assumir a forma de episódios perturbadores (como tremor das mãos ou outro movimento involuntário), que parecem ocorrer apenas em casa, no trabalho ou em algum outro ambiente. Além da presença de sinais ou sintomas de prejuízo neurológico, a ocorrência de vários eventos (como uma concussão sofrida como resultado de ferimento na cabeça) ou a existência de alguma patologia conhecida (tal como qualquer doença conhecida por afetar adversamente a cognição) podem levar a um encaminhamento para avaliação por um especialista. A Tabela 15.3 lista exemplos de condições que podem requerer tais encaminhamentos.

---

[1] Listamos aqui o que acreditamos ser a quantidade mínima de testes para uma avaliação neuropsicológica adequada. Porém, não é raro que os médicos administrem apenas um teste perceptomotor/memória, uma prática que tem sido fortemente desencorajada (Bigler e Ehrenfurth, 1981; Kahn e Taft, 1983).

Tabela 15.3 Algumas condições que podem levar a encaminhamento para avaliação neuropsicológica

Condição	Possível razão para encaminhamento
Lesão cerebral resultante de AVC, lesão cerebral traumática (TBI), concussão ou infecção	Diagnóstico diferencial de lesão e doença cerebral de transtornos psiquiátricos como depressão. Avaliação de funcionamento atual comparado a funcionamento pré-mórbido. Avaliação do progresso do tratamento.
Epilepsia, hidrocefalia ou outras condições neurológicas conhecidas	Avaliação de mudança no funcionamento. Por exemplo, a testagem neuropsicológica pode avaliar a eficácia de terapias medicamentosas e possíveis efeitos colaterais.
Síndrome de imunodeficiência adquirida (aids)	Avaliação de deterioração cognitiva associada com o transtorno e monitoração de mudanças no funcionamento cognitivo.
Doença de Alzheimer e outras formas de demência	Diagnóstico e impacto da perda de memória. Avaliação de terapias medicamentosas.
Problemas com atenção e aprendizagem	Diagnóstico de TDAH, transtorno específico da aprendizagem, ou possíveis problemas psicológicos que possam prejudicar a aprendizagem. A avaliação neuropsicológica frequentemente leva a um plano de intervenção para melhorar o funcionamento.
Quaisquer mudanças significativas do funcionamento sensorial, motor ou cognitivo	Determinar se o déficit observado é um **déficit funcional** (um déficit que seja psicológico ou sem uma causa física ou estrutural conhecida) ou um **déficit orgânico** (um déficit conhecido por ter uma origem estrutural ou física).

Os sinais indicando que uma avaliação neuropsicológica ou neurológica mais completa por um especialista (como um neuropsicólogo ou um neurologista) é aconselhável são caracterizados como "maiores" (*hard*) ou "menores" (*soft*), dependendo da certeza de o fenômeno estar relacionado com dano neurológico documentado. Um **sinal maior** pode ser descrito como um indicador de déficit neurológico definido. O desempenho reflexo anormal é um exemplo de sinal maior. Dano nervoso craniano indicado por neuroimagem é outro exemplo de um sinal maior. Um **sinal menor** é um indicador meramente sugestivo de déficit neurológico. Um exemplo de um sinal menor é uma aparente incapacidade de copiar de forma correta uma figura de estímulo em uma tarefa de desenho. As pontuações em um teste que tenha componentes verbais e não verbais representam outro sinal menor. Outros sinais menores de déficit neurológico podem assumir a forma de déficits sensoriais ou motores relativamente pequenos.

Embora psicólogos, neuropsicólogos e outros clínicos que não são médicos possam encaminhar pacientes a neurologistas para nova avaliação, também é verdade que os neurologistas podem encaminhar seus pacientes de neurologia para neuropsicólogos para nova avaliação. Um paciente pode ser encaminhado para uma avaliação neuropsicológica profunda por queixas como cefaleias ou perda de memória – isso após o neurologista ter feito um exame preliminar e não ter encontrado qualquer base médica para a queixa. Nesses casos, a esperança seria a de que os instrumentos da neuropsicologia pudessem ser aplicados para esclarecer ainda mais o mistério médico. Um neuropsicólogo pode ser chamado para ajudar a avaliar com mais precisão o grau de prejuízo no funcionamento neurológico de um paciente. Um paciente colocado em um determinado regime de tratamento por um neurologista poderia ser encaminhado a um neuropsicólogo para monitorar mudanças cognitivas sutis que resultem como consequência do tratamento.

Elementos gerais de uma avaliação neuropsicológica

O objetivo da avaliação neuropsicológica típica é "fazer inferências sobre as características estruturais e funcionais do cérebro de uma pessoa avaliando seu comportamento em situações de estímulo-resposta definidas" (Benton, 1994, p. 1). Exatamente como o exame neuropsicológico é conduzido irá variar dependendo de inúmeros fatores, como a natureza da questão de encaminhamento, as capacidades do paciente, a disponibilidade e a natureza dos registros relativos ao paciente e considerações práticas (como o tempo disponível para conduzir o exame). O exame de um paciente normalmente começa com uma avaliação completa dos registros disponíveis relevantes. Dados da história de caso – incluindo registros médicos, registros educacionais, relatos da família, relatos do empregador e registros de avaliação neuropsicológica anterior – são todos úteis para o neuropsicólogo no planejamento do exame.

A preparação para um exame neuropsicológico implica assegurar que os instrumentos de avaliação adequados serão empregados. Os neuropsicólogos avaliam pessoas exibindo uma ampla variedade de incapacidades físicas e psicológicas. Algumas, por exemplo, têm déficits visuais ou auditivos, problemas de concentração e atenção, dificuldades de fala e linguagem conhecidos, e assim por diante. Medidas devem ser tomadas em relação a esses déficits, e deve ser encontrada uma forma de administrar os testes adequados a fim de que resultados significativos sejam obtidos. Em alguns casos, os neuropsicólogos administrarão tarefas visuais preliminares, auditivas, de memória, perceptuais e de solução de problemas ou de processamento cognitivo a fim de assegurar que os pacientes são candidatos adequados para avaliação mais extensiva e especializada nessas áreas. Às vezes, durante o curso dessa análise preliminar, é descoberto um déficit em si que pode mudar o plano para o resto da avaliação. Um déficit olfativo, por exemplo, pode ser sintomático de uma grande variedade de problemas neurológicos e não neurológicos tão diferentes como doença de Alzheimer (Serby et al., 1991), doença de Parkinson (Serby et al., 1985) e aids (Brody et al., 1991). A descoberta desse déficit por meio de um teste como o Teste de Identificação de Olfato da University of Pennsylvania (UPSIT; Doty et al., 1984) poderia ser um estímulo para alterar o plano de avaliação a fim de excluir outros processos de doença.

> **REFLITA...**
> Você é um neuropsicólogo avaliando um paciente com suspeita de um déficit olfativo. Você não possui uma cópia do UPSIT. *Improvise!* Descreva o que faria.

Comuns a todos os exames neuropsicológicos completos são uma anamnese, um exame do estado mental e a administração de testes e procedimentos visando revelar problemas de funcionamento neuropsicológico. Durante todo o exame, o conhecimento do neuropsicólogo de neuroanatomia, neuroquímica e neurofisiologia é fundamental para a interpretação correta dos dados. Além de orientar as decisões relativas ao que testar e como testar, tal conhecimento também será necessário com relação às decisões sobre *quando* testar. Portanto, por exemplo, seria atípico que um neuropsicólogo testasse psicologicamente uma vítima de AVC logo após a ocorrência desse evento. Visto que poderia ser esperada alguma recuperação espontânea de função nas semanas e nos meses após o AVC, testar o paciente imediatamente após o evento produziria um quadro equivocado da extensão do dano.

Cada vez mais, os neuropsicólogos também devem ter um conhecimento dos possíveis efeitos de vários medicamentos prescritos a seus avaliandos porque tais medicamentos podem na verdade causar certos déficits neurocomportamentais. Por exemplo, certos antipsicóticos podem causar sintomas do tipo Parkinson, como tremores nas mãos. Também ocorre de vários medicamentos prescritos poderem mascarar temporariamente os déficits neurocomportamentais dos testandos.

> **REFLITA...**
> Que tipos de comportamento causados por uma droga ou um medicamento prescrito poderia se apresentar como um problema neurológico?

Muitos dos recursos de avaliação neuropsicológica são instrumentos com os quais a maioria dos avaliadores psicológicos estão bastante familiarizados: o teste, o estudo de caso e a entrevista. Alguns, como equipamentos de imagem sofisticados, são maravilhas modernas da tecnologia com as quais muitos leitores

> **REFLITA...**
> Descreva um resultado da administração de um teste de inteligência que poderia levar um avaliador a encaminhar o avaliando para uma análise neuropsicológica completa.

deste livro podem não estar familiarizados. Para nossos propósitos, focalizaremos sobretudo os instrumentos da variedade mais familiar – embora apresentemos uma visão geral de algumas dessas maravilhas modernas posteriormente neste capítulo. Dois recursos "da variedade mais familiar" são a anamnese e a avaliação dos dados da história de caso. Portanto, vamos começar por aqui.

Anamnese, história de caso e estudos de caso   Os neuropsicólogos prestam cuidadosa atenção às histórias contadas pelos próprios pacientes sobre si mesmos e reveladas em seus registros. Também estudam os achados de casos semelhantes a fim de entender melhor seus avaliandos. O exame neuropsicológico típico inicia com uma anamnese cuidadosa, dando atenção especial a certas áreas:

- A história médica do paciente.
- A história médica da família imediata e de outros parentes do paciente. Uma pergunta simples aqui poderia ser: "Você ou algum de seus parentes teve alguma vez tonturas, desmaio, apagamentos ou espasmos?".
- A presença ou a ausência de certos **marcos do desenvolvimento**, uma parte particularmente importante do processo de anamnese quando se examinam crianças pequenas. Uma lista de alguns desses marcos aparece na Tabela 15.4.
- História psicossocial, incluindo nível de realização acadêmica e nível de inteligência estimado; um nível de ajustamento estimado em casa e no trabalho ou na escola; observações relativas à personalidade (p. ex., "Este indivíduo é hipocondríaco?"), processos de pensamento e motivação ("Esta pessoa está disposta ou é capaz de responder corretamente a essas perguntas?").
- O caráter, a gravidade e o progresso de qualquer história de queixas envolvendo distúrbios na visão, na audição, no olfato, no tato, no paladar ou no equilíbrio; distúrbios no tônus muscular, na força muscular e nos movimentos musculares; distúrbios nas funções autônomas, como controle da respiração, da eliminação e da temperatura corporal; distúrbios na fala; distúrbios no pensamento e na memória; dor (em particular cefaleia e dor facial); e vários tipos de distúrbios do pensamento.

Uma história cuidadosa é fundamental para a precisão da avaliação. Considere, por exemplo, um paciente que exiba afeto insípido, apático e não pareça saber que dia é ou que horas são. Tal indivíduo poderia estar sofrendo de algum problema de origem neurológica (como uma demência). Entretanto, um transtorno funcional (como depressão grave) poderia ser a verdadeira causa do problema. Uma boa anamnese esclarecerá se o comportamento observado é resultado de uma demência genuína ou um produto do que é referido como *pseudodemência* (uma condição que se apresenta como se fosse demência, mas não é). Fazer uma série de perguntas relacionadas à história pode se revelar útil quando se avalia esse tipo de paciente. Por exemplo: Há quanto tempo o paciente está nessa condição, e que trauma emocional ou neurológico pode tê-la precipitado? Este paciente tem uma história pessoal ou familiar de depressão ou de outro transtorno psiquiátrico? Que fatores parecem estar operando para manter o paciente nesse estado?

> **REFLITA...**
> O que mais você gostaria de saber sobre este paciente apático com afeto insípido que não sabe que dia é hoje ou que horas são?

A entrevista de anamnese pode ajudar a esclarecer questões a respeito da origem orgânica ou funcional de um problema observado e se o problema é *progressivo* (com probabilidade de se disseminar ou piorar) ou *não progressivo*. Os dados dessa entrevista também podem levar o entrevistador a suspeitar de que o problema apresentado tenha mais a ver com simulação do que com déficit neuropsicológico.

Tabela 15.4 Alguns marcos do desenvolvimento

Idade	Desenvolvimento
16 semanas	Fica excitado, ri alto. Sorri espontaneamente em resposta a pessoas. Antecipa a alimentação à visão da comida. Senta-se escorado por 10 a 15 minutos.
28 semanas	Sorri e vocaliza para um espelho e tenta tocar na imagem. Muitos sons de vogais. Senta-se sem apoio por um breve período e então se apoia nas mãos. Ingere bem sólidos. Quando deitado de costas, coloca os pés na boca. Agarra objetos e os transfere de uma mão para outra. Quando segurado de pé, suporta a maior parte do próprio peso.
12 meses	Caminha seguro por uma mão. Diz "mamã" e "papá" e talvez duas outras palavras. Dá um brinquedo em resposta a um pedido ou gesto. Quando está sendo vestido, coopera. Brinca de esconde-esconde.
18 meses	Tem um vocabulário de umas 10 palavras. Caminha bem, raramente cai, pode correr teso. Olha figuras em um livro. Come sozinho, embora derrame. Pode puxar um brinquedo ou abraçar uma boneca. Pode se sentar em uma cadeira pequena ou de adulto. Rabisca espontaneamente com giz ou lápis.
24 meses	Sobe e desce escadas sozinho. Corre bem, sem cair. Pode construir uma torre de seis ou sete blocos. Usa pronomes ("eu" e "você") e fala uma frase de três palavras. Identifica figuras simples pelo nome e chama a si próprio pelo nome. Verbaliza necessidades com razoável consistência. Pode se manter seco à noite. Pode vestir uma roupa simples.
36 meses	Alterna os pés ao subir escadas e salta de degrau baixo. Dirige um triciclo. Pode copiar um círculo e imitar uma cruz com um giz ou lápis. Compreende e responde perguntas. Alimenta-se com pouco derramamento. Pode saber e repetir algumas rimas simples.
48 meses	Pode lavar e secar as mãos, escova os dentes. Amarra sapatos, veste-se e despe-se com supervisão. Pode brincar cooperativamente com outras crianças. Pode desenhar a figura de uma pessoa com pelo menos duas partes do corpo evidentes.
60 meses	Sabe e nomeia as cores, conta até 10. Salta com os dois pés. Pode escrever algumas letras, pode desenhar figuras identificáveis.

Fonte: Gesell e Amatruda (1947).

Além da entrevista de anamnese, o conhecimento da história de um avaliando também é desenvolvido por meio de registros existentes. Arquivos de história de caso são recursos importantes para todos os avaliadores psicológicos, mas são particularmente valiosos na avaliação neuropsicológica. Em muitos casos, a questão de encaminhamento diz respeito ao grau de dano que foi sofrido em relação à condição preexistente de um paciente. O avaliador deve determinar o nível de funcionamento e a integridade neuropsicológica que existia antes de qualquer trauma, doença ou outros fatores incapacitantes. Ao fazer tal determinação do funcionamento pré-mórbido, o avaliador pode se basear em dados variados de história de caso, de registros de arquivos a filmes feitos com a câmera de vídeo da família.

Suplementar uma entrevista de anamnese e registros históricos na forma de dados da história de caso com estudos de caso publicados sobre pessoas que sofreram o mesmo tipo ou um tipo semelhante de déficit neuropsicológico pode ser uma fonte útil de *informações*. O material de estudo de caso pode fornecer orientações em relação a áreas de avaliação a explorar em profundidade e também podem sugerir o curso que uma determinada doença ou déficit irá seguir e como os pontos fortes e os pontos fracos observados podem mudar ao longo do tempo. O material de estudo de caso também pode ser valioso na formulação dos planos para a intervenção terapêutica.

A entrevista Diversas entrevistas estruturadas e formulários de avaliação estão disponíveis como auxílios ao processo de avaliação neuropsicológica. Os dispositivos dessa avaliação apontam o caminho para novas áreas de investigação com métodos de avaliação mais extensivos. Esses dispositivos podem ser usados economicamente com membros de populações variadas que podem estar em risco para prejuízo neuropsicológico, tais como pacientes psiquiátricos, idosos e alcoolistas. Algumas dessas medidas, como o Questionário Abreviado do Estado Mental, são completados por um avaliador; outros, como a Escala de Prejuízo Neuropsicológico, são instrumentos de autorrelato.

O Miniexame do Estado Mental (MEEM; Folstein et al., 1975) tem mais de um quarto de século de história como instrumento clínico e de pesquisa usado para avaliar prejuízo cognitivo. A pesquisa de análise fatorial sugere que esse teste meça principalmente concentração, linguagem, orientação, memória e atenção (Baños e Franklin, 2003; Jones e Gallo, 2000). Em 2010, a segunda edição do Miniexame do Estado Mental (MEEM-2) foi publicada. Essa obra de referência também foi publicada em uma versão abreviada (para uso em situações com restrições de tempo), bem como uma versão expandida (concebida para ser mais sensível à detecção de prejuízo cognitivo leve). Outra entrevista estruturada é a Avaliação de Sete Minutos (7 Minutes Screen), desenvolvida para ajudar a identificar pacientes com sintomas característicos de doença de Alzheimer (Solomon et al., 1998; Ijuin et al., 2008). As tarefas nesse teste exploram orientação, fluência verbal e vários aspectos da memória. Tanto o MEEM como a Avaliação de Sete Minutos têm valor na identificação de indivíduos com prejuízo cognitivo não detectado anteriormente (Lawrence et al., 2000), embora nenhum desses instrumentos devesse ser utilizado para o propósito de diagnóstico. Um suplemento útil a uma entrevista estruturada para fins de triagem é o exame neuropsicológico do estado mental.

O exame neuropsicológico do estado mental Um esboço para um exame do estado mental geral foi apresentado no Capítulo 14. O exame neuropsicológico do estado mental sobrepõe-se ao exame geral com respeito a questões relativas a consciência, estado emocional, conteúdo e clareza do pensamento, memória, percepção sensorial, desempenho da ação, linguagem, fala, caligrafia e lateralidade do avaliando. O exame do estado mental administrado com o fim expresso de avaliar o funcionamento neuropsicológico pode se aprofundar de forma mais extensiva em áreas de interesse específicas.

Durante todo o exame do estado mental, bem como em outros aspectos da avaliação (incluindo testagem e anamnese), o médico observa e anota aspectos do comportamento do avaliando relevantes ao funcionamento neuropsicológico. Por exemplo, verificar a presença de movimentos involuntários (como tiques faciais), dificuldades de locomoção e outros problemas sensoriais e motores. Ele pode notar, por exemplo, que um canto da boca se curva mais lentamente que o outro quando o paciente sorri – um achado sugestivo de dano ao sétimo nervo craniano (facial). O conhecimento da relação entre cérebro e comportamento é útil em todas as fases da avaliação, incluindo o exame físico.

O exame físico

A maioria dos neuropsicólogos realiza algum tipo de exame físico nos pacientes, mas a extensão desse exame varia amplamente dependendo da *expertise*, da competência e da confiança do examinador. Alguns neuropsicólogos tiveram treinamento extensivo na realização de exames físicos, sob a tutela de neurologistas, em seu estágio e residência. Esses psicólogos sentem-se confiantes para realizar muitos dos mesmos **procedimentos não invasivos** (procedimentos que não envolvem qualquer intrusão no corpo do examinando) que os neurologistas realizam como parte de seu exame neurológico. No curso da discussão a seguir, listaremos alguns dos procedimentos não invasivos. Precedemos essa discussão com a advertência de que sempre é o médico, e não o neuropsicólogo, o árbitro final de questões médicas.

Além de fazer observações sobre a aparência do examinando, o examinador também pode examinar fisicamente o couro cabeludo e o crânio para quaisquer saliências ou depressões incomuns. Os músculos podem ser inspecionados quanto a seu tônus (mole? rígido?), sua força (fraco ou cansado?) e seu tamanho relativo a outros músculos. Com respeito ao último ponto, o examinador poderia descobrir, por exemplo, que o bíceps direito de um paciente é muito maior do que o bíceps esquerdo. Tal achado poderia indicar distrofia muscular no braço esquerdo. Mas também poderia refletir o fato de que o paciente trabalha como sapateiro há 40 anos – um trabalho que envolve martelar pregos constantemente, portanto, desenvolvendo a musculatura de seu braço direito. A apresentação de caso desse paciente sublinha a importância de colocar os achados físicos no contexto histórico, bem como o valor do conhecimento e da experiência clínicos quando se trata de fazer inferências a partir de fenômenos observados.

> **REFLITA...**
> Você concorda com a afirmação de que os neuropsicólogos devem realizar exames físicos não invasivos? Ou acredita que os neuropsicólogos devem evitar examinar fisicamente os pacientes e deixar essa parte da avaliação apenas para os médicos?

O clínico, quando conduzindo um exame neuropsicológico, pode testar reflexos simples. **Reflexos** são respostas motoras involuntárias a estímulos. Muitos têm valor de sobrevivência para os bebês, mas então desaparecem à medida que a criança cresce. Um desses reflexos é o da mastigação. Tocar a língua ou os lábios induz comportamento de mastigação no bebê normal; entretanto, a mastigação induzida na criança mais velha ou no adulto indica déficit neurológico. Além de testar para a presença ou a ausência de vários reflexos, o examinador poderia avaliar a coordenação motora usando medidas como as listadas na Tabela 15.5.

O aspecto do exame físico da avaliação neuropsicológica visa verificar não apenas o funcionamento do cérebro, mas também aspectos do funcionamento dos nervos, dos músculos e de outros órgãos e sistemas. Alguns procedimentos usados para esclarecer a adequação e o funcionamento de alguns dos 12 nervos cranianos são resumidos na Tabela 15.6.

Testes neuropsicológicos

Uma ampla variedade de testes é usada pelos neuropsicólogos bem como por outros encarregados de encontrar respostas para questões de encaminhamento relacionadas à neuropsicologia. Os pesquisadores podem empregar testes neuropsicológicos para avaliar a mudança no estado mental ou em outras variáveis como resultado da administração de medicamentos ou do início de uma doença ou um transtorno. Os avaliadores forenses podem empregar testes para compreender o efeito de fatores neuropsicológicos em questões como responsabilidade criminal ou competência para ser julgado.

A seguir, apresentamos apenas uma amostra dos muitos tipos de testes usados em aplicações neuropsicológicas. Apresentações mais detalhadas estão disponíveis em inúmeras fontes (p. ex., Lezak, 2012; Morgan e Ricker, 2007; Rabin et al., 2005; Strauss et al., 2006). Artigos atuais de neuropsicologia podem ser outra rica fonte de informações sobre testagem e avaliação neuropsicológica, assim como palestras e apresentações por palestrantes com formação em neuropsicologia. E, a propósito, um neuropsicólogo com quem você pode aprender é a dra. Jeanne Ryan – e você nem precisa comparecer a um simpósio! Leia o que ela tinha a dizer na seção *Conheça um profissional da avaliação* neste capítulo.

Testes de capacidade intelectual geral

Os testes de capacidade intelectual, em particular as Escalas Wechsler, ocupam uma posição proeminente entre os instrumentos diagnósticos disponíveis ao neuropsicólogo. A

Tabela 15.5 Exemplos de testes usados para avaliar a coordenação muscular

Caminhar-correr-saltar

Se não teve a chance de observar o paciente caminhar por alguma distância, o examinador pode-lhe pedir que o faça como parte do exame. Tendemos a considerar o caminhar uma coisa normal e natural, mas, neurologicamente falando, ele é uma atividade muito complexa que envolve a integração adequada de vários componentes do sistema nervoso. Às vezes, anormalidades na marcha podem ser devidas a causas não neurológicas; se, por exemplo, um caso grave de joanetes é suspeito de ser a causa da dificuldade, o examinador pode pedir ao paciente que retire seus sapatos e meias a fim de que possa fazer inspenção física do pé. Examinadores altamente treinados são também sensíveis a anormalidades sutis em, por exemplo, movimentos de braço enquanto o paciente caminha, corre, ou salta.

Permanecer em pé imóvel (tecnicamente, o teste de Romberg)

O paciente é instruído a permanecer em pé, imóvel, com os pés juntos, a cabeça reta e os olhos abertos. Se os pacientes ficam com os braços estendidos para a frente ou ao lado do corpo e se estão usando sapatos ou outra roupa será uma questão de preferência do examinador. Os pacientes são orientados então, a fechar os olhos. A variável crítica é a quantidade de balanço exibida pelo paciente quanto os olhos são fechados. Visto que pessoas normais podem balançar um pouco com os olhos fechados, experiência e treinamento são necessários para determinar quando a quantidade de balanço é indicativa de patologia.

Nariz-dedo-nariz

A tarefa do paciente é tocar seu nariz com a ponta de seu dedo indicador, então tocar o dedo do examinador e então tocar novamente seu próprio nariz. A sequência é repetida muitas vezes com cada mão. Este teste, bem como muitos outros semelhantes (como o teste dedo do pé-dedo da mão, o teste dedo-nariz, o teste calcanhar-joelho), visa avaliar, entre outras coisas, o funcionamento cerebelar.

Agitar os dedos

O examinador modela um agitar dos dedos (ou seja, tocando um piano imaginário ou digitando), e então o paciente deve agitar seus próprios dedos. Em geral, a mão não dominante não pode ser agitada tão rapidamente quanto a mão dominante, mas é preciso um olhar treinado para perceber uma diferença significativa na taxa. O examinador experiente também observará anormalidades na precisão e no ritmo dos movimentos, "movimentos espelhados" (movimentos semelhantes não controlados na outra mão quando instruído a agitar apenas uma) e outros movimentos involuntários anormais. Assim como o teste nariz-dedo, o teste de agitar os dedos fornece informações relativas à qualidade dos movimentos involuntários e da coordenação muscular. Uma tarefa relacionada envolve agitar a língua.

Tabela 15.6 Exemplos de testes usados por neurologistas para avaliar a integridade de alguns dos 12 nervos cranianos

Nervo craniano	Teste
I (nervo olfativo)	Tapando uma narina com um dedo, o examinador coloca alguma substância odorífera sob a narina que está sendo testada e pergunta se o odor é percebido. Indivíduos que o percebem são em seguida instruídos a identificá-lo. O fracasso em perceber um odor quando é apresentado pode indicar lesões ao nervo olfativo, um tumor cerebral ou outras condições médicas. Naturalmente, o fracasso pode ser devido a outros fatores, tais como tendências opositoras da parte do paciente ou doença intranasal, estes devem ser excluídos como fatores causais.
II (nervo óptico)	A avaliação da integridade do segundo nervo craniano é um procedimento altamente complicado, pois esse é um nervo sensorial com funções relacionadas à acuidade visual e à visão periférica. Uma tabela ocular de Snellen é um dos instrumentos usados pelo médico para avaliar a função do nervo óptico. Se o indivíduo, a uma distância de 60 centímetros da tabela, for capaz de ler os números ou as letras pequenos na linha rotulada de "20", então se diz que ele tem 20/20 de visão no olho que está sendo testado. Isso é apenas um padrão. Embora muitas pessoas possam ler apenas as letras maiores em números mais altos na tabela (ou seja, diz-se que uma pessoa que lê as letras na linha "40" da tabela tem uma distância de visão de 20/40), algumas têm visão melhor do que 20/20. Seria possível dizer que um indivíduo que pudesse ler a linha "15" na tabela ocular de Snellen tem visão de 20/15.
V (nervo trigêmeo)	O nervo trigêmeo fornece informação sensorial da face e informação motora para os músculos envolvidos na mastigação e a partir deles. As informações relativas ao funcionamento desse nervo são examinadas pelo uso de testes para dor facial (beliscões são dados pelo médico), sensibilidade facial a diferentes temperaturas e outras sensações. Outra parte do exame implica o indivíduo cerrando sua mandíbula. O médico então sentirá e inspecionará os músculos faciais para fraqueza e outras anormalidades.
VIII (nervo acústico)	O nervo acústico tem funções relacionadas aos sentidos da audição e do equilíbrio. A audição é avaliada formalmente com um audiômetro. Com mais frequência, a avaliação auditiva de rotina necessita o uso de um "relógio barato". Desde que a sala de exame esteja em silêncio, um indivíduo com audição normal deve ser capaz de ouvir o tique-taque de um relógio de pulso barato a uma distância de cerca de 1 m de cada ouvido (75 cm se a sala não estiver muito silenciosa). Outros testes auditivos rápidos envolvem colocar um diapasão sobre várias partes do crânio. Indivíduos que se queixam de tontura, vertigem, distúrbios no equilíbrio, etc. podem ter seu sistema vestibular examinado por meio de testes específicos.

CONHEÇA UM PROFISSIONAL DA AVALIAÇÃO

Conheça a dra. Jeanne P. Ryan

Uma área na qual a necessidade por avaliação neuropsicológica regular e frequente tem sido reconhecida é a das concussões relacionadas ao esporte. Conforme tem sido salientado na mídia, se verificou que atletas na NFL e na NHL com histórias de concussão têm problemas cognitivos associados com encefalopatia causada por repetidos golpes na cabeça por períodos de tempo prolongados. Essa preocupação está agora sendo dirigida a nossos jovens, atletas amadores do ensino médio e das universidades. O estado de Nova York tem sido muito progressivo nesse sentido; todo atleta no sistema escolar público deve passar por uma avaliação neuropsicológica basal, que pode então ser comparada ao desempenho dos atletas no mesmo instrumento após concussão. A avaliação neuropsicológica de acompanhamento pós-concussão fornece evidências baseadas em informações para se tomarem decisões de retorno ao esporte ou para determinar se uma avaliação mais abrangente é necessária.

Os instrumentos de avaliação neuropsicológica são muito eficazes para entender o funcionamento neurocognitivo, mas os testes são apenas tão bons quanto o psicólogo que os utiliza. Aprender a administrar testes neuropsicológicos não é difícil. Comparar a interpretação do teste com múltiplas fontes de informação para entender o problema apresentado e para desenvolver intervenções eficazes é que é o desafio. Ter um entendimento sólido da relação entre cérebro e comportamento, conhecimento das forças e das limitações de cada teste e uma capacidade de integrar aspectos das características inerentes ao indivíduo e das contribuições ambientais são fundamentais. Saber como traduzir a informação em recomendações significativas é imperativo. Comunicar a informação da avaliação à pessoa e à família em termos compreensíveis é necessário de modo que mudanças possam ser feitas para promover a qualidade de vida e o bem-estar.

Leia mais sobre o que a dra. Ryan tinha a dizer – seu ensaio completo (em inglês) – em www.mhhe.cohentesting8.

Jeanne P. Ryan, Ph.D., professora de psicologia na State University of New York (SUNY), em Plattsburgh, e diretora clínica, na clínica de neuropsicologia e serviços psicoeducacionais SUNY-Plattsburgh

---

natureza variada das tarefas nas Escalas Wechsler e a ampla diversidade de respostas requeridas tornam esses testes recursos potencialmente úteis para a avaliação neuropsicológica. Por exemplo, um sinal da existência de um déficit poderia ser esclarecido por dificuldades de concentração durante um dos subtestes. Visto que certos padrões de resposta de teste indicam déficits particulares, o examinador olha além do desempenho em testes individuais para um estudo do padrão de pontuações de teste, um processo chamado de **análise do padrão.** Portanto, por exemplo, desempenho extremamente pobre no Blocos e em outros subtestes de execução poderiam ser reveladores em um registro que contenha pontuações bastante altas em todos os subtestes verbais. Em comparação com um padrão conhecido de outros dados, o desempenho insatisfatório em Blocos poderia indicar dano ao hemisfério direito.

Inúmeros pesquisadores com a intenção de desenvolver um sinal definitivo de dano cerebral criaram várias relações e quocientes com base em padrões de pontuações de subtestes. O próprio David Wechsler referiu-se a um desses padrões, denominado **quociente de deterioração**, ou QD (também referido por alguns como um *índice de deterioração*). Entretanto, nem o QD de Wechsler nem qualquer outro índice baseado na WAIS teve um desempenho suficientemente satisfatório para ser considerado uma medida de prejuízo neuropsicológico válida, independente.

Já observamos a necessidade de administrar testes padronizados em estrita conformidade com as instruções no respectivo manual. Contudo, as limitações do testando significam que essas administrações de teste "ao pé da letra" nem sempre são possíveis ou desejáveis quando se testam membros da população neurologicamente prejudicada. Devido aos vários ou possíveis problemas (como o intervalo de atenção diminuído de alguns indivíduos com prejuízo neurológico), o examinador experiente pode precisar modificar a administração do teste para acomodar o testando e ainda produzir informações clinicamente úteis. O examinador que aplica uma Escala Wechsler pode se desviar da ordem prescrita de administração do teste quando testa um indivíduo que fica cansado com rapidez. Nesses casos, os subtestes mais pesados serão realizados no início do exame. No interesse de diminuir o tempo total de administração do teste, examinadores treinados poderiam omitir certos subtestes os quais suspeitam que não fornecerão qualquer informação além daquela já obtida. Reiteramos aqui que tais desvios na administração de testes padronizados, como as Escalas Wechsler, podem ser feitos – e interpretados de forma significativa – por neuropsicólogos treinados e experientes. Para o resto de nós, é ao pé da letra!

> **REFLITA...**
> Por que os desvios das instruções de testes padronizados devem ser feitos muito criteriosamente, se é que devem ser feitos?

Testes para medir a capacidade de abstrair

Um sintoma em geral associado com déficit neuropsicológico, independentemente do local ou da causa exata do problema, é a incapacidade ou a capacidade diminuída de pensar de maneira abstrata. Uma medida tradicional da capacidade de abstração verbal tem sido o subteste de Semelhanças Wechsler, separado da versão da Escala Wechsler adequada para a idade. A tarefa nesse subteste é identificar como dois objetos (p. ex., uma bola e uma laranja) se parecem. Outro tipo de tarefa usada para avaliar a capacidade de pensar abstratamente é a interpretação de provérbios. Por exemplo, interprete o seguinte provérbio:

A corda arrebenta sempre do lado mais fraco.

Se sua interpretação desse provérbio transmitiu a ideia de que os mais fracos são sempre os primeiros a serem derrotados, então você demonstrou uma capacidade de pensar de forma abstrata. Em contrapartida, algumas pessoas com déficits neurológicos poderiam ter interpretado o provérbio de modo mais concreto (ou seja, com menos abstração). Aqui está um exemplo de uma interpretação concreta: o pedaço de corda de pior qualidade arrebenta primeiro. Esse tipo de resposta poderia (ou não poderia, dependendo de outros fatores) revelar um déficit na capacidade de abstração. O Teste dos Provérbios, um instrumento criado especificamente para testar a abstração e a capacidade relacionada, contém uma série de provérbios junto com instruções de administração padronizadas e dados normativos. Em uma forma desse teste, o indivíduo é instruído a escrever uma explicação do provérbio. Em outra forma, esta de múltipla escolha, cada provérbio é seguido por quatro escolhas, três das quais são ou interpretações errôneas comuns ou respostas concretas.

Os testes de abstração não verbais incluem qualquer dos vários testes que requerem do respondente a organização de objetos de alguma forma lógica. Comuns à maioria desses testes de classificação são instruções como "Agrupe todos os que combinam" e perguntas de seguimento – por exemplo, "Por que você agrupou esses objetos?". Representativos desses testes são o Teste de Classificação de Objetos (consulte a Fig. 15.1) e o Teste de Classificação de Cores-Formas (também conhecido como Teste de Weigl), cuja exigência é a associação de objetos de diferentes formas e cores. Outra maneira de administrar tarefas de classificação é agrupando alguns objetos de estímulo e pedindo ao testando que explique (a) por que os objetos combinam ou (b) selecione os objetos que não combinam com o resto.

O Teste de Classificação de Cartas de Wisconsin – Versão 64 Cartas (WCST-64; Kongs et al., 2000) requer que o testando classifique um conjunto de 64 cartas que contêm figuras geométricas diferentes impressas em diferentes cores. As cartas são então classificadas de acordo com regras de correspondência que devem ser deduzidas e que mudam à medida que o teste progride. O desempenho bem-sucedido nesse teste exige diversas capacidades associadas com funcionamento do lobo frontal, incluindo concentração, planejamento, organização, flexibilidade cognitiva para mudar o conjunto, memória operacional e inibição de resposta impulsiva. O teste pode ser útil para avaliar prejuízo neurológico com ou sem suspeita de lesão do lobo frontal. Sugere-se cautela ao usar este ou testes semelhantes, pois algumas evidências sinalizam que o teste pode indicar erroneamente prejuízo neurológico quando na realidade o testando tem esquizofrenia ou um transtorno do humor (Heinrichs, 1990). Portanto, é importante que os clínicos excluam explicações alternativas para o desempenho de um teste que indica déficit neurológico.

Teste da função executiva

Os testes de classificação medem um elemento da **função executiva**, que pode ser definido como organização, planejamento, flexibilidade cognitiva e inibição de impulsos e atividades relacionadas associadas com os lobos frontal e pré-frontal do cérebro. Um teste usado para medir a função executiva é o Torre de Hanói (Fig. 15.2), um quebra-cabeças que apareceu pela primeira vez em Paris, em 1883 (Rohl, 1993). Ele é montado empilhando-se discos em um dos pinos, começando com o disco de diâmetro maior, com os discos sucessivos nunca repousando sobre um disco menor. Provavelmente porque a aparência desses discos empilhados lembre um pagode, o quebra-cabeças foi batizado de *La Tour de Hanoi*. A Torre de Hanói, tanto na forma sólida por manipulação com as mãos quanto na adaptada para administração por computador, foi usada por muitos pesquisadores para medir vários aspectos da função executiva (Aman et al., 1998; Arnett et al., 1997; Butters et al., 1985; Byrnes e Spitz, 1977; Glosser e Goodglass, 1990; Goel e Grafman, 1995; Goldberg et al., 1990; Grafman et al., 1992; Janssen et al., 2010; Leon-Carrion et al., 1991; Mazzocco et al., 1992; Miller e Ozonoff, 2000; Minsky et al., 1985; Schmand et al., 1992; Spitz et al., 1985).

O desempenho em labirintos é outro tipo de tarefa usada para medir a função executiva. Já na década de 1930, o psicólogo Stanley D. Porteus ficou apaixonado pelo potencial para avaliação psicológica da tarefa aparentemente simples de identificar o caminho correto em um labirinto e então traçar uma linha até o ponto final desse labirinto. Na origem, esse tipo de tarefa foi introduzido para produzir uma estimativa quantitativa de "prudência, previsão, alerta mental e poder de manter a atenção" (Porteus, 1942). Porteus estimulou os colegas a usarem labirintos para diversos propósitos, de pesquisa da exploração de diferenças culturais (Porteus, 1933) ao estudo de inadequação social (Porteus, 1955), ao estudo de traços de personalidade por meio de análise qualitativa do desempenho de um testando (Porteus, 1942). Hoje, tarefas de labirinto como aquelas no Teste de Labirinto de Porteus (Fig. 15.3) são usadas principalmente como medidas da

Figura 15.2 A Torre de Hanói.
Esta versão do quebra-cabeças Torre de Hanói vem com três pinos e oito discos. O quebra-cabeças começa com todos os discos em um dos pinos, ordenados de baixo para cima, em tamanho decrescente. Para resolver o quebra-cabeças, todos os discos devem ser transferidos para outro pino seguindo três regras: (1) apenas um disco pode ser movido de cada vez; (2) o disco é movido de um pino para outro; e (3) nenhum disco pode ser colocado sobre um menor.

função executiva (Daigneault et al., 1992; Krikorian e Bartok, 1998; Mack e Patterson, 1995). Embora útil para medir tal funcionamento em adultos, sua utilidade para esse propósito em crianças tem sido questionada. Shum e colaboradores (2000) não observaram um impacto adverso sobre o desempenho do labirinto de Porteus de crianças com lesão cerebral traumática.

> **REFLITA...**
> Como a análise qualitativa do desempenho em uma tarefa de labirinto poderia ser reveladora com relação à personalidade do testando?

Um teste usado para avaliar rapidamente certas funções executivas é o **teste do desenho do relógio (TDR)**. Como seu nome sugere, a tarefa nesse teste é o paciente desenhar a face de um relógio, geralmente com os ponteiros indicando uma determinada hora (tal como "11 horas e 10 minutos"). Usado clinicamente, há muitas variações desse teste – não apenas na hora que o relógio deve indicar mas também na configuração da tarefa (alguns médicos o começam com um círculo previamente desenhado) e na pontuação da produção do paciente (há mais de uma dúzia de sistemas de pontuação). As anormalidades observadas no desenho do paciente podem refletir disfunção cognitiva resultante de demência ou de outras condições neurológicas ou psiquiátricas. O desempenho insatisfatório no TDR também foi associado com déficits de memória visual (Takahashi et al., 2008), prejuízo cognitivo leve (Babins et al., 2008) e perdas na função que resultam ostensivamente do envelhecimento (Bozikas et al., 2008; Hubbard et al., 2008). Parks e colaboradores (2010) examinaram a tarefa de desenho do relógio em indivíduos idosos com e sem doença de Alzheimer, enquanto observavam o funcionamento cerebral de cada grupo por meio de equipamento de imagem especial. Foi verificado que o desempenho no desenho estava correlacionado com um padrão de atividade cerebral específico nos participantes saudáveis que era diferente da atividade cerebral daqueles com doença de Alzheimer.

Itens representativos para outros quatro tipos de tarefas que podem ser usadas na avaliação neuropsicológica são ilustrados na Figura 15.4. A parte (a) ilustra um **item de trilha**. A tarefa é ligar os círculos de uma forma lógica. Acredita-se que esse tipo de tarefa

Figura 15.3 "Aonde vamos a partir daqui, Charly?"
Uma tarefa do tipo labirinto de Porteus está sendo ilustrada pela mulher de jaleco branco para o ator Cliff Robertson como "Charly", no agora clássico filme de mesmo nome.

explore muitas capacidades, incluindo habilidades visuoperceptuais, memória operacional e a capacidade de alternar entre as tarefas (Sanchez-Cubillo et al., 2009). Os Testes de Trilhas na Bateria Neuropsicológica de Halstead-Reitan (uma bateria fixa a ser discutida a seguir) estão entre as medidas de dano cerebral mais amplamente utilizadas (Salthouse et al., 2000; Thompson et al., 1999) e foram empregados em uma variedade de estudos (Bassett, 1999; Beckham et al., 1998; Compton et al., 2000; King et al., 2000; Nathan et al., 2001; Ruffolo et al., 2000; Sherrill-Pattison et al., 2000; Wecker et al., 2000). Em um estudo longitudinal que acompanhou indivíduos idosos ao longo de 6 anos, o desempenho inicial no Teste de Trilhas foi capaz de prever prejuízos na mobilidade e até mortalidade (Vazzana et al., 2010).

A ilustração (b) na Figura 15.4 é um exemplo de um **item de campo-de-busca**. Tendo sido mostrada uma amostra ou um estímulo-alvo (geralmente algum tipo de forma ou desenho), o testando deve rastrear um campo de vários estímulos para combinar com a amostra. Esse tipo de item costuma ser cronometrado. Pessoas com lesões do hemisfério direito podem exibir déficits na capacidade de varredura visual, e um teste de capacidade de campo-de-busca pode ser valioso para descobrir esses déficits. A capacidade de campo-de-busca tem forte valor adaptativo e pode ter consequências de vida ou morte para o predador e a presa. A pesquisa no campo de busca encontrou muitas aplicações. Por exemplo, ela ajuda a entender melhor algumas atividades diárias como dirigir (Crundall et al., 1998; Duchek et al., 1998; Guerrier et al., 1999; Recarte e Nunes, 2000; Zwahlen et al., 1998) bem como atividades mais especializadas como pilotar um avião (Seagull e Gopher, 1997) e monitorar o trafego aéreo (Remington et al., 2000).

A ilustração (c) é um exemplo de um desenho de uma linha simples que lembra o tipo de item que aparece em instrumentos como o Teste de Nomeação de Boston. A tarefa do testando no Boston (como ele é com frequência abreviado) é a **nomeação por confrontação**; ou seja, nomear cada estímulo apresentado. Essa tarefa aparentemente simples implica três operações componentes: uma perceptual (perceber os aspectos visuais do estí-

(a) O teste de trilhas
A tarefa do testando é ligar os pontos de uma forma lógica.

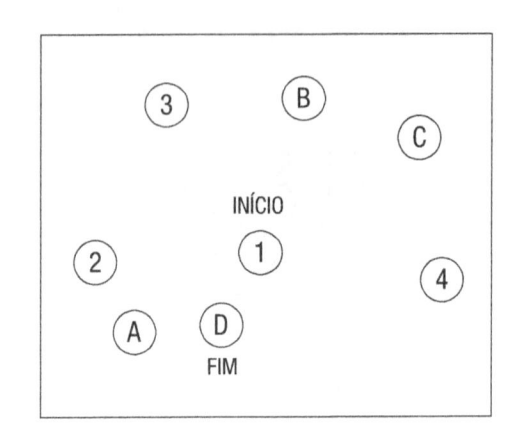

(b) O campo de busca
Após ser mostrado um estímulo de exemplo, a tarefa do testando é localizar uma correspondência o mais rapidamente possível.

(c) Uma tarefa de identificação
Uma tarefa que envolve o que é conhecido como nomeação por confrontação.

(d) Um absurdo na figura
O testando responde a perguntas como "O que está errado ou é bobo nesta figura?"

Figura 15.4 Exemplos de itens usados na avaliação neuropsicológica.

mulo), uma semântica (acessar a representação conceitual subjacente ou o significado central do que quer que seja representado) e uma léxica (acessar e expressar o nome apropriado). A dificuldade com a tarefa de nomeação poderia portanto se dever a déficits em qualquer um ou em todos esses componentes. Pessoas que estão neurologicamente comprometidas como resultado de doença de Alzheimer ou outra demência em geral experimentam dificuldade com tarefas de nomeação.

A ilustração (d) na Figura 15.4 é o que é chamado de um **item de absurdo na figura**. Equivalente pictórico de um item de absurdo verbal, a tarefa aqui é identificar o que está errado ou é bobo em relação à figura. É semelhante aos itens de absurdos nas figuras do teste de inteligência de Stanford-Binet. Como ocorre com os itens de Compreensão do tipo Wechsler, esse tipo de item pode fornecer informação sobre compreensão social e capacidades de raciocínio do testando.

> **REFLITA...**
> Itens de figuras absurdas têm sido tradicionalmente encontrados em testes de inteligência ou em testes neuropsicológicos. Descreva seu próprio item de figuras absurdas original, o qual você acredita que poderia ter valor na avaliação da personalidade.

Testes da função perceptual, motora e perceptomotora

O termo **teste perceptual** é uma referência geral a qualquer de muitos instrumentos e procedimentos usados para avaliar aspectos variados do funcionamento sensorial, incluindo aspectos de visão, audição, olfato, tato, paladar e equilíbrio. De modo similar, o **teste motor** é uma referência geral a qualquer dos muitos instrumentos e procedimentos usados para avaliar aspectos variados da capacidade e da mobilidade do indivíduo, incluindo a capacidade de mover os membros, os olhos ou outras partes do corpo. O termo **teste perceptomotor** é uma referência geral a qualquer dos muitos instrumentos e procedimentos usados para avaliar a integração ou a coordenação de capacidades perceptuais e motoras. Por exemplo, montar um quebra-cabeças explora a capacidade perceptomotora – mais especificamente, a coordenação mão-olho. Milhares de testes foram criados para medir vários aspectos do funcionamento perceptual, motor e perceptomotor. De alguns deles você pode ter ouvido falar muito antes de decidir fazer um curso sobre avaliação. Por exemplo, *Ishihara* soa familiar? O teste Ishihara (1964) é usado para avaliar daltonismo. Instrumentos mais especializados – e menos conhecidos – estão disponíveis em caso de suspeita de formas raras de déficit de percepção de cores.

Entre os testes disponíveis para medir déficits no funcionamento auditivo está o Teste de Discriminação Auditiva de Wepman (Wepman Auditory Discrimination Test). Esse teste breve, fácil de administrar, requer que o examinador leia uma lista de 40 pares de palavras significativas monossilábicas (tais como *mão/não*) pronunciadas com os lábios cobertos (não abafados, por favor) por uma tela ou pela mão. A tarefa do examinando é determinar se as duas palavras são a mesma ou são diferentes. É um teste bastante direto – desde que o examinador não esteja sofrendo de um defeito de fala, não tenha sotaque acentuado e não murmure. A amostra de padronização para o teste representou uma ampla variedade na população, mas há pouca informação disponível sobre a confiabilidade ou a validade do teste. O manual do teste também não traça as condições de administração padronizadas, que são de particular importância para esse teste dada a natureza dos estímulos (Pannbacker e Middleton, 1992).

Um teste visando avaliar habilidades motoras amplas e finas é o Teste de Proficiência Motora de Bruininks-Oseretsky (Bruininks-Oseretsky Test of Motor Proficiency). Destinado ao uso com crianças de 4 e meio a 14 e meio anos, esse instrumento inclui subtestes que avaliam velocidade e agilidade de corrida, equilíbrio, força, velocidade de resposta e destreza. Em uma observação menos séria, a capa da caixa do teste poderia ser usada como um dispositivo de avaliação informal da capacidade de leitura pedindo aos colegas que pronunciem de forma correta o nome do teste. Um teste para medir a destreza manual é o Teste do Tabuleiro de Pinos de Purdue (Purdue Pegboard Test). Desenvolvido originalmente no final da década de 1940 como um auxílio na seleção de empregados, o objetivo é inserir pinos em orifícios usando primeiro uma mão, depois a outra, e então ambas as mãos. Cada um desses três segmentos do teste tem um limite de tempo de 30 segundos, e a pontuação é igual ao número de pinos encaixados com correção. Dados normativos estão disponíveis, e é notável que em uma população sem lesão cerebral, as mulheres em geral se saem um pouco melhor nessa tarefa do que os homens. Com indivíduos apresentando lesão cerebral, esse teste pode ajudar a responder a perguntas relativas à lateralização de uma lesão.

Talvez um dos instrumentos neuropsicológicos mais amplamente utilizado seja o **Teste Gestáltico Visuomotor de Bender**, que costuma ser referido apenas como o Bender-Gestalt ou mesmo "o Bender". Concebido na origem por Lauretta Bender (Fig. 15.5), o teste consistia em nove cartas, cada uma com um desenho impresso. Os desenhos tinham sido usados pelo psicólogo Max Wertheimer (1923) em seu estudo da percepção de *gestalten* (palavra alemã para "inteiros configuracionais"). Bender (1938) acreditava que esses desenhos podiam ser usados para avaliar amadurecimento perceptual e prejuízo neurológico. As cartas eram mostradas aos testandos uma de cada vez, e eles eram instruídos a "Copiá-las o melhor possível". Embora não houvesse limite de tempo, tempos de teste incomumente longos ou curtos eram considerados de significância diagnóstica. O tempo médio de administração para todos os nove desenhos era de cerca de 5 minutos – um fato que também contribuiu para seu amplo apelo entre os aplicadores de teste.

Bender (1938, 1970) pretendia que o teste fosse pontuado por meio de julgamento clínico. Ele foi publicado com poucas diretrizes de levantamento e sem informação nor-

Figura 15.5 Lauretta Bender (1896-1987).
Bender (1970) refletiu que o objetivo de seu teste visuomotor não era obter uma reprodução perfeita do teste de figuras, mas "um registro da experiência motora perceptual – uma experiência de vida única e nunca duas vezes igual, mesmo com o mesmo indivíduo" (p. 30).

mativa. Contudo, uma série de sistemas de pontuação quantitativa para esse teste apelativamente simples logo se tornou disponível para protocolos adultos (Brannigan e Brunner, 2002; Hutt, 1985; Pascal e Suttell, 1951; Reichenberg e Raphael, 1992) e infantis (Koppitz, 1963, 1975; Reichenberg e Raphael, 1992). Um exemplo da terminologia de pontuação comum a muitos desses sistemas é apresentado na Figura 15.6. Logo, inúmeras modificações ao procedimento de administração foram propostas. Uma dessas modificações foi a adição de uma fase de lembrança. Após todos os nove desenhos terem sido copiados, um pedaço de papel em branco era colocado diante do testando com as instruções "Agora, por favor, desenhe todas as figuras que você puder lembrar". Gobetz (1953) propôs o procedimento de lembrança como um meio de testar uma hipótese sobre o desempenho diferencial no Bender de acordo com personalidade. Ele criou a hipótese de que, devido à pressão do segundo teste inesperado, os indivíduos diagnosticados como neuróticos seriam capazes de lembrar menos figuras na porção de lembrança do teste do que indivíduos normais. O procedimento de lembrança obteve aceitação geral – não como um meio de fornecer dados relacionados à personalidade, mas como uma maneira de obter dados neuropsicológicos adicionais.

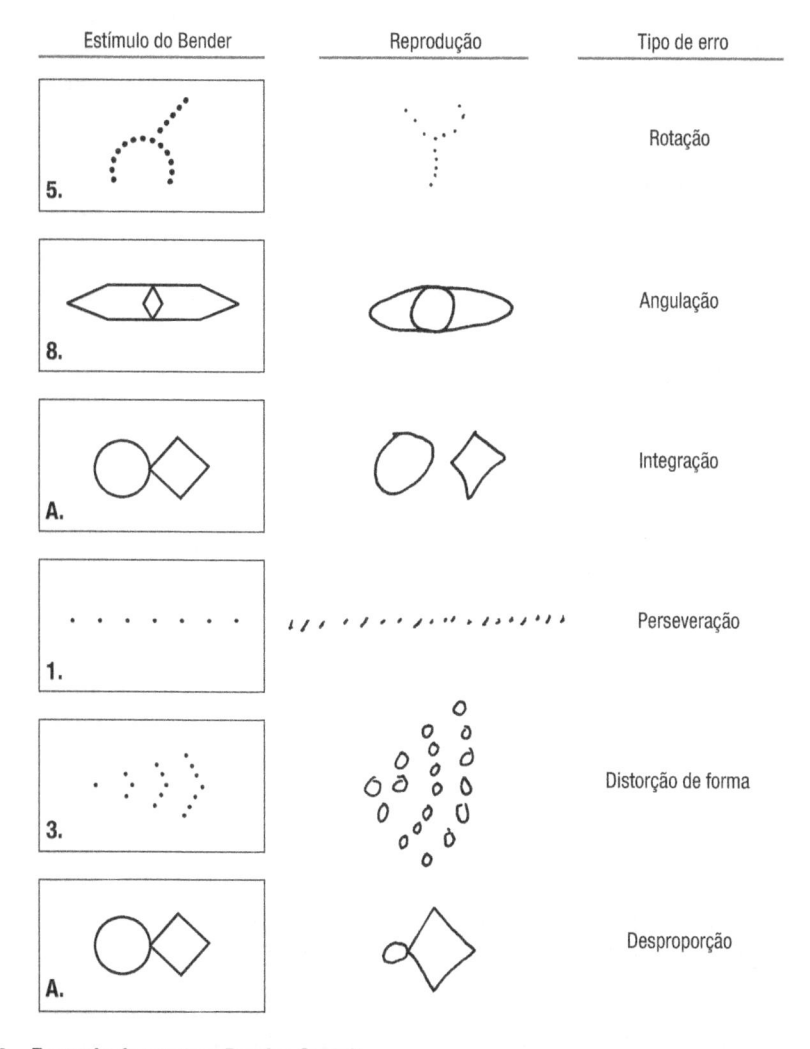

Figura 15.6   Exemplo de erros no Bender-Gestalt.
Esses tipos de erros podem sugerir prejuízo orgânico. Nem todos os erros ilustrados são sinais de prejuízo orgânico em todas as idades.

> **REFLITA...**
> Os autores de testes, entre eles Lauretta Bender, podem pretender que seu instrumento seja levantado e interpretado apenas com base no julgamento clínico. Mas os aplicadores de testes reivindicam outra forma. Por quê?

> **NO BRASIL**
> O teste Gestáltico Visomotor de Bender – segunda edição ainda não foi adaptado para uso no Brasil. Os nomes das tarefas podem ser alterados quando o procedimento for realizado.

Max Hutt (1985) acreditava que o comportamento percepto-motor oferecia uma amostra de comportamento não facilmente explorado por testes verbais. Ele pensava que os desenhos de Bender copiados eram capazes de revelar conflitos desenvolvimentais nos indivíduos dos quais eles próprios poderiam não ter consciência. Opiniões semelhantes foram expressas por outros defendendo o uso do Bender como um instrumento projetivo (Raphael e Golden, 1997; Raphael et al., 2002).

O Teste Gestáltico Visomotor de Bender, segunda edição (Bender-Gestalt-II; Brannigan e Decker, 2003) acrescentou sete novos itens, ampliando a gama de capacidades avaliadas por seu antecessor. Quatro dos itens são usados exclusivamente com testandos dos 4 aos 7 anos e 11 meses de idade, e os outros três apenas com indivíduos de 8 a 85 anos ou mais velhos. Uma fase de lembrança foi incluída no teste, assim como dois testes suplementares denominados Teste Motor e Teste de Percepção. Os testes suplementares foram concebidos para detectar déficits no desempenho ou nas capacidades motoras que afetariam adversamente o desempenho. A tarefa no Teste Motor é traçar uma linha entre os pontos sem tocar as bordas, e a do Teste de Percepção é circular ou apontar um desenho que melhor corresponda a um desenho de estímulo. O teste é conduzido por administração de uma fase de Cópia (copiar os desenhos), uma fase de Lembrança (redesenhar as figuras de memória), o Teste Motor e então o Teste de Percepção. As fases de Cópia e Lembrança são cronometradas. Diretrizes específicas para levantamento são fornecidas de forma exaustiva. Por exemplo, durante a fase de Cópia, a semelhança entre o desenho na carta de estímulo e as respostas do avaliando são pontuadas como segue:

0 = Nenhuma – desenho aleatório, rabiscos ou ausência de desenho
1 = Leve – vaga semelhança
2 = Alguma – semelhança moderada
3 = Forte – lembrança precisa, reprodução exata
4 = Quase perfeita

O Bender-Gestalt-II foi padronizado em 4 mil indivíduos de 4 a 85 anos e acima compatíveis com o censo dos Estados Unidos de 2000. Foram incluídos membros de populações especiais: indivíduos com retardo mental, transtornos da alimentação, transtorno do déficit de atenção/hiperatividade, autismo, doença de Alzheimer e superdotados. Inúmeros estudos atestando a confiabilidade e a validade do teste são apresentados em seu manual. Os tipos de estudos de confiabilidade relatados foram da variedade teste-reteste, consistência interna e entre-avaliadores. Os estudos de validade foram interpretados como apoiando a visão de que o teste mede o que se propõe a medir. Seus autores concluíram que o teste

> mede um único construto subjacente que é sensível ao amadurecimento e/ou ao desenvolvimento, e as pontuações das fases de Cópia e Lembrança são altamente influenciadas e sensíveis às condições clínicas. Essa dimensionalidade fornece utilidade complementar ao teste. (Brannigan e Decker, 2003, p. 67)

Há muito se pensa que a capacidade visuomotora se desenvolve ao longo da infância e então permanece relativamente estável durante toda a vida. Usando os dados da amostra de padronização do Bender-Gestalt-II, um pesquisador forneceu evidência sugestiva contrária a essa sequência de eventos. Com base em sua nova análise dos dados, Decker (2008) concluiu que a capacidade visuomotora prossegue durante a adolescência, diminui com regularidade na idade adulta e então declina com rapidez a partir da terceira idade. É preciso determinar se as conclusões de Decker são ou não são confirmadas por outros.

Testes de funcionamento verbal

A fluência verbal e a fluência na escrita são às vezes afetadas por lesão no cérebro, e existem testes para avaliar a extensão do déficit nessas habilidades. No Teste de Associação de Palavras Controladas (Controlled Word Association Test) (anteriormente o Teste de Fluência Verbal Associativa), o examinador diz uma letra do alfabeto e o indivíduo deve dizer tantas palavras quanto possa pensar que comece com essa letra. Cada uma de três tentativas emprega três letras diferentes como estímulo e dura 1 minuto; a pontuação final reflete o número total de palavras corretas produzidas, ponderadas por fatores como gênero, idade e educação do testando. Os escores do Teste de Associação de Palavras Controladas estão relacionados, conforme orientação prevista, com a capacidade de pacientes de demência de completar tarefas da vida diária, como usar o telefone ou preencher um cheque (Loewenstein et al., 1992). Embora pessoas com demência tendam a ir mal no teste, comparadas com controles, as diferenças observadas não têm sido suficientemente significativas para justificar o uso do teste como um indicador de demência (Nelson et al., 1993).

Afasia, não confundir com *afagia*, refere-se a uma perda da capacidade de se expressar ou de entender linguagem falada ou escrita devido a algum déficit neurológico.[2] Inúmeros testes foram desenvolvidos para medir aspectos da afasia. Por exemplo, o Teste de Avaliação de Afasia de Reitan-Indiana (AST) (Reitan-Indiana Aphasia Screening Test), disponível na forma infantil e adulta, contém tarefas variadas como nomear objetos comuns, seguir instruções verbais e escrever palavras familiares. A análise fatorial sugeriu que essas tarefas carregam em dois fatores: capacidades de linguagem e coordenação envolvida na escrita de palavras ou em desenho de objetos (Williams e Shane, 1986). Ambas as formas do teste foram concebidas para serem dispositivos de avaliação que possam ser administrados em 15 minutos ou menos. Usado isolado como um instrumento de avaliação (Reitan, 1984a, 1984b; Reitan e Wolfson, 1992) ou em combinação com outros testes (Tramontana e Boyd, 1986), o AST pode ser de valor para diferenciar testandos que têm dano cerebral daqueles que não têm. Para aqueles de descendência hispânica, um instrumento mais culturalmente relevante poderia ser o Exame de Afasia Multilíngue (Multilingual Aphasia Examination). Rey e colaboradores (1999) consideraram as normas publicadas comparáveis com seus próprios dados usando uma amostra de testandos hispânicos. Eles também discutiram problemas específicos encontrados na pesquisa neuropsicológica com hispânicos e sugeriram diretrizes e orientações para pesquisa futura.

Testes de memória

A memória é uma função cognitiva complexa, multifacetada, que tem desafiado a explicação simples. Para avaliar o quanto é complexa, considere o seguinte:

> Estima-se que os seres humanos possuam 1 trilhão de neurônios, mais 70 trilhões de conexões sinápticas entre eles [...] Um único neurônio pode ter até 10 mil sinapses, mas durante o processo de formação da memória talvez apenas 12 sinapses sejam fortalecidas enquanto outras 100 serão enfraquecidas. A soma dessas mudanças, multiplicada neurônio por neurônio, cria um circuito carregado que resulta na memória. (Hall, 1998, p. 30)

Diferentes modelos de memória competem por reconhecimento na comunidade científica e nenhum obteve aceitação universal. Para nossos propósitos, um exemplo de modelo é apresentado na Figura 15.7 – junto com a advertência de que esse modelo bastante simples, que foi combinado de várias fontes, é, na melhor das hipóteses, incompleto e *não é* universalmente aceito. Além disso, o modelo contém elementos que ainda são assunto de debate entre pesquisadores contemporâneos.

---

[2] **Afagia** é uma condição na qual a capacidade de deglutir é perdida ou diminuída.

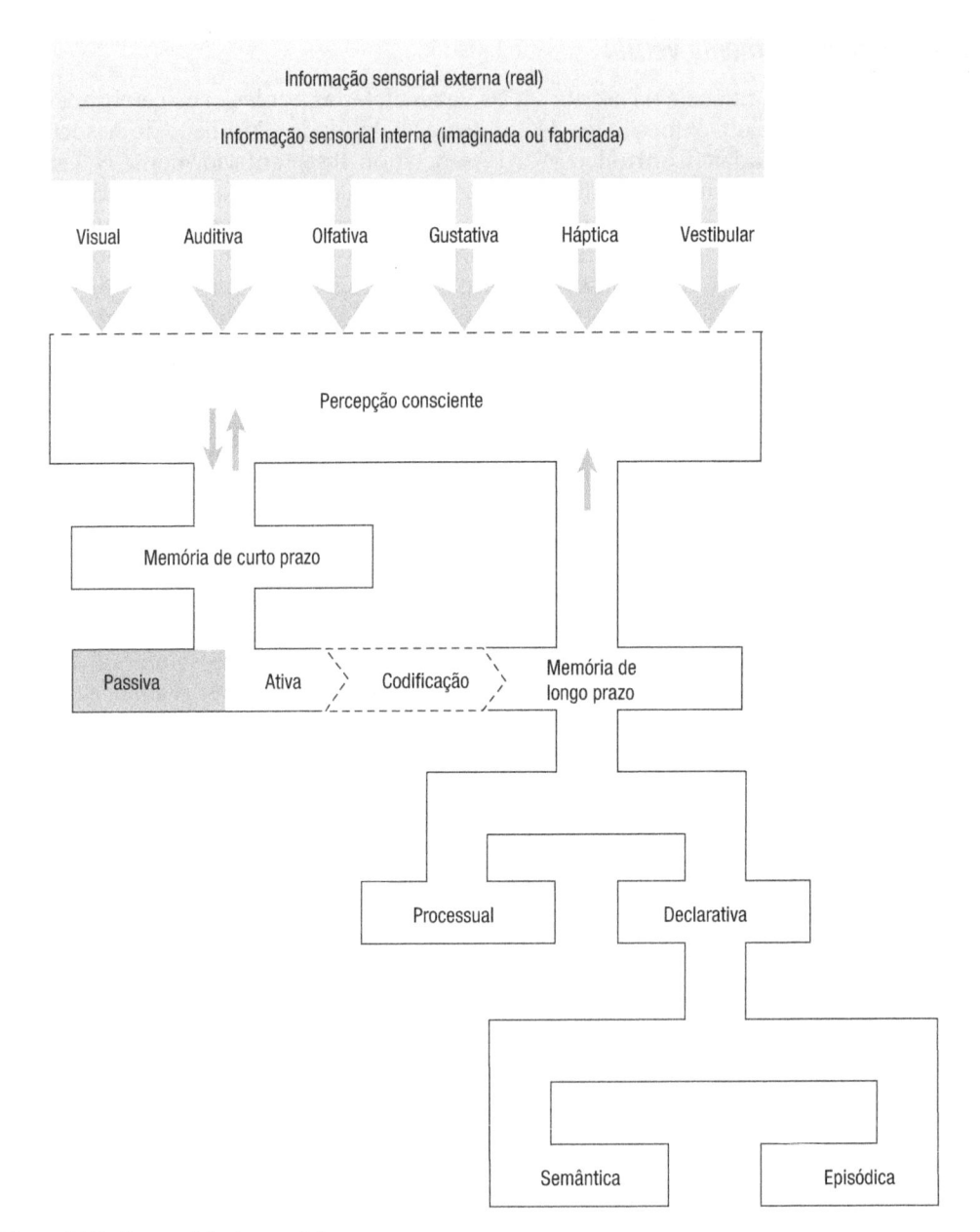

Figura 15.7 Um modelo de memória.

De acordo com nosso modelo, a memória resulta de processamento de informação pelo sistema nervoso de informação sensorial externa (real), tal como visões, sons, cheiros e gostos. Sua visão armazenada do rosto de uma pessoa amada, a canção que você nunca esquecerá e o cheiro da grama recém-cortada são exemplos de memórias formadas por informação sensorial real. Memória de todo tipo também pode resultar do que se produz internamente, na ausência de sensações reais. O que alguém imagina, sonha, entende mal, todos estes são exemplos desse último tipo de memória. É evidente que a dominância de tipos de memórias imaginadas ou fabricadas pode se tornar uma questão de importância clínica. A linha entre o canal de entrada sensorial e a percepção consciente é tracejada para indicar que nem toda informação sensorial se transforma de maneira automática em percepção consciente; fatores como atenção e concentração desempenham um papel na determinação de quais estímulos realmente se tornam percepções conscientes.

Contrário à imagem popular da memória como um depósito de todo tipo de coisas, ela é um processo ativo que se presume que implique componentes de curto e de longo prazo (Atkinson e Shiffrin, 1968). As informações recebidas são processadas na memória de curto prazo, onde são armazenadas por poucos segundos ou até 1 ou 2 minutos. A memória de curto prazo também foi caracterizada por alguns pesquisadores como praticamente sinônimo de *memória operacional* (Daneman e Carpenter, 1980; Newell, 1973). A visão mais tradicional da memória de curto prazo é a de uma área de armazenamento passivo na qual as informações são transferidas para a memória de longo prazo ou dissipadas (ou seja, esquecidas). Nosso modelo leva em consideração os componentes passivo e ativo da memória de curto prazo, com a codificação da memória de longo prazo composta do componente ativo, "operacional", da memória de curto prazo.

Note em nosso modelo o caminho de duas vias entre a memória de curto prazo e a percepção consciente. O caminho para a memória de longo prazo é ilustrado por uma linha tracejada – indicando que nem toda informação na de curto prazo é codificada na de longo prazo.

Com relação à memória de longo prazo, pesquisadores diferenciaram entre memória *processual* e *declarativa*. **Memória processual** é aquela usada para coisas como dirigir um carro, digitar em um teclado ou andar de bicicleta. A maioria de nós pode acessar a memória processual com pouco esforço e concentração. **Memória declarativa** refere-se àquela de material factual – tal como as diferenças entre memória processual e declarativa. Nós compartimentamos os componentes processual e declarativo da memória de longo prazo para fins ilustrativos.

> **REFLITA...**
> Visualize alguma imagem ou um evento lembrado. Agora, com referência ao nosso modelo de memória, esboce como essa memória pode ter sido estabelecida.

Também são ilustrados como compartimentados o que se acredita amplamente que sejam dois componentes da memória declarativa: memória semântica e episódica. **Memória semântica** é, falando de forma estrita, memória para fatos. **Memória episódica** é a memória para fatos em um determinado contexto ou uma situação. Um exemplo de memória episódica ou dependente do contexto poderia ser a lembrança do nome de um colega de classe durante a aula mas não em um encontro casual durante um evento social. Ser solicitado a repetir dígitos no contexto de um teste de memória é outro exemplo de memória episódica, porque existe ligação muito íntima ao contexto (de testagem).

Conforme indicado pelo caminho de mão única da memória de longo prazo para a consciência, a informação armazenada nessa memória está disponível para recuperação. Se a informação assim recuperada pode ser restaurada diretamente para a memória de longo prazo ou deve, em vez disso, tornar a ser processada por meio da memória de curto prazo é uma questão controversa. Também um pouco controverso (e não ilustrado em nosso modelo) é o conceito de *memória implícita*. Há pesquisas sugerindo a existência de memória tanto no contexto da percepção consciente quanto externa ao controle consciente (Greenwald e Banaji, 1995; Richardson-Klavehn e Bjork, 1988; Roediger, 1990; Roediger e McDermott, 1993; Schacter, 1987). A última variedade de memória, que é acessível apenas por medidas indiretas e não por lembrança consciente, foi referida como "memória inconsciente" ou, mais recentemente, **memória implícita.** O apoio para essas propostas de divisões da memória pode ser encontrado na pesquisa laboratorial e também na observação clínica de pessoas com amnésia que exibem compartimentações profundas de memórias acessíveis e não acessíveis.

Um teste de memória muito utilizado é o Teste de Aprendizagem Verbal da Califórnia-II (CVLT-II; Dellis et al., 2000). A tarefa é repetir uma lista de palavras lidas pelo examinador. Uma série de provas é administrada. O teste produz escores de lembrança e reconhecimento, bem como informações relacionadas à taxa de aprendizagem, tipos de erro e estratégias de codificação. Os itens administrados em um formato de escolha força-

> **REFLITA...**
> Qual é a relação, se houver, entre um *motivo implícito* (ver Cap. 13) e uma *memória implícita*?

da podem ser úteis na detecção de simulação. Normas são fornecidas para indivíduos de 16 a 89 anos, e há uma forma abreviada disponível para uso com indivíduos para os quais fatores de fadiga ou relacionados devem ser levados em consideração. Também está disponível uma forma alternativa para fins de retestagem. Uma forma infantil do teste também foi publicada.

A quarta edição da Escala de Memória Wechsler (WMS-IV), publicada em 2009, é a revisão mais recente de uma marca de testes de memória que foi precedida pela WMS-III, pela WMS-R e pela WMS. Destinado ao uso com testandos de 16 a 90 anos, os materiais e as tarefas na WMS-IV, muito como aqueles na WAIS-IV, foram revisados para serem mais propícios para uso com indivíduos mais velhos. A WMS fornece escores para memória auditiva, memória visual, memória operacional visual, memória imediata e memória de longo prazo. Há alguma evidência de que a WMS-IV pode ser uma medida mais útil de memória auditiva e visual do que a WMS-III sob certas circunstâncias (Hoelzleet et al., 2011).

> **REFLITA...**
> Que métodos você poderia usar para avaliar a solidez psicométrica de um teste de memória? *Nota*: Você pode querer verificar sua resposta em relação ao procedimento descrito no manual da WMS-IV.

Duas outras abordagens à testagem da memória são ilustradas na Figura 15.8. Em uma abordagem concebida por Milner (1971), figuras táteis sem sentido (não representativas) são empregadas para medir a memória tátil (ou háptica) imediata. Outro teste de memória tátil envolve uma adaptação da administração do teste do Tabuleiro de Formas de Seguin-Goddard. Halstead (1947a) sugeriu que o tabuleiro de formas poderia ser usado para avaliar a memória tátil se os examinandos tivessem os olhos vendados durante o teste e uma prova de memória fosse acrescentada.

> **REFLITA...**
> Quais são algumas tarefas do mundo real que você recomendaria que fossem incluídas no teste de memória de Crook?

Uma bateria de testes computadorizada desenvolvida por Thomas Crook e descrita por Hostetler (1987) usa inúmeras tarefas do mundo real (como falar ao telefone e associação entre nome e rosto). Ela foi empregada como medida de desfecho em estudos da eficácia de vários medicamentos no tratamento de doença de Alzheimer. Em termos do diagnóstico dessa doença, um grupo de pesquisadores reuniu uma bateria de testes que afirmam ser superior aos métodos diagnósticos atualmente em uso (Chapman et al., 2010). Isso nos leva ao assunto de . . .

Baterias de testes neuropsicológicos

Com base no exame do estado mental, no exame físico e nos dados da história de caso, o neuropsicólogo normalmente administra uma bateria de testes para um estudo clínico adicional. Neuropsicólogos treinados podem administrar uma **bateria fixa** de testes comprada pronta, ou podem modificar uma bateria fixa para o caso em questão. Eles podem preferir utilizar uma **bateria flexível**, consistindo em uma variedade de instrumentos escolhidos a dedo para algum propósito relevante aos aspectos únicos do paciente e do problema apresentado.

O médico que administra uma bateria flexível não tem apenas a responsabilidade de selecionar os testes a serem usados, mas também se encarrega de integrar todos os achados de cada um dos testes individuais – não é uma tarefa simples porque cada teste pode ter sido normatizado em diferentes populações. Outro problema inerente ao uso de uma bateria flexível é que os testes administrados com frequência se sobrepõem com respeito a algumas das funções testadas, e o resultado é algum desperdício no tempo de testagem e levantamento. Independentemente desses e de outros obstáculos, a preferência da maioria dos neuropsicólogos com mais alto treinamento tem sido, via de regra, adaptar

Figura 15.8 Dois instrumentos usados na mensuração da memória tátil.

À esquerda, quatro pedaços de arame dobrados em "figuras sem sentido" podem ser usados em um teste tátil de memória imediata. Os examinandos são instruídos a sentir uma das figuras com a mão direita ou a esquerda (ou com ambas as mãos) e então localizar uma figura correspondente. À direita é mostrado um Tabuleiro de Formas de Seguin-Goddard. Examinandos vendados são orientados a encaixar cada um dos 10 blocos de madeira no espaço adequado no tabuleiro de formas com cada mão separadamente e então com ambas as mãos. Em seguida, pode ser solicitado ao examinando que desenhe, de memória, o tabuleiro de formas. Todas as respostas são cronometradas e pontuadas pela correção.

uma bateria de testes às demandas específicas de uma situação de testagem em particular (Bauer, 2000; Sweet et al., 2002). Sem dúvida, tudo isso pode mudar como resultado de ação judicial (ver a seção *Em foco* deste capítulo).

As baterias de testes neuropsicológicos fixas visam amostrar em detalhes o funcionamento neuropsicológico do paciente. A bateria fixa é atraente para os clínicos, em especial para aqueles relativamente novos na avaliação neuropsicológica, porque tende a ser menos exigente em muitos aspectos. Enquanto muita perícia e habilidade são necessárias para dar forma a uma bateria flexível que responda de maneira adequada à questão de encaminhamento, uma bateria comprada pronta representa uma alternativa que não é feita sob medida mas é abrangente. Diversos testes amostrando várias áreas são incluídos na bateria, e cada um é fornecido com métodos de pontuação claros. Um obstáculo maior dos testes comprados prontos, entretanto, é que a incapacidade específica do paciente pode influenciar muito – e adversamente – o desempenho no teste. Assim, por exemplo, um indivíduo com um prejuízo visual pode ir mal em muitas das tarefas que requeiram habilidades visuais.

Talvez a bateria de testes neuropsicológicos fixa com mais ampla utilização seja a **Bateria Neuropsicológica de Halstead-Reitan**. Ward C. Halstead (1908–1969) foi um psicólogo experimental cujo interesse no estudo de correlatos cérebro-comportamento o levou a estabelecer um laboratório para esse propósito na University of Chicago em 1935. O seu foi o primeiro laboratório desse tipo no mundo. Ao longo de 35 anos de pesquisa, ele estudou mais de 1.100 pessoas com dano cerebral. A partir de suas observações, esse pesquisador (1947a, 1947b) criou uma série de 27 testes visando avaliar a

EM FOCO

Baterias de testes neuropsicológicos fixas *versus* flexíveis e a Lei

Os tribunais têm alguma preferência em relação a testes específicos administrados por avaliadores que atuam como testemunhas periciais nos litígios? Com referência à avaliação neuropsicológica, importa se o avaliador administrou uma bateria fixa ou uma flexível? A decisão de uma corte federal em *Chapple* v. *Ganger* é esclarecedora sobre essas questões. No caso *Chapple*, o tribunal aplicou a regra de *Daubert* com relação à admissão de evidência científica.

O caso *Chapple*

Chapple é derivado de um acidente de automóvel no qual um menino de 10 anos sofreu traumatismos cranianos fechados. O queixante alegou que esses ferimentos prejudicaram o funcionamento cerebral e foram permanentes, enquanto o réu negava essa alegação. Três exames neuropsicológicos do menino foram realizados por três avaliadores diferentes em três ocasiões diferentes. O primeiro foi conduzido por um psicólogo clínico que administrou uma bateria de testes flexível, incluindo o Teste de Avaliação de Afasia (Aphasia Screening Test), o Teste de Retenção Visual de Benton (Benton Visual Retention Test), o Cubo de Knox (Knox Cube), o Teste da Figura Complexa de Rey (Rey Complex Figure Test), o Teste de Ritmo de Seashore (Seashore Rhythm Test), o Teste de Trilhas (Trails Test) e o Teste de Classificação de Cartas de Wisconsin (Wisconsin Card Sorting Test). Além disso, a bateria flexível incluiu outros testes como Desenhe uma Bicicleta (Draw a Bicycle), Desenhe um Relógio (Draw a Clock), Desenhe uma Família (Draw a Family), Desenhe uma Pessoa (Draw a Person), Teste de Categorias (Category Test), Sentenças Incompletas (Incomplete Sentences), Teste de Dominância Lateral (Lateral Dominance Test), Teste da Batida do Dedo (Manual Finger Tapping Test) e Peabody, Teste de Vocabulário por Imagens de Peabody (Picture Vocabulary Test), bem como subtestes do Woodcock-Johnson, do WISC-R e do WRAT-R.

O segundo exame neuropsicológico, cerca de um ano mais tarde, também envolveu uma bateria flexível, administrada dessa vez por um neuropsicólogo. Os testes utilizados foram Trilhas (Trails), Imitação de Sentença (Sentence Imitation), Sequência de Palavras e Orientação Oral (Word Sequencing and Oral Direction) (Teste de Aptidão de Aprendizagem de Detroit [subtestes do Detroit Test of Learning Aptitude]), Teste da Figura Complexa de Taylor (Taylor Complex Figure Test), Teste de Organização Visual de Hooper (Hooper Visual Organization Test), Capacidade de Atenção (Attention Capacity) (um subteste do Teste de Aprendizagem Verbal Auditiva [Auditory Verbal Learning Test]), Teste de Lembrança de Sons e Símbolos Visuais (Sound and Visual Symbol Recall Test), Teste de Cópia de Parágrafo (Paragraph Copy Test), Teste de Inteligência Abreviado de Kaufman (Kaufman Brief Intelligence Test), o Individual Achievement Test (Teste de Realização Individual) e o Teste de Compreensão da Escuta e Compreensão da Leitura de Wechsler (Wechsler Reading Comprehension and Listening Comprehension Test).

O terceiro exame neuropsicológico, encomendado pelo réu e conduzido pelo neuropsicólogo Ralph Reitan, envolveu a administração da maioria dos subtestes da Bateria de Testes Neuropsicológicos de Halstead-Reitan para Crianças mais Velhas. Nos dois exames anteriores, os resultados referiam-se a algum grau de trauma cerebral como resultado do acidente, que, por sua vez, deixara a criança com um grau de prejuízo permanente. Em contrapartida, como resultado do terceiro exame, Reitan relatou que a criança tinha pontuado na variação normal na maioria dos testes de sua bateria fixa. Levou em consideração, entretanto, a possibilidade de prejuízo leve atribuível a alguma disfunção cerebral menor. Suas opiniões foram baseadas no desempenho da criança no teste e na avaliação de arquivos do caso. Os outros dois psicólogos também revisaram os arquivos e os dados da história da criança para chegar às suas conclusões.

Invocando a regra de *Daubert*, o tribunal decidiu em favor do réu, não encontrando evidências para apoiar dano cerebral orgânico permanente. Reed (1996) observou que o tribunal deu mais peso aos resultados das baterias fixas do que aos das flexíveis, citando a falta de evidência médica e científica para apoiar as conclusões com base nas baterias flexíveis. O tribunal escreveu: "O foco é na metodologia dos peritos, e não nas conclusões que eles produzem". Em *Chapple*, então, o testemunho em relação à administração de uma bateria fixa foi aceito pelo tribunal como evidência médica, enquanto o testemunho relativo à administração de baterias flexíveis não foi.

As implicações de *Daubert* e *Chapple*

À primeira vista, as implicações de *Daubert* parecem vagas e abertas a múltiplas interpretações (Black et al., 1994; Faigman, 1995; Larvie, 1994). Porém, pode haver uma lição a ser aprendida com o caso *Chapple*, de 1994, pelo menos com relação à admissibilidade de evidências obtidas como resultado de baterias neuropsicológicas fixas *versus* flexíveis. Embora a administração de baterias flexíveis seja geralmente aceita na comunidade profissional, um tribunal pode olhar de forma mais favorável para conclusões alcançadas como resultado de testes padronizados individuais se esses resultados foram usados para suplementar os achados de uma bateria de testes neuropsicológicos fixa. A consequência de *Chapple* permanece conosco hoje, e os debates relativos ao valor de baterias fixas *versus* flexíveis – pelo menos de um ponto de vista legal – também continuam (Bigler, 2007; Hom, 2008; Russell, 2007).

presença ou a ausência de dano cerebral orgânico – a Bateria de Testes Neurológicos de Halstead. Um aluno de Halstead, Ralph M. Reitan, posteriormente elaborou os achados de seu mentor. Em 1955, Reitan publicou dois ensaios que tratavam dos efeitos intelectuais diferenciais de vários locais de lesão cerebral (Reitan, 1955a, 1955b). Após 14 anos de muita pesquisa, Reitan (1969) publicou de modo particular um livro intitulado *Manual para a administração de baterias de testes neuropsicológicos para adultos e crianças (Manual for Administration of Neuropsychological Test Batteries for Adults and Children)* – o precursor da Bateria de Testes Neuropsicológicos de Halstead-Reitan (H-R; ver também Reitan e Wolfson, 1993).

A administração do H-R requer um examinador altamente treinado familiarizado com os procedimentos para a aplicação dos vários subtestes (Tab. 15.7). Mesmo com tal examinador, o teste em geral requer um dia inteiro para ser completado. Os escores do subteste são interpretados não apenas com respeito ao que significam por si mesmos mas também em termos de sua relação com os escores em outros subtestes. A interpretação adequada dos achados exige o olhar treinado de um neuropsicólogo, embora esteja disponível um programa de interpretação computadorizada do H-R – que não substitui o julgamento clínico mas o auxilia. O escores produz um número referido como Índice de Prejuízo de Halstead, e um índice de 0,5 (o ponto de corte) ou acima é indicativo de um problema neuropsicológico. Dados sobre mais de 10 mil pacientes na amostra de normatização foram usados para estabelecer esse ponto de corte. Informações normativas também foram publicadas relacionadas a populações especiais. Fatores culturais também devem ser considerados na administração dessa bateria (Evans et al., 2000).

Conduzir estudos de confiabilidade teste-reteste no H-R é um esforço excessivo, dado o longo tempo que leva para ser administrado e outros fatores (tais como efeitos de prática e efeitos de memória). Contudo, o teste costuma ser considerado confiável. Uma grande quantidade de literatura atesta a validade do instrumento para diferenciar indivíduos com dano cerebral de indivíduos sem dano cerebral e para ajudar a fazer julgamentos relativos à gravidade de um déficit e sua possível localização (Reitan, 1994a, 1994b; Reitan e Wolfson, 2000). A bateria também foi usada para identificar déficits comportamentais associados com lesões neurológicas específicas (Guilmette e Faust, 1991; Guilmette et al., 1990; Heaton et al., 2001).

> **REFLITA...**
> Apenas por um momento, assuma o papel de um neuropsicólogo que passa boa parte de muitos dias de trabalho administrando uma única bateria de testes neuropsicológicos a um único avaliando. O que você mais gosta em relação a seu trabalho? O que você menos gosta?

Outra bateria neuropsicológica fixa é a Bateria Neuropsicológica de Luria-Nebraska (LNNB). Os textos do neuropsicólogo russo Aleksandr Luria serviram de inspiração para um grupo de testes padronizados (Christensen, 1975) que foram subsequentemente revisados (Golden et al., 1980; Golden et al., 1985) e se tornaram conhecidos como o LNNB. Em suas várias formas publicadas, o LNNB contém escalas clínicas destinadas a avaliar processos e funções cognitivos. A análise dos escores nessas escalas pode levar a julgamentos quanto a se existe prejuízo neuropsicológico, e em caso positivo, que área do cérebro é afetada. O LNNB leva cerca de um terço do tempo necessário para administrar a bateria de Halstead-Reitan. Contudo, a julgar pelo uso desses testes, o Halstead-Reitan continua sendo a escolha para a avaliação por neuropsicólogos experientes. Uma bateria de testes neuropsicológicos para crianças, também derivada em parte do trabalho de Luria, é o NEPSY (Korkman et al., 1997), cuja inspiração foi detalhada por seu autor principal (Korkman, 1999).

> **REFLITA...**
> O Inventário Cognitivo-comportamental do Motorista é uma bateria neuropsicológica especialmente desenvolvida para ajudar a determinar se um avaliando pode dirigir um veículo automotor. Qual outra bateria neuropsicológica especializada precisa ser desenvolvida?

Tabela 15.7 Subtestes da Bateria de Halstead-Reitan

Categoria

Essa é uma medida de capacidade de abstração na qual figuras de estímulo de diversos tamanhos, formas, número, intensidade, cor e localização aparecem rapidamente sobre uma tela opaca. Os indivíduos devem determinar que princípio vincula as figuras de estímulo (tal como a cor) e indicar sua resposta entre quatro escolhas pressionando a tecla adequada em um teclado simples. Se a resposta for correta, soa uma campainha; se incorreta, soa uma sirene. O teste explora sobretudo o funcionamento do lobo frontal do cérebro.

Desempenho tátil

Examinandos vendados completam o Tabuleiro de Formas de Seguin-Goddar (ver Fig. 15.8) com suas mãos dominantes e não dominantes e então com ambas as mãos. O tempo usado para completar cada uma das tarefas é registrado. O tabuleiro é então removido, a venda é retirada, e o examinando recebe lápis e papel e deve desenhar o tabuleiro de formas de memória. Dois escores são calculados a partir do desenho: a pontuação de memória, que inclui o número de formas reproduzidas com uma quantidade razoável de precisão, e a pontuação de localização, que é o número total de blocos desenhados na relação correta com os outros blocos e o tabuleiro. A interpretação dos dados inclui a consideração do tempo total para completar essa tarefa, o número de figuras desenhadas de memória e o número de blocos desenhados na relação correta com os outros blocos.

Ritmo

Publicado primeiro como um subteste do Teste de Talento Musical de Seashore e subsequentemente incluído como um subteste na bateria original de Halstead (1947a), a tarefa do indivíduo aqui é discriminar entre pares iguais e diferentes de ritmos (batidas) musicais. A dificuldade com essa tarefa foi associada com dano cerebral temporal direito (Milner, 1971).

Percepção de sons da fala

Esse teste consiste em 60 palavras sem sentido administradas por meio de uma gravação de áudio ajustada para o volume preferido do examinando. A tarefa é discriminar uma sílaba falada, selecionando de quatro alternativas apresentadas em um folha impressa. O desempenho neste subteste está relacionado a funcionamento do hemisfério esquerdo.

Batida do dedo

Originalmente chamado de "teste de oscilação do dedo", esse teste de destreza manual mede a velocidade da batida do dedo indicador de cada mão em uma tecla. O número de batidas de cada mão é contado por um contador automático durante cinco tentativas consecutivas de 10 segundos, com um breve período de repouso entre as tentativas. A pontuação total nesse subteste representa a média das cinco tentativas para cada mão. Uma pontuação típica, normal, é de aproximadamente 50 batidas por período de 10 segundos, para a mão dominante e de 45 batidas para a mão não dominante (uma taxa 10% mais rápida é esperada para a mão dominante). Lesões corticais podem afetar de forma diferente a taxa de batida do dedo das duas mãos.

Sentido de tempo

O examinando observa o ponteiro de um relógio correr e então tem a tarefa de reproduzir esse movimento de vista. Esse teste explora as habilidades visuomotoras bem como a capacidade de estimar o intervalo de tempo.

Outros testes

Também está incluso na bateria o Teste de Trilhas (ver Fig. 15.4), no qual a tarefa do examinando é ligar com correção círculos identificados por números e letras. Um teste de força de preensão também está incluso; a força de preensão pode ser medida de maneira informal por um aperto de mãos e, mais cientificamente, por um dinamômetro (no Cap. 3, Fig. 3.1).

Para determinar qual olho é o preferido ou o olho dominante, é administrado o Teste ABC de Dominância Ocular de Miles (Miles ABC Test of Ocular Dominance). Também é recomendada a administração de um teste de inteligência Wechsler, o MMPI (útil nesse contexto para esclarecer questões relativas à possível origem funcional de comportamento anormal), e um teste de avaliação de afasia adaptado do trabalho de Halstead e Wepman (1959).

Vários outros testes sensório-motores também podem ser inclusos. Um, chamado de teste de frequência crítica de fusão da cintilação (*flicker*), fazia parte dessa bateria, mas foi descontinuado pela maioria dos examinadores. Se já esteve em uma discoteca e observou a ação da luz estroboscópica, você pode entender o que significa uma luz que cintila. No teste de fusão da cintilação, um aparelho que emite uma luz piscante em várias velocidades é ligado, e o examinando é instruído a ajustar a taxa da cintilação até que a luz parece ser constante ou fundida.

NO BRASIL
A Bateria de Halstead-Reitan ainda não foi adaptada para uso no Brasil. Os nomes das tarefas podem ser alterados quando esse procedimento for realizado.

Muitas baterias de testes neuropsicológicos publicadas e não publicadas visam sondar com profundidade uma área de funcionamento neuropsicológico em vez de examinar possível déficit comportamental em uma variedade de áreas. Existem baterias de testes que se concentram em problemas visuais, sensoriais, de memória e de comunicação. O Exame Abrangente de Afasia do Centro Neurossensorial (NCCEA) (Neurosensory Center Comprehensive Examination of Aphasia) é uma bateria de testes que focaliza o déficit de comunicação. A Bateria do Instituto Neurológico de Montreal (Montreal Neurological Institute Battery) é particularmente útil para neuropsicólogos treinados na localização de tipos específicos de lesões. Os Testes de Integração Sensorial da Califórnia do Sul (Southern California Sensory Integration Tests) compõem uma bateria com objetivo de avaliar o funcionamento sensorial-integrativo e motor em crianças de 4 a 9 anos de idade.

Uma bateria neuropsicológica chamada de Bateria de Prejuízo Grave (Severe Impairment Battery) (SIB; Saxton et al., 1990) é designada para uso com avaliandos gravemente prejudicados que poderiam de outro modo ter um desempenho de nível baixo nos testes existentes ou próximo. Ela é dividida em seis subescalas: Atenção, Orientação, Linguagem, Memória, Visuopercepção e Construção. Outra bateria especializada é o Inventário Cognitivo Comportamental do Motorista, que foi concebido especificamente para ajudar a determinar se indivíduos com dano cerebral são capazes de dirigir veículos automotores (Lambert e Engum, 1992).

Outros instrumentos de avaliação neuropsicológica

Os neuropsicólogos devem estar preparados para avaliar pessoas com prejuízo de visão ou cegas, com prejuízo auditivo ou surdas, ou sofrendo de outras incapacidades. Proporcionar um ajustamento para esses pacientes enquanto se conduz uma avaliação significativa pode ser desafiador (Hill-Briggs e colaboradores 2007). Como ocorre com outras avaliações envolvendo ajustamentos para uma incapacidade, deve ser dada a devida consideração à seleção de instrumentos e a qualquer desvio das diretrizes de administração e interpretação de testes normatizados. Sempre parece haver novos instrumentos de avaliação em desenvolvimento para possível uso com membros de populações especiais. Assim, por exemplo, Miller e colaboradores (2007) descreveram o desenvolvimento de um teste de raciocínio não verbal que utiliza uma matriz tridimensional. Concebido para uso com pessoas com prejuízo de visão e cegas, o teste mede o raciocínio não verbal primariamente por meio do sentido háptico (sentido do tato). Marinus e colaboradores (2004) descreveram o desenvolvimento de uma escala curta concebida para avaliar a função motora em pacientes com doença de Parkinson. Os clínicos devem ser observadores perspicazes de coisas como a mobilidade do paciente, a partir disso, Zebehazy e colaboradores (2005) discutiram o uso de vídeo digital para avaliar essas habilidades de observação.

Talvez os maiores avanços no campo da avaliação neuropsicológica tenham vindo na forma de alta tecnologia e da relação mutuamente benéfica que se desenvolveu entre psicólogos e médicos. Usando tecnologias bastante novas, os pesquisadores têm explorado as bases genéticas de vários fenômenos relacionados a funcionamento neuropsicológico normal e anormal, incluindo processamento de informação e tomada de decisão cotidianos (Benedetti et al., 2008; Marcotte e Grant, 2009), transtorno de déficit de atenção/hiperatividade (Crosbie et al., 2008) e doença de Alzheimer (Borroni et al., 2007). Além do nível do gene, milagres mais "cotidianos" na pesquisa, no diagnóstico e no tratamento foram realizados por avanços na tecnologia da imagem cerebral. Um instrumento que se revelou muito útil na prática e na pesquisa neuropsicológicas é a IRMf (fMRI) (a IRM funcional, geralmente abreviada com um f minúsculo em itálico, e as letras maiúsculas IRM). "IRM" corresponde a um procedimento de imagem denominado imagem por ressonância magnética. O aparelho de IRM com o qual muitas pessoas estão familiarizadas (ver Fig. 3 na seção *A psicometria no cotidiano* deste capítulo) é usado para criar imagens de estruturas dentro do corpo. O aparelho de **IRMf** cria imagens do funcionamento interno em movimento em tempo real, e é particularmente útil na identificação de quais partes do cérebro estão ativas em vários momentos e durante várias tarefas. Incontáveis estudos de IRMf têm sido feitos sobre tópicos variados desde que essa tecnologia apareceu pela primeira vez em 1992 (Blamire, 2011). Nos últimos anos, ficou

A PSICOMETRIA NO COTIDIANO

Auxílios ao diagnóstico médico e avaliação neuropsicológica

Os dados da avaliação neuropsicológica, combinados com os dados derivados de vários procedimentos médicos, pode em alguns casos produzir um entendimento profundo de um problema neurológico. Por exemplo, certos índices comportamentais evidentes na testagem neuropsicológica podem resultar em uma recomendação para exploração adicional de um determinado local do cérebro. A suspeita pode ser confirmada por um procedimento diagnóstico que produz imagens transversais do local e revela claramente a presença de lesões.

O neuropsicólogo treinado tem uma familiaridade prática com a série de procedimentos médicos que podem ser aplicados aos problemas neuropsicológicos. Aqui, examinamos mais de perto um exemplo desses procedimentos. Comecemos com uma breve descrição do procedimento médico e do aparelho que talvez seja mais familiar a todos nós, seja por experiência em uma cadeira de dentista ou em outro lugar: o raio X.

Para o radiologista, as diversas tonalidades da imagem do raio X transmitem informações sobre a densidade correspondente do tecido através do qual os raios X foram emitidos. Com imagens de raio X do cérebro e da medula espinal de frente, de lado, de costas e em outras posições, o diagnóstico de tumores, lesões, infecções e outras anormalidades pode ser feito com frequência. Há muitos tipos diferentes desses procedimentos neurorradiológicos, que variam de um raio X simples do crânio a procedimentos mais complicados. Em um procedimento, denominado **angiograma cerebral**, um elemento rastreador é injetado na corrente sanguínea antes da área cerebral ser explorada pelo raio X.

Talvez você também tenha ouvido falar ou tenha lido sobre outra técnica de imagem, a **CAT (tomografia axial computadorizada)**, também conhecida como "CT" (Fig. 1). A CAT é superior aos raios X tradicionais porque as estruturas no cérebro podem ser representadas em uma série sistemática de visões tridimensionais, um aspecto que é de extrema importância na avaliação de condições como anomalias espinais. A **PET (tomografia por emissão de pósitrons)** é um instrumento da medicina nuclear útil em particular para diagnosticar lesões bioquímicas no cérebro. Relacionada à PET de forma conceitual é a **SPECT (tomografia computadorizada por emissão de fóton único)**, uma tecnologia que registra o curso de um líquido rastreador radioativo (iodo) e produz fotografias excepcionalmente claras de órgãos e tecidos (Fig. 2).

O termo *scan de radioisótopos* ou apenas **scan cerebral** descreve um procedimento que também envolve a introdução de material radioativo no cérebro por meio de uma injeção. A superfície craniana é então examinada (escaneada) com uma câmera especial para acompanhar o fluxo do material. Alterações no suprimento sanguíneo para o cérebro são observadas,

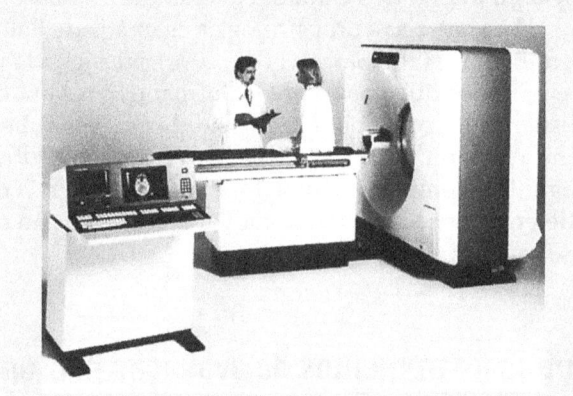

Figura 1
A CT é útil para apontar o local de tumores, cistos, tecido degenerado, ou outras anormalidades, e seu uso pode eliminar a necessidade de cirurgia exploratória ou procedimentos diagnósticos dolorosos usados em estudos cerebrais ou espinais.

incluindo aquelas que podem estar associadas com doenças como tumores.

O **eletroencefalógrafo (EEG)** é uma máquina que mede a atividade elétrica do cérebro por meio de eletrodos presos ao couro cabeludo. A atividade EEG irá variar em razão de idade, nível de alerta (acordado, sonolento, dormindo) e outros fatores além de variar devido a anormalidades cerebrais. A eletrencefalografia é um procedimento seguro, indolor e não invasivo que pode ser de valor significativo no diagnóstico e no tratamento de convulsões e outros transtornos.

A informação sobre dano nervoso e anormalidades relacionadas pode ser obtida pela estimulação elétrica dos nervos e então pela observação de movimento (ou ausência de movimento) no tecido muscular correspondente. O **eletromiógrafo (EMG)** é uma máquina que registra a atividade elétrica dos músculos por meio de um eletrodo inserido diretamente no músculo. As anormalidades encontradas na eletromiografia podem ser usadas com outros dados clínicos e históricos como um auxílio para fazer um diagnóstico final. O **ecoencefalógrafo** é uma máquina que transforma energia elétrica em energia sonora (sônica). A energia sônica ("ecos") que atravessa a área do tecido sob estudo é então convertida de volta para energia elétrica e exibida como um formulário impresso. Esse formulário é usado como adjuvante a outros procedimentos para ajudar o médico a determinar a natureza e localização de certos tipos de lesões no cérebro. Ondas de rádio em combinação com um campo magnético também podem ser usadas para criar imagens anatômicas detalhadas, como ilustrado na Figura 3.

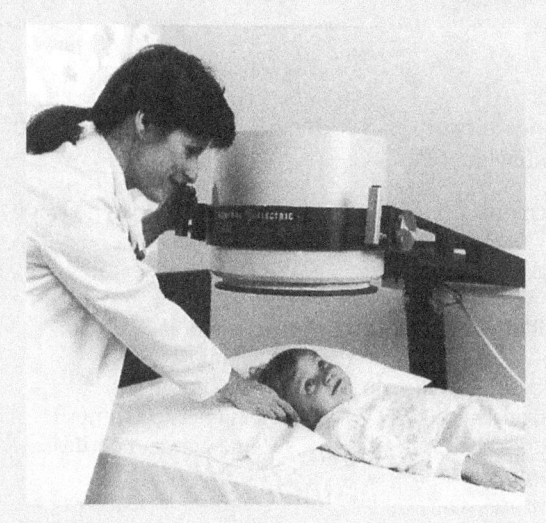

Figura 2
A tecnologia da SPECT tem mostrado promessa na avaliação de condições como doença muscular cerebral, doença de Alzheimer e transtornos convulsivos.

A análise laboratorial de fluidos corporais, como sangue e urina, podem fornecer indícios sobre problemas neurológicos e também sobre os não neurológicos mascarados como problemas neurológicos. O exame do líquido cerebrospinal para sangue e outras anormalidades pode produzir *insights* diagnósticos fundamentais. Uma amostra do fluido é obtida por meio de um procedimento médico denominado **punção lombar**. Nele, uma agulha especial é inserida no espaço interespinal mais amplo após a aplicação de um anestésico local. Além de forne-

Figura 3
Este sistema de ressonância magnética utiliza um campo magnético e ondas de rádio para criar imagens detalhadas do corpo. Essas técnicas de imagem e técnicas relacionadas podem ser empregadas não apenas no estudo do funcionamento neuropsicológico mas também no estudo de comportamento anormal; ver, por exemplo o estudo de transtorno obsessivo-compulsivo de Kellner e colaboradores (1991).

cer informações sobre a normalidade química do fluido, o teste permite que o médico determine a normalidade da pressão intracraniana.

Trabalhando juntos, neuropsicólogos e profissionais médicos podem auxiliar a melhorar a qualidade de vida de muitas pessoas com problemas neurológicos.

a impressão de que a pesquisa usando a tecnologia de IRM*f* não conhece fronteiras; ela é limitada apenas pela imaginação (e orçamentos de pesquisa) dos pesquisadores. Uma pequena amostra da variedade de tópicos explorados incluiria quando o cérebro está preparado para aprender (Yoo et al., 2012), como a lesão cerebral traumática afeta a rede cerebral que medeia a memória (Kasahara et al., 2011), como o processamento neural de rostos muda ao longo do tempo (Lee et al., 2011), como a depressão modera a antecipação de recompensa (Olino et al., 2011), como a terapia do comportamento para abuso de substância afeta as redes neurais (DeVito et al., 2011) e como nossa canção favorita ativa o circuito cerebral (Montag et al., 2011).

Os instrumentos de avaliação neuropsicológica, como muitos outros instrumentos de mensuração usados por psicólogos, podem ajudar a melhorar a qualidade de vida das pessoas que são avaliadas com eles. No próximo (e último) capítulo, exploramos como os instrumentos de avaliação estão operando para melhorar, entre outras coisas, a qualidade de vida *empresarial*.

Autoavaliação

Teste sua compreensão dos elementos deste capítulo vendo se é capaz de explicar cada um dos seguintes termos, expressões e abreviações:

afagia
afasia
análise do padrão
angiograma cerebral
avaliação neuropsicológica
bateria fixa
bateria flexível
Bateria Neuropsicológica de Halstead-Reitan
CAT (tomografia axial computadorizada)
controle contralateral
dano cerebral
dano neurológico
déficit funcional
déficit orgânico
ecoencefalógrafo
eletroencefalógrafo (EEG)
eletromiógrafo (EMG)
exame do estado mental neuropsicológico

função executiva
IRMf
item absurdo na figura
item de campo-de-busca
item de trilhas
lesão
marco do desenvolvimento
memória declarativa
memória episódica
memória implícita
memória processual
memória semântica
neurologia
neurologia comportamental
neurônio
neuropsicologia
neurotologia
nomeação por confrontação
organicidade
PET (tomografia por emissão de pósitron)

procedimento não invasivo
punção lombar
quociente de deterioração
reflexo
scan cerebral
sinal maior
sinal menor
sistema nervoso central
sistema nervoso periférico
SPECT (tomografia computadorizada por emissão de fóton único)
teste do desenho do relógio (TDR)
Teste Gestáltico Visuomotor de Bender
teste motor
teste perceptomotor
teste perceptual

CAPÍTULO 16

Avaliação, Carreiras e Organizações

O que você quer ser quando crescer?

Parece que foi ontem que nos fizeram essa pergunta [...] Para alguns leitores, realmente *foi* ontem.

Dúvidas e preocupações sobre a escolha da carreira em geral ocupam os pensamentos das pessoas que estão considerando uma transição de estudante para membro da força de trabalho (Collins, 1998; Murphy et al., 2006). Naturalmente, essas dúvidas e preocupações de forma alguma se limitam a pessoas que estão *entrando* no mundo do trabalho. Em qualquer momento da vida, há milhões de pessoas já estabelecidas em suas profissões que estão considerando mudanças de carreira.

Os profissionais envolvidos em aconselhamento de carreira usam instrumentos de avaliação para ajudar seus clientes a identificarem a variedade de atividades em que poderiam ter sucesso e que gostariam de fazer. Neste capítulo, examinamos alguns dos tipos de instrumentos que são usados para auxiliar na escolha e na transição de carreira. Posteriormente, daremos exemplos das muitas medidas usadas por empresas, organizações e pelas Forças Armadas para alcançar seus vários objetivos.

> **REFLITA...**
> Como você acha que a maioria das pessoas decide sobre suas carreiras? Que fatores entraram (ou entrarão) em sua própria decisão de carreira?

Escolha da carreira e transição de carreira

Todo um mundo de testes está disponível para ajudar em várias fases da escolha da carreira. Há testes, por exemplo, para investigar interesses, aptidões, habilidades, ou talentos especiais. Há testes para medir atitudes em relação a trabalho, confiança nas próprias habilidades, suposições sobre carreiras, percepções em relação a barreiras à carreira e até pensamentos disfuncionais sobre carreira.

Em termos históricos, uma variável considerada estreitamente relacionada à satisfação e ao sucesso no trabalho são os interesses pessoais. É plausível pensar que seria bom trabalhar em algo que intriga, envolve e absorve. De fato, os interesses de um indivíduo podem ter suficiente solidez aos 15 anos de idade, sendo úteis no planejamento da carreira (Care, 1996). Além disso, as evidências sugerem que esses interesses serão razoavelmente estáveis ao longo do tempo (Savickas e Spokane, 1999).

Medidas de interesse

Supondo que o interesse em um determinado tipo de trabalho promova melhor desempenho, maior produtividade e maior satisfação, tanto os empregadores como os prováveis empregados devem ter muito a ganhar com métodos que ajudem os indivíduos a identificarem seus interesses e as funções que melhor se adequam a eles. Usando esses métodos, podem descobrir, por exemplo, se seus interesses estão em comandar uma nave espacial enquanto "buscam novos mundos e exploram novas civilizações" ou em alguma coisa mais alinhada com a odontologia cosmética (Fig. 16.1). Podemos definir formalmente uma **medida de interesse** no contexto da avaliação vocacional e do aconselhamento pré-emprego como um instrumento visando avaliar gostos, aversões, atividades de lazer, curiosidades e envolvimentos em várias atividades dos testandos com o objetivo de comparação com grupos de membros de várias ocupações e profissões.

Os empregadores podem usar as informações sobre os padrões de interesse de seus empregados para formular descrições de cargo e atrair novos funcionários. Por exemplo, uma empresa poderia criar um anúncio de emprego enfatizando segurança no trabalho se a segurança no trabalho se revelasse o principal interesse de funcionários bem-sucedidos atualmente ocupando funções semelhantes. Embora existam muitos instrumentos para medir os interesses, nossa discussão se concentra naquele com a história de uso contínuo mais longa, o Inventário de Interesses de Strong (Strong Interest Inventory)(SII).

REFLITA...
Visualize um anúncio de classificados que comece com "Precisa-se: empregados interessados em _____". Preencha o espaço em branco com uma lista de seus três interesses principais. Em seguida, liste as possíveis posições para as quais esse empregador poderia estar anunciando.

O Inventário de Interesses de Strong Uma das primeiras medidas de interesse foi publicada em 1907 pelo psicólogo G. Stanley Hall. Seu questionário foi concebido para avaliar o interesse de crianças em várias atividades recreativas. Foi apenas no início da década de 1920, inspirado por um seminário ao qual assistiu sobre a medida do interesse que Edward K. Strong Jr., iniciou um programa de investigação sistemática nessa área. Seus esforços culminaram em um teste de 420 itens que chamou de Questionário de Interesses Vocacionais de Strong (Strong Vocational Interest Blank) (SVIB).

Concebido originalmente para ser usado apenas com homens, o SVIB foi publicado com um manual de teste pela Stanford University Press em 1928 e, então, revisado em 1938. Em 1935, um SVIB de 410 itens para mulheres foi publicado junto com um manual de teste. Este foi revisado em 1946. Os SVIBs para homens e para mulheres foram novamente revisados em meados dessa década. Em meio a preocupações sobre formas do teste específicas para cada sexo no final da década de 1960 e início da década de 1970 (McArthur, 1992), uma forma unificada foi publicada em 1974. Desenvolvida sob a direção de David P. Campbell, a forma unificada foi chamada de Inventário de Interesses de Strong Campbell (Strong-Campbell Interest Inventory) (SCII). O teste foi revisado em 1985, 1994 e, ainda, em 2004. Essa última versão, referida como Inventário de Interesses de Strong, Edição Revisada (Strong Interest Inventory, Revised Edition) (SII; Strong et al., 2004), acrescentou novos itens para refletir interesses de carreira contemporâneos, como aqueles relacionados a informática, programas de computador e programação de computadores.

REFLITA...
As pessoas estão interessadas nas coisas que fazem bem? Ou as pessoas desenvolvem capacidades em áreas que as interessam?

A receita de Strong para a construção do teste foi empírica e direta: (1) selecione centenas de itens que poderiam, na medida do possível, diferenciar os interesses de uma pessoa pela sua ocupação; (2) administre esse rascunho do teste a várias centenas de pessoas selecionadas como representativas de certas ocupações ou profissões; (3) classifique os itens que demonstraram ser do interesse das pessoas por grupo ocupacional e descarte itens sem validade discriminativa; (4) construa uma versão final do teste que produza pontuações descrevendo como o padrão de interesse do examinando correspondia ao de pessoas atualmente empregadas em várias ocupações e profissões. Com esse teste, estudantes universitários de psicologia, por exemplo, poderiam ver o quanto seus interesses estão de acordo com os de psicólogos atuantes. É presumível que, se os interes-

Figura 16.1 Não é apenas um emprego, é uma aventura!

Tivesse Orin Scrivello, D.D.S. (interpretado por Steve Martin) na comédia *A pequena loja dos horrores*, feito uma pesquisa de interesses, os resultados poderiam ter sido bastante bizarros. Quando criança, os interesses do pequeno Orin tendiam a ser espancar gatinhos, atirar em cãezinhos com uma espingarda de ar comprimido e envenenar peixinhos de aquário. Ele foi capaz de pôr em prática o que sua mãe descrevia como "suas tendências naturais" em um emprego remunerado: tornou-se dentista.

ses de um indivíduo correspondem aos dos psicólogos (em comparação com os interesses de, digamos, motoristas de caminhão), exista probabilidade de esse indivíduo apreciar o trabalho de um psicólogo.

Os itens de testes sondam as preferências pessoais em uma variedade de áreas como ocupações, matérias escolares e atividades. Os avaliandos respondem a cada uma dessas questões em um *continuum* de cinco pontos que varia de "decididamente gosto" a "decididamente não gosto". Nove itens em uma seção "Suas características" contêm expressões como "faço amizades facilmente"; os respondentes selecionam uma resposta em um *continuum* de cinco pontos que varia de "decididamente gostam de mim" a "decididamente não gostam de mim". Cada protocolo é pontuado e interpretado por computador, produzindo informações sobre estilo pessoal, interesses básicos e outras informações úteis sobre o testando para determinar o quanto seus interesses são semelhantes ou diferentes dos de pessoas ocupando diversas funções.

Outros inventários de interesses Além do SII, muitos outros inventários de interesses têm agora ampla utilização. Você pode lembrar de um desses inventários do Capítulo 12, denominado Self-Directed Search (Busca Autodirigida) (SDS). O SDS explora os interesses no contexto da teoria de tipos de personalidade vocacional e ambientes de trabalho de Holland (1997). De acordo com essa teoria, a escolha vocacional é uma expressão de 1 de 6 tipos de personalidade: realista, investigativa, artística, social, empreendedora ou convencional. Esses tipos de personalidade são referidos de forma variável, para simplificar, como os "6 Grandes" ou pelo acrônimo "RIASEC".

> **REFLITA...**
> Por que o funcionamento diferenciado do item por gênero poderia ser esperado em medidas de interesse?

> **NO BRASIL**
> Devido ao processo de profissionalização do início do século XX, "profissões" e "ocupações" foram diferenciadas no Brasil quanto a especialização do trabalho e nível de conhecimento requerido. Uma profissão é regulamentada, ou seja, regida por legislação própria, com obrigações, direitos e deveres de um determinado exercício. São fiscalizadas por autarquias, denominadas Conselhos Federais e Conselhos Regionais. O Catálogo Brasileiro de Ocupações, estabelecido pela portaria 397 de 09/10/2002, do Ministério do Trabalho e Emprego, pode ser consultado em http://www.mtecbo.gov.br/cbosite/pages/home.jsf.

Outro inventário de interesses é o Inventário de Interesses Vocacionais de Minnesota (Minnesota Vocational Interest Inventory). Codificado de forma empírica, esse instrumento foi concebido expressamente para comparar padrões de interesses dos respondentes com os de pessoas empregadas em uma variedade de ocupações que não são chamadas de profissões (tais como caixeiros, pintores, gráficos e motoristas de caminhão). Outras medidas de interesse foram criadas para uso com pessoas com deficiência (PCDs). Por exemplo, inventários de interesses para testandos que não leem bem normalmente empregarão desenhos e outras mídias visuais como estímulos (Elksnin e Elksnin, 1993). Descrições resumidas de uma amostra de várias medidas de interesses são apresentadas na Tabela 16.1.[1]

Quão bem as medidas de interesse predizem o tipo de trabalho no qual os indivíduos serão bem-sucedidos e felizes? Em um estudo, foi verificado que medidas de interesse e aptidão estão correlacionadas em uma variação de aproximadamente 0,40 a 0,72 (Lam et al., 1993). Em outro estudo examinando a precisão com que os testes de interesse e aptidão predizem desempenho futuro e satisfação no trabalho, Bizot e Goldman (1993) identificaram pessoas que tinham sido testadas no ensino médio com medidas de interesse e aptidão vocacional. Oito anos mais tarde, esses indivíduos relataram sobre sua satisfação no trabalho, permitindo que os pesquisadores entrassem em contato com seus empregadores para obter informações sobre a qualidade do trabalho deles. Os estudiosos verificaram que, quando existia uma boa correspondência entre a aptidão do indivíduo no ensino médio e o nível de sua função atual, o desempenho tendia a ser avaliado positivamente pelo empregador. Quando existia uma correspondência pobre, uma avaliação de desempenho insatisfatória era mais provável. O nível de satisfação no trabalho não estava associado com as aptidões medidas no ensino médio. Quanto à validade preditiva, os testes de interesses aplicados no ensino médio não previram nem desempenho nem satisfação no trabalho oito anos mais tarde. Os resultados deste e de estudos relacionados (p. ex., Jagger et al., 1992) são um sinal de advertência aos orientadores contra a confiança excessiva em inventários de interesses. Também foi expressa preocupação sobre o funcionamento diferencial do item em testes de interesses (sobretudo o de Strong) em razão do gênero (Einarsdóttir e Rounds, 2009). Naturalmente, também foi bem estabelecido que, de modo geral, homens e mulheres tendem a interesses diferentes (Su et al., 2009). Algumas pesquisas sugerem que a eficiência preditiva das medidas de interesse pode ser aumentada se forem usadas em combinação com outras medidas, como avaliação da autoconfiança e da autoeficácia (Chartrand et al., 2002; Rottinghaus et al., 2003), da personalidade (Larson e Borgen, 2002; Staggs et al., 2003) ou a elaboração de um projeto de portfólio (Larkin et al., 2002).

Medidas de habilidades e aptidão

Como vimos no Capítulo 12, testes de realização, habilidades e aptidão medem a aprendizagem anterior em algum grau, embora divirjam quanto a como serão utilizados os dados obtidos. Além disso, os testes de aptidão podem explorar uma maior quantidade de aprendizagem informal do que os de realização. Estes podem ser mais limitados e focados do que os primeiros.

As medidas de habilidades e aptidão variam amplamente nos tópicos abordados, na especificidade da abrangência e em outras variáveis. O Teste de Pessoal Wonderlic (Won-

---

[1] Chamamos atenção para uma distinção semântica entre *interesse* e *paixão*. De acordo com Vallerand e colaboradores (2003), a paixão tem duas variedades: *paixão obsessiva* e *paixão harmoniosa*. Ambos os tipos derivam da pressão interna para realizar uma atividade de que a pessoa goste. Entretanto, enquanto a paixão harmoniosa promove adaptação saudável, a paixão obsessiva a sabota. De acordo com esses pesquisadores, a paixão obsessiva leva a persistência rígida, que, por sua vez, produz afeto negativo.

Tabela 16.1 Algumas medidas de interesse

Teste	Descrição
Pesquisa de Interesses e Habilidades de Campbell (Campbell Interest and Skill Survey)	Desenvolvida por David Campbell, que revisou o Inventário de Interesses de Strong, esse instrumento focaliza ocupações que requerem quatro ou mais anos de educação pós-secundária. Além de avaliar os interesses, ele visa fornecer uma estimativa da confiança do indivíduo no desempenho de várias atividades ocupacionais.
Inventário de Interesses de Carreira (Career Interest Inventory)	Concebido para ser usado com estudantes da 7ª série do ensino fundamental ao fim do ensino médio e também com adultos, esse teste introduz os testandos ao mundo de alternativas ocupacionais e educacionais. Além de interesses relacionados à carreira, explora interesses em matérias escolares e em atividades associadas à escola.
Sistema de Informação Orientadora (Guidance Information System) (GIS 3.0)	Disponível apenas em disco ou CD-ROM, essa combinação de instrumentos de avaliação e sistema de recuperação de informação contém uma série de componentes, variando de informação sobre faculdades a informação sobre os tipos de emprego que os diplomados em diferentes áreas tendem a obter. O componente de avaliação de interesses do sistema é chamado de Sistema de Tomada de Decisão Sobre a Carreira. Após testar os interesses do avaliando, são calculados os escores de interesse, e o sistema fornece listas de carreiras e ocupações sugeridas para serem exploradas.
Pesquisa de Interesses Vocacionais de Jackson (Jackson Vocational Interest Survey)	Essa é uma medida de escolha forçada de interesses que dizem respeito a 26 papéis profissionais (o que alguém faz no trabalho) e 8 estilos de trabalho (o tipo de ambiente de trabalho preferido, geralmente associado a valores pessoais). Concebido para uso com estudantes de ensino médio e universitários, o teste produz escores em 10 temas do tipo Holland, bem como índices relacionados à validade. O desenvolvimento desse teste foi descrito em detalhes por Jackson (1977; Jackson e Williams, 1975).
Inventário de Interesses de Kuder	Esse instrumento clássico de medidas de interesse é um desdobramento da Pesquisa de Preferências de Kuder, que foi publicada originalmente em 1939. Cada item apresenta aos testandos três escolhas de atividade, e a tarefa deles é selecionar suas escolhas mais e menos preferidas. Os escores são relatados em termos de magnitude do interesse em várias categorias ocupacionais. O teste foi criticado por ter baixa validade preditiva, uma questão que foi abordada por seu autor e colaboradores (Kuder et al., 1998; Zytowski, 1996).
Inventário de Interesses Vocacionais Sem Leitura (Reading-Free Vocational Interest Inventory) (R-FVII)	Concebido para aplicação em pessoas a partir dos 10 anos apresentando dificuldades de aprendizagem, retardo mental ou outras necessidades especiais, esse teste mede gostos e aversões vocacionais usando figuras de pessoas no trabalho em diferentes ocupações. Para cada item, os respondentes selecionam 1 de 3 desenhos retratando a função preferida. O protocolo produz pontuações em 11 categorias ocupacionais que representam tipos de ocupações nas quais os membros de populações especiais poderiam estar empregados.
Questionário de Busca Autodirigida (SDS)	Desenvolvido por John L. Holland, esse é um inventário de interesses autoadministrado, autopontuado e autointerpretado adequado para aplicação em pessoas a partir de 12 anos. A Forma-R (1994) contém normas adaptadas. Os testandos completam um livreto no qual são feitas perguntas sobre várias áreas de interesse, incluindo atividades, aspirações e competências.

derlic Personnel Test) mede a habilidade mental em um sentido geral. Esse teste reduzido (12 minutos) inclui itens que avaliam habilidade espacial, pensamento abstrato e habilidade matemática. Ele pode ser útil a fim de avaliar indivíduos para funções que requeiram habilidades intelectuais fluidas e cristalizadas (Bell et al., 2002).

O Teste de Compreensão Mecânica de Bennet (Bennet Mechanical Comprehension Test) é uma medida de lápis e papel muito utilizada da habilidade de um testando entender a relação entre forças físicas e vários instrumentos (p. ex., roldanas e engrenagens), bem como outros objetos comuns (carrinhos de mão, escadas e gangorras). Outros testes mecânicos, como o Teste de Destreza com Ferramenta de Mão (Hand-Tool Dexterity Test), atenuam a linha de divisão entre testes de aptidão, realização e desempenho porque requerem que o testando realmente desmonte, volte a montar ou manipule de outro modo os materiais, de modo geral em uma sequência prescrita e em um limite de tempo. Se um cargo consistir principalmente em encaixar transístores minúsculos dentro dos mecanismos internos de um aparelho ou jogo eletrônico, então o foco de interesse do empregador poderia ser as habilidades perceptomotoras, a psicomotricidade digital e variáveis relacionadas do candidato ao emprego. Nesse caso, o Teste de Destreza com Pinças de O'Connor (O'Connor Tweezer Dexterity Test) poderia ser o instrumento de escolha (Fig. 16.2). Esse teste demanda do examinando a inserção de pinos de latão em uma placa de metal usando um par de pinças.

> **NO BRASIL**
>
> Segundo o Sistema de Avaliação de Testes Psicológicos (SATEPSI), o Inventário de Interesses Kuder apresenta qualidade psicométrica adequada e tem parecer favorável do Conselho Federal de Psicologia (CFP) para uso no Brasil.
>
> O Questionário de Busca Autodirigida (Self-Directed Search-Form R) (SDS) foi adaptado para o Brasil e recebeu parecer favorável, válido até o momento, do CFP, conforme a Resolução 25/2001 desse órgão. Para acompanhar o resultado de pareceres técnicos do SATEPSI no CFP, relativos a estes e outros testes, consulte http://www2.pol.org.br/satepsi/sistema/admin.cfm

> **REFLITA...**
>
> Que tipos de tarefas "do mundo real" poderiam estar em um novo teste de aptidão criado para selecionar candidatos para admissão a um programa de graduação em testagem e avaliação psicológica?

Figura 16.2 Teste de Destreza com Pinças de O'Connor.
Este teste é especialmente útil para avaliar as habilidades motoras finas e a destreza de um testando. Um dos pioneiros da indústria de transplante capilar, o cirurgião estético Dominic A. Brandy, exaltou os benefícios do teste quando descreveu seu uso como instrumento de avaliação para contratar assistentes de restauração capilar cirúrgica (Brandy, 1995).

Inúmeros outros testes visam medir aptidões específicas para uma ampla variedade de campos ocupacionais. Para as profissões, há muitos programas de avaliação psicometricamente sofisticados com o objetivo de classificar ou selecionar candidatos por meio de testes de aptidão. (Uma extensa lista desses testes foi apresentada no Cap. 12). Durante algum tempo, um dos testes de aptidão mais utilizados foi a Bateria de Testes de Aptidão Geral (BTAG). Segue-se uma descrição desse teste, bem como a controvérsia em torno dele.

> **NO BRASIL**
> A Bateria de Testes de Aptidão (BTAG) foi adaptada para o Brasil. Porém, até o momento, sua aplicação não foi aprovada pelo CFP. Não por causa do teste em si, mas porque a versão brasileira não atendeu aos requisitos mínimos exigidos para a qualidade psicométrica conforme a Resolução 25/2001 desse órgão.

A bateria de testes de aptidões gerais O U.S. Employment Service (USES) desenvolveu a Bateria de Testes de Aptidões Gerais (BTAG) e utilizou-a pela primeira vez em 1947, após extensa pesquisa. A BTAG está disponível, nos Estados Unidos, para uso por serviços estaduais de emprego, bem como por outros órgãos e organizações, como secretarias de ensino e organizações sem fins lucrativos, que tenham obtido permissão oficial do governo para aplicá-la. A BTAG é um instrumento usado para identificar aptidões por ocupação, e é um teste que quase todas as pessoas em idade ativa podem fazer. Ele é aplicado regularmente, nos Estados Unidos, por órgãos estaduais locais (referidos por nomes como Job Service, Employment Security Comission e Labor Security Comission) em pessoas que os procuram para ajudá-las a encontrar um emprego. Ele também pode ser aplicado em pessoas que estão desempregadas e foram encaminhadas por um órgão estadual de desemprego ou para empregados de uma empresa que solicitou tal avaliação de aptidão.

Se você tem curiosidade sobre sua aptidão individual para trabalhar em campos tão diferentes quanto psicologia, educação e encanamento, pode querer visitar alguma agência estadual de emprego dos Estados Unidos e experimentar o BTAG. Esteja preparado para ficar sentado fazendo um exame que levará aproximadamente 3 horas se fizer o teste inteiro. A BTAG consiste em 12 testes cronometrados que medem nove aptidões, as quais por sua vez, podem ser agrupadas em três aptidões compostas. Cerca de metade do tempo será gasto em tarefas psicomotoras e a outra metade em tarefas escritas. Em alguns casos, dependendo de fatores como a razão para a avaliação, apenas testes selecionados da bateria serão aplicados. A versão do teste usada para medir de forma seletiva aptidões para uma linha de trabalho específica é referida como uma Bateria de Testes de Aptidões Especiais (Special Aptitude Test Battery, or STAB). Os dados da STAB também podem ser isolados para estudo dos outros dados do teste quando ele é aplicado inteiro.

A BTAG evoluiu de um teste com múltiplos pontos de corte para um teste que emprega regressão e *generalização da validade* para fazer recomendações baseadas em seus resultados. A lógica e o processo pelos quais a BTAG fez sua evolução foram descritos por John E. Hunter (1980, 1986), Frank Schmidt e colaboradores (Hunter e Hunter, 1984; Hunter e Schmidt, 1983; Hunter et al., 1982). A generalização da validade é assunto da seção *Em foco* deste capítulo.

No passado, as recomendações com relação à aptidão para um determinado cargo eram feitas com base em estudos de validade da BTAG de cargos específicos. Por exemplo, se existissem 500 descrições de cargo abrangendo 500 cargos para os quais os escores na BTAG fossem aplicados, haveria 500 estudos de validação individual com a BTAG – um estudo de validação para cada cargo individual, em geral com um tamanho de amostra relativamente pequeno (muitos desses estudos isolados contendo apenas 76 indivíduos em média). Além disso, não havia estudos de validação para os outros 12 mil ou mais empregos na economia norte-americana (de acordo com o *Dictionary of Occupational Titles* (publicado pelo U.S. Department of Labor, 1991).

Usando metanálise para agrupar resultados em uma série de estudos de validação e para corrigir estatisticamente erros como o erro de amostragem, Hunter demonstrou que todos os cargos podiam ser categorizados em cinco famílias de funções, com base nos *códigos ocupacionais* da então atual edição do *Dictionary of Occupational Titles*. Essas cinco famílias eram (1) Administrativas da Organização, (2) Operacionais para Alimentar a Produção, (3) Sintetização e Coordenação, (4) Análise, Compilação e Cálculo e (5) Cópia e Comparação. Equações de regressão para cada uma das famílias foram então desenvolvidas. Usando essas equações, Hunter constatou que as recomendações para testados individuais podiam ser generalizadas para vários cargos.

No final da década de 1980, a BTAG tornou-se um centro de controvérsia quando veio ao conhecimento do público que o teste tinha sido normatizado por raça. Conforme já descrito neste livro (Cap. 4), *normatização racial* se refere ao processo de ajustar os escores para mostrar a posição de um testando individual dentro de seu grupo racial. Com a BTAG normatizada por raça, escores mais altos categorizados em certos grupos de acordo com a raça eram recomendados para emprego. Por exemplo, entre pessoas sendo consideradas para um emprego qualificado, um escore bruto de 300 na BTAG era "traduzido em escores de percentil 79, 62 e 38, respectivamente, para negros, hispânicos e outros" (Gottfredson, 1994, p. 966). Apenas os escores de percentil, não os escores brutos, eram relatados aos empregadores.

REFLITA...
Quais são os prós e os contras de normatizar por raça um teste de aptidão?

Em uma tentativa de resolver a controvérsia subsequente, o U. S. Department of Labor solicitou à National Academy of Sciences (NAS) para conduzir um estudo. A NAS emitiu um relatório (Hartigan e Wigdor, 1989) que em geral apoiava a normatização racial. Observou que a BTAG parecia sofrer de um viés de inclinação de tal modo que o teste se correlacionava mais altamente com medidas de critério para amostras de pessoas brancas (0,19) do que para amostras de pessoas negras (0,12). Viés de intercepção também estava presente, com o resultado de que o desempenho dos negros seria previsto mais favoravelmente em relação ao desempenho dos brancos se a mesma linha de regressão fosse usada para ambos os grupos. A NAS considerou que a normatização por raça seria um método razoável para corrigir o viés do teste.

EM FOCO

Generalização da validade e a BTAG

Um teste validado para uso na seleção de pessoal para uma ocupação também pode ser válido para uso na seleção para outra ocupação? A validação de um teste usado na seleção de pessoal deve ser específico à situação? Em termos mais gerais, pode a evidência de validade para um teste ser aplicada significativamente a outras situações que não aquelas nas quais a evidência foi obtida? Esses são os tipos de questões levantadas quando a generalização da validade é discutida.

Aplicada à tomada de decisão relativa a emprego com base nos escores alcançados na Bateria de Testes de Aptidão Gerais (BTAG), *generalização da validade* significa que os mesmos dados de escores do teste podem ser preditivos de aptidão para todas as funções. A implicação é que, se um teste for validado para alguns cargos selecionados de um agrupamento de cargos muito maior, cada um requerendo habilidades semelhantes com aproximadamente o mesmo nível de complexidade, então o teste será válido para todos os cargos nesse agrupamento. Por exemplo, se um estudo de validação indicou de forma conclusiva que os escores da BTAG são preditivos de aptidão para (e, em última análise, proficiência em) a ocupação de montador em uma fábrica de montagem de aeronaves, então é possível não ser necessário conduzir um estudo de validação inteiramente novo antes de aplicar esses dados à ocupação de montador na construção naval; se puder ser demonstrado que o tipo e o grau de habilidade requeridos nas duas ocupações são suficientemente semelhantes, então pode ser que os mesmos procedimentos ou procedimentos semelhantes usados para selecionar montadores de aeronaves possam ser usados de maneira proveitosa para selecionar construtores de navios.

A generalização da validade (GV) aplicada à seleção de pessoal usando a BTAG torna desnecessária a carga de conduzir um estudo de validação separado com o teste para cada um dos mais de 12 mil funções na economia norte-americana. A aplicação da GV às pontuações da BTAG também permite que seus aplicadores forneçam aos empregadores informações mais precisas sobre os testados. Para entender por que isso ocorre, comecemos consultando o gráfico de torta na Figura 1.

Note que o círculo interno do gráfico lista os 12 testes na BTAG e o anel seguinte do círculo lista oito aptidões derivadas dos 12 testes. Não é ilustrado aqui uma nona aptidão, Capacidade de Aprendizagem Geral, que é proveniente dos escores nos testes de Vocabulário, Raciocínio Aritmético e Espaço Tridimensional. Aqui está uma descrição resumida de cada uma das oito aptidões medidas pela BTAG.

> **NO BRASIL**
> Embora os autores situem sua argumentação na economia norte-americana, isso também é válido para qualquer outra economia capitalista, como é o caso do Brasil.

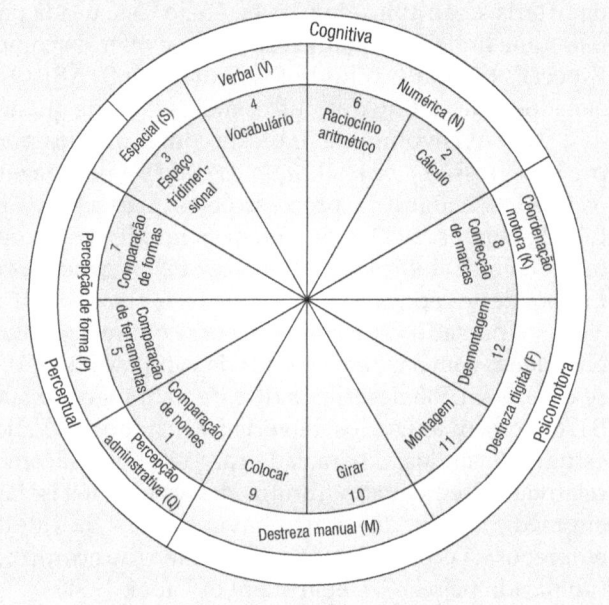

Figura 1 Aptidões medidas pela Bateria de Testes de Aptidões Gerais.

- *Aptidão verbal* (V): Entender o significado de palavras e suas relações e usar as palavras efetivamente as duas capacidades avaliadas aqui. V é medida pelo Teste 4.
- *Aptidão numérica* (N): N é medida por tarefas que requerem o desempenho rápido de operações aritméticas. Ela é medida pelos Testes 2 e 6.
- *Aptidão espacial* (S): A capacidade de visualizar e manipular mentalmente formas geométricas é avaliada aqui. S é medida pelo Teste 3.
- *Percepção das formas* (P): A atenção a detalhes, incluindo a capacidade de discriminar diferenças leves em formas, sombras, comprimentos e larguras – bem como a capacidade de perceber detalhes pertinentes – é medida. P é medida pelos Testes 5 e 7.
- *Percepção burocrática* (Q): A atenção a detalhes em material escrito em tabelas, bem como a capacidade de corrigir palavras e números e evitar erros perceptuais no cálculo aritmético, é avaliada aqui. Q é medida pelo Teste 1.
- *Coordenação motora* (K): Esse teste explora a capacidade de fazer rapidamente movimentos precisos que requeiram coordenação visuomanual. K é medida pelo Teste 8.
- *Destreza digital* (F): Esse teste explora a capacidade de manipular rapidamente objetos pequenos com os dedos. F é medida pelos Testes 11 e 12.
- *Destreza manual* (M): A capacidade de trabalhar com as mãos em movimentos de colocar e girar é medida aqui. M é medida pelos Testes 9 e 10.

No anel mais externo do diagrama, note que três aptidões compostas podem ser derivadas das nove aptidões específicas: um composto cognitivo, um composto perceptual e um composto psicomotor. As nove aptidões que compõem as três aptidões compostas são resumidas na tabela a seguir.

	As nove aptidões da BTAG	As três pontuações compostas
G	Capacidade de aprendizagem geral (também referida como inteligência)	Cognitiva
V	Aptidão verbal	
N	Aptidão numérica	
S	Aptidão espacial	
P	Percepção das formas	Perceptual
Q	Percepção burocrática	
K	Coordenação motora	
F	Destreza digital	Psicomotora
M	Destreza manual	

Tradicionalmente – antes do advento da GV – indivíduos que realizavam a BTAG poderiam em seguida receber aconselhamento sobre seu desempenho em cada uma das nove áreas de aptidão. Além disso, teriam possibilidade de ser informados de (1) como seu próprio padrão de pontuações da BTAG se comparava com os padrões de aptidão (referidos como Padrões de Aptidão Ocupacional, ou PAOs) considerados necessários para a proficiência em várias ocupações e (2) como foi seu desempenho com respeito a qualquer uma das 467 constelações de uma Bateria de Testes de Aptidões Especiais (BTAE) que poderiam potencialmente ser extraídas de um protocolo da BTAG. A GV fornece informações adicionais úteis para aconselhar prováveis empregadores e prováveis empregados, incluindo dados mais precisos sobre o desempenho de um testando relativos a PAOs, bem como a escores (geralmente expressos em percentis) em relação às cinco famílias ocupacionais.

A pesquisa de Hunter (1982) indicou que as três aptidões compostas podem ser usadas para predizer com validade a proficiência ocupacional prevista para todos os cargos na economia norte-americana. Todos os cargos podem ser categorizados de acordo com cinco famílias ocupacionais, e a aptidão requerida para cada uma dessas famílias pode ser descrita em relação a várias contribuições dos três escores compostos da BTAG. Por exemplo, a Família ocupacional 1 (Cargos de organização) é 59% cognitiva, 30% perceptual e 11% psicomotora. A pontuação da BTAG é feita por computador, assim como a ponderação dos escores para determinar a adequação ao emprego em cada uma das cinco famílias ocupacionais.

Os proponentes da GV aplicada para uso com a BTAG listam as seguintes vantagens.

1. *A diminuição da ênfase em pontos de corte múltiplos como estratégia de seleção tem vantagens para os futuros empregadores e os prováveis empregados.* Em um modelo de seleção de ponto de corte múltiplo, um futuro empregado teria que alcançar certos escores mínimos na BTAG em cada uma das aptidões consideradas essencias para proficiência em uma determinada ocupação; a falha em satisfazer o ponto de corte mínimo nessas aptidões significaria eliminação do conjunto de candidatos para essa ocupação. Usando a GV, um benefício potencial para os prováveis empregados é que o requisito de um ponto de corte mínimo em qualquer aptidão específica é eliminado. Para os empregadores, a GV encoraja o uso de uma política de contratação de cima para baixo, na qual são oferecidos empregos primeiro às pessoas mais qualificadas (medido pela BTAG).

2. *A pesquisa tem sugerido que a relação entre escores de testes de aptidões e desempenho no trabalho seja linear (Waldman e Avolio, 1989), uma relação estatisticamente mais adequada à GV do que ao modelo de seleção de corte múltiplo.* A natureza da relação entre os escores em um teste de aptidão válido e as avaliações de desempenho na função é ilustrada na Figura 2. Uma vez que tal relação exista, Hunter (1980, 1982) observou que, do ponto de vista técnico, os dados lineares são mais adequados para análise usando um modelo de GV do que usando um modelo com pontos de corte múltiplos.

3. *Informações mais precisas podem ser relatadas aos empregadores a respeito da posição relativa de um testando no* continuum *de escores do teste de aptidões.* Considere nesse contexto a Figura 3, e vamos supor que um ponto de corte para seleção estabelecido e validado em uma determinada ocupação usando esse teste de aptidão hipotético seja 155. Tanto o examinado X quanto o examinado Y satisfazem o requisito de corte, mas Y é provavelmente mais bem qualificado para o cargo – digamos "provavelmente" porque pode haver exceções a essa regra geral, dependendo de variáveis, como as demandas reais do cargo específico. Embora o escore para o examinado X esteja abaixo do escore médio para todos os testandos, o escore para o examinado Y está na extremidade alta da distribuição de escores. Todos os outros fatores sendo iguais, que indivíduo preferiria contratar se você fosse o dono da empresa? Usando um procedimento de corte simples, nenhuma distinção teria sido feita em relação ao escore de aptidão entre os examinados X e Y, contanto que ambos os escores satisfizessem o critério de corte.

4. *A GV é de maior ajuda para os empregadores em seus esforços para contratar empregados qualificados.* Estudos como o conduzido na Companhia Philip Morris indicam que um aumento significativo na taxa de sucesso do treinamento pode ser esperado para empregados contratados usando um proce-

NO BRASIL
É preciso coonsultar o manual BTAG aprovado pelo SATEPSI para verificar as informações de validade preditiva em relação aos cargos ou funções no Brasil.

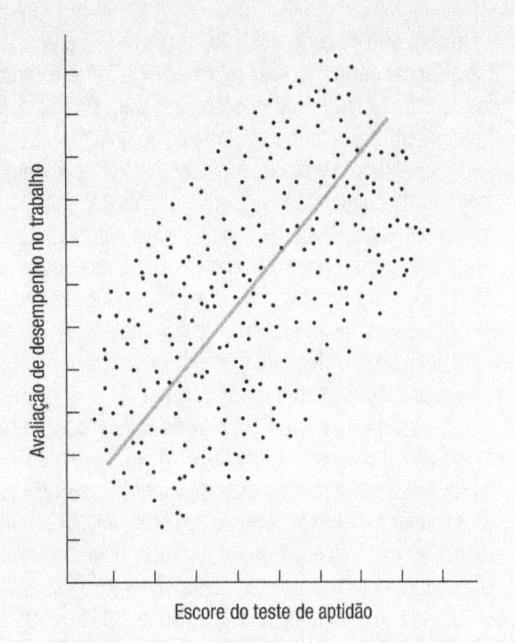

Figura 2 A relação linear entre escores de testes de aptidão e avaliações de desempenho na função.

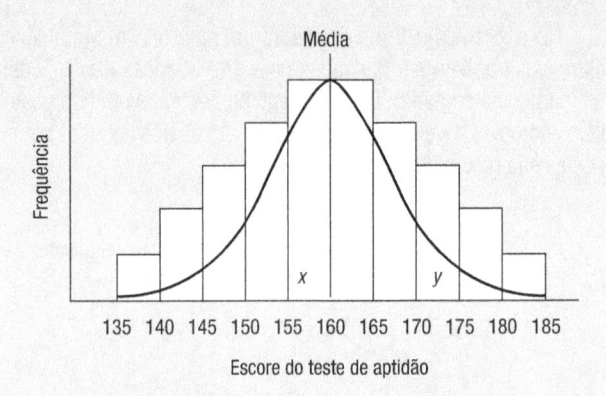

Figura 3 Resultados de um teste de aptidão hipotético.

dimento de seleção que utilize a GV, comparados àqueles contratados por outros meios (Warmke, 1984).

A GV é a resposta para todos os problemas de seleção de pessoal? Certamente não. A GV é apenas uma lógica para evitar o tempo e as despesas de conduzir um estudo de validação separado para cada teste isolado com todos os possíveis grupos de testandos sob todos os possíveis conjuntos de circunstâncias – e em geral com muito poucos indivíduos para obter resultados significativos. Note entretanto que, junto com a conveniência da GV, vêm muitas preocupações sobre a eficácia dos procedimentos empregados. E, embora tenhamos dedicado uma razoável quantidade de tempo para familiarizá-lo com esse importante conceito na literatura de seleção de pessoal, é igualmente importante que você tenha conhecimento de que uma série de questões técnicas em relação à GV estão sendo hoje debatidas na literatura profissional.

Você deve lembrar-se que, no desenvolvimento da GV aplicada à seleção de pessoal, Hunter e colaboradores usaram um processo chamado metanálise para agrupar resultados de série de estudos. Um aspecto importante desse trabalho envolveu a correção estatística para os tamanhos pequenos da amostra que ocorreram nos estudos analisados. Os tipos de procedimentos usados nesse processo, e os tipos de interpretações que podem legitimamente ser feitas como resultado, foram objeto de inúmeras análises críticas da GV. A quantidade de variância não explicada após correções estatísticas para diferenças no tamanho da amostra (Cascio, 1987), a influência desconhecida de um problema potencial de restrição de intervalo devido ao tema da autosseleção (Cronbach, 1984), objeções sobre usar avaliações do empregador como critério (Burke, 1984) e o fato de que modelos alternativos podem explicar variações nos coeficientes de validade bem como o modelo de consistência entre situações (James et al., 1986) são algumas das questões técnicas que foram levantadas sobre o uso da GV (ver também Zedeck e Cascio, 1984). Com referência específica a GV aplicada ao uso com a BTAG, ainda poderia ser indagado: Que problemas surgem quando mais de 12 mil ocupações são agrupadas em cinco famílias ocupacionais? Faz realmente sentido colocar uma ocupação como motorista de caminhão na mesma família ocupacional de secretária?

Evidentemente, muito ainda precisa ser aprendido sobre como a GV pode ser aplicado de maneira eficiente sobre problemas relacionados à testagem de pessoal. Questões difíceis – algumas psicométricas, outras que dizem respeito mais a valores sociais – terão de ser tratadas. Uma crítica detalhada da GV, começando com sua lógica e terminando com sua aplicação, pode ser encontrada em Murphy (2003).

Complicando a tarefa de avaliar, com imparcialidade a GV existe uma lista de variáveis que não são nem de natureza psicométrica nem diretamente relacionada a valores. Nelas estão inclusas variáveis como a força da economia, o tamanho e a experiência da mão de obra disponível, a necessidade geral por algumas ocupações específicas e os salários oferecidos para vários tipos de trabalho. Quer se olhe favoravelmente ou não para a experimentação do governo dos Estados Unidos com a GV na seleção de pessoal, parece razoável supor que há muito a ser aprendido no processo, e o campo da seleção pessoal pode afinal de contas lucrar com a experiência.

O relatório da NAS também tratou de questões mais gerais relativas à utilidade da BTAG como preditora de desempenho no trabalho. Usando um banco de dados de 755 estudos, o relatório demonstrou que a BTAG se correlacionava em aproximadamente 0,22 com critérios como as avaliações do supervisor. Outros estimaram a validade do teste em 0,20 (Vevea et al., 1993) e 0,21 (Waldman e Avolio, 1989). Esses coeficientes relativamente pequenos foram considerados pela NAS como modestos mas aceitáveis. Para entender por que eles eram considerados aceitáveis, lembre, do Capítulo 6, que a validade de critério é limitada pela confiabilidade das medidas. Embora a BTAG tivesse confiabilidade teste-reteste adequada (em torno de 0,81), a confiabilidade provavelmente fraca das avaliações do supervisor poderiam muito bem ter diminuído o coeficiente de validade da BTAG. Seria possível esperar que tal diminuição de um coeficiente de validade ocorresse para qualquer teste projetado para prever o desempenho no trabalho validado com base em avaliações dos supervisores (Hartigan e Wigdor, 1989). Naturalmente, mesmo preditores com validade de critério modesta podem melhorar as decisões de seleção de pessoal. Portanto, apesar dos coeficientes de validade de critério baixos, da BTAG foi amplamente considerada como um meio válido de selecionar empregados.

A recomendação da NAS de continuar a prática de normatização racial do teste pode ter contribuído mais para inflamar os ânimos da controvérsia do que para suprimi-los. Em julho de 1990, o U.S. Department of Labor propôs uma suspensão de dois anos no uso da BTAG, durante cujo tempo a eficácia do teste e seus procedimentos de escores seriam pesquisados em profundidade. A legalidade da prática de normatização racial também se tornou um tópico de debate acalorado nesse período (Baydoun e Neuman, 1992; Delahunty, 1988). A questão da permanência da normatização racial da BTAG tornou-se questionável após o congresso dos Estados Unidos aprovar a Lei dos Direitos Civis de 1991, uma lei que tornou ilegal a prática da normatização racial.

Hoje a BTAG ainda é usada pelo U.S. Employment Service. Os relatórios para os empregadores não são mais normatizados por raça; os escores brutos de pessoas de todos os grupos raciais são agora convertidos para escores-padrão interpretáveis usando as mesmas normas. Contudo, permanecem preocupações em relação à equidade do escore do teste e a prática do ponto de corte na medida em que elas afetam vários grupos raciais (Gardner e Deadrick, 2008). Além de seu valor aplicado potencial, a BTAG continua sendo um recurso valioso para os pesquisadores em áreas tão diversas quanto aconselhamento em reabilitação (Reid et al., 2007), validação da teoria (Farrell e McDaniel, 2001) e extensão da teoria (Rashkovsky, 2006).

A busca por preditores viáveis de sucesso ocupacional levou os pesquisadores para além do estudo de interesses e aptidões. Uma área que tem sido explorada de forma bastante extensiva poderia ser resumida em uma palavra: *personalidade*.

> **REFLITA...**
> Uma pessoa que é extrovertida e altamente criativa encontrará felicidade em uma carreira como técnico de registro de dados em um centro de impressão e distribuição de cupons de descontos? Se não, que tipo de carreira é mais adequado para esse tipo de pessoa? O que o faz pensar assim?

Medidas de personalidade

Só pensar sobre as questões levantadas em nosso *Reflita* já nos leva a considerar o papel da personalidade na escolha da carreira. Quando consideram essas questões, os pesquisadores podem buscar respostas em um estudo que inclui a aplicação de um teste de personalidade. Vamos mencionar desde o início que o uso de medidas de personalidade em contextos de emprego é um tópico que tem gerado uma quantidade razoável de debate na literatura acadêmica. Preocupação foi expressa sobre tentativas pelos empregados, ou prováveis empregados (ou seja candidatos a emprego), do "falso bom" nesses testes (Birkeland et al., 2006). Essas tentativas podem introduzir erros imprevistos no processo (Arthur et al., 2001; Mueller-Hanson et al., 2003) e influenciar de maneira negativa as decisões de seleção (Rosse et al., 1998). Do outro lado da moeda está a visão de que as medidas de personalidade não são necessariamente falsificáveis (Hogan et al., 2007; Pace e Borman,

2006) e que os dados coletados ainda são viáveis mesmo quando ocorrem tentativas de falsificação (Hough, 1998; Ones et al., 1996). Os proponentes do uso de testes de personalidade no local de trabalho afirmam que eles têm, em alguns aspectos, maior utilidade do que os testes de habilidade cognitiva (Hogan e Roberts, 2001).

Embora existam muitos testes de personalidade, alguns serão mais adequados para a tarefa em questão do que outros. Por exemplo, o MMPI-2-RF (Minnesota Multiphasic Personality 2 Restructured Form), amplamente usado em contextos clínicos, pode ter aplicação limitada no contexto de aconselhamento de carreira. Outros testes de personalidade, como o Inventário de Temperamento de Guilford-Zimmerman (Guilford-Zimmerman Temperament Survey) e o Inventário de Preferências Pessoais de Edwards (Edwards Personal Preference Schedule), podem ser preferidos porque as medidas que produzem tendem a estar mais relacionadas com as variáveis específicas sob estudo. Hoje, dois dos testes de personalidade mais utilizados no local de trabalho são o NEO PI-R (já descrito no Cap. 12 e discutido em detalhes na página da internet que acompanha este texto) e o Indicador de Tipos de Myers-Briggs (Myers-Briggs Type Indicator) (MBTI). Após uma breve discussão dos estudos que abordam questões relacionadas a carreira e ocupação ao nível do *traço*, discutimos o MBTI e consideramos essas questões ao nível do *tipo* de personalidade.

NO BRASIL

Na lista de testes apresentada nesse parágrafo, alguns não estão aprovados ou nem sequer foram submetidos ao SATEPSI até o momento. Portanto, não podem ser usados no Brasil. O teste aprovado e mais utilizado no Brasil para mensuração da personalidade é a Bateria Fatorial de Personalidade (BFP) e suas escalas fatoriais para avaliar neuroticismo (ENF), socialização (EPS) ou extroversão (EFEX). Esses testes são fundamentados no modelo dos Cinco Grandes Fatores da personalidade.

Medindo os traços de personalidade A avaliação da personalidade no contexto da pesquisa ou do aconselhamento relacionado a emprego poderia começar com a aplicação de um teste visando medir os Cinco Grandes Fatores de Costa e McCrae (1992b), os Três Grandes de Tellegen (1985), os Seis Grandes de Holland ou algum outro número (grande, pequeno ou médio) de traços ou tipos de acordo com uma conceituação particular de personalidade.[2] O pesquisador, então, analisará os dados do teste de personalidade em termos de como eles se comparam com outras variáveis relacionadas a emprego ou carreira.

A maior parte da pesquisa supracitada empregou o NEO-PI-R de Costa e McCrae (1992b). De fato, é provável que esse teste seja o mais amplamente utilizado hoje. Há, entretanto, tipos de instrumentos mais especializados que também se enquadram sob o título geral de teste de personalidade. Por exemplo, podemos falar de um **teste de integridade**, designado de forma específica para prever roubo, honestidade, adesão a procedimentos estabelecidos e/ou potencial para violência do empregado. Esses testes de personalidade estritamente definidos usados no contexto da pesquisa e da prática relacionadas a emprego foram caracterizados como *escalas de personalidade ocupacional focada no critério*, cuja abreviação é "COPS"* (Ones e Viswesvaran, 2001).

Os testes de integridade podem ser usados para selecionar novos empregados bem como para manter honestos aqueles já contratados. O uso desses testes aumentaram de forma drástica com a aprovação da lei proibindo o uso de polígrafos (detectores de mentira) na maioria dos contextos de emprego. A tendência é diminuir o uso de questionários de lápis e papel mais extensos e aumentar o de medidas que possam ser aplicadas eletronicamente com rapidez e eficácia. Uma dessas medidas é o Applicant Potential Inventory (Inventário do Potencial do Candidato) (API), que pode ser aplicado por computador (pela internet ou desconectado), telefone ou fax. Jones e colaboradores (2002) descreveram o desenvolvimento desse teste e também a pesquisa explorando sua solidez psicométrica.

Sackett e colaboradores (1989) dicotomizaram os testes de integridade em *testes de integridade explícitos* (que podem fazer ao examinando perguntas diretas como "Você sempre

---

[2] Holland (1999) deixou claro que, para ele, os inventários de interesses *são* inventários de personalidade. Por essa razão, é adequado mencionar o trabalho de Holland na discussão da avaliação de interesses ou da personalidade como um auxílio ao aconselhamento de carreira.

* N. de T.: no original, em inglês, Criterion-Focused Occupational Personality Scales (COPS).

diz a verdade?") e *medidas baseadas na personalidade*, que lembram em muitos aspectos os inventários de personalidade objetivos. Os itens nesse último tipo de teste podem ser muito mais sutis do que os do primeiro. A falta de validade aparente nessas medidas com base na personalidade pode ser uma vantagem para o aplicador do teste em termos de obter respostas do teste de integridade que, bem, "tenham integridade". Afinal de contas, quantas pessoas motivadas a obter um emprego admitiriam estar mentindo, enganando e roubando? É provável que as respostas aos itens baseados nas medidas da personalidade sejam interpretadas em comparação às respostas de grupos de pessoas conhecidas por terem ou não terem integridade (conforme a definição do teste em particular).

> **REFLITA...**
> Os testes de integridade e as revisões de registros passados penalizam pessoas à procura de emprego que possam ter reconhecido ter sido errado o que fizeram no passado e que desde então "mudaram seus comportamentos" para melhor?

Se os testes de integridade medem o que se propõem a medir é discutível. As revisões da validade dessas medidas têm variado de mista (American Psychological Association, 1991; Sackett e Harris, 1984; Sackett et al., 1989) a positiva (DePaulo, 1994; Honts, 1994; Sackett, 1994; Saxe, 1994). Talvez a conclusão mais razoável com base nessa literatura seja a de que, quando o teste for desenvolvido profissionalmente, existe uma excelente chance de satisfazer padrões de validade aceitáveis. O *Model Guidelines for Preemployment Integrity Testing Programs* (Diretrizes do modelo para testagem da integridade pré-admissional), um documento desenvolvido pela Association of Personal Test Publishers (Associação dos Editores de Teste de Pessoal) (APTP, 1990), trata de muitas das questões em torno dos testes de integridade, incluindo as relativas a desenvolvimento, aplicação, escores, interpretação, confidencialidade, declarações públicas em relação ao teste e práticas de divulgação do teste. Diretrizes específicas nessas áreas são fornecidas, e as responsabilidades dos aplicadores e dos editores do teste são discutidas (ver Jones et al., 1990, para uma visão geral).

Além das questões relacionadas à validade de testes de integridade, existem questionamentos mais amplos sobre vários aspectos do uso desses testes (Camara e Schneider, 1994). Por exemplo, é invasão de privacidade quando se pede que um candidato a emprego faça esse tipo de teste? Esse tipo de teste pode ser usado isolado ou em combinação com outros procedimentos de mensuração como base para dar ou negar emprego? É interessante que White (1984) tenha sugerido que o teste de honestidade pré-admissional pode induzir atitudes negativas relacionadas ao trabalho. Ter que se submeter a esse tipo de teste pode ser interpretado pelos candidatos a um emprego como evidência de altos níveis de roubo por empregados – resultando, de modo paradoxal, em uma norma nova e mais elevada de roubo por empregados.

Medindo os tipos de personalidade   Como alguém poderia ter previsto, em 1915, que a probabilidade de ter Clarence Myers como genro eventualmente levaria Katharine Cook Briggs (ver Fig. 16.3) para um caminho que culminaria na criação de uma medida estável do tipo de personalidade?

Isabel Briggs Myers e sua mãe, Katharine Cook Briggs – duas mulheres sem treinamento formal em psicologia ou avaliação –, foram inspiradas pelos textos de Carl Jung (1923) e pelas ideias dele sobre tipos psicológicos diferentes. Em parte, essa inspiração foi fundamental na criação do MBTI (Myers e Briggs, 1943/1962), um teste usado para classificar avaliandos por tipos psicológicos e para esclarecer as "diferenças básicas nas formas como os seres humanos absorvem informações e tomam decisões" (McCaulley, 2000, p. 117).

> **NO BRASIL**
> Apenas recentemente o MTBI tornou-se um teste aprovado, por meio do SATEPSI, pelo CFP. No entanto, no Brasil, o MTBI não tem a mesma aceitação que nos Estados Unidos. A medida de personalidade mais popular no Brasil e com melhores coeficientes de confiabilidade é a Bateria Fatorial de Personalidade, fundamentada no modelo dos Cinco Grandes Fatores.

De um ponto de vista psicométrico, o teste sofreu revisões mistas. Uma metanálise de estudos publicados indicou que o teste e suas escalas tendiam a ser internamente consistentes e estáveis ao longo do tempo, embora algumas variações fossem observadas (Capraro e Capraro, 2002). Contudo, muitos profissionais da avaliação expressaram sérias preocupações em relação ao MBTI no campo psicométrico e em campos relacionados

Figura 16.3 Uma equipe de desenvolvedores de teste formada por mãe e filha.
Katharine Cook Briggs (esquerda) e Isabel Briggs Myers (direita) criaram o Indicador de Tipos de Myers-Briggs. Katharine desenvolveu um interesse pelas diferenças individuais, em 1915, ao ser apresentada a seu futuro genro, Clarence Myers. Para Katharine, Clarence parecia diferente em aspectos fundamentais dos outros membros da família Briggs. Devido em parte a seu desejo de entender melhor essas diferenças, Katharine criou uma categoria de tipos psicológicos. Anos mais tarde, Isabel colocaria as ideias da mãe à prova – literalmente.

(Arnau et al., 2003; Girelli e Stake, 1993; Harvey e Murry, 1994; Lorr, 1991; Martin e Bartol, 1986; Pittenger, 1993; Vacha-Haase e Thompson, 2002; Zumbo e Taylor, 1993). Independentemente dessas críticas, o teste continua sendo muito popular, sobretudo entre orientadores e consultores organizacionais. As referências na literatura a esse teste de amplo uso são muitas, e suas aplicações são igualmente abrangentes. Ele tem sido utilizado, por exemplo, para obter perfis de grupos tão diferentes quanto abusadores de substâncias (Cianci, 2008), engenheiros da computação (Capretz, 2003) e jogadores de *Dungeons and Dragons* (Wilson, 2008). Tem sido usado para estudar adoração de celebridades (McCarley e Escoto, 2003), personalidade de atletas universitários (Reiter et al., 2007), desempenho acadêmico (DiRienzo et al., 2010) e candidatos à admissão em um curso de ortopedia para alunos destacados (Harstine, 2008). Uma descrição mais detalhada do MBTI pode ser encontrada em muitos artigos publicados (p. ex., ver Furnham et al., 2003; McCaulley e Moody, 2008; Myers e Carskadon, 2002).

A relação entre personalidade e desempenho no trabalho A maioria das pessoas provavelmente acredita que exista uma relação entre personalidade e desempenho no trabalho. Entretanto, estabelecer tal relação por meio da pesquisa acadêmica não é tarefa fácil. De fato, devido em grande parte aos obstáculos metodológicos na condução desse tipo de pesquisa, muitos pesquisadores não foram capazes de descobrir uma relação (Barrick et al., 2001). Um problema nesse tipo de pesquisa diz respeito a como *desempenho no trabalho* é definido. Não há um sistema métrico único que possa ser usado para todas as ocupações. Para algumas, como vendas, uma medida objetiva como "o valor em dólar da nova receita gerada ao longo de um ano calendário" pode ser definida. Para outras, a medida usada poderia não ser tão objetiva. Por exemplo, a medida base poderia ser as avaliações do supervisor – uma medida que em graus variados é idiossincrásica, subjetiva e sujeita aos vieses dos supervisores que fazem a avaliação.

Além das questões relativas a desempenho no trabalho, há aquelas relacionadas a que aspectos da personalidade medir; diferentes aspectos da personalidade têm presumivelmente maior relevância para diferentes ocupações. Entretanto, o estudo do desempenho no trabalho com relação aos Cinco Grandes Fatores levou a algumas descobertas úteis. Barrick e colaboradores (2001) conduziram uma **metanálise de segunda ordem** (uma metanálise que resume outras metanálises) e determinaram que, em geral, escores altos em *Conscienciosidade* estavam correlacionados com bom desempenho no trabalho e escores altos em *Neuroticismo* estavam relacionados com desempenho deficiente. Também a *extroversão* se correlacionou positivamente com bom desempenho no trabalho – mas por quê? Na pesquisa de acompanhamento, Barrick e colaboradores (2002) verificaram que indivíduos extrovertidos eram mais motivados a alcançar um *status*, que, por sua vez, previa escores mais altos de desempenho no trabalho. Evidentemente, a relação entre personalidade e desempenho no trabalho não é direta; alguns traços de personalidade parecem úteis em relação a alguns, mas não a todos os tipos de ocupações. A pesquisa na área tem cada vez mais examinado a interação complexa entre personalidade e outras variáveis que afetam o desempenho no trabalho, tais como a percepção do ambiente (Kacmar et al., 2009; Westerman e Simmons, 2007) e a cultura global da empresa (Anderson et al., 2008).

> **REFLITA...**
> Do ponto de vista de um empregador, poderia haver alguma "desvantagem" em buscar um *tipo* específico de funcionário para uma determinada função?

Outra questão intrigante levantada pelos pesquisadores é: "A disposição emocional das crianças tem alguma coisa a ver com o quanto elas estão satisfeitas com seus empregos quando adultas?". Se você acha que a questão em si é um pouco surpreendente, acredite se quiser quando dizemos que a resposta a essa pergunta (um retumbante *sim*) é até mais surpreendente. Usando dados de três estudos longitudinais separados, Staw e colaboradores (1986) verificaram que os dados sobre aspectos disposicionais na infância previram atitudes relacionadas ao trabalho por um período de 50 anos. Embora a interpretação dos dados nesse estudo tenha sido questionada, ele em geral recebeu apoio de outros pesquisadores (Arvey et al., 1989; House et al., 1996; Judge et al., 1999, 2002; Motowidlo, 1996). É possível que o temperamento da pessoa medeie eventos emocionalmente significativos, incluindo aqueles no trabalho, que, por sua vez, influenciam o nível de satisfação profissional (Weiss e Cropanzano, 1996).

Os achados citados aqui – e, generalizando, o uso de testes de personalidade em qualquer contexto relacionado a emprego – têm seus críticos (p. ex., ver, Ghiselli, 1973; Hollenbeck e Whitener, 1988; Kinslinger, 1966; Schmitt et al., 1984). Contudo, a maioria dos pesquisadores provavelmente aceita que informações valiosas relacionadas a trabalho e carreira podem ser desenvolvidas por meio do estudo da avaliação da personalidade (Fontanna, 2000; Ones et al., 2007; ver também Judge e Hurst, 2008; Maurer et al., 2008).

Outras medidas

Inúmeros outros instrumentos de avaliação podem ser usados no planejamento da carreira e em contextos pré-admissionais, ainda que não sejam especificamente concebidos para esse propósito. Por exemplo, a Lista de Verificação de Habilidades de Vida Adaptativas (Checklist of Adaptive Living Skills) (CALS; Morreau e Bruininks, 1991) sonda as habilidades de vida necessárias para fazer uma transição bem-sucedida da escola para o trabalho. Organizado em quatro amplas dimensões (Habilidades de Vida Pessoal, Habilidades de Vida Doméstica, Habilidades de Vida na Comunidade e Habilidades no Emprego), esse teste avalia 794 habilidades de vida. A lista de verificação é concebida para uso com avaliandos de qualquer idade. De acordo com o manual, o indivíduo que completa a lista de verificação deve ter tido a oportunidade de observar o avaliando por pelo menos três meses em ambientes naturais. Os avaliados são julgados *independentes* com relação a uma habilidade específica se realizarem a tarefa com boa qualidade pelo menos 75% do tempo, quando necessário e sem lembrete. Esse instrumento baseado em critério pode ser particularmente útil no aconselhamento de carreira e pré-admissional com membros de populações especiais.

Os pesquisadores estão interessados no papel da cultura nos vários aspectos da avaliação para emprego (Blustein e Ellis, 2000; Hofstede, 1998; Leong e Hartung, 2000; Ponterotto et al., 2000; Rotundo e Sackett, 1999; Ryan et al., 2000; Sandoval et al., 1998; Subich, 1996). De acordo com Meyers (1994), o fato de um novo emprego poder às vezes resultar em um tipo de "choque cultural" estimulou a criação de um instrumento denominado Inventário de Adaptabilidade Transcultural (Cross-Cultural Adaptability Inventory) (CCAI; Kelley e Meyers, 1992). O CCAI é um instrumento autoadministrado e autopontuado que visa fornecer informações sobre a capacidade do indivíduo de se adaptar a outras culturas. Os testandos respondem a 50 itens escritos em um formato Likert de seis pontos. O teste produz informações sobre a prontidão da pessoa para adaptar-se a novas situações, tolerar ambiguidade, manter a identidade pessoal em novos ambientes e interagir com pessoas de outras culturas. O relatório é organizado em informações relacionadas a quatro fatores considerados relevantes à adaptabilidade transcultural: resiliência emocional, flexibilidade/abertura, acuidade perceptual e autonomia pessoal. O teste pode ter valor na avaliação da prontidão para aceitar um emprego ou para ser transferido para outro país. Um estudo mostrou que as escalas de Resiliência Emocional e Autonomia Pessoal estavam positivamente relacionadas a uma série de atribuições internacionais (Nguyen et al., 2010).

Talvez um dos instrumentos mais importantes da avaliação relevantes a uma decisão de carreira pode ser um questionário criado pelos próprios avaliandos que *não* é concebido para aplicação a um candidato a emprego. De modo mais específico, ele é escrito pelo avaliando e concebido para aplicação a uma pessoa estabelecida na carreira que o avaliando está considerando. Laker (2002) propôs que estudantes considerando uma escolha de carreira pensem em mais de uma carreira que gostariam de seguir. Devem então identificar pessoas capacitadas que já seguem essas carreiras e possam esclarecer suas crenças e suposições sobre a natureza da vida profissional nessas área. Esses facilitadores podem ser identificados por meios informais, como "perguntar ao redor", e também mais formalmente pelo uso de uma obra de referência como a *Encyclopedia of Associations* (Hunt, 2005). Os estudantes devem encontrar a associação à qual o profissional escolhido pertence e então entrar em contato com ela para auxílio na identificação de alguém próximo que esteja disposto a ajudar. Em preparação para o encontro, devem fazer uma lista de suas crenças e suposições sobre a carreira e traduzir essa lista para perguntas, como as apresentadas na Tabela 16.2.

Todos os instrumentos de avaliação que discutimos até agora têm aplicação não apenas no ingresso na carreira mas também na transição de carreira. Um teste concebido para ser utilizado de modo específico com pessoas que estão considerando uma mudança de carreira é o Inventário de Transições de Carreira (Career Transitions Inventory) (CTI; Heppner et al., 1994). O propósito desse teste é avaliar os recursos psicológicos durante o processo de transição de carreira. Nesse sentido, *transição de carreira* foi definido operacionalmente como *mudança de tarefa* (uma mudança para outros tipos de tarefas mas em essência a mesma função), *mudança de posição* (uma mudança nas funções com o mesmo empregador) ou uma *mudança ocupacional* (uma mudança no nível de responsabilidade da ocupação e no ambiente de trabalho). Os autores do teste apresentaram evidências de confiabilidade do mesmo bem como evidências que descrevem como "promissoras" para a validade de construto desse instrumento.

A transição de carreira é uma variedade do que poderia ser referida como *estratégia de saída* para uma pessoa em uma determinada carreira ou área de negócios. Outro tipo de estratégia de saída é a aposentadoria. A decisão de aposentar-se é significativa e multifacetada – e que também tem sido explorada por meio de instrumentos de avaliação. Uma decisão de aposentadoria não deve ser tomada com base em um único critério, como satisfação global ou segurança financeira (Parnes e Less, 1985). Para pessoas que estão considerando a aposentadoria, os conselheiros podem oferecer assistência na forma de entrevistas de sondagem e pela aplicação de várias medidas que avaliem a satisfação de vida, a orientação ao objetivo, a satisfação no lazer e o apoio interpessoal. Mais especificamente, a Escala de Instabilidade da Meta (Goal Instability Scale) (Robbins e Patton, 1985), o Índice A de Satisfação na Vida (Life Satisfaction Index A) (Neugarten et al., 1961), a Escala de Satisfação no Lazer (Leisure Satisfaction Scale) (Beard e Ragheb, 1980) e a Lista de Avaliações de Apoio Interpessoal (Interpersonal Support Evaluations List) (Cohen et al., 1985)

Tabela 16.2 Exemplos de perguntas derivadas das crenças e suposições dos estudantes

- Que experiência, tanto educacional como profissional, é necessária para entrar nesse campo?
- Descreva resumidamente o caminho de sua carreira e os passos que você deu para chegar até aqui.
- O que você faz em um dia típico?
- Em que indústrias e companhias essas carreiras e ocupações existem, ou que indústrias e companhias seriam melhores para essa carreira?
- Quais são as fontes de estresse em seu trabalho?
- Se você pudesse, o que mudaria em seu trabalho?
- Como se começa ou se avança nessa carreira ou ocupação?
- Que tipo de estilo de vida essa carreira ou ocupação proporciona ou permite?
- Quais são as compensações e os benefícios dessa carreira ou ocupação?
- Com que frequência você precisa viajar, e por que razões você viaja?
- Esse tipo de carreira ou ocupação normalmente exigiria transferência?
- Você gosta de seu trabalho?
- Que oportunidades de promoção há para os indivíduos nesse campo?
- Você considera sua ocupação ou carreira gratificante e desafiadora?
- Que habilidades especiais são necessárias para uma posição como a sua?
- Qual é o número médio de horas trabalhadas em uma semana de trabalho normal?
- Que tipos de habilidades são necessárias para ser bem-sucedido?
- O que eu devo fazer ou onde devo ir para adquirir essas habilidades necessárias?
- Qual é o aspecto mais desafiador de seu trabalho?
- Qual é o aspecto mais gratificante de seu trabalho? Qual é o aspecto menos gratificante de seu trabalho?
- Como essa carreira teria impacto sobre a família?
- O quanto as notas são importantes?
- Como seu desempenho é avaliado?
- Como sua carreira afeta sua vida fora do trabalho? Conjugal? Social? Espiritual?
- Como é o mercado de trabalho nessa área profissional em particular? Como você acha que será daqui a 5-10 anos?
- Que recomendações você me faria? O que faria se fosse eu?
- Se você fosse eu, com quem mais sugeriria que eu conversasse? Por que sugeriria essa pessoa? Posso usar seu nome ao entrar em contato com essa pessoa?
- Descreva sua semana de trabalho típica.

Fonte: Laker (2002).

são alguns dos instrumentos que podem fornecer dados valiosos. Floyd e colaboradores (1992) desenvolveram o Inventário de Satisfação na Aposentadoria (Retirement Satisfaction Inventory) para ajudar a avaliar o ajustamento à aposentadoria. Naturalmente, os Cinco Grandes Fatores de personalidade também podem ter valor preditivo quando se trata da satisfação com a aposentadoria. Em um estudo, foi constatado que *Extroversão* e *Estabilidade Emocional* estavam positivamente relacionadas com satisfação na aposentadoria (Löckenhoff et al., 2009).

Testes e outros instrumentos de avaliação podem ser usados por empresas e outras organizações para ajudar na contratação de funcionários e em outras decisões relacionadas a pessoal. Vejamos agora como.

> **REFLITA...**
> Como os dados de testes de personalidade poderiam ser úteis no aconselhamento de um indivíduo que esteja considerando a aposentadoria?

Triagem, seleção, classificação e alocação

No contexto de emprego, **triagem** refere-se a um processo relativamente superficial de avaliação com base em certos padrões, critérios ou requisitos mínimos. Por exemplo, um corpo de bombeiros municipal pode fazer uma triagem com base em certos requisitos mínimos de altura, peso, saúde física, força física e capacidade cognitiva antes de admitir candidatos a um programa de treinamento para bombeiros. O governo pode usar um teste de inteligência de grupo para avaliar pessoas não adequadas para o serviço militar ou para identificar recrutas intelectualmente dotados para atribuições especiais.

Seleção diz respeito a um processo pelo qual cada pessoa avaliada para um cargo será aceita ou rejeitada para esse cargo. Em contrapartida, **classificação** não implica a aceitação ou rejeição, mas uma avaliação, categorização ou "estereotipagem" com respeito a dois ou mais critérios. As Forças Armadas, por exemplo, classificam pessoal em relação à habilitação de segurança com base em variáveis como posição (posto), história pessoal de atividade política e associações conhecidas. Como resultado dessas avaliações, um indivíduo poderia ter acesso a documentos classificados como *Confidenciais* enquanto outro poderia ter acesso a documentos classificados como *Ultraconfidenciais*.

Assim como a classificação, a *alocação* não traz necessariamente qualquer implicação de aceitação ou rejeição. **Alocação** é uma distribuição, transferência ou atribuição a um grupo ou categoria que podem ser feitas com base em um critério. Se, por exemplo, você fez um curso de nível universitário enquanto ainda estava no ensino médio, o escore que você obteve no teste de alocação avançado naquela matéria pode ter sido o único critério para colocá-lo em uma seção apropriada daquele curso universitário na ocasião de sua aceitação na universidade.

Empresas, instituições acadêmicas, as Forças Armadas e outras organizações regularmente avaliam, selecionam, classificam ou alocam indivíduos. Uma ampla série de testes pode ser utilizada como auxílio na tomada de decisão. Medidas de habilidade, aptidão, interesse e personalidade podem ser valiosas, dependendo das demandas da decisão em particular. No mundo de visibilidade dos esportes profissionais, no qual erros de seleção podem custar muito caro, testes psicológicos podem ser utilizados para ajudar a avaliar se o atleta escolhido realizará todo seu potencial (Gardner, 2001) e para medir diversos outros aspectos da competição atlética (Allen, 2008; Bougard et al., 2008; Brotherhood, 2008; Donohue et al., 2007; Fox, 2008; Gee et al., 2010; Gordon, 2008; Stoeber et al., 2008; Webbe, 2008). Sem dúvida, para tipos de tomada de decisão de emprego mais cotidianos – e especialmente no estágio pré-admissional – alguns dos instrumentos de avaliação mais comuns incluem a carta de apresentação e o currículo, o formulário de requerimento de emprego, a carta de recomendação e a entrevista.

O currículo e a carta de apresentação

Não existe um currículo padrão, único; eles podem ser "tão singulares quanto os indivíduos que representam" (Cohen, 1994, p. 394). Em geral, as informações relativas aos objetivos profissionais, qualificações, educação, e experiência da pessoa estão incluídos em um currículo. Uma carta de apresentação que acompanha um currículo, chamada de carta de solicitação, deixa o candidato demonstrar motivação, habilidades de escrita comercial e sua personalidade única.

É certo que nem um currículo nem uma carta de apresentação sejam o único veículo pelo qual o emprego é assegurado. Esses dois documentos são geralmente trampolins para entrevistas pessoais ou outros tipos de avaliação. No entanto, o empregador, o psicólogo organizacional e do trabalho ou algum outro indivíduo que leia o currículo e a carta de apresentação do candidato podem usar esses documentos como base para *rejeitar* um requerimento de emprego. A carta de apresentação e o currículo podem ser analisados segundo detalhes como a qualidade da comunicação escrita, a sinceridade percebida e a adequação dos objetivos, da educação, da motivação e da experiência anterior do candidato. Do ponto de vista do avaliador, muito disso é verdadeiro em relação a outro instrumento de avaliação comum em contextos de emprego, o formulário de requerimento de emprego.

O formulário de requerimento

Pode-se pensar nos formulários de requerimento de emprego como resumos biográficos que fornecem aos empregadores informações pertinentes à aceitabilidade dos candidatos a emprego. Além das informações demográficas (como nome e endereço), detalhes sobre formação educacional, serviço militar e experiência profissional anterior podem ser solicitados. Os formulários de requerimento podem conter uma seção dedicada a informações de contato na qual os candidatos relacionam, por exemplo, telefone de casa, telefone celular, endereço de *e-mail* e uma página na internet (se aplicável). Algumas perguntas básicas relevantes a um formulário de requerimento tradicional são apresentadas na Tabela 16.3. A filosofia orientadora é que cada item no formulário seja relevante ou para consideração ao emprego ou para contatar o candidato. Do ponto de vista do empregador, esse formulário é um instrumento útil para triagem rápida.

Cartas de recomendação

Outro instrumento útil na triagem preliminar dos candidatos é a carta de recomendação (Arvey, 1979; Glueck, 1978). Essas cartas podem ser uma fonte única de informações detalhadas sobre o desempenho passado do candidato, a qualidade dos relacionamentos com seus pares, e assim por diante. Naturalmente, essas cartas também têm suas desvantagens. Não é segredo que os candidatos solicitam cartas de recomendação a pessoas as quais acreditam que dirão apenas coisas positivas sobre eles. Outra possível desvantagem das cartas de recomendação é a variação nas habilidades de observação e escrita de seus autores.

Em uma pesquisa que empregou arquivos de requerimento para admissão à faculdade de psicologia, foi verificado que o mesmo candidato poderia ser descrito de forma variada como "orientado à análise, reservado e altamente motivado" ou "não conformista, imaginativo e extrovertido", dependendo da perspectiva do autor da carta. Como os autores daquele estudo salientaram, "Embora recomendações favoráveis possam ser pretendidas em ambos os casos, os detalhes e as bases para essas recomendações são variados" (Baxter et al., 1981, p. 300). As tentativas de minimizar as desvantagens inerentes à carta de recomendação aberta às vezes tomaram a forma de "questionários de recomendação" nos quais ex-empregadores, professores e outros respondem a perguntas estruturadas relativas ao desempenho anterior do candidato. Alguns questionários empregam um formato de escolha forçada visando obrigar os respondentes a fazer tanto declarações negativas quanto positivas sobre o candidato.

> **REFLITA...**
> Coloque-se na posição de um empregador. Agora discuta quanto "peso" você atribui a cartas de recomendação em relação a dados de testes e a outras informações sobre o candidato. Explique a base de suas "ponderações".

Embora escritas originalmente para fornecer a um futuro empregador uma opinião sobre um candidato, algumas cartas de referência servem agora como registro de arquivo – que fornece uma visão de um capítulo infeliz da história norte-americana e dos precon-

Tabela 16.3 Lista de verificação de itens para um formulário de requerimento

1. O item é necessário para a identificação do candidato?
2. Ele é necessário para classificar aqueles que são inelegíveis segundo as políticas básicas de contratação da companhia?
3. Ele ajuda a decidir se o candidato é qualificado?
4. Ele é baseado na análise do emprego ou empregos para os quais os candidatos serão selecionados?
5. Ele foi testado antecipadamente nos empregados da companhia e considerado correlacionado com sucesso?
6. As informações serão usadas? Como?
7. O formulário de requerimento é o local adequado para esse tipo de pergunta?
8. Em que medida as respostas reproduzirão as informações a serem obtidas em outro passo no processo de seleção – por exemplo, mediante entrevistas, testes ou exames médicos?
9. As informações são absolutamente necessárias para a seleção, ou devem ser obtidas no primeiro dia de trabalho ou mesmo mais tarde?
10. É provável que as respostas dos candidatos sejam confiáveis?
11. As perguntas violam alguma lei federal ou estadual aplicável?

Fonte: Ahem (1949).

ceitos predominantes de uma era. Winston (1996, 1998) documentou o modo como cartas de referência escritas por psicólogos proeminentes nos Estados Unidos para estudantes de psicologia e psicólogos judeus da década de 1920 até a década de 1950 seguiam uma prática comum de identificar os candidatos a emprego como judeus. Elas revelavam ainda se, na opinião de seu autor, o candidato manifestava ou não os "traços condenáveis" considerados característicos dos judeus. Essas cartas apoiam um argumento convincente de que, embora a história norte-americana tenda a tratar o antissemitismo como um problema do qual os imigrantes europeus escaparam, os estereótipos negativos associados com ser judeu foram uma parte muito importante do cenário cultural nos Estados Unidos.

Entrevistas

As entrevistas, sejam de natureza individual sejam em grupo, oferecem uma oportunidade para a troca de informações face a face. Como outras entrevistas, a entrevista de emprego pode se enquadrar em qualquer lugar em um *continuum*, de altamente estruturada, com perguntas uniformes sendo feitas a todos, a altamente desestruturada, com as perguntas ficando, em grande parte, a critério do entrevistador. Conforme acontece com os todas as entrevistas, as tendências e os preconceitos do entrevistador podem se insinuar na avaliação e influenciar o desfecho. A ordem da entrevista também poderia afetar os desfechos em virtude de efeitos contraste. Por exemplo, um candidato médio pode parecer melhor ou menos qualificado dependendo de se o candidato anterior era particularmente medíocre ou excepcional. Os fatores que podem afetar o desfecho de uma entrevista de emprego, de acordo com Schmitt (1976), incluem experiências, atitudes, motivações, percepções, expectativas, conhecimento sobre o trabalho e comportamento na entrevista tanto por parte do entrevistador quanto do entrevistado. Fatores situacionais, como a natureza do mercado de trabalho, também podem afetar-lhe o desfecho.

Avaliação do portfólio

No contexto da avaliação industrial/organizacional, a avaliação do portfólio implica uma análise da amostra de trabalho de um indivíduo com o objetivo de tomar alguma decisão de triagem, seleção, classificação ou alocação. Um jornalista de vídeo candidatando-se a um cargo em uma nova estação de televisão pode apresentar um portfólio de clipes de vídeo, incluindo sequências de ensaios e cortes de cena. Um diretor de arte para uma revista pode apresentar um portfólio de arte a um futuro empregador, incluindo rascunhos e anotações sobre como resolver um determinado problema relacionado a um projeto. Na avaliação do portfólio, o avaliador pode ter a oportunidade de (1) analisar muitas amostras de trabalhos criados pelo avaliando, (2) obter algum entendimento dos processos de pensamento e hábitos relacionados ao trabalho do avaliando por meio de uma análise dos materiais do rascunho até a forma final e (3) questionar o avaliando em relação a vários aspectos de seu pensamento e seus hábitos relacionados ao trabalho. O resultado pode ser um quadro mais completo do candidato ao emprego no trabalho e no novo ambiente do que seria possível de outro modo.

◆ **REFLITA...**
Quais são algumas coisas que um portfólio *não diz* a um empregador sobre um candidato ao emprego?

Testes de desempenho

Como seu nome sugere, um teste de desempenho requer que os avaliandos demonstrem certas habilidades ou capacidades sob um conjunto específico de circunstâncias. O objetivo típico desse exercício é obter uma *amostra de desempenho relacionado ao trabalho*. Por exemplo, um teste de digitação como pré-requisito para emprego de digitador fornece ao futuro empregador uma amostra de desempenho relacionado ao trabalho.

As fronteiras entre testes de desempenho, de realização e de aptidão são frequentemente nebulosas, sobretudo quando a amostra de trabalho implica fazer um teste padronizado de habilidade ou capacidade. Por exemplo, o Teste de Proficiência em Estenografia de Seashore Bennett (Seashore Bennett Stenographic Proficiency Test) é uma medida padronizada de competência estenográfica. Os materiais do teste incluem uma gravação na qual uma voz dita uma série de letras e manuscritos que o avaliando deve transcrever de forma abreviada e então digitar. As orientações gravadas proporcionam uma clareza uniforme de voz e ritmo de ditado. O protocolo do teste pode muito bem ser visto como um teste de realização, um teste de aptidão ou uma amostra de desempenho, dependendo do contexto de sua utilização.

Um instrumento criado para medir aptidão e habilidades administrativas é o Teste Administrativo de Minnesota (Minnesota Clerical Test) (MCT). O MCT inclui dois subtestes, Comparação de Números e Comparação de Nomes. Cada subteste contém 200 itens, cada um consistindo em um par de nomes ou um par de números (dependendo do subteste) a serem comparados. Para cada item, a tarefa do avaliando é verificar se os dois nomes (ou números) no par são iguais ou diferentes. Um escore é obtido

> **REFLITA...**
> Em geral, que tipos de avaliações de desempenho se prestam mais a um contexto de realidade virtual do que a realidade "da vida real"?

simplesmente pela subtração do número de respostas incorretas do número de corretas. Visto que velocidade e correção no trabalho de escritório são importantes para muitos empregadores, esse teste de aparente simplicidade tem sido usado por décadas como um instrumento de triagem eficaz no local de trabalho. Ele pode ser aplicado e corrigido rápida e facilmente e o padrão de erros ou omissões cronometrado pode sugerir se o testando valoriza a velocidade acima da correção ou vice-versa.

O tipo de equipamento especial necessário para os testes de desempenho varia muito. Para uma simulação envolvendo um problema de fabricação, por exemplo, tudo o que pode ser necessário são partes de um brinquedo de montar (Fig. 16.4). Durante a Segunda Guerra Mundial, a equipe de avaliação do Office of Strategic Services (Escritório de Serviços Estratégicos)(OSS) foi encarregada de selecionar pessoal para atuar como agentes secretos, sabotadores, peritos em propaganda e outras atividades desse tipo para operações fora dos Estados Unidos. Além de entrevistas, testes de personalidade e outros testes escritos, o OSS administrou testes de desempenho situacional. Hoje, as Forças Armadas israelenses e de outros países usam métodos semelhantes.

Um teste de desempenho em geral utilizado na avaliação da capacidade de liderança empresarial é a **técnica do grupo sem líder**. Habilidades de comunicação, capacidade de solucionar problemas, capacidade de lidar com o estresse e outras habilidades também podem ser avaliadas economicamente por um exercício de grupo no qual a tarefa dos participantes é trabalhar em conjunto na solução de algum problema ou na realização de algum objetivo. Enquanto os membros do grupo interagem, os avaliadores fazem julgamentos com respeito a questões como "Quem é o líder?" e "Que papel os outros membros desempenham neste grupo?". As respostas a essas perguntas sem dúvida formarão as decisões sobre a futura posição individual do avaliado na organização.

Outro teste de desempenho usado com frequência para avaliar a capacidade gerencial, as habilidades organizacionais e o potencial de liderança é a **técnica da caixa de entrada**. Essa técnica simula a forma como um gerente ou um executivo lidam com uma caixa de entrada repleta de correspondência, memorandos, anúncios e várias outras notícias e diretivas. Os avaliandos recebem a orientação de que têm apenas um tempo limitado, geralmente duas ou três horas, para lidar com todos os itens da caixa (via de regra um envelope pardo). Por meio de entrevistas pós-teste e de um exame da forma como o avaliando lidou com os materiais, os avaliadores podem fazer julgamentos relativos a variáveis como organização e planejamento, solução de problemas, tomada de decisão, criatividade, liderança e habilidades de comunicação escrita.

Testagem e avaliação para aviadores e astronautas Quase desde a época em que a aviação se tornou uma realidade, existia uma necessidade de pesquisar os fatores físicos e psicológicos nela envolvidos. Um dos primeiros desses estudos foi conduzido pelo médico britâ-

Figura 16.4 Os jogos que os psicólogos jogam.

Os psicólogos já reconheceram o valor de situações de jogo no processo de avaliação de candidatos a emprego. Uma tarefa denominada "Problema de Fabricação" foi usada como parte do Estudo de Progresso em Gerenciamento da AT&T (AT&T Management Progress Study) conduzido em 1957. A tarefa do avaliando aqui é colaborar com os outros para comprar partes e fabricar um "produto".

nico Henry Graeme Anderson. Anderson alistou-se nas Forças Armadas na deflagração da Primeira Guerra Mundial e acabou sendo enviado para a escola de aviação britânica em Vendome, França, onde assumiu o posto de cirurgião de voo. Embora não fosse necessário, ele obteve uma licença de piloto. Posteriormente escreveria, entre outros, os primeiros relatos sobre a aptidão dos recrutas para voar, como as condições de voo podiam ser melhoradas e como os acidentes aéreos podiam ser prevenidos (Anderson, 1919).

À medida que a aviação militar e comercial evoluía, a testagem e a avaliação psicológica seriam normalmente empreendidas pelos poderes instalados para avaliar o grau em que futuros pilotos e outros profissionais do voo (1) tinham a capacidade, as habilidades e a aptidão consideradas necessárias para realizar as tarefas; (2) exibiam traços de personalidade considerados desejáveis para a missão específica (p. ex., incluindo a capacidade de funcionar de maneira eficaz como membro da equipe); e (3) eram considerados livres de psicopatologia e de distrações urgentes que os desviariam do desempenho ideal. Os testes de desempenho especialmente criados se tornariam a norma para pessoas que buscavam a responsabilidade de pilotar aeronaves (Retzlaff e Gilbertini, 1988), bem como empregos relacionados – incluindo, por exemplo, o trabalho de controlador de tráfego aéreo (Ackerman e Kanfer, 1993).

Os primórdios da era espacial na década de 1950 trouxeram com eles um novo conjunto de demandas em termos de seleção de pessoal, em particular no que se refere a seleção de astronautas. Novas habilidades, aptidões e tolerâncias seriam requeridas para "tripulações [que] deixam a terra em um veículo frágil para enfrentar um ambiente hostil e implacável" (Helmreich, 1983, p. 445) – no qual a falta de gravidade, o isolamento e a ausência de uma opção de fuga eram apenas a ponta do *iceberg* em termos dos desafios poderosos a serem encontrados e superados.

A National Aeronautics and Space Administration (NASA) foi formada em 1958. Em preparação para uma missão tripulada como parte do Projeto Mercúrio, a NASA aplicou não apenas baterias de testes de desempenho para avaliar as capacidades físicas dos futuros astronautas, mas, também, baterias de testes psicológicos. Os testes psicológicos incluíam o MMPI, o Rorschach, o TAT e a WAIS. Em geral, a NASA estava procurando candidatos promissores em termos de habilidades operacionais (em relação ao funcionamento cognitivo e psicomotor), motivação, habilidades sociais e tolerância ao estresse.

Inicialmente, a seleção de astronautas e especialistas para a missão foi feita a partir da classificação dos testes de pilotos militares do sexo masculino. A seguir, entretanto, a composição das tripulações se tornou mais diversa em muitos aspectos; mulheres e pessoas de minorias étnicas foram trazidas a bordo, e as tripulações passaram a ser de natureza mais multinacional. Conforme Helmreich e colaboradores (1979) advertiram, uma consideração psicológica das dinâmicas sociais dessas missões seria fundamental para seu sucesso. Outros, como a ex-psiquiatra da NASA, Patricia Santy, criticaram a forma como a agência utiliza – ou menospreza, conforme o caso – as informações de psicólogos e de psiquiatras. Em seu livro sobre o assunto, *Choosing the Right Stuff: The Psychological Selection of Astronauts and Cosmonauts* (*Fazendo a escolha certa: a seleção psicológica de astronautas e cosmonautas*), Santy (1994) afirmou que seria sensato que a cultura da agência espacial desse mais importância do que tradicionalmente dá à opinião de psicólogos e de psiquiatras especializados. Esse debate surge quando o pessoal da NASA ganha as manchetes pelos motivos errados (ver Fig. 16.5).

A propósito, os entusiastas dos videogames podem ficar felizes em saber que suas experiências com o *Simulador de Voo* e com programas relacionados à aviação mais sofisticados poderiam ser bem aproveitados no caso de eles buscarem uma carreira na aviação. Praticamente desde que esses programas surgiram, a indústria tomou conhecimento e empregou simulações de computador nas avaliações (Kennedy et al., 1982). Essa variedade única de avaliação de desempenho permite aos avaliadores estimarem a resposta dos avaliandos a um conjunto de tarefas padronizadas e monitorarem com precisão o tempo de resposta em um ambiente seguro.

Figura 16.5 Uma falha na avaliação de empregos de alto nível?

Em 5 de fevereiro de 2007, a astronauta Lisa Nowak foi presa em um incidente de perseguição bizarro. Isso motivou a NASA a conduzir uma revisão interna de seu programa extensivo de avaliações psicológicas para a equipe de voo.

O centro de avaliação Um instrumento muito utilizado na seleção, classificação e alocação é o **centro de avaliação**. Embora soe como se pudesse ser um lugar, o termo na verdade denota um procedimento organizacionalmente padronizado para avaliação envolvendo múltiplas técnicas para esse fim, como testes escritos e testes de desempenho situacional. O conceito do centro de avaliação tem suas origens nos textos de Henry Murray e colaboradores (1938). As atividades do centro de avaliação foram desenvolvidas de forma pioneira por organizações militares tanto nos Estados Unidos como no exterior (Thornton e Byham, 1982).

Em 1956, a primeira aplicação da ideia em um contexto industrial ocorreu com a iniciação do Estudo de Progresso em Gerenciamento (Management Progress Study) (MPS) na American Telephone and Telegraph (AT&T) (Bray, 1964). O MPS era para ser um estudo longitudinal que acompanharia as vidas de mais de 400 gerentes de companhias telefônicas e de funcionários não gerentes. Os indivíduos participaram de um centro de avaliação de três dias no qual foram entrevistados durante duas horas. Foram então submetidos a uma série de testes escritos visando identificar as capacidades cognitivas e a personalidade (p. ex., o Teste de Capacidade Escolar e Universitária [School and College Ability Test] e o Inventário de Preferência Pessoal de Edwards [Edwards Personal Preference Schedule]) e participaram de exercícios situacionais individuais e de grupo (tais como o teste da caixa de entrada e um grupo sem líder). Além disso, testes projetivos como o Teste de Apercepção Temática e o Teste de Completar Sentenças foram aplicados. Todos os dados sobre cada avaliando foram integrados em uma reunião dos avaliadores, na qual foram feitos julgamentos sobre inúmeras dimensões. As dimensões, agrupadas por área, são listadas na Tabela 16.4.

O uso do método do centro de avaliação expandiu-se, com muito mais associações empresariais utilizando-o anualmente para seleção, classificação, alocação, promoção, treinamento de carreira e identificação precoce do potencial de liderança. O método foi submetido a inúmeros estudos relativos a sua validade, e o consenso é que tem muito a recomendá-lo (Cohen et al., 1977; Gaugler et al., 1987; Hunter e Hunter, 1984; McEvoy e Beatty, 1989; Schmitt et al., 1984).

Testes físicos

Um salva-vidas visualmente debilitado está seriamente comprometido em sua capacidade de realizar o trabalho. Um degustador de vinhos com papilas gustativas danificadas é de pouco valor para um vitivinicultor. Um piloto de avião que tenha perdido o uso de um braço. . . a questão é clara: os requisitos físicos de uma ocupação devem ser levados em consideração na triagem, seleção, classificação e colocação de candidatos. Dependendo das exigências específicas do trabalho, diversos subtestes físicos podem ser utilizados. Portanto, por exemplo, para um trabalho no qual vários componentes de visão sejam fundamentais, um teste de acuidade visual poderia ser aplicado junto com testes de eficiência visual, estereopsia (percepção de distância/profundidade) e daltonismo. Em seu sentido mais geral, um **teste físico** pode ser definido como a mensuração que implica a avaliação da saúde e da integridade somática e as capacidades sensoriais e motoras observáveis da pessoa.

Aptidão física geral é requerida em muitas atividades, como o trabalho policial, no qual candidatos bem-sucedidos poderiam um dia ter de perseguir um suspeito em fuga a pé ou se defender contra um suspeito que resista à prisão. Os testes usados na avaliação dessa aptidão poderiam incluir exame físico completo, teste de força física e um teste de desempenho que satisfaça algum critério determinado em relação a velocidade de corrida e agilidade. Tarefas como saltar por sobre um objeto, pisar dentro de pneus e passar através de uma janela poderiam ser incluídas para simular corrida em terreno difícil.

Em alguns casos, a determinação de certos requisitos físicos para o emprego pelo empregador é tão razoável e tão necessária que seria facilmente assegurada por qualquer

Tabela 16.4 Dimensões originais do Estudo de Progresso em Gerenciamento

Área	Dimensão
Habilidades administrativas	Organização e planejamento – Com que grau de eficiência esta pessoa pode organizar o trabalho, e o quanto ela consegue planejar com antecedência?
	Tomada de decisão – O quanto esta pessoa está pronta para tomar decisões, e quão boas são essas decisões?
	Criatividade – Qual a probabilidade de esta pessoa solucionar um problema de gerenciamento de uma maneira original?
Habilidades interpessoais	Habilidades de liderança – Com que grau de eficiência esta pessoa pode liderar um grupo para realizar uma tarefa sem despertar hostilidade?
	Habilidades de comunicação oral – Quão bem esta pessoa apresenta um relatório oral em uma conferência para grupo pequeno sobre um assunto que ela conhecia bem?
	Flexibilidade de comportamento – Com que facilidade esta pessoa, quando motivada, pode modificar seu comportamento para alcançar uma meta? O quanto esta pessoa é capaz de mudar os papéis ou o estilo de comportamento para realizar objetivos?
	Impacto pessoal – Qual é a força e a simpatia da primeira impressão que esta pessoa passa?
	Objetividade social – O quanto esta pessoa é livre de preconceitos contra grupos raciais, étnicos, socioeconômicos, educacionais e outros?
Habilidades cognitivas	Percepções de sugestões sociais limiares – Com que facilidade esta pessoa percebe sugestões mínimas no comportamento dos outros?
	Capacidade mental geral – O quanto esta pessoa é capaz nas funções medidas por testes de inteligência, de aptidão escolar e de capacidade de aprendizagem?
	Variedade de interesses – Em que grau esta pessoa é interessada em uma variedade de campos de atividade como ciência, política, esportes, música, arte?
Estabilidade de desempenho	Habilidade de comunicação escrita – Quão bem esta pessoa escreveria um memorando correto de comunicação formal sobre um assunto que conhecesse bem? Quão bem escritos os memorandos e os relatórios provavelmente devem ser?
	Tolerância à incerteza – Em que grau o desempenho ocupacional desta pessoa se mantém sob certas condições incertas e não estruturadas?
Motivação no trabalho	Resistência ao estresse – Em que grau o desempenho ocupacional desta pessoa se mantém diante de estresse pessoal?
	Primazia do trabalho – Em que grau esta pessoa encontra satisfações no trabalho mais importantes do que satisfações em outras áreas da vida?
	Padrões de trabalho internos – Em que grau esta pessoa desejará fazer um bom trabalho, mesmo se um não tão bom for aceitável para o chefe e para os outros?
	Energia – O quanto esta pessoa consegue manter continuamente um alto nível de atividade no trabalho?
Orientação de carreira	Auto-objetividade – O quanto é realista a visão que esta pessoa tem de seus próprios recursos e responsabilidades, e o quanto ela tem consciência de seus próprios motivos?
	Necessidade de progressão – Em que grau esta pessoa necessita ser promovida significativamente antes de seus pares? Em que grau novas promoções são necessárias para a satisfação na carreira?
	Necessidade de segurança – Quão forte é a necessidade desta pessoa de um emprego seguro?
	Capacidade de adiar gratificação – Em que grau esta pessoa estará disposta a aguardar pacientemente por uma promoção que sem dúvida virá?
	Realismo das expectativas – Em que grau as expectativas desta pessoa sobre sua vida profissional na empresa estão de acordo com o que é provavelmente verdadeiro?
	Orientação de valores do Sistema Bell – Em que grau esta pessoa incorporou os valores do Sistema Bell, como serviço, amabilidade, justiça da posição da empresa em relação a lucros, preços, salários?
Dependência	Necessidade de aprovação superior – Em que grau esta pessoa necesssita apoio caloroso e sustentador dos supervisores imediatos?
	Necessidade de aprovação dos pares – Em que grau esta pessoa necessita de afeto e aceitação de colegas e subordinados?
	Flexibilidade na meta – Em que grau esta pessoa tende a reorientar sua vida para uma meta diferente?

Fonte: Bray (1982).

tribunal se contestada. Outros, entretanto, podem cair em uma zona cinzenta. Em geral, a lei favorece os padrões físicos que sejam não discriminatórios e relacionados ao trabalho.

Também sob o título de testes físicos estão os testes de integridade ou prejuízo sensorial, incluindo aqueles para medir daltonismo, acuidade visual, percepção de profundidade visual e acuidade auditiva. Esses tipos de testes são empregados como rotina em contextos industriais nos quais a capacidade de perceber cores ou a posse de visão ou audição razoavelmente boas é fundamental

REFLITA...
"Um policial deve satisfazer certos requisitos mínimos de altura." Você concorda?

> **NO BRASIL**
> No Brasil, ao contrário do que está sendo relatado neste trecho que se refere à realidade norte-americana, essas práticas não são permitidas para a avaliação de pessoas em organizações de trabalho.

para o trabalho. Além disso, técnicas físicas têm sido aplicadas na avaliação de integridade e honestidade, como é o caso do polígrafo e da testagem para drogas.

Testagem para drogas Além das preocupações sobre os requisitos físicos, emocionais e cognitivos para o trabalho, há uma grande preocupação sobre o uso de drogas pelos empregados. Os gerentes de pessoal e de recursos humanos estão cada vez mais buscando garantias de que as pessoas que contratam e os funcionários que empregam já não usam e não usarão drogas ilícitas. Os custos financeiros variam conforme a fonte, mas as estimativas de perdas corporativas que se devem direta ou indiretamente ao uso de drogas ou álcool pelos empregados chegam a dezenas de bilhões de dólares. A receita pode ser perdida devido a ferimentos a pessoas ou a animais, a dano a produtos e ao ambiente ou a absenteísmo, atrasos ou licenças de saúde. E não há dinheiro que pague a perda trágica de vidas que podem resultar de um incidente relacionado a drogas ou álcool.

No contexto do local de trabalho, uma **testagem para drogas** pode ser definida como uma avaliação realizada para determinar a presença, se houver, de álcool ou outras substâncias psicotrópicas, por meio de análise laboratorial de sangue, urina, cabelo ou outros espécimes biológicos. A testagem para uso de drogas é uma prática crescente nas empresas norte-americanas, com quase metade de todas as principais companhias conduzindo essa testagem de alguma forma. Os candidatos a emprego podem ser testados durante o processo de seleção, e os funcionários atuais podem ser testados como uma condição para manter o emprego. Testagem aleatória para drogas (ou seja, a testagem que ocorre sem aviso prévio) é cada vez mais comum em empresas e organizações privadas, embora esteja em uso há anos em órgãos governamentais e nas Forças Armadas.

As técnicas de testagem para drogas variam. Um método, o teste de imunoensaio, emprega a urina do indivíduo para determinar a presença ou a ausência de substância no corpo pela identificação de subprodutos metabolizados da droga (metabólitos). Embora amplamente usado em locais de trabalho, o teste pode ser criticado por sua incapacidade em especificar a quantidade exata da droga que foi usada, quando foi usada e qual de várias drogas possíveis em uma determinada categoria foi consumida. Além disso, não há como estimar

> ♦ **REFLITA...**
> Geralmente falando, a testagem para droga aleatória no local de trabalho é uma coisa boa?

o grau de prejuízo que ocorreu em resposta à droga. O teste Cromatografia Gasosa/Espectrometria de Massa (Gas Chromatography/Mass Spectrometry) (GCMS) também examina os metabólitos na urina para determinar a presença ou a ausência de drogas, este pode especificar de forma mais precisa que substância foi utilizada. A tecnologia do GCMS não pode, entretanto, determinar a hora que a droga foi consumida ou o grau de prejuízo que ocorreu como consequência.

Muitos empregados se opõem à testagem para drogas como uma condição de emprego e têm argumentado que esse tipo de teste viola seus direitos constitucionais à privacidade e liberdade de busca e apreensão injustificadas. No curso de processos legais, uma questão que surge com frequência é a validade da testagem para drogas. As consequências de **falsos-positivos** (um indivíduo testa positivamente para uso de droga quando na realidade não houve tal uso) e **falsos-negativos** (um indivíduo testa negativamente para drogas quando na realidade esse uso aconteceu) nesses casos podem ser importantes. Um falso-positivo pode ocasionar, entre outras coisas, a perda do sustento da pessoa. Um falso-negativo pode resultar em um pessoa debilitada trabalhando em uma cargo de responsabilidade e colocar outras pessoas em risco.

As técnicas laboratoriais modernas tendem a ser bastante precisas na detecção de metabólitos sinalizadores. As taxas de erro são bem abaixo de 2%. Entretanto, as técnicas laboratoriais nem sempre podem ser usadas de maneira correta. Por uma estimativa, quase 93% dos laboratórios que fazem testagem para drogas não alcançaram os padrões designados para reduzir o erro humano (Comer, 1993). O erro também pode ocorrer na interpretação dos resultados. Os metabólitos podem ser identificados com precisão, mas, se eles foram originados do abuso de alguma droga ilícita ou de medicamento sem receita médica, nem sempre pode ser determinado. Para ajudar a prevenir tal confusão, os aplicadores de testes de urina normalmente pedem ao indivíduo que faça uma lista de quaisquer medicamentos que esteja utilizando no momento. Porém, nem todos os indivíduos estão dispostos ou são capazes de lembrar todos os medicamentos que podem ter utilizado. Além disso, alguns empregados relutam em relatar alguns medicamentos prescritos que possa ter consumido para tratar condições às quais algum possível estigma social possa ser associado, como depressão ou epilepsia. Ainda, alguns alimentos também podem produzir metabólitos que imitam aqueles de algumas drogas ilícitas. Por exemplo, metabólitos de opiáceos serão detectados após a ingestão de sementes de papoula (perfeitamente legais) (West e Ackerman, 1993).

Outra questão relacionada à validade dos testes para drogas diz respeito ao grau com que as substâncias identificadas por meio do exame de fato afetam o desempenho no trabalho. Algumas drogas saem do corpo muito lentamente. Por exemplo, uma pessoa pode testar positivo para uso de maconha até um mês após a última exposição a ela. Portanto, o resíduo da droga permanece muito depois de qualquer prejuízo perceptível por tê-la usado. Em contrapartida, a cocaína sai do corpo em apenas três dias. É possível um usuário habitual de cocaína deixar de usá-la por três dias, ficar muito prejudicado devido à abstinência e, contudo, ainda testar negativo para uso de drogas. Portanto, nem um achado positivo nem um achado negativo relação à testagem para drogas significa, necessariamente, que o comportamento foi ou não foi prejudicado por seu uso (Comer, 1993).

Uma alternativa à testagem para drogas envolve o uso de testes de desempenho para exame direto do prejuízo. Por exemplo, testes sofisticados, ao estilo de *videogames*, de coordenação, julgamento e tempo de reação estão disponíveis para comparar o desempenho atual com o desempenho basal estabelecido em testes anteriores. As vantagens desses testes de desempenho sobre a testagem para drogas incluem uma avaliação mais direta do prejuízo, menos preocupações éticas em relação a invasão de privacidade e informação imediata sobre o prejuízo. Essa última vantagem é vital em particular para prevenir que indivíduos potencialmente prejudicados venham a se ferir ou ferir os outros.

Medidas de capacidade cognitiva, produtividade e motivação

Além de seu uso no aconselhamento pré-admissional e na triagem, seleção, classificação e alocação de pessoal, os instrumentos de avaliação são usados para alcançar várias metas no local de trabalho. Segue-se um breve exame desses usos variados dos instrumentos de avaliação com referência a medidas de capacidade cognitiva, produtividade e motivação.

Medidas da capacidade cognitiva

As decisões de seleção relativas a pessoal, bem como outros tipos de decisões de seleção como aquelas relativas ao licenciamento profissional ou à aceitação para treinamento acadêmico, frequentemente se baseiam (pelo menos em parte) no desempenho em testes que exploram o conhecimento adquirido e várias habilidades e capacidades cognitivas. Em geral, os testes cognitivos são instrumentos de seleção populares porque foi demonstrado que são preditores válidos de desempenho futuro (Schmidt e Hunter, 1998). Entretanto, junto com esse histórico impressionante vêm inúmeras considerações relativas a questões de diversidade.

Seleção de pessoal e questões de diversidade O uso contínuo de testes que exploram principalmente as capacidades e habilidades cognitivas para triagem, seleção, classificação e alocação tem se tornado controverso. Essa controvérsia deriva de uma quantidade de evidências bem documentadas que apontam diferenças consistentes de grupo nos testes de capacidade cognitiva. Por exemplo, os asiáticos tendem a apresentar em média escores mais altos do que os brancos em medidas de capacidade matemática e quantitativa, enquanto estes têm escores mais altos do que os primeiros em medidas de compreensão e capacidade verbal. Em média, brancos também tendem a escores mais altos em testes de capacidade cognitiva do que negros e hispânicos. Dado que os escores de teste podem diferir por até 1 desvio-padrão (Sackett et al., 2001), essas diferenças podem ter grande impacto sobre quem consegue qual emprego ou quem é admitido a uma instituição de ensino superior. As diferenças médias entre os grupos em testes de capacidade cognitiva podem contribuir para limitar a diversidade.

É interesse da sociedade promover a diversidade nos ambientes de trabalho, nas profissões e no acesso a educação e treinamento. Com esse objetivo, a diversidade foi, no passado, encorajada por vários meios. Uma abordagem envolveu o uso de pontos de corte dos testes estabelecidos com base no grupo ao qual o indivíduo pertence. Entretanto, tem havido uma tendência geral de afastamento dos esforços que levam a tratamento preferencial de qualquer grupo em termos de escores de teste. Essa tendência é evidente nas leis, nos processos judiciais e nos referendos públicos. Por exemplo, a Lei de Direitos Civis de 1991 tornou ilegal que os empregadores ajustem os escores de teste de acordo com o grupo ao qual o indivíduo pertence. Em 1996, a Proposição 209 foi aprovada na Califórnia proibindo o uso da condição de membro de determinado grupo como base para qualquer decisão de seleção nesse estado. No mesmo ano, uma corte federal determinou que a raça não era um critério relevante na seleção de candidatos a universidades (*Hopwood* vs. *State of Texas*, 1996). No estado de Washington, os eleitores aprovaram uma lei que baniu o uso da raça como um critério nas admissões a universidades e nas contratações (Verhovek e Ayres, 1998).

REFLITA...
De que formas gerais a sociedade pode tratar melhor essas questões extrateste?

Como a diversidade no local de trabalho e em outros contextos pode ser alcançada enquanto ainda são usados testes conhecidos por serem bons preditores de desempenho e enquanto é incorporada aos critérios de seleção uma preferência por qualquer grupo? Embora nenhuma única resposta a essa questão complexa provavelmente satisfaça todos os envolvidos, há vagas de empregos aguardando para serem preenchidas e cadeiras aguardando serem ocupadas em instituições educacionais e de treinamento; alguma estratégia para equilibrar os vários interesses deve ser encontrada. Uma proposta é que os desenvolvedores e aplicadores de testes cognitivos nos locais de trabalho deem maior ênfase a avaliações aplicadas por computador que minimizem o conteúdo verbal e a demanda por habilidades e capacidades verbais (Sackett et al., 2001). Esses pesquisadores recomendam ainda maior confiança na experiência profissional ou pessoal relevante como critérios de seleção. Entretanto, Sackett e colaboradores (2001) advertem que "as diferenças de subgrupo não são apenas artefatos de tecnologias de lápis e papel" (p. 316), e cabe à sociedade como um todo tratar efetivamente dessas questões extrateste.

Produtividade

Produtividade pode ser definida, de modo simples, como o rendimento ou o valor gerado em relação ao esforço de trabalho exercido. O termo é usado aqui em seu sentido mais amplo e é igualmente aplicável a trabalhadores que fazem produtos e a trabalhadores que fornecem serviços. Para um negócio ser bem-sucedido, a monitoração da produção com o objetivo final de aumentar o rendimento é fundamental. As medidas de produtividade ajudam a definir não apenas o ponto em que o negócio está, mas também o que é preciso para que ele chegue aonde deseja. Um fabricante de aparelhos de televisão, por exemplo, poderia descobrir que as pessoas que fabricam a cobertura estão trabalhando na eficiência ideal, mas as responsáveis pela instalação das telas nos gabinetes estão trabalhando na metade da eficiência esperada. Uma avaliação da produtividade pode ajudar a identificar os fatores responsáveis pela queda de desempenho dos instaladores de telas.

Usando técnicas como avaliações do supervisor, entrevistas com empregados e empregados disfarçados inflitrados no local de trabalho, o administrador poderia determinar o que – ou, em particular, quem – é o responsável pelo desempenho insatisfatório. Talvez o método mais comum de avaliar a produtividade ou o desempenho do trabalhador seja o uso de procedimentos de classificação pelos superiores na organização. Um tipo de procedimento de classificação usado quando grandes números de empregados são avaliados é a **técnica de distribuição forçada**. Esse procedimento envolve a distribuição de um número ou porcentagem predeterminados de avaliandos em várias categorias que descrevem o desempenho (tais como *insatisfatório, ruim, razoável, médio, bom, superior*). Outro índice de desempenho no trabalho é o número de ausências em um determinado período. Normalmente reflete pior sobre um empregado estar ausente em, digamos, 20 ocasiões separadas do que em 20 dias consecutivos como resultado de doença.

A **técnica de incidentes críticos** (Flanagan e Burns, 1955) implica registro pelo supervisor de comportamentos positivos e negativos dos empregados. O supervisor cataloga as anotações de acordo com várias categorias (p. ex., *confiabilidade* ou *iniciativa*) para referência rápida quando for necessária uma avaliação. Alguma evidência sugere que um período de "lua de mel" de cerca de três meses ocorra quando um novo funcionário inicia um emprego e que as avaliações do supervisor refletirão mais verdadeiramente o desempenho do funcionário quando esse período tiver passado.

> **REFLITA...**
> Quais poderiam ser as consequências a longo prazo de usar técnicas de avaliação que se baseiam no uso de "funcionários disfarçados" em um local de trabalho?

As classificações ou avaliações de pares, ou seja, feitas por outros trabalhadores no mesmo nível, revelaram ser um método valioso para identificar talentos entre os empregados. Embora os pares tenham uma propensão a avaliar suas contrapartes em um nível mais alto do que essas pessoas seriam avaliadas pelos supervisores, as informações obtidas dessas avaliações e classificações podem ser altamente preditivas de desempenho futuro. Por exemplo, um estudo envolveu 117 agentes de seguros de vida inexperientes que frequentaram uma classe de treinamento de três semanas. Na conclusão do curso, os novos agentes de seguros foram instruídos a listar as três melhores pessoas em sua classe em relação a cada uma de 12 situações. A partir desses dados, um escore composto foi obtido para cada um dos 117 agentes. Um ano depois, essas avaliações por pares e três outras variáveis estavam correlacionadas com tempo de serviço (número de semanas no emprego) e com produção (número equivalente em dólar de seguro vendido). Como pode ser visto na Tabela 16.5, as avaliações por pares tinham a validade mais alta em todas as categorias. Em contraste, uma correlação próxima de zero foi obtida entre a nota final do curso e todas as categorias. Há um inconveniente nas avaliações por pares? Sem dúvida. Mesmo quando essas avaliações são feitas de forma anônima, uma pessoa que esteja sendo avaliada pode pensar que algum colega suspeito a avaliou muito abaixo do nível esperado. A reação desse indivíduo, por

> **REFLITA...**
> Suponha que seu instrutor tenha iniciado um sistema de avaliação por pares como único determinante de sua nota em sua classe de mensuração. Esse sistema seria melhor do que o que já existe?

Tabela 16.5 Avaliação por pares e desempenho de vendedores de seguro de vida

	Tempo de serviço		Produção	
	6 meses	1 ano	6 meses	1 ano
Avaliação dos pares	0,18*	0,29†	0,29†	0,30†
Idade	0,18*	0,24†	0,06	0,09
Salário inicial	0,01	0,03	0,13	0,26†
Nota final do curso	0,02	0,06	–0,02	0,02

Fonte: Maysfield (1972).
*$p = 0,05$ (teste unicaudal)
†$p = 0,01$ (teste unicaudal)

sua vez, pode ser avaliar o colega suspeito extremamente abaixo em retaliação. Além disso, colegas nem sempre têm uma base para julgar o critério que a escala de classificação lhes pede que julguem. Mas isso em geral não impede um avaliador no local de trabalho de avaliar um colega. Em vez de avaliar o colega no critério listado no questionário, o avaliador poderia usar um critério particular, "O que esta pessoa fez por mim ultimamente?" para responder à escala de avaliação.

Em muitas organizações, as pessoas trabalham em equipe. Em um contexto organizacional ou de local de trabalho, uma **equipe** pode ser definida como duas ou mais pessoas que interagem de forma interdependente visando a uma meta comum e valorizada e que têm cada uma papéis ou funções específicos a realizar. Para uma equipe de vendas, a divisão de trabalho pode simplesmente refletir divisão de territórios de vendas. Na criação de programas de computador complicados, a divisão de trabalho pode envolver a atribuição de tarefas que são muito complicadas para qualquer indivíduo. A operação de um navio de cruzeiro ou de uma embarcação militar requer uma equipe treinada devido ao grande número de coisas que devem ser feitas para o barco navegar. Para alcançar maior produtividade, as organizações fazem perguntas como "O que a equipe sabe?" e "Como o conhecimento coletivo da equipe difere qualitativamente do conhecimento e da experiência individuais de cada um de seus membros?". Essas e questões relacionadas foram exploradas com várias abordagens à mensuração do conhecimento da equipe (p. ex., ver Cannon-Bowers et al., 1998; Cooke et al., 2000; Salas et al., 1998).

Motivação

Por que algumas pessoas deixam de almoçar, fazem hora extra e levam trabalho para casa à noite enquanto outras se esforçam para fazer o menos possível e levam uma vida de lazer no trabalho? Em um nível prático, pode-se esclarecer essas questões usando instrumentos de avaliação que exploram os valores do avaliando. Lidar com uma população de pessoal não qualificado pode exigir técnicas especialmente concebidas. Champagne (1969) respondeu ao desafio de saber pouco sobre o que poderia atrair pessoas não qualificadas da zona rural para o trabalho criando um questionário motivacional. Conforme ilustrado pelos três itens na Figura 16.6, o questionário usou um formato de comparação pareada (escolha forçada que pedia ao indivíduo que fizesse escolhas sobre 12 fatores usados por empresas para incentivar pedidos de emprego: salário justo, estabilidade no emprego, férias e feriados remunerados, benefícios como pensões e planos de saúde, um chefe justo, trabalho interessante, boas condições de trabalho, chances de promoção, um trabalho perto de casa, trabalhar com amigos e vizinhos, pessoas agradáveis como colegas e elogios por bom trabalho.

O fator para procurar emprego considerado mais importante na amostra de Champagne de 349 indivíduos de ambos os sexos da zona rural não qualificados foi *estabilidade no emprego*. O fator menos importante foi *trabalhar com amigos e vizinhos*. *Elogios por bom trabalho* era o segundo menos importante. Ao interpretar os resultados, Champagne advertiu que "os fatores relatados aqui dizem respeito ao comportamento de busca de emprego de pessoas não qualificadas e não são medidas de como manter e motivar pessoal não qualificado uma vez empregados [. . .] O que motiva uma pessoa a aceitar um emprego não é necessariamente o mesmo que motiva uma pessoa a manter um emprego ou a ter um bom desempenho nele" (p. 268).

Em um nível teórico, uma profusão de teorias buscam delinear necessidades, atitudes, influências sociais e outros fatores específicos que poderiam explicar as diferenças na motivação. Por exemplo, Vroom (1964) propôs uma teoria de expectativa da motivação, a qual basicamente afirma que os empregados gastam energia visando atingir o resultado que desejam; quanto maior a expectativa de que uma ação alcance certo resultado, mais energia será despendida para alcançá-lo. Maslow (1943, 1970) construiu uma hierarquia teórica das necessidades humanas (Fig. 16.7) e propôs que, após uma categoria de necessidade ser satisfeita, as pessoas buscam satisfazer a próxima na lista.

Férias e feriados remunerados... ☐   OU   ...Benefícios como pensões e planos de saúde. ☐

Um emprego perto de casa... ☐   OU   ...Um chefe justo. ☐

Trabalhar com amigos e vizinhos... ☐   OU   ...Chances de promoção. ☐

Figura 16.6 Estudando valores com o trabalhador não qualificado.
Champagne (1969) utilizou itens de teste como os aqui representados em um estudo de recrutamento com população rural não qualificada.

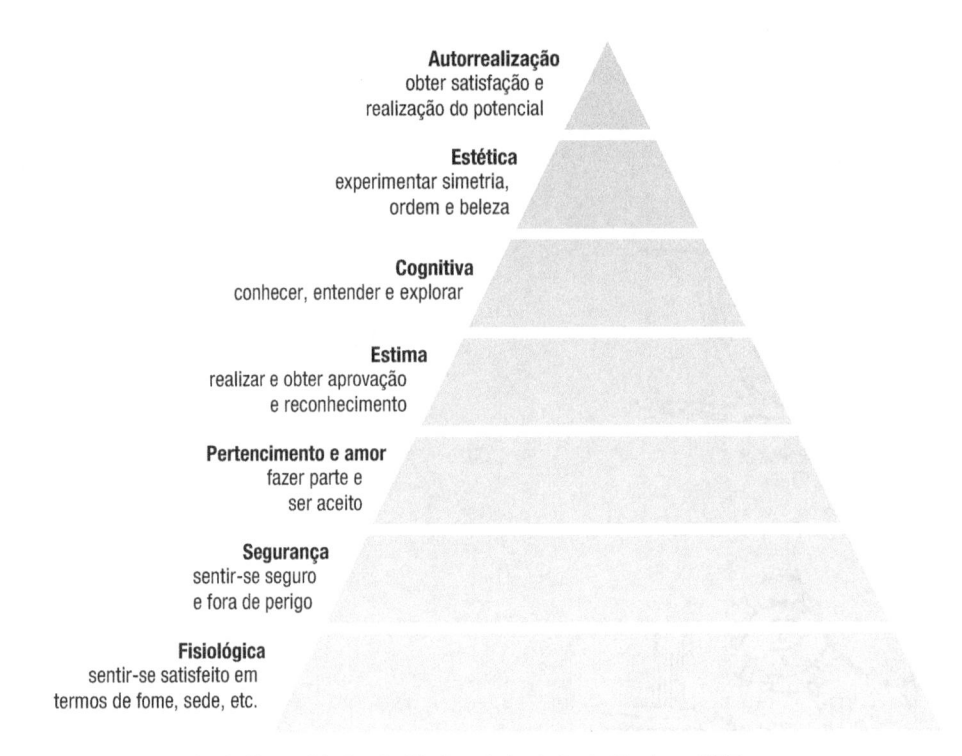

Autorrealização
obter satisfação e
realização do potencial

Estética
experimentar simetria,
ordem e beleza

Cognitiva
conhecer, entender e explorar

Estima
realizar e obter aprovação
e reconhecimento

Pertencimento e amor
fazer parte e
ser aceito

Segurança
sentir-se seguro
e fora de perigo

Fisiológica
sentir-se satisfeito em
termos de fome, sede, etc.

Figura 16.7   Hierarquia de Necessidades de Maslow (adaptada de Maslow, 1970).

Os empregadores que concordam com a teoria de Maslow buscariam identificar (1) o nível de necessidade requerido do empregado pelo trabalho e (2) o nível de necessidade atual do candidato ao emprego. Alderfer (1972) sugeriu uma teoria de necessidade da motivação alternativa que não era hierárquica. Enquanto Maslow via a satisfação de uma necessidade como um pré-requisito para a satisfação da próxima necessidade na hierarquia, Alderfer propôs que uma vez satisfeita uma necessidade, o organismo pode lutar para satisfazê-la em um grau ainda maior. A teoria de Alderfer também supõe que a frustração de uma necessidade poderia canalizar energia para satisfazer uma necessidade em outro nível.

Em um programa bastante citado que se encarregou de definir as características da motivação de conquista, McClelland (1961) usou como sua medida histórias escritas sob instruções especiais sobre figuras do TAT e semelhantes ao TAT. Ele descreveu o indivíduo com uma alta necessidade de conquista como aquele que prefere uma tarefa que não seja muito simples nem extremamente difícil – alguma coisa com riscos moderados, não extremos. Uma situação com pouco ou nenhum risco não levará a sentimentos de realização se o indivíduo for bem-sucedido. No entanto, uma situação de risco exacerbado pode não levar a sentimentos de realização devido à alta probabilidade de fracasso. Pessoas com muita necessidade de conquista gostam de ter responsabilidade por suas ações porque desejam o crédito e o reconhecimento por suas realizações. Esses indivíduos também desejam informações sobre seu desempenho de modo que possam constantemente melhorar seu rendimento. Outros pesquisadores usaram figuras semelhantes ao TAT e seus próprios sistemas de pontuação concebidos para estudar em especial áreas relacionadas de motivação humana como o medo de fracasso (Birney et al., 1969; Cohen e Houston, 1975; Cohen e Parker, 1974; Cohen e Teevan, 1974, 1975; Cohen et al., 1975) e o medo de sucesso (Horner, 1973).

A motivação pode ser conceituada como proveniente de incentivos que são de origem sobretudo interna ou sobretudo externa. Outra forma de dizer isso é falar de *motivação intrínseca* e *motivação extrínseca*. Na **motivação intrínseca**, a força condutora primária

> **REFLITA...**
> O que o motiva a fazer o que você faz? Como essa motivação poderia ser mais bem medida?

deriva de coisas como o envolvimento do indivíduo no trabalho ou a satisfação com os produtos do trabalho. Na **motivação extrínseca**, a força condutora primária deriva de recompensas, como salário e bônus, ou de restrições, como perda de emprego.

Uma escala concebida para avaliar aspectos das motivações intrínseca e extrínseca é o Inventário de Preferências Profissionais (Work Preference Inventory) (WPI) (IPP) (Amabile et al., 1994). O WPI (IPP) contém 30 itens avaliados em uma escala de quatro pontos com base em o quanto o testando acredita que o item seja autodescritivo. A análise fatorial indica que o teste parece explorar dois fatores distintos: motivações intrínseca e extrínseca. Cada um desses dois fatores pode ser dividido em dois subfatores. O fator de motivação intrínseca pode ser dividido em subfatores que dizem respeito a desafio das tarefas e apreciação do trabalho. O de motivação extrínseca pode ser dividido em subfatores relacionados à compensação pelo trabalho e a influências externas, como o reconhecimento do trabalho pelos outros. Foi demonstrado que o WPI (IPP) possui consistência interna e está correlacionado na direção prevista com medidas de motivação de personalidade, comportamentais e outros questionários de motivação (Amabile et al., 1994; Bipp, 2010).

Em alguns casos, parece como se a motivação para realizar um determinado trabalho se tornasse marcantemente reduzida, comparada com níveis anteriores. Esse é o caso do fenômeno referido como *burnout (esgotamento)*.

O esgotamento e sua mensuração *Esgotamento* é um problema de saúde ocupacional associado com estresse ocupacional cumulativo (Shirom, 2003). **Esgotamento** foi definido como "uma síndrome psicológica de exaustão emocional, despersonalização e realização pessoal reduzida que pode ocorrer entre indivíduos que trabalham com outras pessoas de alguma forma" (Maslach et al., 1997, p. 192). Nessa definição, *exaustão emocional* refere-se a uma incapacidade de doar-se emocionalmente aos outros, e *despersonalização*, ao distanciamento de outras pessoas e, mesmo, o desenvolvimento de atitudes cínicas em relação a elas. As possíveis consequências do esgotamento variam de deterioração nos serviços fornecidos a absenteísmo e rotatividade profissional. Seus possíveis efeitos sobre um trabalhador variam de insônia a uso de álcool e drogas. Foi demonstrado que o esgotamento é preditivo da frequência e da duração de licenças por doença (Schaufeli et al., 2009).

A medida de esgotamento de utilização mais ampla é o Inventário de Esgotamento de Maslach (Maslach Burnout Inventory) (MBI), Terceira Edição (Maslach et al., 1996). Desenvolvido por Christina Maslach e colaboradores, o teste contém 22 itens divididos em três subescalas: Exaustão Emocional (nove itens), Despersonalização (cinco itens) e Realização Pessoal (oito itens). Os testandos respondem em uma escala variando de 0 (*nunca*) a 6 (*todos os dias*) a itens como este da escala de Exaustão: *Trabalhar o dia inteiro é realmente um esforço para mim*. O manual do MBI contém dados relevantes à solidez psicométrica do teste. Está incluída uma discussão da validade discriminante na qual esgotamento é conceitualmente diferenciado de conceitos semelhantes como depressão e insatisfação no trabalho.

Usando instrumentos como o MBI, pesquisadores verificaram que algumas ocupações são caracterizadas por níveis mais altos de esgotamento que outras. Por exemplo, o pessoal da enfermagem (Happell et al., 2003) e de campos relacionados, incluindo funcionários de clínicas de repouso para idosos (Evers et al., 2002) e de orfanatos (Decker et al., 2002), parecem sujeitos a altos níveis de estresse e esgotamento. A razão exata não é conhecida. Em um estudo de esgotamento entre funcionários de serviços de apoio ao estudante, foi verificado que baixos níveis de satisfação no trabalho levavam a altos níveis do componente de "exaustão emocional" do esgotamento (Brewer e Clippard, 2002). O esgotamento é um fenômeno que está sendo estudado ativamente em diversas ocupações em todo o mundo (p. ex., ver Ahola et al., 2008; Bellingrath et al., 2008; D'Amato e Zijlstra, 2008; Fahrenkopf et al., 2008; Griffin et al., 2010; Ilhan et al., 2008; Krasner et al., 2009; Narumoto et al., 2008; Ranta e Sud, 2008; Schaufeli et al., 2008; Shanafelt et al., 2010).

> **REFLITA...**
> Por que poderia ser de fundamental importância que alguns empregadores soubessem se seus empregados estão esgotados? Além de um teste, de que outras formas o esgotamento poderia ser medido?

Satisfação no trabalho, compromisso organizacional e cultura organizacional

Uma **atitude** pode ser definida de modo formal como uma disposição presumivelmente aprendida a reagir de alguma maneira característica a um determinado estímulo. O estímulo pode ser um objeto, um grupo, uma instituição – quase qualquer coisa. Mais adiante neste capítulo, discutiremos como as atitudes em relação a bens e serviços são medidas. Mas, em seguida, focalizamos as atitudes relacionadas ao local de trabalho. Embora as atitudes não necessariamente sejam preditoras do comportamento (Tittle e Hill, 1967; Wicker, 1969), tem havido um grande interesse em medir as atitudes de empregadores e empregados em relação uns aos outros e em relação a inúmeras variáveis no local de trabalho. No que segue, examinamos de forma sucinta as atitudes dos empregados em relação a suas empresas em termos de satisfação no trabalho e compromisso organizacional. Depois, exploraremos brevemente as atitudes que as empresas expressam em relação a seus empregados conforme refletido pela cultura do local de trabalho.

Satisfação no trabalho

Comparados com trabalhadores insatisfeitos, acredita-se que os indivíduos satisfeitos no local de trabalho sejam mais produtivos (Petty et al., 1984), mais consistentes no rendimento (Locke, 1976), menos propensos a queixas (Burke, 1970; Locke, 1976) e menos propensos a faltar ao trabalho ou a serem substituídos (Herzberg et al., 1957; Vroom, 1964). Embora essas suposições sejam um pouco controversas (Iaffaldano e Muchinsky, 1985) e provavelmente devam ser consideradas caso a caso, empregadores, empregados, pesquisadores e consultores têm mantido um interesse de longa data na mensuração da satisfação no trabalho. De modo habitual, a **satisfação no trabalho** tem sido definida como "um estado emocional prazeroso ou positivo resultante da apreciação do trabalho ou de experiências profissionais" (Locke, 1976, p. 300).

Uma medida diagnóstica da satisfação no trabalho (ou, nesse caso, da insatisfação) envolve filmar um empregado no trabalho e então reproduzir-lhe o filme. O empregado clica em controles virtuais para indicar quando uma situação insatisfatória surge, e uma janela de perguntas se abre automaticamente. De acordo com dados de estudos de trabalhadores manuais, a análise das respostas pode ser útil para criar um ambiente de trabalho mais satisfatório (Johansson e Forsman, 2001).

Outras medidas de satisfação no trabalho podem enfocar outros elementos da ocupação, incluindo avaliações cognitivas (Organ e Near, 1985) e do horário de trabalho (Baltes et al., 1999; Barnett e Gareis, 2000), fontes de estresse percebidas (Brown e Peterson, 1993; Vagg e Spielberger, 1998), vários aspectos do bem-estar (Daniels, 2000) e incompatibilidades entre a formação cultural do empregado e a cultura organizacional predominante (Aycan et al., 2000; Early et al., 1999; Parkes et al., 2001). As medidas de satisfação no trabalho tornaram-se bastante populares nos últimos anos – isso de acordo com nosso convidado deste capítulo, o dr. Chris Gee. Enquanto você lê aqui o trecho de seu ensaio na seção *Conheça um profissional da avaliação*, tenha em mente as possíveis recompensas de desenvolver um instrumento que complemente "a próxima maior tendência nas avaliações na área organizacional e do trabalho".

Além da satisfação, outros construtos relacionados ao trabalho que têm atraído a atenção de teóricos e de profissionais da avaliação incluem envolvimento no trabalho, centralidade do trabalho, socialização organizacional e compromisso organizacional (Caught et al., 2000; Nystedt et al., 1999; Paullay et al., 1994; Taormina e Bauer, 2000). Examinemos brevemente o último construto.

> **CONHEÇA UM PROFISSIONAL DA AVALIAÇÃO**
>
> **Conheça o dr. Chris Gee**
>
> Como alguém que passou 11 anos fazendo pesquisas em uma universidade e agora se encontra no mundo corporativo, acredito que tenho uma perspectiva bastante singular sobre o uso de instrumentos de avaliação. Quando era estudante, acredito que só via as avaliações como instrumentos de coleta de informações para responder a questões de pesquisa específicas. Os resultados da pesquisa que eu estava fazendo com frequência permaneciam nas dimensões teórica e metodológica, muito raramente tendo valor aplicado real. No meu cargo atual, penso que tenho um recém-descoberto entendimento do valor aplicado que determinados instrumentos de avaliação podem ter e o impacto real que eles podem ter. Minha sugestão aos estudantes seria tentar e fazer essa mudança de perspectiva mais cedo, visto que há muito dinheiro a ser ganho na identificação de formas nas quais os produtos de avaliação podem ter um impacto real no mundo corporativo. Recentemente, avaliações visando medir o envolvimento e a satisfação dos empregados, junto com
>
> **Chris Gee, Ph.D., diretor de serviços de pesquisa, Self Management Group (SMG).**
>
> construtos como integridade e confiança, alcançaram extrema popularidade. A pessoa que identificar a próxima maior tendência nas avaliações organizacionais e do trabalho merece ganhar milhões.
>
> *Leia mais sobre o que o dr. Gee tinha a dizer – seu ensaio completo (em inglês) – em www.mhhe.com/cohentesting8.*

Compromisso organizacional

Compromisso organizacional foi definido como "a força da identificação e o envolvimento de um indivíduo em uma determinada organização" (Porter et al., 1974, p. 604). Essa "força" foi conceituada e medida de formas que enfatizam seus componentes atitudinal e comportamental (Mathieu e Zajac, 1990). Em geral, **compromisso organizacional** se refere aos sentimentos de lealdade, identificação e envolvimento de uma pessoa em uma organização. Os pretensos correlatos de compromisso organizacional alto e baixo conforme observados por Randall (1987) são resumidos na Tabela 16.6. A medida desse construto mais amplamente utilizada é o Questionário de Compromisso Organizacional (Organizational Commitment Questionnaire) (OCQ; Porter et al., 1974), uma escala Likert de 15 itens na qual os respondentes expressam suas atitudes relacionadas a compromisso para com a organização. Apesar de seu uso difundido, dúvidas foram levantadas quanto a sua validade de construto (Bozeman e Perrewe, 2001).

Como você poderia esperar, a medida de atitude se estende para muito além do local de trabalho. Por exemplo, políticos buscando a reeleição podem monitorar as atitudes de seu eleitorado em várias questões. Vamos rever o assunto de mensuração da atitude um pouco mais detalhadamente quando abordarmos a mensuração na área da psicologia do consumidor. Entretanto, antes de deixarmos o mundo do trabalho e das organizações, vamos considerar a mensuração da cultura organizacional.

Cultura organizacional

Cultura organizacional – ou cultura corporativa, como é conhecida quando aplicada a uma empresa ou corporação – foi definida de várias formas. Para nossos propósitos, seguire-

Tabela 16.6 Consequências do nível de compromisso organizacional para empregados individuais e a organização

	Nível de compromisso organizacional		
	Baixo	**Moderado**	**Alto**
O empregado individual	Consequências potencialmente positivas para oportunidade de expressão de originalidade e inovação, mas um efeito negativo global sobre oportunidades de avanço na carreira.	Sentimento aumentado de pertencimento e segurança, junto com dúvidas sobre a oportunidade de progressão	Maior oportunidade de progressão e compensação pelos esforços, junto com menos oportunidade de crescimento pessoal e potencial para estresse nos relacionamentos familiares
A organização	Absenteísmo, atrasos, rotatividade da força da mão de obra e má qualidade do trabalho	Comparado com compromisso baixo, menos absenteísmo, atrasos, rotatividade e melhor qualidade do trabalho, bem como nível aumentado de satisfação profissional	Potencial para alta produtividade, mas às vezes acompanhado por falta de revisão crítica/ética do comportamento do empregado e por flexibilidade organizacional reduzida

mos Cohen (2001) para definir **cultura organizacional** como a totalidade de padrões de comportamento socialmente transmitidos característicos de uma determinada organização ou companhia, incluindo: a estrutura da organização e os papéis dentro dela; o estilo de liderança, os valores, as normas, as sanções e os mecanismos de apoio predominantes; e as tradições passadas e o folclore, os métodos de enculturação e as formas características de interagir com pessoas e instituições fora da cultura (tais como clientes, fornecedores, os concorrentes, órgãos do governo e o público em geral).

Da mesma forma que grupos sociais diferentes em épocas diferentes ao longo da história, as organizações e as corporações desenvolveram culturas características. Elas têm cerimônias, direitos e privilégios característicos – formais e informais – associados com sucesso e progresso, além de vários tipos de sanções relacionadas com fracasso (Trice e Beyer, 1984). As culturas organizacionais têm artefatos de observação, que podem ocorrer na forma de um relatório anual ou de um vídeo da festa de Natal do escritório. As culturas organizacionais também costumam ter conjuntos de valores ou crenças centrais que guiam as ações da organização bem como a direção na qual ela se move.

Assim como o termo *cultura* é tradicionalmente aplicado a um grupo de pessoas que compartilham uma forma de vida em particular, o termo *cultura organizacional* se aplica a uma *forma de trabalho*. Uma cultura organizacional fornece uma maneira de lidar com desafios e demandas internos e externos. E, assim como as diferenças nas formas de pensar e de fazer as coisas podem causar conflitos entre grupos de pessoas, conflitos também podem se desenvolver entre culturas organizacionais. Esses conflitos talvez sejam mais evidentes quando uma empresa com um tipo de cultura corporativa adquire ou se funde com uma empresa que tem uma cultura corporativa muito diferente (Brannen e Salk, 2000; Veiga et al., 2000). Qualquer tentativa de remediar tal conflito nas culturas corporativas deve ser precedida por um estudo e um entendimento sensatos das culturas envolvidas.

REFLITA...
Descreva em detalhes uma cultura que você conheça bem. Que dificuldades encontra ao tentar captar essa cultura em uma descrição?

Talvez porque o conceito de cultura organizacional seja tão multifacetado, obter uma medida dela não é tarefa simples. Para avaliar o quanto é complexa a tarefa de descrever uma cultura organizacional, considere como você descreveria qualquer outro tipo de cultura – a cultura norte-americana, a cultura NASCAR ou a cultura da antiguidade.

Como consultor de pesquisa de qualidade para muitas empresas, o autor principal deste livro enfrentou o desafio de avaliar diversas culturas organizacionais. Visto que não existia uma medida satisfatória para conduzir tal avaliação, ele criou um instrumento para fazê-lo; esse instrumento é o tema da seção *A psicometria no cotidiano* deste capítulo.

A PSICOMETRIA NO COTIDIANO

Avaliação da cultura corporativa e organizacional

As corporações e outras organizações têm demonstrado cada vez mais interesse no autoexame e no autoaperfeiçoamento. O Discussion of Organizational Culture (DOC; Cohen, 2001) foi criado para auxiliar nesses esforços. Esse guia de entrevista e discussão, designado para a aplicação por um entrevistador treinado ou moderador de grupo de foco, é dividido em 10 tópicos. As questões sob cada tópico de discussão exploram vários aspectos da cultura organizacional. Começando com "Primeiras impressões" e prosseguindo ao longo de outros tópicos que exploram conteúdo relacionado a espaço físico, valores predominantes, e outras áreas, o objetivo é desenvolver um sentido do que é único a respeito da cultura em uma determinada empresa ou organização. Critérios diagnósticos úteis para determinar onde e como a cultura corporativa ou organizacional pode ser melhorada podem ser decorrentes desses dados. As limitações de espaço impedem a publicação de todas as 10 partes desse guia de discussão abrangente. Entretanto, pode-se ter uma ideia dos tipos de questões levantadas para discussão apenas pelas primeiras partes, reimpressas aqui.

Discussão da cultura organizacional

I. Primeiras Impressões
  1. O que significa ser um empregado desta corporação? (*Nota:* Substitua a terminologia como for adequado. Por exemplo, essa pergunta poderia ser refeita como "O que significa ser voluntário nesta organização?")
  2. a. De que forma trabalhar aqui é igual a trabalhar em qualquer outro lugar?
     b. De que forma trabalhar aqui é diferente de trabalhar em qualquer outro lugar?
     c. O que torna especial trabalhar aqui?
  3. a. De que forma trabalhar aqui faz você se sentir parte de uma equipe?
     b. De que forma trabalhar aqui faz você se destacar como indivíduo?
  4. a. O que é óbvio em relação a esta empresa para qualquer pessoa que já lhe tenha feito uma visita?
     b. O que é óbvio em relação a esta empresa apenas para você?
  5. Em geral, como você descreveria a compatibilidade do pessoal nesta empresa e as funções que lhes são atribuídas?
     a. Quanta ambiguidade de papel existe nas descrições de cargo?
     b. Se tal ambiguidade de papel existe, como você e os outros lidam com ela?

II. O Espaço Físico
  1. Em termos gerais, descreva o espaço físico da sua empresa.
  2. Comente especificamente sobre o espaço físico com referência a:
     a. o terreno
     b. espaços de estacionamento
     c. a "sensação" geral do exterior e do interior
     d. os escritórios
     e. a área de refeições
     f. os banheiros
     g. os depósitos
     h. outros aspectos do espaço físico
  3. a. No geral, o que funciona bem no espaço físico?
     b. O que não funciona bem, e como pode ser melhorado?
  4. O que a forma como o espaço é planejado lhe diz sobre esta empresa?

III. Estrutura Corporativa e Papéis
  1. Descreva a estrutura administrativa de sua empresa, incluindo uma breve descrição de quem se reporta a quem.
     a. O que funciona bem nesta estrutura?
     b. O que não funciona bem nesta estrutura?
     c. O que é único em relação a esta estrutura?
     d. O que esta estrutura lhe diz sobre esta empresa?
  2. Descreva os papéis associados com cargos-chave na estrutura organizacional.
     a. Há ambiguidade nos papéis, ou os empregados têm uma ideia clara de sua função na empresa?
     b. Há alguma função na empresa que pareça antiquada ou desnecessária?
     c. Alguns cargos precisam ser criados na empresa? Fortalecidos? Mais bem definidos?
     d. Descreva seu próprio papel na empresa e como você se ajusta ao "plano maior" das coisas?
     e. Como seu cargo poderia ser melhorado em seu próprio benefício pessoal?
     f. Como seu cargo poderia ser melhorado em benefício da empresa?
  3. O que alguém pode dizer sobre esta empresa analisando
     a. seus relatórios anuais
     b. seus arquivos
     c. o tipo de informação que ela torna pública
     d. o tipo de informação que ela mantém privada
     e. os produtos ou serviços que ela fornece
     f. a forma como ela fornece esses produtos ou serviços
     g. a visão corporativa articulada pelos diretores

Copyright © 2012 por Ronald Jay Cohen. Todos os direitos reservados. Não pode ser reproduzida de forma alguma sem a permissão por escrito do autor. O autor pode ser contatado a/c McGraw-Hill Higher Education, Permissions Department, 2 Penn Plaza, 9th Floor, New York, NY 10121.

Outros instrumentos de avaliação para aplicações organizacionais e do trabalho

A *expertise* psicométrica é aplicada em uma ampla variedade de contextos industriais, organizacionais e relacionados a negócios. Por exemplo, psicólogos experimentais e de engenharia usam uma variedade de instrumentos de avaliação em suas pesquisas de fatores ergonômicos (associados a trabalho) e humanos na medida em que ajudam a desenvolver os planos para qualquer coisa, de itens domésticos (Hsu e Peng, 1993) a componentes para automóveis (Chira-Chavala e Yoo, 1994) e aeronaves (Begault, 1993). Esses pesquisadores podem usar instrumentos de mensuração customizados, testes padronizados ou ambos em suas tentativas de entender melhor a resposta humana a equipamentos ou instrumentos específicos em um determinado ambiente profissional.

Outra área relacionada a negócios na qual testes e outros instrumentos de avaliação são utilizados extensivamente é a psicologia do consumidor.

Psicologia do consumidor

Psicologia do consumidor é o ramo da psicologia social que trata principalmente do desenvolvimento, da publicidade e da comercialização de produtos e serviços. Como é o caso em todas as outras áreas de especialidade na psicologia, alguns psicólogos do consumidor trabalham exclusivamente no ambiente acadêmico, outros trabalham em contextos aplicados, e muitos se dedicam a ambas as coisas (Tybout e Artz, 1994). Tanto em estudos aplicados como na pesquisa, o psicólogo do consumidor pode ser encontrado trabalhando junto a profissionais em áreas como *marketing* e publicidade para ajudar a responder a perguntas como as seguintes:

- Existe mercado para este novo produto?
- Existe mercado para esta nova utilidade de um produto existente?
- Exatamente quem – com respeito a idade, sexo, raça, classe social e outras variáveis demográficas – constitui o mercado para este produto?
- Como a população consumidora visada pode ser convencida a comprar este produto da forma mais economicamente eficiente?
- Qual é a melhor forma de embalar este produto?[3]

A medida de atitudes

As atitudes formadas sobre produtos, serviços ou nomes de marcas são um foco frequente de interesse na pesquisa das atitudes dos consumidores. A atitude é normalmente medida por autorrelatos, usando testes e questionários. Uma limitação dessa abordagem é que as pessoas diferem em sua capacidade de serem introspectivas e em seu nível de autoconsciência. As pessoas também diferem no grau em que estão dispostas a serem honestas sobre suas atitutdes. Em alguns casos, o uso de uma medida de atitude pode basicamente criar uma atitude onde antes não existia. Nesses estudos, a atitude medida pode ser vista como um artefato do procedimento de mensuração (Sandelands e Larson, 1985).

Os questionários e outros instrumentos de autorrelato concebidos para medir as atitudes do consumidor são desenvolvidos de formas semelhantes às descritas anteriormente para testes psicológicos em geral (ver Cap. 8). Uma descrição mais detalhada da preparação de medidas de atitude pode ser encontrada na obra agora clássica *The Measurement of Attitude (A medição de atitudes)* (Thurstone e Chave, 1929). Uma monografia intitulada "*A technique for the Measurement of Attitudes*" (Likert, 1932) fornecia aos

---

[3] As questões relativas a embalagem e a como fazer um produto se destacar na prateleira têm sido referidas como *estima da prateleira (shelf esteem)* por psicólogos do consumidor com senso de humor.

pesquisadores um procedimento simples para construir um instrumento que mediria as atitudes. Em essência, esse procedimento consiste em listar declarações (favoráveis ou desfavoráveis) que reflitam uma determinada atitude. Essas declarações são então administradas a um grupo de indivíduos cujas respostas são analisadas para identificar as declarações mais discriminantes (ou seja, itens que melhor discriminam pessoas em diferentes pontos do *continuum* hipotético), que são então inclusas na escala final. Cada declaração inclusa na escala final é acompanhada por um *continuum* de respostas alternativas de cinco pontos. Essa escala pode variar, por exemplo, de *concordo totalmente* a *discordo totalmente*. O escore é computado pela atribuição de pesos numéricos de 1 a 5 para cada categoria de modo que 5 representa a resposta mais favorável e 1 reflete a menos favorável.

As medidas de atitudes encontradas na literatura psicológica variam de instrumentos concebidos somente para pesquisa e testagem de formulações teóricas acadêmicas a escalas com ampla variedade de aplicações no mundo real. No último contexto, poderíamos encontrar medidas industriais/organizacionais sofisticadas visando medir as atitudes dos trabalhadores em relação a seu trabalho ou escalas para medir as atitudes do público em geral a respeito de algum político ou problema. Por exemplo, a Escala de Satisfação com Agências de Autoajuda (Self-Help Agency Satisfaction Scale), cujo objetivo é medir a satisfação dos clientes de agências de autoajuda com aspectos do apoio que recebem (Segal et al., 2000), é representativa de escalas concebidas para medir a satisfação do consumidor com um produto ou um serviço. As escalas de atitudes com utilidade aplicada também podem ser encontradas na literatura de psicologia educacional. Considere nesse contexto medidas como o Inventário de Atitudes e Métodos de Estudo (Study Attitudes and Methods Survey) (uma escala para avaliar os hábitos de estudo) e o Inventário de Atitudes do Professor de Minnesota (Minnesota Teacher Attitude Survey) (uma escala para avaliar as relações aluno-professor).

Para ajudar a responder a questões como aquelas listadas na seção anterior, os psicólogos do consumidor podem contar com uma variedade de métodos usados individualmente ou em combinação. Esses métodos incluem sondagens, "pesquisa de motivação" (como referem os profissionais de *marketing*) e observação comportamental. Discutimos esses métodos após uma breve introdução a um relativo novato na cena da mensuração das atitudes: as atitudes implícitas.

Medindo as atitudes implícitas O artigo de Louis Thurstone intitulado *"Attitudes Can Be Measured"* (As atitudes podem ser medidas) causou uma certa agitação quando foi publicado pela primeira vez em 1928. Isso porque a ideia de realmente medir uma atitude – ou descrever uma atitude por um "único índice numérico", para usar as palavras de Thurstone – ainda era bastante nova. Em alguns aspectos, uma contraparte àquele artigo do século XX é um do século XXI intitulado *"Implicit Attitudes Can Be Measured"* (Atitudes implícitas podem ser medidas) (Banaji, 2001). Embora o autor do último artigo admitisse livremente que seu conteúdo era bem menos original do que o de Thurstone, ele é mesmo assim instigante. Portanto, o que significa uma *atitude implícita?*

Uma **atitude implícita** é uma associação não consciente, automática, na memória que produz uma disposição a reagir de alguma maneira característica a um determinado estímulo. Dito de modo informal, as atitudes implícitas podem ser caracterizadas como reações "viscerais".

As tentativas de medir as atitudes implícitas assumiram muitas formas, e inúmeras medidas fisiológicas foram tentadas (Amodio et al., 2006; Phelps et al., 2000; Vanman et al., 1997). Mas talvez a medida abraçada com mais entusiasmo pela comunidade de pesquisa tenha sido o Teste de Atitudes Implícitas (Implicit Attitude Test) (IAT), uma tarefa de classificação computadorizada pela qual as atitudes implícitas são medidas com

REFLITA...
Você foi apresentado anteriormente a um *motivo implícito* (Cap. 13) e a uma *memória implícita* (Cap. 15). Qual é a relação, se houver, entre motivos, memórias e atitudes implícitas?

referência aos tempos de reação do testando. Dito de forma simples, o teste é baseado na premissa de que os indivíduos acharão mais fácil – e levarão menos tempo para fazer categorizações – quando perceberem os estímulos apresentados como fortemente associados (ver Greenwald et al., 1998 e Nosek et al., 2007, para explicações mais detalhadas). Assim, por exemplo, a velocidade com que a pessoa reage à palavra *psicologia* quando ela é combinada com *agradável* ou *desagradável* seria (de acordo com a lógica do IAT) uma indicação da associação inconsciente e automática da pessoa com "psicologia".

Usando os protocolos do IAT ou protocolos semelhantes, as atitudes implícitas associadas a uma ampla variedade de estímulos foram medidas. Por exemplo, atitudes implícitas foram estudadas em relação a preconceitos raciais (Greenwald et al., 1998; Greenwald e Nosek, 2001), ideação suicida (Nock e Banaji, 2007), medo de aranhas (Teachman, 2007), comportamento do eleitor (Friese et al., 2007), autoestima e autoconceito (Greenwald e Farnham, 2000), medicamento psiquiátrico (Rüsch et al., 2009), grupos de alimentos (Barnes-Holmes et al., 2010) e Barack Obama (Nevid e McClelland, 2010). A evidência de validade da metodologia para conduzir uma pesquisa de atitudes implícitas é vista em muitos estudos de "grupos conhecidos" que produziram resultados na direção prevista. Desse modo, por exemplo, usando protocolos de atitudes implícitas, foi constatado que os entomologistas demonstram atitudes mais favoráveis em relação a insetos do que os não entomologistas (Citrin e Greenwald, 1998). Fumantes motivados a fumar apresentam respostas mais favoráveis a sugestões de tabagismo do que os não fumantes (Payne et al., 2007). Foi demonstrado que a mensuração das atitudes implícitas tem um potencial intrigante para aplicações nas áreas de psicologia do consumidor e de preferências do consumidor. Para mais informações, os leitores interessados são encaminhados à edição especial de outubro de 2010 de *Psychology & Marketing* que foi totalmente dedicada ao assunto (Nevid, 2010).

Embora a perspectiva de ignorar os controles conscientes na mensuração das atitudes pareça ter grande apelo para a comunidade de pesquisa, muitas questões permanecem a respeito dessa abordagem. Por exemplo, Gawronski e Bodenhausen (2007) levantaram dúvidas sobre (a) a teoria, se houver, subjacente à mensuração das atitudes implícitas, (b) os correlatos fisiológicos das medidas e (c) se as medidas de fato fornecem ou não acesso a processos mentais que não são conscientes. A literatura sobre a mensuração das atitudes implícitas continua a crescer na mesma medida em que essas questões são tratadas com maior profundidade.

Pesquisas

Na psicologia do consumidor, uma **pesquisa** é um lista fixa de perguntas aplicada a uma amostra selecionada de pessoas com o objetivo de descobrir sobre as atitudes, as crenças, as opiniões e/ou o comportamento dos consumidores em relação aos produtos, serviços ou publicidade-alvo. Há muitas formas diferentes de conduzir uma pesquisa, e esses vários métodos têm todos prós e contras em termos de modelo de estudo e interpretação de dados (Johnson et al., 2000; Lavrakas, 1998; Massey, 2000; Schwartz et al., 1998; Visser et al., 2000). Um tipo especializado de pesquisa, a **enquete**, é semelhante a um instrumento para registrar votos e geralmente contém perguntas que podem ser respondidas com um simples *sim-não* ou *a favor-contra*. Políticos, organizações novas e organizações de interesse especial podem manter pesquisadores que conduzem enquetes (os sondadores) para sondar a opinião pública sobre assuntos controversos.

Pesquisas e enquetes podem ser conduzidas por meio de entrevistas face a face, pela internet e por telefone, bem como pelo correio. A interação pessoal das entrevistas face a face ajuda a garantir que as perguntas sejam entendidas e que o esclarecimento adequado das dúvidas seja fornecido. Outra vantagem desse método de pesquisa é a capacidade de apresentar entrevistas com estímulos (p. ex., produtos) que possam ser segurados nas mãos e avaliados. Entretanto, a abordagem face a face também pode introduzir viés no estudo, visto que alguns respondentes agem para dar impressões favoráveis ou buscam fornecer respostas que acreditam que o entrevistador gostaria de ouvir. Essa abordagem pode não ser a melhor quando o tema discutido é particularmente sensível ou quando as respostas podem ser embaraçosas ou, de outro modo, colocar o respondente em uma situação ruim (Midanik et al., 2001). Ela também é trabalhosa e, portanto, pode ser cara quando se trata de selecionar, treinar e empregar entrevistadores.

A enquete por entrevista face a face é um método comum de pesquisa de opinião, e pode ser conduzida em quase todos os lugares – dentro de um ônibus ou um trem, em um jogo de futebol ou próximo de uma seção eleitoral. Um local comum para esse tipo de pesquisa de opinião sobre produtos é nos centros comerciais. Os *estudos de interceptação de passantes*, como são chamados, podem ser conduzidos por entrevistadores com pranchetas que abordam os compradores. O comprador pode ser convidado a participar de uma pesquisa respondendo a algumas perguntas na hora ou pode ser levado para um estande ou uma sala onde ocorre uma entrevista mais prolongada. Outro método de pesquisa de opinião face a face, este mais popular com entrevistadores políticos, é a abordagem de porta em porta. Aqui o pesquisador pode entrevistar um bairro inteiro batendo nas portas das casas e solicitando respostas ao questionário.

As enquetes pela internet, por telefone ou pelo correio não requerem necessariamente contato pessoal entre o pesquisador e o respondente e, em muitos casos, pode reduzir os vieses associados com a interação pessoal. Além disso, os métodos de pesquisa conduzidos na ausência de interação face a face tendem a ser mais efetivos em termos de custos em razão da automação dos componentes do processo, da necessidade de menos pessoal e menos treinamento e da possibilidade de execução do estudo inteiro a partir de um local central. A pesquisa pela internet tem um grande potencial devido ao seu fácil acesso e ao retorno potencial (Kaye e Johnson, 1999), e pode ser particularmente útil para revelar vários aspectos do comportamento *online*, tal como compras (Li et al., 1999) e trabalho em equipe (Levesque et al, 2001), bem como autoaperfeiçoamento (Mueller et al., 2000) e comportamento *online* desviante (Greenfield, 1999; Houston et al., 2001; Young et al., 1999). Outros pesquisadores demonstraram que os métodos de pesquisa pela internet podem ser sobretudo úteis, para revelar comportamentos com impacto negativo sobre a saúde pessoal, como o tabagismo (Ramo et al, 2011). Sem dúvida, pesquisas pela internet não solicitadas são vistas por muitos como *e-mails* indesejados ou *spam*, e essas percepções podem resultar não apenas em taxas de resposta baixas mas também em uma sensação de que a privacidade está sendo violada (Cho e LaRose, 1999). Os pesquisadores também podem sentir um certo grau de dúvida em relação a se os respondentes realmente são quem eles dizem que são. Nesse sentido, não há substituto para a entrevista face a face completada com a verificação da identidade.

A pesquisa por telefone oferece uma série de vantagens, mas tem algumas limitações. Em geral, a quantidade de informação que pode ser conseguida por telefone é menor do que a que pode ser obtida por entrevista pessoal ou pelo correio. Não é possível mostrar aos respondentes estímulos visuais pelo telefone. Além disso, pode ser introduzido viés se listas telefônicas forem usadas para identificar os respondentes. Cerca de 40% de todos os telefones em algumas cidades não estão nas listas. Desde a instituição de uma lista nacional "não ligue" em 2003, a maioria das solicitações telefônicas não pode ser feita por discagem aleatória. A principal desvantagem das pesquisas telefônicas é que elas são vistas por muitos como um aborrecimento indesejado e uma invasão de privacidade.

> **REFLITA...**
> Você já participou de uma pesquisa de opinião do consumidor de algum tipo? Se participou ou não, quais são suas recomendações para melhorar o processo e a qualidade dos dados obtidos?

> **REFLITA...**
> Por que os métodos de pesquisa pela internet poderiam ser particularmente úteis para revelar comportamentos com impacto negativo sobre a saúde, como o tabagismo?

Uma pesquisa pelo correio pode ser o método mais apropriado quando o questionário é bastante longo e exige algum tempo para completá-lo. Em geral, o custo das pesquisas por correio tende a ser relativamente baixo porque elas não requerem os serviços de um entrevistador treinado e podem fornecer grandes quantidades de informação. Também são adequadas para obter informações sobre as quais os respondentes podem ser sensíveis ou tímidos em uma entrevista face a face ou telefônica. Elas são ideais para fazer perguntas que necessitem o uso de arquivos ou de consulta com outras pessoas (como os membros da família) para dar uma resposta. Note também que muito do que dizemos sobre as pesquisas pelo correio também se aplica a pesquisas por correio eletrônico ou conduzidas por meio de aparelhos de fax.

As principais desvantagens dos questionários pelo correio são (1) a possibilidade de não haver resposta alguma do destinatário da pesquisa pretendido (por qualquer razão – a pesquisa nunca foi enviada ou foi jogada fora logo que chegou); (2) a possibilidade de resposta de alguém (talvez um membro da família) que não era o destinatário pretendido da pesquisa; e (3) a possibilidade de uma resposta tardia – e consequentemente inútil para fins de tabulação. Se grandes números de pessoas deixarem de responder a um questionário pelo correio, então será impossível determinar se aquelas que responderam são representativas das que não responderam. Os indivíduos podem não responder a um questionário pelo correio por muitas razões diferentes, e diversas técnicas, variando de correspondências de incentivo a correspondências de acompanhamento, foram sugeridas para lidar com vários tipos de falta de resposta (Furse e Stewart, 1984).

É possível combinar os diferentes métodos de pesquisa para obter as vantagens de cada um. Por exemplo, o pesquisador poderia enviar por correio um questionário longo e então obter as respostas por telefone. Como alternativa, aqueles indivíduos que não devolveram suas respostas poderiam ser contatados por telefone ou pessoalmente.

Muitas empresas de pesquisa comercial mantêm uma lista de um grande número de pessoas ou famílias que concordaram em responder a questionários que lhes são enviados. Os participantes dessa lista constituem o **painel de consumidores**. Em troca de sua colaboração, os membros do painel podem receber incentivos como dinheiro e amostras grátis de todos os produtos sobre os quais são convidados a responder. Um tipo especial de painel é denominado **painéis diários**. Os respondentes nesses painéis devem manter registros detalhados de seu comportamento. Por exemplo, podem ser instruídos a manter um registro de produtos que compraram, cupons que utilizaram ou estações de rádios que sintonizaram enquanto dirigiam. Há também painéis especializados que servem para monitorar segmentos do mercado, atitudes políticas ou outras variáveis.

A pesquisa de opinião pode empregar uma ampla variedade de tipos de itens. Uma abordagem à construção de itens, muito popular para pesquisas administradas por escrito, é referida como **técnica de diferencial semântico** (Osgood et al., 1957). Desenvolvida a princípio como um instrumento clínico para definir o significado de conceitos e para relacionar conceitos entre si em um "espaço semântico", a técnica implica colocar graficamente um par de adjetivos bipolares (como *bom-ruim* ou *forte-fraco*) em uma escala de sete pontos como esta:

BOM _____/_____/_____/_____/_____/_____/_____ RUIM

Os respondentes são orientados a colocar uma marca nesse *continuum* que corresponda a seu julgamento ou a sua avaliação. Na pesquisa envolvendo certo apelo dos consumidores, os adjetivos bipolares podem ser substituídos por expressões descritivas que sejam mais compatíveis com os objetivos da pesquisa. Por exemplo, na avaliação de um novo refrigerante, a frase *apenas outro refrigerante* poderia estar em uma extremidade do *continnum* e *uma bebida muito especial* poderia estar na outra.

Como ocorre com qualquer pesquisa, deve haver cautela ao interpretar os resultados. Tanto a quantidade como a qualidade dos dados podem ser diferenciados em cada pesquisa. As taxas de resposta podem diferir, as perguntas podem ser feitas de formas diferentes e os procedimentos de coleta de dados podem variar de uma pesquisa para outra (Henry, 1984). Finalizando, a utilidade de quaisquer conclusões está na integridade dos dados e nos procedimentos analíticos usados.

Há ocasiões em que as perguntas do questionário não podem ser respondidas por meio de uma pesquisa ou de uma enquete. Os consumidores podem simplesmente não ter o discernimento para serem bons informantes. Como exemplo, considere o caso hipotético de Ralph, que fuma uma marca de cigarros hipotética que chamaremos de "Cowboy". Quando perguntado por que escolheu fumar os cigarros da marca Cowboy, Ralph poderia responder "pelo gosto". Na realidade, entretanto, ele pode ter começado a fumar Cowboy porque a propaganda dessa marca apelou para a imagem de Ralph de si mesmo como um tipo independente, macho – ainda que ele trabalhe como vendedor em uma loja de noivas e tenha pouca semelhança com a imagem do *cowboy* retratada na propaganda.

Os consumidores também podem estar dispostos a responder a algumas perguntas da pesquisa ou da enquete ou se sentir relutantes. Suponha, por exemplo, que os fabricantes dos cigarros Cowboy quisessem saber onde na embalagem do produto a advertência do Ministério da Saúde poderia ser colocada para ter *menos* probabilidade de ser lida. Quantos consumidores estariam dispostos a considerar tal pergunta? Na verdade, que efeito esse tipo de pergunta teria para a imagem pública do produto? É possível ver que, se essa companhia hipotética estivesse interessada em obter uma resposta a tal pergunta, teria que ser por outros meios, tal como a pesquisa de motivação.

> **REFLITA...**
> Qual é outro tipo de pergunta que os consumidores podem não estar dispostos ou relutar a responder em uma pesquisa ou enquete? Que meios um psicólogo do consumidor poderia usar para obter uma resposta a esse tipo de pergunta?

Métodos de pesquisa de motivação

A *pesquisa de motivação* na psicologia do consumidor e no *marketing* é assim chamada porque normalmente envolve a análise dos motivos relativos a comportamentos e atitudes do consumidor. Os **métodos de pesquisa de motivação** incluem entrevistas individuais e grupos focais. Essas duas técnicas de pesquisa qualitativa são usadas para examinar, em profundidade, as reações dos consumidores que são representativos do grupo de pessoas que usam um determinado produto ou serviço. Diferente da pesquisa quantitativa, que costuma envolver grandes números de indivíduos e elaboram análises estatísticas, a pesquisa qualitativa, em geral, utiliza poucos respondentes e pouca ou nenhuma análise estatística. A ênfase no ultimo tipo de pesquisa não é na quantidade (de indivíduos ou de dados) mas nas qualidades do que estiver sendo estudado. Essa pesquisa com frequência fornece os dados a partir dos quais são desenvolvidas hipóteses que então podem ser testadas com grandes números de consumidores. A pesquisa qualitativa também tem valor diagnóstico. A melhor forma de obter informações altamente detalhadas sobre o que um consumidor gosta e não gosta em relação a um produto, uma loja ou uma propaganda é usar a pesquisa qualitativa.

Um **grupo focal** é uma entrevista de grupo conduzida por um moderador independente, treinado, que idealmente tem um conhecimento de técnicas de facilitação de discussões de grupo e de dinâmicas de grupo.[4] Como seu nome sugere, os *grupos focais*

---

[4] Os moderadores do grupo focal variam muito em treinamento e experiência. De maneira ideal, um moderador de grupo focal é suficientemente independente para discutir com isenção os tópicos com alguma distância e perspectiva. Contrário a essa advertência, algumas agências de publicidade mantêm uma equipe interna de moderadores de grupo focal para testar as propagandas produzidas pela agência. Os críticos dessa prática a compararam com designar raposas para guardar o galinheiro.

visam *enfocar* a discussão de grupo em alguma coisa, tal como um comercial específico, um conceito ou uma embalagem para um novo produto. Os grupos focais, via de regra, consistem em 6 a 12 participantes que podem ter sido recrutados em um centro comercial ou selecionados antecipadamente a fim de satisfazer algumas qualificações preestabelecidas para a participação. O objetivo habitual aqui é que os membros do grupo representem de alguma forma a população de consumidores-alvo para o produto ou o serviço. Portanto, por exemplo, apenas bebedores de cerveja (p. ex., definidos como homens que bebem pelo menos duas embalagens de seis cervejas por semana e mulheres que bebem pelo menos uma embalagem nesse período) poderiam ser convidados a participar de um grupo focal para explorar os atributos de uma nova marca de cerveja – incluindo variáveis como seu gosto, sua embalagem e sua propaganda. Outro atributo da cerveja não conhecido da maioria dos consumidores é o que é referido na indústria como seu *pedido no balcão*, uma referência à facilidade com que a pessoa poderia pedir a cerveja em um bar. Devido aos altos custos associados com introduzir um novo produto e anunciar um produto novo ou estabelecido, grupos de foco conduzidos por profissionais, completados com uma amostra representativa da população de consumidores visada, são um instrumento valioso na pesquisa de mercado.

Dependendo dos requisitos do cliente do moderador (um publicitário, um fabricante, etc.), a discussão de grupo pode ser relativamente estruturada (com uma série de pontos a serem abordados) ou não estruturada (com poucos pontos a serem abordados de forma exaustiva). Após estabelecer um *rapport* com o grupo, o moderador pode, por exemplo, mostrar alguma propaganda ou um produto para o grupo e então fazer uma pergunta geral (tal como "O que você acha do comercial da cerveja?") que será seguida por tipos de perguntas mais específicos (tais como "As pessoas naquele comercial eram do tipo com quem você gostaria de tomar uma cerveja?"). As respostas dos membros do grupo podem se fundamentar nas respostas de outros membros do grupo e o resultado da discussão de fluxo livre pode ser novas informações, novas perspectivas ou alguns problemas anteriormente ignorados com a propaganda ou o produto.

Os grupos focais costumam durar de 1 a 2 horas e são, em geral, conduzidos em salas (salas de conferência ou salas de estar) equipadas com espelhos unidirecionais (através dos quais a equipe do cliente pode observar os procedimentos) e equipamento de áudio e vídeo de modo que uma gravação da sessão de grupo seja preservada. Além de ser um ouvinte ativo e um indivíduo que tem o cuidado de não sugerir respostas às perguntas ou tirar conclusões pelos respondentes, os deveres do moderador incluem (1) seguir um guia de discussão (geralmente criado pelo moderador em consulta ao cliente) e manter a discussão sobre o tópico; (2) estimular membros silenciosos do grupo para que todos sejam ouvidos; (3) limitar o tempo de resposta de membros do grupo que poderiam dominar a discussão; e (4) escrever um relatório que não apenas forneça um resumo da discussão de grupo mas também ofereça *insights* psicológicos e de mercado ao cliente.

A tecnologia pode ser empregada nos grupos focais de modo que a reação a materiais de estímulo, como comerciais, possa ser monitorada segundo por segundo. Cohen descreveu as vantagens (1985) e as limitações (1987) de uma técnica pela qual os respondentes assistindo comerciais de televisão pressionavam um teclado numérico do tipo de calculadora para indicar o quanto se sentiam positivos ou negativos a cada momento enquanto assistiam à televisão. A resposta podia então ser exibida visualmente como um gráfico e reproduzida para o respondente, que poderia ser questionado sobre as razões para a resposta espontânea.

Os grupos focais têm ampla utilização na pesquisa do consumidor para

- gerar hipóteses que podem ser testadas quantitativamente
- gerar informações para criar ou modificar questionários do consumidor
- fornecer informações de base gerais sobre uma categoria de produto
- fornecer impressões dos conceitos de um produto novo para o qual exista pouca informação disponível

- obter novas ideias sobre produtos mais antigos
- gerar ideias para desenvolvimento de produtos ou para nomes para produtos existentes
- interpretar os resultados de resultados quantitativos obtidos anteriormente

Em geral, o grupo focal é uma técnica bastante útil para a pesquisa exploratória, um método que pode ser um trampolim valioso para estudos quantitativos mais abrangentes. Visto que tão poucos respondentes costumam estar envolvidos nesses grupos, os achados deles não podem ser considerados automaticamente representativos da maioria da população. Contudo, muitos clientes (incluindo a equipe de criação de agências de publicidade) receberam inspiração das palavras ditas por consumidores comuns do outro lado do espelho unidirecional. A maioria dos principais editores de testes, a propósito, emprega grupos focais com aplicadores de testes para aprender mais sobre vários aspectos da receptividade do mercado a seus novos testes (ou nova edição de um teste).

Os grupos focais fornecem um foro para a sondagem aberta de pensamentos, que estimula o diálogo e a discussão entre os participantes. Embora a natureza aberta da experiência seja um ponto forte, a ausência de qualquer estrutura sistemática para explorar a motivação humana não é. Dois moderadores de grupo focal encarregados de responder às mesmas perguntas podem abordar sua tarefa de maneira bastante diferente. Tratando essa questão, Cohen (1999b) propôs uma abordagem *dimensional* à pesquisa qualitativa. Essa abordagem tenta aplicar as modalidades ou dimensões psicológicas sobrepostas consideradas tão importantes pelo médico Arnold Lazarus (1973, 1989) em seus esforços diagnósticos e terapêuticos multimodais para objetivos não clínicos na pesquisa qualitativa. Especificamente, a **pesquisa qualitativa dimensional** é uma abordagem à pesquisa qualitativa que busca assegurar que um estudo seja abrangente e sistemático de um ponto de vista psicológico orientando o projeto do estudo e questões propostas para discussão com base nas dimensões "BASIC ID". BASIC ID é um acrônimo para as dimensões-chave na abordagem de Lazarus a diagnóstico e intervenção. As letras correspondem a *comportamento (behavior), afeto, sensação, imaginação, cognição, relações interpessoais* e *drogas*. A adaptação de Cohen do trabalho de Lazarus acrescenta uma oitava dimensão, sociocultural, portanto acrescentando um *s* ao acrônimo e mudando para sua forma plural (BASIC IDS). Refletindo sobre essa abordagem, Cohen escreveu,

> **REFLITA...**
> Para que tipo de perguntas de pesquisa um grupo focal provavelmente não seria aconselhável?

> As dimensões do BASIC IDS podem fornecer uma estrutura uniforme embora sistemática para exploração e intervenção, contudo flexível o suficiente para permitir a implementação de novas técnicas e inovações. Apoiada na lógica, é uma abordagem acessível por não psicólogos que buscam aprofundar seu conhecimento das formas como a psicologia pode ser aplicada em contextos mercadológicos [. . .] Independentemente da estrutura específica adotada por um pesquisador, parece que já é tempo de reconhecer que somos todos seres de sentimentos, sensações, comportamentos, imaginações, pensamentos, relações sociais e bioquímicos, produtos de nossa cultura. Tendo reconhecido isso, e tendo nos esforçado para explicar de forma rotineira e sistemática essas variáveis na pesquisa de mercado, podemos começar a considerar o valor agregado que os psicólogos conferem à pesquisa qualitativa com os consumidores em um contexto mercadológico. (1999 b, p. 365)

Em outubro de 2011, o jornal acadêmico *Psychology & Marketing* dedicou uma edição especial ao assunto da pesquisa qualitativa dimensional. Em seu editorial como convidado introduzindo os artigos naquela edição, Haseeb Shabbir (2011) deixou claro que essa pesquisa tinha aplicações além da psicologia do consumidor. Ele observou que "a aplicação da DQR (PQD) de forma alguma se limita a *marketing* ou psicologia [. . .] deve ser enfatizado que a DQR (PQD) pode ser útil para fornecer um guia psicologicamente sofisticado à pesquisa qualitativa em quase todas as disciplinas" (p. 977).

Observação comportamental Por que as vendas dos analgésicos aspirina, bufferin, anacin e exedrina aumentaram de repente em outubro de 1982? Esse aumento nas vendas foi devido à efetividade das campanhas publicitárias para esses produtos? Não. As vendas cresceram nitidamente em 1982 quando se soube que sete pessoas tinham morrido por ingerir cápsulas de tylenol com cianeto. Uma vez que o tylenol, o analgésico com a maior fatia do mercado, foi retirado das prateleiras das farmácias de todo Estados Unidos, houve um aumento correspondente nas vendas de preparações alternativas. Uma fenômeno semelhante ocorreu em 1986.

Pense no que teria acontecido se os pesquisadores de mercado tivessem baseado seus julgamentos a respeito da efetividade de uma campanha publicitária para um analgésico de balcão apenas nos números das vendas durante o período de escassez de tylenol. Sem dúvida, os dados poderiam ter levado facilmente a uma interpretação errônea do que de fato ocorreu. Como os pesquisadores de mercado poderiam acrescentar um componente de controle de qualidade a seus métodos de pesquisa? Uma forma é usando métodos múltiplos, como, por exemplo, a observação comportamental em acréscimo aos métodos de enquete.

> **REFLITA...**
> Por sua própria experiência informal, que outros tipos de compras tendem a ser guiadas mais por iniciativa das crianças do que dos adultos? Como os psicólogos do consumidor testam melhor suas opiniões em relação a essa decisão de compra?

Não é incomum que pesquisadores de mercado coloquem observadores comportamentais nas lojas para monitorar o que realmente estimula um consumidor a comprar este ou aquele produto no ponto de venda. Esse observador em uma farmácia que vendia analgésicos em 1982 poderia ter observado, por exemplo, uma conversa com o balconista sobre a melhor alternativa ao tylenol. Observadores comportamentais em um supermercado que estudaram os hábitos de compra de pessoas adquirindo cereais matinais concluíram que as crianças que acompanhavam o comprador pediam ou exigiam uma marca específica de cereal (Atkin, 1978). Consequentemente, seria sensato que os fabricantes de cereal matinal voltassem o foco de sua propaganda para os consumidores crianças, não para os adultos.

Outros métodos Inúmeros outros métodos e instrumentos podem ser mobilizados nas questões de mercado e propaganda. Psicólogos do consumidor às vezes empregam testes projetivos – existentes, bem como personalizados – como um auxílio para responder às questões levantadas por seus clientes. Instrumentos especiais, incluindo taquistoscópios e eletroencefalógrafos, também têm sido utilizados nas tentativas de descobrir as motivações dos consumidores. Programas de computador especiais podem ser usados para obter nomes de marca para produtos. Assim, por exemplo, quando a Honda quis posicionar uma nova linha de seus carros como "automóveis de precisão avançada", uma empresa especializada em criar nomes para produtos novos conduziu uma busca por computador de mais de 6.900 morfemas de língua inglesa para localizar radicais de palavras que significassem ou sugerissem "precisão avançada". Os morfemas aplicáveis foram então combinados por computador nas formas que as regras fonéticas da língua inglesa permitissem. Da lista resultante, a melhor palavra (ou seja, que tinha visibilidade dentre outras palavras impressas, que seria reconhecível como uma marca, e assim por diante) foi então selecionada. Nesse caso, essa palavra foi *Acura* (Brewer, 1987).

As revisões da literatura são outro método disponível aos psicólogos do consumidor. Uma dessas revisões poderia sugerir, por exemplo, que certos sons ou imagens em uma determinada marca tendem a ser mais populares com os consumidores do que outros sons ou imagens (Fig. 16.8). Schloss (1981) observou que o som da letra *K* era representado seis vezes mais frequentemente do que seria esperado pelo acaso nos nomes de 200 produtos mais populares (tais como Kodak, Quaker, Nabisco – e, poderíamos acrescentar, Acura). Schloss especulou ainda sobre a capacidade dos sons das palavras de evocar reações emocionais em oposição a racionais.

Figura 16.8 Qual a importância de um nome?

"O que há em um nome? O que chamamos uma rosa teria o mesmo perfume sob outro nome?" Sentimentos como esse podem ser tocantes de ler e lindos de contemplar quando expressos por atores talentosos no teatro. Entretanto, eles não teriam levado William Shakespeare muito longe. O nome dado a um produto é uma parte importante do que é referido como o "*mix* de *marketing*": o modo como um produto é posicionado, vendido e promovido no mercado. A propaganda mostrada, reproduzida de uma revista de 1927, promove os benefícios de uma escova de dentes com o nome de Pro-phy-lac-tic. O criador do nome dessa marca sem dúvida desejava posicionar essa escova de dentes como sendo particularmente útil na prevenção de doença. Porém, a palavra profilática (definida como "protetora") tornou-se mais identificada na mente do público com preservativos, um fato que pode não ter ajudado a longevidade dessa marca de escova de dentes no mercado. Hoje, pesquisadores usam uma variedade de métodos, incluindo associação de palavras, para criar nomes de marcas.

E por falar em evocar reações, somos nós, Ron Cohen, Mark Swerdlik e Eddy Sturman, que devemos agora parar para *refletir* e perguntar: Que reação será evocada em você quando perceber que este livro chegou ao fim? Sua reação poderia variar de *extrema tristeza* (você desejaria que houvesse mais páginas para folhear) a *êxtase desenfreado* (hora da festa!). Seja o que for, queremos que saiba que consideramos uma honra e um privilégio ter ajudado a introduzi-lo no mundo da mensuração em psicologia e educação. Desejamos sucesso em seu desenvolvimento acadêmico e profissional. E quem sabe? Talvez seja você e seu trabalho que apresentaremos a nossos alunos em uma futura edição de *Testagem e avaliação psicológica: introdução a testes e medidas*.

Autoavaliação

Teste sua compreensão dos elementos deste capítulo vendo se é capaz de explicar cada um dos seguintes termos, expressões e abreviações:

- alocação
- atitude
- atitude implícita
- BTAG
- centro de avaliação
- classificação
- compromisso organizacional
- cultura organizacional
- enquete
- equipe
- esgotamento
- falso-negativo
- falso-positivo
- grupo focal
- MBTI
- medida de interesse
- metanálise de segunda ordem
- métodos de pesquisa de motivação
- motivação extrínseca
- motivação intrínseca
- painéis diários
- painel de consumidores
- pesquisa
- pesquisa qualitativa dimensional
- produtividade
- psicologia do consumidor
- satisfação no trabalho
- seleção
- SII
- técnica da caixa de entrada
- técnica de diferencial semântico
- técnica de distribuição forçada
- técnica de incidentes críticos
- técnica do grupo sem líder
- teste de integridade
- teste físico
- teste para drogas
- triagem

Referências

Abel, G. G., Rouleau, J., & Cunningham-Rathner, J. (1986). Sexually aggressive behavior. In W. J. Curran, A. L. McGarry, & S. Shah (Eds.), *Forensic psychiatry and psychology: Perspectives and standards for interdisciplinary practice* (pp. 289–314). Philadelphia: Davis.

Abeles, N., & Barlev, A. (1999). End of life decisions and assisted suicide. *Professional Psychology: Research and Practice, 30,* 229–234.

Abidin, R. R. (1990). *Parenting stress index* (3rd ed.). Odessa, FL: Psychological Assessment Resources.

Abrams, D. B., Binkoff, J. A., Zwick, W. R., et al. (1991). Alcohol abusers' and social drinkers' responses to alcohol-relevant and general situations. *Journal of Studies on Alcohol, 52,* 409–414.

Abrams, S. (1977). *A polygraph handbook for attorneys.* Lexington, MA: Heath.

Achenbach, T. M. (1978). *Child Behavior Profile.* Bethesda, MD: Laboratory of Developmental Psychology, National Institutes of Mental Health.

Achenbach, T. M. (1981). A junior MMPI? *Journal of Personality Assessment, 45,* 332–333.

Achenbach, T. M. (1993). Implications of multiaxial empirically based assessment for behavior therapy with children. *Behavior Therapy, 24,* 91–116.

Achenbach, T. M., McConaughy, S. H., & Howell, C. T. (1987). Child/adolescent behavioral and emotional problems: Implications of cross-informant correlations for situational specificity. *Psychological Bulletin, 101,* 213–232.

Ackerman, M. J. (1995). *Clinician's guide to child custody evaluations.* New York: Wiley-Interscience.

Ackerman, P. L., & Heggestad, E. D. (1997). Intelligence, personality, and interests: Evidence for overlapping traits. *Psychological Bulletin, 121,* 219–245.

Ackerman, P. L., & Kanfer, R. (1993). Integrating laboratory and field study for improving selection: Development of a battery for predicting air traffic controller success. *Journal of Applied Psychology, 78,* 413–432.

Acklin, M. W. (1995). Avoiding Rorschach dichotomies: Integrating Rorschach interpretation. *Journal of Personality Assessment, 64,* 235–238.

Acklin, M. W. (1996). Personality assessment and managed care. *Journal of Personality Assessment, 66,* 194–201.

Acklin, M. W. (1997). Swimming with sharks. *Journal of Personality Assessment, 69,* 448–451.

Adams, D. K., & Horn, J. L. (1965). Nonoverlapping keys for the MMPI scales. *Journal of Consulting Psychology, 29,* 284.

Adams, K. M. (1984). Luria left in the lurch: Unfulfilled promises are not valid tests. *Journal of Clinical Neuropsychology, 6,* 455–458.

Adams, K. M. (2000). Practical and ethical issues pertaining to test revisions. *Psychological Assessment, 12,* 281–286.

Adams-Tucker, C. (1982). Proximate effects of sexual abuse in childhood: A report on 28 children. *American Journal of Psychiatry, 139,* 1252–1256.

Addeo, R. R., Greene, A. F., & Geisser, M. E. (1994). Construct validity of the Robson Self-Esteem Questionnaire in a sample of college students. *Educational and Psychological Measurement, 54,* 439–446.

Adelman, S. A., Fletcher, K. E., Bahnassi, A., & Munetz, M. R. (1991). The Scale for Treatment Integration of the Dually Diagnosed (STIDD): An instrument for assessing intervention strategies in the pharmacotherapy of mentally ill substance abusers. *Drug and Alcohol Dependence, 27,* 35–42.

Adler, A. (1927/1965). *Understanding human nature.* Greenwich, CT: Fawcett.

Adler, A. (1933/1964). *Social interest: A challenge to mankind.* New York: Capricorn.

Adler, T. (1990). Does the "new" MMPI beat the "classic"? *APA Monitor, 20* (4), 18–19.

Ahern, E. (1949). *Handbook of personnel forms and records.* New York: American Management Association.

Ahola, K., Kivimäki, M., Honkonen, T., et al. (2008). Occupational burnout and medically certified sickness absence: A population-based study of Finnish employees. *Journal of Psychosomatic Research, 64* (2), 185–193.

Aiello, J. R., & Douthitt, E. A. (2001). Social facilitation from Triplett to electronic performance monitoring. *Group Dynamics, 5,* 163–180.

Aikman, K. G., Belter, R. W., & Finch, A. J. (1992). Human figure drawings: Validity in assessing intellectual level and academic achievement. *Journal of Clinical Psychology, 48,* 114–120.

Airasian, P. W., Madaus, G. F., & Pedulla, J. J. (1979). *Minimal competency testing.* Englewood Cliffs, NJ: Educational Technology Publications.

Akamatsu, C. T. (1993–1994). The view from within and without: Conducting research on deaf Asian-Americans. *Journal of the American Deafness and Rehabilitation Association, 27,* 12–16.

Alderfer, C. (1972). *Existence, relatedness and growth: Human needs in organizational settings.* New York: Free Press.

Alderson, J. C., Krahnke, K. J., & Stansfield, C. W. (1987). *Reviews of English language proficiency tests.* Washington, DC: TESOL.

Alessandri, S. M., Bendersky, M., & Lewis, M. (1998). Cognitive functioning in 8– to 18-month-old drug-exposed infants. *Developmental Psychology, 34,* 565–573.

Alexander, R. C., Surrell, J. A., & Cohle, S. D. (1987). Microwave oven burns in children: An unusual manifestation of child abuse. *Pediatrics, 79,* 255–260.

Alison, L., & Barrett, E. (2004). The interpretation and utilization of offender profiles: A critical review of "traditional" approaches to profiling. In J. R. Adler (Ed.), *Forensic psychology: Concepts, debates and practice* (pp. 58–77). Devon, England: Willan.

Alison, L., West, A., & Goodwill, A. (2004). The academic and the practitioner: Pragmatists' views of offender profiling. *Psychology, Public Policy, and Law, 10,* 71–101.

Allen, J. (2002). Assessment training for practice in American Indian and Alaska native settings. *Journal of Personality Assessment, 79,* 216–225.

Allen, M. J., & Yen, W. M. (1979). *Introduction to measurement theory*. Monterey, CA: Brooks/Cole.

Allen, N. J., & Meyer, J. P. (1990). The measurement and antecedents of affective, continuance, and normative commitment to the organization. *Journal of Occupational Psychology, 63*, 1–18.

Allen, R., Wasserman, G. A., & Seidman, S. (1990). Children with congenital anomalies: The preschool period. *Journal of Pediatric Psychology, 15*, 327–345.

Allen, S. R. (2008). Predicting performance in sport using a portable cognitive assessment device. *Dissertation Abstracts International. Section A. Humanities and Social Sciences, 68* (9-A), 3724.

Allen, T. E. (1994). *Who are the deaf and hard-of-hearing students leaving high school and entering postsecondary education?* (pp. 1–16). U.S. Office of Special Education and Rehabilitative Services: Pelavin Research Institute.

Allport, G. W. (1937). *Personality: A psychological interpretation*. New York: Holt.

Allport, G. W., & Odbert, H. S. (1936). Trait-names: A psycho-lexical study. *Psychological Monographs, 47* (Whole No. 211).

Allport, G. W., Vernon, P. E., & Lindzey, G. (1951). *Study of values* (rev. ed.). Boston: Houghton Miffl in.

Allred, L. J., & Harris, W. G. (1984). *The nonequivalence of computerized and conventional administrations of the Adjective Checklist*. Unpublished manuscript, Johns Hopkins University, Baltimore.

Alpher, V. S., & Blanton, R. L. (1985). The accuracy of lie detection: Why lie tests based on the polygraph should not be admitted into evidence today. *Law & Psychology Review, 9*, 67–75.

Alterman, A. I., McDermott, P. A., Cook, T. G., et al. (2000). Generalizability of the clinical dimensions of the Addiction Severity Index to nonopioid-dependent patients. *Psychology of Addictive Behaviors, 14*, 287–294.

Amabile, T. M., Hill, K. G., Hennessey, B. A., & Tighe, E.M. (1994). The Work Preference Inventory: Assessing intrinsic and extrinsic motivational orientations. *Journal of Personality and Social Psychology, 66*, 950–967.

Amada, G. (1996). You can't please all of the people all of the time: Normative institutional resistances to college psychological services. *Journal of College Student Psychotherapy, 10*, 45–63.

Aman, C. J., Roberts, R. J., & Pennington, B. F. (1998). A neuropsychological examination of the underlying deficit in attention deficit hyperactivity disorder: Frontal lobe versus right parietal lobe theories. *Developmental Psychology, 34*, 956–969.

Ambrosini, P. J., Metz, C., Bianchi, M. D., Rabinovich, H., & Undie, A. (1991). Concurrent validity and psychometric properties of the Beck Depression Inventory in outpatient adolescents. *Journal of the American Academy of Child and Adolescent Psychiatry, 30*, 51–57.

American Association on Mental Retardation. (1992). *Mental retardation: Definition, classification, and systems of supports* (9th ed.). Washington, DC: Author.

American Board of Forensic Odontology, Inc. (1986). Guidelines for analysis of bite marks in forensic investigation. *Journal of the American Dental Association, 12*, 383–386.

American Educational Research Association, Committee on Test Standards, and National Council on Measurements Used in Education. (1955). *Technical recommendations for achievement tests*. Washington, DC: American Educational Research Association.

American Educational Research Association, American Psychological Association, & National Council on Measurement in Education. (1999). *Standards for educational and psychological testing*. Washington, DC: Author.

American Law Institute. (1956). *Model penal code*. Tentative Draft Number 4.

American Psychiatric Association. (1968). *Diagnostic and statistical manual of mental disorders* (2nd ed.). Washington, DC: Author.

American Psychiatric Association. (1980). *Diagnostic and statistical manual of mental disorders* (3rd ed.). Washington, DC: Author.

American Psychiatric Association. (1987). *Diagnostic and statistical manual of mental disorders* (3rd ed., rev.). Washington, DC: Author.

American Psychiatric Association. (1994). *Diagnostic and statistical manual of mental disorders* (4th ed.). Washington, DC: Author.

American Psychiatric Association. (2000). *Diagnostic and statistical manual of mental disorders* (4th ed.; text rev.). Washington, DC: Author.

American Psychiatric Association. (2001). *Diagnostic and statistical manual of mental disorders* (4th ed.; text rev.). [CD-ROM (Windows)]. Washington, DC: Author.

American Psychological Association. (1950). Ethical standards for the distribution of psychological tests and diagnostic aids. *American Psychologist, 5*, 620–626.

American Psychological Association. (1953). *Ethical standards of psychologists*. Washington, DC: Author.

American Psychological Association. (1954). *Technical recommendations for psychological tests and diagnostic techniques*. Washington, DC: Author.

American Psychological Association, American Educational Research Association, & National Council on Measurement in Education. (1966). *Standards for educational and psychological tests and manual*. Washington, DC: Author.

American Psychological Association. (1967). *Casebook on ethical standards of psychologists*. Washington, DC: Author.

American Psychological Association, American Educational Research Association, & National Council on Measurement in Education. (1974). *Standards for educational and psychological tests*. Washington, DC: Author.

American Psychological Association. (1981). Ethical principles of psychologists. *American Psychologist, 36*, 633–638.

American Psychological Association. (1985). *Standards for educational and psychological testing*. Washington, DC: Author.

American Psychological Association. (1987). *Casebook on ethical principles of psychologists*. Washington, DC: Author.

American Psychological Association. (1991). *Questionnaires used in the prediction of trustworthiness in pre-employment selection decisions: An APA Task Force report*. Washington, DC: Author.

American Psychological Association. (1992). Ethical principles of psychologists and code of conduct. *American Psychologist, 47*, 1597–1611.

American Psychological Association. (1993, January). Call for book proposals for test instruments. *APA Monitor, 24*, 12.

American Psychological Association, Committee on Professional Practice and Standards. (1994a). Guidelines for child custody evaluations in divorce proceedings. *American Psychologist, 49*, 677–680.

American Psychological Association. (1994b). C. H. Lawshe. *American Psychologist, 49*, 549–551.

American Psychological Association. (1996a). *Affirmative action: Who benefits?* Washington, DC: Author.

American Psychological Association. (1996b). *Standards for psychological tests*. Washington, DC: Author.

American Psychological Association. (2002). Ethical principles of psychologists and code of conduct. *American Psychologist, 57*, 1060–1073.

American Psychological Association. (2003). Guidelines on multicultural education, training, research, practice, organizational change for psychologists. *American Psychologist, 58*, 377–402.

Ames, S. L., & Stacy, A. W. (1998). Implicit cognition in the prediction of substance use among drug offenders. *Psychology of Addictive Behaviors, 12*, 272–281.

Amodio, D. M., Devine, P. G., & Harmon-Jones, E. (2006). Stereotyping and evaluation in implicit race bias: Evidence for independent constructs and unique effects on behavior. *Journal of Personality and Social Psychology, 91* (4), 652–661.

Amrine, M. (Ed.). (1965). Special issue. *American Psychologist, 20*, 857–991.

Anderson, C., Spataro, S. E., & Flynn, F. J. (2008). Personality and organizational culture as determinants of infl uence. *Journal of Applied Psychology, 93* (3), 702–710.

Anderson, D. (2007). A reciprocal determinism analysis of the relationship between naturalistic media usage and the development of creative-thinking skills among college students. *Dissertation Abstracts International Section A: Humanities and Social Sciences, 67*(7-A), 2007, 2459.

Anderson, G., & Grace, C. (1991). The Black deaf adolescent: A diverse and underserved population. *Volta Review, 93*, 73–86.

Anderson, H. G. (1919). *The medical and surgical aspects of aviation.* London: Oxford Medical.

Anderson, J. W. (1990). The life of Henry A. Murray: 1893– 1988. In A. I. Rabin, R. A. Zucker, R. A. Emmons, & S. Frank (Eds.), *Studying persons and lives* (pp. 304–333). New York: Springer.

Anderson, W. P. (1995). Ethnic and cross-cultural differences on the MMPI-2. In J. C. Duckworth & W. P. Anderson (Eds.), *MMPI and MMPI-2: Interpretation manual for counselors and clinicians* (4th ed.; pp. 439–460). Bristol, PA: Accelerated Development.

Andresen, E. M., Malmgren, J. A., Carter, W. B., & Patrick, D. L. (1994). Screening for depression in well older adults: Evaluation of a short form of the CES-D. *American Journal of Preventive Medicine, 10* (2), 77–84.

Andrew, G., Hartwell, S. W., Hutt, M. L., & Walton, R.E. (1953). *The Michigan Picture Test.* Chicago: Science Research Associates. Andronikof, A. (2005). Science and soul: Use and misuse of computerized interpretation. *Rorschachiana, 27* (1), 1–3.

Angie, A. D., Davis, J. L., Allen, M.T., et al. (2011). Studying ideological groups online: Identification and assessment of risk factors for violence. *Journal of Applied Social Psychology, 41*, 627–657.

Angoff, W. H. (1962). Scales with nonmeaningful origins and units of measurement. *Educational and Psychological Measurement, 22*, 27–34.

Angoff, W. H. (1964). Technical problems of obtaining equivalent scores on tests. *Educational and Psychological Measurement, 1*, 11–13.

Angoff, W. H. (1966). Can useful general-purpose equivalency tables be prepared for different college admissions tests? In A. Anastasi (Ed.), *Testing problems in perspective* (pp. 251–264). Washington, DC: American Council on Education.

Angoff, W. H. (1971). Scales, norms, and equivalent scores. In R. L. Thorndike (Ed.), *Educational measurement* (2nd ed., pp. 508–560). Washington, DC: American Council on Education.

Appelbaum, P., & Grisso, T. (1995a). The MacArthur Treatment Competence Study: I. Mental illness and competence to consent to treatment. *Law and Human Behavior, 19*, 105–126.

Appelbaum, P., & Grisso, T. (1995b). The MacArthur Treatment Competence Study: III. Abilities of patients to consent to psychiatric and medical treatments. *Law and Human Behavior, 19*, 149–174.

Appelbaum, P. S., & Roth, L. H. (1982). Competency to consent to research: A psychiatric overview. *Archives of General Psychiatry, 39*, 951–958.

Arbisi, P. A., Ben-Porath, Y. S., & McNulty, J. (2002). A comparison of MMPI-2 validity in African American and Caucasian psychiatric inpatients. *Psychological Assessment, 14*, 3–15.

Ariel, A., Van der Linden, W. J., & Veldkamp, B. P. (2006). A strategy for optimizing item-pool management. *Journal of Educational Measurement, 43* (2), 85–96.

Arnau, R. C., Green, B. A., Rosen, D. H., et al. (2003). Are Jungian preferences really categorical? *Personality & Individual Differences, 34*, 233–251.

Arnett, P. A., Rao, S. M., Grafman, J., et al. (1997). Executive functions in multiple sclerosis: An analysis of temporal ordering, semantic encoding, and planning abilities. *Neuropsychology, 11*, 535–544.

Arnold, D. S., O'Leary, S. G., Wolff, L. S., & Acker, M. M. (1993). The Parenting Scale: A measure of dysfunctional parenting in discipline situations. *Psychological Assessment, 5*, 137–144.

Aronow, E., & Reznikoff, M. (1976). *Rorschach content interpretation.* Orlando, FL: Grune & Stratton.

Aronow, E., & Reznikoff, M. (1983). *A Rorschach introduction: Content and perceptual approaches.* Orlando, FL: Grune & Stratton.

Aronow, E., Reznikoff, M., & Moreland, K. L. (1995). The Rorschach: Projective technique or psychometric test? *Journal of Personality Assessment, 64*, 213–228.

Aros, S., Mills, J. L., Torres, C., et al. (2006). Prospective identification of pregnant women drinking four or more standard drinks (= 48 g) of alcohol per day. *Substance Use & Misuse, 41* (2), 183–197.

Arthur, T. E., Reeves, I., Morgan, O., et al. (2005). Developing a cultural competence assessment tool for people in recovery from racial, ethnic and cultural backgrounds: The journey, challenges and lessons learned. *Psychiatric Rehabilitation Journal, 28* (3), 243–250.

Arthur, W., Jr., Woehr, D. J., & Graziano, W. G. (2001). Personality testing in employment settings: Problems and issues in the application of typical selection practice. *Personnel Review, 30*, 657–676.

Arvey, R. D. (1979). *Fairness in selecting employees.* Reading, MA: Addison-Wesley.

Arvey, R. D., Bouchard, T. J., Segal, N. L., & Abraham, L. M. (1989). Job satisfaction: Environmental and genetic components. *Journal of Applied Psychology, 74*, 187–192.

Asch, S. E. (1951). Effects of group pressure upon the modification and distortion of judgment. In H. Guetzkow (Ed.), *Groups, leadership, and men.* Pittsburgh, PA: Carnegie.

Asch, S. E. (1955). Opinions and social pressure. *Scientific American, 193*, 33–35.

Asch, S. E. (1957a). Studies of independence and conformity: A minority of one against a unanimous majority. *Psychological Monographs, 70* (9, Whole No. 416).

Asch, S. E. (1957b). An experimental investigation of group influence. In Walter Reed Army Institute of Research (Ed.), *Symposium on preventive and social psychiatry.* Washington, DC: U.S. Government Printing Office.

Association of Personnel Test Publishers (APTP). (1990). Model guidelines for preemployment integrity testing programs. Washington, DC: APTP.

ASVAB 18/19 Counselor Manual: The ASVAB career exploration program. (1995). Washington, DC: U.S. Department of Defense.

Atkin, C. K. (1978). Observation of parent–child interaction in supermarket decision making. *Journal of Marketing, 42*, 41–45.

Atkins v. Virginia, 122 S. Ct. 2242 (2002).

Atkinson, J. W. (1981). Studying personality in the context of an advanced motivational psychology. *American Psychologist, 36*, 117–128.

Atkinson, R. C., & Shiffrin, R. M. (1968). A proposed system and its control processes. In K. W. Spence & J. T. Spence (Eds.), *The psychology of learning and motivation: Advances in research and theory* (Vol. 2; pp. 82–90). Oxford: Oxford University Press.

Attix, D. K, & Welsh-Bohmer, K. A. (Eds.). (2006). *Geriatric neuropsychology: Assessment and intervention*. New York: Guilford Press.

Ausburn, L. J., & Ausburn, F. B. (1978). Cognitive styles: Some information and implications for instructional design. *Educational Communications & Technology Journal, 26*, 337–354.

Aycan, Z., Kanungo, R. N., Mendonca, M., et al. (2000). Impact of culture on human resource management practices: A 10-country comparison. *Applied Psychology: An International Review, 49*, 192–221.

Ayres, R. R., & Cooley, E. J. (1986). Sequential versus simultaneous processing on the K-ABC: Validity in predicting learning success. *Journal of Psychoeducational Assessment, 4*, 211–220.

Babins, L., Slater, M.-E., Whitehead, V., & Chertkow, H. (2008). Can an 18-point clock-drawing scoring system predict dementia in elderly individuals with mild cognitive impairment? *Journal of Clinical and Experimental Neuropsychology, 30* (2), 1–14.

Bagasra, A. (2010). *Development and testing of an acculturation scale for Muslim Americans*. Paper presented at the 119th annual convention of the American Psychological Association, Washington, DC.

Bain, S.K. & Gray, R. (2008). Test reviews: Kaufman Assessment Battery for Children, Second Edition. *Journal of Psychoeducational Assessment, 26* (1), 92–101.

Baker, E. L., O'Neill, H. F., & Linn, R. L. (1993). Policy and validity prospects for performance-based assessment. *American Psychologist, 48*, 1210–1218.

Baldridge, D. C., & Veiga, J. F. (2006). The impact of anticipated social consequences on recurring disability. *Journal of Management, 32* (1), 158–179.

Baldwin, A. L., Kalhorn, J., & Breese, F. H. (1945). Patterns of parent behavior. *Psychological Monographs, 58* (Whole No. 268).

Baldwin, J. A. (1984). African self-consciousness and the mental health of African-Americans. *Journal of Black Studies, 15*, 177–194.

Baldwin, J. A., & Bell, Y. R. (1985). The African Self-Consciousness Scale: An Africentric personality questionnaire. *Western Journal of Black Studies, 9* (2), 65–68.

Ball, J. D., Archer, R. P., Gordon, R. A., & French, J. (1991). Rorschach depression indices with children and adolescents: Concurrent validity findings. *Journal of Personality Assessment, 57*, 465–476.

Ball, T. S., & Bernardoni, L. C. (1953). The application of an auditory apperception test to clinical diagnosis. *Journal of Clinical Psychology, 9*, 54–58.

Baltes, B. B., Briggs, T. E., Huff, J. W., et al. (1999). Flexible and compressed workweek schedules: A meta-analysis of their effects on work-related criteria. *Journal of Applied Psychology, 84*, 496–513.

Banaji, M. R. (2001). Implicit attitudes can be measured. In H. L. Roediger III, J. S. Nairne, I. Neath, & A. M. Surprenant (Eds.), *The nature of remembering: Essays in honor of Robert G. Crowder. Science conference series* (pp. 117–150). Washington, DC: American Psychological Association.

Bank, A. L., MacNeill, S. E., & Lichtenberg, P. A. (2000). Cross validation of the MacNeill-Lichtenberg Decision Tree triaging mental health problems in geriatric rehabilitation patients. *Rehabilitation Psychology, 45*, 193–204.

Baños, J. H., & Franklin, L. M. (2003). Factor structure of the Mini-Mental State Examination in adult psychiatric inpatients. *Psychological Assessment, 14*, 397–400.

Barak, A., & Cohen, L. (2002). Empirical examination of an online version of the Self-Directed Search. *Journal of Career Assessment, 10*, 387–400.

Barden, R. C., Ford, M. E., Jensen, A. G., Rogers-Salyer, M., & Salyer, K. E. (1989). Effects of craniofacial deformity in infancy on the quality of mother-infant interactions. *Child Development, 60*, 819–824.

Bardis, P. D. (1975). The Borromean family. *Social Science, 50*, 144–158.

Bardos, A. N. (1993). Human figure drawings: Abusing the abused. *School Psychology Quarterly, 8*, 177–181.

Barends, A., Westen, D., Leigh, J., Silbert, D., & Byers, S. (1990). Assessing affect-tone of relationship paradigms from TAT and interview data. *Psychological Assessment, 2*, 329–332.

Barker, R. (1963). On the nature of the environment. *Journal of Social Issues, 19*, 17–38.

Barko, N. (1993, August). What's your child's emotional IQ? *Working Mother, 16*, 33–35.

Barnes-Holmes, D., Murtagh, L., Barnes-Holmes, Y., & Stewart, I. (2010). Using the implicit association test and the implicit relational assessment procedure to measure attitudes toward meat and vegetables in vegetarians and meat-eaters. *Psychological Record, 60*(2), Article 6.

Barnett, L. A., Far, J. M., Mauss, A. L., & Miller, J. A. (1996). Changing perceptions of peer norms as a drinking reduction program for college students. *Journal of Alcohol & Drug Education, 41* (2), 39–62.

Barnett, R. C., & Gareis, K. C. (2000). Reduced hours, job-role quality, and life satisfaction among married women physicians with children. *Psychology of Women Quarterly, 24*, 358–364.

Baron, I. S. (2004). *Neuropsychological evaluation of the child*. New York: Oxford University Press.

Baron, J., & Norman, M. F. (1992). SATs, achievement tests, and high-school class rank as predictors of college performance. *Educational and Psychological Measurement, 52*, 1047–1055.

Barrick, M. R., Mount, M. K., & Judge, T. A. (2001). Personality and performance at the beginning of the new millennium: What do we know and where do we go next? *International Journal of Selection and Assessment, 9*, 9–30.

Barrick, M. R., Stewart, G. L., & Piotrowski, M. (2002). Personality and job performance: Test of the mediating effects of motivation among sales representatives. *Journal of Applied Psychology, 87*, 43–51.

Barry, D. T. (2001). Development of a new scale for measuring acculturation: The East Asian Acculturation Measure (EAAM). *Journal of Immigrant Health, 3* (4), 193–197.

Bartholomew, D. (1996a). "Metaphor taken as math: Indeterminacy in the factor analysis model": Comment. *Multivariate Behavioral Research, 31*, 551–554.

Bartholomew, D. (1996b). Response to Dr. Maraun's first reply to discussion of his paper. *Multivariate Behavioral Research, 31*, 631–636.

Barton, K. A., Blanchard, E. B., & Veazy, C. (1999). Self-monitoring as an assessment strategy in behavioral medicine. *Psychological Assessment, 11*, 490–497.

Bartram, D., Beaumont, J. G., Cornford, T., & Dann, P. L. (1987). Recommendations for the design of software for computer based assessment: Summary statement. *Bulletin of the British Psychological Society, 40*, 86–87.

Bartram, D., & Hambleton, R. K. (Eds.). (2006). *Computer-based testing and the Internet: Issues and advances*. New York: Wiley.

Bass, B. M. (1956). Development of a structured disguised personality test. *Journal of Applied Psychology, 40*, 393–397.

Bass, B. M. (1957). Validity studies of proverbs personality test. *Journal of Applied Psychology, 41,* 158–160.

Bass, B. M. (1958). Famous Sayings Test: General manual. *Psychological Reports, 4,* Monograph No. 6.

Bassett, S. S. (1999). Attention: Neuropsychological predictor of competency in Alzheimer's disease. *Journal of Geriatric Psychiatry and Neurology, 12,* 200–205.

Batson, D. C. (1975). Attribution as a mediator of bias in helping. *Journal of Personality and Social Psychology, 32,* 455–466.

Bauer, R. M. (2000). The flexible battery approach to neuropsychological assessment. In R. D. Vanderploeg (Ed.), *Clinician's guide to neuropsychological assessment* (pp. 419–448). Mahwah, NJ: Erlbaum.

Baughman, E. E., & Dahlstrom, W. B. (1968). *Negro and white children: A psychological study in the rural South.* New York: Academic Press.

Bauman, M. K. (1974). Blind and partially sighted. In M. V. Wisland (Ed.), *Psychoeducational diagnosis of exceptional children* (pp. 159–189). Springfield, IL: Charles C Thomas.

Bauman, M. K., & Kropf, C. A. (1979). Psychological tests used with blind and visually handicapped persons. *School Psychology Digest, 8,* 257–270.

Baumeister, A. A., & Muma, J. R. (1975). On defining mental retardation. *Journal of Special Education, 9,* 293–306.

Baumeister, R. F. (1990). Suicide as escape from self. *Psychological Review, 97,* 90–113.

Baumrind, D. (1993). The average expectable environment is not good enough: A response to Scarr. *Child Development, 64,* 1299–1317.

Bautista, D. R. (2004). *Da kine scale: Construction and validation of the Hawaii Local Acculturation Scale.* Unpublished doctoral dissertation, Washington State University.

Bavolek, S. J. (1984). *Handbook for the Adult-Adolescent Parenting Inventory.* Eau Claire, WI: Family Development Associates.

Baxter, J. C., Brock, B., Hill, P. C., & Rozelle, R. M. (1981). Letters of recommendation: A question of value. *Journal of Applied Psychology, 66,* 296–301.

Baydoun, R. B., & Neuman, G. A. (1992). The future of the General Aptitude Test Battery (GATB) for use in public and private testing. *Journal of Business and Psychology, 7,* 81–91.

Bayley, N. (1955). On the growth of intelligence. *American Psychologist, 10,* 805–818.

Bayley, N. (1959). Value and limitations of infant testing. *Children, 5,* 129–133.

Bayley, N. (1969). *Bayley Scales of Infant Development: Birth to Two Years.* New York: Psychological Corporation.

Bayley, N. (1993). *Bayley Scales of Infant Development (2nd Edition) Manual.* San Antonio: Psychological Corporation.

Beard, J. G., & Ragheb, M. G. (1980). Measuring leisure satisfaction. *Journal of Leisure Research, 12,* 20–33.

Beatty, P. C., & Willis, G. B. (2007). Research synthesis: The practice of cognitive interviewing. *Public Opinion Quarterly, 71* (2), 287–311.

Beavers, R. (1985). *Manual of Beavers-Timberlawn Family Evaluation Scale and Family Style Evaluation.* Dallas, TX: Southwest Family Institute.

Beck, A. T., Brown, G., & Steer, R. A. (1989). Prediction of eventual suicide in psychiatric inpatients by clinical ratings of hopelessness. *Journal of Consulting and Clinical Psychology, 57,* 309–310.

Beck, A. T., Rush, A. J., Shaw, B. F., & Emery, G. (1979). *Cognitive therapy for depression.* New York: Guilford.

Beck, A. T., & Steer, R. A. (1993). *Beck Depression Inventory manual.* San Antonio: Psychological Corporation.

Beck, A. T., Steer, R. A., & Brown, G. K. (1996). *Manual for the Beck Depression Inventory* (2nd ed.). San Antonio: Psychological Corporation.

Beck, A. T., & Stein, D. (1961). *Development of a self-concept test.* Unpublished manuscript, University of Pennsylvania School of Medicine, Center for Cognitive Therapy, Philadelphia.

Beck, A. T., Ward, C. H., Mendelson, M., Mock, J., & Erbaugh, J. (1961). An inventory for measuring depression. *Archives of General Psychiatry, 4,* 561–571.

Beck, S. J. (1944). *Rorschach's test: Vol. 1. Basic processes.* New York: Grune & Stratton.

Beck, S. J. (1945). *Rorschach's test: Vol. 2. A variety of personality pictures.* New York: Grune & Stratton.

Beck, S. J. (1952). *Rorschach's test: Vol. 3. Advances in interpretation.* New York: Grune & Stratton.

Beck, S. J. (1960). *The Rorschach experiment.* New York: Grune & Stratton.

Becker, H. A., Needleman, H. L., & Kotelchuck, M. (1978). Child abuse and dentistry: Orificial trauma and its recognition by dentists. *Journal of the American Dental Association, 97* (1), 24–28.

Becker, K. A. (2003). *History of the Stanford-Binet intelligence scales: Content and psychometrics.* (Stanford-Binet Intelligence Scales, Fifth Edition, Assessment Service Bulletin No. 1). Itasca, IL: Riverside.

Beckham, J. C., Crawford, A. L., & Feldman, M. E. (1998). Trail Making Test performance in Vietnam combat veterans with and without posttraumatic stress disorder. *Journal of Traumatic Stress, 11,* 811–819.

Beckmann, J. F. (2006). Superiority: Always and everywhere? On some misconceptions in the validation of dynamic testing. *Educational and Child Psychology, 23* (3), 35–49.

Beebe, S. A., Casey, R., & Pinto-Martin, J. (1993). Association of reported infant crying and maternal parenting stress. *Clinical Pediatrics, 32,* 15–19.

Begault, D. R. (1993). Head-up auditory displays for traffic collision avoidance advisories: A preliminary investigation. *Human Factors, 35,* 707–717.

Beier, E. G., & Sternberg, D. P. (1977). Marital communication. *Journal of Communication, 27,* 92–100.

Beier, M. E., & Ackerman, P. L. (2003). Determinants of health knowledge: An investigation of age, gender, abilities, personality, and interests. *Journal of Personality & Social Psychology, 84,* 439–447.

Bell, N. L., Matthews, T. D., Lassiter, K. S., & Leverett, J. P. (2002). Validity of the Wonderlic Personnel Test as a measure of fluid or crystallized intelligence: Implications for career assessment. *North American Journal of Psychology, 4,* 113–120.

Bellack, A. S., & Hersen, M. (Eds.). (1988). *Behavioral assessment: A practical guide* (3rd ed.). Elmsford, NY: Pergamon.

Bellack, A. S., Morrison, R. L., Mueser, K. T., Wade, J. H., & Sayers, S. L. (1990). Role play for assessing the social competence of psychiatric patients. *Psychological Assessment, 2,* 248–255.

Bellak, L. (1971). *The TAT and CAT in clinical use* (2nd ed.). New York: Grune & Stratton.

Bellak, L., & Bellak, S. (1965). *The CAT-H—A human modification.* Larchmont, NY: C.P.S.

Bellak, L., & Bellak, S. S. (1973). *Senior Apperception Technique.* New York: C.P.S.

Bellak, L., & Bellak, S. S. (1973). Manual for the Senior Apperception Technique (revised 1985). New York: C. P. S.

Bellingrath, S., Weigl, T., & Kudielka, B. M. (2008). Cortisol dysregulation in school teachers in relation to burnout, vital exhaustion, and effort-reward-imbalance. *Biological Psychology, 78* (1), 104–113.

Bellini, S., Akullian, J., & Hopf, A. (2007). Increasing social engagement in young children with autism spectrum disorders using video self-monitoring. *School Psychology Review, 36* (1), 80–90.

Benbow, C. P., & Stanley, J. C. (1996). Inequity in equity: How "equity" can lead to inequity for high-potential students. *Psychology, Public Policy, and Law, 2*, 249–292.

Bender, L. (1938). A visual-motor gestalt test and its clinical use. *American Orthopsychiatric Association Research Monographs*, No. 3.

Bender, L. (1970). The visual-motor gestalt test in the diagnosis of learning disabilities. *Journal of Special Education, 4*, 29–39.

Benedetti, F., Radaelli, D., Bernasconi, A., et al. (2008). Clock genes beyond the clock: CLOCK genotype biases neural correlates of moral valence decision in depressed patients. *Genes, Brain and Behavior, 7*, 20–25.

Benedict, R. H., Schretlen, D., & Bobholz, J. H. (1992). Concurrent validity of three WAIS-R short forms in psychiatric inpatients. *Psychological Assessment, 4*, 322–328.

Benjamin, G. A. H., & Gollan, J. K. (2003*). Family evaluation in custody litigation: Reducing risks of ethical infractions and malpractice.* Washington, DC: APA Books.

Bennett, F., Hughes, A., & Hughes, H. (1979). Assessment techniques for deaf-blind children. *Exceptional Children, 45*, 287–288.

Ben-Porath, Y. S. (1990). Cross-cultural assessment of personality: The case for replicatory factor analysis. In J. N. Butcher & C. D. Spielberger (Eds.), *Advances in personality assessment* (Vol. 8; pp. 1–26). Hillsdale, NJ: Erlbaum.

Ben-Porath, Y. S., Greve, K. W., Bianchini, K. J., & Kaufmann, P. M. (2009). The MMPI-2 Symptom Validity Scale (FBS) Is an Empirically Validated Measure of Overreporting in Personal Injury Litigants and Claimants: Reply to Butcher et al. (2008). *Psychological Injury and Law, 2* (1), 62–85.

Ben-Porath, Y., & Tellegen, A. (2008). *The MMPI-2-RF*. Minneapolis: University of Minnesota Press.

Ben-Porath, Y. S., Tellegen, A., Arbisi, P. A., et al. (2007). *Introducing the MMPI-2-RF*. Presentation handout distributed at the 115 th Annual Convention of the American Psychological Association, San Francisco.

Ben-Porath, Y. S., & Waller, N. G. (1992). Five big issues in clinical personality assessment: A rejoinder to Costa and McCrae. *Psychological Assessment, 4*, 23–25.

Benton, A. L. (1994). Neuropsychological assessment. *Annual Review of Psychology, 45*, 1–25.

Berk, R. A. (Ed.). (1982). *Handbook of methods for detecting test bias*. Baltimore: Johns Hopkins University.

Berkowitz, L., & Frodi, A. (1979). Reactions to a child's mistakes as affected by her/his looks and speech. *Social Psychology Quarterly, 42*, 420–425.

Bernardin, H. J. (1978). Effects of rater training on leniency and halo errors in student ratings of instructors. *Journal of Applied Psychology, 63*, 301–308.

Bernhardt, G. R., Cole, D. J., & Ryan, C. W. (1993). Improving career decision making with adults: Use of portfolios. *Journal of Employment Counseling, 30*, 67–72.

Bernstein, L. (1956). The examiner as an inhibiting factor in clinical testing. *Journal of Consulting Psychology, 20*, 287–290.

Berry, D. S., & Hansen, J. S. (1996). Positive affect, negative affect, and social interaction. *Journal of Personality and Social Psychology, 71*, 796–809.

Bersoff, D. N., DeMatteo, D., & Foster, E. E. (2012). Assessment and testing. In S.J. Knapp, M.C. Gottlieb, M.M. Handelsman, & L. D. VandeCreek (Eds.), *APA handbook of ethics in psychology Vol. 2: Practice, teaching, and research* (pp. 45–74). Washington, DC: American Psychological Association.

Besetsny, L. K., Ree, M. J., & Earles, J. A. (1993). Special test for computer programmers? Not needed: The predictive efficiency of the Electronic Data Processing Test for a sample of Air Force recruits. *Educational and Psychological Measurement, 53*, 507–511.

Bhatia, M. S., Verma, S. K., & Murty, O.P. (2006). Suicide notes: Psychological and clinical profile. *International Journal of Psychiatry in Medicine, 36* (2), 163–170.

Bias control. (1992). Stanford Special Report, Number 9. San Antonio: Psychological Corporation/Harcourt Brace Jovanovich.

Bienvenu, M. J., Sr. (1978). *A counselor's guide to accompany a Marital Communication Inventory*. Saluda, NC: Family Life.

Bigler, E. D. (2007). A motion to exclude and the 'fixed' versus 'flexible' battery in 'forensic' neuropsychology: Challenges to the practice of clinical neuropsychology. *Archives of Clinical Neuropsychology, 22*, 45–51.

Bigler, E. D., & Ehrenfurth, J. W. (1981). The continued inappropriate singular use of the Bender Visual Motor Gestalt Test. *Professional Psychology, 12*, 562–569.

Billmire, M. G., & Myers, P. A. (1985). Serious head injury in infants: Accident or abuse? *Pediatrics, 75*, 341–342.

Binet, A., & Henri, V. (1895a). La mémoire des mots. *L'Année Psychologique, 1*, 1–23.

Binet, A., & Henri, V. (1895b). La mémoire des phrases. *L'Année Psychologique, 1*, 24–59.

Binet, A., & Henri, V. (1895c). La psychologie individuelle. *L'Année Psychologique, 2*, 411–465.

Binet, A., & Simon, T. (1905). Méthodes nouvelles pour le diagnostic du niveau intellectuel des anormaux. *L'Année Psychologique, 11*, 191–244.

Binet, A., & Simon, T. (1908). La developpement de l'intelligence chez les enfants [The development of intelligence in children] (E. S. Kite, Trans.). In J. J. Jenkins & D. G. Paterson (reprint Eds.), *Studies in individual differences: The search for intelligence* (pp. 90–96). New York: Appleton-Century-Crofts. (Reprinted in 1961.)

Bipp, T. (2010). What do people want from their jobs? The Big Five, core self-evaluations, and work motivation. *International Journal of Selection and Assessment, 18*, 28–39.

Birch, H. G., & Diller, L. (1959). Rorschach signs of "organicity": A physiological basis for perceptual disturbances. *Journal of Projective Techniques, 23*, 184–197.

Birkeland, S. A., Manson, T. M., Kisamore, J. L., Brannick, M. T., & Smith, M. A. (2006). A meta-analytic investigation of job applicant faking on personality measures. *International Journal of Selection and Assessment, 14* (4), 317–335.

Birney, R. C., Burdick, H., & Teevan, R. C. (1969). *Fear of failure*. New York: Van Nostrand Reinhold.

Birren, J. E. (1968). Increments and decrements in the intellectual status of the aged. *Psychiatric Research Reports, 23*, 207–214.

Birren, J. E., & Schaie, K. W. (1985). *Handbook of psychology of aging* (2nd ed.). New York: Van Nostrand Reinhold.

Bizot, E. B., & Goldman, S. H. (1993). Prediction of satisfactoriness and satisfaction: An 8-year follow up. Special issue: The theory of work adjustment. *Journal of Vocational Behavior, 43*, 19–29.

Black, B., Ayala, F., & Saffran-Brinks, C. (1994). Science and the law in the wake of *Daubert:* A new search for scientific knowledge. *Texas Law Review, 72*, 715–802.

Black, H. (1963). *They shall not pass*. New York: Morrow.

Black, H. C. (1979). *Black's law dictionary* (rev. ed.). St. Paul, MN: West.

Black, M., Schuler, M., & Nair, P. (1993). Prenatal drug exposure: Neurodevelopment outcome and parenting environment. *Journal of Pediatric Psychology, 18*, 605–620.

Blalock, S. J., Devellis, B. M., Holt, K., & Hahn, P. M. (1993). Coping with rheumatoid arthritis: Is one problem the same as another? *Health Education Quarterly, 20,* 119–132.

Blamire, A. M. (2011). The Yale experience in first advancing fMRI. *NeuroImage,* October 18, 2011.

Blanck, P. D., & Berven, H. M. (1999). Evidence of disability after Daubert. *Psychology, Public Policy, and Law, 5,* 16–40.

Blazhenkova, O., & Kozhevnikov, M. (2010). Visual-object ability: A new dimension of non-verbal intelligence. *Cognition, 117* (3), 276–301.

Bloom, A. S., Allard, A. M., Zelko, F. A. J., Brill, W. J., Topinka, C. W., & Pfohl, W. (1988). Differential validity of the K-ABC for lower functioning preschool children versus those of higher ability. *American Journal of Mental Retardation, 93* (3), 273–277.

Blum, G. S. (1950). *The Blacky pictures: A technique for the exploration of personality dynamics.* New York: Psychological Corporation.

Blum, M. L., & Naylor, J. C. (1968). *Industrial psychology: Its theoretical and social foundations* (rev. ed.). New York: Harper & Row.

Blumenthal, S. J., & Kupfer, D. J. (Eds.). (1990). *Suicide over the life cycle: Risk factors, assessment, and treatment of suicidal patients.* Washington, DC: American Psychiatric Press.

Blustein, D. L., & Ellis, M. V. (2000). The cultural context of career assessment. *Journal of Career Assessment, 8,* 379–390.

Board of Professional Affairs, Committee on Professional Practice & Standards, Practice Directorate, American Psychological Association. (1999). Guidelines for psychological evaluations in child protection matters. *American Psychologist, 54,* 586–593.

Boccaccini, M. T., & Brodsky, S. L. (1999). Diagnostic test usage by forensic psychologists in emotional injury cases. *Professional Psychology: Research and Practice, 30,* 253–259.

Bock, R. D., & Jones, L. V. (1968). *The measurement and prediction of judgment and choice.* San Francisco: Holden-Day.

Boer, D. P., Starkey, N. J., & Hodgetts, A. M. (2008). The California Psychological Inventory: 434– and 260-item editions. In G. J. Boyle, G. Matthews, & D. H. Saklofske (Eds.), *The Sage handbook of personality theory and assessment, Vol 2: Personality measurement and testing* (pp. 97–112). Thousand Oaks, CA: Sage.

Bogacki, D. F., & Weiss, K. J. (2007). Termination of parental rights: Focus on defendants. *Journal of Psychiatry & Law, 35* (1), 25–45.

Bombadier, C., & Tugwell, P. (1987). Methodological considerations in functional assessment. *Journal of Rheumatology, 14,* 6–10.

Bond, G. G., Aiken, L. S., & Somerville, S. C. (1992). The health belief model and adolescents with insulin-dependent diabetes mellitus. *Health Psychology, 11,* 190–198.

Bond, M. H., & Forgas, J. P. (1984). Linking person perception to behavior intention across cultures: The role of cultural collectivism. *Journal of Cross-Cultural Psychology, 1,* 185–216.

Bond, R., & Smith, P. B. (1996). Culture and conformity. A meta-analysis of studies using Asch's line judgment task. *Psychological Bulletin, 119,* 111–137.

Boone, D. E. (1991). Item-reduction vs. subtest-reduction short forms on the WAIS-R with psychiatric inpatients. *Journal of Clinical Psychology, 47,* 271–276.

Booth, A., & Edwards, J. (1983). Measuring marital instability. *Journal of Marriage and the Family, 45,* 387–393.

Bordnick, P. S., Traylor, A., Copp, H. L., et al. (2008). Assessing reactivity to virtual reality alcohol based cues. *Addictive Behaviors, 33* (6), 743–756.

Boring, E. G. (1923, June 6). Intelligence as the tests test it. *New Republic,* pp. 35–37.

Boring, E. G. (1950). *A history of experimental psychology* (rev. ed.). New York: Appleton-Century-Crofts.

Borkenau, P., & Liebler, A. (1992). Trait inferences: Sources of validity at zero acquaintance. *Journal of Personality and Social Psychology, 62,* 645–657.

Bornstein, P. H., Hamilton, S. B., & Bornstein, M. T. (1986). Self-monitoring procedures. In A. R. Ciminero, C. S. Calhoun, & H. E. Adams (Eds.), *Handbook of behavioral assessment* (pp. 176–222). New York: Wiley.

Bornstein, R. F. (1998). Interpersonal dependency and physical illness: A meta-analytic review of retrospective and prospective studies. *Journal of Research in Personality, 32,* 480–497.

Bornstein, R. F. (1999). Criterion validity of objective and projective dependency tests: A meta-analytic assessment of behavioral prediction. *Psychological Assessment, 11,* 48–57.

Bornstein, R. F., & Masling, J. M. (Eds.). (2005). *Scoring the Rorschach: Seven validated systems.* Mahwah, NJ: Erlbaum.

Bornstein, R. F., Rossner, S. C., Hill, E. L., & Stepanian, M. L. (1994). Face validity and fakability of objective and projective measures of dependency. *Journal of Personality Assessment, 63,* 363–386.

Borroni, B., Brambati, S.M., Agosti, C., et al. (2007). Evidence of white matter changes on diffusion tensor imaging in fronto-temporal dementia. *Archives of Neurology, 64,* 246–251.

Borsbroom, D. (2005). *Measuring the mind: Conceptual issues in contemporary psychometrics.* New York: Cambridge University Press.

Boudreau, J. W. (1988). *Utility analysis for decisions in human resource management* (CAHRS Working Paper No. 88-21). Ithaca, NY: Cornell University, School of Industrial and Labor Relations, Center for Advanced Human Resource Studies.

Bougard, C., Moussay, S., & Davenne, D. (2008). An assessment of the relevance of laboratory and motorcycling tests for investigating time of day and sleep deprivation influences on motorcycling performance. *Accident Analysis & Prevention, 40* (2), 635–643.

Boyle, J. P. (1987). Intelligence, reasoning, and language proficiency. *Modern Language Journal, 71,* 277–288.

Bozeman, D. P., & Perrewe, P. L. (2001). The effect of item content overlap on Organizational Commitment Questionnaire–turnover cognitions relationships. *Journal of Applied Psychology, 86,* 161–173.

Bozikas, V. P., Giazkoulidou, A., Hatzigeorgiadou, M., et al. (2008). Do age and education contribute to performance on the clock drawing test? Normative data for the Greek population. *Journal of Clinical and Experimental Neuropsychology, 30* (2), 1–5.

Bracken, B. A. (1985). A critical review of the Kaufman Assessment Battery for Children (K-ABC). *School Psychology Review, 14,* 21–36.

Bracken, B. A., & Barona, A. (1991). State of the art procedures for translating, validating, and using psychoeducational tests in cross-cultural assessment. *School Psychology International, 12,* 119–132.

Braden, J. P. (1985). *Deafness, deprivation, and IQ.* New York: Plenum.

Braden, J. P. (1990). Do deaf persons have a characteristic psychometric profile on the Wechsler Performance Scales? *Journal of Psychoeducational Assessment, 8,* 518–526.

Braden, J. P. (1992). Intellectual assessment of deaf and hard-of-hearing people: A quantitative and qualitative research synthesis. *School Psychology Review, 21,* 82–84.

Braden, J. P., & Ouzts, S. M. (2007) Review of the Kaufman Assessment Battery for Children, Second Edition. In K. F. Geisinger, R. A. Sipes, J. F. Carlson, & B. S. Plake (Eds.), *The 17th Mental Measurements Yearbook* (pp. 517–520). Lincoln: Buros Institute of Mental Measurements, University of Nebraska.

Bradley, J., & Miller, A. (2010). Widening participation in higher education: Constructions of "going to university." *Educational Psychology in Practice, 26* (4), 401–413.

Bradley, J. P., Nicol, A. A., Charbonneau, D., & Meyer, J. P. (2002). Personality correlates of leadership development in Canadian Forces officer candidates. *Canadian Journal of Behavioural Science, 34*, 92–103.

Bradley-Johnson, S. (1994). *Psychoeducational assessment of students who are visually impaired or blind: Infancy through high school*. Austin: PRO-ED.

Bradley-Johnson, S., & Harris, S. (1990). Best practices in working with students with a visual loss. In A. Thomas & J. Grimes (Eds.), *Best practices in school psychology II* (pp. 871–885). Washington, DC: National Association of School Psychologists.

Brady, N. C., & Halle, J. W. (1997). Functional analysis of communicative behaviors. *Focus on Autism and Other Developmental Disabilities, 12* (2), 95–104.

Braginsky, B. M., Braginsky, D. D., & Ring, K. (1969). *Methods of madness*. New York: Holt, Rinehart & Winston.

Bram, A. D. (2010). The relevance of the Rorschach and patient-examiner relationship in treatment planning and outcome assessment. *Journal of Personality Assessment, 92*, 91–115.

Bram, A. D., & Peebles, M. J. (in preparation). *Person– and treatment-focused psychological testing: A psychodynamic approach*. Washington, DC: APA Books.

Brandt, J., & Rogerson, M. (2011). Preliminary findings from an Internet-based risk assessment. *Alzheimer's & Dementia, 7* (4), e94–100.

Brandy, D. A. (1995). The O'Connor Tweezer Dexterity Test as a screening tool for hiring surgical hair restoration assistants. *American Journal of Cosmetic Surgery, 12*(4), 313–316.

Brannen, M. Y., & Salk, J. E. (2000). Partnering across borders: Negotiating organizational culture in a German-Japanese joint venture. *Human Relations, 53*, 451–487.

Brannigan, G. G., & Brunner, N. A. (2002). *Guide to the qualitative scoring system for the modified version of the Bender-Gestalt test*. Springfield, IL: Charles C Thomas.

Brannigan, G. G., & Decker, S. L. (2003). *Bender Visual-Motor Gestalt Test Second Edition, Examiner's Manual*. Itasca, IL: Riverside.

Brassard, M., et al. (Eds.). (1986). *The psychological maltreatment of children and youth*. Elmsford, NY: Pergamon.

Brauer, B. (1993). Adequacy of a translation of the MMPI into American Sign Language for use with deaf individuals: Linguistic equivalency issues. *Rehabilitation Psychology, 38*, 247–259.

Bray, D. W. (1964). The management progress study. *American Psychologist, 19*, 419–429.

Bray, D. W. (1982). The assessment center and the study of lives. *American Psychologist, 37*, 180–189.

Bresolin, M. J., Jr. (1984). A comparative study of computer administration of the Minnesota Multiphasic Personality Inventory in an inpatient psychiatric setting. *Dissertation Abstracts International, 46*, 295B. (University Microfilms No. 85-06, 377).

Brewer, E. W., & Clippard, L. F. (2002). Burnout and job satisfaction among student support services personnel. *Human Resource Development Quarterly, 13*, 169–186.

Brewer, S. (1987, January 11). A perfect package, yes, but how 'bout the name? *Journal-News* (Rockland County, NY), pp. H-1, H-18.

Bricklin, B. (1984). *The Bricklin Perceptual Scales: Child-Perception-of-Parents-Series*. Furlong, PA: Village.

Bricklin, B., & Halbert, M. H. (2004). Can child custody data be generated scientifically? Part 1. *American Journal of Family Therapy, 32* (2), 119–138.

Bringle, R., Roach, S., Andler, C., & Evenbeck, S. (1979). Measuring the intensity of jealous reactions. *Catalogue of Selected Documents in Psychology, 9*, 23–24.

Brittain, H. L. (1907). A study in imagination. *Pedagogical Seminary, 14*, 137–207.

Brody, D., Serby, M., Etienne, N., & Kalkstein, D. C. (1991). Olfactory identification deficits in HIV infection. *American Journal of Psychiatry, 148*, 248–250.

Brody, M. L., Walsh, B. T., & Devlin, M. J. (1994). Binge eating disorder: Reliability and validity of a new diagnostic category. *Journal of Consulting and Clinical Psychology, 62*, 381–386.

Brody, N. (1972). *Personality: Research and theory*. New York: Academic Press.

Brodzinsky, D. M. (1993). On the use and misuse of psychological testing in child custody evaluations. *Professional Psychology: Research and Practice, 24*, 213–219.

Brogden, H. E. (1946). On the interpretation of the correlation coefficient as a measure of predictive efficiency. *Journal of Educational Psychology, 37*, 65–76.

Brogden, H. E. (1949). When tests pay off. *Personnel Psychology, 2*, 171–183.

Brotemarkle, R. A. (1947). Clinical psychology, 1896–1946. *Journal of Consulting and Clinical Psychology, 11*, 1–4.

"Brother Against Brother," (1997, December 7). CBS, *60 Minutes*, reported by Ed Bradley.

Brotherhood, J. R. (2008). Heat stress and strain in exercise and sport. *Journal of Science and Medicine in Sport, 11* (1), 6–19.

Brown, B. (2007). The utility of standardized tests. *Science, 316* (5832), 1694–1695.

Brown, D. C. (1994). Subgroup norming: Legitimate testing practice or reverse discrimination. *American Psychologist, 49*, 927–928.

Brown, G., Nicassio, P. W., & Wallston, K. A. (1989). Pain coping strategies and depression in rheumatoid arthritis. *Journal of Consulting and Clinical Psychology, 57*, 652–657.

Brown, J. M. (1984). Imagery coping strategies in the treatment of migraine. *Pain, 18*, 157–167.

Brown, R. D. (1972). The relationship of parental perceptions of university life and their characterizations of their college sons and daughters. *Educational and Psychological Measurement, 32*, 365–375.

Brown, R. T., Reynolds, C. R., & Whitaker, J. S. (1999). Bias in mental testing since *Bias in Mental Testing*. *School Psychology Quarterly, 14*, 208–238.

Brown, S. P., & Peterson, R. A. (1993). Antecedents and consequences of salesperson job satisfaction: Meta-analysis and assessment of causal effects. *Journal of Marketing Research, 30*, 63–77.

Bruce, J. M., Bruce, A. S., & Arnett, P. A. (2010). Response variability is associated with self-reported cognitive fatigue in multiple sclerosis. *Neuropsychology, 24* (1), 77–83.

Bryer, J. B., Martines, K. A., & Dignan, M. A. (1990). Millon Clinical Multiaxial Inventory Alcohol Abuse and Drug Abuse scales and the identification of substance-abuse patients. *Psychological Assessment, 2*, 438–441.

Bucholz, K. K., Cadoret, R., Cloninger, C. R., & Dinwiddie, S. H. (1994). A new, semi-structured psychiatric interview for use in genetic linkage studies: A report on the reliability of the SSAGA. *Journal of Studies on Alcohol, 55*, 149–158.

Buck, J. N. (1948). The H-T-P technique: A qualitative and quantitative scoring manual. *Journal of Clinical Psychology, 4*, 317–396.

Buck, J. N. (1950). *Administration and interpretation of the H-T-P test: Proceedings of the H-T-P workshop at Veterans Administration Hospital, Richmond, Virginia*. Beverly Hills, CA: Western Psychological Services.

Buckner, F., & Firestone, M. (2000). "Where the public peril begins": 25 years after *Tarasoff*. *Journal of Legal Medicine, 21*, 187–222.

Bucofsky, D. (1971). Any learning skills taught in the high school? *Journal of Reading, 15* (3), 195–198.

Budoff, M. (1967). Learning potential among institutionalized young adult retardates. *American Journal of Mental Deficiency, 72*, 404–411.

Budoff, M. (1987). Measures of assessing learning potential. In C. S. Lidz (Ed.), *Dynamic assessment* (pp. 173–195). New York: Guilford Press.

Bukatman, B. A., Foy, J. L., & De Grazia, E. (1971). What is competency to stand trial? *American Journal of Psychiatry, 127*, 1225–1229.

Bumann, B. (2010). The Future of Neuroimaging in Witness Testimony. *Virtual Mentor: American Medical Association Journal of Ethics, 12*, 873–878.

Burger, J. M., Horita, M., Kinoshita, L., et al. (1997). Effects of time on the norm of reciprocity. *Basic and Applied Social Psychology, 19*, 91–100.

Burgess, A. W., McCausland, M. P., & Wolbert, W. A. (1981, February). Children's drawings as indicators of sexual trauma. *Perspectives in Psychiatric Care, 19*, 50–58.

Burisch, M. (1984). Approaches to personality inventory construction: A comparison of merits. *American Psychologist, 39*, 214–227.

Burke, M. J. (1984). Validity generalization: A review and critique of the correlation model. *Personnel Psychology, 37*, 93–115.

Burke, R. J. (1970). Occupational and life strains, satisfactions, and mental health. *Journal of Business Administration, 1*, 35–41.

Burns, A., Jacoby, R., & Levy, R. (1991). Progression of cognitive impairment in Alzheimer's disease. *Journal of the American Geriatrics Society, 39*, 39–45.

Burns, E. (1998). *Test accommodations for students with disabilities*. Springfield, IL: Charles C Thomas.

Burns, R. C., & Kaufman, S. H. (1970). *Kinetic Family Drawings (K-F-D): An introduction to understanding through kinetic drawings*. New York: Brunner/Mazel.

Burns, R. C., & Kaufman, S. H. (1972). *Actions, styles, and symbols in Kinetic Family Drawings (K-F-D)*. New York: Brunner/Mazel.

Buros, O. K. (1938). *The 1938 mental measurements yearbook*. New Brunswick, NJ: Rutgers University Press.

Buros, O. K. (1968). The story behind the mental measurements yearbooks. *Measurement and Evaluation in Guidance, 1* (2), 86–95.

Burwen, L. S., & Campbell, D. T. (1957). The generality of attitudes toward authority and nonauthority figures. *Journal of Abnormal and Social Psychology, 54*, 24–31.

Bushard, P., & Howard, D. A. (Eds.). (1994). *Resource guide for custody evaluators: A handbook for parenting evaluations*. Madison, WI: Association for Family and Conciliation Courts.

Bushman, B. J., & Cantor, J. (2003). Media ratings for violence and sex: Implications for policymakers and parents. *American Psychologist, 58*, 130–141.

Bushman, B. J., & Wells, G. L. (1998). Trait aggressiveness and hockey penalties: Predicting hot tempers on the ice. *Journal of Applied Psychology, 83*, 969–974.

Butcher, J. N. (1987). The use of computers in psychological assessment: An overview of practices and issues. In J. N. Butcher (Ed.), *Computerized psychological assessment: A practitioner's guide* (pp. 3–14). New York: Basic Books.

Butcher, J. N. (1990). *MMPI-2 in psychological treatment*. New York: Oxford University Press.

Butcher, J. N. (1994). Psychological assessment by computer: Potential gains and problems to avoid. *Psychiatric Annals, 24*, 20–24.

Butcher, J. N. (2000). Revising psychological tests: Lessons learned from the revision of the MMPI. *Psychological Assessment, 12*, 263–271.

Butcher, J. N. (2003). Discontinuities, side steps, and finding a proper place: An autobiographical account. *Journal of Personality Assessment, 80*, 223–236.

Butcher, J. N., Gass C. S., Cumella, E., Kally, Z., & Williams, C. (2008). Potential for Bias in MMPI-2 Assessments Using the Fake Bad Scale (FBS). *Psychological Injury and Law, 1*(3), 191–209.

Butcher, J. N., & Han, K. (1995). Development of an MMPI-2 scale to assess the presentation of self in a superlative manner: The S Scale. In J. N. Butcher & C. D. Spielberger (Eds.), *Advances in personality assessment* (Vol. 10; pp. 25–50). Hillsdale, NJ: Erlbaum.

Butcher, J. N., Perry, J. N., & Atlis, M. M. (2000). Validity and utility of computer-based test interpretation. *Psychological Assessment, 12*, 6–18.

Butcher, J. N., Williams, C. L., Graham, J. R., et al. (1992). *Minnesota Multiphasic Personality Inventory-Adolescent (MMPI-A): Manual for administration, scoring, and interpretation*. Minneapolis: University of Minnesota Press.

Butters, N., Wolfe, J., Martone, M., et al. (1985). Memory disorders associated with Huntington's disease: Verbal recall, verbal recognition and procedural memory. *Neuropsychologia, 23*, 729–743.

Büttner, G., & Hasselhorn, M. (2011). Learning disabilities: Debates on definitions, causes, subtypes, and responses. *International Journal of Disability, Development and Education, 58* (1), 75–87.

Byrne, D. (1974). *An introduction to personality* (2nd ed.). Englewood Cliffs, NJ: Prentice-Hall.

Byrne, G.J., & Bradley, F. (2007). Culture's influence on leadership efficiency: How personal and national cultures affect leadership style. *Journal of Business Research, 60*(2), 168–175.

Byrnes, M. M., & Spitz, H. H. (1977). Performance of retarded adolescents and non-retarded children on the Tower of Hanoi problem. *American Journal of Mental Deficiency, 81*, 561–569.

Cai, C.-H., & Shen, H.-Y. (2007). Self-concept reflected by Rorschach test in private and public college students. *Chinese Mental Health Journal, 21* (8), 539–543.

Cain, L. F., Levine, S., & Elsey, F. F. (1963). *Cain-Levine Social Competency Scale*. Palo Alto, CA: Consulting Psychologists Press.

Calhoon, M. B., Fuchs, L. S., & Hamlett, C. L. (2000). Effects of computer-based test accommodations on mathematics performance assessments for secondary students with learning disabilities. *Learning Disability Quarterly, 23*, 271–282.

Callahan, C. A., Hojat, M., Veloski, J., Erdmann, J. B., & Gonnella, J. S. (2011). The predictive validity of three versions of the MCAT in relation to performance in medical school, residency, and licensing examinations: A longitudinal study of 36 classes of Jefferson Medical College. *Academic Medicine, 85*, 980–987.

Callahan, J. (1994). The ethics of assisted suicide. *Health and Social Work, 19*, 237–244.

Callero, P. L. (1992). The meaning of self-in-role: A modified measure of role-identity. *Social Forces, 71*, 485–501.

Camara, W. J., & Schneider, D. L. (1994). Integrity tests: Facts and unresolved issues. *American Psychologist, 49*, 112–119.

Camilli, G., & Shepard, L. A. (1985). A computer program to aid the detection of biased test items. *Educational & Psychological Measurement, 45*, 595–600.

Campbell, D. P. (1971). *Handbook for the Strong Vocational Interest Blank*. Palo Alto, CA: Stanford University Press.

Campbell, D. P. (1972). The practical problems of revising an established psychological test. In J. N. Butcher (Ed.), *Objective perso-*

nality assessment: Changing perspectives (pp. 117–130). New York: Academic Press.

Campbell, D. T., & Fiske, D. W. (1959). Convergent and discriminant validation by the multitrait-multimethod matrix. Psychological Bulletin, 56, 81–105.

Campbell, W. H., & Rohrbaugh, R. M. (2006). *The biopsychosocial formulation manual: A guide for mental health professionals.* New York: Taylor & Francis.

Campos, L. P. (1989). Adverse impact, unfairness, and bias in the psychological screening of Hispanic peace officers. *Hispanic Journal of Behavioral Sciences, 11,* 122–135.

Canivez, G. L. (2008). Orthogonal higher-order factor structure of the Stanford-Binet Intelligence Scales for children and adolescents. *School Psychology Quarterly, 23,* 533–541.

Canivez, G. L., Konold, T. R., Collins, J. M., & Wilson, G. (2009). Construct validity of the Wechsler Abbreviated Scale of Intelligence and Wide Range Intelligence Test. *School Psychology Quarterly, 24,* 252–265.

Cannon-Bowers, J. A., Salas, E., Blickensderfer, E., & Bowers, C. A. (1998). The impact of cross-training and workload on team functioning: A replication and extension of initial findings. *Human Factors, 40,* 92–101.

Caplan, L. J., & Schooler, C. (2003). The roles of fatalism, self-confidence, and intellectual resources in the disablement process in older adults. *Psychology and Aging, 18,* 551–561.

Capraro, R. M., & Capraro, M. M. (2002). Myers-Briggs Type Indicator score reliability across studies: A meta-analytic reliability generalization study. *Educational & Psychological Measurement, 62,* 590–602.

Capretz, L. F. (2003). Personality types in software engineering. *International Journal of Human-Computer Studies, 58,* 207–214.

Care, E. (1996). The structure of interests related to college course destinations. *Journal of Career Assessment, 4,* 77–89.

Carey, M. P., Faulstich, M. E., Gresham, F. M., Ruggerio, L., & Enyart, P. (1987). Children's Depression Inventory: Construct and discriminant validity across clinical and non-referred (control) populations. *Journal of Consulting and Clinical Psychology, 55,* 755–761.

Carey, N. B. (1994). Computer predictors of mechanical job performance: Marine Corps findings. *Military Psychology, 6,* 1–30.

Carmichael, L. (1927). A further study of the development of behavior in vertebrates experimentally removed from the influence of external stimulation. *Psychological Review, 34,* 34–47.

Carnevale, J. J., Inbar, Y., & Lerner, J. S. (2011). Individual differences in need for cognition and decision-making competence among leaders. *Personality and Individual Differences, 51,* 274–278.

Carpenter, W. T., Gold, M. J., Lahti, A. C., et al. (2000). Decisional capacity for informed consent in schizophrenia research. *Archives of General Psychiatry, 57,* 533–538.

Carroll, J. B. (1985, May). Domains of cognitive ability. Symposium: Current theories and findings on cognitive abilities. Los Angeles: AAAS.

Carroll, J. B. (1993). *Human cognitive abilities: A survey of factor-analytic studies.* Cambridge: Cambridge University Press. Carroll, J. B. (1997). The three-stratum theory of cognitive abilities. In D. P. Flanagan et al. (Eds.),
Contemporary intellectual assessment: Theories, tests, and issues (pp. 122–130). New York: Guilford.

Carroll, K. M. (1998). *A cognitive-behavioral approach: Treating cocaine addiction.* NIH Publication No. 98-4308. Rockville, MD: National Institute on Drug Abuse.

Carroll, K. M., Nich, C., Frankforter, T. L., & Bisighini, R. M. (1999). Do patients change in the ways we intend? Assessing acquisition of coping skills among cocaine-dependent patients. *Psychological Assessment, 11,* 77–85.

Carstairs, J., & Myors, B. (2009). Internet testing: A natural experiment reveals test score inflation on a high-stakes, unproctored cognitive test. *Computers in Human Behavior, 25,* 738–742.

Carter, B. L., & Tiffany, S. T. (1999). Meta-analysis of cue reactivity in addiction research. *Addiction, 94,* 327–340.

Caruso, J. C. (2000). Reliability generalization of the NEO personality scales. *Educational and Psychological Measurement, 60,* 236–254.

Carver, R. P. (1968/1969). Designing an aural aptitude test for Negroes: An experiment that failed. *College Board Review, 70,* 10–14.

Carver, R. P. (1969). Use of a recently developed listening comprehension test to investigate the effect of disadvantagement upon verbal proficiency. *American Educational Research Journal, 6,* 263–270.

Cascio, W. F. (1987). *Applied psychology in personnel management* (3rd ed.). Englewood Cliffs, NJ: Prentice-Hall.

Cascio, W. F. (1994, Winter). Executive and managerial assessment: Value for the money? *Consulting Psychology Journal, 8,* 42–48.

Cascio, W. F. (2000). *Costing human resources: The financial impact of behavior in organizations* (4th ed). Boston: Kent.

Cascio, W. F., Outtz, J., Zedeck, S., & Goldstein, I. L. (1991). Statistical implications of six methods of test score use in personnel selection. *Personnel Psychology, 4,* 233–264.

Cascio, W. F., Outtz, J., Zedeck, S., & Goldstein, I. L. (1995). Statistical implications of six methods of test score use in personnel selection. *Human Performance, 8* (3), 133–164. (Reprinted article)

Cascio, W. F., & Ramos, R. A. (1986). Development and application of a new method for assessing job performance in behavioral/economic terms. *Journal of Applied Psychology, 71,* 20–28.

Cash, T. F., Melnyk, S. E., & Hrabosky, J. I. (2004). The assessment of body image investment: An extensive revision of the Appearance Schemas Inventory. *International Journal of Eating Disorders, 35* (3), 305–316.

Caspi, A., Begg, D., Dickson, N., et al. (1997). Personality differences predict health-risk behaviors in young adulthood: Evidence from a longitudinal study. *Journal of Personality and Social Psychology, 73,* 1052–1063.

Caspi, A., Elder, G., & Bem, D. J. (1987). Moving against the world: Life-course patterns of explosive children. *Developmental Psychology, 23,* 308–313.

Cassel, R. N. (1958). *The leadership q-sort test: A test of leadership values.* Murfreesboro, TN: Psychometric Affiliates.

Castro, V. S. (2003). *Acculturation and psychological adaptation.* Westport, CT: Praeger.

Catalano, R., Novaco, R., & McConnell, W. (1997). A model of the net effect of job loss on violence. *Journal of Personality and Social Psychology, 72,* 1440–1447.

Cates, J. A., & Lapham, R. F. (1991). Personality assessment of the prelingual, profoundly deaf child or adolescent. *Journal of Personality Assessment, 56,* 118–129.

Cattell, H. E. P. (1996). The original big five: A historical perspective. *European Review of Applied Psychology, 46,* 5–14.

Cattell, J. M. (1887). Experiments on the association of ideas. *Mind, 12,* 68–74.

Cattell, J. M., & Bryant, S. (1889). Mental association investigated by experiment. *Mind, 14,* 230–250.

Cattell, P. (1940). *Cattell Infant Intelligence Scale.* New York: Psychological Corporation.

Cattell, R. B. (1940). A culture free intelligence test, Part I. *Journal of Educational Psychology, 31,* 161–179.

Cattell, R. B. (1941). Some theoretical issues in adult intelligence testing. *Psychological Bulletin, 38*, 592.

Cattell, R. B. (1946). *The description and measurement of personality.* New York: Harcourt, Brace & World.

Cattell, R. B. (1947). Confirmation and clarification of the primary personality factors. *Psychometrika, 12*, 197–220.

Cattell, R. B. (1948a). The primary personality factors in the realm of objective tests. *Journal of Personality, 16*, 459–487.

Cattell, R. B. (1948b). The primary personality factors in women compared with those in men. *British Journal of Psychology, Statistical Section, 1*, 114–130.

Cattell, R. B. (1950). *Personality: A systematic theoretical and factual study.* New York: McGraw-Hill.

Cattell, R. B. (1957). *Personality and motivation, structure and measurement.* Yonkers: World Book.

Cattell, R. B. (1965). *The scientific analysis of personality.* Baltimore: Penguin.

Cattell, R. B. (1971). *Abilities: Their structure, growth, and action.* Boston: Houghton Miffl in.

Cattell, R. B., Cattell, A. K. S., & Cattell, H. E. P. (1993). *16 PF, Fifth Edition.* Champaign, IL: Institute for Personality and Ability Testing.

Cattell, R. B., & Horn, J. L. (1978). A check on the theory of fluid and crystallized intelligence with description of new subtest design. *Journal of Educational Measurement, 15*, 139–164.

Cattell, R. B., & Krug, S. E. (1986). The number of factors in the 16 PF: A review of the evidence with special emphasis on methodological problems. *Educational and Psychological Measurement, 46*, 509–522.

Caught, K., Shadur, M. A., & Rodwell, J. J. (2000). The measurement artifact in the Organizational Commitment Questionnaire. *Psychological Reports, 87*, 777–788.

Ceci, S. J., Ross, D. F., & Toglia, M. P. (1987). Suggestibility of children's memory: Psycholegal implications. *Journal of Experimental Psychology, 116*, 38–49.

Celis, W., III. (1994, December 16). Computer admissions test found to be ripe for abuse. *New York Times*, pp. A1, A32.

Cerney, M. S. (1984). One last response to the Rorschach test: A second chance to reveal oneself. *Journal of Personality Assessment, 48*, 338–344.

Chamorro-Premuzic, T., & Furnham, A. (2006). Intellectual competence and the intelligent personality: A third way in differential psychology. *Review of General Psychology, 10*(3), 251–267.

Champagne, J. E. (1969). Job recruitment of the unskilled. *Personnel Journal, 48*, 259–268.

Chan, D. W. (2007). Gender differences in spatial ability: Relationship to spatial experience among Chinese gifted students in Hong Kong. *Roeper Review, 29* (4), 277–282.

Chan, K.-Y., Drasgow, F., & Sawin, L. L. (1999). What is the shelf life of a test? The effect of time on the psychometrics of a cognitive ability test battery. *Journal of Applied Psychology, 84*, 610–619.

Chan, S. S., Lyness, J. M., & Conwell, Y. (2007). Do cerebrovascular risk factors confer risk for suicide in later life? A case control study. *American Journal of Geriatric Psychiatry, 15* (6), 541–544.

Chance, N. A. (1965). Acculturation, self-identification, and personality adjustment. *American Anthropologist, 67*, 372–393.

Chaney, E. F., O'Leary, M. R., & Marlatt, G. A. (1978). Skill training with problem drinkers. *Journal of Consulting and Clinical Psychology, 46*, 1092–1104.

Chang, L., Connelly, B. S., & Geeza, A. A. (2011). Separating method factors and higher order traits of the big five: A meta-analytic multitrait-multimethod approach. *Journal of Personality and Social Psychology*, October 3, 2011, advance online publication with no pagination specified. doi: 10.1037/a)2555.

Chang, S.-R., Plake, B. S., Kramer, G. A. & Lien, S-M. (2011). Development and application of detection indices for measuring guessing behaviors and test-taking effort in computerized adaptive testing. *Educational and Psychological Measurement, 71* (3), 437–459.

Chantler, L., Pelco, L., & Mertin, P. (1993). The psychological evaluation of child sexual abuse using the Louisville Behavior Checklist and human figure drawing. *Child Abuse and Neglect, 17*, 271–279.

Chaplin, W. F., John, O. P., & Goldberg, L. R. (1988). Conceptions of state and traits: Dimensional attributes with ideals as prototypes. *Journal of Personality and Social Psychology, 54*, 541–557.

Chapman, J. C. (1921). *Trade tests.* New York: Holt.

Chapman, L., & Chapman, J. (1967). Genesis of popular but erroneous psychodiagnostic observations. *Journal of Abnormal Psychology, 72*, 193–204.

Chapman, R. M., Mapstone, M., Porsteinsson, A. P., et al. (2010). Diagnosis of Alzheimer's disease using neuropsychological testing improved by multivariate analyses. *Journal of Clinical and Experimental Neuropsychology, 32* (8), 793–808.

Chappin, S. R., & Brook, J. S. (2001). The infl uence of generational status and psychosocial variables on marijuana use among Black and Puerto Rican adolescents. *Hispanic Journal of Behavioral Sciences, 23*, 22–36.

Chartrand, J. M., Borgen, F. H., Betz, N. E., & Donnay, D. (2002). Using the Strong Interest Inventory and the Skills Confidence Inventory to explain career goals. *Journal of Career Assessment, 10*, 169–189.

Chase, D. (2005). Underlying factor structures of the Stanford-Binet Intelligence Scales–Fifth Edition. Ph.D. diss., Drexel University, idea.library.drexel.edu/ bitstream/1860/863/1/Chase Danielle.pdf.

Chase, J. (1986). Application of assessment techniques to the totally blind. In P. Lazarus & S. Storchart (Eds.), *Psycho-educational evaluation of children and adolescents with low incidence handicaps.* New York: Grune & Stratton.

Chase, S., & Schlink, F. J. (1927). *Your money's worth: A study in the waste of the consumer's dollar.* New York: Macmillan.

Chawarski, M. C., Fiellin, D. A., O'Connor, P. G., et al. (2007). Utility of sweat patch testing for drug use monitoring in outpatient treatment for opiate dependence. *Journal of Substance Abuse Treatment, 33* (4), 411–415.

Chen, Y., Nettles, M. E., & Chen, S.-W. (2009). Rethinking dependent personality disorder: Comparing different human relatedness in cultural contexts. *Journal of Nervous and Mental Disease, 197*, 793–800.

Chess, S., & Thomas, A. (1973). Temperament in the normal infant. In J. C. Westman (Ed.), *Individual differences in children.* New York: Wiley.

Cheung, F. M., & Lau, B. (1982). Situational variations of help-seeking behavior among Chinese patients. *Comprehensive Psychiatry, 23*, 252–262.

Chin, J. L. (2003). Multicultural competencies in managed health care. In D. B. Pope-David, H. L. K. Coleman, W. M. Liu, & R. L. Toporek (Eds.), *Handbook of multicultural competencies: In counseling & psychology* (pp. 347–364). Thousand Oaks, CA: Sage.

Chinman, M. J., Allende, M., Weingarten, R., et al. (1999). On the road to collaborative treatment planning: Consumer and provider perspectives. *Journal of Behavioral Health Services & Research, 26*, 211–218.

Chinoy, E. (1967). *Society: An introduction to sociology.* New York: Random House.

Chira-Chavala, T., & Yoo, S. M. (1994). Potential safety benefits on intelligence cruise control systems. *Accident Analysis & Prevention, 26,* 135–146.

Cho, H., & LaRose, R. (1999). Privacy issues in Internet surveys. *Social Science Computer Review, 17,* 421–434.

Christensen, A. L. (1975). *Luria's neuropsychological investigation.* New York: Spectrum.

Christensen, K. M., & Delgado, G. L. (1993). *Multicultural issues in deafness.* White Plains, NY: Longman.

Christiansen, A. J., Weibe, J. S., Smith, T. W., & Turner, C. W. (1994). Predictors of survival among hemodialysis patients: Effects of perceived family support. *Health Psychology, 13,* 521–525.

Church, A. T., & Burke, P. J. (1994). Exploratory and confirmatory tests of the Big Five and Tellegen's three– and four-dimensional models. *Journal of Personality and Social Psychology, 66,* 93–114.

Cianci, H. R. (2008). The Myers-Briggs Type Indicator and self-efficacy in substance abuse treatment planning. *Dissertation Abstracts International: Section B. Sciences and Engineering, 68* (10-B), 6955.

Cicchetti, D., & Carlson, V. (Eds.). (1989). *Child maltreatment: Theory and research on the causes and consequences of child abuse and neglect.* New York: Cambridge University Press.

Citrin, L. B., & Greenwald, A. G. (1998, April). *Measuring implicit cognition: Psychologists' and entomologists' attitudes toward insects.* Paper presented at the annual meeting of the Midwestern Psychological Association, Chicago.

Cizek, G. J. (2003). Review of the Woodcock-Johnson III. In B. S. Plake, J. C. Impara, & R. A. Spies (Eds.), *The fifteenth mental measurements yearbook.* Lincoln: Buros Institute of Mental Measurements, University of Nebraska.

Cizek, G. J., & Bunch, M. B. (2007). *Standard setting: A guide to establishing and evaluating performance standards on tests.* Thousand Oaks, CA: Sage.

Clarizio, H. F. (1989). *Assessment and treatment of depression in children and adolescents.* Brandon, VT: Clinical Psychological Publishing.

Clark, B. (1979). *Growing up gifted.* Columbus, OH: Merrill.

Clark, B. (1988). *Growing up gifted* (3rd ed.). Columbus, OH: Merrill.

Clark, L. A. (1999). Introduction to the special section on the concept of disorder. *Journal of Abnormal Psychology, 108,* 371–373.

Cleckley, H. (1976). *The mask of sanity* (5th ed.). St. Louis: Mosby.

Clements, C. B. (1999). Psychology, attitude shifts, and prison growth. *American Psychologist, 54,* 785–786.

Clift, R. J., Rajlic, G., & Gretton, H. M. (2009). Discriminative and predictive validity of the penile plethysmograph in adolescent sex offenders. *Sexual Abuse: Journal of Research and Treatment, 21* (3), 335–362.

Cloninger, C. R., Przybeck, T. R., & Svrakis, D. M. (1991). The Tridimensional Personality Questionnaire: U.S. normative data. *Psychological Reports, 69,* 1047–1057.

Coalson, D. L., & Raiford, S. E. (2008). *WAIS-IV: Technical and interpretive manual.* San Antonio: NCS Pearson.

Code of Fair Testing Practices in Education. (2004). Washington, DC: Joint Committee on Testing Practices.

Coggins, M. H., Pynchon, M. R., & Dvoskin, J. A. (1998). Integrating research and practice in federal law enforcement: Secret Service applications of behavioral science expertise to protect the president. *Behavioral Sciences and the Law, 16,* 51–70.

Cohen, B. M., Moses, J. L., & Byham, W. C. (1977). *The validity of assessment centers: A literature review* (rev. ed.; monograph no. 2). Pittsburgh: Development Dimensions.

Cohen, F., & Lazarus, R. S. (1973). Active coping processes, coping dispositions, and recovery from surgery. *Psychosomatic Medicine, 35,* 375–389.

Cohen, J. (1952a). A factor-analytically based rationale for the Wechsler-Bellevue. *Journal of Consulting Psychology, 16,* 272–277.

Cohen, J. (1952b). Factors underlying Wechsler-Bellevue performance of three neuropsychiatric groups. *Journal of Abnormal and School Psychology, 47,* 359–364.

Cohen, J. (1957a). A factor-analytically based rationale for the Wechsler Adult Intelligence Scale. *Journal of Consulting Psychology, 21,* 451–457.

Cohen, J. (1957b). The factorial structure of the WAIS between early adulthood and old age. *Journal of Consulting Psychology, 21,* 283–290.

Cohen, J., Marecek, J., & Gillham, J. (2006). Is three a crowd? Clients, clinicians, and managed care. *American Journal of Orthopsychiatry, 76* (2), 251–259.

Cohen, O., Fischgrund, J., & Redding, R. (1990). Deaf children from ethnic, linguistic, and racial minority backgrounds: An overview. *American Annals of the Deaf, 135,* 67–73.

Cohen, R. J. (1977). Socially reinforced obsessing: A reply. *Journal of Consulting and Clinical Psychology, 45,* 1166–1171.

Cohen, R. J. (1979). *Malpractice: A guide for mental health professionals.* New York: Free Press.

Cohen, R. J. (1985). Computer-enhanced qualitative research. *Journal of Advertising Research, 25* (3), 48–52.

Cohen, R. J. (1987). Overview of emerging evaluative and diagnostic methods technologies. In *Proceedings of the fourth annual Advertising Research Foundation workshop: Broadening the horizons of copy research.* New York: Advertising Research Foundation.

Cohen, R. J. (1994). *Psychology & adjustment: Values, culture, and change.* Boston: Allyn & Bacon.

Cohen, R. J. (1999a). *Exercises in psychological testing and assessment.* Mountain View, CA: Mayfield.

Cohen, R. J. (1999b). What qualitative research can be. *Psychology & Marketing, 16,* 351–368.

Cohen, R. J. (2001). *Discussion of Organizational Culture* (DOC). Jamaica, NY: Author.

Cohen, R. J. (2005). *Exercises in psychological testing and assessment.* San Francisco: McGraw-Hill.

Cohen, R. J., Becker, R. E., & Teevan, R. C. (1975). Perceived somatic reaction to stress and hostile press. *Psychological Reports, 37,* 676–678.

Cohen, R. J., & Houston, D. R. (1975). Fear of failure and rigidity in problem solving. *Perceptual and Motor Skills, 40,* 930.

Cohen, R. J., Montague, P., Nathanson, L. S., & Swerdlik, M. E. (1988). *Psychological testing: An introduction to tests and measurement.* Mountain View, CA: Mayfield.

Cohen, R. J., & Parker, C. (1974). Fear of failure and death. *Psychological Reports, 34,* 54.

Cohen, R. J., & Smith, F. J. (1976). Socially reinforced obsessing: Etiology of a disorder in a Christian Scientist. *Journal of Consulting and Clinical Psychology, 44,* 142–144.

Cohen, R. J., & Teevan, R. C. (1974). Fear of failure and impression management: An exploratory study. *Psychological Reports, 35,* 1332.

Cohen, R. J., & Teevan, R. C. (1975). Philosophies of human nature and hostile press. *Psychological Reports, 37,* 460–462.

Cohen, S., Nermelstein, R., Karmack, T., & Hoberman, H. (1985). Measuring the functional components of social support. In I. G. Sarason & B. Sarason (Eds.), *Social support: Theory, research, and practice* (pp. 73–94). Dordrecht, Netherlands: Martinus Nijhoff.

Cole, S. T., & Hunter, M. (1971). Pattern analysis of WISC scores achieved by culturally disadvantaged children. *Psychological Reports, 20*, 191–194.

Coleman, M. R., & Johnsen, S. K. (2011). RtI online resources. In M. R. Coleman & S. K. Johnsen (Eds.), *RtI for gifted students: A CEC-TAG educational resource* (pp. 129–134). Waco, TX: Prufrock Press.

Collier, C. (2011). *Seven steps to separating difference from disability.* Thousand Oaks, CA: Corwin Press.

Collins, J. K., Jupp, J. J., Maberly, G. F., et al. (1987). An exploratory study of the intellectual functioning of neurological and myxoedematous cretins in China. *Australia & New Zealand Journal of Developmental Disabilities, 13*, 13–20.

Collins, L. M. (1996). Is reliability obsolete? A commentary on "Are simple gain scores obsolete?" *Applied Psychological Measurement, 20*, 289–292.

Collins, M. (1998, Spring). Great expectations: What students have to say about the process and practice of launching a career. *Journal of Career Planning and Placement*, 41–47.

Colom, R., Flores-Mendoza, C., & Abad, F. J. (2007). Generational changes on the Draw-A-Man Test: A comparison of Brazilian Urban and Rural Children Tested in 1930, 2002, and 2004. *Journal of Biosocial Science, 39*, 79–89.

Comer, D. R. (1993). Workplace drug testing reconsidered. *Journal of Managerial Issues, 5*, 517–531.

Commons, M. (1985, April). How novelty produces continuity in cognitive development within a domain and accounts for unequal development across domains. Toronto: SRCD.

Compton, D. M., Bachman, L. D., Brand, D., & Avet, T. L. (2000). Age-associated changes in cognitive function in highly educated adults: Emerging myths and realities. *International Journal of Geriatric Psychiatry, 15*, 75–85.

Cone, J. D. (1977). The relevance of reliability and validity for behavioral assessment. *Behavior Therapy, 8*, 411–426.

Cone, J. D. (1981). Psychometric considerations. In M. Hersen & A. S. Bellack (Eds.), *Behavioral assessment: A practical handbook* (2nd ed.). New York: Pergamon.

Cone, J. D. (1986). Idiographic, nomothetic, and related perspectives in behavioral assessment. In R. O. Nelson & S. C. Hayes (Eds.), *Conceptual foundations of behavioral assessment*. New York: Guilford.

Cone, J. D. (1987). Behavioral assessment: Some things old, some things new, some things borrowed? *Behavioral Assessment, 9*, 1–4.

Cone, J. D. (1999). Introduction to the special section on self-monitoring: A major assessment method in clinical psychology. *Psychological Assessment, 11*, 411–414.

Conger, A. J. (1985). Kappa reliabilities for continuing behaviors and events. *Educational and Psychological Measurement, 45*, 861–868.

Connolly, A. J. (2007). *KeyMath 3 Diagnostic Assessment*. San Antonio: Pearson Assessments.

Connolly, J. (1976). Life events before myocardial infarction. *Journal of Human Stress, 3*, 3–17.

Constantinou, M., Ashendorf, L., & McCaffrey, R. J. (2005). Effects of a third party observer during neuropsychological assessment: When the observer is a video camera. *Journal of Forensic Neuropsychology, 4* (2), 39–47.

Conte, J. M., & Gintoft, J. N. (2005). Polychronicity, big five personality dimensions, and sales performance. *Human Performance, 18* (4), 427–444.

Conte, J. M., & Jacobs, R. R. (2003). Validity evidence linking polychronicity and Big Five personality dimensions to absence, lateness, and supervisory performance ratings. *Human Performance, 16*, 107–129.

Conti, R. P. (2007). The concealment of psychopathology on the Rorschach in criminal forensic investigations. *Dissertation Abstracts International: Section B. Sciences and Engineering, 68* (6-B), 4125.

Cooke, N. J., Salas, E., Cannon-Bowers, J. A., & Stout, R. J. (2000). Measuring team knowledge. *Human Factors, 42*, 151–173.

Cooper, A. (1981). A basic TAT set for adolescent males. *Journal of Clinical Psychology, 37* (2), 411–414.

Copas, J. B., & Tarling, R. (1986). Some methodological issues in making predictions. In A. Blumstein et al. (Eds.), *Criminal careers and "career criminals"* (pp. 291–313). Washington, DC: National Academy.

Copersino, M., Meade, C., Bigelow, G., & Brooner, R. (2010). Measurement of self-reported HIV risk behaviors in injection drug users: Comparison of standard versus timeline follow-back administration procedures. *Journal of Substance Abuse Treatment, 38*, 60–65.

Corish, C. D., Richard, B., & Brown, S. (1989). Missed medication doses in rheumatoid arthritis patients: Intentional and unintentional reasons. *Arthritis Care and Research, 2*, 3–9.

Cornell, D. G. (1985). External validation of the Personality Inventory for Children—Comment on Lachar, Gdowski, and Snyder. *Journal of Consulting and Clinical Psychology, 53*, 273–274.

Cortes, D. E., Deren, S., Andia, J., Colon, H., Robles, R., & Kang, S. (2003). The use of the Puerto Rican biculturality scale with Puerto Rican drug users in New York and Puerto Rico. *Journal of Psychoactive Drugs, 35*, 197–207.

Cortina, J. M. (1993). What is coefficient alpha? An examination of theory and applications. *Journal of Applied Psychology, 78*, 98–104.

Corwyn, R. F., & Benda, B. B. (2000). Religiosity and church attendance: The effects on use of "hard drugs" controlling for sociodemographic and theoretical factors. *International Journal for the Psychology of Religion, 10*, 241–258.

Costa, P. T., Jr., & McCrae, R. R. (1985). *The NEO Personality Inventory manual*. Odessa, FL: Psychological Assessment Resources.

Costa, P. T., Jr., & McCrae, R. R. (1986). Major contributions to personality psychology. In S. Modgil & C. Modgil (Eds.), *Hans Eysenck: Consensus and controversy* (pp. 63–72, 86, 87). Barcombe Lewes, Sussex, England: Falmer.

Costa, P. T., Jr., & McCrae, R. R. (1987). On the need for longitudinal evidence and multiple measures in behavior-genetics studies of adult personality. *Behavioral and Brain Sciences, 10*, 22–23.

Costa, P. T., Jr., & McCrae, R. R. (1992a). Four ways five factors are basic. *Personality and Individual Differences, 13*, 653–665.

Costa, P. T., Jr., & McCrae, R. R. (1992b). Reply to Eysenck. *Personality and Individual Differences, 13*, 861–865.

Costa, P. T., Jr., & McCrae, R. R. (1992c). *Revised NEO Personality Inventory (NEO-PI-R) and NEO Five-Factor Inventory (NEO-FFI) professional manual*. Odessa, FL: Psychological Assessment Resources.

Costa, P. T., Jr., & McCrae, R. R. (1997). Stability and change in personality assessment: The Revised NEO Personality Inventory in the year 2000. *Journal of Personality Assessment, 68*, 86–94.

Cote, J. A., McCullough, J., & Reilly, M. (1985). Effects of unexpected situations on behavior-intention differences: A garbology analysis. *Journal of Consumer Research, 12*, 188–194.

Cotton, P. (1992). Women's health initiative leads way as research begins to fill gender gaps. *Journal of the American Medical Association, 267*(4), 469–470, 473.

Coupe, J. J. (2006). A clinical approach to deductive behavioral profiling. *Dissertation Abstracts International: Section B. Sciences and Engineering, 66* (9-B), 5081.

Cox, J. (2006). Review of profiling violent crimes: An investigative tool. *Journal of Investigative Psychology and Offender Profiling, 3* (2), 134–137.

Coyne, I., & Bartram, D. (2006). Design and development of the ITC guidelines on computer-based and internet-delivered testing. *International Journal of Testing, 6* (2), 133–142.

Coyne, J. C. (1976). The place of informed consent in ethical dilemmas. *Journal of Consulting and Clinical Psychology, 44,* 1015–1017.

Cramer, P. (1991). *The development of defense mechanisms: Theory, research, and assessment.* New York: Springer-Verlag.

Cramer, P. (1996). *Storytelling, narrative, and the Thematic Apperception Test.* New York: Guilford.

Crèvecoeur, M. G. St. J. de (1951). What is an American letter? In H. S. Commager (Ed.), *Living ideas in America.* New York: Harper. (Originally published in *Letters from an American farmer,* 1762.)

Crick, N. R. (1997). Engagement in gender normative versus nonnormative forms of aggression: Links to social-psychological adjustment. *Developmental Psychology, 33,* 610–617.

Crick, N. R., Bigbee, M. A., & Howes, C. (1996). Gender differences in children's normative beliefs about aggression: How do I hurt thee? Let me count the ways. *Child Development, 67,* 1003–1014.

Crocker, L., Llabre, M., & Miller, M. D. (1988). The generalizability of content validity ratings. *Journal of Educational Measurement, 25,* 287–299.

Cronbach, L. J. (1949). Statistical methods applied to Rorschach scores: A review. *Psychological Bulletin, 46,* 393–429.

Cronbach, L. J. (1951). Coefficient alpha and the internal structure of tests. *Psychometrika, 16,* 297–334.

Cronbach, L. J. (1970). *Essentials of psychological testing* (3rd ed.). New York: Harper & Row.

Cronbach, L. J. (1975). Five decades of public controversy over mental testing. *American Psychologist, 30,* 1–13.

Cronbach, L. J. (1984). *Essentials of psychological testing* (4th ed.). New York: Harper & Row.

Cronbach, L. J., & Gleser, G. C. (1957). *Psychological tests and personnel decisions.* Champaign, IL: University of Illinois.

Cronbach, L. J., & Gleser, G. C. (1965). *Psychological tests and personnel decisions* (2nd ed.). Urbana: University of Illinois.

Cronbach, L. J., Gleser, G. C., Nanda, H., & Rajaratnam, N. (1972). *The dependability of behavioral measurement: Theory of generalizability for scores and profiles.* New York: Wiley.

Crosbie, J., Pérusse, D., Barr, C. L., & Schachar, R. J. (2008). Validating psychiatric endophenotypes: Inhibitory control and attention deficit hyperactivity disorder. *Neuroscience and Biobehavioral Reviews, 32,* 40–55.

Crosby, F. J., Iyer, A., Clayton, S., & Downing, R. A. (2003). Affirmative action: Psychological data and the policy debates. *American Psychologist, 58,* 93–115.

Cross, T. L., Coleman, L. J., & Stewart, R. A. (1993). The social cognition of gifted adolescents: An exploration of the stigma of the giftedness paradigm. *Roeper Review, 16,* 37–40.

Cross, T. L., Coleman, L. J., & Terhaar-Yonkers, M. (1991). The social cognition of gifted adolescents in schools: Managing the stigma of giftedness. *Journal for the Education of the Gifted, 15,* 44–55.

Crowne, D. P., & Marlowe, D. (1964). *The approval motive: Studies in evaluative dependence.* New York: Wiley.

Crundall, D. E., Underwood, G., & Chapman, P. R. (1998). How much do drivers see? The effects of demand on visual search strategies in novice and experienced drivers. In G. Underwood (Ed.), *Eye guidance in reading and scene perception* (pp. 395–417). Oxford, England: Elsevier.

Cuéllar, I., Arnold, B., & Maldonado, R. (1995). Acculturation Rating Scale for Mexican Americans–II: A revision of the original ARSMA scale. *Hispanic Journal of Behavioral Sciences, 17* (3), 275–304.

Cuéllar, I., Harris, I. C., & Jasso, R. (1980). An acculturation scale for Mexican American normal and clinical populations. *Hispanic Journal of Behavioral Science, 2,* 199–217.

Cundick, B. P. (1976). Measures of intelligence on Southwest Indian students. *Journal of Social Psychology, 81,* 151–156.

Cunningham, M. R. (1988). What do you do when you're happy or blue? Mood, expectancies, and behavioral interests. *Motivation and Emotion, 12,* 309–331.

Cureton, E. E. (1957). The upper and lower twenty-seven percent rule. *Psychometrika, 22,* 293–296.

Cushman, P., & Guilford, P. (2000). Will managed care change our way of being? *American Psychologist, 55,* 985–996.

Dahlstrom, W. G. (1995). Pigeons, people, and pigeon holes. *Journal of Personality Assessment, 64,* 2–20.

Dahlstrom, W. G., & Dahlstrom, L. E. (Eds.). (1980). *Basic readings on the MMPI: A new selection on personality measurement.* Minneapolis: University of Minnesota.

Dahlstrom, W. G., & Welsh, G. S. (1960). *An MMPI handbook: A guide to use in clinical practice and research.* Minneapolis: University of Minnesota.

Dahlstrom, W. G., Welsh, G. S., & Dahlstrom, L. E. (1972). *An MMPI handbook: Vol. 1. Clinical interpretation.* Minneapolis: University of Minnesota.

Daigneault, S., Braun, C. M. J., & Whitaker, H. A. (1992). Early effects of normal aging on perseverative and non-perseverative prefrontal measures. *Developmental Neuropsychology, 8,* 99–114.

Daley, C. E., & Onwuegbuzie, A. J. (2011). Race and intelligence. In Sternberg, R. J., & Kaufman, S. B. (Eds.), *The Cambridge Handbook of Intelligence* (pp. 293–307). New York: Cambridge University Press.

D'Amato, A., & Zijlstra, F. R. H. (2008). Psychological climate and individual factors as antecedents of work outcomes. *European Journal of Work and Organizational Psychology, 7* (1), 33–54.

Dana, J., & Thomas, R. (2006). In defense of clinical judgment. . . and mechanical prediction. *Journal of Behavioral Decision Making, 19* (5), 413–428.

Dana, R. H. (1982). *A human science model for personality assessment with projective techniques.* Springfield, IL: Charles C Thomas.

Dana, R. H. (1995). Culturally competent MMPI assessment of Hispanic populations. *Hispanic Journal of Behavioral Sciences, 17,* 305–319.

Dana, R. H. (1998). Problems with managed mental health care for multicultural populations. *Psychological Reports, 83* (1), 283–294.

Dana, R. H., Aguilar-Kitibutr, A., Diaz-Vivar, N., & Vetter, H. (2002). A teaching model for multicultural assessment: Psychological report contents and cultural competence. *Journal of Personality, 79,* 207–215.

Dana, R. H., & Whatley, P. R. (1991). When does a difference make a difference? MMPI scores and African-Americans. *Journal of Clinical Psychology, 47,* 400–406.

Daneman, M., & Carpenter, P. A. (1980). Individual differences in working memory and reading. *Journal of Verbal Learning and Verbal Behavior, 19,* 450–466.

Danford, G. S., & Steinfeld, E. (1999). Measuring the influences of physical environments on the behaviors of people with impairments. In E. Steinfeld & G. S. Danford (Eds.), *Enabling environ-*

ments: *Measuring the impact of environment on disability and rehabilitation* (pp. 111-137). New York: Kluwer Academic/Plenum.

Daniels, K. (2000). Measures of five aspects of affective wellbeing at work. *Human Relations, 53*, 275-294.

Darwin, C. (1859). *On the origin of species by means of natural selection.* London: Murray.

Das, J. P. (1972). Patterns of cognitive ability in nonretarded and retarded children. *American Journal of Mental Deficiency, 77*, 6-12.

Das, J. P., Kirby, J., & Jarman, R. F. (1975). Simultaneous and successive synthesis: An alternative model for cognitive abilities. *Psychological Bulletin, 82*, 87-103.

Dattilio, F. M. (2006). Equivocal death psychological autopsies in cases of criminal homicide. *American Journal of Forensic Psychology, 24* (1) 5-22.

Daubert v. Merrell Dow Pharmaceuticals, 113 S. Ct. 2786 (1993). Davids, A., & Murray, H. A. (1955). Preliminary appraisal of an auditory projective technique for studying personality and cognition. *American Journal of Orthopsychiatry, 25*, 543-554.

Davidson, H. A. (1949). Malingered psychosis. *Bulletin of the Menninger Clinic, 13*, 157-163.

Davidson, T. N., Bowden, L., & Tholen, D. (1979). Social support as a moderator of burn rehabilitation. *Archives of Physical Medicine and Rehabilitation, 60*, 556.

Davies, M., Stankov, L., & Roberts, R. D. (1998). Emotional intelligence: In search of an elusive construct. *Journal of Personality and Social Psychology, 75*, 989-1015.

Davies, P. L., & Gavin, W. J. (1994). Comparison of individual and group/consultation treatment methods for preschool children with developmental delays. *American Journal of Occupational Therapy, 48*, 155-161.

Davis, G. A. (1989). Testing for creative potential. *Contemporary Educational Psychology, 14*, 257-274.

Davis, J. M., & Broitman, J. (2011). *Nonverbal learning disabilities in children: Bridging the gap between science and practice.* New York: Springer Science and Business Media.

Davison, G. C., Vogel, R. S., & Coffman, S. G. (1997). Think-aloud approaches to cognitive assessment and the articulated thoughts in simulated situations paradigm. *Journal of Consulting and Clinical Psychology, 65*, 950-958.

Dawes, R. M., Faust, D., & Meehl, P. E. (1989, March 31). Clinical versus actuarial judgment. *Science, 243*, 1668-1674.

Day, D. V., & Silverman, S. B. (1989). Personality and job performance: Evidence of incremental validity. *Personnel Psychology, 42*, 25-36.

Dazzi, C., & Pedrabissi, L. (2009). Graphology and personality: An empirical study on validity of handwriting analysis. *Psychological Reports, 105*(3, Pt. 2), 1255-1268.

Deary, I. J., Irwing, P., Der, G., & Bates, T. (2007). Brother-sister differences in the g factor in intelligence: Analysis of full, opposite-sex siblings from the NLSY1979. *Intelligence, 35* (5), 451-456.

Deary, I. J., Johnson, W., & Houlihan, L. M. (2009). Genetic foundations of human intelligence. *Human genetics, 126*(1), 215-232.

De Champlain, A. F. (2010). A primer on classical test theory and item response theory for assessments in medical education. *Medical Education, 44* (1), 109-117.

Decker, J. T., Bailey, T. L., & Westergaard, N. (2002). Burnout among childcare workers. *Residential Treatment for Children & Youth, 19* (4), 61-77.

Decker, S. L. (2008). Measuring growth and decline in visual-motor processes with the Bender-Gestalt, Second Edition. *Journal of Psychoeducational Assessment, 26* (1), 3-15.

De Corte, W., & Lievens, F. (2005). The risk of adverse impact in selections based on a test with known effect size. *Educational and Psychological Measurement, 65*(5), 643-664.

Delahunty, R. J. (1988). Perspectives on within-group scoring. *Journal of Vocational Behavior, 33*, 463-477.

Del Giudice, M. J. (2010a). What might this be? Rediscovering the Rorschach as a tool for personnel selection in organizations. *Journal of Personality Assessment, 92* (1), 78-89.

Del Giudice, M. J. (2010b). Reply to comment on "What might this be? Rediscovering the Rorschach as a tool for personnel selection in organizations" (Del Giudice, 2010). *Journal of Personality Assessment, 92* (6), 613-615.

Dellis, D. C., Kramer, J. H., Kaplan, E., & Ober, B. A. (2000). *The California Verbal Learning Test–II.* Lutz, FL: PAR.

Deloria, D. J. (1985). Review of the Miller Assessment for Preschoolers. In J. V. Mitchell, Jr. (Ed.), *The ninth mental measurements yearbook.* Lincoln: Buros Institute of Mental Measurements, University of Nebraska.

DeMars, C. E., & Wise, S. L. (2010). Can differential rapid-guessing behavior lead to differential item functioning. *International Journal of Testing, 10* (3), 207-229.

DeMulder, E. K., Denham, S., Schmidt, M., & Mitchell, J. (2000). Q-sort assessment of attachment security during the preschool years: Links from home to school. *Developmental Psychology, 36*, 274-282.

Dennis, W., & Dennis, M. G. (1940). The effect of cradling practice upon the onset of walking in Hopi children. *Journal of Genetic Psychology, 56*, 77-86.

Denton, W. H. (2007). Relational diagnosis: An essential component of biopsychosocial assessment for DSM-V. *American Journal of Psychiatry, 164*, 1146-1147.

Department of Health, Education, and Welfare. (1977a). Nondiscrimination on basis of handicap: Implementation of Section 504 of the Rehabilitation Act of 1973. *Federal Register, 42* (86), 22676-22702.

Department of Health, Education, and Welfare. (1977b). Education of Handicapped Children: Implementation of Part B of the Education of the Handicapped Act. *Federal Register, 42* (163), 42474-42518.

DePaulo, B. M. (1994). Spotting lies: Can humans learn to do better? *Current Directions in Psychological Science, 3*, 83-86.

Derue, D. S., Nahrgang, J. D., Wellman, N., & Humphrey, S. E. (2011). Trait and behavioral theories of leadership: An integration and meta-analytic test of their relative validity. *Personnel Psychology, 64*, 7-52.

Desrochers, M. N., Hile, M. G., & Williams-Mosely, T. L. (1997). Survey of functional assessment procedures used with individuals who display mental retardation and severe problem behaviors. *American Journal on Mental Retardation, 101*, 535-546.

DeVito, E. E., Worhunsky, P. D., Carroll, K. M., et al. (2011). A preliminary study of the neural effects of behavioral therapy for substance use disorders. *Drug and Alcohol Dependence, 122* (3), 228-235.

Devlin, B., Daniels, M., & Roeder, K. (1997). The heritability of IQ. *Nature, 388*, 468-471.

Diamond, B. L. (1980). Inherent problems in the use of pretrial hypnosis on a prospective witness. *California Law Review, 68*, 313-349.

Dickson, C. R. (1975). Role of assessment in behavior therapy. In P. McReynolds (Ed.), *Advances in psychological assessment* (Vol. 3). San Francisco: Jossey-Bass.

Diebold, M. H., Curtis, W. S., & DuBose, R. F. (1978). Developmental scales versus observational measures for deaf-blind children. *Exceptional Children, 44*, 275-278.

Dietz, P. E., Matthews, D. B., Van Duyne, C., et al. (1991). Threatening and otherwise inappropriate letters to Hollywood celebrities. *Journal of Forensic Sciences, 36*, 185–209.

Dimock, P. H., & Cormier, P. (1991). The effects of format differences and computer experience on performance and anxiety on a computer-administered test. *Measurement and Evaluation in Counseling and Development, 24*, 119–126.

Dion, K. K. (1979). Physical attractiveness and evaluation of children's transgressions. *Journal of Personality and Social Psychology, 24*, 207–213.

Dipboye, R. L. (1992). *Selection interviews: Process perspectives.* Cincinnati: South-Western Publishing.

DiRienzo, C., Das, J., Synn, W., Kitts, J., & McGrath, K. (2010). The relationship between MBTI and academic performance: A study across academic disciplines. *Journal of Psychological Type, 70* (5), 53–66.

DiStefano, C. & Dombrowski, S. C. (2006). Investigating the theoretical structure of the Stanford-Binet, Fifth Edition. *Journal of Psychoeducational Assessment, 24*, 123–136.

Diven, K. (1937). Certain determinants in the conditioning of anxiety reactions. *Journal of Psychology, 3*, 291–308.

Dixon, M., Wang, S., Calvin, J., et al. (2002). The panel interview: A review of empirical research and guidelines for practice. *Public Personnel Management, 31*, 397–428.

Dohrenwend, B. P., & Shrout, P. E. (1985). Hassles in the conceptualization and measurement of life stresses variables. *American Psychologist, 40*, 780–785.

Dohrenwend, B. P., Shrout, P. E., Egri, G., & Mendelsohn, F. S. (1980). Non-specific psychological distress and other dimensions of psychopathology. *Archives of General Psychiatry, 37*, 1229–1236.

Doll, E. A. (1917). A brief Binet-Simon scale. *Psychological Clinic, 11*, 197–211, 254–261.

Doll, E. A. (1953). *Measurement of social competence: A manual for the Vineland Social Maturity Scale.* Circle Pines, MN: American Guidance Service.

Dollinger, S. J. (2011). "Standardized minds" or individuality? Admissions tests and creativity revisited. *Psychology of Aesthetics, Creativity, and the Arts, 5* (4), 329–341.

Dolnick, E. (1993). Deafness as culture. *Atlantic, 272*(3), 37–53.

Donahue, E. M., Robins, R. W., Roberts, B. W., & John, O. P. (1993). The divided self: Concurrent and longitudinal effects of psychological adjustment and social roles on self-concept differentiation. *Journal of Personality and Social Psychology, 64*, 834–846.

Donald, A. (2001). The Wal-Marting of American psychiatry: An ethnography of psychiatric practice in the late 20th century. *Culture, Medicine, and Psychiatry, 25* (4), 427–439.

Donders, J. (1992). Validity of the Kaufman Assessment Battery for Children when employed with children with traumatic brain injury. *Journal of Clinical Psychology, 48*, 225–230.

Donohue, B., Silver, N. C., Dickens, Y., et al. (2007). Development and initial psychometric evaluation of the Sport Interference Checklist. *Behavior Modification, 31*(6), 937–957.

Dosajh, N. L. (1996). Projective techniques with particular reference to inkblot tests. *Journal of Projective Psychology and Mental Health, 3*, 59–68.

Doty, R. L., Shaman, P., & Dann, M. (1984). Development of the University of Pennsylvania Smell Identification Test: A standard microencapsulated test of olfactory dysfunction. *Physiological Behavior, 32*, 489–502.

Dougherty, T. M., & Haith, M. M. (1997). Infant expectations and reaction time as predictors of childhood speed of processing and IQ. *Developmental Psychology, 33*, 146–155.

Douglas, C. (1993). *Translate this darkness: The life of Christiana Morgan.* New York: Simon & Schuster.

Draguns, J. G. (1984). Assessing mental health and disorder across cultures. In P. Pedersen, N. Sartorius, & A. J. Marsella (Eds.), *Mental health services: The cross-cultural context* (pp. 31–57). Beverly Hills, CA: Sage.

Drasgow, F., & Olson-Buchanan, J. B. (Eds.). (1999). *Innovations in computerized assessment.* Mahwah, NJ: Erlbaum.

Dreger, R. M., & Miller, K. S. (1960). Comparative studies of Negroes and Whites in the U.S. *Psychological Bulletin, 51*, 361–402.

Drinkwater, M. J. (1976). Psychological evaluation of visually handicapped children. *Massachusetts School Psychologists Association Newsletter, 6.*

Drotar, D., Olness, K., & Wiznitzer, M., et al. (1999). Neurodevelopmental outcomes of Ugandan infants with HIV infection: An application of growth curve analysis. *Health Psychology, 18*, 114–121.

DuBois, P. H. (1966). A test-dominated society: China 1115 B.C.E–1905 A.D In A. Anastasi (Ed.), *Testing problems in perspective* (pp. 29–36). Washington, DC: American Council on Education.

DuBois, P. H. (1970). *A history of psychological testing.* Boston: Allyn & Bacon.

Ducharme, F., Levesque, L., Gendron, M., & Legault, A. (2001). Development process and qualitative evaluation of a program to promote the mental health of family caregivers. *Clinical Nursing Research, 10*, 182–201.

Duchek, J. M., Hunt, L., Ball, K., et al. (1998). Attention and driving performance in Alzheimer's disease. *Journal of Gerontology: Series B: Psychological Science & Social Sciences, 53B* (2), 130–141.

Duclos, C. W. (1999). Factors associated with alcohol, drug, and mental health service utilization among a sample of American Indian adolescent detainees. *Dissertation Abstracts International, Section B: The Sciences & Engineering, 40* (4-B), 1524.

Dudycha, G. J. (1936). An objective study of punctuality in relation to personality and achievement. *Archives of Psychology, 204*, 1–319.

Duff, K., & Fisher, J. M. (2005). Ethical dilemmas with third party observers. *Journal of Forensic Neuropsychology, 4*(2), 65–82.

Dugdale, R. (1877). *The Jukes: A study in crime, pauperism, disease, and heredity.* New York: Putnam.

Dumont, R., & Willis, J. (2001). Use of the Tellegen & Briggs formula to determine the Dumont–Willis indexes (DWI–I & DWI–II) for the WISC–IV. http://alpha.fdu.edu/psychology/.

Duncker, K. (1945). On problem solving. *Psychological Monographs, 5*, 1–13.

Dunham, R. B., Grube, J. A., & Castaneda, M. B. (1994). Organizational commitment: The utility of an integrative definition. *Journal of Applied Psychology, 79*, 370–380.

Dunn, L. B., Lindamer, L. A., Palmer, B. W., et al. (2002). Improving understanding of research consent in middle-aged and elderly patients with psychotic disorders. *American Journal of Geriatric Psychology, 10*, 142–150.

Dunn, L. M., & Dunn, L. M. (1997). *Examiner's manual for the PPVT-III, Peabody Picture Vocabulary Test, Third Edition.* Circle Pines, MN: American Guidance Service.

Duvall, E. D. (2011). No secrets to conceal: Dynamic assessment and a state mandated, standardized 3rd grade reading test for children with learning disabilities. *Dissertation Abstracts International Section A: Humanities and Social Sciences.* 2011, p. 2401.

Dwairy, M. (2004). Dynamic approach to learning disability assessment: DLD test. *Dyslexia: An International Journal of Research and* Practice, *10* (1), 1–23.

Dwyer, C. A. (1996). Cut scores and testing: Statistics, judgment, truth, and error. *Psychological Assessment, 8,* 360–362.

Dykes, L. (1986). The whiplash shaken infant syndrome: What has been learned? *Child Abuse and Neglect, 10,* 211.

Dywan, J., & Bowers, K. (1983). The use of hypnosis to enhance recall. *Science, 22,* 184–185.

Earles, J. A., & Ree, M. J. (1992). The predictive validity of the ASVAB for training grades. *Educational and Psychological Measurement, 52,* 721–725.

Early, P. C., Gibson, C. B., & Chen, C. C. (1999). "How did I do?" versus "How did we do?": Cultural contrasts of performance feedback use and self-efficacy. *Journal of Cross-Cultural Psychology, 30,* 594–619.

Eccles, J. S. (1987). Gender roles and women's achievement-related decisions. *Psychology of Women Quarterly, 11,* 135–171.

Edwards, A. L. (1953). *Edwards Personal Preference Schedule.* New York: Psychological Corporation.

Edwards, A. L. (1957a). *The social desirability variable in personality assessment and research.* New York: Dryden.

Edwards, A. L. (1957b). *Techniques of attitude scale construction.* New York: Appleton-Century-Crofts.

Edwards, A. L. (1966). Relationship between probability of endorsement and social desirability scale value for a set of 2,824 personality statements. *Journal of Applied Psychology, 50,* 238–239.

Edwards, A. L., & Walsh, J. A. (1964). Response sets in standard and experimental personality scales. *American Education Research Journal, 1,* 52–60.

Edwards, C. P., & Kumru, A. (1999). Culturally sensitive assessment. *Child and Adolescent Psychiatric Clinics of North America, 8,* 409–424.

Eichler, R. M. (1951). A comparison of the Rorschach and Behn-Rorschach inkblot tests. *Journal of Consulting Psychology, 15,* 185–189.

Einarsdóttir, S., & Rounds, J. (2009). Gender bias and construct validity in vocational interest measurement: Differential item functioning in the Strong Interest Inventory. *Journal of Vocational Behavior, 74* (3), 295–307.

Eisenberg, N., Guthrie, I. K., Cumberland, A., et al. (2002). Prosocial development in early adulthood: A longitudinal study. *Journal of Personality & Social Psychology, 82,* 993–1006.

Eisman, E. J., Dies, R. R., Finn, S. E., et al. (2000). Problems and limitations in using psychological assessment in the contemporary health care delivery system. *Professional Psychology: Research and Practice, 31,* 131–140.

Elder, G. H., Van Nguyen, T., & Caspi, A. (1985). Linking family hardship to children's lives. *Child Development, 56,* 361–375.

Eldredge, N. (1993). Culturally affirmative counseling with American Indians who are deaf. *Journal of the American Deafness and Rehabilitation Association, 26,* 1–18.

Elksnin, L. K., & Elksnin, N. (1993). A review of picture interest inventories: Implications for vocational assessment of students with disabilities. *Journal of Psychoeducational Assessment, 11,* 323–336.

Ellerstein, N. S. (Ed.). (1981). *Child abuse and neglect: A medical reference.* New York: Wiley.

Elliot, H., Glass, L., & Evans, J. (Eds.). (1987). *Mental health assessment of deaf clients: A practical manual.* Boston: Little, Brown.

Elliott, A. N., O'Donohue, W. T., & Nickerson, M. A. (1993). The use of sexually anatomically detailed dolls in the assessment of sexual abuse. *Clinical Psychology Review, 13,* 207–221.

Elliott, C. D. (1990a). *The Differential Ability Scales.* San Antonio: Psychological Corporation.

Elliott, C. D. (1990b). *Technical handbook: The Differential Ability Scales.* San Antonio: Psychological Corporation.

Elliott, R. (2011). Utilising evidence-based leadership theories in coaching for leadership development: Towards a comprehensive integrating conceptual framework. *International Coaching Psychology Review, 6,* 46–70.

Elliott, S. N. (1988). Acceptability of behavioral treatments in educational settings. In J. C. Witt, S. N. Elliott, & F. M. Greshma (Eds.), *The handbook of behavior therapy education* (pp. 121–150). New York: Plenum.

Elliott, S. N., Katochwill, T. R., & McKevitt, B. C. (2001). Experimental analysis of the effects of testing accommodations on the scores of students with and without disabilities. *Journal of School Psychology, 39,* 3–24.

Elliott, T. R., & Carroll, M. N. (1997). *Issues in psychological assessment for rehabilitation services.* Paper presented at the annual convention of the American Psychological Association, August, Chicago.

Embretson, S. E. (1996). The new rules of measurement. *Psychological Assessment, 8,* 341–349.

Endicott, J., & Spitzer, R. L. (1978). A diagnostic interview: The Schedule for Affective Disorders and Schizophrenia. *Archives of General Psychiatry, 35,* 837–844.

Engin, A., Wallbrown, F., & Brown, D. (1976). The dimensions of reading attitude for children in the intermediate grades. *Psychology in the Schools, 13* (3), 309–316.

Epstein, J. L., & McPartland, J. M. (1978). *The Quality of School Life Scale administration and technical manual.* Boston: Houghton Mifflin.

Epstein, N., Baldwin, L., & Bishop, S. (1983). The McMaster Family Assessment Device. *Journal of Marital and Family Therapy, 9,* 171–180.

Erdberg, P., & Weiner, I. B. (2007). John E. Exner Jr. (1928–2006). *American Psychologist, 62* (1), 54.

Erdelyi, M. H. (1974). A new look at the new look: Perceptual defense and vigilance. *Psychological Review, 81,* 1–25.

Erman, A. (1971). *Life in ancient Egypt.* New York: Dover.

Espinosa, M. P., & Gardeazabal, J. (2010). Optimal correction for guessing in multiple-choice tests. *Journal of Mathematical Psychology, 54* (5), 415–425.

Etkind, A. M. (1994). More on L. S. Vygotsky: Forgotten texts and undiscovered contexts. *Journal of Russian & East European Psychology, 32* (6), 6–34.

Evan, W. M., & Miller, J. R. (1969). Differential effects of response bias of computer vs. conventional administration of a social science questionnaire. *Behavioral Science, 14,* 216–227.

Evans, J. D., et al. (2000). Cross-cultural applications of the Halstead-Reitan batteries. In E. Fletcher-Janzen et al. (Eds.), *Handbook of cross-cultural neuropsychology* (pp. 287–303). New York: Kluwer Academic/Plenum.

Evans, M. (1978). Unbiased assessment of locally low incidence handicapped children. In *IRRC practitioners talk to practitioners.* Springfield, IL: Illinois Regional Resource Center.

Evers, W., Tomic, W., & Brouwers, A. (2002). Aggressive behavior and burnout among staff of homes for the elderly. *International Journal of Mental Health Nursing, 11,* 2–9.

Ewing, C. P., and McCann, J.T. (2006). *Minds on trial: Great cases in law and psychology.* New York: Oxford University Press.

Exner, J. E., Jr. (1962). A comparison of human figure drawings of psychoneurotics, character disturbances, normals, and subjects experiencing experimentally induced fears. *Journal of Projective Techniques, 26,* 292–317.

Exner, J. E., Jr. (1969). *The Rorschach systems.* New York: Grune & Stratton.

Exner, J. E., Jr. (1974). *The Rorschach: A comprehensive system.* New York: Wiley.

Exner, J. E., Jr. (1978). *The Rorschach: A comprehensive system: Vol. 2. Current research and advanced interpretations*. New York: Wiley-Interscience.

Exner, J. E., Jr. (1983). Rorschach assessment. In I. B. Weiner (Ed.), *Methods in clinical psychology* (2nd ed.). New York: Wiley.

Exner, J. E., Jr. (1986). *The Rorschach: A comprehensive system: Vol. 1. Basic foundations* (2nd ed.). New York: Wiley.

Exner, J. E., Jr. (1989). Searching for projection in the Rorschach. *Journal of Personality Assessment, 53*, 520–536.

Exner, J. E., Jr. (1990). *Workbook for the comprehensive system* (3rd ed.). Asheville, NC: Rorschach Workshops.

Exner, J. E., Jr. (1991). *The Rorschach: A comprehensive system: Vol. 2. Interpretation* (2nd ed.). New York: Wiley.

Exner, J. E., Jr. (1993). *The Rorschach: A comprehensive system: Vol. 1. Basic foundations* (3rd ed.). New York: Wiley.

Exner, J. E., Jr. (1993). *The Rorschach: A comprehensive system: Vol. 2. Interpretations*. New York: Wiley.

Exner, J. E., Jr. (1997). Critical bits and the Rorschach response process. *Journal of Personality Assessment, 67*, 464–477.

Exner, J. E., Jr. (2003). *The Rorschach: A Comprehensive system: Vol. 1. Basic foundations* (4th ed.). Hoboken, NJ: Wiley.

Exner, J. E., Jr. (2007). A new U.S. adult nonpatient sample. *Journal of Personality Assessment, 89* (Suppl. 1), S154–S158.

Exner, J. E., Jr., & Weiner, I. B. (1982). *The Rorschach: A comprehensive system: Vol. 3. Assessment of children and adolescents*. New York: Wiley.

Exner, J. E., Jr., & Weiner, I. B. (1995). *The Rorschach: A comprehensive system: Vol. 3. Assessment of children and adolescents* (2nd ed.). New York: Wiley.

Eyde, L. D., Kowal, D. M., & Fishburne, F. J., Jr. (1990). The validity of computer-based test interpretations of the MMPI. In S. Wise & T. B. Gutkin (Eds.), *The computer as adjunct to the decision-making process*. Lincoln: Buros Institute of Mental Measurements, University of Nebraska.

Eyde, L. D., Moreland, K. L., Robertson, G. J., Primoff, E. S., & Most, R. B. (1988). Test user qualifications: A data-based approach to promoting good test use. In *Issues in Scientific Psychology: Report of the Test User Qualifications Working Group of the Joint Committee on Testing Practices*. Washington, DC: American Psychological Association.

Eyman, J. R., & Eyman, S. K. (1990). Suicide risk and assessment instruments. In P. Cimbolic & D. A. Jobes (Eds.), *Youth suicide: Issues, assessment, and intervention* (pp. 9–32). Springfield, IL: Charles C Thomas.

Eysenck, H. J. (1961). The effects of psychotherapy. In H. J. Eysenck (Ed.), *Handbook of abnormal psychology: An experimental approach* (pp. 697–725). New York: Basic Books.

Eysenck, H. J. (1967). Intelligence assessment: A theoretical and experimental approach. *British Journal of Educational Psychology, 37*, 81–98.

Eysenck, H. J. (1985). Can personality study ever be scientific? *Journal of Social Behavior and Personality, 1*, 3–19.

Eysenck, H. J. (1991). Dimensions of personality: 16, 5, or 3?—Criteria for a taxonomic paradigm. *Personality and Individual Differences, 12*, 773–790.

Fahrenkopf, A. M., Sectish, T. C., Barger, L. K., et al. (2008). Rates of medication errors among depressed and burnt out residents: Prospective cohort study. *British Medical Journal, 336*, 488.

Fahs, R. L. (2004). Response bias on the Rorschach: Identifying impression management and self-deception positivity. *Dissertation Abstracts International: Section B. Sciences and Engineering, 65* (5-B), 2621.

Faigman, D. L. (1995). The evidentiary status of social science under *Daubert*: Is it "scientific," "technical," or "other" knowledge? *Psychology, Public Policy, and Law, 1*, 960–979.

Faller, K. C. (1988). *Child sexual abuse*. New York: Columbia University. Farrell, A. D. (1986). The microcomputer as a tool for behavioral assessment. *Behavior Therapist, 1*, 16–17.

Farrell, J. N., & McDaniel, M. A. (2001). The stability of validity coefficients over time: Ackerman's (1988) model and the General Aptitude Test Battery. *Journal of Applied Psychology, 86*, 60–79.

Farrell, S. F. (1998). Alcohol dependence and the price of alcoholic beverages. *Dissertation Abstracts International: Section B: The Sciences and Engineering, 59* (4-B), 1606.

Farrenkopf, T., & Bryan, J. (1999). Psychological consultation under Oregon's 1994 Death With Dignity Act: Ethics and procedures. *Professional Psychology: Research and Practice, 30*, 245–249.

Faust, D. S., & Ziskin, J. (1988a). The expert witness in psychology and psychiatry. *Science, 241*, 31–35.

Faust, D. S., & Ziskin, J. (1988b). Response to Fowler and Matarrazo. *Science, 242*, 1143–1144.

Federal Rules of Evidence. (1975). Eagan, MN: West Group.

Feinberg, T. E., & Farah, M. J. (Eds.). (2003). *Behavioral neurology and neuropsychology* (2nd ed.). New York: McGraw-Hill.

Feinstein, A. R., Josephy, B. R., & Wells, C. K. (1986). Scientific and clinical problems in indexes of functional disability. *Annals of Internal Medicine, 105*, 413–520.

Feiz, P., Emamipour, S., Rostami, R., & Sadeghi, V. (2010). The relationships between Wechsler Intelligence Scale for Children (WISC–R) with the Cognitive Assessment System (CAS). *Procedia—Social and Behavioral Sciences, 5*, 1726–1730.

Feldman, L. B., & Rivas-Vazquez, R. (2003). Assessment and treatment of social anxiety disorder. *Professional Psychology: Research and Practice, 34*, 396–405.

Fenn, D. S., & Ganzini, L. (1999). Attitudes of Oregon psychologists toward physician-assisted suicide and the Oregon Death With Dignity Act. *Professional Psychology: Research and Practice, 30*, 235–244.

Ferguson, R. L., & Novick, M. R. (1973). Implementation of a Bayesian system for decision analysis in a program of individually prescribed instruction. *ACT Research Report*, No. 60.

Feuerstein, R. (1977). Mediated learning experience: A theoretical basis for cognitive modifiability. In P. Mittler (Ed.), *Research to Practice in Mental Retardation*. Baltimore: University Park Press.

Feuerstein, R. (1981). Mediated learning experience in the acquisition of kinesics. In B. L. Hoffer & R. N. St. Clair (Eds.), *Developmental kinesics: The emerging paradigm*. Baltimore: University Park Press.

Feuerstein, R., Rand, Y., & Hoffman, M. B. (1979). *The dynamic assessment of retarded performers: The Learning Potential Assessment Device*. Baltimore: University Park Press.

Field, T. M., & Vega-Lahr, N. (1984). Early interactions between infants with cranio-facial anomalies and their mothers. *Infant Behavior and Development, 7*, 527–530.

Filsinger, E. (1983). A machine-aided marital observation technique: The Dyadic Interaction Scoring Code. *Journal of Marriage and the Family, 2*, 623–632.

Finding information about psychological tests. (1995). Washington, DC: American Psychological Association, Science Directorate.

Finello, K. M. (2011). Collaboration in the assessment and diagnosis of preschoolers: Challenges and opportunities. *Psychology in the Schools, 48*, 442–453.

Finkelhor, D., & Dziuba-Leatherman, J. (1994). Victimization of children. *American Psychologist, 49*, 173–183.

Finkelstein, R., & Bastounis, M. (2010). The effect of the deliberation process and jurors' prior legal knowledge on the sentence: the role of psychological expertise and crime scene photo. *Behavioral Sciences & the Law, 28* (3), 426–441.

Finn, S. E. (1996). *Using the MMPI-2 as a therapeutic intervention.* Minneapolis: University of Minnesota Press.

Finn, S. E. (2003). Therapeutic assessment of a man with "ADD." *Journal of Personality Assessment, 80,* 115–129.

Finn, S. E. (2011a). Therapeutic assessment on the front lines: Comment on articles from Westcoast Children's Clinic. *Journal of Personality Assessment, 93* (1), 23–25.

Finn, S. E. (2011b). Use of the Adult Attachment Projective Picture System (AAP) in the middle of a long-term psychotherapy. *Journal of Personality Assessment, 93*(5), 427–433.

Finn, S. E., & Martin, H. (1997). Therapeutic assessment with the MMPI-2 in managed health care. In J. N. Butcher (Ed.), *Objective psychological assessment in managed health care: A practitioner's guide* (pp. 131–152). New York: Oxford University Press.

Finn, S. E., & Tonsager, M. E. (2002). How therapeutic assessment became humanistic. *Humanistic Psychologist, 30* (1–2), 10–22.

Finucane, M. L., & Gullion, C. M. (2010). Developing a tool for measuring the decision-making competence of older adults. *Psychology and Aging, 25,* 271–288.

Fischer, C. T. (1978). Collaborative psychological assessment. In C. T. Fischer & S. L. Brodsky (Eds.), *Client participation in human services: The Prometheus principle* (pp. 41–61). New Brunswick, NJ: Transaction.

Fischer, C. T. (1994). *Individualizing psychological assessment.* Hillsdale, NJ: Erlbaum.

Fischer, C. T. (2004). In what sense is collaborative psychological assessment collaborative? Some distinctions. *SPA Exchange, 16* (1), 14–15.

Fischer, C. T. (2006). Qualitative psychological research and individualized/collaborative psychological assessment: Implications of their similarities for promoting a life-world orientation. *Humanistic Psychologist, 34* (4), 347–356.

Fischer, H. (1999). Exemptions from child abuse reporting. *American Psychologist, 54,* 145.

Fisher, R. P., & Geiselman, R. E. (1992). *Memory-enhancing techniques for investigative interviewing.* Springfield, IL: Charles C Thomas.

Fisher, R. P., Geiselman, R. E., & Amador, M. (1989). Field test of the cognitive interview: Enhancing the recollection of actual victims and witnesses of crime. *Journal of Applied Psychology, 74,* 722–727.

Fisher, R. P., Geiselman, R. E., Raymond, D. S., et al. (1987). Enhancing enhanced eyewitness memory: Refining the cognitive interview. *Journal of Police Science & Administration, 15,* 291–297.

Fiske, D. W. (1967). The subjects react to tests. *American Psychologist, 22,* 287–296.

Fitts, W. H. (1965). *Manual for the Tennessee Self-Concept Scale.* Nashville: Counselor Recordings and Tests.

Fitzgibbons, D. J., & Shearn, C. R. (1972). Concepts of schizophrenia among mental health professionals: A factor-analytic study. *Journal of Consulting and Clinical Psychology, 38,* 288–295.

Flanagan, D. P. (2001). *Comparative features of the WJ III Tests of Cognitive Abilities* (Woodcock-Johnson III. Assessment Service Bulletin No. 1). Itasca, IL: Riverside.

Flanagan, D. P., & McGrew, K. S. (1997). A cross-battery approach to assessing and interpreting cognitive abilities: Narrowing the gap between practice and cognitive science. In D. P. Flanagan, J. L. Genshaft, & P. L. Harrison (Eds.), *Contemporary intellectual assessment: Theories, tests, and issues* (pp. 314–325). New York: Guilford.

Flanagan, J. C. (1938). Review of *Measuring Intelligence* by Terman and Merrill. *Harvard Educational Review, 8,* 130–133.

Flanagan, J. C., & Burns, R. K. (1955). The employee business record: A new appraisal and development tool. *Harvard Business Review, 33* (5), 99–102.

Fletcher, J. M., Lyon, G. R., Barnes, M., et al. (2002). Classification of learning disabilities: An evidence-based evaluation. In R. Bradley, L. Danielson, and D. P. Hallahan (Eds.), *Identification of learning disabilities: Research and practice.* Mahwah, NJ: Erlbaum.

Fletcher, J. M., Stuebing, K. K., & Hughes, L. C. (2010). IQ scores should be corrected for the Flynn Effect in high-stakes decisions. *Journal of Psychoeducational Assessment, 28,* 469–473.

Flett, G. L., & Hewitt, P. L. (2002). *Perfectionism: Theory, research and treatment.* Washington: American Psychological.

Flowers, J. H. (1982). Some simple Apple II software for the collection and analysis of observational data. *Behavior Research Methods and Instrumentation, 14,* 241–249.

Floyd, F. J., Haynes, S. N., Doll, E. R., et al. (1992). Assessing retirement satisfaction and perceptions of retirement experiences. *Psychology and Aging, 7,* 609–621.

Floyd, F. J., & Widaman, K. F. (1995). Factor analysis in the development and refinement of clinical assessment instruments. *Psychological Assessment, 7,* 286–299.

Floyd, R. G., Evans, J. J., & McGrew, K. S. (2003). Relations between measures of Cattell-Horn-Carroll (CHC) cognitive abilities and mathematics achievement across the school-age years. *Psychology in the Schools, 40,* 155–171.

Flynn, J. R. (1984). The mean IQ of Americans: Massive gains 1932 to 1978. *Psychological Bulletin, 95,* 29–51.

Flynn, J. R. (1988). Massive IQ gains in 14 nations: What IQ tests really measure. *Psychological Bulletin, 101,* 171–191.

Flynn, J. R. (1991). *Asian-Americans: Achievement beyond IQ.* Hillsdale, NJ: Erlbaum.

Flynn, J. R. (2000). The hidden history of IQ and special education: Can the problems be solved? *Psychology, Public Policy, and Law, 6,* 191–198.

Flynn, J. R. (2007). *What is intelligence? Beyond the Flynn effect.* New York: Cambridge University Press.

Flynn, J. R. (2009). Requiem for nutrition as the cause of IQ gains: Raven's gains in Britain, 1938–2008. *Economics and Human Biology, 7,* 18–27.

Foerster, L. M., & Little Soldier, D. (1974). Open education and native American values. *Educational Leadership, 32,* 41–45.

Folstein, M. F., Folstein, S. E., & McHugh, P. R. (1975). "Mini-Mental State": A practical method for grading the cognitive state of patients for the clinician. *Journal of Psychiatric Research, 12,* 189–198.

Fontana, V. J., Donovan, D., & Wong, R. J. (1963, December 8). The maltreatment syndrome in children. *New England Journal of Medicine, 269,* 1389–1394.

Fontanna, D. (2000). *Personality in the workplace.* Lewiston, NY: Macmillan.

Forbes, P. A., Happee, R., van der Helm, F., & Schouten, A. C. (2011). EMG feedback tasks reduce reflexive stiffness during force and position perturbations. *Experimental Brain Research, 213* (1), 49–61.

Forer, B. R. (1949). The fallacy of personal validation: A classroom demonstration of gullibility. *Journal of Abnormal and Social Psychology, 44,* 118–123.

Forrest, D. W. (1974). *Francis Galton: The life and works of a Victorian genius.* New York: Taplinger.

Forth, A. E., Hart, S. D., & Hare, R. D. (1990). Assessment of psychopathy in male young offenders. *Psychological Assessment, 2,* 342–344.

Fortune, S., Stewart, A., Yadav, V., & Hawton, K. (2007). Suicide in adolescents: Using life charts to understand the suicidal process. *Journal of Affective Disorders, 100*(1–3), 199–210.

Foster, S. L., Laverty-Finch, C., Gizzo, D. P., & Osantowski, J. (1999). Practical issues in self-observation. *Psychological Assessment, 11*, 426–438.

Foster, T. (2011). Adverse life events proximal to adult suicide: A synthesis of findings from psychological studies. *Archives of Suicide Research, 15*, 1–15.

Fouad, N. A. (2002). Cross-cultural differences in vocational interests: Between-group differences on the Strong Interest Inventory. *Journal of Counseling Psychology, 49*, 282–289.

Fouad, N. A., & Dancer, L. S. (1992). Cross-cultural structure of interests: Mexico and the United States. *Journal of Vocational Behavior, 40*, 129–143.

Fowler, D. R., Finkelstein, A., & Penk, W. (1986). *Measuring treatment responses by computer interview.* Paper presented at the 94th annual meeting of the American Psychological Association, Washington, DC.

Fowler, K. A., & Westen, D. (2011). Subtyping male perpetrators of intimate partner violence. *Journal of Interpersonal Violence, 26* (4), 607–639.

Fox, B. (2008). A new direction in athletic imagery interventions: The relationship between imagery direction, anxiety, and motor performance. *Dissertation Abstracts International: Section A. Humanities and Social Sciences, 68* (7-A), 2873.

Fox, R. K., White, C. S., & Kidd, J. K. (2011). Program portfolios: Documenting teachers' growth in reflectionbased inquiry. *Teachers and Teaching: Theory and Practice, 17* (1), 149–167.

Fox, S. J. (2011). A correlational analysis between handwriting characteristics and personality type by the Myers-Briggs Type Indicator. *Dissertation Abstracts International: Section B: The Sciences and Engineering,* p. 7773.

Franco, J. N. (1983). An acculturation scale for Mexican-American children. *Journal of General Psychology, 108*, 175–181.

Frank, E., & Brandstaetter, V. (2002). Approach versus avoidance: Different types of commitment in intimate relationships. *Journal of Personality & Social Psychology, 82*, 208–221.

Frank, J. D. (1974). Psychotherapy: The restoration of morale. *American Journal of Psychiatry, 131*, 271–274.

Frank, L. K. (1939). Projective methods for the study of personality. *Journal of Psychology, 8*, 389–413.

Frank, M. G., Ekman, P., & Friesen, W. V. (1993). Behavioral markers and recognizability of the smile of enjoyment. *Journal of Personality and Social Psychology, 64*, 83–93.

Frederickson, B. L. (1998). What good are positive emotions? *Review of General Psychology, 2*, 300–319.

Fredman, N., & Sherman, R. (1987). *Handbook of measurements for marriage & family therapy.* New York: Brunner/Mazel.

Freeman, S. T. (1989). Cultural and linguistic bias in mental health evaluations of deaf people. *Rehabilitation Psychology, 34*, 51–63.

French, C. C., & Beaumont, J. G. (1991). The Differential Aptitude Test (Language Usage and Spelling): A clinical study of a computerized form. *Current Psychology: Research and Reviews, 10*, 31–48.

French, D. J., Gauthier, J. G., Roberge, C., et al. (1997). Self-efficacy in the thermal biofeedback treatment of migraine sufferers. *Behavior Therapy, 28*, 109–125.

French, J. L. (Ed.). (1964). *Educating the gifted.* New York: Holt, Rinehart & Winston. Freud, S. (1913/1959). Further recommendations in the technique of psychoanalysis. In E. Jones (Ed.) and J. Riviere (Trans.), *Collected papers* (Vol. 2). New York: Basic Books.

Freund, K. (1963). A laboratory method for diagnosing predominance of homosexual and heterosexual erotic interest in the male. *Behavior Research and Therapy, 1*, 85–93.

Freund, K., Sedlacek, E., & Knob, K. (1965). A simple transducer for mechanical plethysmography of the male genital. *Journal of Experimental Analysis of Behavior, 8*, 169–170.

Friedman, M., & Rosenman, R. H. (1974). *Type A behavior and your heart.* New York: Knopf.

Friedrich, W. N., Fisher, J. L., Dittner, C. A., et al. (2001). Child Sexual Behavior Inventory: Normative, psychiatric, and sexual abuse comparisons. *Child Maltreatment: Journal of the American Professional Society on the Abuse of Children, 6*, 37–49.

Friedrich, W. N., Urquiza, A. J., & Beike, R. (1986). Behavioral problems in sexually abused young children. *Journal of Pediatric Psychiatry, 11*, 47–57.

Friel-Patti, S., & Finitzo, T. (1990). Language learning in a prospective study of otitis media with effusion in the first two years of life. *Journal of Speech and Hearing Research, 33*, 188–194.

Friese, M., Bluemke, M., & Wänke, M. (2007). Predicting voting behavior with implicit attitude measures: The 2002 German parliamentary election. *Experimental Psychology, 54* (4), 247–255.

Frijda, N. H., & Mesquita, B. (1994). The social roles and functions of emotions. In S. Kitayama & H. R. Markus (Eds.), *Emotion and Culture: Empirical studies of mutual influence* (pp. 51–87). Washington, DC: American Psychological Association.

Frolik, L. A. (1999). Science, common sense, and the determination of mental capacity. *Psychology, Public Policy, and Law, 5*, 41–58.

Frumkin, R. M. (1997). Significant neglected sociocultural and physical factors affecting intelligence. *American Psychologist, 52*, 76–77.

Frye v. United States, 293 Fed. 1013 (D.C. Cir. 1923).

Fuchs, D., & Fuchs, L.S. (2006). Introduction to responsiveness-to-intervention: What, why, and how valid is it? *Reading Research Quarterly, 41*, 92–99.

Fuchs, L. S., Compton, D. L., Fuchs, D., et al. (2011). Two-stage screening for math problem-solving difficulty using dynamic assessment of algebraic learning. *Journal of Learning Disabilities, 44* (4), 372–380.

Fuchs, L. S., Fuchs, D., Eaton, S. B., et al. (2000). Using objective data sources to enhance teacher judgments about test accommodations. *Exceptional Children, 67*, 67–81.

Fullan, M., & Loubser, J. (1972). Education and adaptive capacity. *Sociology of Education, 45*, 271–287.

Fullard, W., McDevitt, S. C., & Carey, W. B. (1984). Assessing temperament in one– to three-year-old children. *Journal of Pediatric Psychology, 9*, 205–217.

Furnham, A., Crump, J., & Chamorro-Premuzic, T. (2007). Managerial level, personality and intelligence. *Journal of Managerial Psychology, 8*, 805–818.

Furnham, A., Moutafi, J., & Crump, J. (2003). The relationship between the revised NEO-Personality Inventory and the Myers-Briggs Type Indicator. *Social Behavior & Personality, 31*, 577–584.

Furnham, A., Petrides, K. V., Jackson, C. J., & Cotter, T. (2002). Do personality factors predict job satisfaction? *Personality & Individual Differences, 33*, 1325–1342.

Furse, D. H., & Stewart, D. W. (1984). Manipulating dissonance to improve mail survey response. *Psychology & Marketing, 1*, 71–84.

Gacono, C. B., et al. (Eds.). (2008). *The handbook of forensic Rorschach assessment.* New York: Routledge/Taylor & Francis.

Gagne, J. R., Van Hulle, C. A., Aksan, N., et al. (2011). Deriving childhood temperament measures from emotion-eliciting behavioral episodes: Scale construction and initial validation. *Psychological Assessment, 23* (2), 337–353.

Gaither, G. A., & Sellbom, M. (2003). The Sexual Sensation Seeking Scale: Reliability and validity within a heterosexual college student sample. *Journal of Personality Assessment, 81,* 157–167.

Gallagher, J. J. (1966). *Research summary on gifted child education.* Springfield, IL: State Department of Public Instruction.

Gallo, J. J., & Bogner, H. R. (2006). The context of geriatric care. In J. J. Gallo, H. R. Bogner, T. Fulmer, & G. J. Paveza (Eds.), *The handbook of geriatric assessment* (4th ed., pp. 3–13). Sudbury, MA: Jones & Bartlett.

Gallo, J. J., & Wittink, M. N. (2006). Cognitive assessment. In J. J. Gallo, H. R. Bogner, T. Fulmer, & G. J. Paveza (Eds.), *The handbook of geriatric assessment* (4th ed., pp. 105–151). Sudbury, MA: Jones & Bartlett.

Galton, F. (1869). *Hereditary genius.* London: Macmillan. (Republished in 1892)

Galton, F. (1874). *English men of science.* New York: Appleton.

Galton, F. (1879). Psychometric experiments. *Brain, 2,* 149–162.

Galton, F. (1883). *Inquiries into human faculty and its development.* London: Macmillan.

Gammon, J. A. (1981). Ophthalmic manifestations of child abuse. In N. S. Ellerstein (Ed.), *Child abuse and neglect: A medical reference* (pp. 121–139). New York: Wiley.

Ganellen, R. J. (1996). Comparing the diagnostic efficiency of the MMPI, MCMI-II, and Rorschach: A review. *Journal of Personality Assessment, 67,* 219–243.

Ganellen, R. J. (2007). Assessing normal and abnormal personality functioning. *Journal of Personality Assessment, 89* (1), 30–40.

Ganellen R. J. (2008). Rorschach assessment of malingering and defensive response sets. In C. Gacono & B. Evans (Eds.), *The handbook of forensic Rorschach assessment.* Hillsdale: Routledge

Gann, M. K., & Davison, G. C. (1997). *Cognitive assessment of reactance using the articulated thoughts in simulated situations paradigm.* Unpublished manuscript, University of Southern California, Los Angeles.

Garb, H. N. (1994). Toward a second generation of statistical prediction rules in psychodiagnosis and personality assessment. *Computers in Human Behavior, 11,* 313–324.

Garb, H. N. (2000a). Introduction to the special section on the use of computers for making judgments and decisions. *Psychological Assessment, 12,* 3–5.

Garb, H. N. (2000b). Computers will become increasingly important for psychological assessment: Not that there's anything wrong with that! *Psychological Assessment, 12,* 31–39.

Garcia, M., & Lega, L. I. (1979). Development of a Cuban Ethnic Identity Questionnaire. *Hispanic Journal of Behavioral Sciences, 1,* 247–261.

Gardner, D., & Deadrick, D. L. (2008). Underprediction of performance for U.S. minorities using cognitive ability measures. *Equal Opportunities International, 27* (5), 455–464.

Gardner, F. L. (2001). Applied sport psychology in professional sports: The team psychologist. *Professional Psychology: Research and Practice, 32,* 34–39.

Gardner, H. (1983). *Frames of mind: The theory of multiple intelligences.* New York: Basic Books. Gardner, H. (1994). Multiple intelligences theory. In R. J. Sternberg (Ed.), *Encyclopedia of human intelligence*(pp. 740–742). New York: Macmillan.

Gardner, R. A. (1971). *The boys' and girls' book about divorce.* New York: Bantam.

Gardner, R. A. (1982). *Family evaluation in child custody litigation.* Cresskill, NJ: Creative Therapeutics.

Gardner, W., Lidz, C. W., Mulvey, E. P., & Shaw, E. C. (1996). Clinical versus actuarial prediction of violence in patients with mental illnesses. *Journal of Consulting and Clinical Psychology, 64,* 602–609.

Garfield, S. L., & Eron, L. D. (1948). Interpreting mood and activity in TAT stories. *Journal of Abnormal and Social Psychology, 43,* 338–345.

Garnier, L. M., Arria, A. M., Caldeira, K. M., et al. (2009). Nonmedical prescription analgesic use and concurrent alcohol consumption among college students. *American Journal of Drug and Alcohol Abuse, 35,* 334–338.

Garred, M., & Gilmore, L. (2009). To WPPSI or to Binet, that is the question: A comparison of the WPPSI-III and SB5 with typically developing preschoolers. *Australian Journal of Guidance & Counselling, 19* (2), 104–115.

Garrett, H. E., & Schneck, M. R. (1933). *Psychological tests, methods and results.* New York: Harper.

Garrett, M. T. & Pichette, E. F. (2000). Red as an apple: Native American acculturation and counseling with or without reservation. *Journal of Counseling and Development, 78,* 3–13.

Gaski, J. F., & Sagarin, J. (2011). Detrimental effects of daylight-saving times on SAT scores. *Journal of Neuroscience, Psychology, and Economics, 4* (1), 44–53.

Gasquoine, P. G. (2010). Comparison of public/private health care insurance parameters for independent psychological practice. *Professional Psychology: Research and Practice, 41* (4), 319–324.

Gaugler, B. B., Rosenthal, D. B., Thornton, G. C., III, & Bentson, C. (1987). Meta-analysis of assessment center validity. *Journal of Applied Psychology, 72,* 493–511.

Gavett, B. E., Lynch, J. K., & McCaffrey, R. J. (2005). Third party observers: The effect size is greater than you might think. *Journal of Forensic Neuropsychology, 4* (2), 49–64.

Gavett, B. E., & McCaffrey, R. J. (2007). The influence of an adaptation period in reducing the third party observer effect during a neuropsychological evaluation. *Archives of Clinical Neuropsychology, 22,* 699–710.

Gavzer, B. (1990, May 27). Should you tell all? *Parade Magazine,* pp. 4–7.

Gawda, B. (2008). A graphical analysis of handwriting of prisoners diagnosed with antisocial personality. *Perceptual and Motor Skills, 107* (3), 862–872.

Gawronski, B., & Bodenhausen, G. V. (2007). What do we know about implicit attitude measures and what do we have to learn? In B. Wittenbrink & N. Schwarz (Eds.), *Implicit measures of attitudes* (pp. 265–286). New York: Guilford Press.

Gee, C. J., Marshall, J. C., & King, J. F. (2010). Should coaches use personality assessments in the talent identification process? A 15 year predictive study on professional hockey players. *International Journal of Coaching Science, 4,* 25–34.

Geisenger, K. F., & McCormick, C. M. (2010). Adopting cut scores: Post-standard-setting panel considerations for decision makers. *Educational Measurement: Issues and Practice, 29,* 38–44.

General Electric Co. v. Joiner, 118 S. Ct. 512 (1997).

George, C., & West, M. (2011). The Adult Attachment Projective Picture System: Integrating attachment into clinical assessment. *Journal of Personality Assessment, 93*(5), 407–416.

Gerety, M.B., Mulrow, C.D., Tuley, M.R., et al. (1993). Development and validation of a physical performance instrument for the functionally impaired elderly: The Physical Disability Index (PDI). *Journal of Gerontology, 48,* M33-M38.

Gerhart, M., Karslo, V., & Griffith, J. D. (2010, May). *Categorization of last statements of Texas inmates on death row.* Poster session presented at Association for Psychological Science (APS) annual meeting, Boston.

Gerry, M. H. (1973). Cultural myopia: The need for a corrective lens. *Journal of School Psychology, 11,* 307–315.

Gesell, A. (1945). *The embryology of behavior: The beginnings of the human mind.* New York: Harper.

Gesell, A. (1954). The ontogenesis of infant behavior. In L. Carmichael (Ed.), *Manual of child psychology.* New York: Wiley.

Gesell, A., & Amatruda, C. S. (1947). *Development diagnosis: Normal and abnormal child development* (2nd ed.). New York: Harper & Row.

Gesell, A., et al. (1940). *The first five years of life.* New York: Harper.

Gesell, A., & Thompson, H. (1929). Learning and growth in identical twin infants. *Genetic Psychology Monographs, 6,* 1–124.

Ghiselli, E. E. (1973). The variety of aptitude tests in personnel selection. *Personnel Psychology, 26,* 461–477.

Ghiselli, E. E., & Barthol, R. P. (1953). The validity of personality inventories in the selection of employees. *Journal of Applied Psychology, 38,* 18–20.

Ghiselli, E. E., Campbell, J. P., & Zedeck, S. (1981). *Measurement theory for the behavioral sciences.* San Francisco: Freeman.

Gibbins, S. (1988, April). *Use of the K-ABC and WISC-R with deaf children.* Paper presented at the Annual Meeting of the National Association of School Psychologists, Chicago.

Gibbins, S. (1989). The provision of school psychological assessment services for the hearing impaired: A national survey. *Volta Review, 91,* 95–103.

Gilbert, P., & Allan, S. (1998). The role of defeat and entrapment (arrested flight) in depression: An exploration of an evolutionary view. *Psychological Medicine, 28,* 585–598.

Gilch-Pesantez, J. R. (2001). Test-retest reliability and construct validity: The Bricklin Percptual Scales. *Dissertation Abstracts International: Section B: The Sciences and Engineering, 61* (9-B), 4982.

Gill, C. J., Kewman, D. G., & Brannon, R. W. (2003). Transforming psychological practice and society: Policies that reflect the new paradigm. *American Psychologist, 58,* 305–312.

Gill, J. S., Donaghy, M., Guise, J., & Warner, P. (2007). Descriptors and accounts of alcohol consumption: Methodological issues piloted with female undergraduate drinkers in Scotland. *Health Education Research, 22*(1), 27–36.

Gim Chung, R. H., Kim, B. S. K., & Abreu, J. M. (2004). Asian American Multidimensional Acculturation Scale: Development, factor analysis, reliability, and validity. *Cultural Diversity and Ethnic Minority Psychology, 10*(1), 66–80.

Giner, L., Carballo, J. J., Guija, J. A., et al. (2007). Psychological autopsy studies: The role of alcohol use in adolescent and young adult suicides. *International Journal of Adolescent Medicine and Health, 19* (1), 99–113.

Girelli, S. A., & Stake, J. E. (1993). Bipolarity in Jungian type theory and the Myers-Briggs Type Indicator. *Journal of Personality Assessment, 60,* 290–301.

Gittell, J. H. (2008). Relationships and resilience: Care provider responses to pressures from managed care. *Journal of Applied Behavioral Science, 44* (1), 25–47.

Glaser, R., & Nitko, A. J. (1971). Measurement in learning and instruction. In R. L. Thorndike (Ed.), *Educational measurement* (2nd ed.). Washington, DC: American Council on Education.

Glassbrenner, J. (1998). Continuity across contexts: Prison, women's counseling center, and home. In L. Handler (Chair), *Conducting assessments in clients' homes: Contexts, surprises, dilemmas, opportunities.* Symposium presented at the Society for Personality Assessment 1998 Midwinter Meeting, February 20.

Glazer, W. M., Kramer, R., Montgomery, J. S., & Myers, L. (1991). Use of medical necessity scales in concurrent review of psychiatric inpatient care. *Hospital and Community Psychiatry, 42,* 1199–1200.

Glosser, G., & Goodglass, H. (1990). Disorders in executive control functions among aphasic and other brain-damaged patients. *Journal of Clinical and Experimental Neuropsychology, 12,* 485–501.

Gluck, M. R. (1955). The relationship between hostility in the TAT and behavioral hostility. *Journal of Projective Techniques, 19,* 21–26.

Glueck, W. F. (1978). *Personnel: A diagnostic approach.* Dallas: Business Publications.

Gobetz, W. A. (1953). Quantification, standardization, and validation of the Bender-Gestalt test on normal and neurotic adults. *Psychological Monographs, 67,* No. 6.

Goddard, H. H. (1908). The Binet and Simon tests of intellectual capacity. *Training School, 5,* 3–9.

Goddard, H. H. (1910). A measuring scale of intelligence. *Training School, 6,* 146–155.

Goddard, H. H. (1912). *The Kallikak family.* New York: Macmillan.

Goddard, H. H. (1913). The Binet tests in relation to immigration. *Journal of Psycho-Asthenics, 18,* 105–107.

Goddard, H. H. (1916). *Feeblemindedness.* New York: Macmillan.

Goddard, H. H. (1917). Mental tests and the immigrant. *Journal of Delinquency, 2,* 243–277.

Goddard, H. H. (1947). A suggested definition of intelligence. *Training School Bulletin, 43,* 185–193.

Goel, V., & Grafman, J. (1995). Are the frontal lobes implicated in "planning" functions? Interpreting data from the Tower of Hanoi. *Neuropsychologia, 33,* 623–642.

Goffman, E. (1963). *Behavior in public places.* Glencoe, IL: Free Press.

Gokhale, D. V., & Kullback, S. (1978). *The information in contingency tables.* New York: Marcel Dekker.

Gold, D. P., Andres, D., Etezadi, J., et al. (1995). Structural equation model of intellectual change and continuity and predictors of intelligence in older men. *Psychology & Aging, 10,* 294–303.

Goldberg, L. R. (1993). The structure of phenotypic personality traits. *American Psychologist, 48,* 26–34.

Goldberg, T. E., Gold, J. M., Greenberg, R., et al. (1993). Contrasts between patients with affective disorders and patients with schizophrenia on a neuropsychological test battery. *American Journal of Psychiatry, 150,* 1355–1362.

Goldberg, T. E., Saint-Cyr, J. A., & Weinberger, D. R. (1990). Assessment of procedural learning and problem solving in schizophrenic patients by Tower of Hanoi type tasks. *Journal of Neuropsychiatry, 2,* 165–173.

Golden, C. J., Hammeke, T. A., & Purisch, A. D. (1980). *The Luria-Nebraska Neuropsychological Battery: Manual.* Los Angeles: Western Psychological Services.

Golden, C. J., Purisch, A. D., & Hammeke, T. A. (1985). *Luria-Nebraska Neuropsychological Battery: Forms I and II, manual.* Los Angeles: Western Psychological Services.

Goldfried, M. R., & Davison, G. C. (1976). *Clinical behavior therapy.* New York: Holt, Rinehart & Winston.

Goldfried, M. R., Stricker, G., & Winer, I. B. (1971). *Rorschach handbook of clinical and research applications.* Englewood Cliffs, NJ: Prentice-Hall.

Golding, S. L. (1975). Flies in the ointment: Methodological problems in the analysis of the percentage of variance due to persons and situations. *Psychological Bulletin, 82,* 278–288.

Golding, S. L., Roesch, R., & Schreiber, J. (1984). Assessment and conceptualization of competency to stand trial. Preliminary data on the interdisciplinary fitness interview. *Law and Human Behavior, 8* (3–4), 321–334.

Goldman, B. A., & Mitchell, D. F. (Eds.) (1997). *Directory of unpublished experimental mental measures* (Vol. 7). Dubuque, IA: W. C. Brown.

Goldman, B. A., & Mitchell, D. F. (2007). *Directory of unpublished experimental mental measures* (Vol. 9). Washington, DC: APA Books.

Goldstein, K. (1927). Die lokalisation in her grosshin rinde. In *Handb. norm. pathol. psychologie*. Berlin: J. Springer.

Goldstein, K. (1939). *The organism*. New York: American Book.

Goldstein, K. (1963a). The modifications of behavior consequent to cerebral lesions. *Psychiatric Quarterly, 10*, 586–610.

Goldstein, K. (1963b). *The organism*. Boston: Beacon Press.

Goldstein, S. (2011). Learning disabilities in childhood. In S. Goldsteein, J. A. Naglieri, & M. DeVries (Eds.), *Learning and attention disorders in adolescence and adulthood: Assessment and treatment* (2nd ed., pp. 31–58). Hoboken, NJ: Wiley.

Goldstein, T. R., Bridge, J. A., & Brent, D. A. (2008). Sleep disturbance preceding completed suicide in adolescents. *Journal of Consulting and Clinical Psychology, 76* (1), 84–91.

Gomez, R., & Hazeldine, P. (1996). Social information processing in mild mentally retarded children. *Research in Developmental Disabilities, 17*, 217–227.

Good, R. H., Chowdhri, S., Katz, L., Vollman, M., & Creek, R. (1989, March). *Effect of matching instruction and simultaneous/sequential processing strength*. Paper presented at the Annual Meeting of the National Association of School Psychologists, Boston.

Good, R. H., & Lane, S. (1988). *Confirmatory factor analysis of the K-ABC and WISC-R: Hierarchical models*. Paper presented at the Annual Meeting of the American Psychological Association, Atlanta.

Good, R. H., Vollmer, M., Creek, R. J., & Katz, L. (1993). Treatment utility of the Kaufman Assessment Battery for Children: Effects of matching instruction and student processing strength. *School Psychology Review, 22*, 8–26.

Goodman, G. S., & Reed, R. S. (1986). Age differences in eyewitness testimony. *Law and Human Behavior, 10*, 317–332.

Goodman-Delahunty, J. (2000). Psychological impairment under the Americans with Disabilities Act: Legal guidelines. *Professional Psychology: Research and Practice, 31*, 197–205.

Goodman-Delahunty, J., & Foote, W. E. (1995). Compensation for pain, suffering and other psychological injuries: The impact of *Daubert* on employment discrimination claims. *Behavioral Sciences and the Law, 13*, 183–206.

Gopaul-McNicol, S. (1993). *Working with West Indian families*. New York: Guilford.

Gordon, R. A. (2008). Attributional style and athlete performance: Strategic optimism and defensive pessimism. *Psychology of Sport and Exercise, 9* (3), 336–350.

Gosling, S. D., Kwan, V. S., & John, O. P. (2003). A dog's got personality: A cross-species comparative approach to personality judgments in dogs and humans. *Journal of Personality and Social Psychology, 85* (6), 1161–1169.

Gosling, S. D., Rentfrow, P. J., & Swann, W.B., Jr. (2003). A very brief measure of the Big-Five personality domains. *Journal of Research in Personality, 37* (6), 504–528.

Gottfredson, G. D. (2009). John L. Holland (1919–2008). *American Psychologist, 64* (6), 561.

Gottfredson, L. S. (1988). Reconsidering fairness: A matter of social and ethical priorities. *Journal of Vocational Behavior, 33*, 293–319.

Gottfredson, L. S. (1994). The science and politics of racenorming. *American Psychologist, 49*, 955–963.

Gottfredson, L. S. (2000). Skills gaps, not tests, make racial proportionality impossible. *Psychology, Public Policy, and Law, 6*, 129–143.

Gottfried, A. W. (Ed.). (1984). *Home environment and early cognitive development: Longitudinal research*. New York: Academic Press.

Gottfried, A. W., Gottfried, A. E., Bathurst, K., & Guerin, D. W. (1994). *Gifted IQ: Early developmental aspects*. New York: Plenum.

Gough, H. G. (1960). The Adjective Check List as a personality assessment research technique. *Psychological Reports, 6*, 107–122.

Gough, H. G. (1962). Clinical versus statistical prediction in psychology. In L. Postman (Ed.), *Psychology in the making: Histories of selected research problems* (pp. 526–584). New York: Knopf.

Gough, H. G., & Heilbrun, A. B., Jr. (1980). *The Adjective Checklist manual (Revised)*. Palo Alto, CA: Consulting Psychologists Press.

Gould, J. W. (2006). *Conducting scientifically crafted child custody evaluations* (2nd ed.). Sarasota, FL: Professional Resource Press/Professional Resource Exchange.

Grafman, J., Litvan, I., Massaquoi, S., & Stewart, M. (1992). Cognitive planning deficit in patients with cerebellar atrophy. *Neurology, 42*, 1493–1496.

Graham, J. R. (1990). *MMPI-2: Assessing personality and psychopathology*. New York: Oxford University Press.

Granger, C. V., & Gresham, G. E. (Eds.). (1984). *Functional assessment in rehabilitation medicine*. Baltimore: Williams & Wilkins.

Greaud, V. A., & Green, B. F. (1986). Equivalence of conventional and computer presentation of speed tests. *Applied Psychological Measurement, 10*, 23–34.

Green, A. (1986). True and false allegations of sexual abuse in child custody disputes. *Journal of the American Academy of Child Psychology, 25*, 449–456.

Green, B. F. (1984). *Computer-based ability testing*. Paper delivered at the 91st annual meeting of the American Psychological Association, Toronto.

Green, S. B. (2003). A coefficient alpha for test-retest data. *Psychological Methods, 8*, 88–101.

Greene, R. L. (1987). Ethnicity and MMPI performance: A review. *Journal of Consulting and Clinical Psychology, 55*, 497–512.

Greene, R. L. (2000). *The MMPI-2: An interpretive manual* (2 nd ed.). Needham Heights, MA: Allyn & Bacon.

Greenfield, D. N. (1999). Psychological characteristics of compulsive Internet use: A preliminary analysis. *Cyber-Psychology & Behavior, 2*, 403–412.

Greenlaw, P. S., & Jensen, S. S. (1996). Race-norming and the Civil Rights Act of 1991. *Public Personnel Management, 25*, 13–24.

Greenspan, S. (1997). Dead manual walking? Why the AAMR definition needs redoing. *Education & Training in Mental Retardation & Developmental Disabilities, 32*, 179–190.

Greenspoon, J. (1955). The reinforcing effect of two spoken sounds on the frequency of two responses. *American Journal of Psychology, 68*, 409–416.

Greenspoon, J., & Gersten, C. D. (1967). A new look at psychological testing: Psychological testing from the standpoint of a behaviorist. *American Psychologist, 22*, 848–853.

Greenwald, A. G., & Banaji, M. R. (1995). Implicit social cognition: Attitudes, self-esteem, and stereotypes. *Psychological Review, 102*, 4–27.

Greenwald, A. G., & Farnham S. D. (2000). Using the Implicit Association Test to measure self-esteem and self-concept. *Journal of Personality and Social Psychology, 79*, 1022–1038.

Greenwald, A. G., McGhee, D. E., & Schwartz, J. L. K. (1998). Measuring individual differences in implicit cognition: The implicit association test. *Journal of Personality and Social Psychology, 74*, 1464–1480.

Greenwald, A. G., & Nosek, B. A. (2001). Health of the Implicit Association Test at age 3. *Zeitschrift fÿr Experimentelle Psychologie, 48* (2), 85–93.

Gregg, P. A. (1998). The effect of impression management on correlations between Rorschach and MMPI-2 variables. *Dissertation Abstracts International: Section B. Sciences and Engineering, 58* (9-B), 5185.

Gregory, N. (2005). Offender profiling: A review of the literature. *British Journal of Forensic Practice, 7* (3), 29–34.

Gresham, F. M. (1989). Review of the Parenting Stress Index. In J. C. Conoley & J. J. Kramer (Eds.), *The tenth mental measurements yearbook*. Lincoln: Buros Institute of Mental Measurements, University of Nebraska.

Gresham, F. M., MacMillan, D. L., & Siperstein, G. N. (1995). Critical analysis of the 1992 AAMR definition: Implications for school psychology. *School Psychology Quarterly, 10* (1), 1–19.

Grey, R. J., & Kipnis, D. (1976). Untangling the performance appraisal dilemma: The influence of perceived organizational context on evaluative processes. *Journal of Applied Psychology, 61,* 329–335.

Griffin, M. L., Hogan, N. L., Lambert, E. G., Tucker-Gail, K. A., & Baker, D. N. (2010). Job involvement, job stress, job satisfaction, and organizational commitment and the burnout of correctional staff. *Criminal Justice and Behavior, 37,* 239–255.

Grisso, T. (1986). *Evaluating competencies: Forensic assessments and instruments*. New York: Plenum.

Grisso T., & Appelbaum, P. S. (1995). MacArthur Treatment Competence Study. *Journal of American Psychiatric Nurses Association, 1,* 125–127.

Grisso, T., & Appelbaum, P. S. (1998). *Assessing competence to consent to treatment: A guide for physicians and other health professionals*. New York: Oxford University Press.

Grisso, T., Appelbaum, P. S., & Hill-Fotouhi, C. (1997). The MacCAT-T: A clinical tool to assess patients' capacities to make treatment decisions. *Psychiatric Services, 48,* 1415–1419.

Groeger, J. A., & Chapman, P. R. (1997). Normative influences on decisions to offend. *Applied Psychology: An International Review, 46,* 265–285.

Groenveld, M., & Jan, J. E. (1992). Intelligence profiles of low vision and blind children. *Journal of Visual Impairment and Blindness, 86,* 68–71.

Grossman, I., Mednitsky, S., Dennis, B., & Scharff, L. (1993). Validation of an "amazingly" short form of the WAIS-R for a clinically depressed sample. *Journal of Psychoeducational Assessment, 11,* 173–181.

Grove, W. M., & Barden, R. C. (1999). Protecting the integrity of the legal system: The admissibility of testimony from mental health experts under *Daubert/Kumho* analyses. *Psychology, Public Policy, and Law, 5,* 224–242.

Grove, W. M., Zald, D. H., Lebow, B. S., et al. (2000). Clinical versus mechanical prediction: A meta-analysis. *Psychological Assessment, 12,* 19–30.

Grutter v. Bollinger, 539 U.S. 306 (2003).

Guastello, S. J., & Rieke, M. L. (1990). The Barnum Effect and the validity of computer-based test interpretations: The Human Resource Development Report. *Psychological Assessment, 2,* 186–190.

Guerrier, J. H., Manivannan, P., & Nair, S. N. (1999). The role of working memory, field dependence, visual search, and reaction time in the left turn performance of older female drivers. *Applied Ergonomics, 30,* 109–119.

Guidubaldi, J., & Duckworth, J. (2001). Divorce and children's cognitive ability. In E. L. Grigorenko & R. J. Sternberg (Eds.), *Family environment and intellectual functioning: A lifespan perspective* (pp. 97–118). Mahwah, NJ: Erlbaum.

Guilford, J. P. (1954). A factor analytic study across the domains of reasoning, creativity, and evaluation. I. Hypothesis and description of tests. *Reports from the psychology laboratory*. Los Angeles: University of Southern California.

Guilford, J. P. (1959). *Personality*. New York: McGraw-Hill.

Guilford, J. P. (1967). *The nature of human intelligence*. New York: McGraw-Hill.

Guilford, J. P., et al. (1974). *Structure-of-Intellect Abilities*. Orange, CA: Sheridan Psychological Services.

Guilmette, T. J., & Faust, D. (1991). Characteristics of neuropsychologists who prefer the Halstead-Reitan Battery or the Luria-Nebraska Neuropsychological Battery. *Professional Psychology: Research and Practice, 22* (1), 80–83.

Guilmette, T. J., Faust, D., Hart, K., & Arkes, H. R. (1990). A national survey of psychologists who offer neuropsychological services. *Archives of Clinical Neuropsychology, 5,* 373–392.

Guion, R. M. (1980). On trinitarian doctrines of validity. *Professional Psychology, 11,* 385–398.

Gulliksen, H., & Messick, S. (Eds.). (1960). *Psychological scaling: Theory and applications*. New York: Wiley.

Gustafson, S., Fälth, L., Svensson, I., et al. (2011). Effects of three interventions on the reading skills of children with reading disabilities in grade 2. *Journal of Learning Disabilities, 44* (2), 123–135.

Guttman, L. (1947). The Cornell technique for scale and intensity analysis. *Educational and Psychological Measurement, 7,* 247–280.

Guttman, L. A. (1944a). A basis for scaling qualitative data. *American Sociological Review, 9,* 139–150.

Guttman, L. A. (1944b). A basis for scaling qualitative data. *American Sociological Review, 9,* 179–190.

Haaga, D. A., Davison, G. C., McDermut, W., Hillis, S. L., & Twomey, H. B. (1993). "State of mind" analysis of the articulated thoughts of ex-smokers. *Cognitive Therapy and Research, 17,* 427–439.

Hadaway, N., & Marek-Schroer, M. F. (1992). Multidimensional assessment of the gifted minority student. *Roeper Review, 15,* 73–77.

Haensly, P. A., & Torrance, E. P. (1990). Assessment of creativity in children and adolescents. In C. R. Reynolds & R. W. Kamphaus (Eds.), *Handbook of psychological and educational assessment of children: Intelligence & achievement* (pp. 697–722). New York: Guilford.

Hafemeister, T. L. (2001, February). Ninth Circuit rejects immunity from liability for mental health evaluations. *Monitor on Psychology, 32*.

Hagan, L. D., Drogin, E. Y., & Guilmette, T. J. (2010). Science rather than advocacy when reporting IQ scores. *Professional Psychology: Research and Practice, 41* (5), 420–423.

Haidt, J., Rosenberg, E., & Horn, H. (2003). Differentiating differences: Moral diversity is not like other kinds. *Journal of Applied Social Psychology, 33,* 1–36.

Haier, R. J. (1993). Cerebral glucose metabolism and intelligence. In P. A. Vernon (Ed.), *Biological approaches to the study of human intelligence* (pp. 317–332). Norwood, NJ: Ablex.

Haines, M., & Spear, S. F. (1996). Changing the perception of the norm: A strategy to decrease binge drinking among college students. *Journal of American College Health, 45*(3), 134–140.

Hale, J. B., & Fiorello, C. A. (2004). *School neuropsychology: A practitioner's handbook*. New York: Guilford Press.

Haley, K., & Lee, M. (Eds.). (1998). *The Oregon Death With Dignity Act: A guidebook for health care providers*. Portland: Oregon Health Sciences University, Center for Ethics in Health Care.

Hall, C. I. J. (1997). Cultural malpractice: The growing obsolescence of psychology with the changing U.S. population. *American Psychologist, 52,* 642–651.

Hall, C. S., & Lindzey, G. (1970). *Theories of personality.* New York: Wiley.

Hall, J. A., & Rosenthal, R. (1995). Interpreting and evaluating meta-analysis. *Evaluation and the Health Professions, 18,* 393–407.

Hall, S. S. (1998, February 15). Our memories, our selves. *New York Times Magazine,* pp. 26–33, 49, 56–57.

Halleck, S. L. (1976). Discussion of "Socially Reinforced Obsessing." *Journal of Consulting and Clinical Psychology, 44,* 146–147.

Halpern, A. S., & Fuherer, M. J. (Eds.). (1984). *Functional assessment in rehabilitation.* Baltimore: Paul H. Brookes.

Halpern, D. F. (1997). Sex differences in intelligence: Implications for education. *American Psychologist, 52,* 1901–1102.

Halpern, D. F. (2000). Validity, fairness, and group differences: Tough questions for selection testing. *Psychology, Public Policy, & Law, 6,* 56–62.

Halpern, F. (1958). Child case study. In E. F. Hammer (Ed.), *The clinical application of projective drawings* (pp. 113–129). Springfield, IL: Charles C Thomas.

Halstead, W. C. (1947a). *Brain and intelligence.* Chicago: University of Chicago.

Halstead, W. C. (1947b). *Brain and intelligence: A quantitative study of the frontal lobes.* Chicago: University of Chicago.

Halstead, W. C., & Wepman, J. M. (1959). The Halstead-Wepman Aphasia Screening Test. *Journal of Speech and Hearing Disorders, 14,* 9–15.

Hambleton, R. K., & Jones, R. W. (1993). Comparison of classical test theory and item response theory and their applications to test development. *Educational Measurement: Issues and Practice, 12* (3), 38–47.

Hambleton, R. K., & Jurgensen, C. (1990). Criterion-referenced assessment of school achievement. In C. R. Reynolds & R. W. Kamphaus (Eds.), *Handbook of psychological and educational assessment of children: Intelligence & achievement* (pp. 456–476). New York: Guilford.

Hambleton, R. K., & Novick, M. R. (1973). Toward and integration of theory and method for criterion-referenced tests. *Journal of Educational Measurement, 15,* 277–290.

Hambleton, R. K., & Swaminathan, H. (1984). *Item response theory: Principles and applications.* Boston: Springer.

Hambleton, S. E., & Swaminathan, H. (1985). *Item response theory: Principles and applications.* Boston: Kluwer Nijoff.

Hambrick, D. Z., Rench, T. A., Poposki, E. M., et al. (2011). The relationship between the ASVAB and multitasking in navy sailors: A process-specific approach. *Military Psychology, 23* (4), 365–380.

Hamera, E., & Brown, C. E. (2000). Developing a context-based performance measure for persons with schizophrenia: The test of grocery shopping skills. *American Journal of Occupational Therapy, 54,* 20–25.

Hammer, E. F. (1958). *The clinical application of projective drawings.* Springfield, IL: Charles C Thomas.

Hammer, E. F. (1981). Projective drawings. In A. I. Rabin (Ed.), *Assessment with projective techniques: A concise introduction* (pp. 151–185). New York: Springer.

Hammitt, J. K. (1990). Risk perceptions and food choice: An exploratory analysis of organic—versus conventional— produce buyers. *Risk Analysis, 10,* 367–374.

Handel, R. W., Ben-Porath, Y. S., Tellegen, A., & Archer, R. P. (2010). Psychometric functioning of the MMPI2-RF, VRIN-r, and TRIN-r scales with varying degrees of randomness, acquiescence, and counter-acquiescence. *Psychological Assessment, 22,* 87–95.

Handler, L. (1996). John Exner and the book that started it all: A review of *The Rorschach Systems. Journal of Personality Assessment, 66,* 441–471.

Handler, L. (2001). Assessment of men: Personality assessment goes to war by the Office of Strategic Services Assessment Staff. *Journal of Personality Assessment, 76,* 558–578.

Haney, W. (1981). Validity, vaudeville, and values: A short history of social concerns over standardized testing. *American Psychologist, 36,* 1021–1034.

Haney, W., & Madaus, G. F. (1978). Making sense of the competency testing movement. *Harvard Educational Review, 48,* 462–484.

Hansen, J. C. (1987). Cross-cultural research on vocational interests. *Measurement and Evaluation in Counseling and Development, 19,* 163–176.

Hansen, K. K., Prince, J. S., & Nixon, G. W. (2008). Oblique chest views as a routine part of skeletal surveys performed for possible physical abuse: Is this practice worthwhile? *Child Abuse & Neglect, 32* (1), 155–159.

Hansen, N. D. (2002). Teaching cultural sensitivity in psychological assessment: A modular approach used in a distance education program. *Journal of Personality, 79,* 200–206.

Hansen, N. D., Pepitone-Arreola-Rockwell, F., & Greene, A. F. (2000). Multicultural competence: Criteria and case examples. *Professional Psychology: Research and Practice, 31,* 652–660.

Happell, B., Pinikahana, J., & Martin, T. (2003). Stress and burnout in forensic psychiatric nursing. *Stress & Health, 19,* 63–68.

Haque, S., & Guyer, M. (2010). Neuroimaging studies in diminished-capacity defense. *Journal of the American Academy of Psychiatry and the Law, 38* (4), 605–607.

Hare, R. D. (1980). A research scale for the assessment of psychopathy in criminal populations. *Personality and Individual Differences, 1,* 111–119.

Hare, R. D. (1985). *The Psychopathy Checklist.* Unpublished manuscript. University of British Columbia, Vancouver. Hare, R. D., Harpur, A. R., Hakstian, A. R., Forth, A. E., Hart,

S. D., & Newman, J. P. (1990). The Revised Psychopathy Checklist: Reliability and factor structure. *Psychological Assessment, 2,* 338–341.

Harker, L., & Keltner, D. (2001). Expressions of positive emotion in women's college yearbook pictures and their relationship to personality and life outcomes across adulthood. *Journal of Personality and Social Psychology, 80,* 112–124.

Harmon, L. W., Hansen, J. C., Borgen, F. H., & Hammer, A. L. (1994). *Strong Interest Inventory: Applications and technical guide.* Palo Alto, CA: Consulting Psychologists Press.

Harris, D. (1963). *Children's drawings as measures of intellectual maturity.* New York: Harcourt Brace Jovanovich.

Harris, G. T., Rice, M. E., & Cormier, C. A. (1989). Violent recidivism among psychopaths and non-psychopaths treated in a therapeutic community. *Penetanguishene Mental Health Centre Research Report VI* (No. 181). Penetanguishene, Ontario, Canada: Penetanguishene Mental Health Centre.

Harris, P. M. (1994). Client management classification and prediction of probation outcome. *Crime and Delinquency, 40,* 154–174.

Harris, S. L., Delmolino, L., & Glasberg, B. A. (1996). Psychological and behavioral assessment in mental retardation. *Child & Adolescent Psychiatric Clinics of North America, 5,* 797–808.

Harrison, P., & Oakland, T. (2000). *Adaptive Behavior Assessment System.* San Antonio: Psychological Corporation.

Harrison, P. L. (1990). *AGS Early Screening Profiles.* Circle Pines, MN: American Guidance Service.

Harstine, M. A. (2008). Understanding the relationship between the diligence inventory–higher education edition and the

Myers-Briggs Type Indicator in the admission of college students to an orthopaedics-based honors program. *Dissertation Abstracts International. Section A. Humanities and Social Sciences, 68* (8-A), 3307.

Hartston, H. (2008). The state of psychotherapy in the United States. *Journal of Psychotherapy Integration, 18* (1), 87–102.

Hart, B., & Risley, T. R. (1992). American parenting of language-learning children: Persisting differences in family-child interactions observed in natural home environments. *Developmental Psychology, 28,* 1096–1105.

Hart, R. R., & Goldstein, M. A. (1985). Computer-assisted psychological assessment. *Computers in Human Services, 1,* 69–75.

Hart, S. D., Kropp, P. R., & Hare, R. D. (1988). Performance of male psychopaths following conditional release from prison. *Journal of Consulting and Clinical Psychology, 56,* 227–232.

Hart, V. (1992). Review of the Infant Mullen Scales of Early Development. In J. J. Kramer & J. C. Conoley (Eds.), *The eleventh mental measurements yearbook.* Lincoln: Buros Institute of Mental Measurements, University of Nebraska.

Hartigan, J. A., & Wigdor, A. K. (1989). *Fairness in employment testing: Validity generalization, minority issues, and the General Aptitude Test Battery.* Washington, DC: National Academy.

Hartman, D. E. (1986a). Artificial intelligence or artificial psychologist? Conceptual issues in clinical microcomputer use. *Professional Psychology: Research and Practice, 17,* 528–534.

Hartman, D. E. (1986b). On the use of clinical psychology software: Practical, legal, and ethical concerns. *Professional Psychology: Research and Practice, 17,* 462–465.

Hartmann, D. P., Roper, B. L., & Bradford, D. C. (1979). Some relationships between behavioral and traditional assessment. *Journal of Behavioral Assessment, 1,* 3–21.

Hartmann, E., Sunde, T., Kristensen, W., & Martinussen, M. (2003). Psychological measures as predictors of military training performance. *Journal of Personality Assessment, 80,* 87–98.

Hartshorne, H., & May, M. A. (1928). *Studies in the nature of character. Vol. 1: Studies in deceit.* New York: Macmillan.

Harvey, R. J., & Hammer, A. L. (1999). Item response theory. *Counseling Psychologist, 27,* 353–383.

Harvey, R. J., & Murry, W. D. (1994). Scoring the Myers-Briggs Type Indicator: Empirical comparison of preference score versus latent-trait methods. *Journal of Personality Assessment, 62,* 116–129.

Hassler, M., & Gupta, D. (1993). Functional brain organization, handedness, and immune vulnerability in musicians and non-musicians. *Neuropsychologia, 31,* 655–660.

Hathaway, S. R., & McKinley, J. C. (1940). A multiphasic personality schedule (Minnesota): 1. Construction of the schedule. *Journal of Psychology, 10,* 249–254.

Hathaway, S. R., & McKinley, J. C. (1942). A multiphasic personality schedule (Minnesota): III. The measurement of symptomatic depression. *Journal of Psychology, 14,* 73–84.

Hathaway, S. R., & McKinley, J. C. (1943). *The Minnesota Multiphasic Personality Inventory* (rev. ed.). Minneapolis: University of Minnesota.

Hathaway, S. R., & McKinley, J. C. (1951). *The MMPI manual.* New York: Psychological Corporation.

Haworth, C. M. A., Wright, M. J., Luciano, M., et al. (2010). The heritability of general cognitive ability increases linearly from childhood to young adulthood. *Molecular Psychiatry, 15,* 1112–1120

Hayden, D. C., Frulong, M. J., & Linnemeyer, S. (1988). A comparison of the Kaufman Assessment Battery for Children and the Stanford-Binet IV for the assessment of gifted children. *Psychology in the Schools, 25,* 239–243.

Hayes, S. C. (1999). Comparison of the Kaufman Brief Intelligence Test and the Matrix Analogies Test-Short Form in an adolescent forensic population. *Psychological Assessment, 11,* 108–110.

Haynes, R. B., Taylor, D. W., & Sackett, D. L. (Eds.). (1979). *Compliance in health care.* Baltimore: Johns Hopkins University.

Haynes, S. N. (2001a). Clinical applications of analogue behavioral observation: Dimensions of psychometric evaluation. *Psychological Assessment, 13,* 73–85.

Haynes, S. N. (2001b). Introduction to the special section on clinical applications of analogue behavioral observation. *Psychological Assessment, 13,* 3–4.

Haynes, S. N., Follingstad, D. R., & Sullivan, J. (1979). Assessment of marital satisfaction and interaction. *Journal of Consulting and Clinical Psychology, 47,* 789–791.

Haynes, S. N., Jensen, B. J., Wise, E., & Sherman, D. (1981). The marital intake interview: A multimethod criterion validity assessment. *Journal of Consulting and Clinical Psychology, 49,* 379–387.

Haynes, S. N., & Kaholokula, J. K. (2008). Behavioral assessment. In M. Hersen & A. M. Gross (Eds.), *Handbook of clinical psychology: Vol. 1. Adults* (pp. 495–522). Hoboken, NJ: Wiley.

Haynes, S. N., Richard, D. R., & Kubany, E. S. (1995). Content validity in psychological assessment: A functional approach to concepts and methods. *Psychological Assessment, 7,* 238–247.

Hays, P. A. (1996). Culturally responsive assessment with diverse older clients. *Professional Psychology: Research and Practice, 27,* 188–193.

Hays, J. R., Reas, D. L., and Shaw, J. B. (2002). Concurrent validity of the Wechsler Abbreviated Scale of Intelligence and the Kaufman Brief Intelligence Test among psychiatric inpatients. *Psychological Reports, 90* (2), 355–59.

Hays, P. A., & Iwamasa, G. Y. (Eds.). (2006). *Culturally responsive cognitive-behavioral therapy: Assessment, practice, and supervision.* Washington, DC: American Psychological Association.

Haywood, H., & Lidz, C. S. (2007). *Dynamic assessment in practice: Clinical and educational applications.* New York: Cambridge University Press.

Hazlett, R. L., Falkin, S., Lawhorn, W., Friedman, E., & Haynes, S. N. (1997). Cardiovascular reactivity to a naturally occurring stressor: Development and psychometric evaluation of psychophysiological assessment procedure. *Journal of Behavioral Medicine, 20,* 551–571.

He, W. (2011). Optimal item pool design for a highly constrained computerized adaptive test. *Dissertation Abstracts International, 72* (1-A), 167.

Heaton, R. K., Temkin, N., Dikmen, S., et al. (2001). Detecting change: A comparison of three neuropsychological methods, using normal and clinical samples. *Archives of Clinical Neuropsychology, 16,* 75–91.

Hedges, C. (1997, November 25). In Bosnia's schools, 3 ways never to learn from history. *New York Times,* pp. A1, A4.

Heinrichs, R. W. (1990). Variables associated with Wisconsin Card Sorting Test performance in neuropsychiatric patients referred for assessment. *Neuropsychiatry, Neuropsychology, and Behavioral Neurology, 3,* 107–112.

Heinze, M. C., & Grisso, T. (1996). Review of instruments assessing parenting competencies used in child custody evaluations. *Behavioral Sciences and the Law, 14,* 293–313.

Helfer, R. E., & Kempe, R. S. (Eds.). (1988). *The battered child* (4th ed.). Chicago: University of Chicago Press.

Heller, T. S., Hawgood, J. L., & De Leo, D. (2007). Correlates of suicide in building industry workers. *Archives of Suicide Research, 11* (1), 105–117.

Helmes, E., & Reddon, J. R. (1993). A perspective on developments in assessing psychopathology: A critical review of the MMPI and MMPI-2. *Psychological Bulletin, 113*, 453-471.

Helmreich, R. L. (1983). Applying psychology in outer space: Unfilled promises revisited. *American Psychologist, 38*(4), 445-450.

Helmreich, R. L., Wilhelm, J. A., Tamer, T. A., et al. (1979, January). A critical review of the life sciences project management at Ames Research Center for the Spacelab Mission Development Test III (NASA Technical Paper 1364).

Helson, R. (1967). Personality characteristics and developmental history of creative college women. *Genetic Psychology Monographs, 76*, 205-256.

Helson, R., Mitchell, V., & Moane, G. (1984). Personality and patterns of adherence and nonadherence to the social clock. *Journal of Personality and Social Psychology, 46*, 1079-1096.

Henk, W. A. (1993). New directions in reading assessment. *Reading and Writing Quarterly: Overcoming Learning Difficulties, 9*, 103-120.

Henley, N. M., & LaFrance, M. (1984). Gender as culture: Difference in dominance in nonverbal behavior. In A. Wolfgang (Ed.), *Nonverbal behavior: Perspectives, applications, intercultural insights* (pp. 351-371). Lewiston, NY: Hogrefe & Huber.

Henriques, G., Keffer, S., Abrahamson, C., et al. (2011). Exploring the effectiveness of a computer-based heart rate variability biofeedback program in reducing anxiety in college students. *Applied Psychophysiology and Biofeedback, 36* (2), 101-112.

Henry, E. M., & Rotter, J. B. (1956). Situational influences on Rorschach responses. *Journal of Consulting Psychology, 20*, 457-462.

Henry, J. D. (1984). Syndicated public opinion polls: Some thoughts for consideration. *Journal of Advertising Research, 24*, I-5--I-8.

Henry, W. E. (1956). *The analysis of fantasy*. New York: Wiley.

Henson, R. K. (2001). Understanding internal consistency reliability estimates: A conceptual primer on coefficient alpha. *Measurement and Evaluation in Counseling and Development, 34*, 177-189.

Heppner, M. J. (1998). The Career Transitions Inventory: Measuring internal resources in adulthood. *Journal of Career Assessment, 6*, 135-145.

Heppner, M. J., Multon, K. D., & Johnston, J. A. (1994). Assessing psychological resources during career change: Development of the Career Transitions Inventory. *Journal of Vocational Behavior, 44*, 55-74.

Herbranson, W. T., & Schroeder, J. (2010). Are birds smarter than mathematicians? Pigeons (Columba livia) perform optimally on a version of the Monty Hall Dilemma. *Journal of Comparative Psychology, 124* (1), 1-13.

Herlihy, B. (1977). Watch out, IQ myth: Here comes another debunker. *Phi Delta Kappan, 59*, 298.

Hermann, C., Blanchard, E. B., & Flor, H. (1997). Biofeedback treatment for pediatric migraine: Prediction of treatment outcome. *Journal of Consulting and Clinical Psychology, 65*, 611-616.

Hernandez, B., Keys, C., & Balcazar, F. (2003). The Americans wth Disabilities Act Knowledge Survey: Strong psychometrics and weak knowledge. *Rehabilitation Psychology, 48*, 93-99.

Herrnstein, R., & Murray, C. (1994). *The bell curve*. New York: Free Press.

Herzberg, F., Mausner, B., Peterson, R. O., & Capwell, D. F. (1957). Job attitudes: Review of research and opinion. *Journal of Applied Psychology, 63*, 596-601.

Hess, E. H. (1965). Attitude and pupil size. *Scientific American, 212*, 46-54.

Hetherington, E. M., & Parke, R. D. (1993). *Child psychology: A contemporary viewpoint* (4th ed.). New York: McGraw-Hill.

Heyman, R. E. (2001). Observation of couple conflicts: Clinical assessment applications, stubborn truths, and shaky foundations. *Psychological Assessment, 13*, 5-35.

Hibbard, S. (2003). A critique of Lilienfeld et al.'s (2000) "The scientific status of projective techniques." *Journal of Personality Assessment, 80*, 260-271.

Hibbard, S., Farmer, L., Wells, C., et al. (1994). Validation of Cramer's defense mechanism manual for the TAT. *Journal of Personality Assessment, 63*, 197-210.

Hicks, L. K., Lin, Y., Robertson, D. W., et al. (2001). Understanding the clinical dilemmas that shape medical students' ethical development: Questionnaire survey and focus group study. *British Medical Journal, 322*, 709-710.

Hicks, S. J., & Sales, B. D. (2006). The current models of scientific profiling. In S. J. Hicks & B. D. Sales (Eds.), *Criminal profiling: Developing an effective science and practice* (pp. 71-85). Washington, DC: American Psychological Association.

Higgins, P. C. (1983). *Outsiders in a hearing world*. Beverly Hills, CA: Sage.

Hill, J. S., Pace, T. M., & Robbins, R. R. (2010). Decolonizing personality assessment and honoring indigenous voices: A critical examination of the MMPI-2. *Cultural Diversity and Ethnic Minority Psychology, 16* (1), 16-25.

Hill, K. A. (1985). Hartsoeker's homonculus: A corrective note. *Journal of the History of the Behavioral Sciences, 21*(2), 178-179.

Hill-Briggs, F., Dial, J. G., Morere, D. A., & Joyce, A. (2007). Neuropsychological assessment of persons with physical disability, visual impairment or blindness, and hearing impairment or deafness. *Archives of Clinical Neuropsychology, 22* (3), 389-404.

Hiller, J. B., Rosenthal, R., Bornstein, R. F., & Brunell-Neuleib, S. (1999). A comparative meta-analysis of Rorschach and MMPI validity. *Psychological Assessment, 11*, 278-296.

Hills, D. A. (1985). Prediction of effectiveness in leaderless group discussions with the Adjective Check List. *Journal of Applied Psychology, 15*, 443-447.

Hines, M., Chiu, L., McAdams, L. A., Bentler, M. P., & Lipcamon, J. (1992). Cognition and the corpus callosum: Verbal fluency, visuospatial ability, language lateralization related to midsagittal surface areas of the corpus callosum. *Behavioral Neuroscience, 106*, 3-14.

Hinrichsen, J. J., & Bradley, L. A. (1974). Situational determinants of personal validation of general personality interpretations: A re-examination. *Journal of Personality Assessment, 38*, 530-534.

Hirsch, J. (1997). Some history of heredity-vs-environment, genetic inferiority at Harvard(?), and *The* (incredible) *bell curve*. *Genetics, 99*, 207-224.

Hiscox, M. D. (1983). *A balance sheet for educational item banking*. Paper presented at the annual meeting of the National Council for Measurement in Education, Montreal.

Hiscox, M. D., & Brzezinski, E. (1980). *A guide to item banking in education*. Portland, OR: Northwest Regional Educational Laboratory, Assessment and Education Division.

Hishinuma, E. S., Andrade, N. N., Johnson, R. C., et al. (2000). Psychometric properties of the Hawaiian Culture Scale-Adolescent Version. *Psychological Assessment, 12*, 140-157.

Hishinuma, E. S., & Yamakawa, R. (1993). Construct and criterion-related validity of the WISC-III for exceptional students and those who are "at risk." In B. A. Bracken (Ed.), *Monograph series, Advances in psychoeducational assessment: Wechsler Intelligence Scale for Children, Third Edition; Journal of Psychoeducational Assessment* (pp. 94-104). Brandon, VT: Clinical Psychology Publishing.

Hiskey, M. S. (1966). *Hiskey-Nebraska Test of Learning Aptitude*. Lincoln, NE: Union College.

Ho, M. K. (1987). *Family therapy with ethnic minorities.* Newbury Park, CA: Sage.

Hodapp, R. M. (1995). Definitions in mental retardation: Effects on research, practice, and perceptions. *School Psychology Quarterly, 10* (1), 24–28.

Hoelzle, J. B., Nelson, N. W., & Smith, C. A. (2011). Comparison of Wechsler Memory Scale–Fourth Edition (WMS–IV) and Third Edition (WMS–III) dimensional structures: Improved ability to evaluate auditory and visual constructs. *Journal of Clinical and Experimental Neuropsychology, 33* (3), 283–291.

Hofer, P. J., & Green, B. F. (1985). The challenge of competence and creativity in computerized psychological testing. *Journal of Consulting and Clinical Psychology, 53,* 826–838.

Hoffman, B. (1962). *The tyranny of testing.* New York: Crowell-Collier.

Hoffman, K. I., & Lundberg, G. D. (1976). A comparison of computer monitored group tests and paper-and-pencil tests. *Educational and Psychological Measurement, 36,* 791–809.

Hofstede, G. (1998). Attitudes, values, and organizational culture: Disentangling the concepts. *Organization Studies, 19,* 477–493.

Hogan, J., Barrett, P., & Hogan, R. (2007). Personality measurement, faking, and employment selection. *Journal of Applied Psychology, 92,* 1270–1285.

Hogan, R., & Roberts, B. W. (2001). Introduction: Personality and industrial and organizational psychology. In B. W. Roberts & R. Hogan (Eds.). *Personality psychology in the workplace* (pp. 3–16). Washington, DC: American Psychological Association.

Hoge, R. D. (1999). An expanded role for psychological assessments in juvenile justice systems. *Criminal Justice and Behavior, 26,* 251–266.

Hoge, S. K., Bonnie, R. J., Poythress, N., & Monahan, J. (1999). *The MacArthur Competence Assessment Tool— Criminal Adjudication.* Odessa, FL: Psychological Assessment Resources.

Holahan, C., & Sears, R. (1995). *The gifted group in later maturity.* Stanford, CA: Stanford University Press.

Holden, G. W., & Edwards, L. A. (1989). Parental attitudes toward child rearing: Instruments, issues, and implications. *Psychological Bulletin, 106,* 29–58.

Holland, A. (1980). *Communicative abilities in daily living: A test of functional communication for aphasic adults.* Baltimore: University Park Press.

Holland, J. L. (1973). *Making vocational choices.* Englewood Cliffs, NJ: Prentice-Hall.

Holland, J. L. (1985). *Manual for the vocational preference inventory.* Odessa, FL: Psychological Assessment Resources.

Holland, J. L. (1997). *Making vocational choices: A theory of vocational personalities and work environments* (3rd ed.). Odessa, FL: Psychological Assessment Resources.

Holland, J. L. (1999). Why interest inventories are also personality inventories. In M. L. Savickas & A. R. Spokane (Eds.), *Vocational interests: Meaning, measurement, and counseling use* (87–101). Palo Alto, CA: Davies-Black.

Holland, J. L., Powell, A. B., & Fritzsche, B. A. (1994). *The Self-Directed Search (SDS) professional user's guide—1994 edition.* Odessa, FL: Psychological Assessment Resources.

Holland, W. R. (1960). Language barrier as an educational problem of Spanish-speaking children. *Exceptional Children, 27,* 42–47.

Hollander, E. P., & Willis, R. H. (1967). Some current issues in the psychology of conformity and nonconformity. *Psychological Bulletin, 68,* 62–76.

Hollenbeck, J. R., & Whitener, E. M. (1988). Reclaiming personality traits for personal selection: Self-esteem as an illustrative case. *Journal of Management, 14,* 81–91.

Hollingshead, A. B., & Redlich, F. C. (1958). *Social class and mental illness: A community study.* New York: Wiley.

Holmstrom, R. W., Silber, D. E., & Karp, S. A. (1990). Development of the Apperceptive Personality Test. *Journal of Personality Assessment, 54,* 252–264.

Holt, R. R. (1958). Clinical and statistical prediction: A reformulation and some new data. *Journal of Abnormal and Social Psychology, 56,* 1–12.

Holt, R. R. (1970). Yet another look at clinical and statistical prediction: Or, is clinical psychology worthwhile? *American Psychologist, 25,* 337–349.

Holt, R. R. (1971). *Assessing personality.* New York: Harcourt Brace Jovanovich.

Holt, R. R. (1978). *Methods in clinical psychology: Vol. 2. Prediction and research.* New York: Plenum.

Holtzman, W. H. (1993). An unjustified, sweeping indictment by Motta et al. of human figure drawings for assessing psychological functioning. *School Psychology Quarterly, 8,* 189–190.

Holtzman, W. H., Thorpe, J. S., Swartz, J. D., & Herron, E. W. (1961). *Inkblot perception and personality: Holtzman Inkblot Technique.* Austin: University of Texas Press.

Hom, J. (2008). Commentary. Response to Bigler (2007): The sky is not falling. *Archives of Clinical Neuropsychology, 23,* 125–128.

Honaker, L. M. (1988). The equivalency of computerized and conventional MMPI administration: A review. *Clinical Psychology Review, 8,* 561–577.

Honaker, L. M. (1990, August). Recommended guidelines for computer equivalency research (or everything you should know about computer administration but will be disappointed if you ask). In W. J. Camara (Chair), *The state of computer-based testing and interpretation: Consensus or chaos?* Symposium conducted at the Annual Convention of the American Psychological Association, Boston.

Honaker, L. M., & Fowler, R. D. (1990). Computer-assisted psychological assessment. In G. Goldstein & M. Hersen (Eds.), *Handbook of psychological assessment* (2nd ed., pp. 521–546). New York: Pergamon.

Honts, C. R. (1994). Psychophysiological detection of deception. *Current Directions in Psychological Science, 3,* 77–82.

Honzik, M. P. (1967). Environmental correlates of mental growth: Prediction from the family setting at 21 months. *Child Development, 38,* 337–364.

Hopkins, K. D., & Glass, G. V. (1978). *Basic statistics for the behavioral sciences.* Englewood Cliffs, NJ: Prentice-Hall.

Hopwood v. State of Texas, 78 F.3d 932, 948 (5th Cir. 1996).

Horn, J. (1988). Thinking about human abilities. In J. R. Nesselroade & R. B. Cattell (Eds.), *Handbook of multivariate psychology.* New York: Plenum.

Horn, J. (2008). Response to Bigler (2007): The sky is not falling. *Archives of Clinical Neuropsychology, 23* (1), 125–128.

Horn, J. L. (1968). Organization of abilities and the development of intelligence. *Psychological Review, 75,* 242–259.

Horn, J. L. (1985). Remodeling old theories of intelligence: GF-Gc theory. In B. B. Wolman (Ed.), *Handbook of intelligence* (pp. 267–300). New York: Wiley.

Horn, J. L. (1988). Thinking about human abilities. In J. R. Nesselroade & R. B. Cattell (Eds.), *Handbook of multivariate psychology* (rev. ed., pp. 645–685). New York: Academic Press.

Horn, J. L. (1989). Cognitive diversity: A framework for learning. In P. L. Ackerman et al. (Eds.), *Learning and individual differences* (pp. 61–116). New York: W. H. Freeman.

Horn, J. L. (1991). Measurement of intellectual capabilities: A review of theory. In K. S. McGrew et al. (Eds.), *Woodcock-Johnson technical manual* (pp. 197–232). Chicago: Riverside.

Horn, J. L. (1994). Theory of fluid and crystallized intelligence. In R. J. Sternberg (Ed.), *Encyclopedia of human intelligence* (pp. 443-451). New York, NY: Macmillan Publishing Co, Inc.

Horn, J. L., & Cattell, R. B. (1966). Refinement and test of the theory of fluid and crystallized intelligence. *Journal of Educational Psychology, 57,* 253-270.

Horn, J. L., & Cattell, R. B. (1967). Age differences in fl uid and crystallized intelligence. *Acta Psychologica, 26,* 107-129. Horn, J. L., & Hofer, S. M. (1992). Major abilities and development in the adult period. In R. J. Sternberg & C. A. Berg (Eds.), *Intellectual development* (pp. 44-99). Boston: Cambridge University Press. Hornby, R. (1993). *Cultural competence for human service providers*. Rosebud, SD: Sinte Gleska University Press.

Horne, J. (2007). Gender differences in computerized and conventional educational tests. *Journal of Computer Assisted Learning, 23* (1), 47-55.

Horner, M. S. (1973). A psychological barrier to achievement in women: The motive to avoid success. In D. C. McClelland & R. S. Steele (Eds.), *Human motivation* (pp. 222-230). Morristown, NJ: General Learning.

Horowitz, R., & Murphy, L. B. (1938). Projective methods in the psychological study of children. *Journal of Experimental Education, 7,* 133-140.

Horvath, A. O., Del Re, A. C., Flukiger, C., & Symonds, D. (2011). Alliance in individual psychotherapy. *Psychotherapy, 48,* 9-16.

Hostetler, A. J. (1987). Try to remember. *APA Monitor, 18* (5), 18.

Hough, L. M. (1998). The millennium for personality psychology: New horizons or good ole daze. *Applied Psychology: An International Review, 47,* 233-261.

Hough, L. M., Eaton, N. K., Dunnette, M. D., et al. (1990). Criterion related validities of personality constructs and the effect of response distortion on those validities. *Journal of Applied Psychology, 75,* 581-595.

House, R. J., Shane, S. A., & Herold, D. M. (1996). Rumors of the death of dispositional research are vastly exaggerated. *Academy of Management Review, 20,* 203-224.

Houston, T. K., Cooper, L. A., Vu, H., et al. (2001). Screening the public for depression through the Internet. *Psychiatric Services, 52,* 362-367.

Howard, M. N. (1991). The neutral expert: A plausible threat to justice. *Criminal Law Review* 1991:98-105. Howe Chief, E. (1940). An assimilation study of Indian girls. *Journal of Social Psychology, 11,* 19-30.

Hsu, S.-H., & Peng, Y. (1993). Control/display relationship of the four-burner stove: A re-examination. *Human Factors, 35,* 745-749.

Hu, Y., Geng, F., Tao, L., et al. (2011). Enhanced white matter tracts integrity in children with abacus training. *Human Brain Mapping, 32* (1), 10-21.

Huang, L. V., Bardos, A. N., & D'Amato, R. C. (2010). Identifying students with learning disabilities: Composite profile analysis using the cognitive assessment system. *Journal of Psychoeducational Assessment, 28* (1), 19-30.

Huang, Y.-C., & Shih, H.-C. (2011). The prosocial and moral character of the spiritual leader. *Social Behavior and Personality, 39* (1), 33-40.

Hubbard, E. J., Santini, V., Blankevoort, C. G., et al. (2008). Clock drawing performance in cognitively normal elderly. *Archives of Clinical Neuropsychology, 23* (3), 295-327.

Hudson, W. W. (1982). *The clinical measurement package: A field manual*. Chicago: Dorsey.

Huesmann, L. R., & Guerra, N. G. (1997). Children's normative beliefs about aggression and aggressive behavior. *Journal of Personality and Social Psychology, 72,* 408-419.

Huffcutt, A. I., & Arthur, W., Jr. (1994). Hunter and Hunter (1984) revisited: Interview validity for entry-level jobs. *Journal of Applied Psychology, 79,* 184-190.

Hughes, T. L., Gacono, C. B., & Owen, P. F. (2007). Current status of Rorschach assessment: Implications for the school psychologist. *Psychology in the Schools, 44* (3), 281-291.

Huguet, S., & Philippe, R. A. (2011). A case study of the emotional aspects of the coach-athlete relationship in tennis. *International Journal of Sport Psychology, 42* (1), 24-39.

Hull, C. L. (1922). *Aptitude testing*. Yonkers, NY: World Book. Hulse, W. G. (1951). The emotionally disturbed child draws his family. *Quarterly Journal of Child Behavior, 3,* 151-174.

Hulse, W. G. (1952). Childhood conflict expressed through family drawings. *Quarterly Journal of Child Behavior, 16,* 152-174.

Humphreys, L. G. (1996). Linear dependence of gain scores on their components imposes constraints on their use and interpretation: Comment on "Are simple gain scores obsolete?" *Applied Psychological Measurement, 20,* 293-294.

Hunsley, J., & Bailey, J. M. (1999). The clinical utility of the Rorschach: Unfulfilled promises and an uncertain future. *Psychological Assessment, 11,* 266-277.

Hunt, J. McV. (1961). *Intelligence and experience.* New York: Ronald.

Hunt, K. N. (2002). *Encyclopedia of associations.* Farmington Hills, MI: Gale Group.

Hunt, K. N. (2005). *Encyclopedia of associations.* Farmington Hills, MI: Gale Group.

Hunter, J. E. (1980). *Validity generalization for 12,000 jobs: An application of synthetic validity and validity generalization to the General Aptitude Test Battery (GATB)*. Washington, DC: U.S. Employment Service, Department of Labor.

Hunter, J. E. (1982). *The dimensionality of the General Aptitude Test Battery and the dominance of general factors over specific factors in the prediction of job performance*. Washington, DC: U.S. Employment Service, Department of Labor.

Hunter, J. E. (1986). Cognitive ability, cognitive aptitudes, job knowledge, and job performance. *Journal of Vocational Behavior, 29,* 340-362.

Hunter, J. E., & Hunter, R. (1984). Validity and utility of alternate predictors of job performance. *Psychological Bulletin, 96,* 72-98.

Hunter, J. E., & Schmidt, F. L. (1976). A critical analysis of the statistical and ethical implications of various definitions of "test bias." *Psychological Bulletin, 83,* 1053-1071.

Hunter, J. E., & Schmidt, F. L. (1981). Fitting people into jobs: The impact of personal selection on normal productivity. In M. D. Dunnette & E. A. Fleishman (Eds.), *Human performance and productivity: Vol. 1. Human capability assessment*. Hillsdale, NJ: Erlbaum.

Hunter, J. E., & Schmidt, F. L. (1983). Quantifying the effects of psychological interventions on employee job performance and work-force productivity. *American Psychologist, 38,* 473-478.

Hunter, J. E., & Schmidt, F. L. (1990). *Methods of meta-analysis.* Newbury Park, CA: Sage.

Hunter, J. E., Schmidt, F. L., & Jackson, G. B. (1982). *Meta-analysis: Cumulating research findings across studies.* Beverly Hills, CA: Sage.

Hunter, J. E., Schmidt, F. L., & Judiesch, M. K. (1990). Individual differences in output as a function of job complexity. *Journal of Applied Psychology, 75* (1), 28-42.

Hunter, M. S. (1992). The Women's Health Questionnaire: A measure of mid-aged women's perceptions of their emotional and physical health. *Psychology and Health, 7,* 45-54.

Hurlburt, R. T. (1997). Randomly sampling thinking in the natural environment. *Journal of Consulting and Clinical Psychology, 65,* 941-949.

Hurst, N. H. (1997). A narrative analysis of identity change in treated substance abusers. *Dissertation Abstracts International, Section B: The Sciences & Engineering, 58* (4-B), 2124.

Hutt, M. L. (1985). *The Hutt adaptation of the Bender-Gestalt Test* (4th ed.). Orlando, FL: Grune & Stratton.

Hwang, S. W. (2006). Homelessness and harm reduction. *Canadian Medical Association Journal, 174* (1), 50–51.

Iacono, W. G., & Lykken, D. T. (1997). The validity of the lie detector: Two surveys of scientific opinion. *Journal of Applied Psychology, 82*, 425–433.

Iaffaldano, M. T., & Muchinsky, P. M. (1985). Job satisfaction and job performance: A meta-analysis. *Psychological Bulletin, 97*, 251–273.

Ijuin, M., Homma, A., Mimura, M., Kitamura, S., et al. (2008). Validation of the 7-minute screen for the detection of early-stage Alzheimer's disease. *Dementia and Geriatric Cognitive Disorders, 25* (3), 248–255.

Ilhan, M. N., Durukan, E., Taner, E., et al. (2008). Burnout and its correlates among nursing staff: Questionnaire survey. *Journal of Advanced Nursing, 61* (1), 100–106.

Illovsky, M. E. (2003). *Mental health professionals, minorities, and the poor.* New York: Brunner-Routledge.

Ilyin, D. (1976). *The Ilyin oral interview.* Rowley, MA: Newbury House.

Impara, J. C., & Plake, B. S. (Eds.). (1998). *The thirteenth mental measurements yearbook.* Lincoln: Buros Institute of Mental Measurements, University of Nebraska.

Ingham, B., Clarke, L., & James, I. A. (2008). Biopsychosocial case formulation for people with intellectual disabilities and mental health problems: A pilot study of a training workshop for direct care staff. *British Journal of Developmental Disabilities, 54*(106, Pt. 1), 41–54.

Ingram, P. B., Kelso, K. M., & McCord, D. M. (2011). Empirical correlates and expanded interpretation of the MMPI-2-RF Restructured Clinical Scale 3 (Cynicism). *Assessment, 18*, 95–101.

Inman, A. G., Ladany, N., Constantine, M. G., & Morano, C. K. (2001). Development and preliminary validation of the Cultural Values Conflict Scale for South Asian women. *Journal of Counseling Psychology, 48* (1), 17–27.

Innocenti, M. S., Huh, K., & Boyce, G. C. (1992). Families of children with disabilities: Normative data and other considerations on parenting stress. *Topics in Early Childhood Special Education, 12*, 403–427.

Institute for Juvenile Research. (1937). *Child guidance procedures, methods and techniques employed at the Institute for Juvenile Research.* New York: Appleton-Century.

Institute of Medicine. (1984). *Research and training for the Secret Service: Behavioral science and mental health perspectives: A report of the Institute of Medicine* (IOM Publication No. IOM-84-01). Washington, DC: National Academy Press.

International Test Commission. (1993). *Technical standards for translating tests and establishing test score equivalence.* Amherst, MA: Author. (Available from Dr. Ronald Hambleton, School of Education, University of Massachusetts, Amherst, MA 01003).

Ironson, G. H., & Subkoviak, M. J. (1979). A comparison of several methods of assessing item bias. *Journal of Educational Measurement, 16*, 209–225.

Irvine, S. H., & Berry, J. W. (Eds.). (1983). *Human assessment and cultural factors.* New York: Plenum.

Isen, A. M. (1987). Positive affect, cognitive processes, and social behavior. *Advances in Experimental Social Psychology, 20*, 203–253.

Ishihara, S. (1964). *Tests for color blindness* (11th ed.). Tokyo: Kanehara Shuppan.

Ivancevich, J. M. (1983). Contrast effects in performance evaluation and reward practices. *Academy of Management Journal, 26*, 465–476.

Ivanova, M. Y., Achenbach, T. M., Dumenci, L., et al. (2007a). Testing the 8-syndrome structure of the Child Behavior Checklist in 30 societies. *Journal of Clinical Child and Adolescent Psychology, 36* (3), 405–417.

Ivanova, M. Y., Achenbach, T. M., Rescorla, L. A., et al. (2007b). The generalizability of the Youth Self-Report syndrome structure in 23 societies. *Journal of Consulting and Clinical Psychology, 75* (5), 729–738.

Ivnik, R. J., Malec, J. F., Smith, G. E., Tangalos, E. G., Petersen, R. C., Kokmen, E., & Kurland, L. T. (1992). Mayo's older American normative studies: WAIS-R norms for ages 56–97. *Clinical Neuropsychologist, 6* (Suppl.), 1–30.

Ivnik, R. J., Smith, G. E., Malec, J. F., Petersen, R. C., & Tangalos, E. G. (1995). Long-term stability and intercorrelations of cognitive abilities in older persons. *Psychological Assessment, 7*, 155–161.

Jackson, C. L., & LePine, J. A. (2003). Peer responses to a team's weakest link: A test and extension of LePine and Van Dyne's model. *Journal of Applied Psychology, 88*, 459–475.

Jackson, D. E., O'Dell, J. W., & Olson, D. (1982). Acceptance of bogus personality interpretations: Face validity reconsidered. *Journal of Clinical Psychology, 38*, 588–592.

Jackson, D. N. (1964). Desirability judgments as a method of personality assessment. *Educational and Psychological Measurement, 24*, 223–238.

Jackson, D. N. (1977). *Jackson Vocational Interest Survey manual.* Port Huron, MI: Research Psychologists.

Jackson, D. N. (1986). *Computer-based personality testing.* Washington, DC: Scientific Affairs Office, American Psychological Association.

Jackson, D. N., & Messick, S. (1962). Response styles and the assessment of psychopathology. In S. Messick & J. Ross (Eds.), *Measurement in personality and cognition.* New York: Wiley.

Jackson, D. N., & Rushton, J. P. (2006). Males have greater g: Sex differences in general mental ability from 100,000 17- to 18-year-olds on the Scholastic Assessment Test. *Intelligence, 34* (5), 479–486.

Jackson, D. N., & Williams, D. R. (1975). Occupational classification in terms of interest patterns. *Journal of Vocational Behavior, 6*, 269–280.

Jackson, J. F. (1993). Human behavioral genetics, Scarr's theory, and her views on interventions: A critical review and commentary on their implications for African American children. *Child Development, 64*, 1318–1332.

Jackson, J. L. (1999). Psychometric considerations in self-monitoring assessment. *Psychological Assessment, 11*, 439–447.

Jackson, S., Pretti-Frontczak, K., Harjusola-Webb, S., Grisham-Brown J., & Romani, J.M. (2009). Response to intervention: implications for early child professionals. *Language, Speech and Hearing Disorders in Schools, 40*, 1–11.

Jacobs, J. (1970). Are we being misled by fifty years of research on our gifted children? *Gifted Child Quarterly, 14*, 120–123.

Jacobsen, M. E. (1999). Arousing the sleeping giant: Giftedness in adult psychotherapy. *Roeper Review, 22*, 36–41.

Jaffee v. Redmond (1996), 518 U.S. 1; 116 S. Ct. (1923).

Jagger, L., Neukrug, E., & McAuliffe, G. (1992). Congruence between personality traits and chosen occupation as a predictor of job satisfaction for people with disabilities. *Rehabilitation Counseling Bulletin, 36*, 53–60.

Jagim, R. D., Wittman, W. D., & Noll, J. O. (1978). Mental health professionals' attitudes towards confidentiality, privilege, and third-party disclosure. *Professional Psychology, 9*, 458–466.

James, L. R., Demaree, R. G., & Mulaik, S. A. (1986). A note on validity generalization procedures. *Journal of Applied Psychology, 71*, 440-450.

James, L. R., Demaree, R. G., & Wolf, G. (1984). Estimating within-group interrater reliability with and without response bias. *Journal of Applied Psychology, 69*, 85-98.

Janis, I. L. (1972). *Victims of groupthink*. Boston: Houghton Miffl in.

Jankowski, K. (1991). On communicating with deaf people. In L. A. Samovar & R. E. Belmont (Eds.), *Intercultural communication: A reader* (6th ed., pp. 142-150). Belmont, CA: Wadsworth.

Janowsky, D. S., Morter, S., & Hong, L. (2002). Relationship of Myers-Briggs Type Indicator personality characteristics to suicidality in affective disorder patients. *Journal of Pediatric Research, 36*, 33-39.

Janssen, J., Kirschner, F., Erkens, G., Kirschner, P.A., & Paas, F. (2010). Making the black box of collaborative learning transparent: Combining process-oriented and cognitive load approaches. *Educational Psychological Review, 22*(2), 139-154.

Jaspers, K. (1923). *General psychopathology* (translated from German). Chicago: University of Chicago Press, 1968.

Jenkins, C. D., Zyzanski, S. J., & Rosenman, R. H. (1979). *Jenkins Activity Survey: Manual*. San Antonio: Psychological Corporation.

Jenkins, S. R. (2008). *A handbook of clinical scoring systems for thematic apperceptive techniques*. New York: Erlbaum.

Jennings, B. (1991). Active euthanasia and forgoing life-sustaining treatment: Can we hold the line? *Journal of Pain, 6*, 312-316.

Jensen, A. R. (1965). A review of the Rorschach. In O. K. Buros (Ed.), *The sixth mental measurements yearbook* (pp. 501-509). Lincoln: Buros Institute of Mental Measurements, University of Nebraska.

Jensen, A. R. (1969). How much can we boost IQ and scholastic achievement? *Harvard Educational Review, 39*, 1-123.

Jensen, A. R. (1980). *Bias in mental testing*. New York: Free Press.

Jensen, A. R. (2000). Testing: The dilemma of group differences. *Psychology, Public Policy, and Law, 6*, 121-127.

Jobes, D. A., Jacoby, A. M., Cimbolic, P., & Hustead, L. A. T. (1997). Assessment and treatment of suicidal clients in a university. *Journal of Consulting Psychology, 44*, 368-377.

Johansson, H. J., & Forsman, M. (2001). Identification and analysis of unsatisfactory psychosocial work situations: A participatory approach employing video-computer interaction. *Applied Ergonomics, 32*, 23-29.

John, O. P., Donahue, E. M., & Kentle, R. L. (1991). *The Big Five Inventory-Versions 4a and 54*. Berkeley: University of California, Berkeley, Institute of Personality and Social Research.

Johnson, D. L., & Johnson, C. A. (1965). Totally discouraged: A depressive syndrome of the Dakota Sioux. *Psychiatric Research Review, 2*, 141-143.

Johnson, E. S. (2000). The effects of accommodation on performance assessments. *Remedial and Special Education, 21*, 261-267.

Johnson, G. S. (1989). Emotional indicators in the human figure drawings of hearing-impaired children: A small sample validation study. *American Annals of the Deaf, 134*, 205-208.

Johnson, J. A., & Ostendorf, F. (1993). Clarification of the five-factor model with the abridged big five dimensional circumplex. *Journal of Personality and Social Psychology, 65*, 563-576.

Johnson, L. C., Beaton, R., Murphy, S., & Pike, K. (2000). Sampling bias and other methodological threats to the validity of health survey research. *International Journal of Stress Management, 7*, 247-267.

Johnson, L. J., Cook, M. J., & Kullman, A. J. (1992). An examination of the concurrent validity of the Battelle Developmental Inventory as compared with the Vineland Adaptive Scales and the Bayley Scales of Infant Development. *Journal of Early Intervention, 16*, 353-359.

Johnson, R. C. (1963). Similarity in IQ of separated identical twins as related to length of time spent in same environment. *Child Development, 34*, 745-749.

Johnson, W., & Bouchard, T. J., Jr. (2005a). Constructive replication of the Visual-Perceptual-Image Rotation (VPR) Model in Thurstone's (1941) battery of 60 tests of mental ability. *Intelligence, 33*, 417-430.

Johnson, W., & Bouchard, T. J., Jr. (2005b). The structure of human intelligence: It's verbal, perceptual, and image rotation (VPR), not fluid and crystallized. *Intelligence, 33*, 393-416.

Johnson, W., Bouchard, T. J., Jr., McGue, M., et al. (2007). Genetic and environmental influences on the Verbal-Perceptual-Image Rotation (VPR) model of the structure of mental abilities in the Minnesota study of twins reared apart. *Intelligence, 35* (6), 542-562.

Johnston, P. (2011). An instructional frame for RtI. *The Reading Teacher, 63*, 602-604.

Johnston, P. H. (2011). Response to intervention in literacy: Problems and possibilities. *Elementary School Journal, 111* (4), 511-534.

Joiner, T. E., Jr., & Schmidt, K. L. (1997). Drawing conclusions—or not—from drawings. *Journal of Personality Assessment, 69*, 476-481.

Joiner, T. E., Jr., Schmidt, K. L., & Barnett, J. (1996). Size, detail, and line heaviness in children's drawings as correlates of emotional distress: (More) negative evidence. *Journal of Personality Assessment, 67*, 127-141.

Joiner, T. E., Jr., & Walker, R. L. (2002). Construct validity of a measure of acculturative stress in African Americans. *Psychological Assessment, 14*, 462-466.

Jolles, J. (1952). *A catalogue for the qualitative interpretation of the H-T-P*. Los Angeles: Western Psychological Services.

Jonason, P. K., Teicher, E. A., & Schmitt, D. P. (2011). The TIPI's Validity Confirmed: Associations with Sociosexuality and Self-Esteem. *Individual Differences Research, 9(1)*, 52-60.

Jones, J. W., Arnold, D., & Harris, W. G. (1990). Introduction to the Model Guidelines for Preemployment Integrity Testing. *Journal of Business and Psychology, 4*, 525-532.

Jones, J. W., Brasher, E. E., & Huff, J. W. (2002). Innovations in integrity-based personnel selection: Building a technology-friendly assessment. *International Journal of Selection and Assessment, 10*, 87-97.

Jones, P., & Rodgers, B. (1993). Estimating premorbid IQ in schizophrenia. *British Journal of Psychiatry, 162*, 273-274.

Jones, R. N., & Gallo, J. J. (2000). Dimensions of the Mini-Mental State Examination among community-dwelling older adults. *Psychological Medicine, 30*, 605-618.

Jones, S. E. (2001, February). Ethics Code Draft published for comment. *APA Monitor, 32*.

Jouriles, E.N., Rowe, L. S., McDonald, R., et al. (2011). Assessing women's responses to sexual threat: Validity of a virtual role-play procedure. *Behavior Therapy, 42*(3), 475-484.

Judge, T. A., & Bono, J. E. (2000). Five-factor model of personality and transformational leadership. *Journal of Applied Psychology, 85*, 751-765.

Judge, T. A., Bono, J. E., & Locke, E. A. (2000). Personality and job satisfaction: The mediating role of job characteristics. *Journal of Applied Psychology, 85*, 237-249.

Judge, T. A., Heller, D., & Mount, M. K. (2002). Five-factor model of personality and job satisfaction: A meta-analysis. *Journal of Applied Psychology, 87*, 530-541.

Judge, T. A., Higgins, C. A., Thoresen, C. J., & Barrick, M. R. (1999). The big five personality traits, general mental ability, and career success across the life span. *Personnel Psychology, 52,* 621–652.

Judge, T. A., & Hurst, C. (2008). How the rich (and happy) get richer (and happier): Relationship of core self-evaluations to trajectories in attaining work success. *Journal of Applied Psychology, 93* (4), 849–863.

Judge, T. A., & Ilies, R. (2002). Relationship of personality to performance motivation: A meta-analytic review. *Journal of Applied Psychology, 87,* 797–807.

Jung, C. G. (1910). The association method. *American Journal of Psychology, 21,* 219–269.

Jung, C. G. (1923). *Psychological types.* London: Routledge & Kegan Paul.

Juni, S. (1996). Review of the revised NEO Personality Inventory. In J. C. Conoley & J. C. Impara (Eds.), *The twelfth mental measurements yearbook* (pp. 863–868). Lincoln: Buros Institute of Mental Measurements, University of Nebraska.

Kacmar, K. M., Collins, B. J., Harris, K. J., & Judge, T. A. (2009). Core self-evaluations and job performance: The role of the perceived work environment. *Journal of Applied Psychology, 94* (6), 1572–1580.

Kagan, J. (1956). The measurement of overt aggression from fantasy. *Journal of Abnormal and Social Psychology, 52,* 390–393.

Kahn, M., & Taft, G. (1983). The application of the standard of care doctrine to psychological testing. *Behavioral Sciences and the Law, 1,* 71–84.

Kail, B. L., & DeLaRosa, M. (1998). Challenges to treating the elderly Latino substance abuser: A not so hidden research agenda. *Journal of Gerontological Social Work, 30,* 128–141.

Kaiser, H. F. (1958). A modified stanine scale. *Journal of Experimental Education, 26,* 261.

Kaiser, H. F., & Michael, W. B. (1975). Domain validity and generalizability. *Educational and Psychological Measurement, 35,* 31–35.

Kalat, J. W., & Matlin, M. W. (2000). The GRE Psychology Test: A useful but poorly understood test. *Teaching of Psychology, 27,* 24–27.

Kalshoven, K., Den Hartog, D. N., & De Hoogh, A. H. B. (2011). Ethical Leadership at Work questionnaire (ELW): Development and validation of a multidimensional measure. *Leadership Quarterly, 22,* 51–69.

Kamin, L. J. (1974). *The science and politics of IQ.* New York: Wiley.

Kamiya, J. (1962). *Conditional discrimination of the EEG alpha rhythm in humans.* Paper presented at the annual meeting of the Western Psychological Association, April.

Kamiya, J. (1968). Conscious control of brain waves. *Psychology Today, 1* (11), 56–60.

Kamphaus, R. W., & Pleiss, K. L. (1993). Comment on "The use and abuse of human figure drawings." *School Psychology Quarterly, 8,* 187–188.

Kanaya, T., Scullin, M. H., & Ceci, S. J. (2003). The Flynn effect and U. S. policies: The impact of rising IQ scores on American society via mental retardation diagnoses. *American Psychologist, 58,* 778–790.

Kane, S. T., Walker, J. H., & Schmidt, G. R. (2011). Assessing college-level learning difficulties and "at riskness" for learning disabilities and ADHD: Development and validation of the Learning Difficulties Assessment. *Journal of Learning Disabilities, 44* (6), 533–542.

Kapusta, N. (2011). Development of a suicide risk assessment scale. *European Psychiatry, 26* (Supplement 1), 1621.

Karantonis, A., & Sireci, S. G. (2006). The bookmark standard-setting method: A literature review. *Educational Measurement: Issues and Practice* (Spring), 4–12.

Karlsen, S., Rogers, A., & McCarthy, M. (1998). Social environment and substance misuse: A study of ethnic variations among inner London adolescents. *Ethnicity & Health, 3,* 265–273.

Karon, B. P. (1981). The Thematic Apperception Test (TAT). In A. I. Rabin (Ed.), *Assessment with projective techniques: A concise introduction* (pp. 85–120). New York: Springer.

Karon, B. P. (2000). The clinical interpretation of the Thematic Apperception Test, Rorschach, and other clinical data: A reexamination of statistical versus clinical prediction. *Professional Psychology: Research and Practice, 31,* 230–233.

Karp, S. A., Holmstrom, R. W., & Silber, D. E. (1990). *Apperceptive Personality Test Manual* (Version 2.0). Orland Park, IL: International Diagnostic Systems.

Kasahara, M., Menon, D. K., Salmond, C. H., et al. (2011). Traumatic brain injury alters the functional brain networking mediating working memory. *Brain Injury, 25* (12), 1170–1187.

Katz, R. C., Santman, J., & Lonero, P. (1994). Findings on the Revised Morally Debatable Behaviors Scale. *Journal of Psychology, 128,* 15–21.

Katz, W. F., Curtiss, S., & Tallal, P. (1992). Rapid automatized naming and gesture by normal and language-impaired children. *Brain and Language, 43,* 623–641.

Kaufman, A. S. (1990). *Assessing adolescent and adult intelligence.* Needham Heights, MA: Allyn & Bacon.

Kaufman, A. S. (1993). Joint exploratory factor analysis of the Kaufman Battery for Children and the Kaufman Adolescent and Adult Intelligence Test for 11– and 12-yearolds. *Journal of Clinical Child Psychology, 22,* 355–364.

Kaufman, A. S. (1994a). *Intelligent testing with the WISC-R.* New York: Wiley.

Kaufman, A. S. (1994b). *Intelligent testing with the WISC-III.* New York: Wiley.

Kaufman, A. S., Ishkuma, T., & Kaufman-Packer, J. L. (1991). Amazingly short forms of the WAIS-R. *Journal of Psycho-educational Assessment, 9,* 4–15.

Kaufman, A. S., & Kaufman, N. L. (1983a). *Kaufman Assessment Battery for Children (K-ABC): Administration and scoring manual.* Circle Pines, MN: American Guidance Service.

Kaufman, A. S., & Kaufman, N. L. (1983b). *Kaufman Assessment Battery for Children (K-ABC) interpretative manual.* Circle Pines, MN: American Guidance Service.

Kaufman, A. S., & Kaufman, N. L. (1990). *Kaufman Brief Intelligence Test (K-BIT): Manual.* Circle Pines, MN: American Guidance Service.

Kaufman, A. S., & Kaufman, N. L. (1993). *Kaufman Adolescent and Adult Intelligence Test (KAIT): Manual.* Circle Pines, MN: American Guidance Service.

Kaufman, A. S., Kaufman, N. L., & Goldsmith, B. (1984). *Kaufman Sequential or Simultaneous (K-SOS).* Circle Pines, MN: American Guidance Service.

Kaufman, A. S., & Lichtenberger, E. O. (1999). *Essentials of WAIS-III assessment.* New York: Wiley.

Kaufman, A. S., & McLean, J. E. (1986). K-ABC/WISC-R factor analysis for a learning-disabled population. *Journal of Learning Disabilities, 19,* 145–153.

Kaufman, A. S., & McLean, J. E. (1987). Joint factor analysis of the K-ABC and WISC-R with normal children. *Journal of School Psychiatry, 25,* 105–118.

Kaufman, A. S., Reynolds, C. R., & McLean, J. E. (1989). Age and WAIS-R intelligence in a national sample of adults in the 20– to 74-year age range: A cross-sectional analysis with educational level controlled. *Intelligence, 13,* 235–253.

Kaufman, J. C. (2010). Using creativity to reduce ethnic bias in college admissions. *Review of General Psychology, 14*(3), 189–203.

Kavale, K. A. (1995). Meta-analysis at 20: Retrospect and prospect. *Evaluation and the Health Professionals, 18,* 349–369.

Kaye, B. K., & Johnson, T. J. (1999). Taming the cyber frontier: Techniques for improving online surveys. *Social Science Computer Review, 17,* 323–337.

Keating, C. F., Mazur, A., Segall, M. H., et al. (1981). Culture and the perception of social dominance from facial expression. *Journal of Personality and Social Psychology, 40,* 615–626.

Kebbell, M. R., & Wagstaff, G. F. (1998). Hypnotic interviewing: The best way to interview eyewitnesses? *Behavioral Sciences & the Law, 16,* 115–129.

Keddy, P., & Erdberg, P. (2010). Changes in the Rorschach and MMPI-2 after electroconvulsive therapy (ECT): A collaborative assessment case study. *Journal of Personality Assessment, 9* 2(4), 279–295

Keefe, F. J., Smith, S. J., Buffington, A. L. H., Gibson, J., Studts, J. L., & Caldwell, D. S. (2002). Recent advances and future directions in the biopsychosocial assessment and treatment of arthritis. *Journal of Consulting and Clinical Psychology, 70,* 640–655.

Kehoe, J. F., & Tenopyr, M. L. (1994). Adjustment in assessment scores and their usage: A taxonomy and evaluation of methods. *Psychological Assessment, 6,* 291–303.

Keiser, R. E., & Prather, E. N. (1990). What is the TAT? A review of ten years of research. *Journal of Personality Assessment, 55,* 800–803.

Keith, T. Z. (1985). Questioning the K-ABC: What does it measure? *School Psychology Review, 1,* 21–36.

Keith, T. Z., & Kranzler, J. H. (1999). The absence of structural fidelity precludes construct validity: Rejoinder to Naglieri on what the Cognitive Assessment System does and does not measure. *School Psychology Review, 28,* 117–144.

Keith, T. Z., & Novak, C. G. (1987). Joint factor structure of the WISC-R and K-ABC for referred school children. *Journal of Psychoeducational Assessment, 5* (4), 370–386.

Keith, T. Z., Powell, A. L., & Powell, L. R. (2001). Review of Wechsler Abbreviated Scale of Intelligence. In B. S. Plake & J. C. Impara (Eds.), *The fourteenth mental measurements yearbook* (pp. 1329–1331). Lincoln: University of Nebraska Press.

Keith, T. Z., & Witta, L. (1997). Hierarchical and cross-age confirmatory factor analysis of the WISC-III: What does it measure? *School Psychology Quarterly, 12,* 80–107.

Kelley, C., & Meyers, J. (1992). *Cross-Cultural Adaptability Inventory.* Minneapolis: NCS Assessments.

Kelley, S. J. (1985). Drawings: Critical communications for the sexually abused child. *Pediatric Nursing, 11,* 421–426.

Kelley, S. J. (1988). Physical abuse of children: Recognition and reporting. *Journal of Emergency Nursing, 14* (2), 82–90.

Kelley, T. L. (1927). *Interpretation of educational measurements.* Yonkers, NY: World Book.

Kelley, T. L. (1939). The selection of upper and lower groups for the validation of test items. *Journal of Educational Psychology, 30,* 17–24.

Kellner, C. H., Jolley, R. R., Holgate, R. C., et al. (1991). Brain MRI in obsessive-compulsive disorder. *Psychiatric Research, 36,* 45–49.

Kelly, D. H. (1966). Measurement of anxiety by forearm blood flow. *British Journal of Psychiatry, 112,* 789–798.

Kelly, E. J. (1985). The personality of chess players. *Journal of Personality Assessment, 49,* 282–284.

Kempen, J. H., Kritchevsky, M., & Feldman, S. T. (1994). Effect of visual impairment on neuropsychological test performance. *Journal of Clinical and Experimental Neuropsychology, 16,* 223–231.

Kendall, P. C., Williams, L., Pechacek, T. F., Graham, L. E., Shisslak, C., & Herzof, N. (1979). Cognitive-behavioral and patient education interventions in cardiac catheterization procedures: The Palo Alto Medical Psychology Project. *Journal of Consulting and Clinical Psychology, 47,* 48–59.

Kennedy, M. H., & Hiltonsmith, R. W. (1988). Relationships among the K-ABC Nonverbal Scale, the Pictorial Test of Intelligence and the Hiskey-Nebraska Test of Learning Aptitude for speech– and language-disabled preschool children. *Journal of Psychoeducational Assessment, 6*(1), 49–54.

Kennedy, R. S., Bittner, A. C., Harbeson, M., & Jones, M. B. (1982). Television computer games: A "new look" in performance testing. *Aviation, Space and Environmental Medicine, 53,* 49–53.

Kenny, M. C., Alvarez, K., Donahue, B. C., & Winick, C. B. (2008). Overview of behavioral assessment in adults. In M. Hersen & J. Rosqvist (Eds.)., *Handbook of psychological assessment: Case conceptualization and treatment: Vol. 1. Adults* (pp. 3–25). Hoboken, NJ: Wiley.

Kent, G. H., & Rosanoff, A. J. (1910). A study of association in insanity. *American Journal of Insanity, 67,* 37–96, 317–390.

Kent, N., & Davis, D. R. (1957). Discipline in the home and intellectual development. *British Journal of Medical Psychology, 30,* 27–33.

Kerlinger, F. N. (1973). *Foundations of behavioral research* (2nd ed.). New York: Holt.

Kern, J. M., Miller, C., & Eggers, J. (1983). Enhancing the validity of role-play tests: A comparison of three role-play methodologies. *Behavior Therapy, 14,* 482–492.

"KeyMath," (2011). Information posted on the KeyMath3-DA by the test's publisher, Pearson Assessments, accessed December 18, 2011, at http://www.pearsonassessments.com/hai/images/pa/products/keymath3_da/km3-da-pub-summary.pdf.

Khan, S. B., Alvi, S. A., Shaukat, N., & Hussain, M. A. (1990). A study of the validity of Holland's theory in a non-Western culture. *Journal of Vocational Behavior, 36,* 132–146.

Kim, B. S. K., Atkinson, D. R., & Yang, P. H. (1999). The Asian Values Scale: Development, factor analysis, validation, and reliability. *Journal of Counseling Psychology, 46,* 342–352.

King, D. A., Conwell, Y., Cox, C., et al. (2000). A neuropsychological comparison of depressed suicide attempters and nonattempters. *Journal of Neuropsychiatry and Clinical Neurosciences, 12,* 64–70.

King, M. A., & Yuille, J. C. (1987). Suggestibility and the child witness. In S. J. Ceci, M. P. Toglia, & D. F. Ross (Eds.), *Children's eyewitness testimony.* New York: Springer-Verlag.

Kinslinger, H. J. (1966). Application of projective techniques in personnel psychology since 1940. *Psychological Bulletin, 66,* 134–149.

Kinston, W., Loader, P., & Miller, L. (1985). *Clinical assessment of family health.* London: Hospital for Sick Children, Family Studies Group.

Kippax, S., Campbell, D., Van de Ven, P., et al. (1998). Cultures of sexual adventurism as markers of HIV seroconversion: A case control study in a cohort of Sydney gay men. *AIDS Care, 10,* 677–688.

Kirby, J., Moore, P., & Shofield, N. (1988). Verbal and visual learning styles. *Contemporary Educational Psychology, 13,* 169–184.

Kirmayer, L. J., & Young, A. (1999). Culture and context in the evolutionary concept of mental disorder. *Journal of Abnormal Psychology, 108,* 446–452.

Kisamore, J. L., & Brannick, M. T. (2008). An illustration of the consequences of meta-analysis model choice. *Organizational Research Methods, 11,* 35–53.

Klanderman, J. W., Perney, J., & Kroeschell, Z. B. (1985). Comparison of the K-ABC and WISC-R for LD children. *Journal of Learning Disabilities, 18,* 524–527.

Klein, D. F. (1999). Harmful dysfunction, disorder, disease, illness, and evolution. *Journal of Abnormal Psychology, 108,* 421–429.

Klein, N., Kotov R., & Bufferd, S. J. (2011). Personality and Depression: Explanatory Models and Review of the Evidence. *Annual Review of Clinical Psychology, 7,* 269–295.

Kleinman, A., & Kleinman, J. (1991). Suffering and its professional transformation: Toward an ethnography of interpersonal experience. *Culture, Psychiatry and Medicine, 15,* 275–301.

Kleinman, A. M., & Lin, T. Y. (1980). Introduction. In A. M. Kleinman & T. Y. Lin (Eds.), *Normal and abnormal behavior in Chinese cultures* (pp. 1–6). Dordrecht, Netherlands: Reidel.

Kleinmuntz, B., & Szucko, J. J. (1984). Lie detection in ancient and modern times: A call for contemporary scientific study. *American Psychologist, 39,* 766–776.

Kline, R. B., & Lachar, D. (1992). Evaluation of age, sex, and race bias in the Personality Inventory for Children (PIC). *Psychological Assessment, 4,* 333–339.

Kline, R. B., Lachar, D., & Boersma, D. C. (1993). Identification of special education needs with the Personality Inventory for Children (PIC): A hierarchical classification model. *Psychological Assessment, 5,* 307–316.

Kline, R. B., Lachar, D., & Gdowski, C. L. (1992). Clinical validity of a Personality Inventory for Children (PIC) profile typology. *Psychological Assessment, 58,* 591–605.

Kline, R. B., Lachar, D., & Sprague, D. J. (1985). The Personality Inventory for Children (PIC): An unbiased predictor of cognitive and academic status. *Journal of Pediatric Psychology, 10,* 461–477.

Kline, R. B., Snyder, J., Guilmette, S., & Castellanos, M. (1993). External validity of the Profile Variability Index for the K-ABC, Stanford-Binet, and WISC-R: Another culde-sac. *Journal of Learning Disabilities, 26,* 557–567.

Klinger, E. (1978). Modes of normal conscious flow. In K. S. Pope & J. L. Singer (Eds.), *The stream of consciousness: Scientific investigations into the flow of human experience* (pp. 225–258). New York: Plenum.

Klonoff, E. A., & Landrine, H. (1999). Acculturation and alcohol use among Blacks: The benefits of remaining culturally traditional. *Western Journal of Black Studies, 23,* 211–216.

Klonoff, E. A., & Landrine, H. (2000). Revising and Improving the African American Acculturation Scale. *Journal of Black Psychology, 26* (2), 235–261.

Klopfer, B., Ainsworth, M., Klopfer, W., & Holt, R. R. (1954). *Developments in the Rorschach technique: Vol. 1. Technique and theory.* Yonkers-on-Hudson, NY: World.

Klopfer, B., & Davidson, H. (1962). *The Rorschach technique: An introductory manual.* New York: Harcourt.

Kluckhohn, F. R. (1954). Dominant and variant value orientations. In C. Kluckhohn & H. A. Murray (Eds.), *Personality in nature, society, and culture* (pp. 342–358). New York: Knopf.

Kluckhohn, F. R. (1960). A method for eliciting value orientations. *Anthropological Linguistics, 2* (2), 1–23.

Kluckhohn, F. R., & Strodtbeck, F. L. (1961). *Variations in value orientations.* Homewood, IL: Dorsey.

Knoff, H. M. (1990a). Evaluation of projective drawings. In C. R. Reynolds and T. B. Gutkin (Eds.), *Handbook of school psychology* (2nd ed., pp. 898–946). New York: Wiley.

Knoff, H. M. (1990b). Review of Children's Depression Inventory. In J. J. Kramer & J. C. Conoley (Eds.), *The supplement to the tenth mental measurements yearbook* (pp. 48–50). Lincoln: Buros Institute of Mental Measurements, University of Nebraska.

Knoff, H. M., & Prout, H. T. (1985). *The Kinetic Drawing System: Family and School.* Los Angeles: Western Psychological Services.

Knowles, E. S., & Condon, C. A. (2000). Does the rose still smell as sweet? Item variability across test forms and revisions. *Psychological Assessment, 12,* 245–252.

Kobak, K. A., Reynolds, W. M., & Greist, J. H. (1993). Development and validation of a computer administered version of the Hamilton Anxiety Scale. *Psychological Assessment, 5,* 487–492.

Koenig, K. A., Frey, M. C., & Detterman, D. K. (2008). ACT and general cognitive ability. *Intelligence, 36*(2), 153–160.

Kollins, S. H., Epstein, J. N., & Conners, C. K. (2004). Conners' Rating Scales—Revised. In M. E. Maruish (Ed.). *The use of psychological testing for treatment planning and outcomes assessment: Volume 2: Instruments for children and adolescents* (3rd ed., pp. 215–233). Mahwah, NJ: Erlbaum.

Kolotkin, R. A., & Wielkiewicz, R. M. (1984). Effects of situational demand in the role-play assessment of assertive behavior. *Journal of Behavioral Assessment, 6,* 59–70.

Kongs, S. K., Thompson, L. L., Iverson, G. L., & Heaton, R. K. (2000). *Wisconsin Card Sorting Test-64 Card Version* (WCST-64). Odessa, FL: Psychological Assessment Resources.

Koppitz, E. M. (1963). *The Bender-Gestalt Test for young children.* New York: Grune & Stratton.

Koppitz, E. M. (1975). *The Bender-Gestalt Test for young children* (Vol. 2). New York: Grune & Stratton.

Korchin, S. J., & Schuldberg, D. (1981). The future of clinical assessment. *American Psychologist, 36,* 1147–1158.

Korkman, M. (1999). Applying Luria's diagnostic principles in the neuropsychological assessment of children. *Neuropsychology Review, 9,* 89–105.

Korkman, M., Kirk, U., & Kemp, S. (1997). *NEPSY.* San Antonio: Psychological Corporation. Korman, A. K. (1988). *The outsiders: Jews and corporate America.* Lexington, MA: Lexington.

Koson, D., Kitchen, C., Kochen, M., & Stodolsky, D. (1970). Psychological testing by computer: Effect on response bias. *Educational and Psychological Measurement, 30,* 803–810.

Kotov, R., Gamez, W., Schmidt, F., & Watson, D. (2010). Linking "big" personality traits to anxiety, depressive, and substance use disorders: A meta-analysis. *Psychological Bulletin, 136* (5), 768–821.

Kottke, J. L., Olson, D. A., & Shultz, K. S. (2010). The devil is in the details: A comment on "What might this be? Rediscovering the Rorschach as a tool for personnel selection in organizations" (Del Giudice, 2010). *Journal of Personality Assessment, 92* (6), 610–612.

Kouzes, J. M., & Posner, B. Z. (2007). *The leadership challenge* (4th ed.). San Francisco: Jossey-Bass.

Kozhevnikov, M., Kosslyn, S., & Shephard, J. (2005). Spatial versus object visualizers: A new characterization of visual cognitive style. *Memory and Cognition, 33,* 710–726.

Kozhevnikov, M., Motes, M. A., & Hegarty, M. (2007). Spatial visualization in physics problem solving. *Cognitive Science, 31* (4), 549–579.

Kraepelin, E. (1892). *Uber die Beeinflussing einfacher psychischer Vorgange durch einige Arzneimittel.* Jena: Fischer.

Kraepelin, E. (1895). Der psychologische versuch in der psychiatrie. *Psychologische Arbeiten, 1,* 1–91.

Kraepelin, E. (1896). Der psychologische versuch in der psychiatrie. *Psychologische Arbeiten, 1,* 1–91.

Kranzler, G., & Moursund, J. (1999). *Statistics for the terrified* (2nd ed.). Upper Saddle River, NJ: Prentice-Hall.

Kranzler, J. H., & Keith, T. Z. (1999). Independent confirmatory factor analysis of the Cognitive Assessment System (CAS): What does the CAS measure? *School Psychology Review, 28,* 117–144.

Kranzler, J. H., Keith, T. Z., & Flanagan, D. P. (2000). Independent examination of the factor structure of the Cognitive Assessment System (CAS): Further evidence challenging the construct validity of the CAS. *Journal of Psychoeducational Assessment, 18* (2), 143–159.

Krasner, M. S., Epstein, R. M., Beckman, H., et al. (2009). Association of an educational program in mindful communication with burnout, empathy, and attitudes among primary care physicians. *Journal of the American Medical Association, 302* (12), 1284–1293.

Krauss, D. A. (2007). Participant. In A. E. Puente (Chair), *Third party observers in psychological and neuropsychological forensic psychological assessment*. Symposium presented at the 115 th Annual Convention of the American Psychological Association, San Francisco.

Krauss, D. A., & Sales, B. D. (1999). The problem of "helpfulness" in applying *Daubert* to expert testimony: Child custody determinations in family law as an exemplar. *Psychology, Public Policy, and Law, 5,* 78–99.

Krauss, M. W. (1993). Child-related and parenting stress: Similarities and differences between mothers and fathers of children with disabilities. *American Journal on Mental Retardation, 97,* 393–404.

Kreifelts, B., Ethofer, T., Huberle, E., et al. (2010). Association of trait emotional intelligence and individual fMRI-activation patterns during the perception of social signals from voice and face. *Human Brain Mapping, 31*(7), 979–991.

Kresel, J. J., & Lovejoy, F. H. (1981). Poisonings and child abuse. In N. S. Ellerstein (Ed.), *Child abuse and neglect: A medical reference* (pp. 307–313). New York: Wiley.

Krikorian, R., & Bartok, J. A. (1998). Developmental data for the Porteus Maze Test. *Clinical Neuropsychologist, 12,* 305–310.

Krohn, E. J., & Lamp, R. E. (1989). Concurrent validity of the K-ABC and Stanford-Binet—Fourth Edition for Head Start Children. *Journal of School Psychology, 27* (1), 59–67.

Krohn, E. J., Lamp, R. E., & Phelps, C. G. (1988). Validity of the K-ABC for a black preschool population. *Psychology in the Schools, 25,* 15–21.

Kronholz, J. (1998, February 12). As states end racial preferences, pressure rises to drop SAT to maintain minority enrollment. *Wall Street Journal,* p. A24.

Krueger, R. F., Eaton, N. R., Clark, L. A., et al. (2011). Deriving an empirical structure of personality pathology for DSM-5. *Journal of Personality Disorders, 25* (2), 170–191.

Kubinger, K. D., Holocher-Ertl, S., Reif, M., et al. (2010). On minimizing guessing effects on multiple-choice items. *International Journal of Selection and Assessment, 18*(1), 111–115.

Kubiszyn, T. W., Meyer, G. J., Finn, S. E., et al. (2000). Empirical support for psychological assessment in clinical health care settings. *Professional Psychology: Research and Practice, 31,* 119–130.

Kuder, F., Diamond, E. E., & Zytowski, D. G. (1998). Differentiation as fundamental validity for criterion-group and scaled interest inventories. *Educational and Psychological Measurement, 58,* 38–41.

Kuder, G. F. (1979). *Kuder Occupational Interest Survey, Revised: General manual.* Chicago: Science Research Associates.

Kuder, G. F., & Richardson, M. W. (1937). The theory of the estimation of reliability. *Psychometrika, 2,* 151–160.

Kuhlmann, F. (1912). A revision of the Binet-Simon system for measuring the intelligence of children. *Journal of Psycho-Asthenics Monograph Supplement, 1* (1), 1–41.

Kumho Tire Co. Ltd. v. Carmichael, 119 S. Ct. 1167 (1999).

Kuncel, N. R., & Hezlett, S. A. (2007a). Standardized tests predict graduate students' success. *Science, 315*(5815), 1080–1081.

Kuncel, N. R., & Hezlett, S. A. (2007b). The utility of standardized tests: Response. *Science 316* (5832), 1696–1697.

Kuncel, N. R., Hezlett, S. A., & Ones, D. S. (2001). A comprehensive meta-analysis of the predictive validity of the Graduate Record Examinations: Implications for graduate student selection and performance. *Psychological Bulletin, 127,* 162–181.

Kupfer, D. J., First, M. B., & Regier, D. A. (Eds.) (2002). *A research agenda for DSM-V.* Washington, DC: American Psychiatric Association.

Kurt, A., & Paulhus, D. L. (2008). Moderators of the adaptiveness of self-enhancement: Operationalization, motivational domain, adjustment facet, and evaluator. *Journal of Research in Personality, 42* (4), 839–853.

Lachar, D. (1982). *Personality Inventory for Children (PIC): Revised format manual supplement.* Los Angeles: Western Psychological Services.

Lachar, D., Gdowski, C. L., & Snyder, D. K. (1985). Consistency of maternal report and the Personality Inventory for Children: Always useful and sometimes sufficient—Reply to Cornell. *Journal of Consulting and Clinical Psychology, 53,* 275–276.

Lachar, D., & Gruber, C. P. (2001). *The Personality Inventory for Children, Second Edition (PIC-2).* Los Angeles: Western Psychological Services.

Lachar, D., Kline, R. B., & Boersma, D. C. (1986). The Personality Inventory for Children: Approaches to actuarial interpretation in clinic and school settings. In H. M. Knoff (Ed.), *The psychological assessment of child and adolescent personality* (pp. 273–308). New York: Guilford.

Lachar, D., & Wirt, R. D. (1981). A data-based analysis of the psychometric performance of the Personality Inventory for Children (PIC): An alternative to the Achenbach review. *Journal of Personality Assessment, 45,* 614–616.

Lacks, P. (1999). *Bender-Gestalt screening for brain dysfunction.* New York: Wiley.

LaCombe, J. A., Kline, R. B., Lachar, D., Butkus, M., & Hillman, S. B. (1991). Case history correlates of a Personality Inventory for Children (PIC) profile typology. *Psychological Assessment, 3,* 678–687.

Laidlaw, T. M. (1999). Designer testing: Using subjects' personal vocabulary to produce individualised tests. *Personality and Individual Differences, 27,* 1197–1207.

Laker, D. R. (2002). The career wheel: An exercise for exploring and validating one's career choices. *Journal of Employment Counseling, 39,* 61–72.

Lally, S. J. (2003). What tests are acceptable for use in forensic evaluations? A survey of experts. *Professional Psychology: Research & Practice, 34,* 491–498.

Lam, C. S., Chan, F., Hilburger, J., Heimburger, M., Hill, V., & Kaplan, S. (1993). Canonical relationships between vocational interests and aptitudes. *Vocational Evaluation and Work Adjustment Bulletin, 26,* 155–160.

Lamb, M. E. (Ed.). (1981). *The role of the father in child development* (2nd ed.). New York: Wiley.

Lambert, E. W., & Engum, E. S. (1992). Construct validity of the Cognitive Behavioral Driver's Inventory: Age, diagnosis, and driving ability. *Journal of Cognitive Rehabilitation, 10,* 32–45.

Lambert, N., Nihira, K., & Leland, H. (1993). *AAMR Adaptive Behavior Scale-School-Second Edition: Examiner's manual.* Austin: PRO-ED.

Lamp, R. E., & Krohn, E. J. (1990). Stability of the Stanford-Binet Fourth Edition and K-ABC for young black and white children from low-income families. *Journal of Psychoeducational Assessment, 8,* 139–149.

Lamp, R. E., & Krohn, E. J. (2001). A longitudinal predictive validity investigation of the SB: FE and K-ABC with at-risk children. *Journal of Psychoeducational Assessment, 19,* 334–349.

Landrum, M. S., & Ward, S. B. (1993). Behavioral assessment of gifted learners. *Journal of Behavioral Education, 3,* 211–215.

Landy, F. J. (1986). Stamp collecting versus science. *American Psychologist, 41,* 1183–1192.

Landy, F. J. (2007). The validation of personnel decisions in the twenty-first century: Back to the future. In S. M. McPhail (Ed.), *Alternative validation strategies: Developing new and leveraging existing evidence* (pp. 409–426). Hoboken, NJ: Wiley.

Landy, F. J., & Farr, J. H. (1980). Performance rating. *Psychological Bulletin, 87,* 72–107.

Lane, H. (1992). *The mask of benevolence: Disabling the deaf community.* New York: Vintage.

Lane, J. C. (1992, August). Threat management fills void in police services. *Police Chief,* pp. 27–29, 31.

Lang, P. J., Greenwald, M. K., Bradley, M. M., & Hamm, A. O. (1993). Looking at pictures: Affective, facial, visceral, and behavioral reactions. *Psychophysiology, 30,* 261–273.

Langer, E. J., & Abelson, R. P. (1974). A patient by any other name: Clinician group difference in labeling bias. *Journal of Consulting and Clinical Psychology, 42,* 4–9.

Langlois, J. H., Ritter, J. M., Casey, R. J., & Sawin, D. B. (1995). Infant attractiveness predicts maternal behaviors and attitudes. *Developmental Psychology, 31,* 464–472.

Lanyon, R. I. (1984). Personality assessment. *Annual Review of Psychology, 35,* 667–701.

Lanyon, R. I. (1993a). Assessment of truthfulness in accusations of child molestation. *American Journal of Forensic Psychology, 11,* 29–44.

Lanyon, R. I. (1993b). Development of scales to assess specific deception strategies on the Psychological Screening Inventory. *Psychological Assessment, 5,* 324–329.

Lanyon, R. I., & Thomas, M. L. (2008). Detecting deception in sex offender assessment. In R. Rogers (Ed.), *Clinical assessment of malingering and deception* (3rd ed., pp. 285–300). New York: Guilford Press.

Larkin, J. E., Pines, H. A., & Bechtel, K. M. (2002). Facilitating students' career development in psychology courses: A portfolio project. *Teaching of Psychology, 29,* 207–210.

Larrabee, G. J. (Ed.). (2005). *Forensic neuropsychology: A scientific approach.* New York: Oxford University Press.

Larson, J. C., Mostofsky, S. H., Goldberg, M. C., et al. (2007). Effects of gender and age on motor exam in typically developing children. *Developmental Neuropsychology, 32*(1), 543–562.

Larson, L. M., & Borgen, F. H. (2002). Convergence of vocational interests and personality: Examples in an adolescent gifted sample. *Journal of Vocational Behavior, 60,* 91–112.

Larson, L. M., & Majors, M. S. (1998). Applications of the Coping with Career Indecision instrument with adolescents. *Journal of Career Assessment, 6,* 163–179.

Larson, L. M., Rottinghaus, P. J., & Borgen, F. H. (2002). Meta-analyses of big six interests and big five personality factors. *Journal of Vocational Behavior, 61,* 217–239.

La Rue, A., & Watson, J. (1998). Psychological assessment of older adults. *Professional Psychology: Research and Practice, 29,* 5–14.

Larvie, V. (1994). Evidence—Admissability of scientific evidence in federal courts—The Supreme Court decides Frye is dead and the Federal Rules of Evidence provide the standard, but is there a skeleton in the closet? *Daubert v. Pharmaceuticals,* 113 S. Ct. 2786. *Land & Water Review, 29,* 275–309.

Larzelere, R., & Huston, T. (1980). The Dyadic Trust Scale: Toward understanding interpersonal trust in close relationships. *Journal of Marriage and the Family, 43,* 595–604.

Latimer, E. J. (1991). Ethical decision-making in the care of the dying and its applications to clinical practice. *Journal of Pain and Symptom Management, 6,* 329–336.

Lattimore, R. R., & Borgen, F. H. (1999). Validity of the 1994 Strong Interest Inventory with racial and ethnic groups in the United States. *Journal of Counseling Psychology, 46,* 185–195.

Laurence, J. R., & Perry, C. W. (1988). *Hypnosis, will, and memory.* New York: Guilford.

Lavin, M. (1992). The Hopkins Competency Assessment Test: A brief method for evaluating patients' capacity to give informed consent. *Hospital and Community Psychiatry, 646,* 132–136.

Lavrakas, P. J. (1998). Methods for sampling and interviewing in telephone surveys. In L. Bickman & D. J. Rog (Eds.), *Handbook of applied social research methods* (pp. 429–472). Thousand Oaks, CA: Sage. Lawlor, J. (1990, September 27). Loopholes found in truth tests. *USA Today,* p. D-1.

Lawrence, B. S. (1996). Organizational age norms: Why is it so hard to know one when you see one? *Gerontologist, 36,* 209–220.

Lawrence, J., Davidoff, D. A., Katt-Lloyd, D., et al. (2000). A pilot program of community-based screening for memory impairment. *Journal of the American Geriatrics Society, 48,* 854–855.

Lawshe, C. H. (1975). A quantitative approach to content validity. *Personnel Psychology, 28,* 563–575.

Lazarus, A. A. (1973). Multimodal behavior therapy: Treating the BASIC ID. *Journal of Nervous and Mental Disease, 156,* 404–411.

Lazarus, A. A. (1989). *The practice of multimodal therapy.* Baltimore: Johns Hopkins University Press.

Lea, E., & Worsley, A. (2001). Influences on meat consumption in Australia. *Appetite, 36,* 127–136.

Leach, M. M., & Oakland, T. (2007). Ethics standards impacting test development and use: A review of 31 ethics codes impacting practices in 35 countries. *International Journal of Testing, 7* (1), 71–88.

Leahy, A. (1932). A study of certain selective factors influencing prediction of the mental status of adopted children or adopted children in nature-nurture research. *Journal of Genetic Psychology, 41,* 294–329.

Leahy, A. M. (1935). Nature-nurture and intelligence. *Genetic Psychology Monographs, 17,* 241–306.

Leahy, M. M., Easton, C. J., & Edwards, L. M. (2010). Compulsory psychiatric testing. *Journal of the American Academy of Psychiatry and the Law, 38* (1), 126–128.

Ledesma, R. D., Sánchez, R., & Díaz-Lázaro, C. M. (2011). Adjective checklist to assess the Big Five personality factors in the Argentine population. *Journal of Personality Assessment, 93* (1), 46–55.

Lee, H.-J., Goudarzi, K., Baldwin, B., et al. (2011). The Combat Experience Log: A web-based system for the in theater assessment of war zone stress. *Journal of Anxiety Disorders, 25,* 794–800.

Lee, M., Bang, S., & Yang, G. (2011). *Apparatus and method for inducing emotions.* Document dated June 7, 2011, U.S. Department of Commerce, U.S. Patent and Trademark Office.

Lee, S. D. (1968). *Social class bias in the diagnosis of mental illness.* Unpublished doctoral dissertation, University of Oklahoma.

Lee, S. E., Simons-Morton, B. G., Klauer, S. E., et al. (2011). Naturalistic assessment of novice teenage crash experience. *Accident Analysis and Prevention, 43*(4), 1472–1479.

Lee, S.-J., & Tedeschi, J. T. (1996). Effects of norms and norm-violations on inhibition and instigation of aggression. *Aggressive Behavior, 22,* 17–25.

Lee, Y., Grady, C. L., Habak, C., et al. (2011). Face processing changes in normal aging revealed by *f*MRI adaptation. *Journal of Cognitive Neuroscience, 23*(11), 3433–3447.

Lees-Haley, P. R., English, L. T., & Glenn, W. J. (1991). A Fake Bad Scale on the MMPI-2 for personal injury claimants. *Psychological Reports, 68*, 203–210.

Leigh, I. W., Corbett, C. A., Gutman, V., & Moore, D. A. (1996). Providing psychological services to deaf individuals: A response to new perceptions of diversity. *Professional Psychology: Research and Practice, 27*, 364–371.

Lemos, G. C., Almeida, L. S., & Colom, R. (2011). Intelligence of adolescents is related to their parents' educational level but not to family income. *Personality and Individual Differences, 50* (7), 1–6.

Leon-Carrion, J., et al. (1991). The computerized Tower of Hanoi: A new form of administration and suggestions for interpretation. *Perceptual and Motor Skills, 73*, 63–66.

Leong, F. T., & Hartung, P. J. (2000). Cross-cultural career assessment: Review and prospects for the new millennium. *Journal of Career Assessment, 8*, 391–401.

Lerdau, M., & Avery, C. (2007). The utility of standardized tests. *Science, 316* (5832), 1694.

Lerner, B. (1980). *Minimum competence, maximum choice: Second chance legislation*. New York: Irvington.

Lerner, B. (1981). The minimum competence testing movement: Social, scientific, and legal implications. *American Psychologist, 36*, 1056–1066.

Lerner, P. M. (1991). *Psychoanalytic theory and the Rorschach*. New York: Analytic.

Lerner, P. M. (1996a). Current perspectives on psychoanalytic Rorschach assessment. *Journal of Personality Assessment, 67*, 450–461.

Lerner, P. M. (1996b). The interpretive process in Rorschach testing. *Journal of Personality Assessment, 67*, 494–500.

Lesser, G. S., Fifer, G., & Clark, D. H. (1965). Mental abilities of children from different social-class and cultural groups. *Monographs of the Society for Research in Child Development, 30* (Serial No. 102).

Lessinger, L. H. (1998). The relationship between cultural identity and MMPI-2 scores of Mexican-American substance abuse patients. *Dissertation Abstracts International, Section B: The Sciences & Engineering, 59* (2-B), 877.

Levack, N. (1991). *Low vision: A resource guide with adaptations for students with visual impairments*. Austin: Texas School for the Blind and Visually Impaired.

Levesque, L. L., Wilson, J. M., & Wholey, D. R. (2001). Cognitive divergence and shared mental models in software development project teams. *Journal of Organizational Behavior, 22*, 135–144.

Levine, E., & Padilla, A. (1980). *Crossing cultures in therapy*. Monterey, CA: Brooks/Cole.

Levy-Shiff, R., Dimitrovsky, L., Shulman, S., & Har-Even, D. (1998). Cognitive appraisals, coping strategies, and support resources as correlates of parenting and infant development. *Developmental Psychology, 34*, 1417–1427.

Lewinsohn, P. M., Rohde, P., & Seeley, J. R. (1996). Adolescent suicidal ideation and attempts: Prevalence, risk factors and clinical implications. *Clinical Psychology: Science and Practice, 3*, 25–46.

Lewis, D. M., Mitzel, H., Green, D. R. (June, 1996). Standard setting: A bookmark approach. In D. R. Green (Chair), *IRT-based standard-setting procedures utilizing behavioral anchoring*. Paper presented at the 1996 Council of Chief State School Officers National Conference on Large Scale Assessment, Phoenix, AZ.

Lewis, D. M., Mitzel, H., Green, D. R. & Patz, R. J. (1999). T*he bookmark standard setting procedure*. Monterey, CA: McGraw-Hill.

Lewis-Fernandez, R. (1998). A cultural critique of the DSM-IV dissociative disorders section. *Transcultural Psychiatry, 35*, 387–400.

Lewis-Fernandez, R., & Diaz, N. (2002). The cultural formulation: A method for assessing cultural factors affecting the clinical encounter. *Psychiatric Quarterly, 73*, 271–295.

Lezak, M. D. (2002). Responsive assessment and the freedom to think for ourselves. *Rehabilitation Psychology, 47*, 339–353.

Lezak, M. D., Howieson, D. B., Bigler, E. D., & Tranel, D. (2012). *Neuropsychological Assessment* (5th ed.). New York: Oxford University Press.

Li, H., Kuo, C., & Russel, M. G. (1999). The impact of perceived channel utilities, shopping orientations, and demographics on the consumer's online buying behavior. *Journal of Computer-Mediated Communication, 5*(2).

Li, J. (2003). The core of Confucian learning. *American Psychologist, 58*, 146–147.

Libby, W. (1908). The imagination of adolescents. *American Journal of Psychology, 19*, 249–252.

Lichtenstein, B., & Nansel, T. R. (2000). Women's douching practices and related attitudes: Findings from four focus groups. *Women and Health, 31*, 117–131.

Lichtenstein, D., Dreger, R. M., & Cattell, R. B. (1986). Factor structure and standardization of the Preschool Personality Questionnaire. *Journal of Social Behavior and Personality, 1*, 165–181.

Lidz, C. S. (1987). Historical perspectives. In C. S. Lidz (Ed.), *Dynamic assessment: An interactional approach to evaluating learning potential* (pp. 288–326). New York: Guilford.

Lidz, C. S. (1991). *Practitioner's guide to dynamic assessment*. New York: Guilford.

Lidz, C. S. (1996). Dynamic assessment and the legacy of L. S. Vygotsky. *School Psychology International, 16*, 143–154.

Lidz, C. W., Mulvey, E. P., & Gardner, W. (1993). The accuracy of predictions of violence to others. *Journal of the American Medical Association, 269*, 1007–1011.

Lievens, F., Decaesteker, C., & Christoph, C. P. (2001). Organizational attractiveness for prospective applicants. *Applied Psychology: An International Review, 50*, 30–51.

Lighthouse Research Institute. (1995). *The Lighthouse National Survey on Vision Loss*. New York: Lighthouse.

Likert, R. (1932). A technique for the measurement of attitudes. *Archives of Psychology*, Number 140.

Lilienfeld, S. O., & Marino, L. (1995). Mental disorder as a Roschian concept: A critique of Wakefield's "harmful dysfunction" analysis. *Journal of Abnormal Psychology, 104*, 411–420.

Lilienfeld, S. O., & Marino, L. (1999). Essentialism revisited: Evolutionary theory and the concept of mental disorder. *Journal of Abnormal Psychology, 108*, 400–411.

Lilienfeld, S. O., Wood, J. M., & Garb, H. N. (2000). The scientific status of projective techniques. *Psychological Science in the Public Interest, 1* (2), 27–66.

Lillibridge, J. R., & Williams, K. J. (1992). Another look at personality and managerial potential: Application of the five-factor model. In K. Kelley (Ed.), *Issues, theory, and research in industrial/organizational psychology: Advances in psychology, 82* (pp. 91–115). Oxford, England: North-Holland.

Lim, J., & Butcher, J. N. (1996). Detection of faking on the MMPI-2: Differentiation among faking-bad, denial, and claiming extreme virtue. *Journal of Personality Assessment, 67*, 1–25.

Lim, K. V., Heiby, E., Brislin, R., & Griffin, B. (2002). The development of the Khmer acculturation scale. *International Journal of Intercultural Relations, 26* (6), 653–678.

Lindell, M. K., Brandt, C. J., & Whitney, D. J. (1999). A revised index of interrater agreement for multi-item ratings of a single target. *Applied Psychological Measurement, 23*, 127–135.

Lindgren, B. (1983, August). N or N–1? [Letter to the editor]. *American Statistician*, p. 52.
Lindskog, C. O., & Smith, J. V. (2001). Review of Wechsler Abbreviated Scale of Intelligence. In B. S. Plake & J. C. Impara (Eds.), *The fourteenth mental measurements yearbook* (pp. 1331–1332). Lincoln: University of Nebraska Press.
Lindstrom, E., Wieselgren, I. M., & von Knorring, L. (1994). Interrater reliability of the Structured Clinical Interview for the Positive and Negative Syndrome Scale for schizophrenia. *Acta Psychiatrica Scandinavica, 89*, 192–195.
Linehan, M. M., Goodstein, J. L., Nielsen, S. L., & Chiles, J. A. (1983). Reasons for staying alive when you are thinking of killing yourself: The Reasons for Living Inventory. *Journal of Consulting and Clinical Psychology, 51*, 276–286.
Lippmann, W. (1922, October). The mental age of Americans. *New Republic*.
Lipsitt, P. D., Lelos, D., & McGarry, A. L. (1971). Competency for trial: A screening instrument. *American Journal of Psychiatry, 128*, 105–109.
Lipton, J. P. (1999). The use and acceptance of social science evidence in business litigation after *Daubert. Psychology, Public Policy, and Law, 5*, 59–77.
Lis, A., Mazzeschi, C., Di Riso, D., & Salcuni, S. (2011). Attachment, assessment, and psychological intervention: A case study of anorexia. *Journal of Personality Assessment, 93* (5), 407–416.
Locke, E. A. (1976). The nature and causes of job satisfaction. In M. D. Dunnette (Ed.), *Handbook of industrial and organizational psychology*. Chicago: Rand McNally.
Locke, H. J., & Wallace, K. M. (1959). Short marital adjustment and prediction tests: Their reliability and validity. *Marriage and Family Living, 21*, 251–255.
Löckenhoff, C.E., Terracciano, A., & Costa, P.T., Jr. (2009). Five-factor model personality traits and the retirement transition: Longitudinal and cross-sectional associations. *Psychology and Aging, 24* (3), 722–728.
Loevinger, J., Wessler, R., & Redmore, C. (1970). *Measuring ego development: Vol. 1. Construction and use of a sentence completion test. Vol. 2. Scoring manual for women and girls*. San Francisco: Jossey-Bass.
Loewenstein, D. A., Rubert, M. P., Berkowitz-Zimmer, N., Guterman, A., Morgan, R., & Hayden, S. (1992). Neuropsychological test performance and prediction of functional capacities in dementia. *Behavior, Health, and Aging, 2*, 149–158.
Lofthouse, N., McBurnett, K., Arnold, L. E., & Hurt, E. (2011). Biofeedback and neurofeedback treatment for ADHD. *Psychiatric Annals, 41* (1), 42–48.
Loftin, M. (1997). Critical factors in assessment of students with visual impairments. *RE: view, 28*, 149–159.
Loftus, E. F., & Davies, G. M. (1984). Distortions in the memory of children. *Journal of Social Issues, 40*, 51–67.
Lohman, D. F. (1989). Human intelligence: An introduction to advances in theory and research. *Review of Educational Research, 59*, 333–373.
Loken, E., Radlinski, F., Crespi, V. H., et al. (2004). Online study behavior of 100,000 students preparing for the SAT, ACT, and GRE. *Journal of Educational Computing Research, 30* (3), 255–262.
London, P. (1976). Psychotherapy for religious neuroses? Comments on Cohen and Smith. *Journal of Consulting and Clinical Psychology, 44*, 145–147.
Longabaugh, R. (1980). The systematic observation of behavior in naturalistic settings. In H. C. Triandis & J. W. Berry (Eds.), *Handbook of cross-cultural psychology: Vol. 2. Methodology* (pp. 57–126). Boston: Allyn & Bacon.

López, S. (1988). The empirical basis of ethnocultural and linguistic bias in mental health evaluations of Hispanics. *American Psychologist, 42*, 228–234.
López, S., & Hernandez, P. (1987). When culture is considered in the evaluation and treatment of Hispanic patients. *Psychotherapy, 24*, 120–127.
López, S. R. (1989). Patient variable biases in clinical judgment: A conceptual overview and methodological considerations. *Psychological Bulletin, 106*, 184–203.
López, S. R. (2000). Teaching culturally informed psychological assessment. In R. H. Dana (Ed.), *Handbook of cross-cultural and multicultural personality assessment* (pp. 669–687). Mahwah, NJ: Erlbaum.
López, S. R. (2002). Teaching culturally informed psychological assessment: Conceptual issues and demonstrations. *Journal of Personality, 79*, 226–234.
Lord, F. M. (1980). *Applications of item response theory to practical testing problems*. Hillsdale, NJ: Erlbaum.
Lord, F. M., & Novick, M. R. (1968). *Statistical theories of mental test scores*. Reading, MA: Addison-Wesley.
Lorr, M. (1991). An empirical evaluation of the MBTI typology. *Personality and Individual Differences, 12*, 1141–1145.
Lovejoy, M. C., Weis, R., O'Hare, E., & Rubin, E. (1999). Development and initial validation of the Parent Behavior Inventory. *Psychological Assessment, 11*, 534–545.
Lowitzer, A. C., Utley, C. A., & Baumeister, A. A. (1987). AAMD's 1983 Classification in Mental Retardation as utilized by state mental retardation/developmental disabilities agencies. *Mental Retardation, 25*, 287–291.
Lowman, J. C. (1980). Measurement of family affective structure. *Journal of Personality Assessment, 44*, 130–141.
Loyd, B. H., & Abidin, R. R. (1985). Revision of the Parenting Stress Index. *Journal of Pediatric Psychology, 10*, 169–177.
Lubin, B., Wallis, R. R., & Paine, C. (1971). Patterns of psychological test usage in the United States: 1935–1969. *Professional Psychology, 2*, 70–74.
Luckasson, R., Schalock, R. L., Snell, M. E., & Spitalnik, D. M. (1996). The 1992 AAMR definition and preschool children: Response from the Committee on Terminology and Classification. *Mental Retardation, 34*, 247–253.
Lüdtke, O., Trautwein, U. & Husemann, N. (2009). Goal and personality trait development in a transitional period: Testing principles of personality development. *Personality and Social Psychology Bulletin, 35*, 428–441.
Lukin, M. E., Dowd, E. T., Plake, B. S., & Kraft, R. G. (1985). Comparing computerized versus traditional psychological assessment. *Computers in Human Behavior, 1*, 49–58.
Lumley, V. A., & Miltenberger, R. G. (1997). Sexual abuse prevention for persons with mental retardation. *American Journal on Mental Retardation, 101*, 459–472.
Lumley, V. A., Miltenberger, R. G., Long, E. S., Rapp, J. T., & Roberts, J. A. (1998). Evaluation of a sexual abuse prevention program for adults with mental retardation. *Journal of Applied Behavior Analysis, 31*, 91–101.
Lung, R. J., Miller, S. H., Davis, T. S., & Graham, W. P. (1977). Recognizing burn injuries as abuse. *American Family Physician, 15*, 134–135.
Luria, A. R. (1966a). *Higher cortical functions in man*. New York: Basic Books.
Luria, A. R. (1966b). *Human brain and psychological processes*. New York: Harper & Row.
Luria, A. R. (1970, March). The functional organization of the brain. *Scientific American, 222*, 66–78.

Luria, A. R. (1973). *The working brain: An introduction to neuropsychology.* New York: Basic Books.

Luria, A. R. (1980). *Higher cortical functions in man* (2nd ed.). New York: Basic Books.

Lutey, C., & Copeland, E. P. (1982). Cognitive assessment of the school-age child. In C. R. Reynolds & T. B. Gutkin (Eds.), *The handbook of school psychology.* New York: Wiley.

Lykken, D. T. (1981). *A tremor in the blood: Uses and abuses of the lie detector.* New York: McGraw-Hill.

Lynn, R. (1997). Direct evidence for a genetic basis for black–white differences in IQ. *American Psychologist, 5,* 73–74.

Lynn, R., & Irwing, P. (2004). Sex differences on the progressive matrices: A meta-analysis. *Intelligence, 32,* 481–498.

Lyons, J. A., & Scotti, J. R. (1994). Comparability of two administration formats of the Keane Posttraumatic Stress Disorder Scale. *Psychological Assessment, 6,* 209–211.

MacAndrew, C. (1965). The differentiation of male alcoholic outpatients from nonalcoholic psychiatric outpatients by means of the MMPI. *Quarterly Journal of Studies on Alcohol, 26,* 238–246.

Machover, K. (1949). *Personality projection in the drawing of the human figure: A method of personality investigation.* Springfield, IL: Charles C Thomas.

Mack, J. L., & Patterson, M. B. (1995). Executive dysfunction and Alzheimer's disease: Performance on a test of planning ability—the Porteus Maze Test. *Neuropsychology, 9,* 556–564.

Macmillan, D. L., Gresham, F. M., & Siperstein, G. N. (1995). Heightened concerns over the 1992 AAMR definition: Advocacy versus precision. *American Journal on Mental Retardation, 100,* 87–95.

Macmillan, D. L., & Meyers, C. E. (1980). Larry P.: An education interpretation. *School Psychology Review, 9,* 136–148.

Madden, J. J., Luhan, J. A., Kaplan, L. A., et al. (1952). Non dementing psychoses in older persons. *Journal of the American Medical Association, 150,* 1567–1570.

Maehler, C., & Schuchardt, K. (2009). Working memory functioning in children with learning disabilities: Does intelligence make a difference? *Journal of Intellectual Disability Research, 53* (1), 3–10.

Mael, F. A. (1991). Career constraints of observant Jews. *Career Development Quarterly, 39,* 341–349.

Magnello, M. E., & Spies, C. J. (1984). Francis Galton: Historical antecedents of the correlation calculus. In B. Laver (Chair), *History of mental measurement: Correlation, quantification, and institutionalization.* Paper session presented at the 92nd annual convention of the American Psychological Association, Toronto.

Maher, L. (1996). Hidden in the light: Occupational norms among crack-using street-level sex workers. *Journal of Drug Issues, 26,* 143–173.

Malec, J. F., Ivnik, R. J., & Smith, G. E. (1993). *Neuropsychology and normal aging.* In R. W. Parks, R. F. Zec, & R. S. Wilson (Eds.), *Neuropsychology of Alzheimer's disease and other dementias* (pp. 81–111). New York: Oxford University Press.

Malgady, R. G., Costantino, G., & Rogler, L. H. (1984). Development of a Thematic Apperception Test (TEMAS) for urban Hispanic children. *Journal of Consulting and Clinical Psychology, 52,* 986–996.

Malgady, R. G., Rogler, L. H., & Constantino, G. (1987). Ethnocultural and linguistic bias in mental health evaluations of Hispanics. *American Psychologist, 42,* 228–234.

Maller, S. J. (1997). Deafness and WISC-III item difficulty: Invariance and fit. *Journal of School Psychology, 35,* 299–314.

Maller, S. J., & Braden, J. P. (1993). The construct and criterion-related validity of the WISC-III with deaf adolescents. *Journal of Psychoeducational Assessment, WISCIII Monograph,* 105–113.

Malone, P. S., Brounstein, P. J., van Brock, A., & Shaywitz, S. S. (1991). Components of IQ scores across levels of measured ability. *Journal of Applied Social Psychology, 21,* 15–28.

Maloney, M. P., & Ward, M. P. (1976). *Psychological assessment.* New York: Oxford University Press.

Mannarino, A. P., Cohen, J. A., & Berman, S. R. (1994). The Children's Attributions and Perceptions Scale: A new measure of sexual-abuse related factors. *Journal of Clinical Child Psychology, 23,* 204–211.

Manz, C. C., & Sims, H. P. (1984). Searching for the "unleader": Organizational member views on leading self-managed groups. *Human Relations, 37,* 409–424.

Maraist, C. C., & Russell, M. T. (2002). *16PF Fifth Edition norm supplement.* Champaign, IL: Institute for Personality and Ability Testing.

Maranell, G. M. (1974). *Scaling: A sourcebook for behavioral scientists.* Chicago: Aldine.

Maraun, M. D. (1996a). The claims of factor analysis. *Multivariate Behavioral Research, 31,* 673–689.

Maraun, M. D. (1996b). Meaning and mythology in the factor analysis model. *Multivariate Behavioral Research, 31,* 603–616.

Maraun, M. D. (1996c). Metaphor taken as math: Indeterminacy in the factor analysis model. *Multivariate Behavioral Research, 31,* 517–538.

Marchese, M. C. (1992). Clinical versus actuarial prediction: A review of the literature. *Perceptual and Motor Skills, 75,* 583–594.

Marcotte, T. D., & Grant, I. (2009). Future directions in the assessment of everyday functioning. In T. D. Marcotte and I. Grant. (Eds.) *Neuropsychology of Everyday Functioning* (pp. 457–461). New York: Guilford Press.

Mardell-Czudnowski, C. D., & Goldenberg, D. S. (1983, 1990). *Developmental Indicators for the Assessment of Learning–Revised.* Circle Pines, MN: American Guidance Service.

Mardell-Czudnowski, C. D., & Goldenberg, D. S. (1998). *Developmental Indicators for the Assessment of Learning–3* (DIAL-3). Circle Pines, MN: American Guidance Service.

Marinangeli, M. G., Butti, G., Scinto, A., et al. (2000). Patterns of comorbidity among DSM-III-R personality disorders. *Psychopathology, 33,* 69–74.

Marinus, J., Visser, M., Stiggelbout, A. M., et al. (2004). A short scale for the assessment of motor impairments and disabilities in Parkinson's disease: The SPS/SCOPA. *Journal of Neurology, Neurosurgery, & Psychiatry, 75* (3), 388–395.

Mark, M. M. (1999). Social science evidence in the courtroom: *Daubert* and beyond? *Psychology, Public Policy, and Law, 5,* 175–193.

Markon, K. E., Chmielewski, M., & Miller, C. J. (2011). The reliability and validity of discrete and continuous measures of psychopathology: A quantitative review. *Psychological Bulletin, 137* (5), 856–879.

Marks, I. (1999). Computer aids to mental health care. *Canadian Journal of Psychiatry, 44,* 548–555.

Markus, H., & Kitayama, S. (1991). Culture and the self: Implications for cognition, emotion, and motivation. *Psychological Review, 98,* 224–253.

Marquette, B. W. (1976). *Limitations on the generalizability of adult competency across all situations.* Paper presented at the annual meeting of the Western Psychological Association, Los Angeles.

Marshall, G. N., Schell, T. L., & Miles, J. N. V. (2009). Ethnic differences in posttraumatic distress: Hispanics' symptoms differ in kind and degree. *Journal of Consulting and Clinical Psychology, 77* (6), 1169–1178.

Marson, D. C., McInturff, B., Hawkins, L., Bartolucci, A., & Harrell, L. E. (1997). Consistency of physician judgments of capacity to consent in mild Alzheimer's disease. *American Geriatrics Society, 45,* 453–457.

Martin, D. C., & Bartol, K. M. (1986). Holland's Vocational Preference Inventory and the Myers-Briggs Type Indicator as predictors of vocational choice among Master's of Business Administration. *Journal of Vocational Behavior, 29,* 51–65.

Martin, H., & Finn, S. E. (2010). *Masculinity and femininity in the MMPI-2 and MMPI-A.* Minneapolis: University of Minnesota Press.

Marx, E. (1998). Sibling antagonism transformed during assessment in the home. In L. Handler (Chair), *Conducting assessments in clients' homes: Contexts, surprises, dilemmas, opportunities.* Symposium presented at the Society for Personality Assessment 1998 Midwinter Meeting, February 20.

Maslach, C., Jackson, S. E., & Leiter, M. P. (1996). *The Maslach Burnout Inventory* (3rd ed.). Palo Alto, CA: Consulting Psychologists Press.

Maslach, C., Jackson, S. E., & Leiter, M. P. (1997). The Maslach Burnout Inventory. In C. P. Zalaquett & R. J. Wood (Eds.), *Evaluating stress: A book of resources* (3rd ed., pp. 191–218). Lanham, MD: Scarecrow.

Masling, J. (1960). The influence of situational and interpersonal variables in projective testing. *Psychological Bulletin, 57,* 65–85.

Masling, J. (1965). Differential indoctrination of examiners and Rorschach responses. *Journal of Consulting Psychology, 29,* 198–201.

Masling, J. M. (1997). On the nature and utility of projective tests and objective tests. *Journal of Personality Assessment, 69,* 257–270.

Maslow, A. H. (1943). A theory of motivation. *Psychological Review, 50,* 370–396.

Maslow, A. H. (1970). *Motivation and personality* (2nd ed.). New York: Harper & Row.

Massey, D. S. (2000). When surveys fail: An alternative for data collection. In A. A. Stone et al. (Eds.), *The science of self-report: Implications for research and practice* (pp. 145–160). Mahwah, NJ: Erlbaum.

Massil, H. (1995). Postpartum sexual function: What is the norm? *Sexual and Marital Therapy, 10,* 263–276.

Masuda, M., Matsumoto, G. H., & Meredith, G. M. (1970). Ethnic identity in three generations of Japanese Americans. *Journal of Social Psychology, 81,* 199–207.

Matarazzo, J. D. (1972). *Wechsler's measurement and appraisal of adult intelligence* (5th ed.) Baltimore: Williams & Wilkins.

Matarazzo, J. D. (1990). Psychological assessment versus psychological testing: Validation from Binet to the school, clinic, and courtroom. *American Psychologist, 45,* 999–1017.

Matarazzo, J. D., & Wiens, A. N. (1977). Black Intelligence Test of Cultural Homogeneity and Wechsler Adult Intelligence Scale scores of black and white police applicants. *Journal of Applied Psychology, 62,* 57–63.

Matchett, W. F. (1972). Repeated hallucinatory experiences as part of the mourning process. *Psychiatry, 35,* 185–194.

Mathieu, J. E., & Zajac, D. M. (1990). A review and metaanalysis of the antecedents, correlates, and consequences of organizational commitment. *Psychological Bulletin, 108,* 171–194.

Matson, J. L. (1995). Comments on Gresham, MacMillan, and Siperstein's paper "Critical analysis of the 1992 AAMR definition: Implications for school psychology." *School Psychology Quarterly, 10* (1), 20–23.

Matson, J. L., Smiroldo, B. B., & Hastings, T. L. (1998). Validity of the Autism/Pervasive Developmental Disorder subscale of the Diagnostic Assessment for the Severely Handicapped–II. *Journal of Autism & Developmental Disorders, 28,* 77–81.

Matsumoto, D., & Kudoh, T. (1993). American-Japanese cultural differences in attributions of personality based on smiles. *Journal of Nonverbal Behavior, 17,* 231–243.

Matsumoto, G. M., Meredith, G. M., & Masuda, M. (1970). Ethnic identification: Honolulu and Seattle Japanese-Americans. *Journal of Cross-Cultural Psychology, 1,* 63–76.

Maurer, T. J., & Alexander, R. A. (1991). Contrast effects in behavioral measurement: An investigation of alternative process explanations. *Journal of Applied Psychology, 76,* 3–10.

Maurer, T. J., & Alexander, R. A. (1992). Methods of improving employment test critical scores derived by judging test content: A review and critique. *Personnel Psychology, 45,* 727–762.

Maurer, T. J., Lippstreu, M., & Judge, T. A. (2008). Structural model of employee involvement in skill development activity: The role of individual differences. *Journal of Vocational Behavior, 72* (3), 336–350.

Maurer, T. J., Palmer, J. K., & Ashe, D. K. (1993). Diaries, checklists, evaluations, and contrast effects in measurement of behavior. *Journal of Applied Psychology, 78,* 226–231.

Maxwell-McCaw, D., & Zea, M. C. (2011). The Deaf Acculturation Scale (DAS): Development and validation of a 58-item measure. *Journal of Deaf Studies and Deaf Education, 16* (3), 325–342.

Mayfield, E. C. (1972). Value of peer nominations in predicting life insurance sales performance. *Journal of Applied Psychology, 56,* 319–323.

Mayotte, S. (2010). Online assessment of problem solving skills. *Computers in Human Behavior, 26,* 1253–1258.

Mays, V. M., Cochran, S. D., Hamilton, E., & Miller, N. (1993). Just cover up: Barriers to heterosexual and gay young adults' use of condoms. *Health Values: The Journal of Health Behavior, Education, and Promotion, 17,* 41–47.

Mazzocco, M. M. M., Hagerman, R. J., & Pennington, B. F. (1992). Problem-solving limitations among cytogenetically expressing Fragile X women. *American Journal of Medical Genetics, 43,* 78–86.

McArthur, C. (1992). Rumblings of a distant drum. *Journal of Counseling and Development, 70,* 517–519.

McArthur, D. S., & Roberts, G. E. (1982). *Roberts Apperception Test for Children manual.* Los Angeles: Western Psychological Services.

McBride, B. A. (1989). Stress and fathers' parental competence: Implications for family life and parent educators. *Family Relations, 38,* 385–389.

McCaffrey, R. J. (2005). Some final thoughts and comments regarding the issues of third party observers. *Journal of Forensic Neuropsychology, 4* (2), 83–91.

McCaffrey, R. J. (2007). Participant. In A. E. Puente (Chair), *Third party observers in psychological and neuropsychological forensic psychological assessment.* Symposium presented at the 115 th Annual Convention of the American Psychological Association, San Francisco, CA.

McCaffrey, R. J., Lynch, J. K., & Yantz, C. L. (2005). Third party observers: Why all the fuss? *Journal of Forensic Neuropsychology, 4* (2), 1–15.

McCall, W. A. (1922). *How to measure in education.* New York: Macmillan.

McCall, W. A. (1939). *Measurement.* New York: Macmillan.

McCarley, N. G., & Escoto, C. A. (2003). Celebrity worship and psychological type. *North American Journal of Psychology, 5,* 117–120.

McCaulley, M. H. (2000). Myers-Briggs Type Indicator: A bridge between counseling and consulting. *Consulting Psychology Journal: Practice and Research, 52,* 117–132.

McCaulley, M. H. (2002). Autobiography: Mary H. McCaulley. *Journal of Psychological Type, 61,* 51–59.

McCaulley, M. H., & Moody, R. A. (2008). Multicultural applications of the Myers-Briggs Type Indicator. In L. A. Suzuki & J. G. Ponterotto (Eds.), *Handbook of multicultural assessment: Clinical, psychological, and educational applications* (pp. 402–424). San Francisco: Jossey-Bass.

McClelland, D. C. (1951). *Personality*. New York: Holt-Dryden.

McClelland, D. C. (1961). *The achieving society*. Princeton, NJ: Van Nostrand.

McClelland, D. C., Koestner, R., & Weinberger, J. (1989). How do self-attributed and implicit motives differ? *Psychological Review, 96*, 690–702.

McCloskey, G. W. (1989, March). *The K-ABC sequential simultaneous information processing model and classroom intervention: A report—the Dade County Classroom research study*. Paper presented at the Annual Meeting of the National Association of School Psychologists, Boston.

McClure-Butterfield, P. (1990). Issues in child custody evaluation and testimony. In C. R. Reynolds & R. W. Kamphaus (Eds.), *Handbook of psychological and educational assessment of children: Personality, behavior and context* (pp. 576–588). New York: Guilford.

McConkey, K. M., & Sheehan, P. W. (1996). *Hypnosis, memory, and behavior in criminal investigation*. New York: Guilford.

McCool, J. P., Cameron, L. D., & Petrie, K. J. (2001). Adolescent perceptions of smoking imagery in film. *Social Science & Medicine, 52*, 1577–1587.

McCoy, G. F. (1972). *Diagnostic evaluation and educational programming for hearing impaired children*. Springfield: Office of the Illinois Superintendent of Public Instruction.

McCrady, B. S., & Bux, D. A. (1999). Ethical issues of informed consent with substance abusers. *Journal of Consulting and Clinical Psychology, 67*, 186–193.

McCrae, R. R., & Costa, P. T., Jr. (1983). Social desirability and scales: More substance than style. *Journal of Consulting and Clinical Psychology, 51*, 882–888.

McCrae, R. R., Costa, P. T., Jr., Dahlstrom, W. G., Barefoot, J. C., Siegler, I. C., & Williams, R. B., Jr. (1989). A caution on the use of the MMPI K-correction in research on psychosomatic medicine. *Psychosomatic Medicine, 51*, 58–65.

McCrae, R. R., Costa, P. T., Jr., Del Pilar, G. H., Rolland, J.-P., & Parker, W. D. (1998). Cross-cultural assessment of the five-factor model: The Revised NEO Personality Inventory. *Journal of Cross-Cultural Psychology, 29*, 171–188.

McCrae, R. R., Costa, P. T., Jr., Terracciano, A., et al. (2002). Personality trait development from age 12 to age 18: Longitudinal, cross-sectional and cross-cultural analyses. *Journal of Personality & Social Psychology, 83*, 1456–1468.

McCubbin, H., Larsen, A., & Olson, D. (1985a). F-COPES: Family Crisis Oriented Personal Evaluation Scales. In D. H. Olson, H. I. McCubbin, H. L. Barnes, A. S. Larsen, M. Muxen, & M. Wilson (Eds.), *Family inventories* (rev. ed.). St. Paul: Family Social Science, University of Minnesota.

McCubbin, H. I., Patterson, J. M., & Wilson, L. R. (1985b). FILE: Family Inventory of Life Events and Changes. In D. H. Olson, H. I. McCubbin, H. L. Barnes, A. S. Larsen, M. Muxen, & M. Wilson (Eds.), *Family inventories* (rev. ed.). St. Paul: Family Social Science, University of Minnesota.

McCusker, P. J. (1994). Validation of Kaufman, Ishikuma, Kaufman-Packer's Wechsler Adult Intelligence Scale— Revised short forms on a clinical sample. *Psychological Assessment, 6*, 246–248.

McDermott, P. A., Alterman, A. I., Brown, L., et al. (1996). Construct refinement and confirmation for the Addiction Severity Index. *Psychological Assessment, 8*, 182–189.

McDevitt, S. C., & Carey, W. B. (1978). The measurement of temperament in 3- to 7-year-old children. *Journal of Child Psychology & Psychiatry & Allied Disciplines, 19*, 245–253.

McDonald, R. P. (1996a). Consensus emerges: A matter of interpretation. *Multivariate Behavioral Research, 31*, 663–672.

McDonald, R. P. (1996b). Latent traits and the possibility of motion. *Multivariate Behavioral Research, 31*, 593–601.

McDonald, W. J. (1993). Focus group research dynamics and reporting: An examination of research objectives and moderator influences. *Journal of the Academy of Marketing Science, 21*, 161–168.

McDowell, C., & Acklin, M. W. (1996). Standardizing procedures for calculating Rorschach interrater reliability: Conceptual and empirical foundations. *Journal of Personality Assessment, 66*, 308–320.

McDowell, I., & Newell, C. (1987). *Measuring health: A guide to rating scales and questionnaires*. New York: Oxford University Press.

McElrath, K. (1994). A comparison of two methods for examining inmates' self-reported drug use. *International Journal of the Addictions, 29*, 517–524.

McElwain, B. A. (1998). On seeing Beth at home and in a different light. In L. Handler (Chair), *Conducting assessments in clients' homes: Contexts, surprises, dilemmas, opportunities*. Symposium presented at the Society for Personality Assessment 1998 Midwinter Meeting, February 20.

McEvoy, G. M., & Beatty, R. W. (1989). Assessment centers and subordinate appraisals of managers: A seven-year examination of predictive validity. *Personnel Psychology, 42*, 37–52.

McGaghie, W. C. (2002, September 4). Assessing readiness for medical education: Evolution of the Medical College Admission Test. *Journal of the American Medical Association, 288*, p. 1085.

McGirr, A., Renaud, J., Seguin, M., et al. (2007). An examination of DSM-IV depressive symptoms and risk for suicide completion in major depressive disorder: A psychological autopsy study. *Journal of Affective Disorders, 97* (1–3), 203–209.

McGrew, K. S. (1997). Analysis of the major intelligence batteries according to a proposed comprehensive Gf-Gc framework. In D. P. Flanagan, J. L. Genshaft, & P. L. Harrison (Eds.), *Contemporary intellectual assessment: Theories, tests, and issues* (pp. 151–180). New York: Guilford.

McGrew, K. S. (2009). Editorial. CHC theory and the human cognitive abilities project. Standing on the shoulders of the giants of psychometric intelligence research, *Intelligence, 37*, 1–10.

McGrew, K. S., & Flanagan, D. P. (1998). *The intelligence test desk reference: Gf-Gc cross-battery assessment*. Boston: Allyn & Bacon.

McGue, M. (1997). The democracy of the genes. *Nature, 388*, 417–418.

McGurk, F. J. (1975). Race differences—twenty years later. *Homo, 26*, 219–239.

McKinley, J. C., & Hathaway, S. R. (1940). A multiphasic schedule (Minnesota): II. A differential study of hypochondriases. *Journal of Psychology, 10*, 255–268.

McKinley, J. C., & Hathaway, S. R. (1944). The MMPI: V. Hysteria, hypomania, and psychopathic deviate. *Journal of Applied Psychology, 28*, 153–174.

McKinney, W. R., & Collins, J. R. (1991). The impact on utility, race, and gender using three standard methods of scoring selection examinations. *Public Personnel Management, 20* (2), 145–169.

McLearen, A. M., Pietz, C. A., & Denney, R. L. (2004). Evaluation of psychological damages. In W. T. O'Donohue & E. R. Levensky (Eds.). *Handbook of forensic psychology* (pp. 267–299). Amsterdam: Elsevier.

McLellan, A. T., Luborsky, L., Woody, G. E., & O'Brien, C. P. (1980). An improved diagnostic evaluation instrument for substance abuse patients: The Addiction Severity Index. *Journal of Nervous and Mental Disease, 168,* 26–33.

McLemore, C. W., & Court, J. H. (1977). Religion and psychotherapy—ethics, civil liberties, and clinical savvy: A critique. *Journal of Consulting and Clinical Psychology, 45,* 1172–1175.

McMillen, C., Howard, M. O., Nower, L., & Chung, S. (2001). Positive by-products of the struggle with chemical dependency. *Journal of Substance Abuse Treatment, 20,* 69–79.

McNemar, Q. (1964). Lost: Our intelligence. Why? *American Psychologist, 19,* 871–882.

McNemar, Q. (1975). On so-called test bias. *American Psychologist, 30,* 848–851.

McReynolds, P. (1987). Lightner Witmer: Little-known founder of clinical psychology. *American Psychologist, 42,* 849–858.

McReynolds, P., & Ludwig, K. (1984). Christian Thomasius and the origin of psychological rating scales. *ISIS, 75,* 546–553.

Mead, M. (1978). *Culture and commitment: The new relationship between the generations in the 1970s* (rev. ed.). New York: Columbia University Press.

Meadow, K. P., Karchmer, M. A., Petersen, L. M., & Rudner, L. (1980). *Meadow-Kendall Social-Emotional Assessment Inventory.* Washington, DC: Gallaudet University.

Meadows, G., Turner, T., Campbell, L., Lewis, S. W., Reveley, M. A., & Murray, R. M. (1991). Assessing schizophrenia in adults with mental retardation: A comparative study. *British Journal of Psychiatry, 158,* 103–105.

Mednick, S. A. (1962). The associative basis of the creative process. *Psychological Review, 69,* 220–232.

Mednick, S. A., Higgins, J., & Kirschenbaum, J. (1975). *Psychology.* New York: Wiley.

Medvec, V. H., Madey, S. F., & Gilovich, T. (1995). When less is more: Counterfactual thinking and satisfaction among Olympic medalists. *Journal of Personality and Social Psychology, 69,* 603–610.

Medvec, V. H., & Savitsky, K. (1997). When doing better means feeling worse: The efforts of categorical cutoff points on counterfactual thinking and satisfaction. *Journal of Personality and Social Psychology, 72,* 1284–1296.

Meehl, P. E. (1945), The dynamics of "structured" personality tests. *Journal of Clinical Psychology, 1,* 296–303.

Meehl, P. E. (1951). *Research results for counselors.* St. Paul, MN: State Department of Education.

Meehl, P. E. (1954). *Clinical versus statistical prediction: A theoretical analysis and a review of the evidence.* Minneapolis: University of Minnesota.

Meehl, P. E. (1956). Wanted: A good cookbook. *American Psychologist, 11,* 263–272.

Meehl, P. E., & Rosen, A. (1955). Antecedent probability and the efficiency of psychometric signs, patterns, or cutting scores. *Psychological Bulletin, 52,* 194–216.

Mehl, M. R., & Pennebaker, J. W. (2003). The sounds of social life: A psychometric analysis of students' daily social environments and natural conversations. *Journal of Personality and Social Psychology, 84,* 857–870.

Melchert, T. P., & Patterson, M. M. (1999). Duty to warn and interventions with HIV-positive clients. *Professional Psychology: Research and Practice, 30,* 180–186.

Melchior, L. A., Huba, G. J., Brown, V. B., & Reback, C. J. (1993). A short depression index for women. *Educational and Psychological Measurement, 53,* 1117–1125.

Melia, R. P., Pledger, C., & Wilson, R. (2003). Disability and rehabilitation research: Opportunities for participation, collaboration, and extramural funding for psychologists. *American Psychologist, 58,* 285–288.

Mellenbergh, G. J. (1994). Generalized linear item response theory. *Psychological Bulletin, 115,* 300–307.

Mello, E. W., & Fisher, R. P. (1996). Enhancing older adult eyewitness memory with the cognitive interview. *Applied Cognitive Psychology, 10,* 403–418.

Melton, G., Petrila, J., Poythress, N. G., & Slobogin, C. (1997). *Psychological evaluations for the courts: A handbook for mental health professionals and lawyers* (2nd ed.). New York: Guilford.

Melton, G. B. (1989). Review of the Child Abuse Protection Inventory, Form VI. In J. C. Conoley & J. J. Kramer (Eds.), *The tenth mental measurements yearbook.* Lincoln: Buros Institute of Mental Measurements, University of Nebraska.

Melton, G. B., & Limber, S. (1989). Psychologists' involvement in cases of child maltreatment. *American Psychologist, 44,* 1225–1233.

Memon, A., Fraser, J., Colwell, K., Odinot, G., & Mastroberardino, S. (2010). Distinguishing truthful from invented accounts using reality monitoring criteria. *Legal and Criminological Psychology, 15* (2), 177–194.

Mendoza, R. H. (1989). An empirical scale to measure type and degree of acculturation in Mexican-American adolescents and adults. *Journal of Cross-Cultural Psychology, 20,* 372–385.

Menninger, K. A. (1953). *The human mind* (3rd ed.). New York: Knopf.

Mercer, J. R. (1976). A system of multicultural pluralistic assessment (SOMPA). In *Proceedings: With bias toward none.* Lexington: Coordinating Office for Regional Resource Centers, University of Kentucky.

Merrens, M. R., & Richards, W. S. (1970). Acceptance of generalized versus "bona fide" personality interpretation. *Psychological Reports, 27,* 691–694.

Mershon, B., & Gorsuch, R. L. (1988). Number of factors in the personality sphere: Does increase in factors increase predictability of real-life criteria? *Journal of Personality and Social Psychology, 55,* 675–680.

Mesmer, E. M., & Duhon, G. J. (2011). Response to intervention: Promoting and evaluating generalization. *Journal of Evidence-Based Practices for Schools, 12* (1), 75–104.

Messer, S. B. (1976). Reflection-impulsivity: A review. *Psychological Bulletin, 83,* 1026–1052.

Messick, S. (1976). *Individuality in learning: Implications of cognitive style and creativity for human development.* San Franciso: Jossey-Bass.

Messick, S. (1995). Validity of psychological assessment. *American Psychologist, 50,* 741–749.

Meyer, G. J., & Archer, R. P. (2001). The hard science of Rorschach research: What do we know and where do we go? *Psychological Assessment, 13,* 486–502.

Meyer, G. J., & Handler, L. (1997). The ability of the Rorschach to predict subsequent outcome: Meta-analysis of the Rorschach Prognostic Rating Scale. *Journal of Personality Assessment, 69,* 1–38.

Meyer, G. J., & Kurtz, J. E. (2006). Advancing personality assessment terminology: Time to retire "objective" and "projective" as personality test descriptors. *Journal of Personality Assessment, 87,* 223–225.

Meyers, J. (1994, January/February). Assessing cross-cultural adaptability with the CCAI. *San Diego Psychological Association Newsletter, 3*(1 & 2).

Micceri, T. (1989). The unicorn, the normal curve and other improbable creatures. *Psychological Bulletin, 105,* 156–166.

Midanik, L. T., Greenfield, T. K., & Rogers, J. D. (2001). Reports of alcohol-related harm: Telephone versus face-toface interviews. *Journal of Studies on Alcohol, 62,* 74–78.

Migliore, L. A. (2011). Relation between big five personality traits and Hofstede's cultural dimensions: Samples from the USA and India. *Cross Cultural Management, 1* 8(1), 38–54.

Mikami, A. Y., Szwedo, D. E., Allen, J. P., et al. (2010). Adolescent peer relationships and behavior problems predict young adults' communication on social networking websites. *Developmental Psychology, 46* (1), 46–56.

Miller, I. W., Kabacoff, R. I., Epstein, N. B., & Bishop, D. S. (1994). The development of a clinical rating scale for the McMaster Model of Family Functioning. *Family Process, 33,* 53–69.

Miller, J. C., Skillman, G. D., Benedetto, J. M., et al. (2007). A three--dimensional haptic matrix test of nonverbal reasoning. *Journal of Visual Impairment and Blindness, 101,* 557–570.

Miller, J. N., & Ozonoff, S. (2000). The external validity of Asperger disorder: Lack of evidence from the domain of neuropsychology. *Journal of Abnormal Psychology, 109,* 227–238.

Miller, N. E. (1969). Learning of visceral and glandular responses. *Science, 163,* 434–445.

Milling, L. S., Coursen, E. L., Shores, J. S., & Waszkiewicz, J. A. (2010). The predictive utility of hypnotizability: the change in suggestibility produced by hypnosis. *Journal of Consulting and Clinical Psychology, 78* (1), 126–130.

Millman, J., & Arter, J. A. (1984). Issues in item banking. *Journal of Educational Measurement, 21,* 315–330.

Millon, T., Millon, C., & Davis, R. (1994). *MCMI-III manual: Millon Clinical Multiaxial Inventory-III.* Minneapolis: National Computer Systems.

Mills v. Board of Education of the District of Columbia, 348 F. Supp 866 (D. DC 1972).

Mills, C. J. (2003). Characteristics of effective teachers of gifted students: Teacher background and personality styles of students. *Gifted Child Quarterly, 47,* 272–282.

Milner, B. (1971). Interhemispheric differences in the localization of psychological processes in man. *British Medical Bulletin, 27,* 272–277.

Milner, J. S. (1986). *The Child Abuse Potential Inventory: Manual* (2nd ed.). Webster, NC: Psytec Corporation.

Milner, J. S. (1989a). Additional cross-validation of the Child Abuse Potential Inventory. *Psychological Assessment, 1,* 219–223.

Milner, J. S. (1989b). Applications of the Child Abuse Potential Inventory. *Journal of Clinical Psychology, 45,* 450–454.

Milner, J. S. (1991). Additional issues in child abuse assessment. *American Psychologist, 46,* 82–84.

Milner, J. S., Gold, R. G., & Wimberley, R. C. (1986). Prediction and explanation of child abuse: Cross-validation of the Child Abuse Protection Inventory. *Journal of Consulting and Clinical Psychology, 54,* 865–866.

Minsky, S. K., Spitz, H. H., & Bessellieu, C. L. (1985). Maintenance and transfer of training by mentally retarded young adults on the Tower of Hanoi problem. *American Journal of Mental Deficiency, 90,* 190–197.

Minton, B. A., & Pratt, S. (2006). Gifted and highly gifted students: How do they score on the SB5? *Roeper Review: A Journal on Gifted Education, 28* (4), 232–236.

Minton, H. L. (1988). *Lewis M. Terman: Pioneer in psychological testing.* New York: New York University Press.

Mirka, G. A., Kelaher, D. P., Nay, T., & Lawrence, B. M. (2000). Continuous assessment of back stress (CABS): A new method to quantify low-back stress in jobs with variable biomechanical demands. *Human Factors, 42,* 209–225.

Mischel, W. (1968). *Personality and assessment.* New York: Wiley.

Mischel, W. (1973). Toward a cognitive social learning re-conceptualization of personality. *Psychological Review, 80,* 252–283.

Mischel, W. (1977). On the future of personality measurement. *American Psychologist, 32,* 246–254.

Mischel, W. (1979). On the interface of cognition and personality: Beyond the person-situation debate. *American Psychologist, 34,* 740–754.

Mishra, D., Khalique, A., & Kumar, R. (2010). Rorschach profile of manic patients. *Journal of Projective Psychology & Mental Health, 17* (2), 158–164.

Misiaszek, J., Dooling, J., Gieseke, M., Melman, H., Misiaszek, J. G., & Jorgensen, K. (1985). Diagnostic considerations in deaf patients. *Comprehensive Psychiatry, 26,* 513–521.

Mitchell, J. (1999). *Measurement in psychology: Critical history of a methodological concept.* New York: Cambridge University Press.

Mitchell, J. V., Jr. (Ed.). (1985). *The ninth mental measurements yearbook.* Lincoln: Buros Institute of Mental Measurements, University of Nebraska.

Mitchell, J. V., Jr. (1986). Measurement in the larger context: Critical current issues. *Professional Psychology: Research and Practice, 17,* 544–550.

Mitzel, H. C., Lewis, D. M., Patz, R. J., & Green, D. R. (2000). The bookmark procedure: Cognitive perspectives on standard setting. In G. J. Cizek (Ed.), *Setting performance standards: Concepts, methods, and perspectives,* Mahwah, NJ: Erlbaum.

Moffic, H. S., & Kinzie, J. D. (1996). The history and future of cross-cultural psychiatric services. *Community Mental Health Journal, 32* (6), 581–592.

Moffitt, T. E., Caspi, A., Krueger, R. F., et al. (1997). Do partners agree about abuse in their relationship? A psychometric evaluation of interpartner agreement. *Psychological Assessment, 9,* 47–56.

Mohatt, G. V., Rasmus, S. M., Thomas, L., Allen, J., Hazel, K., & Hensel, C. (2004). "Tied together like a woven hat:" Protective pathways to Alaska native sobriety. *Harm Reduction Journal, 1* (10), 1–12.

Mohatt, N. V., Fok, C. C. T., Burket, R., Henry, D., & Allen, J. (2011). Assessment of awareness of connectedness as a culturally-based protective factor for Alaska Native youth. *Cultural Diversity and Ethnic Minority Psychology, 17*(4), 444–445.

Monahan, J. (1981). *The clinical prediction of violent behavior.* Washington, DC: U.S. Government Printing Office.

Montag, C., Reuter, M., & Axmacher, N. (2011). How one's favorite song activates the reward circuitry of the brain: Personality matters! *Behavioural Brain Research, 225*(2), 511–514.

Montague, M. (1993). Middle school students' mathematical problem solving: An analysis of think-aloud protocols. *Learning Disability Quarterly, 16,* 19–32.

Montgomery, G. T., & Orozco, S. (1985). Mexican Americans' performance on the MMPI as a function of level of acculturation. *Journal of Clinical Psychology, 41,* 203–212.

Moore, M., Schermer, J. A., Paunonen, S. V., & Vernon, P. A. (2010). Genetic and environmental influences on verbal and nonverbal measures of the Big Five. *Personality and Individual Differences, 48* (8), 884–888.

Moore, M. S., & McLaughlin, L. (1992). Assessment of the preschool child with visual impairment. In E. Vasquez Nutall, I. Romero, & J. Kalesnik (Eds.), *Assessing and screening pre-schoolers: Psychological and educational dimensions* (pp. 345–368). Boston: Allyn & Bacon.

Moos, R. H. (1986). *Work Environment Scale* (2nd ed.). Palo Alto, CA: Consulting Psychologists Press.

Moos, R. H., & Moos, B. S. (1981). *Family Environment Scale manual.* Palo Alto, CA: Consulting Psychologists Press.

Moos, R. H., & Moos, B. S. (1994). *Family environment manual: Development, applications, research.* Palo Alto, CA: Consulting Psychologists Press.

Moreland, K. L. (1985). Validation of computer-based test interpretations: Problems and prospects. *Journal of Consulting and Clinical Psychology, 53,* 816–825.

Moreland, K. L. (1986). An introduction to the problem of test user qualifications. In R. B. Most (Chair), *Test purchaser qualifications: Present practice, professional needs, and a proposed system.* Symposium presented at the 94th annual convention of the American Psychological Association, Washington, DC.

Moreland, K. L. (1987). Computerized psychological assessment: What's available. In J. N. Butcher (Ed.), *Computerized psychological assessment: A practitioner's guide* (pp. 26–49). New York: Basic Books.

Moreland, K. L., Eyde, L. D., Robertson, G. J., Primoff, E. S., & Most, R. B. (1995a). Assessment of test user qualifications: A research-based measurement procedure. *American Psychologist, 50,* 14–23.

Moreland, K. L., Reznikoff, M., & Aronow, E. (1995b). Integrating Rorschach interpretation by *carefully* placing *more* of your eggs in the content basket. *Journal of Personality Assessment, 64,* 239–242.

Morgan, C. D. (1938). Thematic Apperception Test. In H. A. Murray (Ed.), *Explorations in personality: A clinical and experimental study of fifty men of college age* (pp. 673–680). New York: Oxford University Press.

Morgan, C. D., & Murray, H. A. (1935). A method for investigating fantasies: The Thematic Apperception Test. *Archives of Neurology and Psychiatry, 34,* 289–306.

Morgan, C. D., & Murray, H. A. (1938). Thematic Apperception Test. In H. A. Murray (Ed.), *Explorations in personality: A clinical and experimental study of fifty men of college age* (pp. 530–545). New York: Oxford University Press.

Morgan, J. E., & Ricker, J. H. (Eds.). (2007). *Textbook of clinical neuropsychology.* New York: Taylor & Francis.

Morgan, K. E., Rothlisberg, B. A., McIntosh, D. E., & Hunt, M. S. (2009). Confirmatory factor analysis of the KABC-II in preschool children. *Psychology in the Schools, 46,* 515–525.

Morgan, W. G. (1995). Origin and history of Thematic Apperception Test images. *Journal of Personality Assessment, 65,* 237–254.

Mori, L. T., & Armendariz, G. M. (2001). Analogue assessment of child behavior problems. *Psychological Assessment, 13,* 36–45.

Morreau, L. E., & Bruininks, R. H. (1991). *Checklist of Adaptive Living Skills.* Itasca, IL: Riverside.

Moses, S. (1991). Major revision of SAT goes into effect in 1994. *APA Monitor, 22* (1), 35.

Mosier, C. I. (1947). A critical examination of the concepts of face validity. *Educational and Psychological Measurement, 7,* 191–206.

Moss, K., Ullman, M., Johnsen, M. C., et al. (1999). Different paths to justice: The ADA, employment, and administrative enforcement by the EEOC and FEPAs. *Behavioral Sciences and the Law, 17,* 29–46.

Mossman, D. (2003). *Daubert,* cognitive malingering, and test accuracy. *Law and Human Behavior, 27* (3), 229–249.

Motowidlo, S. J. (1996). Orientation toward the job and organization. In K. R. Murphy (Ed.), *Individual differences and behavior in organizations* (pp. 20–175). San Francisco: Jossey-Bass.

Motta, R. W., Little, S. G., & Tobin, M. I. (1993a). The use and abuse of human figure drawings. *School Psychology Quarterly, 8,* 162–169.

Motta, R. W., Little, S. G., & Tobin, M. I. (1993b). A picture is worth less than a thousand words: Response to reviewers. *School Psychology Quarterly, 8,* 197–199.

Mueller, C. G. (1949). Numerical transformations in the analysis of experimental data. *Psychological Bulletin, 46,* 198–223.

Mueller, J. H., Jacobsen, D. M., & Schwarzer, R. (2000). What are computers good for? A case study in online research. In M. H. Birnbaum (Ed.), *Psychological experiments on the Internet* (pp. 195–216). San Diego: Academic Press.

Mueller, U., & Mazur, A. (1996). Facial dominance in *homo sapiens* as honest signaling of male quality. *Behavioral Ecology, 8,* 569–579.

Mueller-Hanson, R., Heggestad, E. D., & Thornton, G. C., III. (2003). Faking and selection: Considering the use of personality from select-in and select-out perspectives. *Journal of Applied Psychology, 88,* 348–355.

Mulaik, S. A. (1996a). Factor analysis is not just a model in pure mathematics. *Multivariate Behavioral Research, 31,* 655–661.

Mulaik, S. A. (1996b). On Maraun's deconstructing of factor indeterminacy with constructed factors. *Multivariate Behavioral Research, 31,* 579–592.

Mulvey, E. P., & Lidz, C. W. (1984). Clinical considerations in the prediction of dangerousness in mental patients. *Clinical Psychology Review, 4,* 379–401.

Muñoz, B.; Magliano, J. P., Sheridan, R., & McNamara, D. S. (2006), Typing versus thinking aloud when reading: Implications for computer-based assessment and training tools. *Behavior Research Methods, 38* (2) 211–217

Murguia, A., Zea, M. C., Reisen, C. A., & Peterson, R. A. (2000). The development of the Cultural Health Attributions Questionnaire (CHAQ). *Cultural Diversity and Ethnic Minority Psychology, 6,* 268–283.

Murphy, G. E. (1984). The prediction of suicide: Why is it so difficult? *American Journal of Psychotherapy, 38,* 341–349.

Murphy, K. A., Blustein, D. L., Bohlig, A., & Platt, M. (2006, August). *College to career transition: An exploration of emerging adulthood.* Paper presented at the 114th Annual Convention of the American Psychological Association, New Orleans.

Murphy, K. M. (1986). When your top choice turns you down: The effect of rejected offers on the utility of selection tests. *Psychological Bulletin, 99,* 133–138.

Murphy, K. R. (Ed.). (2003). *Validity generalization: A critical review.* Mahwah, NJ: Erlbaum.

Murphy, L. L., Conoley, J. C., & Impara, J. C. (1994). *Tests in print IV: An index to tests, test reviews, and the literature on specific tests.* Lincoln: Buros Institute of Mental Measurements, University of Nebraska.

Murphy-Berman, V. (1994). A conceptual framework for thinking about risk assessment and case management in child protective service. *Child Abuse and Neglect, 18,* 193–201.

Murray, C. (2007). The magnitude and components of change in the black-white IQ difference from 1920 to 1991: A birth cohort analysis of the Woodcock-Johnson standardizations. *Intelligence, 35* (4), 305–318.

Murray, H. A. (1943). *Thematic Apperception Test manual.* Cambridge, MA: Harvard University.

Murray, H. A., et al. (1938). *Explorations in personality.* Cambridge, MA: Harvard University.

Murray, H. A., & MacKinnon, D. W. (1946). Assessment of OSS personnel. *Journal of Consulting Psychology, 10,* 76–80.

Murstein, B. I. (1961). Assumptions, adaptation level, and projective techniques. *Perceptual and Motor Skills, 12,* 107–115.

Murstein, B. I., & Mathes, S. (1996). Projection on projective techniques = pathology: The problem that is not being addressed. *Journal of Personality Assessment, 66,* 337–349.

Mussen, P. H., & Naylor, H. K. (1954). The relationship between overt and fantasy aggression. *Journal of Abnormal and Social Psychology, 49,* 235–240.

Mussen, P. H., & Scodel, A. (1955). The effects of sexual stimulation under varying conditions on TAT sexual responsiveness. *Journal of Consulting and Clinical Psychology, 19,* 90.

Myers, I. B. (1962). *The Myers-Briggs Type Indicator: Manual.* Palo Alto, CA: Consulting Psychologists Press.

Myers, I. B., & Briggs, K. C. (1943/1962). *The Myers-Briggs Type Indicator.* Palo Alto, CA: Consulting Psychologists Press.

Myers, K. D., & Carskadon, T. G. (2002). Eminent interview: Katharine Downing Myers. *Journal of Psychological Type, 61,* 43–49.

Myerson, A. (1925). *The inheritance of mental disease.* Oxford, England: Williams & Wilkins.

Nagle, R. J., & Bell, N. L. (1993). Validation of Stanford-Binet Intelligence Scale: Fourth Edition Abbreviated Batteries with college students. *Psychology in the Schools, 30,* 227–231.

Naglieri, J. A. (1985a). Normal children's performance on the McCarthy Scales, Kaufman Assessment Battery and Peabody Individual Achievement Test. *Journal of Psychoeducational Assessment, 3,* 123–129.

Naglieri, J. A. (1985b). Use of the WISC-R and K-ABC with learning disabled, borderline mentally retarded, and normal children. *Psychology in the Schools, 22,* 133–141.

Naglieri, J. A. (1989). A cognitive processing theory for the measurement of intelligence. *Educational Psychologist, 24,* 185–206.

Naglieri, J. A. (1990). *Das-Naglieri Cognitive Assessment System.* Paper presented at the conference "Intelligence: Theories and Practice," Memphis, TN.

Naglieri, J. A. (1993). Human figure drawings in perspective. *School Psychology Quarterly, 8,* 170–176.

Naglieri, J. A. (1997). IQ: Knowns and unknowns, hits and misses. *American Psychologist, 52,* 75–76.

Naglieri, J. A., & Anderson, D. F. (1985). Comparison of the WISC-R and K-ABC with gifted students. *Journal of Psychoeducational Assessment, 3,* 175–179.

Naglieri, J. A., & Das, J. P. (1988). Planning-arousalsimultaneous-successive (PASS): A model for assessment. *Journal of School Psychology, 26,* 35–48.

Naglieri, J. A., & Das, J. P. (1997). *Das-Naglieri Cognitive Assessment System: Interpretive handbook.* Itasca, IL: Riverside.

Naglieri, J. A., Drasgow, F., Schmit, M., et al. (2004). Psychological testing on the Internet: New problems, old issues. *American Psychologist, 59,* 150–162.

Nakamura, B. J., Ebesutani, C., Bernstein, A., & Chorpita, B. F. (2009). A psychometric analysis of the Child Behavior Checklist DSM-Oriented Scales. *Journal of Psychopathology and Behavioral Assessment, 31* (3), 178–189.

Narumoto, J., Nakamura, K., Kitabayashi, Y., et al. (2008). Relationships among burnout, coping style, and personality: Study of Japanese professional caregivers for elderly. *Psychiatry and Clinical Neurosciences, 62*(2), 174–176.

Nathan, J., Wilkinson, D., Stammers, S., & Low, L. (2001). The role of tests of frontal executive function in the detection of mild dementia. *International Journal of Geriatric Psychiatry, 16,* 18–26.

National Association of School Psychologists. (2000). *Professional conduct manual* (4th ed.). Washington, DC: Author.

National Center on Response to Intervention. (2011). *Essential components of RtI: A closer look at response to intervention.* Document accessed at National Center on Response to Intervention website at www.rti4success.org/pdf/rtiessentialcomponents_042710.pdf.

National Council on Disability. (1996). *Cognitive impairments and the application of Title I of the Americans with Disabilities Act.* Washington, DC: Author.

National Joint Committee on Learning Disabilities. (1985). *Learning disabilities and the preschool child: A position paper of the National Joint Committee on Learning Disabilities.* Baltimore: Author.

Naylor, J. C., & Shine, L. C. (1965). A table for determining the increase in mean criterion score obtained by using a selection device. *Journal of Industrial Psychology, 3,* 33–42.

Neale, E. L., & Rosale, M. L. (1993). What can art therapists learn from projective drawing techniques for children? A review of the literature. *The Arts in Psychotherapy, 20,* 37–49.

Neath, J., Bellini, J., & Bolton, B. (1997). Dimensions of the Functional Assessment Inventory for five disability groups. *Rehabilitation Psychology, 42,* 183–207.

Needham, J. (1959). *A history of embryology.* New York: Abelard-Schuman.

Nehring, W. M. (2007). Accommodations for school and work. In C. L. Betz & W. M. Nehring (Eds.), *Promoting health care transitions for adolescents with special health care needs and disabilities* (pp. 97–115). Baltimore: Brookes.

Neisser, U. (1979). The concept of intelligence. *Intelligence, 3,* 217–227.

Neisser, U., Boodoo, G., Bouchard, T. J., Jr., et al. (1996). Intelligence: Knowns and unknowns. *American Psychologist, 51,* 77–101.

Nellis, L., & Gridley, B. E. (1994). Review of the Bayley Scales of Infant Development—Second Edition. *Journal of School Psychology, 32,* 201–209.

Nelson, C. A., Wewerka, S., Thomas, K. M., et al. (2000). Neurocognitive sequelae of infants of diabetic mothers. *Behavioral Neuroscience, 114,* 950–956.

Nelson, D. V., Harper, R. G., Kotik-Harper, D., & Kirby, H. B. (1993). Brief neuropsychologic differentiation of demented versus depressed elderly inpatients. *General Hospital Psychiatry, 15,* 409–416.

Nelson, L. D. (1994). Introduction to the special section on normative assessment. *Psychological Assessment, 4,* 283.

Nelson, R. O., Hay, L. R., & Hay, W. M. (1977). Comment on Cone's "The relevance of reliability and validity for behavior assessment." *Behavior Therapy, 8,* 427–430.

Nester, M. A. (1993). Psychometric testing and reasonable accommodation for persons with disabilities. *Rehabilitation Psychology, 38,* 75–85.

Nettelbeck, T., & Rabbit, P. M. A. (1992). Aging, cognitive performance, and mental speed. *Intelligence, 16,* 189–205.

Neugarten, B., Havighurst, R. J., & Tobin, S. (1961). The measurement of life satisfaction. *Journal of Gerontology, 16,* 134–143.

Nevid, J. S. (2010). Implicit measures of consumer response—The search for the Holy Grail of marketing research: Introduction to the special issue. *Psychology & Marketing, 27* (10), 913–920.

Nevid, J. S., & McClelland, N. (2010). Measurement of implicit and explicit attitudes toward Barack Obama. *Psychology & Marketing, 27* (10), 989–1000.

Newborg, J., Stock, J. R., Wnek, L., et al. (1984). *Battelle Developmental Inventory.* Allen, TX: DLM Teaching Resources.

Newcomb, T. M. (1929). *Consistency of certain extrovert-introvert behavior patterns in 51 problem boys.* New York: Columbia University Bureau of Publications.

Newell, A. (1973). Production systems: Models of control structures. In W. G. Chase (Ed.), *Visual information processing* (pp. 463–526). New York: Academic Press.

Newman, D. A., Kinney, T., & Farr, J. L. (2004). Job performance ratings. In J. C Thomas (Ed.), *Comprehensive handbook of psycho-*

logical assessment, Volume 4: Industrial and organizational assessment (pp. 373-389). Hoboken, NJ: Wiley.

Newman, H. H., Freeman, F. N., & Holzinger, K. J. (1937). *Twins.* Chicago: University of Chicago.

Nguyen, H. H., & von Eye, A. (2002). The Acculturation Scale for Vietnamese Adolescents (ASVA): A bidimensional perspective. *International Journal of Behavioral Development, 26* (3), 202-213.

Nguyen, N. T., Biderman, M. D., & McNary, L. D. (2010). A validation study of the cross-cultural adaptability inventory. *International Journal of Training and Development, 14* (2), 112-129.

Nichols, D. S. (2006). The trials of separating bathwater from baby: A review and critique of the MMPI-2 restructured clinical scales. *Journal of Personality Assessment, 87,* 121-138.

Nilsson, J. E., Berkel, L. A., Flores, L. Y., et al. (2003). An 11-year review of *Professional Psychology: Research and Practice:* Content and sample analysis with an emphasis on diversity. *Professional Psychology: Research and Practice, 34,* 611-616.

Nock, M. K., & Banaji, M. R. (2007). Prediction of suicide ideation and attempts among adolescents using a brief performance-based test. *Journal of Consulting and Clinical Psychology, 75* (5), 707-715.

Nordanger, D. (2007). Discourses of loss and bereavement in Tigray, Ethiopia. *Culture, Medicine and Psychiatry, 31*(2), 173-194.

Norton, P. J., & Hope, D. A. (2001). Analogue observational methods in the assessment of social functioning in adults. *Psychological Assessment, 13,* 59-72.

Nosek, B. A., Greenwald, A. G., & Banaji, M. R. (2007). The Implicit Association Test at age 7: Methodological and conceptual review. In J. A. Bargh (Ed.), *Social psychology and the unconscious: The automaticity of higher mental processes. Frontiers of social psychology* (pp. 265-292). New York: Psychology Press.

Notarius, C., & Markman, H. (1981). Couples Interaction Scoring System. In E. Filsinger & R. Lewis (Eds.), *Assessing marriage: New behavioral approaches.* Beverly Hills, CA: Sage.

Notarius, C. I., & Vanzetti, N. A. (1983). The Marital Agendas Protocol. In E. Filsinger (Ed.), *Marriage and family assessment: A sourcebook for family therapy.* Beverly Hills, CA: Sage.

Novick, M. R., & Lewis, C. (1967). Coefficient alpha and the reliability of composite measurements. *Psychometrika, 32,* 1-13.

Nunnally, J. C. (1967). *Psychometric theory.* New York: McGraw-Hill.

Nunnally, J. C. (1978). *Psychometric theory* (2nd ed.). New York: McGraw-Hill.

Nurss, J. R. (1994). *Metropolitan Readiness Tests, Sixth Edition* (MRT6). San Antonio: Pearson Assessments.

Nyborg, H., & Jensen, A. R. (2000). Black-white differences on various psychometric tests: Spearman's hypothesis tested on American armed services veterans. *Personality and Individual Differences, 28,* 593-599.

Nye, C. D., Roberts, B. W. Saucier, G., & Zhou, X. (2008). Testing the measurement equivalence of personality adjective items across cultures. *Journal of Research in Personality, 42* (6), 1524-1536.

Nystedt, L., Sjoeberg, A., & Haegglund, G. (1999). Discriminant validation of measures of organizational commitment, job involvement, and job satisfaction among Swedish army officers. *Scandinavian Journal of Psychology, 40,* 49-55.

Obasi, E. M., & Leong, F. T. L. (2010). Construction and validation of the Measurement of Acculturation Strategies for People of African Descent (MASPAD). *Cultural Diversity and Ethnic Minority Psychology, 16* (4), 526-539.

O'Boyle, M. W., Gill, H. S., Benbow, C. P., & Alexander, J. E. (1994). Concurrent finger-tapping in mathematically gifted males: Evidence for enhanced right hemispheric involvement during linguistic processing. *Cortex, 30,* 519-526.

O'Connor, E. (2001, February). Researchers pinpoint potential cause of autism. *Monitor on Psychology, 32* (2), 13.

Oden, M. H. (1968). The fulfillment of promise: 40-year follow-up of the Terman gifted group. *Genetic Psychology Monographs, 77,* 3-93.

O'Donnell, W. E., DeSoto, C. B., & DeSoto, J. L. (1993). Validity and reliability of the Revised Neuropsychological Impairment Scales (NIS). *Journal of Clinical Psychology, 49,* 372-382.

O'Donnell, W. E., DeSoto, C. B., DeSoto, J. L., & Reynolds, D. M. (1993). *The Neuropsychological Impairment Scale (NIS) manual.* Los Angeles: Western Psychological Services.

O'Hare, T., & Van Tran, T. (1998). Substance abuse among Southeast Asians in the U.S.: Implications for practice and research. *Social Work in Health Care, 26,* 69-80.

Okazaki, S., & Sue, S. (1995). Methodological issues in assessment research with ethnic minorities. *Psychological Assessment, 7,* 367-375.

Okazaki, S., & Sue, S. (2000). Implications of test revisions for assessment with Asian Americans. *Psychological Assessment, 12,* 272-280.

O'Keefe, J. (1993). Disability, discrimination, and the Americans with Disabilities Act. *Consulting Psychology Journal, 45* (2), 3-9.

O'Leary, K. D., & Arias, I. (1988). Assessing agreement of reports of spouse abuse. In G. T. Hotaling, D. Finkelhor, J. T. Kirkpatrick, & M. A. Straus (Eds.), *Family abuse and its consequences* (pp. 218-227). Newbury Park, CA: Sage.

Olino, T. M., McMakin, D. L., Dahl, R. E., et al. (2011). "I won, but I'm not getting my hopes up": Depression moderates the relationship of outcomes and reward anticipation. *Psychiatry Research: Neuroimaging* (November 11).

Olkin, R., & Pledger, C. (2003). Can disability studies and psychology join hands? *American Psychologist, 58,* 296-304.

Olson, D. H., & Barnes, H. L. (1985). Quality of life. In D. H. Olson, H. I. McCubbin, H. L. Barnes, A. S. Larsen, M. Muxen, & M. Wilson (Eds.), *Family inventories* (rev. ed.). St. Paul: Family Social Science, University of Minnesota.

Olson, D. H., Larsen, A. S., & McCubbin, H. I. (1985). Family strengths. In D. H. Olson, H. I. McCubbin, H. L. Barnes, A. S. Larsen, M. Muxen, & M. Wilson (Eds.), *Family inventories* (rev. ed.). St. Paul: Family Social Science, University of Minnesota.

Olweus, D. (1979). Stability of aggressive reaction patterns in males: A review. *Psychological Bulletin, 86,* 852-875.

Ones, D. S., Dilchert, S., Viswesvaran, C., & Judge, T. A. (2007). In support of personality assessment in organizational settings. *Personnel Psychology, 60* (4), 995-1027.

Ones, D. S., & Viswesvaran, C. (2001). Integrity tests and other criterion-focused occupational personality scales (COPS) used in personnel selection. *International Journal of Selection and Assessment, 9,* 31-39.

Ones, D. S., Viswesvaran, C., & Reiss, A. D. (1996). Role of social desirability in personality testing for personnel selection: The red herring. *Journal of Applied Psychology, 81,* 660-670.

Oregon Death With Dignity Act, 2 Ore. Rev. Stat. §§127.800-127.897 (1997).

Organ, D. W., & Near, J. P. (1985). Cognition versus affect in measures of job satisfaction. *International Journal of Psychology, 20,* 241-253.

Orne, M. T. (1979). The use and misuse of hypnosis in court. *International Journal of Clinical and Experimental Hypnosis, 27,* 311-341.

Orr, D. B., & Graham, W. R. (1968). Development of a listening comprehension test to identify educational potential among disadvantaged junior high school students. *American Educational Researcher Journal, 5,* 167–180.

Orr, F. C., DeMatteo, A., Heller, B., Lee, M., & Nguyen, M. (1987). Psychological assessment. In H. Elliott, L. Glass, & J. W. Evans (Eds.), *Mental health assessment of deaf clients* (pp. 93–106). Boston: Little, Brown.

Orr, R. R., Cameron, S. J., Dobson, L. A., & Day, D. M. (1993). Age-related changes in stress experienced by families with a child who has developmental delays. *Mental Retardation, 31,* 171–176.

Osberg, T. M., Haseley, E. N., & Kamas, M. M. (2008). The MMPI-2 Clinical Scales and Restructured Clinical (RC) Scales: Comparative psychometric properties and relative diaganostic efficiency in young adults. *Journal of Personality Assessment, 90* (1), 81–92.

Osgood, C. E., Suci, G. J., & Tannenbaum, P. H. (1957). *The measurement of meaning.* Urbana: University of Illinois Press.

Osipow, S. H., & Reed, R. (1985). Decision-making style and career indecision in college students. *Journal of Vocational Behavior, 27,* 368–373.

OSS Assessment Staff. (1948). *Assessment of men: Selection of personnel for the Office of Strategic Service.* New York: Rinehart.

O'Toole, M. E. (2004). Criminal profiling: The FBI uses criminal investigative analysis to solve crimes. In J. H. Campbell & D. DeNevi (Eds.), *Profilers: Leading investigators take you inside the criminal mind* (pp. 223–228). Amherst, NY: Prometheus Books.

Otto, R. (2007). Participant. In A. E. Puente (Chair), *Third party observers in psychological and neuropsychological forensic psychological assessment.* Symposium presented at the 115 th Annual Convention of the American Psychological Association, San Francisco.

Ouellette, S. E. (1988). The use of projective drawing techniques in the personality assessment of prelingually deafened young adults: A pilot study. *American Annals of the Deaf, 133,* 212–217.

Outtz, J. (1994, June). Cited in T. DeAngelis, New tests allow takers to tackle real-life problems. *APA Monitor, 25,* 14.

Owens, C., Lambert, H., Lloyd, K., & Donovan, J. (2008). Tales of biographical disintegration: How parents make sense of their son's suicides. *Sociology of Health & Illness, 30* (2), 237–254.

Ozer, D. J. (1985). Correlation and the coefficient of determination. *Psychological Bulletin, 97,* 307–315.

Ozonoff, S. (1995). Reliability and validity of the Wisconsin Card Sorting Test in studies of autism. *Neuropsychology, 9,* 491–500.

Pace, V. L., & Borman, W. C. (2006). The use of warnings to discourage faking on noncognitive inventories. In R. L. Griffith & M. H. Peterson, *A closer examination of applicant faking behavior* (pp. 281–302). Charlotte, NC: Information Age.

Pack v. K-Mart, 166 F.3d, 1300 (10th Cir. 1999).

Padawer, J. R. (2001, October). Computer-modified Rorschach inkblots: A new method for studying projectives. *Dissertation Abstracts International: Section B: The Sciences and Engineering,* p. 2072.

Padden, C. (1980). The deaf community and the culture of deaf people. In C. Baker & R. Battison (Eds.), *Sign language and the deaf community* (pp. 89–103). Washington, DC: National Association of the Deaf.

Padden, C., & Humphries, T. (1988). *Deaf in America: Voices from a culture.* Cambridge, MA: Harvard University Press.

Padilla, A. M., Wagatsuma, Y., & Lindholm, K. J. (1985). Acculturation and personality as predictors of stress in Japanese and Japanese Americans. *Journal of Social Psychology, 125,* 295–305.

Paivio, A. (1971). *Imagery and verbal processes.* New York: Holt, Rinehart & Winston.

Palacio, C., García, J., Diago, J., et al. (2007). Identification of suicide risk factors in Medellin, Columbia: A case-control study of psychological autopsy in a developing country. *Archives of Suicide Research, 11* (3), 297–308.

Palermo, G. G. (2002). Criminal profiling: The uniqueness of the killer. *International Journal of Offender Therapy and Comparative Criminology, 46* (4), 383–385.

Palmer, B. W., Dunn, L. B., Depp, C. A., Eyler, L. T., & Jeste, D. V. (2007). Decisional capacity to consent to research among patients with bipolar disorder: comparison with schizophrenia patients and healthy subjects. *Journal of Clinical Psychiatry, 68,* 689–696.

Palmore, E. (Ed.). (1970). *Normal aging.* Durham, NC: Duke University Press.

Panell, R. C., & Laabs, G. J. (1979). Construction of a criterion-referenced, diagnostic test for an individualized instruction program. *Journal of Applied Psychology, 64,* 255–261.

Pannbacker, M., & Middleton, G. (1992). Review of Wepman's Auditory Discrimination Test, Second Edition. In J. J. Kramer & J. C. Conoley (Eds.), *The eleventh mental measurements yearbook.* Lincoln: Buros Institute of Mental Measurements, University of Nebraska.

Paolo, A. M., & Ryan, J. J. (1991). Application of WAIS-R short forms to persons 75 years of age and older. *Journal of Psychoeducational Assessment, 9,* 345–352.

PARC v. Pennsylvania, 334 F. Supp. 1257 (E.D. PA 1972).

Parette, H. P., & Brotherson, M. J. (1996). Family participation in assistive technology assessment for young children with mental retardation and developmental disabilities. *Education & Training in Mental Retardation & Developmental Disabilities, 31,* 29–43.

Parke, R. D., Hymel, S., Power, T., & Tinsley, B. (1977, November). Fathers and risk: A hospital-based model of intervention. In D. B. Sawin (Chair), *Symposium on psychosocial risks during infancy.* Austin: University of Texas at Austin.

Parke, R. D., & Sawin, D. B. (1975, April). *Infant characteristics and behavior as elicitors of maternal and paternal responsivity in the newborn period.* Paper presented at the meetings of the Society for Research in Child Development, Denver.

Parker, T., & Abramson, P. R. (1995). The law hath not been dead: Protecting adults with mental retardation from sexual abuse and violation of their sexual freedom. *Mental Retardation, 33,* 257–263.

Parkes, L. P., Bochner, S., & Schneider, S. K. (2001). Personorganisation fit across cultures: An empirical investigation of individualism and collectivism. *Applied Psychology: An International Review, 50,* 81–108.

Parks, R. W., Thiyagesh, S. N., Farrow, T. F. D., Ingram, L., Wilkinson, K., Hunter, M. D., Wilkinson, I. D., et al. (2010). Performance on the clock drawing task correlates with FMRI response to a visuospatial task in Alzheimer's disease. *International Journal of Neuroscience, 120*(5), 335–343.

Parnes, H. S., & Less, L. J. (1985). Introduction and overview. In H. S. Parnes, J. E. Crowley, R. J. Haurin, et al. (Eds.), *Retirement among American men.* Lexington, MA: Lexington Books.

Pascal, G. R., & Suttell, B. J. (1951). *The Bender-Gestalt Test: Quantification and validity for adults.* New York: Grune & Stratton.

Patterson, W. M., Dohn, H. H., Bird, J., & Patterson, G. A. (1983). Evaluation of suicidal patients: The SAD PERSONS scale. *Psychosomatics, 24,* 343–349.

Paul, G. L. (1987). *The time-sample behavioral checklist: Observational assessment instrumentation for service and research.* Champaign, IL: Research Press.

Paul, V., & Jackson, D. W. (1993). *Toward a psychology of deafness.* Boston: Allyn & Bacon.

Paulhus, D. L. (1984). Two-component models of socially desirable responding. *Journal of Personality and Social Psychology, 46,* 598–609.

Paulhus, D. L. (1986). Self-deception and impression management in test responses. In A. Angleitner & J. S. Wiggins (Eds.), *Personality assessment via questionnaire* (pp. 142–165). New York: Springer.

Paulhus, D. L. (1990). Measurement and control of response bias. In J. P. Robinson, P. R. Shaver, & L. Wrightsman (Eds.), *Measures of personality and social-psychological attitudes* (pp. 17–59). San Diego: Academic Press.

Paulhus, D. L., & Holden, R. R. (2010). Measuring self-enhancement: From self-report to concrete behavior. In C. R. Agnew, D. E. Carlston, W. G. Graziano, & J. R. Kelly (Eds.), *Then a miracle occurs: Focusing on behavior in social psychological theory and research* (pp. 227–246). New York: Oxford University Press.

Paulhus, D. L., & Levitt, K. (1987). Desirable response triggered by affect: Automatic egotism? *Journal of Personality and Social Psychology, 52,* 245–259.

Paulhus, D. L., & Reid, D. B. (1991). Enhancement and denial in socially desirable responding. *Journal of Personality and Social Psychology, 60,* 307–317.

Paullay, I. M., Alliger, G. M., & Stone-Romero, E. F. (1994). Construct validation of two instruments designed to measure job involvement and work centrality. *Journal of Applied Psychology, 79,* 224–228.

Paunonen, S. V., Jackson, D. N., & Ashton, M. C. (2004). Nonverbal Personality Questionnaire (NPQ) and Five-Factor Nonverbal Personality Questionnaire (FFM NPQ) manual. London, Canada: Sigma Assessment Systems, Inc.

Payne, B. K., McClernon, F. J., & Dobbins, I. G. (2007). Automatic affective responses to smoking cues. *Experimental and Clinical Psychopharmacology, 15*(4), 400–409.

Pearson, K., & Moul, M. (1925). The problem of alien immigration of Great Britain illustrated by an examination of Russian and Polish Jewish children. *Annals of Eugenics, 1,* 5–127.

Penner-Williams, J., Smith, T. E. C., & Gartin, B. C. (2009). Written language expression: Assessment instruments and teacher tools. *Assessment for Effective Intervention, 34* (3), 162–169.

Pennsylvania Department of Corrections v. Yeskey, 118 F.3d, 168 (1998).

Perez, J. A., Dasi, F., & Lucas, A. (1997). Length overestimation bias as a product of normative pressure arising from anthropocentric vs. geocentric representations of length. *Swiss Journal of Psychology, 56,* 243–255.

Perry, C., & Laurence, J. R. (1990). Hypnosis with a criminal defendant and a crime witness: Two recent related cases. *International Journal of Clinical and Experimental Hypnosis, 38,* 266–282.

Petersen, N. S., & Novick, M. R. (1976). An evaluation of some models for culture-fair selection. *Journal of Educational Measurement, 13,* 3–29.

Peterson, C. A. (1997). The twelfth mental measurements yearbook: Testing the tests. *Journal of Personality Assessment, 68,* 717–719.

Peterson, R. J., Safer, M. A., & Jobes, D. A. (2008). The impact of suicidal rock music lyrics on youth: An investigation of individual differences. *Archives of Suicide Research, 12,* 161–169.

Petrie, K., & Chamberlain, K. (1985). The predictive validity of the Zung Index of Potential Suicide. *Journal of Personality Assessment, 49,* 100–102.

Petscher, Y., Kim, Y.-S., & Foorman, B. R. (2011). The importance of predictive power in early screening assessments: Implications for placement in the response to intervention framework. *Assessment for Effective Intervention, 36* (3), 158–166.

Petty, M. M., McGhee, G. W., & Cavender, J. W. (1984). A meta-analysis of the relationships between individual job satisfaction and individual performance. *Academy of Management Review, 9,* 712–721.

Phelps, E. A., O'Connor, K. J., Cunningham, W. A., et al. (2000). Performance on indirect measures of race evaluation predicts amygdala activation. *Journal of Cognitive Neuroscience, 12,* 729–738.

Phelps, L., & Branyon, B. (1988). Correlations among the Hiskey, K-ABC Nonverbal Scale, Leiter, and WISC-R Performance Scale with public school deaf children. *Journal of Psychoeducational Assessment, 6,* 354–358.

Phillips, B. A. (1996). Bringing culture to the forefront: Formulating diagnostic impressions of deaf and hard-of-hearing people at times of medical crisis. *Professional Psychology: Research and Practice, 27,* 137–144.

Phillips, M. R., Shen, Q., Liu, X., et al. (2007). Assessing depressive symptoms in persons who die of suicide in mainland China. *Journal of Affective Disorders, 98* (1–2), 73–82.

Piaget, J. (1954). *The construction of reality on the child.* New York: Basic Books.

Piaget, J. (1971). *Biology and knowledge.* Chicago: University of Chicago.

Piedmont, R. L., & McCrae, R. R. (1996). *Are validity scales valid in volunteer samples? Evidence from self-reports and observer ratings.* Unpublished manuscript, Loyola College, Maryland.

Piedmont, R. L., McCrae, R. R., Riemann, R., & Angleitner, A. (2000). On the invalidity of validity scales: Evidence from self-reports and observer ratings in volunteer samples. *Journal of Personality and Social Psychology, 78,* 582–593.

Pierson, D. (1974). *The Trojans: Southern California football.* Chicago: H. Regnery Co.

Pilgrim, C., Luo, Q., Urberg, K. A., & Fang, X. (1999). Influence of peers, parents, and individual characteristics on adolescent drug use in two cultures. *Merrill-Palmer Quarterly, 45,* 85–107.

Pintner, R. (1931). *Intelligence testing.* New York: Holt. Piotrowski, C., & Armstrong, T. (2002). Convergent validity of the KeyPoint pre-employment measure with the MBTI. *Psychology & Education: An Interdisciplinary Journal, 39,* 49–50.

Piotrowski, C., Belter, R. W., & Keller, J. W. (1998). The impact of "managed care" on the practice of psychological testing: Preliminary findings. *Journal of Personality Assessment, 70,* 441–446.

Piotrowski, Z. (1957). *Perceptanalysis.* New York: Macmillan.

Pisani, A. R., Cross, W. F., & Gould, M. S. (2011). The assessment and management of suicide risk: State of workshop education. *Suicide and Life-Threatening Behavior, 41,* 255–276.

Pittenger, D. J. (1993). The utility of the Myers-Briggs Type Indicator. *Review of Educational Research, 63,* 467–488.

Pledger, C. (2003). Discourse on disability and rehabilitation issues: Opportunities for psychology. *American Psychologist, 58,* 279–284.

Plucker, J. A., & Levy, J. J. (2001). The downside of being talented. *American Psychologist, 56,* 75–76.

Podymow, T., Turnbull, J. Coyle, D., et al. (2006). Shelter-based managed alcohol administration to chronically homeless people addicted to alcohol. *Canadian Medical Association Journal, 174* (1), 45–49.

Poehner, M. E. & van Compernolle, R. A. (2011). Frames of interaction in Dynamic Assessment: Developmental diagnoses of second language learning. *Assessment in Education: Principles, Policy & Practice, 18,* 183–198.

Polizzi, D. (1998). Contested space: Assessment in the home and the combative marriage. In L. Handler (Chair), *Conducting assessments in clients' homes: Contexts, surprises, dilemmas, oppor-*

tunities. Symposium presented at the Society for Personality Assessment 1998 Midwinter Meeting, February 20.
Pollard, R. Q. (1993). 100 years in psychology and deafness: A centennial retrospective. *Journal of the American Deafness & Rehabilitation Association, 26*, 32–46.
Pomplun, M., & Custer, M. (2005). The construct validity of the Stanford-Binet 5 measures of working memory. *Assessment, 12*, 338–346.
Pomplun, M., & Omar, M. H. (2000). Score comparability of a state mathematics assessment across students with and without reading accommodations. *Journal of Applied Psychology, 85*, 21–29.
Pomplun, M., & Omar, M. H. (2001). Score comparability of a state reading assessment across selected groups of students with disabilities. *Structural Equation Modeling, 8*, 257–274.
Ponterotto, J. G., Rivera, L., & Sueyoshi, L. A. (2000). The Career-in-Culture interview: A semi-structured protocol for the cross-cultural intake interview. *Career Development Quarterly, 49*, 85–96.
Porter, L. W., Steers, R. W., Mowday, R. T., & Boulian, P. V. (1974). Organizational commitment, job satisfaction, and turnover among psychiatric technicians. *Journal of Applied Psychology, 59*, 603–609.
Porteus, S. D. (1933). *The Maze Test and mental differences.* Vineland, NJ: Smith.
Porteus, S. D. (1942). *Qualitative performance in the Maze Test.* San Antonio: Psychological Corporation.
Porteus, S. D. (1955). *The Maze Test: Recent advances.* Palo Alto, CA: Pacific Books.
Posthuma, A., Podrouzek, W., & Crisp, D. (2002). The implications of *Daubert* on neuropsychological evidence in the assessment of remote mild traumatic brain injury. *American Journal of Forensic Psychology, 20* (4), 21–38.
Pouliot, L., & De Leo, D. (2006). Critical issues in psychological autopsy studies. *Suicide and Life-Threatening Behavior, 36* (5), 491–51.
Powell, D. H. (1994). *Profiles in cognitive aging.* Cambridge, MA: Harvard University Press.
Poythress, N.G. (2004). Editorial. "Reasonable medical certainty:" Can we meet *Daubert* standards in insanity cases? *Journal of the American Academy of Psychiatry and the Law, 32*, 228–230.
Poythress, N., Nicholson, R., Otto, R., Edens, J., Bonnie, R., Monahan, J., & Hoge, S. (1999). *The MacArthur Competence Assessment Tool—Criminal Adjudication: Professional manual.* Odessa, FL: Psychological Assessment Resources.
Preston, R. (1961). Improving the item validity of study habits inventories. *Educational and Psychological Measurement, 21*, 129–131.
Price, G., Dunn, R., & Dunn, K. (1982). *Productivity Environmental Survey manual.* Lawrence, KS: Price Systems.
Price, J. (1969). The ritualization of agonistic behaviour as a determinant of variation along the neuroticism/stability dimension of personality. *Proceedings of the Royal Society of Medicine, 62*, 1107–1110.
Price, J. (1972). Genetic and phylogenetic aspects of mood variation. *International Journal of Mental Health, 1*, 124–144.
Prince, R. J., & Guastello, S. J. (1990). The Barnum Effect in a computerized Rorschach interpretation system. *Journal of Psychology: Interdisciplinary and Applied, 124*, 217–222.
Pritchett, R. Kemp, J., Wilson, P., et al. (2011). Quick, simple measures of family relationships for use in clinical practice and research: A systematic review. *Family Practice, 28*, 172–187.
Procedures for evaluating specific learning disabilities. (1977). Federal Register, December 29, Part III.

Prinzie, P., Onghena, P., & Hellinckx, W. (2007). Reexamining the Parenting Scale. *European Journal of Psychological Assessment, 23* (1), 24–31.
Prout, H. T., & Phillips, P. D. (1974). A clinical note: The kinetic school drawing. *Psychology in the Schools, 11*, 303–396.
Psychological Corporation. (1992a). *Wechsler Individual Achievement Test.* San Antonio: Author.
Psychological Corporation. (1992b). *Wechsler Individual Achievement Test manual.* San Antonio: Author.
Psychological Corporation. (2009). *The Wechsler Individual Achievement Test-III.* San Antonio: Pearson Assessments.
Pullen, L., & Gow, K. (2000). University students elaborate on what young persons "at risk of suicide" need from listeners. *Journal of Applied Health Behaviour, 2*, 32–39.
Putnam, W. H. (1979). Hypnosis and distortions in eyewitness memory. *International Journal of Clinical and Experimental Hypnosis, 27*, 437–448.
Q and A on balancing the SAT scores. (1994). New York: College Board.
Qu, C., Zhang, P., Zheng, R., et al. (1992). An examination of the IQs of 319 hearing-impaired students in 5 cities in China. *Chinese Mental Health Journal, 6*, 219–221.
Quay, H. C., & Peterson, C. (1983). *Manual for the Revised Behavior Problem Checklist.* Coral Gables, FL: Authors.
Quay, H. C., & Peterson, D. R. (1967). *Behavior Problem Checklist.* Champaign: University of Illinois Press.
Quill, T. E., Cassel, C. K., & Meier, D. E. (1992). Care of the hopelessly ill: Proposed clinical criteria for physician-assisted suicide. *New England Journal of Medicine, 327*, 1380–1384.
Quinsey, V. L., Chaplin, T. C., & Upfold, D. (1984). Sexual arousal to nonsexual violence and sadomasochistic themes among rapists and nonsex-offenders. *Journal of Consulting and Clinical Psychology, 52*, 651–657.
Rabin, L. A., Barr, W. B., & Burton, L. A. (2005). Assessment practices of clinical neuropsychologists in the United States and Canada: A survey of INS, NAN, and APA Division 40 members. *Archives of Clinical Neuropsychology, 20*, 33–65.
Radzikhovskii, L. A., & Khomskaya, E. D. (1981). A. R. Luria and L. S. Vygotsky: Early years of their collaboration. *Soviet Psychology, 20* (1), 3–21.
Raifman, L. J., & Vernon, M. (1996). Important implications for psychologists of the Americans with Disabilities Act: Case in point, the patient who is deaf. *Professional Psychology: Research and Practice, 27*, 372–377.
Raju, N. S., Drasgow, F., & Slinde, J. A. (1993). An empirical comparison of the area methods, Lord's chi-square test, and the Mantel-Haenszel technique for assessing differential item functioning. *Educational and Psychological Measurement, 53*, 301–314.
Ramirez, M., III. (1984). Assessing and understanding biculturalism-multiculturalism in Mexican-American adults. In J. L. Martinez Jr. & R. H. Mendoza (Eds.), *Chicano psychology* (pp. 77–94). Orlando, FL: Academic Press.
Ramo, D. E., Hall, S. M., & Prochaska, J. J. (2011). Reliability and validity of self-reported smoking in an anonymous online survey with young adults. *Health Psychology, 30*(6), 693–701.
Randall, A., Fairbanks, M. M., & Kennedy, M. L. (1986). Using think-aloud protocols diagnostically with college readers. *Reading Research & Instruction, 25*, 240–253.
Randall, D. M. (1987). Commitment and the organization: The organization man revisited. *Academy of Management Review, 12*, 460–471.
Randolph, C., Mohr, E., & Chase, T. N. (1993). Assessment of intellectual function in dementing disorders: Validity of WAIS-R short forms for patients with Alzheimer's, Huntington's, and

Parkinson's disease. *Journal of Clinical and Experimental Neuropsychology, 15,* 743–753.

Ranseen, J. D., & Humphries, L. L. (1992). The intellectual functioning of eating disorder patients. *Journal of the American Academy of Child and Adolescent Psychiatry, 31,* 844–846.

Ranta, R. S., & Sud, A. (2008). Management of stress and burnout of police personnel. *Journal of the Indian Academy of Applied Psychology, 34* (1), 29–39.

Rapaport, D. (1946–1967). Principles underlying nonprojective tests of personality. In M. M. Gill (Ed.), *David Rapaport: Collected papers.* New York: Basic Books.

Rapaport, D., Gill, M. M., & Schafer, R. (1945–1946). *Diagnostic psychological testing* (2 vols.). Chicago: Year Book.

Rapaport, D., Gill, M. M., & Schafer, R. (1968). In R. R. Holt (Ed.), *Diagnostic psychological testing* (rev. ed.). New York: International Universities.

Raphael, A. J., & Golden, C. J. (1997). Prediction of job retention using a brief projective test battery: A preliminary report. *International Journal of Selection and Assessment, 5* (4), 229–232.

Raphael, A. J., Golden, C., & Cassidy-Feltgen, S. (2002). The Bender-Gestalt Test (BGT) in forensic assessment. *Journal of Forensic Psychology Practice, 2* (3), 93–105.

Rappeport, J. R. (1982). Differences between forensic and general psychiatry. *American Journal of Psychiatry, 139,* 331–334.

Rashkovky, B. (2006). Extending the job component validity (JCV) model to include personality predictors. *Dissertation Abstracts International: Section B. Sciences and Engineering, 66* (7-B), 3986.

Ratcliff, J. J., Greenspan, A. I., Goldstein, F. C., et al. (2007). Gender and traumatic brain injury: Do the sexes fare differently? *Brain Injury, 21* (10), 1023–1030.

Raven, J. C. (1976). *Standard Progressive Matrices.* Oxford: Oxford Psychologists.

Raz, S., Glogowski-Kawamoto, B., Yu, A. W., et al. (1998). The effects of perinatal hypoxic risk on developmental outcome in early and middle childhood: A twin study. *Neuropsychology, 12,* 459–467.

Razran, G. (1961). The observable unconscious and the inferable conscious in current Soviet psychophysiology: Introceptive conditioning, semantic conditioning, and the orienting refl ex. *Psychological Review, 68,* 81–147.

Recarte, M. A., & Nunes, L. M. (2000). Effects of verbal and spatial-imagery tasks on eye fixations while driving. *Journal of Experimental Psychology: Applied, 6,* 31–43.

Reckase, M. D. (1996). Test construction in the 1990s: Recent approaches every psychologist should know. *Psychological Assessment, 8,* 354–359.

Reckase, M. D. (2004). What if there were a "true standard theory" for standard setting like the "true score theory" for tests? *Measurement: Interdisciplinary Research and Perspecrtives, 2* (2), 114–119.

Redshaw, M., & Martin, C. R. (2009). Validation of a perceptions of care adjective checklist. *Journal of Evaluation in Clinical Practice, 15* (2), 281–288.

Ree, M. J., & Earles, J. A. (1990). *Differential validity of a differential aptitude test* (Report no. 89–59). Texas: Brooks Air Force Base.

Reece, R. N., & Groden, M. A. (1985). Recognition of non-accidental injury. *Pediatric Clinics of North America, 32,* 41–60.

Reed, J. E. (1996). Fixed vs. flexible neuropsychological test batteries under the Daubert standard for the admissibility of scientific evidence. *Behavioral Sciences & the Law, 14,* 315–322.

Reed, T. E. (1997). "The genetic hypothesis": It was not tested but it could have been. *American Psychologist, 52,* 77–78.

Reed, T. E., & Jensen, A. R. (1992). Conduction velocity in a brain nerve pathway of normal adults correlates with intelligence level. *Intelligence, 16,* 259–272.

Reed, T. E., & Jensen, A. R. (1993). Choice reaction time and visual pathway conduction velocity both correlate with intelligence but appear not to correlate with each other: Implications for information processing. *Intelligence, 17,* 191–203.

Reeder, G. D., Maccow, G. C., Shaw, S. R., Swerdlik, M. E., Horton, C. B., & Foster, P. (1997). School psychologists and full-service schools: Partnerships with medical, mental health, and social services. *School Psychology Review, 26,* 603–621.

Reeve, B. B., Hays, R. D., Bjorner, J. B., et al. (2007). Psychometric evaluation and calibration of health-related quality of life item banks: Plans for the Patient-Reported Outcomes Measurement Information System (PROMIS). *Medical Care, 45*(5), S22–S31.

Reeve, C. L., Meyer, R. D., & Bonaccio, S. (2005). *Relations among general and narrow dimensions of intelligence and personality.* Paper presented at 20th Annual Conference of the Society for Industrial and Organizational Psychology, Los Angeles.

Reichenberg, N., & Raphael, A. J. (1992). *Advanced psychodiagnostic interpretation of the Bender-Gestalt Test: Adults and children.* Westport, CT: Praeger.

Reid, C. A., Kolakowsky-Hayner, S. A., Lewis, A. N., & Armstrong, A. J. (2007). Modern psychometric methodology: Applications of item response theory. *Rehabilitation Counseling Bulletin, 50* (3), 177–188.

Reik, T. (1948). *Listening with the third ear.* New York: Farrar, Straus.

Reik, T. (1952). *The secret self.* New York: Grove.

Reimers, T. M., Wacker, D. P., & Koeppel, G. (1987). Acceptability of behavioral treatments: A review of the literature. *School Psychology Review, 16,* 212–227.

Reinehr, R. C. (1969). Therapist and patient perceptions of hospitalized alcoholics. *Journal of Clinical Psychology, 25,* 443–445.

Reise, S. P., & Henson, J. M. (2003). A discussion of modern versus traditional psychometrics as applied to personality assessment scales. *Journal of Personality Assessment, 81,* 93–103.

Reise, S. P., Waller, N. G., & Comrey, A. L. (2000). Factor analysis and scale revision. *Psychological Assessment, 12,* 287–297.

Reiser, M. (1980). *Handbook of investigative hypnosis.* Los Angeles: Lehi.

Reiser, M. (1990). Investigative hypnosis. In D. C. Raskin (Ed.), *Psychological methods in criminal investigation evidence* (pp. 151–190). New York: Springer.

Reitan, R. (1994, July). *Child neuropsychology and learning disabilities.* Advanced Workshop, Los Angeles.

Reitan, R. M. (1955a). An investigation of the validity of Halstead's measures of biological intelligence. *Archives of Neurology and Psychiatry, 73,* 28–35.

Reitan, R. M. (1955b). Certain differential effects of left and right cerebral lesions in human adults. *Journal of Comparative and Physiological Psychology, 48,* 474–477.

Reitan, R. M. (1969). *Manual for administration of neuropsychological test batteries for adults and children.* Indianapolis: Author.

Reitan, R. M. (1984a). *Aphasia and sensory-perceptual disorders in adults.* South Tucson, AZ: Neuropsychology Press.

Reitan, R. M. (1984b). *Aphasia and sensory-perceptual disorders in children.* South Tucson, AZ: Neuropsychology Press.

Reitan, R. M. (1994). Ward Halstead's contributions to neuropsychology and the Halstead-Reitan Neuropsychological Test Battery. *Journal of Clinical Psychology, 50,* 47–70.

Reitan, R. M., & Wolfson, D. (1990). A consideration of the comparability of the WAIS and WAIS-R. *Clinical Neuropsychologist, 4,* 80–85.

Reitan, R. M., & Wolfson, D. (1992). A short screening examination for impaired brain functions in early school-age children. *Clinical Neuropsychologist, 6,* 287–294.

Reitan, R. M., & Wolfson, D. (1993). *The Halstead-Reitan Neuropsychological Test Battery: Theory and clinical interpretation* (2nd ed.). Tucson, AZ: Neuropsychology Press.

Reitan, R. M., & Wolfson, D. (2000). The neuropsychological similarities of mild and more severe head injury. *Archives of Clinical Neuropsychology, 15,* 433–442.

Reiter, M. D., Liput, T., & Nirmal, R. (2007). Personality preferences of college student-athletes. *College Student Journal, 41* (1), 34–36.

Remington, R. W., Johnston, J. C., Ruthruff, E., et al. (2000). Visual search in complex displays: Factors affecting conflict detection by air traffic controllers. *Visual Cognition, 7,* 769–784.

Retzlaff, P. D., & Gibertini, M. (1988). Objective psychological testing of U.S. Air Force officers in pilot training. *Aviation, Space, and Environmental Medicine, 59,* 661–663.

Rey, G. J., Feldman, E., Rivas-Vazquez, R., et al. (1999). Neuropsychological test development and normative data on Hispanics. *Archives of Clinical Neuropsychology, 14,* 593–601.

Reynolds, C. E., & Brown, R. T. (Eds.). (1984). *Perspectives on bias in mental testing.* New York: Plenum.

Reynolds, C. R., Sanchez, S., & Wilson, V. L. (1996). Normative tables for calculating the WISC-III Performance and Full Scale IQs when Symbol Search is substituted for Coding. *Psychological Assessment, 8,* 378–382.

Reynolds, M. R., Keith, T. Z., Fine, J. G., et al. (2007). Confirmatory factor structure of the Kaufman Assessment Battery for Children—Second Edition: Consistency with Cattell-Horn-Carroll theory. *School Psychology Quarterly, 22*(4), 511–539

Reynolds, W. M. (1987). *Suicidal Ideation Questionnaire.* Odessa, FL: Psychological Assessment Resources.

Rezmovic, V. (1977). The effects of computerized experimentation on response variance. *Behavior Research Methods and Instrumentation, 9,* 144–147.

Reznikoff, M., & Tomblen, D. (1956). The use of human figure drawings in the diagnosis of organic pathology. *Journal of Consulting Psychology, 20,* 467–470.

Riaz, I. A. (2006). The effect of managed care on professional psychology. *Dissertation Abstracts International: Section B. Sciences and Engineering, 67* (2-B), 1164.

Rice, M. E., & Harris, G. T. (1995). Violent recidivism: Assessing predictive validity. *Journal of Consulting and Clinical Psychology, 63,* 737–748.

Richardson, M. W., & Kuder, G. F. (1939). The calculation of test reliability based upon the method of rational equivalence. *Journal of Educational Psychology, 30,* 681–687.

Richardson-Klavehn, A., & Bjork, R. A. (1988). Measures of memory. *Annual Review of Psychology, 39,* 475–543.

Richman, J. (1988). The case against rational suicide. *Suicide & Life-Threatening Behavior, 18,* 285–289.

Richters, J. E., & Hinshaw, S. (1999). The abduction of disorder in psychiatry. *Journal of Abnormal Psychology, 108,* 438–445.

Rierdan, J., & Koff, E. (1981). Sexual ambiguity in children's human figure drawings. *Journal of Personality Assessment, 45,* 256–257.

Riethmiller, R. J., & Handler, L. (1997a). The great figure drawing controversy: The integration of research and clinical practice. *Journal of Personality Assessment, 69,* 488–496.

Riethmiller, R. J., & Handler, L. (1997b). Problematic methods and unwarranted conclusions in DAP research: Suggestions for improved research procedures. *Journal of Personality Assessment, 69,* 459–475.

Riggs, D. S., Murphy, C. M., & O'Leary, K. D. (1989). Intentional falsification in reports of interpartner aggression. *Journal of Interpersonal Violence, 4,* 220–232.

Rindermann, H., Flores-Mendoza, C., & Mansur-Alves, M. (2010). Reciprocal effects between fluid and crystallized intelligence and their dependence on parents' socioeconomic status and education. *Learning and Individual Differences, 20,* 544–548.

Ritson, B., & Forest, A. (1970). The simulation of psychosis: A contemporary presentation. *British Journal of Medical Psychology, 43,* 31–37.

Ritzler, B. (1995). Putting your eggs in the content analysis basket: A response to Aronow, Reznikoff and Moreland. *Journal of Personality Assessment, 64,* 229–234.

Ritzler, B. A., Sharkey, K. J., & Chudy, J. F. (1980). A comprehensive projective alternative to the TAT. *Journal of Personality Assessment, 44,* 358–362.

Riverside Publishing. (2001). *Report Writer for the WJ III.* Itasca, IL: Author.

Rizzo, M., & Eslinger, P. J. (Eds.). (2004). *Principles and practice of behavioral neurology and neuropsychology.* Philadelphia: Saunders.

Roach, R. J., Frazier, L. P., & Bowden, S. R. (1981). The Marital Satisfaction Scale: Development of a measure for intervention research. *Journal of Marriage and the Family, 21,* 251–255.

Roback, A. A. (1961). *History of psychology and psychiatry.* New York: Philosophical Library.

Robbins, S. B., & Patton, M. J. (1985). Self-psychology and career development: Construction of the Superiority and Goal Instability Scales. *Journal of Counseling Psychology, 32,* 221–231.

Roberts, B. W., & DelVecchio, W. F. (2000). The rank-order consistency of personality traits from childhood to old age: A quantitative review of longitudinal studies. *Psychological Bulletin, 126,* 3–25.

Roberts, B. W., Robins, R. W., Caspi, A., & Trzesniewski., K. (2003). Personality trait development in adulthood. In J. Mortimer & M. Shanahan (Ed.). *Handbook of the life course* (pp. 579–598). New York: Kluwer Academic.

Roberts, B. W., Walton, K., & Viechtbauer, W. (2006). Personality changes in adulthood: Reply to Costa & McCrae (2006). *Psychological Bulletin, 132,* 29–32.

Roberts, M. W. (2001). Clinic observations of structured parent--child interaction designed to evaluate externalizing disorders. *Psychological Assessment, 13,* 46–58.

Roberts, R. N., & Magrab, P. R. (1991). Psychologists' role in a family-centered approach to practice, training, and research with young children. *American Psychologist, 46,* 144–148.

Robertson, G. J. (1990). A practical model for test development. In C. R. Reynolds & R. W. Kamphaus (Eds.), *Handbook of psychological and educational assessment of children: Intelligence & achievement* (pp. 62–85). New York: Guilford.

Robin, A. L., Koepke, T., & Moye, A. (1990). Multidimensional assessment of parent-adolescent relations. *Psychological Assessment, 2,* 451–459.

Robinson, F. G. (1992). *Love's story untold: The life of Henry A. Murray.* Cambridge, MA: Harvard University.

Robinson, N. M., Zigler, E., & Gallagher, J. J. (2000). Two tails of the normal curve: Similarities and differences in the study of mental retardation and giftedness. *American Psychologist, 55,* 1413–1424.

Rodriguez, O., & Santiviago, M. (1991). Hispanic deaf adolescents: A multicultural minority. *Volta Review, 93,* 89–97.

Roe, A., & Klos, D. (1969). Occupational classification. *Counseling Psychologist, 1,* 84–92.

Roediger, H. L. (1990). Implicit memory: Retention without remembering. *American Psychologist, 45*, 1043–1056.

Roediger, H. L., & McDermott, K. B. (1993). Implicit memory in normal human subjects. In F. Boller & J. Grafman (Eds.), *Handbook of neuropsychology* (Vol. 8, pp. 63–181). Amsterdam: Elsevier.

Roesch, R., Webster, C. D., & Eaves, D. (1984). *The Fitness Interview Test: A method for assessing fitness to stand trial*. Toronto: University of Toronto Centre of Criminology.

Rogers, C. R. (1959). A theory of therapy, personality, and interpersonal relationships, as developed in the client-centered framework In S. Koch (Ed.), *Psychology: A study of a science* (Vol. 3, pp. 184–256). New York: McGraw-Hill.

Rogers, L. S., Knauss, J., & Hammond, K. R. (1951). Predicting continuation in therapy by means of the Rorschach Test. *Journal of Consulting Psychology, 15*, 368–371.

Rogers, R. (1986). *Structured interview of reported symptoms* (SIRS). Unpublished scale. Toronto: Clarke Institute of Psychiatry.

Rogers, R., Bagby, R. M., & Dickens, S. E. (1992). *Structured Interview of Reported Symptoms (SIRS) and professional manual*. Odessa, FL: Psychological Assessment Resources.

Rogers, R., & Cavanaugh, J. L. (1980). Differences in psychological variables between criminally responsible and insane patients: A preliminary study. *American Journal of Forensic Psychiatry, 1*, 29–37.

Rogers, R., & Cavanaugh, J. L. (1981). Rogers Criminal Responsibility Assessment Scales. *Illinois Medical Journal, 160*, 164–169.

Rogers, R., Dolmetsch, R., & Cavanaugh, J. L. (1981). An empirical approach to insanity evaluations. *Journal of Clinical Psychology, 37*, 683–687.

Rogers, R., Jackson, R. L., Sewell, K. W., & Harrison, K. S. (2004). An Examination of the ECST-R as a Screen for Feigned Incompetency to Stand Trial. *Psychological Assessment, 16* (2), 139–145

Rogers, R., Seman, W., & Wasyliw, D. E. (1983). The RCRAS and legal insanity: A cross validation study. *Journal of Clinical Psychology, 39*, 554–559.

Rogers, R., Sewell, K. W., & Gillard, N. D. (2010). *Structured Interview of Reported Symptoms (SIRS) and professional manual*. Lutz, FL: Psychological Assessment Resources, Inc.

Rogers, R., Wasyliw, D. E., & Cavanaugh, J. L. (1984). Evaluating insanity: A study of construct validity. *Law & Human Behavior, 8*, 293–303.

Rogers, R. R., Sewell, K. W., Harrison, K. S., & Jordan, M. J. (2006). The MMPI-2 Restructured Clinical scales: A paradigmatic shift in scale development. *Journal of Personality Assessment, 87*, 139–147.

Rogler, L. H. (2002). Historical generations and psychology: The case of the Great Depression and World War II. *American Psychologist, 57*, 1013–1023.

Rohl, J. S. (1993). The Tower of Hanoi. Supplementary information supplied with *Jarrah Wooden Tower of Hanoi*. Mt. Lawley, Australia: Built-Rite Sales.

Rohner, R. P. (1984). Toward a conception of culture for cross-cultural psychology. *Journal of Cross-Cultural Psychology, 15*, 111–138.

Roid, G. H. (2003a). *Stanford-Binet Intelligence Scales, Fifth Edition*. Itasca, IL: Riverside.

Roid, G. H. (2003b). *Stanford-Binet Intelligence Scales, Fifth Edition, Examiner's manual*. Itasca, IL: Riverside.

Roid, G. H. (2003c). *Stanford-Binet Intelligence Scales, Fifth Edition, Technical manual*. Itasca, IL: Riverside.

Roid, G. H. (2006). Designing ability tests. In S. M. Downing & T. M. Haladyna (Eds.), *Handbook of test development* (pp. 527–542). Mahwah, NJ: Erlbaum.

Roid, G. H., Woodcock, R. W., & McGrew, K. S. (1997). *Factor analysis of the Stanford-Binet L and M forms*. Unpublished paper. Itasca, IL: Riverside.

Rokeach, M. (1973). *The nature of human values*. New York: Free Press.

Romanczyk, R. G. (1986). *Clinical utilization of microcomputer technology*. New York: Pergamon.

Romano, J. (1994, November 7). Do drunken drivers get railroaded? *New York Times*, pp. NNJ1, NNJ19.

Rome, H. P., Mataya, P., Pearson, J. S., Swenson, W., & Brannick, T. L. (1965). Automatic personality assessment. In R. W. Stacey & B. Waxman (Eds.), *Computers in biomedical research* (Vol. 1, pp. 505–524). New York: Academic Press.

Ronan, G. G., Date, A. L., & Weisbrod, M. (1995). Personal problem-solving scoring of the TAT: Sensitivity to training. *Journal of Personality Assessment, 64*, 119–131.

Rorer, L. G. (1965). The great response-style myth. *Psychological Bulletin, 63*, 129–156.

Rorschach, H. (1921/1942). *Psycho-diagnostics: A diagnostic test based on perception* (P. Lemkau & B. Kronenburg, Trans.). Berne: Huber. (First German edition: 1921. Distributed in the United States by Grune & Stratton.)

Rorschach, H., & Oberholzer, E. (1923). The application of the interpretation of form to psychoanalysis. *Journal of Nervous and Mental Diseases, 60*, 225–248, 359–379.

Rosen, A. (1962). Development of MMPI scales based on a reference group of psychiatric patients. *Psychological Monographs 76* (8 Whole No. 527).

Rosen, J. (1998, February 23/March 2). Damage control. *New Yorker, 74*, 64–68.

Rosenberg, E., & DeMaso, D. R. (2008). A doubtful guest: Managed care and mental health. *Child and Adolescent Psychiatric Clinics of North America, 17* (1), 53–66.

Rosenman, R. H., Brand, R. J., Jenkins, C. D., Friedman, M., Straus, R., & Wurm, M. (1975). Coronary heart disease in the Western Collaborative Group Study: Final followup experience of 8½ years. *Journal of the American Medical Association, 233*, 872–877.

Rosenzweig, S. (1945). The picture-association method and its application in a study of reactions to frustration. *Journal of Personality, 14*, 3–23.

Rosenzweig, S. (1978). *The Rosenzweig Picture Frustration (P-F) Study: Basic manual*. St. Louis: Rana House.

Rosse, J. G., Stecher, M. D., Miller, J. L., & Levin, R. A. (1998). The impact of response distortion on preemployment personality testing and hiring decisions. *Journal of Applied Psychology, 83*, 634–644.

Roszkowski, M. J., & Spreat, S. (1981). A comparison of the psychometric and clinical methods of determining level of mental retardation. *Applied Research in Mental Retardation, 2*, 359–366.

Roth, L. H., Meisel, A., & Lidz, C. W. (1977). Tests of competence to consent to treatment. *American Journal of Psychiatry, 134*, 279–284.

Roth, P. L., Bobko, P., & Mabon, H. (2001). Utility analysis: A review and analysis at the turn of the century. In N. Anderson, D. S. Ones, H. K. Sinangil, & C. Viswesvaran (Eds.), *Handbook of industrial, work, and organizational psychology*. Thousand Oaks, CA: Sage.

Rothberg, J. M., & Geer-Williams, C. (1992). A comparison and review of suicide prediction scales. In R. W. Maris et al. (Eds.), *Assessment and prediction of suicide* (pp. 202–217). New York: Guilford.

Rotter, J. B. (1966). Generalized expectancies for internal versus external control of reinforcement. *Psychological Monographs, 80* (Whole Number 609).

Rotter, J. B., Lah, M. I., & Rafferty, J. E. (1992). *Rotter Incomplete Sentences Blank manual.* San Antonio: Psychological Corporation.

Rotter, J. B., & Rafferty, J. E. (1950). *The manual for the Rotter Incomplete Sentences Blank.* New York: Psychological Corporation.

Rottinghaus, P. J., Betz, N. E., & Borgen, F. H. (2003). Validity of parallel measures of vocational interests and confidence. *Journal of Career Assessment, 11,* 355–378.

Rotton, J., & Kelly, I. W. (1985). Much ado about the full moon: A meta-analysis of lunar-lunacy research. *Psychological Bulletin, 97,* 286–306.

Rotundo, M., & Sackett, P. R. (1999). Effect of rater race on conclusions regarding differential prediction in cognitive ability tests. *Journal of Applied Psychology, 84,* 815–822.

Rouse, S. V., Butcher, J. N., & Miller, K. B. (1999). Assessment of substance abuse in psychotherapy clients: The effectiveness of MMPI-2 substance abuse scales. *Psychological Assessment, 11,* 101–107.

Routh, D. K., & King, K. W. (1972). Social class bias in clinical judgment. *Journal of Consulting and Clinical Psychology, 38,* 202–207.

Roy, P. (1962). The measurement of assimilation: The Spokane Indians. *American Journal of Sociology, 67,* 541–551.

Rozeboom, W. W. (1996a). Factor-indeterminacy issues are not linguistic confusions. *Multivariate Behavioral Research, 31,* 637–650.

Rozeboom, W. W. (1996b). What might common factors be? *Multivariate Behavioral Research, 31,* 555–570.

Ruch, G. M. (1925). Minimum essentials in reporting data on standard tests. *Journal of Educational Research, 12,* 349–358.

Ruch, G. M. (1933). Recent developments in statistical procedures. *Review of Educational Research, 3,* 33–40. Ruch, W. (1993). Exhilaration and humor. In M. Lewis & J. M. Haviland (Eds.), *Handbook of emotions* (pp. 605–616). New York: Guilford.

Ruffolo, L. F., Guilmette, T. J., & Grant, W. W. (2000). Comparison of time and error rates on the Trail Making Test among patients with head injuries, experimental malingerers, patients with suspect effort on testing, and normal controls. *Clinical Neuropsychologist, 14,* 223–230.

Rüsch, N., Todd, A. R., & Bodenhausen, G. V., et al. (2009). Implicit versus explicit attitudes toward psychiatric medication: Implications for insight and treatment adherence. *Schizophrenia Research, 112,* 119–122.

Russell, E. W. (2007). Commentary on "A motion to exclude and the 'fixed' versus 'flexible' battery in 'forensic' neuropsychology." *Archives of Clinical Neuropsychology, 22,* 787–790.

Russell, J. S. (1984). A review of fair employment cases in the field of training. *Personnel Psychology, 37,* 261–276.

Russell, T. L., & Peterson, N. G. (1997). The test plan. In D. L. Whetzel & G. R. Wheaton (Eds.), *Applied measurement methods in industrial psychology* (pp. 115–139). Palo Alto, CA: Davies-Black.

Russo, D. C., Bird, B. L., & Masek, B. J. (1980). Assessment issues in behavioral medicine. *Behavioral Assessment, 2,* 1–18.

Rutherford, A. (2003). B. F. Skinner and the auditory inkblot: The rise and fall of the verbal summator as a projective technique. *History of Psychology, 6,* 362–378.

Ryan, A. M., Sacco, J. M., McFarland, L. A., & Kriska, S. D. (2000). Applicant self-selection: Correlates of withdrawal from a multiple hurdle process. *Journal of Applied Psychology, 85,* 163–169.

Ryan, J. J., Paolo, A. M., & Brungardt, T. M. (1990). Standardization of the Wechsler Adult Intelligence Scale—Revised for persons 75 years and older. *Psychological Assessment, 2,* 404–411.

Ryan, J. J., & Ward, L. C. (1999). Validity, reliability, and standard errors of measurement for two seven-subtest short forms of the Wechsler Adult Intelligence Scale–III. *Psychological Assessment, 11,* 207–211.

Ryan, T., & Xenos, S. (2011). Who uses Facebook? An investigation into the relationship between the Big Five, shyness, narcissism, loneliness, and Facebook usage. *Computers in Human Behavior, 27* (5), 1658–1664.

Sabatelli, R. M. (1984). The Marital Comparison Level Index: A measure for assessing outcomes relative to expectations. *Journal of Marriage and the Family, 46,* 651–662.

Sachs, B. B. (1976). Some views of a deaf Rorschacher on the personality of deaf individuals. *Hearing Rehabilitation Quarterly, 2,* 13–14.

Sackett, P. R. (1994). Integrity testing for personnel selection. *Current Directions in Psychological Science, 3,* 73–76.

Sackett, P. R., Burris, L. R., & Callahan, C. (1989). Integrity testing for personnel selection: An update. *Personnel Psychology, 42,* 491–529.

Sackett, P. R., & Harris, M. M. (1984). Honesty testing for personnel selection: A review and critique. *Personnel Psychology, 37,* 221–245.

Sackett, P. R., Schmitt, N., Ellingson, J. E., & Kabin, M. B. (2001). High-stakes testing in employment, credentialing, and higher education: Prospects in a post-affirmative action world. *American Psychologist, 56,* 302–318.

Sackett, P. R., & Wilk, S. L. (1994). Within-group norming and other forms of score adjustment in preemployment testing. *American Psychologist, 49,* 929–954.

Sacks, E. (1952). Intelligence scores as a function of experimentally established social relationships between child and examiner. *Journal of Abnormal and Social Psychology, 47,* 354–358.

Sacks, O. (1989). *Seeing voices: A journey into the world of the deaf.* Berkeley: University of California.

Salas, E., Cannon-Bowers, J. A., Church-Payne, S., & Smith-Jentsch, K. A. (1998). Teams and teamwork in the military. In C. Cronin (Ed.), *Military psychology: An introduction* (pp. 71–87). Needham Heights, MA: Simon & Schuster.

Saldanha, C. (2005). Daubert and suicide risk of antidepressants in children. *Academy of Psychiatry and the Law, 33* (1), 123–125.

Sale, R. (2006). International guidelines on computer-based and internet-delivered testing: A practitioner's perspective. *International Journal of Testing, 6* (2), 181–188.

Salthouse, T. A. (2009). When does age-related cognitive decline begin? *Neurobiology of Aging, 30* (4), 507–514.

Salthouse, T. A., Toth, J., Daniels, K., et al. (2000). Effects of aging on efficiency of task switching in a variant of the Trail Making Test. *Neuropsychology, 14,* 102–111.

Salvia, J., & Hritcko, T. (1984). The K-ABC and ability training. *Journal of Special Education, 18,* 345–356.

Samuda, R. J. (1982). *Psychological testing of American minorities: Issues and consequences.* New York: Harper & Row.

Sanchez, H. G. (2006). Inmate suicide and the psychological autopsy process. *US Department of Justice Jail Suicide/Mental Health Update, 15*(2).

Sanchez, L. M., & Turner, S. M. (2003). Practicing psychology in the era of managed care. *American Psychologist, 58,* 116–129.

Sanchez-Cubillo, J. A., Perianez, D., Adrovier-Roig, J. M., et al. (2009). Construct validity of the Trail Making Test: Role of task-switching, working memory, inhibition/ interference control, and visuomotor abilities. *Journal of the International Neuropsychological Society, 15,* 438–450.

Sánchez-Meca, J. & Marín-Martínez, F. (2010). Meta-analysis in psychological research. *International Journal of Psychological Research, 3*, 151–163.

Sandelands, L. E., & Larson, J. R. (1985). When measurement causes task attitudes: A note from the laboratory. *Journal of Applied Psychology, 70*, 116–121.

Sanders, J. (2010). Applying Daubert Inconsistently?: Proof of individual causation in toxic tort and forensic cases. *75 Brooklyn Law Review, 1367*, 1370–1374.

Sandoval, J. (1995). Review of the Wechsler Intelligence Scale for Children, Third Edition. In J. C. Conoley & J. C. Impara (Eds.), *The twelfth mental measurements yearbook*. Lincoln: Buros Institute of Measurements, University of Nebraska.

Sandoval, J. (2003). Review of the Woodcock-Johnson III. In B. S. Plake, J. C. Impara, & R. A. Spies (Eds.), *The fifteenth mental measurements yearbook*. Lincoln: Buros Institute of Mental Measurements, University of Nebraska.

Sandoval, J., et al. (Eds.). (1998). *Test interpretation and diversity: Achieving equity in assessment*. Washington, DC: American Psychological Association.

Sanfilippo, J., et al. (1986). Identifying the sexually molested preadolescent girl. *Pediatric Annals, 15*, 621–624.

Santelices, M. V., & Wilson, M. (2010). Unfair treatment? The case of Freedle, the SAT, and the standardized approach to differential item functioning. *Harvard Educational Review, 80* (1), 106–133.

Santor, D. A., Zuroff, D. C., Ramsay, J. O., Cervantes, P., & Palacios, J. (1995). Examining scale discriminability in the BDI and CES-D as a function of depressive severity. *Psychological Assessment, 7*, 131–139.

Santy, P. A. (1994). *Choosing the right stuff: The psychological selection of astronauts and cosmonauts*. Westport, CT: Praeger.

Sattler, J. M. (1991). How good are federal judges in detecting differences in item difficulty on intelligence tests for ethnic groups? *Psychological Assessment, 3*, 125–129.

Sattler, J. M. (1992). *Assessment of children: WISC-III and WPPSI-R supplement*. San Diego: Author.

Saunders, E. A. (1991). Rorschach indicators of chronic childhood sexual abuse in female borderline inpatients. *Bulletin of the Menninger Clinic, 55*, 48–65.

Savickas, M. L., Alexander, D. E., Osipow, S. H., & Wolf, F. M. (1985). Measuring specialty indecision among career-decided students. *Journal of Vocational Behavior, 27*, 356–357.

Savickas, M. L., & Spokane, A. R. (Eds.). (1999). *Vocational interests: Meaning, measurement, and counseling use*. Palo Alto, CA: Davies-Black.

Savickas, M. L., Taber, B. J., & Spokane, A. R. (2002). Convergent and discriminant validity of five interest inventories. *Journal of Vocational Behavior, 61*, 139–184.

Saxe, L. (1994). Detection of deception: Polygraph and integrity tests. *Current Directions in Psychological Science, 3*, 69–73.

Saxe, L., & Ben-Shakhar, G. (1999). Admissibility of polygraph tests: The application of scientific standards post-*Daubert*. *Psychology, Public Policy, and Law, 5*, 203–223.

Saxton, J., McGonigle-Gibson, K. L., Swihart, A. A., Miller, V. J., & Boller, F. (1990). Assessment of the severely impaired patient: Description and validation of a new neuropsychological test battery. *Psychological Assessment, 2*, 298–303.

Sayer, A. G., Willett, J. B., & Perrin, E. C. (1993). Measuring understanding of illness causality in healthy children and in children with chronic illness: A construct validation. *Journal of Applied Developmental Psychology, 14*, 11–36.

Sayette, M. A., Shiffman, S., Tiffany, S. T., et al. (2000). The measurement of drug craving. *Addiction, 93* (Suppl. 2), S189–S210.

Scarr, S. (1992). Developmental theories for the 1990s: Development and individual differences. *Child Development, 63*, 1–19.

Scarr, S. (1993). Biological and cultural diversity: The legacy of Darwin for development. *Child Development, 64*, 1333–1353.

Schacter, D. L. (1987). Implicit memory: History and current status. *Journal of Experimental Psychology: Learning, Memory, and Cognition, 13*, 501–518.

Schaie, K. W. (1978). External validity in the assessment of intellectual development in adulthood. *Journal of Gerontology, 33*, 695–701.

Schaufeli, W. B., Bakker, A. B. & Van Rhenen, W. (2009). How changes in job demands and resources predict burnout, work engagement, and sickness absenteeism. *Journal of Organizational Behavior, 30*, 893–917.

Schaufeli, W. B., Taris, T. W., & van Rhenen, W. (2008). Workaholism, burnout, and work engagement: Three of a kind or three different kinds of employee well-being? *Applied Psychology: An International Review, 57* (2), 173–203.

Scheid, T. L. (1999). Employment of individuals with mental disabilities: Business response to the ADA's challenge. *Behavioral Sciences and the Law, 17*, 73–91.

Schein, J. D., & Delk, M. T., Jr. (1974). *The deaf population in the United States*. Silver Springs, MD: National Association for the Deaf.

Schellings, G., Aarnoutse, C., & van Leeuwe, J. (2006). Third-grader's think aloud protocols: Types of reading activities in reading an expository text. *Learning and Instruction, 16* (6), 549–568

Schildroth, A., Rawlings, B., & Allen, T. (1991). Deaf students in transition: Education and employment issues for deaf adolescents. In O. Cohen & G. Long (Eds.), Selected issues in adolescence and deafness [Special issue]. *Volta Review, 93* (5), 41–53.

Schjelderup-Ebbe, T. (1921). Beiträge zur Biologie und Sozial- und Individualpsychologie bei Gallus domesticus, Greifswald.

Schloss, I. (1981). Chicken and pickles. *Journal of Advertising Research, 21*, 47–49.

Schmand, B., Brand, N., & Kuipers, T. (1992). Procedural learning of cognitive and motor skills in psychotic patients. *Schizophrenia Research, 8*, 157–170.

Schmidt, F. L. (1988). The problem of group differences in ability scores in employment selection. *Journal of Vocational Behavior, 33*, 272–292.

Schmidt, F. L., & Hunter, J. E. (1974). Racial and ethnic bias in psychological tests: Divergent implications of two definitions of test bias. *American Psychologist, 29*, 1–8.

Schmidt, F. L., & Hunter, J. E. (1992). Development of a causal model of processes determining job performance. *Current Directions in Psychological Science, 1*, 89–92.

Schmidt, F. L., & Hunter, J. E. (1998). The validity and utility of selection methods in personnel psychology: Practical and theoretical implications of 85 years of research findings. *Psychological Bulletin, 124*, 262–274.

Schmidt, F. L., Hunter, J. E., McKenzie, R. C., & Muldrow, T. W. (1979). Impact of valid selection procedures on work force productivity. *Journal of Applied Psychology, 64*, 609–626.

Schmidt, F. L., Hunter, J. E., Outerbridge, A. N., & Trattner, M. H. (1986). The economic impact of job selection methods on size, productivity, and payroll costs of the federal work force: An empirically based demonstration. *Personnel Psychology, 32*, 1–29.

Schmitt, N. (1976). Social and situational determinants of interview decisions: Implications for the employment interview. *Personnel Psychology, 29*, 79–101.

Schmitt, N., Gooding, R., Noe, R., & Kirsch, M. (1984). Meta-analysis of validity studies published between 1964 and 1982 and the investigation of study characteristics. *Personnel Psychology, 37*, 407–422.

Schmitter-Edgecombe, M. & Bales, J. W. (2005). Understanding text after severe closed-head injury: Assessing inferences and memory operations with a think-aloud procedure. *Brain and Language, 94* (3), 331–346.

Schneider, B. (1987). The people make the place. *Personnel Psychology, 40*, 437–453.

Schneider, M. F. (1989). *Children's Apperceptive Story-Telling Test.* Austin: PRO-ED.

Schönemann, P. H. (1996a). The psychopathology of factor indeterminacy. *Multivariate Behavioral Research, 31*, 571–577.

Schönemann, P. H. (1996b). Syllogisms of factor indeterminacy. *Multivariate Behavioral Research, 31*, 651–654.

Schoop, L. H., Herrman, T. D., Johnstone, B., Callahan, C. D., & Roudebush, I. S. (2001). Two abbreviated versions of the Wechsler Adult Intelligence Scale–III: Validation among persons with traumatic brain injury. *Rehabilitation Psychology, 46*, 279–287.

Schouten, P. G. W., & Kirkpatrick, L. A. (1993). Questions and concerns about the Miller Assessment for Preschoolers. *Occupational Therapy Journal of Research, 13*, 7–28.

Schuh, A. J. (1978). Contrast effect in the interview. *Bulletin of the Psychonomic Society, 11*, 195–196.

Schuler, M. E., Nair, P., & Harrington, D. (2003). Developmental outcome of drug-exposed children through 30 months: A comparison of Bayley and Bayley-II. *Psychological Assessment, 15*, 435–438.

Schulte, A. A., Gilbertson, E., Kratochwil, T. R. (2000). Educators' perceptions and documentation of testing accommodations for students with disabilities. *Special Services in the Schools, 16*, 35–56.

Schultz, B. M., Dixon, E. B., Lindenberger, J. C., & Ruther, N. J. (1989). *Solomon's sword: A practical guide to conducting child custody evaluations.* San Francisco: Jossey-Bass.

Schwartz, L. A. (1932). Social situation pictures in the psychiatric interview. *American Journal of Orthopsychiatry, 2*, 124–132.

Schwartz, N., Groves, R. M., & Schuman, H. (1998). Survey methods. In D. T. Gilbert et al. (Eds.), *The handbook of social psychology* (4th ed., Vol. 1, pp. 143–179). New York: McGraw-Hill.

Scott, L. H. (1981). Measuring intelligence with the Goodenough-Harris Drawing Test. *Psychological Bulletin, 89*, 483–505.

Seagull, F. J., & Gopher, D. (1997). Training head movement in visual scanning: An embedded approach to the development of piloting skills with helmet-mounted displays. *Journal of Experimental Psychology: Applied, 3*, 163–180.

Searight, H. R., & Searight, B. K. (2009). Working with foreign language interpreters: Recommendations for psychological practice. *Professional Psychology: Research and Practice, 40*, 454–451.

Sears, R. R. (1977). Sources of life satisfaction of the Terman gifted men. *American Psychologist, 32*, 119–281.

Seashore, C. E. (1938). *Psychology of music.* New York: McGraw-Hill.

Sebold, J. (1987). Indicators of child sexual abuse in males. *Social Casework, 68*, 75–80.

Segal, S. P., Redman, D., & Silverman, C. (2000). Measuring clients' satisfaction with self-help agencies. *Psychiatric Services, 51*, 1148–1152.

Seibert, S. E., & Kraimer, M. L. (2001). The five-factor model of personality and career success. *Journal of Vocational Behavior, 58*, 1–21.

Serby, M., Corwin, J., Conrad, P., et al. (1985). Olfactory dysfunction in Alzheimer's disease and Parkinson's disease. *American Journal of Psychiatry, 142*, 781–782.

Serby, M., Larson, P., & Kalkstein, D. (1991). The nature and course of olfactory deficits in Alzheimer's disease. *American Journal of Psychiatry, 148*, 357–360.

Serin, R. C., Peters, R. DeV., & Barbaree, H. E. (1990). Predictors of psychopathy and release outcome in a criminal population. *Psychological Assessment, 2*, 419–422.

Serpell, R. (1979). How specific are perceptual skills? A cross-cultural study of pattern reproduction. *British Journal of Psychology, 70*, 365–380.

Sevig, T. D., Highlen, P. S., & Adams, E. M. (2000). Development and validation of the Self-Identity Inventory (SII): A multicultural identity development instrument. *Cultural Diversity and Ethnic Minority Psychology, 6*, 168–182.

Shabbir, H. (2011). Dimensional qualitative research as a paradygmatic shift in qualitative inquiry: An introduction to the special issue. *Psychology & Marketing, 28* (10), 977–979.

Shah, S. A. (1969). Privileged communications, confidentiality, and privacy: Privileged communications. *Professional Psychology, 1*, 56–59.

Shahim, S. (2007). Psychometric characteristics of the Iranian Acculturation Scale. *Psychological Reports, 101* (1), 55–60.

Shakow, D., & Rosenzweig, S. (1940). The use of the tautophone ("verbal summator") as an auditory apperceptive test for the study of personality. *Character and Personality, 8*, 216–226.

Shanafelt, T. D., Balch, C. M., Bechamps, G. (2010). Burnout and Medical Errors Among American Surgeons. *Annals of Surgery, 251*, 995–1000.

Shapiro, E. S., & Skinner, C. H. (1990). Principles of behavior assessment. In C. R. Reynolds & R. W. Kamphaus (Eds.), *Handbook of psychological and educational assessment of children: Personality, behavior & context* (pp. 343–363). New York: Guilford.

Sharkey, P. T. (2006). Navigating dangerous streets: The sources and consequences of street efficacy. *American Sociological Review, 71* (5), 826–846.

Shavelson, R. J., Webb, N. M., & Rowley, G. L. (1989). Generalizability theory. *American Psychologist, 44*, 922–932.

Shaw, S. R., Swerdlik, M. E., & Laurent, J. (1993). Review of the WISC-III. In B. A. Bracken (Ed.), *Monograph series, Advances in psychoeducational assessment: Wechsler Intelligence Scale for Children, Third Edition: Journal of Psychoeducational Assessment* (pp. 151–159). Brandon, VT: Clinical Psychology Publishing.

Shaywitz, B. A., Shaywitz, S. E., Pugh, K. R., et al. (1995). Sex differences in the functional organization of the brain for language. *Nature, 373*, 607–609.

Shectman, F., & Harty, M. (1986). Treatment implications of object relationships as they unfold during the diagnostic interaction. In M. Kissen (Ed.), *Assessing object relations phenomena* (pp. 279–303). Madison, CT: International Universities Press.

Shedler, J. (2000). The Shedler QPD Panel (Quick PsychDiagnostics Panel): A psychiatric "lab test" for primary care. In M. E. Maruish (Ed.), *Handbook of psychological assessment in primary care settings* (pp. 277–296). Mahwah, NJ: Erlbaum.

Sheehan, P. W., Grigg, L., & McCann, T. (1984). Memory distortion following exposure to false information in hypnosis. *Journal of Abnormal Psychology, 93*, 259–296. Sheffield, D., Biles, P. L., Orom, H., Maixner, W., & Sheps, D. S. (2000). Race and sex differences in cutaneous pain perception. *Psychosomatic Medicine, 62*, 517–523. Shell, R. W. (1980). Psychiatric testimony: Science or fortune telling? *Barrister, 7*, 6–12.

Shepard, L. A. (1983). The role of measurement in educational policy: Lessons from the identification of learning disabilities. *Journal of Special Education, 14,* 79–91.

Sheppard, L. D. (2008). Intelligence and speed of information-processing: A review of 50 years of research. *Personality and Individual Differences, 44* (3), 533–549.

Sherley, J. L. (2007). The utility of standardized tests. *Science, 316* (5832), 1695–1696.

Sherrill-Pattison, S., Donders, J., & Thompson, E. (2000). Influence of demographic variables on neuropsychological test performance after traumatic brain injury. *Clinical Neuropsychologist, 14,* 496–503.

Shiffman, S. (2009). How many cigarettes did you smoke? Assessing cigarette consumption by global report, time-line follow-back, and ecological momentary assessment. *Health Psychology, 28,* 519–526.

Shiffman, S., Gwaltney, C. J., Balabanis, M. H., et al. (2002). Immediate antecedents of cigarette smoking: An analysis from ecological momentary assessment. *Journal of Abnormal Psychology, 111,* 531–545.

Shiffman, S., Hufford, M., Hickcox, M., et al. (1997). Remember that? A comparison of real-time versus retrospective recall of smoking lapses. *Journal of Consulting and Clinical Psychology, 65,* 292–300.

Shirom, A. (2003). Job-related burnout: A review. In J. C. Quick & L. E. Tetrick (Eds.), *Handbook of occupational health psychology* (pp. 245–264). Washington, DC: American Psychological Association.

Shneidman, E. S. (1952). Manual for the Make a Picture Story Method. *Projective Techniques Monographs, 2.*

Shneidman, E. S. (1958). Some relationships between thematic and drawing materials. In E. F. Hammer (Ed.), *The clinical applications of projective drawings* (pp. 296–307). Springfield, IL: Charles C Thomas.

Shock, N. W., Greulich, R. C., Andres, R., et al. (1984). *Normal human aging: The Baltimore longitudinal study of aging* (NIH Publication No. 84–2450). Washington, DC: U.S. Government Printing Office.

Shockley, W. (1971). Models, mathematics, and the moral obligation to diagnose the origin of Negro IQ deficits. *Review of Educational Research, 41,* 369–377.

Shriner, J. G. (2000). Legal perspectives on school outcomes assessment for students with disabilities. *Journal of Special Education, 33,* 232–239.

Shrout, P. E., & Yager, T. J. (1989). Reliability and validity of screening scales: Effect of reducing scale length. *Journal of Clinical Epidemiology, 42,* 69–78.

Shuey, A. M. (1966). *The testing of Negro intelligence* (2nd ed.). New York: Social Science.

Shum, D., Short, L., Tunstall, J., et al. (2000). Performance of children with traumatic brain injury on a 4-disk version of the Tower of London and the Porteus Maze. *Brain & Cognition, 44,* 59–62.

Shuman, D. W., & Sales, B. D. (1999). The impact of *Daubert* and its progeny on the admissibility of behavioral and social science evidence. *Psychology, Public Policy, and Law, 5,* 3–15.

Siegler, R. S., & Richards, D. (1980). The development of intelligence. In R. S. Sternberg (Chair), *People's conception of the nature of intelligence.* Symposium presented at the 88th annual convention of the American Psychological Association, Montreal.

Silka, V. R., & Hauser, M. J. (1997). Psychiatric assessment of the person with mental retardation. *Psychiatric Annals, 27* (3), 162–169.

Silverman, W., Miezejeski, C., Ryan, R., Zigman, W., Krinsky-McHale, S., & Urv, T. (2010). Stanford-Binet & WAIS IQ differences and their implications for adults with intellectual disability (aka mental retardation). *Intelligence, 38* (2), 242–248.

Silverstein, A. B. (1990). Short forms of individual intelligence tests. *Psychological Assessment, 2,* 3–11.

Silverstein, M. L., & Nelson, L. D. (2000). Clinical and research implications of revising psychological tests. *Psychological Assessment, 12,* 298–303.

Simms, L. J., Casillas, A., Clark, L. A., et al. (2005). Psychometric evaluation of the restructured clinical scales of the MMPI-2. *Psychological Assessment, 17,* 345–358.

Simpson, R. (1970). Study of the comparability of the WISC and WAIS. *Journal of Consulting and Clinical Psychology, 2,* 156–158.

Simpson, R. L., Griswold, D. E., & Myles, B. S. (1999). Educators' assessment accommodation preferences for students with autism. *Focus on Autism and Other Developmental Disabilities, 14*(4), 212–219, 230.

Sinadinovic, K., Wennberg, P., & Berman, A. H. (2011). Population screening of risky alcohol and drug use via Internet and Interactive Voice response (IVR): A feasibility and psychometric study in a random sample. *Drug and Alcohol Dependence, 114,* 55–60.

Sines, J. O. (1966). Actuarial methods in personality assessment. In B. A. Maher (Ed.), *Progress in experimental personality research* (Vol. 3, pp. 133–193). New York: Academic Press.

Siperstein, G. N., Leffert, J. S., & Wenz-Gross, M. (1997). The quality of friendships between children with and without learning problems. *American Journal on Mental Retardation, 102,* 111–125.

Sivec, H. J., Lynn, S. J., & Garske, J. P. (1994). The effect of somatoform disorders and paranoid psychotic role-related dissimulations as a response set on the MMPI-2. *Assessment, 1,* 69–81.

Skafte, D. (1985). *Child custody evaluations: A practical guide.* Beverly Hills, CA: Sage.

Skaggs, G., Hein, S. F., & Awuor, R. (2007). Setting passing scores on passage-based tests: A comparison of traditional and single-passage bookmark methods. *Applied Measurement in Education, 20* (4), 405–426.

Skinner, B. F. (1979). *The shaping of a behaviorist.* New York: Knopf.

Skinner, H. A., & Allen, B. A. (1983). Does the computer make a difference? Computerized versus face-to-face versus self-report assessment of alcohol, drug, and tobacco use. *Journal of Consulting and Clinical Psychology, 51,* 267–275.

Skinner, H. A., & Pakula, A. (1986). Challenge of computers in psychological assessment. *Professional Psychology: Research and Practice, 17,* 44–50.

Skolnick, J. H. (1961). Scientific theory and scientific evidence: An analysis of lie detection. *Yale Law Journal, 70,* 694–728.

Slakter, M. J., Crehan, K. D., & Koehler, R. A. (1975). Longitudinal studies of risk taking on objective examinations. *Educational and Psychological Measurement, 35,* 97–105.

Slate, J. R., Jones, C. H., Murray, R. A., & Coulter, C. (1993). Evidence that practitioners err in administering and scoring the WAIS-R. *Measurement and Evaluation in Counseling and Development, 25,* 156–161.

Slater, S. B., Vukmanovic, C., Macukanovic, P., et al. (1974). The definition and measurement of disability. *Social Science and Medicine, 8,* 305–308.

Slay, D. K. (1984). A portable Halstead-Reitan Category Test. *Journal of Clinical Psychology, 40,* 1023–1027.

Slobogin, C. (1999). The admissibility of behavioral science information in criminal trials: From primitivism to *Daubert* to Voice. *Psychology, Public Policy, and Law, 5,* 100–119.

Sloman, L., & Gilbert, P. *Subordination and defeat: An evolutionary approach to mood disorders and their therapy*. Mahwah NJ: Erlbaum.

Sloman, L., & Price, J. (1987). Losing behavior (yielding subroutine) and human depression: Proximate and selective mechanisms. *Ethology and Sociobiology, 8*, suppl. 3, 99S–109S.

Smith, D. E. (1986). Training programs for performance appraisal: A review. *Academy of Management Review, 11*, 22–40.

Smith, D. K. (1985). *Test use and perceived competency: A survey of school psychologists*. Unpublished manuscript, University of Wisconsin–River Falls, School Psychology Program.

Smith, D. K., Bolin, J. A., & Stovall, D. R. (1988). K-ABC stability in a preschool sample: A longitudinal study. *Journal of Psychoeducational Assessment, 6*, 396–403.

Smith, D. K., & Knudtson, L. S. (1990). *K-ABC and S-B: FE relationships in an at-risk preschool sample*. Paper presented at the Annual Meeting of the American Psychological Association, Boston.

Smith, D. K., Lasee, M. J., & McCloskey, G. M. (1990). *Test-retest reliability of the AGS Early Screening Profiles*. Paper presented at the Annual Meeting of the National Association of School Psychologists, San Francisco.

Smith, D. K., & Lyon, M. A. (1987). *Children with learning difficulties: Differences in ability patterns as a function of placement*. Paper presented at the Annual Meeting of the American Educational Research Association, Washington, DC. (ERIC Document Reproduction Service No. ED 285 317.)

Smith, D. K., St. Martin, M. E., & Lyon, M. A. (1989). A validity study of the Stanford-Binet Fourth Edition with students with learning disabilities. *Journal of Learning Disabilities, 22*, 260–261.

Smith, G. E., Ivnik, R. J., Malec, J. F., Kokmen, E., Tangalos, E. G., & Kurland, L. T. (1992). Mayo's older Americans normative studies (MOANS): Factor structure of a core battery. *Psychological Assessment, 4*, 382–390.

Smith, G. T., McCarthy, D. M., & Anderson, K. G. (2000). On the sins of short form development. *Psychological Assessment, 12*, 102–111.

Smith, J. D. (1985). *Minds made feeble: The myth and legacy of the Kallikaks*. Austin: Pro-Ed.

Smith, M. (1948). Cautions concerning the use of the Taylor-Russell tables in employee selection. *Journal of Applied Psychology, 32*, 595–600.

Smith, R. E. (1963). Examination by computer. *Behavioral Science, 8*, 76–79.

Smith, R. G., & Iwata, B. A. (1997). Antecedent influences on behavior disorders. *Journal of Applied Behavior Analysis, 30*, 343–375.

Smith, T., Smith, B. L., Bramlett, R. K., & Hicks, N. (2000). WISC-III stability over a three-year period in students with learning disabilities. *Research in the Schools, 7*, 37–41.

Smith, T. C., Matthews, N., Smith, B., & Kennedy, S. (1993). Subtest scatter and Kaufman regroupings on the WISC-R in non-learning-disabled and learning-disabled children. *Psychology in the Schools, 30*, 24–28.

Smith, T. T., Myers-Jennings, C., & Coleman, T. (2000). Assessment of language skills in rural preschool children. *Communication Disorders Quarterly, 21*, 98–113.

Smither, J. W., Reilly, R. R., & Buda, R. (1988). Effect of prior performance information on ratings of present performance: Contrast versus assimilation revisited. *Journal of Applied Psychology, 73*, 487–496.

Smither, R., & Rodriguez-Giegling, M. (1982). Personality, demographics, and acculturation of Vietnamese and Nicaraguan refugees to the United States. *International Journal of Psychology, 17*, 19–25.

Snook, B., Eastwood, J., Gendreau, P., et al. (2007). Taking stock of criminal profiling: A narrative review and metaanalysis. *Criminal Justice and Behavior, 34* (4), 437–452.

Snowden, L. R., & Hines, A. M. (1999). A scale to assess African American acculturation. *Journal of Black Psychology, 25*, 36–47.

Snyder, C. R., Shenkel, R. J., & Lowery, C. R. (1977). Acceptance of personality interpretations: The "Barnum effect" and beyond. *Journal of Consulting and Clinical Psychology, 45*, 104–114.

Snyder, C. R., Shenkel, R. J., & Schmidt, A. (1976). Effect of role perspective and client psychiatric history on locus of problem. *Journal of Consulting and Clinical Psychology, 44*, 467–472.

Snyder, D. K. (1981). *Marital Satisfaction Inventory (MSI) manual*. Los Angeles: Western Psychological Services.

Snyder, D. K. (2000). Computer-assisted judgment: Defining strengths and liabilities. *Psychological Assessment, 12*, 52–60.

Snyder, D. K., Widiger, T. A., & Hoover, D. W. (1990). Methodological considerations in validating computer-based test interpretations: Controlling for response bias. *Psychological Assessment, 2*, 470–477.

Snyder, P., Lawson, S., Thompson, B., Stricklin, S., & Sexton, D. (1993). Evaluating the psychometric integrity of instruments used in early intervention research: The Battelle Developmental Inventory. *Topics in Early Childhood Special Education, 32*, 273–280.

Sobell, L. C., & Sobell, M. B. (1992). Timeline followback: A technique for assessing self-reported alcohol consumption. In R. Z. Litten & J. P. Allen (Eds.), *Measuring alcohol consumption* (pp. 41–71). Totowa, NJ: Humana Press.

Sobell, L. C., & Sobell, M. B. (2000). Alcohol timeline followback (TLFB). In American Psychiatric Association (Ed.), *Handbook of psychiatric measures* (pp. 477–479). Washington, DC: American Psychiatric Association.

Sodowsky, G. R., & Carey, J. C. (1988, July). Relationships between acculturation-related demographics and cultural attitudes of an Asian-Indian immigrant group. *Journal of Multicultural Counseling and Development, 16*, 117–136.

Sokal, M. M. (1991). Psyche Cattell (1893–1989). *American Psychologist, 46*, 72.

Solomon, I. L., & Starr, B. D. (1968). *The School Apperception Method*. New York: Springer.

Solomon, P. R., Hirschoff, A., Kelly, B., et al. (1998). A 7-minute neurocognitive screening battery highly sensitive to Alzheimer's disease. *Archives of Neurology, 55*, 349–355.

Sommers-Flanagan, J., & Sommers-Flanagan, R. (1995). Intake interviewing with suicidal patients: A systematic approach. *Professional Psychology: Research and Practice, 26*, 41–47.

Sontag, L. W., Baker, C. T., & Nelson, V. L. (1958). Personality as a determinant of performance. *American Journal of Orthopsychiatry, 25*, 555–562.

South, S. C., Oltmanns, T. F., Johnson, J., & Turkheimer, E. (2011). Level of agreement between self and spouse in the assessment of personality pathology. *Assessment, 18*(2), 217–226.

Spangler, W. D. (1992). Validity of questionnaire and TAT measures of need for achievement: Two meta-analyses. *Psychological Bulletin, 112*, 140–154.

Spanier, G. (1976). Measuring dyadic adjustment: New scales for assessing the quality of marriage and similar dyads. *Journal of Marriage and the Family, 38*, 15–28.

Spanier, G. B., & Filsinger, E. (1983). The Dyadic Adjustment Scale. In E. Filsinger (Ed.), *Marriage and family assessment*. Beverly Hills, CA: Sage.

Sparrow, S. S., Balla, D. A., & Cicchetti, D. V. (1984a). *Vineland Adaptive Behavior Scales, Interview Edition: Expanded form manual.* Circle Pines, MN: American Guidance Service.

Sparrow, S. S., Balla, D. A., & Cicchetti, D. V. (1984b). *Vineland Adaptive Behavior Scales, Interview Edition: Survey form manual.* Circle Pines, MN: American Guidance Service.

Sparrow, S. S., Balla, D. A., & Cicchetti, D. V. (1985). *Vineland Adaptive Behavior Scales, Classroom Edition manual.* Circle Pines, MN: American Guidance Service.

Spearman, C. (1927). *The abilities of man: Their nature and measurement.* New York: Macmillan.

Spearman, C. E. (1904). "General intelligence" objectively determined and measured. *American Journal of Psychiatry, 15,* 201–293.

Spearman, C. E. (1930–1936). Autobiography. In C. Murchison (Ed.), *A history of psychology in autobiography* (3 vols.). Worcester, MA: Clark University Press.

Speece, D. L., Schatschneider, C., Silverman, R., et al. (2011). Identification of reading problems in first grade within a response-to-intervention framework. *Elementary School Journal, 111* (4), 585–607.

Speth, E. B. (1992). *Test-retest reliabilities of Bricklin Perceptual Scales.* Unpublished doctoral dissertation, Hahneman University Graduate School, Philadelphia.

Spiegel, J. S., Leake, B., Spiegel, T. M., et al. (1988). What are we measuring? An examination of self-reported functional status measures. *Arthritis and Rheumatism, 31,* 721–728.

Spielberger, C. D., et al. (1980). *Test Anxiety Inventory: Preliminary professional manual.* Palo Alto, CA: Consulting Psychologists Press.

Spitz, H. H., Minsky, S. K., & Bessellieu, C. L. (1985). Influence of planning time and first-move strategy on Tower of Hanoi problem-solving performance of mentally retarded young adults and non-retarded children. *American Journal of Mental Deficiency, 90,* 46–56.

Spitzer, R. L. (1999). Harmful dysfunction and the *DSM* definition of mental disorder. *Journal of Abnormal Psychology, 108,* 430–432.

Spivack, G., & Spotts, J. (1966). *Devereux Child Behavior Rating Scale manual.* Devon, PA: Devereux Foundation.

Spivack, G., Spotts, J., & Haimes, P. E. (1967). *Devereux Adolescent Behavior Rating Scale.* Devon, PA: Devereux Foundation.

Spokane, A. R., & Decker, A. R. (1999). Expressed and measured interests. In M. L. Savickas & A. R. Spokane (Eds.), *Vocational interests: Meaning, measurement, and counseling use* (pp. 211–233). Palo Alto, CA: Davies-Black.

Spranger, E. (1928). *Types of men* (P. J. W. Pigors, Trans.). Halle, Germany: Niemeyer.

Spray, J. A., & Huang, C.-Y. (2000). Obtaining test blueprint weights from job analysis surveys. *Journal of Educational Measurement, 37* (3), 187–201.

Spreen, O., & Benton, A. L. (1965). Comparative studies of some psychological tests for cerebral damage. *Journal of Nervous and Mental Disease, 140,* 323–333.

Spruill, J., & May, J. (1988). The mentally retarded offender: Prevalence rates based on individual versus group intelligence tests. *Criminal Justice and Behavior, 15,* 484–491.

Spruill, J. A. (1993). Secondary assessment: Structuring the transition process. *Learning Disabilities Research & Practice, 8,* 127–132.

Staggs, G. D., Larson, L. M., & Borgen, F. H. (2003). Convergence of specific factors in vocational interests and personality. *Journal of Career Assessment, 11,* 243–261.

Stahl, P. M. (1995). *Conducting child custody evaluations.* Thousand Oaks, CA: Sage.

Stanczak, D. E., Lynch, M. D., McNeil, C. K., & Brown, B. (1998). The Expanded Trail Making Test: Rationale, development, and psychometric properties. *Archives of Clinical Neuropsychology, 13,* 473–487.

Stanley, J. C. (1971). Reliability. In R. L. Thorndike (Ed.), *Educational measurement* (2nd ed.). Washington, DC: American Council on Education.

Starch, D., & Elliot, E. C. (1912). Reliability of grading of high school work in English. *School Review, 20,* 442–457.

Starr, B. D., & Weiner, M. B. (1979). The Projective Assessment of Aging Method (PAAM). New York: Springer.

Staw, B. M., Bell, N. E., & Clausen, J. A. (1986). The dispositional approach to job attitudes: A lifetime longitudinal test. *Administrative Science Quarterly, 31,* 56–77.

Steadman, H. J. (1983). Predicting dangerousness among the mentally ill: Art, magic, and science. *International Journal of Law and Psychiatry, 6,* 381–390.

Stedman, J. M., Hatch, J. P., & Schoenfeld, L. S. (2000). Pre-internship preparation in psychological testing and psychotherapy: What internship directors say they expect. *Professional Psychology: Research and Practice, 31,* 321–326.

Steiger, J. H. (1996a). Coming full circle in the history of factor indeterminacy. *Multivariate Behavioral Research, 31,* 617–630.

Steiger, J. H. (1996b). Dispelling some myths about factor indeterminacy. *Multivariate Behavioral Research, 31,* 539–550.

Steinberg, M., Cicchetti, D., Buchanan, J., & Hall, P. (1993). Clinical assessment of dissociative symptoms and disorders: The Structured Clinical Interview for DSM-IV Dissociative Disorders (SCID-D). *Dissociation: Progress in Dissociative Disorders, 6,* 3–15.

Stephens, J. J. (1992). Assessing ethnic minorities. *SPA Exchange, 2* (1), 4–6.

Stephenson, M. (2000). Development and validation of the Stephenson Multigroup Acculturation Scale (SMAS). *Psychological Assessment, 12* (1), 77–88.

Stephenson, W. (1953). *The study of behavior: Q-technique and its methodology.* Chicago: University of Chicago.

Stern, B. H. (2001). Admissability of neuropsychological testimony after Daubert and Kumho. *NeuroRehabilitation, 16* (2), 93–101.

Sternberg, R. J. (1981). The nature of intelligence. *New York Education Quarterly, 12* (3), 10–17.

Sternberg, R. J. (1982, April). Who's intelligent? *Psychology Today,* pp. 30–33, 35–36, 38–39.

Sternberg, R. J. (1985). *Beyond IQ: A triarchic theory of human intelligence.* Cambridge: Cambridge University Press.

Sternberg, R. J. (1986). Intelligence is mental self-government. In R. J. Sternberg & D. K. Detterman (Eds.), *What is intelligence?* (pp. 141–148). Norwood, NJ: Ablex.

Sternberg, R. J. (1994). PRSVL: An integrative framework for understanding mind in context. In R. J. Sternberg & R. K. Wagner (Eds.), *Mind in context* (pp. 218–232). Cambridge: Cambridge University Press.

Sternberg, R. J. (1997a). Managerial intelligence. *Journal of Management, 23,* 475–493.

Sternberg, R. J. (1997b). *Successful intelligence.* New York: Plume.

Sternberg, R. J., & Berg, C. A. (1986). Quantitative integration: Definitions of intelligence: A comparison of the 1921 and 1986 symposia. In R. J. Sternberg & D. K. Detterman (Eds.), *What is intelligence?* (pp. 155–162). Norwood, NJ: Ablex. Sternberg, R. J., Conway, B. E., Ketron, J. L., & Bernstein, M. (1981). People's conceptions of intelligence. *Journal of Personality and Social Psychology, 41,* 37–55. Sternberg, R. J., & Detterman, D. K. (Eds.). (1986). *What is intelligence?* Norwood, NJ: Ablex.

Sternberg, R. J., Grigorenko, E. L., & Kidd, K. K. (2005). Intelligence, race, and genetics. *American Psychologist, 60,* 46–59

Sternberg, R. J., Lautrey, J., & Lubart, T. I. (Eds.). (2003). *Models of intelligence.* Washington, DC: APA Books.

Sternberg, R. J., & Williams, W. M. (1997). Does the Graduate Record Examination predict meaningful success in the graduate training of psychologists? A case study. *American Psychologist, 52,* 630–641.

Stevens, C. D., & Macintosh, G. (2003). Personality and attractiveness of activities within sales jobs. *Journal of Personal Selling & Sales Management, 23,* 23–37.

Stice, E., Fisher, M., & Lowe, M. R. (2004). Are dietary restraint scales valid measures of acute dietary restriction? Unobtrusive observational data suggest not. *Psychological Assessment, 16,* 51–59.

Stillman, R. (1974). *Assessment of deaf-blind children: The Callier-Azusa Scale.* Paper presented at the Intercom '74, Hyannis, MA.

Stinnett, T. A. (1997). "AAMR Adaptive Behavior Scale-School: 2" Test review. *Journal of Psychoeducational Assessment, 15,* 361–372.

Stoeber, J., Stoll, O., Pescheck, E., & Otto, K. (2008). Perfectionism and achievement goals in athletes: Relations with approach and avoidance orientations in mastery and performance goals. *Psychology of Sport and Exercise, 9*(2), 102–121.

Stokes, J., Pogge, D., Sarnicola, J., & McGrath, R. (2009). Correlates of the MMPI—A Psychopathology Five (PSY-5) facet scales in an adolescent inpatient sample. *Journal of Personality Assessment, 91* (1), 48–57.

Stokes, J. B. (1977). Comment on "Socially reinforced obsessing: Etiology of a disorder in a Christian Scientist." *Journal of Consulting and Clinical Psychology, 45,* 1164–1165.

Stone, A. A. (1986). Vermont adopts *Tarasoff:* A real barn-burner. *American Journal of Psychiatry, 143,* 352–355.

Stone, B. J. (1992). Prediction of achievement by Asian-American and White children. *Journal of School Psychology, 30,* 91–99.

Stone, D. R. (1950). A recorded auditory apperception test as a new projective technique. *Journal of Psychology, 29,* 349–353.

Stone, H. K., & Dellis, N. P. (1960). An exploratory investigation into the levels hypothesis. *Journal of Projective Techniques, 24* (3), 333–340.

Stoppard, J. M., & Gruchy, C. D. G. (1993). Gender, context, and expression of positive emotion. *Personality and Social Psychology Bulletin, 19,* 143–150.

Storandt, M. (1994). General principles of assessment of older adults. In M. Storandt & G. R. VandenBos (Eds.), *Neuro-psychological assessment of dementia and depression in older adults: A clinician's guide* (pp. 7–32). Washington, DC: American Psychological Association.

Storholm, E. D., Fisher, D. G., Napper, L. E., et al. (2011). A psychometric analysis of the Compulsive Sexual Behavior Inventory. *Sexual Addiction & Compulsivity, 18* (2), 86–103.

Stout, C. E., Levant, R. F., Reed, G. M., & Murphy, M. J. (2001). Contracts: A primer for psychologists. *Professional Psychology: Research and Practice, 32,* 89–91.

Straus, M. A. (1979). Measuring intrafamily conflict and violence: The Conflict Tactics (CT) Scales. *Journal of Marriage and the Family, 41,* 75–85.

Strauss, A. A., & Lehtinen, L. E. (1947). *Psychopathology and education of the brain injured child.* New York: Grune & Stratton.

Strauss, E., Ottfried, S., & Hunter, M. (2000). Implications of test revisions for research. *Psychological Assessment, 12,* 237–244.

Strauss, E., Sherman, E. M.S., & Spreen, O. (2006). *A compendium of neuropsychological tests: Administration, norms, and commentary* (3rd ed.). New York: Oxford University Press.

Streiner, D. L. (2003a). Being inconsistent about consistency: When coefficient alpha does and doesn't matter. *Journal of Personality Assessment, 80,* 217–222.

Streiner, D. L. (2003b). Starting at the beginning: An introduction to coefficient alpha and internal consistency. *Journal of Personality Assessment, 80,* 99–103.

Streiner, D. L. (2010). Measure for measure: New developments in measurement and item response theory. *The Canadian Journal of Psychiatry / La Revue canadienne de psychiatrie, 55* (3), 180–186.

Stricker, G., & Gold, J. R. (1999). The Rorschach: Toward a nomothetically based, idiographically applicable configurational model. *Psychological Assessment, 11,* 240–250.

Stricker, G., & Healey, B. J. (1990). Projective assessment of object relations: A review of the empirical literature. *Psychological Assessment, 2,* 219–230.

Strober, L. B., & Arnett, P. A. (2009). Assessment of depression in three medically ill, elderly populations: Alzheimer's disease, Parkinson's disease, and stroke. *Clinical Neuropsychologist, 23,* 205–230.

Strong, E. K., Jr., Donnay, D. A. C., Morris, M. L., et al. (2004). *Strong Interest Inventory, Second Edition.* Palo Alto, CA: Consulting Psychologists Press.

Strong, E. K., Jr., Hansen, J. C., & Campbell, D. C. (1985). *Strong Vocational Interest Blank. Revised edition of Form T325, Strong-Campbell Interest Inventory.* Stanford, CA: Stanford University. (Distributed by Consulting Psychologists Press.)

Stroud, L. R., Paster, R. L., Papandonatos, G. D., et al. (2009). Maternal smoking during pregnancy and newborn neurobehavior: Effects at 10 to 27 days. *Journal of Pediatrics, 154,* 10–16.

Sturges, J. W. (1998). Practical use of technology in professional practice. *Professional Psychology: Research and Practice, 29,* 183–188.

Sturman, E. D. (2005). The capacity to consent to treatment and research: A review of standardized assessment tools and potentially impaired populations. *Clinical Psychology Review, 25,* 954–974.

Sturman, E. D. (2011). Involuntary subordination and its relation to personality, mood, and submissive behavior. *Psychological Assessment, 23,* 262–276.

Sturman, E. D., Cribbie, R. A., & Flett, G. L. (2009). The average distance between item values: A novel approach for estimating internal consistency. *Journal of Psychoeducational Assessment, 27,* 409–420.

Sturman, E. D., & Mongrain, M. (2008). Entrapment and perceived status in graduate students experiencing a recurrence of major depression. *Canadian Journal of Behavioural Science, 40,* 185–188.

Su, R., Rounds, J., & Armstrong, P. I. (2009). Men and things, women and people: A meta-analysis of sex differences in interests. *Psychological Bulletin, 135*(6), 859–884.

Subich, L. M. (1996). Addressing diversity in the process of career assessment. In M. L. Savickas & W. B. Walsh (Eds.), *Handbook of career counseling: Theory and practice* (pp. 277–289). Palo Alto, CA: Davies-Black.

Suczek, R. F., & Klopfer, W. G. (1952). Interpretation of the Bender-Gestalt Test: The associative value of the figures. *American Journal of Orthopsychiatry, 22,* 62–75.

Sue, D. W., & Sue, D. (2003). *Counseling the culturally diverse: Theory and practice* (4th ed.). New York: Wiley.

Sugarman, A. (1991). Where's the beef? Putting personality back into personality assessment. *Journal of Personality Assessment, 56,* 130–144.

Suinn, R. M., Rickard-Figueroa, K., Lew, S., & Vigil, S. (1987). The Suinn-Lew Asian Self-Identity Acculturation Scale: An initial report. *Educational and Psychological Measurement, 47,* 401–407.

Sullivan, H. S. (1953). *The interpersonal theory of psychiatry.* New York: Norton.

Sullivan, P. M. (1982). Administration modifications on the WISC-R Performance Scale with different categories of deaf children. *American Annals of the Deaf, 127,* 780–788.

Sullivan, P. M., & Brookhouser, P. E. (Eds.). (1996). *Proceedings of the Fourth Annual Conference on the Habilitation and Rehabilitation of Hearing Impaired Adolescents.* Boys Town, NE: Boys Town.

Sullivan, P. M., & Burley, S. K. (1990). Mental testing of the deaf child. In C. Reynolds & R. Kamphaus (Eds.), *Handbook of psychological and educational assessment of children* (pp. 761–788). New York: Guilford.

Sullivan, P. M., & Montoya, L. A. (1997). Factor analysis of the WISC-III with deaf and hard-of-hearing children. *Psychological Assessment, 9,* 317–321.

Sullivan, P. M., & Schulte, L. E. (1992). Factor analysis of WISC-R with deaf and hard-of-hearing children. *Psychological Assessment, 4,* 537–540.

Sundberg, N. D. (1955). The acceptability of "fake" versus "bona fide" personality test interpretations. *Journal of Abnormal and Social Psychology, 50,* 145–147.

Sundberg, N. D., & Gonzales, L. R. (1981). Cross-cultural and cross-ethnic assessment: Overview and issues. In P. McReynolds (Ed.), *Advances in psychological assessment* (Vol. 5, pp. 460–541). San Francisco: Jossey-Bass.

Sundberg, N. D., & Tyler, L. E. (1962). *Clinical psychology.* New York: Appleton-Century-Crofts.

Super, C. M. (1983). Cultural variation in the meaning and uses of children's "intelligence." In J. B. Deregowski, S. Dziurawiec, & R. C. Annis (Eds.), *Explorations in cross-cultural psychology.* Lisse, Netherlands: Swets & Zeitlinger.

Sutton v. United Airlines, 527 U.S. 471, 119 S. Ct. 213 (1999).

Sutton-Simon, K., & Goldfried, M. R. (1979). Faulty thinking patterns in two types of anxiety. *Cognitive Therapy and Research, 3,* 193–203.

Suzuki, L. A., Ponterotto, J. G., & Meller, P. J. (Eds.). (2000). *Handbook of multicultural assessment* (2nd ed.). San Francisco: Jossey-Bass.

Swallow, R. (1981). Fifty assessment instruments commonly used with blind and partially seeing individuals. *Journal of Visual Impairment and Blindness, 75,* 65–72.

Swanson, H. L. (2011). Learning disabilities: Assessment, identification, and treatment. In M. A. Bray, T. J. Kehle, & P. E. Nathan (Eds.), *The Oxford handbook of school psychology* (pp. 334–350). New York: Oxford University Press.

Swanson, J. L. (1992). The structure of vocational interests for African-American college students. *Journal of Vocational Behavior, 40,* 144–157.

Sweet, J. J., Moberg, P. J., & Tovian, S. M. (1990). Evaluation of Wechsler Adult Intelligence Scale—Revised premorbid IQ formulas in clinical populations. *Psychological Assessment, 2,* 41–44.

Sweet, J. J., Peck, E. A., III, Abramowitz, C., & Etzweiler, S. (2002). National Academy of Neuropsychology/Division 40 of the American Psychological Association practice survey of clinical neuropsychology in the United States: Part I: Practitioner and practice characteristics, professional activities, and time requirements. *Clinical Neuropsychologist, 16,* 109–127.

Swensen, C. H. (1968). Empirical evaluations of human figure drawings: 1957–1966. *Psychological Bulletin, 70,* 20–44.

Swerdlik, M. E. (1985). Review of Brigance Diagnostic Comprehensive Inventory of Basic Skills. In J. V. Mitchell, Jr. (Ed.), *The ninth mental measurements yearbook* (pp. 214–215). Lincoln: Buros Institute of Mental Measurements, University of Nebraska.

Swerdlik, M. E. (1992). Review of the Otis-Lennon School Ability Test. In J. J. Kramer & J. C. Conoley (Eds.), *The eleventh mental measurements yearbook.* Lincoln: Buros Institute of Mental Measurements, University of Nebraska.

Swerdlik, M. E., & Dornback, F. (1988, April). *An interpretation guide to the fourth edition of the Stanford-Binet Intelligence Scale.* Paper presented at the annual meeting of the National Association of School Psychologists, Chicago.

Sykes, R. C., & Hou, L. (2003). Weighting constructed-response items in IRT-based exams. *Applied Measurement in Education, 16* (4), 257–275.

Sylvester, R. H. (1913). Clinical psychology adversely criticized. *Psychological Clinic, 7,* 182–188.

Symonds, P. M. (1949). *Adolescent fantasy: An investigation of the picture-story method of personality study.* New York: Columbia University.

Takahashi, M., Sato, A., & Nakajima, K. (2008). Poor performance in Clock-Drawing Test associated with memory deficit and reduced bilateral hippocampal and left temporoparietal regional blood flows in Alzheimer's disease patients. *Psychiatry and Clinical Neurosciences, 62* (2), 167–173.

Takeuchi, J., Solomon, F., & Menninger, W. W. (Eds.). (1981). *Behavioral science and the Secret Service: Toward the prevention of assassination.* Washington, DC: National Academy.

Tallent, N. (1958). On individualizing the psychologist's clinical evaluation. *Journal of Clinical Psychology, 114,* 243–244.

Tamkin, A. S., & Kunce, J. T. (1985). A comparison of three neuropsychological tests: The Weigl, Hooper and Benton. *Journal of Clinical Psychology, 41,* 660–664.

Tan, U. (1993). Normal distribution of hand preference and its bimodality. *International Journal of Neuroscience, 68,* 61–65.

Taormina, R. J., & Bauer, T. N. (2000). Organizational socialization in two cultures: Results from the United States and Hong Kong. *International Journal of Organizational Analysis, 8,* 262–289.

Tarasoff v. Regents of the University of California, 17 Cal. 3d 425, 551 P.2d 334, 131 Cal. Rptr. 14 (Cal. 1976).

Tate, D. G., & Pledger, C. (2003). An integrative conceptual framework of disability: New directions for research. *American Psychologist, 58,* 289–295.

Taylor, D. M. (2002). *The quest for identity: From minority groups to Generation Xers.* Westport, CT: Praeger.

Taylor, H. C., & Russell, J. T. (1939). The relationship of validity coefficients to the practical effectiveness of tests in selection. *Journal of Applied Psychology, 23,* 565–578.

Taylor, L. B. (1979). Psychological assessment of neurosurgical patients. In T. Rasmussen & R. Marino (Eds.), *Functional neurosurgery.* New York: Raven.

Taylor, P. J., Gooding, P., Wood A. M., & Tarrier, N. (2011a). The role of defeat and entrapment in depression, anxiety, and suicide. *Psychological Bulletin, 137* (3), 391–420.

Taylor, P. J., Wood, A. M, Gooding, P. A., & Tarrier, N. (2011b). Prospective predictors of suicidality: Defeat and entrapment lead to changes in suicidal ideation over time. *Suicide and Life Threatening Behaviour, 41,* 297–306.

Taylor, R. L. (1980). Use of the AAMD classification system: A review of recent research. *American Journal of Mental Deficiency, 85,* 116–119.

Teachman, B. A. (2007). Evaluating implicit spider fear associations using the Go/No-go Association Task. *Journal of Behavior Therapy and Experimental Psychiatry, 38* (2), 156–167.

Teague, W. (State Superintendent of Education). (1983). *Basic competency education: Reading, language, mathematics specifications for the Alabama High School Graduation Examination* (Bulletin No. 4). Montgomery: Alabama State Department of Education.

Tein, J.-Y., Sandler, I. N., & Zautra, A. J. (2000). Stressful life events, psychological distress, coping, and parenting of divorced mothers: A longitudinal study. *Journal of Family Psychology, 14,* 27–41.

Tellegen, A. (1985). Structures of mood and personality and their relevance to assessing anxiety, with an emphasis on self-report. In A. H. Tuma & J. D. Maser (Eds.), *Anxiety and the anxiety disorders* (pp. 681–706). Hillsdale, NJ: Erlbaum.

Tellegen, A., & Ben-Porath, Y. S. (1992). The new uniform T scores for the MMPI-2: Rationale, derivation, and appraisal. *Psychological Assessment, 4,* 145–155.

Tellegen, A., Ben-Porath, Y. S., McNulty, J. L., et al. (2003). *The MMPI-2 Restructured Clinical (RC) scales: Development, validation, and interpretation.* Minneapolis: University of Minnesota Press.

Tellegen, A., Ben-Porath, Y. S., Sellbom, M., et al. (2006). Further evidence on the validity of the MMPI-2 Restructured Clinical (RC) scales: Addressing questions raised by Rogers, Sewell, Harrison, and Jordan and Nichols. *Journal of Personality Assessment, 87* (2), 148–171.

Tenopyr, M. L. (1999). A scientist-practitioner's viewpoint on the admissibility of behavioral and social scientific information. *Psychology, Public Policy, and Law, 5,* 194–202.

Teplin, S. W., et al. (1991). Neurodevelopmental health, and growth status at age 6 years of children with birth weights less than 1001 grams. *Journal of Pediatrics, 118,* 768–777.

Terman, L. M. (1916). *The measurement of intelligence: An explanation of and a complete guide for the use of the Stanford revision and extension of the Binet-Simon Intelligence Scale.* Boston: Houghton Miffl in.

Terman, L. M., et al. (1925). *The mental and physical traits of a thousand gifted children: Vol. 1. Genetic studies of genius.* Stanford, CA: Stanford University.

Terman, L. M., & Miles, C. C. (1936). *Sex and personality: Studies in masculinity and femininity.* New York: McGraw-Hill.

Terzis, V. & Economides, A. A. (2011). The acceptance and use of computer based assessment. *Computers & Education, 56,* 1032–1044.

Tharinger, D. J., Finn, S. E., Wilkinson, A. D., & Schaber, P. (2007). Therapeutic assessment with a child as a family intervention: A clinical and research case study. *Psychology in the Schools, 44* (3), 293–309.

Tharinger, D. J., & Stark, K. (1990). A qualitative versus quantitative approach to evaluating the Draw-A-Person and Kinetic Family Drawing: A study of mood– and anxiety-disorder children. *Psychological Assessment, 2,* 365–375.

Thiry, B. (2009). Exploring the validity of graphology with the Rorschach test. *Rorschachiana, 30* (1), 26–47.

Thomas, A. D., & Dudek, S. Z. (1985). Interpersonal affect in Thematic Apperception Test responses: A scoring system. *Journal of Personality Assessment, 49,* 30–36.

Thomas, M. L., & Locke, D. E. C. (2010). Psychometric properties of the MMPI-2-RF Somatic Complaints (RC1) scale. *Psychological Assessment, 22,* 492–503.

Thomas, T., & Solomon, A. (1989). *The films of 20 th Century-Fox.* New York: Citadel Press.

Thompson, A. E. (1986). An object relational theory of affect maturity: Applications to the Thematic Apperception Test. In M. Kissen (Ed.), *Assessing object relations phenomena* (pp. 207–224). Madison, CT: International Universities.

Thompson, C. (1949). The Thompson modification of the Thematic Apperception Test. *Journal of Projective Techniques, 13,* 469–478.

Thompson, J. K., & Smolak, L. (Eds.). (2001). *Body image, eating disorders, and obesity in youth: Assessment, prevention, and treatment.* Washington, DC: APA Books.

Thompson, J. K. & Thompson, C. M. (1986). Body size distortion and self-esteem in asymptomatic, normal weight males and females. *International Journal of Eating Disorders, 5,* 1061–1068.

Thompson, J. M., & Sones, R. (1973). *The Education Apperception Test.* Los Angeles: Western Psychological Services.

Thompson, M. D., Scott, J. G., & Dickson, S. W. (1999). Clinical utility of the Trail Making Test practice time. *Clinical Neuropsychologist, 13,* 450–455.

Thompson, R. J., Gustafson, K. E., Meghdadpour, S., & Harrell, E. S. (1992). The role of biomedical and psychosocial processes in the intellectual and academic functioning of children and adolescents with cystic fibrosis. *Journal of Clinical Psychology, 48,* 3–10.

Thoresen, S., Mehlum, L., Roysamb, E., & Tonnessen, A. (2006). Risk factors for completed suicide in veterans of peacekeeping: Repatriation, negative life events, and marital status. *Archives of Suicide Research, 10*(4), 353–363.

Thorndike, E. L., et al. (1921). Intelligence and its measurement: A symposium. *Journal of Educational Psychology, 12,* 123–147, 195–216.

Thorndike, E. L., Bregman, E. O., Cobb, M. V., Woodward, E., & the staff of the Division of Psychology of the Institute of Educational Research of Teachers College, Columbia University. (1927). *The measurement of intelligence.* New York: Bureau of Publications, Teachers College, Columbia University.

Thorndike, E. L., Lay, W., & Dean, P. R. (1909). The relation of accuracy in sensory discrimination to general intelligence. *American Journal of Psychology, 20,* 364–369.

Thorndike, R. (1985). Reliability. *Journal of Counseling & Development, 63,* 528–530. Thorndike, R. L. (1949). *Personnel selection.* New York: Wiley.

Thorndike, R. L. (1971). Concepts of cultural fairness. *Journal of Educational Measurement, 8,* 63–70.

Thorndike, R. L., Hagan, E. P., & Sattler, J. P. (1986). *Technical manual for the Stanford-Binet Intelligence Scale, Fourth Edition.* Chicago: Riverside.

Thorndike, R. M. (2007). Review of the Kaufman Assessment Battery for Children, Second Editon. In K. F. Geisinger, R. A. Sipes, J. F. Carlson, & B. S. Plake (Eds.), *The 17th Mental Measurements Yearbook* (pp. 520–522). Lincoln: Buros Institute of Mental Measurements, University of Nebraska.

Thornton, G. C., & Byham, W. C. (1982). *Assessment centers and managerial performance.* New York: Academic Press.

Thrash, T. M., Maruskin, L. A., Cassidy, S. E., Fryer, J. W., et al. (2010). Mediating between the muse and the masses: Inspiration and the actualization of creative ideas. *Journal of Personality and Social Psychology, 98* (3), 469–487.

Thurstone, L. L. (1925). A method of scaling psychological and educational tests. *Journal of Educational Psychology, 16,* 433–451.

Thurstone, L. L. (1927). A law of comparative judgment. *Psychological Review, 34,* 273–286.

Thurstone, L. L. (1929). Theory of attitude measurement. *Psychological Bulletin, 36,* 222–241.

Thurstone, L. L. (1931). *Multiple-factor analysis.* Chicago: University of Chicago Press.

Thurstone, L. L. (1935). *The vectors of mind.* Chicago: University of Chicago Press.

Thurstone, L. L. (1938). Primary mental abilities. *Psychometric Monographs*, No. 1. Chicago: University of Chicago Press.

Thurstone, L. L. (1947). *Multiple factor analysis.* Chicago: University of Chicago.

Thurstone, L. L. (1959). *The measurement of values.* Chicago: University of Chicago.

Thurstone, L. L., & Chave, E. J. (1929). *The measurement of attitude.* Chicago: University of Chicago.

Tillman, M. H. (1973). Intelligence scale for the blind: A review with implications for research. *Journal of School Psychology, 11,* 80–87.

Timbrook, R. E., & Graham, J. R. (1994). Ethnic differences on the MMPI-2? *Psychological Assessment, 6,* 212–217.

Tinsley, H. E. A., & Weiss, D. J. (1975). Interrater reliability and agreement of subjective judgments. *Journal of Counseling Psychology, 22,* 358–376.

Tittle, C. R., & Hill, R. J. (1967). Attitude measurement and prediction of behavior: An evaluation of conditions and measurement techniques. *Sociometry, 30,* 199–213.

Torrance, E. P. (1966). *Torrance Tests of Creative Thinking.* Bensenville, IL: Scholastic Testing Service.

Torrance, E. P. (1987a). *Guidelines for administration and scoring/ Comments on using the Torrance Tests of Creative Thinking.* Bensenville, IL: Scholastic Testing Service.

Torrance, E. P. (1987b). *Survey of the uses of the Torrance Tests of Creative Thinking.* Bensenville, IL: Scholastic Testing Service.

Touliatos, J., Perlmutter, B. F., & Strauss, M. A. (1991). *Handbook of family measurements.* Newbury Park, CA: Sage.

Townsend, E. (2007). Suicide terrorists: Are they suicidal? *Suicide and Life-Threatening Behavior, 37* (1), 35–49.

Tracey, T. J. G. (2010). Interest assessment using new technology. *Journal of Career Assessment, 18,* 336–344.

Tramontana, M. G., & Boyd, T. A. (1986). Psychometric screening of neuropsychological abnormality in older children. *International Journal of Clinical Neuropsychology, 8,* 53–59.

Tran, L., Sanchez, T., Arellano, B., & Swanson, H. L. (2011). A meta-analysis of the RTI literature for children at risk for reading disabilities. *Journal of Learning Disabilities, 44* (3), 283–295.

Trautscholdt, M. (1883). Experimentelle unterschungen uber die association der vorstellungen. *Philosophische Studien, 1,* 213–250.

Trent, J. W. (2001). "Who shall say who is a useful person?" Abraham Myerson's opposition to the eugenics movement. *History of Psychiatry, 12*(45, Pt.1), 33–57.

Trice, H. M., & Beyer, J. M. (1984). Studying organizational cultures through rites and ceremonies. *Academy of Management Review, 9,* 653–669.

Trimble, M. R. (Ed.). (1986). *New brain imaging techniques and psychopharmacology.* Oxford: Oxford University Press.

Tropp, L. R., Erkut, S., Garcia Coll, C., Alarcon, O., & Vazquez Garcia, H. A. (1999). Psychological acculturation: development of a new measure for Puerto Ricans on the U.S. mainland. *Educational and Psychological Measurement, 59,* 351–367.

Truant, G. S., O'Reilly, R., & Donaldson, L. (1991). How psychiatrists weigh risk factors when assessing suicide risk. *Suicide and Life-Threatening Behavior, 21,* 106–114.

Tryon, R. C. (1957). Reliability and behavior domain validity: Reformulation and historical critique. *Psychological Bulletin, 54,* 229–249.

Tsai, Y.-F., Viirre, E., Strychacz, C., Chase, B., & Jung T.-P. (2007). Task performance and eye activity: Predicting behavior relating to cognitive workload. *Aviation, Space, and Environmental Medicine, 78* (5, Suppl.), B176–B185.

Tsaousis, I., & Georgiades, S. (2009). Development and psychometric properties of the Greek Personality Adjective Checklist (GPAC). *European Journal of Psychological Assessment, 25* (3), 164–174.

Tuerlinckx, F., De Boeck, P., & Lens, W. (2002). Measuring needs with the Thematic Apperception Test: A psychometric study. *Journal of Personality and Social Psychology, 82,* 448–461.

Tugg v. Towey. (1994, July 19). *National Disability Law Reporter, 5,* 999–1005.

Tulchin, S. H. (1939). The clinical training of psychologists and allied specialists. *Journal of Consulting Psychology, 3,* 105–112.

Tulsky, D., Zhu, J., & Ledbetter, M. F. (Project directors). (1997). *WAIS-III, WMS-III Technical manual.* San Antonio: Psychological Corporation.

Tulsky, D. S., & Ledbetter, M. F. (2000). Updating to the WAIS-III and WMS-III: Considerations for research and clinical practice. *Psychological Assessment, 12,* 253–262.

Turchik, J. A., Karpenko, V., Hammers, D., & McNamara, J. R. (2007). Practical and ethical assessment issues in rural, impoverished, and managed care settings. *Professional Psychology: Research and Practice, 38* (2), 158–168.

Turvey, C. L., Wallace, R. B., & Herzog, R. (1999). A revised CES-D measure of depressive symptoms and a DSM-based measure of Major Depressive Episodes in the elderly. *International Psychogeriatrics, 11,* 139–148.

Tuttle, F. B., & Becker, A. (1980). *Characteristics and identification of gifted and talented students.* Washington, DC: National Education Association.

Tybout, A. M., & Artz, N. (1994). Consumer psychology. *Annual Review of Psychology, 45,* 131–169.

Tyler, L. E. (1961). Research explorations in the realm of choice. *Journal of Counseling Psychology, 8,* 195–202.

Tyler, L. E. (1965). *The psychology of human differences* (3rd ed.). New York: Appleton-Century-Crofts.

Tyler, R. S. (1993). Cochlear implants and the deaf culture. *American Journal of Audiology, 2,* 26–32.

Tyler, R. W. (1978). *The Florida accountability program: An evaluation of its educational soundness and implementation.* Washington, DC: National Education Association.

Tziner, A., & Eden, D. (1985). Effects of crew composition on crew performance: Does the whole equal the sum of its parts? *Journal of Applied Psychology, 70,* 85–93.

Udry, J. R. (1981). Marital alternatives and marital disruption. *Journal of Marriage and the Family, 43,* 889–897.

Ulrich, R. E., Stachnik, T. J., & Stainton, N. R. (1963). Student acceptance of generalized personality interpretations. *Psychological Reports, 13,* 831–834.

Unger, J. B., et al. (2002). The AHIMSA Acculturation Scale: A new measure of acculturation for adolescents in a multicultural society. *Journal of Early Adolescence, 22*(3), 225–251.

University of Minnesota. (1984). *User's guide for the Minnesota Report: Personal Selection System.* Minneapolis: National Computer Systems.

U.S. Department of Education, Office of Special Education and Rehabilitative Services, National Institute on Disability and Rehabilitation Research. (2000). *Long range plan: 1999–2003.* Washington, DC: Author.

U.S. Department of Labor. (1991). *Dictionary of occupational titles* (4th ed., rev.). Washington, DC: Author.

Utley, C. A., Lowitzer, A. C., & Baumeister, A. A. (1987). A comparison of the AAMD's definition, eligibility criteria, and classification schemes with state departments of education guidelines. *Education and Training in Mental Retardation, 22* (1), 35–43.

Vacha-Haase, T., & Thompson, B. (2002). Alternative ways of measuring counselees' Jungian psychological-type preferences. *Journal of Counseling & Development, 80,* 173–179.

Vagg, P. R., & Spielberger, C. D. (1998). Occupational stress: Measuring job pressure and organizational support in the workplace. *Journal of Occupational Health Psychology, 3*, 294–305.

Vale, C. D., & Keller, L. S. (1987). Developing expert computer systems to interpret psychological tests. In J. N. Butcher (Ed.), *Computerized psychological assessment: A practitioner's guide* (pp. 64–83). New York: Basic Books.

Vale, C. D., Keller, L. S., & Bentz, V. J. (1986). Development and validation of a computerized interpretation system for personnel tests. *Personnel Psychology, 39*, 525–542.

Vallerand, R. J., Blanchard, C., Mageau, G. A., et al. (2003). Les passions de l'âme: On obsessive and harmonious passion. *Journal of Personality and Social Psychology, 85*, 756–767.

Van Dam, N. T., & Earleywine, M. (2011). Validation of the Center for Epidemiologic Studies Depression Scale-Revised (CESD-R): Pragmatic depression assessment in the general population. *Psychiatry Research, 186* (1), 128–132.

Vanderhoff, H., Jeglic, E. L., & Donovick, P. J. (2011). Neuropsychological assessment in prisons: Ethical and practical challenges. *Journal of Correctional Health Care, 17*, 51–60.

Vander Kolk, C. J. (1977). Intelligence testing for visually impaired persons. *Journal of Visual Impairment & Blindness, 71*, 158–163.

Van der Linden, W. J., Veldkamp, B. P., & Reese, L. M. (2000). An integer programming approach to item bank design. *Applied Psychological Measurement, 24* (2), 139–150.

Van der Merwe, A. B., & Theron, P. A. (1947). A new method of measuring emotional stability. *Journal of General Psychology, 37*, 109–124.

Vanderwood, M. L., McGrew, K. S., Flanagan, D. P., & Keith, T. Z. (2001). The contribution of general and specific cognitive abilities to reading achievement. *Learning and Individual Differences, 13*, 159–188.

Vanman, E. J., Paul, B. Y., Ito, T. A., & Miller, N. (1997). The modern face of prejudice and structural features that moderate the effect of cooperation on affect. *Journal of Personality and Social Psychology, 73*, 941–959.

van Praag, H. M., Plutchik, R., & Apter, A. (Eds.). (1990). *Violence and suicidality: Perspectives in clinical and psychobiological research* (pp. 37–65). New York: Brunner/Mazel.

Varon, E. J. (1936). Alfred Binet's concept of intelligence. *Psychological Review, 43*, 32–49.

Vaughan-Jensen, J., Adame, C., McLean, L., & Gámez, B. Test review of *Wechsler Individual Achievement Test (3rd ed.). Journal of Psychoeducational Assessment, 29* (3), 286–291.

Vause, T., Yu, C. T., & Martin, G. L. (2007). The Assessment of Basic Learning Abilities test for persons with intellectual disability: A valuable clinical tool. *Journal of Applied Research in Intellectual Disabilities, 20* (5), 483–489.

Vazzana, R., Bandinelli, S., Lauretani, F., et al. (2010). Trail making test predicts physical impairment and mortality in older persons. *Journal of the American Geriatrics Society, 58*, 719–723.

Veiga, J., Lubatkin, M., Calori, R., & Very, P. (2000). Measuring organizational culture clashes: A two-nation post-hoc analysis of a cultural compatibility index. *Human Relations, 53*, 539–557.

Velasquez, R. J., Gonzales, M., Butcher, J. N., et al. (1997). Use of the MMPI-2 with Chicanos: Strategies for counselors. *Journal of Multicultural Counseling and Development, 25*, 107–120.

Velden, M. (1997). The heritability of intelligence: Neither known nor unknown. *American Psychologist, 52*, 72–73.

Vento, A. E., Schifano, F., Corkery, J. M., et al. (2011). Suicide verdicts as opposed to accidental deaths in substance-related fatalities (UK, 2001–2007). *Progress in Neuro-Psychopharmacology & Biological Psychiatry, 35*, 1279–1283.

Verdon, B. (2011). The case of thematic tests adapted to older adults: On the importance of differentiating latent and manifest content in projective tests. *Rorschachiana, 32*(1), 46–71.

Verhovek, S. H., & Ayres, B. D., Jr. (1998, November 4). The 1998 elections: The nation—referendums. *New York Times*, p. B2.

Vernon, M. (1989). Assessment of persons with hearing disabilities. In T. Hunt & C. J. Lindley (Eds.), Testing older adults: A reference guide for geropsychological assessments (pp. 150–162). Austin: PRO-ED.

Vernon, M., & Andrews, J. E., Jr. (1990). *Psychology of deafness: Understanding deaf and hard-of-hearing people*. New York: Longman.

Vernon, M., Blair, R., & Lotz, S. (1979). Psychological evaluation and testing of children who are deaf-blind. *School Psychology Digest, 8*, 291–295.

Vernon, M., & Brown, D. W. (1964). A guide to psychological tests and testing procedures in the evaluation of deaf and hard-of-hearing children. *Journal of Speech and Hearing Disorders, 29*, 414–423.

Vernon, P. A. (1993). *Biological approaches to the study of human intelligence*. Norwood, NJ: Ablex.

Vernon, P. E. (1950). *The structure of human abilities*. New York: Wiley.

Vernon, P. E. (1964). *Personality assessment: A critical survey*. New York: Wiley.

Vevea, J. L., Clements, N. C., & Hedges, L. V. (1993). Assess the effects of selection bias on validity data for the General Aptitude Test Battery. *Journal of Applied Psychology, 78*, 981–987.

Vickers-Douglas, K. S., Patten, C. A., Decker, P. A., et al. (2005). Revision of the Self-Administered Alcoholism Screening Test (SAAST-R): A pilot study. *Substance Use & Misuse, 40* (6), 789–812.

Vig, S., & Jedrysek, E. (1996). Application of the 1992 AAMR definition: Issues for preschool children. *Mental Retardation, 34*, 244–246.

Viglione, D. J. (1999). A review of recent research addressing the utility of the Rorschach. *Psychological Assessment, 11*, 251–265.

Vingoe, F. J. (1995). Beliefs of British law and medical students compared to expert criterion group on forensic hypnosis. *Contemporary Hypnosis, 12*, 173–187.

Vinkhuyzen, A. A. E., van der Sluis, S., de Geus, E. J., Boomsma, D. I., & Posthuma, D. (2010). Genetic influences on "environmental" factors. *Genes, Brain & Behavior, 9*(3), 276–287.

Visser, P. S., Krosnick, J. A., & Lavrakas, P. J. (2000). Survey research. In H. T. Reis & C. M. Judd (Eds.), *Handbook of research methods in social and personality psychology* (pp. 223–252). New York: Cambridge University Press.

Volkmar, F. R., Klin, A., Marans, W., & Cohen, D. J. (1996). The pervasive developmental disorders: Diagnosis and assessment. *Child & Adolescent Psychiatric Clinics of North America, 5*, 963–977.

Vollmann, J., Bauer, A., Danker-Hopfe, H., & Helmchen, H. (2003). Competence of mentally ill patients: a comparative empirical study. *Psychological Medicine, 33*, 1463–1471.

von Knorring, L., & Lindstrom, E. (1992). The Swedish version of the Positive and Negative Syndrome Scale (PANSS) for schizophrenia: Construct validity and interrater reliability. *Acta Psychiatrica Scandinavica, 86*, 463–468.

von Wolff, C. (1732). *Psychologia empirica*.

von Wolff, C. (1734). *Psychologia rationalis*.

Vossekuil, B., & Fein, R. A. (1997). *Final report: Secret Service Exceptional Case Study Project*. Washington, DC: U.S. Secret Service, Intelligence Division.

Vroom, V. H. (1964). *Work and motivation*. New York: Wiley.

Vygotsky, L. S. (1978). *Mind in society: The development of higher psychological processes.* Cambridge, MA: Harvard University Press.

Waddell, D. D. (1980). The Stanford-Binet: An evaluation of the technical data available since the 1972 restandardization. *Journal of School Psychology, 18,* 203–209.

Waehler, C. A. (1997). Drawing bridges between science and practice. *Journal of Personality Assessment, 69,* 482–487.

Wagner, B. M. (1997). Family risk factors for child and adolescent suicidal behavior. *Psychological Bulletin, 121,* 246–298.

Wagner, E. E. (1983). *The Hand Test.* Los Angeles: Western Psychological Services.

Wagner, R. K., & Compton, D. L. (2011). Dynamic assessment and its implications for RTI models. *Journal of Learning Disabilities, 44* (4), 311–312.

Wagstaff, G. F., Wheatcroft, J. M., Caddick, A. M., Kirby, L. J., & Lamont, E. (2011). Enhancing witness memory with techniques derived from hypnotic investigative interviewing: Focused meditation, eye-closure, and context reinstatement. *International Journal of Clinical and Experimental Hypnosis, 59* (2), 146–164.

Wainer, H. (1990). *Computerized adaptive testing: A primer.* Hillsdale, NJ: Erlbaum.

Wakefield, J. C. (1992a). The concept of mental disorder: On the boundary between biological facts and social values. *American Psychologist, 47,* 373–388.

Wakefield, J. C. (1992b). Disorder as harmful dysfunction: A conceptual critique of DSM-III-R's definition of mental disorder. *Psychological Review, 99,* 232–247.

Wald, A. (1947). *Sequential analysis.* New York: Wiley. Wald, A. (1950). *Statistical decision function.* New York: Wiley.

Waldman, D. A., & Avolio, B. J. (1989). Homogeneity of test validity. *Journal of Applied Psychology, 74,* 371–374.

Wallen, G. R., Feldman, R. H., & Anliker, J. (2002). Measuring acculturation among Central American women with the use of a brief language scale. *Journal of Immigrant Health, 4,* 95–102.

Walker, H. M. (1976). *Walker Problem Behavior Identification Checklist.* Los Angeles: Western Psychological Services.

Walker, L. S., & Greene, J. W. (1991). The Functional Disability Inventory: Measuring a neglected dimension of child health status. *Journal of Pediatric Psychology, 16,* 39–58.

Walkup, J. (2000). Disability, health care, and public policy. *Rehabilitation Psychology, 45,* 409–422.

Wallace, A., & Liljequist, L. (2005). A comparison of the correlational structures and elevation patterns of the MMPI-2 Restructured Clinical (RC) and Clinical scales. *Assessment, 12,* 290–294.

Wallace, I. F., Gravel, J. S., McCarton, C. M., & Ruben, R. J. (1988). Otitis media and language development at 1 year of age. *Journal of Speech and Hearing Disorders, 53,* 245–251.

Wallen, G. R., Feldman, R. H., & Anliker, J. (2002). Measuring acculturation among Central American women with the use of a brief language scale. *Journal of Immigrant Health, 4,* 95–102.

Waller, N. G., & Zavala, J. D. (1993). Evaluating the big five. *Psychological Inquiry, 4,* 131–135.

Wallston, K. A., Wallston, B. S., & DeVellis, R. (1978). Development of the Multidimensional Health Locus of Control (MHLC) Scales. *Health Education Monographs, 6,* 160–170.

Wang, N. (2003). Use of the Rasch IRT model in standard setting: An item-mapping method. *Journal of Educational Measurement, 40* (3), 231–252.

Wang, T.-H. (2011). Implementation of Web-based dynamic assessment in facilitating junior high school students to learn mathematics. *Computers & Education, 56,* 1062–1071.

Wang, Y. J., & Minor, M. S. (2008). Validity, reliability, and applicability of psychophysiological techniques in marketing research. *Psychology & Marketing, 25*(2), in press.

Wantz, R. A. (1989). Review of the Parenting Stress Index. In J. C. Conoley & J. J. Kramer (Eds.), *The tenth mental measurements yearbook.* Lincoln: Buros Institute of Mental Measurements, University of Nebraska.

Ward, P. B., McConaghy, N., & Catts, S. V. (1991). Word association and measures of psychosis proneness in university students. *Personality and Individual Differences, 12,* 473–480.

Warfield, J. J., Kondo-Ikemura, K., & Waters, E. (2011). Measuring attachment security in rhesus macaques (Macaca mulatta): Adaptation of the attachment Q-set. *American Journal of Primatology, 73* (2), 109–118.

Waring, E. M., & Reddon, J. (1983). The measurement of intimacy in marriage: The Waring Questionnaire. *Journal of Clinical Psychology, 39,* 53–57.

Warmke, D. L. (1984). *Successful implementation of the "new" GATB in entry-level selection.* Presentation at the American Society for Personnel Administrators Region 4 Conference, October 15, Norfolk, VA.

Watkins, C. E., Jr. (1986). Validity and usefulness of WAIS-R, WISC-R, and WPPSI short forms. *Professional Psychology: Research and Practice, 17,* 36–43.

Watkins, C. E., Jr., Campbell, V. L., Nieberding, R., & Hallmark, R. (1995). Contemporary practice of psychological assessment by clinical psychologists. *Professional Psychology: Research and Practice, 26,* 54–60.

Watkins, E. O. (1976). *Watkins Bender-Gestalt Scoring System.* Novato, CA: Academic Therapy.

Watson, C. G. (1967). Relationship of distortion to DAP diagnostic accuracy among psychologists at three levels of sophistication. *Journal of Consulting Psychology, 31,* 142–146.

Watson, C. G., Felling, J., & Maceacherr, D. G. (1967). Objective draw-a-person scales: An attempted cross-validation. *Journal of Clinical Psychology, 23,* 382–386.

Watson, C. G., Thomas, D., & Anderson, P. E. D. (1992). Do computer-administered Minnesota Multiphasic Personality Inventories underestimate booklet-based scores? *Journal of Clinical Psychology, 48,* 744–748.

Watson, S. M. R., Gable, R. A., & Greenwood, C. R. (2011). Combining ecobehavioral assessment, functional assessment, and response to intervention to promote more effective classroom instruction. *Remedial and Special Education, 32* (4), 334–344.

Weaver, C. B., & Bradley-Johnson, S. (1993). A national survey of school psychological services for deaf and hard-of-hearing students. *American Annals of the Deaf, 138,* 267–274.

Webb, E. J., Campbell, D. T., Schwartz, R. D., & Sechrest, L. (1966). *Unobtrusive measures: Nonreactive research in the social sciences.* Chicago: Rand McNally.

Webb, M. S., Rodriguez-Esquivel, D., Baker, E., Reis, I. M. & Carey, M. P. (2010). Cognitive behavioral therapy to promote smoking cessation among African American smokers: A randomized clinical trial. *Journal of Consulting and Clinical Psychology, 78,* 24–33.

Webbe, F. M (2008). Sports neuropsychology. In A. M. Horton Jr. & D. Wedding (Eds.), *The neuropsychology handbook* (3rd ed.). New York: Springer.

Webster, C. D., Harris, G. T., Rice, M. E., Cormier, C., & Quinsey, V. L. (1994). *The violence prediction scheme.* Toronto: University of Toronto Centre of Criminology.

Webster, L., & Joubert, D. (2011). Use of the Adult Attachment Projective Picture System in an assessment of an adolescent in foster care. *Journal of Personality Assessment, 93* (5), 417–426.

Wechsler, D. (1939). *The measurement of adult intelligence.* Baltimore: Williams & Wilkins.

Wechsler, D. (1944). *The measurement of adult intelligence* (3rd ed.). Baltimore: Williams & Wilkins.

Wechsler, D. (1955). *Manual for the Wechsler Adult Intelligence Scale.* New York: Psychological Corporation.

Wechsler, D. (1958). *The measurement and appraisal of adult intelligence* (4th ed.). Baltimore: Williams & Wilkins.

Wechsler, D. (1967). *Manual for the Wechsler Preschool and Primary Scale of Intelligence.* New York: Psychological Corporation.

Wechsler, D. (1974). *Manual for the Wechsler Intelligence Scale for Children—Revised.* New York: Psychological Corporation.

Wechsler, D. (1975). Intelligence defined and undefined: A relativistic appraisal. *American Psychologist, 30,* 135–139.

Wechsler, D. (1981). *Manual for the Wechsler Adult Intelligence Scale—Revised.* New York: Psychological Corporation.

Wechsler, D. (1991). *Manual for the Wechsler Intelligence Scale for Children—Third Edition.* San Antonio: Psychological Corporation.

Wechsler, D. (1997). *Wechsler Adult Intelligence Scale—Third Edition.* San Antonio: Psychological Corporation.

Wechsler, D. (2002). *Wechsler Preschool and Primary Scale of Intelligence—Third edition (WPPSI-III), Technical and interpretive manual.* San Antonio: Psychological Corporation.

Wechsler, D. (2003). *Wechsler Intelligence Scale for Children— Fourth edition (WISC-IV), Technical and interpretive manual.* San Antonio: Psychological Corporation.

Wecker, N. S., Kramer, J. H., Wisniewski, A., et al. (2000). Age effects on executive ability. *Neuropsychology, 14,* 409–414.

Weed, N. C. (2006). Syndromal complexity, paradigm shifts, and the future of validation research: Comments on Nichols and Rogers, Sewell, Harrison, and Jordan. *Journal of Personality Assessment, 87,* 217–222.

Weed, N. C., Butcher, J. N., McKenna, T., & Ben-Porath, Y. S. (1992). New measures for assessing alcohol and drug abuse with the MMPI-2: The APS and AAS. *Journal of Personality Assessment, 58,* 389–404.

Wehmeyer, M. L., & Smith, J. D. (2006). Leaving the garden: Henry Herbert Goddard's exodus from the Vineland Training School. *Mental Retardation, 44,* 150–155.

Weiner, B. A. (1980). Not guilty by reason of insanity: A sane approach. *Chicago Kent Law Review, 56,* 1057–1085.

Weiner, I. B. (1966). *Psychodiagnosis in schizophrenia.* New York: Wiley.

Weiner, I. B. (1997). Current status of the Rorschach Inkblot Method. *Journal of Personality Assessment, 68,* 5–19.

Weiner, I. B. (2005). Integrative personality assessments with self-report and performance based measures. In S. Strack (Ed.), *Handbook of personology and psychopathology* (pp. 317–331). Hoboken, NJ: Wiley.

Weiner, I. B., & Kuehnle, K. (1998). Projective assessment of children and adolescents. In M. Hersen & A. Bellack (Eds.), *Comprehensive clinical psychology,* Vol. 3. Tarrytown, NY: Elsevier Science.

Weinstock, J., Ledgerwood, D. M., & Petry, N. M. (2007). The association between post-treatment gambling behavior and harm in pathological gamblers. *Psychology of Addictive Behaviors, 21,* 185–193.

Weinstock, J., Whelan, J. P., & Meyers, A. W. (2004). Behavioral assessment of gambling: An application of the Timeline Followback Method. *Psychological Assessment, 16,* 72–80.

Weinstock, J., Whelan, J. P., Meyers, A. W., & McCausland, C. (2007). The performance of two pathological gambling screens in college students. *Assessment, 14,* 399–407.

Weir, R. F. (1992). The morality of physician-assisted suicide. *Law, Medicine and Health Care, 20,* 116–126.

Weiss, A., King, J. E., & Enns, R. M. (2002). Subjective well-being is heritable and genetically correlated with dominance in chimpanzees (Pan troglodytes). *Journal of Personality and Social Psychology, 83,* 1141–1149.

Weiss, D. J. (1985). Adaptive testing by computer. *Journal of Consulting and Clinical Psychology, 53,* 774–789.

Weiss, D. J., & Davison, M. L. (1981). Test theory and methods. *Annual Review of Psychology, 32,* 629–658.

Weiss, D. J., & Vale, C. D. (1987). Computerized adaptive testing for measuring abilities and other psychological variables. In J. N. Butcher (Ed.), *Computerized psychological assessment: A practitioner's guide* (pp. 325–343). New York: Basic Books.

Weiss, H. M., & Cropanzano, R. (1996). Affective events theory: A theoretical discussion of the structure, causes, and consequences of affective experiences at work. *Research in Organizational Behavior, 18,* 1–74.

Weiss, L. G., Saklofske, D. H., Prifitera, A., & Holdnack, J. (2006). *WISC-IV Advanced Clinical Interpretation.* San Diego: Elsevier.

Weiss, M. D. (2010). The unique aspects of assessment of ADHD. *Primary Psychiatry, 17,* 21–25.

Weiss, P. A., Weiss, W. U., & Gacono, C. B. (2008). The use of the Rorschach in police psychology: Some preliminary thoughts. In C. B. Gacono et al. (Eds.), *The handbook of forensic assessment* (pp. 527–542). New York: Routledge/ Taylor & Francis.

Weiss, R., & Summers, K. (1983). Marital Interaction Coding System III. In E. Filsinger (Ed.), *Marriage and family assessment: A sourcebook of family therapy.* Beverly Hills, CA: Sage.

Weisse, D. E. (1990). Gifted adolescents and suicide. *School Counselor, 37,* 351–358.

Weissman, H. N. (1991). Forensic psychological examination of the child witness in cases of alleged sexual abuse. *American Journal of Orthopsychiatry, 6,* 48–58.

Weizmann-Henelius, G., Kivilinna, E., & Eronen, M. (2009). The utility of Rorschach in forensic psychiatric evaluations: A case study. *Nordic Psychology, 62* (3), 36–49.

Welsh, G. S. (1948). An extension of Hathaway's MMPI profile coding system. *Journal of Consulting Psychology, 12,* 343–344.

Welsh, G. S. (1952). A factor study of the MMPI using scales with the item overlap eliminated. *American Psychologist, 7,* 341.

Welsh, G. S. (1956). Factor dimensions A and R. In G. S. Welsh & W. G. Dahlstrom (Eds.), *Basic readings on the MMPI in psychology and medicine* (pp. 264–281). Minneapolis: University of Minnesota Press.

Welsh, G. S., & Dahlstrom, W. G. (Eds.). (1956). *Basic readings on the MMPI in psychology and medicine.* Minneapolis: University of Minnesota Press.

Welsh, J. R., Kucinkas, S. K., & Curran, L. T. (1990). *Armed Services Vocational Aptitude Battery (ASVAB): Integrative review of validity studies* (Rpt 90-22). San Antonio: Operational Technologies Corp.

Werner, H., & Strauss, A. A. (1941). Pathology of figurebackground relation in the child. *Journal of Abnormal and Social Psychology, 36,* 236–248.

Wertheimer, M. (1923). Untersuchungen zur Lehre von der Gestalt. *Psychologische Forschung* [Studies in the theory of Gestalt Psychology. *Psychology for Schools*], *4*, 301–303. Translated by Don Cantor in R. J. Herrnstein & E. G. Boring (1965), *A sourcebook in the history of psychology*. Cambridge, MA: Harvard University Press.

Wesman, A. G. (1968). Intelligent testing. *American Psychologist, 23*, 267–274.

West, L. J., & Ackerman, D. L. (1993). The drug-testing controversy. *Journal of Drug Issues, 23*, 579–595.

Westen, D., Barends, A., Leigh, J., Mendel, M., & Silbert, D. (1988). *Manual for coding dimensions of object relations and social cognition from interview data*. Unpublished manuscript, University of Michigan, Ann Arbor.

Westen, D., Silk, K. R., Lohr, N., & Kerber, K. (1985). *Object relations and social cognition: TAT scoring manual*. Unpublished manuscript, University of Michigan, Ann Arbor.

Westerman, J. W., & Simmons, B. L. (2007). The effects of work environment on the personality-performance relationship: An exploratory study. *Journal of Managerial Issues, 19* (2), 288–305.

Westling, D. L. (1996). What do parents of children with moderate and severe mental disabilities want? *Education and Training in Mental Retardation and Developmental Disabilities, 31*, 86–114.

Wexley, K. N., Yukl, G. A., Kovacs, S. Z., & Sanders, R. E. (1972). Importance of contrast effects in employment interviews. *Journal of Applied Psychology, 56*, 45–48.

White, B. L. (1971). *Human infants: Experience and psychological development*. Englewood Cliffs, NJ: Prentice-Hall.

White, D. M., Clements, C. B., & Fowler, R. D. (1985). A comparison of computer administration with standard administration of the MMPI. *Computers in Human Behavior, 1*, 153–162.

White, J. A., Davison, G. C., Haaga, D. A. F., & White, K. L. (1992). Cognitive bias in the articulated thoughts of depressed and nondepressed psychiatric patients. *Journal of Nervous and Mental Disease, 180*, 77–81.

White, J. M. (1963). *Everyday life in ancient Egypt*. New York: G. P. Putnam's Sons.

White, L. T. (1984). Attitudinal consequences of the preemployment polygraph examination. *Journal of Applied Social Psychology, 14*, 364–374.

White, R. W., Sanford, R. N., Murray, H. A., & Bellak, L. (1941, September). *Morgan-Murray Thematic Apperception Test: Manual of directions* [mimeograph]. Cambridge, MA: Harvard Psychological Clinic.

White, S., Santilli, G., & Quinn, K. (1988). Child evaluator's roles in child sexual abuse assessments. In E. B. Nicholson & J. Bulkley (Eds.), *Sexual abuse allegations in custody and visitation cases: A resource book for judges and court personnel* (pp. 94–105). Washington, DC: American Bar Association.

Whittington, M. K. (1998). The Karp inkblot response questionnaire: An evaluation of social desirability responding. *Dissertation Abstracts International: Section B. Sciences and Engineering, 59* (4-B), 1872.

Whitworth, R. H. (1984). Review of Halstead-Reitan Neuropsychological Battery and allied procedures. In D. J. Keyser & R. C. Sweetland (Eds.), *Test critiques* (Vol. 1, pp. 305–314). Kansas City: Test Corporation of America.

Whitworth, R. H., & Unterbrink, C. (1994). Comparison of MMPI-2 clinical and content scales administered to Hispanic and Anglo-Americans. *Hispanic Journal of Behavioral Sciences, 16*, 255–264.

Wicker, A. W. (1969). Attitudes versus actions: The relationship of verbal and overt behavioral responses to attitude objects. *Journal of Social Issues, 25*, 41–78.

Wickes, T. A., Jr. (1956). Examiner influences in a testing situation. *Journal of Consulting Psychology, 20*, 23–26.

Widiger, T. A. (1993). The DSM-III-R categorical personality disorder diagnoses: A critique and an alternative. *Psychological Inquiry, 4* (2), 75–90.

Widiger, T. A., & Clark, L. A. (2000). Toward DSM-V and the classification of psychopathology. *Psychological Bulletin, 126*, 946–963.

Widiger, T. A., & Samuel, D. B. (2009). Evidence-based assessment of personality disorders. *Personality Disorders: Theory, Research, and Treatment, S* (1), 3–17.

Wienstock, J., Whelan, J. P., & Meyers, A. W. (2004). Behavioral assessment of gambling: An application of the timeline followback method. *Psychological Assessment, 16*, 72–80.

Wigdor, A. K., & Garner, W. R. (1982). *Ability testing: Uses, consequences, and controversies*. Washington, DC: National Academy.

Wiggins, N. (1966). Individual viewpoints of social desirability. *Psychological Bulletin, 66*, 68–77.

Wilcox, R., & Krasnoff, A. (1967). Influence of test-taking attitudes on personality inventory scores. *Journal of Consulting Psychology, 31*, 185–194.

Wilkinson, G. S., & Robertson, G. J. (2006). *Wide Range Achievement Test-4 (WRAT-4)*. Lutz, FL: Psychological Assessment Resources.

Willcutt, E. G., Boada, R., Riddle, M. W., et al. (2011). Colorado Learning Difficulties Questionnaire: Validation of a parent-report screening measure. *Psychological Assessment, 23*(3), Sep 2011, 778–791.

Williams, A. D. (2000). Fixed versus flexible batteries. In R. J. McCaffrey et al. (Eds.), *The practice of forensic neuropsychology: Meeting challenges in the courtroom* (pp. 57–70). New York: Plenum.

Williams, C. L. (1986). Mental health assessment of refugees. In C. L. Williams & J. Westermeyer (Eds.), *Refugee mental health in resettlement countries* (pp. 175–188). New York: Hemisphere.

Williams, C. L., & Butcher, J. N. (2011). *A beginner's guide to the MMPI–A*. Washington, DC: American Psychological Association.

Williams, J. M., & Shane, B. (1986). The Reitan-Indiana Aphasia Screening Test: Scoring and factor analysis. *Journal of Clinical Psychology, 42*, 156–160.

Williams, R. (1975). The BITCH-100: A culture-specific test. *Journal of Afro-American Issues, 3*, 103–116.

Williams, R. H., & Zimmerman, D. W. (1996a). Are simple gains obsolete? *Applied Psychological Measurement, 20*, 59–69.

Williams, R. H., & Zimmerman, D. W. (1996b). Are simple gain scores obsolete? Commentary on the commentaries of Collins and Humphreys. *Applied Psychological Measurement, 20*, 295–297.

Williams, S. K., Jr. (1978). The Vocational Card Sort: A tool for vocational exploration. *Vocational Guidance Quarterly, 26*, 237–243.

Williams, T. H., McIntosh, D. E., Dixon, F., Newton, J. H., & Youman, E. (2010). A confirmatory factor analysis of the Stanford–Binet Intelligence Scales, Fifth Edition, with a high-achieving sample. *Psychology in the Schools, 47*, 1071–1083.

Williams, T. Y., Boyd, J. C., Cascardi, M. A., & Poythress, N. (1996). Factor structure and convergent validity of the Aggression Questionnaire in an offender population. *Psychological Assessment, 8*, 398–403.

Wilmer, H. A., & Husni, M. (1951, December). An auditory sound association technique. *Science, 114*, 621–622.

Wilson, D. L. (2008). An exploratory study on the players of "Dungeons and Dragons." *Dissertation Abstracts International: Section B. Sciences and Engineering, 68* (7-B), 4879.

Wilson, G. G., & Vitousek, K. M. (1999). Self-monitoring in the assessment of eating disorders. *Psychological Assessment, 11,* 480–489.

Wilson, J. A. (1951). *The culture of ancient Egypt.* Chicago: University of Chicago Press.

Wilson, P. T., & Spitzer, R. L. (1969). A comparison of three current classification systems for mental retardation. *American Journal of Mental Deficiency, 74,* 428–435.

Wilson, S. L., Thompson, J. A., & Wylie, G. (1982). Automated psychological testing for the severely physically handicapped. *International Journal of Man-Machine Studies, 17,* 291–296.

Winner, E. (1996). *Gifted children: Myths and realities.* New York: Basic Books.

Winner, E. (2000). The origins and ends of giftedness. *American Psychologist, 55,* 159–169.

Winston, A. S. (1996). "As his name indicates": R. S. Woodworth's letters of reference and employment for Jewish psychologists in the 1930s. *Journal of the History of the Behavioral Sciences, 32,* 30–43.

Winston, A. S. (1998). "The defects of his race": E. G. Boring and antisemitism in American psychology, 1923–1953. *History of Psychology, 1,* 27–51.

Wirt, R. D., Lachar, D., Klinedinst, J. K., & Seat, P. D. (1984). *Multidimensional description of child personality: A manual for the Personality Inventory for Children.* (1984 revision by David Lachar.) Los Angeles: Western Psychological Services.

Wish, J., McCombs, K. F., & Edmonson, B. (1980). *Socio-Sexual Knowledge & Attitudes Test.* Chicago: Stoelting.

Witkin, H. A., & Berry, J. W. (1975). Psychological differentiation in cross-cultural perspective. *Journal of Cross-Cultural Psychology, 6,* 4–87.

Witkin, H. A., Dyk, R. B., Faterson, H. F., Goodenough, D. R., & Karp, S. A. (1962). *Psychological differentiation.* New York: Wiley.

Witkin, H. A., & Goodenough, D. R. (1977). Field dependence and interpersonal behavior. *Psychological Bulletin, 84,* 661–689.

Witkin, H. A., & Goodenough, D. R. (1981). *Cognitive styles: Essence and origins* (Psychological Issues Monograph 51). New York: International Universities.

Witkin, H. A., Lewis, H. B., Hertzman, M., Machover, K., Meissner, P. B., & Wapner, S. (1954). *Personality through perception: An experimental and clinical study.* New York: Harper.

Witkin, H. A., Moore, C.A., Goodenough, D. R., & Cox, P. W. (1977). Field-dependent and field-independent cogntive styles and their implications. *Review of Educational Research, 47,* 1–64

Witmer, L. (1907). Clinical psychology. *Psychological Clinic, 1,* 1–9.

Witt, J. C., & Elliott, S. N. (1985). Acceptability of classroom management strategies. In T. R. Kratochwill (Ed.), *Advances in school psychology* (Vol. 4, pp. 251–288). Hillsdale, NJ: Erlbaum.

Witt, P. (2003) Expert opinion: Some observations on observers of psychological testing. *American Psychology Law Society News, 23,* 3.

Witty, P. (1940). Some considerations in the education of gifted children. *Educational Administration and Supervision, 26,* 512–521.

Wixson, K. (2011). A systematic view of RTI research: Introduction to the special issue. *Elementary School Journal, 111* (4), 503–510.

Wober, M. (1974). Towards an understanding of the Kiganda concept of intelligence. In J. W. Berry & P. R. Dasen (Eds.), *Culture and cognition: Readings in cross-cultural psychology* (pp. 261–280). London: Methuen.

Wolfe, M. M., Yang, P. H., Wong, E. C., & Atkinson, D. R. (2001). Design and development of the European American values scale for Asian Americans. *Cultural Diversity and Ethnic Minority Psychology, 7* (3), 274–283.

Wolfner, G., Fause, D., & Dawes, R. M. (1993). The use of anatomically detailed dolls in sexual abuse evaluations: The state of the science. *Applied and Preventive Psychology, 2,* 1–11.

Wolfram, W. A. (1971). Social dialects from a linguistic perspective: Assumptions, current research, and future directions. In R. Shuy (Ed.), *Social dialects and interdisciplinary perspectives.* Washington, DC: Center for Applied Linguistics.

Wolf-Schein, E. G. (1993). Assessing the "untestable" client: ADLO. *Developmental Disabilities Bulletin, 21,* 52–70.

Wolk, R. L., & Wolk, R. B. (1971). *The Gerontological Apperception Test.* New York: Behavioral Publications.

Wollersheim, J. P. (1974). The assessment of suicide potential via interview methods. *Psychotherapy, 11,* 222–225.

Wong-Rieger, D., & Quintana, D. (1987). Comparative acculturation of Southeast Asians and Hispanic immigrants and sojourners. *Journal of Cross-Cultural Psychology, 18,* 145–162.

Woodcock, R. W. (1990). Theoretical foundations of the WJ-R measures of cognitive ability. *Journal of Psychoeducational Assessment, 8,* 231–258.

Woodcock, R. W. (1997). The Woodcock-Johnson Tests of Cognitive Ability–Revised. In D. P. Flanagan, J. L. Genshaft, & P. L. Harrison (Eds.), *Contemporary intellectual assessment: Theories, tests, and issues* (pp. 230–246). New York: Guilford.

Woodcock, R. W. (2011). *The Woodcock Reading Mastery Tests, Third Edition* (WRMT-III). San Antonio: Pearson Assessments

Woodcock, R. W., & Mather, N. (1989a). *WJ-R Tests of Cognitive Ability—Standard and Supplemental Batteries: Examiner's manual.* In R. W. Woodcock & M. B. Johnson, *Woodcock-Johnson Psychoeducational Battery—Revised.* Allen, TX: DLM Teaching Resources.

Woodcock, R. W., & Mather, N. (1989b, 1990). *WJ-R Tests of Achievement: Examiner's manual.* In R. W. Woodcock & M. B. Johnson, *Woodcock-Johnson Psychoeducational Battery– Revised.* Allen, TX: DLM Teaching Resources.

Woodcock, R. W., McGrew, K. S., & Mather, N. (2000). *Woodcock-Johnson III.* Itasca, IL: Riverside.

Woodward, J. (1972). Implications for sociolinguistics research among the deaf. *Sign Language Studies, 1,* 1–7.

Woodworth, M., & Porter, S. (2000). Historical foundations and current applications of criminal profiling in violent crime investigations. *Expert Evidence, 7* (4), 241–264.

Woodworth, R. S. (1917). *Personal Data Sheet.* Chicago: Stoelting.

Worchel, F. F., & Dupree, J. L. (1990). Projective story-telling techniques. In C. R. Reynolds & R. W. Kamphaus (Eds.), *Handbook of psychological and educational assessment of children: Personality, behavior, & context* (pp. 70–88). New York: Guilford.

World Health Organization. (2001). *International classification of functioning, disability, and health.* Geneva, Switzerland: Author.

Worlock, P., et al. (1986). Patterns of fractures in accidental and non-accidental injury in children. *British Medical Journal, 293,* 100–103.

Wright, B. D., & Stone, M. H. (1979). *Best test design: Rasch measurement.* Chicago: Mesa.

Wright, D. B., & Hall, M. (2007). How a "reasonable doubt" instruction affects decisions of guilt. *Basic and Applied Social Psychology, 29* (1), 91–98.

Wu, W., West, S. G., & Hughes, J. N. (2010). Effect of grade retention in first grade on psychosocial outcomes. *Journal of Educational Psychology, 102* (1), 135–152.

Wylonis, L. (1999). Psychiatric disability, employment, and the Americans with Disabilities Act. *Psychiatric Clinics of North America, 22,* 147–158.

Yañez, Y. T., & Fremouw, W. (2004). The application of the *Daubert* standard to parental capacity measures. *American Journal of Forensic Psychology, 22*(3) 5–28.

Yantz, C. L., & McCaffrey, R. J. (2005). Effects of a supervisor's observation on memory test performance of the examinee: Third party observer effect confirmed. *Journal of Forensic Neuropsychology, 4* (2), 27–38.

Yantz, C. L., & McCaffrey, R. J. (2009). Effects of parental presence and child characteristics on children's neuropsychological test performance: Third party observer effect confirmed. *Clinical Neuropsychologist, 23,* 118–132.

Yao, E. L. (1979). The assimilation of contemporary Chinese immigrants. *Journal of Psychology, 101,* 107–113.

Yarnitsky, D., Sprecher, E., Zaslansky, R., & Hemli, J. A. (1995). Heat pain thresholds: Normative data and repeatability. *Pain, 60,* 329–332.

Yeates, K. O., Ris, M. D., & Taylor, H. G. (Eds.). (2000). *Pediatric neuropsychology: Research, theory, and practice.* New York: Guilford Press.

Yell, N. (2008). A taxometric analysis of impression management and self-deception on the MMPI-2 and Rorschach among a criminal forensic population. *Dissertation Abstracts International: Section B. Sciences and Engineering, 68* (7-B), 4853.

Yerkes, R. M. (Ed.). (1921). *Psychological examining in the United States Army: Memoirs of the National Academy of Sciences* (Vol. 15). Washington, DC: Government Printing Office.

Yin, P., & Fan, X. (2000). Assessing the reliability of Beck Depression Inventory scores: Reliability generalization across studies. *Educational and Psychological Measurement, 60,* 201–223.

Yoo, J. J., Hinds, O., Ofen, N., et al. (2012). When the brain is prepared to learn: Enhancing human learning using real-time fMRI. *NeuroImage, 59* (1), 846–852.

Young, K. S. (2011). Clinical assessment of Internet-addicted clients. In K. S. Young & C. N. de Abreu (Eds.), *Internet addiction: A handbook and guide to evaluation and treatment* (pp. 19–34). Hoboken, NJ: Wiley.

Young, K. S., Pistner, M., O'Mara, J., & Buchanan, J. (1999). Cyber disorders: The mental health concern for the new millennium. *CyberPsychology & Behavior, 2,* 475–479.

Younger, J. B. (1991). A model of parenting stress. *Research on Nursing and Health, 14,* 197–204.

Youngjohn, J. R., & Crook, T. H., III. (1993). Stability of everyday memory in age-associated memory impairment: A longitudinal study. *Neuropsychology, 7,* 406–416.

Yussen, S. R., & Kane, P. T. (1980). *Children's conception of intelligence.* Madison report for the project on studies of instructional programming for the individual student, University of Wisconsin, Technical Report #546.

Zapf, P. A., & Roesch, R. (2011). Future directions in the restoration of competency to stand trial. *Current Directions in Psychological Science, 20,* 43–47.

Zea, M. C., Asner-Self, K. K., Birman, D., & Buki, L. P. (2003). The Abbreviated Multidimentional Acculturation Scale: Empirical validation with two Latino/Latina samples. *Cultural Diversity and Ethnic Minority Psychology, 9*(2), 107–126.

Zebehazy, K. T., Zimmerman, G. J., & Fox, L. A. (2005). Use of digital video to assess orientation and mobility observational skills. *Journal of Visual Impairment and Blindness, 99,* 646–658.

Zedeck, S., & Cascio, W. F. (1984). Psychological issues in personnel decisions. *Annual Review of Psychology, 35,* 461–518.

Zedeck, S., Cascio, W. F., Goldstein, I. L., & Outtz, J. (1996). Sliding bands: An alternative to top-down selection. In R. S. Barrett (Ed.), *Fair employment strategies in human resource management* (pp. 222–234). Westport, CT: Quorum Books/ Greenwood.

Zelig, M., & Beidleman, W. B. (1981). Investigative hypnosis: A word of caution. *International Journal of Clinical and Experimental Hypnosis, 29,* 401–412.

Zenderland, L. (1998). *Measuring minds: Henry Herbert Goddard and the origins of American intelligence testing.* Cambridge, MA: Cambridge University Press.

Zhang, L.-M., Yu, L.-S., Wang, K.-N., et al. (1997). The psychophysiological assessment method for pilot's professional reliability. *Aviation, Space, & Environmental Medicine, 68,* 368–372.

Zhou, X., Zhu, J., & Weiss, L.G. (2010). Peeking inside the "Black Box" of the Flynn effect: Evidence from three Wechsler instruments. *Journal of Psychoeducational Assessment, 28,* 399–411.

Zickar, M. J., & Broadfoot, A. A. (2009). The partial revival of a dead horse? Comparing classical test theory and item response theory. In C. F. Lance, & R. J. Vandenberg (Eds.), *Statistical and methodological myths and urban legends: Doctrine, verity and fable in the organizational and social sciences* (pp. 37–59). New York: Routledge.

Zieziula, F. R. (Ed.). (1982). *Assessment of hearing-impaired people.* Washington, DC: Gallaudet College.

Zimmerman, I. L., & Woo-Sam, J. M. (1978). Intelligence testing today: Relevance to the school age child. In L. Oettinger (Ed.), *Psychologists and the school age child with MBD/LD.* New York: Grune & Stratton.

Zinchenko, V. P. (2007). Thought and word: The approaches of L. S. Vygotsky and G. G. Shpet. In H. Daniels, M. Cole, & J.V. Wertsch (Eds.), *The Cambridge companion to Vygotsky* (pp. 212–245). New York: Cambridge University Press.

Zink v. State, 278 SW 3d 170–Mo: Supreme Court 2009.

Zirkel, P. A., & Krohn, N. (2008). RtI after IDEA: A summary of state laws. *Teaching Exceptional Children, 40* (3), 71–73.

Zonda, T. (2006). One-hundred cases of suicide in Budapest: A case-controlled psychological autopsy study. *Crisis: The Journal of Crisis Intervention and Suicide Prevention, 27*(3), 125–129.

Zubeidat, I., Sierra, J. C., Salinas, J. M., & Rojas-García, A. (2011). Reliability and validity of the Spanish version of the Minnesota Multiphasic Personality Inventory– Adolescent (MMPI-A). *Journal of Personality Assessment, 93* (1), 26–32.

Zubin, J. (1939, November 20). Letter to B. F. Skinner. (B. F. Skinner Papers, Harvard University Archives, Cambridge, MA).

Zubin, J., Eron, L. D., & Schumer, F. (1965). *An experimental approach to projective techniques.* New York: Wiley.

Zucker, S. (1985). *MSCA/K-ABC with high risk pre-schoolers.* Paper presented at the Annual Meeting of the National Association of School Psychologists, Las Vegas.

Zucker, S., & Copeland, E. P. (1987). *K-ABC/McCarthy Scale performance among three groups of "at-risk" pre-schoolers.* Paper presented at the Annual Meeting of the National Association of School Psychologists, Las Vegas.

Zuckerman, M. (1979). Traits, states, situations, and uncertainty. *Journal of Behavioral Assessment, 1,* 43–54.

Zuckerman, M. (1990). Some dubious premises in research and theory on racial differences. *American Psychologist, 45,* 1297–1303.

Zumbo, B. D., & Taylor, S. V. (1993). The construct validity of the Extraversion subscales of the Myers-Briggs Type Indicator. *Canadian Journal of Behavioural Science, 25,* 590–604.

Zuniga, M. E. (1988). Assessment issues with Chicanas: Practice implications. *Psychotherapy, 25,* 288–293.

Zuroff, D. C., Mongrain, M., & Santor, D. A. (2004). Conceptualizing and measuring personality vulnerability to depression: Comment on Coyne and Whiffen (1995). *Psychological Bulletin, 130* (3), 489–511.

Zwahlen, H. T., Schnell, T., Liu, A., et al. (1998). Driver's visual search behaviour. In A. G. Gale et al. (Eds.), *Vision in vehicles–VI* (pp. 3–40). Oxford, England: Elsevier.

Zweigenhaft, R. L. (1984). *Who gets to the top? Executive suite discrimination in the eighties.* New York: American Jewish Committee Institute of Human Relations.

Zwick, R., & Himelfarb, I. (2011). The effect of high school socioeconomic status on the predictive validity of SAT scores and high school grade-point average. *Journal of Educational Measurement, 48* (2), 101–121.

Zytowski, D. G. (1996). Three decades of interest inventory results: A case study. *Career Development Quarterly, 45,* 141–148.

Créditos

Texto/Arte

Capítulo 6—Tabela 6.1: de C. H. Lawshe, "A Quantitative Approach to Content Validity", Personnel Psychology(1975) 28, 563-575. Reimpressa com permissão de Personnel Psychology; Fig. 6-4: do Manual of Differential Aptitude Tests, Fifth Edition, Form C (DAT 5). Copyright © 1990 NCS Pearson, Inc. Reproduzida com permissão. Todos os direitos reservados. "Differential Aptitude Tests" e "DAT" são marcas registradas, nos Estados Unidos e/ou em outros países, de Pearson Education, Inc. ou sua(s) afiliada(s); Tabela 6.2: do Manual of Differential Aptitude Tests, Fifth Edition, Form C (DAT 5). Copyright © 1990 NCS Pearson, Inc. Reproduzida com permissão. Todos os direitos reservados. "Differential Aptitude Tests" e "DAT" são marcas registradas, nos EUA e/ou em outros países, de Pearson Education, Inc. ou sua(s) afiliada(s); Fig. 6.5: de Test Service Bulletin #37, "How Effective Are Your Tests?" Copyright © 1980 NCS Pearson, Inc. Reproduzida com permissão. Todos os direitos reservados.

Capítulo 8—Em foco: de J. Millman e J.A. Arter, 1984, "Issues in Item Banking", *Journal of Educational Measurement*, 21, 315-330; copyright © 1984 pelo National Council on Measurement Education. Reimpresso com permissão. Fig. 8.4: reimpressa com permissão de Waveland Press, Inc. de M.J. Allen and W.M. Yen, Introduction to Measurement Theory, First Edition. (Long Grove, IL: Waveland Press, Inc., 1979 [reproduzida com permissão 2002]). Todos os direitos reservados; Fig. 8.5: Reproduzida com permissão de Waveland Press, Inc. de M.J. Allen e W.M. Yen, *Introduction to Measurement Theory*, First Edition. (Long Grove, IL: Waveland Press, Inc., 1979 [reedição 2002]). Todos os direitos reservados; Fig. 8.6: de Measurement Theory for the Behavioral Sciences por Ghiselli, Campbell e Zedeck. Copyright © 1981 por W.H. Freeman and Company. Usada com permissão.

Capítulo 10—Tabela 10.1: das Stanford-Binet Intelligence Scales, Fifth Edition, "Assessment Service Bulletin 1: History of the Stanford-Binet Intelligence Scales: Content and Psychometrics", por Kirk A. Becker, © 2003, Austin: PRO-ED. Usada com permissão.

Capítulo 11— Tabela 11.3: de Kaufman Sequential or Simultaneous (K-SOS). Copyright © 1984 NCS Pearson, Inc. Reproduzida com permissão. Todos os direitos reservados.

Capítulo 13— Tabela 13.5: de D.B. Hartmann, B.L. Roper e D.C. Bradford, "Some Relationships between Behavioral and Traditional Assessment", em *Journal of Behavioral Assessment*, 1, 3-21. © 1979. Reimpressa com a permissão de Springer Science + Business Media B.V; Everyday Psychometrics: texto e foto cortesia de Supervised Lifestyles Health, Inc.

Capítulo 14—Fig. 14.1 (direita): reproduzida com a permissão de Jason Aronson, Inc.

Capítulo 15—Fig. 15.6: de "Use of the Visual Motor Gestalt Teset in the Diagnosis of Learning Disabilities" por Lauretta Bender, 1970, *The Journal of Special Education*, 4(1), 29-39. Copyright © 1970 *The Journal of Special Education* por PRO-ED, Inc. Reproduzida com permissão de PRO-ED, Inc. in the format Textbook via Copyright Clearance Center.

Capítulo 16—Tabela 16.2: de Dennis R. Laker, "The Career Wheel", no *Journal of Employment Counseling*, junho 2002, p. 71. Reproduzida com permissão de American Counseling Association in the format Textbook via Copyright Clearance Center; Tabela 16.4: de D.W. Bray, "The Assessment Center and the Study of Lives", American Psychologist, 1982, 37, 180-189, Tabela 2 p. 184. Copyright © 1982 pela American Psychological Association. Reimpressa com permissão; Fig. 16.6: de J.E. Champagne, "Job Recruitment of the Unskilled", *Personnel Journal*, 48, 259-268.

Fotos

Capítulo 1—P. 5: Cortesia de Stephen Finn; P. 8: Julian Finney/Getty Images; P. 11: Kevin Winter/Tonight Show/Getty Images; P. 12: Time & Life Pictures/Getty Images; P. 13: Brigitte Sporrer/cultura/Corbis; P. 15: cortesia de Gary A. Mirka, Department of Industrial Engineering, North Carolina State University; P. 20: © 2008 Ronald Jay Cohen. Todos os direitos reservados; P. 28 (de cima para baixo): Tom Stewart/Corbis; © 2001 Ronald Jay Cohen. Todos os direitos reservados; David Linton; P. 29 (de cima para baixo): © 1940 Meier Art Judgment Test, The University of Iowa, Iowa City, IA; cortesia Sammons Preston Rolyan; Helicorp, Inc.; P. 30: National Archives; P. 32: Jeff Topping/AFP/Getty Images; P. 34: cortesia de Buros Center for Testing.

Capítulo 2—P. 39: The Art Archive at Art Resource, NY; P. 42 esquerda: Archives of the History of American Psychology—The University of Akron Archives; P. 42 direita: cortesia de Hudson Cattell; P. 46: Brown Brothers; P. 48: Archives of the History of American Psychology—The University of Akron Archives; P. 54: cortesia de Nathaniel V. Mohatt; P. 59: NASA; P. 69: Library of Congress Prints and Photographs Division [LC-USZ62-72266].

Capítulo 3—P. 82: cortesia de Stoelting Co, Wood Dale, IL; P. 108: University College, London; P. 110: Archives of the

History of American Psychology—The University of Akron Archives; P. 116: cortesia de Benoit Verdon.

Capítulo 4—P. 119: Brand X Pictures/Jupiterimages; P. 130: Brand X Pictures/PunchStock; P. 142 acima: cortesia de Steve Julius; P. 142 embaixo: cortesia de Howard Atlas.

Capítulo 5—P. 149: Byron Rollins/AP Images; P. 165: Brand X Pictures; P. 174: cortesia de Bryce B. Reeve.

Capítulo 6—P. 183: Arthur Schatz/Getty Images; P. 185: cortesia de Adam Shoemaker; P. 186: John Rowley/Getty Images; P. 189 ambas: Ingram Publishing.

Capítulo 7—P. 214: Dynamic Graphics/Jupiterimages; P. 216: cortesia de Erik Viirre; P. 234: Ethan Miller/Getty Images.

Capítulo 8—P. 247: cortesia da University of North Carolina em Chapel Hill, L.L. Thurstone Psychometric Laboratory; P. 269: cortesia de Scott Birkeland.

Capítulo 9—P. 293: Con Tanasiuk/Design Pics; P. 297: Cortesia de Barbara C Pavlo; P. 298: reproduzida com permissão do autor de Well, Assessment and Management of Developmental Changes and Problems in Children, Second Edition, C.V. Mosby, 1981; P. 301: The Granger Collection; P. 304: Bongarts/Getty Images; P. 307: Jon Kopaloff/FilmMagic/Getty Images; P. 310: Chase Jarvis/Getty Images; P. 316: © 2012 Ronald Jay Cohen. Todos os direitos reservados. Não pode ser reproduzida sem permissão. Agradecimentos à modelo da foto, Susan R. Cohen.

Capítulo 10—P. 327: © 2004 Ronald Jay Cohen. Foto por Angel G. Morales com agradecimento especial a Terence Ramnarine e "les zombies", Ricky Ilermont e Ulrick Pierre; P. 353: cortesia de Rebecca Anderson; P. 354: cortesia de Maria Kozhevnikov. Não pode ser reproduzida sem permissão.

Capítulo 11—P. 360: cortesia de Eliane Hack; P. 362: Sovofoto; P. 372: Annie Griffiths Belt/Corbis; P. 375: cortesia de Mark E. Swerdlik.

Capítulo 12—P. 396: AFP/Getty Images; P. 397: Johns Hopkins University; P. 400: © 1993 Ronald Jay Cohen; P. 407: Drexel University; P. 408: foto da Marinha dos EUA por MC3 Remus Borisov; NÃO CONFIDENCIAL/Liberada para o público; CDR Robert T. Durand, JTF-GTMO PAO; P. 409: cortesia de Sublogic Corporation, Champaign, IL; P. 410: TM e Copyright © 20th Century-Fox Film Corp. Todos os direitos reservados. Everett Collection; P. 428: cortesia do dr. James Butcher.

Capítulo 13—P. 443: © Hans Huber Publishers, Bern; P. 447: cortesia de Rorschach Workshops; P. 450: cortesia do Harvard University News Office; P. 451: cortesia de Henry A. Murray; P. 460: Bettmann/Corbis; P. 469: cortesia de Anthony Bram; P. 477: cortesia de Supervised Lifestyles Health, Inc.; P. 483 acima à esquerda: Paul Burns/Blend Images/Getty Images; P. 483 acima à direita: Ingram Publishing; P. 483 embaixo à esquerda: Photo Alto/PunchStock; P. 483 embaixo à direita: The McGraw-Hill Companies, Inc./Joe DeGrandis, fotógrafo; P. 485: © 2001 por Shirley Eberson. Todos os direitos reservados. Não pode ser reproduzida sem permissão; P. 486: Paul J. Sutton/Duomo/Corbis.

Capítulo 14—P. 503: cortesia de Joel Goldberg; P. 513: Doug Mills/AFP/Getty Images; P. 520 esquerda: CAT-H Card reproduzido com permissão do editor, CPS. Inc., Larchmont, NY; P. 520 direita: reproduzida com permissão do editor de Jason Aronson, Inc.

Capítulo 15—P. 533: Goldstein-Scheerer Tests of Abstract and Concrete Thinking. © 1945, renovado em 1972 pela Psychological Corporation. Reproduzido com permissão do editor; 543: cortesia de Jeanne P. Ryan; P. 546: © 2001 Ronald Jay Cohen. Todos os direitos reservados. P. 547: Archive Photos/Getty Images; P. 550: cortesia do dr. Peter Schilder; P. 557: cortesia de Stoelting Co, Wood Dale, IL; P. 562, 563: cortesia de General Electric Medical Systems.

Capítulo 16—P. 567: © Warner Bros. Pictures/Everett Collection; P. 570: cortesia de Lafayette Instrument Co.; P. 577 ambas: cortesia do Center for Applications of Psychological Type, Inc.; P. 586: cortesia do dr. Douglas Bray; P. 587: Redd Huber-Pool/Getty Images; P. 599: cortesia de Chris Gee; P. 611: domínio público.

Índice Onomástico

Abeles, N., 69
Abelson, R. P., 467
Abidin, R. R., 523, 524
Abrams, D. B., 510
Abrams, S., 482-483
Achenbach, T. M., 402-404
Ackerman, D. L., 591
Ackerman, P. L., 309-310, 398-399, 586
Acklin, M. W., 444, 446, 448
Adams, D. K., 429-430
Adams, K. M., 277
Adams-Tucker, C., 522
Addeo, R. R., 99-101
Adelman, S. A., 99-101
Ahern, E., 583
Ahola, K., 597
Aiello, J. R., 20
Aikman, K. G., 343-347
Airasian, P. W., 366
Alderfer, C., 594
Alexander, R. A., 235-236, 484-486
Alexander, R. C., 521
Alison, L., 518
Allan, S., 493
Allen, J., 497, 505
Allen, M. J., 168-169, 264-266
Allen, R., 371-373
Allen, S. R., 582-583
Allport, G. W., 118, 394, 395, 413-414, 418-419, 435-438
Amabile, T. M., 100, 597
Aman, C. J., 545
Amatruda, C. S., 539
Ambrosini, P. J., 191
Ames, S. L., 510
Amodio, D. M., 604
Amrine, M., 59-60
Anderson, C., 579-580
Anderson, D., 131
Anderson, H. G., 585, 586
Anderson, K. G., 341
Anderson, R., 352, 353
Anderson, W. P., 405
Andresen, E. M., 502
Andrew, G., 454-455
Andronikof, A., 444
Angie, A. D., 25-27
Angoff, W. H., 136-137, 138n5, 235-236
Apgar, V., 372

Appelbaum, P., 70
Appelbaum, P. S., 71-72
Archer, R. P., 448
Arias, I., 149-150
Armendariz, G. M., 480
Arnau, R. C., 577-579
Arnett, P. A., 24, 545
Arnold, D. S., 375-376
Aronow, E., 444
Aros, S., 105-106
Arter, J. A., 257-260
Arthur, T. E., 508
Arthur, W., Jr., 575-576
Artz, N., 602
Arvey, R. D., 579-580, 583
Atkin, C. K., 601
Atkinson, J. W., 151-152n3
Atkinson, R. C., 555
Atlas, H. W., 141
Attix, D. K., 530
Ausburn, F. B., 353
Ausburn, L. J., 353
Avery, C., 379-380
Avolio, B. J., 573, 575-576
Aycan, Z., 598
Ayres, B. D., Jr., 592
Ayres, R. R., 383-384

Babins, L., 546
Bagasra, A., 435-437
Bailey, J. M., 448
Bain, S. K., 384-386
Baker, E. L., 389-390
Baldridge, D. C., 32-33
Baldwin, A. L., 311-312
Baldwin, B., 482-483
Baldwin, J. A., 435-437
Bales, J. W., 274
Ball, T. S., 461
Baltes, B. B., 598
Banaji, M. R., 555, 603, 604
Bank, A. L., 278-279
Baños, J. H., 539-540
Barden, R. C., 65-66, 371-373
Bardis, P. D., 519
Bardos, A. N., 343-347
Barends, A., 454
Barker, R., 396
Barlev, A., 69
Barnes, E., 48
Barnes, H. L., 519
Barnes-Holmes, D., 604

Barnett, R. C., 598
Barnum, P. T., 525, 527
Baron, I. S., 530
Barrett, E., 518
Barrick, M. R., 577-579
Barry, D. T., 435-437
Bartholomew, D., 204-205
Bartok, J. A., 546
Barton, K. A., 479
Bartram, D., 16, 70-71
Bassett, S. S., 547
Bastounis, M., 25-26
Batson, D. C., 467
Bauer, R. M., 557
Bauer, T. N., 598
Baughman, E. E., 312-313
Baumeister, R. F., 512
Baumrind, D., 311-312
Bautista, D. R., 435-437
Bavolek, S. J., 519
Baxter, J. C., 583
Baydoun, R. B., 575-576
Beard, J. G., 580-582
Beatty, P. C., 497
Beatty, R. W., 588
Beavers, R., 519
Beck, A. T., 191, 401, 502, 512
Beck, J., 401
Beck, S. J., 444
Becker, A., 307
Becker, H. A., 521
Becker, K. A., 322, 323
Beckmann, J. C., 547
Begault, D. R., 602
Behn-Eschenburg, H., 447
Beidleman, W. B., 496
Beier, E. G., 519
Beier, M. E., 398-399
Bell, N. L., 342, 568-569
Bell, Y. R., 435-437
Bellack, A. S., 475, 481
Bellak, L., 454-455, 597
Bellak, S., 454-455
Bellak, S. S., 597
Bellini, S., 12-13
Benbow, C. P., 56-57
Benda, B. B., 510
Bender, L., 550
Benedict, R. H., 341
Benjamin, G. A. H., 518
Ben-Porath, Y. S., 414-415, 428-432

Ben-Shakhar, G., 65-66
Benton, A. L., 536-537
Berg, C. A., 318-319
Berk, R. A., 205-206
Berkowitz, L., 371-373
Bernardoni, L. C., 461
Bernhardt, G. R., 388-389
Bernstein, L., 467
Berry, D. S., 485
Berry, J. W., 405
Bersoff, D. N., 16
Besetsny, L. K., 16
Beyer, J. M., 600
Bhatia, M. S., 21
Bienvenu, M. J., Sr., 519
Bigler, E. D., 535n1, 558
Billmire, M. G., 521
Binet, A., 1, 42, 43, 45-46, 288, 299-300, 309-310, 312-313, 321, 380-381
Bipp, T., 597
Birch, H. G., 534
Birkeland, S. A., 268-271, 575-576
Birney, R. C., 596
Birren, J. E., 304, 305
Bizot, E. B., 568-569
Bjork, R. A., 555
Black, B., 558
Black, H. C., 181
Blamire, A. M., 561
Blazhenkova, O., 354-355
Blum, G. S., 408, 409, 454-455
Blumenthal, S. J., 512
Blustein, D. L., 579-580
Boccaccini, M. T., 517
Bock, R. D., 245-247
Bodenhausen, G. V., 604
Boer, D. P., 408
Bogacki, D. F., 65-66
Bogner, H. R., 24
Boone, D. E., 341
Booth, A., 519
Bordnick, P. S., 475
Borgen, F. H., 568-569
Boring, E. G., 41-42, 287
Borkenau, P., 485
Borman, W. C., 575-576
Bornstein, P. H., 479
Bornstein, R. F., 183, 447, 448
Borroni, B., 561
Borsbroom, D., 165-166

Bouchard, T. J., Jr., 303
Boudreau, J. W., 227-228
Bougard, C., 582-583
Bowers, K., 496
Boyd, T. A., 553
Bozeman, D. P., 599
Bozikas, V. P., 546
Bracken, B. A., 383-384
Braden, J. P., 384-386
Bradley, F., 4
Bradley, J., 411-413
Bradley, J. P., 398-399
Braginsky, B. M., 405
Bram, A. D., 448, 469, 470
Bramlett, R. K., 305, 375-376
Brandstaetter, V., 398-399
Brandt, J., 16
Brandy, D. A., 570
Brannen, M. Y., 600
Brannick, M. T., 111-115, 575-576
Brannigan, G. G., 551, 552
Brassard, M., 521
Bray, D. W., 2, 588, 589
Brewer, E. W., 597
Brewer, S., 610
Bricklin, B., 126, 127
Briggs, K. C., 396-397, 577-579
Bringle, R., 519
Brittain, H. L., 449
Brodsky, S. L., 517
Brody, D., 536-537
Brody, N., 467
Brodzinsky, D. M., 127
Brogden, H. E., 227-229
Broitman, J., 359
Brook, J. S., 510
Brotemarkle, R. A., 42
Brotherhood, J. R., 582-583
Brown, C. E., 12-13
Brown, D. C., 208
Brown, R. D., 411-413
Brown, R. T., 204-206
Brown, S. P., 598
Bruce, J. M., 25-27
Bruininks, R. H., 579-580
Brunch, M. B., 140
Brunner, N. A., 551
Bryan, J., 69-71
Bryant, S., 458
Bucholz, K. K., 500
Buck, J. N., 343-347, 462-464
Buckner, F., 74-75
Bucofsky, D., 391-392
Budoff, M., 361
Bukatman, B. A., 515
Bumann, B., 65-66
Burgess, A. W., 523
Burisch, M., 401-402, 421-422
Burke, M. J., 574
Burke, P. J., 418-419
Burke, R. J., 598
Burns, A., 100
Burns, E., 32-33

Burns, R. C., 464
Burns, R. K., 593
Buros, O. K., 33-34, 43-44, 65-66
Burwen, L. S., 395
Bushman, B. J., 396
Butcher, J. N., 277, 427-434, 528
Butters, N., 545
Büttner, G., 359
Bux, D. A., 510
Byham, W. C., 588
Byrne, D., 393
Byrne, G. J., 4
Byrnes, M. M., 545

Cai, C.-H., 466
Calhoon, M. B., 32-33
Callahan, C. A., 379-380
Callahan, J., 69
Callero, P. L., 401
Camara, W. J., 577-578
Camilli, G., 271-272
Campbell, D. P., 277, 566
Campbell, D. T., 203-204, 395
Campbell, W. H., 494
Campos, L. P., 405
Canivez, G. L., 326, 342
Cannon-Bowers, J. A., 594
Caplan, L. J., 495
Capraro, M. M., 577-579
Capraro, R. M., 577-579
Capretz, L. F., 577-579
Care, E., 565
Carey, J. C., 435-437
Carey, N. B., 196
Carey, W. B., 375-376
Carlson, V., 521
Carmichael, L., 302
Carnevale, J. J., 4
Carpenter, P. A., 555
Carpenter, W. T., 71-72
Carroll, J. B., 293-295, 336
Carroll, K. M., 510
Carskadon, T. G., 577-579
Carstairs, J., 17
Carter, B. L., 509
Caruso, J. C., 157-158
Carver, R. P., 315-318n5
Cascio, W. F., 209, 219, 220, 235-236, 574
Cash, T. F., 277
Caspi, A., 311-312, 485
Cassel, R. N., 411-413
Catalano, R., 512
Cattell, H. E. P., 418-419
Cattell, J. M., 41-42, 458
Cattell, P., 316, 374-375
Cattell, R. B., 42, 293, 294, 309-310, 324, 394, 413-414, 418-419
Caught, K., 598
Cavanaugh, J. L., 516
Ceci, S. J., 523
Cerney, M. S, 445
Chamberlain, K., 192

Chamorro-Premuzic, T., 310-311
Champagne, J. E., 594, 595
Chan, D. W., 311-312
Chan, K.-Y., 349
Chance, N. A., 435-437
Chaney, E. F., 509
Chang, L., 419-420
Chang, S.-R., 269-271
Chantler, L., 523
Chaplin, W. F., 117, 398
Chapman, J., 467
Chapman, J. C., 2
Chapman, R. L., 556
Chapman, L., 467
Chappin, S. R., 510
Chartrand, J. M., 568-569
Chase, D., 326
Chave, E. J., 244, 603
Chawarski, M. C., 212-213
Chen, Y., 54-55
Chess, S., 310-311
Cheung, F. M., 506
Chin, J. L., 508
Chinoy, E., 312-313
Chira-Chavala, T., 602
Cho, H., 605
Christensen, A. L., 559
Church, A. T., 418-419
Cianci, H. R., 577-579
Cicchetti, D., 521
Citrin, L. B., 604
Cizek, G. J., 140, 387-388
Clark, B., 307
Clark, L. A., 492
Cleckley, H., 516
Clift, R. J., 482-483
Clippard, L. F., 597
Cloninger, C. R., 99-101
Coalson, D. L., 335
Coggins, M. H., 513, 514
Cohen, B. M., 588
Cohen, J., 289, 507, 588
Cohen, R. J., 25-27, 44-45, 63-64, 501n2, 512, 582-583, 596, 600, 601, 608, 609, 610
Cohen, S., 580-582
Cole, D. J., 388-389
Cole, S. T., 313-314
Coleman, M. R., 359
Collier, C., 359
Collins, J. R., 220
Collins, L. M., 149-150
Collins, M., 565
Colom, R., 309-310
Comer, D. R., 590, 591
Compton, D. L., 362
Compton, D. M., 547
Condon, C. A., 277
Cone, J. D., 475, 478
Connolly, A. J., 382-383
Constantinou, M., 20
Conti, R. P., 466
Cooke, N. J., 594

Cooley, E. J., 383-384
Cooper, A., 451
Copas, J. B., 512
Copersino, M., 473-474
Cornell, D. G., 402-403
Cortes, D. E., 435-437
Cortina, J. M., 157-158
Corwyn, R. F., 510
Costa, P. T., Jr., 406, 414-416, 418-420, 576-577
Cote, J. A., 483-484
Coupe, J. J., 518
Court, J. H., 501n2
Cox, J., 518
Coyne, I., 70-71
Coyne, J. C., 501n2
Cramer, P., 454
Cronbach, L. J., 153-154, 156-157, 166-168, 193, 227-230, 305n3, 574
Crook, T. H., III., 304, 556
Crosbie, J., 561
Crosby, F. J., 56-57
Cross, T. L., 307
Crowne, D. P., 203-204
Crundall, D. E., 547
CuŽllar, I., 435-437
Cundick, B. P., 312-313
Cunningham, M. R., 485
Cureton, E. E., 266
Custer, M., 327

Dahlstrom, L. E., 421-422
Dahlstrom, W. B., 312-313
Dahlstrom, W. G., 398, 421-423, 427-428
Daigneault, S., 546
Daley, C. E., 312-313
D'Amato, A., 597
Dana, J., 529
Dana, R. H., 415-416, 497, 504, 505, 508
Daneman, M., 555
Danford, G. S., 32-33
Dangerfield, R., 183, 184
Daniels, K., 598
Das, J. P., 295, 296, 343-347, 383-384
Dattilio, F. M., 21
Davenport, C., 49
Davids, A., 461
Davidson, H., 444
Davies, G. M., 523
Davies, P. L., 100
Davis, D. R., 311-312
Davis, G. A., 307
Davis, J. M., 359
Davison, G. C., 274
Dawes, R. M., 527
Dazzi, C., 409-410
De Champlain, A. F., 172-173, 281
De Corte, W., 220
De Leo, D., 21

Deadrick, D. L., 435-437
Deary, I. J., 309-312
Decker, J. T., 597
Decker, S. L., 552
Decroly, O., 48
Del Giudice, M. J., 448
Delahunty, R. J., 575-576
DeLaRosa, M., 510
Dellis, D. C., 555
Dellis, N. P., 468
DelVecchio, W. F., 119-120, 395
DeMars, C. E., 282
DeMaso, D. R., 507
DeMoivre, A., 98
DeMulder, E. K., 411-413
Dennis, M. G., 302
Dennis, W., 302
Denton, W. H., 494
DePaulo, B. M., 577-578
Derue, D. S., 4
Detterman, D. K., 286
DeVito, E. E., 563
Devlin, B., 311-312
Diamond, B. L., 497
Dickson, C. R., 476
Dietz, P. E., 514
Diller, L., 534
Dion, K. K., 371-373
Dipboye, R. L., 9-10
DiRienzo, C., 577-579
DiStefano, C., 326
Diven, K., 467
Dixon, M., 9-10
Dohrenwend, B. P., 429-430
Dollinger, S. J., 377-378
Dombrowski, S. C., 326
Donahue, E. M., 401
Donald, A., 507
Doty, R. L., 536-537
Dougherty, T. M., 304
Douthitt, E. A., 20
Draguns, J. G., 505
Dreger, R. M., 312-313
Drogin, E. Y., 309-310
DuBois, P. H., 38
Duchek, J. M., 547
Duckworth, J., 311-312
Duclos, C. W., 510
Dudycha, G. J., 395
Duff, K., 20
Dugdale, R., 302
Duhon, G. J., 359
Dumont, R., 334
Duncker, K., 274
Dunn, L. B., 71-72
Dupree, J. L., 454
Duvall, E., 363
Dwairy, M., 358
Dwyer, C. A., 7
Dykes, L., 522
Dywan, J., 496
Dziuba-Leatherman, J., 194

Earles, J. A., 349

Earleywine, M., 502
Early, P. C., 598
Eccles, J. S., 311-312
Economides, A. A., 16
Edwards, A. L., 412, 467
Edwards, J., 519
Ehrenfurth, J. W., 535n1
Eichler, R. M., 447
Einarsd—ttir, S., 568-569
Eisenberg, N., 398-399
Elder, G. H., 371-373
Elksnin, L. K., 568-569
Elksnin, N., 568-569
Ellerstein, N. S., 521
Elliot, E. C., 158-159
Elliott, A. N., 523
Elliott, R., 4
Elliott, S. N., 32-33
Ellis, M. V., 579-580
Engum, E. S., 561
Epstein, J. L., 391-392
Epstein, N., 519
Erdberg, P., 447, 448
Erdelyi, M. H., 467
Erman, A., 40-41
Eron, L. D., 457
Escoto, C. A., 577-579
Eslinger, P. J., 530
Espinosa, M. P., 269-271
Etkind, A. M., 362
Evans, J. D., 559
Evers, W., 597
Ewing, C. P., 65-66
Exner, J. E., Jr., 444, 447, 448, 462-463
Eyman, J. R., 512
Eyman, S. K., 512
Eysenck, H. J., 394, 418-419

Fahs, R. L., 466
Faigman, D. L., 558
Faller, K. C., 522
Fan, X., 157-158
Farah, M. J., 530
Farnham, S. D., 604
Farr, J. H., 206
Farrell, J. N., 575-576
Farrell, S. F., 131
Farrenkopf, T., 69-71
Faust, D., 559
Faust, D. S., 511
Fein, R. A., 514
Feinberg, T. E., 530
Feiz, P., 296
Fenn, D. S., 70
Ferdinand, F., 188, 189
Ferguson, R. L., 140
Feuerstein, R., 361
Field, T. M., 371-373
Filsinger, E., 519
Finello, K. M., 4
Finkelhor, D., 194
Finkelstein, R., 25-26

Finn, S. E., 4, 5, 433-434, 468, 497
Finucane, M. L., 71-72
Fiorello, C. A., 539-540
Firestone, M., 74-75
Fischer, C. T., 4, 497
Fischer, H., 521
Fisher, J. M., 20
Fisher, R. P., 497
Fiske, D. W., 203-204, 272-273
Fitzgibbons, D. J., 467
Flanagan, J. C., 323, 593
Fletcher, J. M., 309-310, 359
Flett, G. L., 398-399
Floyd, F. J., 203-204, 580-582
Floyd, R. G., 386-389
Flynn, J. R., 308-310, 312-313
Foerster, L. M., 314
Follingstad, D. R., 475
Folstein, M. F., 539-540
Fontanna, D., 579-580
Forbes, P. A., 482-483
Forer, B. R., 525
Forrest, D. W., 40-41
Forsman, M., 598
Forth, A. E., 517
Fortune, S., 21
Foster, S. L., 479
Foster, T., 21
Fowler, K. A., 411-413
Fox, B., 582-583
Fox, R. K., 25-26
Fox, S. J., 409-410
Franco, J. N., 435-437
Frandsen, A., 74-75
Frank, E., 398-399
Frank, J. D., 429-430
Frank, L. K., 442, 443, 467, 468
Frank, M. G., 485
Franklin, L. M., 539-540
Frederickson, B. L., 485
Fredman, N., 484-486
Fremouw, W., 126
French, D. J., 482-483
French, J. L., 307
Freud, S., 40-41n1, 51-53, 69
Friedman, M., 396-397
Friedrich, W. N., 375-376, 522
Friese, M., 604
Frijda, N. H., 485
Frodi, A., 371-373
Frolik, L. A., 65-66
Frumkin, R. M., 303
Fuchs, D., 359
Fuchs, L. S., 32, 359, 362
Fullard, W., 375-376
Furnham, A., 310-311, 577-579
Furse, D. H., 606

Gacono, C. B., 466
Gagne, J. R., 375-376
Gaither, G. A., 401
Gallagher, J. J., 307
Gallo, J. J., 24

Galton, F., 40-42, 107-108, 287, 288, 298-299, 302, 457
Gammon, J. A., 521
Ganellen, R. J., 448, 466
Gann, M. K., 274
Ganzini, L., 70
Garb, H. N., 274
Garcia, M., 435-437
Gardner, D., 435-437
Gardner, F. L., 582-583
Gardner, H., 292
Gardner, R. A., 518, 520
Gardner, W., 512
Gareis, K. C., 598
Garfield, S. L., 457
Garnier, L. M., 473-474
Garred, M., 341
Garrett, H. E., 43-44
Garrett, M. T., 435-437
Gaski, J. F., 377-378
Gasquoine, P. G., 507
Gaugler, B. B., 588
Gauss, K. F., 98
Gavett, B. E., 20, 479
Gavin, W. J., 100
Gawda, B., 409-410
Gawronski, B., 604
Gee, C., 599
Geer-Williams, C., 512
Geiselman, R. E., 497
Geisenger, K. F., 140
George, C., 468
Georgiades, S., 411-413
Gerhart, M., 25-27
Gerry, M. H., 312-313
Gersten, C. D., 471-472
Gesell, A., 302, 374-375, 539
Ghiselli, E. E., 206n6, 579-580
Gibertini, M., 586
Gilbert, P., 482-483, 493
Gilch-Pesantez, J. R., 127
Gill, J. S., 131
Gilmore, L., 341
Gim Chung, R. H., 435-437
Giner, L., 21
Girelli, S. A., 577-579
Gittell, J. H., 507
Glaser, R., 140
Glass, G. V., 96
Glassbrenner, J., 406
Glazer, W. M., 416-417
Gleser, G. C., 193, 227-230
Glosser, G., 545
Gluck, M. R., 454
Glueck, W. F., 583
Gobetz, W. A., 551
Goddard, H. H., 45-48, 286, 302–303, 321
Goel, V., 545
Goffman, E., 396
Gokhale, D. V., 80n5
Gold, D. P., 304
Gold, J. R., 448
Goldberg, J., 502, 503

Goldberg, L. R., 418-419
Goldberg, T. E., 545
Golden, C. J., 552, 559
Goldfried, M. R., 274, 444
Golding, S. L., 396
Goldman, B. A., 34-35
Goldman, S. H., 568-569
Goldstein, K., 393, 532-533
Goldstein, S., 359
Goldstein, T. R., 21
Gollan, J. K., 518
Gonzales, L. R., 405
Good, R. H., 383-384
Goodenough, D. R., 28
Goodglass, H., 545
Goodman, G. S., 523
Gopaul-McNicol, S., 52-53
Gopher, D., 547
Gordon, R. A., 582-583
Gosling, S. D., 398-400, 419-420
Gottfredson, G. D., 396-397
Gottfredson, L. S., 56-57, 61-63, 208, 571
Gottfried, A. W., 306, 311-312
Goudarzi, K., 482-483
Gough, H. G., 411-413
Gould, J. W., 65-66
Grafman, J., 545
Graham, J. R., 428-429
Graham, W. R., 315-318n5
Grant, I., 561
Gray, R., 384-386
Green, R. L., 405, 428-429
Green, S. B., 156-157
Greenfield, D. N., 605
Greenlaw, P. S., 125-128
Greenspoon, J., 467, 471-472, 495
Greenwald, A. G., 555, 604
Gregg, P. A., 466
Gregory, N., 515
Gresham, F. M., 523, 524
Griffin, M. L., 597
Grisso, T., 70-72, 127
Groden, M. A., 521
Grossman, I., 341
Grove, W. M., 65-66, 528
Gruchy, C. D. G., 485
Guerrier, J. H., 547
Guidubaldi, J., 311-312
Guilford, J. P., 117, 292, 308, 355-356, 394
Guilmette, T. J., 559
Guion, R. M., 182
Gullion, C. M., 71-72
Gupta, D., 306
Gustafson, S., 359
Guttman, L. A., 249

Haaga, D. A., 274
Hack, E., 359-361
Hadaway, N., 388-389
Hagan, L. D., 309-310

Haidt, J., 209
Haier, R. J., 286
Haith, M. M., 304
Halbert, M. H., 127
Hale, J. B., 539-540
Haley, K., 70
Hall, C. S., 393, 394
Hall, G. S., 42, 48, 566
Hall, J. A., 111-115
Hall, M., 274
Hall, S. S., 553
Halleck, S. L., 553
Halpern, D. F., 56-57, 206, 311-312
Halpern, F., 462-463
Halstead, W. C., 556, 557, 559, 560
Hambleton, R. K., 16, 163-165, 237-238, 281
Hambleton, S. E., 165-166
Hambrick, D. Z., 349
Hamera, E., 12-13
Hammer, A. L., 165-166
Hammer, E. F., 462
Han, K., 427-428
Handel, R. W., 430-432
Handler, L., 398-399, 448, 464
Haney, W., 58-59, 366
Hansen, J. S., 485
Hansen, K. K., 215
Hansen, N. D., 505
Happell, B., 597
Hare, R. D., 516, 517
Harker, L., 485
Harris, D., 343-347
Harris, G. T., 512, 517
Harris, M. M., 576-577
Harris, P. M., 501
Harstine, M. A., 577-579
Hart, B., 311-312
Hart, S. D., 516
Hartigan, J. A., 56-57, 571, 575-576
Hartmann, D. P., 479
Hartmann, E., 28
Hartshorne, H., 395
Hartsoeker, N., 301
Hartston, H., 507
Hartung, P. J., 579-580
Harty, M., 469
Harvey, R. J., 165-166, 577-579
Hassler, M., 306
Hathaway, S. R., 422-426
Haworth, C. M. A., 304
Hayes, S. C., 341
Haynes, S. N., 184, 471-472, 475, 479, 480
Hays, P. A., 506
Haywood, H., 6
Hazlett, R. L., 482-483
He, W., 186
Healey, B. J., 452
Heaton, R. K., 559
Heggestad, E. D., 309-310

Heilbrun, A. B., Jr., 411-413
Heinrichs, R. W., 545
Heinze, M. C., 127
Helfer, R. E., 521
Heller, T. S., 21
Helmes, E., 428-429
Helmreich, R. L., 586, 587
Helson, R., 485
Henk, W. A., 388-389
Henley, N. M., 485
Henri, V., 42, 288
Henriques, G., 482-483
Henry, E. M., 467
Henry, J. D., 607
Henry, W., 452
Henson, J. M., 172-173
Heppner, M. J., 580-582
Herbranson, W. T., 25-26
Herlihy, B., 316
Hermann, C., 482-483
Hernandez, P., 405
Herrnstein, R., 303, 318-319
Hersen, M., 475
Herzberg, F., 598
Hetherington, E. M., 161-162
Hewitt, P. L., 398-399
Heyman, R. E., 480
Hezlett, S. A., 379-380
Hibbard, S., 454, 462-463
Hicks, N., 305, 375-376
Hicks, S. J., 518
Hill, J. S., 405
Hill, R. J., 598
Hill-Briggs, F., 561
Hiller, J. B., 448
Hills, D. A., 411-413
Himelfarb, I., 377-378
Hines, A. M., 435-437
Hines, M., 311-312
Hinshaw, S., 493
Hippocrates, 396
Hirsch, J., 305n3
Hishinuma, E. S., 289, 435-437
Hitler, A., 189
Ho, M. K., 505
Hoelzle, J. B., 556
Hofer, S. M., 293
Hoffman, B., 52-53
Hofstede, G., 579-580
Hogan, J., 575-576
Hogan, R., 575-576
Holahan, C., 305
Holden, R. R., 405
Holland, J. L., 396-397, 567, 576-577n2
Holland, W. R., 312-313
Hollander, E. P., 395
Hollenbeck, J. R., 579-580
Hollingshead, A. B., 467
Holmstrom, R. W., 457
Holt, R. R., 118, 527
Holtzman, W. H., 343-347, 446n3
Hom, J., 558

Honts, C. R., 577-578
Honzik, M. P., 311-312
Hope, D. A., 480
Hopkins, K. D., 96
Horn, J. L., 293, 294, 324, 429-430
Horne, J., 311-312
Horner, M. S., 596
Horowitz, R., 442n1
Horvath, A. O., 469
Hostetler, A. J., 556
Hou, L., 186
Hough, L. M., 575-576
House, R. J., 579-580
Houston, D. R., 596
Houston, T. K., 605
Howe Chief, E., 435-437
Hritcko, T., 383-384
Hsu, S.-H., 602
Hu, Y., 286
Huang, C.-Y., 186
Huang, L. V., 296
Huang, Y.-C., 411-413
Hubbard, E. J., 546
Hudson, W. W., 519
Hughes, T. L., 448
Huguet, S., 25-27
Hull, C. L., 2
Hulse, W. G., 464
Humphreys, L. G., 149-150
Humphries, L. L., 100
Hunsley, J., 448
Hunt, J. McV., 301
Hunt, K. N., 580-581
Hunter, J. E., 56-57, 111-115, 208, 227-232, 571, 573, 588, 591
Hunter, M., 313-314
Hunter, M. S., 100
Hunter, R., 571, 588
Hurlburt, R. T., 274
Hurst, C., 579-580
Hurst, N. H., 510
Husni, M., 461
Huston, T., 519
Hutt, M. L., 551, 552
Hwang, S. W., 131

Iacono, W. G., 482-483
Iaffaldano, M. T., 598
Ijuin, M., 539-540
Ilhan, M. N., 597
Ingham, B., 494
Ingram, P. B., 430-432
Inman, A. G., 435-437
Innocenti, M. S., 524
Ironson, G. H., 271-272
Irvine, S. H., 405
Irwing, P., 311-312
Isen, A. M., 485
Ishihara, S., 549
Ivancevich, J. M., 484-486
Ivanova, M. Y., 371-373
Iverson, C., 75-76

Índice Onomástico

Iverson, J. A., 74-76
Ivnik, R. J., 305, 335
Iwata, B. A., 470-471

Jackson, C. L., 398-399
Jackson, D. E., 525
Jackson, D. N., 406, 568-569
Jackson, J. F., 311-312
Jackson, S., 359
Jacobs, J., 307
Jacobsen, M. E., 307
Jagger, L., 568-569
Jagim, R. D., 73-74
James, L. R., 187, 574
Janis, I. L., 11-12
Janowsky, D. S., 545
Jaspers, K., 494
Jenkins, C. D., 396-397
Jenkins, S. R., 452
Jennings, B., 69
Jensen, A., 59-60
Jensen, A. R., 208, 271-273, 288, 318-319, 448
Jensen, S. S., 125-128
Jobes, D. A., 512
Johansson, H. J., 598
John, O. P., 398-400, 419-420
Johnsen, S. K., 359
Johnson, C. A., 507
Johnson, D. L., 507
Johnson, E. S., 32-33, 604
Johnson, J. A., 418-419
Johnson, R. C., 303
Johnson, T. J., 605
Johnson, W., 303
Johnston, P., 359
Johnstone, E., 48, 49
Jones, J. W., 576-578
Jones, L. V., 245-247
Jones, R. N., 539-540
Jones, R. W., 281
Joubert, D., 468
Jouriles, E. N., 25-27
Judge, T. A., 579-580
Julius, S., 141
Jung, C. G., 396-397, 443, 458, 577-579
Jurgensen, C., 163-165

Kacmar, K. M., 579-580
Kagan, J., 454
Kahn, M., 535n1
Kaholokula, J. K., 471-472
Kail, B. L., 510
Kaiser, H. F., 156-157
Kalshoven, K., 4
Kamin, L. J., 303
Kamiya, J., 482-483
Kamphaus, R. W., 343-347
Kanaya, T., 309-310
Kane, P. T., 287
Kane, S. T., 359
Kanfer, R., 586
Kapusta, N., 512

Karantonis, A., 236-237
Karlsen, S., 510
Karon, B. P., 528, 529
Karp, S. A., 457
Karslo, V., 25-27
Kasahara, M., 563
Katz, R. C., 245-247, 249
Kaufman, A. S., 288, 289, 305, 328, 341, 343-347, 383-384
Kaufman, J. C., 377-378
Kaufman, N. L., 343-347
Kaufman, S. H., 464
Kavale, K. A., 111-115
Kaye, B. K., 605
Keating, C. F., 485
Kebbell, M. R., 496, 497
Keddy, P., 448
Keefe, F. J., 495
Kehoe, J. F., 125-128
Keiser, R. E., 454
Keith, T. Z., 296, 342, 383-384
Kelley, C., 579-580
Kelley, S. J., 521, 523
Kelley, T. L., 65-66, 266
Kellner, C. H., 563
Kelly, D. H., 482-483
Kelly, E. J., 396-397
Keltner, D., 485
Kempe, R. S., 521
Kendall, P. C., 274
Kennedy, R. S., 587
Kenny, M. C., 487
Kent, G. H., 458
Kent, N., 311-312
Kerlinger, F. N., 82
Kern, J. M., 481
Kim, B. S. K., 435-437
King, D. A., 547
King, K. W., 467
King, M. A., 523
Kingslinger, H. J., 579-580
Kinston, W., 519
Kinzie, J. D., 508
Kippax, S., 510
Kirby, J., 354-355
Kirmayer, L. J., 493
Kisamore, J. L., 111-115, 575-576
Kitayama, S., 53-55
Klauer, S. E., 25-26
Klein, D. F., 493
Klein, N., 398-399
Kleinman, A., 505
Kleinman, A. M., 506
Kleinman, J., 505
Kleinmuntz, B., 482-483
Kline, R. B., 402-403
Klinger, E., 274
Klonoff, E. A., 435-437, 510
Klopfer, B., 72-73, 444
Kluckhohn, F. R., 435-438
Knoff, H. M., 462-464
Knowles, E. S., 277
Koenig, K. A., 377-378

Koff, E., 462-463n7
Kollins, S. H., 373-374
Kolotkin, R. A., 481
Kongs, S. K., 545
Koppitz, E. M., 551
Korchin, S. J., 444
Korkman, M., 560
Korman, A. K., 55-56
Kotov, R., 398-399
Kottke, J. L., 448
Kouzes, J. M., 4
Kozhevnikov, M., 274, 354-355
Kraepelin, E., 42, 458
Kranzler, G., 80n5
Kranzler, J. H., 296
Krasner, M. S., 597
Krasnoff, A., 467
Krauss, D. A., 65-66
Kreifelts, B., 286
Kresel, J. J., 522
Krikorian, R., 546
Krohn, E. J., 304, 383-384
Krohn, N., 358
Krug, S. E., 418-419
Kubinger, K. D., 269-271
Kubiszyn, T. W., 56-57, 507
Kuder, F., 568-569
Kuder, G. F., 153-155
Kudoh, T., 485
Kuehnle, K., 468
Kuhlmann, F., 321
Kullback, S., 80n5
Kuncel, N. R., 378-380
Kupfer, D. J., 492, 512
Kurt, A., 405
Kurtz, J. E., 468
Kwan, V. S., 398-400, 419-420

Laabs, G. J., 140
Lachar, D., 402-403
LaFrance, M., 485
Laker, D. R., 580-581
Lally, S. J., 511
Lam, C. S., 568-569
Lamb, M. E., 518
Lambert, E. W., 561
Lamp, R. E., 304, 383-384
Landrine, H., 435-437, 510
Landy, F. J., 182, 206
Lane, H., 513
Lane, S., 383-384
Lang, P. J., 509
Langer, E. J., 467
Langlois, J. H., 371-373
Lanyon, R. I., 427-428, 482-483
Laplace, M. d., 98
Larkin, J. E., 568-569
LaRose, R., 605
Larrabee, G. J., 530
Larson, J. C., 311-312
Larson, J. R., 602
Larson, L. M., 398-399, 568-569
Larvie, V., 558
Larzelere, R., 519

Latimer, E. J., 69
Lau, B., 506
Laurence, J. R., 497
Lavin, M., 70
Lavrakas, P. J., 604
Lawrence, J., 539-540
Lawshe, C. H., 187
Lazarus, A. A., 609
Leach, M. M., 19, 67n5
Leahy, A., 303
Ledbetter, M. F., 277-279
Ledesma, R. D., 411-413
Lee, H.-J., 482-483
Lee, M., 70, 563
Lee, S. D., 467
Lee, S. E., 25-26
Lees-Haley, P. R., 427-428
Lega, L. I., 435-437
Lehtinen, L. E., 534
Lemos, G. C., 203-204
Leon-Carrion, J., 545
Leong, F. T., 579-580
Leong, F. T. L., 435-437
LePine, J. A., 398-399
Lerdau, M., 379-380
Lerner, B., 366
Lerner, P. M., 444
Lesser, G. S., 312-313
Lessinger, L. H., 510
Levesque, L. L., 605
Levine, E., 435-438
Levitt, K., 405
Lewinsohn, P. M., 512
Lewis, C., 156-157
Lewis, D. M., 237-238
Lewis-Fernandez, R., 491
Lezak, M. D., 540-541
Li, H., 605
Libby, W., 449
Lichtenberger, E. O., 328
Lichtenstein, D., 418-419
Lidz, C. S., 6
Lidz, C. W., 192, 512
Liebler, A., 485
Lievens, F., 220
Likert, R., 245-248, 603
Lilienfeld, S. O., 465, 493
Liljequist, L., 430-432
Lim, J., 427-428
Lim, K. V., 435-437
Limber, S., 194, 195
Lin, T. Y., 506
Lindell, M. K., 187
Lindgren, B., 96
Lindskog, C. O., 342
Lindstrom, E., 99-101, 499
Lindzey, G., 393, 394
Linehan, M. M., 512
Lipinski, T., 304
Lipsitt, P. D., 515
Lipton, J. P., 65-66
Lis, A., 468
Little Soldier, D., 314
Locke, D. E. C., 430-432

Locke, E. A., 598
Locke, H. J., 202-203, 519
Löckenhoff, C. E., 580-582
Loevinger, J., 459
Loewenstein, D. A., 553
Lofthouse, N., 482-483
Loftus, E. F., 523
Loken, E., 379-380
London, P., 501n2
Longabaugh, R., 505
L—pez, S., 405, 415-416
L—pez, S. R., 434-435, 505, 506
Lord, F. M., 167-168
Lorr, M., 577-579
Lovejoy, M. C., 375-376
Lowman, J. C., 519
Loyd, B. H., 523, 524
Lüdtke, O., 119-120
Lung, R. J., 522
Luria, A. R., 295, 343-347, 362, 383-384, 559
Lykken, D. T., 482-483
Lynn, R., 303, 311-312

MacAndrew, C., 509
Machover, K., 462-464
Mack, J. L., 546
MacKinnon, D. W., 2
Madaus, G. F., 366
Madden, J. J., 24
Maehler, C., 359
Mael, F. A., 55-56
Magnello, M. E., 107-108
Malec, J. F., 305
Malgady, R. G., 415-416
Malone, P. S., 306
Mannarino, A. P., 523
Manson, T. M., 575-576
Manz, C. C., 481
Maraist, C. C., 418-419
Maraun, M. D., 204-205
Marchese, M. C., 487, 527
Marcotte, T. D., 561
Marek-Schroer, M. F., 388-389
Marinangeli, M. G., 494
Marin-Martinez, F., 111-115
Marino, L., 493
Marinus, J., 561
Mark, M. M., 64-65
Markman, H., 478
Markon, K. E., 494
Markus, H., 53-55
Marlowe, D., 203-204
Marquette, B. W., 298-299
Marshall, G. N., 25-27
Marson, D. C., 71-72
Martin, C. R., 411-413
Martin, D. C., 577-579
Martin, H., 4, 433-434
Marx, E., 406
Maslach, C., 597
Masling, J. M, 447, 467, 487, 488
Maslow, A. H., 594, 596

Massey, D. S., 604
Masuda, M., 435-437
Matarazzo, J. D., 299-300, 315-318, 511
Matchett, W. F., 507
Mathes, S., 452
Mathieu, J. E., 599
Matsumoto, D., 485
Maurer, T. J., 235-236, 484-486, 579-580
Maxwell-McCaw, D., 435-437
May, M. A., 395
Mayfield, E. C., 593
Mayotte, S., 17
Mazur, A., 485
Mazzocco, M. M. M., 545
McArthur, C., 566
McArthur, D. S., 454-455
McCaffrey, R. J., 20
McCall, W. A., 102-103
McCann, J. T., 65-66
McCarley, N. G., 577-579
McCarthy, D. M., 341
McCaulley, M. H., 577-579
McClelland, D. C., 393, 596
McClelland, N., 604
McCloskey, G. W., 383-384
McClure-Butterfield, P., 518
McConkey, K. M., 496
McCormick, C. M., 140
McCrady, B. S., 510
McCrae, R. R., 398-399, 406, 414-416, 418-420
McCubbin, H. I., 519
McDaniel, M. A., 575-576
McDermott, K. B., 555
McDevitt, S. C., 375-376
McDonald, R. P., 204-205
McDowell, C., 446, 448
McElrath, K., 501
McElwain, B. A., 406
McEvoy, G. M., 588
McGaghie, W. C., 379-380
McGirr, A., 21
McGrew, K. S., 294, 295
McGue, M., 287, 311-312
McGurk, F. J., 313-314
McKinley, J. C., 422-426
McKinney, W. R., 220
McLean, J. E., 383-384
McLearen, A. M., 65-66
McLemore, C. W., 501n2
McNemar, Q., 56-57
McReynolds, P., 42
Mead, M., 142
Mednick, S. A., 355-356
Medvec, V. H., 8
Meehl, P. E., 425-426, 468, 525, 527
Mehl, M. R., 476
Melchert, T. P., 74-75
Melchior, L. A., 502
Mellenbergh, G. J., 271-272
Mello, E. W., 497

Melton, G., 517
Melton, G. B., 194, 195
Memon, A., 497
Menninger, K. A., 393
Mercer, J. R., 312-313
Merrens, M. R., 525
Merrill, M., 323
Mesmer, E. M., 359
Mesquita, B., 485
Messer, S. B., 354-355
Messick, S., 182, 353, 406
Meyer, G. J., 448, 468
Meyers, J., 579-580
Micceri, T., 100
Michael, W. B., 156-157
Midanik, L. T., 605
Middleton, G., 549
Migliore, L. A., 17
Mikami, A. Y., 25-26
Miles, C. C., 423-424
Miller, A., 411-413
Miller, I. W., 500
Miller, J. C., 561
Miller, J. N., 545
Miller, K. S., 312-313
Miller, N. E., 482-483
Milling, L. S., 25-27
Millman, J., 257-260
Millon, T., 502
Milner, B., 556, 560
Milner, J. S., 194, 195, 523
Minsky, S. K., 545
Minton, B. A., 338
Minton, H. L., 321
Mirka, G. A., 15
Mischel, W., 395, 470-471
Mishra, D., 448
Mitchell, D. F., 34-35
Mitzel, H. C., 237-238
M'Naghten, D., 515
Moffic, H. S., 508
Moffitt, T. E., 149-150
Mohatt, G. V., 53-54
Mohatt, N. V., 52-54
Monahan, J., 512
Montag, C., 563
Montague, M., 274
Montgomery, G. T., 415-416
Moody, R. A., 577-579
Moore, M., 420-421
Moos, R. H., 375-376, 519
Moreland, K. L., 444
Morgan, C. D., 44-45, 450, 461
Morgan, J. E., 540-541
Morgan, K. E., 384-386
Morgan, W. G., 450
Mori, L. T., 480
Morreau, L. E., 579-580
Mosier, C. I., 272-273
Moss, D., 427-428n9
Mossman, D., 65-66
Motowidlo, S. J., 579-580
Motta, R. W., 343-347
Moul, M., 303

Moursund, J., 80n5
Muchinsky, P. M., 598
Mueller, C. G., 205-206
Mueller, J. H., 605
Mueller, U., 485
Mueller-Hanson, R., 575-576
Mulaik, S. A., 204-205
Mulvey, E. P., 192
Muñoz, B., 274
Murphy, G. E., 192
Murphy, K. A., 565
Murphy, K. M., 231-232
Murphy, K. R., 574
Murphy, L. B., 442n1
Murphy-Berman, V., 196
Murray, C., 303, 312-313, 318-319
Murray, H. A., 2, 44-45, 450, 451, 452, 457n4, 460, 461, 588
Murry, W. D., 577-579
Murstein, B. I., 452, 465, 466
Mussen, P. H., 454, 467
Myers, C., 577-578
Myers, I. B., 396-397, 577-579
Myers, K. D., 577-579
Myers, P. A., 521
Myerson, A., 49
Myors, B., 17

Nagle, R. J., 342
Naglieri, J. A., 296, 343-347
Nakamura, B. J., 371-373
Narumoto, J., 597
Nathan, J., 547
Naylor, H. K., 454
Naylor, J. C., 225-228
Neale, E. L., 462
Near, J. P., 595
Needham, J., 301
Nehring, W. M., 32-33
Neisser, U., 56-57, 286, 303, 312-313, 318-319
Nelson, D. V., 553
Nelson, L. D., 128-129, 277
Nelson, R. O., 476
Nettelbeck, T., 305
Neugarten, B., 580-582
Neuman, G. A., 575-576
Nevid, J. S., 604
Newcomb, T. M., 395
Newell, A., 555
Newman, D. A., 54-55
Newman, H. H., 303
Nguyen, H. H., 435-437
Nguyen, N. T., 580-581
Nichols, D. S., 430-433
Nitko, A. J., 140
Nock, M. K., 604
Nordanger, D., 171-172
Norton, P. J., 480
Nosek, B. A., 604
Notarius, C., 478
Notarius, C. I., 519
Novak, C. G., 383-384

Índice Onomástico

Novick, M. R., 140, 156-157, 167-168, 208, 237-238
Nowak, L., 587
Nunes, L. M., 547
Nunnally, J. C., 79n4, 245-247, 261, 325, 406
Nurss, J. R., 375-376
Nye, C. D., 405
Nystedt, L., 598

Oakland, T., 19, 67n5
Obama, B., 604
Obasi, E. M., 435-437
Oberholzer, E., 444
O'Boyle, M. W., 306
Odbert, H. S., 118, 413-414, 418-419
Oden, M. H., 305
O'Hare, T., 510
Okazaki, S., 277
O'Leary, K. D., 149-150
Olino, T. M., 563
Olson, D. H., 519
Olweus, D., 512
Omar, M. H., 32-33
Ones, D. S., 575-576
Onwuegbuzie, A. J., 312-313
Organ, D. W., 595
Orne, M. T., 595
Orozco, S., 415-416
Orr, D. B., 315-318n5
Orr, R. R., 524
Osberg, T. M., 430-432
Osgood, C. E., 412, 606
Ostendorf, F., 418-419
O'Toole, M. E., 518
Ouzts, S. M., 384-386
Owens, C., 21
Ozer, D. J., 108-109n8
Ozonoff, S., 277, 545

Pace, V. L., 575-576
Padawer, J. R., 444
Padilla, A., 435-438
Padilla, A. M., 435-437
Paivio, A., 354-355
Palacio, C., 21
Palmer, B. W., 71-72
Palmore, E., 305
Panell, R. C., 140
Pannbacker, M., 549
Paolo, A. M., 341
Parke, R. D., 161-162, 371-373
Parker, C., 596
Parkes, L. P., 598
Parks, R. W., 546
Parnes, H. S., 580-582
Pascal, G. R., 551
Pastore, N., 50
Patterson, D. G., 527n3
Patterson, M. B., 546
Patterson, M. M., 74-75
Patterson, W. M., 512
Patton, M. J., 580-582

Paulhus, D. L., 405
Paullay, I. M., 598
Paunonen, S. V., 420-421
Pavlo, B. C., 297, 298
Payne, B. K., 604
Pearson, K., 41-42, 98, 106-108, 303
Pedrabissi, L., 409-410
Peng, Y., 602
Pennebaker, J. W., 476
Penner-Williams, J., 359
Perrewe, P. L., 599
Perry, C., 497
Perry, C. W., 497
Petersen, N. S., 208
Peterson, C. A., 33-34
Peterson, N. G., 187
Peterson, R. A., 598
Peterson, R. J., 454
Petrie, K., 192
Petscher, Y., 359
Petty, M. M., 598
Phelps, E. A., 604
Philippe, R. A., 25-27
Phillips, M. R., 21
Phillips, P. D., 464
Piaget, J., 289–291
Pichette, E. F., 435-437
Piedmont, R. L., 414-415
Pierson, D., 48
Pilgrim, C., 510
Pintner, R., 43-44
Pisani, A. R., 512
Pittenger, D. J., 577-579
Pleiss, K. L., 343-347
Plucker, J. A., 307
Podymow, T., 131
Poehner, M. E., 6
Polizzi, D., 406
Pomplun, M., 32-33, 327
Ponterotto, J. G., 579-580
Porter, L. W., 599
Porter, S., 518
Porteus, S. D., 545, 546
Posner, B. Z., 4
Posthuma, A., 65-66
Pouliot, L., 21
Powell, D. H., 305
Poythress, N. G., 65-66, 515
Prather, E. N., 454
Pratt, S., 338
Preston, R., 390-391
Price, B., 311-312
Price, G., 519
Price, J., 492, 493
Price, L., 393
Princip, G., 188, 189
Pritchett, R., 375-376
Prout, H. T., 464
Putnam, W. H., 496

Quill, T. E., 69
Quinsey, V. L., 482-483
Quintana, D., 435-437

Ragheb, M. G., 580-582
Raiford, S. E., 335
Raju, N. S., 272-273
Ramirez, M., III, 435-437
Ramo, D. E., 605
Ramos, R. A., 219
Randall, A., 274
Randall, D. M., 599
Randolph, C., 341
Ranta, R. S., 597
Rapaport, D., 332-333, 446, 458, 504
Raphael, A. J., 551, 552
Rappeport, J. R., 511
Rasch, G., 168-169
Rashkovsky, B., 575-576
Razran, G., 467
Recarte, M. A., 547
Reckase, M. D., 235-236, 274
Reddon, J., 519
Reddon, J. R., 428-429
Redlich, F. C., 467
Redshaw, M., 411-413
Ree, M. J., 349
Reece, R. N., 521
Reed, J. E., 558
Reed, R. S., 523
Reed, T. E., 288, 303
Reeder, G. D., 370-371
Reeve, B. B., 172-174, 283
Reeve, C. L., 310-311
Reichenberg, N., 551
Reid, C. A., 575-576
Reid, D. B., 405
Reik, T., 487, 488
Reinehr, R. C., 411-413
Reise, S. P., 172-173, 277
Reiser, M., 496
Reitan, R. M., 277, 553, 558, 559
Reiter, M. D., 577-579
Remington, R. W., 547
Retzlaff, P. D., 586
Rey, G. J., 553
Reynolds, C. E., 205-206
Reynolds, M. R., 384-386
Reynolds, W. M., 512
Riaz, I. A., 507
Rice, M. E., 512
Richards, D., 287
Richards, W. S., 525
Richardson, M. W., 153-155
Richardson-Klavehn, A., 555
Richman, J., 69
Richters, J. E., 493
Ricker, J. H., 540-541
Rierdan, J., 462-463n7
Riethmiller, R. J., 464
Riggs, D. S., 149-150
Risley, T. R., 311-312
Ritzler, B., 444
Rizzo, M., 530
Roach, R. J., 200-204, 519

Robbins, S. B., 580-582
Roberts, B. W., 119-120, 395, 575-576
Roberts, G. E., 454-455
Roberts, M. W., 480
Robertson, G. J., 131, 363
Robin, A. L., 519
Robinson, N. M., 99-101
Rodriguez-Giegling, M., 435-437
Roediger, H. L., 555
Roesch, R., 515
Rogers, C. R., 410-411
Rogers, R., 496, 515, 516
Rogers, R. R., 430-432
Rogerson, M., 16
Rogler, L. H., 142
Rohl, J. S., 545
Rohner, R. P., 416-417
Rohrbaugh, R. M., 494
Roid, G. H., 172-173, 324, 325, 326, 329-330
Rokeach, M., 80, 435-438
Romano, J., 163-165
Ronan, G. G., 454
Ronseen, J. D., 100
Roosevelt, F., 148-149
Rorer, L. G., 406
Rorschach, H., 43-44, 443, 444, 448
Rosale, M. L., 462
Rosanoff, A. J., 458
Rosen, A., 429-430
Rosen, J., 61-63
Rosenberg, E., 507
Rosenman, R., 396-397
Rosenthal, R., 111-115
Rosenzweig, S., 456, 461
Rosse, J. G., 575-576
Roth, L. H., 71-72
Roth, P. L., 218
Rothberg, J. M., 512
Rotter, J. B., 408, 412, 459
Rottinghaus, P. J., 568-569
Rotundo, M., 579-580
Rounds, J., 568-569
Routh, D. K., 467
Roy, P., 435-437
Rozeboom, W. W., 204-205
Ruch, G. M., 65-66
Ruch, W., 485
Ruffolo, L. F., 547
Rüsch, N., 604
Russell, E. W., 558
Russell, J. S., 206n6
Russell, J. T., 219
Russell, M. T., 418-419
Russell, T. L., 187
Russo, D. C., 475
Rutherford, A., 461
Ryan, A. M., 579-580
Ryan, C. W., 388-389
Ryan, J. J., 305, 335, 341
Ryan, J. P., 541-543

Sabatelli, R. M., 519
Sackett, P. R., 208, 209, 576-580, 592
Sagarin, J., 377-378
Salas, E., 594
Saldanha, C., 65-66
Sales, B. D., 65-66, 518
Salk, J. E., 600
Salthouse, T. A., 305, 547
Salvia, J., 383-384
Samuda, R. J., 313-314
Samuel, D. B., 405
Sanchez, H. G., 21
Sanchez, L. M., 507
Sanchez-Cubillo, J. A., 547
S‡nchez-Meca, J., 111-115
Sandelands, L. E., 602
Sanders, J., 65-66
Sandoval, J., 387-388, 579-580
Sanfilippo, J., 522
Santelices, M. V., 377-378
Santor, D. A., 502
Santy, P. A., 587
Sattler, J. M., 204-205, 289, 343-347
Saunders, E. A., 446
Savickas, M. L., 565
Savitsky, K., 8
Sawin, D. B., 372
Saxe, L., 65-66, 577-578
Saxton, J., 561
Sayette, M. A., 509
Scarr, S., 311-312
Schacter, D. L., 555
Schaie, K. W., 298-299, 304
Schaufeli, W. B., 597
Schellings, G., 274
Schjelderup-Ebbe, T., 492
Schloss, I., 610
Schmand, B., 545
Schmidt, F. L., 56-57, 111-115, 208, 227-232, 571, 591
Schmitt, N., 579-580, 584, 588
Schmitter-Edgecombe, M., 274
Schneck, M. R., 43-44
Schneider, D. L., 577-578
Schneider, M. F., 454-455
Schneider, W. J., 344
Schooler, C., 495
Schoop, L. H., 341
Schroeder, J., 25-26
Schuchardt, K., 359
Schuh, A. J., 484-486
Schuldberg, D., 444
Schulte, A. A., 32-33
Schwartz, L. A., 449
Schwartz, N., 604
Scodel, A., 467
Scott, L. H., 343-347
Seagull, F. J., 547
Searight, B. K., 51
Searight, H. R., 51
Sears, R., 305

Sears, R. R., 305
Seashore, C. E., 379-380
Sebold, J., 522
Segal, S. P., 603
Sellbom, M., 401
Serby, M., 517, 536-537
Serpell, R., 312-313
Sevig, T. D., 435-437
Shabbir, H., 609
Shah, S. A., 73-74
Shahim, S., 435-437
Shakow, D., 461
Shanafelt, T. D., 597
Shane, B., 553
Shapiro, E. S., 478
Sharkey, P. T., 310-311
Shavelson, R. J., 166-167
Shaw, S. R., 289
Shaywitz, B. A., 311-312
Shearn, C. R., 467
Shectman, F., 469
Sheehan, P. W., 496
Sheffield, D., 304
Shen, H.-Y., 466
Shepard, L. A., 271-272
Sheppard, L. D., 288
Sherley, J. L., 379-380
Sherman, R., 484-486
Sherrill-Pattison, S., 547
Shiffman, S., 473-474, 479
Shiffrin, R. M., 555
Shine, L. C., 225-228
Shirom, A., 597
Shneidman, E. S., 454-455, 462-463
Shock, N. W., 304
Shockley, W., 304
Shoemaker, A., 185
Shriner, J. G., 32-33
Shrout, P. E., 502
Shuey, A. M., 312-313
Shum, D., 546
Siegler, R. S., 287
Silverman, W., 335
Silverstein, A. B., 341
Silverstein, M. L., 277
Simmons, B. L., 579-580
Simms, L. J., 430-432
Simon, T., 43, 312-313, 321, 380-381
Simons-Morton, B. G., 25-26
Simpson, R., 32-33
Sims, H. P., 481
Sinadinovic, K., 16
Sines, J. O., 528
Sireci, S. G., 236-237
Skaggs, G., 237-238
Skinner, B. F., 460, 461
Skolnick, J. H., 482-483
Slakter, M. J., 271-272
Slobogin, C., 65-66
Sloman, L., 482-483, 493
Smith, B. L., 305, 375-376
Smith, D. E., 158-159

Smith, D. K., 304, 373-374, 464
Smith, F. J., 501n2
Smith, G. T., 341
Smith, J. D., 50
Smith, J. V., 342
Smith, M. A., 575-576
Smith, R. G., 470-471
Smith, T., 305, 375-376
Smith, T. C., 289
Smither, J. W., 484-486
Smither, R., 435-437
Smolak, L., 28
Snook, B., 518
Snowden, L. R., 435-437
Snyder, C. R., 467
Snyder, D. K., 519
Sobell, L. C., 473-474
Sobell, M. B., 473-474
Sodowsky, G. R., 435-437
Sokal, M. M., 42
Solomon, A., 409-410
Solomon, I. L., 454-455
Solomon, P. R., 539-540
Sommers-Flanagan, J., 512
Sommers-Flanagan, R., 512
Sontag, L. W., 311-312
South, S. C., 401-402
Spangler, W. D., 454
Spanier, G., 519
Spanier, G. B., 519
Spearman, C., 2, 42, 109-111, 287, 291, 292, 299-300, 308
Speece, D. L., 359
Speth, E. B., 127
Spielberger, C. D., 398, 598
Spies, C. J., 107-108
Spitz, H. H., 545
Spitzer, R. L., 492
Spock, B., 42
Spokane, A. R., 565
Spranger, E., 435-437
Spray, J. A., 186
Stacy, A. W., 510
Staggs, G. D., 568-569
Stake, J. E., 577-579
Stanley, J. C., 56-57, 149-150
Starch, D., 158-159
Stark, K., 464
Starr, B. D., 454-455
Stauffenberg, C. v., 189
Staw, B. M., 579-580
Steadman, H. J., 512
Steer, R. A., 191
Steiger, J. H., 204-205
Stein, D., 401
Steinfeld, E., 32-33
Stephens, J. J., 51
Stephenson, M., 435-437
Stephenson, W., 410-411
Stern, B. H., 65-66
Stern, W., 442n1
Sternberg, D. P., 519
Sternberg, R. J., 286, 296, 310-313, 318-319, 378-379

Stewart, D. W., 606
Stice, E., 483-484
Stoeber, J., 582-583
Stokes, J., 433-434
Stokes, J. B., 501n2
Stone, D. R., 461
Stone, H. K., 468
Stoppard, J. M., 485
Storandt, M., 305
Storholm, E. D., 203-204n4
Straus, M. A., 149-150, 519
Strauss, A. A., 534
Strauss, E., 277, 540-541
Streiner, D. L., 78n2, 156-157, 163-165, 281, 409
Stricker, G., 448, 452
Strober, L. B., 24
Strodtbeck, F. L., 435-438
Strong, E. K., Jr., 566
Stroud, L. R., 473-474
Sturman, E. D., 71-72, 156-157, 398-399, 493, 610
Su, R., 568-569
Subich, L. M., 579-580
Sud, A., 597
Sue, S., 277
Sugarman, A., 452
Suinn, R. M., 435-437
Sullivan, H. S., 393
Sullivan, J., 475
Summers, K., 478
Sundberg, N. D., 405, 525
Super, C. M., 312-313
Sutton-Simon, K., 274
Swaminathan, H., 165-166
Swanson, H. I., 359
Sweet, J. J., 341, 557
Swensen, C. H., 464
Swerdlik, M., 610
Sykes, R. C., 186
Sylvester, R. H., 43-44
Symonds, P. M., 454-455
Szucko, J. J., 482-483

Taft, G., 535n1
Takahashi, M., 546
Takeuchi, J., 513
Tallent, N., 527n3
Tan, U., 100
Taormina, R. J., 598
Tarling, R., 512
Taylor, H. C., 219
Taylor, P. J., 493
Taylor, S. V., 577-579
Teachman, B. A., 604
Teague, W., 366
Teevan, R. C., 596
Tellegen, A., 428-433
Tenopyr, M. L., 65-66, 125-128
Terman, L., 50
Terman, L. M., 46-47, 303, 305, 321, 323, 423-424
Terzis, V., 16
Tharinger, D. J., 464

Thiry, B., 409-410
Thomas, A., 310-311
Thomas, M. L., 430-432, 482-483
Thomas, R., 529
Thomas, T., 409-410
Thompson, A. E., 452
Thompson, B., 577-579
Thompson, C., 454-455
Thompson, H., 302
Thompson, J. K., 28
Thompson, M. D., 547
Thompson, R. J., 100
Thoresen, S., 21
Thorndike, E. L., 100, 102-103, 237-238, 287, 299-301, 308
Thorndike, R. L., 208, 324
Thorndike, R. M., 384-386
Thornton, G. C., 588
Thrash, T. M., 25-26
Thurstone, L. L., 244-247, 250, 292, 299-300, 320, 603
Tiffany, S. T., 509
Tinsley, H. E. A., 187
Titchener, E. B., 42
Tittle, C.. R., 598
Tonsager, M. E., 4
Torrance, E. P., 355-356
Townsend, E., 21
Tracey, T. J. G., 17
Tramontana, M. G., 553
Tran, L., 359
Trautscholdt, M., 458
Trent, J. W., 49
Trice, H. M., 600
Tropp, L. R., 435-437
Truant, G. S., 512
Truman, H., 148-149
Tryon, R. C., 165-166
Tsai, Y.-F., 216
Tsaousis, I., 411-413
Tuerlinckx, F., 488
Tulsky, D., 335
Tulsky, D. S., 277-279
Turchik, J. A., 507–508
Turner, S. M., 507
Turvey, C. L., 502
Tuttle, F. B., 307
Tybout, A. M., 602
Tyler, L. E., 21, 203-204, 411-413
Tyler, R. W., 366

Udry, J. R., 519
Ulrich, R. E., 525
Unger, J. B., 435-437
Unterbrink, C., 415-416

Vacha-Haase, T., 577-579
Vagg, P. R., 598
Vale, C. D., 256
van Compernolle, R. A., 6
Van Dam, N. T., 502
van Praag, H. M., 512

Van Tran, T., 510
Vanderhoff, H., 20
Vanman, E. J., 604
Vanzetti, N. A., 519
Varon, E. J., 288
Vaughan-Jensen, J., 363-364
Vazzana, R., 547
Vega-Lahr, N., 371-373
Veiga, J., 600
Veiga, J. F., 32-33
Velasquez, R. J., 505
Velden, M., 303
Vento, A. E., 21
Verdon, B., 115-116
Verhovek, S. H., 592
Vernon, P. A., 286
Vevea, J. L., 575-576
Vickers-Douglas, K. S., 277
Viglione, D. J., 448
Viirre, E., 215
Vingoe, F. J., 496
Vinkhuyzen, A. A. E., 304
Visser, P. S., 604
Vitousek, K. M., 479
Vollmann, J., 71-72
von Eye, A., 435-437
von Knorring, L., 99-101
Vossekuil, B., 514
Vroom, V. H., 594, 598
Vygotsky, L. S., 308, 361, 362

Waddell, D. D., 324
Waehler, C. A., 464
Wagner, B. M., 512
Wagner, E. E., 456
Wagner, R. K., 362
Wagstaff, G. F., 496, 497
Wakefield, J. C., 492
Waldman, D. A., 573, 575-576
Wallace, A., 430-432
Wallace, K. M., 202-203, 519
Wallen, G. R., 435-437
Waller, N. G., 414-415, 418-419
Wallston, K. A., 408
Walsh, J. A., 467
Wang, N., 236-237
Wang, T.-H., 6
Wantz, R. A., 524
Ward, L. C., 341
Ward, P. B., 459
Warfield, J. J., 411-413
Waring, E. M., 519
Warmke, D. L., 573
Watkins, C. E., Jr., 341
Watson, C. G., 464
Watson, S. M. R., 359
Webb, E. J., 483-484
Webb, M. S., 25-27
Webbe, F. M., 582-583
Webster, C. D., 512
Webster, L., 468
Wechsler, D., 43, 46-47, 279-281, 298-300, 309-310, 329-330,
332-333, 336, 337, 339, 340, 341, 544
Wecker, N. S., 547
Weed, N. C., 430-433
Wehmeyer, M. L., 50
Weiner, B. A., 516
Weiner, I. B., 444, 447, 449, 468
Weiner, M. B., 454-455
Weinstock, J., 473-474
Weir, R. F., 69
Weiss, A., 400
Weiss, D. J., 187, 256
Weiss, K. J., 65-66
Weiss, P. A., 466
Weiss, R., 478
Weisse, D. E., 307
Weissman, H. N., 523
Weizmann-Henelius, G., 448
Wells, G. L., 396
Welsh, G., 427-428
Welsh, G. S., 421-423, 426-427, 429-430
Welsh, J. R., 349
Welsh-Bohmer, K. A., 530
Wepman, J. M., 560
Werner, H., 534
Wertheimer, M., 550
Wesman, A. G., 287, 298-299, 304
West, L. J., 591
West, M., 468
Westen, D., 452
Westerman, J. W., 579-580
Wexley, K. N., 484-486
Whatley, P. R., 415-416
White, B. L., 311-312
White, J. A., 274
White, J. M., 40-41
White, L. T., 577-578
White, R. W., 450
White, S., 523
Whitener, E. M., 579-580
Whittington, M. K., 466
Whitworth, R. H., 415-416
Wicker, A. W., 598
Wickes, T. A., Jr., 467
Widaman, K. F., 203-204
Widiger, T. A., 405, 492, 494
Wielkiewicz, R. M., 481
Wiens, A. N., 315-318
Wigdor, A. K., 56-57, 571, 575-576
Wiggins, N., 424-425
Wilcox, R., 467
Wilk, S. L., 208, 209
Wilkinson, G. S., 363
Willcutt, E. G., 359
Williams, C. L., 433-434, 505
Williams, D. R., 568-569
Williams, J. M., 553
Williams, R., 314, 317
Williams, R. H., 149-150
Williams, T. H., 326
Williams, T. Y., 512

Willis, G. B., 497
Willis, J., 334
Willis, R. H., 395
Wilmer, H. A., 461
Wilson, D. L., 577-579
Wilson, G. G., 479
Wilson, J. A., 40-41
Wilson, M., 377-378
Winner, E., 308
Winston, A. S., 583
Wirt, R. D., 402-403
Wise, S. L., 282
Witkin, H. A., 28, 353
Witmer, L., 42, 43
Witt, P., 20
Wittink, M. N., 24
Witty, P., 306
Wixson, K., 359
Wober, M., 312-313
Wolfe, M. M., 435-437
Wolff, C. v., 40-41
Wolff, C. von, 40-41
Wolfner, G., 523
Wolfram, W. A., 51-52
Wolfson, D., 277, 553, 559
Wolk, R. B., 454-455
Wolk, R. L., 454-455
Wollersheim, J. P., 512
Wong-Rieger, D., 435-437
Woodcock, R. W., 380-382, 384-386
Woodworth, M., 518
Woodworth, R. S., 43-44, 416-417, 423-424
Worchel, F. F., 454
Worlock, P., 522
Wright, D. B., 274
Wu, W., 25-26
Wundt, W. M., 41-42

Yager, T. J., 502
Yamakawa, R., 289
Ya–es, Y. T., 126
Yantz, C. L., 20
Yao, E. L., 435-437
Yeates, K. O., 530
Yell, N., 466
Yen, W. M., 168-169, 264-266
Yerkes, R. M., 343-348
Yin, P., 157-158
Yoo, J. J., 563
Young, A., 493
Young, K. S., 16, 605
Youngjohn, J. R., 304
Yuille, J. C., 523
Yussen, S. R., 287

Zajac, D. M., 599
Zapf, P. A., 515
Zavala, J. D., 418-419
Zea, M. C., 435-437
Zebehazy, K. T., 561
Zedeck, S., 220, 574
Zelig, M., 496

Zenderland, L., 49, 50
Zhang, L.-M., 482-483
Zhou, X., 309-310
Zickar, M. J., 163-166, 281
Zijlstra, F. R. H., 597
Zillmer, E. A., 407, 408
Zimmerman, D. W., 149-150
Zimmerman, I. L., 338, 339
Zinchenko, V. P., 362n
Zink, D., 65-66
Zirkel, P. A., 358
Ziskin, J., 511
Zonda, T., 21
Zubeidat, I., 433-434
Zubin, J., 460
Zuckerman, M., 118, 312-313, 470-471
Zumbo, B. D., 577-579
Zuniga, M. E., 435-438
Zuroff, D. C., 398-399
Zwahlen, H. T., 547
Zweigenhaft, R. L., 55-56
Zwick, R., 377-378
Zytowski, D. G., 568-569

Glossário/Índice

A

A origem das espécies por meio da seleção natural (*On the Origin of Species by Means of Natural Selection*) (Darwin), 40-41

AAS. *Ver* Escala de Reconhecimento da Adição (Addiction Adenowledgment Scale) (AAS)

ABAP. *Ver* American Board of Assessment Psychology (Conselho Americano de Avaliação Psicológica) (ABAP)

ABLE. *Ver* Exame de Aprendizagem Básica do Adulto (Adult Basic Learning Examination) (ABLE)

abordagem ideográfica: Abordagem à avaliação caracterizada por tentativas de aprender sobre a constelação única de traços de personalidade de cada indivíduo, sem tentativa de caracterizar cada pessoa de acordo com qualquer conjunto de traços em particular; diferenciar de *abordagem nomotética*, 413-414

abordagem ipsativa, 414-415

abordagem nomotética: Abordagem à avaliação caracterizada por tentativas de aprender como um número limitado de traços de personalidade pode ser aplicado a todas as pessoas; diferenciar de *abordagem idiográfica*, 413-414

abordagem normativa, 413-414

ABPP. *Ver* American Board of Professional Psychology (Conselho Americano de Psicologia Profissional) (ABPP)

abuso: (1) Infligir ou permitir que seja infligido dano físico ou prejuízo emocional que não seja acidental; (2) criar ou permitir a criação de risco substancial de dano físico ou prejuízo emocional que não seja acidental; (3) cometer ou permitir que seja cometida agressão sexual contra uma criança; diferenciar de *negligência*, 521-524

abuso de álcool, 509-510

abuso de substância, 509-510

abuso infantil: Infligir ou criar de forma não acidental condições que resultem no ferimento físico ou prejuízo emocional de uma criança, ou uma agressão sexual cometida contra uma criança, 521-524

ação afirmativa: Esforços voluntários e compulsórios realizados pelos governos federal, estadual e local, empregadores privados e escolas para combater a discriminação e promover oportunidades iguais para todos na educação e no emprego, 56-57.

achados do teste, direito de ser informado, 72-74

Achenbach Child Behavior Checklist (Lista de Verificação do Comportamento Infantil de Achenbach) (CBCL), 370-372

acomodação: (1) Na teoria piagetiana, uma de duas operações mentais básicas por meio das quais os seres humanos aprendem, esta envolvendo mudança em relação ao que já é conhecido, percebido ou suposto que se ajuste a informações novas (diferenciar de *assimilação*); (2) na avaliação, a adaptação de um teste, um procedimento ou uma situação, ou a substituição de um teste por outro a fim de tornar a avaliação mais adequada para um indivíduo com necessidades especiais; (3) no local de trabalho, modificação ou ajustamentos a funções ou circunstâncias do trabalho, 31-33, 290

ACS. *Ver* Awareness of Connectedness Scale (Escala de Consciência da Conexão) (ACS)

aculturação: O processo pelo qual pensamentos, comportamentos, valores, identidade e visão de mundo de um indivíduo se desenvolvem em relação a pensamento, comportamento, costumes e valores gerais de um determinado grupo cultural, 435-439

Adarant Constructors, Inc. v. Pena et al., 60-61

ADDs. *Ver* **bonecos anatomicamente detalhados (Anatomicallly detailed dolls) (ADDs)**

adição, 509-510

adição de drogas, 509-510

adivinhação ("chute"), 269-272

administração do teste SB5, 326

administrador de testes, 25-27, 146-147

ADRESSING: Uma palavra intencionalmente mal soletrada mas um acrônimo fácil para lembrar os avaliadores das seguintes fontes de influência cultural: idade, incapacidade, religião, étnica, condição social, orientação sexual, herança indígena, nacionalidade e gênero, 506-507

afagia: Uma condição na qual a capacidade de comer é perdida ou diminuída, 553n2

afasia: Uma perda da capacidade de expressar-se ou de entender linguagem falada ou escrita devido a um déficit neurológico, 553

AFQT. *Ver* Teste de Qualificação das Forças Armadas (Armed Forces Qualification Test) (AFQT)

AGCT. *Ver* Teste de Classificação Geral do Exército (Army General Classification Test) (AGCT)

Agência de Serviços Estratégicos (Office of Strategic Services) (OSS), 2, 348, 409, 481, 585

AHPAT. *Ver* Teste de Admissão às Profissões Ligadas à Saúde (Allied Health Professions Admission) (AHPAT)

AHSGE. *Ver* Exame de Graduação do Ensino Médio do Alabama (Alabama High School Graduation Exam)

Albermarle Paper Company vs. *Moody*, 60-61

Allen vs. *District of Columbia*, 60-61

ambiente de teste, 146

ambiente familiar, 311-312

American Board of Assessment Psychology (Conselho Americano de Avaliação Psicológica) (ABAP), 25-26

American Board of Professional Psychology (Conselho Americano de Psicologia Profissional) (ABPP)

American Psychological Association (Associação Americana de Psicologia) (APA), 65-67

amostra: Um grupo de pessoas presumidamente representativo da população total ou do universo de pessoas sendo estudadas ou testadas, 128-129

amostra de conveniência, 129-132

amostra de padronização, 133-134

amostra normativa: Grupo de pessoas supostamente representativo do universo de pessoas que podem fazer um determinado teste e cujos dados de desempenho nesse teste podem ser usados como uma fonte ou um contexto de referência para avaliar pontuações de teste individuais, 125-128, 133-134

amostragem: Referência geral ao processo de desenvolvimento de uma amostra, 128-129

amostragem de conteúdo: A variedade do assunto contido nos itens; referida frequentemente no contexto da variação entre itens de teste individuais em um teste ou entre itens em dois ou mais testes e também chamada de *amostragem do item*, 146

amostragem de domínio: (1) Uma amostra de comportamentos de todos os comportamentos com possibilidade de indicarem um determinado construto; (2) uma amostra de itens de teste de todos os itens com possibilidade de serem usados para medir um determinado construto, 120-121n1

amostragem do item: Também referida como *amostragem de conteúdo*, a variedade da matéria contida nos itens; frequentemente referida no contexto da variação entre itens de teste individuais em um teste ou entre itens de teste em dois ou mais testes, 146

amostragem estratificada: O processo de desenvolver uma amostra baseada em subgrupos específicos de uma população, 128-129

amostragem estratificada aleatória: O processo de desenvolver uma amostra com base em subgrupos específicos de uma população na qual cada membro tem a mesma chance de ser incluído na amostra, 128-129

amostragem incidental: Também referida como *amostragem de conveniência*, o processo de selecionar arbitrariamente algumas pessoas para serem parte de uma amostra porque estão disponíveis, não porque sejam mais representativas da população sendo estudada, 129-132

amostragem intencional: A seleção arbitrária de pessoas para serem parte de uma amostra porque são consideradas representativas da população sendo estudada, 129-132

análise de escalograma: Um procedimento de análise do item e abordagem ao desenvolvimento de testes que envolve um mapeamento gráfico das respostas de um testando, 250

análise de testes, 240

análise de utilidade: Uma família de técnicas visando avaliar os custos e benefícios de testar e de não testar em termos de prováveis desfechos, 218-235
 complexidade do trabalho, 231-233
 conjunto de candidatos a emprego, 231-232
 dados de expectativa, 219-229
 definição, 218
 fórmula de Brogden-Cronbach-Gleser, 227-229
 ponto de corte, 232-238
 teoria da decisão, 227-232

análise discriminante: Uma família de técnicas estatísticas usadas para esclarecer a relação entre certas variáveis e dois ou mais grupos de ocorrência natural, 237-238

análise do item: Um termo geral para descrever vários procedimentos, geralmente estatísticos, visando explorar como os itens de testes individuais funcionam, se comparado com outros itens no teste e no contexto do teste inteiro (p.ex., explorar o nível de dificuldade de itens individuais em um teste de realização ou a confiabilidade de um teste de personalidade); diferenciar de *análise qualitativa do item*, 262-275
 adivinhação ("chute"), 269-272
 curvas características do item, 268-269
 definição, 262
 imparcialidade do item, 271-273
 índice de confiabilidade do item, 264
 índice de dificuldade do item, 263-264
 índice de discriminação do item, 264-269
 índice de validade do item, 264
 qualitativa, 272-275
 testes de velocidade, 272-273

análise do padrão: Estudo do padrão de escores de teste em um teste Wechsler ou outro para identificar um padrão associado com um diagnóstico (p.ex., déficit neurológico no hemisfério direito), 544

análise do perfil: A interpretação de padrões de pontuação em um teste ou uma bateria de testes, frequentemente usada para gerar hipóteses diagnósticas de dados de testes de inteligência; referida pelo FBI como "análise investigativa criminal", um processo de solução de crimes que se baseia na *expertise* psicológica e criminológica aplicada ao estudo de evidências da cena do crime, 398n1, 517-518

análise fatorial: Uma classe de procedimentos matemáticos, frequentemente empregados como métodos de redução de dados, visando identificar variáveis nas quais as pessoas possam diferir (ou fatorar), 203-205, 344-347

análise fatorial confirmatória: Uma classe de procedimentos matemáticos empregados quando uma estrutura fatorial que foi explicitamente postulada é testada para seu ajuste às relações observadas entre as variáveis, 203-204, 346

análise fatorial exploratória: Uma classe de procedimentos matemáticos empregados para estimar fatores, extrair fatores ou decidir quantos fatores manter, 203-204, 346

análise FDI: Na TRI, um processo de análise grupo por grupo das curvas de resposta ao item com o objetivo de avaliar o instrumento de mensuração ou a equivalência do item entre diferentes grupos de testandos, 282

análise funcional do comportamento: Na avaliação comportamental, o processo de identificar variáveis dependentes e independentes, 479

análise qualitativa do item: Um termo geral para vários procedimentos não estatísticos visando explorar como itens individuais do teste funcionam, tanto comparados com outros itens no teste quanto no contexto do teste inteiro; comparando a procedimentos com base em estatística, os métodos qualitativos envolvem a exploração das questões por meios verbais, como entrevistas e discussões de grupo conduzidas com os testandos e com outras partes relevantes, 272-275

analista do perfil: Uma ocupação associada com investigação policial; pessoa que cria perfis psicológicos de suspeitos de crimes para ajudar a polícia a capturar o suspeito, 398n1

angiograma cerebral: Procedimento diagnóstico em neurologia que envolve a injeção de um elemento traçador na corrente sanguínea antes de realizar exames de raio X da área cerebral, 562

Anuário de medidas mentais (*Mental Measurement Yearbook*) (MMY), 33-34

APA: American Psychological Association; em outras fontes, particularmente em textos médicos, pode se referir à American Psychiatric Association, 65-67

aparelho de feixe de luz ajustável, 28

APAT. *Ver* Teste de Admissão ao Curso de Contabilidade (Accounting Program Admission Test) (APAT)

aperceber: Perceber em termos de percepções passadas (o substantivo apercepção é derivado desse verbo), 451

API. *Ver* Inventário do Potencial do Candidato (Applicant Potential Inventory) (API)

aplicações empresariais, 602-612
 atitudes, medida de, 602-604
 enquetes, 604-607
 métodos de pesquisa de motivação, 607-612
 psicologia do consumidor, 602

aplicador de teste psicológico, 2

apoio social: Expressões de entendimento, aceitação, empatia, amor, conselho, orientação, cuidado, preocupação ou confiança de amigos, família, comunidade, cuidadores ou outros no ambiente social da pessoa, 495

APS. *Ver* Escala do Potencial de Adição (APS)

APT. *Ver* Teste Aperceptivo da Personalidade (APT)

artigos, 33-35
artigos de jornal, 33-34

As três faces de Eva (*Three Faces os Eve*), 409-410

assimilação: Na teoria piagetiana, uma de duas operações básicas mentais por meio das quais os seres humanos aprendem, esta envolvendo a organização ativa de novas informações no que já é percebido, conhecido e pensado; diferenciar de *acomodação*, 290

associação ao grupo
 ajustamento da pontuação do teste, 208
 testes e, 54-58

associação de palavras: Um tipo de tarefa que pode ser usada na avaliação da personalidade, na qual um avaliando verbaliza a primeira palavra que vem à mente em resposta a uma palavra de estímulo. *Diferenciar de* **associação livre**, 457, 458n5

associação livre: Uma técnica, usada mais frequentemente na psicanálise, na qual o indivíduo relaciona todos os seus pensamentos à medida que ocorrem. *Diferenciar de* **associação de palavras,** 458n5

astronautas, testagem, 585-587

atípico: (1) Um ponto aberrante em um gráfico de dispersão; (2) qualquer achado extremamente aberrante na pesquisa, 110

atitude: Uma disposição presumivelmente aprendida a reagir de alguma maneira característica a um determinado estímulo, 598

atitude implícita: Associação não consciente, automática, na memória que produz uma disposição a reagir de alguma maneira característica a um determinado estímulo, 603-604

atitudes, medida de, 602-604

Atkins vs. *Virginia,* 309-310

autoconceito: Atitudes, crenças, opiniões e pensamentos relacionados a si mesmo, 401

autoeficácia: Confiança na própria capacidade de realizar uma tarefa, 495

automonitoração: O ato de observar e registrar sistematicamente aspectos do próprio comportamento e/ou de eventos relacionados a esse comportamento, 478-479

autorrelato: O processo pelo qual um avaliando fornece informações pessoais em formas tais como respondendo a perguntas, mantendo um diário ou relatando pensamentos e/ou comportamentos automonitorados, 43-44, 400-402

Autorrelato de Personalidade (Self-Report of Personality) (SRP), 373-374

avaliação
 aplicador de teste, 19
 autoavaliação, 36
 clínica. *Ver* avaliação clínica
 colaborativa, 4
 computadores como ferramentas, 13-17
 conduzindo, 25-33
 considerações legais/éticas, 57-76
 contextos, 22-27
 cultura e, 44-48
 dados da história de caso, 10-12
 definição, 11-12
 desenvolvedores de testes, 18-19
 dinâmica, 4-6
 educacional. *Ver* avaliação educacional
 entrevista, 9-10
 fontes de referência, 32-36
 instrumentos de, 6-18
 leis estaduais de licenciamento, 67-68
 neuropsicológica. *Ver* avaliação neuropsicológica
 observação comportamental, 11-13
 papel do avaliador, 4
 personalidade. *Ver* avaliação da personalidade
 políticas públicas e, 56-58
 portfólio, 9-10
 processo de, 4-6
 sociedade em geral, 21-22
 terapêutica, 4
 testagem psicológica, comparação, 3
 testando, 19-21
 teste, 6-9
 testes de dramatização, 13-14
 vida ou morte, 69-70

avaliação alternativa: Um procedimento, ou processo, de avaliação ou diagnóstico que difere da forma habitual, costumeira ou padronizada como uma mensuração é obtida, ou por alguma acomodação especial feita para o avaliando ou por métodos alternativos visando medir a(s) mesma(s) variável(is), 31

avaliação atuarial: Uma abordagem à avaliação caracterizada pela aplicação de regras estatísticas demonstradas empiricamente como um fator determinante no julgamento e nas ações do avaliador; diferenciar de *avaliação clínica,* 528

avaliação autêntica: Também conhecida como *avaliação baseada no desempenho,* avaliação sobre tarefas significativas que podem ser conduzidas para examinar a aprendizagem de matéria acadêmica mas que demonstra a transferência do estudante desse estudo para atividades do mundo real, 389-390

avaliação baseada no currículo (CBA): Termo geral referindo-se a avaliações baseadas na escola que clara e fidedignamente refletem o que está sendo ensinado, 367-368

avaliação biopsicossocial: Uma abordagem multidisciplinar à avaliação que inclui exploração de variáveis biológicas, psicológicas, sociais, culturais e ambientais com o objetivo de verificar como essas variáveis podem ter contribuído para o desenvolvimento e a manutenção de um problema presente, 494-495

avaliação clínica, 489-529
 abuso/negligência infantil, 521-524
 avaliação psicológica culturalmente informada, 504-508
 dados da história de caso, 501
 entrevista, 495-501
 medidas clínicas, 508-521. *Ver também* medidas clínicas
 relatório psicológico, 524-529
 testes psicológicos, 501-504
 transtornos mentais, 491-501. *Ver também* transtornos mentais

avaliação comportamental: Uma abordagem à avaliação baseada na análise de amostras de comportamento, incluindo os antecedentes e as consequências do comportamento, 470-471

Avaliação da Competência para Ser Julgado-Revisada (ECST-R), 515

Avaliação da Conformidade do Grupo (GCR), 456

avaliação da criança, processos de custódia, 519-524

avaliação da personalidade: A mensuração e avaliação de traços e estados psicológicos, valores, interesses, atitudes, visão de mundo, aculturação, identidade pessoal, senso de humor, estilos cognitivos e comportamentais e/ou características individuais relacionadas
 como?, 407-417, 475-476
 cultura e, 434-439
 definição, 394
 desenhos, 461-468
 dicotomia, 461-468
 figuras, como estímulos projetivos, 449-457
 grupos de critério, 420-435
 lógica/razão, 416-418
 manchas de tinta, 443-449
 método de redução de dados, 417-421
 métodos de avaliação comportamental, 470-487. *Ver também* métodos de avaliação comportamental
 métodos objetivos, 440-441
 métodos projetivos, 442-448
 o quê?, 405-406, 472-473
 onde?, 406-407, 473-475
 palavras, como estímulos projetivos, 457-460
 personalidade e, 393-399
 quando?, 473-474
 quem?, 398-405, 471-473
 sons, como estímulos projetivos, 460-461
 TAT, 450-454
 teoria, 417-418
 traços, 394-396

Avaliação de 7 Minutos, 539-540

avaliação de bateria cruzada: Avaliação que emprega testes de diferentes baterias de teste e implica a interpretação de dados de testes específicos para fornecer uma avaliação abrangente, 295

avaliação de custódia: Uma avaliação psicológica dos pais ou guardiões e de sua capacidade parental e/ou das crianças e suas necessidades e preferências – em geral realizada com o propósito de auxiliar um tribunal a tomar uma decisão sobre concessão de custódia, 518-521

avaliação de desempenho: Uma avaliação de tarefas de desempenho de acordo com critérios desenvolvidos por especialistas da área de estudo explorada por essas tarefas, 388-389

avaliação dinâmica, 4, 361-363

avaliação do portfólio, 388-389, 584
avaliação educacional
  avaliação autêntica, 389-390
  avaliação de desempenho, 387-389
  avaliação dinâmica, 361-361
  avaliação pelos pares, 389-391
  baterias de testes psicoeducacionais, 382-388. *Ver também* baterias de testes psicoeducacionais
  medida de hábitos de estudo/interesses/atitudes, 390-392
  modelo RtI, 358-361
  papel da, 357-363
  testes de aptidão, 368-381
  testes de realização, 363-368
  testes diagnósticos, 380-383
avaliação informal: Uma avaliação em geral não sistemática, relativamente breve e não oficial levando à formação de uma opinião ou atitude, conduzida por qualquer pessoa de qualquer forma por qualquer razão, em um contexto não oficial e não sujeita às mesmas éticas ou aos padrões que a avaliação por um profissional; diferenciar de *avaliação formal*, 22, 371-373
avaliação integrativa: Abordagem multidisciplinar à avaliação que assimila informações de fontes relevantes, 359
avaliação momentânea ecológica: Uma metodologia comportamental de manter um diário que implica o registro em tempo real, em um computador portátil, de eventos relacionados a problemas de comportamento, 473-474
avaliação neuropsicológica: A avaliação do funcionamento do cérebro e do sistema nervoso em sua relação com o comportamento, 530-564
  auxílios diagnósticos médicos, 562-563
  avaliação neuropsicológica, 535-541
  baterias de testes, 556-561
  definição, 530
  sistema nervoso e comportamento, 530-534
  testes da função executiva, 545-549
  testes de capacidade intelectual geral, 541-545
  testes de funcionamento verbal, 553
  testes de memória, 553-556
  testes neuropsicológicos, 540-561
  testes perceptuais/motores/percepto-motores, 549-553
avaliação pelos pares: Um método de obter informações relacionadas à avaliação sobre um indivíduo sondando seus amigos, colegas de classe, colegas de trabalho e outros, 389-391
avaliação psicoeducacional: Avaliação psicológica em uma escola ou em outro contexto, geralmente conduzida para diagnosticar, reforçar ou medir o progresso acadêmico ou social ou de outro modo enriquecer a educação de um estudante, 295

avaliação psicológica: A coleta e integração de dados psicológicos para avaliação psicológica, mediante o uso de testes, entrevistas, estudos de caso, observação comportamental e aparelhos e procedimentos de mensuração especialmente concebidos; diferenciar de *testagem psicológica*, 1-4. *Ver também* avaliação; avaliação clínica; avaliação educacional; **avaliação neuropsicológica; avaliação da personalidade;** avaliação pré-escolar, 2
avaliação psicológica assistida por computador. *Ver* CAPA
avaliação psicológica colaborativa: Um processo de avaliação no qual o avaliador e o avaliando trabalham como "parceiros" desde o primeiro contato até o *feedback* final, 4
avaliação psicológica culturalmente informada: Abordagem à avaliação que é profundamente perceptiva e responsiva em relação a questões de aculturação, valores, identidade, visão de mundo, linguagem e outras variáveis associadas a cultura na medida em que afetam o processo de avaliação ou a interpretação dos dados resultantes, 142, 504-508
avaliação psicológica de vida ou morte, 69-70
avaliação psicológica forense: A teoria e a aplicação da avaliação e do manejo psicológicos em um contexto legal, 510-518
  análise do perfil, 517-518
  competência para ser julgado, 512-515
  dano emocional, 517
  periculosidade para si/outros, 511-512
  prontidão para liberdade condicional, 516-517
  responsabilidade criminal, 515-516
  Serviço Secreto, 513-514
avaliação psicológica terapêutica: Abordagem colaborativa na qual a descoberta de informações terapêuticas sobre si mesmo é encorajada e ativamente promovida pelo avaliador ao longo do processo de avaliação, 4
avaliação referenciada à norma, 138-140
avaliações/classificações pelos pares, 593
avaliador, 2, 4
avaliador psicológico, 2, 4
aviadores, testagem, 585-587

B

banco de dados da internet, 34-35
banco de itens: Uma coleção de perguntas a serem usadas na construção de testes, 255, 258-260, 282-284
bancos de dados, 34-35
BASIC ID, 609
Bateria de Aptidão Vocacional das Forças Armadas (Armed Services Vocational Aptitude Battery) (ASVAB), 348-351
Bateria de Kaufman para Avaliação de Crianças (K-ABC), 343-347, 383-386

Bateria de Kaufman para Avaliação de Crianças, Segunda Edição (KABC-II), 296, 383-386
Bateria de Prejuízo Grave (Severe Impairment Battery) (SIB), 561
bateria de testes: Uma seleção de testes e procedimentos de avaliação normalmente composta de testes que visam medir diferentes variáveis, mas tendo um objetivo comum; por exemplo, um teste de inteligência, um teste de personalidade e um teste neuropsicológico poderiam ser usados para obter um perfil psicológico geral de um indivíduo, 154-155n5, 502-504. *Ver também* baterias específicas
Bateria de Testes de Aptidão Geral (BTAG), 570-576
Bateria de Testes de Aptidões Especiais (BTAE)(SATB), 571, 573
bateria de testes de personalidade, 503
bateria de testes projetivos, 503
bateria de testes psicoeducacionais: Um *kit* de testes prontos que medem a realização educacional e as capacidades relacionadas com sucesso acadêmico, 382-388
  definição, 382-383
  K-ABC/KABC-II, 383-386
  WJ III, 384-388
bateria de Testes Sequenciais de Progresso Educacional (Sequential Tests of Educational Progress Battery) (STEP), 363-364
bateria fixa: Uma bateria de testes prontos contendo uma série de testes padronizados a serem administrados de uma forma prescrita, tal como a Bateria Neuropsicológica de Halstead-Reitan; diferenciar de *bateria flexível*, 556
bateria flexível: Mais associada com avaliação neuropsicológica, um grupo de testes escolhidos pelo avaliador para fornecer uma resposta à questão de encaminhamento; diferenciar de *bateria fixa*, 556
Bateria Neuropsicológica de Halstead-Reitan: Uma bateria de testes neuropsicológicos amplamente utilizada com base no trabalho de Ward Halstead e Ralph Reitan, 556, 559
Bateria Neuropsicológica de Luria-Nebraska (LNNB), 559
bateria STEP. *Ver* bateria de Testes Sequenciais de Progresso Educacional (STEP)
bateria-padrão: A administração de um grupo de pelo menos três tipos diferentes de testes com o objetivo de avaliar diferentes esferas de funcionamento: geralmente um teste de inteligência, um de personalidade e um neuropsicológico, 503
baterias de realização, 363
bebê ou criança pequena com deficiência: De acordo com a IDEA, uma criança com menos de 3 anos de

idade que necessite serviços de intervenção precoce devido a atrasos do desenvolvimento ou a uma condição física ou mental diagnosticada que tenha uma alta probabilidade de resultar em atraso do desenvolvimento, 373-374

bebê ou criança pequena de risco: De acordo com a IDEA, uma criança abaixo dos 3 anos de idade que estaria em perigo de experimentar um atraso substancial do desenvolvimento se serviços de intervenção precoces não fossem fornecidos, 373-374

Behn-Rorschach, 448

benefício: Em relação à utilidade do teste, vantagens, ganhos ou lucros vistos tanto em termos econômicos quanto não econômicos, 215-218

BFI. *Ver* Inventário dos Cinco Grandes (Big Five Inventory)(BFI)

*biofeedback***:** Termo genérico que se refere a técnicas de avaliação psicofisiológica que visam medir, exibir e registrar uma monitoração contínua de processos biológicos selecionados, como pulso e pressão arterial, 481

bola de treinamento do desenvolvimento neurológico, 29

bonecos anatomicamente detalhados (ADDs): Uma figura humana na forma de boneco com genitália representada com precisão, em geral usada para auxiliar na avaliação de crianças abusadas sexualmente, 523

BPS. *Ver* Escalas Perceptuais de Bricklin (Bricklin Perceptual Scales) (BPS)

BTAE (SATB). *Ver* Bateria de Testes de Aptidões Especiais (Special Aptitude Teste Battery) (BTAE)

BTAG. *Ver* Bateria de Teste de Aptidão Geral (General Aptitude Test Battery) (GATB)

Busca Autodirigida (SDS), 567

Busca Autodirigida-Forma R, 568-569

BYI-II. *Ver* Inventários Juvenis de Beck-Segunda Edição (Beck Youth Inventories – Second Edition) (BYI-II)

C

Califórnia
  Proposição, 209, 61-63

CALS. *Ver* Lista de Verificação de Habilidades de Vida Adaptativas (Cheklist of Adaptative Living Skills) (CALS)

CAP. *Ver* Inventário do Potencial de Abuso Infantil (Child Abuse Potential Inventory) (CAP)

CAPA. Acrônimo que corresponde a avaliação psicológica assistida por computador (*computer assisted psychological assessment*), 15, 67-71

capacidade visual-objeto: A capacidade de processar informações sobre a aparência visual de objetos, bem como as propriedades pictóricas do objeto (como forma, cor e textura), 354-355

capacidades mantidas: No modelo de inteligência de Cattell-Horn, capacidades cognitivas que não declinam com a idade e tendem a retornar a níveis pré-lesão após dano cerebral; diferenciar de *capacidades vulneráveis*, 293

capacidades mentais primárias (PMAs), 320

capacidades vulneráveis: No modelo de inteligência de Cattell-Horn, capacidades cognitivas que declinam com a idade e que não retornam aos níveis pré-lesão após dano cerebral; diferenciar de *capacidades mantidas*, 293

característica dinâmica: Um traço, um estado ou uma capacidade que podem mudar em razão de experiências situacionais e cognitivas; diferenciar de *característica estática*, 161-162

característica estática: Um traço, um estado ou uma capacidade supostamente inalteráveis ao longo do tempo; diferenciar de *característica dinâmica*, 161-162

carga cultural: Um índice da magnitude em que um teste incorpora o vocabulário, os conceitos, as tradições, o conhecimento e os sentimentos associados a uma determinada cultura, 313-317

carga fatorial: Na análise fatorial, uma metáfora sugerindo que um teste (ou um item individual de um teste) carrega consigo uma certa quantidade de uma ou mais capacidades que, por sua vez, têm uma influência determinante na pontuação do teste (ou na resposta ao item individual do teste), 203-204, 313-314, 345

carta de apresentação, 582-583

carta de candidatura, 582-583

cartas de recomendação, 583-584

caso *Chapple*, 558

CAT: Acrônimo para uma tecnologia de escaneamento neurológico denominada tomografia axial computadorizada, 562

catálogos de teste, 32-34

cauda: A área na curva normal entre 2 e 3 desvios-padrão acima da média e a área na curva normal entre –2 e –3 desvios-padrão abaixo da média; uma curva normal tem duas caudas (bicaudal), 99-101

CBA. *Ver* **avaliação baseada no currículo (Curriculum-based assessment) (CBA)**

CBCL. *Ver* Lista de Verificação do Comportamento Infantil de Achenbach (Achenbach Child Behavior Cheklist) (CBCL)

CBM. *Ver* **mensuração baseada no currículo (Curriculum-based measurement) (CBM)**

CCAI. *Ver* Inventário de Adaptabilidade Transcultural (Cross-Cultural Adaptability Inventory) (CCAI)

CCI. *Ver* **curvas características do item (CCI)**

centro de avaliação: Um procedimento de avaliação organizadamente padronizado envolvendo múltiplas técnicas de estimativa, 588

CES-D. *Ver* Escala de Depressão do Centro para Estudos Epidemiológicos (CES-D)

CFA. *Ver* **análise fatorial confirmatória (confirmatory factor analysis)**

chão, 327

Chicago Bulls, 141

China, perspectiva histórica de testagem, 38-40

Choosing the Right Stuff: The Psychological Selection of Astronauts and Cosmonauts (Fazendo a escolha certa: a seleção psicológica de astronautas e cosmonautas) (Santy), 587

CIIS. *Ver* Escala de Inteligência Infantil de Cattell (CIIS)

classificação: (1) Um julgamento numérico ou verbal que coloca uma pessoa ou um atributo ao longo de um *continuum* identificado por uma escala de descritores de números ou palavras chamada de *escala de avaliação*; (2) Uma avaliação, categorização ou "estereotipagem" com respeito a dois ou mais critérios; diferenciar de *triagem, seleção e colocação* 205-206, 560-561, 580-582

classificações: A ordenação de pessoas, pontuações ou variáveis em posições ou graus de valor relativo, 206

CLEP. *Ver* Programa de Exame de Nível Universitário (College Level Examination Program) (CLEP)

ClinPSYC, 3

Code of Fair Testing Practices in Education (*Código das boas práticas de testagem na educação*), 67

codificação empírica do critério: O processo de usar grupos de critério para desenvolver itens de teste, em situações nas quais foi demonstrado empiricamente que a pontuação ou codificação dos itens diferenciam entre grupos de testandos, 420-421

código de ética profissional: Um conjunto de diretrizes que estabelece o padrão de cuidado esperado de membros de uma profissão, 57-58

códigos Welsh: Um resumo das pontuações de um testando nas escalas clínicas e de validade do MMPI, 426-427

coeficiente alfa: Também referido como *alfa de Cronbach* e *alfa*, uma estatística amplamente empregada na construção de testes e usada para ajudar a obter uma estimativa de confiabilidade; de forma mais técnica, é igual à média de todas as confiabilidades de metades partidas, 156-157

coeficiente de confiabilidade: Termo geral para um índice de confiabilidade ou para a razão da variância do

escore em um teste para a variância total, 144
definição, 144
natureza do teste, 160-165
propósito do, 159-161
teoria clássica dos testes (CTT), 163-166
teoria da amostragem do domínio, 165-167
teoria da generalizabilidade, 166-168
teoria da resposta do item, 167-173
teste do bafômetro, 164
coeficiente de confiabilidade entre avaliadores, 158-159
coeficiente de correlação: Simbolizado por *r*, o coeficiente de correlação é um índice de força da relação linear entre duas variáveis contínuas expressas como um número que variam de –1 a +1. Embora diferentes estatísticas possam ser usadas para calcular um coeficiente de correlação, a utilizada com mais frequência é o *r* de Pearson, 105-106
coeficiente de correlação por ordem das diferenças. *Ver rho* de Spearman
coeficiente de correlação por ordem de postos. *Ver rho* de Spearman
coeficiente de correlação produto-momento, 108-109
coeficiente de determinação: Um valor indicando quanta variância é compartilhada por duas variáveis que estão sendo calculadas; consegue-se esse valor elevando ao quadrado o coeficiente de correlação obtido, multiplicando por 100 e expressando o resultado como uma porcentagem, a qual indica a quantidade de variância explicada pelo coeficiente de correlação, 108-109
coeficiente de equivalência: Uma estimativa de confiabilidade de formas paralelas ou de confiabilidade de formas alternativas, 150-151
coeficiente de estabilidade: Uma estimativa da confiabilidade teste-reteste obtida durante intervalos de tempo de 6 meses ou mais tempo, 150-151
coeficiente de generalizabilidade: Na teoria da generalizabilidade, um índice de influência que determinadas facetas têm na pontuação de um teste, 167-168
coeficiente de validade: Coeficiente de correlação que fornece uma medida da relação entre escores de teste e escores em uma medida de critério, 192-193
colocação: Disposição, transferência ou designação para um grupo ou uma categoria que podem ser feitas com base em um critério, 582-583
Comissão da APA sobre Testes e Avaliação Psicológica, 17
Comissão de Oportunidades Iguais de Emprego (EEOC), 61-62
Comitê Sobre Aptidão Emocional, 43-44

competência para ser julgado: Compreender as acusações contra si e ser capaz de ajudar em sua própria defesa, 512-515
completar sentenças: Tarefa na qual o avaliando deve finalizar uma sentença ou frase incompletas, 459
complexidade do trabalho, 231-233
comportamento extrateste: Observações feitas por um examinador sobre o que faz e como reage o examinando durante a testagem (p.ex., como o testando lida com frustração; quanto apoio parece requerer; o quanto está ansioso, cansado, cooperativo ou distraído) que estão indiretamente relacionadas ao conteúdo específico do teste mas de possível significância para as interpretações relativas ao desempenho do testando, 329-330
comportamento manifesto: Uma ação observável ou o produto de uma ação observável, incluindo respostas relacionadas a testes ou avaliações, 118
comportamento não verbal, 52-53
compromisso organizacional: A força da identificação de um indivíduo com uma organização específica e seu envolvimento nela, 599
computadores, como ferramentas, 13-17
comunicação
  não verbal, 51-53
  verbal, 51-52
conceitualização do teste: Um primeiro estágio do processo de desenvolvimento de teste no qual a ideia para um determinado teste ou revisão de teste é concebida pela primeira vez, 240-244
confiabilidade: O grau em que as mensurações são consistentes ou podem ser repetidas; também, o grau em que diferem de uma ocasião para outra devido a erro de mensuração, 123-125
  coeficiente. *Ver* coeficiente de confiabilidade
  coeficiente alfa, 156-157
  conceito de, 144-150
  confiabilidade entre avaliadores, 158-159
  confiabilidade teste-reteste, 149-151
  definição, 145
  distância proporcional média (DPM), 156-158
  estimativas de confiabilidade de formas paralelas/formas alternativas, 150-152
  estimativas de confiabilidade de metades partidas, 151-154
  fontes de erro de variância, 146-150
  fórmulas de Kuder-Richardson, 154-156
  pontuações individuais, e, 172-180
confiabilidade de consistência interna, 160-161
confiabilidade de formas alternadas: Uma estimativa do grau em que a amostragem do item e outros erros afetaram os escores em duas versões do mesmo teste; diferenciar de *con-*

fiabilidade de formas paralelas, 150-152, 160-161
confiabilidade de formas paralelas: Uma estimativa do grau em que erros de amostragem do item e outros erros afetaram as pontuações em duas versões do mesmo teste quando, para cada forma do teste, as médias e as variâncias das pontuações observadas são iguais; diferenciar de *confiabilidade de formas alternativas*, 150-152
confiabilidade de metades partidas: Uma estimativa da consistência interna de um teste resultando da correlação de dois pares de escores obtidos de metades equivalentes de um único teste administrado uma vez, 151-154
confiabilidade do avaliador, 158-159
confiabilidade do juiz, 158-159
confiabilidade do observador, 158-159
confiabilidade entre avaliadores: Também referida como *confiabilidade entre examinadores*, confiabilidade do observador, confiabilidade do juiz e confiabilidade do pontuador, uma estimativa do grau de concordância ou consistência entre dois ou mais pontuadores (ou juízes ou avaliadores ou observadores), 158-161
confiabilidade par-ímpar: Uma estimativa de confiabilidade de metades partidas de um teste, obtida pela designação de itens de números ímpares para uma metade do teste e itens de números pares para a outra metade, 152-153
confiabilidade teste-reteste: Uma estimativa de confiabilidade obtida pela correlação de pares de pontuações da mesma pessoa em duas administrações diferentes do mesmo teste, 149-151, 160-161
confidencialidade: A obrigação ética de profissionais de manter confidenciais todas as comunicações que lhes são feitas ou confiadas, embora possam ser forçados a revelá-las por ordem do tribunal ou sob outras condições extraordinárias, como quando essas comunicações se referem a uma terceira parte em perigo iminente; diferenciar de *direito a privacidade*, 73-74
conjunto de candidatos a emprego, 231-232
conormatização: O processo de normatização do teste conduzido em dois ou mais testes usando a mesma amostra de testandos; quando utilizado para validar todos os testes sendo normatizados, esse processo também pode ser referido como *covalidação*, 136-137n4, 278-279
consentimento, 71-73
consentimento informado: Permissão para prosseguir com um serviço (normalmente) diagnóstico, ava-

liativo ou terapêutico com base no conhecimento sobre o serviço e seus riscos e possíveis benefícios, 71-73
considerações culturais
 aumento do interesse em, 45-51
 avaliação da personalidade, 434-439
 avaliação e, 44-48
 comunicação verbal, 51-52
 comunicação/comportamento não verbal, 51-53
 inteligência e, 311-318
 padrões de avaliação, 52-55
 tratamento gerenciado e, 507-508
considerações éticas, 57-76
considerações legais, 57-76
consistência entre itens: A consistência, ou homogeneidade, dos itens de um teste, estimada por técnicas como o método das metades partidas, 153-154
construção do teste, 146, 244-261
 escalonamento, 244-251
 itens escritos, 251-260. Ver também itens escritos
 pontuação de itens, 257-261
construção do teste: Um estágio no processo de desenvolvimento do teste que envolve escrever os itens do teste (ou reescrever ou revisar itens existentes), bem como formatá-los, estabelecer as regras de pontuação e projetar e construir um teste, 240
construto: Uma ideia científica, informada, desenvolvida ou gerada para descrever ou explicar comportamento; alguns exemplos de construtos incluem "inteligência", "personalidade", "ansiedade" e "satisfação no trabalho", 118, 198
contaminação do critério: Estado no qual uma medida de critério é baseada, no todo ou em parte, em uma medida preditora, 190
contato visual, 51-52
conteúdo do teste, 5
contextos clínicos, 22-23
contextos de orientação, 23
contextos educacionais, 22
contextos empresariais, 24
contextos geriátricos, 23-24
contrato terapêutico: Um acordo estabelecido entre um terapeuta e um cliente com relação a vários aspectos do processo de terapia, 495
controle contralateral: Fenômeno resultante do fato de cada um dos dois hemisférios cerebrais receber informação sensorial do lado oposto do corpo e também controlar as respostas motoras no lado oposto do corpo; o entendimento desse fenômeno é necessário para entender as relações cérebro-comportamento e para diagnosticar déficits neuropsicológicos, 531
COPS. Ver escalas de personalidade ocupacional focada no critério

Corporação Psicológica, 41-42, 42n2
correlação, 105-116
 conceito de, 105-107
 metanálise, 111-115
 r de Pearson, 106-109
 representação gráfica, 110-114
 rho de Spearman, 109-110
correlação: Expressão do grau e da direção da correspondência entre duas coisas, quando cada coisa é de natureza contínua, 105-116
correlação direta, 105-107
correlação negativa (inversa), 106-107
correlação positiva (direta), 105-107
correlação produto-momento, 108-109
covalidação: O processo de validação de teste conduzido em dois ou mais testes usando a mesma amostra de testandos; quando usado em conjunto com a criação de normas ou a revisão de normas existentes, esse processo também pode ser referido como *conormatização*, 278-279
CPI 434. Ver Inventário Psicológico da Califórnia (CPI434)
credenciação organizacional, 24-26
credenciamento governamental, 24-26
criança com uma deficiência: (1) Em geral, de acordo com a IDEA, um criança com retardo mental, prejuízos auditivos (incluindo surdez), prejuízos de fala e linguagem, prejuízos visuais (incluindo cegueira), distúrbio emocional sério, prejuízos ortopédicos, autismo, lesão cerebral traumática, outros prejuízos da saúde, ou distúrbios de aprendizagem específicos; (2) de acordo com a IDEA, uma criança de 3 a 9 anos vivenciando atraso de desenvolvimento físico ou cognitivo, social, emocional, de comunicação ou de adaptação, 359
criatividade, 354-356
critério: O padrão em relação ao qual um teste ou o escore de um teste são avaliados; esse padrão pode assumir muitas formas, incluindo um comportamento específico ou um conjunto de comportamentos, 138, 190, 420-421
Cromatografia Gasosa/Espectrometria de Massa (Gas Chromatography/Mass Spectrometry)(GCMS), 590
CRS-R. Ver Escalas de Avaliação de Connors-Revisadas (CRS-R)
CTI. Ver Inventário de Transições de Carreira (CTI)
cultura: Padrões de comportamento, crenças e produtos do trabalho de uma determinada população, comunidade ou de um grupo de pessoas socialmente transmitidos, 44-45
cultura coletivista: Uma cultura na qual são valorizados traços como conformidade, cooperação e esforços na direção das metas do grupo, 54-55
cultura corporativa, 599-601

cultura individualista: Uma cultura na qual são valorizados traços como autonomia, autoconfiança, independência, singularidade e competitividade, 53-55
cultura organizacional: A totalidade dos padrões de comportamentos socialmente transmitidos característicos de uma organização ou companhia, incluindo a estrutura da organização e os papéis dentro dela, o estilo de liderança, os valores, as normas, as sanções e os mecanismos de apoio predominantes, bem como as tradições e o folclore, os métodos de enculturação e as formas peculiares de interagir com pessoas e instituições fora da cultura (como clientes, fornecedores, concorrentes, órgãos governamentais e o público em geral), 599-601
currículo, 582-583
curtose: Uma indicação da natureza da declividade (pontiaguda *versus* achatada) do centro de uma distribuição, 97-98
curva característica do item, 268-269
curva de resposta da categoria. Ver **curva característica do item (CCI)**
Curva do sino, A (Bell Curve, The) (Herrnstein/Murray), 318-319
curva em forma de J, 87
curva em forma de sino. Ver **curva normal**
curva normal: Uma curva em forma de sino, regular, definida matematicamente, mais alta no centro e afilada de modo gradual em ambos os lados, aproximando-se mas na verdade nunca tocando o eixo horizontal, 84-85, 87, 98
curvas características do item (CCI): Uma representação gráfica da relação probabilística entre o nível de uma pessoa em um traço (ou capacidade ou outra característica sendo mensurada) e a probabilidade de responder a um item de uma forma prevista; também conhecida como uma *curva de categoria de resposta, curva de resposta ao item* ou *linha de traçado do item*, 170-171, 281
curvilinearidade: Geralmente com relação a gráficos ou diagramas de dispersão de correlação, o grau em que o diagrama ou o gráfico são caracterizados por curvatura, 110
custo: Em relação a utilidade do teste, desvantagens, perdas, ou despesas tanto em termos econômicos quanto não econômicos, 212-215
CVLT-II. Ver Teste de Aprendizagem Verbal da Califórnia-II (CVLT-II)

D

dados da história de caso: Registros, transcrições, e outras descrições em qualquer mídia que preservam infor-

mações de arquivo, relatos oficiais e informais e outros dados e itens relevantes a um avaliando, 10-12, 501
dados de expectativa: Informação, geralmente na forma de uma tabela de expectativa, ilustrando a probabilidade de que um testando individual pontuará em algum intervalo de pontuações em uma medida de critério, 196-198, 219-229
dados falométricos: O registro de um estudo conduzido usando um pletismógrafo peniano com um testando do sexo masculino que seja indicativo de tumescência peniana em resposta a estímulos, 482-483
DAE. *Ver* **dificuldade de aprendizagem específica (DAE)**
dano cerebral: Qualquer prejuízo físico ou funcional no sistema nervoso central que resulte em déficits sensoriais, motores, cognitivos, emocionais ou relacionados, 532
dano emocional: Termo às vezes usado como sinônimo de *sofrimento mental, prejuízo emocional* e *dor e sofrimento* para transmitir um dano psicológico, 517
dano nervoso craniano, 536
dano neurológico: Prejuízo, ferimento, lesão ou perda de função de qualquer parte ou processo dos sistemas nervosos central ou periférico, 531-534
DAS. Differential Ability Scales (*ver* Escalas de Capacidade Diferencial) (DAS)
DAT. *Ver* Teste de Admissão à Faculdade de Odontologia (DAT)
Daubert vs. *Merrell Dow Pharmaceuticals*, 63-65, 558
De Formatione Pulli in Ovo (Malphigi), 301
de risco: Definido de diferentes formas por diferentes distritos escolares, mas em geral uma referência a funcionamento deficiente e possivelmente necessitando de intervenção, 373-374
Debra P. vs. *Turlington*, 60-61
deficiência (incapacidade): Definida na Lei dos Norte-Americanos Portadores de Deficiências de 1990, como um prejuízo físico ou mental que limita substancialmente uma ou mais das principais atividades de vida de um indivíduo, 30-31, 67-68, 358, 373-374
déficit funcional: Em neuropsicologia, qualquer prejuízo sensorial, motor ou cognitivo que seja psicológico ou sem uma causa física ou estrutural conhecida. Diferenciar de déficit orgânico, 536
déficit orgânico: Em neuropsicologia, qualquer prejuízo sensorial, motor e ou cognitivo que tenha reconhecidamente uma origem estrutural ou física. *Diferenciar de* **déficit funcional**, 536
demência: Uma perda do funcionamento cognitivo (que pode afetar a memória, o pensamento, o raciocínio, a velocidade psicomotora, a atenção e capacidades relacionadas, bem como a personalidade) que ocorre como resultado de dano ou perda de células cerebrais, 24
desempenho no trabalho, 577-579
Desenho Cinético da Escola (KSD), 464
Desenho Cinético da Família (KFD), 464
Desenho da Figura Humana (DFH), teste, 462-463
desenhos, 461-464
desenhos de figuras, 461-464
desenvolvedores de testes, 18-19
desenvolvimento de testes: Um termo abrangente para tudo o que envolve o processo de criar um teste, 240-284
 análise do item, 262-275. *Ver também* **análise do item**
 conceitualização do teste, 241-244
 construção do teste, 244-261. *Ver também* **construção do teste**
 definição, 240
 revisão de item, 275-284
desvio, 94
desvio da média: Uma medida de variabilidade obtida somando o valor absoluto de todas os escores em uma distribuição e dividindo pelo número total de escores, 94
desvio de QI: Uma variedade de pontuação-padrão usada para relatar "quocientes de inteligência" (QIs) com uma média fixada em 100 e um desvio-padrão fixado em 15; no Stanford-Binet, também é referido como um *teste composto* e representa um índice de inteligência derivado de uma comparação entre o desempenho de um testando individual e o desempenho de outros testandos da mesma idade na amostra de padronização do teste, 323
desvio negativo, 97
desvio-padrão: Medida de variabilidade igual à raiz quadrada dos desvios quadrados médios sobre a média; uma medida de variabilidade igual à raiz quadrada da variância, 94-96
detector de mentira, 482-483
dever de advertir: Uma obrigação determinada por lei – de advertir uma terceira pessoa ameaçada do perigo que corre – que pode anular o privilégio do paciente; terapeutas e avaliadores podem ter o direito legal de advertir quando um cliente expressar intenção de ferir uma terceira pessoa de qualquer forma, variando de violência física a transmissão de doença, 512
18º. Anuário de medidas mentais, 33-34
DFH. Draw a Person (DAP) test (*ver* Teste do Desenho da Figura Humana)
diagnóstico: Uma descrição ou conclusão alcançadas com base em evidências e opiniões mediante um processo de diferenciação da natureza de alguma coisa e exclusão de conclusões alternativas, 22
diagrama de dispersão. *Ver* **distribuição bivariada**
Dicionário de títulos ocupacionais (*Dictionary of Occupational Titles*), 571
dicotomia, 468-470
diferenciação de autoconceito: O grau em que um indivíduo tem diferentes autoconceitos em diferentes papéis, 401
dificuldade de aprendizagem: Um transtorno envolvendo uma discrepância entre capacidade e realização, que pode se manifestar em déficits atencionais, emocionais, perceptuais, e/ou motores e/ou em problemas relacionados a fazer cálculos matemáticos, ler, escrever, soletrar e usar ou entender linguagem falada ou escrita; não aplicável a pessoas com problemas acadêmicos que sejam de origem cultural ou econômica ou àquelas com problemas de aprendizagem originados primariamente de problemas visuais, auditivas ou motoras ou de retardo mental, 358-359
dificuldade de aprendizagem específica (DAE): Um transtorno em um ou mais dos processos psicológicos básicos envolvidos na compreensão ou no uso da linguagem, falada ou escrita, que pode se manifestar na capacidade imperfeita de escutar, pensar, falar, ler, escrever, soletrar ou realizar cálculos matemáticos, 358
dinamômetro, 82
dinastia Song, 38-40
Directory of Unpublished Experimental Mental Measures, 34-35
direito à privacidade: A liberdade das pessoas de escolher a hora, as circunstâncias e o grau em que desejam compartilhar ou reter crenças pessoais, opiniões e comportamento; diferenciar de *confidencialidade*, 73-74
Diretrizes Internacionais sobre Testes por Computador e Disponíveis na Internet, 70-71
Diretrizes uniformes sobre procedimentos de seleção de empregado (*Uniform Guidelines on Employee Selection Procedures*), 61-62
discriminação: Na TRI, o grau em que um item diferencia pessoas com níveis mais altos ou mais baixos do traço, da capacidade, ou do que esteja sendo medido por um teste, 168-169
discriminação relacionada ao teste, 55-56
Discussão da Cultura Organizacional, 601
Dispositivo de Avaliação do Potencial de Aprendizagem (LPAD), 361
distância proporcional média (DPM): Uma medida usada para avaliar a consistência interna de um teste que se concentra no grau de diferença existente entre os escores do item, 156-158
distribuição: Em um contexto psicométrico, um conjunto de escores de teste agrupados para registro ou estudo, 82-83

distribuição bimodal: Uma distribuição na qual a tendência central consiste em dois escores, ocorrendo um número igual de vezes, que são os que ocorrem com mais frequência na distribuição, 87, 91

distribuição bivariada: Também conhecida como *gráfico de dispersão* ou *diagrama de dispersão*, uma representação gráfica de correlação realizada pelo simples traçado dos pontos de coordenadas para valores das variáveis X e Y, 110

distribuição de frequência: Uma listagem tabular de escores junto com o número de vezes que cada escore ocorreu, 82-85

distribuição de frequência agrupada: Também referida como *intervalos de classe*, uma tabela resumida de pontuações de teste na qual as pontuações são agrupadas por intervalos, 83-85

distribuição de frequência simples, 83-84
distribuição negativamente enviesada, 87
distribuição positivamente enviesada, 87
distribuição retangular, 87
doença de Alzheimer, 24
DPM. *Ver* distância proporcional média (DPM)

dramatização: Representar um papel improvisado ou parcialmente improvisado em uma situação simulada, 13-14, 481

DSM. *Ver Manual diagnóstico e estatístico de transtornos mentais* (DSM)

DSM-IV-TR: Abreviação para *Manual diagnóstico e estatístico de transtornos mentais, quarta edição, texto revisado* (publicado em maio de 2000), uma versão ligeiramente modificada do DSM-IV (publicado em 1994), 491-492, 500

Durham vs. *United States*, 516
Dusky vs. *United States*, 512

E

ecoencefalógrafo: Em neurologia, uma máquina que transforma energia elétrica em energia sonora com o objetivo de estudos diagnósticos de lesões e anormalidades cerebrais, 562

ECSP. *Ver* Projeto de Estudo de Caso Excepcional (Exceptional Case Study Project) (ECSP)

ECST-R. *Ver* Avaliação da Competência para ser Julgado-Revisada (Evaluation of Competency to Stand Trial-Revised) (ECST-R)

Educação para Todas as Crianças com Deficiência (PL 94-142), 59-60, 370-371

Educational Resources Information Center (Centro de Informação sobre Recursos Educacionais) (ERIC), 34-35

EEG. *Ver* **eletroencefalógrafo (EEG)**
EEOC. *Ver* Comissão de Oportunidades Iguais de Emprego (Equal Employment Opportunity Commission) (EEOC)

efeito Barnum: A consequência da crença de que uma descrição vaga da personalidade descreve verdadeiramente a pessoa quando na realidade essa descrição pode se aplicar a quase todo mundo; às vezes referido como "efeito da Tia Fanny" porque a mesma personalidade poderia ser aplicada à Tia Fanny de qualquer um, 525-527

efeito chão: Um fenômeno que surge da utilidade diminuída de um instrumento de avaliação para diferenciar testandos na extremidade inferior da capacidade, do traço, ou de outro atributo que esteja sendo medido, 256-260

efeito contraste: Fonte potencial de erro nas avaliações comportamentais quando uma disparidade nos comportamentos observados (ou em outras coisas sendo avaliadas) leva a uma avaliação mais ou menos favorável do que seria feita caso a disparidade não existisse, 484-486

efeito Flynn: "Inflação da inteligência"; o fato de que a inteligência medida usando um instrumento normatizado aumenta a cada ano após a normatização do teste, em geral na ausência de qualquer ganho acadêmico, 308-310

efeito halo: Tipo de erro de avaliação no qual o avaliador vê o objeto da análise com extremo favorecimento e tende a fornecer estimativas excessivas em uma direção positiva; um conjunto de circunstâncias resultando na tendência de um avaliador de ser positivamente favorável e insuficientemente crítico, 206, 402-403

efeito teto: Utilidade diminuída de um instrumento de avaliação para diferenciar testandos na extremidade alta da capacidade, traço ou outro atributo sendo medido, 257-260, 306

Egito antigo, 39-40
elaboração, 354-355

eletroencefalógrafo (EEG): Uma máquina que registra a atividade elétrica do cérebro por meio de eletrodos fixados no couro cabeludo, 562

eletromiógrafo (EMG): Uma máquina que registra a atividade elétrica dos músculos por meio de um eletrodo inserido diretamente no músculo, 562

EMG. *Ver* **eletromiógrafo (EMG)**

empreendimento de testagem: Referência geral ao envolvimento de indivíduos, organizações e empresas em aspectos da mensuração psicológica variando de desenvolvimento a administração e interpretação de instrumentos, 1

English Men of Science (Galton), 302

enquete: Um tipo de pesquisa usada para registrar votos, em geral contendo perguntas que podem ser respondidas com "sim-não" ou "a favor-contra", normalmente para medir a opinião sobre assuntos, 605

"Ensaio sobre a Dioptria" (Hartsoeker), 301

entrevista: Instrumento de avaliação no qual a informação é obtida por meio de comunicação direta e recíproca, 9-10, 495, 539-540, 584

Entrevista Clínica Estruturada para o DSM-IV (SCID), 496

entrevista cognitiva: Um tipo de entrevista hipnótica sem a indução de hipnose; o entrevistado é encorajado a usar a imaginação e recuperação focalizada para lembrar informações, 497

entrevista colaborativa: Em psicologia clínica, uma entrevista auxiliar, aberta, na qual ambas as partes trabalham juntas em uma missão comum de descoberta, informação, e esclarecimento, 497

entrevista de estresse: Uma entrevista intencionalmente concebida para pressionar ou estressar o entrevistado a fim de medir a reação a esse estresse, 496

entrevista em painel: Também referida como uma *banca de entrevista*, é uma entrevista conduzida com um entrevistado por mais de um entrevistador ao mesmo tempo, 9-10

entrevista estruturada: Perguntas feitas a partir de um guia com pouca ou nenhuma margem para se desviar do guia, 409-410

Entrevista Estruturada de Sintomas Relatados-2 (SIRS-2), 496

entrevista hipnótica: Entrevista conduzida após a indução de um estado hipnótico no entrevistado, com mais frequência na tentativa de aumentar a concentração, o foco, a imaginação e a lembrança, 496

enviesamento (distorção): Uma indicação da natureza e do grau da ausência de simetria em uma distribuição; diz-se que uma distribuição é positivamente enviesada quando poucas pontuações caem na extremidade positiva e negativamente enviesada quando poucas pontuações caem na extremidade negativa, 96-97

enviesamento positivo, 97
EPM. *Ver* **erro-padrão de mensuração**
EPPS. *Ver* Inventário de Preferências Pessoais de Edwards (EPPS)
equipamento de *biofeedback*, 18
equipe, 594
ERIC. *Ver* Centro de Informação sobre Recursos Educacionais (ERIC)

erro: Coletivamente, todos os fatores, exceto o que um teste se propõe a medir, que contribuem para os escores no teste; o erro é uma variável em todas as testagens e avaliações, 78-79, 121-123. *Ver também* confiabilidade

erro aleatório: Uma fonte de erro na mensuração de uma variável visada, causada por flutuações e inconsistências imprevisíveis de outras variáveis no processo de mensuração. Diferenciar de *erro sistemático*, 145

erro de avaliação: Um julgamento que resulta do uso impróprio intencional ou involuntário de uma escala de avaliação; dois tipos de erro de avaliação são *erro de leniência* (ou *erro de generosidade*) e *erro de severidade*, 205-206

erro de generosidade: Também referido como *erro de leniência*, uma classificação ou avaliação menos precisa por um avaliador devido a sua tendência geral de ser leniente ou insuficientemente crítico; diferenciar de *erro de severidade*, 205-206, 402-403

erro de leniência: Também referido como *erro de generosidade*, um erro de avaliação que ocorre como resultado da tendência de um avaliador a ser excessivamente indulgente e insuficientemente crítico, 205-206, 402-403

erro de mensuração: Coletivamente, todos os fatores associados com o processo de medir alguma variável que não a variável que está sendo medida, 145

erro de severidade: Avaliação menos precisa ou erro na avaliação devido à tendência do avaliador de ser excessivamente crítico; diferenciar de *erro de generosidade*, 205-206, 402-403

erro de tendência central: Classificação ou avaliação menos precisa por um avaliador ou juiz devido a tendência geral desse indivíduo a fazer estimativas no ponto médio da escala ou próximo dele; diferenciar de *erro de generosidade* e *erro de severidade*, 402-403

erro de tendência central: Tipo de erro de avaliação no qual o avaliador exibe uma relutância geral em emitir estimativas nos extremos positivo ou negativo e portanto todas, ou a maioria delas, se agrupam no meio do *continuum* de avaliação, 205-206

erro-padrão da diferença: Estatística que visa ajudar a determinar qual deve ser o tamanho da diferença entre dois escores antes de ela ser considerada estatisticamente significativa, 129-132, 177-178

erro-padrão de estimativa, 129-132

erro-padrão de mensuração (EPM): Na teoria do escore verdadeiro, uma estatística que visa estimar o grau em que um escore observado se desvia de um escore verdadeiro; também chamado de *erro-padrão de um escore*, 129-132, 173-178

erro-padrão de uma pontuação, 173-175

erro sistemático: Uma fonte de erro na medida de uma variável que costuma ser constante e proporcional ao que se presume ser o valor verdadeiro da variável que está sendo medida. Diferenciar de *erro aleatório*, 145

erro transitório: Uma fonte de erro atribuível a variações nos sentimentos, nos humores, ou no estado mental do testando ao longo do tempo, 159-160

ESC. *Ver* Escala de Satisfação Conjugal (ESC)

escala: (1) Sistema de descritores numéricos ou verbais ordenados, geralmente ocorrendo em intervalos fixos, usado como um padrão de referência na mensuração; (2) conjunto de números ou outros símbolos cujas propriedades modelam as propriedades empíricas dos objetos ou traços aos quais números ou outros símbolos são atribuídos, 78

escala baseada na idade, 244

escala baseada na nota, 245-247

escala cinquenta mais ou menos dez, 102-103

escala contínua, 78

Escala de Alcoolismo de MacAndrew, 509

Escala de Autoconceito de Piers-Harris, 401

Escala de Autoconceito do Tennessee, 401

escala de avaliação: Um sistema de descritores numéricos ou verbais ordenados no qual os julgamentos sobre a presença/ausência ou magnitude de um determinado traço, uma atitude, uma emoção ou outra variável são indicados por avaliadores, juízes, examinadores ou (quando a escala de avaliação reflete autorrelato) o avaliando, 205-206, 245-247, 370-371

Escala de Avaliação da Responsabilidade Criminal de Rogers (RCRAS), 516

Escala de Binet-Simon, 48

Escala de Busca de Sensações (Sensation-Seeking Scale) (SSS), 118

Escala de Comportamentos Moralmente Discutíveis-Revisada (MDBS-R), 245-247

Escala de Consciência da Conexão (Awareness of Connectedness Scale) (ACS), 53-54

Escala de Conveniência Social de Marlowe-Crowne, 202-203

Escala de Depressão do Centro de Estudos Epidemiológicos (Center for Epidemiological Studies Depression Scale) (CES-D), 502

escala de escores-padrão normalizada: Conceitualmente, o produto final de "esticar" uma distribuição enviesada para a forma de uma curva normal, em geral por meio de transformação não linear, 103-106

escala de Guttman: Nomeada em homenagem a seu desenvolvedor, uma escala na qual os itens variam sequencialmente de expressões mais fracas a mais fortes da atitude ou da crença que estão sendo medidas, 249

escala de idade: Um teste com itens organizados pela idade na qual se acredita que a maioria dos testandos seja capaz de responder corretamente; diferenciar de *escala de pontos*, 324

Escala de Instabilidade da Meta, 580-582

Escala de Inteligência Abreviada de Wechsler (WASI), 342

Escala de Inteligência Breve de Kaufman (Kaufman Brief Intelligence Scale), Segunda Edição (KBIT-2), 342

Escala de Inteligência de Stanford-Binet, 46-47
  administração do teste, 326-328
  evolução ao longo do tempo, 321-322
  padronização, 325
  pontuação/interpretação, 328-330
  quinta edição, 324-330
  solidez psicométrica, 325-326
  WISC-IV, comparação, 337-338

Escala de Inteligência de Wechsler Bellevue, 46-47

Escala de Inteligência Infantil de Cattell (Cattell Infant Intelligence Scale) (CIIS), 42

Escala de Inteligência Wechsler para Adultos (WAIS), 43, 46-47
  herança do teste, 332-333
  o teste hoje, 332-334
  padronização/normas, 335
  quarta edição, 330-335
  solidez psicométrica, 335
  subtestes agrupados de acordo com índices, 334
  terceira edição, 332-333
  tipos de itens gerais, 331
  WAIS III, 289
  WAIS-IV, 278-279

Escala de Inteligência Wechsler para Crianças (WISC), 46-47

Escala de Inteligência Wechsler para Crianças, Quarta Edição (WISC-IV), 279-281, 336-338

Escala de Inteligência Wechsler para Crianças-Revisada (WISC-R), 336

Escala de Inteligência Wechsler para Idade Pré-escolar e Primária-Terceira Edição (Wechsler Preschool and Primary Scale of Intelligence-Third Edition) (WPPSI-III), 338-341

Escala de Memória Wechsler (Wechsler Memory Scale) (WMS-IV), 278-279, 556

Escala de Memória Wechsler-Terceira Edição (WMS-III), 332-333

escala de pontos: Um teste com itens organizados em subtestes por categoria do item; diferenciar de *escala de idade*, 324

Escala de Potencial de Adição (Addiction Potential Scale) (APS), 509

escala de razão: Um sistema de mensuração no qual todas as coisas medidas podem ser hierarquizadas; a hierarquia sugere alguma coisa sobre exatamente o quanto uma posição é maior que outra, existem intervalos iguais entre cada número na escala, e todas as operações matemáticas podem ser realizadas de forma significativa porque existe um ponto zero verdadeiro ou absoluto; poucas escalas em psicologia ou educação são escalas de razão, 80-83

Escala de Reconhecimento de Adição (AAS), 509

Escala de Satisfação Conjugal (ESC), 200-204

Escala de Satisfação de Agências de Auto-ajuda, 603

Escala de Satisfação no Lazer, 580-582

escala de validade: Uma subescala de um teste que visa auxiliar nos julgamentos relativos a quanto o testando respondeu honestamente e se as respostas observadas foram ou não produtos de estilo de resposta, desatenção, tentativas deliberadas de enganar ou de equívocos involuntários, 406

escala discreta, 78

escala Likert: Nomeada em homenagem a seu desenvolvedor, uma escala de avaliação somativa com cinco respostas alternativas variando em um *continuum* de, por exemplo, "concordo totalmente" a "discordo totalmente", 245-247

Escala Não Sei Dizer, 424-425

escala nominal: Sistema de mensuração no qual todas as coisas medidas são classificadas ou categorizadas com base em uma ou mais características distintivas e colocadas em categorias mutuamente exclusivas e completas, 79-80

escala somativa: Um índice derivado da soma de pontuações selecionadas em um teste ou subteste, 245-247

Escala Total de Wechsler, 306

escala zero mais ou menos um, 101-103

escalas clínicas reestruturadas (RC), 429-432

Escalas de Avaliação de Connors-Revisadas (Connors Rating Scales-Revised) (CRS-R), 370-374

Escalas de Capacidade Diferencial (DAS), 343-347

escalas de conteúdo, 424-425

Escalas de Conteúdo de Wiggins, 424-425

escalas de personalidade ocupacional focada no critério, 576-577

Escalas de Qualidade da Vida Escolar, 391-392

escalas intervalares: Um sistema de mensuração no qual todas as coisas medidas podem ser ordenadas em intervalos iguais, em que cada unidade na escala é igual a todas as outras e não há ponto zero absoluto (o que impede operações matemáticas nesses dados), 80-81

escalas ordinais: Sistema de mensuração no qual todas as coisas medidas podem ser ordenadas por postos, em que essa ordenação nada sugere sobre exatamente quanto um posto é maior que outro, e não há um ponto zero absoluto na escala; a maioria das escalas em psicologia e educação são ordinais, 80-81

Escalas Perceptuais de Bricklin (BPS), 126-127

escalas RC. *Ver* escalas clínicas reestruturadas (RC)

escalas suplementares, 424-425

escalonamento: (1) Na construção de testes, o processo de estabelecer regras para atribuir números na mensuração; (2) o processo pelo qual um dispositivo de mensuração é concebido e calibrado e a forma como os números (ou outros índices que são escalas de valores) são atribuídos a diferentes quantidades do traço, do atributo ou da característica medidos; (3) atribuir números de acordo com as propriedades empíricas de objetos ou traços, 244-251

categórico, 249
comparativo, 249
definição, 244
escala de Guttman, 249
escala Likert, 245-247
MDBS-R, 245-247
métodos, 245-251
tipos de escala, 244-247

escalonamento categórico: Sistema de escalonamento no qual estímulos são colocados em uma de duas ou mais categorias alternativas que diferem quantitativamente em relação a algum *continuum*, 249

escalonamento comparativo: No desenvolvimento de testes, um método de desenvolver escalas ordinais pelo uso de uma tarefa de classificação que implica julgar um estímulo em comparação com todos os outros estímulos usados no teste, 249

escore: Um código ou declaração resumida – geralmente, mas não necessariamente, numérico – que refletem uma avaliação do desempenho em um teste, tarefa, entrevista ou outra amostra de comportamento, 7

escore bruto: Uma explicação direta, não modificada, de desempenho, em geral numérica e normalmente usada para avaliação ou diagnóstico, 82-83

escore de universo: Na teoria da generalizabilidade, uma pontuação de teste correspondente ao universo particular que está sendo avaliado ou medido, 166-167

escore-padrão: Escore bruto que foi convertido de uma escala para outra, na qual a última escala (1) tem algum desvio médio ou padrão estabelecido arbitrariamente e (2) é usada de forma mais ampla e facilmente interpretável; exemplos de escores-padrão são escores z e T, 101-102

escore T uniforme: Abreviação UT, uma variedade de pontuação T usada no MMPI-2, 428-429

escore z: Um escore-padrão obtido calculando as diferenças entre um escore bruto particular e a média e então dividindo pelo desvio-padrão; um escore z expressa um escore em termos do número de unidades de desvio-padrão em que o escore bruto está abaixo ou acima da média da distribuição, 101-103

escores T: Designados pelo nome de Thorndike, uma pontuação-padrão calculada usando uma escala com uma média estabelecida em 50 e um desvio-padrão estabelecido em 10; usados pelos desenvolvedores do MMPI, 102-103, 428-429

esgotamento: Síndrome psicológica de exaustão emocional, despersonalização e realização pessoal reduzida, 597

esquema: Na teoria piagetiana, uma ação ou estrutura mental que, quando aplicada ao mundo, leva a conhecimento e compreensão, 289

estado: (1) Como em *estado de personalidade*, a exibição transitória de um traço, indicativo de uma predisposição relativamente temporária a se comportar de uma determinada forma (diferenciar de *traço*); (2) na teoria psicanalítica, uma disposição psicodinâmica deduzida visando transmitir a qualidade dinâmica de *id*, ego e superego em perpétuo conflito, 117, 398

estados de personalidade, 398
estágio de entrevista pessoal, 233-234
estágio materialista adicional, 233-234
estágios de desenvolvimento cognitivo de Piaget, 290

estanino: Um escore-padrão derivado de uma escala com uma média de 5 e um desvio-padrão de aproximadamente 2, 102-104

estilo cognitivo: Uma dimensão psicológica que caracteriza a consistência com que a pessoa adquire e processa informações, 353

estilo de resposta: Uma tendência a responder a um item de teste ou a uma pergunta de entrevista de alguma maneira característica independentemente do conteúdo; por exemplo, um estilo de resposta aquiescente (uma tendência a concordar) e um estilo de resposta socialmente desejável (uma tendência a se apresentar de uma forma favorável ou esperada em termos sociais), 405-406

estilo de resposta aquiescente: Uma forma de responder a itens de teste caracterizada por concordância com tudo o que é apresentado; também referido como aquiescência, 405

estima da prateleira (*shelf-esteem*), 602n3

estimativa de confiabilidade de consistência interna: Estimativa da confiabilidade de um teste obtida de uma medida de consistência entre itens, 151-152

estimativa de consistência interna entre itens, 151-152

estimativa direta, 251

estimativa indireta, 251

estrutura de referência: No contexto do formato do item, aspectos do foco do item como a estrutura de tempo (passado, presente ou futuro), 410-411

estudo análogo: Pesquisa ou intervenção comportamental que reproduzem uma variável ou variáveis de formas semelhantes ou análogas às variáveis reais que o experimentador deseja estudar; por exemplo, um estudo laboratorial para pesquisar uma fobia de cobras na natureza, 479

estudo de caso: Também referido como *história de caso*, é um relatório ou descrição ilustrativa sobre uma pessoa ou um evento compilados com base em dados da história de caso, 11-12, 538-539

estudo de decisão: Conduzido na conclusão de um estudo de generalizabilidade, esta pesquisa visa explorar a utilidade e o valor de escores de testes nas tomadas de decisão, 167-168

Estudo de Figura-Frustração de Rosenzweig, 456

estudo de generalizabilidade: No contexto da teoria da generalizabilidade, pesquisa conduzida para explorara o impacto de diferentes facetas do universo sobre a pontuação de um teste, 166-167

estudo de interceptação de passantes, 605

Estudo de Progresso em Gerenciamento (Management Progress Study) (MPS), 586, 588, 589

estudo de validação: Pesquisa que envolve obter evidências relevantes a quão bem um teste mede o que se propõe a medir com o objetivo de avaliar a validade de um teste ou de outro instrumento de mensuração, 182

estudos de validação local: O processo de obter evidências relevantes a quão bem um teste mede o que se propõe a medir, com o objetivo de avaliar a validade de um teste ou de outro instrumento de mensuração; em geral realizados em conjunto com uma população diferente da população para a qual o teste foi originalmente validado, 182

Ethical Principles of Psychologists and Code of Conduct (Princípios éticos e código de conduta dos psicólogos), 72-73

Ethical Standards for the Distribution of Psychological Tests and Diagnostic Aids (Padrões éticos para a distribuição de testes psicológicos e auxiliares de diagnóstico), 67

ética: Conjunto de princípios de conduta correta, adequada ou boa; diferenciar de *leis*, 57-58

ETS. *Ver* Serviço de Testagem Educacional (ETS)

eugenia: A ciência de melhorar as qualidades de uma espécie por meio da intervenção em fatores relacionados a hereditariedade, 49

evidência convergente: Com referência à validade de construto, dados de outros instrumentos de mensuração que visam medir o mesmo construto ou um semelhante ao teste que está sendo validado em relação ao construto e que todos apontam para os mesmos julgamento ou conclusão sobre um teste ou outro instrumento de mensuração; diferenciar de *evidência discriminante*, 202-203

evidência discriminante: Com referência à validade de construto, dados de um teste ou de outro instrumento de mensuração mostrando pouca relação entre os escores do teste ou outras variáveis com as quais os escores do teste cujo construto está sendo validado teoricamente não deveriam estar correlacionadas; diferenciar de *evidência convergente*, 202-204

Exame Abrangente de Afasia do Centro Neurossensorial (NCCEA), 561

Exame de Admissão à Faculdade de Enfermagem (RNEE), 380-381

Exame de Afasia Multilíngue, 553

Exame de Aprendizagem Básica do Adulto (Adult Basic Learning Examination) (ABLE), 367

Exame de Graduação do Ensino Médio do Alabama (AHSGE), 366

Exame de Qualificação de Pilotos, 348

exame do estado mental: Entrevista e observação especializadas usadas para avaliar déficits intelectuais, emocionais e neurológicos abordando áreas como aparência, comportamento, memória, afeto, humor, julgamento, personalidade, conteúdo do pensamento, processos de pensamento e estado de consciência do entrevistado, 498, 539-540

exame físico, 539-541

exame imperial, 39-40

exame neuropsicológico do estado mental: Avaliação clínica geral visando amostrar e verificar várias possíveis deficiências no funcionamento cérebro-comportamento, 539-540

examinador, 25-27

experimentação do teste: Um estágio no processo de desenvolvimento de teste que implica administrar uma versão preliminar de um teste a uma amostra representativa de testandos sob condições que simulam aquelas sob as quais a versão final será administrada, 240, 261-262

F

facetas: Na teoria da generalizabilidade, variáveis de interesse no universo incluindo, por exemplo, o número de itens no teste, a quantidade de treinamento que os avaliadores tiveram e o propósito da administração do teste, 166-167

facilitação social: Processo pelo qual a presença de uma ou mais pessoas pode influenciar o desempenho de outras; no contexto da avaliação psicológica, refere-se mais especificamente à influência de terceiras pessoas no desempenho do avaliando, 20

Faking Bad Scale (Escala do Falso Ruim) (FBS), 427-428

falso-negativo: Um tipo específico de *erro* caracterizado por um instrumento de avaliação indicando que o testando não possui ou exibe um determinado traço, uma capacidade, um comportamento ou atributo quando, na verdade, ele os possui ou exibe, 194, 590

falso-positivo: Um erro na mensuração caracterizado por um instrumento de avaliação indicando que o testando possui ou exibe um determinado traço, uma capacidade, um comportamento ou atributo quando, na verdade, não os possui, 194, 590

fatalismo: A crença de que o que acontece na vida é em grande medida fora do controle da pessoa, 495

fator g: Na teoria bifatorial da inteligência de Spearman, o fator geral de inteligência; também, o fator que é medido em maior ou menor grau por todos os testes de inteligência; diferenciar de *fator s* e *fatores de grupo*, 292, 303, 311-312, 345

fatores de grupo: De acordo com Spearman, fatores comuns a um grupo de atividades indicando inteligência, como as capacidades linguística, mecânica ou aritmética, 292

fatores de segunda ordem, 345

fatores de terceira ordem, 345

FBS. *Ver* Faking Bad Scale (Escala do Falso Ruim)(FBS)

FDI. *Ver* função diferencial do item (DIF); **funcionamento diferencial do item (FDI)**

FF-NPQ. *Ver* Questionário Não Verbal dos Cinco Fatores da Personalidade (Five-Factor Nonverbal Personality Questionaire) (FF-NPQ)

figuras, como estímulos projetivos, 449-457

FIT. *Ver* Teste de Aptidão para Entrevista (Fitness Interview Test) (FIT)

flexibilidade, 354-355

fluência, 354-355

flutuação da pontuação: Uma discrepância entre o escore em um protocolo-âncora e o escore de outro protocolo, 280-281

Folha de Dados Pessoais, 43-44, 416-417, 423-424
fontes de referência, 32-36
forma abreviada: Uma versão curta de um teste que foi normalmente reduzido no número de itens em relação ao original, em geral para diminuir o tempo necessário para administração, pontuação e/ou interpretação do teste, 341-342
formas alternativas: Versões diferentes do mesmo teste ou da mesma medida; diferenciar de *formas paralelas*, 150-151
formas paralelas: Duas ou mais versões ou formas do mesmo teste em que, para cada forma, as médias e as variâncias das pontuações do teste observadas são iguais; diferenciar de *formas alternativas*, 150-151
formato: Referência geral a forma, plano, estrutura, arranjo ou composição de itens de teste bem como a considerações relacionadas, como limites de tempo para a administração do teste, 7
formato de cavalete, 374-375
formato de cavalete duplo, 374-375
formato de completar sentenças, 411-413
formato de escolha forçada: Um tipo de item usado às vezes em testes de personalidade no qual cada uma de duas ou mais escolhas foi predeterminada para ser igual em conveniência social, 412
formato de múltipla escolha, 252
formato de resposta construída: Uma forma de item de teste requerendo que o testando construa ou crie uma resposta, em oposição a simplesmente selecionar uma resposta (p.ex., itens em dissertações, preencher a lacuna e testes de resposta curta); diferenciar de *formato de resposta selecionada*, 252
formato de resposta selecionada: Uma forma de item de teste que requer que o testando selecione uma resposta (p.ex., verdadeiro-falso, múltipla escolha e correspondência de itens) em oposição a construir ou criar uma; diferenciar de *formato de resposta construída*, 252
formato do item: Uma referência à forma, ao plano, à estrutura, ao arranjo ou à composição de itens de teste individuais, incluindo se os itens requerem que os testandos selecionem uma resposta de alternativas de respostas existentes ou construam uma resposta, 252-255
fórmula de Brogden-Cronbach-Gleser: Uma fórmula usada para calcular a quantidade em dinheiro de um ganho de utilidade resultante do uso de um determinado instrumento de seleção sob condições especificadas, 227-229

fórmula de Spearman-Brown: Uma equação usada para estimar a confiabilidade de consistência interna de uma correlação de duas metades de um teste que foi prolongado ou encurtado; inadequada para uso com testes heterogêneos ou de velocidade, 152-154
fórmula KR-20. Kuder-Richardson formula 20 (KR-20): Uma série de equações desenvolvidas por G. F. Kuder e M. W. Richardson que visam estimar a consistência entre itens de testes, 154-156, 162-163
formulários de requerimento, 582-583
fronteiras razoáveis, 181
Frye vs. *the United States*, 63-64
FSIQ. *Ver* QI de Escala Total (FSIQ)
função de informação, 170-171
função diferencial do item (FDI), 174
função executiva: Em neuropsicologia, organização, planejamento, flexibilidade cognitiva, inibição de impulsos e outras atividades associadas com os lobos frontal e pré-frontal do cérebro, 545-549
funcionamento diferencial do item (FDI): Na TRI, um fenômeno em que o mesmo item do teste produz um resultado para membros de um grupo e um resultado diferente para membros de outro grupo, presumivelmente devido a diferenças de grupo que não estão associadas com diferenças de grupo no construto que está sendo medido, 282
funcionamento pré-mórbido: O nível de desempenho psicológico e físico anterior ao desenvolvimento de um transtorno, uma doença ou uma deficiência, 490
fundo de itens: O reservatório ou manancial do qual os itens serão ou não retirados para a versão final do teste; a coleção de itens a ser reavaliada para possível seleção para uso em um banco de itens, 251

G

GAI. *Ver* Índice de Capacidade Geral (General Ability Index) (GAI)
ganho de produtividade: Um aumento líquido no rendimento do trabalho, que, em análises de utilidade, pode ser estimado por meio do uso de um teste específico ou de outro procedimento avaliativo, 227-229
ganho de utilidade: Uma estimativa do benefício monetário ou outro, de usar um determinado teste ou método de seleção, 227-229
garantia de qualidade, revisão de testes, 279-280
GCMS. *Ver* Cromatografia Gasosa/a Espectrometria de Massa (GCMS)
GCR. *Ver* Avaliação da Conformidade do Grupo (Group Conformity rating) (GCR)

General Electric Co. vs. *Joiner*, 64-65
generalização da validade (GV), 572-574
gênero, 311-312
gerenciamento de impressões: Tentativa de manipular as opiniões e impressões dos outros por meio da exposição seletiva de alguma informação, incluindo informação falsa, geralmente junto com a supressão de outra informação; em resposta a medidas de autorrelato de personalidade, psicopatologia ou realização, o manejo da impressão pode ser sinônimo de tentativas de "falso bom" ou "falso ruim", 405
Gf-Gc: Inteligência fluida-cristalizada descrita no modelo de Cattell-Horn, na teoria de três estratos de Carroll e em outros modelos, 293-294
GIS 3.0. *Ver* Sistema de Informação Orientadora (Guidance Information System) (GIS 3.0)
GPA. *Ver* nota média de classificação (*grade point average*) (GPA)
Graduate Record Exam (GRE), 34-35, 378-379
gráfico: Diagrama ou mapa compostos de linhas, pontos, barras ou outros símbolos que descrevem e ilustram dados, 84-85
gráfico de barras: Uma ilustração gráfica de dados nos quais números indicativos de frequência são colocados no eixo vertical, categorias são colocadas no eixo horizontal, e as barras retangulares que descrevem os dados normalmente não são contíguas, 84-85
gráfico de dispersão: Também referido como *diagrama de dispersão*, uma descrição gráfica da correlação alcançada pela representação gráfica dos pontos de coordenadas para as duas variáveis, 110
grafologia: Análise da caligrafia com o objetivo de obter informações sobre a personalidade, 409-410
GRE. *Ver* Graduate Record Exam (GRE)
Griggs vs. *Duke Power Company*, 60-61
grupo-controle: (1) Em um experimento, o grupo não tratado; (2) no desenvolvimento de testes por meio de codificação empírica do critério, um grupo de testandos selecionados de forma aleatória que não têm necessariamente em comum a característica compartilhada da amostra de padronização, 423-424
grupo de critério: Um grupo de referência de testandos que compartilham características e cujas respostas aos itens do teste servem como um padrão pelo qual esses itens serão incluídos ou descartados da versão final de uma escala; a característica comum do grupo de critério irá variar conforme a natureza e o âmbito do teste que está sendo desenvolvido, 420-423

grupo de foco: Pesquisa qualitativa conduzida com um grupo de respondentes que normalmente foram classificados para se qualificarem e para a participação em cada pesquisa, 607
Grutter vs. *Bollinger*, 60-63
Guia do MMPI-A para iniciantes (Williams/Butcher) (Beginner's Guide to the MMPI-A, A), 433-434
GV. *Ver* generalização da validade (GV)

H

HAPI. *Ver* Health and Psychosocial Instruments (HAPI)
Health and Psychological Instruments (HAPI), 34-35
herança, 304
Hereditary Genius (Galton), 298-299, 302
heterogeneidade, 153-154
HIPAA. *Ver* Lei de Portabilidade e Responsabilidade de Seguros de Saúde de 1996(HIPAA)
hipótese projetiva: A tese de que um indivíduo fornece estrutura a estímulos não estruturados de uma maneira coerente com o padrão único de necessidades, medos, desejos, impulsos, conflitos e formas de perceber e responder, conscientes e inconscientes, do próprio indivíduo, 442
histogramas: Gráfico com linhas verticais traçadas nos limites verdadeiros de cada pontuação de teste (ou intervalo de classe), formando uma série de retângulos contíguos, 84-86
história de caso: Também referida como *estudo de caso*, é um relatório ou descrição ilustrativa sobre uma pessoa ou um evento compilados com base em dados do estudo de caso, 538-539
Hobson vs. *Hansen*, 60-61
homogeneidade, 153-155, 199-201
homogeneidade do teste: O grau em que itens de teste individuais medem um único construto; diferenciar de *heterogeneidade do teste*, 153-155, 200-201
Hopwood vs. *State of Texas*, 592

I

IAT. *Ver* Teste de Atitudes Implícitas (Implicit Attitude Test) (IAT)
idade mental: Um índice, agora raramente usado, que se refere à idade cronológica equivalente de desempenho da pessoa em um teste ou subteste; obtido em referência a normas indicando a idade em que a maioria dos testandos podem passar ou satisfazer algum critério de desempenho com relação a itens individuais ou a grupos de itens, 298-299
IDEA: Lei de Educação para Indivíduos Portadores de Deficiências (IDEA), 59-60, 359
identidade: Conjunto de características cognitivas e comportamentais pelas quais os indivíduos se definem como membros de um determinado grupo; o sentido de *self* da pessoa, 435-438
idiota, 49
Ilha de Ellis, testagem de imigrantes, 45-46
imparcialidade: Aplicada a testes, o grau em que um teste é usado de uma forma imparcial, justa e correta, 206-210
imparcialidade do item: Referência ao grau de viés, se houver, no item de um teste, 271-273. *Ver também* item de teste tendencioso
imparcialidade do teste, 206-210
Inconsistência de Resposta Variável (Variable Response Inconsistency) (VRIN), 426-427
Inconsistência de Resposta Verdadeira (TRIN), 426-427
independência local, 170
Indicador de Tipos de Myers-Briggs (MBTI), 396-397, 576-579
Índice A de Satisfação na Vida, 580-582
índice de Apgar: Um método simples e rápido de avaliar bebês recém-nascidos e determinar que ação imediata, se houver, é necessária. Desenvolvido pela médica Virginia Apgar (1909-1974), 372
Índice de Capacidade Escolar (SAI), 352
Índice de Capacidade Geral (GAI), 334
índice de confiabilidade do item: Estatística visando fornecer uma indicação da consistência interna de um teste; quanto mais alto o índice de confiabilidade do item, maior a consistência interna do teste, 264
índice de dificuldade do item: Em testes de realização ou capacidade e em outros contextos nos quais as respostas são marcadas corretamente, uma estatística indicando quantos testandos responderam de forma correta a um item; em contextos em que a natureza do teste é tal que as respostas não são marcadas com correção, essa mesma estatística pode ser referida como *índice de endosso do item*, 263
índice de discriminação do item: Uma estatística visando indicar o quanto um item de teste discrimina adequadamente entre pessoas com escores altos e pessoas com escores baixos, 266
índice de endosso do item: Na avaliação da personalidade e em outros contextos nos quais a natureza do teste é tal que as respostas não são marcadas apenas como correto ou incorreto, uma estatística indicando quantos testandos responderam a um item em uma determinada direção; em testes de realização, que têm respostas que são marcadas corretamente, esta estatística é referida como um *índice de dificuldade do item*, 263
Índice de Gravidade da Adição (Addiction Severity Index) (ISA), 509
Índice de Proficiência Cognitiva (CPI), 334
índice de validade do item: Estatística indicando o grau em que um teste mede o que se propõe a medir; quanto mais alto o índice de validade do item, maior a validade relacionada a critério do teste, 265-269
inferência: Um resultado ou uma dedução lógicos em um processo de raciocínio, 181
inflação da inteligência, 308
inflação da variação: Também referida como *inflação da variância*, uma referência a um fenômeno associado com estimativas de confiabilidade no qual a variância de qualquer variável em uma análise correlacional é inflada pelo procedimento de amostragem usado e portanto o coeficiente de correlação resultante tende a ser mais alto; diferenciar de *restrição da variação*, 161-162
informação avaliativa: Teste ou outros dados usados para fazer julgamentos, tais como decisões de colocação em classe, aprovar-reprovar e admitir-rejeitar; diferenciar de *informação diagnóstica*, 380-382
informação diagnóstica: Em contextos educacionais, testes ou outros dados usados para identificar as dificuldades de um estudante com o objetivo de remediá-las; diferenciar de *informação avaliativa*, 380-382
informação privilegiada: Dados protegidos por lei de revelação em um processo legal; normalmente, exceções ao privilégio também são mencionadas na lei; diferenciar de *informação confidencial*, 73-74
Infrequência das Últimas Páginas (Fb), 426-427
inquérito: Um elemento típico da administração do teste de Rorschach; após a apresentação inicial de todos os 10 cartões, o avaliador faz perguntas específicas visando, entre outras coisas, determinar o que em relação a cada cartão levou às percepções do avaliando, 445
insanidade: Termo legal denotando uma incapacidade de diferenciar certo de errado, uma falta de controle ou um estado de outra incompetência ou transtorno mental suficientes para impedir que a pessoa seja submetida a julgamento, seja julgada culpada ou assine um contrato ou tenha outro relacionamento legal, 515
Instrumento de Avaliação da Competência de MacArthur-Tratamento (MacArthur Competence Assessment Tool – Treatment). (MacCAT-T), 71-72
Instrumento de Avaliação de Competência de MacArthur-Julgamento Criminal (MacArthur Competence Assessment Tool-Treatment) (MacCAT-CA), 515

instrumento de triagem: (1) Um instrumento ou procedimento usado para identificar um determinado traço ou uma constelação de traços em um nível grosseiro ou impreciso, em oposição a um teste de maior precisão usado para diagnóstico ou avaliação mais definitivos; (2) na avaliação pré-escolar, um instrumento ou procedimento usado como um primeiro passo na identificação de uma criança "de risco" ou que não esteja funcionando nos limites normais; (3) em contextos de emprego, um instrumento ou procedimento usado como uma medida grosseira para determinar quem satisfaz os requisitos mínimos estabelecidos pelo empregador, 348
instrumentos de banda estreita, 478
instrumentos de banda larga, 478
inteligência: Uma capacidade multifacetada que se manifesta de diferentes formas ao longo da vida mas em geral inclui as capacidades e habilidades de adquirir e aplicar conhecimento, de raciocinar com eficácia e lógica, de exibir julgamento sólido, de ser perceptivo, intuitivo, mentalmente alerta e capaz de encontrar as palavras e os pensamentos certos com facilidade e de ser capaz de enfrentar e se ajustar a novas situações e a novos tipos de problemas
 ambiente familiar, 311-312
 cristalizada, 293
 cultura, 311-318
 definição, 285
 efeito Flynn, 308-310
 estabilidade da, 304-308
 fluida, 293
 gênero, 311-312
 medida, 43-44, 297-301
 modelo CHC, 294-295
 natureza-educação, 301-304
 personalidade, 309-312
 teorias fatoriais analíticas, 291-295
 validade de construto dos testes, 308
 visão de processamento de informação, 295-296
 visões de Binet, 288
 visões de Galton, 287-288
 visões de Piaget, 289-291
 visões de Wechsler, 288-289
 visões do público leigo, 286-287
inteligência bem-sucedida: Concepção transcultural de inteligência medida pelo grau em que alguém efetivamente adapta, compartilha, modela e seleciona ambientes de uma forma adequada aos padrões de sucesso pessoal e social, 296
inteligência cristalizada: Na teoria bifatorial da inteligência de Cattell, habilidades e conhecimento adquiridos que são altamente dependentes de educação formal e informal; diferenciar de *inteligência fluida*, 293

inteligência emocional: Uma popularização de aspectos da teoria da inteligência múltipla de Gardner, com ênfase nas noções de inteligência interpessoal e intrapessoal, 293
inteligência fluida: Na teoria bifatorial da inteligência de Cattell, capacidades não verbais que são relativamente menos dependentes da cultura e da instrução formal; diferenciar de *inteligência cristalizada*, 293
inteligência interpessoal: Na teoria das inteligências múltiplas de Gardner, a capacidade de entender outras pessoas, o que as motiva, como trabalham e como trabalhar cooperativamente com elas; diferenciar de *inteligência intrapessoal*, 292
inteligência intrapessoal: Na teoria das inteligências múltiplas de Gardner, a capacidade de formar autopercepções acertadas, de discriminar corretamente entre as emoções e de ser capaz de se basear nas próprias emoções como um meio de entendimento e de um guia eficaz; diferenciar de *inteligência interpessoal*, 292
interacionismo: A crença de que hereditariedade e ambiente interagem para influenciar o desenvolvimento de capacidade e habilidades mentais da pessoa, 291
interpretação configural dos escores, 425-426
interrogação, 2
intervalo de classe, 83-84
intervalo de confiança: Uma variedade, ou faixa, de escores de teste que provavelmente contenha o "escore verdadeiro", 176-177
intervalo interquartil: Uma estatística de variabilidade ordinal igual à diferença entre o terceiro e o quarto quartis em uma distribuição que foi dividida em quartis, 94
Inventário da Personalidade de 10 Itens (Ten Item Personality Inventory) (TIPI), 419-420
Inventário da Personalidade NEO (Neo Personality Inventory) (NEO-PI), 419-420
Inventário da Personalidade NEO Revisado (NEO PI-R), 414-415, 418-420, 576-577
Inventário da Personalidade para Crianças (Personality Inventory Children) (PIC), 402-403
Inventário de Adaptabilidade Transcultural (CCAI), 579-580
Inventário de Ansiedade Traço-estado (STAI), 398
Inventário de Atitudes do Professor de Minnesota, 603
Inventário de Atitudes e Métodos de Estudo, 391-392, 603
Inventário de Depressão de Beck (Beck Depression Inventory) (BDI), 191

Inventário de Depressão de Beck-II (Beck Depression Inventory-II) (BDI-II), 191, 502
Inventário de Esgotamento de Maslach (Maslach Burnout Inventory) (MBI), Terceira Edição, 597
Inventário de Interesse de Strong-Campbell (SCII), 566
Inventário de Interesses de Carreira, 568-569
Inventário de Interesses e Habilidades de Campbell, 568-569
Inventário de Interesses O Que Eu Gosto de Fazer, 391-392
Inventário de Interesses Vocacionais de Jackson, 568-569
Inventário de Interesses Vocacionais de Minnesota, 568-569
Inventário de Interesses Vocacionais Sem Leitura (Reading-Free Vocational Interest Inventory) (R-FVII), 568-569
Inventário de Preferências Pessoais de Edwards (Edwards Personal Preference Schedule) (EPPS), 257-261
Inventário de Preferências Profissionais (Work Preference Inventory) (WPI), 597
Inventário de Transições de Carreira (Career Transitions Inventory) (CTI), 580-582
Inventário de Valores de Rokeach, 80-81
Inventário do Comportamento Sexual Infantil, 375-376
Inventário do Potencial de Abuso Infantil (CAP) 194-195, 523, 524
Inventário do Potencial do Candidato (API), 576-577
Inventário dos Cinco Grandes (BFI), 419-420
Inventário Multiaxial Clínico de Millon-III (MCMI-III), 502
Inventário Multifásico da Personalidade de Minnesota (Minnesota Multiphasic Personality Inventory) (MMPI), 409, 415-416, 422-427
 escalas clínicas no, 422-423, 431-432
 escalas clínicas reestruturadas (RC), 429-432
 escalas suplementares, 424-425
 grupos de critério, 422-423
 MMPI-2, 426-429, 504-505
 MMPI-2-RF, 428-433
 MMPI-A, 430-434
 pontuações T, 428-429
 revisões/descendência em perspectiva, 433-435
Inventário Psicológico da Califórnia (California Psychological Inventory) (CPI 434), 407
Inventário Psiconeurótico de Woodworth, 416-417
Inventários Juvenis de Beck-Segunda Edição (BYI-II), 401
IPC. *Ver* Índice de Proficiência Cognitiva (CPI)
IRM funcional, 561
IRM*f*: Um dispositivo de imagem que cria imagens em movimento, em tempo

real do funcionamento interno (particularmente útil para indentificar que partes do cérebro estão ativas em vários momentos e durante várias tarefas), 561-563

ISA. *Ver* Índice de Gravidade da Adição (ISA)

item alternativo: Um item de teste a ser administrado apenas sob certas condições em substituição a um item existente no teste, 323

item de absurdo na figura: Um tipo de item de teste que apresenta ao testando a tarefa de identificar o que está errado ou é bobo em relação a uma imagem de estímulo, 549

item de brinde: O item de um teste, com frequência próximo do início de um teste de capacidade ou realização, concebido para ser relativamente fácil – em geral com o propósito de aumentar a confiança do testando ou diminuir a ansiedade relacionada ao teste, 263n4

item de campo-de-busca: Um tipo de item de teste usado em testes de capacidade e neurodiagnósticos no qual a tarefa do testando é localizar uma correspondência para um estímulo apresentado visualmente, 547

item de conclusão, 254
item de correspondência, 253
item de dissertação, 255

item de ensino: Um item de teste visando ilustrar a tarefa requerida e garantir ao examinador que o examinando entende o que é exigido para o sucesso na tarefa, 326

item de escolha binária, 254
item de resposta curta, 254

item de teste dicotômico: Um item ou uma questão de teste que podem ser respondidos com apenas uma de duas opções de resposta, tais como *verdadeiro-falso* ou *sim-não*, 168-169

item de teste politômico: Item ou questão de um teste com três ou mais respostas alternativas, das quais apenas uma alternativa é pontuada correta ou pontuada como sendo compatível com um traço ou outro construto--alvo, 168-169

item de teste tendencioso, 271-272

item de trilha: Um item que explora as capacidades visuoconceitual, visuomotora, de planejamento e outras capacidades cognitivas por meio de uma tarefa na qual o testando deve ligar círculos de uma forma lógica; o componente da Bateria Neuropsicológica de Halstead-Reitan denominado Teste de Trilha é um dos instrumentos mais amplamente utilizados para a avaliação de dano cerebral, 546

item verdadeiro-falso, 254
itens com base em fatos, 367-368
itens conceituais, 367-368

itens escritos, 251-260
  formato do item, 252-255
  testagem adaptativa computadorizada (TAC), 255-260

itens FDI: Na TRI, itens de teste que respondentes de diferentes grupos, os quais estão presumivelmente no mesmo nível do construto subjacente sendo medido, têm probabilidades diferentes de validar em razão do grupo a que pertencem, 282

Iverson vs. *Frandsen*, 74-75n7

J

Jaffee vs. *Redmond*, 60-61, 74-75

JAS. *Ver* Levantamento de Atividades Jenkins (Jenkins Activity Survey) (JAS)

julgamento composto: Uma média de múltiplas avaliações de julgamentos com o propósito de minimizar erro do avaliador, 484-486

K

K-ABC. *Ver* Bateria de Kaufman para Avaliação de Crianças (Kaufman Assessment Battery for Children) (K-ABC)

KABC-II. *Ver* Bateria de Kaufman para Avaliação de Crianças, Segunda Edição (KABC-II)

Kallikak Family: A Study in the Heccolity of Feeble-Mindedness, The (Goddard), 49, 302

KBIT-2. *Ver* Escala de Inteligência Breve de Kaufman, Segunda Edição (KBIT-2)

KDS. *Ver* Sistema de Desenho Cinético (Kinetic Drawing System) (KDS)

KFD. *Ver* Desenho Cinético da Família (Kinetic Family Drawing)

KOIS. *Ver* Inventário de Interesses Ocupacionais de Kuder (Kuder Occupational Interest Survey) (KOIS)

KR-20. Kuder-Richardson fórmula 20 (*ver* fórmula de Kuder Richardson 20) **(KR-20)**

Kumho Tire Company Ltd. vs. *Carmichael*, 64-65

L

lançamento do *Sputnik*, 58-59
Larry P. vs. *Riles*, 60-61
legislação verdade-na-testagem, 60-61
Lei da Morte com Dignidade (ODDA), 67-70
Lei de Direitos Civis de 1964, 59-60
Lei de Direitos Civis de 1991, 592
Lei de Educação para a Defesa Nacional, 58-59
Lei de Educação para Indivíduos Portadores de Deficiências (IDEA), 59-60, 359
Lei de Oportunidades Iguais de Emprego, 59-60
Lei de Portabilidade e Responsabilidade de Seguros de Saúde (Health Insurance Portability and Accountability Act) de 1996 (HIPAA), 59-60, 74-75
Lei dos Americanos Portadores de Deficiências de 1990, 59-60
Lei dos Direitos Educacionais e Privacidade da Família, 59-60
"lei feita por juízes". *Ver* **litígio**
Lei Nenhuma Criança Deixada para Trás (NCLB), de 2001, 59-60
Lei Pública (LP) (PL) 94-141, 59-60, 370-371

leis: Regras que os indivíduos devem obedecer porque são consideradas boas para a sociedade como um todo; diferenciar de *ética*, 57-58

leptocúrtico: Uma descrição da curtose de uma distribuição relativamente pontiaguda em seu centro, 97

lesão: Alteração patológica do tecido que poderia resultar de ferimento ou infecção, 532

Levantamento de Atitudes de Estudo, 391-392
Levantamento de Atividades Jenkins (JAS), 396-397
Levantamento de Hábitos e Atitudes de Estudo, SSHA, 391-392
liberdade condicional, prontidão, 516-517
linguagem, 51-52
linguagem corporal, 51-52
Lista de Avaliações de Apoio Interpessoal, 580-582

lista de verificação: Questionário formatado para permitir que uma pessoa marque itens indicativos de informações, como a presença ou a ausência de um comportamento, pensamento, evento ou de uma circunstância específicos, 370-374

Lista de Verificação de Adjetivos, 411-413
Lista de Verificação de Habilidades de Vida Adaptativas (CALS), 579-580
Lista de Verificação de Hábitos de Estudo, 390-391
Lista de Verificação de Psicopatia (PCL), 516
Lista de Verificação de Psicopatia Revisada (PCL-R), 517

Listening with the Third Ear (Escutando com o terceiro ouvido) (Reik), 487

litígio: Lei resultante da resolução mediada pelo tribunal de questões legais de natureza cível, criminal ou administrativa; também referido como "lei feita por juízes", 62-66

LNNB. *Ver* Bateria Neuropsicológica de Luria-Nebraska (Luria-Nebraska Neuropsychological Battery) (LNNB)

lócus de controle: A autopercepção da fonte do que acontece a si mesmo, 408

LP (PL) 94-141, 59-60, 370-371
LPAD. *Ver* Dispositivo de Avaliação do Potencial de Aprendizagem (LPAD)
LSAT. *Ver* Teste de Admissão à Faculdade de Direito (LSAT)

M

MacCAT-T. *Ver* Instrumento de Avaliação da Competência de MacArthur--Tratamento
MAC-R, 509
mancha de tinta, 443-449
Manual diagnóstico e estatístico de transtornos mentais (DSM)
  DSM-II, 500
  DSM-III, 500
  DSM-III-R, 500
  DSM-IV, 491, 500
  DSM-IV-TR, 79, 491-493, 500
  DSM-5, 493-494
manual do teste: Documento de arquivo em qualquer mídia (folheto, livro, forma eletrônica, etc.) dedicado a uma descrição detalhada de um teste e em geral disponibilizado pelo editor do teste, que idealmente fornece todas as informações fundamentais que os futuros usuários necessitam saber a fim de tomar uma decisão informada sobre se o teste é adequado para uso com um testando em particular para um determinado propósito, 33-34
Manual para a administração de baterias de testes neuropsicológicos para adultos e crianças (*Manual for Administration of Neuropsychological Test Batteries for Adults and Children*) (Reitan), 559
mapa de expectativa: Representação gráfica de uma tabela de expectativa, 196
marcos do desenvolvimento: Evento importante durante o curso de vida da pessoa que pode ser marcado por aquisição, presença ou crescimento de certas capacidades ou habilidades ou por falha, prejuízo ou cessação dessas capacidades ou habilidades, 538, 539
MAST. *Ver* Michigam Alcohol Screening Test (MAST)
MAT. *Ver* Teste de Analogias de Miller (Miller Analogies Test) (MAT)
matriz multitraço-multimétodo: Método de avaliar a validade de construto examinando simultaneamente tanto a evidência convergente quanto a divergente por meio de uma tabela de correlações entre traços e métodos, 203-204
MBTI. *Ver* Indicador de Tipos de Myers--Briggs (Myers-Briggs Type Indicator)
MCAT. *Ver* Teste de Admissão à Faculdade de Medicina (Medical College Admission Test) (MCAT)
MCMI-III. *Ver* Inventário Multiaxial Clínico de Millon-III (MCMI-III) (Million Clinical Multiaxial Inventory-III)
MCT. *Ver* Teste Administrativo de Minnesota (Minnesota Clerical Test) (MCT)
MDBS-R. *Ver* Escala de Comportamentos Moralmente Discutíveis-Revisada (Marally Debatable Behaviors Scale--Revised) (MDBS-R)
Measurement of Attitude, The (Thurstone/Chave), 603
Measurement of Intelligence in Infants and Young Children, The (Cattell), 42
média: Também chamada *média aritmética*, uma medida de tendência central obtida calculando uma proporção de todos os escores em uma distribuição, 89
média aritmética: Também referida simplesmente como a *média*, uma medida de tendência central obtida pelo cálculo de uma média de todos os escores em uma distribuição, 89
mediana: Medida de tendência central obtida pela identificação do escore mais próximo da média em uma distribuição, 89-91
medida de autoconceito: Instrumento concebido para produzir informações sobre como um indivíduo se vê em relação a variáveis psicológicas selecionadas, cujos dados são geralmente interpretados no contexto de como os outros podem *se ver* nas mesmas variáveis ou em variáveis semelhantes, 401
medida de desempenho situacional: Um procedimento que normalmente envolve o desempenho de uma tarefa pelo avaliando sob condições reais ou simuladas enquanto permite a observação e avaliação por um avaliador, 480-481
medida de interesse: No contexto da avaliação vocacional e de aconselhamento pré-admissional, um instrumento concebido para avaliar gostos, aversões, atividades de lazer, curiosidades e envolvimentos em várias buscas dos testandos com o objetivo de comparação com grupos de membros de várias ocupações e profissões, 566-568-569
medida de tendência central: Uma de três estatísticas indicando a média ou o escore mais próximo da média entre os escores extremos em uma distribuição; a *média* é uma medida de tendência central e uma estatística ao nível de razão da mensuração, a *mediana* é uma medida de tendência central que leva em consideração a ordem dos escores e é de natureza ordinal, e a *moda* é uma medida de tendência central de natureza nominal, 89
medida discreta: Um tipo de medida que não requer necessariamente a presença ou a cooperação dos respondentes, com frequência um traço ou um registro físico reveladores, 483-484
medidas baseadas na personalidade, 576-577
medidas clínicas, 508-521
  adição/abuso de substâncias, 509-510
  avaliação psicológica forense, 510-518. *Ver também* **avaliação psicológica forense**
  avaliações de custódia, 518-521
medidas de capacidade cognitiva, 591-592
medidas de capacidade/aptidão, 568-576
Medidas de Talentos Musicais de Seashore, 379-380
medidas de variabilidade: Estatística indicando como os escores em uma distribuição são distribuídos ou dispersos; variação, desvio-padrão e variância são medidas de variabilidade comuns, 92
memoria de curto prazo, 555
memória de longo prazo, 555
memória declarativa: Memória de material factual; diferenciar de *memória processual*, 555
memória episódica: Memória para fatos mas apenas em um contexto ou uma situação determinados; diferenciar de *memória semântica*, 555
memória implícita: Memória que está fora do controle consciente e que é acessível apenas por medidas indiretas, 555
memória operacional, 555
memória processual: Memória para como fazer certas coisas ou executar certas funções; diferenciar de *memória declarativa*, 555
memória semântica: Memória para fatos; diferenciar de *memória episódica*, 555
mensuração: Atribuir números ou símbolos a características de pessoas ou de objetos de acordo com regras, 78-79
mensuração baseada no currículo (CBM): Um tipo de avaliação baseada no currículo caracterizada pelo uso de procedimentos de mensuração padronizados para obter normas locais a serem utilizadas na apreciação de desempenho de estudantes em tarefas com base no currículo, 367-368
mesocúrtico: Descrição da curtose de uma distribuição que não é nem extremamente pontiaguda nem achatada em seu centro, 97
metanálise: Uma família de técnicas usadas para combinar estatisticamente informações entre estudos a fim de produzir estimativas únicas da estatística que está sendo estudada, 111-115
metanálise de segunda ordem: Uma metanálise que resume duas ou mais metanálises, 577-579
método Angoff: Uma forma de estabelecer pontos de corte fixos que implica estimar a média dos julgamentos dos especialistas, 235-236
método de avaliação "pensar em voz alta": Método de análise qualitativa do item que requer dos examinandos a verbalização de seus pensamentos enquanto fazem o teste; útil para entender como itens individuais

funcionam em um teste e como os testandos interpretam bem ou interpretam mal o significado de itens individuais, 274

método de comparações aos pares: Método de escalonamento pelo qual um de um par de estímulos (como fotografias) é selecionado de acordo com uma regra (tal como "escolha o que lhe atrai mais"), 248

método de distância proporcional média, 156-157

método de equipercentil: Procedimento para comparar escores em dois ou mais testes (como na criação de normas de referência nacional) que implica calcular normas de percentil para cada teste e então identificar o escore em cada um que corresponda ao percentil, 136-137

método de grupos conhecidos: Também referido como *método de grupos contrastantes*, um sistema de coleta de dados sobre um preditor de interesse dos grupos conhecido por possuir (e *não* possuir) um traço, um atributo ou uma capacidade de interesse, 235-237

método de grupos contrastantes. *Ver* **método de grupos conhecidos**

método de mapeamento do item: Um método, com base na TRI, de estabelecer pontuações de corte que envolvem a representação histográfica de itens de teste e julgamentos de especialistas em relação à eficácia do item, 237-238

método de teste-reteste, 149-150

método do marcador de página: Um método de estabelecer pontos de corte com base na TRI que utiliza um livro de itens, no qual estes são colocados em ordem crescente de dificuldade e com especialistas fazendo julgamentos e literalmente "marcando as páginas" daqueles que exibem o nível ideal de dificuldade para itens do teste, 237-238

método preditivo de rendimento: Uma técnica para identificar pontos de corte baseados no número de cargos a serem preenchidos, 237-238

método projetivo: Uma técnica de avaliação da personalidade na qual algum julgamento da personalidade do avaliando é feito com base em seu desempenho em uma tarefa que envolve fornecer estrutura a estímulos relativamente não estruturados ou incompletos, 442

metodologia de seguimento da linha do tempo (*timeline followback*) (TLFB): Uma técnica de observação comportamental que envolve o registro da frequência e da intensidade de um comportamento-alvo ao longo do tempo, 470-471

métodos de avaliação comportamental, 470-487
  abordagem tradicional, comparação, 472-473
  automonitoração, 478-479
  estudos análogos, 479-480
  medidas de desempenho situacional, 480-481
  medidas discretas, 483-487
  observação comportamental/escalas de avaliação, 476-478
  métodos psicofisiológicos/dramatização, 481

métodos de pesquisa de motivação: Instrumentos e procedimentos (p.ex., entrevistas em profundidade e grupos de foco), normalmente qualitativos, associados com pesquisa do consumidor para explorar as atitudes, os comportamentos, e as motivações, 607-612

métodos de redução de dados, 417-421

métodos objetivos de avaliação da personalidade, 440-441

métodos projetivos de avaliação da personalidade, 442-488

métodos psicofisiológicos: Técnicas para monitorar alterações fisiológicas que são reconhecidamente influenciadas por fatores psicológicos, como a taxa cardíaca e a pressão arterial, 481-484

métodos qualitativos: Técnicas de geração e análise de dados que se baseiam principalmente mais em matemática ou estatística do que em procedimentos verbais, 272-273

Mills vs. *Board of Education of District of Columbia,* 62-66

Miniexame do Estado Mental (Mini-Mental State Exam) (MMSE), 539-540

Mitchell vs. *State,* 60-61

MMPI. *Ver* Inventário Multifásico da Personalidade de Minnesota (MMPI)

MMSE. *Ver* Miniexame do Estado Mental (MMSE)

MMY. *Ver* Anuário de Medidas Mentais (MMY)

Model Guidelines for Preemployment Integrity Testing Programs (*Diretrizes do modelo para testagem da integridade pré-admissional*), 577-578

modelo CHC: Abreviação para o modelo de capacidades cognitivas de Cattell-Horn-Carroll, 294-295
  K-ABC/KABC-II, 384-386
  SB5 e, 325

modelo de Cattell-Horn-Carroll (CHC). *Ver* **modelo CHC**

modelo de memória, 554

modelo de pontuação verdadeira. *Ver* teoria clássica dos testes (TCT)

modelo de Rasch, 168-169

modelo de resposta à intervenção (RtI): Uma estrutura de prevenção de múltiplos níveis aplicada em contextos educacionais que visa aumentar a realização do estudante mediante o uso de dados que identificam estudantes de risco para desfechos de aprendizagem insatisfatórios combinado com intervenção baseada em evidência e ensino ajustado com base na responsividade do estudante, 358-361. *Ver também* modelo de solução de problemas

modelo de seleção compensatória: Um modelo de seleção de candidatos com base na suposição de que escores altos em um atributo possam equilibrar escores baixos em outro atributo, 233-234

modelo de solução de problemas: Usado no contexto da RtI, o uso de intervenções sob medida para as necessidades individuais dos estudantes que são selecionadas por uma equipe multidisciplinar de profissionais da educação. *Ver também* resposta ao modelo de intervenção, 359

modelo hierárquico: Termo geralmente aplicado a um modelo teórico organizado em dois ou mais estratos, com cada estrato incorporado na camada anterior; por exemplo, a teoria dos três estratos de capacidades cognitivas de Carroll é um modelo hierárquico tendo *g* como o estrato mais alto seguido por dois estratos de capacidades e processos cognitivos, 294

modelo PASS: Modelo de processamento de informação desenvolvido por Luria; PASS corresponde a planejamento, atenção, simultâneo e sucessivo, 296

modelo RtI. *Ver* **modelo de resposta à intervenção (RtI)**

modelo trinitário de validade, 182

modelo verbal, perceptual e de rotação da imagem (VPR): Um modelo hierárquico da estrutura das capacidades mentais, com um fator *g* que contribui para as capacidades de rotação verbal, perceptual e de imagem, além de oito outras capacidades especializadas, 303

modo: Medida de tendência central obtida pela identificação da pontuação ocorrendo com mais frequência em uma distribuição, 89, 91-92

monotonicidade, 170

"Morte com Dignidade", Lei, 67-70

motivação, 594-597

motivação extrínseca: Um estado no qual a força primária impulsionando um indivíduo vem de fontes externas (como um salário ou um bônus) e de restrições externas (como perda do emprego); diferenciar de *motivação intrínseca,* 597

motivação intrínseca: Um estado no qual a força principal impulsionando um indivíduo vem de dentro, tal como a satisfação pessoal com o trabalho; diferenciar de *motivação extrínseca,* 596

motivo implícito: Uma influência não consciente sobre o comportamento, normalmente adquirida com base na experiência, 454

MRT6. *Ver* Testes Metropolitanos de Prontidão – Sexta Edição (MRT6)

mudando as lentes culturais, 505

múltiplos obstáculos: Um processo de tomada de decisão de estágios múltiplos no qual é necessário alcançar uma determinado ponto de corte em um teste a fim de avançar para o próximo estágio de avaliação no processo de seleção, 233-234

N

National Aeronautics and Space Administration (NASA), 587

natureza-educação, 301-304

NCCEA. *Ver* Exame Abrangente de Afasia do Centro Neurossensorial (Neurosensory Center Comprehensive Examination of Aphasia) (NCCEA)

NCLB. *Ver* Lei Nenhuma Criança Deixada para Trás (No Child Left Behind) (NCLB) de 2001

necessidade: De acordo com o teórico da personalidade Henry Murray, determinantes de comportamento surgindo de dentro do indivíduo; diferenciar do conceito murrayano de *pressão*, 452

necropsia psicológica: Uma reconstrução do perfil psicológico de um indivíduo falecido com base em registros de arquivos, artefatos e entrevistas com o avaliando enquanto vivo ou com pessoas que conheciam o falecido, 21

negligência: Falha da parte de um adulto responsável pelo cuidado de outro em exercer um grau mínimo de cuidado em fornecer alimento, roupas, abrigo, educação, tratamento médico e supervisão; diferenciar de *abuso*, 521-524

negligência infantil: O fracasso de um adulto responsável por uma criança em exercer um grau mínimo de cuidado para fornecer-lhe alimento, roupas, abrigo, educação, tratamento médico e supervisão, 521-524

NEO PI-R. *Ver* Inventário da Personalidade NEO Revisado (NEO PI-R)

NEPSY, 560

neurologia: Ramo da medicina que focaliza o sistema nervoso e seus transtornos; diferenciar de *neuropsicologia*, 530

neurologia comportamental: A área de subespecialidade na especialidade médica da neurologia que focaliza as relações cérebro-comportamento, 530

neurônio: Célula nervosa, 530

neuropsicologia: Ramo da psicologia que focaliza a relação entre funcionamento do cérebro e comportamento; diferenciar de *neurologia*, 530

neurotologia: Ramo da medicina que focaliza problemas relacionados a audição, equilíbrio e nervos faciais, 530

nível basal: Um estágio alcançado por um indivíduo em um teste satisfazendo algum critério preestabelecido para continuar sendo testado – por exemplo, responder corretamente a dois itens consecutivos em um teste de capacidade que contém itens de dificuldade crescente pode estabelecer uma "base" da qual continuar testando; diferenciar de *nível teto*, 327, 328

nível teta, 170

nível teto: Um estágio alcançado por um indivíduo em um teste em razão de ter satisfeito algum critério predeterminado para interromper a testagem; por exemplo, responder incorretamente a dois itens consecutivos em um teste de capacidade que contenha itens cada vez mais difíceis pode estabelecer um presumido "teto" na capacidade do testado; diferenciar de *nível basal* e *testagem dos limites*, 328

nomeação por confrontação: Identificar um estímulo apresentado em um contexto neuropsicológico, tal como em resposta à administração de itens no Teste de Nomeação de Boston, 547

norma: (1) Comportamento ou desempenho que é habitual, médio, normal, padrão, esperado ou típico; (2) forma singular de *normas*, 125-128

normalizar uma distribuição: Uma correção estatística aplicada a distribuições que satisfazem certos critérios com o objetivo de se aproximar de uma distribuição normal, desse modo tornando os dados mais facilmente compreensíveis ou manipuláveis, 103-104

normas: Os dados de desempenho do teste de um grupo de testados, concebidos como uma referência para avaliar, interpretar ou de outro modo colocar no contexto pontuações de testes individuais; também referidas como *dados normativos*, 125-129, 134-137

normas de idade, 134-135

normas de série, 134-136

normas de subgrupo, 136-137

normas locais, 125-128

normas nacionais, 136

normas nacionais de ancoragem, 136

percentis, 134

normas de idade: Também referidas como *escores equivalentes à idade*, normas especificamente criadas para uso como referência no contexto da idade do testado que alcançou um determinado escore; diferenciar de *normas de série*, 134

normas de percentil: Os dados brutos da amostra de padronização de um teste convertidos para a forma de percentil, 134

normas de série: Normas designadas especificamente como uma referência em um contexto da série do testando que alcançou um determinado escore; diferenciar de *normas de idade*, 134-135

normas de subgrupo: Normas para qualquer grupo definido inserido em um grupo mais amplo, 136-137

normas do desenvolvimento: Normas elaboradas com base em traço, capacidade, habilidade ou outra característica que presumivelmente se desenvolva, se deteriore, ou de outro modo seja afetada pela idade cronológica, série escolar ou pelo estágio de vida, 136

normas do programa. *Ver* normas do usuário

normas do usuário: Também referidas como *normas do programa*, estatística descritiva baseada mais em um grupo de testandos em um determinado período de tempo do que em normas obtidas por métodos de amostragem formais, 125-128

normas locais: Informação normativa sobre alguma população limitada, frequentemente de interesse específico do usuário do teste, 133, 136-137

normas nacionais: Normas derivadas de uma amostra de padronização que era nacionalmente representativa da população, 136

normas nacionais de ancoragem: Uma tabela de equivalência para pontuações em dois testes nacionalmente padronizados visando medir a mesma coisa, 136-137

normatização: O processo de produzir ou criar normas, 125-128

normatização racial: A prática controversa de normatizar com base na raça ou na origem étnica, 125-128

nota média de classificação (GPA), 193

notação de somatório, 89

O

OAT. *Ver* Teste de Admissão à Optometria (Optometry Admission Test) (OAT)

observação comportamental: Monitorar as ações dos outros ou as suas próprias por meios visuais ou eletrônicos enquanto registra informações quantitativas e/ou qualitativas relativas a essas ações, normalmente para fins diagnósticos ou relacionados e para planejar intervenções ou para medir o desfecho de uma intervenção, 11-13, 476-478

observação comportamental análoga: A observação de uma pessoa ou de pessoas em um ambiente visando aumentar a chance de o avaliador observar comportamentos e interações-alvo, 479-480

observação naturalista: Observação comportamental que ocorre em um ambiente natural (em oposição a um

laboratório de pesquisa) com o objetivo de avaliação e coleta de informação, 12-13
ODDA. *Ver* Lei da Morte com Dignidade do Oregon (Oregon's Death with Dignity Act) (ODDA)
Officer Qualifying Test (Teste de Qualificação de Oficiais), 348
oportunidades de carreira
 aplicações empresariais, 602-612
 avaliação/seleção/classificação/colocação, 580-591
 compromisso organizacional, 599
 cultura organizacional, 599-601
 escolha da carreira/transição de carreira, 565-582
 esgotamento, 597
 medida de interesse, 566-569
 medidas de capacidade cognitiva, 591-592
 medidas de capacidade/aptidão, 568-576
 medidas de personalidade, 575-580
 motivação, 594-597
 produtividade, 592-594
 satisfação no trabalho, 598
oportunidades de emprego. *Ver* oportunidades de carreira
organicidade: Uma referência abreviada a dano cerebral orgânico e a uma das variedades de consequências funcionais que acompanham tal dano, 532-533
orientação: Um elemento tripartite do exame do estado mental consistindo em orientação ao *self* (se o entrevistado sabe quem é), ao lugar (onde a entrevista está ocorrendo), e ao tempo (a data da entrevista); diz-se que entrevistandos orientados a pessoa, lugar e tempo são "orientados vezes 3", 499
originalidade, 354-355
OSS. *Ver* Agência de Serviços Estratégicos (OSS)

P

padrão de cuidados: O nível em que o profissional médio, razoável e prudente forneceria serviços diagnósticos ou terapêuticos sob as mesmas condições ou sob condições semelhantes, 57-58
padrões de avaliação, 52-55
Padrões de testagem educacional e psicológica (Stands for Educational and Psychological Testing), 18, 19
padronização de testes: Um processo de desenvolvimento de teste pelo qual ele é administrado a uma amostra representativa de testandos sob condições claramente especificadas, e os dados são pontuados e interpretados; os resultados estabelecem um contexto para futuras administrações do teste com outros testandos, 128-129
WAIS-IV, 335

padronizar: O verbo "padronizar" refere-se a *transformar alguma coisa em alguma coisa que sirva como base de comparação ou julgamento*, 41-42, 128-129
painel de consumidores: Uma amostra de respondentes, selecionados por critérios demográficos ou outros, contratados por um consumidor ou uma empresa de pesquisa de mercado para responder periodicamente a enquetes, questionários e instrumentos de pesquisa relacionados sobre vários produtos, serviços e/ou propaganda ou outros esforços promocionais, 606
painel de especialistas: No processo de desenvolvimento de testes, um grupo de pessoas com conhecimento sobre a matéria sendo testada e/ou a população para a qual o teste se destina que podem fornecer informações para melhorar o conteúdo, a imparcialidade e outros aspectos relacionados ao teste, 274-275
painel-diário: Uma variedade de painel do consumidor no qual os respondentes concordaram em manter diários de seus pensamentos e/ou comportamentos, 606
paixão, 568-569
paixão harmoniosa, 568-569
paixão obsessiva, 568-569
palavras como estímulos projetivos, 457-461
papiro de Ebers, 40-41
papiro de Edwin Smyth, 39-40
PARC vs. *Commonwealth of Pennsylvania*, 62-66
PASAT. *Ver* Teste Auditivo Compassado de Adição Seriada (PASAT)
PCAT. *Ver* Teste de Admissão à Faculdade de Farmácia (Pharmacy College Admission Test) (PCAT)
PCL. *Ver* Lista de Verificação de Psicopatia (Psychopathy Checklist) (PCL)
PCL-R. *Ver* Lista de Verificação de Psicopatia Revisada (PCL-R)
PDTS. *Ver* Transtorno da Personalidade Traço Especificado (Personality Disorder Trait Specified diagnosis)(PDTS)
pensamento convergente: Um processo de raciocínio dedutivo que implica lembrança e consideração de fatos bem como uma série de julgamentos lógicos para limitar as soluções e eventualmente chegar a uma solução; diferenciar de *pensamento divergente*, 355-356
pensamento divergente: Um processo de raciocínio caracterizado por flexibilidade de pensamento, originalidade e imaginação, chegando a diversas soluções diferentes possíveis; diferenciar de *pensamento convergente*, 355-356
pensamento grupal (*groupthink*): Tomada de decisão coletiva caracterizada mais por uma tendência a consenso

do que a análise crítica e a avaliação, que pode levar a decisões menos ponderadas e mais arriscadas do que aquelas que poderiam ter sido tomadas por um indivíduo diante da mesma decisão, 11-12
PEP. *Ver* Programa de Exame de Proficiência (Proficiency Examination Program) (PEP)
percentil: Uma expressão da porcentagem de pessoas cujo escore em um teste ou medida é abaixo de um determinado escore bruto, ou um escore convertido que se refere a uma porcentagem de testandos; diferenciar de *porcentagem correta*, 134
percepto: Percepção de uma imagem (normalmente usado com referência ao Teste de Manchas de Tinta de Rorschach), 445
perfil: Uma descrição narrativa, um gráfico, uma tabela ou outra representação do grau em que uma pessoa demonstrou certas características-alvo como resultado da administração ou aplicação de instrumentos de avaliação, 398
perfil de personalidade: Descrição, gráfico ou tabela representando o grau em que uma pessoa demonstrou um determinado padrão de traços e estados, 398
personalidade: A constelação única de traços e estados psicológicos de um indivíduo, incluindo aspectos como valores, interesses, atitudes, visão de mundo, aculturação, sentido de identidade pessoal, senso de humor, estilos cognitivos e comportamentais e características relacionadas, 43-44, 309-312, 394
 medidas de, 575-580
personalidade Tipo A: Na tipologia de Friedman e Rosenman, uma personalidade caracterizada por competitividade, pressa, inquietação, impaciência, sentimentos de ser pressionado pelo tempo e fortes necessidades de realização e dominância, 396-397
personalidade Tipo B: Na tipologia de Friedman e Rosenman, uma personalidade caracterizada por traços (p.ex., "despreocupado" e "relaxado") que são opostos à personalidade Tipo A, 396-397
perspectiva interacionista, 304
pesquisa: Na psicologia do consumidor, uma lista fixa de perguntas administrada a uma amostra selecionada de pessoas, normalmente para aprender sobre atitudes, crenças, opiniões e/ou comportamento dos consumidores em relação a produtos, serviços ou propaganda, 604-607
pesquisa qualitativa dimensional: Uma adaptação da abordagem clínica multimodal de Lazarus para uso em aplicações de pesquisa qualitativa e

Glossário/Índice **715**

concebida para garantir que esta seja abrangente e sistemática de um ponto de vista psicológico e orientada por questões de discussão baseadas nas sete modalidades (ou dimensões) nomeadas no modelo de Lazarus, que são resumidas pelo acrônimo BASIC ID (comportamento [*behavior*], afeto, sensação, imaginação, cognição, relações interpessoais e drogas); a adaptação de Cohen do trabalho de Lazarus acrescenta uma oitava dimensão, sociocultural, mudando o acrônimo para BASIC IDS, 609

pesquisas da internet, 605
pesquisas telefônicas, 605
pessoas com deficiências, 30-31, 67-68
pessoas dependentes do campo (contexto), 28
pessoas independentes do campo, 28
PET (tomografia por emissão de pósitrons): Instrumento da medicina nuclear particularmente útil no diagnóstico de lesões bioquímicas no cérebro, 562
PIC. *Ver* Inventário da Personalidade para Crianças (PIC)
pistoleiros, 69
plano de teste (*blueprint*): Um plano detalhado do conteúdo, da organização e da quantidade dos itens que um teste irá conter, 184, 186
platicúrtico: Uma descrição da curtose de uma distribuição relativamente achatada em seu centro, 97
pletismógrafo: Instrumento que registra alterações no volume de uma parte do corpo decorrentes de variações no suprimento sanguíneo, 482-483
pletismógrafo peniano: Instrumento usado na avaliação e no tratamento de criminosos sexuais masculinos que visa medir alterações no volume do pênis em razão de excitação sexual, 18, 482-483
PMAs. *Ver* capacidades mentais primárias (primary mental abilities) (PMAs)
polígono de frequência: Ilustração gráfica de dados na qual números indicando a frequência são colocados no eixo vertical, os escores ou categorias do teste são colocadas no eixo horizontal, e os dados são descritos por uma linha contínua ligando os pontos onde as pontuações ou categorias do teste encontram as frequências, 84-85, 86
poligrafista/polígrafo, 482-483
polígrafo: O instrumento popularmente conhecido como detector de mentira, 482-483
politicamente correto, 189
políticas públicas, 56-58
ponto de corte: Um ponto de referência (geralmente numérico) derivado do resultado de julgamento e usado para dividir um conjunto de dados em duas ou mais classificações, com alguma ação a ser realizada ou alguma inferência a ser feita com base nessas classificações, 7
 definição, 232-233
 fixa, 232-233
 método Angoff, 235-236
 método de grupos conhecidos, 235-237
 métodos baseados na TRI, 236-238
 pontuações de corte múltiplas, 232-233
 referenciada a norma, 232-233
 relativa, 232-233
ponto de corte fixo: Também conhecido como *ponto de corte absoluto*, uma referência ao ponto em uma distribuição de pontuações de teste usado para dividir um conjunto de dados em duas ou mais classificações que é normalmente estabelecido com referência a um julgamento relativo a um nível mínimo de proficiência requerido para ser incluído em uma determinada classificação; diferenciar de *ponto de corte relativo fixo*, 232-233
ponto de corte referenciado à norma. *Ver* **ponto de corte relativo**
ponto de corte relativo: Também referido como *ponto de corte referenciado à norma*, um ponto de referência em uma distribuição de pontuações de testes usado para dividir um conjunto de dados em duas classificações com base mais em considerações relacionadas a norma do que na relação das pontuações do teste com um critério, 232-233
pontuação. *Ver* pontuações de teste
pontuação cumulativa: Um método de pontuação pelo qual escores ou pontuações acumulados em itens individuais ou em subtestes são calculados e então, quanto mais alta a soma total, supostamente mais alta é a capacidade, o traço ou outra característica do indivíduo sendo mensurado; diferenciar de *pontuação de classe* e *pontuação ipsativa*, 120-121
pontuação de classe: Também referida como *pontuação de categoria*, método de avaliação no qual as respostas do teste ganham créditos para a colocação em uma determinada classe ou categoria com outros testandos. Às vezes os testandos devem cumprir um número de respostas correspondentes a um determinado critério a fim de serem colocados em uma categoria, ou classe, específica; diferenciar de *pontuação cumulativa* e *pontuação ipsativa*, 257-260
pontuação de itens, 257-260
pontuação do teste
 confiabilidade. *Ver* confiabilidade
 correlação/inferência, 105-116
 curtose, 97-98
 curva normal (em forma de sino), 98-102
 distribuições de frequência, 82-88
 enviesamento, 96-97
 escalas de mensuração, 78-83
 escore cumulativo, 120-121
 escore-padrão, 101-106
 tendência central, 89-92
 validade. *Ver* validade
 variabilidade, 92-96
pontuação ipsativa: Uma abordagem à pontuação e à interpretação de testes na qual as respostas do testando e a força presumida de um traço medido são interpretadas em relação à força medida de outros traços para esse testando; diferenciar de pontuação de classe e pontuação cumulativa, 257-260
pontuação processual: Uma pontuação em um teste visando ajudar o usuário do teste a entender a forma como o testando processa as informações, 337
pontuação verdadeira: Um valor que, de acordo com a teoria clássica dos testes, reflete genuinamente o nível de capacidade (ou traço) de um indivíduo medido por um determinado teste, 163-165
pontuação/interpretação de teste, 147-149
SB5, 328
pontuações de corte absolutas, 232-233
pontuações de corte categóricas, 8
pontuações de corte múltiplas: O uso de dois ou mais pontos de corte em relação a um preditor com o objetivo de categorizar os testandos em mais de dois grupos, ou o uso de um ponto de corte diferente para cada preditor quando usando múltiplos preditores para seleção, 232-233
pontuações de teste, 77
pontuar: O processo de atribuir códigos ou declarações avaliativas ao desempenho em testes, tarefas, entrevistas ou outras amostras de comportamento, 7
porcentagem correta: Em um teste com respostas que são pontuadas como corretas ou incorretas, uma expressão do número de itens respondidos corretamente, multiplicado por 100 e dividido pelo número total de itens; diferenciar de *percentil*, 134
portfólio: Amostra de um trabalho; referido como *avaliação do portfólio* quando usado como um instrumento em um processo avaliativo ou diagnóstico, 9-10, 388-389
prática baseada em evidência: Métodos, protocolos, técnicas e procedimentos usados por profissionais que têm uma base em achados clínicos e de pesquisa, 111-115
predeterminismo: A teoria de que as capacidades da pessoa são predeterminadas por herança genética e que nenhuma quantidade de aprendizagem ou outra intervenção pode aumentar o que é geneticamente codificado para se desenvolver, 302

pré-formacionismo: A teoria de que todos os organismos vivos são pré-formados no nascimento e que a inteligência, como outras "estruturas" pré-formadas, não pode ser melhorada por intervenção ambiental, 301

pressão: De acordo com o teórico da personalidade Henry Murray, determinantes de comportamento provenientes do ambiente; diferenciar do conceito murrayano de *necessidade,* 452

previsão atuarial: Uma abordagem à previsão de comportamento baseada na aplicação de regras e probabilidades estatísticas demonstradas empiricamente; diferenciar de *previsão clínica* e *previsão mecânica,* 528

previsão clínica: Na prática clínica, um médico aplicar seu treinamento e sua experiência clínica como um fator determinante no julgamento e nas ações clínicas; diferenciar de *previsão atuarial* e *previsão mecânica,* 528

previsão mecânica: A aplicação de algoritmos de computador junto com regras e probabilidades estatísticas para produzir achados e recomendações; diferenciar de *previsão clínica* e *previsão atuarial,* 528

primeiros momentos da distribuição, 108-109

procedimentos de administração, 7

procedimentos de pontuação/interpretação, 7

procedimentos não invasivos: Método de avaliação ou tratamento que não envolve invasão (por procedimento cirúrgico, raio X ou outros meios) do corpo; por exemplo, em uma avaliação neuropsicológica, a observação do cliente caminhando ou pulando, 540-541

processamento central: Pontuação, interpretação, ou outra conversão computadorizada de dados de teste brutos que são transportados fisicamente do mesmo ou de outros locais de teste; diferenciar de *teleprocessamento* e *processamento local,* 13-14

processamento local: Pontuação, interpretação ou outra conversão de dados brutos do teste por computador, no local; diferenciar de *processamento central* e *teleprocessamento,* 13-14

processamento paralelo. *Ver* processamento simultâneo

processamento sequencial, 295-296

processamento simultâneo: Também chamado de *processamento paralelo;* com base nos textos de Luria, um tipo de processamento de informação pelo qual esta é integrada e sintetizada de uma só vez e como um todo; diferenciar de *processamento sucessivo,* 295, 296

processamento sucessivo: Também referido como *processamento sequencial;* com base nos textos de Luria, um tipo de processamento de informação pelo qual esta é processada pouco a pouco, de uma forma sequencial e organizada e reorganizada até que faça sentido; diferenciar de *processamento simultâneo,* 295-296

produtividade: Rendimento ou valor gerado em relação ao esforço de trabalho, 592-594

Programa de Exame de Nível Universitário (CLEP), 367-368

Programa de Exame de Proficiência (PEP), 367

programas de testagem de competência mínima: Programa de avaliação formal em habilidades básicas, como leitura, escrita e aritmética, visando ajudar na tomada de decisão educacional que varia de reforço a graduação, 60-61

Projeção da personalidade nos desenhos da figura humana (Personality Profection in the Drawing of the Human Figure) (Machover), 462-463

Projeto de Estudo de Caso Excepcional (ECSP), 514

projeto People Awakening, 53-54

prontidão para liberdade condicional, 516-517

proposição 209, 592

protocolo: (1) O formulário ou folha nos quais as respostas dos testandos são inseridas; (2) um método ou procedimento para avaliação ou pontuação, 25-27

protocolo âncora: A folha de respostas de um teste desenvolvida pelo editor de um teste para verificar a correção da pontuação dos examinadores, 280-281

protocolos de teste, 25-27

pseudodemência: Perda do funcionamento cognitivo que imita demência mas que não se deve a perda ou dano de células cerebrais, 24, 538

PSI. *Ver* Índice de Estresse Parental (PSI)

psicanálise: Teoria da personalidade e tratamento psicológico desenvolvidos originalmente por Sigmund Freud, 51-52

psicastenia, 423-424

psicologia clínica: Aquele ramo da psicologia que tem como foco principal a prevenção, o diagnóstico e o tratamento de comportamento anormal, 489

psicologia da saúde: Uma área de especialidade da psicologia que focaliza o entendimento do papel de variáveis psicológicas no início, curso, tratamento e na prevenção de doenças e deficiências, 25-27

psicologia de aconselhamento: Um ramo da psicologia que tem a ver com prevenção, diagnóstico e tratamento de comportamento anormal, com ênfase em tipos de preocupações e problemas "cotidianos" como aqueles relacionados a casamento, família, estudos e carreira, 489

psicologia do consumidor: O ramo da psicologia social que trata sobretudo do desenvolvimento, da publicidade e da comercialização de produtos e serviços, 602

psicometria: A ciência da mensuração psicológica, 9

psicometrista: Profissional na testagem e avaliação que normalmente tem doutorado ou mestrado em psicologia ou educação e com especialização em áreas como diferenças individuais, psicologia quantitativa ou teoria da avaliação, sendo qualificado para administrar testes específicos, 9

psicopata: Diagnóstico que descreve indivíduos com poucas inibições que podem perseguir prazer ou dinheiro com total desconsideração pelo bem-estar dos outros, 516

PsycARTICLES, 34-35

PsychCorp, 42n2

Psychodiagnostics (Rorschach), 443

Psychological Tests and Personnel Decisions (Testes psicológicos e decisões de seleção de pessoal) (Cronbach/Gleser), 227-229

PsycINFO: Um banco de dados eletrônico na internet, mantido pela American Psychological Association e arrendado a usuários institucionais, visando ajudar indivíduos a localizarem documentos relevantes de psicologia, educação, enfermagem, assistência social, direito, medicina e outras disciplinas, 34-35

PsycLAW, 34-35

PsycSCAN: Psicofarmacologia, 34-35

punção lombar: Procedimento diagnóstico normalmente realizado por um neurologista no qual a líquido cerebrospinal é extraído da medula espinal pela inserção de uma agulha, 562

Purdue Pegboard Test (Teste do Tabuleiro de Pinos de Purdue), 550

Q

QD. *Ver* quociente de deterioração (QD)

QI (quociente de inteligência): Uma referência abreviada, amplamente utilizada para a inteligência que remonta a uma época em que a idade mental de um testando determinada por um teste era dividida pela idade cronológica e multiplicada por 100 para determinar o "quociente de inteligência". *Ver também* **inteligência**

definição, 323

desvio de QI, 323

efeito Flynn, 308-310

natureza-educação, 303

relação de QI, 323

QI de desvio: Um índice de inteligência derivado da razão da idade mental do testando (calculada por um teste) dividida por sua idade cronológica e multiplicada por 100 para eliminar decimais, 323

QI de Escala Total (FSIQ), 334

qualidade de vida: Na avaliação psicológica, uma estimativa de variáveis como estresse percebido, solidão, fontes de satisfação, valores pessoais, qualidade das condições de vida e qualidade das amizades e de outros apoios sociais, 23

qualidade de vida relacionada à saúde (QVRS), 174

qualificações do aplicador de teste, 67

quartil: Um de três pontos de divisão entre os quatro quartos de uma distribuição, cada um normalmente rotulado Q1, Q2 ou Q3, 93

quebra-cabeças Torre de Hanói, 545, 546

Questionário Abreviado do Estado Mental, 539-540

Questionário de Atitudes Parentais, 372
Parenting Stress Index (Índice de Estresse Parental) (PSI), 523, 524

Questionário de Interesses Vocacionais de Strong (Strong Vocational Interest Blank) (SVIB), 566

Questionário dos 16 Fatores de Personalidade (16 PF), 413-414, 418-419

Questionário Não Verbal dos Cinco Fatores da Personalidade (FF-NPQ), 420-421

questões de diversidade, seleção de pessoal, 591-592

quociente de deterioração (QD): Também referido como *índice de deterioração*, é um padrão de pontuações de subteste em um teste Wechsler que o próprio Wechsler considerava sugestivo de déficit neurológico, 544

quociente de inteligência (QI). *Ver* **QI (quociente de inteligência)**

QVRS. *Ver* qualidade de vida relacionada à saúde (QVRS)

R

***r* de Pearson:** Também conhecido como o *coeficiente de correlação produto-momento de Pearson* e *coeficiente de correlação de Pearson*, uma estatística amplamente utilizada para obter um índice da relação entre duas variáveis quando essa relação é linear e quando as duas variáveis correlacionadas são contínuas (i.e., em teoria podem assumir qualquer valor), 106-107

radicais de sentenças: Todas as palavras que compõem a parte do item de completar sentenças, não incluindo o espaço em branco a ser completado pelo testado, 459

Raising Children with Love and Limits (Cattell), 42

ramificação de itens: Na testagem adaptativa computadorizada, a apresentação individualizada de itens de teste retirados de um banco de itens baseada nas respostas anteriores do testando, 257-260

***rapport*:** Um relacionamento de trabalho entre examinador e examinando na testagem ou avaliação, 25-27

RAT. *Ver* Teste de Associações Remotas (Remote Associates Test) (RAT)

razão de seleção: Valor numérico que reflete a relação entre o número de pessoas a serem contratadas e o número de pessoas avaliadas para o cargo, 219

razão de validade de conteúdo (RVC): Uma fórmula, desenvolvida por C. H. Lawshe, usada para medir a concordância entre avaliadores com relação a quanto um item de teste individual é essencial para ser incluído em um teste, 187-188

RCRAS. *Ver* Rogers Criminal Responsability Assessment Scale (Escala de Avaliação da Responsabilidade Criminal de Rogers) (RCRAS)

RCV. *Ver* **razão de validade de conteúdo (RVC)**

reaculturação, 510

reatividade: Mudanças no comportamento, no pensamento ou no desempenho de um avaliando que surgem em resposta a ser observado, avaliado ou medido, 479

Recomendações técnicas para testes de realização (Technical Recommendations for Achievemebt Tests), 65-66

Recomendações técnicas para testes psicológicos e técnicas diagnósticas (Technical Recommendations for Psychological Tests and Diagnostic Techniques), 65-66

redução da validade: A diminuição nas validades do item que ocorre inevitavelmente após validação cruzada, 278-279

reflexo: Resposta motora involuntária a um estímulo, 540-541

Regents of the University of California vs. *Bakke*, 60-61

Regra 702, 63-64

regra ALI: Regra de insanidade mental do American Law Institute, a qual determina que uma pessoa não é responsável por conduta criminosa se, na época em que ela ocorreu, não possuía a capacidade substancial de avaliar a criminalidade da conduta ou de ajustar a conduta aos requisitos da lei; diferenciar da *regra de Durham* e da *regra de M'Naghten*, 516

regra de Durham: Uma regra de insanidade legal em *Durham* vs. *United States* na qual o réu não era considerado culpável por ação criminal se seu ato ilegal fosse produto de uma doença ou um defeito mental; diferenciar da *regra ALI* e da *regra M'Naghten*, 516

regra de M'Naghten: Também conhecida como o teste de insanidade de "certo ou errado", um padrão (hoje substituído) que dependia da diferenciação entre certo e errado pelo indivíduo no momento do cometimento de um crime; diferenciar da *regra Durham* e da *regra ALI*, 515

regressão múltipla: A análise das relações entre mais de uma variável independente e uma variável dependente para entender como cada variável independente prediz a variável dependente, 234-235

relacionamento psicólogo-cliente, 73-74

relatório consultivo: Um tipo de relatório interpretativo que visa fornecer análise especializada e detalhada dos dados do teste que imita o trabalho de um consultor especializado, 15

relatório de pontuação: Uma descrição formal ou oficial, gerada por computador, de desempenho em testes, em geral representada numericamente; as duas variedades são o *relatório de pontuação simples* (contendo apenas um relatório das pontuações) e o *relatório de pontuação estendido* (contendo estatísticas do item); diferenciar de *relatório interpretativo* e *relatório integrativo*, 13-15

relatório de pontuação estendido: Um tipo de relatório de pontuação que fornece não apenas uma lista de escores mas também dados estatísticos, 13-14

relatório de pontuação simples: Um tipo de relatório de pontuação que fornece apenas uma lista das pontuações, 13-14

relatório integrativo: Uma forma de relatório interpretativo de avaliação psicológica, geralmente gerado por computador, no qual dados de fontes comportamentais, médicas, administrativas e/ou outras são integradas; diferenciar de *relatório de pontuação* e *relatório interpretativo*, 15

relatório interpretativo: Um relato formal ou oficial, gerado por computador, de desempenho de testes apresentado na forma numérica e narrativa e incluindo uma explicação dos achados; as três variedades de relatório interpretativo são descritivo, avaliativo e consultivo; diferenciar de *relatório de pontuação* e *relatório integrativo*, 15

relatório psicológico: Um documento de arquivo descrevendo os resultados de testagem ou avaliação psicológica; efeito Barnum no, 524-529

responsabilidade criminal, 515-516

resposta de alerta: Iluminação e abertura dos olhos em resposta a um estímulo, indicativo da capacidade de resposta de um bebê; diferenciar *resposta de orientação*, 297

resposta de orientação: Indicativa da capacidade de um bebê para responsividade, a ação de voltar-se na direção de um estímulo; diferenciar de *resposta de alerta*, 297

restrição da variação: Também referida como *restrição da variância*, um fenômeno associado com estimativas de confiabilidade no qual a variância de qualquer variável em uma análise correlacional é restringida pelo procedimento de amostragem usado e, portanto, ocasionando que o coeficiente de correlação resultante tenda a ser mais baixo; diferenciar de *inflação da variação*, 161-162

retorno sobre o investimento: Uma proporção dos benefícios econômicos e/ou não econômicos derivados de gastos para iniciar ou melhorar um programa de testagem, um programa de treinamento ou uma intervenção, comparando com todos os custos da iniciativa ou de melhoramentos, 225-226

revisão de sensibilidade: Estudo de itens de teste, geralmente durante o desenvolvimento do mesmo, no qual os itens são examinados quanto a imparcialidade para todos os futuros testandos e para a presença de linguagem ofensiva, estereótipos ou situações, 274

revisão de testes
  desenvolvimento de novos testes, 275-276
  garantia de qualidade, 279-281
  teoria de resposta ao item (TRI), 280-284
  teste existente, 276-281
  validação cruzada/covalidação, 278-280

revisão de testes: Ação realizada para modificar o conteúdo ou o formato de um teste com o objetivo de melhorar sua eficácia como instrumento de avaliação, 240

R-FVII. *Ver* Inventário de Interesses Vocacionais Sem Leitura (R-FVII)

***rho* de Spearman:** Também referido como *coeficiente de correlação por ordem de postos* e *coeficiente de correlação por ordem das diferenças*, este índice de correlação pode ser a estatística de escolha quando o tamanho da amostra é pequeno e ambos os conjuntos de medidas são ordinais, 109-110

Roteiro para Transtornos Afetivos e Esquizofrenia (SADS), 496

S

SADS. *Ver* Roteiro para Transtornos Afetivos e Esquizofrenia (Schedule for Affective Disorders and Schizophrenia) (SADS)

SAI. *Ver* Índice de Capacidade Escolar (School Ability Index) (SAI)

SAT, 34-35, 138

satisfação no trabalho: Um estado emocional prazeroso ou positivo resultante da avaliação do próprio trabalho ou da experiência do trabalho, 598

SB:FE. *Ver* Stanford-Binet Quarta Edição (SB:FE)

SB5. *Ver* Escala de Inteligência de Stanford-Binet

scan **cerebral:** Referido mais formalmente como um *scan de radioisótopo*, procedimento usado na neurologia para detectar tumores e outras possíveis anormalidades que envolve a introdução de material radioativo no cérebro com o objetivo de rastrear seu fluxo, 562

SCID. *Ver* Entrevista Clínica Estruturada para o DSM-IV (Structured Clinical Interfor DSM-IV) (SCID)

SCII. *Ver* Inventário de Interesses de Strong-Campbell (Strong-Campbell Interest Inventory) (SCII)

SDMT4. *Ver* Teste Matemático Diagnóstico de Stanford, Quarta Edição (Stanford Diagnostic Mathematics test, Fourth Edition) (SDMT4)

SDS. *Ver* Busca Autodirigida (Self-Directed Search) (SDS)

segundos momentos da distribuição, 108-109

seleção: Um processo pelo qual cada pessoa avaliada para um cargo é aceita ou rejeitada; diferenciar de *triagem*, *classificação* e *colocação*, 580-582

seleção de pessoal, 591-592

seleção descendente: Processo de conceder cargos disponíveis a candidatos pelo qual ao pontuador mais alto é concedida a primeira posição, ao próximo pontuador mais alto a posição seguinte, e assim sucessivamente até todos os cargos serem preenchidos, 220

Serviço de Testagem Educacional (Educational Testing Service) (ETS), 34-35

Serviço Secreto, 513-514

SIB. *Ver* Bateria de Prejuízo Grave (SIB)

sinal maior: Na avaliação neuropsicológica, um indicador de déficit neurológico claro, como uma resposta reflexa anormal; diferenciar de *sinal menor*, 536

sinal menor: Na avaliação neuropsicológica, uma indicação de que déficit neurológico pode estar presente; por exemplo, uma discrepância significativa entre os subtestes Verbal e de Desempenho em um teste Wechsler, 536

síndrome: Um conjunto de problemas emocionais e comportamentais ocorrendo juntos, 371-373

síndrome cerebral orgânica, 532-533

SIRS-2. *Ver* Entrevista Estruturada de Sintomas Relatados-2 (Structured Interview of Reported Symptoms-2) (SIRS-2)

sistema abrangente: Integração de diversos métodos para administrar, pontuar e interpretar o teste de Rorschach elaborada por John Exner, 447

Sistema de Avaliação do Comportamento para Crianças-2 (Behavior Assessment System for Children-2) (BASC-2), 370-371, 373-374

Sistema de Avaliação Multiaxial Empírica, 404

Sistema de Classificação Vocacional de Tyler, 411-413

Sistema de Codificação da Interação Conjugal, 478

Sistema de Desenho Cinético (KDS), 464

Sistema de Informação Orientadora (GIS 3.0), 568-569

Sistema de Pontuação da Interação de Casais, 478

sistema de pontuação do grupo fixo de referência: Um sistema de pontuação no qual a distribuição de escores obtidos no teste por um grupo de testandos (o grupo de referência fixa) é usada como base para o cálculo de escores para administrações futuras; o SAT e o GRE são pontuados dessa forma, 138

sistema de quotas: Processo de seleção pelo qual um número ou uma porcentagem fixos de candidatos com certas características ou de certas origens são selecionados independentemente de outros fatores como a capacidade documentada, 62-63

Sistema Diagnóstico KeyMath 3, 382-383

sistema nervoso, 530-534

sistema nervoso central: Todos os neurônios ou as células nervosas no cérebro e na medula espinal; diferenciar de *sistema nervoso periférico*, 530

sistema nervoso periférico: Todas as células nervosas que transmitem mensagens neurais para o corpo e a partir dele, exceto aquelas células nervosas do cérebro e da medula espinal; diferenciar de *sistema nervoso central*, 530

sociograma: Representação gráfica de dados de avaliações de pares ou de outras informações interpessoais, 390-391

solidez psicométrica: A qualidade técnica de um teste ou de outro instrumento de avaliação, 9
  métodos projetivos de avaliação da personalidade, 467
  SB5, 325-326
  utilidade, 211-213
  WAIS-IV, 335

solucionador, 280-281

somador verbal, 461

sons, como estímulos projetivos, 460-461

SPECT (tomografia computadorizada por emissão de fóton único): Uma tecnologia que registra o curso de um fluido traçador radioativo (iodo) e produz fotografias excepcionalmente claras de órgãos e tecidos, 562, 563

SRP. *Ver* Autorrelato da Personalidade (Self-Report of Personality) (SRP)

SSHA. *Ver* Levantamento de Hábitos e Atitudes de Estudo (Survey of Study Habits and Attitudes) (SSHA)
SSS. *Ver* Escala de Busca de Sensações (SSS)
STAI. *Ver* Inventário de Ansiedade Traço-estado (State-Trait Auxiety Inventory) (STAI)
Stanford-Binet Quarta Edição (SB:FE), 324
stresseraser, 29
subescalas de Harris-Lingoes, 424-426
subteste central: Um dos subtestes de um teste que é rotineiramente aplicado durante qualquer administração do teste; diferenciar de *subteste suplementar* ou *opcional*, 332-333
subteste opcional, 332-333
subteste suplementar: Também referido como um *subteste opcional*, um subteste que pode ser usado com o propósito de fornecer informações adicionais ou em lugar de um subteste central se, por qualquer razão, o uso de uma pontuação em um subteste central fosse questionável; diferenciar de *subteste central*, 332-333
Superdotação: Desempenho de consistência excepcional em qualquer área positivamente valorizada, 306-307
suposição de monotonicidade, 170-171
suposição de unidimensionalidade, 170
SVIB. *Ver* Questionário de Interesses Vocacionais de Strong (SVIB)

T

tabela de expectativa: Informações apresentadas em forma tabular ilustrando a probabilidade de que um testando individual pontuará em algum intervalo de pontuações em uma medida de critério, 196
tabelas de Naylor-Shine: Tabelas estatísticas usadas amplamente no passado para auxiliar no julgamento da utilidade de um determinado teste, 226-228
tabelas de Taylor-Russell: Tabelas estatísticas usadas extensivamente no passado para fornecer aos aplicadores de testes uma estimativa do grau em que a inclusão de um determinado teste no sistema de seleção melhoraria as decisões de seleção, 219, 225-228
TAC. *Ver* **teste adaptado por computador (Computerized adaptive testing) (CAT)**
tamanho do efeito: Estatística usada para expressar a força da relação ou a magnitude das diferenças nos dados; em metanálise, essa estatística é mais normalmente um coeficiente de correlação, 111-115
Tarasoff vs. *Regents of the University of California*, 60-61, 73-74, 512
tarefa ou teste de desempenho: (1) Em geral, uma amostra de trabalho visando obter conhecimento representativo, habilidades e valores de uma determinada área de estudo; (2) em contextos de emprego, um instrumento ou procedimento que requer que o avaliando demonstre certas habilidades ou capacidades relacionadas ao trabalho sob condições idênticas ou análogas às condições do trabalho, 388-389, 584-585
TAT. *Ver* Teste de Apercepção Temática (Thematic Apperception Test) (TAT)
tautofone, 461
taxa de acerto: A proporção de pessoas que são identificadas corretamente como possuindo ou não possuindo um determinado traço, um comportamento, uma característica ou um atributo com base nas pontuações do teste, 194
taxa de base: Um índice, geralmente expresso como uma proporção, do grau em que um determinado traço, um comportamento, uma característica, ou um atributo existem em uma população, 194, 219
taxa de erro: A proporção de pessoas que um teste ou outro procedimento de mensuração não consegue identificar precisamente com respeito a possuir ou exibir um traço, um comportamento, uma característica ou um atributo; um "erro" nesse contexto é uma classificação ou previsão incorreta; pode ser subdividida em *falso-positivos* e *falso-negativos*, 194
TCT. *Ver* **teoria clássica dos testes (TCT)**
TDAH. *Ver* transtorno de déficit de atenção/hiperatividade (TDAH)
TDR. *Ver* **teste do desenho do relógio (TDR)**
técnica da caixa de entrada: Uma técnica de mensuração usada para avaliar a capacidade gerencial e as habilidades organizacionais que envolvem uma simulação cronometrada da forma como um gerente ou um executivo lidam com uma caixa de entrada cheia de correspondências, memorandos, anúncios e outras notícias e diretrizes, 585
técnica de diferencial semântico: Um formato de item caracterizado por adjetivos bipolares separados por uma escala de avaliação de sete pontos na qual os respondentes selecionam um ponto para indicar sua resposta, 412, 606
técnica de distribuição forçada: Procedimento envolvendo a distribuição de um número ou porcentagem predeterminados de avaliandos em várias categorias que descrevem o desempenho (tal como categorias variando de "insatisfatório" a "superior"), 593
técnica de incidentes críticos: Em contextos do local de trabalho, um procedimento que implica registrar o comportamento do empregado avaliado como positivo ou negativo por um supervisor ou outro avaliador, 593
técnica de nomeação: Método de avaliação pelos pares no qual membros de uma classe, equipe, unidade de trabalho, ou de outro tipo de grupo devem selecionar (ou nomear) pessoas em resposta a uma pergunta ou afirmação, 307, 390-391
técnica do grupo sem líder: Um procedimento de avaliação situacional no qual um observador/avaliador estima o desempenho de indivíduos em uma situação de grupo com relação a variáveis como liderança, iniciativa e cooperação, 480, 585
técnica Q-sort: Uma técnica de avaliação na qual a tarefa é selecionar um grupo de afirmações, em geral na ordem de postos percebida variando de "mais descritiva" a "menos descritiva"; as afirmações, tradicionalmente apresentadas em fichários, podem ser selecionadas de formas que reflitam várias percepções; por exemplo, como os respondentes *se veem* ou gostariam de se ver, 410-413
Técnicas de Desenho Colaborativas, 464
teleprocessamento: Pontuação, interpretação ou outra conversão computadorizada de dados de teste brutos enviados por meio de linhas telefônicas por *modem* de um local de teste a um ponto central para processamento por computador; diferenciar de *processamento central* e *processamento local*, 13-14
temperamento: Com referência a avaliações da personalidade de bebês, a maneira característica das ações e reações observáveis da criança, 310-311
teoria bifatorial da inteligência: Teoria de inteligência geral de Spearman, que postula a existência de um fator de capacidade intelectual geral (g) parcialmente utilizado por todas as outras capacidades mentais, 291
teoria clássica dos testes (TCT) Também conhecida como *teoria das pontuações verdadeiras* e *modelo de pontuações verdadeiras*, sistema de suposições sobre mensuração que inclui a noção de que a pontuação de um teste (e mesmo uma resposta a um item individual) é composta de um componente relativamente estável que na verdade é o que o teste ou o item individual devem medir, bem como um componente que é o erro, 122-123, 163-166, 280-281
teoria da amostragem de domínio, 165-166
teoria da decisão: Uma série de métodos usados para avaliar quantitativamente procedimentos de seleção, classificações diagnósticas, intervenções terapêuticas ou outros processos rela-

cionados a avaliação ou intervenção em termos de o quanto são eficientes (em geral do ponto de vista de custo-benefício), 227-232

teoria da generalizabilidade: Também referida como *teoria da amostragem do domínio*, um sistema de suposições sobre mensuração que inclui a noção de que a pontuação de um teste (e mesmo uma resposta a um item individual) consiste em um componente relativamente estável que na verdade é o que o teste ou um item individual se propõem a medir, bem como em componentes relativamente instáveis que, no coletivo, podem ser explicados como erro, 166-167

teoria da personalidade, 417-418

"teoria da pontuação verdadeira": Também referida como *modelo de pontuação verdadeira* ou *teoria clássica dos testes*, um sistema de suposições sobre mensuração que inclui a noção de que a pontuação de um teste (e mesmo uma resposta a um item individual) é composta de um componente relativamente estável que na verdade é o que o teste ou o item individual se propõem a medir, bem como de um componente aleatório que é o erro, 122-123

teoria de resposta ao item (TRI): Também referida como *teoria de traço latente* ou *modelo de traço latente*, um sistema de suposições sobre mensuração (incluindo a suposição de que um traço sendo medido por um teste seja unidimensional) e o grau em que cada item do teste mede o traço, 165-173

pontos de corte, fixação, 236-238
revisão do teste, 280-284

teoria do traço latente: Também referida como *modelo do traço latente*, um sistema de suposições sobre mensuração, incluindo a suposição de que um traço sendo medido por um teste seja unidimensional, e o grau em que cada item do teste mede o traço, 167-168

teoria dos três estratos de capacidades cognitivas: Concepção de John B. Carroll das capacidades ou dos processos mentais classificados por três níveis ou estratos, tendo o *g* no nível mais amplo seguido por oito capacidades ou processos no segundo nível e uma série de capacidades e processos definidos mais estreitamente no terceiro nível, 293

Teorias da personalidade (Hall/Lindzey) (*Theories of Personality*), 393

teorias de processamento de informação: Uma forma de olhar a inteligência que se concentra em *como* a informação é processada em vez de o *que* é processado, 291

teorias fatoriais-analíticas, 291

terceiros momentos da distribuição, 108-109

"termites": Referência bem-humorada a crianças superdotadas que participaram do estudo de inteligência de Lewis M. Terman iniciado em 1916, 305n3

testagem
avaliação psicológica, diferenciada de, 3
confiabilidade, 123-125
considerações legais/éticas, 57-76
conteúdo, 6
definição, 1-2
formato, 7
inteligência. *Ver* testagem da inteligência
leis estaduais de licenciamento, 67-68
perspectiva histórica, 38-45
pontos de corte, 7
pontuação, 7
psicometria, 9
Rorschach, 8
utilidade, 9
validade, 124-125

testagem adaptativa: Um método ou procedimento de exame caracterizado por apresentação de itens ao testando adaptada individualmente; também referida como *testagem sob medida, testagem sequencial, testagem ramificada* e *testagem contingente à resposta*, 326. *Ver também* **teste adaptado por computador (TAC)**

testagem contingente à resposta, 326
testagem da inteligência, 320-356. *Ver também* Escala de Inteligência de Stanford-Binet; teste de inteligência Wechsler
administração de grupo, testes para, 343-349
administração individual, testes para, 343-349
análise fatorial, 344-347
ASVAB, 350-351
estilo cognitivo, 353-356

testagem de grupo
escolas, 349
Forças Armadas, 343-349
prós/contras, 352

testagem dos limites: (1) Na testagem da capacidade, a administração contínua de itens de teste acima do nível no qual o manual do teste determina a descontinuação, geralmente conduzida apenas quando o examinador tem razão para acreditar que um examinando possa "passar" nos itens de nível mais alto; (2) na administração do teste de Rorschach, uma entrevista opcional (após o inquérito inicial) na qual o examinador faz perguntas visando produzir *insights* adicionais nos processos de pensamento e na personalidade do avaliando, 328n3, 445

testagem e avaliação de domínio (referenciadas ao conteúdo). *Ver* **testagem e avaliação referenciadas ao critério**

testagem e avaliação referenciadas à norma: Um método de avaliação e uma forma de entender as pontuações de teste avaliando o escore de um testando individual e comparando-a com as pontuações de um grupo de testandos no mesmo teste; diferenciar de *testagem e avaliação referenciadas ao critério*, 125-128, 243

testagem e avaliação referenciadas ao conteúdo, 139

testagem e avaliação referenciadas ao critério: Também referidas como *testagem e avaliação referenciadas ao domínio* e *testagem e avaliação referenciadas ao conteúdo*, um método de avaliação e uma forma de entender os escores do teste pela avaliação do escore de um indivíduo com referência a um padrão (ou critério) estabelecido; diferenciar de *testagem e avaliação referenciadas à norma*, 138-140, 162-165, 243

testagem militar, 24, 28, 343-349

testagem psicológica: A mensuração de variáveis relacionadas à psicologia por meio de dispositivos ou procedimentos visando obter amostras de comportamento, 227-229

Testagem psicológica diagnóstica (Diagnostic Psychological Test) (Rapaport), 504

testagem psicológica do imigrante, 45-46
testagem ramificada, 326
testagem sequencial, 326
testagem sob medida, 326
testando, 19-21

teste: Um dispositivo ou procedimento de mensuração, 6. *Ver também testes específicos*

teste adaptado por computador (TAC): Um processo de testagem interativa, administrada por computador, no qual os itens apresentados ao testando são baseados em parte em seu desempenho em itens anteriores, 15, 255-256

teste Alfa do Exército: Um teste de inteligência e capacidade desenvolvido por psicólogos militares para uso na Primeira Guerra Mundial com o objetivo de avaliar recrutas analfabetos; diferenciar de *teste Beta do Exército*, 343-348

Teste Aperceptivo da Personalidade (Apperceptive Personality Test) (APT), 457

Teste Auditivo Compassado de Adição Seriada (Paeed Auditory Serial Addition Task) (PASAT), 216

teste Beta do Exército: Um teste de inteligência e capacidade não verbal desenvolvido por psicólogos militares para uso na Primeira Guerra Mundial a fim de avaliar recrutas analfabetos e estrangeiros; diferenciar de *teste Alfa do Exército*, 343-348

Teste BITCH, 317-318
Teste Clerical de Minnesota (MCT), 585

teste composto: Uma pontuação ou índice derivados da combinação e/ou transformação matemática de um ou mais escores de teste, 324

teste da Casa-Árvore-Pessoa, 464
Teste das Habilidades para Fazer Compras no Supermercado, 12-13
Teste das Manchas de Tinta de Rorschach, 8, 443-449
Teste de Admissão à Faculdade de Direito (LSAT), 61-62, 380-381
Teste de Admissão à Faculdade de Farmácia (PCAT), 380-381
Teste de Admissão à Faculdade de Medicina (MCAT), 379-381
Teste de Admissão à Faculdade de Odontologia (DAT), 380-381
Teste de Admissão à Faculdade de Veterinária (VCAT), 380-381
Teste de Admissão à Optometria (OAT), 380-381
Teste de Admissão ao Curso de Contabilidade (APAT), 380-381
Teste de Admissão às Profissões Ligadas à Saúde (AHPAT), 380-381
Teste de Admissão para Pós-graduação em Administração, 380-381
Teste de Analogias de Miller (MAT), 379-380
Teste de Apercepção Temática (TAT), 450-454
Teste de Aprendizagem Verbal da Califórnia-II (California Verbal Learning Test – II) (CVLT-II), 555
Teste de Aptidão Escolar (Scholastic Aptitude Test) (SAT). *Ver* SAT
Teste de Aptidão para Entrevista (FIT), 515
teste de associação de palavras: Uma técnica projetiva da personalidade, semiestruturada, administrada individualmente, que envolve a apresentação de uma lista de palavras de estímulo, a cada uma das quais um avaliando responde verbalmente ou por escrito com o que vier logo à mente na primeira exposição à palavra, 457, 458
Teste de Associação de Palavras Controladas, 553
Teste de Associação Livre de Kent-Rosanoff, 458-459
Teste de Associações Remotas (Remote Associates Test) (RAT), 355-356
Teste de Atitudes Implícitas (IAT), 604
Teste de Autoconceito de Beck, (Beck Self-Concept Test), 401
Teste de Avaliação de Afasia de Reitan-Indiana (Reitan-Indiana Aphasia Screening Test) (AST), 553
Teste de Capacidade Escolar de Otis-Lennon, 352
Teste de Capacidades Cognitivas, 351
Teste de Classificação de Cartas de Wisconsin-Versão 64 Cartas (WCST-64), 545
Teste de Classificação de Cores-Formas, 545
Teste de Classificação Geral do Exército (Army General Classification Test) (AGCT), 348
teste de completar sentenças: Instrumento de avaliação projetiva que contém uma série de frases incompletas no qual a tarefa do avaliando é inserir uma palavra ou palavras que tornarão cada uma das frases uma sentença completa, 459
Teste de Completar Sentenças da Universidade de Washington, 459
Teste de Compreensão da Escuta, 315-318n5
Teste de Compreensão Mecânica de Bennet, 568-569
Teste de Destreza com Pinças de O'Connor, 568-570
Teste de Detecção de Alcoolismo de Michigan (MAST), 509
Teste de Discriminação Auditiva de Wepman, 549
teste de dramatização: Um instrumento de avaliação no qual os avaliandos são instruídos a representar como se fossem colocados em uma determinada situação, 13-14
teste de encaminhamento (*routing test*): Subteste usado para orientar ou encaminhar o testando para um nível de itens compatível, 326
Teste de Figuras de Blacky, 408
Teste de Figuras de Situações Sociais, 449
Teste de Identificação de Odores da Universidade da Pensilvânia (University of Pennsylvania Smell Identification Test) (UPSIT), 536-537
teste de integridade: Instrumento de avaliação concebido para prever quem será e quem não será um empregado honesto, 576-577
teste de inteligência culturalmente imparcial: Um teste ou processo de avaliação visando minimizar a influência da cultura nos vários aspectos dos procedimentos de avaliação, tal como as instruções de administração, o conteúdo do item, as respostas requeridas do testando e a interpretação dos dados resultantes, 313-317
Teste de Inteligência de Amplo Espectro (Wide Range Intelligence Test) (WRIT), 342
teste de inteligência livre de viés cultural: Em psicometria, o ideal de um teste que seja destituído da influência de qualquer cultura em particular e portanto não favoreça pessoas de cultura alguma, 312-313
Teste de Inteligência Negra de Homogeneidade Cultural, 314
Teste de Maturidade Mental da Califórnia, 351
Teste de Nomeação de Boston, 547
teste de personalidade objetivo: Normalmente, um teste consistindo em itens de resposta curta no qual a tarefa do avaliando é selecionar uma resposta das duas ou mais fornecidas, e toda pontuação é feita de acordo com procedimentos estabelecidos envolvendo pouco ou nenhum julgamento da parte do avaliador, 440
Teste de Pessoal Wonderlic, 568-569
teste de potência (ou nível): Um teste, geralmente de realização ou capacidade, (1) sem limite de tempo ou com um limite tão longo que todos os testandos possam tentar todos os itens e (2) com alguns itens tão difíceis que nenhum testando consegue obter uma pontuação perfeita; diferenciar de *teste de velocidade (ou rapidez)*, 162-163
Teste de Proficiência em Estenografia de Seashore Bennett, 584
Teste de Proficiência Motora de Bruininks-Oseretsky, 549
teste de prontidão: Instrumento de avaliação para verificar se um indivíduo tem os requisitos para iniciar um programa ou realizar uma tarefa; às vezes sinônimo de *teste de aptidão*, 369-370
Teste de Provérbios, 544
Teste de Qualificação das Forças Armadas (AFQT), 349
teste de realização: Avaliação de conquistas ou do grau de aprendizagem que ocorreram, geralmente com relação a uma área acadêmica, 22, 363-368
Teste de Realização Cooperativo, 364-365
Teste de Realização Individual de Wechsler-Terceira Edição (Wechsler Individual Achievement Test – Third Edition) (WIAT-III), 363-364
Teste de Resposta de Risco para Cocaína, 510
Teste de Sentenças Incompletas de Rotter, 459
teste de velocidade: Um teste, geralmente de realização ou capacidade, com um limite de tempo; os testes de velocidade contêm itens de nível de dificuldade uniforme, 162-163, 272-273
Teste de Weigl, 545
teste Desenho da Figura Humana: Uma referência geral a um tipo de teste no qual a tarefa do testando é desenhar uma figura humana e/ou outras figuras, e deduções são então obtidas sobre sua capacidade, personalidade e/ou integridade neurológica com base na(s) figura(s) produzida(s), 462-463
teste diagnóstico: Instrumento usado para fazer um diagnóstico, geralmente para identificar áreas de déficit a serem visadas para intervenção, 22, 380-382
Teste Diagnóstico de Matemática de Stanford, Quarta Edição (SDMT4), 382-383
teste do bafômetro, 164
teste do certo ou errado, 515
teste do desenho do relógio (TDR): Técnica usada em exames neuropsicológicos clínicos pela qual o testando desenha um relógio, geralmente indicando uma determinada hora, que é então avaliado para distorções que podem ser sintomáticas de demência ou outras condições neurológicas ou psiquiátricas, 546

teste físico: Uma medida que implica avaliação da saúde e da integridade somática e observação das capacidades sensorial e motora, 588-591

teste Gestáltico Visomotor de Bender: Um instrumento de avaliação amplamente utilizado para déficit neuropsicológico que envolve copiar e lembrar desenhos; desenvolvido por Lauretta Bender, também é referido apenas como "o Bender," 550, 551

Teste Gestáltico Visomotor de Bender, Segunda Edição (Bender-Gestalt-II), 552

teste mental, 41-42

teste motor: Uma referência geral a um tipo de instrumento ou procedimento de avaliação usado para obter informações sobre a capacidade da pessoa de movimentar os membros, os olhos ou outras partes do corpo (capacidade psicomotora) em oposição a capacidades que são mais estritamente de natureza cognitiva, comportamental ou sensorial, 549

teste padronizado: Teste ou medida que sofreu padronização, 131

teste para drogas: No local de trabalho, uma avaliação realizada para determinar a presença, se houver, de álcool ou outras substâncias psicotrópicas, por meio de análise laboratorial de sangue, urina, cabelo ou outros espécimes biológicos, 590-591

teste perceptomotor: Referência geral a qualquer de muitos instrumentos e procedimentos usados para avaliar a integração ou a coordenação de capacidades sensoriais e motoras, 549

teste perceptual: Uma referência geral a qualquer de muitos instrumentos e procedimentos usados para avaliar aspectos variados do funcionamento sensorial, incluindo aspectos de visão, audição, olfato, tato, paladar e equilíbrio, 549

teste prognóstico: Instrumento de avaliação usado para prever; às vezes sinônimo de *teste de aptidão*, 369-370

teste projetivo, 43-44

teste psicológico: Dispositivo ou procedimento de mensuração visando medir variáveis relacionadas à psicologia, 5, 501-504

Teste Q de Liderança, 411-413

testes de aptidão: Testes que geralmente focalizam mais experiências de aprendizagem informal em oposição a aprendizagem formal e visam medir tanto a aprendizagem como o potencial natural com o objetivo de fazer previsões sobre o desempenho futuro do testando; também referidos como testes prognósticos e, em especial com crianças pequenas, testes de prontidão, 368-381
  escolha da carreira/transição de carreira, 568-576
  GRE, 378-380
  MAT, 379-380
  nível de ensino médio, 376-378
  nível de pré-escola, 369-376
  nível do ensino fundamental, 375-377

testes de aptidão de nível pré-escolar, 369-376

testes de aptidão do nível do ensino médio, 376-378

testes de capacidade intelectual, 541-544

Testes de Capacidade Mental de Henmon-Nelson, 351

testes de domínio, 139

Testes de Domínio da Leitura de Woodcock-Revisados (Woodcock Reading Mastery Tests-Revised) (WRMT-III), 380-383

testes de funcionamento verbal, 553

Testes de Goldstein-Scheerer, 532-533

Testes de Integração Sensorial da Califórnia do Sul, 561

testes de integridade explícitos, 576-577

Testes de Inteligência de Kuhlmann Anderson, 351

testes de inteligência Wechsler, 329-332. *Ver também testes específicos*
  formas abreviadas, 341-342

testes de leitura, 380-383

testes de memória, 553-556

testes de nivelamento: Um pré-teste ou teste de encaminhamento, geralmente para determinar o nível de teste mais apropriado, 363-364

Testes de Realização da Califórnia (SRA), 363-364

Testes de Trilhas, 548

testes diagnósticos, 380-383

Testes em Microficha, 34-35

testes específicos à cultura, 46-47

Testes Metropolitanos de Prontidão – Sexta Edição (Metropolitan Readiness Tests – Sixth Edition) (MRT6), 375-377

testes para medir a capacidade de abstrair, 544-545

teto, 327

Texas, 61-62

The Mean IQ of Americans Massive Gains 1932 to 1978 (QI médio dos norte-americanos: ganhos enormes de 1932 a 1978) (Flynn), 308

thema: Na teoria da personalidade de Henry Murray, uma unidade de interação entre necessidade e pressão, 452

TIPI. *Ver* Inventário da Personalidade de 10 Itens (TIPI)

tipo: Como em *tipo de personalidade*, uma constelação de traços e estados de padrão semelhante a uma categoria de personalidade identificada em uma taxonomia de personalidades, 396-397

tipo de personalidade: Uma constelação de traços e estados semelhante em padrão a uma categoria de personalidade identificada no contexto de uma taxonomia de personalidades, 396-398

Tipos de homens (Types of Men) (Spranger), 435-437

tomografia axial computadorizada. *Ver* **CAT**

tomografia computadorizada por emissão de fóton único. *Ver* **SPECT**

tomografia por emissão de pósitron. *Ver* **PET**

trabalho-piloto: Também referido como *estudo-piloto* e *pesquisa-piloto*, a pesquisa preliminar em torno da criação do protótipo de um teste; um objetivo geral do trabalho-piloto é determinar a melhor forma de medir, estimar ou avaliar o(s) construto(s)-alvo, 243-244

traço: Qualquer forma distinguível, relativamente duradoura na qual um indivíduo varia em relação a outro; diferenciar de *estado*, 117

traço de personalidade: Qualquer forma distinguível, relativamente duradoura, na qual um indivíduo varia em relação a outro, 394-396

traço psicológico, 117

transformação linear: Em psicometria, um processo de mudar um escore de modo que (a) o novo escore tenha uma relação numérica direta com o original e (b) a magnitude das diferenças entre o novo escore e outros escores na escala se comparam com a magnitude das diferenças entre o escore original e os demais nas escalas das quais ele foi derivado; diferenciar de *transformação não linear*, 103-104

transformação não linear: Em psicometria, um processo de mudar um escore de modo que (a) o novo escore não tenha necessariamente uma relação numérica com o escore original e (b) a magnitude das diferenças entre o novo escore e os outros escores na escala podem não se comparar com a magnitude das diferenças entre o escore original e os outros escores nas escalas das quais a pontuação original foi derivada; diferenciar de *transformação linear*, 103-104

Transtorno da Personalidade Traço Especificado, diagnóstico, 494

transtorno de déficit de atenção/hiperatividade (TDAH), 370-371

transtornos mentais, 491-501
  avaliação biopsicossocial, 494-495
  DSM-5, 493-494
  DSM-IV-TR, 492-493
  entrevista de avaliação clínica, 495-501

tratamento adaptativo, 229-230

tratamento gerenciado: Um sistema de tratamento de saúde no qual os produtos e serviços fornecidos aos pacientes por uma rede de provedores de saúde participantes são mediados por um órgão administrativo da seguradora que trabalha para manter os custos baixos fixando

esquemas de reembolso aos provedores, 507
TRI. *Ver* teoria de resposta ao item (TRI)
triagem: Um processo de avaliação relativamente superficial baseado em certos padrões, critérios ou requisitos mínimos; diferenciar de *seleção, classificação* e *colocação*, 580-582
TRIN. *Ver* Inconsistência de Resposta Verdadeira (True Response Inconsistency) (TRIN)

U

universo: Na teoria da generalizabilidade, o contexto total de uma determinada situação de teste, incluindo todos os fatores que levam ao escore de um testando individual, 166-167
UPSIT. *Ver* Teste de Identificação de Odores da Universidade da Pensilvânia (UPSIT)
usuário do teste, 19
utilidade (também **utilidade do teste**): No contexto de testagem e avaliação psicológica, uma referência a quanto um teste ou uma avaliação são úteis para um determinado propósito, 9, 211-239
   definição, 211-212
   fatores afetando, 211-218
   teoria da decisão e, 227-232

V

validação: O processo de reunir e avaliar evidências de validade, 182
validação cruzada: Uma revalidação em uma amostra de testandos que não aqueles nos quais o desempenho do teste foi originalmente considerado um preditor válido de algum critério, 278-279
validade: Termo geral referindo-se a um julgamento em relação a quão bem um teste ou outro instrumento de mensuração medem o que se propõem a medir; esse julgamento tem implicações importantes em relação à adequação de inferências feitas e atitudes tomadas com base nas medidas, 124-125
   conceito de, 181-189
   definição, 181
   incremental, 193-196
   relacionada ao critério, 190-198. *Ver também* validade relacionada ao critério
   validade aparente, 183-184
   validade de construto, 198-205. *Ver também* validade de construto
   validade de conteúdo, 184-189
   viés de teste e, 204-206
validade aparente: Um julgamento relativo a quão bem um teste ou outro instrumento de mensuração medem o que se propõem a medir que é baseado somente em "aparências", tal como o conteúdo dos itens do teste, 183-184
validade concorrente: Uma forma de validade relacionada ao critério que é um índice do grau em que um escore de teste está relacionado a alguma medida de critério obtida ao mesmo tempo (simultaneamente), 190-192
validade convergente: Dados indicando que um teste mede o mesmo construto que outro teste que se propõe a medir esse construto, 202-203n3
validade de construto: Julgamento sobre a adequação de inferências baseadas em escores de testes com relação a posições individuais em uma variável chamada de construto, 198-205
   análise fatorial, 203-205
   definição, 198
   evidência convergente, 202-203
   evidência discriminante, 202-204
   homogeneidade, 199-201
   método de grupos contrastantes, 201-203
   mudanças com a idade, 200-202
   mudanças pré-teste e pós-teste, 201-202
   testes de inteligência, 308
validade de conteúdo: Julgamento relacionado a quão adequadamente um teste (ou outro instrumento de mensuração) amostra comportamentos representativos do universo de comportamentos que ele foi concebido para amostrar, 184-189
validade incremental: Usada em conjunto com *validade preditiva*, um índice do poder explanatório de preditores adicionais além dos preditores já em uso, 193-196
validade preditiva: Uma forma de validade relacionada ao critério que é um índice do grau em que a pontuação de um teste prevê alguma medida de critério, 190, 192-198
validade relacionada a critério: Um julgamento relativo a quanto uma pontuação ou um índice em um teste ou em outro instrumento de mensuração podem ser usados adequadamente para deduzir a posição mais provável de um indivíduo em alguma medida de interesse (o critério), 190-198
   critério, definição, 190
   dados de expectativa, 196-198
   definição, 190
   validade adicional, 193-196
   validade concorrente, 191-192
   validade preditivada, 192-198
valor absoluto, 94
valores: Aquilo que um indivíduo valoriza; os ideais em que um indivíduo acredita, 435-437
valores instrumentais: Princípios orientadores na realização de algum objetivo – por exemplo, honestidade e ambição; diferenciar de *valores terminais*, 435-438
valores terminais: Princípios orientadores e um modo de comportamento que são um objetivo final; por exemplo, "uma vida confortável" e "uma vida excitante"; diferenciar de *valores instrumentais*, 435-438
variabilidade: Uma indicação de como escores em uma distribuição são espalhados ou dispersos, 92-96
variação: Estatística descritiva de variabilidade obtida pelo cálculo da diferença entre as pontuações mais altas e mais baixas em uma distribuição, 93
variação semi-interquartil: Medida de variabilidade igual à variação interquartil dividida por 2, 94
variância: Medida de variabilidade igual à média aritmética dos quadrados das diferenças entre os escores em uma distribuição e sua média, 95, 145
variância do erro: No modelo de pontuação verdadeira, o componente da variância atribuível a fontes aleatórias irrelevantes ao traço ou à capacidade que o teste se propõe a medir em uma pontuação ou distribuição de escores observados; as fontes comuns de variância do erro incluem aquelas relacionadas à construção do teste (incluindo amostragem de item ou conteúdo), administração do teste e pontuação e interpretação do teste, 122-123, 145
variância verdadeira: No modelo de pontuação verdadeira, o componente de variância atribuível a diferenças verdadeiras na capacidade ou no traço que estão sendo medidos que são inerentes a uma pontuação ou distribuição de escores observados, 145
variáveis do testando, 147
variáveis relacionadas ao examinador, 147
VCAT. *Ver* Teste de Admissão à Faculdade de Veterinária (Veterinary College Admission Test) (VCAT)
vídeo, como instrumento de avaliação, 17
viés: Aplicado a testes, um fator inerente a um teste que impede sistematicamente a mensuração precisa e imparcial, 204-206
   cultural, 315-318
   de itens de teste, 271-273
   imparcialidade, comparação, 206
   intercepto, 571
   na avaliação da personalidade, 402-403
   validade de construto, 204-206
viés de intercepção: Referência à intercepção de uma linha de regressão exibida por um teste ou procedimento de mensuração que sistematicamente prevê a mais ou a menos o desempenho de membros de um grupo; diferenciar de *viés de inclinação*, 571
viés do teste, 204-206
visão de mundo: A forma única como as pessoas interpretam e compreendem suas percepções baseadas em suas experiências de aprendizagem, bagagem cultural e variáveis relacionadas, 438-439
visão do processamento de informação, 295-296

visão evolucionária de transtorno mental: A visão de que uma atribuição de transtorno mental requer um julgamento científico (de um ponto de vista evolucionário) de que existe uma falha de função, bem como um julgamento de valor (do ponto de vista de valores sociais) de que a falha é prejudicial ao indivíduo, 492
volumes de referência, 33-34
VRIN. *Ver* Inconsistência de Resposta Variável (VRIN)

W

WAIS. *Ver* Escala de Inteligência Wechsler para Adultos (Wechsler Adult Intelligence Scale) (WAIS)
WASI. *Ver* Escala de Inteligência Abreviada de Wechsler (Wechsler Abbreviated Scale of Intelligence) (WASI)
WCST-64. *Ver* Teste de Classificação de Cartas de Wisconsin-Versão 64 Cartas (Wisconsin Card Sorting Test-64 Card Version) (WCST-64)
WIAT-III. *Ver* Teste de Realização Individual de Wechsler-Terceira Edição (WIAT-III)
WISC. *Ver* Escala de Inteligência Wechsler para Crianças (WISC)
WISC-IV. *Ver* Escala de Inteligência Wechsler para Crianças, Quarta Edição (WISC-IV)
WISC-R. *Ver* Escala de Inteligência Wechsler para Crianças-Revisada (WISC-R)
WJ III. *Ver* Woodcock-Johnson III (WJ III)
WMS-IV. *Ver* Escala de Memória Wechsler (WMS-IV)
Woodcock-Johnson III (WJ III), 384-388
WPPSI-III. *Ver* Escala de Inteligência Wechsler para Idade Pré-escolar e Primária-Terceira Edição (WPPSI-III)
WRIT. *Ver* Teste de Inteligência de Amplo Espectro (WRIT)
WRMT-III. *Ver* Testes de Domínio da Leitura de Woodcock-Revisados (WRMT-III)

Z

Zink vs. *State*, 65-66
zona de desenvolvimento proximal: Conceito de Lev Vygotsky da área que existe, teoricamente, entre a capacidade de um testando medida por um teste formal e o que seria possível como resultado de ensino, 361

Testagem e avaliação psicológica: Uma cronologia abrangendo de 2200 a.C. até o presente

Nota: Este é um panorama breve, sem dúvida, *não* abrange todos os eventos históricos considerados importantes pelos autores. Consulte outras fontes históricas oficiais para uma descrição mais detalhada e ampla destes e de outros eventos.

2200 a.C.
Sabe-se que um teste de proficiência foi conduzido na China. O imperador avaliava periodicamente os funcionários públicos.

1115 a.C.
Na China, os exames do serviço público abertos e competitivos são comuns durante a Dinastia Chang. A proficiência é testada em áreas como aritmética, escrita, geografia, música, agricultura, equitação, ritos e cerimônias culturais.

400 a.C.
Platão sugere que as pessoas devem trabalhar em empregos compatíveis com suas capacidades e seus talentos – um sentimento que será compartilhado muitas vezes através dos tempos por psicólogos, profissionais de recursos humanos e pais.

175 a.C.
Cláudio Galeno (também conhecido como Galeno) cria experimentos para demonstrar que o cérebro, não o coração, é a sede do intelecto.

200
A chamada Idade das Trevas (Idade Média) inicia, e a sociedade força a ciência a relegar a segundo plano (temporariamente) a questão da fé e da superstição.

1484
O interesse nas diferenças individuais concentra-se sobretudo em questões como "Quem está associado a Satanás?" e "A associação deles é *voluntária* ou *involuntária*?". *O martelo das bruxas* é um manual diagnóstico de tipo primitivo, com sugestões para entrevistar e identificar pessoas suspeitas de terem se desviado do caminho justo.

1550
A Renascença testemunha um renascimento na filosofia, e o médico alemão Johann Weyer escreve que aqueles acusados de serem feiticeiros podem ter sido vítimas de transtornos mentais ou físicos. Para os fiéis, Weyer é visto como promotor da causa de Satanás.

1600
O pêndulo começa a se afastar de uma visão de mundo dominada pela religião para uma visão de natureza mais filosófica e científica.

1700
A causa da filosofia e da ciência é promovida com os escritos do filósofo francês René Descartes, do filósofo alemão Gottfried Leibniz e de um grupo de filósofos ingleses (John Locke, George Berkeley, Dave Hume e David Hartley) denominados coletivamente "os empiristas britânicos". Descartes, por exemplo, levanta questões fascinantes a respeito da relação entre a mente e o corpo. Essas questões seriam exploradas de uma forma menos filosófica e mais física pelo fisiologista Pierre Cabanis. Para fins humanitários, Cabanis realiza observação pessoal do estado de consciência de condenados à guilhotina da Revolução Francesa. Ele concluía que a ligação entre a mente e o corpo é tão íntima que a guilhotina é provavelmente um modo de execução indolor.

1734
Christian von Wolff é autor de dois livros, *Psychologia Empirica* (*Psicologia empírica*) (1732) e *Psychologia Rationalis* (*Psicologia Racional*) (1734), os quais preveem a psicologia como uma ciência. Aluno de Gottfried Leibniz, von Wolff também aprofunda a ideia de Libniz de que existem percepções abaixo do limiar da consciência, desse modo, antecipando a noção de Freud do inconsciente.

1780
Franz Mesmer "mesmeriza" não apenas pacientes parisienses, mas também alguns membros da comunidade médica europeia o uso do que denomina "magnetismo animal" para efetuar curas. O mesmerismo (ou *hipnose*, como conhecemos hoje) se tornaria um instrumento da avaliação psicológica; a entrevista hipnótica é uma das muitas técnicas alternativas para obtenção de informação.

1823
O *Journal of Phrenology* (*Jornal da Frenologia*) é fundado para avançar o estudo da noção de Franz Joseph Gall de que a capacidade e os talentos especiais estão localizados em concentrações de fibras cerebrais que fazem pressão para fora. Experimentações extensivas eventualmente desacreditam a frenologia, e o jornal é encerrado no início do século XX. Em meados do século XX, a avaliação de "protuberâncias" em perfis de papel é preferível ao exame das protuberâncias na cabeça para se obter informações sobre capacidade e talentos.

1829
Em *Análise dos fenômenos da mente humana*, o filósofo inglês James Mill afirma que a estrutura da vida mental consiste em sensações e ideias. Mill antecipa uma abordagem à psicologia experimental denominada *estruturalismo*, cujo objetivo seria explorar os componentes da estrutura da mente.

1848
Em Vermont, uma descarga acidental de explosivos lança uma barra de ferro de 90 cm através do crânio do capataz de construção ferroviária Phineas Gage, destruindo quase toda a parte frontal do lado esquerdo de seu cérebro. Com intervenção médica, Gage sobrevive. Entretanto, antes visto como um trabalhador competente e capaz, após o acidente é descrito como imprevisível, irreverente e "não mais o Gage". Uma vez que seu intelecto parecia não ter sido afetado, o caso foi significativo para chamar a atenção para o papel do cérebro na personalidade e em sua avaliação.

1859
A publicação de *Sobre a origem das espécies por meio da seleção natural*, de Charles Darwin, aprofunda a noção, então radical, de que os seres humanos descendem dos macacos. A obra levanta questões sobre como os animais e os humanos se comparam em relação a variáveis como o estado de consciência. Darwin também escreve sobre seleção natural e a sobrevivência dos mais aptos da espécie. Essas ideias podem ter influenciado enormemente Freud, cuja teoria psicanalítica da personalidade enfatiza a importância dos impulsos sexuais e agressivos instintivos.

1860
O fisiologista alemão Gustav Fechner publica *Elementos da psicofísica*, no qual explora a forma como as pessoas respondem a estímulos como luz e som. O trabalho impulsiona experimentações nas áreas de percepção humana e animal.

1869
Sir Francis Galton, primo de Charles Darwin, publica *O gênio hereditário*, que foi notável tanto por (a) sua afirmação de que o gênio é hereditário como (b) seu uso pioneiro da técnica estatística que Karl Pearson mais tarde chamaria de *correlação*. Galton daria inúmeras e variadas contribuições para a mensuração com suas invenções e inovações.

1879
Wilhelm Max Wundt funda a primeira clínica de psicologia experimental em Leipzig, Alemanha; a psicologia é uma ciência autônoma, não apenas um ramo da filosofia. Estruturalista, Wund revela forte embasamento em um instrumento de avaliação chamado de *introspecção* (no qual os indivíduos tentam descrever fielmente sua experiência consciente de um estímulo mediante verbalização). Os estruturalistas concentram a atenção nas capacidades sensoriais e no tempo de reação.

1885
Herman Ebbinghaus publica *A memória: uma contribuição à psicologia experimental*, no qual descreve o uso de sílabas sem sentido para pesquisar e avaliar a memória humana. Seus muitos *insights* perspicazes sobre as curvas de aprendizagem (e de esquecimento) comprovam que os processos mentais de ordem superior, como a memória, não apenas o tempo de reação ou a reação sensorial a estímulos, podem ser avaliados de maneira eficiente.

1890
O psicólogo norte-americano James McKeen Cattell cria o termo *teste mental* em uma publicação. Ele fundaria diversas publicações, em especial *Science* e *Psychological Review*. Em 1921, formou a Corporação Psicológica com a meta de "aplicações úteis da psicologia". Também em 1890, Nova York se torna o primeiro Estado a assumir a responsabilidade por seus cidadãos mentalmente doentes. A legislação relacionada mudou o nome dos chamados "asilo de lunáticos" para hospitais estaduais – o lugar onde o doente mental indigente receberia avaliação e tratamento supervisionados por médicos.

1892
O psiquiatra Emil Kraepelin, que estudou com Wundt, publica pesquisa que empregou um teste de associação de palavras. Também em 1892, a American Psychological Association (APA) é fundada com 31 membros, principalmente graças aos esforços de seu primeiro presidente, G. Stanley Hall. Para um relato fascinante, ver o artigo de Samuel Willis Fernberger, "The American Psychological Association: 1892-1942", na edição de janeiro de 1943 (volume 50) da *Psychological Review*.

1895
Alfred Binet e Victor Henri publicam artigos requerendo a mensuração de capacidades cognitivas, como a memória, outras capacidades humanas, como a compreensão social. Curiosamente, Binet também se perguntava em voz alta sobre os possíveis usos dos borrões de tinta para estudar a personalidade.

1896
Lightner Witmer estabelece a primeira clínica psicológica nos Estados Unidos, na Universidade da Pensilvânia. Subsequentemente, em 1907, funda uma revista chamada *Psychological Clinic*. Witmer escreveu "Clinical Psychology", o primeiro artigo dessa revista.

1904
Charles Spearman, aluno de Wundt em Leipzig, começa a formar a base para o conceito de confiabilidade do teste. Ele também inicia a construção da estrutura matemática para a análise fatorial.

1905
Alfred Binet e Theodore Simon publicam uma "escala de medida da inteligência" de 30 itens visando ajudar a identificar crianças com retardo mental das escolas de Paris. A noção de medida da inteligência encontraria uma plateia receptiva no mundo todo.

1910
Como é sua caligrafia? Se você fosse estudante nessa época, teria sua caligrafia analisada por um dos primeiros testes padronizados – de autoria de E. L. Thorndike. Seu artigo intitulado "Caligrafia" (*Teachers College Record*, volume 11, item 2) fornece 16 exemplos de caligrafia organizados em ordem de mérito.

1912
Nesse ano, o termo, agora familiar, "QI" (quociente de inteligência) passa a ser usado. William Stern cria uma fórmula pela qual a "idade mental" determinada pelo teste de Binet era o dividendo, o divisor era a idade cronológica do testado e o quociente, multiplicado por 100, era o QI. Embora o "QI" continue sendo usado no vocabulário mundial, as medidas de inteligência contemporâneas não são mais concebidas por essas relações. Também em 1912, outro marco relacionado ao QI (de várias classes): o livro de Henry Herbert Goddard, *A família Kallikak: estudo da hereditariedade da debilidade mental*, é publicado. A vida e carreira controversa do próprio Goddard são apresentadas em nosso *Em foco* no Capítulo 2.

1913
O psiquiatra suíço Hermann Rorschach, filho de um professor de artes, publica ensaios sobre como a análise da produção artística dos pacientes pode fornecer *insights* sobre a personalidade. Em 1921, sua agora famosa monografia, *Psicodiagnóstico*, evolui para um teste que se viria a se tornar um ícone para os testes psicológicos aos olhos do público: o teste de borrões de tinta de Rorschach. Também em 1913, o agora famoso artigo de John Watson na *Psychological Review*, "Psychology as the Behaviorist Views It" (A psicologia vista por um behaviorista), se torna conhecido como o "manifesto behaviorista". Naturalmente, do ponto de vista do behaviorista, a observação comportamental é um instrumento fundamental da avaliação.

1914
A Primeira Guerra Mundial constitui uma vantagem para o movimento dos testes, visto que o funcionamento intelectual e a aptidão emocional de milhares de recrutas devem ser rapidamente avaliados.

1916
Após anos de pesquisa, Lewis M. Terman, trabalhando na Universidade de Stanford, publica a Revisão Stanford da Escala de Inteligência de Binet-Simon. Essa adaptação e revisão norte-americana do teste desenvolvido na França iria se tornar amplamente conhecida como o Stanford-Binet.

1920
O *Army Mental Tests* (Testes Mentais do Exército), editado pelos majores Clarence S. Yoakum e Robert M. Yerkes (ambos psicólogos com carreiras destacadas), é publicado por Holt. Este volume editado fornece informações detalhadas sobre os testes Alfa e Beta do Exército desenvolvidos durante a "grande guerra" em um momento "nesta luta suprema [quando] se tornou claro [...] que a utilização adequada da força do homem, e mais particularmente da força da mente ou do cérebro, garantiria a vitória final" (p. vii).

1926
O Conselho Educacional (College Board) patrocina o desenvolvimento do Teste de Aptidão Acadêmica (SAT) e o administra pela primeira vez.

1927
Carl Spearman publica a teoria dos dois fatores da inteligência, na qual postula a existência de um fator de capacidade intelectual geral (g) e componentes específicos (s) dessa capacidade geral. Também em 1927, o neurologista alemão Kurt Goldstein começa a desenvolver testes neurodiagnósticos com base na pesquisa com soldados que sofreram traumatismo craniano durante a Primeira Guerra Mundial. Muitos desses testes exploram a capacidade de abstração.

1931
L. L. Thurstone publica *Multiple Factor Analysis (Análise fatorial múltipla)*, uma obra de referência com impacto muito além das análises estatísticas; ela terá o efeito de concentrar a maior parte da atenção da pesquisa nas capacidades cognitivas.

1933
A primeira edição de revisões de testes compilada por Oscar Buros – a obra de referência que se tornaria conhecida como o *Mental Measurements Yearbook (Anuário de medidas mentais)* – é publicada.

1935
Christiana D. Morgan e Henry A. Murray colaboram no que foi originalmente chamado de Teste de Apercepção Temática de Morgan-Murray. Esse instrumento de avaliação da personalidade implica mostrar figuras aos avaliandos, que são instruídos a criar histórias em resposta a elas. A versão final do teste, agora mais conhecido como TAT, foi publicada em 1943 com a autoria creditada a "Henry Murray, Ph.D. e a Equipe da Clínica de Psicologia de Harvard".

1938
Nesse ano, a testagem mental torna-se um grande negócio. De acordo com o *Anuário de medidas mentais de 1938*, pelo menos 4 mil testes psicológicos diferentes estão no prelo. Um dos testes publicados nesse ano veio na forma de uma monografia intitulada *A Visual Motor Gestalt Test and Its Clinical Use (Um teste gestáltico visuomotor e sua utilidade clínica)*. De autoria da médica Lauretta Bender e comumente referido como o "Bender-Gestalt" ou apenas "o Bender", esse teste escrito consistia em nove desenhos para serem copiados.

1939
Trabalhando no Hospital Bellevue na Cidade de Nova York, David Wechsler introduz a Escala de Inteligência de Wechsler-Bellevue, destinada a medir a inteligência adulta. O teste seria subsequentemente revisado e transformado na Escala de Inteligência Wechsler para Adultos (WAIS). Outros testes de Wechsler para uso com crianças e pré-escolares seriam desenvolvidos a seguir e revisados de forma periódica.

1940
A Segunda Guerra Mundial cria uma necessidade acelerada de um meio para avaliar recrutas das Forças Armadas. Também nesse ano, o psicólogo Starke R. Hathaway e o psiquiatra/neurologista John Chanley-McKinley publicam seu primeiro artigo sobre uma nova "escala multifásica da personalidade" que tinham desenvolvido – o teste que agora conhecemos como o Inventário Multifásico da Personalidade de Minnesota (MMPI; ver o *Journal of Psychology*, v. 10, p. 249-254).

1941
Raymond B. Cattell, com o benefício da análise fatorial, introduz a teoria da inteligência com base em dois fatores gerais que chama de *inteligência fluida* e *inteligência cristalizada*.

1945
Com ênfase na administração e interpretação clínica de vários testes em uma bateria coordenada, a *Testagem psicológica diagnóstica*, um livro de David Rapaport, Roy Schafer e Merton Gill, torna-se um clássico. Embora clinicamente atraente, é criticado por sua falta de rigor estatístico.

1951
Lee Cronbach desenvolve o *coeficiente alfa* para medir a confiabilidade dos testes. A fórmula de Cronbach é uma modificação do KR-20 (a vigésima fórmula de George Frederic Kuder e Marion Webster Richardson). Conceitualmente, o *alfa* de Cronbach calcula a média de todas as possíveis correlações do teste de metades partidas, corrigida pela fórmula de Spearman-Brown.

1952
A primeira edição do *Manual diagnóstico e estatístico* da American Psychiatric Association é publicado. Revisões – e controvérsia – vieram a seguir.

1954
A APA publica *Recomendações técnicas para testes psicológicos e técnicas diagnósticas*, um documento que evoluiria para os *Padrões* revisados periodicamente. Também nesse ano, o psicólogo suíço Jean Piaget publica um trabalho original e influente sobre o desenvolvimento da cognição em crianças.

1957
Muito antes de "o Donald" e dos *reality shows* da televisão o psicólogo Donald Super escreveu *A psicologia das carreiras* – levando os leitores a considerar os efeitos recíprocos da personalidade e da escolha da carreira.

1958
A NASA é formada, e um programa de avaliação é lançado para selecionar sete astronautas para o Projeto Mercúrio. Os testes psicológicos administrados aos candidatos incluíam o MMPI, o Rorschach, o TAT e a WAIS.

1961
Baseada na mesma premissa subjacente do Rorschach, mas criada para ser uma melhoria em termos de solidez psicométrica, a Técnica da Mancha de Tinta de Holtzman (HTI) é publicada. Velhos hábitos são difíceis de perder, e os rorschachianos ainda preferiam o original.

1962
O início da aplicação prática do *biofeedback* pode remontar a esse ano, quando a pesquisa fornece a evidência de que indivíduos são capazes de produzir certos tipos de ondas cerebrais sob comando. Um ano mais tarde, a pesquisa descreveria o uso do pletismógrafo peniano como instrumento para a avaliação do interesse erótico masculino. A instrumentação do *biofeedback* agora está disponível em várias formas para monitorar muitas variáveis diferentes, como tensão muscular e temperatura da pele.

1963
Stanley Milgram publica "Estudo comportamental da obediência", no *Journal of Abnormal and Social Psychology*, e dá uma contribuição importante à psicologia. O procedimento experimental e os métodos de mensuração despertam um questionamento de ordem ética e eventualmente estimulam o estabelecimento de comitês de ética departamentais para fiscalizar procedimentos esses e outros aspectos do modelo de pesquisa proposto.

1965
Fred Kanfer publica "Behavioral Analysis" (Análise comportamental) no *Archives of General Psychiatry*. Em uma das primeiras tentativas de aplicar a teoria da aprendizagem à avaliação clínica, ela tenta mudar o foco do diagnóstico das semelhanças dos sintomas entre grupos para um entendimento das variáveis únicas que afetam um indivíduo.

1968
O livro de Walter Mischel, *Personality and Assessment (Personalidade e avaliação)*, estimula os psicólogos a questionar o grau com que os traços da personalidade são constantes nas diversas situações.

1973
Arnold A. Lazarus publica um artigo intitulado "Multimodal Behavior Therapy: Treating the BASIC ID" (Terapia multimodal do comportamento: tratando o BASIC ID) no Journal of Nervous and Mental Disease. A abordagem multimodal ao diagnóstico e tratamento foi concebida para melhorar o tratamento clínico. Ela também inspirou o desenvolvimento de um método sistemático de avaliação qualitativa chamado de *pesquisa qualitativa dimensional* (ver o verbete para 1999).

1974
Em meio a uma confusão de sistemas de pontuação concorrentes para o Rorschach, John E. Exner Jr. publica o que chama de sistema abrangente para administrar, pontuar e interpretar o famoso teste do borrão de tinta.

1975
Em seu *Manual para o inventário de preferência vocacional*, John Holland propõe o sistema de classificação consistindo em seis tipos de personalidade com base em padrões de interesse correspondentes.

1976
Paul T. Costa Jr. e Robert R. McCrae iniciam um programa de pesquisa que começa com uma análise do 16PF. A pesquisa levaria ao conceito dos "Cinco Grandes" e ao desenvolvimento de seu próprio teste de personalidade, o NEO-PI-R. Também nesse ano, o livro de Michael P. Maloney e Michael P. Ward *Psychological Assessment: A Conceptual Approach* (*Avaliação psicológica: uma abordagem conceitual*) é publicado. Os autores afirmam de modo convincente que os instrumentos de avaliação (e mais especificamente, os testes) "têm sido equiparados de forma inadequada ao 'processo' de avaliação".

Foi também em 1976 que um artigo muito discutido no *Journal of Consulting and Clinical Psychology* foi publicado. Sob o título "Socially Reinforced Obsessing: Etiology of a Disorder In a Christian Scientist" (Obsessão socialmente reforçada: etiologia de um transtorno em um cientista cristão), Ronald Jay Cohen (com F. J. Smith) apresentou um estudo de caso sobre como a prática recomendada de um grupo de "demonstrar" os problemas poderia na verdade intensificar um transtorno obsessivo. Cohen escreveu o ensaio enquanto ainda era estudante de graduação na State University of New York, em Albany, com base em sua avaliação clínica de um paciente no Capital District Psychiatric Center (em que F. J. Smith era seu supervisor).

1978
Alan Bakke foi excluído de uma faculdade de medicina apesar de ter pontuações mais altas no exame de ingresso do que a minoria dos estudantes admitidos. Em *Regentes da Universidade da Califórnia* vs. *Bakke*, uma Suprema Corte altamente dividida determinou que Bakke fosse admitido, mas não impediu o uso futuro de considerações de diversidade nos procedimentos de admissão escolar.

1979
O livro de Ronald Jay Cohen, primeiro de seu tipo e aclamado pela crítica, *Malpractice: A Guide for Mental Health Professionals* (*Erro médico: um guia para os profissionais da saúde mental*) explora em detalhes as questões legais e éticas presentes na avaliação e na intervenção psicológica.

1980
O livro de Frederic M. Lord *Applications of Item Response Theory to Practical Testing Problems* (*Aplicações da teoria da resposta ao item aos problemas práticos da testagem*) é publicado. Ele reúne muito do trabalho anterior e pioneiro na área, como o do psicometrista norte-americano M. W. Richardson (1891-1965) e do psicometrista dinamarquês Georg Rasch (1901-1980), entre outros.

1984
Psychology & Marketing (*Psicologia e marketing*), uma revista acadêmica com a missão de criar comunicação interdisciplinar, é fundada. Ela começa semestral e, em um tempo relativamente curto, torna-se mensal. A revista celebrou três décadas de publicação consecutiva desde sua fundação por seu editor-chefe Ronald Jay Cohen.

1985
Escrito para o *Journal of Advertising Research*, o artigo de Ronald Jay Cohen "Computer-Enhanced Qualitative Research" (Pesquisa qualitativa melhorada pelo computador) é a primeira descrição de uma metodologia para obter registros segundo-por-segundo da resposta qualitativa a vários estímulos publicada. Hoje, as mesmas metodologias ou outras semelhantes são comuns e amplamente usadas para medir as reações à propaganda política.

1988
A primeira edição do livro que você está lendo é publicada, e sua organização, seu conteúdo e sua didática atraentes se tornariam um modelo para outros manuais. Uma tradução para o espanhol foi publicada em 2006.

1992
Em abril desse ano, um estudo de imagem do córtex visual humano na Universidade de Yale é o primeiro de varredura usando IRMf.

1993
A APA publica *Guidelines for Providers of Psychological Services to Ethnic, Linguistic, and Culturally Diverse Populations* (*Diretrizes para os provedores de serviços psicológicos a populações étnica, linguística e culturalmente diferentes*), afirmando, em parte, que os "Psicólogos consideram a validade de um determinado instrumento ou procedimento e interpretam os dados resultantes tendo em mente as características culturais e linguísticas da pessoa que está sendo avaliada. Eles estão cientes da população de referência do teste e das possíveis limitações desses instrumentos com outras populações" (p. 46).

1998
Um artigo no *Journal of Personality and Social Psychology*, por Anthony Greenwald e colaboradores, fornece uma metodologia para medir a cognição implícita por meio de seu Teste de Associação Implícita.

1999
Em uma edição especial de *Psychology & Marketing* sobre pesquisa qualitativa, Ronald Jay Cohen descreve a *pesquisa qualitativa dimensional* (DQR), um método de investigação sistemático, psicologicamente sofisticado. Os leitores que têm a oportunidade de conduzir estudos qualitativos são encorajados a conhecer mais sobre ela em "*What Qualitative Research Can Be*" (*O que a pesquisa qualitativa pode ser*) (volume 16 de *Psychology & Marketing*, p. 351-368).

2003
Em *Grutter* vs. *Bollinger et al.*, a primeira decisão de ação afirmativa importante pela Suprema Corte dos EUA desde *Bakke*, o Tribunal manteve o direito da Faculdade de Direito da Universidade de Michigan de usar considerações de diversidade como um dos muitos critérios de admissão, por tempo limitado.

2004
A revalidada Lei de Educação de Indivíduos com Deficiências (IDEA) tem o efeito de concentrar a atenção dos educadores na *resposta à intervenção* (RtI) dos estudantes como um meio de diagnosticar deficiências de aprendizagem.

Presente
O livro *Psychological Testing and Assessment* (*Testagem e avaliação psicológica*) de Cohen e colaboradores continua sendo o padrão pelo qual outros livros comparáveis são julgados. Os autores aproveitam esta oportunidade para dizer "obrigado" aos incontáveis professores e estudantes que depositaram sua confiança neste livro durante todos esses anos.